Rolf v. Lüde, Daniel Moldt, Rüdiger Valk (Hrsg.)

Selbstorganisation und Governance in künstlichen und sozialen Systemen

Wirtschaft – Arbeit – Technik

Perspektiven gesellschaftlichen Wandels

herausgegeben von

Prof. Dr. Rolf v. Lüde

Band 5

LIT

Rolf v. Lüde, Daniel Moldt, Rüdiger Valk (Hrsg.)

Selbstorganisation und Governance in künstlichen und sozialen Systemen

LIT

Gefördert mit Mitteln der Deutschen Forschungsgemeinschaft

Abschlussbericht des DFG-Projektes: *„Emergenz in dynamischen Prozessen – Dirigismus und symbolische Politik"* im Rahmen des DFG-Schwerpunktprogrammes *„Sozionik"*

Diese Publikation wurde mit dem LaTeX-Satzsystem erstellt.

Bibliografische Information der Deutschen Nationalbibliothek
Die Deutsche Nationalbibliothek verzeichnet diese Publikation in der Deutschen Nationalbibliografie; detaillierte bibliografische Daten sind im Internet über http://dnb.d-nb.de abrufbar.

ISBN 978-3-643-10057-3

© LIT VERLAG Dr. W. Hopf Berlin 2009
Verlagskontakt:
Fresnostr. 2   D-48159 Münster
Tel. +49 (0) 2 51-620 32 22   Fax +49 (0) 2 51-922 60 99
e-Mail: lit@lit-verlag.de   http://www.lit-verlag.de

Auslieferung:
Deutschland: LIT Verlag Fresnostr. 2, D-48159 Münster
Tel. +49 (0) 2 51-620 32 22, Fax +49 (0) 2 51-922 60 99, e-Mail: vertrieb@lit-verlag.de

Österreich: Medienlogistik Pichler-ÖBZ GmbH & Co KG
IZ-NÖ, Süd, Straße 1, Objekt 34, A-2355 Wiener Neudorf
Tel. +43 (0) 22 36-63 53 52 90, Fax +43 (0) 22 36-63 53 52 43, e-Mail: mlo@medien-logistik.at

Schweiz: B + M Buch- und Medienvertriebs AG
Hochstr. 357, CH-8200 Schaffhausen
Tel. +41 (0) 52-643 54 85, Fax +41 (0) 52-643 54 35, e-Mail: order@buch-medien.ch

Inhaltsverzeichnis

1	Einleitung	1

I	Das Forschungsfeld der Selbstorganisation	13

2 Emergenz, Selbstorganisation und Komplexität — 17
  2.1 Systeme und Systemdynamik 18
  2.2 Chaos und Nichtlinearität 20
  2.3 Maschinenmodelle und Rückkopplung 32
  2.4 Komplexität und Ordnung 49
  2.5 Emergenz und Reduktionismus 56
  2.6 Selbstordnung und Synergetik 61

3 Koordinierung in Agentensystemen — 73
  3.1 Grundelemente der Multiagentensysteme 73
  3.2 Koordination: Kooperation und Konkurrenz 85
  3.3 Normative Agenten und Institutionen 89
  3.4 Multiagentensystemorganisationen 95
  3.5 Soziale Theorien der Agentensysteme 105

4 Die Relativität des Sozialen — 119
  4.1 Relationale Dekonstruktion der Grenzen des Sozialen 121
  4.2 Relationale Dekonstruktion individueller Akteure 126
  4.3 Die Relativität (Unschärfe) des Sozialen 131
  4.4 Der Rohstoff des Sozialen: Wirkrelationen 140
  4.5 Bilanz und Ausblick 144

5 Methodologie der Mechanismen-Analyse — 153
  5.1 Die Methodologie 157
  5.2 Erklärungsmodelle, die die Mechanismen-Analyse anregten 172

II Agentensysteme als reflexive, soziale Praxisformen 193

6 Der Konstitutionsmechanismus sozialer Systeme   **197**
    6.1 Praktische Anerkennung als sozial konstitutiver Prozess 198
    6.2 Strukturelles Vermögen – Vermögensstrukturen 209
    6.3 Reflexive Symbolisierung – symbolische Reflexion 218
    6.4 Die Konstitutionsdynamik im Überblick 232
    6.5 Zur Gesamtstruktur des sozialen Konstitutionsmechanismus 235

7 Ein Rahmenmodell reflexiv selbstorganisierender Systeme   **245**
    7.1 Prädisposition als Theoriesymmetrie 246
    7.2 Systeme von Handlungsregeln 253
    7.3 Autopoiese als rekursive Erzeugung von Handlungsregeln 260
    7.4 Entitätensysteme als Agenten 262
    7.5 Modellierung sozionischer Agenten 268

III SONAR: Eine sozialtheoretisch fundierte Multiagentensystemarchitektur 281

8 Interaktion verteilter Systeme   **285**
    8.1 Modellierung von Interaktionen durch Dienstnetze 286
    8.2 Korrektheit von Dienstnetzen 300
    8.3 Rollenkomponenten von Dienstnetzen 307
    8.4 Formale Analyse und Steuerung von Diensten 321
    8.5 Dienstklassen 327

9 Koordinierung in Agententeams   **337**
    9.1 Aufgabenbearbeitung in Delegationsnetzen 339
    9.2 Rollen/Dienst-Netze und Teams 345
    9.3 Koordination von Teams 355
    9.4 SONAR-Agenten und Teamwork 357
    9.5 SONAR-Multiagentensysteme und wohlgeformte Teamplanung . . . 368

10 Formale Agentenorganisationen   **377**
    10.1 Organisationspetrinetze und Positionen 378
    10.2 Koordinierung der Organisationsprozesse 386
    10.3 Organisationspositionen als Agenten 391
    10.4 Multiagentensystemorganisationen 394
    10.5 Konstruktion wohlorganisierter Multiagentensysteme 395

11 Sozionisches Modell reflexiver, selbstorganisierter Koordinierung   415
11.1 Reorganisation als organisationale Aktivität 415
11.2 Reorganisation durch Organisationstransformationen 418
11.3 Elementare Tranformationen 419
11.4 Selbstorganisation durch Transformationsteams 423
11.5 Organisationsmetriken 435

12 Agentensysteme als Interaktion von Organisation und Mitgliedern   445
12.1 Positionen und Organisationsmitglieder 445
12.2 Die Organisation als Plattform 449
12.3 Teamwork: Formation, Planung und Ausführung 453
12.4 Ausprägung organisationaler Strukturen 458
12.5 Vergleich von SONAR mit anderen Ansätzen 459

IV Transformationsprozesse universitärer Governancestrukturen   465

13 Das Governance-Konzept   469
13.1 Begriffsgeschichte: „Governance" ersetzt „Steuerung" 469
13.2 Governance in Politik und Wirtschaft 473
13.3 Ordnungsversuche: Governance-Typen und -Regime 475
13.4 Allgemein-analytischer und speziell-normativer Governance-Begriff   479
13.5 Zwischenbilanz: Vor- und Nachteile des Governance-Konzepts . . . 480

14 Governance als Analyseinstrument   487
14.1 Handlungskoordination und Selbstorganisation als Wirkrelationen . 488
14.2 Die konstitutive Selbstorganisation des Sozialen 497
14.3 Steuerung als Auseinandersetzung um die Strukturierung des Status Quo 512
14.4 Methodologische Schlussfolgerung: Relationale Wirkungsanalyse . . 522

15 Hierarchie oder Kollegialität auf der Fakultätsebene?   537
15.1 Einleitung 537
15.2 Analytischer Rahmen 538
15.3 Problematik von Kollegialitätsentscheidungen 540
15.4 Ebenen der Betrachtung und Vorgehen der Analyse 543
15.5 Fazit – Die neue Unübersichtlichkeit 555
15.6 Was noch übrig bleibt – Weitere Fragestellungen 556

16 Transintentionale Governance-Dynamiken im Universitätssystem **563**
16.1 Entstehung einer europäischen Problemdefinition 564
16.2 Getrennte Problemdefinitionen treffen aufeinander 573
16.3 Logik der Konkurrenz 576
16.4 Dirigismus und Symbolische Politik 579
16.5 Hierarchisierungsdynamik 588
16.6 Entkopplungsdynamik 592
16.7 Konkurrenz-Konservations-Dynamik 602
16.8 Schluss: Zusammenfassung und Effekte 605

1 Einleitung

Mit diesem Buch zu *Selbstorganisation und Governance in künstlichen und sozialen Systemen* legt die Hamburger DISPO-Forschungsgruppe den vorläufigen Abschluss ihrer langjährigen Forschungsarbeit im DFG-Projekt *Emergenz in dynamischen Prozessen:* Di*rigismus und* S*ymbolische* Po*litik am Beispiel universitärer Governance-Strukturen* im Rahmen des DFG-Schwerpunktprogrammes *Sozionik* (Malsch, 1996) vor. Vorläufig deshalb, weil ein so großer und zwei Disziplinen übergreifender Forschungsprozess, einmal angestoßen, ohnehin nicht zum Abschluss kommt, wenn es gelungen ist, über den eigentlichen Kern des ursprünglichen Ansatzes hinaus neue Pfade auch in den beiden beteiligten Einzelwissenschaften der Soziologie und der Informatik zu betreten.

Ob dies nachhaltig gelungen ist, kann erst die Zukunft unter Berücksichtigung der Beiträge aller Projekte des Schwerpunktprogrammes zeigen. Aber es gibt bereits Indizien für diesen Gelingensprozess. Dazu gehört, dass die Mitglieder des Kernteams inzwischen an den unterschiedlichsten Universitäten im In- und Ausland lehren und forschen. Dazu gehört darüber hinaus, dass die mit dem DISPO-Projekt aufgeworfenen Fragestellungen seither in einer Vielzahl von Vorträgen und Arbeiten publiziert wurden und natürlich, wie in einem DFG-Projekt gefordert, zur Entstehung von Dissertationen und inzwischen auch Habilitationen der beteiligten Projektmitarbeiter beigetragen haben. Daneben gibt es selbständige spin-offs, die sich zu eigenständigen Forschungsprojekten entwickelt haben, aber auf den gemeinsamen Fundus der hier vorgelegten sozionischen Vorarbeiten zurückgreifen (z.B Valk, 2006; von Scheve und von Lüde, 2005; von Scheve u. a., 2006).

Inhaltlich gründet dieses inzwischen „reife" sozionische Projekt auf seinen beiden Ursprungsdisziplinen, der Soziologie und der Informatik. Mit Zygmunt Bauman, einem ihrer prominenten Vertreter, bedeutet soziologisch zu denken, den Versuch zu unternehmen, „der conditio humana durch Analyse der vielfältigen Maschen im Netz der Beziehungen und Abhängigkeiten zwischen Menschen Sinn zu geben – dieser härtesten aller Realitäten, die unsere Motive ebenso erklärt wie die Handlungen, die aus ihnen resultieren" (Bauman, 2000, 27). Die Soziologie versucht dabei, über die Grenzen des „gesunden Menschenverstandes" hinauszugehen und die Möglichkeiten freizulegen, die dieser gesunde Menschenverstand gerade versperren will. Durch Infragestellung des allgemein verbreiteten Alltagswissens kann die Soziologie dazu ermutigen, „unsere Erfahrung neu zu beurteilen, viele andere Möglichkeiten ihrer Interpretation zu entdecken, etwas kritischer zu werden, weniger versöhnlich gegen den Zustand der Dinge, wie er ist oder wie wir glauben, dass er sei (vielmehr: wie wir glauben, dass er anders nicht sein könnte)" (ebd. 28). Dabei verfügt das soziologische Denken über eine eigene Macht, Verfestigtes aufzulösen. Es bringt die scheinbar fixierte und erstarrte Welt wieder in Bewegung und verweist darauf, dass die Welt anders sein könnte, als sie ist (ebd. 29).

Aus der Perspektive der Informatik hat Carl Adam Petri in seinem Geleitwort zur seinerzeit noch jungen Forschungsrichtung der Sozionik in dem ersten hierzu erschienenen Band (v. Lüde, Moldt und Valk, 2003) die gemeinsame Zusammenarbeit in einem disziplinübergreifenden Projekt begrüßt, indem er darauf verwies, dass es an der Zeit sei, die Methodik der Soziologie um das Werkzeug der Modellbildung zu erweitern, die sich auf anderen Gebieten bei der Erforschung komplexer technischer und organisatorischer Systeme bewährt hätten, die im Kern mathematischer Art seien und von der Informatik getragen würden. Dabei ginge es nicht darum, das „sensible Gefüge sozialer Beziehungen in ein mathematisches Korsett zu zwängen" und gleichsam Methoden mathematischer Modellbildung, wie sie sich in den Naturwissenschaften so hervorragend bewährt hätten, zu übertragen. „Die mathematische Exaktheit eines soziologischen Modells darf sich nicht auf eine beliebig genaue Vorhersagbarkeit von Zustandsgrößen beziehen – diese ist selbst in der Physik nur illusorisch – sondern auf die begriffliche Durchdringung und die Widerlegungsdefinitheit des vorgestellten Modells." (C. A. Petri in v. Lüde, Moldt und Valk, 2003, XI). Zur begrifflichen Durchdringung zählt Petri dabei, dass die durch Worte und eigens gebildete Fachwörter vorgegebene Begriffsstruktur nicht nur wiedergegeben, sondern bis zur Abdeckung des gesamten Modells erweitert werden kann. Die Überzeugungskraft eines Modells zeigt sich nach Petri u.a. durch die Einfachheit und Einheitlichkeit der benötigten Bausteine. Der Leser dieses Buches möge sich davon überzeugen, dass die Wahl der Petrinetze als Modellierungsrahmen nicht durch ein beliebiges anderes mathematisches Modell ersetzt werden kann, sondern durch seine spezifischen Qualitäten zu besonders aussagekräftigen Ergebnissen führt.

Beiden *grand old men* der Paten-Wissenschaften der Sozionik fühlen sich die Wissenschaftler des DISPO-Projektes verpflichtet, und zwar nicht nur dadurch, dass sie die hier wiedergegebenen „Aufträge" der beiden Disziplinen quasi inkorporiert haben – und damit erst eine transdisziplinäre Sicht ermöglichen – sondern auch dadurch, dass sie die zugrundeliegenden Theorien und theoretischen Werkzeuge als Grundlagen ihrer Arbeit aufgefasst, umgesetzt und weiterentwickelt haben. Ihr wissenschaftliches Vermächtnis ist uns Auftrag und Programm zugleich, auch wenn wir uns in den konkreten Fragen dieses Projektes von ihren eigenen Forschungen lösen oder darüber hinausgehen.

Dieses Buch wendet sich nicht nur an den Kreis der „Sozioniker" im engeren Sinne, sondern an die Community der Informatiker und Soziologen. Deshalb scheint eine kurze Leseempfehlung angemessen. Wir verstehen „lebendiges Lesen" als einen Lesevorgang, bei dem der Leser nicht in eine lineare Ordnung gezwungen wird. So kann die Lektüre auch am Ende dieses Buches begonnen werden. Dabei wird man auf das empirische Forschungsfeld des Projektes stoßen, die „Transformationsprozesse universitärer Governance-Strukturen". Das sei all denen empfohlen, die an einer empirisch begründeten (Re-)Konstruktion der Governance von Universitäten interessiert sind. Man kann aber auch einzelne Kapitel herausgreifen, von denen man durch die Thematik oder die jedem Kapitel vorangestellte Zusammenfassung gleichsam angelockt wird.

Für diejenigen, für die eine wissenschaftliche Arbeit nur dann gut ist, wenn sie auch selber zitiert sind, haben wir die Arbeit etwas erschwert, weil wir aus systematischen Erwägungen heraus die Literatur den jeweiligen Einzelkapiteln beigefügt haben. Diese Leser müssen wir mit ihrer Frage, ob lesen oder nicht lesen, auf die Literaturverzeichnisse der Einzelkapitel verweisen.

Man kann dieses Buch schließlich als Grundlage von Seminaren verwenden, und zwar sowohl in der Soziologie als auch in der Informatik, weil es sich sehr grundlegend den jeweiligen Theoriegebäuden der beiden Einzeldisziplinen als auch einer transdisziplinären Herangehensweise verpflichtet fühlt. Transdisziplinarität in unserem Verständnis meint, dass sich Soziologen auf Denk- und Wahrnehmungsmuster, Sichtweisen und Wissenschaftslogiken von Informatikern einlassen und in sie „einleben", während Informatiker die entsprechenden Modi der Soziologen adaptieren, ohne jeweils ihre eigene disziplinäre Identität aufzugeben. Ein solcher wissenschaftlicher Habitualisierungsprozess wird nur in einem längeren gemeinsamen Forschungs- und Austauschprozess erreichbar, wie er idealerweise in einem Schwerpunktprogramm der DFG ermöglicht wird. Wer diesen Prozess nachvollziehen will, beginnt das Buch am besten mit dem ersten Kapitel. Um allen diesen unterschiedlichen Herangehensweisen an einen wissenschaftlichen Forschungsbericht – der dazu noch auf dem Gebiet der Sozionik Neuland betritt – gerecht zu werden, werden im Folgenden die Einzelkapitel kurz vorgestellt.

Im ersten Abschnitt dieses Bandes wird das Konzept der Selbstorganisation im Detail betrachtet. Da sich die Arbeit an ein sozionisch interessiertes Publikum wendet, soll hier zunächst eine gemeinsame konzeptionelle Basis für Soziologen und für Informatiker geschaffen werden. Kapitel 2 beginnt mit der Darstellung allgemeiner Aspekte der Selbstorganisation, wie sie aus der Informationstheorie bekannt sind.

Kapitel 3 behandelt Selbstorganisation speziell in Hinblick auf Multiagentensysteme. Hierbei geht es insbesondere um den Aspekt der Koordinierung in Agentensystemen. Wir betrachten Multiagentensysteme auf verschiedenen Abstraktionsebenen: Wir können zum einen die Perspektive der Agenten und ihrer Handlungswahl einnehmen. Abstraktere Perspektiven betrachten Agentensysteme dagegen auf Ebene der Interaktion bzw. auf der Ebene des Teams. Die abstrakteste Perspektive ist wohl die, ein Agentensystem als Organisationsform zu betrachten. Jede Perspektive liefert ihren spezifischen Beitrag zur Flexibilität der Agentensysteme. Koordination in Form von Kooperation und Konkurrenz stellt einen Mechanismus auf der Ebene kleinerer Agentengruppen dar, um durch Verhandlung und verteiltes Problemlösen Aufgaben intelligent und flexibel zu bearbeiten. Daneben stellen Normen und Institutionen überindividuelle Mechanismen dar, die sich auf die Handlungswahl der Agenten auswirkt, ohne selbst direkt Bestandteil des Agenten zu sein. Als besondere Herausforderung studieren wir die Skalierungsproblematik der Verteilten Künstlichen Intelligenz, d.h. die Aufgabe, auf Basis lokaler Programmierung global kohärente Prozesse zu erschaffen. In diesem Zusammenhang werden wir auf die Wechselseitigkeit von Handlungen und Strukturen stoßen. Die Sozionik studiert genau diese Wechselwirkung von Mikro- und Makro-Elementen in Multiagentensystemen, d.h. die Abhängigkeiten von Prozessen, bei denen zum einen die Handlunsgwahl des Akteurs eine unabhängige Variable ist, zum anderen aber auch die Institutionen eine Rolle spielen. Die Herausforderung liegt hierbei in der reflexiven Verschränkung beider Effekte.

Dass die sozionische Forschung dabei auch Impulse für die Weiterentwicklung einer allgemeinen Sozialtheorie ergeben würde, war sicher so nicht abzusehen. Dass dies geschah, mag mit ihrem transdisziplinären Zuschnitt zusammenhängen – es ist wohl kein Zufall, dass sich hier gewisse Parallelen zur Akteur-Netzwerk-Theorie (ANT) ergaben (Belliger und Krieger, 2006), deren Forschungen sich, teilweise analog zur Sozionik, im Dreieck Allgemeine Soziologie – Wissenschaftssoziologie – Technikforschung bewegen.

Die sozionische „Relativitätstheorie des Sozialen" (Kap. 4), wie sie hier zugegebenermaßen unbescheiden genannt wird, geht dabei aber nicht von Akteuren (Aktanten, Agenten) aus, sondern analysiert deren Komponenten – und zugleich die Komponenten sozialer Strukturen. Die Analyse führt zu dem Resultat, dass das Soziale aus Wirkungsbeziehungen, aus *Wirkrelationen* besteht – Wirkrelationen, die sich, von jedem sozialen Einzelphänomen aus gesehen prinzipiell unendlich weit in die Zeit und in den gegenwärtigen sozialen Raum ausdehnen. Konstruktiv gewendet, konjiziert sie, dass soziale Phänomene nur dann verstanden und erklärt werden können, wenn bekannt ist, durch welche Wirkrelationen sie konstituiert, oder einfacher, wie sie bewirkt werden: erstens, wie und durch was sie in der Vergangenheit erzeugt worden sind, und zweitens, wie und durch was sie gegenwärtig reproduziert werden.

Was so einfach klingt, zeigt sich sofort als nicht trivial und schwierig, wenn, erstens, man versucht, sozialtheoretische Texte darauf zu befragen, wer oder was darin denn welches andere bewirkt, und wie diese Wirkung im einzelnen zu Stande kommt; zweitens, wenn man empirisch genau hinsieht und die Komplexität des Netzes von Wirkrelationen erkennt, die dazu beitragen, dass, etwa, selbst ein scheinbar so einfaches soziales Phänomen wie das Erteilen und Befolgen einer Weisung zu Stande kommt – oder eben nicht zu Stande kommt, oder zumindest nicht so, wie von den beteiligten Akteuren beabsichtigt.

Die Relativitätstheorie des Sozialen stellt, auch das soll hier angezeigt sein, einige gewohnte sozialtheoretische Konzeptionen des „Letztelements" des Sozialen als zu voraussetzungsvoll – zu „substanzialistisch" – in Frage: so etwa Intentionalität, Handeln, Kommunikation, Akteure/Individuen/menschliche Personen, Dyaden. Sie ergänzt transintentionale Sozialität, Zulassen, bloßes Verhalten, „Rezeptoren", „Dividuen" und nichtmenschliche, aber sozial wirkende Entitäten wie Tiere, Pflanzen und sogar Dingen – und freilich Konstellationen statt Dyaden. So kommt sie zu einer Konzeption des Sozialen, die zwar mit dem intuitiven „Menschen in Beziehungen" nichts mehr gemein hat, dafür aber die Komplexität des realen Sozialen in den Blick zu nehmen erlaubt.

Was gewinnt man mit einer so abstrakten Sozialtheorie? Das ist heute sicher noch nicht vollständig voraus zu sehen. Aber zwei Andeutungen seien erlaubt. Die Konzentration auf Relationen kann dazu führen, dass erstens die Rolle der bislang unterschätzten Komponenten des Sozialen stärker in den Blick gerät – Dinge, technologische Apparaturen, Körper, Tiere, Pflanzen, Land und Erde, unterdrückte oder abgeblendete Gruppen von Menschen. Zweitens öffnet die relationale Analyse die Möglichkeit, wenigstens theoretisch noch etwas weniger als bisher hinzunehmen, was nun einmal so geworden ist, wie es heute ist, sondern es auf seine Entstehungsbedingungen und seine nicht verwirklichten Alternativen zu befragen – mithin eine Sicht auf Prozesse und Potentiale zu richten, die gegen zu stark behauptende, zu einseitig oder frei schwebend interpretierende, zu sehr der Anschauung verhaftete oder zu sehr den alltags- und wissenschaftlich theoretischen Vorurteilen folgende Darstellungen des Sozialen Einspruch erheben kann. Schließlich kann kaum eine Sozialtheorie darauf verweisen, ihre eigene Methodologie mitgeliefert zu haben – genau dies ist bei der Relativitätstheorie des Sozialen aber der Fall.

Denn die Einsicht in die prinzipiell unendliche „Relationiertheit" – und damit Relativität – alles Sozialen legt Konsequenzen nahe: Konkret vor allem eine neuartige Forschungsorientierung, die die höchst voraussetzungsarme relativitätstheoretische Konzeption der Wirkrelationen für die Forschungspraxis fruchtbar machen will. Diese Forschungsorientierung wird in Kap. 5, Methodologie der Mechanismen-Analyse, dargelegt.

Dort wird vorgeschlagen, rätselhafte soziale Phänomene konsequent als *bewirkte* Phänomene zu begreifen, um dann die Relationen aufzuspüren, die sie mit den *Faktoren* (Bedingungen, Ursachen) verbinden, die jene sozialen Phänomene hervor gerufen haben und gegenwärtig reproduzieren. Dabei bildet der Zusammenhang der wirkenden Faktoren einen sozialen *Mechanismus*. Ein Mechanismus ist (im hier zu Grunde gelegten Sinn) ein im Ganzen von den beteiligten Akteuren unbegriffenes Zusammenwirken sozialer Relationen, das typisch musterhaft immer wieder und wieder abläuft und rätselhafte, emergente Strukturdynamiken (*structural drifts*) erzeugt – einschließlich ihrer jeweiligen „Zwischenstände": ebenso rätselhafter struktureller Zustände. Diese rätselhaften Zustände erscheinen den Forschenden dann als jene Phänomene, die am Anfang der Untersuchung standen.

Die Mechanismen-Analyse schließt an den *mechanism based approach* in den Sozialwissenschaften an (vgl. Hedström und Swedberg, 1998), überwindet aber deren methodologisch-individualistischen bias durch ihre relationale Orientierung, die sofort Beziehungen, Wechselwirkungen und Prozesse in den Blick nimmt und Makro- und Mikrostrukturen mit derselben methodischen Verfahrensweise erfasst und auf neuartige Weise verknüpft. Sie teilt mit dem Mechanismen-Ansatz dessen Bestreben, soziale Phänomene zu erklären und Hinweise zu ihrer konstruktiven Gestaltung zu geben, und sie teilt seine kritische Haltung gegen die zuweilen willkürlich und konsequenzlos wirkenden Interpretationen der „Großtheorien", gegen die erklärungstheoretisch sterile und daher beliebig erscheinende Variablensoziologie und gegen eine allzu sehr beschreibend-interpretierende qualitative Forschung. Positiv ausgedrückt, orientiert sich die Mechanismen-Analyse zu gleichen Teilen an empirischer Gegenstandsbegründung, theoretisch-explanativer Begründung und praktischer Bewährung und Problembearbeitung.

Im zweiten Abschnitt widmen wir uns den sozialwissenschaftlichen Konzepten, die für Multiagentensysteme relevant sind. Um die vorhandenen Konzepte der Sozialwissenschaft in informatischen Systemen nutzen zu können, ist es jedoch zunächst notwendig, sie derart aufzubereiten, dass sie anschlussfähig innerhalb der Informatik kommuniziert werden können, da es sich gezeigt hat, dass es nicht offensichtlich ist, wie Sozialtheorien angemessen auf Multiagentensysteme anzuwenden sind. Wir modellieren in Kapitel 6 die von Roman Langer erarbeitete spezielle *Theorie sozialer Selbstorganisation*. Die Ergebnisse der Modellierungsarbeit verwenden wir in Kapitel 7, um das Konzept eines Multiagentensystems zu entwickeln, das sich unmittelbar der Reflexivität der Mikro/Makro-Verbindung stellt. Die Besonderheit dieses Konzepts liegt darin, wie wir die Agenten betrachten, nämlich nicht mehr als abstrakte Formen menschlicher Akteure, sondern als reflexive, soziale Praxisformen im Sinne der Theorie sozialer Selbstorganisation.

Der dritte Abschnitt entwickelt dann – aufbauend auf den sozialtheoretischen Vorüberlegungen – ein formales Modell eines Multiagentensystems – SONAR genannt. Wir entwickeln ein formales Modell, das in sozialwissenschaftlich befriedigender Weise die wechselseitige Bedingtheit zwischen Mikro- und Makrophänomenen berücksichtigt. Will man, wie oben angedeutet, speziell selbstorganisierende Multiagentensysteme entwerfen, so folgt aus der wechselseitigen Bedingtheit, dass auch die Selbstorganisation ein wechselseitiger, d.h. reflexiver Prozess ist, der von den Agenten in Form von koordinierter Interaktion erbracht wird. Es handelt sich somit – pointiert formuliert – um Prozesse *koordinierter Selbstorganisation und selbstorganisierter Koordination*. Der erste Aspekt der koordinierten Selbstorganisation betont, dass der Prozess organisiert wird, mithin ein Makrophänomen darstellt, während der zweite Aspekt der selbstorganisierten Koordination betont, dass der Prozess von den Akteuren koordiniert wird, mithin ein Mikrophänomen darstellt. Beide Aspekte werden hier gleichermaßen berücksichtigt. Kapitel 8 formalisiert die Interaktion von Agenten durch den Formalismus der Dienstnetze. Kapitel 9 entwickelt ein Modell eines *Teams*, das die soziale Interaktion der Akteure rahmt. In Kapitel 10 entwickeln wir das Modell der Multiagentensystem-

Organisation, das die sozialen Strukturen zur Teambildung bereitstellt. Außerdem zeigen wir, wie sich von diesem Organisationsmodell direkt ein ausführendes Multiagentensystem generieren lässt. Kapitel 11 beschreibt die Reorganisation von Organisationen. Dieser Prozess modelliert die *Selbstorganisation*, da er von den Agenten des Systems selbst erzeugt wird. Kapitel 12 reflektiert die Unterscheidung in formale und informelle Organisation, bei der zwischen den Positionen und Rollen und ihren Inhabern getrennt wird, und zeigt, wie sich die sozialtheoretisch verbreitete Unterscheidung fruchtbar im agentenorientierten Entwurf von Softwaresystemen verwenden lässt.

Mit der Governance des Universiätssystems befasst sich der folgende, direkt auf einen Teil der sozialen Welt gerichtete, anwendungsbezogene Teil dieses Buches. Warum nähern wir uns dem Universitätssystem mit governance-analytischen Mitteln?

Transdisziplinäre Forschung, wie sie die Sozionik betreibt, hat sich auch die Governance-Forschung auf die Fahnen geschrieben. Der Governance-Ansatz verbreitet sich derzeit in Ökonomie, politischer Wissenschaft, Soziologie und neuerdings auch in der Erziehungswissenschaft – als *Educational Governance*, wird aber auch von gewichtigen politischen und wirtschaftlichen Akteuren im Diskurs über die Gestaltung von Weltordnungspolitik konzeptionell genutzt. Er passt zum sozionischen Ansatz, weil er sich neben der Überschreitung disziplinärer Grenzen zwecks Erklärung komplexer Steuerungs- und Regulierungsprobleme auch der multidimensionalen Erfassung von Phänomenen befasst, die vormals eher an Hand einiger weniger Dimensionen und außerdem getrennt voneinander beschrieben wurden, wie staatliche Steuerung, Selbstverwaltung, bürokratische Organisation oder Marktkonkurrenz. Mit seiner Orientierung auf die Gestaltung komplexer Regelsysteme im politischen, ökonomischen und im Bildungssystem bietet er an, als ein Zwischenglied zwischen der allgemeinen Relativitätstheorie des Sozialen und ihrer Methodologie, der Mechanismen-Analyse, und der konkreten empirischen Wirklichkeit zu dienen, wie der des Universitätssystems und seiner Reformen. Schließlich aber bezeichnet „Governance" etwas ganz ähnliches wie „Selbstorganisation", nämlich die Regulierung oder Steuerung eines komplexen Systems durch die Aktivitäten seiner Komponenten.

Und im Universitätssystem gibt es einiges zu entdecken, denn es ist in Bewegung geraten, die Stichworte „Bologna-Prozess", „europäischer Hochschulraum" und „BA/MA-Studiengänge" mögen hier genügen, um diese Bewegung anzudeuten. Und wo eine massive Bewegung sich ereignet, die einen Unterschied macht, dort wirft der Kontrast aus Neuem und Bekanntem Schlaglichter auf die *underlying mechanisms*, die basalen Strukturen sozialer Selbstorganisation, die sonst unter der Symbolik des allzu Gewohnten verborgen bleiben. Wir analysieren diese Bewegung und kreisen dabei um die fokale Frage, inwieweit sowohl dirigistische als auch symbolische Politik in der Lage sind, jene transintentionalen Mechanismen sozialer Selbstorganisation zu beeinflussen oder sogar zu beherrschen, mit denen sich das Hochschulsystem (wie jedes komplexe soziale System) selbst organisiert, reguliert und steuert.

Dies geschieht in vier Schritten. Zunächst bilanzieren Otto Hüther und Roman Langer das in verschiedensten Bedeutungen schillernde Governance-Konzept und versuchen, den gemeinsamen Nenner seiner unterschiedlichen Verwendungen zu explizieren. Dass dabei einige offene Fragen ans Governance-Konzept bleiben und sogar durch den Klärungsversuch erst entstehen, wird explizit in Form einer Aufzählung von Vor- und Nachteilen des Governance-Konzepts aufgezeigt.

In einem zweiten Schritt versucht Roman Langer, die verschiedenen Komponenten der Governance-Perspektive – bekannte Konzeptionen wie „Beobachten, Beeinflussen, Verhandeln" „Handlungskoordination", „Handlungslogik", „Gemeinschaft/Hierarchie/Markt" usw. – erstens aufeinander zu beziehen und zweitens mit der speziellen Theorie sozialer Selbstorganisation zu verknüpfen, wie sie in Kapitel 6 beschrieben ist. Die zentrale Idee dieser Verknüpfung besteht darin, dass Governance nichts anderes ist als Selbstorganisation – und zwar sowohl in transintentionaler Hinsicht (Governance- und Selbstorganisations-Mechanismen setzen sich gegen die Intentionen der beteiligten Akteure durch) und hinsichtlich intentionaler Gestaltung (verschiedene Akteure gestalten koordiniert und kooperativ ihre gemeinsam geteilten Selbstorganisationsstrukturen). Der Abschnitt mündet in forschungsorientierte Handlungsregeln zur Anwendung des so grundgelegten Governance-Konzepts.

Der dritte Schritt dann führt ins empirische Feld. Otto Hüther analysiert, noch auf Basis des etablierten Governance-Konzeptes, die Veränderungen formaler Strukturen im Hochschulsystem am Beispiel der „Stärkung der Leitungspositionen". Er prüft die Veränderung der formalen Strukturen – hier: der Gesetzesänderungen –, die in bundesdeutschen Hochschulen die Befugnisse und Kompetenzen der Dekane neu arrangierten, und kommt zu dem Resultat, dass es äußerst zweifelhaft sei, ob die „gestärkten" Dekane tatsächlich auf gesetzeskonforme Weise das Kollegialitätsprinzip durchbrechen können. Hüther diagnostiziert, dass statt klarer Kompetenzzuweisungen eine „neue Unübersichtlichkeit" hinsichtlich der formalen Regelung von Dekan-Kompetenzen Platz greift.

Im abschließenden vierten Schritt analysiert Roman Langer *informelle* Governance-Strukturen des Hochschulsystems. Zunächst wird die Governance-Dynamik nachgezeichnet, die zum Bologna-Prozess führte. Anschließend werden Governance- bzw. Selbstorganisationsmechanismen schlaglichtartig dargestellt, die auf sehr verschiedenen Ebenen des Bildungssystems – von der höchsten internationalen politischen Ebene bis zur Einzelschule – gleichzeitig wirken und gleichzeitig dafür verantwortlich zeichnen, dass eine solche Dynamik zu Stande kommen kann, als auch für Blockadetendenzen. Sie könnten sogar für die Entwicklung befreiender Alternativen wirken, aber dazu müssten sie intentional gestaltet werden können, was heute kaum absehbar ist. Unter anderem wird hier gezeigt, wie Dirigismus und symbolische Politik wie Komplizen im Prozess der Bologna-orientierten Reformdynamik wirken, welche Rolle die Logik der Konkurrenz und eine immanente Hierarchisierungsdynamik im Hochschulsystem spielen; das neo-institutionalistische Theorem der Entkopplung von Formal- und Aktivitätsstruktur wird aktualisiert und es wird schließlich die übergreifende Konkurrenz-Konservations-Dynamik dargestellt, die – zusammen mit den vorher dargestellten Mechanismen – dahin wirkt, dass die Verhältnisse vor Ort sich unterhalb der Außendarstellung der Politik und der Universitäten perpetuieren.

Hamburg, Januar 2009   Rolf v. Lüde
                                                                                                         Daniel Moldt
                                                                                                         Rüdiger Valk

Literaturverzeichnis

[Bauman 2000] BAUMAN, Zygmunt: *Vom Nutzen der Soziologie*. Frankfurt am Main : edition suhrkamp, 2000

[Belliger und Krieger 2006] BELLIGER, Andrea (Hrsg.) ; KRIEGER, David J. (Hrsg.): *Anthology. Ein einführendes Handbuch zur Akteur-Netzwerk-Theorie*. Bielefeld : Transcript, 2006

[Hedström und Swedberg 1998] HEDSTRÖM, Peter (Hrsg.) ; SWEDBERG, Richard (Hrsg.): *Social Mechanisms. An Analytical Approach to Social Theory*. Cambridge Univ. Press, 1998

[Malsch 1996] MALSCH, Thomas: Expeditionen ins Grenzgebiet zwischen Soziologie und Künstlicher Intelligenz. In: MALSCH, Thomas (Hrsg.): *Sozionik: soziologische Ansichten über Künstliche Intelligenz*. Edition Notema, 1996, S. 9–24

[von Scheve und von Lüde 2005] SCHEVE, Christian von ; LÜDE, Rolf von: Emotion and Social Structures: Towards an Interdisciplinary Approach. In: *Journal for the Theory of Social Behaviour* 35 (2005), Nr. 3, S. 303–328

[von Scheve u. a. 2006] SCHEVE, Christian von ; MOLDT, Daniel ; FIX, Julia ; LÜDE, Rolf von: My Agents Love to Conform: Norms and Emotion in the Micro-Macro Link. In: *Computational and Mathematical Organization Theory (CMOT)* 12 (2006), Nr. 2-3, S. 81–100

[v. Lüde, Moldt und Valk 2003] LÜDE, R. v. ; MOLDT, D. ; VALK, R.: *Sozionik: Modellierung soziologischer Theorie*. Münster : Lit-Verlag, 2003 (Wirtschaft – Arbeit – Technik). – URL http://www.lit-verlag.de/isbn/3-8258-5980-0. – Unter der Mitarbeit von M. Köhler, R. Langer, H. Rölke und D. Spresny

[Valk 2006] VALK, Rüdiger (Hrsg.): *Ordnungsbildung und Erkenntnisprozesse*. Hamburg University Press, 2006

Teil I

Das Forschungsfeld der Selbstorganisation

> „In der Informatik geht es genauso wenig um Computer
> wie in der Astronomie um Teleskope."
>
> E. W. Dijkstra

> „... da reicht es denn wirklich, 'n Blick auf unsere Gesellschaft zu werfen und die Bewusstlosigkeit zu sehen, die ich einfach menschenunwürdig nenne."
>
> G. Ensslin

Überblick

In diesem Abschnitt betrachten wir den aktuellen Forschungsstand zur Selbstorganisation in Multiagentensystemen. Wir beginnen zunächst in Kapitel 2 mit einer Darstellung von Konzepten aus dem Umfeld der Selbstorganisation. Dies geschieht mit der Intention, Begriffe, die teilweise schon zur alltäglichen „Folklore" der Sozionik gehören, zunächst einmal zusammenzutragen und zu einen kohärenten Kontext zu verbinden. Daher betrachten wir Konzepte wie das des Chaos, der Nichtlinearität, der Symmetriebrechung und der Attraktoren. Wir betrachten Maschinenmodelle und ihre Selbstbezüglichkeit am Beispiel so bekannter Systeme wie Turing-Maschinen, Zellulare Automaten, Lindenmayer-Systeme, neuronale Netzwerke, evolutionäre Algorithmen und Ameisenkolonien. Auch nähern wir uns dem Begriff der Emergenz und versuchen das Konzept der Ordnung klarer zu fassen, indem wir es im Kontext der Kolmogorov Komplexität, der Informationstheorie nach Shannon und der algorithmischen Komplexitätstheorie beleuchten. Wir beenden das Kapitel mit einer Darstellung von Selbstordnungsprinzipien der Synergetik, wie beispielsweise dem Versklavungsprinzip.

Kapitel 3 widmet sich der Selbstorganisation in Agentensystemen, die sich hier in Form von Koordinierungsphänomenen äußert. Wir skizzieren Multiagentensysteme zunächst anhand üblicher Perspektiven, die Agentensysteme entweder als System von Agenten, als Interaktionsgruppe, als Organisationsform oder sogar als Sozialität auffassen. Wir erläutern die elementaren Formen der Koordination, nämlich Kooperation und Konkurrenz. Kooperation äußert sich als verteiltes Problemlösen, Konkurrenz dagegen in Form von Verhandlungen. Wir betrachten normative Agenten, die sich von Institutionen in ihrer Handlungswahl leiten lassen. Als Gegensatz zur individualistischen Perspektive betrachten wir Multiagentensysteme auch als künstliche Organisationen, die der Rahmung und Strukturierung ihrer Mitglieder dienen. Dieser Aspekt ist insbesondere für die agentenorientierte Softwareentwicklung relevant, da Organisationen den Entwickler in die Lage versetzen, globale, agentenübergreifende Eigenschaften zu spezifizieren. Als Abschluss betrachten wir, inwiefern Agentensysteme Gegenstand sozialer Theorien sein können. Hierbei betrachten wir das Wechselspiel individueller Planung im organisationalen Kontext mit Institutionalisierungsprozessen.

In Kapitel 4 wird eine die Relativitätstheorie des Sozialen entworfen, die soziologisch ernst macht mit dem eben schon angesprochenen Gegensatz zur individualistischen Perspektive. Ohne kollektivistisch zu werden, analysiert sie die Komponenten sozialer Strukturen und sozialer Akteure, und dekonstruiert gleichzeitig bisherige Annahmen über die „Letztelemente" des Sozialen. Die Analyse führt zu dem Resultat, dass das Soziale aus *Wirkrelationen* besteht. Soziale Phänomene können nur dann verstanden und erklärt werden können, wenn bekannt ist, durch welche Wirkrelationen sie konstituiert werden. Die Relativitätstheorie des Sozialen ist eine Aufforderung dazu, empirisch genau hinzusehen und die Komplexität der Netze von Wirkrelationen zu erkennen, die dazu beitragen, dass soziale Phänomene entstehen und bestehen (und dazu, sozialtheoretische Texte unnachsichtig darauf zu befragen, wer oder was darin denn welches andere bewirkt, und wie diese Wirkung im einzelnen zu Stande kommt).

Kapitel 5, Methodologie der Mechanismen-Analyse, liefert eine Forschungs-Methodologie, die konsequent und eng an die Relativitätstheorie des Sozialen angelehnt ist. In konkreten, klaren Schritten weist sie an, wie rätselhafte soziale Phänomene als durch Mechanismen transintentionaler sozialer Selbstorganisation *bewirkte* Phänomene zu begreifen sind, und wie die generativen sozialen Mechanismen aufzuspüren sind, die diese rätselhaften, *emergenten* Phänomene bewirkt haben und nach wie vor bewirken. Ein Mechanismus gilt dabei als ein im Ganzen von den beteiligten Akteuren unbegriffenes Zusammenwirken sozialer Relationen, das typisch musterhaft immer wieder und wieder abläuft und rätselhafte, emergente Strukturdynamiken erzeugt – einschließlich ihrer jeweils erreichten ebenso rätselhaften struktureller Zustände. Die Mechanismen-Analyse schließt an den *mechanism based approach* in den Sozialwissenschaften an orientiert sich aber nicht an dessen methodologisch-individualistischen *bias*, sondern an der Relativitätstheorie des Sozialen – und darüber hinaus systematisch zu gleichen Teilen an empirischer Gegenstandsbegründung, theoretisch-explanativer Begründung und praktischer Bewährung und Problembearbeitung.

2 Emergenz, Selbstorganisation und Komplexität

MICHAEL KÖHLER-BUSSMEIER

Selbstorganisation ist eine disziplinübergreifende Forschungsrichtung, die sich mit Systemen beschäftigt, die ohne externen Eingriff ordnungsbildend wirken.

"Intuitively, self-organisation refers to the fact that a system's structure or organisation appears without explicit control or constraints from outside the system. In other words, the organisation is intrinsic to the self-organising system and results from internal constraints or mechanisms, due to local interactions between its components." (Serugendo u. a., 2004, S. 2)

Ordnungsbildung wird in so verschiedenen Bereichen wie der Laserphysik, der Thermodynamik, der Evolutionsbiologie, der Meterologie, der Informatik, der Wirtschaftswissenschaften und der Soziologie thematisiert. Die Grundannahmen und Konzepte der Selbstorganisation unterscheiden sich so elementar von den althergebrachten, dass Paslack (1991) von einem Paradigmenwechsel spricht:

„Die Antworten, die auf diese und ähnliche Fragen gefunden wurden, gingen freilich über das spezielle Frageinteresse hinaus und begründeten eine völlig neue Sicht der Natur". (Paslack, 1991, S. 1)

Die Forschungsrichtung der selbstorganisierenden Systeme begann sich in den 60er Jahren zu etablieren. Dieser doch recht späte „Durchbruch" des Selbstorganisationskonzeptes in der Wissenschaft liegt nicht zuletzt an dem Erfolg des mechanistischen Weltbildes in Kombination mit der mathematisch handhabbaren Theorie linearer Systeme, die eng mit der Differentialrechnung verbunden ist. Dieser Erfolg verführte dazu, Probleme so lange wie nur irgend möglich (teils auch noch länger) als linear zu klassifizieren, was den Blick auf die nichtlinearen Effekte versperrte.

Der Clou der selbstorganisierenden Systeme ist ihre Dynamik. Sie sind damit – überraschenderweise – notwendigerweise *instabile* Systeme. Die Strukturiertheit und Flexibilität dieser Systeme geschieht aber nicht trotz, sondern wegen ihrer Dynamik. Wir können diese Quintessenz folgendermaßen formulieren: Nur wandlungsfähige Systeme laufen stabil und nur instabile Systeme sind wandlungsfähig.

Die Beschreibung selbstorganisierender Systeme wartet mit einer Vielzahl neuer Konzepte auf: Selbstähnlichkeit, Fraktalität, Chaos, Nichtlinearität. Diese Begriffe haben mittlerweile Eingang in den allgemeinen Diskurs gefunden, wenn auch zum Teil in ihrer popularisierten Variante. Im folgenden wollen wir klären, welche Phänomene sich hinter diesen Begriffen verbergen.

2.1 Systeme und Systemdynamik

Die Systemtheorie ist eine fächerübergreifende Disziplin, die sich der mathematischen Modellierung und Analyse von Systemen widmet. Systeme bestehen aus Elementen und Beziehungen zwischen ihnen. Elemente sind meist nicht weiter strukturierte Gebilde. Ein besonderer Fall liegt vor, wenn wir die Elemente wiederum als Systeme konzipieren und eine rekursive Systemstruktur entsteht. Die Beziehungen können sowohl statischer als auch dynamischer Natur sein. Statische Relationen betreffen die Anordnung der Systemelemente zueinander, dynamische betreffen die Interaktionsbeziehungen zwischen den Elementen.

Als Teildisziplin der Systemtheorie gilt die Theorie der Nachrichtenübertragung nach Claude Shannon (1916-2001) und die Kybernetik nach Norbert Wiener (1894-1964). Im Rahmen der Systemtheorie werden die dynamischen Beziehung als Signale bezeichnet. Heinz von Foerster (1911-2002) gilt als der Begründer der zweiten Phase der Kybernetik. Die zweite Phase betrachtet den Aspekt der Selbstreferentialität von Systemen, d.h. Systeme verweisen mit ihrer Dynamik auf sich selbst zurück. Foerster behandelte nicht triviale Maschinen[1], d.h. Systeme, die eine innere Struktur aufweisen. Diese innere Struktur ermöglicht es, Signale autonom, d.h. nach eigenen Gesetzen zu verarbeiten. Man spricht von einer operationellen Geschlossenheit, da nur Operationen, die Bestandteil des Systems sind, auf das System einwirken können.

Foerster betrachtete auch, wie umgebungsoffene Systeme Ordnung generieren, indem sie Energie/Information aus der Umgebung nutzen, um interne Strukturen aufzubauen. Solche Ordnungsbildungsprozesse sind nur fernab des thermodynamischen Gleichgewichtszustandes möglich. In den frühen 60er untersuchte der Chemiker Ilya Prigogine Ordnungsbildung bei irreversiblen Prozessen. Die untersuchten Strukturen zeigten Effekte der *Pfadabhängigkeit*, d.h. nicht der momentane Zustand bestimmt die weitere Entwicklung, sondern die gesamte Historie (der Entwicklungspfad). In ähnlicher Art und Weise gelang es Manfred Eigens mit seiner Theorie der autokatalytischen Hyperzyklen, biochemische Prozesse (die Genese lebendiger Materie) auf die Selektionsprozesse der molekularen Ebene zu reduzieren

---

[1] Unter einer trivialen Maschine versteht Foerster eine Maschine, die eine direkte Kopplung von Input zu Output besitzt, während nicht-triviale einen Zustand besitzt, der es erlaubt, auf den gleichen Input in zustandsabhängig zu reagieren. Alle heutigen Automatenmodelle (wie endliche Automaten, Kellerautomaten, Turing-Maschinen usw.) fallen unter den Begriff der nicht-trivialen Maschine.

(siehe auch Eigen und Schuster, 1979). Autokatalytischer Prozesse verketten sich zu einem Hyperzyklus, der es erlaubt, Reproduktionsfehler zu korrigieren. Analog zur DNA sind Hyperzyklen somit in der Lage, Information zu kodieren und auch weiterzugeben. Analog zu Gattungen konkurrieren verschiedene Hyperzyklen um die zur Reproduktion benötigten Aminosäuren und steuern so den Evolutionsprozess.

Eng mit der Kybernetik ist Theorie der Automaten nach John von Neumann (1903-1957) und Alan Turing (1912-1954) verbunden. Weiter Bezüge ergeben sich zur Theorie berechenbarer Funktionen nach Alonzo Church (1903-1995), zur Theorie der formalen Sprachen nach Noam Chomsky (1928) sowie zur Komplexitätstheorie nach Kolmogorov (1903-1987). Für die Sozialwissenschaften gelten Talcott Parsons (1902-1979) und Niklas Luhmann (1927-1998) als Wegbereiter des systemischen Denkens. Talcott Parsons gilt als Begründer der handlungstheoretischen, Niklas Luhmann als Begründer der kommunikationstheoretischen Variante der soziologischen Systemtheorie.

Die in jüngster Zeit betrachteten Systeme besitzen eine Reihe gemeinsamer Attribute, die kennzeichnend für komplexe, sich selbst organisierende Systeme sind:

1. Offenheit: Komplexe Systeme sind typischerweise *offene Systeme*, d.h. sie tauschen Materie, Energie, Information usw. mit ihrer Umgebung aus. Nur unter diesen Annahmen besitzen sie die Fähigkeit zur Strukturbildung und Selbstorganisation.[2] Insbesondere die Lernfähigkeit biologischer Systeme, sei es individuell oder evolutionär, beruht auf dieser Grundlage.

2. Nichtlinearität: Die Wirkungszusammenhänge der Systemkomponenten sind im allgemeinen nichtlinear. Weist das Systeme mehre Häufungspunkte oder Attraktorzustände auf, so hängt es von den Anfangswerten ab, welcher angestrebt wird. Nichtlineare Systeme reagieren daher schon auf kleine Störungen, so dass ein System, das bei einem Parameterwert einen Attraktor anstrebt, schon bei einer kleinen Variation des Parameters einen völlig anderen Wert anstrebt kann, zwischen mehreren Werten oszilliert oder gar chaotisches Verhalten zeigt.

3. Pfadabhängigkeit: Komplexe Systeme reagieren nicht nur in Abhängigkeit vom aktuellen Zustand, sondern auch von der Vorgeschichte des Systems – dem Entwicklungspfad. Das System besitzt also einen internen Zustand. Zustandsbehaftete Systeme sind nicht mehr direkt beeinflussbar, da der Zustand die Reaktion vom Signal entkoppelt. Dies kommt im Konzept der *operationalen Geschlossenheit* zum Ausdruck, das besagt, dass Systeme, die Umweltreize nach eigenen Regeln verarbeiten, in erster Linie nur durch sich selbst beeinflusst werden und nur in zweiter Linie durch die Umwelt.

---

[2] Offene Systeme können sich fernab von einem thermodynamischen Gleichgewichtszustand befinden. Dies ist wichtig, denn im Gleichgewichtszustand verhindern die Grundsätze der Thermodynamik, hier der 2. Hauspsatz, eine Komplexitätssteigerung.

Zustandsänderungen erlauben es einem System, auf seine Umwelt zu reagieren, sich zu adaptieren. Die dabei ausgebildeten internen Strukturen des Systems dienen u.a. der *Komplexitätsreduktion* in der Reaktion auf die Umwelt.

4. Emergenz: Komplexe Systeme besitzen emergente Eigenschaften, d.h. Eigenschaften, die sich nicht auf Teileigenschaften reduzieren lassen. Bemerkenswerterweise ist eine Vielzahl der Systeme (z.B. Fischschwärme oder neuronale Netzwerke) ziemlich simpel aufgebaut, d.h. die einzelnen Elemente besitzen kaum Struktur und die Wechselwirkungen sind lediglich lokal.

5. Autopoiese: Autopoiese ist die Fähigkeit eines Systems, seine Bestandteile selbst wieder hervorzubringen. Das beinhaltet, dass die Begrenzung und der Erhalt der Systeme als Leistung des Systems selbst geschieht. Diese Prozesse sind systemintern und werden nur vom System selbst kontrolliert.

Diese Eigenschaften sind einerseits konzeptionell und phänomenologisch höchst bemerkenswert, andererseits steigt durch sie der Aufwand, diese System analytisch zu durchdringen, enorm.

2.2 Chaos und Nichtlinearität

Im Rahmen der Chaostheorie wird der Effekt nichtlinearer Kopplung studiert. Nichtlineare Systeme reagieren teilweise extrem bezüglich minimaler Schwankung der Ausgangswerte, frei nach dem Motto: kleiner Aufwand, große Wirkung. Die Betrachtung nichtlinearer Effekte – wie wir sie für Klimasysteme, bei Schwarmverhalten, Zellwachstum oder Ameisenstaaten vorfinden – hat gezeigt, dass selbst sehr einfache Kopplungsmechanismen komplexes Verhalten generieren können (vgl. dazu Mainzer, 1999).

Diese Eigenschaft ist das Besondere an komplexen oder chaotischen Systemen: Sogar wenn die Anzahl der Parameter klein ist und ihre Wechselwirkungsformen einfachen Gesetzen gehorcht, kann das Gesamtverhalten, d.h. die Systemdynamik, sehr komplex sein.

Damit ist in diesem Zusammenhang auch die Bedeutung des Wortes *Chaos* klar. Chaos bedeutet in diesem Fall nicht, dass sich komplexe Systemdynamiken der Analyse entziehen würden, denn schließlich handelt es sich um streng deterministische Systeme. Chaotische Systeme erfüllen aufgrund ihres Determinismus das starke Kausalitätsprinzip („Gleiche Ursachen haben gleiche Wirkungen"), aber aufgrund nichtlinearer Effekte nicht das schwache Kausalitätsprinzip („Kleine Veränderungen haben kleine Wirkungen"). So können sich Erkenntnisse über ein System schon bei kleinen Veränderungen der Randbedingungen in ihr Gegenteil verkehren. Daher ist es im praktischer Hinsicht schwierig, dass Verhalten chaotischer

2.2 Chaos und Nichtlinearität

Systeme zu prognostizieren, da ihre Dynamik empfindlich von den Anfangswerten abhängt und für alle realen Probleme die Anfangswerte stets nur mit einer endlichen Genauigkeit ermittelt werden können.

Eine globale Analyse nichtlinearer Systeme ist allerdings auch für unscharfe Anfangswerte möglich, beispielsweise indem man globale Eigenschaften des Systems bestimmt. Ein Beispiel hierfür ist die Bestimmung von Attraktoren. Attraktoren sind Systemzustände, die vom System angestrebt werden, und dies weitesgehend unabhängig davon, mit welchen Anfangswerten das System gestartet wird. Oftmals ist eine Analyse der Attraktoren ausreichend, um die Systemdynamik zu verstehen.

Wir betrachten im folgenden die Konzepte der Linearität und der Attraktoren.

2.2.1 Linearität

Ein System ist linear, wenn sich seine Dynamik als Kombination der Dynamik seiner Teile charakterisieren lässt. Lineare Systeme sind somit ein Paradebeispiel für den reduktionistischen Ansatz.

In der Mathematik äußert sich Linearität beispielsweise in der Beschreibung von Systemen mit Hilfe von Differentialgleichungen. Die lineare Differentialgleichung für die Funktion $y(x)$ lautet in Operatorschreibweise $L(y)$:

$$L(y) = \sum_{j=0}^{n} p_j(x) \frac{\mathrm{d}^j y(x)}{\mathrm{d}x^j} = r(x)$$

Die Koeffizientenfunktionen $p_j(x)$ sind dabei stetige Funktionen von x. Der Term $r(x)$ heißt Störfunktion. Die lineare Differentialgleichung heißt *homogen*, falls $r(x) = 0$ und ansonsten *inhomogen*.

Die Bezeichnung *linear* bezieht sich auf die Eigenschaften des Operators L. Für zwei n-mal stetig differenzierbare Funktionen $u_1(x)$ und $u_2(x)$ gilt nämlich das Superpositionsprinzip:

$$\begin{aligned} L(u_1 + u_2) &= L(u_1) + L(u_2) \\ L(au_1) &= aL(u_1) \end{aligned}$$

Für physikalische Probleme modelliert die Abbildung y die Konfiguration (bestehend aus Ort und Impuls) eines Teilchens in Abhängigkeit der Zeit. Die Transformation L beschreibt somit die zeitliche Entwicklung der Konfiguration durch den Raum aller Orts-/Impulskonfigurationen, den *Phasenraum*.

Beispiel Die lineare Differentialgleichung zweiter Ordnung mit konstanten Koeffizienten

$$\frac{\mathrm{d}^2 y}{\mathrm{d}x^2} + 2\gamma \frac{\mathrm{d}y}{\mathrm{d}x} + \rho^2 y = 0 \qquad (2.1)$$

besitzt die Erzeugenden von der Form $y(x) = e^{kx}$. Eingesetzt in die Differentialgleichung ergibt sich:

$$k^2 e^{kx} + 2\gamma k e^{kx} + \rho^2 e^{kx} = (k^2 + 2\gamma k + \rho^2)e^{kx} = 0$$

Da $e^{kx} \neq 0$ gilt, muss das charakteristische Polynom verschwinden, d.h. $P(k) = k^2 + 2\gamma k + \rho^2 = 0$. Es ergeben sich die Lösungen $k_{1,2} = -\gamma \pm \sqrt{\gamma^2 - \rho^2}$. Das Vorzeichen des Radikanten entscheidet über die Form der Lösung.

1. Falls $\gamma^2 - \rho^2 < 0$ gilt, so sind beide Lösungen $k_{1,2}$ imaginär. Mit $\omega^2 := (\rho^2 - \gamma^2)$ folgt $k_{1,2} = -\gamma \pm i\omega$:

$$y(x) = c_1 e^{-\gamma x} e^{i\omega x} + c_2 e^{-\gamma x} e^{-i\omega x} = e^{-\gamma x}(c_3 \sin(\omega x) + c_4 \cos(\omega x))$$

2. Falls $\gamma^2 - \rho^2 = 0$ gilt, so ist $k = -\gamma$ eine zweifache Lösung, d.h. eine Lösung mit der Vielfachheit Zwei.

$$y(x) = c_1 e^{-\gamma x} + c_2 x e^{-\gamma x}$$

3. Falls $\gamma^2 - \rho^2 > 0$ gilt, so sind beide Lösungen $k_{1,2}$ reell.

$$y(x) = c_1 e^{k_1 x} + c_2 e^{k_2 x}$$

Die beiden Konstanten ergeben sich aus den Randbedingungen für $\frac{dy}{dx}$ und y, meist $\frac{dy}{dx}(0)$ und $y(0)$. ⋄

Die Lösungen einer homogenen Differentialgleichung $L(y)$ bilden einen n-dimensionalen Vektorraum. Jede Lösung y ist somit eine Linearkombination $y = a_1 y_1(x) + \cdots + a_n y_n(x)$ der Basis $y_1(x), \ldots, y_n(x)$. Die Dynamik eines Systems $L(y)$ ergibt sich somit direkt als Linearkombination der der Einzeldynamiken $L(y_1), \ldots, L(y_n)$:

$$L(y) = L(a_1 y_1(x) + \cdots + a_n y_n(x)) = a_1 L(y_x) + \cdots a_n L(y_n)$$

Aufgrund dieser Linearität ist die komplette Dynamik bereits durch ihre n Erzeuger $y_1(x), \ldots, y_n(x)$ vollständig charakterisiert.

Aus der Linearitätseigenschaft erkennt man sofort, dass die Dynamik sich kaum verändert, wenn wir die Anfangsbedingungen verändern, denn für einen Eingangswert y, denn wir um einen kleinen Wert δ variieren, erhalten wir $L(y + \delta) = L(y) + L(\delta)$, d.h. die Veränderung $L(y + \delta) - L(y) = L(\delta)$ ist nur abhängig von δ, aber nicht von y selbst. Das System verändert sein Verhalten stetig im Verhältnis zu Änderung der Eingangswerte.

Für nichtlineare Systeme gilt diese Form der Stetigkeit nicht mehr, so dass eine minimale Variation der Eingangsgröße eine dominante Wirkung auf die Dynamik des Systems besitzen kann. Dieser Zusammenhang hat zur Konsequenz, dass jede Ungenauigkeit in der Erfassung der Randwerte große Auswirkungen auf die Dynamik hat.

2.2.2 Nichtlinearität

Nichtlineare Systeme werden auch als „chaotische Systeme" bezeichnet. Der Begriff „Chaos" ist insofern irreführend, als dass die beschriebenen Systeme exakt beschrieben sind und eine wohldefinierte, deterministische Entwicklung besitzen. Die Entwicklung der Systeme lässt sich jedoch nicht mehr so einfach verstehen wie im linearen Fall.

Nichtlinearität ist anekdotisch mit der Arbeit Edward Lorenz' verbunden, der ein Differentialgleichungssystem zur Beschreibung eines einfachen Klimamodells behandelte und dabei die kritische die Sensitivität von Systemen in Bezug auf Störungen entdeckte. Das Lorenz-System soll die Zustände in der Erdatmosphäre zum Zweck einer Langzeitvorhersage modellieren. Bei dem Lorenz-System handelt es sich um die Lösung eines Systems von drei gekoppelten, nichtlinearen Differentialgleichungen:

$$\begin{align} \dot{x} &= a(y-x) \\ \dot{y} &= x(b-z) - y \\ \dot{z} &= xy - cz \end{align}$$

Die Differentialgleichung wurde dabei numerisch mit Hilfe eines Computers gelöst. Als Lorenz einen Abschnitt seiner Berechnungen wiederholen wollte, gab er einen bereits zuvor berechneten Zwischenwert als Startwert ein. Auf dem Kontrollausdruck, von dem er die Werte abschrieb, waren die Daten jedoch nur in verkürzter Genauigkeit ausgedruckt worden, so dass das Programm nicht auf den exakten Werten, sondern auf gerundeten operierte. Zu seiner großen Überraschung stellte Lorenz fest, dass der zweite, auf den gerundeten Werten operierende Simulationslauf sich fundamental von dem ersten unterschied. Lorenz hatte erwartet, dass eine kleine Veränderung der Eingangsgrößen auch nur eine kleine Wirkung in der Berechnung nach sich ziehen würde. Stattdessen zeigte sich eine starke Sensitivität der Dynamik in Bezug auf die Anfangswerte, die sehr schnell die eigentliche Dynamik dominiert.

Das Verhalten solcher Systeme wird oft als „chaotisch" bezeichnet, man sprich von Chaostheorien. Dabei ist zu bemerken, dass es sich bei den betrachteten Systemen dennoch um streng kausal determinierte Gebilde mit exakt voraussagbarem Verhalten handelt. Die Besonderheit dieser Systeme liegt darin, wie sie auf kleine Veränderungen der Anfangsbedingungen reagieren.

Betrachten wir zunächst ein System (z.B. das Wettersystem), dessen zeitliche Dynamik durch einen Variablensatz $x(t)$ (z.B. Temperatur, Luftdruck, Strömung) bestimmt wird. Geben wir für $t = 0$ einen konkreten Startwert $x(0) = x_1$ vor, so ist damit die Dynamik festgelegt. Wie verändern sich die Dynamik, wenn wir den Startwert x_1 um einen im Verhältnis dazu sehr kleinen Wert δ ändern? Für lineare Systeme bleiben beide Dynamiken nah bei einander. Im Gegensatz dazu reagieren nichtlineare Systeme stark auf eine Variation der Randwerte. Die Dynamiken entfernen sich innerhalb kürzester Zeit voneinander.

Das chaotische Verhalten ist somit kein prinzipielles, sondern ein praktisches Problem. Da der Anfangswert eines realen Systems stets nur mit begrenzter Genauigkeit bekannt sein kann, führt die Variationssensitivität zu – zumindest lokal – nicht mehr voraussagbarem Verhalten. Diese Sensitivität wird auch oft als *Schmetterlingseffekt* bezeichnet. Plakativ wird formuliert, dass die vom Flügelschlag eines Schmetterlings verursachte Luftbewegung ausreicht, um einen Sturm zu entfachen.[3] Dies soll anschaulich machen, dass im atmosphärischen Strömungsbild kleine Ursachen große Auswirkung besitzen.

2.2.3 Symmetriebrechung: Kritische Punkte und Bifurkation

Symmetriebrechung ist ein zentraler Mechanismus, der zur Ordnungsbildung führt. Symmetriebrechung beschreibt dabei den spontanen Übergang von einem symmetrischen Zustand, dem Bifurkationspunkt, in einen Zustand, in dem die Symmetrie aufgehoben wird. Spontane Symmetriebrechung wird im allgemeinen durch die Veränderung eines Parameters in einem nichtlinearen System erzielt. Meist existieren dabei verschiedene Alternativen, die Symmetrie zu brechen. Unter einer Bifurkation versteht man eine qualitative Zustandsänderung in nichtlinearen Systemen. Der Begriff der Bifurkation (auch: Verzweigung) wurde von Henri Poincaré eingeführt. Nichtlineare Systeme, deren Verhalten von einem Parameter abhängt, können bei einer Änderung des Parameters ihr Verhalten plötzlich ändern. Am Bifurkationspunkt reichen minimale Fluktuationen (z.B. thermisches Rauschen) aus, um das System kippen zu lassen. In welchen Zustand das System dabei kippt, ist dabei aufgrund nichtlinearer Effekte praktisch nicht vorherzusagen.

Der überdämpfte Oszillator

Die spontane Symmetriebrechung und das Konzept der Bifurkation können anhand des einfachen Beispiels des überdämpften, anharmonischen Oszillators illustriert werden.

Für die Bewegung eines Teilchens der Masse m unter der äußeren Kraft F_0 gilt die Newtonsche Gleichung: $m\ddot{q} = F_0$. In vielen praktischen Problemstellungen kann die Kraft F_0 durch das Potential $V(q)$ des Teilchens dargestellt werden. Das mit der Kraft verbundene Potential $V(q)$ ist durch die Gleichung $F(q) = -\frac{dV}{dq}$

---

[3] In einigen populärwissenschaftliche Darstellungen finden sich die Argumentation, dass aus diesem Grunde Prognosen (wie die Wettervorhersage) unmöglich sind. Dabei wird vollständig außer acht gelassen, dass für diese Systeme sehr wohl statistische Effekte eine Rolle spielen, denn es wird nicht die chaotische Dynamik eines Teilchens betrachtet, sondern die Dynamik eines Ensembles. Eine Behandlung der Ensembledynamik kann auch im Fall nichtlinearer Systemen möglich sein.

charakterisiert:
$$m\ddot{q} + \frac{dV(q)}{dq} = 0$$

Solche Systeme heißen konservativ. In ihnen gilt die Energieerhaltung. Dies sieht man, indem man die Gleichung mit $\dot{q}$ multipliziert:

$$m\ddot{q}\dot{q} + \frac{dV(q)}{dq}\dot{q} = \frac{d}{dt}\left(\frac{m}{2}\dot{q}^2 + V(q)\right) = 0$$

Da das Teilchen nicht in Ruhe ist, gilt $\dot{q} \neq 0$, woraus folgt:

$$\frac{d}{dt}\left(\frac{m}{2}\dot{q}^2 + V(q)\right) = 0$$

Hieraus folgt insbesondere, dass $E = \frac{m}{2}\dot{q}^2 + V(q)$ (physikalisch: die Energie) eine Erhaltungsgröße ist. Konservative Systeme besitzen ein konstantes Phasenraumvolumen (Satz von Liouville).

Falls $m \ll \gamma$ gilt, wird die Bewegungsgleichung als stark überdämpft bezeichnet. In diesem Fall ist der Term $m\ddot{q}$ zu vernachlässigen. Durch die Veränderung des Zeitmaßstabes in Form von $t = \gamma t'$ kann der Parameter γ eliminiert werden und die Beziehung vereinfacht sich zu:

$$\dot{q} + \frac{dV}{dq} = 0$$

Die Kraft F_0 möge sich aus einem antreibenden Anteil F und einem Reibungsanteil proportional zur Geschwindigkeit v zusammensetzen, d.h. $F_0 = F - \gamma v$.

$$m\ddot{q} + \gamma\dot{q} + \frac{dV}{dq} = 0$$

Speziell für den harmonischen Oszillator ist F proportional zur Auslenkung aus der Gleichgewichtslage, d.h. $F(q) = -kq$. Das Potential ergibt sich in der Form:

$$V(q) = \frac{1}{2}kq^2 \tag{2.2}$$

Der Bezugpunkt kann willkürlich bestimmt werden. Hier wurde er zu $V(0) = 0$ bestimmt. Bedingt durch die Form des Potentials (vgl. Abb. 2.1) befindet sich das Teilchen in einer stabilen Position, da es stets in die Gleichgewichtslage bei $q = 0$ zurückkehrt.

Für den anharmonischen Oszillator kommt zum linearen Term kq ein zusätzlicher kubischer hinzu, d.h. $F(q) = -kq - lq^3$. Wir nehmen im folgenden an, dass l positiv ist. Für den anharmonischen Oszillator ergibt sich das Potential in der Form:

$$V(q) = \frac{1}{2}kq^2 + \frac{1}{4}lq^4 \tag{2.3}$$

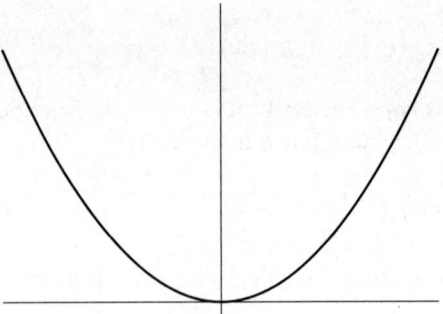

Abbildung 2.1: Das Potential $V(q) = \frac{1}{2}kq^2$ für $k > 0$

Das Potential ist also – wie im harmonischen Fall auch – absolut symmetrisch bezüglich der Koordinaten q.

Betrachten man den stark überdämpften Fall ($m \ll \gamma$) und verändert den Zeitmaßstab, um γ zu eliminieren, so vereinfacht sich die Bewegungsgleichung $m\ddot{q} + \gamma\dot{q} + \frac{dV}{dq} = 0$ zu:

$$\dot{q} = -kq - lq^3$$

In Abhängigkeit des Vorzeichens von k ergeben sich zwei qualitativ unterschiedliche Potentialkurven $V(q) = \frac{1}{2}kq^2 + \frac{1}{4}lq^4$ mit unterschiedlichen Nullstellen für q, jenachdem, ob $k > 0$ oder $k < 0$ gilt. Gilt $k > 0$, so ist $q = 0$ der stabile Punkt. Gilt $k < 0$, so liegen drei Lösungen vor. Dabei ist $q = 0$ ein instabiler Punkt und $q_{1,2} = \pm\sqrt{|k|/l}$ sind stabile.

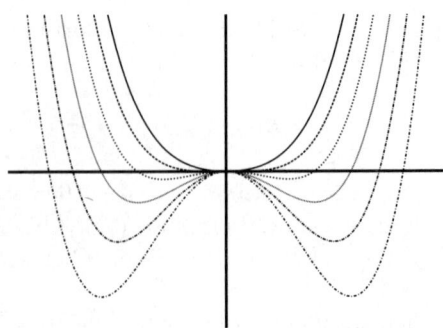

Abbildung 2.2: $V(q) = \frac{1}{2}kq^2 + \frac{1}{4}lq^4$ für verschiedene negative Werte von k

Abbildung 2.2 illustriert $V(q)$ für verschiedene k. Die Minima werden immer ausgeprägter, je weiter k ins Negative wächst. Beim Übergang von $k > 0$ zu $k < 0$ wird somit die zuvor stabile Lage bei $q = 0$ instabil.

Somit ist k ein Parameter, der die Selbstorganisation aktivieren und steuern kann. Eine winzige Störung reicht aus, um das System entweder in der Lage $q = q_1$ oder in der Lage $q = q_2 = -q_1$ zu stabilisieren. Es findet also durch die Variation von k eine spontane Symmetriebrechung – in einem ansonsten absolut symmetrischen System – statt. Dieser Wechsel von „stabiler Zustand $q = 0$" in die Aufspaltung in zwei Zustände „instabiler Zustand ($q = 0$)" und „stabiler Zustand ($q = q_{1,2}$)" wird als Bifurkation bezeichnet.

Die Verhulst-Dynamik

Ein weiteres bekanntes Beispiel zur Bifurkation ist die Verhulst-Dynamik, die eine Populationsentwicklung modelliert:

$$x_{n+1} = r \cdot x_n \cdot (1 - x_n)$$

Hierbei ist x_n eine Zahl zwischen 0 und 1. Sie repräsentiert die relative Größe der Population im Jahr n. Die Zahl x_0 steht also für die Startpopulation (im Jahr 0). Der Parameter r ist immer eine positive Zahl, sie gibt die kombinierte Auswirkung von Vermehrung und Verhungern wieder.

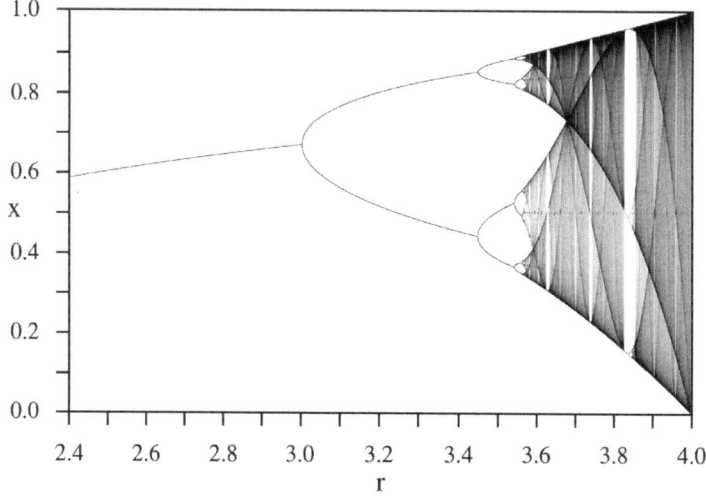

Abbildung 2.3: Bifurkationsdiagramm der logistischen Gleichung

Wir betrachten die Entwicklung von x_n bei verschiedenen Werten von r für große Werte von n. Trägt man die Häufungspunkte der Folge gegen den Parameter

r auf so erhält man das Bifurkationsdiagramm der logistischen Gleichung, auch Feigenbaum-Diagramm genannt (vgl. Abb. 2.3). Es zeigt sich, dass das Verhalten nicht vom Anfangswert abhängt, sondern nur von r selbst: Für $0 \leq r < 1$ stirbt die Population, für $1 \leq r < 2$ nähert sich die Population monoton einem Grenzwert an, für $2 \leq r < 3$ erfolgt die Annäherung oszillierend um den Grenzwert herum, für $3 \leq r < 1 + \sqrt{6}$ wechselt die Folge zwischen zwei Häufungspunkten. Ab $r = 3,57...$ beginnt das Chaos, das dadurch gekennzeichnet ist, dass Perioden nicht mehr zu erkennen sind und kleine Änderungen des Anfangswertes in unterschiedlichsten Folgewerten resultieren.

2.2.4 Trajektorien

Systeme, die sich durch lineare Differentialgleichungen beschreiben lassen, besitzen die Eigenschaft, dass sie auf Störungen linear reagieren. Interpretiert man u als das eigentliche Signal und v als Störung, so folgt aus der Linearität $L(u+v) = L(u) + L(v)$, dass sich die Dynamik relativ zu u um $L(u+v) - L(u) = L(v)$ verändert, d.h. genau um die Transformation der Störung. Ist die Störung v im Verhältnis zum eigentlichen Signal u klein, so ist auch die Auswirkung auf die Transformation $L(u+v)$ klein im Verhältnis zu $L(u)$.

Betrachten wir ein System, das durch die Größe q charakterisiert wird. Die Dynamik eines Systems ist die zeitliche Entwicklung der das System charakterisierenden Größen, also $q(t)$. Hierbei bezeichnet t die Zeit, deren Struktur meist mit den reellen Zahlen identifiziert wird. Zur Dynamik gehört neben der Zeitabhängigkeit von q auch noch die relative Veränderung von q (mit $\dot{q}(t)$ bezeichnet) und die Geschwindigkeit der relativen Veränderung (mit $\ddot{q}(t)$ bezeichnet).

Eine grundlegende Eigenschaft der Physik mechanischer Systeme ist es, dass diese (bis auf die Anfangsbedingungen) komplett durch Ort $q(t)$ und Geschwindigkeit $\dot{q}(t)$ charakterisiert sind.

In der Newtonschen Mechanik bewegt sich ein Teilchen der Masse m unter der äußeren Kraft F_0 gemäß der Newtonschen $m\frac{dv}{dt} = F_0$. Wir betrachten den einfachen Fall eines Kraftfeldes, das der Auslenkung proportional entgegengesetzt ist, das sogenannte „lineare Pendel". Berücksichtigt man, dass die Geschwindigkeit v die erste Ableitung der Ortskoordinaten q bzgl. der Zeit t ist, d.h. $v = \dot{q} = \frac{dq}{dt}$, so ergibt sich:

$$m\ddot{q} = -kq \quad \text{bzw.} \quad \ddot{q} = -\omega_0^2 q \quad \text{mit} \quad \omega_0^2 = k/m \quad (2.4)$$

Als Lösung dieser linearen Differentialgleichung erhalten wir

$$q(t) = a\sin(\omega_0 t + \phi).$$

Die beiden Konstanten a (die Amplitude) und ϕ (die Phase) können frei gewählt werden. Die beiden Konstanten generieren eine Systemklasse. Alle System dieser

2.2 Chaos und Nichtlinearität

Klasse besitzen die gleiche Form, eine Schwingung. In diesem Beispiel ist es also so, dass die Systemparameter auf die grundsätzliche Dynamik keine Auswirkung haben. Dies ist eine typische Eigenschaft linearer Systeme, während nichtlineare Systeme kritisch auf die Anfangsbedingungen reagieren.

Die durch die Anfangswerte (auch: Randbedingungen) generierte Systemklasse kann man sich durch ihre Trajektorien veranschaulichen. Die für mechanische System relevanten Größen Ort q und Geschwindigkeit $\dot{q}$ bilden den sogenannten Phasenraum. Eine Phasenbahn (Trajektorie im Phasenraum) erhält man, indem man die parametrisierte Kurve $(q(t), \dot{q}(t))$ für alle Werte für t betrachtet. Für das Beispiel des linearen Pendels gilt:

$$\dot{q}(t) = a\omega_0 \cos(\omega_0 t + \phi)$$

Der Phasenraum ist in Abbildung 2.4 angedeutet. Jede Trajektorie im Phasenraum $(q(t), \dot{q}(t))$ besitzt die Form eine Ellipse, da zwischen dem Ort $q(t)$ und der Geschwindigkeit $\dot{q}(t)$ folgende Abhängigkeit ergibt:

$$\frac{q^2(t)}{a^2} + \frac{\dot{q}^2(t)}{\omega_0^2 a^2} = 1$$

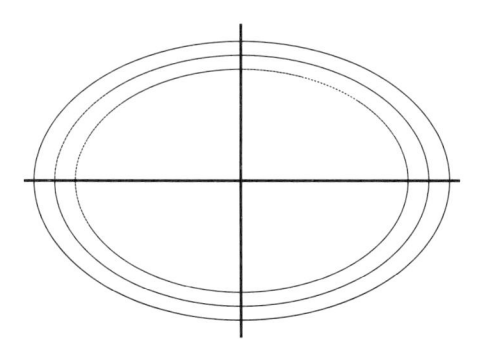

Abbildung 2.4: Phasenraum des ungedämpften Pendels

Die Bahnen sind für die freie Schwingung geschlossene Kurven, d.h. ohne Reibung schwingt das Pendel bis in alle Ewigkeit weiter. Betrachtet man das gleiche System mit Dämpfung, so ist (2.4) ein geschwindigkeitsabhängiger Reibungsterm hinzuzufügen:

$$\ddot{q} = -2\gamma \dot{q} - \omega_0^2 q \qquad (2.5)$$

Wenn wir annehmen, dass die Reibung klein ist: $\gamma < \omega_0$, dann ergeben sich – wie bereits für (2.1) analysiert – die beiden Lösungen $c_i e^{k_i}$ mit $k_{1,2} = -\gamma \pm i\omega$, wobei wir $\omega^2 := (\omega_0^2 - \gamma^2)$ gesetzt haben. Die allgemeine Lösung hat damit die Form:

$$q(t) = e^{-\gamma t}(c_1 \sin(\omega t) + c_2 \cos(\omega t))$$

Es ergibt sich die in Abbildung 2.5 dargestellte Schar von Phasenbahnen: Alle Bahnen streben spiralförmig dem Ursprung $(0,0)$ zu und das unabhängig vom Anfangszustand a, ϕ. Der Ursprung $(0,0)$ ist der Attraktor des Systems. Man erkennt gut, dass ähnliche Anfangszustände in beiden Systemen nah benachbarte Trajektorien besitzen.

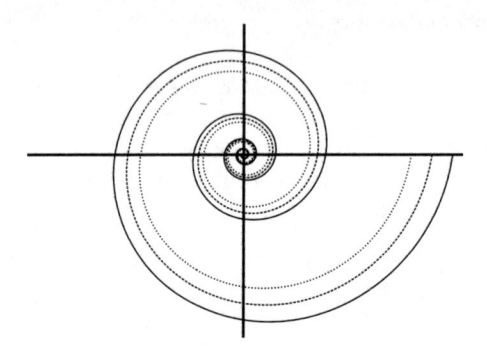

Abbildung 2.5: Phasenraum des gedämpften Pendels

2.2.5 Attraktoren

Ein Attraktor ist eine offene Umgebung im Konfigurationsraum, mit der Eigenschaft, dass die Phasenbahnen dieser Umgebung entgegenstreben: Sei eine offene Menge $U \subseteq \mathbb{R} \times \mathbb{R}^n$ gegeben. Die Punkte $x \in U$ stehen für Orte. Ein Vektorfeld ist eine Abbildung $v : U \to \mathbb{R}^n$. Sie ordnet jedem $x \in U$ den Vektor $v(x)$ zu. Dies kann beispielsweise die Geschwindigkeit einer strömenden Flüssigkeit sein. Eine Integralkurve ist eine Abbildung $\phi : I \to \mathbb{R}^n$, so dass für alle $t \in I$ gilt: $(t, \phi(t)) \in U$ und

$$\dot{\phi}(t) = v(\phi(t)).$$

Eine Integralkurve ist eine Lösung der Differentialgleichung:

$$\dot{x}(t) = v(x) \tag{2.6}$$

Dies steht ausführlich für das System von Differentialgleichungen:

$$\begin{aligned} \dot{x}_1(t) &= v_1(x_1, \ldots, x_n) \\ &\vdots \\ \dot{x}_n(t) &= v_n(x_1, \ldots, x_n) \end{aligned}$$

2.2 Chaos und Nichtlinearität

Ist zudem noch für t_0 ein Anfangswert x_0 vorgegeben, so dass $\phi(t_0) = x_0$ gelten soll, so liegt ein *Anfangswertproblem* vor. Der Existenzsatz von Picard-Lindelöf besagt, dass jedes Anfangswertproblem, bei dem F lokal Lipschitz-stetig ist, eine eindeutig bestimmte Lösung besitzt.

Ist die Differentialgleichung nicht exakt lösbar, so behilft man sich mit einer Stabilitätsanalyse und betrachtet das System anhand seiner Attraktoren. Eine Trajektorie $x_j = u_j(t)$ ist *stabil*, wenn zu einem Zeitpunkt $t = t_0$ „benachbarte" Trajektorien dies auch stets bleiben. Eine Trajektorie x_j heißt *asymptotisch stabil*, wenn zusätzlich $|u_j(t) - v_j(t)| \to 0$ für $t \to \infty$ gilt. Betrachten wir die Variation einer Trajektorie $u_j(t)$, d.h. $u_j(t) + \xi_j(t)$ für kleines $\xi_j(t)$. In diesem Fall gilt asymptotische Stabilität, falls $\xi_j(t) \to 0$ für $t \to \infty$ gilt. Für die Variation erhalten wir aus (2.6):

$$\dot{x}_j(t) + \dot{\xi}_j(t) = v_j(x_1 + \xi_1(t), \dots, x_n + \xi_n(t)) \tag{2.7}$$

Betrachten wir die Taylor-Entwicklung der Variation bzgl. ξ_j:

$$\dot{x}_j(t) + \dot{\xi}_j(t) = v_j(x_1, \dots, x_n) + \sum_k \left.\frac{\partial v_j}{\partial \xi_k}\right|_0 \xi_k(t) + \cdots$$

Da $\xi_j(t)$ eine sehr kleine Größe ist, können wir näherungsweise nach dem linearen Term abbrechen. Subtrahieren wir (2.6) $\dot{x}_j(t) = v_j(x_1, \dots, x_n)$ von der Näherung, so erhalten wir die Linearisierung:

$$\dot{\xi}_j(t) = \sum_k \left.\frac{\partial v_j}{\partial \xi_k}\right|_0 \xi_k(t) = \sum_k A_{jk}\xi_k(t) \quad \text{mit} \quad A_{jk} := \left.\frac{\partial v_j}{\partial \xi_k}\right|_0$$

Diese Analyse gilt sogar allgemein. Man betrachtet dazu die *kritischen Punkte* der Differentialgleichung. Die Nullstellen von $\dot{\phi}$ heißen kritische Punkte. Wenn eine Integralkurve ϕ gegen x_0 konvergiert, dann muss x_0 ein kritischer Punkt sein und die Konvergenz erfordert unendlich viel Zeit: $\phi(t) \to x_0$ für $t \to \infty$.

Ein kritischer Punkt x_0 des Vektorfeldes $v : U \to \mathbb{R}^n$ heißt *Attraktor*, wenn jede Umgebung $K \subseteq U$ von x_0 eine Umgebung V_K enthält, so dass jede in V_K beginnende Integralkurve zu allen Zeiten in K verbleibt und gegen x_0 konvergiert.

Das Einzugsgebiet eines Attraktors ist die Menge aller Punkte, die auf den Attraktor zustreben. Das Einzugsgebiet muss nicht notwendig den ganzen Phasenraum umfassen, es können in einem dynamischen System mehrere Attraktoren mit disjunkten Einzugsbereichen existieren.

Um herauszufinden, ob ein kritischer Punkt x_0 auch ein Attraktor ist, kann man das Feld am Punkt x_0 linearisieren. Dazu bildet man die Ableitung:

$$v' = \begin{pmatrix} \frac{dv_1}{dx_1} & \cdots & \frac{dv_1}{dx_n} \\ \vdots & & \vdots \\ \frac{dv_n}{dx_1} & \cdots & \frac{dv_n}{dx_n} \end{pmatrix}$$

Der *Satz von Poincaré-Ljapunov* besagt nun, dass x_0 ein Attraktor ist, wenn jeder Eigenwert der Matrix $A := v'(x_0)$ einen negativen Realteil besitzt.

Dies liegt daran, dass alle Lösungen der linearen Differentialgleichung $\dot{x} = Ax$ Lösungen von der Form $x = p \cdot e^{\lambda t}$ besitzen, wobei λ ein Eigenwert ist. Sind die Realteile aller Eigenwert sämtlich negativ, so konvergieren alle Lösungen $x = p \cdot e^{\lambda t}$ gegen Null. Der kritische Punkt ist stabil. Ist dagegen mindestens ein Eigenwert positiv, dann entfernt sich die Trajektorie von x_0.

Attraktoren können unterschiedliche Erscheinungsformen besitzen. Im einfachsten Fall ist der Attraktor ein Punkt im Konfigurationsraum. Für das Beispiel des gedämpften Pendels ist der Punkt $(0,0)$ des Phasenraums ein Attraktor, d.h. das System strebt dem Ruhezustand entgegen. Attraktoren können aber auch höherdimensionale Strukturen sein, wie beispielsweise Kurven, die periodisch durchlaufen werden. Dies geschieht in Räuber-Beute-Modellen, bei denen die Populationsgrößen periodisch ansteigen und sinken. Bekanntestes Beispiel hierfür sind die stabilen Räuber-Beute Zyklen im Lottka-Voltera System.

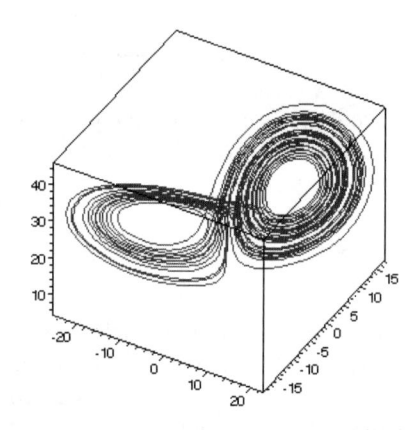

Abbildung 2.6: Der Lorenzattraktor

Eine besondere Klasse stellen die *seltsamen Attraktoren* dar, bei denen der Grenzzustand des Systems ein aperiodisches Verhalten zeigt, d.h. dass der Attraktor sich nicht als geschlossene geometrischen Form beschreiben lässt und auch keine ganzzahlige Dimension besitzt. Der Attraktor ist also ein Fraktal. Der bekannteste Attraktor dieser Art ist der in Abbildung 2.6 illustrierte Lorenz-Attraktor.

2.3 Maschinenmodelle und Rückkopplung

Rekursive Modelle erlauben einen Rekurs auf sich selbst, sind also rückgekoppelt und verändern als Folge ihre Struktur. Solche Systeme müssen eine Repräsentation von Prozessen besitzen, auf der sie strukturdynamisch operieren können. Rekursive Systeme sind z.B. in Form von Turing-Maschinen oder rekursiven Funktionen intensiv untersucht worden.

Eine besondere Form der Rekursivität ist die der Selbstähnlichkeit. Die Forschung zur Selbstähnlichkeit ist fester Bestandteil der Chaosforschung, hier besonders im Rahmen der fraktalen Geometrie. Mandelbrot beschäftigte sich mit den Eigenschaften von Fraktalmengen, insbesondere ihrer Selbstähnlichkeit, ihrer Skalenfreiheit und ihren nicht ganzzahligen Dimensionen (siehe Mandelbrot, 1982).

Die Besonderheit ist hierbei die Reproduktion der Systemelemente als Ergebnis der Systemprozesse selbst – kurz: die *Autopoiese*.[4] Die Theorie der Autopoiese nach Humberto Maturana stellt die Reproduktion von Systemen aus sich selbst heraus in den Gegenstand ihrer Betrachtung. Selbstreproduktive Prozesse basieren auch auf einem Generierungsmechanismus, der zum Gegenstand gemacht werden kann. Exemplarisches Beispiel sind Zellen, die in der Lage sind, mit Hilfe von Zellteilungsmechanismen und DNA-Duplizierung sich selbst zu reproduzieren. Wichtig ist hierbei die Autonomie des Systems, d.h. alle externen Signale werden nach internen Mechanismen verarbeitet – das System ist operational geschlossen.

2.3.1 Die Turing-Maschine

Wir betrachten nun das Standardmodell eines zustandbasierten Systems: die Turing-Maschine (TM). Die Turing-Maschine wurde zur Präzisierung des Algorithmenbegriffs eingeführt. Will man beispielsweise die Addition von Zahlen algorithmisch beschreiben, so kann man beide Zahlen untereinander auf kariertem Papier schreiben und rechts beginnend spaltenweise addieren, wobei man sich jeweils den Übertrag merken muss.

Eine Turing-Maschine formalisiert diesen Gedanken in verallgemeinerter Form (vgl. Abb. 2.7). Eine Turing-Maschine besitzt erstens eine endliche Menge von Zuständen Q. In dem Beispiel wurde damit der Übertrag festgehalten. Zweitens besitzt sie ein Speichermedium. Statt eines zweidimensionalen Papiers ist es ausreichend, sich auf eine Dimension einzuschränken: auf ein beidseitiges Turingband. Von den Zellen dieses Bandes kann die Maschine Zeichen eines endlichen Vorrats Γ lesen. Welches Zeichen gerade gelesen wird, bestimmt die Position eines Schreib/Lese-Kopfs. Dies wird genutzt, um die Dynamik zu spezifizieren. Befindet sich die Maschine im Zustand q und liest das Symbol x, dann überschreibt sie das x mit einem neuen Symbol x', wechselt in den Zustand q' und bewegt den Kopf nach

---

[4]Im allgemeinen Sprachgebrauch geht man davon aus, dass die Systemstrukturen die Dynamik bedingen. Der zentrale Punkt ist hierbei, was als Systemstruktur betrachtet wird. Zum einen können die Systemelemente und ihre Wechselwirkungsrelationen als Systemstruktur aufgefasst werden. Zum anderen kann eine stabile Konfiguration der Elemente zueinander als Systemstruktur bezeichnet werden. Hierbei handelt es sich aber um eine Verwechslung der Beschreibungsebenen. Ersteres ist die Struktur der Systemklasse, letzteres die Strukturinstanz. Ersteres ist statisch, letzteres dynamisch, denn die Struktur der Instanz ist ein Produkt der Dynamik der Klasse. Fazit: Systemstrukturen sind oftmals dynamische Größen.

links ($\leftarrow$) oder nach rechts ($\rightarrow$). Diese Veränderung wird durch die Turingtafel δ spezifiziert – einer partiellen Abbildung, die ggf. jedem Zustand q und gelesenen Symbol x die Aktion zuordnet:

$$\delta(q, x) = (q', x', m) \quad \text{mit} \quad m \in \{\leftarrow, \rightarrow\}$$

Die Übergangsfunktion δ ist im allgemeinen partiell. Ist $\delta(q, x)$ undefiniert, dann hält die Turing-Maschine einfach an. Initial sind endlich viele Bandfelder mit Symbolen aus dem Eingabealphabet $\Sigma \subseteq \Gamma$ beschrieben. Die restlichen Felder sind mit dem speziellen Symbol $\# \in \Gamma \setminus \Sigma$ beschrieben, dem *blank*. Einige der Zustände sind als Endzustände $F \subseteq Q$ ausgewiesen. Formal wird eine Turing-Maschine als Tupel $M = (Q, \Sigma, \Gamma, \delta, q_0, \#, F)$ notiert.

$\delta(q,x)$	x_1	$\cdots$	x_n
q_1	$(q_4, x_7, \rightarrow)$	$\cdots$	$(q_1, x_n, \leftarrow)$
$\vdots$	$\vdots$	$\ddots$	$\vdots$
q_m	$-$	$\cdots$	$(q_2, x_3, \rightarrow)$

aktueller Zustand: $q = q_0$
gelesenes Zeichen: $x = 0$

Turing-Tafel

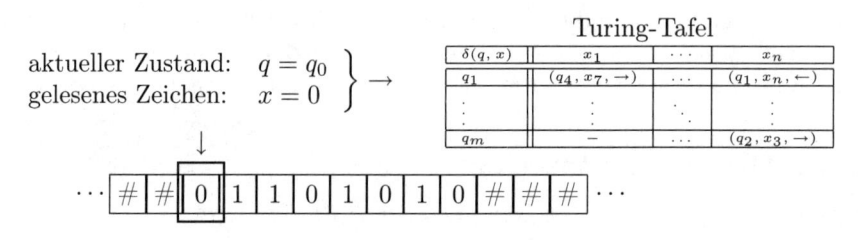

$\cdots$ | # | # | 0 | 1 | 1 | 0 | 1 | 0 | 1 | 0 | # | # | # | $\cdots$

Abbildung 2.7: Eine Turing-Maschine

Eine Konfiguration ist ein Tripel $\alpha = (u, q, v) \in \Gamma^* \times Q \times \Gamma^*$. Hierbei ist uv die Bandinschrift, wobei links und rechts davon nur noch das Symbol $\#$ vorkommt, was nicht explizit notiert wird. Der Zustand ist q, und der Schreib-Lese-Kopf befindet sich auf dem ersten Symbol von v. Ein Konfigurationsübergang wird als $\alpha_1 \vdash \alpha_2$ notiert.

Schränkt man die Struktur von δ und damit die erlaubten Kopfbewegungen geeignet ein, so erhält man Unterklassen der Turing-Maschinen, wie beispielsweise den *Endlichen Automaten*, bei dem der Kopf nur nach rechts bewegt wird, oder den *Kellerautomaten*, der stets nur auf dem Symbol am rechten Ende operiert.

Die oben beschriebene Turing-Maschine ist ein deterministisches Modell. Eine nichtdeterministische Turing-Maschine erhält man, indem man in der Turing-Tafel zu einem Paar (q, y) verschiedene (q', x', m) zur Auswahl hat. In diesem Fall ist der Konfigurationsübergang $\alpha_1 \vdash \alpha_2$ nicht mehr eindeutig von α_1 bestimmt, da es zu jedem α_1 verschiedene Nachfolgekonfigurationen α_2 gibt.

Eine Turing-Maschine kann zum einen dazu verwendet werden, um Sprachen zu erkennen. Die von einer Turing-Maschine akzeptierte Sprache $L(M)$ ist die Menge aller Worte $w \in X^*$, die eine endliche Konfigurationsfolge in einen Endzustand $q_f \in F$ führt:

$$\alpha_0 = (\epsilon, q_0, w) \vdash \alpha_1 \vdash \cdots \vdash \alpha_k = (u, q_f, v) \vdash \cdots$$

2.3 Maschinenmodelle und Rückkopplung

Zum anderen können wir mit Turing-Maschine auch Funktionen f definieren. Eine Turing-Maschine berechnet die Funktion $f : \Sigma^* \to \Gamma^*$ genau dann, wenn sie mit der Eingabe v gestartet den Funktionswert $f(v)$ auf das Band schreibt:

$$f(v) = w \iff (\forall \epsilon, q_0, v) \vdash \cdots \vdash (u_k, q_k, v_k) : q_k \in F \implies (u_k = \epsilon \wedge v_k = w))$$

Die so charakterisierbaren Funktionen heißen Turing-berechenbar. Die *Churchsche These* besagt, dass alle berechenbaren Funktion Turing-berechenbar sind.

Eine Menge $L \subseteq X^*$ heißt *aufzählbar* (auch: *semi-entscheidbar*), wenn es eine berechenbare Surjektion $f : \mathbb{N} \to L$ gibt. Die Funktion f numeriert die Elemente von L also durch: $f(0), f(1), f(2), \ldots$, wobei Elemente in dieser Aufzählung auch mehrfach vorkommen dürfen. Dieses Konzept ist stärker als das der Abzählbarkeit, bei dem die Elemente auch durch eine Funktion f aufgezählt werden, aber für f die Berechenbarkeit nicht gefordert wird. Die Menge der aufzählbaren Sprachen ist identisch mit der Menge aller von Turing-Maschinen erkannten Sprachen.

Eine Menge $L \subseteq X^*$ heißt *entscheidbar*, wenn die Indikatorfunktion $1_L : X^* \to \{0, 1\}$ von einer Turing-Maschine berechnet werden kann, d.h. für alle Elemente $w \in X^*$ kann entschieden werden, ob $w \in L$ gilt oder nicht.

Diese Begriffe – Entscheidbarkeit, Ab- und Aufzählbarkeit – sind in ihrer Extension verschieden. So ist jede entscheidbare Menge aufzählbar und jede aufzählbare Menge auch abzählbar – die Umkehrungen gelten jedoch nicht. Das *Halteproblem* L_H ist die Menge aller Paare (M, w), für die gilt, dass die Turing-Maschine M auf der Eingabe w halten wird:

$$L_H = \{(M, w) \mid M \text{ hält auf der Eingabe } w\}$$

Das Halteproblem L_H ist eine aufzählbare, aber keine entscheidbare Menge. Die *Diagonalsprache* L_d ist die Menge aller Paare (M, w), für die gilt, dass die Eingabe w von M nicht akzeptiert wird:

$$L_d = \{(M, w) \mid w \notin L(M)\}$$

Die Diagonalsprache L_d ist eine abzählbare, aber keine aufzählbare Menge. Details finden sich in (Hopcroft und Ullman, 1979).

2.3.2 Nebenläufige Automaten

Der Formalismus der Petrinetze geht auf die Dissertation Carl Adam Petris zurück (vgl. Petri, 1962). Petrinetze betonen, im Gegensatz zu den sequentiell arbeitenden Turing-Maschinen, die Verteiltheit des Zustandes sowie die Nebenläufigkeit unabhängiger Aktionen. Sie haben sich in der Informatik als zentrales Beschreibungsmittel nebenläufiger, zustandsdiskreter Systeme etabliert.

Ein Petrinetz kann man sich als die Synchronisation mehrerer Automaten vorstellen. Abbildung 2.8 zeigt zwei Automaten, die jeweils die gleiche Aktion ausführen. Um auszudrücken, dass beide Zustandsübergänge a synchron erfolgen sollen, fügen wir eine Transition wie in Abbildung 2.9 ein.

Grundlegend sind die sogenannten einfachen Petrinetze, deren Marken unstrukturiert sind. Sie unterteilen sich wiederum in elementare Netzsysteme, deren Stellen nur einfach markiert sein können, und in Stellen/Transitionsnetze, deren Stellen mehrfach markiert sein können (vgl. auch Reisig und Rozenberg, 1998). Das Modell der gefärbten Netze erlaubt dann eine Strukturierung der Marken.

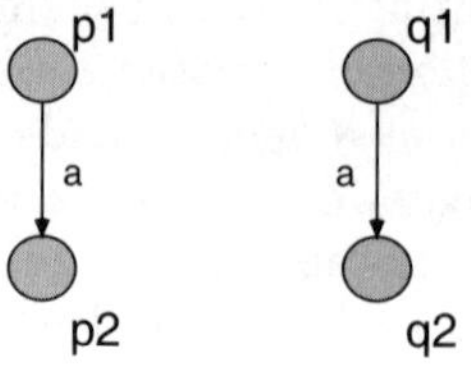

Abbildung 2.8: Zwei Automaten 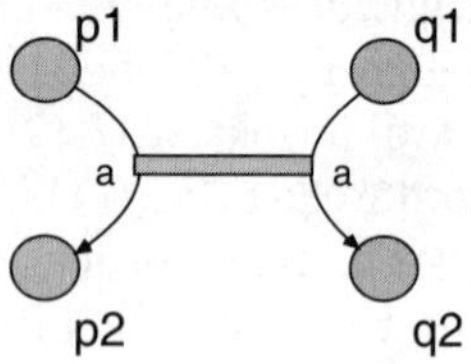   Abbildung 2.9: Petrinetz

Ein Petrinetz $N = (P, T, F)$ ist ein gerichteter, bipartiter Graph, der aus zwei disjunkten Mengen besteht: den Stellen P und den Transitionen T. Stellen sind die passiven, Transitionen die aktiven Elemente. Die Flussrelation F beschreibt die Kanten zwischen Stellen und Transitionen. Für ein gegebenes Netz ist der Vorbereich eines Elementes x definiert als $^{\bullet}x = \{y \mid yFx\}$ und der Nachbereich als $x^{\bullet} = \{y \mid xFy\}$.

Eine Markierung C ist eine Teilmenge der Stellen P. Die Dynamik eines Petrinetzes wird durch das Schalten von Transitionen bestimmt. Eine Transitionsmenge U ist aktiviert, wenn der Vorbereich von U markiert, der Nachbereich von U unmarkiert und die Umgebungen aller Transitionen in U disjunkt sind, d.h. wenn alle Transitionen nebenläufig zueinander sind. Sei $C \subseteq P$ die aktuelle Markierung des Netzes N. Eine Transitionsmenge $U \subseteq T$ ist in C aktiviert (notiert als $C \xrightarrow{U}$), wenn gilt:

$$^{\bullet}U \subseteq C \wedge U^{\bullet} \cap C = \emptyset \wedge \forall t, t' \in U : t \neq t' \implies (^{\bullet}t \cup t^{\bullet}) \cap (^{\bullet}t' \cup t'^{\bullet}) = \emptyset$$

Eine Transitionsmenge U, die in der Markierung C aktiviert ist, kann in eine Nachfolgemarkierung C' schalten (notiert als $C \xrightarrow{U} C'$), die definiert ist als $C' = (C \setminus {}^{\bullet}U) \cup U^{\bullet}$.

Nach dieser Definition ist die leere Ereignismenge aktiviert, und die Nachfolgemarkierung ist die ursprüngliche: $C' = C$. Aktiviert die Markierung C eine Transitionsmenge $U \subseteq E$, dann ist auch jede Teilmenge $U' \subseteq U$ aktiviert.

In der Definition drückt sich direkt die Nebenläufigkeit aller Transition in U aus: Wenn die Umgebung ($^{\bullet}t \cup t^{\bullet}$) einer Transition $t \in U$ disjunkt zu allen anderen Transitionen $t' \in U$ ist, dann ist ihre Aktivierung und ihr Effekt unabhängig von allen anderen Transitionen.

Platz/Transitions-Netze (kurz: P/T-Netze) sind Petrinetze, deren Stellen mehrfach markiert sein können. Da auf einer Stelle mehrere Marken vorhanden sein können, ist es möglich, dass Transitionen mehrere Marken zum Schalten benötigen, was durch eine Kantengewichtung ausgedrückt wird. Da die Stellen beliebig viele Marken aufnehmen können, ist die Menge der erreichbaren Markierungen eines P/T-Netzes nicht beschränkt. P/T-Netze sind ein Beispiel für ein System, dessen Struktur linear ist, denn die Schaltregel lässt sich im Rahmen der linearen Algebra beschreiben. Die Erreichbarkeitsmenge eines P/T-Netzes ist im allgemeinen jedoch noch nicht einmal semi-linear.

Auch Petrinetze sind reflexiv, sobald man als Marken der Netze wiederum Petrinetze erlaubt. Dieses Paradigma der *Netze in Netzen* wurde von Rüdiger Valk in (Valk, 1991, 2003) für eine zweistufige Hierarchie eingeführt und in (Köhler, 2004) auf den unbeschränkten Fall verallgemeinert.

2.3.3 Der Lambda-Kalkül

Was ist der mathematische Gehalt eines Funktionsausdrucks, beispielsweise $f(x) = x^2$? Ist es eine spezielle einstellige Funktion f in der Variablen x oder ist es eine Abbildungsvorschrift, die ein beliebiges x auf x^2 abbildet. Eine Funktion nach ersterer Auffassung ist Träger von Eigenschaften, z.B. der Stetigkeit. Funktionen nach letzterer Auffassung sind Berechnungsvorschriften.

Der Unterschied besteht darin, ob x ein Platzhalter sein soll oder für einen (beliebigen) Wert stehen soll. Dass diese beiden Anschauungen unterschiedlich sind wurde von Gotlieb Frege festgestellt. Den Unterschied zwischen beiden Auffassung kann man leicht daran feststellen, wenn man sich fragt, was der Ausdruck $f(3)$ bedeuten soll. Es handelt sich offensichtlich nicht um eine Funktion. Wir können es aber als Aufforderung zum Ausrechnen verstehen: $f(3) = 3^2 = 9$.

Alonso Church löste dieses Problem, indem er beide Konzepte klarer trennte: Die Funktion f wird durch einen Term $f = (\lambda x.x^2)$ repräsentiert, wobei λx bedeutet, dass die Variable x in f gebunden vorkommt. Der Charakter der Ausrechnens wird durch den Term $(f3)$ bezeichnet. Die Terme werden hintereinander notiert. Der Term $(f3)$ wird reduziert, indem das Argument 3 für jedes Auftreten der Variablen x eingesetzt wird: $(f3) \to ((\lambda x.x^2)3) \to 3^2 \to 9$.

Die Terme des (ungetypten) Lambda-Kalküls werden induktiv gebildet: Jede Variable $v \in V$ ist ein λ-Term. Sind M und N λ-Terme und $v \in V$ eine Variable, dann sind $(\lambda v.M)$ und (MN) λ-Terme.

Der Operator λ bindet Variablen. Folglich ist zwischen freien und gebundenen Variablen zu unterscheiden. So ist im Term $(\lambda x.x)$ die Variable x gebunden, während sie in $(\lambda y.x)$ frei vorkommt. Im Term $(\lambda x.x)x$ kommt x sowohl gebunden als auch frei vor.

Der konkrete Name einer gebundenen Variable ist irrelevant, d.h. $(\lambda x.x)$ und $(\lambda y.y)$ bezeichnen das gleiche Objekt. Die α-Äquivalenz identifiziert alle Terme, die durch Umbenennen gebundener Variablen ineinander überführbar sind. Es gilt also $(\lambda x.x) \equiv_\alpha (\lambda y.y)$. Mit Hilfe der α-Äquivalenz ist es stets möglich, einen Term

M so umzuformen, dass freie und gebundene Variablen disjunkt sind und dass jede gebundene Variable einen eigenen Bezeichner besitzt.

Die β-Regel formalisiert die Intuition des Ausrechnens, d.h. die Applikation (MN) eines Argumentes N auf einen variablenbindenden Ausdruck M führt zu einer Rechnung auf M. Die β-Regel lautet:

$$(\lambda x.M)N \underset{\beta}{\rightarrow} M[x \leftarrow N]$$

Hierbei bedeutet $M[x \leftarrow N]$ die Substitution aller freien Vorkommen von x in M durch N (ohne Variablen einzufangen). Ein Term hat im allgemeinen mehrere β-Redukte, da verschiedene Teilterme alternativ reduziert werden können.

Dass dieser Nichtdeterminus keine Probleme bereitet zeigt das *Church-Rosser Theorem*: Gilt $M \underset{\beta}{\overset{*}{\rightarrow}} N_1$ und $M \underset{\beta}{\overset{*}{\rightarrow}} N_2$, dann existiert ein N_3 derart, dass $N_1 \underset{\beta}{\overset{*}{\rightarrow}} N_3$ und $N_2 \underset{\beta}{\overset{*}{\rightarrow}} N_3$ gilt.

Daraus folgt, dass jeder λ-Term höchstens eine β-Normalform hat. Leider ist die β-Reduktion im allgemeinen nicht terminierend, so dass nicht alle λ-Terme eine β-Normalform besitzen. Einfachstes Beispiel ist der Term $\lambda x.xx$. Wenden wir diese Funktion auf sich selbst an, so erhalten wir:

$$(\lambda x.xx)(\lambda x.xx) \underset{\beta}{\rightarrow} (\lambda x.xx)(\lambda x.xx) \underset{\beta}{\rightarrow} \cdots$$

Eine Besonderheit des Lambda-Kalküls ist, dass Funktionen wie normale Werte behandelt werden. Einfachstes Beispiel ist die Identitätsfunktion, die durch den Term $\lambda x.x$ repräsentiert wird. Wenden wir diese Funktion auf sich selbst an, so erhalten wir als Ergebnis eine Funktion, nämlich die Identitätsfunktion selbst:

$$(\lambda x.x)(\lambda x.x) \underset{\beta}{\rightarrow} (\lambda x.x)$$

Die β-Äquivalenz $\equiv_\beta$ ist als die kleinste Äquivalenz definiert, die $\rightarrow_\beta$ enthält. Ist es entscheidbar, ob für zwei λ-Terme M und N die Äquivalenz $M \equiv_\beta N$ gilt? Diese Frage ist bedeutend, denn eine positive Antwort würde es beispielsweise erlauben, zu einer als λ-Term gegebenen Funktion f die kürzeste Repräsentation zu finden, z.B. indem man alle λ-Terme nach Größe sortiert aufzählt und testet, ob der aktuelle Term äquivalent zu f ist. Das Verfahren terminiert spätestens, sobald der Term f selbst aufgezählt wird. Leider existiert ein solches Verfahren nicht, da das Lambda-Kalkül so ausdrucksstark ist, dass er alle berechenbaren Funktion spezifizieren kann. Daraus folgt – in Analogie zur Unentscheidbarkeit des Halteproblems für Turing-Maschinen – die Unentscheidbarkeit der β-Äquivalenz. Für Details siehe (Barendregt, 1985).

2.3 Maschinenmodelle und Rückkopplung

$m \setminus n$	0	1	2	3	$\ldots$	n
0	1	2	3	4		$n+1$
1	2	3	4	5		$n+2$
2	3	5	7	9		$2n+3$
3	5	13	29	61		$2(n+3)-3$
4	13	65533	$2^{65536}-3$	$2^{2^{65536}}-3$		$\underbrace{2^{2^{\cdot^{\cdot^{\cdot^{2}}}}}}_{(n+3)\text{-mal}}-3$

Abbildung 2.10: Werte der Ackermannfunktion

2.3.4 Rekursive Funktionen

Der Lambda-Kalkül mit β-Reduktion ist bereits mächtig genug, um die natürlichen Zahlen zu kodieren und alle berechenbaren Funktionen zu spezifizieren. Eine berechenbare Funktionen heißt auch rekursiv, weil sie durch Rekursion erzeugt werden kann. Die Fakultätsfunktion ist das Standardbeispiel für eine rekursiv definierte Funktion:

$$n! := \begin{cases} 1 & \text{falls } n = 0 \\ n \cdot (n-1)! & \text{falls } n > 0 \end{cases}$$

Sie hat die Eigenschaft, dass die Berechnung von $n!$ genau n rekursive Aufrufe benötigt: $n! = n(n-1)! = n(n-1)(n-2)! = \cdots = n(n-1)\cdots 2 \cdot 1! = n(n-1)\cdots 2 \cdot 1$. Funktionen dieser Art werden in der Klasse der primitiv-rekursiven Funktionen zusammengefaßt.

Eine Funktion $f : \mathbb{N}^n \to \mathbb{N}$ heißt primitiv-rekursiv, wenn sie sich aus den folgenden Funktionen zusammensetzen lässt:

1. Die Konstante 0 als nullstellige Funktion.

2. Die Nachfolgerfunktion $s : \mathbb{N} \to \mathbb{N}$ mit $s(n) = n+1$

3. Projektionen: $\pi_i : \mathbb{N}^n \to \mathbb{N}$ mit $\pi_i(x_1, \ldots, x_i, \ldots, x_n) = x_i$.

4. Primitive Rekursion: Seien $f : \mathbb{N}^n \to \mathbb{N}$ und $g : \mathbb{N}^{n+2} \to \mathbb{N}$ primitiv-rekursive Funktionen, dann ist $PR_{f,g} : \mathbb{N}^{n+1} \to \mathbb{N}$ eine rekursive Funktion, definiert durch ($\bar{x} = x_1, \ldots, x_n$):

$$PR_{f,g}(n, \bar{x}) = \begin{cases} f(\bar{x}), & \text{falls } n = 0 \\ g(n-1, \bar{x}, PR_{f,g}(n-1, \bar{x})), & \text{falls } n > 0 \end{cases}$$

Das Schema der primitiven Rekursion entspricht einer FOR-Schleife. Jede primitiv-rekursive Funktionen $f : \mathbb{N}^n \to \mathbb{N}$ ist total, d.h. für alle Eingaben $\bar{x} \in \mathbb{N}^n$ ist $f(\bar{x})$ definiert.

Die Umkehrung gilt jedoch nicht, denn nicht jede totale Funktion ist auch primitiv-rekursiv, wie das Beispiel der *Ackermann-Funktion* zeigt (vgl. Hermes, 1971). Die Ackermann-Funktion $A : \mathbb{N} \times \mathbb{N} \to \mathbb{N}$ ist mit Hilfe einer doppelten Rekursion definiert:

$$A(m,n) = \begin{cases} n+1, & \text{falls } m = 0 \\ A(m-1,1), & \text{falls } m > 0 \text{ und } n = 0 \\ A(m-1, A(m, n-1)), & \text{falls } m > 0 \text{ und } n > 0 \end{cases}$$

Die Ackermann-Funktion ist total, wächst aber sehr schnell (vgl. dazu Abb. 2.10) – schneller als jede primitiv-rekursive Funktion.

Eine Oberklasse der primitiv-rekursive Funktionen ist die Menge der rekursiven Funktionen. Eine Funktion heißt *rekursiv*, wenn sie durch die Operatoren der primitiven Rekursion und zusätzlich der μ-Rekursion gebildet werden kann: Sei $f : \mathbb{N}^{n+1} \to \mathbb{N}$, dann ist $(\mu f) : \mathbb{N}^n \to \mathbb{N}$ eine rekursive Funktion definiert durch:

$$(\mu f)(\bar{x}) := \min\{n \mid f(n, \bar{x}) = 0\}$$

Die μ-Rekursion entspricht einer WHILE-Schleife. Rekursive Funktion sind im allgemeinen nicht total. Sei f eine rekursive Funktion mit $f(n, \bar{x}) > 0$ für alle n und $\bar{x}$, dann ist (μf) für alle Argumente $\bar{x}$ undefiniert. Die Menge der rekursiven Funktion ist identisch mit der Menge der Turing-berechenbaren Funktionen.

Um beliebige rekursive Funktion im Lambda-Kalkül zu repräsentieren, wird die Fixpunkteigenschaft ausgenutzt. Ein Fixpunkt einer Funktion ist ein Wert x mit $f(x) = x$. Im Lambda-Kalkül ist X ein Fixpunkt von F, wenn $FX \equiv_\beta X$ gilt.

Es gilt das folgende Theorem. Im ungetypten Lambda-Kalkül hat jeder Term einen Fixpunkt: Der Turingsche Fixpunktoperator ist $Y = AA$ mit $A = \lambda x.\lambda y.y(xxy)$. Sei F ein beliebiger Term. Setze $N = YF$:

$$N = YF = AAF = (\lambda x.\lambda y.y(xxy))AF \xrightarrow[\beta]{*} F(AAF) = F(YF) = FN$$

Damit lassen sich rekursive Spezifikationen entwickeln. Beispielsweise lautet die Fakultätsfunktion im Lambda-Kalkül:

fact $= \lambda n.$**if_then_else**(**iszero** n)(1)(**mult** n(**fact** (**pred** n)))

Schreibt man dies um in

$$\mathbf{fact} = \underbrace{\Big(\lambda f.\lambda n.\mathbf{if\_then\_else}(\mathbf{iszero}\ n)(1)(\mathbf{mult}\ n(f(\mathbf{pred}\ n)))\Big)}_{F} \mathbf{fact}$$

dann erhält man die Fixpunktgleichung: **fact** $= F$ **fact**. Diese besitzt – wie wir gesehen haben – die Lösung **fact** $= YF$. Auf diese Art kann jede rekursiv spezifizierte Funktion definiert werden.

2.3.5 Selbstbezüglichkeit

Reflexivität spielt in der Informatik eine große Rolle. Ausgangspunkt der Analyse ist das Russellsche Paradoxon der naiven Mengentheorie. Bezeichnet man jede Gesamtheit von Elementen als Menge, dann ist kann man eine Menge R folgendermaßen definieren:

R ist die Menge aller Mengen, die sich nicht selbst enthalten.

Formal lässt sich dies als $R := \{x \mid x \notin x\}$ notieren.[5] Eine solche selbstbezügliche Formulierung ist bereits am Beispiel der Diagonalsprache L_d im Kontext der Turing-Maschinen aufgetaucht. Dort hatte sie zur Folge, dass L_d von keiner Turing-Maschine erkannt werden kann.

Die Frage ist nun, ob R sich selbst enthält: Angenommen R enthält sich nicht selbst, dann gilt $R \notin R$ und aus der Definition $R := \{x \mid x \notin x\}$ folgt dann mit $x = R$, dass $x \in R$ gilt. Also impliziert $R \notin R$ gerade $R \in R$. Ein Widerspruch. Nehmen wir umgekehrt $R \in R$ an, dann folgt aus der Definition $R := \{x \mid x \notin x\}$ mit $x = R$, dass $x \notin R$ gilt. Also erhalten wir in beiden Fällen einen Widerspruch.

Ausgehend von dieser Paradoxie versuchten Whitehead und Russell (1910) in der *Principia mathematica* eine widerspruchsfreie Axiomatisierung der Mathematik zu erreichen. Ein ähnliches Programm verfolgte der Mathematiker David Hilbert, der eine logische Fundierung der Mathematik anstrebte. Der Logikkalkül sollte frei von Widersprüchen sein und alle mathematischen Sätze beweisen können. Wie Kurt Gödel 1932 in seiner Habilitationsschrift mit dem Titel *Über formal unentscheidbare Sätze der Principia Mathematica und verwandter Systeme* bewies, gibt es jedoch für jedes widerspruchsfreie System mathematische Aussagen, die weder beweisbar noch widerlegbar sind (Gödel, 1932).

Betrachten wir den Widerspruch im Russellschen Paradoxon. Der Widerspruch rührt aus der Tatsache, dass das definierte Elemente (hier: R) mit Hilfe von Objekten definiert wird (hier: x), die durch R instantiiert werden können. Die Eigenschaft einer selbstbezüglichen Definition heißt *Imprädikativität*.

Auch die Turing-Maschine besitzt diese Form der Selbstbezüglichkeit. Die Turing-Maschine ist ein universelles Modell, d.h. es gibt eine *universelle Turing-Maschine* U, die gestartet mit der Kodierung einer Turing-Maschine M und eines Eingabewortes w die Berechnungen von M auf dem Wort w simuliert. Die Universalität des Formalismus, d.h. die Fähigkeit der Selbstrepräsentation hat zu zahlreichen Untersuchungen geführt, die die Übertragbarkeit von Konzepten wie das der universellen Turing-Maschine oder der (Un-)Entscheidbarkeit auf andere Disziplinen wie Philosophie und künstliche Intelligenz zum Gegenstand hatte. Die

---

[5] Eine bekannteste anekdotische Einkleidung ist die Stellenausschreibung, in der ein Babier gesucht wird, der alle Männer rasieren soll, die sich nicht selbst rasieren. Muss sich der Babier selbst rasieren? Eine Variante stammt Roger Penrose. In einer Bibliothek gibt es zwei Kataloge. Der erste Katalog verzeichnet aller Bücher, die sich selbst erwähnen, der zweite all jene, die das nicht tun. Im welchen Katalog taucht der zweite Katalog auf?

bekannteste Konsequenz dieser Selbstkodierbarkeit ist die Unentscheidbarkeit des *Halteproblems*: Es gibt keinen Algorithmus, der für eine beliebige Turing-Maschine entscheiden könnte, ob sie irgendwann halten wird oder nicht.

Imprädikativität ist einerseits ein mächtiges Werkzeug der Mathematik, da sich viele Konzepte elegant durch selbstbezügliche Definition formalisieren lassen. Andererseits sind sie oftmals der Ausgangspunkt von logischen Paradoxien. Ein Ausweg aus der Problematik bieten getypte Systeme. Eine Erweiterung des Lambda-Kalküls besteht darin, den Termen Typen zuzuweisen (Barendregt, 1992). Dies geschieht, um die Problem der Diagonalisierung zu vermeiden. Die Betrachtung getypter Systeme zeigt, dass Imprädikativität, d.h. selbstbezügliche Definitionen, nicht per se problematisch ist. So ist das *System F* und auch der *calculus of construction*, die imprädikative Definitionen erlauben, frei von Widersprüchen (vgl. Girard u. a., 1989; Coquand und Huet, 1988).

Ebenso existieren Automatenklassen, innerhalb derer es jeweils universelle Maschinen gibt, ohne dass dies wie bei den Turing-Maschinen zu Problemen der Imprädikativität führte.

2.3.6 Modelle der Strukturbildung

Die mathematischen Ursprünge zur Modellierung von Selbstorganisation finden sich in der ersten Hälfte des 20. Jahrhunderts, also bemerkenswerter Weise lange vor der Verbreitung von Computern. Die betrachteten Modelle zeichnen sich meist dadurch aus, dass sie von einer Vielzahl verbundener Systeme ausgehen, die jeweils völlig symmetrisch in ihrem Aufbau sind. Die Symmetriebrechung und damit auch die Musterbildung erfolgt durch den Zustand der einzelnen Elemente, der es erlaubt, lokale Unterschiede zu propagieren und zu verstärken.

Wir betrachten im folgenden klassische Modelle wie zellulare Automaten, Lindenmayer-Systeme, neuronale Netze, evolutionäre Programmierung und Ameisenkolonien.

Zellulare Automaten Zellulare Automaten wurden von Stanislaw Ulam und John von Neumann in den 1940er entwickelt, um das Verhalten komplexer Systeme zu studieren (von Neumann, 1966). Ausgangspunkt war dabei die Frage, wie sich selbst reproduzierende Automaten beschreiben lassen, analog zu den Möglichkeiten biologischer Systeme. Bestimmte zellulare Automaten sind zur Reproduktion fähig, indem sie ihr Muster auf andere Bereiche des Gitter übertragen können (Langton, 1984).

Zellulare Automaten arbeiten massiv parallel. Sie basieren auf elementaren Elementen, den Zellen. Jede Zelle hat dabei nur eine lokalen Sicht auf das System. Emergentes Verhalten entsteht in der lokalen Interaktion.

Es handelt sich um Systeme, bei denen Raum und Zeit diskret sind. Die Zellen sind in einer diskreten Struktur, dem Zellraum Z aufgebaut. Es sind verschiedene

2.3 Maschinenmodelle und Rückkopplung

Geometrien denkbar, beispielsweise rechteckige, hexagonale oder dreieckige. Die einfachste Struktur ist das d-dimensionale Gitter: $Z = \mathbb{Z}^d$. Typische Beispiele betrachten $d = 1, 2, 3$.

Jede Zelle $z \in Z$ kommuniziert mit den Elementen seiner Nachbarschaft. Die Nachbarschaft N_z ist für alle Zellen strukturgleich.

Jede Zelle z ist ein einfacher Automat mit endlicher Zustandsmenge Q. Der Regeln des Automaten sind für alle Zellen identisch. Die Konfiguration eines zellularen Automaten ergibt sich aus den Zuständen aller Zellen: $q : Z \to Q$.

Die Zustände eines zellularen Automaten entwickeln sich über die Zeit, d.h. zu jedem Zeitpunkt t gibt es den Zustand $q_t(z)$ der Zelle z. Der Nachfolgezustand $q_{t+1}(z)$ einer Zelle z ergibt sich direkt aus den Zuständen aller Knoten n der Umgebung N_z, d.h. aus $q_t(N_z) := (q_t(n))_{n \in N_z}$. Der Übergang wird durch die für alle Zellen identische Funktion δ bestimmt:

$$q_{t+1}(z) = \delta(q_t(N_z))$$

Die bekannteste Ausprägung eines zellularen Automaten ist das von John Conway entwickelte *game of life*. Es handelt sich hierbei um einen zweidimensionalen zellularen Automaten, bei dem jede Zelle nur zwei Zustände hat: aktiv und passiv (auch: lebendig und tot). Das Spielbrett ist dabei entweder in beiden Dimensionen unendlich oder ein Torus, den man erhält, wenn man gegenüberliegende Ränder des endlichen Spielbrettes miteinander verklebt. Aktive Zustände werden als Marken auf einem Spielbrett dargestellt. Initial sind nur endlich viele Zellen aktiv. Die Umgebung einer Zelle sind alle acht umliegenden Zellen, die Zelle selbst gehört nicht dazu. Eine lebendige Zelle mit weniger als zwei aktiven Nachbarn stirbt aus Einsamkeit, bei mehr als drei Nachbarn an Enge. Sie bleibt aktiv, wenn in der Umgebung einer Zelle genau zwei oder drei aktive Nachbarn sind. Eine Zelle wird geboren, wenn es in der Umgebung drei Nachbarn gibt.

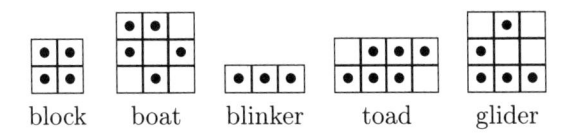

Abbildung 2.11: Reproduzierende Muster

In diesem Automaten gibt es verschiedene sich wiederholende Muster, unter anderen *block*, *boat*, *blinker*, *toad* oder *glider* (vgl. Abb. 2.11). Diese Objekte wandern im Laufe der Zeit über das Gitter. Es gibt sogar Konfigurationen, die ein unbeschränktes Wachstum zeigen, indem sie ständig neue Objekte erzeugen. Das erste Muster dieser Art wurde am Massachusetts Institute of Technology gefunden und wird nach seinem Leiter *Gosper gun* genannt. Dieses Muster produziert ständig neue glider.

Zellulare Automaten sind Turing-mächtig. Hierbei reicht bereits ein eindimensionaler Automat, der das Turingband simuliert. Sogar das *game of live* kann jede Berechnung simulieren.

Zellulare Automaten arbeiten deterministisch, so dass es nur einen Nachfolgezustand gibt, wohingegen zu einem gegebenen Zustand der Vorgänger nicht eindeutig ist. Es gibt sogar einen Zustand, den von R. Banks gefundenen *Garten Eden*, der gar keinen Vorgänger hat, der also auch von keiner anderen Konfiguration je erreicht wird.

Anwendungsgebiete von zellulare Automaten sind die Modellierung von Stoffströmen, Verkehrsimulationen, die Programmierung von Hardwarebausteinen (speziell *field-programmable gate arrays*, FPGAs) und biologische Wachstumsprozesse. Bekanntestes Beispiel ist hier das sehr komplexe Muster auf der Schale der Schnecke *oliva porphyria* (vgl. Meinhardt, 1998). Dieses Muster ergibt sich aus der Hormonkonzentration, die sowohl aktivierende und auch hemmende Wirkung auf die Zellen hat. Die Zerfalls- und Diffusionsprozesse des Hormons lassen sich durch einen zellularen Automaten modellieren.

Lindenmayer-Systeme Lindenmayer-Systeme wurden von der Biologin Astrid Lindenmayer entworfen, um das Wachstum von Pflanzen zu studieren (vgl. Prusinkiewicz und Lindenmayer, 1990). Ein *Lindenmayer-System*, kurz: L-System ist ein formales System

$$G = (\Sigma, h, w_0)$$

bestehend aus dem Alphabet Σ, einer endlichen Substitution $h : \Sigma \to 2^{\Sigma^*}$ mit $h(a) \neq \emptyset$ für alle $a \in \Sigma$ und einem Initialwort $w_0 \in \Sigma^*$.

Jede Substitution von a in $w \in h(a)$ wird Produktion genannt und als $a \to w$ notiert. Anders als bei Grammatiken wird bei L-Systemen nicht zwischen Variablen und Terminalen unterschieden. Die Menge der generierten Wörter ist definiert als:

$$L(G) = \bigcup_{i \geq 0} h^i(w_0)$$

Es gibt weitere Akzeptierungsbedingungen, beispielsweise, indem einige Symbole ausgezeichnet werden und nur Worte über diesen betrachtet werden (siehe dazu Salomaa, 1987).

Da eine Substitution immer auf dem gesamten Wort vorgenommen wird, entspricht der Übergang von $w_i \in h^i(w_0)$ zu einem $w_{i+1} \in h^{i+1}(w_0)$ der gleichzeitigen Regelanwendung auf alle Symbole in w_i. Die wird genutzt, um die parallel stattfindenden Wachstumsprozesse zu modellieren.

Ursprünglich studierte Lindenmayer das Wachstum von Algen. Als einfaches Beispiel können wir das L-System mit $\Sigma = \{a, b\}$, den Substitutionen $a \to b$ und $b \to ab$ betrachten. In diesem Fall gibt es nur eine einzige Substitution, so dass jedes $h^i(w_0)$ eine einelementige Menge darstellt. Beginnen wir mit $w_0 = a$, dann erhalten

2.3 Maschinenmodelle und Rückkopplung

wir $h^1(w_0) = b$, $h^2(w_0) = ab$, $h^3(w_0) = bab$, $h^4(w_0) = abbab$, $h^5(w_0) = bababbab$, $h^6(w_0) = abbabbababbab$, $h^7(w_0) = bababbababbabbababbab$ usw.

Diese Folge modelliert den Wachstumsprozess, der durch die Fibonaccifolge beschrieben wird. Die Länge $|h^i(w_0)|$ entspricht der i-ten Fibonaccizahl.

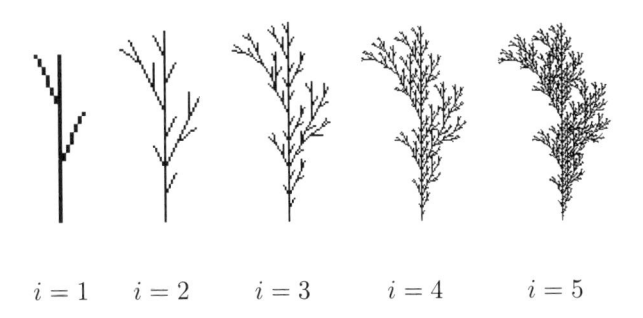

$i = 1 \quad i = 2 \quad i = 3 \quad i = 4 \quad i = 5$

Abbildung 2.12: Darstellung des Pflanzenwachstums

Die ersten mit Lindenmayer-Systemen formalisierte Modelle beschreiben die Beziehung benachbarter Zellen. Des wurde in weiterer Arbeit auch auf komplexe Systeme ausgeweitet. Die selbstbezügliche Natur der L-Systeme eignet sich schön, um fraktale, d.h. selbstähnliche Strukturen, wie sie beim Pflanzenwachstum entstehen, zu modellieren. Die entstehenden Strukturen besitzen sogar anschauliche Darstellungen, sobald man die Symbole eines Wortes $w \in h^i(w_0)$ auch dazu benutzt, räumliche Struktur zu beschreiben. Dazu benutzt man die Klammern [und], um die baumartige Verschachtelung darzustellen und die Symbole + und −, um die Abweichung von der aktuellen Wachstumsrichtung darzustellen. Eine fraktale Pflanze entsteht dem Start $w_0 = F$ und der Regel $F \rightarrow F[-F]F[+F][F]$. Zeichnet man die Links-/Rechts-Bewegungen jeweils mit einem konstanten Winkel, so erhält man die graphische Darstellung eines Baumes (vgl. Abb. 2.12).

Neuronale Netzwerke Die Besonderheit von zellularen Automaten ergibt sich aus ihrer Möglichkeit, komplexe Muster hervorzubringen. Die Dynamik bezieht sich dabei allein auf den Zustand der Zellen, da die Nachbarschaft der Zellen statisch ist. Das Forschungsgebiet der künstlichen neuronalen Netzwerke verallgemeinert den Ansatz, indem er lokale Interaktionen mit der Möglichkeit zum Lernen kombiniert.

Biologische neuronale Netzwerke bestehen aus Nervenzellen, den Neuronen, die durch Nervenfasern, den Synapsen, mit anderen Neuronen verbunden sind. Mit Hilfe der Synapsen tauschen die Neuronen chemische Botenstoffe aus, die als elektrisches Potential wirksam werden. Erreicht das kumulierte Potential aller Eingänge eines Neurons einen Schwellwert, dann feuert das Neuron, d.h. es sendet einen elektrischen Impuls auf den Ausgang. Die Reaktionszeiten der Neuronen liegen im

Bereich von Millisekunden, sind also verglichen mit den Taktraten eines normalen PCs sehr groß. Die Besonderheit ist, dass sich die Verbindungsmuster zwischen den Neuronen langfristig ändern können.

McCulloch und Pitts (1943) entwickelten ein formales Modell eines neuronalen Netzes. Es wird angenommen, dass es die n Neuronen $1, \ldots, n$ gibt, die die Anregungswerte $a_i = 0$ oder 1 annehmen können. Alle Neuronen sind im Prinzip miteinander verbunden, aber jede Verbindung von i zu j wird durch $w_{i,j}$ gewichtet, wobei $w_{i,j} = 0$ bedeutet, dass keine Verbindung besteht.

Wenn a_i^t der Zustandswert des Neurons i zum Zeitpunkt t ist, dann ergibt sich der Eingangswert als $\sum_{j=1}^{n} w_{j,i} a_j^t$. Ist der Eingangswert größer als der Schwellwert s_i, dann ist das Neuron aktiviert und regt somit auch seine Umgebung an:

$$a_i^{t+1} = \begin{cases} 1, & \text{falls } \sum_{j=1}^{n} w_{j,i} a_j^t \geq s_i \\ 0, & \text{sonst} \end{cases}$$

Neuronale Netze sind dann mit logischen Schaltkreisen verwandt. Man kann zeigen, dass neuronale Netze Turing-Maschinen simulieren können.

Man kann neben den binären Neuronen auch solche betrachten, deren Zustandsmenge durch das reellwertige Intervall $[0, 1]$ beschrieben wird, sogenannte sigmoide Neuronen. Dann ist es nicht notwendig, den Zustandsübergang sprunghaft zu gestalten, sondern kann ihn mit der Sigmoid-Funktion stetig modellieren. Auch ist es nicht notwendig, dass alle Neuronen ihren Zustandswechsel synchron vollziehen.

Will man das neuronale Netzwerk als Automat betrachten, so definiert man einige der Neuronen als Eingangsneuronen, deren Anregungszustand die initiale Konfiguration beschreibt, und einige als Ausgangsneuronen, die die Reaktion des Netzwerks beschreiben. Eingangsneuronen werden nicht durch andere Neuronen beeinflusst, d.h. für alle Eingangsneuronen i gilt $w_{j,i} = 0$, während Ausgangsneuronen keine anderen Neuronen beeinflussen, d.h. für $w_{i,j} = 0$ für alle Ausgangsneuronen i. Allen anderen Neuronen werden als interne Neuronen bezeichnet. In typischen Architekturen werden Neuronen in Schichten angeordnet, wobei Neuronen nur mit den benachbarten Schichten verkoppelt werden (vgl. Abb. 2.13).

Neuronale Netze können zur Mustererkennung, beispielsweise zur Zeichenerkennung eingesetzt werden. Sei das Muster als schwarz/weißes Punktraster der Auflösung 32×32 gegeben, dann werden die $32 \cdot 32$ Eingangsneuronen mit diesen Werten initialisiert. Nach einer Einschwingphase soll sich dann am Ausgang die binäre Kodierung des Zeichens ablesen lassen.

Für die zielgerichtete Programmierung besteht die Herausforderung darin, für das Problem geeignete Anzahlen versteckter interner Neuronen, Schwellwerte s_i und Kantengewichte $w_{i,j}$ zu bestimmen. Kennt man zu jedem Ausgabewert zumindest einige mögliche Muster, dann kann man diese Parameter bestimmen, indem man das Netz trainiert, auf die gegebenen Lernmuster mit der gewünschten Reaktion zu antworten.

2.3 Maschinenmodelle und Rückkopplung

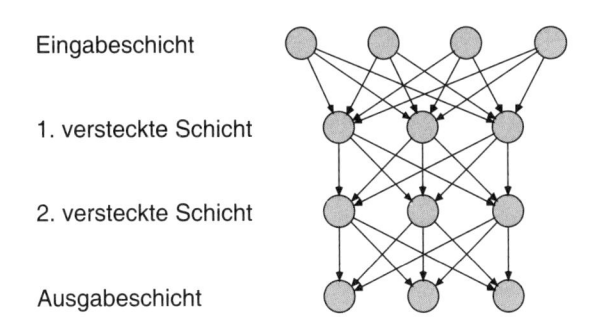

Eingabeschicht

1. versteckte Schicht

2. versteckte Schicht

Ausgabeschicht

Abbildung 2.13: Neuronales Netz mit zwei versteckten Schichten

Die Parameter werden dann in einem iterativen Lernverfahren optimiert. Wird die Güte der Berechnung von außen bewertet, so spricht man vom überwachten Lernen. Alternativ kann man die Bewertung auch durch das Netz selbst vornehmen lassen (Für eine Einführung in die Trainingstheorie verweisen wir auf Winston, 1992, Kapitel 22).

Peer-to-peer Netzwerke Ähnlich den neuronalen Netzen sind *peer-to-peer* Netzwerke ebenfalls Systeme, die aus einer großen Anzahl gleichartiger Elemente bestehen. Peer-to-peer Netzwerke sind Rechnernetze, bei denen alle Rechner gleiche Aufgaben übernehmen, d.h. es gibt keine Trennung zwischen Server- und Client-Rechnern.

Ein Anwendungsgebiet der Peer-to-peer Netzwerke ist der Austausch von Daten (engl. file sharing network). Unter den Protokollen befinden sich das Usenet (das „schwarze Brett" des Internets), das dem Verteilen elektronischer Massen-Nachrichten dient, und Napster, das im Bereich der Musiktauschbörsen bekannt wurde.

Ziel von Peer-to-peer Netzwerken ist es, die lokalen Ressourcen, wie Speicher, Bandbreite oder Rechenzeit, zwischen allen Rechnerknoten aufzuteilen. Dieser verteilte Ansatz erhöht die Robustheit des Netzwerkes, da der Ausfall einiger Knoten sich nur gering auf die Systemtätigkeit auswirkt, da keine zentralisisierten Datenbestände bestehen und kein *single point of failure* im System existiert. Im Idealfall besitzen Peer-to-peer Netzwerke die Fähigkeit, sich selbst an bestehende Umweltparameter anzupassen (vgl. dazu de Meer und Koppen, 2005).

Evolutionäre Algorithmen Bei vielen Problemen mit hoher Zeitkomplexität, wie beispielsweise dem berühmten *traveling salesman* Problem, ist man in praktischen Algorithmen auf den Einsatz von Heuristiken angewiesen.

Bei Optimierungsproblemen geht es darum, aus einer Menge X ein Element

x zu bestimmen, das bezüglich einer Bewertung $v(x)$ für die Menge X maximal ist. Die Menge X ist dabei eine höher-dimensionaler Raum, den vollständig zu durchsuchen aus Komplexitätsgründen, d.h. Zeitmangel nicht möglich ist.

In diesem Fall ist es eine mögliche Heuristik, ausgehend von einer akzeptablen Lösung x diese lokal um δ zu variieren, so dass $x + \delta$ eine bessere Lösung als die alte darstellt, d.h. $v(x) < v(x + \delta)$. Geht man in die Richtung des stärksten Anstiegs, dann spricht man von einem *Gradientenverfahren*. Dies wiederholt man so lange, bis man sich durch lokale Modifikation nicht weiter verbessern kann. Bei einer solchen Approximation der optimalen Lösung besteht die Gefahr, dass man sich in einem lokalen Optimum „verfängt". Dies geschieht immer dann, wenn jeder Weg zum absoluten Maximum durch ein Minimum führt, da in diesem Fall jeder Weg zum Maximum eine lokale Verschlechterung bedeutet, weswegen ein solcher Pfad von der Heuristik verworfen würde.

Verfahren wie das *simulated annealing* verwenden physikalische Modellvorstellungen, bei denen die Umgebungssuche in Abhängigkeit der Temperatur bestimmt wird. Ein biologisch motiviertes Verfahren einer solchen Optimierung ist das der Evolutionären Algorithmen (vgl. Eiben und Smith, 2003). Hierbei wird nicht nur eine Approximation $x \in X$ betrachtet, sondern eine gesamte Population $P \subseteq X$ von Lösungen. Die biologische Fitness der Individuen $p \in P$ ist ihre Bewertung $v(p)$. In Anlehnung an die Evolutionslehre Darwins bietet eine höhere Fitness eine höhere Vermehrungswahrscheinlichkeit, d.h. eine größere Wahrscheinlichkeit, seine Gene an die nächste Generation weiterzugeben. Das Genom eines Individuum ist sein Parametersatz.

Ein Nachkomme k entsteht dadurch, dass zwei Elternlösungen e_1 und e_2 kombiniert werden. Hierzu werden ihre Genome gekreuzt: $k = \text{kreuzen}(e_1, e_2)$. Die Auswahl der Eltern geschieht in Abhängigkeit ihrer biologischen Fitness, so dass angepasste Eltern im Schnitt mehr Kinder haben (survival of the fittest). Daneben verändert sich das Genom mit einer geringen Wahrscheinlichkeit auch durch Mutation.

Genetische Algorithmen bilden eine Unterklasse der evolutionären Algorithmen. Bei den genetischen Algorithmen betrachtet man das Genom als Bit-Vektor: $x \in \{0, 1\}^n$. Das Kreuzen zweier Genome $x = x_1 \cdots x_n$ und $y = y_1 \cdots y_n$ geschieht im einfachsten Fall durch ein sogenanntes *one-point crossover*, bei dem stets zwei Kinder erzeugt werden. Dazu wird ein beliebiger Indexwert l zwischen 1 und n herausgegriffen, die beiden Genome jeweils an diesem Index auseinandergeschnitten und über Kreuz rekombiniert:

$$x_1 \cdots x_l \cdot y_{l+1} \cdots z_n \quad \text{und} \quad y_1 \cdots y_l \cdot x_{l+1} \cdots x_n$$

Typischerweise hält man die Population in diesem Modell konstant. Die Population des nächsten Zyklusses setzt sich aus den bestangepasstesten Individuen zusammen. Bei einigen Ansätze werden die Nachfolger nur unter den Nachkommen bestimmt (Komma-Strategie), in anderen Varianten überleben auch die Eltern, wenn sie besser als ihre Nachkommen sind (Plus-Strategie). Für das letztere Verfahren können Individuen beliebig alt werden.

Wird unter der gesamten Population selektiert, so kann sich der Wert v der Individuen nur verbessern. Wird dagegen nur unter den Nachkommen selektiert, so ist eine Verschlechterung möglich, nämlich dann, wenn die Kinder schlechter sind als ihre Eltern. Im Falle der Plus-Strategie kann sich das System in lokalen Maxima fangen. Die Komma-Strategie entkommt lokalen Maxima dagegen leichter, allerdings um den Preis, dass ein einmal gefundenes Maximum möglicherweise verlassen und nie wieder erreicht wird.

Aus diesem Grunde ist es ratsam, Individuen eine einerseits endliche, andererseits aber auch mehrere Generationen überdauernde Lebensdauer zuzubilligen. Hierdurch wird die Gefahr lokaler Maxima verringert, ohne dass evolutionäre Erbe der Vorgängergeneration komplett zu vergessen.

Ameisenkolonien Ameisenkolonien sind ein weiteres Beispiel für ein biologisch inspiriertes Modell. Ameisen besitzen erstaunliche Fähigkeiten des koordinierten Zusammenarbeitens, ohne dass sie sich darüber direkt abstimmen würden. Diese Form der Gruppenintelligenz ist unter dem Stichwort der *swarm intelligence* bekannt geworden. Bekanntestes Phänomen ist die Futtersuche eines Ameisenstaates. Zunächst wandern die Ameisen zufällig umher. Stoßen sie dabei auf eine Futterquelle, so geben sie auf dem Weg zurück in den Bau Duftstoffe ab. Andere Ameisen orientieren sich bei ihrer Wegewahl an der Konzentration der Duftstoffe. Auf diese Art und Weise werden andere Ameisen auf den Pfad gelockt und zur Futterquelle geführt. Da sie auf dem Rückweg ebenfalls Duftstoffe ausstoßen, verstärkt sich diese Route. Existieren mehrere Futterquellen, dann orientieren sich die Ameisen proportional zu den relativen Konzentration.

Da die Duftstoffe sich aber schnell verflüchtigen, werden besonders die kurzen Wege von dieser Rückkopplung betroffen, da die Ameisen einem kurzen Weg schneller bewältigen können und so die Duftstoffe auch schneller wieder auffrischen. Auf diese Art und Weise konvergiert die Wegewahl der gesamten Kolonie zu einem (lokalen) Optimum.

Künstliche Ameisenkolonien (siehe Dorigo und Gambardella, 1997) eignen sich sehr gut, um Lösungen von Optimierungsproblemen zu finden. Der große Vorteil des Ansatzes ist, dass sich die Algorithmen auch im Falle ändernder Umweltbedingungen schnell anpassen, sogar in Echtzeit. Dies ist eine Eigenschaft, die insbesondere für Routenplanung im Internet oder für Straßenverkehrsplanung von Interesse ist.

2.4 Komplexität und Ordnung

Wir fragen uns nun, ob Selbstorganisation messbar ist. Selbstorganisation misst sich am Grad der Strukturiertheit des Systems. Intuitiv liegt Selbstorganisation dann vor, wenn die Komplexität des Systems zunimmt. Wir betrachten nun verschiedene Formen, die Komplexität eines Systems zu beschreiben. Die Kolmogorov-Komplexität betrachtet den aktuellen Zustand des Systems. Die Fragestellung lautet hier, wie groß die kleinste Beschreibung des Systemzustandes ist. Die Informationstheorie betrachtet den aktuellen Systemzustand im Verhältnis zu allen möglichen Zuständen, die das System im Prinzip einnehmen kann. Die Frage ist hier, wieviel Information dieser Zustand relativ zu anderen trägt. Diese Perspektive ist eng mit der physikalischen Theorie der Thermodynamik verwandt. Unter der Perspektive der Berechnungskomplexität betrachten wir das System als Menge, die es zu erkennen gilt, und wir fragen uns, wie lange ein Algorithmus rechnen muss, um die zur Menge gehörenden Elementen von den anderen zu unterscheiden. Es ist also – anders als bei der Kolmogorov-Komplexität – nicht die statische Programmgröße, sondern die dynamischen Berechnungskomplexität entscheidend.

2.4.1 Kolmogorov-Komplexität

Kolmogorov-Komplexität beschäftigt sich mit der Beschreibungsgröße von Zeichenketten (vgl. Li und Vitányi, 1997). Betrachtet man endliche Zeichenketten, so gibt die Beschreibungslänge an, wie sehr die Zeichenkette komprimiert werden kann. Die binäre Zeichenkette

$$w = 011011011011011011011011011011011011011011011011$$

besitzt 48 Zeichen. Dies kann aber komprimiert werden, denn w kann auch als $(011)^{16}$ dargestellt werden, was sich im wesentlichen mit $3 + 5$ Bits darstellen lässt.

Die Fragestellung ist aber auch für unendliche Zeichenfolgen interessant, da für diese stets nur ihre Repräsentation von Interesse ist.

Als Darstellung einer Zeichenfolge w – endlich oder unendlich – bezeichnen wir jedes Computerprogramm, das w auf die Ausgabe schreibt. Das Programm kann in einer Programmiersprache wie Pascal formuliert sein oder durch eine Turing-Maschine mit Ausgabeband. Die *Kolmogorov-Komplexität* $K_U(w)$ ist nun definiert als die Länge der kürzesten Darstellung von w, wobei wir den Darstellungsformalismus U verwenden. Die Wahl des Darstellungsformalismus ist hierbei unwesentlich, denn man kann zeigen, dass sich für zwei Darstellungsformalismen U und V die Kolmogorov-Komplexitäten nur um einen von w unabhängigen Wert unterscheiden, d.h. es gilt $|K_U(w) - K_V(w)| \leq c_{U,V}$.

Da w ja selbst eine Darstellung von w ist, ist für endliche Zeichenketten $w = a_1 \ldots a_n$ die Kolmogorov-Komplexität $K_U(w)$ – bis auf eine Konstante – stets kleiner als $|w|$, d.h.

$$K_U(w) \leq |w| + c_U$$

Das Pascal-Programm in Abbildung 2.14 ist ein Beispiel für die Erzeugung eines beliebigen Wortes $w = a_1 \cdots a_n$.

2.4 Komplexität und Ordnung

```
function Print_w is
begin
    print a_1;
    ⋮
    Print a_n;
end
```

Abbildung 2.14: Algorithmus zur Darstellung der Zeichenkette $w = a_1 \cdots a_n$

Die Kolmogorov-Komplexität ist ein mathematisches Hilfsmittel, denn $K_U(w)$ ist keine berechenbare Funktion.

Eine Zeichenkette w wird als komprimierbar bezeichnet, wenn ihre Kolmogorov-Komplexität $K_U(w)$ kleiner als w ist. Mit anderen Worten: Für eine Konstante c gilt $K_U(w) \leq |w| + c$. Nicht komprimierbare Zeichenketten heißen zufällig.

Überraschenderweise sind fast alle Zeichenketten nach dieser Definition zufällig. Betrachten wir binäre Darstellung der Programme. Da die Zahl der Zeichenketten der Länge von höchstens $n - k$ sich als $1 + 2 + 2^2 + \cdots 2^{n-k} < 2^{n-k+1}$ ergibt, existieren weniger als 2^{n-k+1} verschiedene Programme, die sich mit höchstens $n - k$ Bits beschreiben lassen. Von den 2^n Zeichenketten sind daher nur 2^{n-k+1} komprimierbar. Der Anteil $2^{n-k+1}/2^n = 2^{-k+1}$ ist sehr gering. Für $k = 10$ beträgt er ungefähr ein Promille, d.h. 99,9% aller Zeichenketten sind zufällig.

2.4.2 Informationstheorie nach Shannon

In der Kodierungstheorie geht es um die Umformung von einer formalen Darstellung in eine andere. Typische Beispiel für eine Kodierung ist hier die Umwandlung einer Zahl von der dezimalen in die binäre Darstellung. Formale Darstellungen sind hier Wortmengen über Alphabeten A und B, d.h. endlichen, linear geordneten Mengen von Zeichen. Formal ist eine Kodierung eine injektive Abbildung $c : X \rightarrow Y$ mit $X \subseteq A^*$ und $Y \subseteq B^*$.

Die Shannon-Information eines Zeichens $a \in A$ bemisst sich an der relativen Häufigkeit des Vorkommens von a in allen Worten $w \in X$ der Grundmenge. Besitzt das Zeichen $a \in A$ die Auftrittswahrscheinlichkeit $P(a) > 0$, dann ist die die Shannon-Information des Zeichens definiert als:

$$I(a) = \log\left(\frac{1}{P(a)}\right) \quad (2.8)$$

Die Shannon-Information eines Zeichens ist daher umso kleiner, je größer die Auftrittswahrscheinlichkeit $P(a)$ ist. In der deutschen Sprache tritt beispielsweise der Buchstabe e sehr häufig auf. Er besitzt daher eine einen sehr geringen Informationsgehalt. Anders formuliert: Die Information, dass in einem Wort der Buchstabe e vorkommt, sagt kaum etwas über das Wort aus. Wissen wir dagegen, dass in dem Wort der Buchstabe y vorkommt, kommen relativ wenige Worte in Betracht. Der Informationsgehalt des Buchstaben y ist daher sehr hoch.

Will man eine kurze Kodierung erreichen, dann ist es sinnvoll, Zeichen mit niedrigem Informationsgehalt eine kurzen Code zuzuweisen. Dies ist das Prinzip des Morse-Codes, der beispielsweise das e nur mit einem kurzen Signal (dem „Punkt") kodiert.

Die *Entropie* ist der mittlere Informationsgehalt aller a:

$$H = \sum_{a \in A} P(a) \cdot I(a) \tag{2.9}$$

Sind alle Zeichen a gleich häufig, dann ist der Informationsgehalt aller Zeichen gleich. Zudem ist die Entropie noch identisch mit dem Informationsgehalt ($n = |A|$):

$$\begin{aligned} H &= \sum_{a \in A} P(a) \cdot I(a) = \sum_{a \in A} P(a) \cdot \log\left(\frac{1}{P(a)}\right) = \sum_{a \in A} \frac{1}{n} \cdot \log\left(\frac{1}{1/n}\right) \\ &= n \cdot \frac{1}{n} \log(n) = \log(n) = I(a) \end{aligned}$$

Allgemein ist die Entropie H niedriger als dieser Wert.

In der Physik beschreibt die Entropie eines Zustands eine statistische Größe. Im Gegensatz zu den bereits bekannten extensiven Größen von thermodynamischen Systemen, wie Energie U oder Volumen V entzog sich die Entropie zunächst dem Verständnis. Das bekannteste Anwendungsgebiet ist die von Ludwig Boltzmann und James Maxwell begründete Theorie der statistischen Mechanik idealer Gase. Der Mikrozustand des Systems ist klassisch durch Ort q und Impuls p aller Teilchen des Systems definiert. Bei N Teilchen ergibt dies somit einen $6N$-dimensionalen Vektorraum. In der Thermodynamik ist N von der Größenordnung 10^{23}, so dass sich die klassische Behandlung auch praktisch nicht mehr anbietet. Die Entropie ist ein Maß für das Phasenraumvolumen, das von der Trajektorie des Systems (unter der Einhaltung von Zwangsbedingungen bezüglicher der Energie o. ä.) erreicht werden kann. Die Entropie eines makroskopische Zustands ist umso größer, je mehr Mikrozustände ihn bilden können. Betrachten wir beispielhaft ein binäres System (vgl. Kittel und Krömer, 1984, S.27ff). Alle Teilchen können nur zwei Werte annehmen: *spin up* ($\uparrow$) oder *spin down* ($\downarrow$). Sei $N_\downarrow$ die Anzahl der Teilchen mit abwärtsgerichteten Spin und $N_\uparrow$ die Anzahl der Teilchen mit aufwärtsgerichteten Spin. Die Gesamtzahl der Teilchen ist $N = N_\downarrow + N_\uparrow$.

Eine Konfiguration (auch: Ensemble) ist dann beispielsweise $\uparrow\uparrow\downarrow\uparrow\downarrow\uparrow$ mit $N_\uparrow = 4$ und $N_\downarrow = 2$. Die Grundannahme der statistischen Physik ist, dass alle Konfiguration mit gleicher Wahrscheinlichkeit physikalisch realisiert werden können. Für das Binärsystem wird die Differenz

$$N_\uparrow - N_\downarrow = 2s$$

2.4 Komplexität und Ordnung

als Spinüberschuß bezeichnet. Dieser Wert bestimmt das gemeinsame magnetische Moment, das sich zu $2sm$ ergibt, wenn m das Moment jedes Einzelspins ist. In einem äußeren Magnetfeld bestimmt das gemeinsame Moment die Energie der Konfiguration.

Die *Entartungsfunktion* $g(N, s)$ gibt die Anzahl aller Konfiguration von N Teilchen an, die den Spin-Überschuß s besitzen. Es gilt:

$$g(N, s) = \frac{N!}{N_\uparrow! \cdot N_\downarrow!}$$

Für große N konvergiert die Binomialverteilung gegen die Gaußverteilung:

$$g(N, s) \approx g(N, 0) e^{-2s^2/N}$$

mit $g(N, 0) \approx \sqrt{2/\pi N} \cdot 2^N$. Die Gaußkurve ist dabei sehr eng um den Mittelwert $s = 0$ verteilt, da sich mit $\sigma^2 = 1/2N$ die Streuung der Verteilung zu $\sigma = \sqrt{1/2N}$ ergibt. Diese ist für $N = 10^{22}$ – die Größenordnung für die Teilchenanzahl in einem Liter Gas – von der Größenordnung 10^{-11}. Also ist der Mittelwert sehr scharf. Aus diesem Grund ist es für Gase angemessen, statistische Größen zu betrachten.

Betrachten wir zwei zunächst getrennte Systeme, die wir in Kontakt bringen. Die Einzelsysteme sind zunächst jeweils im Gleichgewicht. Bringen wir die beiden Systeme in Kontakt, dann ist das Gesamtsystem dies nicht mehr. Es strebt jetzt wieder auf eine Gleichgewichtskonfiguration hin. Die gemeinsame Entartungsfunktion $g(N, U)$ – formuliert als Funktion der Teilchenanzahl $N = N_1 + N_2$ und der Energie U – ergibt sich als die Faltung:

$$g(N, U) = \sum_{0 \leq U_1 \leq U} g_1(N_1, U_1) g_2(N_2, U - U_1)$$

Das System hat durch den Kontakt die Möglichkeit zur Zustandsänderung bekommen. Hatten wir nämlich zu Beginn zwei Zwangsbedingungen: $U_1 = const$ und $U_2 = const$, so ist es nach dem Kontakt nur noch eine: $U_1 + U_2 = const$.

Nach einem Abgleich beider Systeme entsteht ein Gleichgewichtszustand, der dadurch gekennzeichnet ist, dass sich die Energietransfers von einem System in das andere ausgleichen:

$$\mathrm{d}U_1 + \mathrm{d}U_2 = 0$$

Der Gleichgewichtszustand des Gesamtsystems ist der wahrscheinlichste Wert, d.h. wir suchen das Maximum von $g(N, U)$. Dazu muss die erste Ableitung verschwinden:

$$\mathrm{d}g = \frac{\partial g_1}{\partial U_1} g_2 \, \mathrm{d}U_1 + g_1 \frac{\partial g_2}{\partial U_2} \, \mathrm{d}U_2 = 0$$

Dies können wir mit $\mathrm{d}U_1 + \mathrm{d}U_2 = 0$ und $\frac{1}{f}\frac{\partial f}{\partial x} = \frac{\partial \ln(f)}{\partial x}$ umformen:

$$\frac{1}{g_1}\frac{\partial g_1}{\partial U_1} = \frac{1}{g_2}\frac{\partial g_2}{\partial U_2} \iff \frac{\partial \ln g_1}{\partial U_1} = \frac{\partial \ln g_2}{\partial U_2}$$

Die Größe $\sigma(N,U) := \ln g(N,U)$ wird als *Entropie* definiert. Die logarithmische Skala hat den Vorteil, dass die Entropie zweier unabhängiger Systeme gleich der Summe ihrer Einzelentropien ist. Die Skala ist in Energieeinheiten definiert. Um zu den Einheiten der klassischen Thermodynamik, der Kelvinskala, zu gelangen, wird noch die Boltzmannkonstante k hinzugefügt:

$$S := k \cdot \ln g(N,U) \qquad (2.10)$$

Die Bedingung für den Gleichgewichtszustand lauten dann:

$$\frac{\partial S_1}{\partial U_1} = \frac{\partial S_2}{\partial U_2} \qquad (2.11)$$

Man kann nachrechnen, dass sich durch den thermischen Kontakt der beiden Systeme die Entropie erhöht. Dies ist als der *2. Hauptsatz der Thermodynamik* bekannt: Befindet sich ein abgeschlossenes Systems nicht in der der Gleichgewichtskonfiguration, so ist die wahscheinlichste Konsequenz, dass die Entropie monoton zunimmt. Die Entropie nimmt zu, wenn innere Zwangsbedingungen aufgehoben werden.

Im Gleichgewichtszustand besitzt die Entartung $g(N,U)$ und damit auch die Entropie ein Maximum. Dieser Zustand etspricht der minimalen Information, denn er entspricht der wahscheinlichsten Konfiguration. Die äußerst unwahscheinlichste Konfiguration, in der sich alle Teilchen energetisch wieder in ihre Anfangszustände U_1 und U_2 getrennt haben, trägt dagegen eine sehr hohe Information. Dies zeigt schön die Parallelen zur Shannon-Information in der Kodierungstheorie.

2.4.3 Algorithmische Komplexitätstheorie

Komplexitätstheorie ist ein Bestandteil der Berechbarkeitstheorie. Die zentrale Frage ist jetzt nicht mehr, ob eine Menge L von einer Turing-Maschine M erkannt wird, sondern mit welchem Aufwand. Die elementaren Beschreibungsmaße für den Akzeptierungaufwand sind hierbei die Zeit- und die Platzkomplexität.

Die Zeitkomplexität $t_M(n)$ ist als die maximale Zahl von Berechnungsschritten definiert, die eine Turing-Maschine M benötigt, um ein Wort w der Länge n zu erkennen. Die Formulierung bezieht sich auf das Maximum, da es im allgemeinen mehrere Worte der Länge n gibt. Die Platzkomplexität $s_M(n)$ ist als die maximale Zahl Bandfeldern definiert, auf denen M arbeitet, um ein Wort w der Länge n zu erkennen.

Man beachte, dass eine Platz-beschränkte Turing-Maschine eine sehr große Zeitkomplexität besitzen kann. Genauer: Eine Turing-Maschine mit der Platzkomplexität $s_M(n)$ kann exponentiell lange rechnen, da auf den $s_M(n)$ alle Bandsymbole möglich sind, so dass sich für $m = |\Gamma|$ viel Bandsymbole mindestens $m^{s_M(n)}$ unterschiedliche Konfiguration ergeben, die die Turing-Maschine M bis zur Termination alle durchlaufen könnte.

2.4 Komplexität und Ordnung

In der Komplexitätstheorie haben es die beiden Klassen $\mathcal{P}$ und $\mathcal{NP}$ zur Berühmtheit gebracht. Die Klasse $\mathcal{P}$ enthält alle Sprachen, die von einer deterministischen Turing-Maschine (DTM) in polynomieller Zeit erkannt werden können, die Klasse $\mathcal{NP}$ enthält alle Sprachen, die von einer nicht-deterministischen Turing-Maschine (NTM) erkannt werden.

$$\mathcal{P} = \{L(M) \mid \exists \text{ Polynom } p(n), \exists \textbf{DTM } M : t_M(n) = p(n)\}$$
$$\mathcal{NP} = \{L(M) \mid \exists \text{ Polynom } p(n), \exists \textbf{NTM } M : t_M(n) = p(n)\}$$

Da nach Definition jede deterministische Turing-Maschine auch ein Spezialfall der nicht-deterministischen Turing-Maschine ist, gilt damit sofort $\mathcal{P} \subseteq \mathcal{NP}$. Die Frage, ob die Inklusion echt ist, d.h. ob $\mathcal{P} \subset \mathcal{NP}$ gilt, oder ob sie gleich sind, d.h. ob $\mathcal{P} = \mathcal{NP}$ gilt, hat besondere praktische Auswirkung. Es gibt viele Probleme, für die es sehr leicht ist, für einen geratenen Ansatz zu überprüfen, ob er eine Lösung des Problems darstellt. Leicht heißt in diesem Fall, dass die Überprüfung deterministisch in Polynomzeit erfolgt. Aus diesem Grund kann eine nicht-deterministische Maschine Probleme dieser Art besonders leicht lösen, indem sie einfach nicht-deterministisch einen Lösungsansatz rät und ihn anschließend deterministisch überprüft. Da eine nicht-deterministischen Turing-Maschine alle Lösungsansätze gleichzeitig betrachtet, kann dieser Ansatz nur dann fehlschlagen, wenn es überhaupt keine Lösung gibt. Eine deterministische Maschine kann dagegen stets nur einen Ansatz zur Zeit überprüfen. Ihre Laufzeit wächst also mit der Anzahl der möglichen Lösungen.

Das bekannteste Beispiel für ein solches Problem ist das *Erfüllbarkeitsproblem* für aussagenlogische Formeln, kurz: SAT (engl. satisfiability problem). Eine aussagenlogische Formeln ist eine Ausdruck, der über einer Menge von Variablen $X = \{x_1, x_2, \ldots\}$ gebildet wird. Die Menge aller Formeln BE_X ist induktiv definiert:

- Jede Variable $x \in X$ ist eine aussagenlogische Formel.

- Wenn P eine aussagenlogische Formel ist, dann auch $\neg P$.

- Wenn P und Q aussagenlogische Formel sind, dann auch $(P \wedge Q)$ und $(P \vee Q)$.

Eine Variablenbelegung $\alpha : X \to \{f, t\}$ weist jeder Variable entweder den Wert *wahr* (t) oder *falsch* (f) zu. Jede Variablenbelegung α erweitert sich dann rekursiv zu einer Auswertung auf den Formeln:

$$\bar{\alpha} : BE_X \to \{f, t\}$$

Eine Formel P heißt erfüllbar (engl. satisfiable), wenn es mindestens eine Variablenbelegung $\alpha : X \to \{t, f\}$ gibt, so dass $\bar{\alpha}(P) = t$ gilt. Für das Erfüllbarkeitsproblem ist für eine gegebene Formel P zu entscheiden, ob sie erfüllbar ist.

Offensichtlich ist SAT in $\mathcal{NP}$ enthalten, denn wir können eine nichtdeterministische Turing-Maschine M mit $L(M) = $ SAT konstruieren, die in polynomieller Zeit akzeptiert. Dazu rät M eine Variablenbelegung α für jede Variable, die in P vorkommt, denn nur diese sind relevant. Dies ist in linearer Zeit möglich. In der zweiten Phase evaluiert M deterministisch $\bar{\alpha}(P)$ und akzeptiert, falls $\bar{\alpha}(P) = t$. Dies kann in $t(n) = n^4$, d.h. in polynomieller Zeit geschehen. Damit verneint M die Erfüllbarkeit von P nur, wenn es gar keine erfüllende Belegung gibt, d.h. wenn P unerfüllbar ist.

Der bemerkenswerte Punkt liegt in der Möglichkeit der nicht-deterministischen Turing-Maschine, alle möglichen Belegungen gleichzeitig zu betrachten. Eine deterministische Turing-Maschine kann dies nicht. Wollen wir das Raten simulieren, dann müssen wir alle möglichen Belegungen sequentiell testen. Dies ist jedoch mit einem großen Aufwand verbunden, denn wenn die Formel n Variablen besitzt, dann existieren 2^n verschiedene Belegungen, die zu testen sind. Die Berechnungsdauer wächst somit exponentiell mit der Anzahl der Variablen. Dies bedeutet, dass jede hinzugefügte Variable die Berechnungszeit verdoppelt. Exponentielles Wachstum ist daher enorm. Schon bei einer Größenordnung von $n = 3000$ übersteigt 2^n die Anzahl der Atome im Universum, die von der Größenordnung 10^{1080} ist.

Es ist daher von besonderer Bedeutung, ob es eine bessere Methode gibt, d.h. einen polynomiellen Algorithmus, der SAT löst. Dies ist aber sehr unwahrscheinlich, da SAT ein $\mathcal{NP}$-vollständiges Problem ist, was heißt, dass jedes Problem in $\mathcal{NP}$ einen polynomiellen Algorithmus besitzt, wenn SAT polynomieller Zeit gelöst werden könnte. Dies heißt aber nichts anderes als $\mathcal{P} = \mathcal{NP}$, was als sehr unwahrscheinlich gilt.

Weitere genauso schwere Probleme finden sich im Bereich der Optimierung. Die ganzzahlige lineare Programmierung, die für die unternehmischere Planung (engl. operations research) eine wichtige Rolle spielt, fällt in diese Klasse.

Auch ist das Problem, in einem gegeben Graphen einen Kreis zu finden, der alle Knoten enthält, genauso schwer wie SAT. Stellt man sich die Knoten als Städte und die Kanten als Straßen vor, so verlangt dieses Problem anschaulich, eine Stadtrundfahrt zu konstruieren. Es ist daher auch als Problem des Handlungsreisenden (engl. travelling salesman) bekannt. Dieses Problem hat sogar die Eigenschaft, nicht einmal gut approximierbar zu sein, d.h. es gibt keinen polynomiellen Algorithmus, der eine näherungsweise optimale Lösung berechnen kann – es sei denn $\mathcal{P} = \mathcal{NP}$.

2.5 Emergenz und Reduktionismus

Wir fragen uns nun, ob sich emergente Systemphänomene dem analytischen Reduktionsprinzip entziehen. Der in diesem Zusammehang gern zitierte Ausspruch „Das Ganze ist mehr als die Summe seiner Teile" lässt sich zumindest nicht mit dem Hinweis auf chaotische Systeme rechtfertigen, denn diese Systeme sind deter-

2.5 Emergenz und Reduktionismus

ministisch, d.h. ihr Verhalten ist durch die Anfangsbedingungen eindeutig festgelegt. Viele als emergent klassifizierte Eigenschaften entpuppen sich als Wechsel der Beschreibungsebenen.[6] Es gibt jedoch komplexitätstheoretische Einschränkungen, denn nicht immer ist eine mathematisch exakt definierte Lösung auch einfach zu berechnen.

Emergenz ist ein Begriff, der u.a. in der Physik, der Biologie und auch in der Soziologie verwendet wird.

> [T]he organisation is intrinsic to the self-organising system and results from internal constraints or mechanisms, due to local interactions between its components. [...] In fact, from these inteactions, emergent properties appear transcending the properties of all individual subunits of the system. (Serugendo u. a., 2004, S. 2)

Eine Eigenschaft eines Systems ist *emergent*, wenn sie sich nicht als Summe der Eigenschaften der Teile darstellen lässt. An dieser Stelle ist es notwendig, auf die Definition im Detail einzugehen, insbesondere auf die Formulierung „als Summe von Eigenschaften". Emergente Eigenschaften eines Systems lassen sich sehr wohl als *Kombination* der Eigenschaften der Teile darstellen, jedoch nicht als lineare Kombination, d.h. nicht als Summe. Oder positiv formuliert: Emergente Eigenschaften lassen sich nicht als lineare Kombination (auch als *Superposition* bekannt) der Teile darstellen.[7]

Abweichend von dieser Verwendung des Begriffes wird in sozialwissenschaftlicher Literatur emergentes Verhalten teilweise synonym mit dem unerwarteten Erscheinen einer Systemeigenschaft gleichgesetzt. Emergenz ist also kein Attribut der Erscheinung selbst, sondern ein Attribut der Relation von Erwartung und Erscheinung. Die Betonung liegt meist auf der Seite des Erwartenden und weniger auf der der Erscheinung. Emergent sind Erscheinung beispielsweise, weil die Erscheinung und ihre Genese nicht im Aufmerksamkeitfokus gelegen haben oder weil die Vielzahl der möglichen Entwicklungen mit ihren Unwägbarkeiten eine Prognose durch den Beobachter verhinderte.

Neben diesen praktisch relevanten Varianten der Emergenz bestehen aber noch Formen, die ihren Urspung nicht im Beobachter, sondern in der Erscheinung selbst haben.

---

[6] So besitzen weder Wasserstoff noch Sauerstoff die Qualität, flüssig zu sein, während ihrer Kombination, dem Wasser, diese zukommt. Dies ist aber auch nicht überraschend, da einzelnen Atomen oder Molekülen die Qualität, flüssig zu sein, nicht zukommt. Diese Qualität ist erst auf Ensembles anwendbar.

[7] Andere Autoren verzichten in ihrer Verwendung auf den Verweis auf nichtlineare Eigenschaften, sondern gehen von einer prinzipiellen Unmöglichkeit der Reduktion auf Teileigenschaften aus. Damit wird der Erklärungsgegenstand einem analytischen Zugang entzogen. Emergenz als Fluchtbegriff deutet – nach Aufassung des Autors – jedoch zumeist mehr auf Theoriedefizite als auf die Nichterklärbarkeit hin.

2.5.1 Emergenz und thermodynamisches Gleichgewicht

In ähnlicher Weise wie die Systemtheorie wurde die Thermodynamik durch die Betrachtung von Systemen nahe des Gleichgewichtszustandes dominiert, mit der Konsequenz, dass Ordnungsbildungsprozesse, die im allgemeinen fernab des Gleichgewichtszustandes entstehenden, nicht früher Beachtung fanden. In den frühen 60er untersuchte der Chemiker Ilya Prigogine Ordnungsbildung in dissipativen Strukturen[8]. Er behandelte das Phänomen, indem er die Theorie irrevversibler Prozesse auch auf Systeme fernab vom thermodynamischen Gleichgewichtszustand fortentwickelte. Auch zeigen die untersuchten Strukturen Effekte der *Pfadabhängigkeit*, d.h. nicht der momentane Zustand bestimmt die weitere Entwicklung, sondern die gesamte Historie (der Entwicklungspfad). Die Systeme besitzen ein Gedächtnis. Diese Theorie erklärte, wie mikroskopische Fluktuationen, seien es Umweltstörungen oder Eigenfluktuationen des Systems, zu einem neuen makroskopischen Zustand führen. Ein solches Phänomen tritt im Falle von Systemen nahe des thermodynamischen Gleichgewichtszustands nicht auf. Hier gleichen die mikrospischen Schwankungen einander im Mittel aus. Fernab des Gleichgewichtzustandes sorgen jedoch nichtlineare Effekte dafür, dass mikroskopische Fluktuationen einander verstärken und so dem System eine Dynamik auf der makroskopischen Ebene geben.

Eine in diesem Zusammenhang vielfach geäußerte, aber dennoch unzutreffende Behauptung ist es, dass die Selbstorganisation komplexer Systeme durch die Physik nicht erklärbar ist, da sie dem 2. Hauptsatz der Thermodynamik widerspreche.[9] Der Zweite Hauptsatz der Thermodynamik besagt, dass in einem *geschlossenen* System, d.h. in einem System ohne Energieaustausch mit der Umgebung, die Entropie nicht abnehmen kann. Sie kann im Falle reversibler Prozesse gleich bleiben (isentrope Prozesse) oder zunehmen. In geschlossenen Systemen führt die Entropiezunahme dazu, dass sich das System zu einem Gleichgewichtzustand hin entwickelt. Das Standardbeispiel ist in diesem Zusammenhang ein isolierter Behälter, mit einer Trennvorrichtung in der Mitte. Initial befindet sich ein Gas ausschließlich in der linken Hälfte des Behälters. Das System präpariert mit seiner Anordnung der Moleküle eine höchst unwahrscheinliche Konstellation. Entfernt man die Barriere zwischen linker und rechter Hälfte, so verteilt sich sich das Gas solange, bis es einen Gleichgewichtzustand erreicht hat, für den sich in beiden

---
[8]Ein System heißt dissipativ, wenn ihm kontinuierlich Energie entzogen wird, so dass es nur durch die Aufnahme von Energie erhalten bleibt. Ein Beispiel für ein dissipatives System ist die gedämpfte Schwingung. In der Thermodynamik werden Arbeiten, die dem System nur zugeführt werden, d.h. irreversible Arbeiten, im allgemeinen als Dissipationsarbeiten bezeichnet. Es ist eine wegabhängige Prozessgröße.

[9]So schreibt Wilke im Lehrbuch zur soziologischen Systemtheorie zumindest etwas missverständlich: „Statt dessen trotzen Organismen dem Zweiten thermodynamischen Hauptsatz und produzieren Ordnung statt Entropie. [...] und dass diese organisierte Komplexität Gesetzmäßigkeiten aufweist, *welche sich nicht auf die Gesetze der Physik reduzieren lassen*, dies gibt den Wissenschaften und der Theorie lebender Systeme ihre besondere Bedeutung." (Willke, 1982, S.129, Hervorhebung durch den Autor, M. Köhler)

2.5 Emergenz und Reduktionismus

Hälften gleiche Anzahlen an Molekülen befinden. Im Gleichgewichtszustand finden weiterhin Austauschbeziehungen von links nach rechts und umgekehrt statt. Diese haben jedoch keinerlei Auswirkungen auf die Vetreilung, da im statistischen Mittel jeglicher Austausch von links nach rechts durch einen gleichzeitig in der anderen Richtung stattfindenen Prozess kompensiert wird.

Diese Entwicklung hin zu einem Gleichgewichtszustand führte im 19. Jahrhundert zur Prognose des *Wärmetods* unseres Universums. Geht man davon aus, dass es sich beim Universum um ein geschlossenes System handelt,[10] strebt es einem Gleichgewichtszustand entgegen, in dem alle Energie in Form von Wärme vorliegt und Leben, in welcher Form auch immer, nicht mehr möglich ist.

Geht man von dieser Vorstellung aus, so erscheint Strukturbildung, insbesondere das Leben als solches mit der Physik nicht vereinbar. Doch gilt dies – wie bereits erwähnt – nur für geschlossene Systeme. Offene Systeme können hingegen Entropie erzeugen. „Jede zeitliche Entropieänderung kann in zwei Arten von Beiträgen zerlegt werden: den *Entropiefluß*, der auf dem Austausch des Systems mit seiner Umgebung beruht, und die *Entropieerzeugung*, die aus den irreversiblen Prozessen innerhalb des Systems resultiert. Der Zweite Hauptsatz postuliert, daß die Entropieerzeugung positiv ist oder im Gleichgewicht verschwindet. Für den Entropiefluß stellt er keine Bedingung. Im stationären Zustand wird die positive Entropieerzeugung durch einen negativen Entropiefluß kompensiert; die fortgesetzte Entropie erzeugende Aktivität wird durch Austauschprozesse mit der Umgebung aufrecht erhalten. Der Gleichgewichtszustand entspricht jenem Sonderfall, indem sowohl Entropiefluß als auch Entropieerzeugung gegen Null streben." (Prigogine und Stengers, 1993, S.77f)

2.5.2 Emergenz versus Reduktionismus

Für ein System, dessen Elemente und Wechselwirkungsformen bekannt sind, ist die Dynamik exakt festgelegt. Definiert man die Dynamik eines Systems als die Extension seiner Beschreibung, so ist jede Dynamik analytisch im Systembegriff enthalten. Es ist jedoch fraglich, ob sich aus dieser Form des Reduktionismus auch eine Prognosemöglichkeit ergibt. Wie wir bereits gesehen haben hängt die Dynamik nichtlinearer Systeme empfindlich von den Anfangswerten ab, so dass jede Messungenauigkeit sich auf die Prognose der Mikrovariablen auswirkt. Da in praktischen Fällen die Anfangswerte gemessen werden müssen, hat es keinen Sinn, die Dynamik von Mikrovariablen zu betrachten, so dass man stattdessen auf Makrovariablen, d.h. auf Ensemble-Eigenschaften, ausweicht, da diese oftmals prognostizierbar sind.

Neben dieser praktischen Einschränkung gibt es auch noch eine, die mit dem Prognosebegriff gekoppelt ist. Ein Systemmodell hat nämlich nur dann Prognosequalität, wenn wir ausgehend vom jetzigen Zustand zum Zeitpunkt t_0 einen

---

[10]Eine Annahme, die aufgrund der kosmologischen Expansion nicht zwingend ist.

zukünftigen Zustand zum Zeitpunkt t ausrechnen können, ohne seine Dynamik von t_0 bis t nachzuvollziehen zu müssen, denn müssten wir dies tun, so würde unsere „Prognose" für t erst dann berechnet sein, wenn wir bereits den Zeitpunkt t erreicht hätten. Mit anderen Worten: Wir könnten genausogut abwarten und zuschauen, wie sich das System entwickelt.[11] Um dies zu illustrieren, betrachten wir ein System, das durch Rekurrenzgleichung definiert ist, hier das klassische Beispiel der Fibounacci-Zahlen:

$$f(t+2) = f(t+1) + f(t), \quad f(1) = 1, \quad f(0) = 0$$

Die Zahlenreihe ist ein Wachstumsmodell, das die Vermehrung von Hasenpopulationen beschreiben sollte. Mit dieser rekursiven (bzw. iterativen) Darstellung sind alle Fibounacci-Zahlen definiert. Allerdings nützt dies nicht viel, sofern ich zur Berechnung von $f(1000)$ alle Werte $f(0)$ bis $f(999)$ berechnen müsste. Wäre dies so, dann würde ich das System gewissermaßen simulieren müssen, um Voraussagungen treffen zu können.

Man kann argumentieren, dass in diesem Fall keine Prognosemöglichkeit besteht, da die einzige Möglichkeit einer Prognose der Systemdynamik darin besteht, die Systemwerte $f(t)$ iterativ zu berechnen. Da die iterative Berechnung de facto eine Simulation des Systems darstellt, wäre die einzige Möglichkeit zur Prognose die Simulation, und es ist fraglich, ob man hierfür den Begriff der Prognose anwenden sollte. Glücklicherweise kann man für dieses Beispiel zeigen, dass der Rückgriff auf die Werte $f(0)$ bis $f(999)$ nicht notwendig ist, denn es gilt:

$$f(n) = \frac{1}{\sqrt{5}} \phi_1^n + \frac{1}{\sqrt{5}} \phi_2^n \quad \text{mit } \phi_{1,2} = \frac{1 \pm \sqrt{5}}{2}$$

Wir besitzen also eine explizite Darstellung der Fibounacci-Zahlen und können daher Prognosen vornehmen.

Man beachte, dass es sich hierbei um kein Machbarkeits-, sondern um ein Komplexitätsargument handelt. Es ist nicht so, dass uns zu wenig Rechenleistung zur Verfügung steht, sondern es ist so, dass die Dynamik sich vom informatisch theoretischen Standpunkt u.U. nicht kompakter darstellen lässt als durch die Dynamik selbst. Eine solche Dynamik ist im Sinne der Kolmogorov-Komplexität inkrompressibel.

---

[11] In diesen Überlegungen abstrahieren wir von konkreten Rechengeschwindigkeiten. Diese ist zwar in konkreten Fällen wichtig: „Was nützt mir der Wetterbericht für morgen, wenn ich ihn erst in einer Woche weiß?" Solche Probleme sind mit einer Beschleunigung um konstante Faktoren lösbar. Die hier angestellten Überlegungen informationstechnischer Natur sind jedoch unabhängig von konstanten Faktoren.

2.6 Selbstordnung und Synergetik

Wie Bifurkationsphänome zeigen, ist es möglich, ein System anhand der Variation eines Parameters komplett zu reorganisieren. Für eine ganze Klasse von Systemen können sogar Ordnungsparameter identifiziert werden, die die Dynamik des ganzen Systems regeln. Fazit: Autonomie schließt Steuerbarkeit nicht aus.

Komplexe Dynamiken entstehen durch Rückkopplung. Selbstorganisation entsteht in der Regel durch das Vorhandensein positiver wie negativer Rückkopplung. Die *Synergetik* („Die Lehre vom Zusammenwirken") ist eine mathematisch-physikalische Behandlung von Systemen, deren Dynamiken miteinander wechselwirken. Der Begründer der Synergetik, Hermann Haken, entwickelte die Theorie unsprünglich zur mathematischen Beschreibung des Laserlichts (Laser steht kurz für „light amplification by stimulated emission of radiation"). Laserlicht ist ein monochromatischer Wellenzug hoher Kohärenzlänge.[12] Während sich mit Hilfe der Theorie der stimulierten Emmission von Photonen ergibt, warum der Wellenzug des Lasers monochromatisch ist, war es lange unklar, wie die Kohärenz zustande kommt. Haken gelang eine mathematische Behandlung, die erklärt, wie die Elektronen des Lasers dies leisten, indem er zeigt, dass die Wechselwirkung eine minimale „Dominanz" einer Mode, d.h. eines Anregungszustandes, verstärkt und zugleich dafür sorgt, dass sich alle weiteren Moden an die Schwingung der einen anpassen. Haken spricht in diesem Zusammenhang von einer „Versklavung" der Moden durch die dominate. Wir geben im folgenden die Grundlinien der Theorie der Ordnungsparameter nach (Haken, 1990) wider.

2.6.1 Die adiabatische Näherung

Wir betrachten Systeme, die folgenden Bedingungen genügen.

1. Der Effekt q ist proportional zu Zeitveränderung Δt und der externen Ursache, z.B. der äußeren Kraft F_0:

$$\dot{q}(t) = F_0(q(t), t)$$

   In der Chemie kann F als Konzentration der Reaktanten gedeutet werden, für die Beschreibung von Populationsdynamiken als Nahrungsnachschub.

2. Ohne Einwirkung der äußeren Kraft ergibt sich keine Wirkung:

$$F_0 \to 0 \Longrightarrow q \to 0$$

   Das System ist somit stabil und gedämpft.

---

[12]Laserlicht besitzt eine Kohärenzdauer in der Größenordnung einer Sekunde, was die von Tageslicht um sechs Größenordnungen übertrifft.

Ein Beispiel für diese Systemklasse ist folgende Differentialgleichung:

$$\dot{q}(t) = -\gamma q(t) + F(t)$$

Die Lösung der Differentialgleichung ergibt sich (unter Vernachlässigung der Einschwingphase) zu:

$$q(t) = \int_0^t e^{-\gamma(t-\tau)} F(\tau) \, d\tau$$

Man erkennt, dass die Reaktion $q(t)$ des Systems von der gesamten Vorgeschiche der Ursache abhängt, d.h. vom Verlauf $F(0)$ bis $F(t)$. Das System besitzt also Pfadabhängigkeit.

Die Frage ist, unter welchen Bedingungen das System instantan auf die Ursache reagiert, d.h. wann $q(t)$ direkt von $F(t)$ abhängig ist. Wir wählen dazu den Ansatz:

$$F(t) = ae^{-\delta t}$$

Eingesetzt in die Lösung $q(t)$ der Differentialgleichung ergibt sich:

$$\begin{aligned} q(t) &= \int_0^t e^{-\gamma(t-\tau)} ae^{-\delta \tau} \, d\tau = ae^{-\gamma t} \int_0^t e^{(\gamma-\delta)\tau} \, d\tau = \frac{ae^{-\gamma t}}{\gamma-\delta} \left[e^{(\gamma-\delta)\tau} \right]_0^t \\ &= \frac{ae^{-\gamma t}}{\gamma-\delta}(e^{(\gamma-\delta)t} - 1) = \frac{a}{\gamma-\delta}(e^{-\delta t} - e^{-\gamma t}) \end{aligned}$$

Das System reagiert instantan, wenn $\gamma \gg \delta$ gilt, da in diesem Fall die Näherungen $\gamma - \delta \approx \gamma$ und $e^{-\delta t} - e^{-\gamma t} \approx e^{-\delta t}$ gelten. Dann folgt die instantane Reaktion:

$$q(t) \approx \frac{a}{\gamma}(e^{-\delta t}) = \frac{1}{\gamma} F(t)$$

Die Näherung $\gamma \gg \delta$ für die Raten ist äquivalent zur Näherung $\frac{1}{\gamma} \ll \frac{1}{\delta}$ für die Zeitkonstanten, d.h. die Zeitkonstante des Systems $\frac{1}{\gamma}$ ist viel kürzer als die Zeitkonstante der externen Ursache $\frac{1}{\delta}$. Diese Näherung heißt *adiabatische Näherung*.

Man beachte, dass wir das gleiche Ergebnis für $q(t)$ erhalten, wenn wir näherungsweise $\dot{q} = 0$ setzen:

$$\dot{q}(t) = 0 = -\gamma q(t) + F(t) \iff q = \frac{1}{\gamma} F(t)$$

2.6.2 Einfaches rückgekoppeltes System

Als Erweiterung der Betrachtung wird im folgenden angenommen, dass die externe Ursache ein Systembestandteil und so auch Teil der Bewegungsgleichungen ist.

Betrachten wir die Kombination aus Kraft $F = bq_1$ und dem Untersystem q_2:

$$\begin{aligned} \dot{q}_1 &= -\gamma_1 q_1 - aq_1 q_2 & (2.12) \\ \dot{q}_2 &= -\gamma_2 q_2 + bq_1 q_1 & (2.13) \end{aligned}$$

2.6 Selbstordnung und Synergetik

Wieder treffen wir die Annahme, dass das Untersystem (2.13) gedämpft ist, sobald die Kraft verschwindet. Da aus $q_1 \to 0$ die Näherung $\dot{q}_2 = -\gamma_2 q_2$ mit der Lösung $q_2 = e^{-\gamma_2 t}$ folgt, kann das Untersystem nur für $\gamma_2 > 0$ stabil sein.

Die adiabatische Näherung lautet für das gekoppelte System $\gamma_2 \gg \gamma_1$, d.h. das Untersystem ist viel stärker gedämpft als die externe Ursache. Die adiabatische Näherung rechtfertigt die Näherung $\dot{q}_2 \approx 0$. Setzen wir dies in (2.13) ein, erhalten wir:

$$q_2(t) = \frac{1}{\gamma_2} b q_1^2(t) \qquad (2.14)$$

Aus Gleichung (2.14) ist abzulesen, dass das Untersystem q_2 der Kraft q_1 folgt. Mit anderen Worten: „Das System (2.12) für q_1 versklavt (2.13) für q_2." Haken fasst diese Abhängigkeit in folgendem Motto zusammen:

Langlebige Systeme versklaven kurzlebige.

Mit (2.14) kann (2.12) weiter vereinfacht werden:

$$\dot{q}_1(t) = -\gamma_1 q_1(t) - \frac{ab}{\gamma_2} q_1^3(t) \qquad (2.15)$$

Diese Gleichung beschreibt das System des anharmonischen Oszillators. Wie aus der dortigen Betrachtung bekannt ergeben sich in Abhängigkeit des Vorzeichens von γ_1 zwei qualitativ unterschiedliche Verhaltensweisen des Systems.

1. Falls $\gamma_1 > 0$, so ist $q_1 = 0$ der einzige stabile Punkt. Mit (2.14) folgt dann auch $q_2 = 0$.

2. Falls $\gamma_1 < 0$, so liegen drei Lösungen vor. Dabei ist $q = 0$ ein instabiler Punkt und $q_{1,2} = \pm\sqrt{\frac{|\gamma_1|/\gamma_2}{ab}}$ sind stabile. Mit (2.14) folgt für das Untersystem auch $q_2 \neq 0$.

Das aus (2.12) und (2.13) bestehende System hat somit entschieden, den Effekt q_2 zu erzeugen. Da die Wahl zwischen $q_1 = 0$ und $q_1 \neq 0$ ein Maß dafür ist, ob die Wirkung q_2 auftritt, könnte q_1 als *Wirkungsparameter* bezeichnet werden. Im Rahmen der sich aus der Laserphysik abgeleiteten Synergetik erweist sich q_1 auch als Maß für die Ordnung des Systems und wird demzufolge als *Ordnungsparameter* bezeichnet.

2.6.3 Mehrere Untersysteme

Wir betrachten im folgenden ein System bestehend aus n gekoppelten Systemen.

$$\dot{q}_1(t) = -\gamma_1 q_1(t) + g_1(q_1,\ldots,q_n)$$
$$\vdots \qquad (2.16)$$
$$\dot{q}_n(t) = -\gamma_n q_n(t) + g_n(q_1,\ldots,q_n)$$

Wir nehmen im folgenden eine Unterteilung der Moden[13] aus (2.16) mit Index $j \in \{1,\ldots,n\}$ in zwei Gruppen.[14]

1. Der Index $i \in \{1,\ldots,m\}$ bezeichnet die Moden geringer Dämpfung, die instabil werden, d.h. $\gamma_i \leq 0$ (auch als *Ordner* bezeichnet).

2. Der Index $s \in \{m+1,\ldots,n\}$ bezeichnet die stabilen Moden starker Dämpfung, d.h. $\gamma_s > 0$.

An dieser Stelle sei darauf hingewiesen, dass die Ordner – im Gegensatz zum Alltagsverständnis – nicht die stabilen, sondern gerade die instabilen Moden sind. Dies liegt daran, dass Ordner eine langlebige, da kaum gedämpfte Dynamik besitzen, während die versklavten Systeme stark gedämpft, also stabil sind.

Um das System zu analysieren, treffen wir folgende Annahmen:

1. Die g_j sind nichtlineare Funktionen der $q_1,\ldots,q_n$, d.h. sie enthalten keine Konstanten oder lineare Glieder.

2. Für die stabilen Moden gilt die adiabatische Näherung: $\dot{q}_s = 0$.

3. Wegen der starken Dämpfung stabiler Moden ($\gamma_i \ll \gamma_s$) können wir $|q_s| \ll |q_i|$ annehmen. Daher können wir $q_s = 0$ in den g_s setzen.

Mit diesen Annahmen können wir die Gleichungen der stabilen Moden aus (2.16) vereinfachen. Die instabilen Moden q_i ordnen die stabilen q_s:

$$\gamma_s q_s(t) = g_s(q_1,\ldots,q_m;0,\ldots,0) \qquad (2.17)$$

Damit folgt für die instabilen Moden:

$$\dot{q}_i(t) = -\gamma_i q_i(t) + g_i(q_1,\ldots,q_m;q_{m+1}(q_i),\ldots,q_n(q_i)) \qquad (2.18)$$

Im einfachsten Fall ergibt sich dies zu dem aus (2.15) bekannten System: $\dot{q}_1(t) = -\gamma_1 q_1(t) - \frac{ab}{\gamma_2}q_1^3(t)$. In diesem Fall ist g_i eine kubische Funktion.

Wir zeigen jetzt, dass das System selbst die Unterscheidung in stabile und instabile Moden erzeugt. Betrachten wir statt des partionierten Systems (2.16) folgendes System, für das wir keine Aufteilung vornehmen:

---

[13] Variablen im Kontext der Laserphysik und auch der Synergetik werden als Mode bezeichnet.
[14] Es wird sich nachfolgend zeigen, dass sich die Unterteilung in natürlicher Weise aus dem System heraus ergibt, die Annahme erleichtert aber zunächst die folgende Betrachtung.

2.6 Selbstordnung und Synergetik

$$\dot{q}_j(t) = h_j(q_1, \ldots, q_n) \qquad (2.19)$$

Die h_j seien dabei nichtlineare Funktionen. Um das System zu analysieren, betrachten wir die die Variation $q_j(t) = q_j^0(t) + u_j(t)$ der Trajektorie $q_j^0(t)$.
Wir gehen davon aus, dass das System (2.19) stabil und bzgl. der Variation linearisierbar ist.
Wie in der Stabilitätsbetrachtung von (2.7) erhalten wir dann die linearisierte Näherung:

$$\dot{u}_j(t) = \sum_k L_{jk} u_j(t) \qquad (2.20)$$

Als Lösung ergibt sich:
$$u_j(t) = u^{(\mu)}(0) e^{\lambda_\mu t} \qquad (2.21)$$

Die λ_μ sind dabei die Eigenwerte der Matrix $L = (L_{jk})$, d.h. $\lambda_\mu \vec{u}^{(\mu)}(0) = L\vec{u}^{(\mu)}(0)$. Entwickeln wir die Lösung als Linearkombination der Eigenvektoren, so erhalten wir für geeignete Koeffizienten ξ_μ:

$$\vec{u}(t) = \sum_\mu \xi_\mu(t) \vec{u}^{(\mu)}(0) = \sum_\mu \xi_\mu e^{\lambda_\mu t} \vec{u}^{(\mu)}(0) \qquad (2.22)$$

Aus der Stabilitätsbetrachtung von (2.7) wissen wir, dass für die Eigenwerte $\text{Re}(\lambda_\mu) < 0$ gilt, da das System (2.19) nach Annahme stabil sein soll.
Da die h_j nichtlinear sind, fügen wir (2.20) einen nichtlinearen Korrekturterm $N(\vec{u})$ hinzu:

$$\dot{\vec{u}}(t) = L\vec{u}(t) + N(\vec{u}) \qquad (2.23)$$

Diese Gleichung lässt sich mit Hilfe der linksseitigen Eigenvektoren $\vec{v}^{(\mu)}$ vereinfachen, d.h. mit den Lösungen von $\lambda \vec{v}^{(\mu)} = \vec{v}^{(\mu)} L$.
Setzen wir in (2.23) die Entwicklung nach Eigenvektoren $\vec{u} = \sum_\nu \xi_\nu(t) \vec{u}^{(\nu)}$ ein und multiplizieren mit den linksseitigen Eigenvektoren $\vec{v}^{(\mu)}$, so erhalten wir für die linke Seite von (2.23):

$$\dot{\vec{u}} \vec{v}^{(\mu)} = \sum_\nu \dot{\xi}_\nu(t) \vec{u}^{(\nu)} \vec{v}^{(\mu)} = \dot{\xi}_\mu(t) \qquad (2.24)$$

Dabei haben wir berücksichtigt, dass Eigenvektoren normiert und zueinander orthogonal sind.
Die rechte Seite von (2.23) ergibt sich als:

$$\begin{aligned}
(L\vec{u}(t) + N(\vec{u}))\vec{v}^{(\mu)} &= L\sum_\nu \xi_\nu(t)\vec{u}^{(\nu)}\vec{v}^{(\mu)} + N(\vec{u})\vec{v}^{(\mu)} \\
&= \sum_\nu \xi_\nu(t)\lambda \vec{u}^{(\nu)}\vec{v}^{(\mu)} + N(\vec{u})\vec{v}^{(\mu)} \\
&= \lambda_\mu \xi_\mu(t) + N(\sum_\nu \xi_\nu(t)\vec{v}^{(\nu)})\vec{v}^{(\mu)}
\end{aligned} \qquad (2.25)$$

Somit folgt aus (2.23)

$$\dot{\xi}_\mu(t) = \lambda \xi_\nu(t) + g_\mu(\xi_1, \ldots) \quad (2.26)$$

Dabei sind die nichtlinearen Funktionen g_μ gegeben durch:

$$g_\mu = N \left(\sum_\nu \xi_\nu(t) \vec{v}^{(\nu)} \right) \vec{v}^{(\mu)} \quad (2.27)$$

Die Gleichung (2.26) hat mit $\xi_\mu = q_j$ und $\lambda_\mu = -\gamma_j$ die Form von (2.16). (2.19) zerfällt daher auf natürliche Weise in zwei Gruppen von Systemen: Die Moden ξ_μ mit $\text{Re}(\lambda_\mu) \geq 0$ bilden die Ordnungsparameter, welche die anderen gedämpften, stabilen Moden versklaven.

Zusammenfassung

In diesem Kapitel haben wir die Kernkonzepte emergenter Systeme vorgestellt. Wir haben dabei zunächst die Systemdynamik betrachtet, hier speziell die Bedeutung nicht-linearer Wechselwirkungen, wie sie in chaotischen Systemen vorherrschen. Daneben haben wir noch das Konzept der Symmetriebrechung am Beispiel des überdämpften Oszillators betrachtet. Nichtlinearität führt im allgemeinen dazu, dass die Trajektorien eines Systems empfindlich auf lokale Störungen reagieren. Aus diesem Grund ist eine Prognose praktisch kaum zu realisieren, da jeder Messfehler exponentiell wächst, und man begnügt sich mit einer Analyse der Attraktoren des Systems.

Eine weitere Eigenschaft komplexer Systeme ist ihre Pfadabhängigkeit, die im Kontext der Automatenmodelle als Zustand bezeichnet wird. Wir haben Turing-Maschinen als allgemeines sequentielles und Petrinetze als nebenläufiges Maschinenmodell eingeführt. Als weiteres Berechnungsmodell haben wir den Lambda-Kalkül und die rekursiven Funktionen dargestellt. Das Besondere an diesen Modellen ist ihre Möglichkeit der Sellbstbezüglichkeit.

Außerdem haben wir verschiedene Modelle studiert, die sich der Strukturbildung und der Selbstorganisation widmen, darunter zellulare Automaten, Lindenmayer-Systeme, neuronale Netzwerke, Peer-to-peer Netzwerke, Evolutionäre Algorithmen und Ameisenkolonien. Diesen Ansätzen ist gemeinsam, dass ihre Komplexität auf der parallelen Interaktion einer großen Anzahl sehr einfacher Systemelemente basiert.

Um den Begriff der Selbstorganisation intensiver zu beleuchten, haben wir uns mit dem Begriff der Komplexität auseinandergesetzt. Komplexität haben wir dabei unter der Perspektive der Kolmogorov-Komplexität, der Shannon-Information – die eng mit der statistischen Physik verwandt ist – und der Berechenbarkeits- und Komplexitätstheorie betrachtet. Weiterhin haben wir den Emergenzbegriff

2.6 Selbstordnung und Synergetik

in Zusammenhang mit dem Reduktionismus behandelt. Zum Schluss haben wir selbstordnende Systeme im mathematischen Rahmen der Synergetik studiert, bei der die adiabatische Näherung genutzt wird, um das geordnete Zusammenwirken mehrerer rückgekoppelter Systeme im Rahmen des Versklavungsprinzips zu behandeln.

Literaturverzeichnis

[Barendregt 1992] BARENDREGT, Henk: Lambda Calculi with Types. In: *Handbook of Logic in Computer Science* Bd. 2. Oxford university press, 1992

[Barendregt 1985] BARENDREGT, Henk P.: *The Lambda Calculus. Its Syntax and Semantics*. Elsevier Science Publishers B.V., 1985 (Studies in Logic and the Foundations of Mathematics)

[Coquand und Huet 1988] COQUAND, Thierry ; HUET, Gerard: The calculus of constructions. In: *Inf. Comput.* 76 (1988), Nr. 2-3, S. 95–120. – ISSN 0890-5401

[Dorigo und Gambardella 1997] DORIGO, M. ; GAMBARDELLA, L. M.: Ant Colony System: A Cooperative Learning Approach to the Traveling Salesman Problem. In: *IEEE Transactions on Evolutionary Computation* 1 (1997), Nr. 1, S. 53–66

[Eiben und Smith 2003] EIBEN, Gusz ; SMITH, Jim: *Introduction to evolutionary computing*. Springer-Verlag, 2003

[Eigen und Schuster 1979] EIGEN, Manfred ; SCHUSTER, Peter: *The Hypercycle – A Principle of Natural Self-Organization*. Springer-Verlag, 1979

[Girard u. a. 1989] GIRARD, Jean-Yves ; TAYLOR, Paul ; LAFONT, Yves: *Cambridge tracts in theoretical computer science*. Bd. 7: *Proofs and types*. Cambridge University Press, 1989

[Gödel 1932] GÖDEL, Kurt: *Über formal unentscheidbare Sätze der Principia Mathematica und verwandter System*, Universität Wien, Habilitationsschrift, 1932

[Haken 1990] HAKEN, Hermann: *Synergetik: eine Einführung. Nichtgleichgewichts-Phasenübergänge und Selbstorganisation in Physik, Chemie und Biologie*. 3. Auflage. Springer-Verlag, 1990

[Hermes 1971] HERMES, Hans: *Aufzählbarkeit, Entscheidbarkeit, Berechenbarkeit. Einführung in die Theorie der rekursiven Funktionen*. Springer-Verlag, 1971

[Hopcroft und Ullman 1979] HOPCROFT, John E. ; ULLMAN, Jeffrey D.: *Introduction to Automata Theory, Languages, and Computation*. Addison Wesley, 1979

[Kittel und Krömer 1984] KITTEL, Charles ; KRÖMER, Herbert: *Physik der Wärme*. Oldenbourg, 1984

[Köhler 2004] KÖHLER, Michael: *Objektnetze: Definition und Eigenschaften*. Berlin : Logos Verlag, 2004

[Langton 1984] LANGTON, C. G.: Self-reproduction in cellular automata. In: *Physica D* 10 (1984), S. 135–144

[Li und Vitányi 1997] LI, Ming ; VITÁNYI, Paul: *An introduction to Kolmogorov complexity and its applications*. Springer-Verlag, 1997. –

[Mainzer 1999] MAINZER, Klaus (Hrsg.): *Komplexe Systeme und Nichtlineare Dynamik in Natur und Gesellschaft: Komplexitätsforschung in Deutschland auf dem Weg ins nächste Jahrhundert*. Springer-Verlag, 1999. – www.philso.uni-augsburg.de/dgksnd/

[Mandelbrot 1982] MANDELBROT, Benoit B.: *The Fractal Geometry of Nature*. W. H. Freeman, 1982

[McCulloch und Pitts 1943] MCCULLOCH, W. ; PITTS, W.: A Logical Calculus of the Ideas Immanent in Nervous Activity. In: *Bulletin of Mathematical Biophysics* 5/115 (1943)

[de Meer und Koppen 2005] MEER, Hermann de ; KOPPEN, Christian: Characterization of Self-Organization. In: STEINMETZ, Ralf (Hrsg.) ; WEHRLE, Klaus (Hrsg.): *Peer-to-Peer Systems and Applications* Bd. 3485, Springer, 2005, S. 227–246. – ISBN 3-540-29192-X

[Meinhardt 1998] MEINHARDT, Hans: *The Algorithmic Beauty of Sea Shells*. Springer-Verlag, 1998

[von Neumann 1966] NEUMANN, John von ; BURKS, A. (Hrsg.): *The Theory of Self-reproducing Automata*. Univ. of Illinois Press, 1966

[Paslack 1991] PASLACK, Rainer: *Urgeschichte der Selbstorganisation*. Vieweg, 1991

[Petri 1962] PETRI, Carl A.: Kommunikation mit Automaten. Bonn : RheinischWestfälisches Institut für Instrumentelle Mathematik an der Universität Bonn, 1962. – Dissertation

[Prigogine und Stengers 1993] PRIGOGINE, Ilya ; STENGERS, Isabelle: *Das Paradox der Zeit: Zeit, Chaos und Quanten*. Piper, 1993

[Prusinkiewicz und Lindenmayer 1990] PRUSINKIEWICZ, Przemyslaw ; LINDENMAYER, Astrid: *The algorithmic beauty of plants*. Springer-Verlag, 1990

[Reisig und Rozenberg 1998] REISIG, W. (Hrsg.) ; ROZENBERG, G. (Hrsg.): *Lectures on Petri Nets I: Basic Models*. Bd. *1491*. Berlin, Germany : Springer-Verlag, 1998. (Lecture Notes in Computer Science)

[Salomaa 1987] SALOMAA, Arto: *Formal languages*. San Diego, CA, USA : Academic Press Professional, 1987

[Serugendo u. a. 2004] SERUGENDO, Giovanna Di M. (Hrsg.) ; FOUKIA, Noria (Hrsg.) ; HASSAS, Salima (Hrsg.) ; KARAGEORGOS, Anthony (Hrsg.) ; MOSTÉFAOUI, Soraya K. (Hrsg.) ; RANA, Omer F. (Hrsg.) ; ULIERU, Mihaela (Hrsg.) ; VALCKENAERS, Paul (Hrsg.) ; AART, Chris V. (Hrsg.): *Self-Organisation: Paradigms and Applications*. Bd. *2977*. Springer-Verlag, 2004. (Lecture Notes in Computer Science). – 1–19 S

Literaturverzeichnis

[Valk 1991]   VALK, Rüdiger: Modelling Concurrency by Task/Flow EN Systems. In: *3rd Workshop on Concurrency and Compositionality*. St. Augustin, Bonn : Gesellschaft für Mathematik und Datenverarbeitung, 1991 (GMD-Studien 191)

[Valk 2003]   VALK, Rüdiger: Object Petri nets: Using the nets-within-nets paradigm. In: DESEL, Jörg (Hrsg.) ; REISIG, Wolfgang (Hrsg.) ; ROZENBERG, Grzegorz (Hrsg.): *Advanced Course on Petri Nets 2003* Bd. 3098, Springer-Verlag, 2003, S. 819–848

[Whitehead und Russell 1910]   WHITEHEAD, Alfred N. ; RUSSELL, Bertrand: *Principia mathematica*. Cambridge : Cambridge University Press, 1910. – Set of three volumes

[Willke 1982]   WILLKE, Helmut: *Systemtheorie I: Grundlagen*. Stuttgart : UTB, 1982

[Winston 1992]   WINSTON, Patrick H.: *Artificial Intelligence*. Addison-Wesley, 1992. – 3. Aufl.

3 Koordinierung in Agentensystemen

MICHAEL KÖHLER-BUSSMEIER

In diesem Kapitel betrachten wir die grundlegenden Konzepte von Multiagentensystemen (MAS). Wir geben zunächst eine Einführung in die bestehenden Ansätze und betrachten dann, wie sich die derzeitige Forschung auf den Gegenstand der Koordination bezieht. Wir betrachten dazu Kooperations- und Verhandlungsprotokolle, normativ handelnde Agenten, Organisationsmodelle von Agentensystemen und die Formen der sozialen Selbstorganisation.

3.1 Grundelemente der Multiagentensysteme

In diesem Kapitel betrachten wir die Sichtweise der *verteilten künstlichen Intelligenz* (VKI) (engl. distributed artificial intelligence, DAI) auf Multiagentensysteme. Nach Weiß (1999) widmet sich die VKI der Analyse, der Konstruktion und der Anwendung von Multiagentensystemen, d.h. von Systemen, in denen mehrere interagierende, intelligente Agenten eine Menge von Zielen verfolgen oder Aufgaben ausführen.[1]

In dieser Definition sind bereits die zentralen Aspekte von Agentensystemen enthalten: Erstens handelt es sich bei den Systemkomponenten um Agenten, d.h. um lose gekoppelte Einheiten, die im Rahmen ihrer Möglichkeiten autonom handeln. Zweitens sind die Systemeinheiten intelligent, worunter man grob verstehen kann, dass Agenten in der Lage sind, auch in verschiedenen Umgebungen flexibel zu agieren, dass sie in der Lage sind, rational zu planen, und dass sie die Fähigkeit besitzen zu lernen. Drittens spielt die Interaktion der Agenten eine zentrale Rolle, da nicht nur die Einheiten verteilt sind, sondern auch Fähigkeiten, Daten und Ressourcen.

Hier zeigt sich die konzeptionelle Abgrenzung der VKI zur KI. Die künstliche Intelligenz (KI) stellt mit dem Bereich des intelligenten Problemlösens eines einzelnen situierten Systems die kognitive Aspekte in den Vordergrund. Für die VKI besteht der Kontext eines Agenten nun wiederum aus Agenten. Damit steht hier

---

[1]"DAI is the study, construction, and application of multiagent systems, that is, systems in which several interacting, intelligent agents pursue some set of goals or perform some tasks." (Weiß, 1999, S.1)

der Interaktionszusammenhang zwischen den Agenten im Vordergrund. Intelligenz des Ganzen ergibt sich aus dem Zusammenspiel der Teile. Dieser Paradigmenwechsel geht einher mit einer Neuausrichtung in Hinblick auf die Nachbardisziplinen. Während die KI der Psychologie und der Neurologie nahesteht, orientiert sich die VKI in Richtung der Sozial- und Wirtschaftswissenschaften.

Die Fokussierung auf die Interaktionszusammenhänge und ihre Strukturen hat den interessanten Aspekt, dass sie zweiseitig ausgerichtet ist. Zum einen hat sie eine Ausrichtung auf die Mikro-Ebene, d.h. den Agenten, der in die Interaktionszusammenhänge eingebettet ist und dessen Handeln somit kontexttualisiert wird. Genauso werden aber mit ihr auch die Makro-Zusammenhänge auf Ebene des Gesamtsystems betrachtet, bei denen nicht mehr die Handlungen des einzelnen relevant sind, sondern vielmehr der Prozess mit seinen Mustern insgesamt. Diese Mikro-Makro-Dualität wird uns in den weiteren Ausführungen begleiten.

Die Möglichkeit – und meist auch der Zwang – zur Interaktivität der Agenten bildet das Leitmotiv für die VKI-Forschung: „Wer kommuniziert wann mit wem worüber?" Wie im folgenden noch weiter ausgeführt wird, kann man die Koordination der Agenten grob in zwei Klassen aufteilen: in Kooperation und in Konkurrenz. Ersteres liegt vor, wenn die Agenten gemeinsam auf ein Ziel hin arbeiten und sich nur abstimmen müssen, letzteres liegt vor, wenn die Ziele in Konflikt miteinander stehen.

Die Koordination wird durch Protokolle, d.h. durch verteilte Algorithmen geregelt. Typischerweise ist aus der Protokollsicht jeder Agent des Systems ein potentieller Interaktionspartner. Offensichtlich steigt die Komplexität, geeignete Interaktionspartner zu finden, die Ziele mit ihnen abzustimmen und die Pläne konfliktfrei zu gestalten, mit der Anzahl der in einem System vorhandenen Agenten an. Ziel muss es aber sein, den Aufwand linear, d.h. in $O(n)$ zu gestalten, da man dann die Reaktionszeiten des Systems auch bei steigenden Agentenzahlen konstant halten kann, indem man die Zahl der Rechner im MAS-Netzwerk entsprechend aufstockt. Der Aufwand wächst im allgemeinen jedoch schneller als die Zahl der Agenten selbst, da typische verteilte Algorithmen Kommunikationskomplexitäten von $O(n \log n)$ oder $O(n^2)$ aufweisen. Dieser Zuwachs an Koordinierungsaufwand ist als *Skalierungsproblematik* der VKI bekannt. Ihr kann nur begegnet werden, indem man Strukturen schafft, die den Koordinationsprozess regeln, beispielsweise, indem man nur eine Teilmenge aller Agenten betrachtet oder nur bestimmte Teams für Aufgaben heranzieht.

Die Skalierungsproblematik wirft somit Fragen auf, die über die Ebene einzelner Agenten hinausgeht und sich nur auf der Systemebene behandeln lässt. Es ist daher wichtig, sich mit der Formation von Teams und der Organisationsstruktur von Multiagentensystemen zu beschäftigen.

Einige Autoren gehen sogar noch weiter, indem sie postulieren, dass die Skalierungsproblematik nur dann zu lösen ist, wenn die Organisationsstruktur explizit repräsentierter Bestandteil des Systems ist und das Systems aktiv auf diese Einfluss nehmen kann.

> Thus, the current state of the art is challenged by MASs that are larger or where the magnitude or speed of agent population variability confounds one overall design. To tackle both these problems we hypothesize that MASs should be *self-building* (able to determine the most appropriate organizational structure for the system by themselves at run-time) and *adaptive* (able to change this structure as their environment changes). (Turner und Jennings, 2001, 1)

Diese Eigenschaft der Selbstkonstruktion lässt sich auch als *Reflexivität* des Multiagentensystems beschreiben, bei dem die Organisationsstruktur das veränderte Objekt ist. Dies ist ein echtes Novum, denn in den meisten Forschungsbeiträgen erscheinen Organisationsstrukturen als ein kontextuelles Konstrukt, innerhalb dessen sich die Agenten koordinieren. Der Agent war also die betrachtete Variable, die sich in Abhängigkeit von der Organisation entwickelte: Der Agent war in Teams involviert, welche von der Organisationsstruktur geformt werden; er richtet sein Handeln an den Notwendigkeiten aus, die sich aus der Organisations- und Teamstruktur ergeben usw. Bei all diesen Formen variiert also der Agent, und die Organisation bleibt statisch. Reflexivität kehrt jetzt diese Perspektive um, indem sie die Organisation zur Variablen erklärt, die durch das Handeln der Akteure geformt wird. Man geht sogar so weit, in diesem Zusammenhang von der *lernenden Organisation* zu sprechen.

Diese zutiefst sozialwissenschaftlich orientierte Sichtweise, dass Agenten soziale Akteure sind, bestimmt die folgende Darstellung insofern, als dass sie sich an dem Aspekt der *Sozialität* des Agenten in den verschiedenen Ausprägungen orientiert. Sozialität findet ihren Ausdruck auf den verschiedensten Betrachtungsebenen eines Agentensystems. Wir betrachten im folgenden den Agenten in seiner Rolle als sozialen *Akteur*, die Dynamik, die *Agentengruppen* entfalten, die Rolle von *Organisationsformen*, die eine vorstrukturierende Funktion für Agentengruppen besitzen und schließlich die Ebene der *Agentensozialität*, die dadurch gekennzeichnet ist, dass die Organisationsformen nicht statisch fixiert sind, sondern sich aus dem Zusammenspiel der Akteure ergeben.

3.1.1 Agenten als soziale Akteure

Agenten sind in einer Umgebung situierte Einheiten, die ihre Aufgaben autonom verfolgen. Ein Agent ist autonom, d.h. im Rahmen der operationalen Randbedingungen (interne wie externe) ist er in seiner Handlungswahl frei, Restriktionen sind nur von ihm selbst auferlegte. Ein Agent ist in dem Sinne intelligent, als dass er zielverfolgend ist und dass hiermit eine gewisse Flexibilität bezüglich der Zielrealisierung verbunden ist, so dass ein Agent auch auf sich verändernde Randbedingungen reagieren kann. Insofern unterscheidet sich ein Agent der VKI noch nicht von einem Agenten der KI. Hier trifft man nicht die Annahme, dass die Umgebung aus anderen Agenten besteht. Aus der Tatsache, dass ein Agent in der Lage ist, auf die Umwelt einzuwirken, folgt dann, dass er in der Lage ist, mit anderen Agenten zu interagieren.

Diese Eigenschaften grenzen Agenten von Objekten ab, die weder autonom noch lernend oder zielverfolgend sind. Die engste Verbidung finden Agenten noch zu den aktiven Objekten (Nierstrasz, 1993), bei denen jedem Objekt ein eigener Kontrollfluss (engl. thread) zugeordnet wird. Aktive Objekte kann man eine gewisse Zielverfolgung zusprechen. Objekte sind aber nicht autonom, denn sie diskriminieren im allgemeinen nicht danach, von welchem Objekt ihre Methoden aufgerufen werden. Ein Agent kann dies tun, beispielsweise um Konflikte zu vermeiden. Ebenso unterscheiden sich Agenten von Expertensystemen, da letztere nicht sozial eingebettet sind.

Es gibt unterschiedliche Forschungsansätze, den Aufbau eines Agenten zu konzeptionieren. Da Zielverfolgung und Planung ein zentraler Gegenstand der KI ist, entstammen viele Strukturierungsansätze aus dem Bereich der formalen Logik. Hier werden Modallogiken zur Wissensrepräsentation (siehe Levesque und Lakemeyer, 2000) oder zur Spezifikation der temporalen Aktivitäten (siehe Wooldridge und Jennings, 1995; Wooldridge, 2000) verwendet. Als praktische Systeme, die auf diesem Ansatz aufbauen, sind hier METAMEM (Barringer u. a., 1990) und Congolog (Giacomo u. a., 2000) zu nennen.

Ein weit verbreiteter Ansatz ist das Design von Agenten nach dem BDI-Paradigma (Bratman, 1987; Rao und Georgeff, 1991), bei dem das Wissen (engl. beliefs), die Wünsche (engl. desires) sowie die Absichten (engl. Intentions) eines Agenten spezifiziert werden und die dann zur Wahl der Aktivitäten herangezogen werden. Die verbreiteste Datenstruktur zur Darstellung von Zielen und Plänen basiert auf der formalen Logik, hier speziell der Modallogik. Modalitäten sind Operatoren der Logik, die sich auf den Wahrheitswert von Formeln beziehen. Dies ist in der Prädikatenlogik nicht möglich, da man in ihr keine Prädikate über Formeln ausdrücken kann. Der folgende Ausruck ist demnach ungeeignet, um auszudrücken, dass Alice glaubt, dass Tweety ein Vogel sei:

$$\text{believes}(alice, \text{is-a-bird}(tweety))$$

Das Problem besteht darin, dass die Argumente des Prädikats *believes* Terme sein müssen, is-a-bird(*tweety*) jedoch eine Formel ist.

Die klassischen Modalitäten sind die der Notwendigkeit und die der Möglichkeit (Hughes und Cresswell, 1984). Eine Formel ϕ ist notwendigerweise wahr, wenn man sich keine Welt vorstellen kann, in der ϕ nicht wahr wäre. Diese Tatsache wird durch die Formel $\Box\phi$ notiert. Die Aussage ϕ ist nur möglicherweise wahr, wenn Welten vorstellbar sind, in denen ϕ wahr ist, aber auch welche, in denen das nicht gilt. Dies wird als $\Diamond\phi$ notiert. Erweitert man die Aussagenlogik um diese beiden Modalitäten, so erhält man die propositionale Modallogik. Um die Semantik der

Modalitäten exakt festzuhalten, fordert man axiomatisch die Gültigkeit gewisser Formeln (vgl. dazu die Übersicht in Abb. 3.1). Die Axiome K und N werden stets gefordert, die übrigen nicht notwendigerweise. Verwendet man Kripke-Strukturen als Modell der Modallogik, so korrespondieren die Axiome mit Eigenschaften der zu betrachtenden Sichtbarkeitsrelation der Kripke-Struktur. Sie ist in der dritten Spalte notiert.

Name	Axiom	Bedingung
K	$\Box(\phi \Longrightarrow \psi) \Longrightarrow (\Box\phi \Longrightarrow \Box\psi)$	
N	$\phi \Longrightarrow \Box\phi$	
T	$\Box\phi \Longrightarrow \phi$	reflexiv
D	$\Box\phi \Longrightarrow \Diamond\phi$	seriell
4	$\Box\phi \Longrightarrow \Box\Box\phi$	transitiv
5	$\Diamond\phi \Longrightarrow \Box\Diamond\phi$	Euklid

Abbildung 3.1: Axiome der Modallogik

Notwendigkeit ist nicht die einzige mögliche Interpretation der Modalität $\Box$. Interpretiert man die Modalität $\Box\phi$ als „ϕ wird gewusst", so kann man hiermit eine Logik des Glaubens/Wissens formalisieren. Dies hat zur Konsequenz, dass aus dem Notwendigkeitsaxioms $\phi \Longrightarrow \Box\phi$ folgt, dass *alle* Tautologien gewusst werden. Außerdem ist Wissen unter Implikation abgeschlossen, d.h. alle gültige Folgerungen $\phi_1 \wedge \ldots \wedge \phi_n \Longrightarrow \phi$ werden gewusst. Gilt das D-Axiom ($\Box\phi \Longrightarrow \Diamond\phi$ und $\Diamond\phi \equiv \neg\Box\neg\phi$), so ist Wissen widerspruchsfrei. Gilt das T-Axiom ($\Box\phi \Longrightarrow \phi$), so können nur Wahrheiten gewusst werden. Gilt das 4-Axiom ($\Box\phi \Longrightarrow \Box\Box\phi$), so besteht Wissen über das Gewusste. Gilt das 5-Axiom ($\neg\Box\neg\phi \Longrightarrow \Box(\neg\Box\neg\phi)$), so besteht Wissen über das Ungewusste.

In der *BDI-Logik* werden die Überzeugungen (*beliefs*), die Bedürfnisse (engl. *desires*) und die Absichten eines Agenten (engl. *intentions*) eines Agenten durch Modalitäten modelliert. Wir folgen der Darstellung von Panzarasa, Jennings und Norman (2002). Überzeugungen betreffen die Welt, die mentalen Haltungen anderer Agenten oder auch den Agenten selbst. Die Tatsache, dass der Agent a zum Zeitpunkt t der Überzeugung ist, dass ϕ gilt, wird als $\mathbf{Bel}(a,\phi)(t)$ dargestellt. Es gelten die Axiome KD45:

$$\begin{aligned}
\mathbf{Bel}(a,\phi)(t) \wedge \mathbf{Bel}(a,(\phi \Longrightarrow \psi))(t) &\Longrightarrow \mathbf{Bel}(a,\psi)(t) \\
\mathbf{Bel}(a,\phi)(t) &\Longrightarrow \neg\mathbf{Bel}(a,\neg\phi)(t) \\
\mathbf{Bel}(a,\phi)(t) &\Longrightarrow \mathbf{Bel}(a,\mathbf{Bel}(a,\phi))(t) \\
\neg\mathbf{Bel}(a,\phi)(t) &\Longrightarrow \mathbf{Bel}(a,\neg\mathbf{Bel}(a,\phi))(t)
\end{aligned}$$

Die Bedürfnisse und Ziele eines Agenten drücken die Zustände der Welt aus, die er gern erreichen möchte. Die Tatsache, dass der Agent a zum Zeitpunkt

t das Bedürfnis hat, ϕ zu erreichen, wird als $\mathbf{Des}(a,\phi)(t)$ dargestellt, Ziele als $\mathbf{Goal}(a,\phi)(t)$. Der Unterschied zwischen Zielen und Bedürfnisse liegen darin, dass Bedürfnisse inkonsistent und sogar unerfüllbar sein können, während Ziele als Menge *konsistenter und realisierbarer* Zustände definiert sind, von denen man annehmen kann, dass der Agent sie erreichen kann. Agenten haben keine den Überzeugungen widersprechenden Ziele.

Die Absichten eines Agenten sind immer auf einen bestimmten erstrebenswerten Zustand der Welt ausgerichtet. Besitzt ein Agent die individuelle Absicht, einen Zustand zu erreichen, so ist er sich selbst gegenüber verpflichtet (*self-commitment*), entsprechend zu handeln. Die Absicht des Agenten a, zum Zeitpunkt t einen Zustand, in dem ϕ gilt, anzustreben, wird $\mathbf{Int}(a,\phi)(t)$ notiert. Ein Agent besitzt keine Absichten, die seinen Überzeugungen widersprechen:

$$\mathbf{Int}(a,\phi)(t) \implies \neg\mathbf{Bel}(a,\neg\phi)(t)$$

Eine deutliche Abkehr von planenden Ansätzen stellt das reaktive Paradigma dar, bei dem Agenten kein Weltmodell aufbauen, keine – oder nur geringe – Zustandsinformation speichern und ihre Wahl anhand einer Liste einfacher Wenn-Dann Regeln treffen. Die Vorteile des Ansatzes sind seine geringe Darstellungsgröße und seine kurzen Reaktionszeiten. Anwendung findet dieser Ansatz daher insbesondere im Bereich der Robotik (Brooks, 1990). Besondere Prominenz hat dieser Ansatz unter dem Schlagwort der Schwarmintelligenz bekommen (Kennedy und Eberhart, 2001). Ausgangspunkt ist hier die Feststellung, dass Tierpopulationen (wie Ameisenkolonien, Fisch- oder Vogelschwärme) in der Lage sind, global kohärentes (um nicht zu sagen: intelligentes) Verhalten aufweisen, und dies obwohl das einzelne Individuum dazu kognitiv nicht in der Lage ist. So kann eine einzelne Ameise keine Wegewahloptimierung bei der Futtersuche betreiben, die Kolonie als ganzes schon.

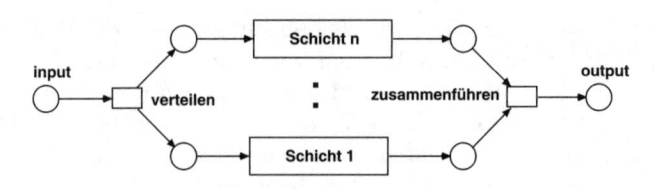

Abbildung 3.2: Horizontale Agentenarchitektur

Weitere typische Ansätze stellen die Schichtenarchitekturen dar. Hierbei unterscheidet man zwischen sogenannten horizontalen und vertikalen Schichtungen. Bei der horizontalen Schichtung erhalten alle Planungsschichten die gleiche Eingabe. Ihre Ergebnisse werden dann zu einer Gesamtentscheidung zusammengesetzt. Ein Beispiel für eine horizontale Schichtung ist das Touring-Machines-System (Ferguson, 1992).

3.1 Grundelemente der Multiagentensysteme 79

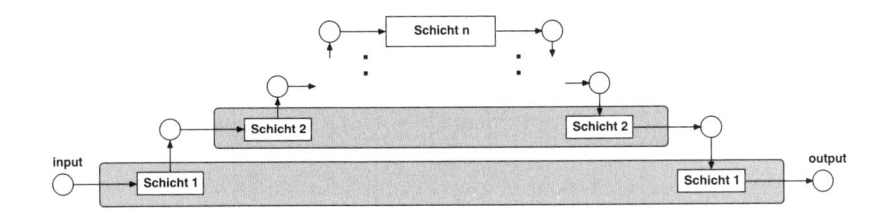

Abbildung 3.3: Vertikale Agentenarchitektur (two-pass)

Vertikale Architekturen bearbeiten die Eingabe und geben ihre Ergebnisse an die nächste Ebene weiter. Man unterscheidet Systeme, bei denen die Bearbeitung in der letzten Schicht zu Ende ist (one-pass), von solchen, bei denen die letzte Schicht ihre Ergebnisse wieder zurück reicht, so dass sie die gesamte Schichtung in rückwärtiger Richtung durchläuft (two-pass). Ein Beispiel für eine vertikale Schichtung ist das INTERARP-System (Müller und Pischel, 1994).

Daneben existieren als Erweiterung der objektorientierten Programmiersprachen auch agentenorientierte Sprachen wie Agent-0 (Shoham, 1990), Agentspeak (Rao, 1996), JASON (Bordini u. a., 2007) oder JADE (Bellifemine u. a., 2001).

3.1.2 Interaktionsgruppen

Agenten existieren nicht isoliert, sondern stets im Kontext anderer Agenten. Agenten interagieren, daher ist die Perspektive des Interaktionszusammenhangs der Agenten, kurz: seine *Interaktionsgruppe*, eine natürliche Betrachtungsebene des sozialen Agenten. Durch den Aspekt der *Sozialität* von Agenten geht das Agentenkonzept der VKI über das der KI hinaus. So spricht sich Gasser (1991) dafür aus, die Konzepte des Wissens und der Handlung speziell vor dem Hintergrund ihrer sozialen Bezüge zu interpretieren. Dies legt nahe, das Charakteristische von Agenten (wie *Autonomie*, *Flexibilität*, *Intelligenz* usw.) nicht primär als eine interne Eigenschaften zu deuten, sondern es vielmehr als ein relationales Konstrukt zu betrachten, das sich z.B. in den Interaktionsbeziehungen als Abhängigkeitsverhältnis äußert. Abhängigkeitsverhältnisse ergeben sich hierbei beispielsweise aus der funktionalen Spezialisierung der Agenten oder dem Besitz relevanter Ressourcen.

Interaktionsgruppen ergeben sich durch die sozialen Verflechtungen ihrer Agenten. Diese können funktionaler Natur sein, d.h. ein Agent ist auf die Fähigkeiten eines anderen angewiesen, um seine eigenen Aufgaben zu erfüllen, oder koordinativer Natur, beispielsweise, wenn es um die Vermeidung von Zugriffskonflikten geht.

Die Interaktion von Agenten wird in Multiagentensystemen meist in Form von Nachrichtenkommunikation modelliert. Um eine Kommunikation von Sender und Empfänger zu ermöglichen, ist es notwendig, dass sich beide Parteien über die

Bedeutung der Nachricht einigen. Dazu ist erstens eine gemeinsame Darstellungssprache notwendig, zweitens eine Taxonomie (auch: Ontologie), die das Diskursuniversum beschreibt, sowie drittens eine Beschreibung der Intention, die mit der Nachricht verbunden ist. Eine Spezifikationssprache für diese drei Elemente wird als *Agentenkommunikationssprache* bezeichnet.

Ontologien oder Konzeptbeschreibungssprachen finden sich im Kontext des *semantic web* (Studer u. a., 2003). Beispiele für Ontologiesprachen sind DAML (Ogbuji und Ouellet, 2002) oder OWL (Smith u. a., 2004). Als formales Konzept der Kommunikation greift die VKI auf die Theorie der Sprechakte (engl. speech act theory) nach Searle (1970) zurück, nach der Kommunikationen Handlungen sind, die den Empfänger zu einer bestimmten Reaktion veranlassen sollen. Sprechakte sind informierend, anfragend, fordernd usw. Beispiele für Agentenkommunikationssprache sind die Spezifikationssprachen KQML (*knowledge query and manipulation language*) (Knowledge Sharing Initiative External Interfaces Working Group, 1993) und FIPA-ACL (*FIPA agent communication language*) (FIPA, 1998).

Neben der Spezifikation der Kommunikation ist noch der darauf aufbauende Koordinationsprozess zu charakterisieren. Man kann dabei grob zwei Klassen unterscheiden: In die erste Klasse fallen solche Ansätze, die sich eines Mediums bedienen, um die Agenten zu koordinieren. Als klassischen Ansatz sind hier die *blackboard*-Systeme zu nennen, bei denen Agenten Nachrichten wie an einem Schwarzen Brett hinterlassen. Ein Agent, der eine Teilaufgabe delegieren möchte, schreibt die Aufgabenbeschreibung an das Schwarze Brett. Alle anderen Agenten können dann diese Nachricht sehen und bei Interesse die erarbeitete Lösung wieder an das Brett hängen. Eine direkte Kommunikation ist daher nicht notwendig. Ein Beispiel für eine solche Architektur sind die *tuple spaces* in LINDA (Carriero und Gelernter, 1989). In die zweite Klasse fallen solche Ansätze, bei denen Ablaufprotokolle die direkte Kommunikation der Agenten regeln. Hier wird spezifiziert, wer wem Nachrichten schicken darf oder welche Informationen die jeweiligen Nachrichten enthalten müssen. Klassische Beispiele sind hier das *Contract-Net* Protokoll (Smith, 1977) und das *Partial Global Planning* Protokoll (Durfee und Lesser, 1991).

3.1.3 Organisationsformen

In der allgemeinen Formulierung ergeben sich die Kommunikationsbeziehung anhand der möglichen Delegationsbeziehungen und anhand der funktionalen oder temporalen Abhängigkeiten. Alle Agenten des Systems sind dabei zu berücksichtigen, denn im schlimmsten Fall hängen alle Agenten voneinander ab.

In natürlichen Sozialsystemen treffen die Akteure jedoch nicht beliebig aufeinander, und sie müssen auch nicht alle ihre Pläne mit allen anderen bis ins kleinste abstimmen. Dies liegt daran, dass soziale Systeme bereits vorstrukturiert sind. Es existieren Strukturen, die regeln, welche Interaktionsgruppen sich bilden können. Daneben existieren Normen, beispielsweise in Form von *Rollen*, die unabhängig

3.1 Grundelemente der Multiagentensysteme

von ihrem Träger Rechte und Verpflichtungen beschreiben. Damit reduziert sich der Abstimmungsaufwand der Einzelpläne enorm.

Die Einschränkungen, die soziale Strukturen für die Agenten darstellen, stehen nicht im Widerspruch zur Autonomie, denn obwohl die Agenten den Erwartungen einer Rolle genügen müssen, so sind sie doch prinzipiell in ihrer Wahl, ob sie eine Rolle einnehmen, frei. Natürlich sind die Agenten nur so frei, wie es die Abhängigkeiten zulassen.

Beispiele für Sozialstrukturen sind Organisationstrukturen, die durch Hierarchien und Kompetenzen die Menge der potentiellen Teammitglieder eingrenzen und gleichzeitig deren Verhalten bereits grob festlegen. Die Abläufe, die die Zusammenarbeit von Rolleninhabern regeln, sind meist durch Geschäftsprozesse (engl. „business processes") standardisiert.[2]

Diese sozialen Strukturen, die unabhängig von den Akteuren existieren, bilden die Grundlage für die Koordinationsfähigkeit eines Multiagentensystems. Man kann dabei grob in subjektive und objektive Formen der Koordination unterscheiden (Schumacher, 2001). Die subjektive Form stellt dabei die Perspektive der Agenten auf den Koordinationsprozess dar, die objektive Form die Perspektive die des gesamten Systems.

Als zentraler Schlüssel zur Koordinierung wird aus Agentensicht das Konzept der *Zusicherung* (engl. commitment) gesehen. Durch Zusicherungen legen Agenten ihr zukünftiges Verhalten gegenüber anderen fest, üblicherweise unter der Bedingung, dass gewisse Rahmenbedingungen in der Zwischenzeit unverändert bleiben. Darauf aufbauend gelangt man von individuellen Annahmen, Wünschen und Absichten zu den innerhalb einer Gruppen geteilten Annahmen, Wünschen und Absichten. Die Gruppenmitglieder legen einander insbesondere durch die gemeinsamen Absichten fest, indem sie ihre Absprachen in einem überindividuellen Element, den geteilten Absichten (engl. joint intentions), bündeln (vgl. Jennings, 1993, 1996; Castelfranchi, 1995; Ossowski, 1999).

Die Systemsicht betrachtet dagegen die Interaktionsstruktur an sich, losgelöst von der Agentenperspektive. Die konkreten Realisierungformen der Organisationsstrukturen werden im Rahmen der *Organisationstheorie* untersucht, ein Forschungsbereich, der sowohl im Fokus der Betriebs- als auch der Sozialwissenschaften steht und in jüngster Zeit auch durch den Bereich der Wirtschaftsinformatik thematisiert wird. Eine Wissenschaftsdisziplin im Schnittpunkt der drei Forschungsbereiche ist die *Computational Organsisation Theory* (siehe Prietula u. a., 1998; Carley und Gasser, 1999).

---

[2] In der Literatur werden solche Systeme auch unter dem Begriff der elektronischen Institution oder unter dem des elektronischen Marktes behandelt.

System (Makro)

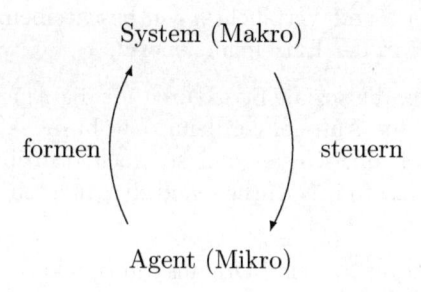

formen ⤴︎ ⤵︎ steuern

Agent (Mikro)

Abbildung 3.4: Mikro/Makro Wechselwirkung

3.1.4 Sozialität als Mikro/Makro Wechselwirkung

Es ist zu beachten, dass Organisationen keine festgefügten Strukturen sind, innerhalb deren sich die Tätigkeiten der Agenten abspielen und von der alle Agenten restriktiv gelenkt werden.[3] Organisationen treten den Akteuren zwar einerseits als überindividuelle, quasi-objektivierte Strukturen mit eigener Realität entgegen, sie sind umgekehrt aber auch sozial konstituiert, indem die Akteure die Strukturen durch ihre Interaktionen erst (re-)produzieren. Es wird auch davon gesprochen, dass die Systemstrukturen ein emergentes Produkt der Handlungen des Systems selbst sind. Dies hat man sich so vorzustellen, dass Agenten durch ihre Handlungen innerhalb der Organisation ständig die Ausrichtung oder die Gewichtung der Organisationsziele verschieben, meist ohne dies intendiert zu haben. Auch Rollenerwartungen oder Prozeduren können sich so verschieben.

Man kann also nicht davon ausgehen, dass Organisationsstrukturen ein fester Kontext wären, der unter anderem für effektive Kommunikation sorgt (wie in Shoham und Tennenholtz, 1994). Man kann aber auch nicht umgekehrt davon ausgehen, dass soziale Strukturen emergent aus dem Nichts entstehen (wie in Walker und Wooldridge, 1995). Es ist vielmehr so, dass beide Variablen – Organisationsstruktur und Akteurshandeln – wechselseitig miteinander in Verbindung stehen. Darüber sollte zudem nicht vergessen werden, dass Organisationen ihrerseits einen gesellschaftlichen Kontext besitzen, also ihrerseits eingebettet sind.

Diese Wechselseitigkeit ist als die Mikro-Makro-Dualität bekannt. Die adäquate Modellierung der Wechselwirkung beider Elemente gilt als Schlüssel zur Konstruktion skalierungsfähiger Multiagentensystem (vgl. Schillo u. a., 2000).

Die *wechselseitige* Beeinflussung interaktionistischer und strukturalistischer Elemente als Prozess dynamisiert das System enorm. Dies stellt eine Herausforderung für das Design von Agentensystemen dar, denn das Wechselspiel von Struktur und Handlung setzt eine dynamische Anpassbarkeit von Systemstrukturen und

---

[3]Soziologisch formuliert: Organisationen sind nicht nur strukturalistisch geprägte Phänomene.

3.1 Grundelemente der Multiagentensysteme

-verhalten voraus. Diese Strukturdynamik wird in der Informatik meist vermieden, da derartig selbstmodifizierende Systeme erfahrungsgemäß schwerer zu beherrschen sind als gesteuerte oder starre Systeme. Die Anforderungen heutiger Anwendungskontexte erfordern jedoch in zunehmendem Maße die Selbstmodifikation, da auch die Anwendungskontexte starken Veränderungen unterworfen sind. Damit stellt sich erstens die Frage nach den zugrundeliegenden Mechanismen der Strukturdynamik und zweitens, wie eine zielgerichtete Steuerung solch flexibler Systeme erreicht werden kann.

3.1.5 Multiagentensysteme versus Workflows

Die Metaphern des Multiagentensystems sind eng mit denen der betrieblichen Informationssysteme (engl. workflow management system, WFMS, oder auch process aware information systems, PAIS) verwandt. Die Agentenmetapher beschreibt Systeme als System von Agenten, die aufgrund ihrer Einschränkungen (Wissen, Ressourcen, Fähigkeiten) mit anderen Agenten interagieren müssen, wobei die Agenten einerseits um Ressourcen in Konkurrenz zueinander stehen und andererseits in Team kooperieren müssen, um ihre Ziele verfolgen zu können. Die Agentenmetapher stellt damit einen bottom-up Ansatz dar. Betriebliche Informationssysteme dagegen nehmen eine top-down Perspektive ein: Workflow-Management-Systeme bestehen im wesentlichen aus Datenbanken und -schemata zusammen mit einem Rollenmodell zur Zugriffkontrolle und zur Definition von Verantwortlichkeiten. Darauf aufbauend werden die Geschäftsprozesse definiert, die vom System zur Laufzeit überwacht werden.

Vergleicht man Multiagentensysteme mit Workflow-Management-Systemen, so stellt man fest, dass mit beiden Ansätzen jeweils Vor- und Nachteile verbunden sind. Die Agentenmetapher stellt ein gutes Konzept dar, um die Entwurfsprinzipien der Abstraktion und der Dekomposition zu unterstützen. Stellt man sich Agenten als Spezialisten vor, so werden für einen Bereich jeweils Wissen und Fähigkeiten an einem Ort gebündelt, so dass sich Vorteile für die Wartbarkeit des Systems ergeben. Außerdem erhöht es die Flexibilität des Systems, denn um neue Fähigkeiten bereitzustellen, ist es ausreichend, einen weiteren Agenten zu implementieren, der die Funktionalität dann anderen Agenten zur Verfügung stellt. Sind die Fähigkeiten formal spezifiziert, kann das Systems die neue Funktionalität sogar automatisch integrieren. Die Agentenmetapher ist jedoch ungeeignet, um die Systemstrukturierung anzuleiten. Hier sind überindividuelle Konstrukte – wie Teams, Allianzen usw. – notwendig. Geht man von sich autonom koordinierenden Agenten aus, so erzeugt das Koordinationsverhalten der Agenten emergentes Gesamtverhalten. Prominentestes Beispiel ist der Bereich der Schwarmintelligenz. Im allgemeinen ist dies aus Entwicklersicht jedoch unzulänglich, denn wenn zur Designzeit unbekannt ist, welche Koordinationsmuster entstehen, dann ist auch nicht klar, ob diese erwünschtes (genauer: korrektes) Verhalten darstellen.

Bei den Workflow-Mangement-Systeme stellt sich die Situation annähernd komplementär dar. Das System hat die volle Kontrolle über die Daten und die Geschäftsprozesse, wodurch es überhaupt erst möglich wird, gewünschte Systemeigenschaften zuzusichern, darunter so essentielle Sicherheitsaspekte wie Integrität, Vertraulichkeit, Verlässlichkeit. Die Zusicherbarkeit wird jedoch meist dadurch erkauft, dass diese Systeme keine oder nur geringe Mechanismen zur flexiblen Anpassung bieten. Anpassungen sind Wartungstätigkeiten während der Entwicklung. Auch sind diese Systeme meist geschlossene Systeme, die keine Unterstützung organisationsübergreifender Abläufe bieten. Um die Interoperabilität zu erreichen, müssten die Daten und Prozesse zunächst aber erst einaml formal spezifiziert werden.

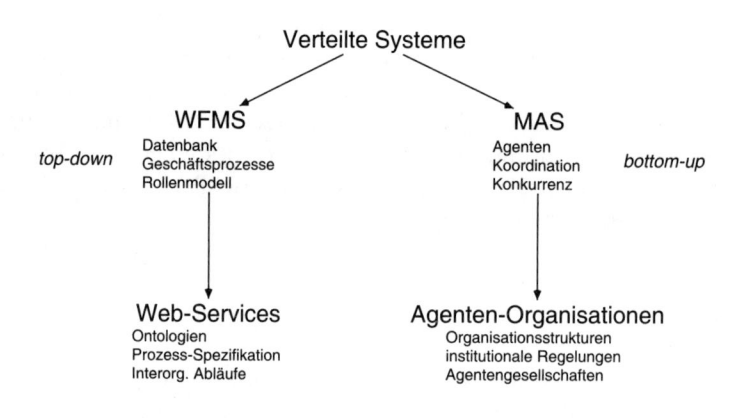

```
                        Verteilte Systeme
                         ↙           ↘
                      WFMS              MAS
                   Datenbank          Agenten
       top-down    Geschäftsprozesse  Koordination    bottom-up
                   Rollenmodell       Konkurrenz
                      ↓                  ↓
                 Web-Services       Agenten-Organisationen
                 Ontologien         Organisationsstrukturen
                 Prozess-Spezifikation  institutionale Regelungen
                 Interorg. Abläufe  Agentengesellschaften
```

Abbildung 3.5: Konvergenz von MAS und WFMS

Die pointiert dargestellten Unzulänglichkeiten der beiden Ansätze sind den Forschungsgemeinschaften wohl bewusst. So existieren Erweiterungen der WFMS um Spezifizierung der Daten und Prozesse durch Beschreibungslogiken. Diese Bemühungen werden im Bereich der *Web-Dienste* (engl. web services) und des *semantic web* gebündelt. Web-Dienste (Alonso u. a., 2003) stellen einen Standard zur Entwicklung und Integration verteilter Systeme dar. Hier existieren Technologien wie die Ontologiesprachen OWL (Web Ontology Language), service oriented architecture (SOA), web service definition language (WSDL) (Gottschalk, 2000; OASIS, 1993–2007). Analog existieren Bemühungen, Koordinationsstrukturen wie Teams oder Organisationen mit leitender Wirkung im Bereich der Agentenorientierung konzeptionell zu integrieren. Diese sich abzeichnende Konvergenz von Multiagentensystemen und Workflow-Mangement-Systemen ist in Abbildung 3.5 dargestellt.

3.2 Koordination: Kooperation und Konkurrenz

Es ist im allgemeinen davon auszugehen, dass zwischen den Agenten Abhängigkeiten existieren. Funktionale Abhängigkeiten existieren, wenn ein einzelner Agent nicht alle zur Erfüllung seiner Ziele benötigten Fähigkeiten besitzt, so dass er auf die Hilfe anderer Agenten angewiesen ist. Instrumentelle Abhängigkeiten ergeben sich, sobald sich mehrere Agenten ein Hilfsmittel (z.B. ein Werkzeug) teilen, so dass es zu Synchronisationsbedingungen, beispielsweise in Form wechselseitiger Ausschlüsse, kommt. Abhängigkeiten ergeben sich auch, wenn Agenten um den Zugang zu knappen Ressourcen und deren Verwendung konkurrieren. Koordinationssituation lassen sich also anhand der drei Fragen kategorisieren:

1. Besitzt der Agent notwendige Fähigkeiten und Werkzeuge?
2. Existieren genug Ressourcen für die Zielrealisierung?
3. Sind die Ziele der Agenten kompatibel?

Die Koordination in einer Interaktionsgruppen sind idealtypischerweise entweder *kooperierend* oder *konkurrierend*.

Existiert – zumindest für den gewählten Ausschnitt der Betrachtung – ein gemeinsames Ziel, so liegt die Situation der *Kooperation* vor. Üblicherweise sind kooperierende Interaktionsgruppen durch die Gleichartigkeit ihrer Aktivitäten gekennzeichnet, die sich aus dem gemeinsamen Ziel ergibt, auf das die Planungen der Agenten ausgerichtet sind.

Eine *konkurrierende* Interaktionsgruppe ist dadurch gekennzeichnet, dass die individuellen Ziele eines Agenten nicht gleichzeitig mit denen anderer Agenten realisiert werden können. Dies mag daran liegen, dass zwei Agenten gleichzeitig exklusiven Zugriff auf ein Betriebsmittel verlangen, oder auch daran, dass ein Verkäufer einen möglichst hohen, der Einkäufer einen möglichst niedrigen Preis anstrebt. Solche Konflikte müssen im Interesse eines reibungslosen Ablaufes aufgelöst werden. Die Lösungsansätze reichen von Algorithmen zur Deadlock-Vermeidung bis hin zu spieltheoretischen Ansätzen.

3.2.1 Kooperation: Verteiltes Problemlösen

Liegt eine gemeinsame Zielsetzung der Agenten vor, so bilden die Agenten ein *Team*, dessen Aufgaben darin besteht, die Fähigkeiten seiner Mitglieder auf das gemeinsame Ziel, die Teamaufgabe, zu koordinieren: „Wer macht wann was?" Dieses algorithmische Problem wird als *Verteiltes Problemlösen* (engl. distributed problem solving, DPS) bezeichnet. Dieses umfasst zwei Aspekte: Zum einen die Planung und zum anderen die Ausführung. Beide Aspekte können sowohl zentralisiert als auch verteilt erfolgen. Zentralisierte Planung und Ausführung entspricht dem aus der KI bekannten Problemlösen. Der Agent interagiert hier nicht mit anderen Agenten. Der Fall der zentralisierten Planung und der verteilten Ausführung kommt dann zum Einsatz, wenn die ausführenden Agenten verteilt vorliegen und mit Spezialfähigkeiten ausgestattet sind, die Planung aber nicht selbst vornehmen. Der Nachteil des Verfahrens ist, dass zur Planung ein globales Weltmodell aufgebaut werden muss. Dieser Aufwand lohnt sich aber dennoch, nämlich dann, wenn zentralisierte Algorithmen erprobter oder effizienter sind als ihre verteilten Pendants. Typische Beispiele finden sich als Optimierungsprobleme in Unternehmen, bei denen Planung und Ausführung in verschiedene Kompetenzbereiche fallen. Der umgekehrte Fall des verteilten Planens und der zentralisierten Ausführung liegt dann vor, wenn schon in die Planung die Spezialfähigkeiten der Agenten einfließen. Ein Beispiel ist hier die Konstruktion einer neuen Maschine, bei dem das Spezialwissen verschiedener Entwickler im Entwurf zusammenfließt. Existiert der fertige Entwurf, kann er in einem zentralisierten Produktionsprozess ausgeführt werden.

Der Fall der verteilten Planung und Ausführung kombiniert beide Aspekte. Hier ist also ein Plan zu erstellen, der die Aufgaben den Agenten zuweist und ihre Bearbeitung synchronisiert. Bei der verteilten Planung ist zu regeln, wie die Teilaufgaben unter den Agenten entsprechend ihrer Fähigkeiten aufzuteilen sind. Dazu müssen Pläne in einer Darstellung vorliegen, die alle Agenten interpretieren können. Außerdem müssen nicht nur Aufgaben verteilt, sondern auch Teilpläne zusammengefügt und synchronisiert werden.

Die bekanntesten Protokolle zum verteilten Problemlösen sind das *Contract-Net Protocol* und das *Partial Global Planning Protocol*.

Das Contract-Net Protokoll (Smith, 1977) fokussiert auf die Aufgabenverteilung. Hier zerlegen die Manager-Agenten die Aufgabe in Teilaufgaben und schreiben sie öffentlich aus. Auf die Ausschreibung bieten dann die Agenten. Die Aufgabe wird dem Agenten zugewiesen, der das beste Angebot abgibt. Dieser Agent, Kontraktor genannt, löst die an ihn übertragene Aufgabe und gibt die Lösung an den Manager zurück. Der Manager kombiniert abschließend die Lösungen der Teilaufgaben zu einer Gesamtlösung. Indem die Kontraktoren ihrerseits als Manager tätig werden, können sie Teilaufgaben delegieren, so dass das Contract-Net Protokoll ein verteiltes Teile-und-Herrsche Verfahren darstellt. Die selbstähnliche Struktur, bei denen Agentengruppen nach außen hin als eine Einheit agieren, sind als Holonen (Koestler, 1967) bekannt. Durch die Ausschreibung kann eine Aufgabenverteilung dynamisch festgelegt werden, die der aktuellen Verteilung von Wissen, Fähigkeit und Ressourcen der Agenten Rechnung trägt.

Das Partial Global Planning Protokoll (Durfee und Lesser, 1991) konzentriert sich stärker auf den Planungsaspekt. Es geht davon aus, dass eine Struktur existiert, die angibt, wie Teilpläne verteilt werden. Nach einer Zuweisungsphase der Aufgaben, erstellen die Agenten ihre lokalen Pläne, wobei sie dabei nur die ihnen zugewiesene Aufgabe sehen. Die lokalen Pläne enthalten dabei schon Alternativen, um die spätere Synchronisation der Pläne zu erleichtern. Die in den Teilplänen formulierten Teilziele werden von den Manager-Agenten zum Gesamtziel (engl. partial global goal) zusammengefasst. Außerdem werden die lokalen Pläne entlang des Gesamtziels ausgerichtet und miteinander synchronisiert. Der entstehende Plan bilden dann den globalen Plan (engl. partial global plan). In der nächsten Phase passen die Agenten dann ihre lokalen Pläne an den globalen an.

3.2.2 Konkurrenz: Verhandlungen

Konkurrenz liegt vor, wenn zwischen den Agenten kein Einvernehmen über das angestrebte Ziel besteht. Ohne dieses Einvernehmen stehen die Ziele der Agenten in Konkurrenz zueinander, und es liegt der Situationstyp *Wettbewerb* vor. Da Agenten in einer Konkurrenzsituation ihre Ziele nicht wie geplant realisieren können, ist im Interesse aller durch Verhandlungsprozesse ein Kompromiss zu finden.

Verhandlungsprozesse werden durch Protokolle geregelt. Bei Verhandlungsprotokollen kommt es auf die Einigungskriterien und die Kompromissmöglichkeiten an. Die grundlegende Annahme ist, dass die Akteure eigennützig handeln, sie sich also nur dann auf Verhandlungen einlassen, wenn ihnen der Kompromiss einen Vorteil bietet, wenn auch vielleicht nur einen geringeren, als wenn sie sich auf Kosten der anderen hätten durchsetzen könnten. Ein eigennütziger Akteur wird also nur dann einen Kompromiss akzeptieren, wenn das Ergebnis für ihn optimal ist, d.h. dass es bei der aktuellen Interessenlage keine bessere Entscheidung gibt.

Die Spieltheorie hat diese Form der Entscheidungsfindung zum Forschungsgegenstand. Die Grundannahme ist, dass n Agenten eigennützig ihre Ziele verfolgen und dass mit dem Erreichen eines Ziels ein Gewinn verbunden ist. Das gesamte Szenario wird als *Spiel* aufgefasst. Die Entscheidungsfindung jedes Agenten A_i wird durch seine Spielstrategie S_i bestimmt. Die Strategie eines Agenten orientiert sich dabei an denen der anderen. Ein Spiel der Agenten ist somit mit den Strategien $(S_1, \ldots, S_n)$ der Agenten gleichzusetzen. Beispiele für solche Spiele sind Preisbildungsprozesse, Auktionen, Wahlen oder Koalitionsverhandlungen.

Auf den Bereich der Multiagentensysteme angewendet lautet eine Teilfrage, wie Verhandlungsprotokolle – der Markt und die Spielregeln gewissermaßen – gestaltet werden müssen, damit die lokal optimierte Handlungswahl auch auf globaler Ebene ein optimales Ergebnis darstellt – eine Fragestellung des *algorithmic mechanism design* (Steimle, 2008). Hierbei stellt sich die Frage, in welchem Verhältnis der Aufwand des Verhandlungsprotokolls zur Güte des Ergebnis stehen.

Aber schon allein die Formulierung des Optimalitätskriteriums gestaltet sich schwierig. Es gibt in der Literatur vier zentrale Formulierungen der Optimalität (vgl. Sandholm, 1999). Die erste Formulierung nennt eine Entscheidung optimal, wenn sie den kumulierten Gewinn aller Akteure maximiert. Hier wird also das Allgemeinwohl (engl. welfare) maximiert. Die zweite Formulierung nennt eine Entscheidung optimal, wenn sich kein Akteur verbessern kann, ohne dass sich mindestens ein anderer Agent verschlechtert (*Pareto-Optimalität*). Anders formuliert: Ein Agent kann sich nur auf Kosten anderer verbessern. Eine dritte Formulierung zeichnet sich dadurch aus, dass Akteure eine dominante Strategie wählen. Eine Strategie ist *dominant*, wenn sie für den Akteur optimal ist, unabhängig davon, was die anderen Akteure tun. Die wenigsten Spiele besitzen jedoch eine solche Strategie. Eine vierte Formulierung basiert auf den Begriff des Nash-Gleichgewichts. Die Strategien $(S_1, \ldots, S_n)$ sind im *Nash-Gleichgewicht*, wenn für alle A_i die Strategie S_i optimal ist, wenn die anderen Agenten nach den Strategien $(S_1, \ldots, S_{i-1}, S_{i+1}, \ldots, S_n)$ spielen. Das Problem hierbei ist, dass manche Spiele kein Nash-Gleichgewicht besitzen, andere dagegen mehrere. Ein weiteres Problem ist zudem noch, dass sich selbst im Nash-Gleichgewicht Agenten konspirativ zusammenschließen können, um auf Kosten der anderen ihren Gewinn zu verbessern.

Das Verhältnis der Optimalitätskonzepte wird meist mit dem Gefangenendilemma illustriert. Beim Gefangenendilemma stehen zwei Gefangene A und B vor der Wahl, entweder zuzugeben, eine Straftat begangen zu haben oder dies abzustreiten. Streiten beide ab, so werden beide wegen geringfügiger Vergehen bestraft. Gestehen beide, so wird die Strafe aufgeteilt. Gesteht dagegen nur einer, so wird nur der leugnende Gefangene bestraft. Formulieren wir den Nutzen als die vermiedene Strafe, so ergibt sich die folgende Nutzenmatrix:

	gestehen	abstreiten
gestehen	1,1	5,0
abstreiten	0,5	3,3

An dieser Situation erkennt man, dass der allgemeine Nutzen maximiert wird, wenn beide abstreiten. Der gemeinsame Nutzen ist dann $3 + 3 = 6$. Diese Wahl ist auch Pareto-optimal, denn bei der Verbesserung zu $(5, 0)$ (bzw. zu $(0, 5)$) verschlechtert sich der Partner jeweils. Die dominante Strategie dieses Spiels ist es aber zu gestehen, denn wenn B gesteht, dann ist es für A besser, auch zu gestehen, da für ihn $(1, 1)$ besser als $(0, 5)$ ist. Streitet B dagegen ab, so ist es für A wiederum besser zu gestehen, da für ihn $(5, 0)$ besser als $(3, 3)$ ist. Damit ist Abstreiten für A besser, unabhängig von der Wahl von B. Wählen beide Spieler die dominante Strategie, so ergibt sich das schlechteste Ergebnis $(1, 1)$. Diese Strategiewahl ist auch das Nash-Gleichgewicht.

Die verschiedenen Optimalitätskriterien kommen also für dieses Spiel zu entgegengesetzten Strategiewahlen mit unterschiedlichem Gesamtnutzen. An dieser Stelle sei angemerkt, dass diese unterschiedlichen Ergebnisse nicht als Argument gegen die Spieltheorie oder gegen den rational-choice Ansatz verstanden werden dürfen. Vielmehr zeigt das Beispiel sehr schön, dass es Spiele gibt, bei denen lokale, egoistische Optimierung nicht zum globalen Optimum führt, sondern sogar zum denkbar schlechtesten Ergebnis. Aus der konstruktiven Perspektive besteht die Aufgabe also gerade darin, die Nutzenmatrix und damit auch die Spielregeln durch Mechanismen, also durch Ordnungspolitik, so anzupassen, dass lokale Nutzenmaximierung und Allgemeinwohl zusammenfallen.

3.3 Normative Agenten und Institutionen

Die bislang behandelten Kooperationsprotokolle gehen davon aus, dass alle Agenten eines Teams – wie im Partial Global Planning Protokoll – gutwillig an der Lösung arbeiten und die ihnen zugewiesenen Aufgaben erledigen (bene volence Eigenschaft). Da dieser Aspekt im allgemeinen zu einschränkend ist, werden für kooperative Situationen zusätzliche Sozialstrukturen berücksichtigt. Wir betrachten hier die Theorie der *joint-intentions*, bei der auch soziale Verpflichtungen der Mitglieder gegenüber der Gruppe modelliert werden.

Die Verhandlungsprotokolle besitzen den Nachteil, dass lokale Rationalität der Akteure – wie im Falle des Gefangenendilemmas – nicht zu global optimalen Lösungen führt. Ein möglicher Ansatz ist es hier, die Rationalität mit der Theorie normativer Agenten zu kombinieren. Hierbei werden Normen, d.h. Strukturen mit verbindlichem Regelungscharakter, in den Planungsprozess der Agenten einbezogen, mit der Hoffnung, dass hierdurch die Paradoxien nicht optimaler Strategiewahlen vermieden werden.

3.3.1 Kooperationslogik

Startpunkt der Arbeiten zum *Collaborative Decision-Making (CDM)* ist die Erkenntnis, dass geteilte Ziele nicht ausreichen, um kohärentes Gruppenhandeln zu erzeugen. Daher werden die in der Gruppe geteilten Absichten zu Gruppenabsichten (engl. joint intentions) gebündelt und die einzelnen Akteure auf diese verpflichtet. Dieser Gedanke wird insbesondere in (Cohen und Levesque, 1991), (Jennings, 1993, 1996), (Castelfranchi und Conte, 1995a; Castelfranchi, 1995; Castelfranchi und Conte, 1996; Castelfranchi, 2000) und (Ossowski, 1999) vertreten. Wir betrachten im folgenden die logische Formalisierung des CDM-Prozesses nach Panzarasa, Jennings und Norman (2002).

Die BDI-Modalitäten beschreiben angestrebte Weltzustände, reden aber nicht über die Prozesse, die zu ihrer Erlangung führen. Dazu bedarf es einer Prozesslogik. Die grundlegendste Struktur basiert auf der *dynamic logic* nach Harel (1984), in der Operatoren existieren, mit deren Hilfe komplexe Aktionen aus atomaren zusammengesetzt werden. Es existieren die aus der Prozessalgebra (Baeten, 1990) bekannten Konstrukte der Sequenz $(e_i; e_j)$, der alternativen Auswahl $(e_i + e_j)$, der Nebenläufigkeit $(e_i \parallel e_j)$ und der Iteration e^*. Darüberhinaus existiert der Testprozess $(\phi?)$, der blockiert, falls ϕ nicht gilt, und andernfalls keine Wirkung hat.

Wenn I eine Zeitintervall ist, dann drückt $\mathsf{Occurs}(e)(I)$ aus, dass die komplexe Aktion e in I eintritt. Die Ausführenden sind die Agenten der Gruppe gr. Der Einfachheit halber wird ein Agent als einelementige Gruppe interpretiert. $\mathsf{Do}(gr, e)(I)$ drückt aus, dass die Gruppe gr die Aktion e in I ausführt:

$$\mathsf{Do}(gr, e)(I) \equiv \mathsf{Occurs}(e) \wedge \mathsf{Agts}(gr, e)(I)$$
$$\mathsf{Does}(a, e)(I) \equiv \forall gr : \mathsf{Do}(gr, e)(I) \implies \mathsf{Singleton}(gr, a)(I)$$

Der Operator plan erlaubt es, Aktionen zu repräsentieren und darüber zu schließen. Zum Zeitpunkt t ist die Aktion e für die Gruppe gr ein Plan, um zum Zeitpunkt t' den Zustand ϕ zu erreichen (mit $t < t'$):

$$\mathsf{plan}(gr, e, \phi(t'))(t)$$

Ein Plan ist durch die Aktionssequenz e charakterisiert, die geeignet ist, den Zustand ϕ zum Zeitpunkt t' realisieren, wenn sie im Zeitintervall $[t_1, t_2]$ ausgeführt wird:

$$\mathsf{plan}(gr, e, \phi(t'))(t) \equiv \exists t \leq t_1 \leq t_2 < t' :$$
$$\mathsf{Do}(gr, e)(t', t_2) \wedge (\mathsf{Occurs}(e)([t_1, t_2]) \implies \mathsf{Occurs}(\phi?)(t'))$$

Um Pläne abzugleichen, ist es notwendig, gemeinsame Überzeugungen zu beschreiben. Der Operator **E-Bel** beschreibt, dass zum Zeitpunkt t alle Mitglieder der Gruppe gr der Überzeugung sind, dass ϕ gilt:

$$\mathbf{E\text{-}Bel}(gr, \phi)(t) \equiv \bigwedge_{a \in gr} \mathsf{Bel}(a, \phi)(t)$$

Diese *allgemeine Überzeugungen* sind aber nicht reflexiv, d.h. die Agenten können gemeinsame Überzeugungen besitzen, ohne dass sie sich dessen bewusst wären. Um zu beschreiben, dass eine Gruppe von Agenten gemeinschaftliche Überzeugungen (*mutual beliefs*) besitzt, ist ein stärkerer Operator notwendig:

$$\mathbf{M\text{-}Bel}(gr, \phi)(t) \equiv \mathbf{E\text{-}Bel}^k(gr, \phi)(t) \text{ für alle } k$$

Dabei beschreibt $\mathbf{E\text{-}Bel}^k(gr)$ das wechselseitige Wissen bis zur Stufe k:

$$\mathbf{E\text{-}Bel}^0(gr, \phi)(t) \equiv \phi(t)$$
$$\mathbf{E\text{-}Bel}^{k+1}(gr, \phi)(t) \equiv \mathbf{E\text{-}Bel}(gr, \mathbf{E\text{-}Bel}^k(gr, \phi)(t))(t)$$

Analog zu **E-Bel** werden auch wechselseitige Bedürfnisse (**E-Des**), Ziele (**E-Goal**) und Absichten (**E-Int**) definiert.

Wechselseitige geteilte Überzeugungen, Ziele usw. sind aber immer noch sehr schwach. Nötig sind *gemeinschaftliches* mentale Zustände. Eine Gruppe gr besitzt eine *gemeinschaftliches Bedürfnis*, notiert: $\mathbf{J\text{-}Des}(gr, \phi)(t)$, wenn folgendes gilt:

1. Jeder Agent $a \in gr$ hat ein Bedürfnis bezüglich ϕ.

3.3 Normative Agenten und Institutionen

2. Es besteht gemeinschaftliche Überzeugung, dass jeder Agent ein Bedürfnis bezüglich ϕ hat.

3. Jeder Agent hat die Absicht, dass alle anderen Agenten aus gr ein Bedürfnis bezüglich ϕ haben.

4. Es besteht gemeinschaftlich Überzeugung über den vorherigen Punkt.

Diese vier Bedingungen lassen sich folgendermaßen formalisieren:

$$
\begin{aligned}
\textbf{J-Des}(gr, \phi)(t) \;&\equiv\; \textbf{E-Des}(gr, \phi)(t) \\
&\wedge\; \textbf{M-Bel}(gr, \psi)(t) \\
&\wedge\; \textbf{E-Int}(gr, \psi)(t) \\
&\wedge\; \textbf{M-Bel}(\textbf{E-Int}(gr, \psi))(t) \\
&\text{mit } \psi = \textbf{E-Des}(gr, \phi)(t)
\end{aligned}
$$

Die Operatoren **J-Goal** und **J-Int** für gemeinschaftliche Ziele und Absichten werden analog definiert.

Gemeinschaftliche Bedürfnisse reichen nicht aus, den Grad der Verbindlichkeit innerhalb der Gruppe zu gewährleisten, der notwendig ist, um eine gemeinsame Aktion auszuführen. Als weiteres notwendiges Konstrukt ist das Konzept der *Verpflichtung* (engl. commitment) zu sehen. Verpflichtungen bündeln die von Gruppen geteilte Absichten (engl. joint intentions) in einem überindividuellen Element. Als zusätzliche Persistenz-Bedingung zum Sicherstellen gemeinschaftlichen Handelns dienen *soziale Verpflichtung* (engl. social commitments), mit denen sich die Gruppe gr_1 gegenüber der Gruppe gr_2 zur Ausführung der Aktionssequenz e verpflichtet:

$$\textsf{Comm}(gr_1, gr_2, e)(t)$$

Analog wird durch $\textsf{Comm}(gr_1, gr_2, \psi(t'))(t)$ beschrieben, dass sich die Gruppe gr_1 zum Zeitpunkt t gegenüber gr_2 verpflichtet, zum Zeitpunkt t' den Zustand ψ herzustellen. Gemeinschaftliche Absichten heißen persistent (engl. persistent joint intentions), falls sie durch soziale Verpflichtungen entsprechend gestärkt sind.

Hiermit wird das Konzept der gemeinsamen sozialen Verpflichtung (engl. *joint commitment*) entwickelt. Zum Zeitpunkt t besitzt die Gruppe gr eine gemeinsame soziale Verpflichtung bezüglich des Erreichens von ϕ zum Zeitpunkt t', wenn es für gr eine persistente gemeinsame Absicht bezüglich $\phi(t')$ gibt:

1. Die Gruppe gr ist der Überzeugung, dass ϕ zum Zeitpunkt t' wahr sein wird.

2. gr besitzt eine gemeinsame Absicht, dass ϕ zum Zeitpunkt t' wahr sein wird.

3. Jeder Agent $a \in gr$ hat sich sozial gegenüber der Gruppe gr bezüglich dieser gemeinsamen Absichten verpflichtet.

4. In der Gruppe gr besteht gemeinschaftliche Überzeugung bezüglich (3).

5. Es ist wahr und gemeinschaftliche Überzeugung, dass (2) solange gilt, bis entweder gr gemeinschaftlich der Überzeugung ist, dass ϕ zum Zeitpunkt t' falsch sein wird, oder mindestens ein Agent die Gruppe verlässt.

Der fünfte Punkt beschreibt die einzige Möglichkeit, einer sozialen Verpflichtung nicht nachzukommen. Formal wird eine soziale Verpflichtung durch die fünf Konjunkte des folgenden Ausdrucks beschrieben:

$$\begin{aligned}\textbf{J-Comm}(gr, \phi(t'))(t) \equiv\ & \textbf{M-Bel}(gr, \phi(t'))(t) \wedge \\ & \textbf{J-Int}(gr, \phi(t'))(t) \wedge \\ & \bigwedge_{a \in gr} \Big(\textsf{Comm}(a, gr, \phi(t')) \\ & \wedge \textbf{M-Bel}(gr, \textsf{Comm}(a, gr, \phi(t')))\Big)(t) \wedge \\ & \gamma(t) \wedge \textbf{M-Bel}(gr, \gamma))(t)\end{aligned}$$

Die Formel γ drückt dabei den fünften Punkt aus: Entweder ϕ ist gemeinschaftliche Überzeugung oder die Gruppe gibt diese zum Zeitpunkt t_2 auf. Dies ist entweder der Fall, wenn die Gruppe gemeinschaftlich der Überzeugung ist, dass ϕ zum Zeitpunkt t' falsch sein wird, oder wenn mindestens ein Agent a seiner sozialen Verpflichtung nicht nachkommt. Die gemeinsame Absicht gilt aber dann bis zum Zeitpunkt t_2:

$$\begin{aligned}\gamma \equiv\ & \textbf{J-Int}(gr, \phi(t'))(t) \vee \\ & \exists t < t_2 < t' : \Big[\textbf{M-Bel}(gr, \neg\phi(t'))(t) \\ & \vee \exists a \in gr : \big(\neg\textsf{Comm}(a, gr, \phi(t')) \\ & \wedge \textbf{M-Bel}(gr, \neg\textsf{Comm}(a, gr, \phi(t'))))\Big](t_2) \\ & \wedge\quad \forall t < t_1 < t_2 : \textbf{J-Int}(gr, \phi(t'))(t_1)\end{aligned}$$

Besteht eine soziale Verpflichtung $\textbf{J-Comm}(gr, \phi(t'))(t)$, dann können alle Gruppenagenten sicher sein, dass kein Mitglied seine Absichten spontan ändert, ohne dass dazu Gründe vorliegen, die die gemeinsamen Absichten tangieren. Auf diese Art und Weise wird eine größere Verbindlichkeit und damit auch eine größere Planungssicherheit erreicht.

3.3.2 Normativ handelnde Agenten

Das Konzept der Norm wurde eingeführt, um zwischen der lokalen, d.h. individuellen Rationalität der Agenten und den global erwünschten Prozessen eine

3.3 Normative Agenten und Institutionen

Verbindung herzustellen (für eine soziologische Perspektive zum Nutzen der Norm für kooperative Agenten siehe auch Saam, 2001). Diese Abkehr von der Theorie der rationalen Handlungswahl (engl. rational choice) stellt zunächst einmal die Grundannahme in Frage, dass Agenten im Rahmen ihrer Logik rational handeln.

Als Gegenentwurf zum rational handelnden *homo oeconomicus* dient hierzu der *homo sociologicus*, der in seiner Handlungswahl nicht von einer Kosten-Nutzen Abwägung, sondern von normativen Kategorien geleitet wird. Auch die Wirtschaftswissenschaften teilen mittlerweile diese Auffassung, da die Empirie zeigt, dass die Akteure des Marktes sich in der Realität im Sinne einer Gewinnmaximierung nicht rational verhalten.

Ullman-Margalit (1977) gibt verschiedene rationale Funktionen für Normen an. Erstens verbessern Normen die Kooperation zwischen Agenten, indem sie lokal den Suchraum beschränken. Normen dienen dann der Komplexitätsreduktion. Zweitens verbessern Normen in sozialen Dilemmata die Strategiewahl, indem sie lokal rationales, aber global unerwünschtes Verhalten ausblenden und so den Gesamtnutzen verbessern. Die Wirkung von Normen wurde in Simulationsversuchen exemplarisch bestätigt (vgl. Shoham und Tennenholtz, 1994; Walker und Wooldridge, 1995).

Für die Modellierung stellt sich die Frage, wie das Verhältnis von normativem und rationalem Handeln zu fassen ist. Intuitiv erwarten wir, dass sich normative Agenten anders verhalten sollten als langfristige planende Kosten-Nutzen-Maximierer. Man kann sogar fragen, ob sich beide Konzepte – Rationalität und Normativität – miteinander vereinbaren lassen oder ob sie einander ausschließen. Dies ist identisch mit der Frage, ob Normen überhaupt im Rahmen der planenden Handlungswahl formalisierbar sind, denn sobald Normen Bestandteil der Planung sind, verschwindet der Gegensatz zwischen rationalem und normativem Handeln, da dann normatives Verhalten rational ist. Beispielsweise mag ein Verhalten, das auf kurze Sicht nicht optimal im Sinne von Kosten-Nutzen Erwägungen ist, dies sehr wohl für einen größeren Betrachtungszeitraum sein. Als Konsequenz ergibt sich Normativität – obgleich sie von den Akteuren gar nicht berücksichtigt oder angestrebt wird – von allein, quasi durch die „unsichtbare Hand des Marktes" und individueller Nutzenmaximierung.

Derartige Überlegungen geben uns leider keinerlei Hinweis auf die Strukturen, mit denen die Handlungswahl erfolgt, denn logisch gesehen kann die Beeinflussung von Rationalität und Normativität sogar umgekehrt sein, d.h. die rationale Handlungswahl kann Nebenprodukt normativ geleiteter Prozesse sein. Rationalität und Normativität können sogar von einem Mechanismus erzeugt werden, der keinerlei direkten Bezug zu beiden Aspekten aufweist. Die Frage ist daher nicht, welche die „richtige" Struktur ist, sondern welche besonders beschreibungsökonomisch ist. Von dieser Prämisse ausgehend ist es sinnvoll, Normen als Teil der Handlungswahl direkt zu brücksichtigen. Konsequenterweise betrachten Castelfranchi und Conte (1995c,b,a) Agenten, deren Planen von normativen Elementen bestimmt wird. Um normkonformes Handel programmieren zu können, sind Normen geeignet zu repräsentieren. Hierzu sind mehrere Modellierungsformen denkbar. Castelfranchi und Conte (1995b) schlagen folgende Varianten vor:

1. Normen sind als Randbedingungen (engl. constraints) formuliert, die jeder Planungsprozess zu erfüllen hat. Normen sind somit der Planung an sich entzogen, wodurch zunächst offen bleibt, wie die Dynamik der Normen zu konzeptionalisieren ist.

2. Normen sind spezielle Ziele eines Agenten, sie werden also von der Planung mit angestrebt. Agentenkonzepte, die diesem Ansatz folgen, operieren mit einem differenzierten Begriff eines *Ziels*. Ziele können individuellen Charakter besitzen, sie können in einer Agentengruppe geteilt werden oder sie können sogar normativer Natur sein.

3. Normen sind eigenständige Objekte des Planungsprozess, die sich insbesondere von Zielen unterscheiden. Es gibt normative Überzeugungen und Regeln, nach denen eine Norm für einen Agenten handlungsleitend wird.

Der erste Ansatz hat zur Konsequenz, dass es Agenten nicht möglich ist, gegen Normen zu verstoßen, was im zweiten und dritten Fall sehr wohl möglich ist, da ein Agent Ziele bzw. normative Erwartungen gegeneinander abwägen kann. Auch ist es nicht möglich, dass sich Normen verändern, da der Agent im Rahmen seiner Planung keinerlei Zugriff auf die Darstellung der Randbedingungen nehmen kann. Normen können so nicht emergieren oder sich über die Zeit verändern. Sie sind statisch programmiert.

Verglichen mit der dritten Variante ist das Normkonzept des zweiten Ansatzes sehr schwach, denn Normen werden stets den „normalen" Zielen untergeordnet, sobald sich deren Verfolgung als lohnender darstellt. Normen haben also im Extremfall keinerlei Verbindlichkeit für den Agenten.

Castelfranchi und Conte (1995b) argumentieren daher für den dritten Ansatz, der den Normen eine eigenständige Rolle zuweist. Eine Architektur, die dem dritten Ansatz folgt, wird in (Castelfranchi u. a., 1999) vorgestellt. Dieser Ansatz ist sehr flexibel, da er Deduktion über dem Normensystem erlaubt. Die generelle Frage ist für diesen Ansatz, unter welchen Umständen sich ein Agent seine normative Überzeugungen zu eigen macht (engl. norm adoption).

Wir betrachten im folgenden die Formalisierung nach (Castelfranchi und Conte, 1999). Normative Annahmen eines Agenten a über die Aktion e für die Gruppe gr sind als die Verpflichtung aller Gruppenmitglieder, die Aktion e auszuführen, formalisiert (engl. normative believe):

$$\mathbf{N\text{-}Bel}(a, gr, e) \equiv \bigwedge_{a' \in gr} \mathbf{Bel}(a, \mathsf{Ought}(\mathsf{Does}(a', e)))$$

Ein Agent glaubt an die Relevanz einer Norm für sich, wenn er glaubt, zur Agentengruppe zu gehören, die von der Norm angesprochen wird (engl. normative believe of pertinence):

$$\textbf{P-N-Bel}(a,e) \equiv \textbf{N-Bel}(a, gr, e) \wedge \textbf{Bel}(a, a \in gr)$$

Normative Ziele werden mit Hilfe der Modalität der relativen Ziele formalisiert. Hierbei bedeutet **R-Goal**(a, ϕ, ψ), dass der Agent a das Ziel ϕ verfolgt, solange er glaubt, dass ψ gültig ist. Damit ergibt sich die Formalisierung normativer Ziele:

$$\textbf{N-Goal}(a,e) \equiv \textbf{R-Goal}(a, \textsf{Does}(a,e), \textbf{P-N-Bel}(a,e))$$

Dies bedeutet, dass der Agent a das normative Ziel bezüglich e besitzt, wenn er das Ziel hat, e auszuführen – und dies solange er sich dazu normativ verpflichtet fühlt.

Zusammenfassend kann man sagen, dass sich dieser Ansatz durch eine explizite Repräsentation normativer Verpflichtungen auszeichnet. Die Darstellung der Normen ist dabei klar getrennt von denen der Ziele. Normen und Ziele sind im Rahmen des Planungprozesses miteinander verkoppelt. Der Agent entscheidet selbst, wann er sich welche Normen zu eigen macht.

3.4 Multiagentensystemorganisationen

Bislang haben wir Agentensystemen so betrachtet, als wären die Agenten egalitär: Jeder Agent kann mit jedem kommunizieren, d.h. dass das soziale Netzwerk zwischen den Agenten vollständig vermascht ist. Es wird meist implizit davon ausgegangen, dass die relevanten Agenten einander bekannt sind, bzw. einander anhand eines Namensdienstes leicht auffinden können.

Dieser Ansatz ist offensichtlich nur für eine geringe Anzahl von Agenten praktikabel. Überschreitet die Agentenpopulation eine bestimmte Größe, so ist eine explizite Interaktion aller mit allen praktisch nicht mehr möglich. Vielmehr ist eine Strukturierung notwendig. Außerdem hat die direkte Kommunikation den Nachteil, dass das Agentensystem kein von den Agenten unabhängiges Gedächtnis besitzt, da Agenten einander stets nur als Individuen begegnen. Ein strukturelles Gedächtnis – kodiert in Erwartungen, Rollen, Positionen, Netzwerken usw. – hilft im allgemeinen, die eigentlichen Interaktionen zu flankieren. Mit Hilfe des strukturellen Gedächtnisses können Agenten darauf bauen, dass andere ihren Rollen gerecht werden. Dies ist wichtig für Situationen, die Erwartungssicherheit verlangen. Agenten bringen also in erster Linie der Rolle und erst in zweiter Linie ihrem Träger Vertrauen entgegen. Ohne strukturelles Gedächtnis können Agenten Vertrauen dagegen nur Individuen entgegenbringen und sind somit gezwungen, dieses stets individuell neu aufzubauen.

Eine solche Systemstruktur drückt sich im Konzept der *MAS-Organisation* aus (siehe dazu Ferber u. a., 2003; dos Reis Coutinho u. a., 2005). Es mag auf den ersten Blick verwundern, dass an dieser Stelle der Systemstruktur ähnliche Attribute zugesprochen werden wie einem Agenten – speziell Intelligenz und Lernfähigkeit. Aber bereits Müller (1993) geht von dem VKI-Konzept der *organisationellen Intelligenz* aus. Organisationen verfügen hiernach über Kenntnis der Organisationsziele, über Wissen der Handlungsalternativen, über die Fähigkeit, die jeweils beste Handlungsalternative zu erkennen, auszuwählen und zu verfolgen. Sie verfügen über Lernfähigkeit und sogar über ein organisationelles Gedächtnis. Das Petrinetz in Abbildung 3.6 illustriert die elementaren Beziehungen einer Organisation, die mittels ihrer Organisationsmitglieder sowohl die Organisationsziele koordinativ umsetzt als auch die Organisationsparameter überwacht und mit den Zielen rückkoppelt.

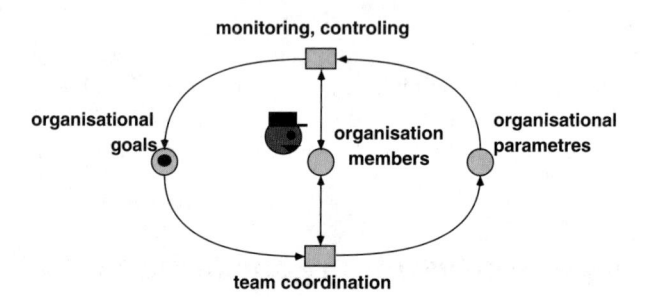

Abbildung 3.6: Multiagentensystemorganisation

Obwohl das Konzept der Organisation als überindividuelles Konstrukt schon länger in der VKI diskutiert wird, bildet sich eine Organisationstheorie der Multiagentensysteme gerade erst unter dem Stichwort der *Computational Organsisation Theory* heraus (vgl. dazu Prietula u. a., 1998; Carley und Gasser, 1999). Diese Theorie hat ihre Wurzeln sowohl in der VKI als auch im Operations Research und der theoretischen Betriebssoziologie.

Organisationen dienen dazu, die Einschränkungen von Akteuren zu überwinden. Die größte Einschränkung ist dabei die Tatsache, dass Akteure als beschränktrational anzusehen sind, d.h. ihre Handlungswahl ist geprägt von unvollständiger Information und beschränkten Ressourcen (wie Zeit, Geld etc.). Organisationen sollen die resultierende Suboptimalität kompensieren, indem sie beispielsweise Mechanismen entwickeln, die definieren, welche Informationen aus der Umwelt als wichtig zu erachten sind und welche Substrukturen der Organisation auf die relevanten Informationen zu reagieren haben. Zudem wird noch definiert, wie dies geschehen soll, d.h. die Abläufe und die daran beteiligten Akteure sind festgelegt. Organisationen bilden also einen ordnenden Rahmen für die Handlungen der beteiligten Agenten, wobei meist unterstellt wird, dass – zumindest implizit – die Kriterien, nach denen diese Rahmung erfolgt, zielgeleitet sind. Dieser Rahmen dient u.a. dazu, die Unsicherheit der Umwelt zu begrenzen und damit auch den

3.4 Multiagentensystemorganisationen

Koordinierungsaufwand und die Entscheidungskomplexität zu reduzieren – idealerweise sogar zu minimieren.

Kurzgesagt sind Organisationen somit vorstrukturierte Systeme, in denen sich Rollen, Normen etc. konzentrieren. Organisationsformen dienen dabei auf der Meso-Ebene der Strukturierung von Interaktion zwischen Organisationsmitglieder und auf der Makro-Ebene der Koordination zwischen verschiedenen Organisationen (vgl. Schillo und Spresny, 2005).

Die konkrete Ausgestaltung einer Organisation zu einer gegebenen Aufgabe hängt von verschiedenen Faktoren ab: Zum einen natürlich von der Aufgabe selbst, zum anderen aber auch von dem Wissen und den Fähigkeiten der Akteure. Daneben spielt die Dynamik der Umgebung eine große Rollen, denn die notwendigen Reaktionszeiten schließen von vorherein gewisse Organisationsstrukturen aus. Nicht zuletzt spielt noch eine Rolle, welches Optimalitätskriterium man heranzieht. Hier kann je nach Kontext auf maximale Effizienz, geringes Risiko, minimale Kosten, maximalen Gewinn oder optimale Qualität Wert gelegt werden.

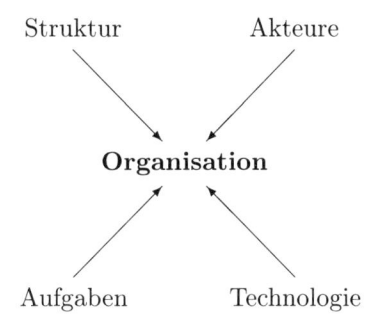

Abbildung 3.7: Die Organsiationsperspektiven nach Carley und Gasser (1999)

Folgt man Carley und Gasser (1999), dann existieren viel zentrale Organisationsperspektiven: Die Perspektive der Aufgaben, der Akteure, der Strukturen und der verfügbaren Technologien.

Die *Aufgaben*, denen sich eine Organisation stellt, können nach verschiedenen Parametern klassifiziert werden. Beispiele für solche Parameter sind der Koordinierungsbedarf (Ist die Aufgabe isoliert zu erledigen oder ist sie in einen Gesamtkontext eingebunden?), der Grad der Wiederholung (Handelt es sich um eine Routineaufgabe oder um neuartige Anforderung?), die Dynamik der Umgebung (Ist die Umgebung während der Bearbeitung weitesgehend stabil oder verändern sich die Anforderungen laufend?), die Komplexität (Sind einige wenige oder sehr viele Parameter zur Bearbeitung heranzuziehen?), der Grad der Spezialisierung (Sind nur wenige oder sehr viele verschiedene Fähigkeiten zur Bearbeitung notwendig?) und der Ressourcenbedarf (Ist der Bedarf hoch oder niedrig?). Die konkrete Zusammensetzung aller Parametersätze und ihre zu erwartende Entwicklung über die Zeit bestimmt, welche Organisationsformen sich positiv auf die potentielle Bearbeitbarkeit auswirken.

Die *Organisationsstrukturen* definieren sich klassischerweise anhand eines Netzwerkes. In Unternehmen beschreiben die Knoten dieses Netzwerkes die Struktur zwischen den Positionen. Es existieren verschiedene Erscheinungsformen der Organisation. Die bekanntesten Formen sind nach Horling und Lesser (2005a) die folgenden:

- Hierarchien: Die Agenten kommunizieren nur mit ihren Nachbarn in der Hierarchie, die eine baumartige Struktur besitzt. Typischerweise verläuft die Delegation in Richtung der Blätter, während die Verantwortlichkeit auf die Wurzel zielt.

- Koalitionen: Agenten schließen sich zu Koalitionen zusammen, um den individuellen Nutzen der Mitglieder zu steigern. Koalitionen treten nach außen als eine Einheit auf. Der Zusammenschluss ist auf das Fortbestehen des gemeinsamen Nutzens beschränkt.

- Teams: Agenten schließen sich zu Teams zusammen, um eine gemeinsame Aufgabe kooperativ lösen zu können. Ähnlich zu Koalitionen ist ein Team in seinem Bestehen auf die Dauer des gemeinsamen Ziels beschränkt.

- Kongregationen: Hierbei handelt es sich um einen Zusammenschluss, der nicht auf einen konkreten Nutzen oder ein konkretes Ziel ausgerichtet ist. Stattdessen schließen sich hier Agenten mit ähnlichen Fähigkeiten und Interessen zu langfristig operierenden Einheiten zusammen.

- Föderation: Hierbei schließen sich Agenten zu Teilgruppen zusammen. Jede Teilgruppe wird von einem Delegierten (engl. mediator) gegenüber den anderen Delegierten vertreten.

- Holonische Organisation: Holonen sind rekursiv geschachtelte Strukturen, die nach außen als ein Agent betrachtet werden. Sie sind somit sowohl mit dem hierarchischen Organisationstyp als auch mit der Föderation verwandt.

- Matrix-Organisationen: Hier wird die Aggregationsbeziehung flexibilisiert. Während bei Hierarchien, Holonen oder Föderation jeder Agent in einer Einheit aggregiert ist, gibt es in der Matrix mehrere Vertreter.

- Märkte: In elektronischen Märkten organisieren sich Anbieter und Kaufinteressierte. Im Gegensatz zu anderen Formen stehen die Akteure eines Marktes stets in Konkurrenz zueinander.

- Gesellschaften: Es finden sich Agenten mit heterogenen Zielen und Fähigkeiten zusammen und entwickeln dabei eigene soziale Konventionen und Normen.

Diese Netzwerke legen zumeist die Verantwortlichkeiten und Kompetenzen zwischen Positionen fest, beispielsweise die Weisungs- oder die Delegationsbefugnis. Die Knoten dieses Netzwerks bilden hierbei die *Positionen*, die definieren, welche Rollen der Positionsinhaber einnehmen kann bzw. muss; welche Ressourcen er mobilisieren kann usw. Eine *Rolle* definiert dagegen situationsbezogen, welche Aktionen ausgeführt werden dürfen bzw. welche ausgeführt werden müssen, d.h. die *Rechte* und *Pflichten* einer Rolle.

Die Akteure einer Organisation sind nun als Organisationsmitglieder die Inhaber der *Positionen*. Jeder Akteur besitzt Wissen und Fähigkeiten, im Idealfall mindestens jene, die zur Ausübung der mit seiner Position verbundenen Rollen notwendig sind. Bedingt durch seine lokale Einbettung in den Organisationszusammenhang besitzt ein Akteur im allgemeinen nur eine eingeschränkte Sicht auf die Organisation, woraus sich Divergenzen von organisational intendierten und empirisch beobachtbaren Verhalten erklären lässt.

Technologien sind von der Umwelt bereitgestellte Mechanismen, die sich eine Organisation prinzipiell nutzbar machen kann, vorausgesetzt ihre Akteure sind in der Lage, diese zu verwenden. Komplexe Maschinen oder Kommunikationsmedien sind in diesem Sinne eine Technologie, denn sie stehen im Prinzip jeder Organisation zur Verfügung, gleichzeitig ist aber offen, ob die Organisationsmitglieder sie bedienen können. Technologien bestimmen somit, wie organisationale Absichten tatsächlich operationalisiert werden, welche Ressourcen dazu jeweils notwendig sind und welche Fähigkeiten auf seiten der Akteure notwendig sind.

Die Abhängigkeiten der Konzepte sind in Abbildung 3.8 dargestellt. Die Elemente, die der formalen Organisation zuzuordnen sind (Netzwerk, Position, Rolle etc.) sind gegenüber den informalen, externen Elemente (Akteure, ihre Fähigkeiten, Technologien und die Aufgaben der Organisation) hervorgehoben.

3.4.1 Offene Plattformen als Organisationen

Organisationen spielen insbesonders für *offene Agentensysteme* eine zentrale Rolle. Offene Agentensysteme zeichnen sich durch eine dynamische Agentenpopulation aus, die sich ergibt, indem die vorhandenen Agenten das System verlassen und neue es betreten. Bekanntestes Beispiel hierfür sind Plattformen aus dem Bereich des elektronischen Handels (engl. electronic commerce): Die Aufgabe einer Handelsplattform ist es, Verkäufer und Käufer zusammenzubringen und sie bei der Preisverhandlung sowie der Vertragsabwicklung zu unterstützen (vgl. Abbildung 3.9). Die konkreten Verkäufer- und Käuferagentenagenten (hier: $V_1, \ldots, V_m$ und $K_1, \ldots, K_n$) variieren über die Zeit hinweg. Als weitere Besonderheit offener Systeme kommt hinzu, dass diese Agenten extern entwickelt werden. Dies hat für die Entwicklung einer Handelsplattform zur Konsequenz, dass es nicht möglich ist, das Verhalten der auf der Plattform agierenden Agenten vorab adäquat zu gestalten. Um den ordnungsgemäßen Ablauf zu gewährleisten ist es jedoch unum-

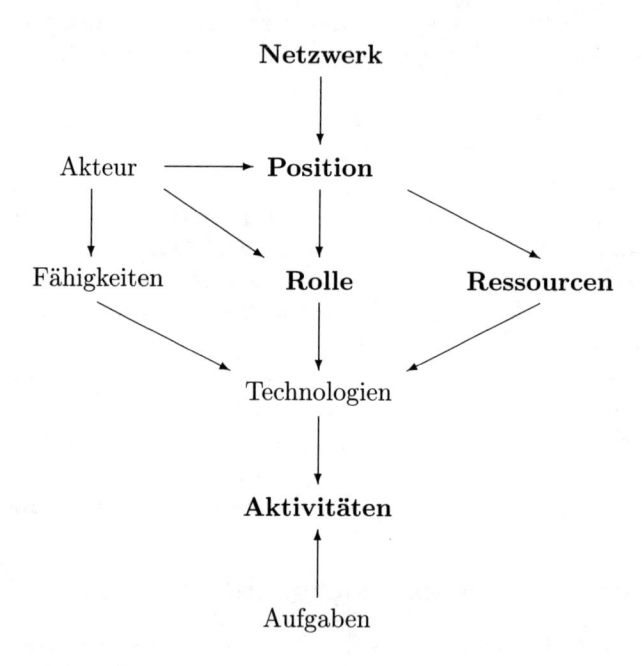

```
         Netzwerk
            │
            ▼
Akteur ──▶ Position
   │       ╱  │  ╲
   ▼      ╱   ▼   ╲
Fähigkeiten Rolle  Ressourcen
      ╲     │     ╱
       ╲    ▼    ╱
       Technologien
            │
            ▼
        Aktivitäten
            ▲
            │
         Aufgaben
```

Abbildung 3.8: Die Relationen zwischen Organisationskonzepten

3.4 Multiagentensystemorganisationen

gänglich, das Verhalten der Agenten geeignet einzuschränken. Da dies aufgrund der Autonomie der Agenten nicht möglich ist, werden von der Plattform stattdessen Rollen und Interaktionsprotokolle (hier: *Verkäufer* und *Käufer*) spezifiziert und die Agenten auf das so definierte Verhalten festgelegt – beispielsweise durch Kontroll- und Sanktionierungsmechanismen.

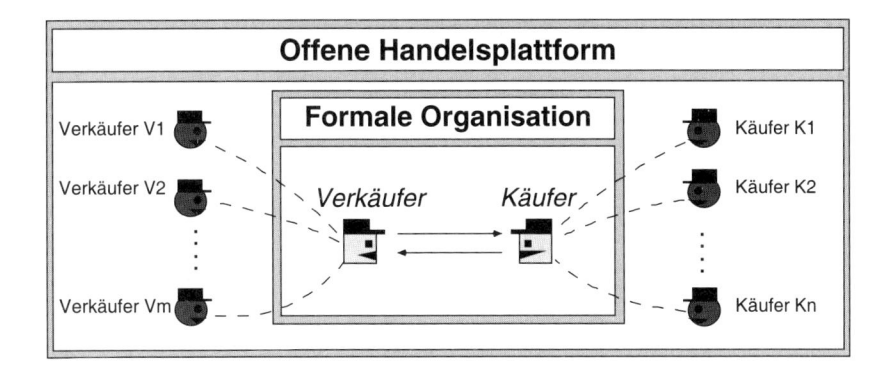

Abbildung 3.9: Eine offene Handelsplattform

Hier sieht man sofort, dass für die Entwicklung einer Handelsplattform überindividuelle Konstrukte von großem Nutzen sind. Die Handelsplattform ist somit das Paradebeispiel einer formalen Organisation, da die strukturell getrennte Entwicklung von Plattform einerseits und Käufer- und Verkäuferagenten andererseits eine analytische Aufspaltung des Systems in den formalen und den informellen Anteil notwendig macht. Dies ist ein großer Unterschied zu betrieblichen Organisationsformen, bei denen eine Trennung in formale und informelle Organisation stets nur bis zu einem gewissen Grade möglich ist.

3.4.2 Agentenorientierte Softwareentwicklung

Die agentenorientierte Softwareentwicklung (AOSE) betrachtet das Agentenkonzept als Fortführung des Objektkonzeptes. Jennings (2000) argumentiert, dass die agentenorientierte Softwareentwicklung genau die Aspekte bereitstellt, die Booch (1992) als zentrale Mechanismen zur Bewältigung der Komplexität moderner Software ansieht:

1. Abstraktion: Es wird nicht das komplette Modell erstellt, sondern zu verschiedenen Phasen werden nur ausgesuchte Aspekte modelliert. Hier unterstützt das Autonomiekonzept den Entwickler, indem es ihm erlaubt, Agenten so zu implementieren, dass sie nur auf eine Teilmenge der Kommunikationen eingehen.

2. **Dekomposition:** Das System wird so lange in Subsysteme zerlegt, bis diese eine beherrschbare Größe erreichen. Die Agentenmetapher unterstützt diese Trennung, indem sie bereits Hinweise bereithält, entlang welcher Linien die Trennung zu erfolgen hat – nämlich entlang von Ressourcen, Wissen, Fähigkeiten usw.

3. **Hierarchie/Organisation:** Hierbei geht es darum, wie die Subsysteme in einen funktionalen Zusammenhang integriert werden können. Die Modellierung der MAS-Organisation stellt sich genau diese Frage und analysiert die Interaktion in Bezug auf Rollen, Positionen und Kommunikationsstrukturen.

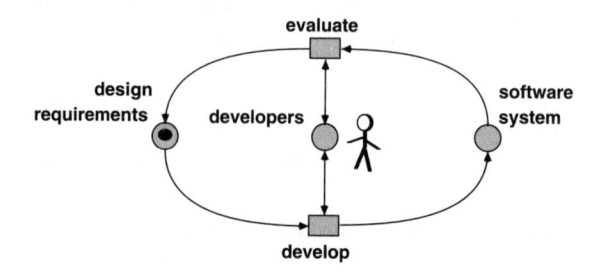

Abbildung 3.10: Iteratives Entwicklungsmodell

Im Rahmen der Softwareentwicklung bilden Entwicklungsmodelle, die auf dem iterativen Prozess der Abbildung 3.10 basieren, eine hervorgehobene Stellung. Im Rahmen der agentenorientierten Softwareentwicklung haben sich zahlreiche Spezialisierungen dieser Entwicklungsmodelle herausgebildet, beispielsweise MASE (DeLoach u. a., 2001), GAIA (Zambonelli, Jennings und Wooldridge, 2003), TROPOS (Bresciani u. a., 2004), OMNI (Dignum u. a., 2004), MOISE (Hannoun u. a., 2000) und ODML (Horling und Lesser, 2005b), um einige zu nennen. Beim der agentenorientierten Softwareentwicklung ist festzulegen, wie Agenten modelliert werden, d.h. welche Ontologie verwendet wird, wie ihr Wissen und ihre Ziele modelliert werden und mit welchen Interaktionsprotokollen sie in welchen Rollen mit anderen Agenten interagieren. Bei dieser Modellierung liegt der Fokus auf den Agenten des Systems. Betrachtet man das Multiagentensystem dagegen unter dem Fokus des Systems, so stellt man fest, dass mit der Analyse der Rollen und der Agenten-Interaktionen die Systemstruktur noch nicht festgelegt ist. Es sind noch die Organisationsstrukturen (Positionen, Netzwerke usw.) zu definieren, in die Agenteninteraktionen eingebettet sind. Wir unterscheiden im folgenden zwischen der funktionalen Perspektive, die sich in ihrer Natur auf die statische Typisierung von Agenten bezieht, und der strukturellen Perspektive, die sich auf die Interaktionsnetzwerke bezieht.

3.4 Multiagentensystemorganisationen

Funktionale Typisierung Eine offene Frage ist, welchen Grad der Spezialisierung und der Redundanz die einzelnen Agenten aufweisen sollen. Die Spezialisierung ist hierbei ein qualitativer Aspekt, die Redundanz ein quantitativer. Diese Fragestellung betrifft das statische Design eines Multiagentensystems an. Ferber (1999) spricht in diesem Zusammenhang von der *funktioneller Analyse* der MAS-Organisation. Die – zum Teil einander entgegengerichteten – Anforderungen lassen sich folgendermaßen beschreiben:

- Die Spezialisierung soll einerseits die größtmögliche Aufgabenfokussierung leisten und

- andererseits mit dem kleinstmöglichen Koordinierungsaufwand auskommen.

- Die Redundanz soll einerseits den größtmöglichen Durchsatz erlauben und

- andererseits mit dem kleinstmöglichen Ressourceneinsatz auskommen.

Das eine Extrem bezüglich der Spezialisierung ist der omni-potente Agent, der alle Rollen realisiert. Er hat einen sehr geringen Koordinationsoverhead, da alle Kommunikation intern realisiert wird. Er ist allerdings sehr komplex und daher schwer zu warten. Das andere Extrem ist die Spezialisierung von Agenten auf genau eine Rolle, was die größtmögliche Trennung von Aufgaben bedeutet, aber meist auch einen maximalen Koordinierungsaufwand.

Auch bezüglich der Redundanz ergeben sich im allgemeinen entgegengesetzte Anforderungen: Die Rollen, die potentielle Engpässe darstellen, weil sie besonders nachgefragt sind oder ihr Ausfall kritisch wäre, sollten redundant ausgelegt sein. Dies kann bedeuten, dass mehrere Agenten sich die Aufgabenlast teilen oder dass ein Agent im Notfall für einen ausgefallenen Agenten „einspringen" kann. Im allgemeinen sind die Ressourcen jedoch begrenzt, so dass nur ein begrenztes Maß an Redundanz realisiert werden kann.

Interaktionsstrukturen Neben dem statischen Design ist weiterhin die Dynamik des Systems zu entwerfen. Noch offene Designentscheidungen betrffen beispielsweise die Kommunikationsinfrastruktur des Systems, d.h. wer mit wem kommunizieren kann; welche Agenten wem gegenüber Arbeit delegieren dürfen usw. Ferber (1999) spricht hier von *struktureller Analyse*. Die Anforderungen lassen sich folgendermaßen beschreiben:

- Die Systemstruktur soll die größtmögliche Flexibilität in Hinblick auf die Aufgabenbewältigung bieten.

- Sie soll mit dem kleinstmöglichen Aufwand an Ressourcen (Nachrichtenkomplexität etc.) auskommen.

Dies lässt sich an einigen Extremfällen illustrieren. Eine Teamstruktur mag sich dadurch auszeichnen, dass keine Hierarchien existieren, jeder Agent jeden kennt und keinerlei Weisungs- oder Delegationsstrukturen existieren. Der Vorteil besteht in der Flexibilität, denn alle Agenten können potentiell zur Aufgabenbewältigung beitragen. Dies ist gleichzeitig auch der Nachteil, denn für große Anzahlen von Agenten wird ein nicht unwesentlicher Anteil an Ressourcen dafür verwendet, die geeigneten Kommunikationspartner zu ermitteln. Das andere Ende des Spektrum stellt eine totale Bürokratie dar. In einer Bürokratie existieren Hierarchien, an denen sich auch die Weisungsmöglichkeiten orientieren. Bekanntschaft ist nur zwischen benachbarten Hierarchieebenen nötig, weitere Interaktionsbeziehungen sind nicht vorgesehen und somit in formaler Hinsicht auch ausgeschlossen. Die Kommunikationsstrukturen erleichtern das Auffinden der zuständigen Agenten, jedoch um den Preis, dass viele Bewältigungsmöglichkeiten von vornherein ausgeschlossen werden. Es ergeben sich also entgegensätzliche Forderungen an Flexibilität und Koordinierungsaufwand.

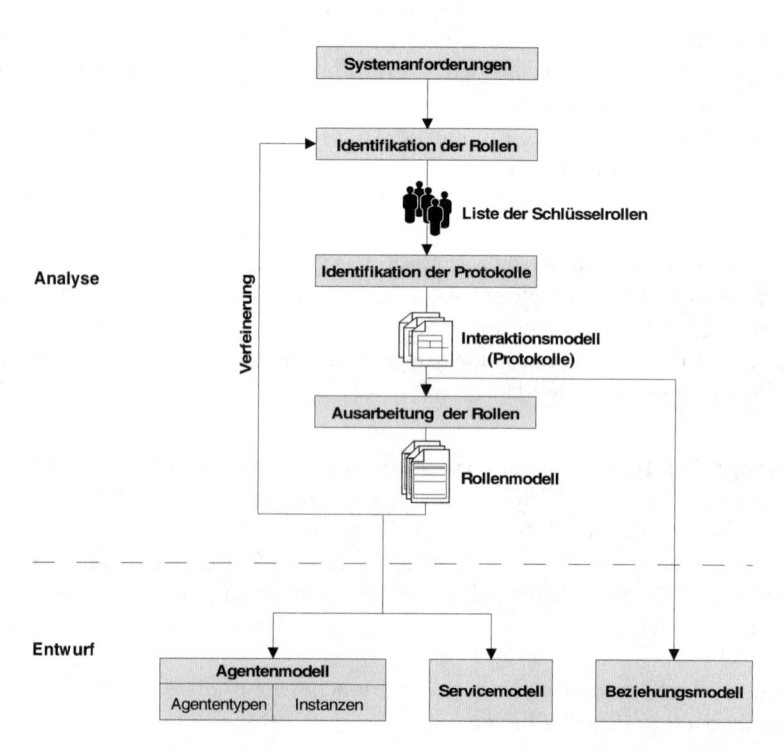

Abbildung 3.11: Der GAIA-Entwicklungsprozess (Darstellung nach Weiß und Jakob, 2004, S.48)

Diese Parameter – Typisierung, Interaktionsstruktur und Instantiierung – werden durch das *Organisationsdesign* festgelegt. Wir betrachten exemplarisch den GAIA-Entwicklungsprozess (vgl. Abbildung 3.11). In der Analysephase werden im ersten Schritt aus den Systemanforderungen die relevanten Rollen extrahiert und im zweiten Schritt die Interaktionen zwischen ihnen erhoben. Diese beiden Elemente werden in der Entwurfsphase genutzt, um einerseits die Agentenmodelle – inklusive der von ihnen definierten Dienste (Servicemodell) – und andererseits die Beziehungen (Beziehungsmodell) zwischen ihnen abzuleiten.

3.5 Soziale Theorien der Agentensysteme

Setzt man, wie in der Organisationsforschung lange Zeit üblich, eine Organisation mit ihren Formalstrukturen gleich, so gerät dabei aus dem Blickfeld, dass in Organisationen noch mehr Kräfte am Werk sind, als mit solch einer funktionalen Sichtweise wahrgenommen werden können. Um dies abzubilden wurde die Kategorie der informellen Strukturen und Gruppen eingeführt und mit ihnen u.a. auf die persönlichen Befindlichkeiten der Mitglieder geschaut.

In Organisationen vermischen sich in den Akteursbeziehungen informelle und formale Organisationsanteile. Als formale Strukturen gelten im allgemeinen die offiziellen, kodifizierten Teile der Organisation. Sie werden oft gleichgesetzt mit Regeln, Verfahren oder Vorschriften. Wohingegen informelle Strukturen meist die offiziell nicht vorgesehenen oder sogar heimlichen und unerlaubten Praktiken der Organisation umschreiben.

3.5.1 Sozionik: Institutionen als Objekt sozialer Prozesse

Was durch eine Einordnung in die Kategorien formal/informell weitgehend unberücksichtigt bleibt, ist die Tatsache, dass so getrennt wird, „was in der Realität untrennbar und unentwirrbar verbunden ist" (Friedberg, 1995, 144). Denn in Wirklichkeit existiert die Formalstruktur in Abhängigkeit von den Verhaltensweisen und Praktiken, die sie zu regeln versucht. Die formalen Strukturen erlangen nur in dem Maße Wirksamkeit, wie sie in die real stattfindenden Verhaltensweisen und Praktiken der Akteure aufgenommen werden. Formalstrukturen sind das Ergebnis von Regelsetzungen oder Verhandlungen der Organisationsmitglieder und drücken dieses in kodifizierter Form aus. Formale Vorschriften werden aber ständig von den Praktiken der Beteiligten geformt, indem jene versuchen, Zwänge zu umgehen und Situationen aus- und umzudeuten.

Soziologisch gesehen ist eine Organisation daher sowohl steuernder Kontext als auch von den Akteuren gestaltete Umwelt. Organisation sind Institutionen, d.h. soziale Regelkomplexe und als solche soziale Konstrukte.

Dieser Gedanke findet sich in ähnlicher Form auch in der VKI. Der auf Logik basierende Ansatz von Castelfranchi und Conte (1995a) befasst sich ebenfalls mit der wechselseitigen Konstitution. Ausgehend vom Individuum wird diskutiert, wie Konventionen oder Normen in der Handlungslogik des Akteurs zu verankern sind. Die duale Fragestellung, nämlich wie Normen aus den Handlungen entstehen, muss – wie die Autoren selbst feststellen – jedoch weitestgehend unbeantwortet bleiben, da die Autoren kein Theoriekonstrukt neben dem Akteur einführen (wollen), so dass sie das Konzept einer überindividuell etablierten Norm nicht im Modell verankern können.

Angesichts dieser Problematik spricht sich Castelfranchi (2000) dafür aus, in den Modellen sowohl den Agenten als auch die Systemprozesse als Systemelemente zu begreifen und deren Wechselwirkungen als Modellmechanismen.[4]

Wir können daher schließen, dass für die Modellierung einer wechselseitigen Beeinflussung soziale Strukturen ebenso wie Agenten im Modell zu repräsentieren sind. Diese Wechselseitigkeit ist uns bereits als Mikro-Makro-Dualität bekannt. Die Forderung kommt der Situation in Abbildung 3.4 gleich. Das Wechselspiel von Mikro- und Makro-Elementen muss Bestandteil des Systementwurfs sein. Dazu müssen diese beiden Elemente jeweils im Modell abgebildet werden.

Das DFG-Schwerpunktprogramm *Sozionik* widmet sich genau der Integration dieser beiden Perspektiven sowie deren Wechselseitigkeit.

> „Eine der Aufgaben sozionischer Forschungsarbeiten besteht darin, Mikro-Makro-Zusammenhänge auf den unterschiedlichen Ebenen sozialer Koordination derart zu rekonstruieren, dass damit die Grundlagen für große, fehlerfreundliche und rekursiv vernetzte Multiagentensysteme gelegt werden." (Sozionik, 1998)

Da Agentensysteme ihrer Natur nach soziale Systeme sind, ist es naheliegend die Mikro-Makro-Wechselwirkungen aus der Perspektive der Sozialwissenschaften zu untersuchen. Der Absatz der Sozionik ist es, die dortigen Konzeptionen von Sozialität sozialwissenschaftliche Theorien für das Design von Agentensystemen aufzugreifen. „Die moderne Gesellschaft bietet [...] ein reichhaltiges Reservoir an Vorbildern für die Modellierung von Multiagentensystemen. Dabei kann die Informatik von der Adaptivität, Robustheit, Skalierbarkeit und Reflexivität sozialer Systeme lernen und ihre Bauprinzipien in leistungsfähige Technologien umsetzen." (Sozionik, 1998)

Es verwundert nicht, dass in der Sozialwissenschaft ein ähnlicher Perspektivenpluralismus herrscht wie in der informatischen Theorie. So denkt Gesellschaftstheorie Soziales primär von den Sozialstrukturen her, Akteurstheorie von den Akteuren und soziologische Netzwerktheorie von den Interaktionen. Prinzipiell kann die Mikro-Makro-Wechselwirkung aus einer speziellen Perspektive – Agent, Grup-

---

[4]„[...] I claimed that only agent based social simulation joint with AI models of agents can eventually solve this problem by formally modelling and simulation *at the same time* the individual minds and behaviours, the ermegent collective action, structure or effect, and their feedback to shape minds and reproduce themselves." (Castelfranchi, 2000, S.5)

pe, Organisation oder Sozialität – verstanden werden. Eine solche einseitige Fokussierung ist aber bzgl. des Beschreibungsaufwandes bestenfalls unökonomisch – praktisch gesehen tendiert eine Fokussierung jedoch dazu, unvollständig zu bleiben, da die wechselseitige Konstruktion der Elemente verschiedener Perspektiven leicht aus dem Blickfeld gerät. Wir stellen somit die Wechselwirkung in den Vordergrund unserer Analysen, womit auch gleichzeitig klar ist, dass sowohl Mikro- als auch Makro-Elemente Theorieobjekte sein müssen.

Speziell die Ergebnisse in Bezug auf die konstituierenden Parameter der Mikro-Makro-Prozesse besitzen einen Bezug zur Skalierungsproblematik in Agentensystemen. Unsere Aufgabe ist es, die gefundenen Mechanismen zu qualitativen Erweiterung der MAS/VKI-Konzepte – wie Kontrolle, Verhandlung, Kooperation etc. – zu nutzen. Verwandte Ansätze finden sich im Bereich der Adaption von Organisationsformen bei Turner und Jennings (2001), Panzarasa und Jennings (2001), Glaser und Morignot (1997), Kirn und Gasser (1998) und Schillo (2003). Wenn wir soziale Strukturen im Multiagentensystem repräsentieren, dann sind wir auch in der Lage, die Selbstorganisation auf Ebene des Systems zu beschreiben.

3.5.2 Reflexivität in der agentenorientierten Softwareentwicklung

Die Betrachtung des GAIA-Entwicklungsprozesses im vorangegangenen Abschnitt lässt darauf schließen, dass die vom ihm generierten Agentensysteme nicht darauf ausgelegt sind, sich an dynamische Systemanforderungen anzupassen. Bei Veränderung der Anforderungen kommt es zu einer Fortentwicklung des Systems. Design- und Implementationsphasen sind daher zyklisch verschränkt (vgl. Abbildung 3.12). Es ergibt sich ein iteratives Entwicklungsmodell, wie beispielsweise das des evolutionären Prototyping (Floyd, 1993).

Für iterative Entwicklungsmodelle ist es wichtig, dass die *konzeptionelle Lücke* zwischen der Design- und der Implementationssprache möglichst klein ist, da sich dann die Abbildbarkeit von Design und Implementation besser (d.h. korrekt und mit geringem Aufwand) realisieren lässt. Idealerweise sind die Modellbausteine der Designsprache bereits Bausteine der Implementationssprache (engl. *first order objects*). Fallen die Konzepte beider Darstellungssysteme zusammen, so ist es naheliegend, nicht mehr den Entwickler allein die Anpassungen an sich verändernde Systemanforderungen vornehmen zu lassen, sondern das System selbst. Die Fortentwicklung geschieht durch das System selbst (vgl. Abbildung 3.13). Diese Idee findet derzeit industriellen Anklang u.a. im Bereich des *Autonomous Computing* von IBM (Kephart und Chess, 2003).

Für uns ergibt sich daher im folgenden die Frage nach der Flexibilität und der Dynamik von Organisationsstrukturen. Organisationsstrukturen sind flexibel, wenn sie sich vom System selbst modifizieren lassen. Dabei stellt sich noch die Frage, wie groß der Aufwand ist, sich an veränderliche Umwelten anzupassen.

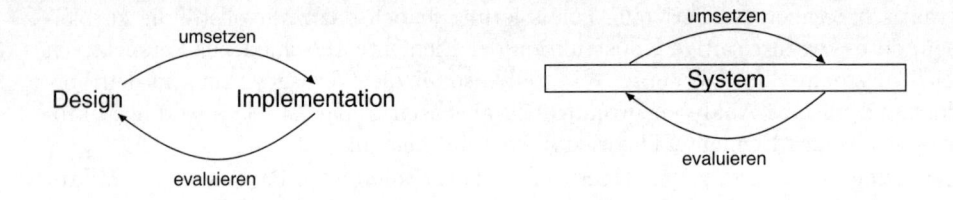

Abbildung 3.12: Iterative Entwicklung   Abbildung 3.13: Selbstorganisation

Ist von Interesse, dass nicht nur der Entwickler sie modifizieren kann, sondern dass Veränderungen auch als emergentes Produkt der Ageninteraktionen enstehen können, dann ist es notwendig, die Strukturen *explizit* im Modell zu repräsentieren. Organisationsstrukturen, die der Veränderung der Organisation dienen, bezeichnen wir als Meta-Strukturen. Mit ihnen nimmt die Organisation auf sich selbst Bezug.

Es ist festzuhalten, dass die meisten Entwicklungsmodelle Organisationsstrukturen zwar als Analyse-, nicht aber als Implementationskategorie führen, d.h. dass in der Modellierungssprache keine Konstrukte existieren, die Organisationsstrukturen direkt auszudrücken.[5] Beispiele für solche Entwicklungsmodelle sind GAIA (Zambonelli u. a., 2003) und MaSE (DeLoach u. a., 2001). Die Organisationsstrukturen dieser Ansätze sind also keine *first order objects*, sie werden stattdessen auf andere Elemente abgebildet. Ansätze, bei denen Organisationsstrukturen sowohl Gegenstand der Analyse als auch der Implementation sind, finden sich bei MOISE (Hannoun u. a., 2000), Taems (Nagendra u. a., 1996), OMNI (Dignum u. a., 2004) und Tropos (Bresciani u. a., 2004).

Es ergeben sich also auf zwei Ebenen Wechselwirkungsbeziehungen: eine im Entwicklungsprozess und eine in Agentensystem. Abbildung 3.14 illustriert die Reflexivität der agentenorientierten Softwareentwicklung, indem es im Modell der Softwareentwicklung aus Abbildung 3.10 berücksichtigt, dass das zu entwickelnde Softwaresystem eine Multiagentensystemorganisation wie in Abbildung 3.6 ist. Es zeigt sich hier die Strukturgleichheit von Entwicklung und Entwickelten.

---

[5] Schwarmsysteme sind ein Beispiel eines Ansatzes, bei dem Organisationsstrukturen weder in der Analyse- noch in der Implementationsphase berücksichtigt werden. Ein weiterer Grenzfall sind Systeme, die Organisationsstrukturen nur ad-hoc aufbauen, beispielsweise im Rahmen des Kontraktnetzprotokolls.

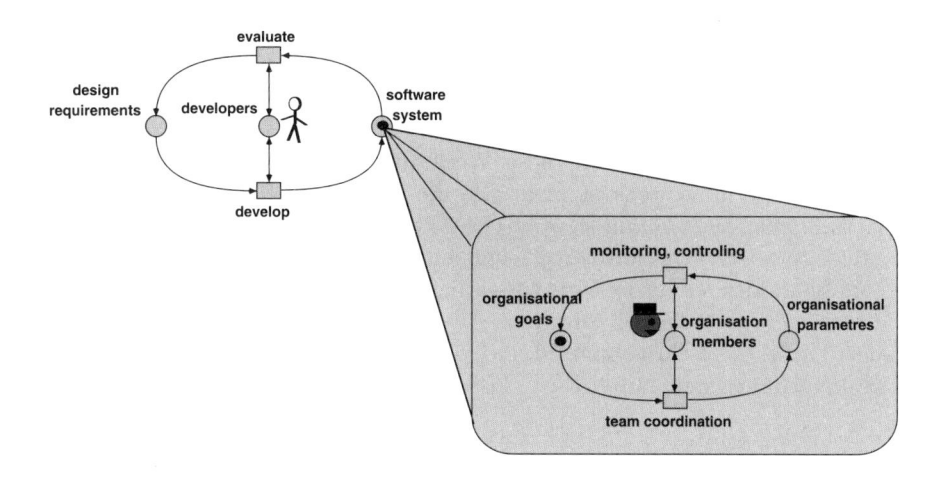

Abbildung 3.14: Reflexivität der agentenorientierten Softwareentwicklung

Zusammenfassung

Die in diesem Kapitel betrachteten Konzepte der Multiagentensysteme existieren in interaktionsorientierter und in struktureller Sichtweise. Hierbei geht es insbesondere um den Aspekt der Koordinierung in Agentensystemen. Wir haben festgestellt, dass Multiagentensysteme auf verschiedenen Abstraktionsebenen betrachtet werden können. Wir können die Perspektive der Agenten und ihrer Handlungswahl einnehmen. Abstraktere Perspektiven betrachten Agentensysteme dagegen auf Ebene der Interaktion bzw. auf der Ebene des Teams. Die abstrakteste Perspektive ist wohl die, ein Agentensystem als Organisationsform zu betrachten.

Jede Perspektive liefert ihren spezifischen Beitrag zur Flexibilität der Agentensysteme. Koordination in Form von Kooperation und Konkurrenz stellt einen Mechanismus auf der Ebene kleinerer Agentengruppen dar, um durch Verhandlung und verteiltes Problemlösen Aufgaben intelligent und flexibel zu bearbeiten. Daneben haben wir mit Normen und Institutionen überindividuelle Mechanismen kennengelernt, die sich auf die Handlungswahl der Agenten auswirken, ohne selbst direkt Bestandteil des Agenten zu sein. Offensichtlichste Institutionsform im Kontext der Multiagentensysteme sind Organisationen, die insbesondere für die agentenorientierte Softwareentwicklung als eine von den Agenten unabhängige Vorstrukturierung des Systems dienen.

Als besondere Herausforderung haben wir die Skalierungsproblematik der Verteilten Künstlichen Intelligenz kennengelernt, d.h. die Aufgabe, auf Basis lokaler Programmierung effektiv und effizient global kohärente Prozesse zu erschaffen. In diesem Zusammenhang begegneten wir der Wechselseitigkeit von Handlungen und

Strukturen: Zum einen bedingen die Organisationsstrukturen des Agentensystems die Handlungen der Agenten, indem sie jene rahmen und einschränken. Aber zum anderen sind es auch die Handlungen, die bestehende Strukturen verändern und sogar neue hervorbringen.

Die Sozionik studiert genau diese Wechselwirkung von Mikro- und Makro-Elementen in Multiagentensystemen, d.h. die Abhängigkeiten von Prozessen, bei denen zum einen die Handlunsgwahl des Akteurs eine unabhängige Variable ist, zum anderen aber auch die Institutionen eine Rolle spielen. Die Herausforderung liegt hierbei in der reflexiven Verschränkung beider Effekte.

Betrachten wir nun in den folgenden Abschnitten, wie diese Verschränkung von sozialen Theorien beschrieben wird und wie sich die beschriebenen Mechanismen auf Multiagentensysteme übertragen lassen.

Literaturverzeichnis

[Alonso u. a. 2003]   ALONSO, Gustavo ; CASATI, Fabio ; KUNO, Harumi ; MACHIRAJU, Vijay: *Web Services*. Springer-Verlag, 2003

[Baeten 1990]   BAETEN, J. C. M. (Hrsg.): *Cambridge Tracts in Theoretical Computer Science*. Bd. 17: *Applications of Proces Algebra*. Cambridge University Press, 1990

[Barringer u. a. 1990]   BARRINGER, H. ; FISHER, M. ; GABBAY, D. ; GOUGH, G. ; OWENS, R.: METATEM: a framework for programming in temporal logic. In: *REX workshop: Proceedings on Stepwise refinement of distributed systems: models, formalisms, correctness*. New York, NY, USA : Springer-Verlag New York, Inc., 1990, S. 94–129. – ISBN 0-387-52559-9

[Bellifemine u. a. 2001]   BELLIFEMINE, Fabio ; POGGI, Agostino ; RIMASSA, Giovanni: Developing multi-agent systems with JADE. In: CASTELFRANCHI, Cristiano (Hrsg.) ; LESPÉRANCE, Yves (Hrsg.): *Seventh International Workshop on Agent Theories, Architectures, and Languages (ATAL-2000)* Bd. 1986, Springer-Verlag, 2001, S. 89–103

[Booch 1992]   BOOCH, Grady: *Object-oriented analysis and design: with applications*. Benjamin/Cummings, 1992

[Bordini u. a. 2007]   BORDINI, Rafael H. ; HÜBNER, Jomi F. ; WOOLDRIDGE, Michael: *Programming Multi-Agent Systems in AgentSpeak using Jason*. Wiley, 2007

[Bratman 1987]   BRATMAN, M. E.: *Intentions, Plans, and Practical Reason*. Cambridge : Harvard University Press, 1987

[Bresciani u. a. 2004]   BRESCIANI, P. ; GIORGINI, P. ; GIUNCHIGLIA, F. ; MYLOPOULOS, J. ; PERINI, A.: Tropos: An Agent-Oriented Software Development Methodology. In: *Journal of Autonomous Agents and Multi-Agent Systems* 8 (2004), S. 203–236

[Brooks 1990]   BROOKS, Rodney A.: A robust layered control system for a mobile robot. (1990), S. 2–27

[Carley und Gasser 1999]   CARLEY, Kathleen M. ; GASSER, Les: Computational organisation theory. In: (Weiß, 1999), S. 229–330

[Carriero und Gelernter 1989]   CARRIERO, N. ; GELERNTER, D.: Linda in context. In: *Communications of the ACM* 32 (1989), S. 444–458

[Castelfranchi u. a. 1999]   CASTELFRANCHI, C. ; DIGNUM, F. ; JONKER, C. ; TREUR, J.: Deliberate Normative Agents: Principles and Architecture. In: *Proceedings of the Sixth International Workshop on Agent Theories, Architectures, and Languages (ATAL 99)*, 1999

[Castelfranchi 1995]   CASTELFRANCHI, Christiano: Commitments: from individual intentions to groups and organisations. In: *First International Conference on Multi Agent Systems*, AAAI Press and MIT Press, 1995, S. 41–48

[Castelfranchi 2000]   CASTELFRANCHI, Christiano: Engineering social order. In: OMICINI, A. (Hrsg.) ; TOLKSDORF, R. (Hrsg.) ; ZAMBONELLI, F. (Hrsg.): *Engineering Societies in the Agents World. First International Workshop, ESAW 2000, Berlin, Germany* Bd. 1972, Springer-Verlag, 2000, S. 1–18

[Castelfranchi und Conte 1995a]   CASTELFRANCHI, Christiano ; CONTE, Rosaria: *Cognitive and Social Action*. UCL Press, 1995

[Castelfranchi und Conte 1995b]   CASTELFRANCHI, Christiano ; CONTE, Rosaria: Understanding the Functions of Norms in Social Groups Through Simulation. In: GILBERT, N. (Hrsg.) ; CONTE, R. (Hrsg.): *Artificial Societies: The Computer Simulation of Social Life*. UCL Press: London, 1995, S. 252–267

[Castelfranchi und Conte 1996]   CASTELFRANCHI, Christiano ; CONTE, Rosaria: Distributed artificial intelligence and social science: Critical issues. In: O'HARE, G. M. P. (Hrsg.) ; JENNINGS, N. R. (Hrsg.): *Foundations of Distributed Artificial Intelligence*, Wiley, 1996, S. 527–542

[Castelfranchi und Conte 1995c]   CASTELFRANCHI, Cristiano ; CONTE, Rosaria: Norms as Mental Objects - From Normative Beliefs to Normative Goals. In: *5th European Workshop on Modelling Autonomous Agents (MAAMAW '93)* Bd. 957, Springer, 1995, S. 186–196

[Castelfranchi und Conte 1999]   CASTELFRANCHI, Cristiano ; CONTE, Rosaria: From Conventions to Prescriptions – Towards an Integrated View of Norms. In: *Artificial Intelligence and Law* 7 (1999), Nr. 4, S. 323–340

[Cohen und Levesque 1991]   COHEN, Phil R. ; LEVESQUE, Hector J.: Teamwork. In: *Nous, Special Issue on Cognitive Science and Artifical Intelligence* 25 (1991), Nr. 4, S. 487–512

[DeLoach u. a. 2001]   DELOACH, Scott A. ; WOOD, Mark F. ; SPARKMAN, Clint H.: Multiagent Systems Engineering. In: *International Journal of Software Engineering and Knowledge Engineering* 11 (2001), Nr. 3, S. 231–258

[Dignum u. a. 2004]   DIGNUM, Virginia ; VÁZQUEZ-SALCEDA, Javier ; DIGNUM, Frank: OMNI: Introducing Social Structure, Norms and Ontologies into Agent Organizations. In: *Programming Multi-Agent Systems (PROMAS)*, 2004, S. 181–198

[Durfee und Lesser 1991]   DURFEE, Edmund H. ; LESSER, Victor R.: Partial Global Planning: A Coordination Framework for Distributed Hypothesis Formation. In: *IEEE Transactions on Systems, Man, and Cybernetics* 21 (1991), September, Nr. 5, S. 1167–1183

[Ferber u. a. 2003] FERBER, Jacques ; GUTKNECHT, Olivier ; MICHEL, Fabien: From Agents to Organizations: An Organizational View of Multi-agent Systems. In: GIORGINI, Paolo (Hrsg.) ; MÜLLER, Jörg P. (Hrsg.) ; ODELL, James (Hrsg.): *Agent-Oriented Software Engineering IV* Bd. 2935, 2003, S. 214–230

[Ferber 1999] FERBER, Jaques: *Multi-Agent System: An Introduction to Distributed Artificial Intelligence*. Addison-Wesley, 1999

[Ferguson 1992] FERGUSON, I. A.: Towards an Architecture for adaptive, rational, mobile agents. In: *Decentralized Artificial Intelligence* Bd. 3, Elsevier Science, 1992, S. 249–262

[FIPA 1998] FIPA: FIPA 97 Specification, Part 2 - Agent Communication Language. http://www.fipa.org : Foundation for Intelligent Physical Agents, Oktober 1998. – Forschungsbericht

[Floyd 1993] FLOYD, Christiane: STEPS - A Methodical Approach to Participatory Design. In: *Communications of the ACM* 36 (1993), Nr. 4, S. 83

[Friedberg 1995] FRIEDBERG, Erhard: *Ordnung und Macht. Dynamiken organisierten Handelns*. Frankfurt and New York : Campus Verlag, 1995

[Gasser 1991] GASSER, Les: Social Conceptions of Knowledge and Action: DAI Foundations and Open Systems Semantics. In: *Artificial Intelligence* 47 (1991), S. 107–138

[Giacomo u. a. 2000] GIACOMO, Giuseppe D. ; LESPÉRANCE, Yves ; LEVESQUE, Hector J.: ConGolog, a concurrent programming language based on the situation calculus. In: *Artificial Intelligence* 121 (2000), Nr. 1-2, S. 109–169

[Glaser und Morignot 1997] GLASER, Norbert ; MORIGNOT, Philippe: The Reorganization of Societies of Autonomous Agents. In: BOMAN, Magnus (Hrsg.) ; VELDE, Walter V. de (Hrsg.): *Multi-Agent Rationality, 8th European Workshop on Modelling Autonomous Agents in a Multi-Agent World* Bd. 1237, Springer-Verlag, 1997, S. 98–111

[Gottschalk 2000] GOTTSCHALK, Karl: Web Services architecture overview / IBM developerWorks. 2000. – Whitepaper

[Knowledge Sharing Initiative External Interfaces Working Group 1993] GROUP, The D. Knowledge Sharing Initiative External Interfaces Working: Specification of the KQML Agent-Communication Language / DARPA. Juni 1993. – DRAFT

[Hannoun u. a. 2000] HANNOUN, Mahdi ; BOISSIER, Olivier ; SICHMAN, Jaime S. ; SAYETTAT, Claudette: MOISE: An Organizational Model for Multi-agent Systems. In: *IBERAMIA-SBIA '00: Proceedings of the International Joint Conference, 7th Ibero-American Conference on AI*, Springer-Verlag, 2000, S. 156–165

[Harel 1984] HAREL, David: Dynamic Logic. In: GABBAY, D. (Hrsg.) ; GUENTHER, F. (Hrsg.): *Handbook of Philosophical Logic, Volume II — Extensions of Classical Logic*. D. Reidel Publishing Company: Dordrecht, The Netherlands, 1984, S. 497–604

[Horling und Lesser 2005a]   HORLING, Bryan ; LESSER, Victor: A Survey of Multi-Agent Organizational Paradigms. In: *The Knowledge Engineering Review* 19 (2005), Nr. 4, S. 281–316

[Horling und Lesser 2005b]   HORLING, Bryan ; LESSER, Victor: Using ODML to Model Organizations for Multi-Agent Systems. In: *Proceedings of the 2005 IEEE/WIC/ACM International Conference on Intelligent Agent Technology (IAT 2005)*. Compiegne, France : IEEE Computer Society, September 2005, S. 72–80

[Hughes und Cresswell 1984]   HUGHES, George E. ; CRESSWELL, Maxwell J.: *A companion to modal logic*. Methuen, 1984

[Jennings 1993]   JENNINGS, Nicholas R.: Commitments and Conventions: The Foundation of Coordination in Multi-Agent Systems. In: *The Knowledge Engineering Review* 8 (1993), Nr. 3, S. 223–250

[Jennings 1996]   JENNINGS, Nicholas R.: Coordination Techniques for Distributed Artificial Intelligence. In: O'HARE, G. M. P. (Hrsg.) ; JENNINGS, N. R. (Hrsg.): *Foundations of Distributed Artificial Intelligence*, Wiley, 1996, S. 187–210

[Jennings 2000]   JENNINGS, Nicholas R.: On agent-based software engineering. In: *Artificial Intelligence* 117 (2000), S. 277–296

[Kennedy und Eberhart 2001]   KENNEDY, James ; EBERHART, Russell C.: *Swarm intelligence*. San Francisco, CA, USA : Morgan Kaufmann Publishers Inc., 2001. – ISBN 1-55860-595-9

[Kephart und Chess 2003]   KEPHART, Jeffrey O. ; CHESS, David M.: The Vision of Autonomic Computing. In: *IEEE Computer* 36 (2003), Nr. 1, S. 41–50

[Kirn und Gasser 1998]   KIRN, Stefan ; GASSER, Les: *Organizational Approaches to Coordination in Multi-Agent Systems*. 1998

[Koestler 1967]   KOESTLER, Arthur: *The Ghost in the Machine*. London : Arkana, 1967

[Levesque und Lakemeyer 2000]   LEVESQUE, Hector ; LAKEMEYER, Gerhard: *The logic of knowledge bases*. Cambridge, Massachusetts : MIT Press, 2000

[Müller und Pischel 1994]   MÜLLER, Jörg P. ; PISCHEL, Markus: An architecture for dynamically interacting agents. In: *Journal of Intelligent and Cooperative Information Systems* 3 (1994), Nr. 1, S. 25–45

[Müller 1993]   MÜLLER, Jürgen: *Verteilte künstliche Intelligenz: Methoden und Anwendungen*. B-I-Wiss.-Verlag, 1993

[Nagendra u. a. 1996]   NAGENDRA, Prasad ; GARVEY, Alan ; DECKER, Keith ; LESSER, Victor: Exploring Organizational Designs with TAEMS: A case study of distributed data processing. In: *Second International Conference on Multi-Agent Systems* (1996), January, S. 283–290

Literaturverzeichnis 115

[Nierstrasz 1993] NIERSTRASZ, Oscar: Composing active objects. In: *Research directions in concurrent object-oriented programming*. MIT Press, 1993, Kap. 5

[OASIS 1993–2007] : *Organization for the Advancement of Structured Information Standards*. www.oasis-open.org. 1993-2007

[Ogbuji und Ouellet 2002] OGBUJI, Uche ; OUELLET, Roxane: *DAML Reference*. online: http://www.xml.com/pub/a/2002/05/01/damlref.html. 2002

[Ossowski 1999] OSSOWSKI, Sascha: *Lecture Notes in Computer Science*. Bd. 1535: *Co-ordination in Artificial Agent Societies: social structures and its implications for autonomous problem-solving agents*. Springer-Verlag, 1999

[Panzarasa und Jennings 2001] PANZARASA, Pietro ; JENNINGS, Nicholas: The organisation of sociality: A manifesto for a new science of multiagent systems. In: *Proceedings of the Tenth European Workshop on Multi-Agent Systems (MAAMAW01)*, 2001

[Panzarasa u. a. 2002] PANZARASA, Pietro ; JENNINGS, Nicholas R. ; NORMAN, Timothy J.: Formalizing Collaborative Decision-making and Practical Reasoning in Multiagent Systems. In: *Journal of Logic and Computation* 12 (2002), Nr. 1, S. 55–117

[Prietula u. a. 1998] PRIETULA, Michael J. (Hrsg.) ; CARLEY, Kathleen M. (Hrsg.) ; GASSER, Les (Hrsg.): *Simulating Organisations. Computational Models of Institutions and Groups*. AAAI/MIT-Press, 1998

[Rao 1996] RAO, Anand S.: AgentSpeak(L): BDI Agents Speak Out in a Logical Computable Language. In: HOE, Rudy van (Hrsg.): *Seventh European Workshop on Modelling Autonomous Agents in a Multi-Agent World*, 1996

[Rao und Georgeff 1991] RAO, Anand S. ; GEORGEFF, Michael P.: Modeling Rational Agents within a BDI-Architecture. In: ALLEN, James (Hrsg.) ; FIKES, Richard (Hrsg.) ; SANDEWALL, Erik (Hrsg.): *Proceedings of the 2nd International Conference on Principles of Knowledge Representation and Reasoning (KR'91)*, Morgan Kaufmann, 1991, S. 473–484

[dos Reis Coutinho u. a. 2005] REIS COUTINHO, Luciano dos ; SICHMAN, Jaime S. ; BOISSIER, Olivier: Modeling organization in MAS: a comparison of models. In: CHOREN, R. (Hrsg.) ; SILVA, V. (Hrsg.): *Proc. of the 1st. Workshop on Software Engineering for Agent-Oriented Systems (SEAS'05)*, 2005

[Saam 2001] SAAM, Nicole J.: Social norms for co-operative agents. In: SAAM, N. J. (Hrsg.) ; SCHMIDT, B. (Hrsg.): *Cooperative Agents: Applications in the social sciences* Bd. 32. Dordrecht, Boston, London : Kluwer Academic Publishers, 2001, S. 39–56

[Sandholm 1999] SANDHOLM, Tuomas W.: Distributed Rational Decision Making. In: (Weiß, 1999), S. 201–258

[Schillo 2003] SCHILLO, Michael: Self-Organization and Adjustable Autonomy: Two Sides of the Same Coin? In: *Connection Science* 14 (2003), Nr. 4, S. 345–360

[Schillo u. a. 2000] SCHILLO, Michael ; FISCHER, Klaus ; KLEIN, Christof: The Micro-Macro Link in DAI and Sociology. In: MOSS, S. (Hrsg.) ; DAVIDSSON, P. (Hrsg.): *Second International Workshop on Multi-Agent Based Simulation* Bd. 1979, Springer-Verlag, 2000, S. 133–148

[Schillo und Spresny 2005] SCHILLO, Michael ; SPRESNY, Daniela: Organization: The Central Concept for Qualitative and Quantitative Scalability. In: FISCHER, Klaus (Hrsg.) ; FLORIAN, Michael (Hrsg.) ; MALSCH, Thomas (Hrsg.): *Socionics: Sociability of Complex Social Systems* Bd. 3413, Springer-Verlag, 2005

[Schumacher 2001] SCHUMACHER, Michael: *Objective coordination in multi-agent system engineering: design and implementation.* Springer-Verlag, 2001

[Searle 1970] SEARLE, John R.: *Speech acts: An essay in the philosophy of Language.* Cambridge University Press, 1970

[Shoham 1990] SHOHAM, Yoav: Agent-oriented programming / Stanford, Calif.: Department of Computer Science, Stanford University. 1990. – Forschungsbericht

[Shoham und Tennenholtz 1994] SHOHAM, Yoav ; TENNENHOLTZ, Moshe: On social laws for artificial agent societies: off-line design. In: *Artificial Intelligence* 72 (1994), Nr. 1-2, S. 231–252

[Smith u. a. 2004] SMITH, Michael K. ; WELTY, Chris ; MCGUINNESS, Deborah L.: *OWL Web Ontology Language Guide. W3C Recommendation.* http://www.w3.org/TR/owl-guide/. 2004

[Smith 1977] SMITH, Reid G.: The contract net: A formalism for the control of distributed problem solving. In: *Proceedings of the Fifth International Joint Conference on Artificial Intelligence (IJCAI-77)*, 1977

[Sozionik 1998] SPP SOZIONIK: *Sozionik: Erforschung und Modellierung künstlicher Sozialität.* http://www.tu-harburg.de/tbg/SPP/spp-antrag.html. 1998. – Antragstext zum DFG-Schwerpunktprogramm *Sozionik.*

[Steimle 2008] STEIMLE, Jürgen: *Algorithmic Mechanism Design.* Springer, 2008

[Studer u. a. 2003] STUDER, Rudi ; HOTHO, Andreas ; STUMME, Gerd ; VOLZ, Raphael: Semantic Web – State of the Art and Future Directions. In: *Künstliche Intelligenz* 3 (2003), S. 5–9

[Turner und Jennings 2001] TURNER, Phillip J. ; JENNINGS, Nicholas R.: Improving the Scalability of Multi-agent Systems. In: *Proceedings of the First International Workshop on Infrastructure for Scalable Multi-Agent Systems* Bd. 1887, Springer-Verlag, 2001, S. 246ff.

[Ullman-Margalit 1977] ULLMAN-MARGALIT, Edna: *The Emergence of Norms.* Clarendon Press, 1977

Literaturverzeichnis 117

[Walker und Wooldridge 1995] WALKER, A. ; WOOLDRIDGE, M. J.: Understanding the Emergence of Conventions in Multi-Agent Systems. In: *Proceedings of the 1st International Conference on Multiagent Systems (ICMAS'95)*, 1995

[Weiß 1999] WEISS, Gerhard (Hrsg.): *Multiagent systems: A modern approach to Distributed Artificial Intelligence*. MIT Press, 1999

[Weiß und Jakob 2004] WEISS, Gerhard ; JAKOB, Ralf: *Agentenorientierte Softwareentwicklung: Methoden und Tools*. Springer-Verlag, 2004

[Wooldridge 2000] WOOLDRIDGE, Michael: *Reasoning about Rational Agents*. Cambridge, Massachussetts/London : MIT Press, 2000 (Intelligent robotics and autonomous agents)

[Wooldridge und Jennings 1995] WOOLDRIDGE, Michael J. ; JENNINGS, Nicholas R.: Agent Theories, Architectures, and Languages: a Survey. In: WOOLDRIDGE, M. J. (Hrsg.) ; JENNINGS, N. R. (Hrsg.): *Intelligent Agents*, Springer-Verlag, 1995, S. 1–22

[Zambonelli u. a. 2003] ZAMBONELLI, Franco ; JENNINGS, Nicholas R. ; WOOLDRIDGE, Michael: Developing multiagent systems: The Gaia methodology. In: *ACM Trans. Softw. Eng. Methodol.* 12 (2003), Nr. 3, S. 317–370

4 Die Relativität des Sozialen

ROMAN LANGER

Altertümlich ausgedrückt stellt dieses Kapitel die Frage nach dem Wesen des Sozialen. Es ist die Frage danach, was alle sozialen Phänomene, sozialen Verhältnisse, sozialen Einheiten gemein haben; nach dem, was irgendeinen Gegenstand zu einem *sozialen* Gegenstand macht. Es geht um den Rohstoff des Sozialen, aus dem alle sozialen Gebilde konstituiert sind. Die Antwort, die gegeben wird, ist eine allgemeine relationale Sozialtheorie. Sie war in keiner Weise der sozionischen Forschung vorausgesetzt, sondern ist eines ihrer Ergebnisse, historisch sogar ein spätes.

Vielleicht regt sich Skepsis gegen die Entwicklung einer abstrakten Theorie des Sozialen: Wozu Grundlagenforschung, deren Praxis- und Anwendungsrelevanz kaum erkennbar ist? Wozu eine neue Theorie des Sozialen, haben wir nicht schon genügend? Grundlagenforschung über die Grundkomponenten des Sozialen erwies sich deshalb als notwendig, weil die bestehenden Theorieangebote eher verschiedene spezifische Ausschnitte des Sozialen modellierten als „das" Soziale. Damit fielen verschiedene Phänomene, die in unserer empirischen Arbeit über Universitäten und während der Diskussion über die Modellierung von Verhalten, Akteuren und Strukturen sich als wichtig erwiesen, unter den Themen-Tisch. Unter anderem:

- Phänomene stummen Zwangs oder stummen Ausschlusses aus wichtigen Funktionen und Informationsflüssen

- das Erleben von Akteuren, denen Verhältnisse und Verhaltensweisen ihrer sozialen (Um-)Welt blind zustoßen, die sie nicht verstehen und die ihnen sinnlos oder „irrational" erscheinen

- die Perspektive derer, die sich vor vollendete Tatsachen gestellt sehen, die sie nicht beeinflussen können

- die Frage nach den *Gemeinsamkeiten* von Bereichen, die wie selbstverständlich als getrennte behandelt werden wie beispielsweise formale und informelle Strukturen, individuelle und kollektive Akteure, Entscheidungslogiken und Selbstorganisationsprozesse

- die Frage nach der – intentionalen und transintentionalen – *Erzeugung und Reproduktion* von Missständen, die dann mit Reformen aus der Welt geschafft werden sollen, und nach der Entstehung dieser Reformen selbst

- die Frage danach, wie die Gefahr zu minimieren ist, normativen Bekundungen und Selbstbeschreibungen von Akteuren im empirischen Feld auf den Leim zu kriechen

Des weiteren blieb der Sachverhalt unbefriedigend, dass verschiedene Konzeptionen des Sozialen existierten. Jede dieser Konzeptionen weist spezifische „Sehschärfen", aber auch blinde Flecken auf. Unser Anspruch war es nun, theoretische Modelle zu entwickeln, die in einer einheitlichen Begriffssprache formuliert werden konnten. Diese Begriffssprache musste sich wiederum auf stark abstrahierte Grundbestimmungen des Sozialen beziehen, wenn es möglich werden sollte, die Einsichten bestehender Sozialtheorien beizubehalten, aber ihre Einseitigkeiten zu vermeiden. Die Ausarbeitung der Grundbestimmungen des Sozialen schien auch deshalb ein lohnendes Unterfangen, weil kaum eine sozialwissenschaftliche Arbeit in konzentrierter Weise ein allgemeines Konzept des Sozialen auf empirischer Basis *und* unter Berücksichtigung *verschiedener* vorhandener (aber oft impliziter oder nicht sehr ausgearbeiteter) theoretischer Konzeptionen zu formulieren suchte.

Also wurde eine Analyse auf Gemeinsamkeiten durchgeführt, mit der zentralen Fragestellung: Was haben alle sozialen Sachverhalte miteinander gemein; was macht sie zu *sozialen* Sachverhalten? Die Antwort auf die Frage besteht in einer Art Relativitätstheorie des Sozialen. Sie liefert die Grundlegung für eine neue transdisziplinäre sozialwissenschaftliche Forschungsmethodologie, die Mechanismen-Analyse, die im folgenden Kapitel dargestellt wird).

Der Entwurf dieser Theorie wird hier erstmals präsentiert. Es wird um Nachsicht gebeten, dass er noch nicht in dem Maße durch Literaturbelege abgesichert ist, wie es wissenschaftlichem Standard entspricht. Ziel des vorgelegten Entwurfes ist es, die Konzeption des Sozialen möglichst bündig und deutlich darzustellen, dahinter steht zwar nicht die sachliche, aber doch die diskursive Argumentation zurück.

Die relationale Theorie des Sozialen wird in folgenden Schritten entwickelt. Der erste Schritt der Analyse (1) befasst sich mit Grenzen des Sozialen und untersucht vor allem das Verhältnis von menschlichen und nicht-menschlichen Sozialitäten, von Intentionalität und Transintentionalität sowie von kommunikativen und nicht-kommunikativen Ereignissen. Angesichts der Resurrektion akteurzentrierter Sozialtheorien wird anschließend der Akteurbegriff dekonstruiert; dabei wird das Mikro-Makro-Verhältnis aus relationaler Sicht diskutiert (2). Der dritte Abschnitt bereitet dann den Kern der Theorie vor. Er erläutert die grundsätzliche Unschärfe sozialer Relationen, indem er das Konzept sozialer Beziehungen dekonstruiert, den Handlungs- durch einen abstrakten Verhaltensbegriff ersetzt, „Verhalten" aber wiederum auf Relationen zurückführt und zeigt, dass sich kein Letztelement des Sozialen dingfest machen lässt (3). Die Konsequenzen aus diesen Analysen werden dann im vierten Abschnitt gezogen, er entfaltet den Kernbefund der Theorie: Der Rohstoff des Sozialen besteht aus Wirkrelationen (4). Abschließend werden einige forschungsmethodologische Konsequenzen gezogen, die das transdisziplinäre Instrument der Mechanismen-Analyse vorbereiten (5).

4.1 Relationale Dekonstruktion der Grenzen des Sozialen

Die Erforschung der Grenzen des Sozialen hat die Soziologie bekanntlich schon immer mit wichtigen theoretischen Einsichten versehen. Die Wahrheit geht durch die Extreme, hat die dialektische kritische Theorie formuliert (und einbezogen, dass das „ganz Normale" ebenfalls ein Extrem ist). Dort, wo Handeln scheitert, Absichten enttäuscht werden, gewohnte Praktiken unwirksam werden, sprudelt ein Quell alltagspraktischer Erkenntnisse über die soziale Welt – Akteure beginnen zu reflektieren und konstituieren neue Praktiken (vgl. Joas, Bourdieu, Neo-Institutionalismus); dort wo soziales Handeln prinzipiell nicht mehr oder nur noch rudimentär ausgeübt wird, ergeben sich soziologische Einsichten über die Konstitution des Sozialen, vgl. nur Analysen des Fremden (Simmel, 1992; Bauman, 1992; Nassehi, 1995; Hahn, 1994), von Sterbenden (Elias, 2002) oder Hirntoten (Lindemann, 2002), Analysen grundlegender Regeln des sozialen Alltags und ihrer Außerkraftsetzung (Krisenexperimente nach Garfinkel (1984), aber auch Sofsky (1999) über Konzentrationslager oder Bauman (1992) über die Logik der Vernichtung) oder neuerdings Analysen soziotechnischer Interaktionen (u.a. Rammert und Schulz-Schäffer, 2002; Häussling, 2008). Ohne auf die zitierten Analysen genauer eingehen zu können, geht auch diese Arbeit von einer Analyse der Grenzen des Sozialen aus, um die konstitutiven Komponenten des Sozialen entdecken zu können. Sie betrifft die Grenzen menschlicher, intentionaler und kommunikativer Sozialitäten.

4.1.1 Menschliche und nicht-menschliche Sozialität

Eine weit verbreitete implizite Antwort auf die Frage, was „sozial" ist, lautet: Das Soziale besteht aus Beziehungen zwischen Menschen.[1] Aber diese Auffassung ist in mehrerei Hinsicht unbefriedigend. Soziales existiert nicht nur in der menschlichen Welt. Tiere haben unbestritten soziale Beziehungen (vgl. u. a. Harlow und Suomi, 1987; Hendrichs, 1987; Eisenberg und Kleiman, 1987; Frisch, 1987; Waal, 1992; Dimond, 1972, speziell zu Tiersoziologie vgl. Ethik und Sozialwissenschaften, 1997). Selbst Pflanzen gehen soziale Beziehungen ein, vgl. die zur Vegetationsanalyse gehörige Pflanzensoziologie (Braun-Blanquet, 1964; Dierßen, 1994; Dierschke, 1994; Füllekrug, 1997).

Die Akteur-Netzwerk-Theorie (vgl. Belliger und Krieger, 2006) schlägt vor, dass auch nichtmenschliche Artefakte und überhaupt Dinge als Komponenten von so-

---

[1] Hier ist die umgangssprachliche positive Wertung des Begriffs „sozial" bereits neutralisiert. Im Alltag bedeutet „sozial" ja oft so viel wie „unterstützend, (den Bedürftigen oder sich gegenseitig) helfend". Als „Sozialpolitik" gilt entsprechend bekanntlich solche Politik, die bedürftigen Personen unterstützende Ressourcen sowie Verwaltungs- und Dienstleistungen zukommen lässt.

zialen Zusammenhängen, ja als Akteure gelten müssen. Das Grundargument ist, dass Dinge wie Territorien, Waffen, Flaggen, Gebäude, Kleidung bestimmte soziale Verhältnisse sichtbarer, durchsetzbarer und dauerhafter machen. Ihre Behauptung lautet so polemisch wie zutreffend, eine rein interaktionistische Gesellschaft, deren Beziehungen technische Artefakte und Dinge *nicht* einschlösse, käme einer Gesellschaft von Pavianen gleich.[2]

Zu den unbelebten physikalischen Körpern gesellen sich die biotischen Körper. Popitz (1999) (vgl. Inhetveen, 2005, 33) betont, dass die Verletzbarkeit und Bedürftigkeit lebender Körper ist eine wichtige Grundbedingung des Sozialen ist, Bourdieu (1993), (vgl. Jäger, 2004) zeigt, dass das Soziale inkorporiert wird und sich im Habitus niederschlägt; inzwischen hat sich mit der Körpersoziologie (Gugutzer, 2004; Butler, 1997). – Folglich umfasst das Soziale prinzipiell auch unbelebte Dinge, technische Artefakte und lebendige Körper als Komponenten.

Menschen behandeln nicht bloß andere Menschen als Interaktionspartner, sondern auch Tiere, Organisationen, technische Artefakte, Entitäten wie Götter, Kuscheltiere oder Idole und Tote. Anders herum sind sie in der Lage, andere Menschen wie Dinge oder Tiere zu behandeln, wie Kolonialismus, Sklavenhalterei oder Faschismus belegen. Nun kann man fraglos belegen, dass Kuscheltiere, Götter oder Avatare sich je spezifisch von menschlichen Personen unterscheiden, und dass Sklaven „eigentlich" genauso menschliche Personen sind wie Juden, Sinti und Roma, Homosexuelle und Behinderte. Eine selbstreflexive Theorie des Sozialen wird *alle* Konzeptionen des Menschlichen, alle Grenzziehungen zwischen dem Menschlichen und dem Nichtmenschlichen nachvollziehen und erklären müssen. Sie wird nicht dekretieren können, dass das Verhalten gegenüber „Nicht-Menschen" der ersten oder zweiten Art kein Sozialverhalten wäre.

Aus den vorstehenden Absätzen folgt:

Die Relation zwischen menschlichem und nichtmenschlichem Sozialen ist unscharf. Die Grenze zwischen menschlichen und nichtmenschlichen Sozialformen ist prinzipiell nicht trennscharf zu ziehen. Menschliche Sozialitäten beziehen Tiere, Pflanzen und Dinge konstitutiv ein, und Tier- oder Pflanzensozialitäten, sogar Beziehungen zwischen Dingen weisen einige Gemeinsamkeiten mit menschlichen Sozialbeziehungen auf. „Das Soziale" reicht also in doppelter Hinsicht über menschliche Sozialität hinaus. In eine Reflexion des Sozialen sind daher nichtmenschliche Beziehungen (inklusive Beziehungen von menschlichen zu nichtmenschlichen Entitäten) einzubeziehen.

---

[2] Im Grunde behauptet Luhmann (1984) Ähnliches, wenn er Organisation und Gesellschaft als Typen des Sozialen begreift, die sich von der Interaktion anwesender Personen gerade dadurch unterscheiden, dass keine Kopräsenz, sondern eben – etwa durch Kommunikations- oder Verbreitungsmedien – *vermittelte* Kommunikation vorliegt. Und die vermittelnden Einheiten sind Dinge: Texte, Bilder, technische Apparaturen und Systeme.

4.1.2 Intentionales Handeln und transintentionales Verhalten

Das Ausmaß *transintentionaler* Komponenten des Sozialen ist wesentlich höher, als es gemeinhin gefasst wird – das legen zumindest empirische Analysen des Bildungssystems nahe. Sozialwissenschaftliche Theorien verweisen zwar auf diese transintentionalen Anteile des Sozialen (Gresshoff u. a., 2003), behandeln sie aber selten systematisch. – Transintentionalität wird hier nicht verstanden als etwas, was jenseits des *Bewusstseins* menschlicher Personen liegt, sondern als etwas, was nicht in symbolisch reflexiven Selbstbeschreibungen von Sozialitäten vorkommt – sprich: was weder in der Kommunikation einer gegebenen Sozialität, noch in der Symbolik, durch die ihre Interaktionen vermittelt sind, auftaucht.

Unerwünschte Nebenfolgen und Fernwirkungen. Diese Form der Transintentionalität ist Allgemeingut. Bestimmte Akteure beabsichtigen, mit ihren Handlungen bestimmte Wirkungen herbei zu führen. Aber die Wirkungen, die dann tatsächlich eintreten, entsprechen nicht den erwarteten Wirkungen. Es zeigen sich unerwartete, oft unerwünschte Folgen des eigenen Handelns, und die gewünschten Folgen bleiben mehr oder weniger aus. Es ist dann für die beteiligten Akteure *rätselhaft*, warum erwünschte Wirkungen nicht eintreten und unerwünschte Wirkungen eintreten. Häufig ist ihnen auch nicht klar, in welcher Weise sie selbst durch ihr eigenes Verhalten dazu beitragen, dass unerwünschte Effekte eintreten.

Verborgene (unbemerkte) soziale Phänomene. Bestimmte soziale Phänomene treten auf und bleiben dauerhaft bestehen, ohne dass von ihnen betroffene Akteure sie erwartet, mit ihnen gerechnet oder sie sogar gewünscht haben. Solche Phänomene erscheinen den Akteuren *emergent*: sie tauchen mehr oder weniger abrupt auf, ohne dass sie sich erklären könnten, wie die Phänomene zu Stande gekommen sind. Der Unterschied zu unerwünschten Nebenfolgen liegt darin, dass hier keine Erwartungen vorlagen, die auf die neu auftretenden Phänomene zugeschnitten waren.

Für die Akteure, *für die* solche Phänomene transintentional emergieren, wirkt dies als eine Konfrontation mit vollendeten Tatsachen. Sie werden mit sozialen Phänomenen oder Effekten konfrontiert, die sie nicht gewollt haben und möglicherweise ablehnen, mit denen sie aber umgehen und irgendwie klar kommen müssen, ohne in sie eingreifen, sie unschädlich machen oder gar abschaffen zu können. Solche emergenten Aspekte der sozialen Welt erscheinen ihnen widerständig, sperrig, ja obstruktiv; Transintentionalität hängt in diesen Fällen eng mit dem Leiden am Sozialen zusammen.

Strategisch verborgene Phänomene. Eine dritte verbreitete Form der Transintentionalität besteht darin, dass bestimmte Akteure *strategisch* ihre Absichten, Handlungen und Handlungswirkungen vor anderen Akteuren verbergen. Für letztere, die nicht durchschauen, mit welchen Mitteln und Plänen erstere arbeiten, entstehen dadurch transintentionale Phänomene.

Alle drei Typen der Transintentionalität sind (auch in menschlichen) Gesellschaften fraglos üblich. Dabei variieren die Grenzen zwischen dem Transintentionalen und dem Intentionalen in sehr verschiedenen Hinsichten, unter anderem in den folgenden: Nahezu alle sozialen Phänomene sind einigen menschlichen Akteuren kommunikativ bekannt, anderen aber nicht; nahezu alle sozialen Phänomene sind teilweise intentional, teilweise nicht-intentional erzeugt; die Fähigkeit zu intentionalem Handeln variiert stark zwischen den Komponenten des Sozialen, ja selbst „innerhalb" eines Akteurs variiert das Ausmaß, mit dem er seine Handlungen intentional oder transintentional ausführt. Daraus folgt: *Die Relation zwischen den intentionalen (symbolisch reflexiven, kommunizierten) und den transintentionalen (nicht-symbolisierten und nicht-kommunizierten) Anteilen des Sozialen ist unscharf.* „Das Soziale" ist gleichzeitig intentional und transintentional; in welchem Ausmaß und für welche Akteure, hängt vom jeweiligen sozialen Phänomen ab. Eine Theorie des Sozialen muss auch „rein" transintentionale Phänomene thematisieren können und deshalb auf die *Voraussetzung* von Intentionalität verzichten.

Soziales Handeln kann deshalb kein Letztelement des Sozialen sein. Seit Max Weber wird ja voraus gesetzt, dass Handeln dadurch sozial wird, dass es einem subjektiv gemeinten Sinn, *also der Intention der handelnden Einheit*[3] *nach*, auf andere Einheiten (Personen) bezogen wird. Intentionales Handeln gehört dem Sozialen zwar an, aber nicht mehr und nicht weniger als transintentionales Verhalten, soweit es sich auf Komponenten der sozialen Welt auswirkt. Man kann die zweite Unschärferelation des Sozialen verbal fassen wie folgt: *Die Relation zwischen dem intentionalen Handeln und dem transintentionalen Verhalten im Sozialen ist unscharf.*

4.1.3 Kommunikation, kommunikatives Handeln, nichtkommunikatives Verhalten

Niklas Luhmann (1984, 191-241) hatte die Schwächen des Handlungsbegriffs erkannt und die Konsequenzen gezogen. Statt das Soziale von der Intention, dem Mitteilungsaspekt her aufzuziehen, betonte er, Soziales realisiere sich „von hinten" her, nämlich vom Verstehen her. Nur dann, wenn etwas verstanden werde, sei eine Kommunikation (und damit Soziales) zu Stande gekommen; Mitteilungen oder Informationen, auf die nicht mittels Verstehen Bezug genommen wird, würden verpuffen und nicht zum Kontinuieren des Sozialen beitragen. Zudem bestehe das Soziale nicht aus Handlungen – dies sei vielmehr eine Kategorie der Selbstbeschreibung sozialer Systeme – sondern aus Kommunikationen.[4]

Kommunikation ist zwar zweifellos ein wichtiges Element des Sozialen, kann aber

---

[3] die bei Weber eine menschliche Person ist: „In der Weberschen Soziologie bleibt das Subjekt ‚nach unten' wie ‚nach oben' der einzige Träger sinnhaften Sichverhaltens, also eine für die Soziologie nicht weiter auf andere Instanzen rückführbare Einheit." (Schwinn, 2004, 70) Weber kann insofern als Begründer des methodologischen Individualismus gelten.

[4] Kurz vorher hatte Habermas (1981) seine „Theorie des kommunikativen Handelns" vorgelegt; beide trugen so zum *linguistic turn* in den Sozialwissenschaften entscheidend bei, der sich aus Sicht der relationalen Theorie als *linguistic bias* erweist.

trivialerweise nicht sein Grundelement sein – weil es stumme soziale Phänomene nicht mit einbezieht. Stumme soziale Phänomene sind all jene, die beobachtenden Akteuren verborgen bleiben, keinen Eingang in ihre symbolisch vermittelten Selbstbeschreibungen und damit keinen kommunikativen Ausdruck finden. Das heißt, diese Phänomene sind Akteuren kommunikativ nicht zugänglich und machen in den Augen von Akteuren, deren Handeln sie sich als Hindernis oder Problem widersetzen, keinen Sinn.

Zu solchen sozialen Phänomenen zählen erstens transintentionale Verhältnisse, die keinem Akteur bekannt sind, beispielsweise „verborgenene Mechanismen der Macht" (Bourdieu, 1992) oder unreflektiert-selbstverständliche Gewohnheiten (Bongaerts, 2007), auch einseitig transintentionale Verhältnisse wie das unbemerkt bleibende Unterwandern und Ausspionieren eines Feindes. Zweitens zählen dinghaft vermittelte Verhältnisse hinzu, etwa städtebauliche und architektonische Strukturen und Infrastrukturen, und verdinglichte Verhältnisse wie Waren-Preisstrukturen oder ökonomische Marktzwänge. Drittens nicht-symbolvermittelte interaktive Verhältnisse wie (stumme) Gewaltausübung, einige Formen der Sexualität und viertens schließlich alle Interaktionen, die Akteuren zustoßen, ohne dass diese sie bemerken oder verstehen, wie ihnen geschieht.

Vor einiger Zeit in einem soziologischen Lehrbuch argumentiert, man könne stumme und dinghaft vermittelte Einwirkungen von Akteuren auf Akteure als „harte Kommunikation" bezeichnen: Passagiere, die nach heftig-ruckartigem Bremsen eines Busses aneinander stoßen, teilen einander ihre Labilität in diesem Moment mit. Aber dies überdehnt den Kommunikationsbegriff. Aus der Perspektive einer umfassenden Theorie des Sozialen erscheint der *linguistic turn* der Soziologie als ein *bias*: Das Kommunikative des Sozialen wird überbetont, nichtkommunikative Aspekte des *Wirkens* und *Wechselwirkens* von Verhalten werden zu stark ausgeblendet.

Die hier vertretene These lautet demgegenüber: Wo keine Mitteilungen vorliegen, die verstanden werden, sondern schlichtes Verhalten, das sich gleichwohl auf Personen (oder Beziehungen oder auf andere Komponenten des Sozialen) auswirkt, ereignet sich Soziales. Zweifellos werden zwar auch stummes Verhalten, nicht-symbolisierte Verhältnisse und nichtkommunizierte Strukturen hin und wieder partiell gedeutet und teilweise verstanden. Aber sie werden eben nicht durch Kommunikation vermittelt, sondern durch wirkendes Verhalten.

Schlichtes nicht-kommunikatives Verhalten aber zeigen alle möglichen Entitäten, neben Menschen auch Götter, Kuscheltiere, Roboter, Tiere, Pflanzen; Symbole und Signale wie Statuen, Texte, Flaggen, Schilder, Bilder, und schließlich – Dinge: Straßen, Statuen, Tafeln. Und das Verhalten dieser Entitäten wirkt sich empirisch beobachtbar auf soziale Beziehungen und auf das Verhalten sozialer Akteure (und Sozialitäten) aus, und zwar genau insoweit, wie diese sich in ihrem Verhalten – ob intentional oder transintentional, implizit oder explizit – auf es beziehen.

„Stummes" Verhalten menschlicher und nicht-menschlicher Entitäten, das sich auf anderes Verhalten auswirkt, obwohl es keine Kommunikation ist, ist deshalb explizit in die Konzeption des Sozialen einzubeziehen. Es ist davon auszugehen, dass in sozialen Phänomenen sowohl Kommunikationen als auch „stumme" Verhaltensakte, die sich ohne Kommunikation auswirken, eine (ko-)konstitutive Rolle spielen. Das heißt: *Die Relation zwischen kommunikativen und nicht-kommunikativen Komponenten des Sozialen ist unscharf.*

4.2 Relationale Dekonstruktion individueller Akteure

Zurück zur Kernfragestellung: Woraus besteht das Soziale, was ist sein Rohstoff – das, was ein Phänomen zu einem *sozialen* Phänomen macht – , wenn nicht von vornherein Menschlichkeit, Intentionalität und Kommunikativität unterstellt werden darf? – Aus Akteuren? Die Frage soll angesichts des Aufkommens der akteurzentrierten Soziologie, der Renaissance des methodologischen Individualismus und – der Verführungskraft alltäglicher Anschauung etwas eingehender diskutiert werden. Akteure sind sozialwissenschaftlich gesehen keine Individuen, sie sind teilbare „*Dividuen*" – Relationenkomplexe – mit unscharfen Grenzen. Und das gilt, wie gesagt, nicht nur analytisch, sondern auch praktisch. Für diese These sollen im Folgenden kursorisch einige Belege angeführt werden.

4.2.1 Zur Teilbarkeit individueller menschlicher Akteure

Was ein Mensch ist, und damit: was als menschliches Individuum oder als menschlicher Akteur gelten kann, ist bekanntlich *historisch und kulturell* variabel. Man muss nicht auf den Nationalsozialismus oder auf den Sklavenhandel zurück greifen, um dies zu belegen, sondern kann auch auf die Gewohnheit zahlreicher Völker verweisen, deren Eigenname „Mensch" bedeutet, und für die dann Mitglieder anderer Völker keine Menschen waren. Selbst wo es sich „nur" um die Unterteilung in Menschen erster und Menschen zweiter Klasse handelt, wird hier doch deutlich, dass die Bedingungen, unter denen das Attribut „Mensch" zugeschrieben wird, variieren.

Die Perspektive auf die *Sozialisation* unterstreicht die Variabilität des Menschlichen. So können sich menschliche Personen sich überhaupt nur dann und soweit individuieren, wenn sie auf ein soziales Umfeld treffen, das ihnen Bedingungen dafür bereit stellt (vgl. Habermas, 1981). Und hier gilt: Menschen sind extrem formbar (Popitz, 1981). Sie können Kompetenzen erlernen und wieder verlernen, sie können sich völlig unterschiedliche Identitäten und Eigenschaften aneignen. Es bedarf hohen Abstraktionsvermögens, um in einem Sechs-Monate-Säugling dieselbe Person wiederzuerkennen, die eine 85jährige Greisin darstellt. Was ein Mensch (nicht) wissen, können, sollen und dürfen kann, ist konstitutiv abhängig von der

Umgebung, die ihn sozialisiert. Die feministische Forschung hat deutlich gezeigt, wie sehr personale (nicht nur geschlechtliche) Identitäten davon abhängig sind, wie sie sozial konstruiert werden.

Das *Verhältnis von individuellen Menschen zu sozialen Systemen* ist generell hoch variabel. Mit System- und Rollentheorie kann man betonen, dass kein sozialer Zusammenhang den ganzen Menschen inkludiert und erwartet (nicht einmal für Intimsysteme trifft das zu), sondern immer nur Teile von ihm; und dass sich Personen *vice versa* auch immer nur mit Teilen ihrer Eigenschaften und Verhaltensweisen in soziale Zusammenhänge einfügen, mit anderen aber sich abgrenzen oder ausschließen bzw. aus gegrenzt oder ausgeschlossen werden. Schließlich erleben Personen sich selbst durchaus als intern widersprüchlich: Kopf widerspricht Bauch, Vernunft kämpft gegen Gefühl, zwei Seelen schlagen, ach, in einer Brust. Man braucht nicht auf das Krankheitsbild der multiplen Persönlichkeit zurück zu greifen, um bei Schulz v. Thun (1998) das Konzept des „inneren Teams" oder bei Freud den dreigeteilten psychischen Apparat zu finden. Wiesenthal (1995) schreibt auch Organisationen als Akteuren ein *multiple self* zu.

Wenn die Sozialtheorie die Konstruiertheit menschlicher Individuen und die Unterschiedlichkeiten ihrer Erscheinungsformen berücksichtigt, sollte sie kein Akteurkonzept verwenden, das schon *pro domo* von zahlreichen dieser Unterschiede implizit abstrahiert und zahlreiche Resultate jener Konstruktionsakte implizit als bereits gegeben hinnimmt.

4.2.2 Akteure und Individuen keine Letztelemente

Die bis hierhin durchgeführten Analysen führen zu der Schlussfolgerung, dass „Akteure" oder „Individuen" nicht als Kernelemente des Sozialen gelten können; Handlungs- oder Verhaltensträgerschaft ist vielmehr zu problematisieren – wie es beispielsweise der Neo-Institutionalismus und die Akteur-Netzwerk-Theorie vorschlagen. Es gehört zu den sozialwissenschaftlich wichtigsten und (wenn auch unmerklich) gesellschaftlich am stärksten umstrittenen Fragen, welchen Entitäten Akteur-Status zugerechnet wird und welchen nicht.

Denn einem Akteur wird eine aktive Rolle im Gesellschaftlichen eingeräumt. Wer als Akteur anerkannt wird, dem wird zugleich ein besonders wirksames Handlungsvermögen (Vermögen, auf die soziale Welt einzuwirken) zugeschrieben, das er dann nutzen kann und das anderen Entitäten nicht zur Verfügung steht. Strukturen, etwa Differenzen und Konfliktlinien, die in Innere des Akteurs verschoben werden, werden für Außenstehende unsichtbar, er erscheint als eine Einheit. Dies hat nicht nur beispielsweise die sozialwissenschaftliche Steuerungstheorie in die Irre geführt, die oft den Staat als Einheit wahrnahm, sondern dies verführt auch gesellschaftliche Akteure, die Macht „großer" und undurchsichtiger Akteure wie Banken, Konzerne, Behörden, ja sogar Universitäten als selbstverständlich hinzunehmen und deren interne Prozesse nicht zu hinterfragen. Ein Akteur wirkt als *black box*, er verbirgt interne Differenzierungen und Differenzen – und damit die Relationen *nach außen*, die ihn konstituieren, denn jede Differenz ist eine Relation.

Gesellschaftliche Auseinandersetzungen drehen sich vornehmlich um Trennungen und Vereinigungen, um die Frage, wo die Grenze gezogen wird zwischen den einen und den anderen und um die Frage, wo die Linien der Indifferenz, des Konflikts und der Solidarität zu ziehen sind. Die Akteur-Netzwerk-Theorie weist darauf hin, dass dies der Frage gleichkommt, welche Akteure *als einheitliche* neu gebildet (erweitert) werden und welche Akteure aufgelöst (reduziert) werden. Getrennt marschieren, vereint schlagen, „wie ein Mann zusammenstehen", *divide et impera* sind einige Prinzipien, die dies benennen.

Statt Akteure oder Individuen und ihr Handeln als letzten Bezugspunkt zu veranschlagen, sollte eine Sozialtheorie vielmehr analysieren: Erstens die Prozesse der Erzeugung und Reproduktion von Akteuren (also die Frage untersuchen: wer oder was *bewirkt* Akteure: wer schreibt wem warum und wie Akteurstatus zu, welche Wirkungsvermögen werden dem Akteur [nicht] eingeräumt), zweitens die Wirkungen, die diese Akteure zeitigen, und drittens dann die Verhältnisse, in denen die Selbst- und Weltbeschreibungen solcher Akteure zu alternativen Beschreibungen stehen.

Methodologische Individualisten könnten jetzt einwenden, dass sich der Unterschied zwischen menschlichen und nichtmenschlichen Akteuren zeigen lasse. Beispielsweise könnten weder Gott (sofern dieser nicht ein biotisch-lebendiges Wesen ist) noch Kuscheltier sinnvoll als Akteure bezeichnet werden, da sie vielmehr erst durch menschliches Handeln zu *scheinbaren* Akteuren gemacht werden. Genaue empirische Beobachtung weist zweifellos Unterschiede im Verhalten und Verhaltensvermögen auf zwischen dem, was als Gott, als Kuscheltier und als Mensch beschrieben wird. Hier ist aber nicht wichtig, ob eine Entität Akteursstatus hat, also „handeln" kann, sondern dass sich das Verhalten von Kuscheltieren und Göttern auf das Verhalten von Menschen *auswirkt* und dadurch ihre sozialen Beziehungen mit-reguliert. Der Unterschied, inwieweit Menschen den Kuscheltieren und Göttern Verhalten nur zuschreiben und inwieweit dieses Verhalten, für Beobachter sichtbar, unabhängig von menschlichen Zuschreibungen auftritt, ist nicht eindeutig entscheidbar: *Die Grenze zwischen zugeschriebenem* (attribuiertem, zugerechnetem, zugetrautem) *und nicht zugeschriebenem Verhalten ist unscharf.*

Der kritische Impuls des methodologischen Individualismus wird von der relationalen Sozialtheorie aufgenommen: Es ist zu analysieren, durch welche beobachtbaren Verhaltensakte stabile Strukturen reproduziert und modifiziert werden, einschließlich der Frage, wird oder was sich so verhält und auf welche Weise dies zu strukturellen Effekten führt. Nur dass dabei eben nicht bloß Menschen, sondern auch das Verhalten anderer Einheiten mit untersucht wird. Es geht darum, herauszufiltern, wer oder was mit welchen Verhaltensweisen (mit-) verantwortlich ist für positive Zustände und für Missstände. Dass irgendetwas vom Himmel fällt,

4.2.3 Das Makrosoziale konstitutiert das Mikrosoziale „von innen"

Methodologischer Individualismus und verstehend-interpretative Soziologie, die großen Wert darauf legen, Soziales durch individuelle Handlungen zu erklären bzw. durch subjektive Sinndeutungen hindurch zu verstehen, argumentieren selbst nicht mit *konkreten* Individuen, sondern mit abstrahierten Akteurmodellen, verallgemeinerten Handlungstheorien oder -mustern und typisierten Deutungsmustern. So bildet (nicht etwa eine Individuen-, sondern eine) eine Handlungstheorie den nomologischen Kern im Lindenberg/Coleman/Esserschen Badewannen-Erklärungsmodell (vgl. Esser, 1993). Sie soll erklären, nach welchen Regeln (korrekter: Regelmäßigkeiten) Akteure zwischen verschiedenen Handlungsalternativen wählen bzw. selektieren. Diese Selektionsregeln sind generalisiert, sie sehen von dem besonderen, empirischen Verhalten des einzelnen Individuums, des einzelnen Akteurs ab. Analog entwirft die verstehend-interpretative Soziologie Typologien und Idealtypen[5], also generalisierte Handlungs-, Verlaufs- und Akteurmuster (freilich auf der Basis empirischer Beschreibungen individueller Muster).

Es ist unbestritten, dass Regeln und Typen (bis zu einem gewissen Grad) *allgemeine* Muster sind. Entscheidend ist, ob diese Muster Aggregate individueller Akteurhandlungen sind, die den Akteuren (Individuen) äußerlich sind, oder ob sie die Akteure (Individuen) selbst konstituieren, also sie „durchwirken", ihrem Inneren zuzurechnen sind. Methodologische Individualisten optieren für ersteres. Sie trennen in der Regel recht scharf zwischen externen, objektiven Bedingungen der Handlungsmöglichkeiten (die außerhalb der Grenzen eines Akteurs/Individuums liegen wie etwa kulturelle Praktiken und Symbolsysteme, Erwartungen/Normen, Konflikte und generell natürliche Umweltbedingungen, technische Artefakte und materielle Gegebenheiten) und internen, subjektiven Bedingungen der Handlungsmöglichkeiten (wie vor allem Präferenzen – relativ dauerhafte „Bevorzugungen"

---

[5] Idealtypen sind, wie der Name schon sagt, „bereinigte" Typen, Grenzfälle, die in der empirischen Wirklichkeit nicht vorkommen. Eine Sozialwissenschaft, die solche Idealtypen rekonstruiert, entfernt sich damit von der empirischen Wirklichkeit; sie kommt dann typischerweise zur Diagnose, dass empirische Handlungs- und Deutungsmuster von den idealtypischen abweichen; dadurch erscheinen die empirischen Muster teils unter der Hand defizitär (die „schmutzige" Wirklichkeit gehorcht den „reinen" Modellen nicht, vgl. Schimank, 2001) oder ganz explizit als pathologisch. Dies Verfahren bleibt hinter Bourdieus Einsicht zurück, dass die praktische Logik nun einmal anders strukturiert ist als die theoretische. Eine auf die empirische Praxis sich beziehende Sozialtheorie wird diese Deutungsstrategie nicht anwenden. Wenn sie soziale Verhältnisse kritisiert, dann nicht durch Anlegen eines idealtypischen Maßstabes, sondern durch Explikation empirisch vorfindlicher Widersprüche; wenn sie die soziale Wirklichkeit beschreibt, wird sie reale, praktische Relationen und Regeln rekonstruieren, nicht idealtypische.

und Motive – Ziele/Um-zu-Motive und Gründe/Weil-Motive). Tendenziell werden subjektive Präferenzen und Motive eher als Handlungsantriebe, objektive Bedingungen eher als Handlungsbeschränkungen, als *constraints* gesehen. Dies aber ist ein Derivat eines Hobbesschen Weltbildes; inzwischen ist aber nicht mehr umstritten, dass objektive Bedingungen auch, etwa als Ressourcen oder Zwänge, Handlungen antreiben (ermöglichen) können und interne Präferenzen und Motive Handlungsmöglichkeiten einschränken können.

Die Unterscheidung zwischen Innen und Außen kann nur deshalb so scharf gezogen werden, weil das „Interne" als etwas Sinnhaftes gilt, was sich in Geist und Psyche des (dann doch unterschwellig als menschliche Person gedachten) Akteurs abspielt, während das „Externe" aus Praktischem, Dinghaftem usw., sich außerhalb des menschlichen Kopfes (und Körpers) Befindlichem zusammensetzt. Setzt man diese Unterscheidung einmal nicht, fällt sogleich auf, dass sowohl Präferenzen/Motive als auch *constraints*/Ressourcen strukturell analog sind, insofern sie als *Bedingungen der Möglichkeit von Handeln* fungieren. Und diese Bedingungen der Möglichkeit *durchwirken Akteure (Individuen) konstitutiv.*

So durchwirkt das allgemeine Handlungsmuster „Begrüßen durch Hallo sagen, Hand geben und/oder Zunicken" menschliche Akteure bestimmter Kulturen (und grenzt sie dadurch gegenüber Angehörigen anderer Kulturen, aber auch gegen Tiere, Pflanzen und Steine ab); jeder (so enkulturierte) Akteur instanziiert und aktualisiert dieses Muster häufig. Das Gleiche gilt für unendlich viele (komplexe und einfache) Verhaltensmuster. Diese Verhaltensmuster sind allgemein, und das heißt, sie gehören der Makrodimension an.

Und das bedeutet: Makrophänomene (allgemeine Verhaltensweisen oder Praktiken) wirken *innerhalb* von Mikrophänomenen (individuellen Akteuren und ihren Einzelhandlungen) und sind untrennbar mit ihnen verknüpft. (Die ältere dialektische Theorie hatte diesen Sachverhalt als die These vom Allgemeinen im Besonderen formuliert.) Das heißt, hier wird nicht die These vertreten, die Stoßrichtungen des methodologischen und interaktionistischen Individualismus bzw. der akteurzentrierten Soziologie wären falsch, sondern: Sie gehen nicht weit genug! *Wenn das Abstraktionsmikroskop die mikrosozialen Verhältnisse auflöst, stößt es innerhalb dieser Verhältnisse auf Makrostrukturen!*

Jeder Akteur, jedes Individuum besteht aus einer je spezifischen Kombination allgemeiner relationaler Praxisstrukturen (oder Verhaltensmuster). Genau diese spezifische Kombination macht seine individuelle Besonderheit aus. Und weil das so ist, ist es auch möglich, Akteure (Individuen) nicht nur analytisch, sondern praktisch, also „in Wirklichkeit", in allgemeine Eigenschaften und Verhaltensmuster aufzugliedern, zu zerlegen. Analysiert man einen Akteur gewissermaßen praxisphänomenologisch, so findet man lauter allgemeine Sachverhalte: Seine Kleidung, Meinung, Charakterzüge, seine Erwartungshaltungen, Wertsysteme, Eigenschaften und Verhaltensmuster sind komponiert aus lauter allgemeinen, in seiner Kultur verbreiteten Mustern (Strukturen, Relationen). Technisch im Sinne der hier zu entwerfenden Theorie ausgedrückt: Ein Akteur ist eine besondere Relation allgemeiner Relationen.

4.2.4 Strukturen wirken durch individuelle Akteure hindurch

Mit dieser Konzeption wird es möglich zu analysieren, wie soziale Verhältnisse (auf transintentionale Weise) durch Akteure hindurch wirken. Es gerät so stärker als üblich in den Fokus der Analyse, wie es vor sich geht, dass beispielsweise Personen Worte oder Meinungsphrasen benutzen und nicht wissen, welche Bedeutung sie damit transportieren – ein in der politischen Wahlwerbung oder in Bildungsreformen ausgiebig genutzter Sachverhalt – , wenn verschiedene Generationen von Studierenden nacheinander auf ähnliche Weise (und mit ähnlich geringer Wirkung) streiken oder Organisationen Koordinationsmuster anderer Organisationen übernehmen, wenn Personen nur auf Grund des sozialen Settings, in das sie eingefügt werden, unabhängig von ihrer Individualität Tätigkeiten ausführen, die sie hinterher in einem anderen Setting bereuen (wie es in den berühmten sozialpsychologischen Experimenten von Zimbardo, dem Gefängnisexperiment, und Milgram, dem Gehorsamsexperiment, demonstriert wurde). Sinnfällig wird die Prägekraft sozialer Strukturen dort, wo sie sich in Form von Gebäude-, Maschinen- und Infrastruktursystemen etc. materialisiert haben.

In dieser analytischen Perspektive fragt man danach, wie, beispielsweise, eine Familiensituation durch einen Akteur hindurch mit einer Schulklassensituation interagiert, oder wie das System der Verteilung von Reputation in der *scientific community* (und darüber hinaus) durch Hochschullehrer hindurch mit dem System der Lehr-Lern-Arrangements in der Universität wechselwirkt.

Weiter wird mit der vorgeschlagenen Konzeption relativ leicht erklärbar, warum es einer kollektiven Anstrengung zahlreicher Individuen bedarf, bestehende Strukturen zu verändern, während anders herum zahlreiche Individuen ohne weiteres von jenen Strukturen verändert (= geprägt) werden können: Die Strukturen wirken *in* den Individuen, und diese müssten gegen sich selbst arbeiten, um Strukturen zu verändern. Von der Wirkung, vom resultierenden Verhalten her betrachtet, sind soziale Strukturen „stärker" als die Individualität von Akteuren.

Aber Strukturen sind, jedenfalls in relationalem Verständnis, soziale Beziehungen. Dieses Konzept wird im Folgenden analysiert.

4.3 Die Relativität (Unschärfe) des Sozialen

Die soziale Beziehung ist ein berühmtes Angebot für das Grundelement des Sozialen. Schaut man auf Max Webers Definition (Weber, 1922, 13-14) zurück, dann besteht eine soziale Beziehung aus Verhaltensakten verschiedener Personen, die dem subjektiv gemeinten Sinn nach aufeinander bezogen sind. Nachdem nun „Personen" und „subjektiv gemeinter Sinn" als Kandidaten für den Rohstoff des Sozialen ausgeschieden sind, ist eine relationale Analyse sozialer Beziehungen nötig.

4.3.1 Die Relativität sozialer Beziehungen

Woraus besteht, beispielsweise, die einfache soziale Beziehung zwischen Lehrer x und Schülerin y? Nun, diese Beziehung wäre nicht das, was sie ist – oder so, wie sie ist – wenn (unter anderem): die Eltern von x und die Eltern von y jene beiden Personen nicht gezeugt und aufgezogen hätten; es keine einigermaßen gefestigte, gesellschaftlich anerkannte und gewohnte Lehrer- und Schülerrolle gäbe; beide Personen nicht geldwerte Lebensmittel konsumieren könnten, die von anderen Personen und Organisationen produziert, von wieder anderen vertrieben würden; es kein Schulgebäude, keine Tafeln, keine Schulbücher gäbe; es kein Schulgesetz gäbe ... Diese Aufzählung ließe sich sehr weit fortführen, und es würde sich lohnen, denn man könnte erkennen, welch vielfältige Relationen diese Beziehung zwischen Lehrer x und Schülerin y erst zu der machen, die sie ist.

Es liegt vielleicht nahe zu behaupten, dass dies alles zwar Voraussetzungen für die fokale soziale Beziehung seien, aber eben bloß Voraussetzungen, auf denen sie aufruhe – analog zum Argument, dass die materiellen Substrate sozialer (oder kommunikativer) Prozesse eben nur Voraussetzungen seien, aber die sozialen Prozesse eine Realität sui generis seien. Aber: Wie ließe sich entscheiden, welche der überaus zahlreichen Komponenten, die die Lehrer x-Schülerin y-Beziehung erst zu der machen, die sie ist, *unabdingbar und wesentlich* für diese Beziehung sind, und welche Komponenten im Vergleich dazu peripher sind? Hier lässt sich, so meine These, keine kategorische Antwort finden. Im Gegenteil: *Die Grenze einer sozialen Beziehung ist unscharf. Alle Komponenten, aus denen eine soziale Beziehung besteht, machen diese soziale Beziehung zu dem was sie ist; die Beziehung verändert sich mit jeder Komponente, die man hinzufügt, abzieht oder modifiziert.* Und das bedeutet: Eine soziale Beziehung lässt sich nicht phänomenologisch reduzieren. Sondern: Eine soziale Beziehung besteht, unterm analytischen Abstraktionsmikroskop betrachtet, genau genommen aus *unendlich vielen* relationalen Komponenten!

Welche dieser relationalen Komponenten noch zur Beziehung gezählt werden und welche nicht, ist eine Frage der Tiefenschärfen-Einstellung des Abstraktionsmikroskops – oder eine Frage der Praxis, in der irgendwelche Akteure diese Abgrenzung vornehmen, meist ohne groß darauf zu reflektieren, wie sie dies tun. Gleiches gilt in Bezug auf die Frage, wie grob oder fein diese ungezählten relationalen Komponenten zusammengefasst und kategorisiert werden können. (Es wird gleich zu sehen sein, dass sich dieses Problem der prinzipiell endlosen Relationiertheit sozialer Beziehungen auch auf ihre relationalen Komponenten selbst noch anwenden lässt; wenn man so will, trägt die hier vorgeschlagene Sozialtheorie damit ansatzweise fraktalen Charakter.)

Die Analyse einer sozialer Beziehungen sieht sich prinzipiell immer vors Albertsche Münchhausentrilemma (Albert, 1968) gestellt: Man kann die Analyse abbrechen, mit einem Zirkelschluss begründen oder in einen infiniten Regress geraten. In der theoretischen Praxis der Sozialwissenschaft, die Zirkelschlüsse ablehnt und für infinite Regresse keine Zeit hat, bleibt hier nur der Abbruch durch das Erklärungsproblem, das die Analyse lösen soll.

4.3.2 Zur Notwendigkeit eines abstrakten Verhaltenskonzepts

Es gibt noch eine zweite Möglichkeit, soziale Beziehungen zu dekonstruieren, die sich näher an der Weberschen Begriffsbestimmung bewegt. Demnach besteht eine soziale Beziehung nämlich, wenn man weiterhin von menschlichen Personen und ihrem subjektiv gemeinten Sinn abstrahiert, aus *Verhaltensakten*. Es wird nötig, das Konzept des „Verhaltens" genauer unter die Lupe zu nehmen.

„Verhalten" umfasst typischerweise intentionales und nicht-intentionales Handeln, so gesehen passt es gut zu einer allgemeinen Sozialtheorie, die auch das Verhalten von Dingen zu erfassen trachtet. – Um noch einmal genauer zu begründen, warum eine allgemeine Sozialtheorie Dinge in ihren Gegenstandsbereich einbeziehen muss: Dinge verleihen Akteuren die Möglichkeit, auf bestimmte Weise zu handeln und damit bestimmte Wirkungen zu erzielen, die sie ohne diese Dinge nicht hätten (die Waffe erlaubt ein effektives Töten; das Werkzeug eine ökonomische Ausführung von Operationen; das hohe, mit einer Säulenfassade ausgestatte Gerichtsgebäude schüchtert Besucher ein und verleiht den Gerichtsangestellten und ihren Handlungen mehr Autorität; Flaggen und Grenzbauten verfestigen Zusammenhalt und wechselseitige Orientierung bestimmter menschlicher Akteure), gleichzeitig schränken sie das Verhalten von Akteuren auf eine bestimmte Weise ein oder unterstützen erwünschtes Verhalten nicht (Wüstenfelsen verhindern Ackerbau; Kerzen „erlauben" nicht, den gesellschaftlichen Status eines Akteurs sichtbar zu machen; Maschinen müssen auf „richtige" und nicht auf „falsche" Weise bedient werden; informationstechnologische Infrastruktur beschleunigt den Fluss bestimmter Typen von Informationen). Damit wirken sie sich auf bestehende (hier: menschliche) soziale Systeme aus – sie tragen dazu bei, sie dauerhafter und robuster zu machen, prägen ihre Sozialstrukturen, verschaffen ihnen die Möglichkeit, bestimmte andere Sozialitäten von außen zu regulieren etc. Soziale Systeme bleiben in ihrem So-Sein unverständlich, wenn man das Verhalten von Dingen nicht thematisiert.

4.3.3 Verhalten als Zustand-Bewegung (Unschärfetheorem I)

Was ist Verhalten? Unsere Analysen sprechen für folgende These: *Verhalten ist ein Zustand oder eine Bewegung.* Wenn man also davon spricht, dass sich etwas in der sozialen Welt verhält, dann heißt das, es bewegt sich in irgendeiner Weise, oder es verharrt in irgendeinem Zustand. Dabei sind Zustand und Bewegung als die Pole eines dialektischen Verhältnisses zu verstehen: Was immer man in der sozialen Welt betrachtet, wird *teilweise* verharren und sich *teilweise* bewegen, es besteht also aus starren und beweglichen (statischen und dynamischen) Komponenten. Diese Komponenten sind ihrerseits nicht starr voneinander getrennt, sondern fließen ineinander. Je tiefenschärfer (perspektivenreicher) man das empirisch-analytische Mikroskop auf ein Verhalten einstellt, desto stärker verschwimmen die Grenzen zwischen statischen und dynamischen Aspekten dieses Verhaltens. Dies ist eine *Unschärferelation: Es ist nicht möglich, die Zustands- und Prozessmomente eines gegebenen Verhaltens eindeutig zu erfassen.*

Dass „Verhalten" auch ein Zustand sein kann, also Passivität oder reine Rezeptivität, ermöglicht es, einen *aktivistischen bias* der Sozialtheorie auszugleichen. Sowohl Handlungs- als auch Kommunikationsbegriff richten nämlich den Fokus der Aufmerksamkeit dorthin, wo sich etwas differenziert, gewissermaßen proaktiv abhebt vom Strom des Geschehens, und lassen den Resonanzboden im Hintergrund, der es erst möglich macht, dass da jemand handeln oder etwas kommunizieren kann. Das Soziale ereignet sich wesentlich im Modus *rezeptiv-ermöglichenden Verhaltens:* des schweigenden, stumm-unauffälligen Zulassens, Gewährenlassens, Widerstand-Unterlassens, Mitlaufens, Erlaubens, Erlebens, Beobachtens, Hinnehmens, Annehmens und Erleidens.[6] Dies ist nicht nur die Weise, in der Strukturen wirken, die ja generell als eher starre Bedingungen der Möglichkeit konzipiert werden – was sie nicht sind, sie sind auch aktive Prozesse, da sie sich aus Relationen von Verhaltensakten, aus *Praktiken,* zusammensetzen – sondern auch die Art, in der Akteure auf die soziale Welt einwirken; augenfällig wird das an den Sozialfiguren der schweigenden Mehrheit, des Mitläufers, der politischen Mitte, des Trittbrettfahrers, des *laissez faire*-Führers, des Publikums etc. Das Verhalten dieser Typen fällt vergleichsweise wenig auf (und ist deshalb sozialwissenschaftlich unterbestimmt, auch wenn es in institutionalistischen Ansätzen gegenwärtig wieder stärker thematisiert wird), aber es ist ein Verhalten, das erst *bewirkt,* dass die „proaktiven" Aktionen und Kommunikationen ihrerseits sich ereignen und ihre Wirkkraft entfalten können.

Freilich sind aktiv-kommunikative und rezeptiv-passive Verhaltensweisen zwei Extreme, die sich in jedem Verhalten mischen. Jedes Verhalten ist zu jeder Zeit in verändernder Bewegung und in gleichbleibendem Zustand – und es ist nur annäherungsweise, aber nicht exakt bestimmbar, zu welchen Anteilen. Es wird gleich noch deutlich werden, warum.

Wo bleibt das Soziale? wird man an dieser Stelle fragen können, weil die Analyse bei einzelnen Verhaltensakten zu landen scheint. Die Antwort lautet. *Das Soziale ereignet sich bereits innerhalb eines einzelnen Verhaltensakts.* Und zwar auf zweifache Weise.

Erstens dehnt sich ein Verhaltensakt, obwohl er (wie die Luhmannsche Kommunikation) im Moment seines Entstehens bereits wieder vergeht, in die Zeit. Das aber bedeutet: *Ein Verhaltensakt ist eine Differenz und (!) eine Relation zwischen*

---

[6] Akteure könnten deshalb genauso gut auch „Rezeptoren" genannt werden.

4.3 Die Relativität (Unschärfe) des Sozialen

einem Anfangszustand und einem Endzustand. Selbst wenn Anfangs- und Endzustand sich nicht voneinander zu unterscheiden scheinen, so unterscheiden sie sich doch mindestens von dem Zeitpunkt her, an dem sie liegen.

Freilich sind die „Zustände" am Anfang und am Ende des Verhaltensakts selbst niemals reine Zustände, sondern immer auch Bewegungen – und genau deshalb sind die Grenzen des Verhaltensakts unscharf. *Ein Verhaltensakt lässt sich nicht exakt von anderen Verhaltensakten abgrenzen.* Man kann ohne empirische Analyse nie wissen, wo und wann ein Verhaltensakt endet und der nächste anfängt: Die Wirkrelationen, die einen Verhaltensakt erzeugen und jene, die er erzeugt, sind prinzipiell endlos rekonstruierbar. Jeder Grenzschnitt, der durch dieses im Prinzip endlose Netz von Wirkbeziehungen gesetzt werden muss, um einen Verhaltensakt aus dem Universum sich ereignenden Verhaltens herauszuheben und abzusondern, ist relativ zu dem, der den Schnitt setzt.

Zweitens: *Ein Verhaltensakt besteht aus (Relationen von) Relationen* (verständlicher gesprochen: aus einem Gefüge von Relationen). Um dies etwas lesefreundlicher beschreiben zu können, typisiere ich die Relationen, aus denen ein Verhaltensakt besteht (auch wenn diese Typisierung streng wirkungstheoretisch gesehen nicht sinnvoll ist, sondern der Empirie überlassen werden sollte). Ein Verhaltensakt ist konstituiert durch seine Relationen zu ...

(a) ... anderen Verhaltensakten, die zulassen oder veranlassen, dass er genau so sich ereignet. Diese Verhaltensakte sind teils vergangen – aber in der So-und-nicht-anders-Gestalt des fokalen Verhaltensaktes noch wirksam – teils noch aktuell dabei, sich zu ereignen. Daraus folgt: Man kann näherungsweise empirisch angeben, welche vergangenen und gegenwärtigen Verhaltensakte bewirkt haben, dass der fokale Verhaltensakt so ist, wie er ist. Man kann ebenfalls näherungsweise empirisch angeben, welche Verhaltensakte den fokalen Akt direkt („aktiv") bewirkt haben, und welche, relativ gesehen, eher als zulassender Resonanzboden bewirkt haben, dass er sich ereignen konnte.

(b) ... Verhaltensakten, die ihn *als* Verhaltensakt zusammenfassen (beschreiben) und zugleich einem Träger zurechnen. Daraus folgt: Es ist empirisch zu erfassen, wer oder was diese Zusammenfassungen und Zurechnungen betreibt, warum sie so betrieben werden, wie sie betrieben werden (Ursachen, Motive, Gründe, Interessen?); und welche unterschiedlichen Formen der zusammenfassung/Zurechnung es durch unterschiedliche Akteure gibt, und welche Auswirkungen diese Unterschiedlichkeit (oder auch: Übereinstimmung) hat.

(c) ... seinem „Träger". Scheinbar herrschen hier klare Verhältnisse: „Die SPD" (Träger) „beschließt" (Verhaltensakt); „PISA" (Träger) „hat ergeben" (Verhaltensakt). Aber so einfach ist es nicht, wenn man untersucht, woraus „SPD" oder „PISA" eigentlich bestehen. Beide sind selber im Fluss und von der Gesamtheit ihrer Verhaltensakte kaum bündig zu unterscheiden. Letztlich ist die Grenze zwischen „flüssigem, veränderlichem" Verhalten und „festem, stabilem" Träger immer wieder neu empirisch zu bestimmen. Für diesen unscharfen „Zwischenbereich", in dem sich statische und dynamische Komponenten vermischen, gibt es sogar eine etablierte Bezeichnung. Sie lautet „Eigenschaft" oder „Fähigkeit" (auch: Kapital, Potenzial usw.; ich bevorzuge die Bezeichnung „Vermögen"). Eine Eigenschaft oder Fähigkeit kann mehr oder weniger eng an ihren Träger geknüpft sein: mehr oder weniger austauschbar, er- oder verlernbar, veränderlich oder starr. Sie ist das Bindeglied zwischen dem („flüssigen") Verhalten und dem („festen") Träger. *Aber zugleich ist jedes Vermögen (jede Eigenschaft/Fähigkeit) eine Relation zwischen der Verhalten-Träger-Entität und anderen Entitäten.*

(d) ... dem, was er bewirkt. Daraus folgt: Aufgabe der kritisch-empirischen Forschung ist es, die Relationen eines fokalen Verhaltensaktes zu dem, was von ihm bewirkt wurde, zu erfassen (damit also auch die Frage gewissenhaft zu bearbeiten: worauf hat er sich überhaupt ausgewirkt?), und damit auch die Frage zu bearbeiten, warum er so wirken kann (konnte) wie er wirkt (wirkte), bzw. wie es möglich werden konnte, dass er so (und nicht anders) wirkt(e). (Ein häufig vorkommender Spezialfall ist es, dass ein Verhaltensakt auf die Relationen einwirkt, aus denen er selbst besteht.)

(e) Verschärfend tritt hinzu, dass die Abgrenzung (Unterscheidung, Bestimmung) eines Verhaltensakts beobachterabhängig ist (wobei die Relation zum Beobachter nichts weiter als eine Relation ist, die wir gewohnt sind, unter all den anderen Relationen als eine besonders wichtige hervor zu heben; ob sie so wichtig ist, müsste empirisch jeweils erwiesen werden), und damit relativ zu den Standpunkten (Vermögen/Fähigkeiten usw.) des Beobachters – genauer gesagt, der vielen Beobachter, deren Perspektiven sich dann wieder voneinander unterscheiden, also die Grenze des Verhaltensakts jeweils unterschiedlich ziehen. Da uns kein anderer Weg zu den Sachen möglich ist als derjenige über Beobachter, verstärkt das die prinzipielle Unschärfe von Verhaltensakten-für-uns noch mehr. – Kritisch-empirische Forschung soll deshalb die verschiedenen Einwirkungen (Arten des Einwirkens, Wirkperspektiven) erfassen und den Verhaltensakt als deren *gemeinsames,* das heißt: sozial als einheitlich wirksames, Ergebnis zu beschreiben (also von seiner Gesamt-Wirkung her und nicht bloß aus einer Perspektive oder einer Einwirkung heraus).

Diese Analyse hat zur Konsequenz, dass jede bündige Scheidung von Prozess und Struktur, wie sie häufig vorgenommen wird (etwa in der Selbstorganisationstheorie, in der Theorie der Mikropolitik etc.) ebenfalls unmöglich wird. Strukturen, hier vorläufig verstanden als erwartete und regelmäßig reproduzierte Relationen von Verhaltensakten, *sind prozessual,* weil sie sich mit den Verhaltensakten in die Zeit dehnen. Prozesse aber sind strukturiert, weil Verhaltensakte aus Relationen bestehen, kraft derer sie ihrerseits nicht amorph, sondern „geordnet", differenziert sind.

Die zweite Konsequenz ist, dass alle genannten Relationen die Grenze des Verhaltensakts überschreiten; seine Grenze wird dadurch prinzipiell unscharf.

4.3.4 Das Soziale hat keine Elemente (Unschärfetheorem II)

Alle genannten Relationen sind konstitutiv für jeden Verhaltensakt: jeder Verhaltensakt würde nicht so sein (sich nicht so ereignen), wie er ist (wie er sich ereignet), wenn nicht jede dieser Relationen erstens überhaupt existiert und zweitens genau so, wie sie eben ist. Es wurde bereits angedeutet, dass die Abgrenzung zwischen einem Verhaltensakt und solchen Relationen nicht bündig zu treffen ist – man könnte auch argumentieren, dass jene Relationen ihn bewirken, aber ihm nicht konstitutiv zugehören. Aber diese Grenze ist eben nicht bündig zu ziehen, sie ist kontingent. Im Prinzip kann man die Konstitution eines Verhaltensakts – genau wie etwa die Konstitution einer Straftat – bis ins Endlose zurückverfolgen, zeitlich und komponentenanalytisch. Prinzipiell ist es also eben nicht so, dass jene Relationen dem Verhaltensakt äußerlich wären. So lange er nicht so wäre, wie er ist, wenn ihm eine dieser Relationen fehlen würde oder eine dieser Relationen anders wäre, als sie ist, müssen sie als konstitutiv für den Verhaltensakt bezeichnet werden.

Während es relativ leicht fällt, weil nah an der alltäglichen Anschauung ist, sich vorzustellen, dass Relationen in Verhaltensakte gliederbar sind, wurde hier der Versuch unternommen zu zeigen, dass Verhaltensakte ihrerseits zerlegbar sind in Relationen von Relationen. Beides gilt gleichzeitig. Man kann die soziale Welt konzipieren als „letztlich" aus diskreten Verhaltensakten (abgegrenzten Einheiten) zusammengesetzt; dies wäre eine Art fotografische Sichtweise. Oder man kann das alles Soziale als Universum von Relationen konzipieren, aus „fließenden", kontinuierlichen Bezügen; dies wäre eine Art pantha-rei-Perspektive. Beide Perspektiven haben recht und werden aufgehoben in der Konzeption des Sozialen als eines Universums von (Relationen von) Relationen, die zwischen Diskretion und Kontinuität vermitteln und sprunghafte Diskrepanzen ebenso verkörpern wie stabile Kontinuitäten.

Damit bekommt man vielleicht ein Gefühl für die konstitutive Relativität des Sozialen. Es wird sichtbar, dass ein Verhaltensakt keinesfalls ein festes, letztes Element des Sozialen sein kann, sondern dass auch er sich – wie vorher die Akteure, die sozialen Beziehungen, die sozialen Handlungen – unterm Mikroskop der Abstraktion geradezu auflöst. Zwar nicht ins Nichts, aber in Relationen, und wenn man fragt: Relationen zu was denn, dann stößt man wieder nur auf „Etwasse", die in Relationen zerlegbar sind. Es geht dem Benutzer des sozialwissenschaftlichen Abstraktionsmikroskops ähnlich wie der Physik: Nur mehr „Zwischenräume" zeigen sich, Relationen – nicht von Elementen, sondern: – von Relationen. Und die Relationen sind ihrerseits unscharf; sie können nicht sicher und exakt von anderen Relationen abgegrenzt werden.

Auf die konstitutiven Komponenten soziale Welt trifft damit auch die klassische Definition des „Systems" nicht zu, dass es aus Relationen zwischen Elementen bestehe[7], in den schärferen Versionen zusätzlich: von denen man nicht ein Element

---

[7] Für den hier interessierenden Zusammenhang ist es nicht relevant, ob diese Elemente Er-

ändern könne, ohne dass sich nicht auch *alle* anderen Elemente änderten. In der sozialen Welt ändern sich, genau besehen, auch die Relationen, und Elemente gibt es, entgegen der Anschauung, überhaupt nicht, es gibt nur Relationen (was nichts anderes heißt, als: es gibt nur Differenzen).

4.3.5 Differenz und Relation sind untrennbar (Unschärfetheorem III)

Damit ist die Grenze zwischen System und Umwelt ebenfalls nicht mehr bündig zu ziehen. Aus der Perspektive einer relationalen Sozialtheorie sind die strikten Grenzziehungen Luhmannscher Provenienz – etwa durch die Codierung von Kommunikationen – Reifizierungen bestimmter Relationen, bei denen die Relationen ausschließlich als Differenzen in den Blick genommen werden. Aber eine Differenz stellt immer auch eine Relation her zwischen den beiden relationierten Seiten. Weder trifft die Hegelsche These von der Identität von Differenz und Identität zu noch die Luhmannsche von der Differenz von Differenz und Identität. Die Rückseite jeder Relation ist eine Differenz, und die Vorderseite jeder Differenz ist eine Relation.

Grenzen werden im Sozialen anders gezogen als beispielsweise in der biotischen Welt mit ihren Zellwänden und Körper-Außenhäuten: *Jede Relation eines sozialen Phänomens zu einem anderen Phänomen bildet zugleich eine Differenz zwischen diesen Phänomenen und ist daher Bestandteil der Grenze zwischen beiden Phänomenen.* Grenzen sozialer Phänomene sind keine Häute, Wände oder Zäune; jede Komponente eines sozialen Phänomens ist Bestandteil seiner Grenze zu anderen sozialen Phänomenen. *Die Grenzen zwischen sozialen Systemen und ihren Umwelten sind prinzipiell unscharf.*

Nimmt man etwa die Universität Hamburg als soziales Phänomen, so wird man feststellen, dass die Tätigkeit „Lehren" zugleich eine Relation zu allen anderen lehrenden Institutionen und Akteuren herstellt, aber auch eine Differenz, da die Lehre der Hamburger Universität andere Handlungsmuster, Akteure und Materialien umfasst als die Lehre anderer Institutionen und Personen. Die Poststelle relationiert die Universität mit allen anderen postverschickenden Institutionen und Akteuren und grenzt sie zugleich von all denen ab, die nicht genau die Akteure, Materialien und Tätigkeitsregeln verwenden wie die Hamburger Universität.[8]

---

eignisse oder materielle Gegebenheiten sind (vgl. zu dieser Unterscheidung als Kerndifferenz zwischen emergentistisch-realistischer und radikal konstruktivistischer Systemtheorie (Elder-Vass, 2007).

[8] Man könnte phänomenologisch noch genauer hinschauen und würde dann erkennen: Dass die Prüfungsabteilung nur aufrecht erhalten werden kann, weil sie letztlich staatlich und rechtlich (sprich gesetzlich und exekutiv) geschützt ist, weil ihre Mitglieder bezahlt werden und weil die EDV-Systeme funktionieren und die Büromöbel vorhanden sind, zeigt, dass die Universität hier Relationen zum politischen, rechtlichen, wirtschaftlichen und anderen Systemen aufweist; alle diese Relationen sind aber zugleich auch Abgrenzungen, insofern die Universität

4.3 Die Relativität (Unschärfe) des Sozialen

Dass die Grenzen des Sozialen und im Sozialen unscharf sind bedeutet nicht, dass das Soziale ein amorphes oder kontinuierliches Netz gleichmäßiger Relationen wäre. Das Soziale „clustert" sich in Bereiche mit zahlreicheren, eng miteinander relationierten Relationen, die häufiger und intensiver (verschiedenartiger) aufeinander einwirken, und in Bereiche mit wenigen, lose miteinander relationierten Relationen, die selten und einfach aufeinander einwirken.

Das Extrem nicht-sozialer Verhältnisse ist analytisch zu erfassen als ein Bereich, wo keine Relationen vorliegen und somit Indifferenz herrscht: Ein Bereich, dessen Phänomene *überhaupt nicht* miteinander verbunden und füreinander damit *völlig gleichgültig* sind, gehört der sozialen Welt nicht mehr an. Ein solcher Bereich ist für soziale Wesen nicht vorstellbar, er kann nicht wahrgenommen werden und ist daher ein *unmarked space* auch der Sozialtheorie.

4.3.6 Komplexe Relationengefüge statt Dyaden als „kleinste Einheiten"

Mit der Einsicht in die unendliche Relationiertheit sozialer Beziehungen ergibt sich eine wichtige Konsequenz für die sozialtheoretische Grundlagenforschung: *Selbst eine „einfache" Beziehung*, eine dyadische Beziehung zwischen zwei Personen – das Urbild der dyadischen Mikro-Sozialtheorien wie der doppelt kontingenten Kommunikation, der symbolvermittelten Interaktion, der Weberschen sozialen Beziehung – ist in sich vermittelt und komplex, ist „in Wirklichkeit" eine *komplexe Konstellation vielfältiger, unterschiedlich intensiver oder lockerer, unterschiedlich regelmäßiger oder sporadischer, unterschiedlich naher oder ferner Relationen zwischen unterschiedlichsten Akteuren, Dingen und Symbolen.*

Folglich gilt: Nicht die Dyade ist die „kleinste" soziale Einheit, sondern die komplexe Konstellation aus verschiedenen Relationen. Theoretisch anspruchsvolle Untersuchungen sozialer Strukturen und Prozesse dürfen sich deshalb nicht auf dyadische Beziehungen als angebliche Grundform des Sozialen kaprizieren.[9] Auch die stärker abstrahierten dualistischen (Habitus-Feld, Struktur-Handeln, System-Umwelt), oder selbst dialektische Analysen, wie sie in diesem Aufsatz vertreten werden, sind, sofern Soziales analysiert und aufgeklärt werden soll, zu starke Reduktionen. Es ist stattdessen anzustreben, eine analytische Schiedsrichter- oder Vogelperspektive einzunehmen, die *alle empirisch vorfindlichen aktuellen und po-*

---

weder Möbel noch EDV-Systeme selbst herstellt, keine Gesetze entwirft oder ihre Einhaltung überwacht, und auch ihre Mitarbeiter nur insofern selbst bezahlt, als sie dies mit Geld tut, das sie nicht selbst verdient hat.

[9] Die Figur des Dritten, die verschiedentlich in den theoretischen Diskurs eingeführt wird (Fischer und Lindemann, 2004), reicht noch bei Weitem nicht hin; im „Dritten" verbirgt sich nichts anderes als die komplexe Konstellation von Relationen, aus denen die jeweils fokussierte Dyade besteht.

tenziellen Relationen eines (je kontingent, d.h. willkürlich oder zufällig eingegrenzten) Gegenstandsbereiches nachvollzieht, also ein komplexes Relationengefüge.[10]

4.4 Der Rohstoff des Sozialen: Wirkrelationen

Nachdem Relationen nun als „Kern" des Sozialen ausgemacht wurden, aber nicht als dinghafte, substanzielle Elemente, sondern sehr unklar als „Zwischenräume" oder als „irgendwie Anschließen" benannt worden sind, steht noch aus, zu klären, woraus Relationen grundsätzlich bestehen.

4.4.1 Folgen und Begleiten

Um dem nahe zu kommen, ist ein etymologischer Rückblick interessant. „Sozial" stammt vom lateinischen „socius". „Socius" bedeutet, adjektivisch verwendet, „verbunden" oder „gemeinsam". Es stammt von „sequi", „folgen, begleiten, nachfolgen, befolgen".[11] Eine abstrakte Begriffsbestimmung könnte also lauten: „Sozial" bezeichnet das „Verbundensein" oder „Etwas gemeinsam haben" von (nicht näher charakterisierten) Entitäten, das darin besteht, dass eine der anderen folgt (nachfolgt, sie verfolgt, sie befolgt) und/oder sie begleitet.

„Folgen und/oder Begleiten" scheint eine relativ unklare Bestimmung zu sein. Aber dennoch kommt es dem, nahe was unter „Relationen" verstanden werden kann, wenn man die Abstraktionsschritte in Richtung einer allgemeinen Sozialtheorie nachvollzieht, die oben beschrieben wurden. „Folgen" und „Begleiten" scheinen interessanterweise die Grundformen von Relationen zu sein, die im sozialwissenschaftlichen Diskurs bekannt sind: von Kausalitäten und Korrelationen. „Korrelation" behauptet ja genau betrachtet nichts anderes, als dass zwei Sachverhalte irgendwie gemeinsam auftauchen, irgendwie miteinander verbunden sind, und „Kausalität" behauptet, dass eine Sachverhalt, der bewirkte oder die Wirkung, einem anderen, dem Bewirkenden oder der Ursache, nachfolgt.

---

[10] Es erscheint auch nicht sehr vielversprechend, wenn – wie in einer Art verstohlener Renaissance der Dialektik – die Figur des „Dritten" in die Grundkomponenten des Sozialen eingeführt wird (und oft genug unklar bleibt). Das Dritte ist nach der hier vorgeschlagenen Analyse Vieles: Jeder Verhaltensakt ist aus vielfachen, prinzipiell unendlich vielen Relationen konstituiert.

[11] „Sozial" leitet sich ab aus „socius/socia". Das bedeutet neben „Bundesgenosse, Verbündeter" auch „Teilnehmer(in), Gehilfe, Gefährte ... Lebensgefährtin, Ehefrau" und sogar bereits „Geschäftspartner, Kompagnon". Weitere Bedeutungen von „sequi" sind: „(ein Ziel) verfolgen ... nach etwas trachten oder streben" – dies kommt dem intentionalistischen Handlungsbegriff nahe; „die Folge von etwas sein", „Folge leisten, nachgeben, sich fügen", „von selbst folgen oder sich einstellen" und „jemandem zufallen oder zuteil werden".

4.4.2 Wirken und Wirkrelationen

Das „Folgen und/oder Begleiten" entspricht recht gut einer anderen grundlegenden Konzeption des Sozialen, die in der phänomenologische Tradition der Soziologie zu finden ist: Alfred Schütz zeichnet als „primären formalen Konstitutionsmechanismus bzw. als ‚Generierungsprinzip' sozialer Wirklichkeit [...] die Handlungsform des Wirkens und den Typus der Wirkbeziehungen aus" (Endreß, 2004, 225, vgl. auch ebd.: 242-243).[12] George Herbert Mead spricht nicht von „Wirken", verweist aber bei einer seiner Definitionen des Sozialen auf das Auslösen einer Reaktion, das ebenfalls gut als „Wirken" beschrieben werden könnte: „Sozial ist eine Handlung, wenn in ihr ein Individuum durch sein Handeln als Auslösereiz für die Reaktion eines anderen Individuums dient" (Mead, 1980, 210). Abstrahiert man von „Individuen", so bleibt ein „irgendwie-Auslösen" übrig, und dies hieße dann, es wird irgendeine Änderung eines Verhaltens erzeugt. Wiederum Schütz und Luckmann kommen dem „Folgen und/oder Begleiten" recht nahe, wenn sie formulieren: „Das eine folgt dem anderen: eines tritt hinter dem anderen hervor oder ist hinter, über, unter ihm zu finden; das eine geht in das andere über und so weiter." (Schütz und Luckmann, 1990, 185)[13]

Daraus leite ich den Vorschlag ab, „Folgen und/oder Begleiten" mit *Wirken* gleichzusetzen und die Relationen, von denen die Rede war, genauer als *Wirkrelationen* zu spezifizieren. „Wirken" bedeutet, dass eine Verhaltensänderung eines y entweder *nach* einer Verhaltensänderung von x *und abhängig von ihr* erfolgt (Folgen), oder dass y's Verhaltensänderung *während* einer Verhaltensänderung von x *und abhängig von ihr* erfolgt (Begleiten). Ob x wirkt, hängt davon ab, ob irgendein y dem x folgt oder begleitet.

Die *Definition des Konzepts Wirkrelation* lautet dann wie folgt. Eine Wirkrelation zwischen x und y besteht dann, wenn das Verhalten von y dem Verhalten von x in einer Weise nachfolgt (oder das Verhalten von x in einer Weise begleitet), dass sich y *anders* verhalten würde, wenn x sich anders verhielte oder gar nicht existierte.

Dies lässt sich auch in eine Kurzform übertragen: Eine Wirkrelation ist dann gegeben, wenn das Bewirkte y nicht (oder nicht *so*, nicht auf diese Weise) sein würde (wie es ist), sofern es das Wirkende x nicht geben würde (sofern das x nicht so wäre wie es ist = sich nicht auf diese Weise verhalten würde, wie es sich verhält).[14]

Es bleibt hier immer ein spekulatives Moment, da man oft nicht wird wissen

---

[12] Und dieses Wirken ist letztlich auf Körperbewegungen angewiesen (Schütz 1945: 542/240 nach Endreß 2004: 224, vgl. 242), kann deshalb kein rein geistiges (und muss nicht ein kommunikatives) Phänomen sein.

[13] Es geht im Originalzusammenhang zwar um das Deuten von Anzeichen, also einen kommunikativen Akt, aber das ist m.E. eher ein Anzeichen dafür, dass Deuten (Verstehen) eine spezifische Variante von „Bewirktwerden" ist.

[14] Diese Konzeption präzisiert das, was oft mit „Anschließen" bezeichnet und selten weiter geklärt wird wird.

können, ob sich y *wirklich* anders Verhalten hätte, wenn x sich anders verhielte, da x sich nun einmal so verhält, wie es sich verhält und nicht anders. Sobald man aber mehrere x-y-Relationen beobachten kann, wird dieses spekulative Moment umso stärker reduziert, je mehr Varianten im Verhalten der x'e zu verzeichnen sind. Letztlich wird es immer „unerklärliche" Zwischenräume geben. Denn zu jeder Wirkbeziehung gibt es einen zulassenden, ermöglichenden und restringierenden Hintergrund-Relationenkomplex, der nicht vollständig erfasst werden kann.

Daher mag missverständlich geklungen haben, wenn hier die Rede von einem x, einem y und einer Wirkrelation zwischen beiden war. Dies war ein Problem der didaktischen Darstellung. Wie gesagt, sind sowohl x als auch y selbst Wirkrelationen-Komplexe, zugleich werden p, q, ... n ihre wirkenden Rollen spielen, und auch die Wirkrelationen zwischen x und y sind in der Regel vielfältig. „Das Problem beim ‚dies bewirkt das' ist nicht so sehr", meint denn auch Luhmann (2000, 404), „ein Irrtum in den Kausalannahmen, sondern eher: dass nur ein winziger Ausschnitt der Realität erfasst wird." Die „systemische" Analyse weist generell darauf hin, dass Erklärungen durch eindimensionale, monokausale Ursache-Wirkungs-Hypothesen hoffnungslos unterkomplex sind, (nicht nur) wenn es um soziale Sachverhalte geht. Stattdessen habe man es mit komplexen Wirkungsgefügen zu tun, in denen Wechselwirkungen vorkommen, positive und negative Rückkopplungen (also Sachverhalte, die sich selbst verstärken oder abschwächen) und generell selbstreferentielle und rekursive Prozesse, in denen Wirkungen zum Bestandteil ihrer eigenen Verursachungsstrukturen werden.

In eine ähnliche Richtung geht die interpretative Soziologie, wenn sie auf die Kontextgebundenheit oder Indexikalität (Garfinkel) und die doppelte Hermeneutik (Giddens) sozialer Sachverhalte hinweist. Die funktionale Analyse schließlich mit ihrer Grundfrage „wie ist x möglich" (ihrer eigenen Auffassung nach) über die kausale Frage „warum ist x/was verursacht x" insofern hinaus, als sie den Horizont konstitutiver Möglichkeitsbedingungen einzubeziehen versucht statt ihn vorauszusetzen, um dann nur wenige Variablen zu untersuchen und mit eindeutigen Wirkungsrichtungen zu versehen.

Das Konzept der Wirkrelationen lässt all dies ebenfalls zu. Gegenüber der funktionalen Analyse hat es den Vorteil, die Art der Wirkung offen bestimmen zu können. Insbesondere können damit zerstörerische Wirkungen erfasst werden, nicht-problemlösende und problemverstärkende Wirkungen, Neben- und (Spät-)Folgewirkungen, Wirkungen auf andere Einheiten als nur auf das System, in dem eine Funktion erfüllt wird. Gegenüber der systemischen Analyse hat dieses offene Konzept den Vorteil, Systeme nicht voraussetzen zu müssen, weder operationale noch codegebundene Geschlossenheit annehmen zu müssen (also die Unschärfe der Grenzen sozialer Sachverhalte nachzeichnen zu können).

Die qualitative Unterbestimmtheit des Konzepts „Wirkrelationen" eignet sich deshalb für die Zwecke einer allgemeinen Sozialtheorie. Es ist sinnvoll, gezielt offen zu lassen, worin Wirkrelationen bestehen, welche Art des Wirkens vorliegt (d.h. nichts darüber auszusagen, wie das „Folgen/Begleiten" genau aussieht und wodurch es erzeugt wird), um diese dann jeweils gegenstandsspezifisch zu spezifizieren, ja es letzten Endes der Empirie zu überlassen, welche Wirkrelationen im jeweils fokalen Bereich vorkommen und wesentlich sind.

4.4.3 Der Rohstoff des Sozialen

Der Rohstoff des Sozialen besteht nach der hier vorgeschlagenen Theorie aus Relationen (verschiedenster Art), die sich verhalten (bewegen und verharren) und sich durch dieses Verhalten hindurch auf andere Relationen auswirken (das heißt, dass die „anderen Relationen" sich anders verhalten würden, wenn sich die fokalen Relationen nicht so verhielten, wie sie sich verhalten). Eine Relation besteht ihrerseits aus Relationen, die das Verhalten der fokalen Relation bewirken (d.h. sie würden das Verhalten der fokalen Relation verändern, wenn sie ihr eigenes Verhalten ändern würden).

Es ist nach der hier vorgestellten Konzeption auch möglich zu sagen, dass Relationen aus Verhaltensakten bestehen. Verhaltensakte sind aber Zustand-Bewegung-Relationen, die sich ihrerseits aus zahlreichen (im Prinzip: unendlich vielen) weiteren Relationen zusammensetzen. Das Verhaltenskonzept könnte also im Prinzip selbst durch das Relationenkonzept ersetzt werden.

Es wird aber dennoch beibehalten, um etwas bezeichnen zu können, das sich *nicht* auswirkt. So wird „Verhalten" von „Wirken" unterschieden, es gibt dann „Verhalten, das sich auswirkt (oder: das etwas bewirkt)" und „Verhalten, das sich nicht auswirkt, das nichts bewirkt (außer sich selbst)". Und das letztere, das nicht-wirkende Verhalten, ist dann nicht mehr Bestandteil des Rohstoffs des Sozialen.

Was wirkungslos verpufft (oder auch gar nicht erst bewirkt/erzeugt wurde), ist also nach der hier vorgeschlagenen Theorie nicht Bestandteil der sozialen Wirklichkeit, es ist *unwirklich*. Damit fällt es aber nicht aus der sozialwissenschaftlichen Analyse hinaus: es bleibt ja *möglich*, ein Potenzial des Sozialen, insbesondere wenn man aufzeigen kann, wie es bewirkt werden könnte oder wie seine Verwirklichung verhindert wurde (und darauf können nicht-wirkende, unwirksame Verhaltensweisen Hinweise geben – beispielsweise da sie Reaktionen auf inzwischen vergangene und nicht mehr wirksame soziale Verhältnisse sind, gewissermaßen Verhaltens-Fossilien). Aber um dies bestimmen zu können, ist der Ausgangspunkt der sozialwissenschaftlichen Analyse die soziale Wirklichkeit: das Universum wirkender Relationen.

Somit kann der Rohstoff des Sozialen als „wirkende und bewirkte Relation", „relationiertes Wirken" oder kurz als „Wirkrelationen" bezeichnet werden. Da Wirkrelationen keine Letztelemente sind, sondern ihrerseits in ein prinzipiell unendliches Gefüge von anderen Wirkrelationen auflösbar, kann nur vom „Rohstoff" des Sozialen gesprochen werden.

Jedes soziale Phänomen kann im Hinblick auf den Rohstoff, aus dem es besteht, untersucht werden. Denn welche Formen, Strukturen, Dynamiken und Prozesse sich immer in der sozialen Welt auffinden lassen, sie sind konstituiert durch ein Universum, ein endloses Netzwerk (oder besser: einer „Filzwolke" von Wirkrelationen), das keine substanziellen Letztelemente aufweist. (Wie komplexe soziale Gebilde aus dem Rohstoff des Sozialen konstituiert sind, wird in späteren Kapiteln dieses Buches behandelt: In „Der Konstitutionsmechanismus des Sozialen" und in „Governance als Analyseinstrument".)

4.4.4 Die Grenzen des Sozialen als politischer Gegenstand

Wenn aber Wirkrelationen der Rohstoff des Sozialen sind, was unterscheidet dann soziale Phänomene noch von, sagen wir, nebeneinander liegenden Steinen, die ja auch aufeinander einwirken. Intuitiv ist dies aber kein soziales Phänomen. Die Antwort aus Sicht einer relationalen Sozialtheorie lautet: *Prinzipiell* ist dort wirklich kein Unterschied. Eine Sozialität, deren wirkende Einheiten Steine oder allgemein Dinge sind, ist diesem Verständnis nach eine Sozialität, und eine Soziologie dinglicher Welten, in denen kein Mensch, kein Lebewesen und keine Pflanze eingreift, ist möglich – wenngleich dies freilich eine vergleichsweise reduzierte Soziologie wäre oder, je nach Perspektive, sie der Physik recht nahe käme. Aber abgesehen davon ist es recht leicht zu rekonstruieren, was menschliche Sozialitäten im Unterschied zu rein dinglichen Sozialitäten ausmacht.

Wesentlich umstrittener ist dann schon wieder, wer oder was noch zur menschlichen Sozialität dazu gerechnet werden darf, soll oder muss, und erst recht, wer zur jeweiligen Wir-Gesellschaft dazu gerechnet wird oder als „zu den anderen gehörig" ausgeschlossen wird. Diese Fragen sind letzten Endes nur auf einem Wege zu entscheiden: auf politischem (und damit ist nicht bloß die Berufspolitik gemeint). Denn sozialwissenschaftlich kann zwar aufgezeigt werden, welche Unterschiede und Gemeinsamkeiten es zwischen dem gibt, was *in der sozialen Praxis von sozialen Beobachtern* als (etwa) ethnische, Klassen-, geschlechtliche, menschliche, tierische, pflanzliche Sozialitäten voneinander unterschieden werden. Aber die soziale Praxis selbst ist es, die diese Unterschiede zieht, und eine andere, „objektivere" Wirklichkeit als die in sozialer Praxis erzeugte und reproduzierte haben wir nicht.

4.5 Bilanz und Ausblick

In diesem Abschnitt werden erste Schlussfolgerungen aus der relationalen Sozialtheorie in Bezug auf die Forschungspraxis gezogen.

4.5.1 Theoretische Konzepte und Erklärungen sind relativ

Die allgemeine Sozialtheorie muss, als Reflexionsinstanz des Sozialen, engen Kontakt zur empirischen Wirklichkeit halten. Das heißt, dass sie regelmäßig und im-

4.5 Bilanz und Ausblick

mer wieder die Analyse empirischer Sachverhalte nutzen muss, um sich selbst zu überprüfen, anzupassen und weiterzuentwickeln. Die Konzepte und Aussagen der Sozialtheorie sind nur relativ zur empirischen Praxis gültig (oder nicht gültig), die sie reflektiert. Zugleich sind all ihre Konzepte und Aussagen nur aus ihrer Relation zueinander verständlich; Begriffe erhalten ihre Bedeutung nur aus dem aktuellen Erklärungszusammenhang, so wie soziale Einheiten ihr Wirkvermögen nur durch den Wirkrelationen-Zusammenhang erhalten, in dem sie sich bewegen. Es gibt keine Substanzbegriffe in der Sozialtheorie. (So ist es beispielsweise vom Zuschnitt des jeweiligen Erklärungsproblems abhängig, was als „Mikro" und „Makro" gilt, als „Subjekt" und „Objekt", als „Wirkendes" und „Bewirktes", als „Struktur", „Prozesse" und „Handeln", als „beschreibende Darstellung" und „wertender Kommentar", als „Akteur" und „Verhalten".)

Was für Konzepte und Aussagen gilt, gilt auch für Erklärungen. *Sozialtheoretische Erklärungen sind relativ.* Wenn ein Erklärungsproblem erklärt ist, verweist diese Erklärung auf ein Netz vorausgesetzter, durch diese spezifische Erklärung nicht erklärter Sachverhalte, die ihrerseits in Erklärungsprobleme umgewandelt werden können. Das Netz der Erklärungsprobleme ist prinzipiell unendlich.

Von dorther betrachtet ist „Erklären" und „Verstehen" übrigens strukturgleich. Man hat ein unerklärliches oder unverständliches Phänomen dann verstanden, wenn man das, was an ihm unbekannt (unerklärlich, unverständlich) ist, auf eine Weise mit Bekanntem (Erklärtem, Verstandendem) verbunden hat, dass es nicht mehr unbekannt ist. *Erklären und Verstehen ist das Relationieren des Unbekannten mit dem Bekannten.*

Auf Grund ihrer unvermeidlichen Relativität muss eine Sozialtheorie ihre konzeptuellen Unterscheidungen und Erklärungsmodelle immer wieder neu reflektieren angesichts jedes spezifischen – explizit anzugebenden - Erklärungsproblems. Die explizite sozialtheoretische Reflexion der kategorialen und axiomatischen Grundlagen sozialwissenschaftlichen Verstehens und Erklärens ist intensiver durchzuführen als bisher, da sie die interessebedingten und perspektivengebundenen Grundlagen akzeptierter Weltbeschreibungen heraus präparieren und so stärker realistische Modelle konstruieren kann.

4.5.2 „Von der Wirkung her analysieren"

Die relationale Analyse konzentriert sich, wie der Name schon sagt, auf Relationen, also eher auf Interaktionen, Kommunikationen, Auseinandersetzungen mit Sachverhalten, allgemein gesprochen: auf (Ein-, Aus-, Zusammen-, Gegeneinander- und Wechsel-)Wirken – und nicht in erster Linie auf „Akteure", „Kollektive" oder „Organisationen" als abgegrenzte handelnde Einheiten.[15]

---

[15] Das Rekonstruieren der „Handlungslogik eines Akteurtyps" nur insofern sinnvoll, als sie als durch ihren relationalen Kontext bewirkte und ihrerseits diesen Kontext (mit-)bewirkende erfasst werden kann. Das Zerlegen von Einheiten in statistisch auswertbare (bspw. demogra-

Relationen sind über Wirkungen beobachtbar. Die daraus folgende methodologische Regel lautet: *Analysiere von der Wirkung her*. Jedes forschungsgegenständliche soziale Phänomen ist empirisch als ein zugleich bewirktes und wirkendes Phänomen zu analysieren (und Verhaltensakte, die Wirkungen transportieren mithin sowohl als Reaktionen als auch als „Stimuli"), und es sind die Wirkrelationen nachzuverfolgen (zu rekonstruieren), die das rätselhafte Phänomen erzeugt haben und reproduzieren. Ausgangspunkt der relationalen Analyse ist damit immer das, was bewirkt worden, *sozial wirklich geworden* ist, und Zielpunkt ist die Rekonstruktion dessen, was es bewirkt hat und noch bewirkt.

Eine Erklärung (oder: ein Verstehen) gilt, trotz der prinzipiellen Unendlichkeit des Sozialen, dann als abgeschlossen, wenn das rätselhafte Phänomen so weit in seinem Bewirktwerden nachvollzogen kann, wie es das jeweilige Erklärungsproblem verlangt. Jede solche Erklärung kann selbstverständlich ihrerseits wieder problematisiert werden.

4.5.3 Verknüpfung von „Wirk-lichkeit" und Sinndeutung

Da die soziale Wirklichkeit nur durch intentionale Interpretationen hindurch erfassbar ist, muss sich die relationale Analyse zunehmend unabhängig machen von *Intentionen*, Deutungen und Erwartungen. Zu diesem Zweck müssen möglichst *unterschiedliche* Erwartungen, Deutungen und Intentionen, die sich auf den rätselhaften Gegenstand beziehen, erhoben werden, um sie anschließend miteinander zu konfrontieren, sodass sie einander wechselseitig hinsichtlich der Erklärung des Gegenstandes kritisieren, modifizieren, ergänzen, bestätigen – mit einem Wort so, dass sie einander zugleich hinsichtlich ihres Erkenntniswerts relativieren und qualifizieren. Die Relationierung aller verfügbaren (Perspektiven auf) Wirkrelationen, die einem Gegenstand zugehören, ergibt die größtmögliche sozialwissenschaftlich verfügbare Objektivität.

Die relationale sozialtheoretische Perspektive kann dann aber prinzipiell jede einzelne der perspektivischen, sinnhaft-normativen Welt- und Selbstbeschreibungen dann auf den praktisch verwirklichten Gegenstand zu beziehen (von dem sie Teilaspekte darstellen) und sie dadurch zu kritisieren, während doch der Gegenstand durch nichts anderes sichtbar wurde als durch diese (aber auch: durch vielleicht während der Forschung neu geschaffene) perspektivischen Aspekte.

Das heißt, sie konfrontiert erwartete („gesollte") Wirkungen (Funktionen, intendierte oder erwartete Wirkungen) mit den *tatsächlich erzielten Wirkungen* – auch bspw. auf Objektbereiche, an die niemand gedacht hat, und Arten von Wirkungen, die jenseits intentionaler Betrachtung lagen (Fern- und Nebenwirkungen, Spätfolgen). Zugleich analysiert sie jedes Verhalten auf seine erwartete („gesollte")

---

phische) Merkmale oder das Zusammenfassen von Verhaltensweisen zu „Akteurtypen" oder anderen Typologien ist keine sinnvolle Tätigkeit für relational orientierte Sozialwissenschaftler, weil beide Strategien reale Wirkrelationen(systeme) ignorieren.

4.5 Bilanz und Ausblick

Wirkung" – auch solches, das explizit zweckfrei sein soll. Für diese Analyse ist es besonders wichtig, die Wirkungen „im Hintergrund", die durch passiv-rezeptives Verhalten erzeugt werden, mitzuerfassen: Wer oder was, außer den akut und offensichtlich an einem sozialen Phänomen beteiligten Akteuren (und Dingen), erlaubt, ermöglicht, gestattet, lässt zu, dass sich das beobachtete Verhalten so abspielt wie es sich abspielt, und dass das Phänomen so ist wie es ist?

4.5.4 Ausblick. Transdisziplinarität und Mechanismen-Analyse

Die hoch abstrakte Anlage der relationalen Sozialtheorie eröffnet transdisziplinärer Forschung neue Möglichkeiten: Wirkrelationen kennt nahezu jede Disziplin. Die Übersetzung disziplinärer Perspektiven in Modelle von Wirkrelationen könnte damit die Verständigung erleichtern, da man – durch grafische Modelle wie Petrinetze sogar unabhängig von Fachsprachen – Muster von Wirkungsgefügen miteinander vergleichen kann. Es wäre verschiedenen Disziplinen ferner möglich, dann gemeinsam an der Weiterentwicklung dieser Modelle zu arbeiten, das heißt, es gäbe eine Schnittmenge gemeinsamer Theoriebildung. Diese wiederum wird vermutlich erstens eine differenzierte Erfassung komplexer Phänomene ermöglichen und zweitens befruchtend in die Herkunftsdisziplinen zurückwirken.

Speziell für die Sozialwissenschaft wird auf Grundlage der hier vorgestellten relationalen Sozialtheorie eine explizite Methodologie entwickelt: Die Mechanismen-Analyse. Ihre Aufgabe wird es sein, komplexe Gefüge transintentionaler Wirkrelationen, genannt: Mechanismen, gezielt zu erfassen, die rätselhafte (bislang unerklärte und unverstandene, teilweise auch nicht einmal bemerkte) soziale Phänomene erzeugen und reproduzieren – also bewirken. Diese Mechanismen-Analyse wird im folgenden Abschnitt vorgestellt.

Literaturverzeichnis

[Albert 1968]   ALBERT, H.: *Traktat über kritische Vernunft.* Tübingen : Mohr Siebeck, 1968

[Bauman 1992]   BAUMAN, Zygmunt: *Moderne und Ambivalenz.* Hamburg : Junius, 1992

[Belliger und Krieger 2006]   BELLIGER, Andrea (Hrsg.) ; KRIEGER, David J. (Hrsg.): *Anthology. Ein einführendes Handbuch zur Akteur-Netzwerk-Theorie.* Bielefeld : Transcript, 2006

[Bongaerts 2007]   BONGAERTS, G.: Soziale Praxis und Verhalten – Überlegungen zum Practice Turn in Social Theory. In: *Zeitschrift für Soziologie* 36 (2007), Nr. 4, S. 246–260

[Bourdieu 1992]   BOURDIEU, Pierre: *Die verborgenen Mechanismen der Macht.* Hamburg : VSA, 1992

[Bourdieu 1993]   BOURDIEU, Pierre: *Sozialer Sinn.* Suhrkamp, 1993

[Braun-Blanquet 1964]   BRAUN-BLANQUET, J.: *Pflanzensoziologie. Grundzüge der Vegetationskunde.* Springer-Verlag, 1964. – zuerst 1928, 3., neubearb. und wesentlich vermehrte Auflage

[Butler 1997]   BUTLER, J.: *Körper von Gewicht. Die diskursiven Grenzen des Geschlechts.* Frankfurt : Suhrkamp, 1997

[Dierschke 1994]   DIERSCHKE, Hartmut: *Pflanzensoziologie. Grundlagen und Methoden.* Stuttgart : Ulmer, 1994

[Dierßen 1994]   DIERSSEN, Klaus: *Einführung in die Pflanzensoziologie.* Darmstadt : Wissenschaftliche Buchgesellschaft, 1994

[Dimond 1972]   DIMOND, S. J.: *Das soziale Verhalten der Tiere.* Düsseldorf u. a. : Diederichs, 1972

[Eisenberg und Kleiman 1987]   EISENBERG, J. F. ; KLEIMAN, D. G.: Olfaktorische Kommunikation bei Säugetieren. In: SCHERER, K. R. (Hrsg.) ; STAHNKE, A. (Hrsg.) ; WINKLER, P. (Hrsg.): *Psychobiologie. Wegweisende Texte der Verhaltensforschung von Darwin bis zur Gegenwart.* München : dtv, 1987, S. 221–236

[Elder-Vass 2007]   ELDER-VASS, D.: Luhmann and Emergentism. Competing Paradigms for Social Systems Theory? In: *Philosophy of the Social Sciences* 37 (2007), Nr. 4, S. 408–432

[Elias 2002] ELIAS, Norbert: *Über die Einsamkeit der Sterbenden in unseren Tagen.* Frankfurt : Suhrkamp, 2002

[Endreß 2004] ENDRESS, M.: Phänomenologisch angeleitete Vermittlung von verstehender Soziologie und begreifender Ökonomik: Alfred Schütz' handlungsanalytische Perspektive. In: GABRIEL, M. (Hrsg.): *Paradigmen der akteurszentrierten Soziologie.* Wiesbaden : VS, 2004, S. 223–260

[Esser 1993] ESSER, Hartmut: *Soziologie. Allgemeine Grundlagen.* Frankfurt : Campus, 1993

[Ethik und Sozialwissenschaften 1997] *Ethik und Sozialwissenschaften. Zweite Diskussionseinheit (zum Thema Tiersoziologie); Jg. 8.* 1997. – Heft 1/97

[Fischer und Lindemann 2004] FISCHER, J. ; LINDEMANN, G.: *„Der Dritte". Plädoyer für eine Theorieinnovation in der Sozialtheorie.* 2004. – URL http://www.fischer-joachim.org/DGS Ad hoc Gruppe Der Dritte.pdf. – Konzept für eine ad hoc-Gruppe auf dem 32. Kongress der DGS, LMU München

[Frisch 1987] FRISCH, K. v.: Symbolik im Reich der Tiere. In: SCHERER, K. R. (Hrsg.) ; STAHNKE, A. (Hrsg.) ; WINKLER, P. (Hrsg.): *Psychobiologie. Wegweisende Texte der Verhaltensforschung von Darwin bis zur Gegenwart.* München : dtv, 1987, S. 237–250

[Füllekrug 1997] FÜLLEKRUG, E.: *Kleines Praktikum der Pflanzensoziologie.* Köln : Aulis-Verlag Deubner, 1997

[Garfinkel 1984] GARFINKEL, H.: *Studies in Ethnomethodology.* Malden/MA : Polity Press/Blackwell Publishing, 1984. – zuerst 1967

[Gresshoff u. a. 2003] GRESSHOFF, Rainer (Hrsg.) ; KNEER, Georg (Hrsg.) ; UWE, Schimank (Hrsg.): *Die Transintentionalität des Sozialen. Eine vergleichende Betrachtung klassischer und moderner Sozialtheorien.* WDV, 2003

[Gugutzer 2004] GUGUTZER, R.: *Soziologie des Körpers.* Bielefeld : Transcript, 2004

[Habermas 1981] HABERMAS, Jürgen: *Theorie des kommunikativen Handelns.* Suhrkamp, 1981

[Hahn 1994] HAHN, A.: Die soziale Konstruktion des Fremden. In: WALTER, M. (Hrsg.): *Die Objektivität der Ordnungen und ihre kommunikative Konstruktion. Für Thomas Luckmann.* Frankfurt : Sprondel, 1994, S. 140–163

[Harlow und Suomi 1987] HARLOW, H. F. ; SUOMI, S. J.: Die Wiederherstellung sozialen Verhaltens bei isoliert aufgezogenen Primaten. In: SCHERER, K. R. (Hrsg.) ; STAHNKE, A. (Hrsg.) ; WINKLER, P. (Hrsg.): *Psychobiologie. Wegweisende Texte der Verhaltensforschung von Darwin bis zur Gegenwart.* München : dtv, 1987, S. 76–84

[Häussling 2008] HÄUSSLING, R.: *Soziologisches Konzept technischer Artefakte.* 2008. – URL http://www.soziologie.uni-karlsruhe.de/download/Haeussling - Soziologisches Konzept technischer Artefakte.pdf. – Manuskript

Literaturverzeichnis 151

[Hendrichs 1987]   HENDRICHS, H.: Die soziale Organisation von Säugetierpopulationen. In: SCHERER, K. R. (Hrsg.) ; STAHNKE, A. (Hrsg.) ; WINKLER, P. (Hrsg.): *Psychobiologie. Wegweisende Texte der Verhaltensforschung von Darwin bis zur Gegenwart.* München : dtv, 1987, S. 486–497

[Inhetveen 2005]   INHETVEEN, K.: Gewalt in ihren Deutungen. Anmerkungen zu Kulturalität und Kulturalisierung. In: *ÖZS* 30 (2005), Nr. 3, S. 28–50

[Jäger 2004]   JÄGER, U.: *Der Körper, der Leib und die Soziologie. Entwurf einer Theorie der Inkorporierung.* Königsstein/Taunus : Ulrike Helmer, 2004

[Lindemann 2002]   LINDEMANN, G.: *Die Grenzen des Sozialen. Zur sozio-technischen Konstruktion von Leben und Tod in der Intensivmedizin.* München : Fink, 2002

[Luhmann 1984]   LUHMANN, Niklas: *Soziale Systeme. Grundriß einer allgemeinen Theorie.* Frankfurt a. M. : Suhrkamp, 1984

[Luhmann 2000]   LUHMANN, Niklas: *Die Politik der Gesellschaft.* Frankfurt : Suhrkamp, 2000

[Mead 1980]   MEAD, G. H.: Soziales Bewusstsein und das Bewusstsein von Bedeutungen. In: JOAS, H. (Hrsg.): *George Herbert Mead. Gesammelte Aufsätze Bd.1.* Frankfurt : Suhrkamp, 1980, S. 210–221

[Nassehi 1995]   NASSEHI, A.: Der Fremde als Vertrauter. Soziologische Beobachtungen zur Konstruktion von Identitäten und Differenzen. In: *Kölner Zeitschrift für Soziologie und Sozialpsychologie* (1995), S. 443–463

[Popitz 1981]   POPITZ, Heinrich: *Die normative Konstruktion von Gesellschaft.* Tübingen : Mohr, 1981

[Popitz 1999]   POPITZ, Heinrich: *Phänomene der Macht.* Tübingen : Mohr, 1999

[Rammert und Schulz-Schäffer 2002]   RAMMERT, W. ; SCHULZ-SCHÄFFER, I.: Technik und Handeln. Wenn soziales Handeln sich auf menschliches Verhalten und technische Abläufe verteilt. In: *Können Maschinen handeln? Soziologische Beiträge zum Verhältnis von Mensch und Technik.* Frankfurt u.a. : Campus, 2002, S. 11–64

[Schimank 2001]   SCHIMANK, Uwe: *Von sauberen Mechanismen zu schmutzigen Modellen: Methodologische Perspektiven einer Höhersklierung von Akteurkonstellationen.* 2001. – URL http://www.fernuni-hagen.de/SOZ/weiteres/preprints/arcadeon.pdf. – Vortrag auf dem Sozionik-Workshop zum Thema Skalierung in Hagen, Oktober 2001

[Schütz und Luckmann 1990]   SCHÜTZ, A. ; LUCKMANN, T.: *Strukturen der Lebenswelt.* Frankfurt : Suhrkamp, 1990

[Schwinn 2004]   SCHWINN, T.: Unterscheidungskriterien für handlungs- und systemtheoretische Paradigmen in der Soziologie. In: GABRIEL, M. (Hrsg.): *Paradigmen der akteurszentrierten Soziologie.* Wiesbaden : VS, 2004, S. 69–89

[Simmel 1992]   SIMMEL, Georg: Exkurs über den Fremden. In: *Soziologie. Untersuchungen über die Formen der Vergesellschaftung.* Frankfurt : Suhrkamp, 1992, S. 764–771. – zuerst 1908

[Sofsky 1999]   SOFSKY, W.: *Die Ordnung des Terrors. Das Konzentrationslager.* Frankfurt : Fischer, 1999

[Schulz v. Thun 1998]   THUN, F. Schulz v.: *Miteinander reden 3 – Das „innere Team" und situationsgerechte Kommunikation.* Reinbek : Rowohlt, 1998

[Waal 1992]   WAAL, F. d.: *Wilde Diplomaten: Versöhnung und Entspannungspolitik bei Affen und Menschen.* Frankfurt : Büchergilde Gutenberg, 1992

[Weber 1922]   WEBER, Max: *Wirtschaft und Gesellschaft.* Tübigen : Mohr, 1922. – 1972

[Wiesenthal 1995]   WIESENTHAL, H.: Konventionelles und unkonventionelles Organisationslernen. Literaturreport und Ergänzungsvorschlag. In: *Zeitschrift für Soziologie* 24 (1995), Nr. 2, S. 137–155

5 Methodologie der Mechanismen-Analyse

ROMAN LANGER

Auf welche Probleme gibt die Mechanismen-Analyse eine Antwort?

Die Mechanismen-Analyse ist eine Methodologie für sozialwissenschaftliche Analysen, die aus dem sozionischen Forschungszusammenhang hervor gegangen ist. Die Versuche, Prozesse sozialer Selbstorganisation in öffentlich-rechtlichen Bildungsinstitutionen mit sozialwissenschaftlichen und informatischen Mitteln zu rekonstruieren, stießen auf eine Reihe von Schwierigkeiten, die es erforderten, neue analytische Verfahren zu entwickeln; die Mechanismen-Analyse stellt das Resultat dieser Entwicklungen dar. Die Schwierigkeiten lassen sich wie folgt kennzeichnen:

Das sozialwissenschaftliche Angebot an theoretischen Erklärungen für den genannten Gegenstand war unübersichtlich und teilweise disparat. Brauchbare theoretische Erklärungsmodelle entstammten verschiedenen Traditionen und Forschungsrichtungen. Benötigt wurde ein Verfahren, das es erlaubte, so verschiedene Modelle miteinander zu vergleichen und zu einem auf einen spezifischen Forschungsgegenstand bezogenen komplexen Erklärungsmodell zu kombinieren und zu integrieren.

Für eine Verknüpfung von empirischen Aussagen und theoretischen Modellen, in der beide Seiten gleichberechtigt behandelt werden, war ebenfalls kein Verfahren in Sicht. Einerseits wurden entweder empirische Erhebungen schon durch die Theorie konditioniert oder empirische Daten durch die – unverändert bleibende – Theorie interpretiert, oder empirische Daten wurden zu einer Typologie (nur äußerst selten zu einer Theorie) entwickelt, ohne dass allzu viel Rücksicht auf bestehende Theorieangebote genommen wurde. Dies lässt sich sicher daraus erklären, dass empirische Daten und theoretische Aussagen, sofern unabhängig voneinander konstruiert, sich nur selten umstandslos aufeinander beziehen lassen: sie passen oft einfach nicht zueinander, weil die Forschungskontexte, Erkenntnisinteressen und Fragestellungen so verschieden sind. Benötigt wurde also ein Verfahren, dass es erlaubt, Daten und Theorien aus sehr verschiedenen Kontexten aufeinander zu beziehen und miteinander zu kombinieren.[1]

---

[1] Insofern teilt die Mechanismen-Analyse das Interesse an Theorienvergleichen und an Theorieintegration, das beispielsweise Essers erklärende Soziologie (Esser, 1993) und Opps Methodologie der Sozialwissenschaften (Opp, 1995), Schmids Logik mechanismischer Erklärungen

Strukturen und Prozesse sozialer Selbstorganisation sind in der Regel emergente, *transintentionale* Effekte handelnden Zusammenwirkens. Das heißt, sie sind von den Akteuren, die an ihrer Erzeugung handelnd beteiligt sind, in der Regel weder geplant oder beabsichtigt noch ihnen auch nur bekannt. Genau diese transintentionalen Effekte aber erwiesen sich im empirischen Feld des Projekts – Universitäten – als erklärungsmächtig für Fragen nach Entscheidungsversagen, Reformfehlschlägen und den zahlreichen Entwicklungen, deren Zustandekommen für die Akteure im Feld rätselhaft waren, und die sich quasi-automatisch über ihren Köpfen zu vollziehen schienen. Benötigt wurde ein Verfahren, das transintentionalen Mechanismen sozialer Verhaltenskoordination und ihrer Effekte gezielt in den Fokus nahm.

Das Forschungsfeld des Projekts, die Governance und Selbstorganisation öffentlich-rechtlicher Bildungsinstitutionen, vornehmlich von Universitäten, forderte die Konstruktion von Erklärungsmodellen mit mittlerer Reichweite heraus. Doch auch die Konstruktion von *middle range theories* ermangelte eines einigermaßen klaren Verfahrens – auch von dieser Seite her bestand also Bedarf.

Die sozionische Forschung verfuhr transdisziplinär. In Relation zu interdisziplinären Ansätzen bedeutet dies, dass, erstens, ein gemeinsames Erklärungsproblem bearbeitet wurde, indem Analyseverfahren und theoretische Ansätze beider Disziplinen aufgetrennt und neu zu *gemeinsam erzeugten* Verfahren und theoretischen Modellen kombiniert wurden – damit wurden die disziplinären Grenzen überschritten – , und dass, zweitens, die Forschung auf ein Erklärungsproblem aus der empirischen Praxis bezogen war, hier: auch die Probleme, die sich aus den Maßnahmen zur Gestaltung und Reform institutioneller Strukturen der Universitäten ergaben. Damit wurde die Grenze von der Wissenschaft zur Praxis überschritten. Dies erzeugte Bedarf nach einem Verfahren, das es erlaubt, Problemformulierungen, Methoden und theoretische Modelle unterschiedlicher fachwissenschaftlicher Provenienz miteinander und mit solchen, die der Praxis entstammen, zu vergleichen, sie wechselseitiger Kritik auszusetzen und wo möglich zu kombinieren – mit einem Wort, nach einem Verfahren, das transdisziplinäre Forschung erleichtert.

Schließlich war eine Fragmentierung sozialwissenschaftlicher Theorien zu verzeichnen, die zwar mit der Notwendigkeit zu Kreativität und Vielfalt angesichts des komplexen und sich wandelnden Gegenstandes „das Soziale" gerechtfertigt wurde, aber doch eine willkürliche Beliebigkeit sozialwissenschaftlicher Interpretationen geradezu herausforderte. Diese *anything goes*-Unübersichtlichkeit, die vor allem durch die Strukturen des Wissenschaftsbetriebs mit ihrem Zwang zur Speziali-

---

(Schmid, 2002) und die vielfältigen Bemühungen von Greshoff und Schimank (vgl. Greshoff, 1999; Schimank und Volkmann, 2002; Greshoff u. a., 2003; Greshoff und Schimank, 2007) aufweisen. Von letzteren und von Schmid unterscheidet sie sich aber durch ihre konsequente Orientierung an (letztlich) empirisch-praktischen Erklärungsproblemen, von Esser und Opp darin, dass sie sich weder auf methodologischen Individualismus und quantitativ-statistische Empirie beschränkt noch eine Meta-Methodologie vorgibt, die Theorien *vor* einem Vergleich und einer möglichen Integration erst einmal auf ein bestimmtes Vergleichsverfahren zurüsten muss. Theorieintegration wird hier über eine *offene* Analyse auf Gemeinsamkeiten betrieben.

sierung, Originalität und zum Konkurrenzkampf um symbolische und materielle Ressourcen hervorgerufen wurde – also nicht durch *wissenschaftliche* Gründe – lief eher auf eine Verschleierung sozialer Verhältnisse hinaus denn auf ihre Aufklärung. So entstand der Wunsch nach einem Verfahren, das es erlaubt, wichtige Kernmodelle sozialwissenschaftlicher Theorien in Form analytischer Erklärungs-Instrumente zu reformulieren und sie für die Bearbeitung konkreter Erklärungsprobleme miteinander kombinieren und zu komplexeren, leistungsfähigeren Modellen integrieren zu können.

Die Mechanismen-Analyse, als Versuch einer Antwort auf die bezeichneten Probleme, versteht sich als transdisziplinär anwendbares Verfahren, das (qualitativ-)empirisch begründete und sozialtheoretisch reflektierte Erklärungsmodelle mittlerer Reichweite über transintentionale Mechanismen sozialer Verhaltenskoordination (oder: Selbstorganisation) erzeugt, die auf wechselseitiger Kritik und Kombination/Integration verschiedener theoretisch und empirisch gewonnener Erkenntnisse beruhen.

Explizites Anliegen der hier vorzuschlagenden Methodologie ist es darüber hinaus, zu einer unorthodoxen kritischen Theorie der Gesellschaft beizutragen, die vom Interesse getragen ist, den Menschen Instrumente an die Hand zu geben, mit denen sie transintentionale soziale Mechanismen und die durch sie erzeugten und reproduzierten Herrschaftsverhältnisse aufzudecken und, wo immer es möglich ist, in bewusst gestaltete, politisch gewollte und durch freiwillige Koordination konstituierte Verhältnisse umzuwandeln.[2]

Diese Charakteristika der vorzuschlagenden Mechanismen-Analyse unterscheidet sie vom Diskurs des *mechanism based approach* der Sozialwissenschaften, der durch den Sammelband von Hedström und Swedberg (1998) prominent gemacht wurde und dessen wesentliche sozialphilosophische Konzeptionen in Schmid (2002) zusammengestellt wurden (vgl. aber auch die Mechanismen-Diskussion in der *Philosophy of the Social Sciences* 2003 ff. sowie die zahlreichen verstreuten mit mehr oder weniger empirischen Mechanismen argumentierenden Ansätze, die in Langer (2006) angeführt werden). Er zielt, erstens, auf Erklärungsmodelle mittlerer Reichweite, die raumzeitlich begrenzt sind. Er verzichtet damit auf den Anspruch des *covering law approach*, universale Gesetzmäßigkeiten zu formulieren (Hedström und Swedberg, 1998; Mayntz, 2004).

Zweitens strebt er informative Erklärungen an, die erfassen, *warum* und *wie* korrelierte Einheiten miteinander zusammenhängen („*how* they affect each other", (James, 2004, 258), so „dass man erfährt, wie eine Beziehung zwischen" ihnen „zu Stande kommt" (Opp, 2004, 366). Die „answer to the question of *why?* moves explanation down to a deeper level" (James, 2004, 356, Herv. im Orig.) bietet

---

[2] Dass darin eine besondere Schwierigkeit besteht, insofern Menschen natürlich auch betrügen und betrogen werden und insofern sie selbst Herrschaftsverhältnissen, von denen sie unterdrückt werden, zuzustimmen in der Lage sind, insofern also die Identifikation dessen, was die Emanzipation der Menschen und der Gesellschaften ausmacht, hoch problematisch ist, lasse ich hier einmal außen vor.

nach Auffassung des *mechanism based approach* „deeper, more direct, and more fine-grained explanations" (Hedström und Swedberg, 1998, 8-9) als der kritische Rationalismus und die statistisch orientierte Variablensoziologie. Denn letztere Ansätze würden lediglich Aussagen über Korrelationen, nicht aber über Verursachungszusammenhänge treffen. Korrelationskoeffizienten oder Gesetzesaussagen vom Typ „wenn x dann y" behaupten nur, *dass* ein Zusammenhang zwischen den Erklärungs-Komponenten (Variablen) x und y bestehe. Sie könnten aber nicht erklären, *warum* die Variablen korrelieren beziehungsweise warum x zu y führt. Da „die Beziehung zwischen Input und Output nicht erklärt wird" (Opp, 2004, 365), handelt es sich um „black-box-Erklärungen" (Hedström und Swedberg, 1998, 8), während mechanismische Erklärungen gerade „die ‚black box' eines solchen Mechanismus aufhellen" (Schmid, 2005, 50).

Diese genannten Bestrebungen teilt die vorliegende Methodologie ebenso wie die Orientierung aufs Analytische. Unter „analytisch" ist zu verstehen, dass die Mechanismen-Modelle (1) begrifflich und konzeptuell schärfer, präziser und eindeutiger formuliert sein sollen als die Originaltexte und -daten, aus denen sie gewonnen wurden, (2) ihre Aussagen als explizite Wirkungsaussagen formulieren und zu logischen Wirkungsgefügen relationieren, etwa zu prozessualen Dynamiken, funktionalen oder kausalen Wirkungen, (3) empirisch-praktische Erklärungsprobleme bearbeiten, folglich auch darauf angelegt sind, durch empirische Erhebungen und praktische Anwendungen kritisiert und weiterentwickelt werden zu können.

Im Unterschied zum *mainstream* des (soziologischen) *mechanism based approach* ist die hier vorzuschlagende Methodologie aber (1) *nicht* methodologisch-individualistisch ausgerichtet, sondern sie basiert auf einer relationalen Konzeption des Sozialen (vgl. Kapitel 4), (2) *nicht* an quantitativ-statistischer, sondern an qualitativ-heuristischer Empirie orientiert, (3) *nicht* der Auffassung, dass es reicht, einen Werkzeugkasten mit analytischen sozialwissenschaftlichen Erklärungs-Instrumenten zusammenzustellen, sondern sie beharrt darauf, dass diese Instrumente begleitenden Analysen auf inhärente Gemeinsamkeiten und Differenzen unterzogen werden müssen, um eine kritische Theorie des Sozialen zu entwickeln, (4) *nicht* einem methodologischen Entwurf, sondern vorwiegend materialen Vorbild-Studien abgewonnen.

Während hier darauf verzichtet werden muss, die sozial- und wissenschaftstheoretischen Grundlagen der Mechanismen-Analyse vorzustellen (vgl. dazu Langer, 2006), wird im Folgenden das methodologische Vorgehen der Mechanismen-Analyse dargestellt. Im Anschluss werden sozialwissenschaftliche Modelle vorgestellt, die sowohl Vorbild für die Mechanismen-Analyse waren, als auch bereits mit ihrer Hilfe reformuliert und präzisiert worden sind.

5.1 Die Methodologie

Es gibt bislang keine ausgearbeitete Methodologie für Mechanismen-Analysen, sondern allenfalls methodologische Grundvorstellungen ((vgl. bspw. Hedström und Swedberg, 1998; Mayntz, 2004; Elster, 1998; Darden, 2002; Glennan, 2002; Steel, 2004). Die vorliegende Methodologie fasst das analytische Vorgehen zusammen, das im Laufe sozionischer Studien entwickelt wurde. Inzwischen werden Mechanismen-Analysen mit der vorliegenden Methodologie gelehrt, und sie haben einige materiale Studien ergeben (Langer, 2007b,a, 2008a,b). Dabei wurde allerdings auch deutlich, dass *eine* vollständige Analyse gemäß der nachstehenden Methodologie Sache eines typischen zweijährigen Forschungsprojekts wäre. Es wird deswegen darauf verzichtet, die Methodologie an Hand eines Beispiels zu erläutern (vgl. dazu Langer, 2008a); gegeben wird also eine „Trockenübung" an Hand der methodologischen Regeln, Prinzipien und Analyse-Schritte.

5.1.1 Ausgangspunkt der Analyse: Ein bewirkter Strukturzustand

Sozialwissenschaftliche Forschung versucht, Rätsel zu lösen – oder, weniger populär ausgedrückt, Sachverhalte zu *erklären*.[3] Dies nimmt die Mechanismen-Analyse als Ausgangspunkt: Jede ihrer Studien soll klar angeben, welches Erklärungsproblem bearbeitet wird. Die erste Regel der Mechanismen-Analyse lautet entsprechend:

Schritt 1. Identifiziere ein Erklärungsproblem.

Ein Erklärungsproblem – man könnte auch sagen: eine Erklärungsaufgabe, oder: das *Explanandum* – besteht darin, aufzuzeigen und verständlich zu machen, warum ein Sachverhalt so ist wie er ist. Ein Sachverhalt ist dann erklärt, wenn man angeben kann, wer oder was ihn wie erzeugt und verursacht, erhält und reproduziert, verändert und modifiziert.

Die Identifikation des Erklärungsproblems ist eine enorm wichtige Entscheidung in der Mechanismen-Analyse, weil sie die gesamte Analyse-Perspektive festlegt. Ein Beispiel kann dies illustrieren. Beim Erklärungsproblem: „Wie kam es zum

---

[3] Diese Auffassung ist nicht unumstritten, vor allem wohl deshalb, weil das Wort „erklären" oft in einem recht engen Sinn benutzt wird, den ich hier nicht näher erläutern will (in der Soziologie hat Hartmut Esser bspw. für eine bestimmte *Art* von Soziologie den Begriff „Erklärende Soziologie" erfolgreich durchgesetzt). Interpretativ und hermeneutisch orientierte Sozialwissenschaft will in erster Linie Sachverhalte *verstehen* (deuten, auslegen). Einigen qualitative Forschungsrichtungen meinen, mehr als das *Beschreiben* von Sachverhalten sei ohnehin nicht redlich zu erlangen, Konstruktivisten denken ähnlich, da jede Beschreibung eines Sachverhalts ohnehin nur eine von vielen möglichen *Konstruktionen* sei, keine von ihnen könnte Wahrheit beanspruchen. Wieder andere, sich selbst für naturwissenschaftlich orientiert haltende Sozialwissenschaftler – in der Regel kritische Rationalisten – sind der Auffassung, Sozialwissenschaft müsse auch *prognostizieren*, Voraussagen treffen können.

Bologna-Prozess?" ist „Bologna-Prozess" das Bewirkte; gesucht werden die sozialen Ursachen, die zu ihm führten. Legt man ein anderes Erklärungsproblem fest, nämlich „Veränderungen der Hochschulgesetzgebung der Bundesrepublik Deutschland von 2000 bis 2008", so muss der „Bologna-Prozess" eher als (Bestandteil der) Ursache gefasst werden – dessen Wirkung dann eben jene nationalen Gesetzesveränderungen sind. Fragt man dagegen nach „Initiativen der EU zur Sicherung und zum Ausbau ihrer Stellung in der globalen politisch-ökonomischen Konkurrenz", wäre der „Bologna-Prozess" ein Teil des zu erklärenden Sachverhalts, des Explanandums.

Daran wird deutlich: Was als Explanandum (zu Erklärendes) gefasst wird und was das Explanans (das Erklärende) ist, hat nicht eine irgendwie physische oder ontologische – d. h. in der Beschaffenheit der Welt liegende – Substanz, sondern es ist eine Frage der Perspektive, die die Forschungspersonen zur Welt einnehmen. Das gleiche lässt sich über Ursache und Wirkung sagen: Was als Ursache und was als Wirkung veranschlagt wird, hängt ab vom Verhältnis der Forschenden zu den Phänomenen, die sie untersuchen.

Mit dieser Auffassung grenzt sich die Mechanismen-Analyse gegen das zur Zeit prominente „Modell soziologischer Erklärung" ab, das als *Explanans* letztlich immer menschliche Individuen annimmt (= ontologisch voraus setzt), und gegen die Systemtheorie, die System-Selektionen als *Explanans* setzt.

Von der Kritischen Theorie (Adorno, 1996), kritischer qualitativer Sozialforschung (Heinze, 1995) und dem Konstruktivismus (Schmidt, 1987, 1992) übernimmt die Mechanismen-Analyse zudem explizit die Auffassung, *dass die Festlegung eines Erklärungsproblems ein sozialer, und damit letztlich: ein politischer Akt ist.* Erklärungsprobleme können von allen möglichen Akteuren festgelegt werden, und zwar de facto auch ohne intensive Begründung, sondern vermittels Autorität, Macht, Tradition oder Geld. Hier windet sich die Mechanismen-Analyse nicht heraus: Sie weiß, dass sie zu innerwissenschaftlichen und zu gesellschaftlichen Relevanzsystemen und Wertmaßstäben Stellung nimmt, sobald sie in Diskurse über Erklärungsprobleme eingreift – und sie wird fragen, wie und auf Grund welcher Interessen Akteure zu ihren Erklärungsproblemen (ge)kommen (sind). Die selbstkritische Explikation des Hintergrundes der eigenen Erklärungsprobleme ist daher notwendiger Schritt einer kritischen Mechanismen-Analyse.

Schritt 1a. Gib die Interessen und Motive explizit an, die zur Formulierung des Erklärungsproblems führten.

Die Formulierung eines Erklärungsproblems an sich ist noch nichts Neues an der Mechanismen-Analyse. Das Neue beginnt mit der zweiten Regel:

Schritt 2. Formuliere den zu erklärenden Sachverhalt als bewirkten Zustand einer sozialen Struktur.

5.1 Die Methodologie

Die Mechanismen-Analyse geht davon aus, dass soziale Mechanismen etwas *bewirken*.[4] Nimmt man aber an, dass ein bestimmter Sachverhalt durch einen Mechanismus bewirkt worden ist, dann muss man ihn als (durch den Mechanismus) *bewirkten* Sachverhalt annehmen – als einen, den es *ohne* Einwirken des Mechanismus nicht gäbe oder zumindest nicht in der rätselhaften Form gäbe, die Anlass gab, das Erklärungsproblem zu formulieren.[5]

Und warum nun: Zustand einer sozialen *Struktur?* Diese Formulierung ist wichtig, um das, was der Mechanismus bewirkt, von dem zu unterscheiden, was er nicht bewirkt. „Zustand" steht dabei für das Veränderliche, das Variable, für das, auf das der Mechanismus Wirkung ausüben kann. „Struktur" steht für das, was unverändert, invariant, vom Einwirken des Mechanismus unberührt bleibt.[6]

Das erwähnte Bologna-Erklärungsproblem könnte man so auf zweierlei Weisen umformulieren. Erstens: Die Entstehung des Bologna-Prozesses ist der bewirkte Strukturzustand. Zweitens: Der Bologna-Prozess selbst ist der bewirkte Strukturzustand. (In beiden Fällen ist der bewirkte Strukturzustand selbst ein Prozess.[7])

5.1.2 Qualitative Prozessanalyse: Strukturdynamik

Vorausgesetzt wird wie erwähnt, dass ein Mechanismus einen bestimmten Strukturzustand bewirkt („verursacht") hat. Folglich ist nun bekannt, wie die vom Mechanismus betroffene Struktur *nach* seinem Einwirken bzw. *während* seines Einwirkens aussieht. Um die Wirkung des Mechanismus nun deutlich von all dem zu unterscheiden, worauf er nicht einwirkt, lässt sich folgende Frage stellen: In welchem anderen Zustand befände sich die Struktur, wenn es jenen noch unbekannten Mechanismus nicht gäbe, oder wenn er zumindest nicht auf die Struktur einwir-

---

[4] Will man die Mechanismenanalyse zur inter- und transdisziplinären Verständigung einsetzen, kann man statt „soziale Struktur" einfach „Struktur" oder „Ordnung" sagen. Strukturen bzw. Ordnungen kennt jede Wissenschaft.

[5] Die Forschungsperson arbeitet in der Mechanismen-Analyse also zunächst mit einer Unterstellung. Sie vermutet, dass ein Mechanismus am Werk ist, und dass dieser Mechanismus den zu erklärenden, rätselhaften Strukturzustand bewirkt hat. Der Strukturzustand wird als Wirkung, der Mechanismus als Ursache veranschlagt.

[6] „Struktur" ist ein in den Sozialwissenschaften stark schillernder Begriff, eine wesentliche Klärung hat aber Reckwitz (1997) vorgenommen. Im vorliegenden Text wird „Struktur" gewissermaßen minimalistisch verwendet: Eine Struktur besteht aus relativ dauerhaften Relationen von Verhaltensweisen. „Verhaltensweisen" ist dabei im weitesten Sinne gemeint: auch Sprechverhalten, Denkverhalten, Deutungs- und Wahrnehmungsverhalten ist hier einbezogen, auch statisches Verhalten, also Eigenschaften. Ebenfalls denkbar weit ist das hier verwendete Bedeutungsfeld von „Relationen", dies bezeichnet alle Arten von Zusammenhängen, Bezugnahmen und Beziehungen, die zwischen verschiedenen (Relationen von) Verhaltensweisen entstehen.

[7] Wie kann ein Prozess ein Zustand sein? Die dialektische Antwort auf diese Frage besteht darin, dass auch Prozess und Zustand nur zwei Perspektiven auf dieselbe Sache sind – einmal wird ein zeitliches Fortschreiten fokussiert, einmal ein scheinbar fortschrittloser Zeitpunkt. Aber auch Zustände dehnen sich in der Zeit und sind insofern Prozesse – Prozesse des *unveränderten Gleichbleibens*.

ken würde? Wie sähe ein alternativer Strukturzustand aus? Dies führt direkt zum nächsten Schritt der Mechanismen-Analyse.

Schritt 3 (vgl. Abb 5.1). Rekonstruiere einen alternativen Strukturzustand, der *ohne* oder *vor* dem Einwirken des Mechanismus bestünde (besteht, bestanden hat).

"Unberührter" Strukturzustand I

Bewirkter Strukturzustand O

Abbildung 5.1: Initial- und Outcome-Zustand

Der „unberührte" Zustand heißt Ausgangs- oder Initialzustand (I), den bewirkten Zustand End- oder Outcome-Zustand (O) (vgl. Hedström und Swedberg, 1998; Mayntz, 2004).

Der „unberührte" Zustand kann auf zwei verschiedene Weisen identifiziert werden. *Erstens*, man rekonstruiert den historischen Zustand *vor* dem Einwirken des Mechanismus, also entweder bevor der Mechanismus existierte oder bevor er zu wirken begann (wie sah die europäische Hochschullandschaft aus, als es den Bologna-Prozess noch nicht gab?). *Zweitens*, man rekonstruiert einen Zustand, den es *ohne* das Einwirken des Mechanismus vermutlich *gäbe* oder in anderen Kulturen, an anderen Orten *gibt* (wie sehen Hochschullandschaften aus, in denen der Bologna-Prozess keine Rolle spielt?).[8]

Man nähert sich dem Mechanismus sozusagen auf Umwegen und befasst sich zunächst einmal nur mit seinen mutmaßlichen Wirkungen. Der Grund dafür ist, dass der Mechanismus ja *transintentional* ist, also verborgen, unerkannt, unentdeckt. Für ihn gilt damit, was für alle sozialen Beziehungen gilt: dass man ihn nicht anfassen, schmecken, riechen oder sehen kann, sondern dass man ihn aus overten (der sinnlichen Wahrnehmung zugänglichen) Verhaltensakten analytisch *erschließen* muss. Er ist darüber hinaus noch in besonderer Weise schwer zugänglich: da er niemandem zur Gänze bekannt ist, erfahren die Forschungspersonen von ihm immer nur Ausschnitte, Aspekte, Komponenten.

Das gilt auch für den nächsten Ermittlungsschritt. Er besteht in der Rekonstruktion des Prozesses, der den initialen Strukturzustand I in den End-Strukturzustand

---

[8] Diese Fragestellung entspricht der gedankenexperimentellen Vorgehensweise von Philosophen, die etwa bei der Konstruktion von Naturzuständen (Hobbes, Rousseau) oder von idealtypischen Situationen (Habermas, Rawls) angewendet wurden und bei Max Weber mit dem Begriff des Idealtypen zur Methode erhoben wurden. Der Unterschied ist: Bei der Mechanismen-Analyse soll der alternative Zustand *empirisch möglich* sein. Es sollen keine Idealtypen, sondern allenfalls extreme *empirisch mögliche* Ausprägungen der Wirklichkeit rekonstruiert werden. Letzten Endes also, wenn man so will, Realtypen.

5.1 Die Methodologie

O transformiert. Diese Struktur-Transformation kann mit Schimank (2000) als *Strukturdynamik* bezeichnet werden.

> **Schritt 4 (vgl. Abb 5.2).** Rekonstruiere die Strukturdynamik, der den unberührten Strukturzustand I in den vom Mechanismus bewirkten Endzustand O transformiert.

"Unberührter" Strukturzustand I → Strukturdynamik → Bewirkter Strukturzustand O

Abbildung 5.2: Strukturdynamik, Grobansicht

Damit lässt sich klarer angeben, was ein sozialer Mechanismus „tut". Er wirkt in bestimmter Weise auf eine soziale Struktur ein: Er bewirkt die dynamische Transformation dieser Struktur von einem Ausgangszustand I in einen Endzustand O. Kurz: Ein Mechanismus bewirkt eine Strukturdynamik.

Auch Strukturdynamiken kann man allerdings nur analytisch erschließen. Der Weg dorthin beginnt mit der Rekonstruktion einzelner *empirischer Prozesse*. Das heißt: Aus empirischen Daten oder aus der Literatur werden verschiedene empirische I-O-Transformationsprozesse rekonstruiert – beispielsweise die Auseinandersetzungen zwischen Staatsregierungen und ihren bildungspolitischen Opponenten in verschiedenen europäischen Staaten.

Anschließend werden diese verschiedenen Prozesse auf Gemeinsamkeiten analysiert. Vermutlich findet sich, dass die I-Zustände und die O-Zustände dieser Prozesse nicht völlig deckungsgleich sind. Dann ist es Aufgabe der Analyse, das Gemeinsame dieser verschiedenen Zustände zu finden, um *eine übergreifende* (oder basale) *Dynamik zu finden, der alle diese Prozesse folgen. Eine Strukturdynamik ist eine Gemeinsamkeit verschiedener empirischer Prozesse. Jeder einzelne empirische Prozess ist eine Variante der Strukturdynamik.*

Im Beispiel wäre es eine Dynamik, die wiedererkennbare Phasen und Komponenten aufweist, und die in allen verglichenen nationalen Auseinandersetzungen ums Bildungssystem auffindbar ist. Und jede einzelne nationale Auseinandersetzung wäre eine Variante, eine spezifische Ausprägung jener allgemeinen Dynamik, die zum Bologna-Prozess führte.

> **Schritt 4a (vgl. Abb 5.3).** Rekonstruiere einzelne empirische Prozesse nach dem $I \Longrightarrow$ Prozess $\Longrightarrow O$-Schema. Analysiere die Prozesse anschließend auf Gemeinsamkeiten. Die Gemeinsamkeit, die alle Prozesse miteinander verbindet, ist die Strukturdynamik. Die einzelnen Prozesse sind ihre empirischen Varianten oder Ausprägungen.

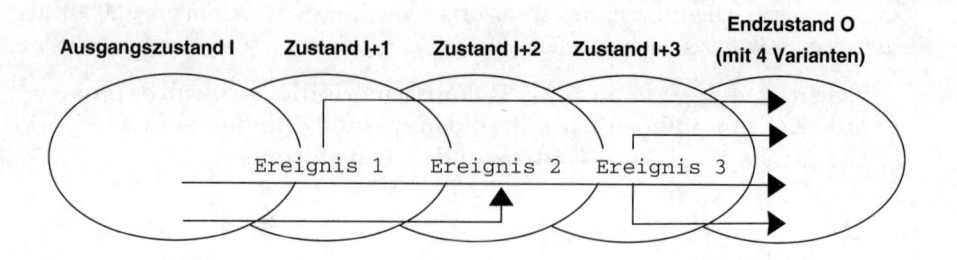

Ausgangszustand I   **Zustand I+1**   **Zustand I+2**   **Zustand I+3**   **Endzustand O (mit 4 Varianten)**

Ereignis 1   Ereignis 2   Ereignis 3

Abbildung 5.3: Strukturdynamik mit Varianten

Ein Strukturdynamik-Modell soll nicht nur *Entstehung*sprozesse, sondern auch *Veränderungs-* und *Reproduktion*sprozesse erfassen.[9] Strukturdynamische Modelle können diese Varianten leicht erfassen. Veränderungsprozesse gleichen, formal gesehen, Neuentstehungsprozessen, da auch bei einer Neuentstehung immer etwas gleich bleibt – im Bologna-Beispiel unter anderem die Nationalstaaten, oder die Verhandlungsplattformen, derer sich die Staatsregierungen bedienen. Analytisch gesprochen ist es also keine absolute, sondern eine graduelle Frage – genauer: eine Frage der Perspektive – , ob man es mit der Entstehung *neuer* Strukturen oder um eine Veränderung bereits bestehender Strukturen zu tun hat. Je höher der Abstraktionsgrad der analytischen Betrachtung ist, desto eher wird man Fortbestehendes erkennen. Anders herum erkennt man immer mehr Neues (oder: Anderes, Verändertes), je umfassender man ein Phänomen beschreibt.[10]

Wichtig ist in diesem Zusammenhang aber die *Reproduktion*. Strukturdynamiken sind eben auch Reproduktionsdynamiken, Prozesse des Gleichbleibens (wobei auch hier gilt: exakt identisch bleibt nichts über die Zeit, und je mehr empirische Details man beschreibt, desto eher wird man doch wieder etwas Neues oder Verändertes finden). Formal lässt sich das aber in obigem Modell sehr leicht ausdrücken: I- und O-Zustand werden als *gleich* gesetzt, $I = O$!

Aber zurück zum Vergleich der empirischen Prozesse. Gerade wenn man verschiedene Prozesse hinsichtlich ihrer Gemeinsamkeiten miteinander vergleicht, wird man auf weitere Schwierigkeiten stoßen. Beispielsweise sind die Prozesse nicht vollständig beschrieben, oder jede Beschreibung bezieht sich auf einen jeweils anderen Ausschnitt als die anderen, lässt Phasen aus, legt ihr besonderes perspektivisches Schwergewicht usw.

---

[9] Eine weitere Variante, die sehr wichtig ist, auf die ich hier aber nicht eingehe, sind *Zerstörungs-* und *Auflösungsdynamiken*. Neuentstehungsprozesse sind in aller Regel übrigens mit Zerstörung oder Auflösung von etwas Bestehendem verbunden. Vollständige Auflösung von etwas ins Nichts und totale Neuentstehung aus dem Nichts kommen empirisch in der sozialen Welt nicht vor.

[10] Die Analyse der Strukturdynamiken ist, wie hier erkennbar wird, eine konstruktivere Variante der eher beschreibenden und eher nur rekonstruktiven Analyse von Pfadabhängigkeiten.

5.1 Die Methodologie

Daher – und um der analytischen Klarheit willen – empfiehlt es sich, eine Baukasten-Arbeitsweise anzuwenden. Die Strukturdynamik wird gedanklich in verschiedene Phasen zerlegt. Sie besteht dann aus einem schrittweisen Übergang vom Initialzustand in Zwischenzustand 1, Zwischenzustand 2 ... Zwischenzustand n, und ganz am Schluss erst in den Outcome-Zustand.

Zwischen den Phasen sollen einschneidende *Ereignisse* rekonstruiert werden. Ein Ereignis markiert eine klare Grenzlinie zwischen zwei Phasen. Ist es einmal eingetreten, ist die vorige Phase beendet und die folgende Phase hat begonnen.

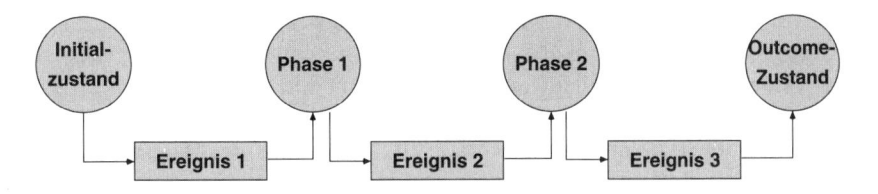

Abbildung 5.4: Strukturdynamik, Präzisionsansicht

Man kann also zunächst einzelne Bausteine rekonstruieren: Etwa nur Phase 2 und Ereignis 2, oder nur Outcome-Zustand und das Ereignis, das zu ihm führte.[11] Anschließend puzzelt man heuristisch, legt also die einzelnen Bausteine versuchsweise zueinander und prüft, ob und unter welchen Gesichtspunkten sie wirklich zu einander passen – so lange, bis man die einzelnen empirischen Prozesse vollständig rekonstruiert hat (oder an Hand eines Prozessmodells wenigstens klar angeben kann, welche Phasen und Ereignisse in der Rekonstruktion fehlen), und anschließend, nach der Analyse auf Gemeinsamkeiten, auch die Strukturdynamik.

Schritt 4b (vgl. Abb 5.4). Rekonstruiere die Strukturdynamik – per „Baustein"- oder „Puzzle"-Verfahren – als eine Abfolge von Phasen, die durch entscheidende Ereignisse getrennt werden.

Bei solcher Rekonstruktionsarbeit kann man bislang noch nicht auf viel Unterstützung aus der sozial- oder erziehungswissenschaftlichen Literatur hoffen. Genauere, explizite Beschreibungen komplexer Dynamiken sind selten.[12] Gleichwohl

---

[11] Die Darstellungsweise ist durch die informatische Darstellungstechnik der Petri-Netze inspiriert.

[12] Prozessmodelle sind zwar – gerade in Erziehungswissenschaft und Pädagogik – verbreitet, sind in der Regel aber nicht systematisch empirisch begründet, sondern normative Konzepte, die Handlungen anleiten sollen; sie entstammen häufig der Management-Literatur. Sozialwissenschaften und Pädagogik haben hier einfach ein Defizit. Verglichen mit den höchst zahlreichen Beschreibungen und klassifizierenden Typologien sowie mit den Erklärungen/Deutungen individuellen Handelns gibt es nur eine verschwindend geringe Anzahl von Theoremen über soziale Strukturdynamiken. Noch seltener gibt es Auskünfte darüber, wie diese Strukturdynamiken

sind (Aussagen über) Strukturdynamiken in verschiedensten Texten mehr oder minder implizit *enthalten*.

Damit ist die Darstellung dessen, was vom Mechanismus *bewirkt* wird, abgeschlossen. Die folgenden Schritte der Mechanismen-Analyse führen nun in den Mechanismus selbst hinein.

5.1.3 Qualitative Faktorenanalyse

Was man zuhauf in empirischen und wissenschaftlichen Texten findet, sind *Wirkungsaussagen*, also Aussagen von der Form: „Dies-bewirkt-das". Allerdings sind diese Aussagen oft nur implizit, sodass der erste analytische Schritt eine Aufbereitung erfordert: die Explikation. Das heißt hier nur, dass man implizite Aussagen über Ursache-Wirkungs-Zusammenhänge – durchaus etwas schematisch – in eine „Dies-bewirkt-das"-Form bringt. Alle Aussagen über Ursache-Wirkungs-Zusammenhänge werden umformuliert und dann systematisch (per Analyse auf Gemeinsamkeiten) einander zugeordnet.

> **Schritt 5 (vgl. Abb 5.5). Expliziere und sammle Wirkungsaussagen in der Form „Dies bewirkt das".**

Solche Aussagen sind aber *nicht* in einem $I \Longrightarrow O$-Schema darzustellen, denn hier handelt es sich nicht um Behauptungen über Prozesse, sondern über Ursachen oder *Faktoren* (bewirkende Einheiten). Deshalb gehört nur die *Wirkungs*komponente („[Dies bewirkt] *das*") der gefundenen Aussagen in die Strukturdynamik herein. Denn die Strukturdynamik ist ja definiert als das, was vom Mechanismus bewirkt ist. Folglich müssen alle „das" aus den „Dies-bewirkt-das"-Aussagen in die Strukturdynamik integriert werden. Die „dies" dagegen bleiben *außerhalb* der Strukturdynamik. Und da oft die Rede von *underlying mechanisms* ist, zeichne ich sie in Schaubildern unter die Strukturdynamik.

Es ist zunächst ganz gleichgültig, welcher Art Wirkungen hier erfasst werden. Insbesondere können es sowohl kausale Wirkungen sein (Antworten auf die Frage: „warum ist das so"), als auch funktionale oder formale Bedingungen der Möglichkeit (Antworten auf die Frage: „wie ist es möglich, dass es so ist?"). Auch ob es bloß Opportunitäten oder deterministische Zwänge sind, ob Motive (Zwecke und Gründe) oder funktionale Erfordernisse – zunächst ist das nicht wichtig, es kann später differenziert modelliert werden, soweit vom Erklärungsproblem her Bedarf besteht.

Wichtig ist, dass die Wirkungsaussagen – sprich: die Faktoren und das von ihnen Bewirkte – der Strukturdynamik systematisch zugeordnet werden, sodass man

---

erzeugt, reproduziert, modifiziert und aufgelöst werden. Das hängt damit zusammen, dass solche Wirkungsgefüge in der sozialen Welt hoch komplex und „fuzzy" (Kron und Winter, 2005) sind, also mit unscharfen, verschwommenen, ineinander übergehenden und ständig im Fluss befindlichen Konturen versehen. Deshalb ist es so schwer, sie in den Griff zu bekommen.

5.1 Die Methodologie

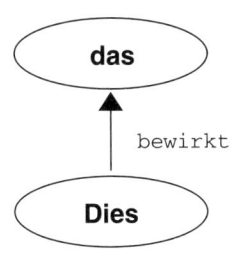

```
     ┌─────┐
     │ das │
     └─────┘
        ▲
        │ bewirkt
     ┌─────┐
     │ Dies│
     └─────┘
```

Abbildung 5.5: Zuordnung eines Faktors zur bewirkten Strukturdynamik

weiß, welcher Faktor auf welche Phase oder auf welches Ereignis einwirkt. Faktoren sind unterschiedlich wirksam: Manche Faktoren wirken nur auf eine Phase der Strukturdynamik ein, andere auf mehrere Phasen, oder sie sind eine Zeitlang inaktiv (wirkungslos), aber – beispielsweise – zu Beginn und am Ende einer Strukturdynamik aktiv (wirksam), wieder andere wirken auf die gesamte Strukturdynamik. Einige Faktoren wirken nur auf Schlüsselereignisse ein, andere auf Ereignisse und Phasen. Wieder andere Faktoren wirken möglicherweise nur auf eine oder zwei der empirischen Varianten der Strukturdynamik ein. Jedenfalls: Alle Faktoren werden der Strukturdynamik, ihren Ereignissen und Zuständen zugeordnet.

Schritt 6. Ordne die Aussagen so, dass sie eine Strukturdynamik ergeben. Respektive: Ordne jeden Faktor präzise bestimmten Stellen der Strukturdynamik zu.

In zahlreichen Texten (und erst recht in empirischen Daten) sind die Faktoren und das von ihnen Bewirkte vermischt. Das liegt nicht nur daran, dass Personen und Autoren häufig Wirkungsannahmen implizit lassen, sondern auch daran, dass die Mechanismen-Analytiker mit einem anderen Erklärungsproblem an diese Texte (Daten) heran gehen, als mit denen, die sich die Autoren/Personen selbst gestellt haben, als sie ihren Text/ihre Aussagen produzierten. Es ist deshalb Aufgabe der Mechanismen-Analytiker, letztlich selbst zu unterscheiden, was sie als Faktor und was sie als Bewirktes auffassen – anders formuliert: Was zum Mechanismus und was zur Strukturdynamik gehört. Diese Zuordnung wird sich im Laufe des Analyseprozesses je nach Kenntnisstand ändern, sie wird erst dann eine relativ hohe Stabilität aufweisen, wenn bei der Analyse der theoretischen Texte und empirischen Daten eine *saturation* im Sinne der *grounded theory* eintritt, also neu hinzu gezogene Texte und Daten keine neuen Informationen mehr hergeben.

Wie gesagt, Faktoren *bewirken* die Strukturdynamik (oder Teile von ihr). Wenn Faktoren aber etwas bewirken können, dann muss es zumindest theoretisch möglich sein, dass sie mit diesem Bewirken auch *aufhören* können. Man wird einen Faktor also so rekonstruieren, dass er entweder die Strukturdynamik *bewirkt* (befördert) oder sie, gerade im Gegenteil, *stoppt* oder unterbindet. Denkbar ist schließlich auch, dass ein Faktor zumindest phasenweise *neutral* ist, also nicht auf die Strukturdynamik einwirkt.[13]

Abbildung 5.6: Faktoren-Ampel

In der Modellierung eines Faktors sollen diese drei Zustände explizit berücksichtigt werden. Als veranschaulichendes Symbol kann man sich hier eine Ampel vorstellen: Jeder Faktor ist so zu rekonstruieren, dass er von „rot = stoppt die Strukturdynamik" über „gelb = beeinflusst die Strukturdynamik nicht" zu „grün = befördert die Strukturdynamik" changieren kann. Ist der Faktor auf seine „grüne" Ausprägung gestellt, so erzielt er volle dynamisierende Wirkung auf die Struktur. Die gegensätzliche „rote" Einstellung soll den Faktor dagegen voller bremsender Wirkung zeigen. Die „gelbe" Ausprägung erzeugt keine Wirkung auf die Strukturdynamik.

**Schritt 7 (vgl. Abb 5.6).
Konstruiere für jeden Faktor mindestens Ausprägungen: (a) volle befördernde Wirkung auf die Strukturdynamik, (b) ohne Einfluss auf Strukturdynamik, (c) volle bremsende Wirkung auf die Strukturdynamik.**

Um Missverständnisse zu vermeiden: Ein Faktor ist in der Regel ein komplexes Gebilde aus unterschiedlichen Komponenten, für das die Darstellung als „Ampel" recht armselig zu sein scheint. So besteht etwa ein Faktor für die Entstehung des Bologna-Prozesses im Verhältnis, in dem zahlreiche Nationen am globalen Vermögen teilhaben, *und* in der Geschwindigkeit, in der sich diese Teilhabeverhältnisse wandeln, *und* darin, wie viel Macht einzelne Staaten im Verhältnis zu ihrem Staatenbündnis haben, *und* in ihrer Wahrnehmung ihrer Position in dem globalen Vermögensgefüge. Dennoch rechtfertigt sich ihre Darstellung als Ampel: weil es eben gemäß Erklärungsproblem um die Frage geht, ob sie die Strukturdynamik antreiben oder hemmen. „Ampelförmig" sind die Faktoren also nur im Verhältnis zur Strukturdynamik – wie sie überhaupt nur in diesem Verhältnis als Faktoren wirken – und nicht in irgendeiner substanziellen Weise „an sich".

---

[13] Was sich gegenüber der gesamten Strukturdynamik neutral verhält, ist (relativ zu ihr) kein Faktor. Dies will aber genau analysiert sein: Wie Unterlassungen es erst ermöglichen, dass etwas bestimmtes geschieht, so kann es auch sein, dass es Phänomene in der sozialen Welt gibt, die eine Strukturdynamik dadurch ermöglichen, dass sie *gerade nicht auf sie einwirken*. Dies wäre dann ein Faktor, der die „Stopp-Ausprägung" im folgenden Schaubild angenommen hat.

5.1 Die Methodologie

Findet man derart komplexe Faktoren, so ist es notwendig, sie analytisch genau zu beschreiben. Diese Beschreibung soll die Komplexität der empirischen Wirklichkeit erhalten bleiben[14], aber *zusätzlich* interessiert im Rahmen der Mechanismen-Analyse präzis, inwiefern (und wann) dieser Faktor die Strukturdynamik befördert oder stoppt. Diese eindimensionale Darstellung, die *ausschließlich bezogen* auf die Strukturdynamik sinnvoll ist, sieht dann nach den üblichen dünnen Abstraktionen traditioneller Wissenschaft aus. Aber die Mechanismen-Analyse strebt es an, so viele Informationen zu sammeln, dass sie bei Bedarf in einen Faktor gewissermaßen hinein zoomen und zeigen kann, aus welch vielfältigen internen Wirkbeziehungen er besteht.

Die Ampel ist freilich auch insoweit eine simplifizierende Darstellung, als sie verschleiert, dass es sich bei Faktoren um *(negativ) dialektische Relationen* handelt.[15] Dies soll in diesem Absatz nur kurz angedeutet werden. Zunächst gibt es nicht bloß drei Ausprägungen, sondern jeder Faktor ist, wenn man genauer hinschaut, eine stufenlose Skala zwischen den Extrempolen „stoppen" und „fördern" (dies brachte Wiesenthal (2000) auf den Gedanken, sie in Form von stufenlos pegelbaren „Schiebereglern" zu konzipieren, und von dieser Vorstellung hat die Mechanismen-Analyse gelernt). Aber man kann noch genauer hinschauen, und dann stellt man fest, dass man die Extreme über sich hinaus treiben kann, worauf hin ihre Wirkung auf die Strukturdynamik in ihr Gegenteil umschlägt: Würden EU, Nationalstaaten und OECD beispielsweise aggressiv und geschlossen kommunizieren – was sie nicht tun – dass das Bildungssystem *einzig* den Zweck hat, *vollständig* für Zwecke des *rein* ökonomischen Wettbewerbs funktional zu werden, dann wäre abzusehen, dass die Strukturdynamik, die zum Bologna-Prozess führte und ihn noch antreibt, gehemmt würde, weil dann vermutlich doch Gegenkräfte aktiviert würden. Außerdem kann ein Faktor *gleichzeitig* in die fördernde und in die hemmende Richtung wirken, was dann im Effekt allerdings auf seine Neutralität hinaus läuft.

Gegen Ende der Analyse sollte es jedenfalls möglich sein, die jeweilige Einstellung *aller* Faktoren in *jeder* Phase und bei *jedem* Ereignis der Strukturdynamik darzustellen. Man erhält praktisch eine Art Faktoren-Polaritätenprofil für jede Phase und jedes Ereignis. Im folgenden Schema in Abb 5.7 sind nur die Phasen, nicht die Ereignisse dargestellt. Die fünf Faktoren sind jedes Mal dieselben (es sind also nicht fünfzehn), einige ändern bloß ihre Ausprägung.

Auf „gelb", also neutral, gestellte Faktoren sind diejenigen, die man in der Analyse am ehesten übersieht, weil sie ja – so lange sie gelb stehen – *nichts* an der Strukturdynamik bewirken. Deshalb kann es auch keinen Faktor geben, der in allen

---

[14] *In praxi* stellt sich das Problem freilich eher anders herum: Man erhält meistens sehr stark reduktive und selektive Informationen, sodass die rekonstruierten Faktoren und Dynamiken von daher schon recht simpel und oberflächlich aussehen. Es bleibt dann nichts übrig als nach weiteren theoretischen Modellen zu fahnden und vor allem weiter empirisch zu forschen.

[15] Negativ, weil die beiden polaren Ausprägungen des Faktors nicht in eine synthetische Position umschlagen.

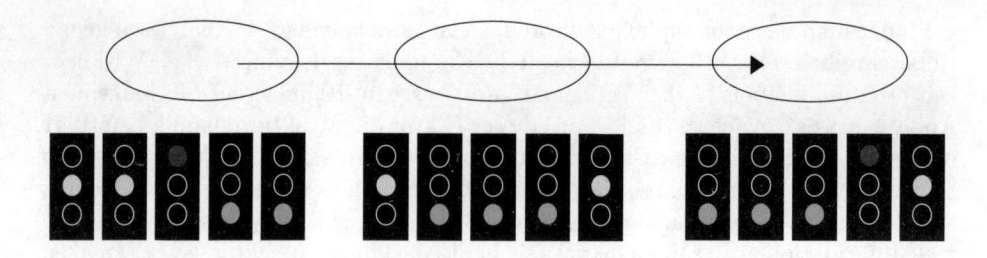

Abbildung 5.7: Faktoreneinstellungen für die Phasen einer Strukturdynamik

Phasen und Strukturdynamiken auf gelb steht – denn dieser würde die Strukturdynamik *nie* beeinflussen und damit nicht als Faktor gelten.

Oben, unter Schritt 6, wurde dargestellt, dass eine vollständige Mechanismen-Analyse verschiedene empirische Verlaufs-Varianten der Strukturdynamik erfassen muss. Diese Aussage kann nun präzisiert werden: Durch die qualitative Faktoren-Analyse wird deutlich, *welche Faktoren* dafür verantwortlich sind, dass eine andere empirische Variante eingeschlagen wird. In der Abbildung 5.8 sind es der zweite von oben und unterstützend der unterste.

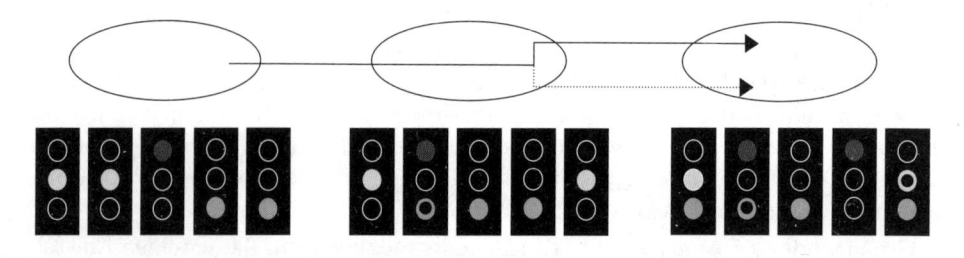

Abbildung 5.8: Faktoreneinstellungen für eine empirische Variante der Strukturdynamik

Schritt 8. Konstruiere für jede Phase und jedes Ereignis der Strukturdynamik ein „Faktoren-Polaritätenprofil". Zeige, wie durch Veränderung der Faktoren-Einstellung verschiedene Varianten der Strukturdynamik eintreten.

5.1.4 Von den Faktoren zum Mechanismus

Damit ist dieser Text beim Mechanismus angelangt. Eingangs wurde der Mechanismus bestimmt als ein transintentionales Phänomen. Jetzt, gegen Ende der Analyse, sind seine Komponenten bekannt – die Faktoren – und nun kommt es darauf an, aufzudecken, wie die Faktoren miteinander zusammenhängen.

Schritt 9. Analysiere die Faktoren auf Gemeinsamkeiten ihrer Komponenten und rekonstruiere ihre Relationen zueinander.

Dieser Schritt bedarf einer *Komponentenanalyse*. Die Faktoren selbst werden nun „aufgeknackt" und in ihre Bestandteile zerlegt. Dann kann man Gemeinsamkeiten besser erkennen. Wenn man etwa einen Faktor „Einschätzung der EU-Staaten, welche Position sie im globalen Wettbewerb einnehmen", mit einem Faktor „Verhältnis der Staatsregierungen zu Landesregierungen hinsichtlich bildungspolitischer Ziele" vergleicht, sind Gemeinsamkeiten erst einmal nicht zu erkennen. Das ist auch gut so, es zeigt, dass die Faktoren trennscharf sind.

Zerlegt man die Faktoren aber, dann kann man sehen, dass es beide Male (a) um Positionen geht – Ziele hängen, wenn man sie analysiert, eng mit Positionen zusammen – , die (b) Akteure (c) relativ zueinander einnehmen, und (d) um – eben – erwünschte Ziele, die anzustreben sind, und mit denen (e) die Position (mal die eigene, mal die der anderen) nicht überein stimmt. Dies ist ein Zusammenhang zweier Faktoren. Weitere Zusammenhänge zwischen den anderen Faktoren sind zu finden, und es ist zu finden, wie die Faktoren einander beeinflussen und wechselwirken – etwa: wenn Nationalregierungen ihre Position im globalen Wettbewerb verbessern wollen, schließen sie sich zusammen und setzen sich mit vereinten Kräften über binnenstaatliche bildungspolitische Opponenten hinweg.

Wenn dieser Schritt durchgeführt ist und alle Relationen *zwischen* den Faktoren rekonstruiert sind, dann ist der Mechanismus vollständig bekannt. Allgemein lässt sich also formulieren: Ein sozialer Mechanismus besteht aus den Faktoren, die eine spezifische Strukturdynamik bewirken, und aus den Relationen zwischen diesen Faktoren. Die Relationen sind dabei ebenfalls Wirkungsbeziehungen, d. h. die Faktoren wechselwirken miteinander, wirken zusammen (und erzeugen durch ihr Zusammenwirken die Strukturdynamik) und teilweise auch gegeneinander. Kurz: *Ein sozialer Mechanismus ist besteht aus Wirkbeziehungen zwischen Faktoren, die zusammen eine spezifische Strukturdynamik bewirken.*

Der Kern eines Mechanismen-Modells, ohne Strukturdynamik, sieht folglich in etwa so aus wie in Abbildung 5.9. Die Kästchen sind Faktoren (quer liegende Ampeln); ihre Länge deutet darauf hin, an welchen Stellen sie auf die hier nicht eingezeichnete Strukturdynamik wirken.

Der Aufwand, dessen es bedarf, um zu einem vollständigen Mechanismen-Modell zukommen, ist nach bisherigen Erfahrungen auf ein typisches zweijähriges Forschungsprojekt zu veranschlagen – jedenfalls dann, wenn es sich um eine „normal" komplexe Strukturdynamik handelt und um ein wirklich rätselhaftes Erklärungsproblem.

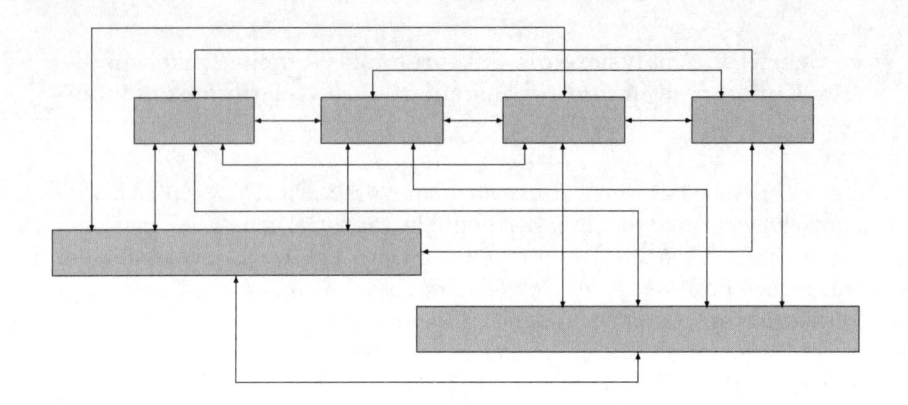

Abbildung 5.9: Mechanismen-Modell ohne Strukturdynamik.

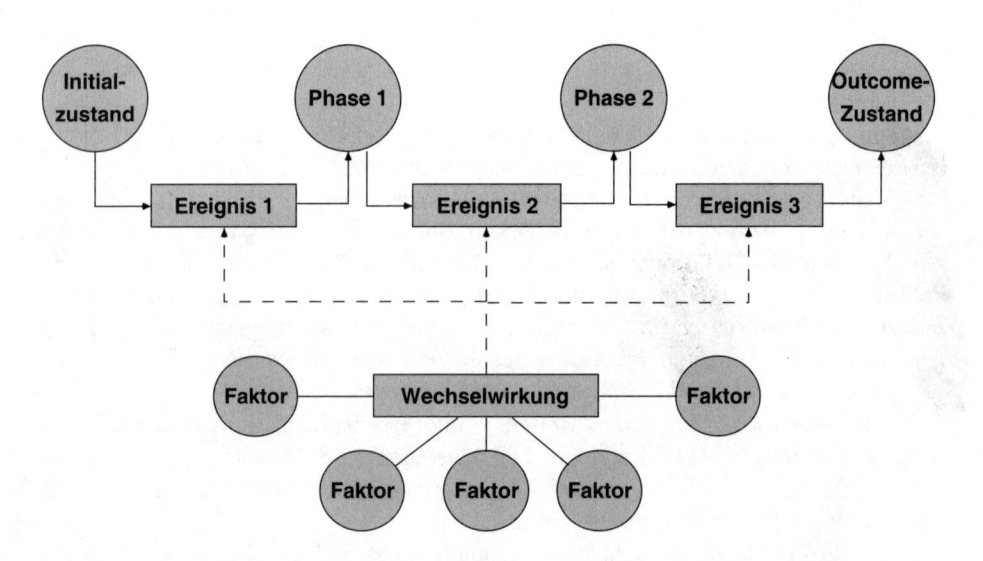

Abbildung 5.10: Vollständiges, vereinfachtes Mechanismen-Modell

5.1.5 Veränderungsmöglichkeiten: Mechanismen-Analyse als Optionenheuristik

Wenn es möglich ist, alternative Verläufe und ihre Abzweigpunkte zu identifizieren, und wenn es möglich ist, die Einstellungen von Faktoren zumindest gedanklich zu manipulieren, dann ist es auch möglich, solche Varianten auszuprobieren, die es empirisch *nicht* gibt. Im Modell können Faktoren nicht nur verschieden eingestellt oder „gepegelt" werden, sondern auch *entfernt, ersetzt/ausgewechselt, umgestaltet oder hinzugefügt*. Damit erzeugt man verschiedene Optionen nicht nur historischer, sondern auch künftiger, anderer Möglichkeiten: Optionen, die sich aus gezielten Eingriffen in den sozialen Mechanismus ergeben.

> **Schritt 10. Finde Gestaltungsoptionen, indem du (a) die Faktoren unterschiedlich pegelst und (b) Faktoren entfernst, hinzufügst, modifizierst oder ersetzt.**

Ein solches Umgestalten wird in der empirischen Wirklichkeit allerdings ungleich schwerer fallen als in dem Modell. Mit Hilfe von Mechanismen-Modellen wird sich vorzugsweise zeigen lassen, *wie schwierig* das „Drehen" an sozialen Mechanismen ist. Denn selbst wenn die Modelle, sofern sie auf hoher Abstraktionsstufe verfasst sind, einfach aussehen, so steckt doch der Teufel im Detail, in diesem Fall: in den Faktoren und ihren Relationen. Jeder einzelne Faktor ist ja in der Regel eine komplexe soziale Struktur, das gilt erst recht für die Konstellation aller Faktoren. Und dann handelt es sich bei diesen mechanismischen Strukturen, wie eingangs betont, in der Regel um eingeschliffene, transintentionale und weit verbreitete Strukturen, die in der Regel nur in kollektiver Anstrengung gezielt geändert werden können. Und kollektive gezielte Anstrengungen sind nicht leicht und nicht zahlreich „mal eben" anzuregen und durchzuhalten.

Insofern eignen sich Mechanismenmodelle, sofern sie empirisch und theoretisch begründet sind, vermutlich hervorragend zur Kritik gängiger Reform- und Managementkonzepte, zur Orientierung über unnütze oder gegenstandslose Veränderungsversuche, aber wohl weniger gut zu genauen Angaben darüber, was nun genau anders zu machen wäre. Realistisch gesehen, waren Sozial- und Erziehungswissenschaft hier aber immer auf die Praxis und ihre Kreativität angewiesen.

Dennoch: Ein Mechanismen-Modell ist ein Instrument zur qualitativen Optionenheuristik. An Hand experimenteller Veränderungen der Faktoren-Profile – in symbolischen Experimenten, also Gedankenexperimenten und Computersimulationen – können nicht realisierte Entwicklungsalternativen sowie nicht bedachte Varianten klar heraus gearbeitet werden. Mit solchen Optionen wird deutlich, welche ändernden Eingriffe in den Mechanismus grundsätzlich möglich sind – und welche nicht.

5.2 Erklärungsmodelle, die die Mechanismen-Analyse anregten

Dieser Abschnitt fasst einige materiale Studien zusammen, die Anregungen zur vorgelegten Methodologie gaben. Teilweise werden die Erklärungsmodelle, die diesen Studien entnommen wurden, bereits in Mechanismen-Form reformuliert, teilweise sind sie selbst bereits so formuliert und werden hier nur kursorisch zusammengefasst wiedergegeben. In keinem Fall handelt es sich um vollständig durchanalysierte Mechanismen-Modelle. Es soll hier nur gezeigt werden, wie es ungefähr aussieht, wenn aus bestehenden Theorien Erklärungsmodelle in mechanismischer Form herausdestilliert worden sind. Freilich nur in einem ersten Schritt.[16]

Die analytischen Kommentare, die jedem Modell beigefügt sind, sprechen jeweils an, welcher nächste analytische Schritt nun anstünde, und wie das rekonstruierte Modell zu bewerten ist. Ich hoffe, dass aus diesen Kommentaren zugleich noch einmal die Qualitäts- und Urteilskriterien implizit deutlich werden, die eine Mechanismen-Analyse an ihre Modelle anlegt.

Den Lesenden schlage ich vor, die Modelle vor dem geistigen Auge einmal auf das Bildungssystem anzuwenden (bis auf die beiden letzten, die dem Bildungssystem entstammen). Damit können sie eine erste Plausibilitätsprüfung vornehmen für die Frage, wie sinnvoll es ist, theoretische Erklärungsmodelle als analytische Instrumente für die Bearbeitung von Erklärungsproblemen *unabhängig von ihrem Entstehungskontext* einzusetzen und zu kombinieren.

5.2.1 Logik der bürokratisch organisierten Vernichtung (Bauman)

Zygmunt Bauman (1990) erklärt in seiner „Dialektik der Ordnung", wie die bürokratisch organisierte Vernichtung der Juden im Dritten Reich geschehen konnte, ohne dass sie nennenswerten Widerstand hervor rief, sondern im Gegenteil unter tätiger Beteiligung großer Kreise einer bis dato harmlos erscheinenden Bevölkerung. Bringt man seine Erklärung annähernd in die Form eines Mechanismen-Modells, so sieht das wie folgt aus.

(1) Der erste Faktor klingt noch relativ harmlos. Er besagt, dass Handlungen regelbestimmt sein und Aufgaben exakt zugewiesen werden müssen, sodass die gesamte Praxis Routinesache werden kann. (35)[17] Der Akteur führt seine Handlungen dann im Normalzustand der Gedankenlosigkeit aus.

---

[16] Hier können selbstverständlich nicht alle „Vorbild"-Theorien und -Modelle aufgeführt werden. Wenigstens erwähnt werden sollen noch Popitz, Bourdieu, Dörner („Logik des Misslingens"), Schimanks Auffassung von Strukturdynamiken (Schimank, 2000) und die ältere Kritische Theorie (Adorno, Horkheimer, Marcuse) als wesentliche Wegbereiter der hier vorgeschlagenen Variante der Mechanismen-Analyse.

[17] Seitenzahlen ohne weitere Angaben beziehen sich in diesem und den folgenden Abschnitten auf das jeweils eingangs des Unterabschnitts genannte Werk.

(2) Die Handlungen innerhalb dieser routinierten Praxis werden von ihren Konsequenzen getrennt. Dies kann geschehen entweder dadurch, dass die kausalen und funktionalen Verknüpfungen dieser Handlungsketten sehr lang und verzweigt angelegt werden, oder durch Zwischenschaltung abschirmender dritter Personen zwischen Handlung und Konsequenz, oder durch die Zwischenschaltung einer abschirmenden Technologie, bei der man nur mehr auf Knöpfe und Tastaturen drückt – jedenfalls wird die Konsequenz einer Handlung aus der Wahrnehmung des Handelnden heraus gefiltert. (38-40) Die Handlungen, die ein einzelner Akteur dann vollzieht und überblicken kann, werden an sich (und damit für ihn) sinnlos – ihren Sinn erhalten sie erst als Teil eines größeren Funktionszusammenhangs, den der Akteur aber nicht mehr überblickt. (115-116)

(3) Die garantierte alleinige Verantwortung für die Konsequenzen von Handlungen übernimmt nicht der Handelnde selbst, sondern sein jeweiliger Vorgesetzter. (35-36) Dies setzt voraus, dass (a) eine hierarchische Organisationsstruktur besteht, in der (b) konkurrierende Autoritäten eliminiert sind und auch nicht auftauchen, insbesondere der Handelnde selbst und sein Gewissen, und (c) dass die gestaffelte Autorität geschlossen auftritt. (36, 179-180) Der jeweils Vorgesetzte wird zur einzigen Instanz, die die Handlungen des untergebenen Akteurs beurteilt und die Eignung und Leistung des Akteurs für diese Handlungen selbst bewertet. (174-175) Dieser führt deshalb selbstverständlich (!) auch Handlungen aus, die ihm falsch erscheinen. (36)

(4) Der Effekt der ersten drei Faktoren ist, dass die Loyalität und Pflichterfüllung aller Akteure innerhalb des Autoritätssystems auf die Reproduktion dieses Autoritätssystems (und die der Vorgesetzten!) ausgerichtet sind. Denn erstens: jede einzelne Handlung, von ihrer Konsequenz getrennt, wird rein am Grad ihrer Loyalität – und das heißt: ihrer *Funktionalität*, ihrer technischen Effizienz, ihrer optimalen Ressourcennutzung – bemessen. Entstehende Probleme ziehen nicht eine Besinnung auf Zweck und Funktion der Handlung, sondern technische Prüfungen und Verbesserungen nach sich. Das Selbstwertgefühl und das Gewissen der Handelnden beziehen sich denn auch auf die vom Vorgesetzten beurteilte technische Qualität ihrer Handlungen und auf die Erfüllung von Vorschriften. (116, 175, 209-210)

Zweitens: Verantwortung für den *Gesamtprozess* des Autoritätssystems und für die Konsequenzen seiner Handlungen übernimmt niemand mehr. Die Vorgesetzten haben es in ihren Anweisungen nur mit abstrakten Worten und Vorstellungen zu tun, sodass die Konsequenzen ihrer Anweisungen für sie eigentümlich unsichtbar bleiben. Die Untergebenen sehen sich jeweils als „schuldlose" ausführende Instrumente. Verantwortung lässt sich nicht mehr dingfest machen. (39, 176) Drittens: Alle Akteure üben sich ständig darin, ihre Handlungen unter Verleugnung eigener Impulse und Gedanken auszuüben. (36)

(5) Damit sind Grundsteine einer Apparatur gelegt, die es möglich macht, systematische Massenvernichtung von Menschen zu organisieren. Hinzu tritt nun die

Ausgrenzung der Opfer, die zu Objekten dieser Vernichtung werden. Sie beginnt mit der Definition eines Kreises von Personen, die einander eine spezielle Beziehung zu einer Gottheit oder einer geheiligten Macht unterstellen und auf dieser Basis eine wechselseitige Schutzverpflichtung eingehen. (41) Für diesen Kreis werden moralische Regeln aufgestellt, die außerhalb des Kreises nicht mehr angewendet werden.

Gleichzeitig werden Personen, die aus diesem Kreis ausgegrenzt sind, erfasst, definiert, und dann durch verschiedene Methoden dehumanisiert: (a) durch räumliche Aussperrung aus dem Gesichtskreis der „Normalen", die Entpersönlichung ist insgesamt umso erfolgreicher, je weniger noch von den Opfern im Alltagsleben zu sehen ist (204), (b) durch Quantifizierung und Monetarisierung – die Ausgegrenzten erscheinen nur noch als Mengen und als Kostenquanten – , und (c) durch die Funktionalisierung eines Teils von ihnen als Dienstleistungsklasse, die ungeliebte Polizei- oder Verwaltungsaufgaben zu übernehmen gezwungen wird, dabei begrenzte (aber immer systemkonforme) Entscheidungsfreiheit und Verwaltungsmacht gegenüber ihresgleichen eingeräumt bekommt und somit eine Schutzgürtel- und Blitzableiterfunktion für die Machthaber übernimmt. (35-37, 40-41, 118-119, 148-149)

Der Eigensinn der Ausgegrenzten, ihre Belange und Bedürfnisse, ihre Sperrigkeit oder Widerspenstigkeit, ihre Menschlichkeit – sie zählen schlichtweg nicht mehr; alle Eigenbestrebungen der Ausgegrenzten erscheinen allenfalls noch als Störfaktor im bürokratischen Betrieb, die zu „beheben" sind. (118) Wenn es „gelungen" ist, die Opfer soweit zu dehumanisieren, dass sie auch körperlich kaum mehr Menschen gleichen – weil sie dahin siechen, krank, elend, verdreckt, ausgemergelt sind – dann kann die Tötung schon als Akt der Humanität, als Erlösung aus einem elenden Dasein erscheinen. (206)

(6) Jetzt setzen Verstärkereffekte ein, die eine Dynamik der Abweichungsdämpfung ergeben. So haben alle am Autoritätssystem Beteiligten zunächst nur lauter kleine, für sich jeweils harmlos scheinende Handlungs-Schritte ins System hinein gemacht, die mit geringen Gewissenskonflikten verbunden waren. Allein durch Eingehen informeller wechselseitiger Verpflichtungen und durch das schiere Wiederholen von Handlungen verknüpfen sie sich mit dem System.

Wird nun eine Grenze überschritten, an dem der angerichtete Schaden und das verübte Leiden nicht mehr übersehen werden kann, befinden sich die Akteure bereits an einem Punkt, an dem sie ihre ganze Handlungsgeschichte – und damit einen nicht geringen Teil ihrer Wertmaßstäbe und ihrer Identität – in Frage stellen und revidieren müssten, wollten sie aus ihrem Verbrechen aussteigen. Aber durch diesen Ausstieg gewännen sie kein reines Gewissen zurück, im Gegenteil, sie würden sich endgültig eingestehen, moralisch verwerflich und falsch gehandelt zu haben: „Der Täter kann sich nicht reinwaschen, ohne sich gleichzeitig anzuschwärzen." (173) Sie würden zudem aus der Gemeinschaft ihrer Mittäter aussteigen müssen, der oft größten oder gar einzigen Solidarität, die sie haben; sie würden Gegenleistungen für ihre Investitionen verlieren *und* die Sicherheit, die einem die Routinen und die Autoritäten verliehen haben, ohne dafür neue Leistungen und Routinen und Autoritäten zu erhalten. (172-173; 178-179)

So kommt es, dass gerade die Erkenntnis, gemeinsam zu Tätern geworden zu sein, die Täter noch stärker in wechselseitiger Verpflichtung und Solidarität zusammenschweißt, und sie ihre Opfer erst recht isolieren und für den ihnen zugefügten Schaden selbst verantwortlich macht. (142, 171)

Analytischer Kommentar Auch wenn Zygmunt Baumans Analysen narrativ angelegt sind, zeigt sich an ihnen ihr analytisches Potenzial, wenn man sie einmal in Form einer qualitativen Faktorenanalyse rekonstruiert. Von dieser Stufe aus könnte die Strukturdynamik, also der Aufbau dessen, was sich schließlich als Vernichtungsprozess vollendet, deutlicher von den Faktoren getrennt werden, und die Faktoren selbst könnten hinsichtlich ihrer hemmenden und fördernden Auswirkungen auf diese Dynamik (in Ampelform) formalisiert werden und schließlich auf ihre internen Wechselbeziehungen untersucht.

Es ist meines Erachtens leicht sichtbar, dass sich das Modell bereits auf dieser Stufe heuristisch auf andere empirische Felder beziehen ließe und dort Erklärungspotenzial entfalten könnte – ganz sicher gehört hier auch das Bildungssystem zu diesen Feldern. Gleichzeitig ließe sich das Modell mit anderen Modellen auf Gemeinsamkeiten analysieren und zu komplexeren Modellen erweitern. Um dies tun zu können, wäre es aber nicht sinnvoll, es nun gleich weiter in mathematische Formalisierung zu treiben – dann ginge zu viel Information, zu viel Sinngehalt verloren. (Deswegen sind Petrinetze hier eine gute Zwischenlösung, weil sie den Sinn mittransportieren, zumal sie zu *Verständniszwecken* generell auf textliche Erläuterungen angewiesen bleiben.)

5.2.2 Dynamik der Enttäuschungs-Verarbeitung und Team-Mechanismus (Sennett)

Richard Sennett (1998) liefert in seinem „flexiblen Menschen" ebenfalls Beispiele dafür, wie eine narrativ und hermeneutisch angelegte Analyse gleichwohl einen analytischen Kern aufweist, der in ein theoretisches Erklärungsmodell überführt werden kann, das seinerseits heuristisch auf weitere empirische Felder angewendet und mit weiteren Erklärungsmodellen verknüpft werden kann. Ich greife zwei Beispiele heraus.

Eine *Strukturdynamik* rekonstruiert Sennett (1998, 169-178) an entlassenen IT-Arbeitern; seine Fragestellung ist, wie diese Arbeiter ihre Entlassung in gemeinsamen Gesprächen, die über längere Zeit laufen, verarbeiten. Phase I besteht demnach im Entwickeln einer Verschwörungstheorie: das Unternehmen hätte sie bewusst betrogen und über seine Absichten im Unklaren gelassen; der Modus der Verarbeitung ist eine allgemeine Anklage und moralische Empörung. In Phase II dagegen schwenken die Arbeiter um und stellen sich an die Seite des Unternehmens, nun machen sie äußere – ausländische – Kräfte, die das Unternehmen unter Konkurrenzdruck setzen, für die Entlassungen verantwortlich, und der Modus ihrer Verarbeitung ist protektionistisch. In Phase III schließlich üben sie Selbstkritik und Kritik an den Bedingungen, unter denen Unternehmen handeln, die sie auch differenzierter sehen; ihre Reaktion darauf ist eine Reflexion auf die Ziele, Wahlmöglichkeiten, die professionellen Standards und die beruflichen Entwicklungen, die ihnen offen stehen oder nicht offen stehen und die sie anstreben wollen oder nicht. Dies ist verbunden mit einem enttäuschten Rückzug aus offiziellen Funktionen (in der Kommune) und einer „Kehr nach innen".

Eine Art qualitativer *Faktorenanalyse* nimmt Sennett (1998, 144-154) an der Teamarbeit in Unternehmen vor. Er diagnostiziert: Die *Teams* in Firmen verdrängen die wirkliche soziale Praxis und ihre Strukturen zu Gunsten einer symbolischen Scheinwelt (ebd. 145). Zwei Faktoren lassen sich aus Sennetts Schilderungen ableiten:

(1) Aus Teams wird die Führung oder Leitung, die dazu steht, Zwang ausüben zu können abgezogen; sie wird in vermittelnde Moderation umgewandelt. Anstelle des Zwangs von oben tritt dann ein wechselseitiger kollegialer Druck. Resultat ist, dass das moderierende Management dann nicht mehr für seine restrukturierenden und reorganisierenden Handlungen sowie dessen Folgen verantwortlich gemacht wird und sie nicht mehr rechtfertigen muss. – Dies aber ist eine Verschleierung der Autoritätsverhältnisse. Denn alle Maßnahmen geschehen auch weiterhin „im Interesse der Bilanz" und nicht im Interesse der Mitarbeiter; sie dürfen „weder das grundsätzliche Wesen des Produktionssystems verändern noch die Organisation der betrieblichen Machtstruktur bedrohen." (152)

(2) In Teams werden „harte Tatsachen", das sind „schwierige, umstrittene, persönliche" Themen, ausgespart und nicht ausgesprochen. Die Personen thematisieren ihre eigenen Arbeitverhältnisse zueinander und zu den sie umgebenden Teams, Akteuren und Unternehmensbereichen nicht. Die Tatsachen, dass Angestellte miteinander konkurrieren (müssen), oder dass Arbeitnehmer und Vorgesetzte Gegenspieler sind, dass es interne Machtkämpfe und Konflikte gibt, werden verschwiegen. Jede Verpflichtung und Involvierung wird im *talk* abgelehnt. Stattdessen sind Ideen, Gerüchte, Spekulationen und Klatsch, vor allem über firmenexterne Konkurrenten, Gesprächsinhalt. So wird die Fiktion erzeugt, dass „unser Team" gegen Teams anderer Firmen spielt. Dies erzeugt einen oberflächlichen, scheinbaren Zusammenhalt der Teams. Die Personen begegnen einander in „durchgehaltene[r] Schauspielerei" hinter „Masken der Kooperation" wie dem gewinnbringenden Lächeln (150). Ähnliches gilt für das Verhältnis der Firmenmitarbeiter zu Kunden. Auch dort geht es viel eher darum, „den Angestellten auf Freundlichkeit zu trimmen, als ihn dazu zu bringen, wirklich auf die Anliegen der Kunden einzugehen." (151) Die Spitzenpositionen im Unternehmen und deren Inhaber werden dadurch

gestärkt – weil die Personen sich selbst und einander durch ihre Oberflächlichkeit schwächen.

Analytischer Kommentar Diese Formulierungen, hier bereits stark verdichtet, haben noch nicht die Präzision von Rational Choice-Theoremen und auch nicht die Luzidität systemtheoretischer Entwürfe. Aber sie bewahren etwas auf, was man in diesen beiden Theorierichtungen selten findet: den Anschluss an ein praktisches Phänomen, das *als solches* analysiert wird, und nicht als ein an sich gleichgültiges Beispiel zur Illustration der Theorie oder der logischen Formalisierungskünste einer Methodologie. Diese Empiriehaltigkeit ist ein Kennzeichen dessen, was hier als Mechanismen-Analyse entworfen wird; wenngleich komplexe Mechanismen-Modelle auch nicht mehr so nah an typischen Situationen sich bewegen werden. Die Empirie bringt auch Urteils- und Kritikverhältnisse ins Spiel: Die Möglichkeit von Betrug, Ausbeutung und Vernichtung spielt hier und bei Bauman eine Rolle, und dies ist eine sozusagen alltagspolitische Dimension, die in kategorial geschlossenen Großtheorien und in individualistischen Methodologien nahezu aufgelöst wird.

Freilich ist Sennetts Strukturdynamik rein beschreibend, er sucht nicht nach Faktoren, die für ihr Prozessieren verantwortlich sind. Eine Mechanismen-Analyse täte außerdem gut daran, ein paar mehr empirische Fälle in die Analyse einzubeziehen. Auch Sennetts Faktoren für die Erzeugung einer Scheinwelt in Teams sind recht unausgegoren, und beispielsweise kommt einem hier die neoinstitutionalistische Unterscheidung zwischen *talk* und *action* beziehungsweise die Entkopplungsthese in den Sinn – hier lägen also wiederum wechselseitige Ergänzungen dieser Erklärungsmodelle nahe. Aber was hier gegeben ist, sind erste Ansätze für theoretische Erklärungsmodelle, die empirisch basiert und auf bestimmte empirisch-praktische Phänomene zugeschnitten sind – Modelle mittlerer Reichweite. Genau solche Modelle sucht der *mechanism based approach*.

5.2.3 Konflikt-Eskalations-Dynamik (Thiel)

Eine neuere Publikation, in der eine Strukturdynamik auf hohem Generalisierungslevel beschrieben wird, stammt von Ansgar Thiel (2003, 76) und betrifft die Eskalation sozialer Konflikte. Diese Eskalationsdynamik weist folgende sechs Phasen auf:

(1) Ein Widerspruch wird kommuniziert. Dadurch, dass eine Kommunikation der Konfliktpartei A von einer Konfliktpartei X abgelehnt wird, wird Erwartungsunsicherheit erzeugt, die Ablehnung wird von A ihrerseits abgelehnt. (2) Ein Konfliktsystem stabilisiert sich, an dem A und X beteiligt sind. Die Erwartungsunsicherheit wird nun konfliktspezifisch, die Strukturen des Konfliktsystems werden generalisiert – das heißt, sie überlagern andere wichtige Trennlinien und Gemeinsamkeiten – , Images der Konfliktgegner und des Konflikts werden erzeugt. (3) Das Konfliktsystem inkludiert immer mehr Personen; vormals getrennte Akteure

gehen konfliktbezogene Koalitionen ein, neue Themen werden in den Konflikt integriert. (4) Die Konfliktparteien fahren verstärkte Angriffe aufeinander, drohen einander, versuchen einander zu demaskieren. (5) Begrenzte wechselseitige Schädigungen finden statt. (6) Existenziell bedeutsame Ressourcen der Konfliktparteien werden im Konflikt vernichtet, die Vernichtung des Gegners wird zum Preis der Selbstvernichtung angestrebt.

Als Faktor veranschlagt Thiel die Gewinn-und-Verlust-Bilanz der Konfliktparteien. Der Gewinn für beide Parteien, wenn sie auf Kooperation umschalten würden, wäre in Phase 1 bis 3 größer als die Konfliktinvestition beider Parteien, ab Mitte der Phase 3 bis Phase 4 größer als die Konfliktinvestition einer Partei, und in Phase 5 und 6 kleiner als die Konfliktinvestition einer Partei. Eine Exit Option ist, von diesen Bilanzrechnungen aus gesehen, ab Phase 3 kaum noch vorhanden.

Analytischer Kommentar In der Beschreibung der Dynamik „stecken" einige Faktoren, die weiter auszuarbeiten wären – was Thiel auch getan hat, hier aber aus Platzgründen und weil es nicht einer mechanismenanalytischen Ausarbeitung entspricht, nicht wiedergegeben wird. Es wird aber sofort ersichtlich, dass es sich lohnt, diese Eskalationsdynamik mit der Vernichtungsdynamik Baumans, die ja auch einen Konflikt beschreibt, zu kombinieren, um zu sehen, wie sich beide Modelle zu Erklärungszwecken ergänzen und auch wechselseitig kritisieren. Vor allem, wenn man beide Modelle zur Analyse von Konflikten in und um das Hochschulsystem heuristisch einsetzen wollte, würde sich die Integration beider nicht nur auf höherem Abstraktions-, sondern auch auf genauerem Differenzierungsniveau anbieten.

5.2.4 Monopol- und Königsmechanismus (Elias)

Ein Klassiker, der den Begriff des „Mechanismus" auch benutzt hat, ist Norbert Elias. Ich rekonstruiere hier den Monopol- und den Königsmechanismus in bereits abstrahierter Form (Elias, 1976, I: 144-148; 154-156; II: 222-237), indem ich die Faktoren so kurz und präzise wie möglich benenne.

Monopolmechanismus. – Phase I. (1) In einem gesellschaftlichen System existieren mehrere Akteure, die interdependent, also jeweils wechselseitig voneinander abhängig sind. (2) Sie verfügen über ungefähr vergleichbare Beträge an den wichtigsten strukturellen Vermögen[18], die in diesem System produziert werden. (3) Die Akteure konkurrieren miteinander um diese strukturellen Vermögen.[19] (4) Einige siegen und akkumulieren Vermögen, andere verlieren und scheiden aus der Konkurrenz aus. Dieser Ausscheidungskampf schreitet iterativ voran. (5) Wenige

---

[18] Früher: Territorium, später: Kapital. Aber strukturelles Vermögen kann generell übersetzt werden mit „Vermögen, das in einem Sozialsystem die mit Abstand größte Wirkungsmacht erzeugt".

[19] Elias erklärt nie, warum sie konkurrieren. Er setzt dies voraus.

5.2 Erklärungsmodelle, die die Mechanismen-Analyse anregten

werden wesentlich vermögender als die Vielen, die strukturelle Ungleichheit verschärft sich. (6) Die Vielen sind abhängig von den Wenigen, weil diese ein Monopol an faktischer Verfügungsgewalt über die wichtigsten strukturellen Vermögen des gesellschaftlichen Systems besitzen. Die anderen übernehmen Dienstleistungsfunktionen. Der Gesamtkomplex gleich einem funktionsteiligen Apparat mit Zentralfunktionären.

Phase II. (7) Während die abhängigen Vielen als einzelne schwach sind, sind sie als Gesamtzusammenhang stark. Die Monopolisten sind vice versa abhängig von den Vielen, da diese Dienstleistungsfunktionen für die Monopolisten übernehmen, die die Monopolisten nicht mehr selbst ausüben können. (8) Die Verfügungsgewalt entgleitet den Zentralfunktionären wieder in Richtung bestimmter Gruppen oder Schichten aus der abhängigen Dienstleistungsklasse, etwa in Richtung der Verwaltung. Je größer das akkumulierte Vermögen der Monopolisten ist, desto mehr von ihm muss re-vergesellschaftet werden, weil die Monopolisten es nicht selbst „bewirtschaften" können. (9) Um die Verteilung – den Schlüssel der Verteilung – dieser Vermögen entsteht erneut Konkurrenz, die nun aber von der Zentrale gelenkt wird und sich nicht mehr um politisch-militärische (diese sind beim Staat monopolisiert), sondern um wirtschaftliche Vermögen dreht.

Königsmechanismus. – Phase I. (1) In einer gegebenen Gesellschaftsformation streben die jeweils unteren Schichten danach, den Platz der jeweils höheren Funktionsschicht (letztlich: des Herrschaftsmonopols) einzunehmen. Dabei wollen sie die höhere Schicht nicht an sich abschaffen, sondern deren Privilegien bewahren, um sie übernehmen zu können. Die sozialen Kämpfe drehen sich also nur um die Frage, wer über die Vermögen der jeweils höheren Schicht verfügen soll bzw. darum, wie Vermögen und Privilegien zu verteilen sind.

(2) Die jeweils unteren Schichten sind in funktionale Gruppen unterteilt. Diese Gruppen konkurrieren miteinander um eine besonders enge Beziehung zur je höheren Schicht (ihrer Schutz- und Zentralmacht). Jede beobachtet argwöhnisch, ob sich eine andere einen Vorteil verschaffen kann, um sofort Ausgleich anzumelden oder mit ihrer Vetomacht einzuschreiten; jede wacht eifersüchtig über die Bewahrung des eigenen relativen Vermögensstatus. Diese Konkurrenz (und wohl auch die Unterschiedlichkeit ihrer Funktionen) verhindert, dass die Gruppen gemeinsame Interessen etablieren und zu einer Kooperation zusammenfinden.

(3) Zugleich sind die Funktionsgruppen interdependent: wechselseitig voneinander abhängig. Sie sind darauf angewiesen, dass jede andere je ihre Funktionen erfüllt. Zudem ist der *Betrag* ihrer sozialen Vermögen, mithin ihre gesellschaftliche Wirkungsmacht, ungefähr gleich groß, wenn auch die *Arten* dieser Vermögen sehr verschieden sind. So halten sie einander in Schach; keiner gelingt es, eine der anderen dauerhaft niederzuringen.

(4) Dass die Funktionsgruppen weder aufeinander verzichten noch zueinander finden können, erzeugt die Machtchancen der Zentralmacht. Es kommt weder zu einer Einigung zwischen den Funktionsgruppen, noch zu einem eindeutigen und

dauerhaften Sieg einer von ihnen. Zerstritten und unfähig sich zu einigen, überlassen sie die Entscheidungsgewalt über die gesamte Gesellschaft der Zentralmacht.

Phase II. (5) Steigen Personen aus unteren Gruppen in die Zentralmacht auf, so distanzieren sie sich sofort von allen Funktionsgruppen, auch von ihren Herkunftsgruppen. Ihre Funktion und Aufmerksamkeit ist dann, den Zusammenhalt der ganzen Gesellschaft zu sichern, ihren Erhalt zu gewährleisten und Interessenausgleich zwischen den Funktionsgruppen herbei zu führen. Zugleich müssen sie ihre eigene Position sichern.

(6) Die Position der Zentralmacht wird geschwächt, (a) wenn eine Funktionsgruppe so mächtig wird, dass sie selbst die Koordinatorfunktion übernehmen kann, etwa weil sich die Zentralmacht stark mit ihr identifiziert und sie gewähren lässt, oder (b) wenn die Funktionsgruppen die Gegensätze überwinden, selbst ihre Kooperation regeln und sich zu gemeinsamen Aktionen verbünden können. – Die Position der Zentralmacht wird dagegen gestärkt, (a) wenn alle Funktionsgruppen in Äquidistanz zu ihr stehen und sie (b) ihre strukturellen Interessengegensätze pflegen.

(7) Die Zentralmacht betreibt deswegen einerseits ein *divide et impera*. Sie geht wechselnde Bündnisse und Koalitionen ein, bevorzugt mal diese, mal jene Funktionsgruppe, variiert den Verteilungsschlüssel struktureller Vermögen und kommt damit deren Bedürfnissen nach engem Bezug zur Macht begrenzt entgegen. Die ihr überlassene Entscheidungsgewalt nimmt sie wahr.

Analytischer Kommentar Diese Darstellung kommt einem Mechanismen-Modell schon recht nahe, weil sie sowohl die Dynamik als auch die Faktoren, die diese Dynamik antreiben, klar benennt. Da die Eliasschen Mechanismen vergleichsweise bekannt sind, kann man hier bereits weitergehende Fragen stellen.

So entwirft Elias – wie auch die vorher genannten Modelle – keine Alternative zu diesen Prozessen. Eine Mechanismen-Analyse, die konstruktivistisch und marxistisch aufgeklärt ist, die also weiß, dass Menschen ihre Geschichte machen und soziale Systeme kontingent sind, wird nach den Bedingungen fragen, unter denen die genannten Dynamiken gestoppt, geändert, abgelenkt, außer Kraft gesetzt werden können. Dies erfordert eine genaue Faktorenanalyse; vor allem aber die Umformulierung der Faktoren aus ihrer positiven Form in eine neutrale Form, die sowohl das Voranschreiten der Dynamik als auch ihr Unterbinden zu erklären erlaubt. So müsste also auch deutlich werden, welche Gegenkräfte unwirksam gemacht werden, damit die genannte Dynamik abläuft.

Elias hat in seiner Konzeption das Moment des Transintentionalen hervorgehoben. Eindeutig handelt es sich hier um Mechanismen handelnden Zusammenwirkens, die so zumindest nicht allen beteiligten Akteuren bewusst oder gar von ihnen so gewollt sind. Doch auch hier stellt sich eine Anschlussfrage: Lässt sich nicht auch identifizieren, dass bestimmte Parteien wissen, „wie der Hase läuft", und ihre Aktionen gezielt setzen? Und zwar nicht nur in dem Sinne, dass sie egoistische Ziele verfolgen, aber den Gesamtprozess nicht überblicken?[20] Die Mechanismen-Analyse wird immer auch (mikro- und berufs-)politische Interessen einbeziehen müssen.

5.2.5 Isomorphie (Powell/Di Maggio)

Eine qualitative Faktorenanalyse haben Powell und DiMaggio (1983) in ihrem für den Neo-Institutionalismus Epoche machenden Aufsatz „The Iron Cage Revisited" unternommen. Die Strukturdynamik, um die es dort geht, ist der Prozess der wechselseitigen Angleichung von Organisationen, bezeichnet als „Isomorphie". Die Autoren nennen ihre Faktoren zwar Prädiktoren und formulieren sie in Hypothesenform, aber es handelt sich klar um einen Vorläufer dessen, was hier als Mechanismen-Modelle angestrebt werden soll. Folgendermaßen lauten die Originalformulierungen von Powell und DiMaggio (1983, 154-156):[21]

A-1. Je stärker die Abhängigkeit einer Organisation von einer anderen, desto ähnlicher wird sie ihr werden im Hinblick auf Struktur, Verhaltensschwerpunkt und Klima.

A-2. Je größer die Zentralisierung des Ressourcen-Angebotes von Organisation A, desto größer das Ausmaß, in dem sich A isomorph strukturiert, um sich den Organisationen anzugleichen, von deren Ressourcen sie abhängt.

A-3. Je unsicherer die Beziehung zwischen Mitteln und Zielen ist, in desto größerem Ausmaß wird sich die Organisation nach dem Modell solcher Organisationen umformen, die sie als erfolgreich wahrnimmt.

A-4. Je mehrdeutiger die Ziele einer Organisation, in desto größerem Ausmaß wird sich die Organisation nach dem Modell solcher Organisationen umformen, die sie als erfolgreich wahrnimmt.

A-5. Je stärker sich eine Organisation auf akademische Titel verlässt bei der Auswahl ihres ... Personals, desto stärker wird sie sich anderen Organisationen in ihrem Feld anähneln.

A-6.[22] Je stärker sich die Manager einer Organisation an professionellen und Handels-Vereinigungen beteiligen, desto wahrscheinlicher ... wird die Organisation sich anderen Organisationen in ihrem Feld angleichen.

Analytischer Kommentar An diesen Hypothesen ist zunächst schnell erkennbar, dass sie immer dieselbe Dann-Komponente aufweisen, zusammenfassbar als „... dann passt sich die Organisation isomorph anderen Organisationen an." Es geht also um Faktoren, die den Prozess *von* strukturell unterschiedlichen Organisationen *hin zu* strukturgleichen (isomorphen) Organisationen beschreiben. Insofern

---

[20] Adam Smiths *invisible hand* des Marktes ist eine klassische Formulierung eines solchen Mechanismus, die auch heute noch mehr oder weniger explizit jenen Autoren vor Augen steht, die vom „Marktmechanismus" schreiben.
[21] Übersetzung: R. L. – Ich zitiere hier nur die *organizational-level predictors* und lasse die *field-level predictors* aus.
[22] Im Original steht hier auf Grund eines Druckfehlers noch einmal A-5.

sind auch alle Faktoren – also die Wenn-Komponenten – nur positiv formuliert, ausschließlich „geschaltet" auf grün, auf Ermöglichung der Strukturangleichung.

Eine Mechanismen-Analyse müsste diese Faktoren zunächst neutralisieren. So würde der Faktor A-1 in neutraler Formulierung etwa lauten: Grad der Abhängigkeit einer Organisation von anderen Organisationen. Die Ausprägungen würden lauten: „Wenn niedrig – dann Differenzierungstendenz; wenn hoch – dann Isomorphietendenz." So käme man dazu, dem Isomorphieprozess vielleicht einen Differenzierungsprozess zu kontrastieren – und hier würde sich dann ein Vergleich mit systemtheoretischen Differenzierungsmodellen anbieten.

Da Powell/DiMaggio so schön klar formulieren, lohnen sich hier direkte Fragen nach möglichen Zusammenhängen der Faktoren. Es zeigt sich, dass offensichtlich die bereits bestehenden Abhängigkeitsverhältnisse zwischen verschiedenen Organisationen eine Rolle spielen (A-1, A-2) – was erstens die nahe legt, nach Faktoren zu suchen, die diese Abhängigkeitsverhältnisse regulieren, und zweitens vermuten lässt, dass dies ein Hintergrundfaktor, also ein besonders bedeutsamer Faktor ist. Ein weiterer Hintergrundfaktor wird wohl der „Grad der Un-/Klarheit und Mehr-/Eindeutigkeit" von Zielen und Ziel-Mittel-Beziehungen sein und zwar vermutlich „in den Augen der Mitglieder" und nicht etwa „aus der Perspektive eines Beobachters" (A-3, A-4). Mechanismen-Analysen klären Faktoren, die selbst nicht ganz klar formuliert sind, weiter auf. Ein dritter Hintergrundfaktor zeichnet sich ab, der als eine Art „freiwillige Un-/Abhängigkeit" von „dritten" Organisationen (für Ausbildung, Handel, Professionen), die eine Art Vermittlerposition zwischen den fokalen Organisationen einnehmen, bezeichnet werden könnte (A-5, A-6).

Zusammengefasst wären „Grad un-/freiwilliger Un-/Abhängigkeitsverhältnisse von verschiedenen Typen von Organisationen" und „Grad der Un-/Klarheit und Mehr-/Eindeutigkeit von Zielen und Ziel-Mittel-Beziehungen in den Augen der Mitglieder" die zwei Hintergrundfaktoren, die die Mechanismen-Analyse hier ergäbe.

5.2.6 Strukturelle Kopplung (Luhmann)

Niklas Luhmanns Theorem der Strukturellen Kopplung beschreibt einen hoch abstrakten Mechanismus, dessen Darstellung nicht mehr zu den Modellen mittlerer Reichweite zu rechnen ist. Gleichwohl müsste er für die Analyse empirischer Phänomene analytisch fruchtbar gemacht werden können, wenn er nicht dem Verdikt verfallen will, eine gegenstandslose Spekulation zu sein. Mit mechanismenanalytischen Mitteln lässt sich das Theorem der Strukturellen Kopplung etwa wie folgt reformulieren:[23]

---

[23] Diese Rekonstruktion baut auf Langer (2006) auf. Dort finden sich auch sämtliche Textbelege, auf deren Wiedergabe hier verzichtet wird. Meine Erfahrung bei dieser und früheren Analysen Luhmannscher Texte ist, dass Luhmanns Theorie durchaus nicht so systematisch durchkomponiert ist, wie es ihr heute nachgesagt wird. In den Textstellen zur strukturellen Kopplung finden sich Gedanken, die in derselben, halb angedachten Form mehrmals auftauchen, fin-

5.2 Erklärungsmodelle, die die Mechanismen-Analyse anregten

Ausgangszustand ist ein bestimmter Kopplungszustand zweier sozialer Systeme A und B, deren jedes über eigene Erwartungsstrukturen und Möglichkeitshorizonte verfügt. Beide Systeme operieren, das heißt sie erzeugen Kommunikations-Ereignisse. Die *Strukturdynamik* kann konzipiert werden als Transformation (*structural drift*) dieses Kopplungs-Zustandes in einen zeitlich nachfolgenden anderen Kopplungs-Zustand.[24] Die Faktoren, die diesen *drift* bewirken, lassen sich wie folgt umreißen:

(1) System A irritiert sich selbst unter Bezugnahme auf solche Ereignisse, die von System B, das sich in A's Umwelt befindet, produziert wurden. Gleichzeitig lässt sich B von A-Ereignissen irritieren. Irritieren bedeutet, die Ereignisse mit etablierten Erwartungsstrukturen abzugleichen und daran gemessen als Störungen, Überraschungen oder Enttäuschungen zu registrieren – als nicht ohne weiteres zu den Erwartungsstrukturen (Möglichkeitshorizonten) passend.

(2) Beide Systeme sensibilisieren sich und werden resonanzfähiger für die neu aufgetreten Irritationen, indem sie Kommunikationenn und Erwartungen speziell auf Irritationen dieses „neuen Typs" konzentrieren: Sie machen die Irritationen neuen Typs für sich erwartbar.

(3) Mit Hilfe der neu gebildeten, auf die Irritationen-durch-das-andere-System eingerichteten Erwartungen bauen beide Systeme ihre Erwartungsstrukturen so um (und respezifizieren damit ihre Eigenkomplexität), dass sie mit Wiederholungen dieser irritierenden Ereignisse rechnen und diese somit in eine Art ‚reguläre Störungen' umwandeln. Sie erwarten also künftige irritierende Ereignisse jenes Typs, sie verlassen sich strukturell auf deren künftiges Auftreten. Eventuell bildet sich sogar innerhalb eines Systems ein endogenes Funktionssystem heraus, das auf die Dauerirritation reagiert.

(4) Die neue Form struktureller Kopplung ist dann etabliert, wenn die Irritation in beiden Systemen durch angepasste Strukturen „konsumiert" ist – was vermutlich heißt, dass die Irritationen zwar noch spürbar sind, aber ihren Irritations-Charakter verloren haben.

Die Wirkung eines solchen Kopplungsprozesses beschreibt Luhmann nicht besonders klar. Die gekoppelten Systeme befinden sich in Zuständen, die so aussehen, als ob sie durch planmäßige Koordination zustande gekommen wären. Sie können einander tolerieren, können ihre Strukturentwicklung koordinieren und besser ab-

---

den sich unklare Aussagen, die nicht weiter erläutert werden, unaufgeklärte Widersprüche zwischen verschiedenen Textstellen und so weiter. Eine derart unübersichtliche und ungeklärte Theorielage verleitet zu zwar kreativen, aber auch willkürlichen „Anwendungen" und Interpretationen.

[24] Es scheint bei Luhmann nicht den Fall zu geben, dass Systeme, die sich strukturell aneinander koppeln, vorher als voneinander getrennte existieren. Vielmehr bedingen strukturelle Kopplung und Ausdifferenzierung autopoietischer Systeme einander: Zwei Systeme können sich nur dann operativ schließen und voneinander differenzieren, wenn sie sich *gleichzeitig* strukturell aneinander koppeln. Ein operativ geschlossenes System *muss* an jenes, von dem es sich ausdifferenziert hat, strukturell gekoppelt sein. Gleichzeitig können strukturelle Kopplungen nicht ent- oder bestehen.

gestimmte Informationsgewinnung betreiben. Qua Aufbau von Eigenkomplexität steigen die Freiheitsgrade eines gekoppelten Systems; Kopplung führt insoweit zur *Abweichung* des Systems von der Welt, zu seiner Autonomie, und nicht zur Anpassung an sie. Gleichwohl aber werden durch strukturelle Kopplung Einflüsse der Umwelt auf das System erleichtert und Umweltbedingungen in ihm stärker zur „Geltung" gebracht. Systeme können nicht über ihre strukturellen Kopplungen disponieren, weil sie für es unsichtbar bleiben. Wahrnehmbar bleiben sie nur an Hand einzelner Irritationen, aber nicht *als ganze*.

Analytischer Kommentar Hier hat die Mechanismen-Analyse viel Arbeit vor sich! Sie muss empirische Prozesse finden, in denen diese wechselseitigen Irritationen feststellbar sind, sie wird Bildung und Konstitution von Erwartungsstrukturen und deren Zusammenhang mit Kommunikationen klarer fassen müssen, sie wird gleichzeitig nach weiteren, nicht-luhmannschen Modellen für die Bildung von Erwartungsstrukturen suchen *und* nach Modellen, die Ähnliches wie strukturelle Kopplungen beschreiben (etwa lose Kopplung von Weick oder Entkopplung von Meyer/Rowan), *und* sie wird diese Modelle prüfen, ob man mit ihnen empirisch-praktisch basierte Erklärungsprobleme bearbeiten kann.[25] Ein Vergleich mit dem Isomorphie-Mechanismus bietet sich an – hier würde eine Analyse auf Gemeinsamkeiten zeigen müssen, inwieweit sich die Modelle auf vergleichbaren Abstraktionsebenen treffen.

5.2.7 Der Ameisenalgorithmus

Nicht in der Soziologie, aber in der Informatik recht bekannt ist der Ameisenalgorithmus (Dorigo, 2004). Hier handelt es sich um ein theoretisches Erklärungsmodell, das einen Umstand pointiert: Dass das Verhalten vieler einzelner Akteure, wenn diese nur wenigen Regeln folgen, die Lösung eines komplexen Problems zur Folge haben kann. Das Problem, das der Ameisenalgorithmus löst, bekannt als das Problem des Handlungsreisenden, besteht in der Frage, wie man die kürzeste Verbindung zwischen verschiedenen Stationen finden kann.

Die drei Verhaltensregeln, mit denen Ameisen mittelfristig diese kürzeste Distanz zwischen Futterquellen und Nest herstellen, lauten: (1) Suche Futter, bewege dich dabei spontan in irgendwelche Richtungen. (2) Wenn du Futter gefunden hast, kehre zum Nest zurück und streue Pheromone aus. (3) Wenn du Pheromone wahrnimmst, folge in der Regel ihrer Spur.

---

[25] Wenn also Systemtheoretiker mahnen, dass es eben nicht möglich sei, ein Theorem wie die strukturelle Kopplung aus dem Theoriezusammenhang zu isolieren, nun sehe der Mechanismenanalytiker selbst ein, dass er den Zusammenhang wieder hinein holen müsse, wird die Mechanismen-Analyse sich also nicht der reinen Lehre einer Theorie unterwerfen.

Analytischer Kommentar Im Grunde hat dieser kleine Mechanismus eine sehr ähnliche Form wie die vorher beschriebenen. Er nähert sich vergleichsweise stark methodologisch individualistischen Konzeptionen an, weil hier eindeutig das Verhalten von Individuen die Wirkung erzeugt – freilich lässt sich auch hieran bereits erkennen, dass die Ameisen ja Regeln folgen und sich darin alles andere als individuell verhalten. Wenn diese Regeln selbst sozial konstruiert wären, fiele die Struktur-Verhalten-Dialektik, die von methodologischen Individualisten bestritten wird, auch in dieses Modell hinein.

5.2.8 Strukturierungsmechanismus (Langer)

Im Rahmen der Sozionikprojekte, aus denen dieses Buch hervor ging, wurden auch bereits zwei Mechanismen-Modelle rekonstruiert, die allerdings in früheren Veröffentlichungen (Langer, 2005) noch nicht so genannt wurden. Einer von beiden, der Strukturierungsmechanismus der Auseinandersetzungen in Bildungsinstitutionen, soll hier kurz an Hand seiner Faktoren rekapituliert werden. Dies ist ein Mechanismus, der – so die Hypothese – alle Auseinandersetzungen im Bildungssystem prägt. Die Faktoren lauten wie folgt.

(1) Sind die Tätigkeiten, mit denen die an der Auseinandersetzung beteiligten Akteure das fokale Problem (die Aufgabe) reproduzieren, eng aufeinander bezogen und einander ähnlich, oder sind sie sehr heterogen?

(2) Sind die Erwartungen, die die Akteure an die Bearbeitung des Problems (der Aufgabe) richten, ähnlich, irgendwie aufeinander abgestimmt und deuten sie in Richtung „Machbarkeit", oder unterscheiden sie sich stark voneinander und tendieren zu „nicht machbar" oder „irrelevant"?

(3) Teilen die verschiedenen Akteure die neuen Symbolisierungen – Ideen, Schlagworte, Ansichten – , die sie während der Auseinandersetzung erzeugen, miteinander und einander mit, und beziehen sie sie reflexiv, gewissermaßen aus beobachtender Vogelperspektive, auf ihre Auseinandersetzung? Oder verharrt jeder Akteur in seiner Teilnehmerperspektive und erzeugt seine „Privatsymbolik"?

(4) Konzentrieren die verschiedenen Akteure ihre Kommunikationen und Tätigkeiten, ihre Ressourcen und Kompetenzen, ihre Reflexionen und Deutungen auf diskrete, begrenzte Aspekte des Problems/der Aufgabe, die sie dann arbeitsteilig und nacheinander abarbeiten? Oder „zerstreuen" sie ihre genannten Qualitäten auf mehrere verschiedene größere Probleme gleichzeitig, vor denen dann jeder für sich allein steht?

(5) Gelingt es den Akteuren, ihre mit in die Auseinandersetzung gebrachten Ressourcen aufzugliedern und auf neuartige Weise zu rekombinieren, sodass sie als besseres Bearbeitungswerkzeug zum Problem passen, oder wacht jeder „eifersüchtig" darüber, seine Vermögen im doppelten Wortsinn für sich zu behalten?

(6) Reflektiert die kollektiv geteilte Symbolik einigermaßen getreu die wesentli-

chen strukturellen Qualitäten der kollektiv geteilten Praxis – sowohl der erwarteten als auch der ablaufenden – oder sind beide weitgehend entkoppelt?

Für jeden der genannten Faktoren gilt: Wenn seine Ausprägung zur im Text jeweils zuerst genannten Alternative tendiert, so steigert das die Möglichkeit koordinierter, gezielter Strukturbeeinflussungen durch die Akteure selbst. Neigt seine Ausprägung zur zweiten Alternative, so tendiert die institutionelle Struktur dazu, unangetastet zu bleiben; über längere Zeit würde sie dann porös.

Analytischer Kommentar Hier sind die Faktoren also bereits in zweiwertiger Form formuliert, allerdings nicht auf eine Strukturdynamik bezogen, sondern auf die Frage, ob kooperative und partizipative Gestaltung institutioneller Strukturen durch die Mitglieder von Universitäten möglich wird oder eben nicht (eine Frage, die viel weiter außerhalb des Fokus universitätspolitischer Debatten ist als es noch vor sechs Jahren möglich schien). Es ist nun möglich, an Hand verschiedener Kombinationen der Ausprägungen jener Faktoren typische Verlaufsvarianten der Auseinandersetzungs-Dynamik nachzuvollziehen – etwa Routineentscheidungen, schwelende Konflikte, konstruktive Gestaltungsprozesse und Entscheidungsvermeidungen.

5.2.9 Governance-Equalizer (Schimank)

Ein letztes, recht weit ausgearbeitetes Mechanismen-Modell stellt der Governance-Equalizer von Uwe Schimank (2007) dar. Basierend auf Arbeiten von Burton Clark unterscheidet Schimank fünf Faktoren (die er Dimensionen nennt), die die Ausgestaltung von Hochschul-Governance-Systemen beeinflussen:

(1) Staatliche Regulierung der Hochschulen, (2) Außensteuerung der Hochschulen durch den Staat oder durch andere Akteure, an die er Steuerungsbefugnisse delegiert, (3) akademische Selbstorganisation der Hochschulen, (4) hierarchische Selbststeuerung der Hochschulen und (5) Konkurrenzdruck in und zwischen Hochschulen.

Diese Faktoren sind, ähnlich wie die von Powell/DiMaggio, nicht trennscharf,[26] sondern noch zu stark der Anschauung verhaftet. Zwei Hintergrundfaktoren lassen sich hier identifizieren: (a) Steuerung/Regulierung/Organisation der Hochschule durch welchen Akteur: Staat, staatlich Delegierte, Profession, Organisations- und

---

[26] Sie werden mit einer seltsamen Mischung aus Anwendung von (spontan herbei gezogenen) sozialwissenschaftlichen Theoremen und auf anschaulicher Erfahrung beruhenden Aussagen gefüllt, die zu Verdinglichungen führen, wenn etwa behauptet wird, staatliche Regulierung würde über Konditional-, Außensteuerung (durch Hochschulräte) dagegen über Zweckprogramme laufen. Diese Abstraktion von empirischen Aushandlungs- und Machtdurchsetzungsprozessen läuft auf parsonianistische oder qualitativ-typologistsische Kategorisierungen hinaus, denen die Realitätshaltigkeit der vorstehenden Modelle abgeht. – Doch überwiegt andererseits das positive Moment, dass Schimanks Modell sich weit mehr um Systematisierung und analytisch scharfe Differenzierung bemüht als üblich.

5.2 Erklärungsmodelle, die die Mechanismen-Analyse anregten 187

Verwaltungsspitze der Hochschule? (b) Steuerungsmethode: hierarchische Weisung, Konkurrenzdruck oder formal gestützte Verhandlung.

Aber die Faktoren sind zweiwertig bzw. als Schieberegler konzipiert – jeder einzelne Faktor kann prinzipiell auf „Null" herunter gefahren, also als unwirksam gesetzt werden, oder besonders hoch gefahren werden, wobei wie bei einer Richter-Skala Endpunkte nach oben nicht definiert sind. Die Faktoren werden durch eine Art Komponentenanalyse inhaltlich gefüllt, und „Spannungsverhältnisse" zwischen den Faktoren – also deren Wechselbeziehungen – werden diskutiert. Auch der Blick auf Möglichkeiten der Akteure, diese Faktoren und ihr Zusammenwirken gezielt zu beeinflussen, ist bei Schimank vorhanden, und eine Optionenheuristik wird formal durch eine kombinatorische Tabelle aller möglichen Faktoren-Ausprägungs-Kombinationen umrissen. Schließlich diskutiert Schimank, inwieweit sich das Equalizer-Modell auf andere Sektoren, etwa Schulsystem oder Gerichtswesen, übertragen lasse. Schimanks Modell kommt damit dem, was hier als Mechanismen-Analyse bezeichnet wird, sehr nahe.

Literaturverzeichnis

[Adorno 1996] ADORNO, Theodor W.: *Negative Dialektik*. Suhrkamp, 1996

[Bauman 1990] BAUMAN, Zygmunt: *Dialektik der Ordnung*. Hamburg : EVA, 1990 (Moderne und Ambivalenz)

[Darden 2002] DARDEN, Lindlay: Strategies for Discovering Mechanisms: Schema Instantiation, Modular Subassembly, Forward/Backward Chaining. In: *Philosophy of Science* 69 (2002), S. 354–365

[Dorigo 2004] DORIGO, Marco (Hrsg.): *Ant Colony Optimization and Swarm Intelligence*. Berlin, New York u.a. : Springer-Verlag, 2004

[Elias 1976] ELIAS, Norbert: *Der Prozess der Zivilisation*. Frankfurt : Suhrkamp, 1976. – (1939), zwei Bde.

[Elster 1998] ELSTER, Jon: A Plea For Mechanisms. In: P., Hedström (Hrsg.) ; R., Swedberg (Hrsg.): *Social Mechanisms*. Cambridge University Press, 1998, S. 45–73

[Esser 1993] ESSER, Hartmut: *Soziologie. Allgemeine Grundlagen*. Frankfurt : Campus, 1993

[Glennan 2002] GLENNAN, Stuart: Rethinking Mechanistic Explanation. In: *Philosophy of Science* 69 (2002), S. 342–353

[Greshoff und Schimank 2007] GRESHOFF, R. (Hrsg.) ; SCHIMANK, U. (Hrsg.): *Integrative Sozialtheorie? Esser – Luhmann – Weber*. Wiesbaden : VS, 2007

[Greshoff 1999] GRESHOFF, Rainer: *Die theoretischen Konzeptionen des Sozialen von Max Weber und Niklas Luhmann im Vergleich*. Opladen : WDV, 1999

[Greshoff u. a. 2003] GRESHOFF, Rainer (Hrsg.) ; KNEER, Georg (Hrsg.) ; SCHIMANK, Uwe (Hrsg.): *Die Transintentionalität des Sozialen. Eine vergleichende Betrachtung klassischer und moderner Sozialtheorien*. Westdeutscher Verlag, 2003

[Hedström und Swedberg 1998] HEDSTRÖM, Peter (Hrsg.) ; SWEDBERG, Richard (Hrsg.): *Social Mechanisms. An Analytical Approach to Social Theory*. Cambridge Univ. Press, 1998

[Heinze 1995] HEINZE, Thomas 1.: *Qualitative Sozialforschung*. Opladen : WDV, 1995

[James 2004] JAMES, Patrick: Systemism, Social Mechanisms, and Scientific Progress: A Case Study of the International Crisis Behavior Project. In: *Philosophy of the Social Sciences* 34 (2004), S. 352–370

[Kron und Winter 2005] KRON, Thomas ; WINTER, Lars: Fuzzy Systems – Überlegungen zur Vagheit sozialer Systeme. In: *Soziale Systeme, H.* 2 (2005), S. 370–394

[Langer 2005] LANGER, Roman: *Anerkennung und Vermögen: Eine sozialtheoretische Analyse der Selbstorganisation in und von Bildungsinstitutionen.* Münster : Monsenstein & Vannerdat, 2005

[Langer 2006] LANGER, Roman: Transintentionale Mechanismen sozialer Selbstorganisation. In: SCHMITT, Marco (Hrsg.) ; FLORIAN, Michael (Hrsg.) ; HILLEBRANDT, Frank (Hrsg.): *Reflexive soziale Mechanismen. Von soziologischen Erklärungen zu sozionischen Modellen.* Wiesbaden : VS, 2006, S. 65–104

[Langer 2007a] LANGER, Roman: Reaktionsweisen von LehrerInnen auf neue berufliche Herausforderungen: Zur Einführung von Computern in den Schulunterricht. In: *Erziehung und Unterricht* 9-10 (2007), S. 950–958

[Langer 2007b] LANGER, Roman: Zur Konstitution des Terrorismus. In: KROHN, Thomas (Hrsg.) ; REDDIG, Melanie (Hrsg.): *Soziologische Analysen des transnationalen Terrorismus.* Wiesbaden : VS, 2007, S. 374–422

[Langer 2008a] LANGER, Roman: Analyse verborgener Mechanismen im Bildungssystem. In: BÖTTCHER, Wolfgang (Hrsg.): *Tagungsband der Berliner Herbsttagung „Bildungsmonitoring und Bildungscontrolling in nationaler und internationaler Perspektive" am 28./29.9. 2007 der Kommission Bildungsplanung, Bildungsorganisation und Bildungsrecht (KBBB) in der DGfE,* 2008

[Langer 2008b] LANGER, Roman: Warum haben die PISA gemacht? Ein Literaturbericht über einen emergenten Effekt internationaler politischer Auseinandersetzungen. In: LANGER, R. (Hrsg.): *Warum tun die das? Governanceanalysen zum Steuerungshandeln in der Schulentwicklung.* Wiesbaden : VS, 2008, S. 51 – 74

[Mayntz 2004] MAYNTZ, Renate: Mechanisms in the Analysis of Social Macro-Phenomena. In: *Philosophy of the Social Sciences* 34 (2004), Nr. 2, S. 237–259

[Opp 1995] OPP, Karl-Dieter: *Methodologie der Sozialwissenschaften.* Opladen : WDV, 1995

[Opp 2004] OPP, Karl-Dieter: Erklärung durch Mechanismen: Probleme und Alternativen. In: KECSKES, Robert (Hrsg.) ; WAGNER, Michael (Hrsg.) ; WOLF, Christof (Hrsg.): *Angewandte Soziologie.* Wiesbaden : VS, 2004, S. 361–380

[Powell und DiMaggio 1983] POWELL, Walter W. ; DIMAGGIO, Paul J.: The Iron Cage Revisited. Institutional Isomorphism and Collective Rationality in Organizational Fields. In: *American Sociological Review* 48 (1983), S. 147–160

[Reckwitz 1997] RECKWITZ, A.: *Struktur.* Opladen : WDV, 1997

[Schimank 2000] SCHIMANK, Uwe: *Handeln und Strukturen. Einführung in die akteurstheoretische Soziologie.* Juventa, 2000

[Schimank 2007]   SCHIMANK, Uwe: Die Governance-Perspektive: Analytisches Potenzial und anstehende konzeptionelle Fragen. In: ALTRICHTER, Herbert (Hrsg.) ; BRÜSEMEISTER, Thomas (Hrsg.) ; WISSINGER, Jochen (Hrsg.): *Educational Governance*. Wiesbaden : VS, 2007, S. 231–260

[Schimank und Volkmann 2002]   SCHIMANK, Uwe (Hrsg.) ; VOLKMANN, Ute (Hrsg.): *Soziologische Gegenwartsdiagnosen II. Vergleichende Sekundäranalysen*. Opladen : Leske und Budrich, 2002

[Schmid 2002]   SCHMID, Michael (Hrsg.): *Die Logik mechanismischer Erklärungen*. Wiesbaden : VS, 2002

[Schmid 2005]   SCHMID, Michael: Soziale Mechanismen und soziologische Erklärungen. In: ARETZ, H.-J. (Hrsg.) ; LAHUSEN, C. (Hrsg.): *Die Ordnung der Gesellschaft. Festschrift zum 60. Geburtstag von Richard Münch*. Frankfurt etc. : Peter Lang, 2005, S. 35–82

[Schmidt 1987]   SCHMIDT, Siegfried J.: *Der Diskurs des Radikalen Konstruktivismus*. Frankfurt : Suhrkamp, 1987

[Schmidt 1992]   SCHMIDT, Siegfried J.: *Der Diskurs des Radikalen Konstruktivismus*. Frankfurt : Suhrkamp, 1992. – 2. Aufl.

[Sennett 1998]   SENNETT, Richard: *Der flexible Mensch*. Berlin : Berlin Verlag, 1998

[Steel 2004]   STEEL, Daniel: Social Mechanisms and Causal Interference. In: *Philosophy of the Social Sciences* 34 (2004), Nr. 1, S. 55–78

[Thiel 2003]   THIEL, Ansgar: *Soziale Konflikte*. Bielefeld : Transcript, 2003

[Wiesenthal 2000]   WIESENTHAL, Helmut: Markt, Organisation und Gemeinschaft als zweitbeste Verfahren sozialer Koordination. In: WERLE, Raymund (Hrsg.) ; SCHIMANK, Uwe (Hrsg.): *Gesellschaftliche Komplexität und kollektive Handlungsfähigkeit*. Frankfurt/Main : Campus-Verl., 2000, S. 44–73

Teil II

Agentensysteme als reflexive, soziale Praxisformen

Literaturverzeichnis 195

„Ein Denkanstoß ist keine Gehirnerschütterung."
Lutz Wingert. *Der Geist bleibt unfassbar.*
Die ZEIT vom 30.08.2007, Nr. 36.

Überblick

Dieser Abschnitt betrachtet die Integration der im vorangegangenen Abschnitt behandelten theoretischen Ansätze. Die soziologische Analyse auf Gemeinsamkeiten wurde von Roman Langer erarbeitet und in der von Roman Langer formulierten speziellen *Theorie sozialer Selbstorganisation* (TSSO) integriert. Wir stellen in Kapitel 6 die sozionische Modellierung der Theorieintegration vor. Die TSSO baut auf dem Konzept der *praktischen Anerkennung* auf. Diese wird als Reformulierung des soziologischen Handlungsbegriffs verwendet und erlaubt in Verbindung mit den Konzepten der *Vermögensstrukturen* und der *reflexiven Symbolisierung* eine Theorie sozialer Prozesse in Form von Konstitutionsdynamiken. Analog zum Vorgehen des vorangegangenen Anschnitts werden dazu Teilmodelle erstellt, die im Laufe der Modellierungsarbeit zu einem Gesamtmodell des Konstitutionsmechanismus kombiniert werden konnten. Diese Modellierung der soziologischen Theorieintegration wird dann in Kapitel 7 mit der informatischen Modellintegration aus in Verbindung gesetzt. Ausgangspunkt ist dabei die Theoriesymmetrie, die sich in der Selbstähnlichkeit der Theorieelemente und -dynamiken ausdrückt. Dies Symmetrie bildet die Grundlage der sozialen Reproduktion.

Wir zeigen, dass sich die reflexive Struktur sozialer Systeme – wie sie die TSSO beschreibt – auch in Multiagentensystemen findet. Dazu beschreiben wir Systeme als Netz von Handlungsregeln, den *Entitätensystemen*. Entitäten sind spezielle, nämlich sogenannte abgeschlossene Handlungsregelwerke. Agenten und auch Agentensysteme erweisen sich als Spezialfälle solcher Entitäten. Mit anderen Worten: Das Konzept *Agent* und das Konzept *Agentensystem* sind zwei Seiten der gleichen Medaille, die sich nur perspektivisch unterscheiden. Kapitel 7 zeigt diese Dualität auf und studiert die Wechselwirkung zwischen beiden Perspektiven. Außerdem zeigt es, wie Entitäten in Form der SONAR-Agenten geeignet operationalisiert werden können.

6 Der Konstitutionsmechanismus sozialer Systeme

MICHAEL KÖHLER-BUSSMEIER UND ROMAN LANGER

Die „Konstitutionsdynamik" ist der Prozess, durch den sich Sozialität reproduziert.[1] Reproduzieren bedeutet, dass die Komponenten sozialer Einheiten immer und immer wieder neu zu erzeugen und zu stabilisieren (wobei verschiedene Komponenten zu verschiedenen Zeiten, unterschiedlich oft erzeugt und unterschiedlich intensiv stabilisiert werden). Mittels der Konstitutionsdynamik (wieder-)erzeugt sich Sozialität auch als Ganzes. Der Begriff „Konstitution" einbegreift zwei Aspekte: „Erzeugung" und „Reproduktion".

Als „Dynamik" bezeichnen wir einen strukturierten Prozess, der einer (im folgenden zu entwickelnden) spezifischen, praktischen und rekursiv-zyklischen Ablauflogik folgt.

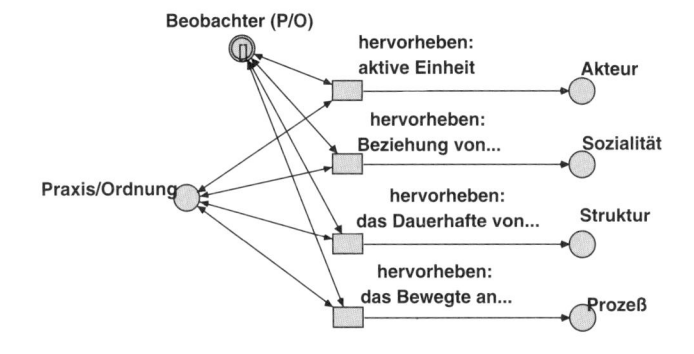

Abbildung 6.1: Attribute einer Praxis/Ordnung

„Praxis/Ordnung" kann in erster Annäherung als „soziale Einheit" verstanden werden. Praxis/Ordnungen sind das, was durch eine soziale Konstitutionsdynamik hervor gebracht und reproduziert wird:[2] nämlich soziale Einheiten, die praxisfähig

---

[1] „Sozialität" heißt hier zunächst soviel wie „das Soziale an sich" oder „jede beliebige soziale Einheit". Genauere Begriffsbestimmungen werden im Laufe des Textes gegeben.

[2] Der Begriff wird am Ende dieses ersten Teils ausführlich hergeleitet und expliziert; wird aber

und strukturiert (geordnet) sind – in allen Schattierungen, von der Weltgesellschaft bis zu einzelnen agierenden Elementen bzw. elementaren Aktionen. „Sozial" schließlich ist im hier verstandenen Sinn alles, was Verhältnisse (Trennungen, Differenzen, Unterschiede und Verbindungen, Identitäten, Gemeinsamkeiten) zwischen Einheiten betrifft.

Eine „Konstitutionsdynamik sozialer Praxis/Ordnungen" ist also ein praktischer, rekursiv-zyklischer, strukturierter Prozess, der Verhältnisse (Trennungen und Verbindungen) zwischen (näher zu bestimmenden) Komponenten in einer Weise erzeugt und reproduziert, dass diese eine praxisfähige Struktur-Einheit bzw. eine strukturiert-einheitliche Praxis bilden. Eine Praxis besteht aus regelmäßigen Handlungen bzw. regelmäßigem Verhalten.

Der Text stellt die Konstitutionsdynamik in folgender Weise dar. Zunächst wird das Theorem der praktischen Anerkennung entwickelt, das gewissermaßen den Handlungsbegriff der vorliegenden Theorie darstellt. Es wird gezeigt, wie praktische Anerkennung mit kommunizierendem Verhalten, der abstraktesten noch rekonstruierbaren sozialen Einheit, zusammenhängt, und wie sich kommunizierendes Verhalten als anerkennendes bereits vor und unterhalb jeder expliziten Legitimation an der Reproduktion bestehender sozialen Praktiken und Ordnungen beteiligt. Das zweite Theorem bezieht sich auf strukturelles Vermögen. Dargestellt wird, wie Akte anerkennenden und kommunizierendes Verhalten auf Dauer gestellt und in Verhaltensregelmäßigkeiten umgewandelt werden, wie Verhaltensregelmäßigkeiten sowohl als ausgeübte, erwartete und bewertete zu Strukturen werden als auch sozialen Einheiten zugerechnet und damit zu deren sozialem Vermögen werden. Als dritte Komponente der Konstitutionsdynamik wird die reflexive Symbolisierung eingeführt. Den Ausgangspunkt der Darstellung bilden hier Anerkennungen von Differenzen, u.a. zwischen Praktiken und Erwartungen. Als Reaktion auf solche Differenzen werden bestimmte Praktiken durch Symbolisierung nochmals hervorgehoben und stabilisiert; die Symbolisierung erfüllt damit eine Ordnungs- und Orientierungsfunktion. Anschließend werden typische Formen sozialer Symbolik hergeleitet. Zum Abschluss der Darstellung der Konstitutionsdynamik wird das Konzept der Praxis/Ordnung expliziert.

6.1 Praktische Anerkennung als sozial konstitutiver Prozess

Kommunizierendes Verhalten konstitutiert das Soziale und ist sein Rohstoff (vgl. dazu Abbildung 6.2): Das Soziale ist das Universum kommunizierenden Verhaltens. Jeder einzelne Akt kommunizierenden Verhaltens aber verhält sich selektiv

---

im Text bereits von Beginn an verwendet. Dieses wenig didaktische Vorgehen ist der linearen textuellen Darstellungsweise geschuldet; man kann schlechterdings nicht alle Begriffe, die man verwendet, gleichzeitig zu Beginn definieren.

6.1 Praktische Anerkennung als sozial konstitutiver Prozess

zur sozialen Wirklichkeit: er hebt bestimmte Objekte (Inhalte, Gegenstände) hervor und vernachlässigt andere; er verweist auf seinen Träger und nicht auf mögliche andere; er wirkt sich auf bestimmte Aspekte sozialer Wirklichkeit aus und auf bestimmte andere nicht; er verrät etwas über die Ausschnitte sozialer Wirklichkeit, denen er entstammt, welche dadurch hervorgehoben werden, während er über andere nichts verrät; und er ist mit anderen Akten kommunizierenden Verhaltens in besonderer Weise verknüpft, durch die er konstituiert wird, und die insofern ebenfalls von ihm im Verhältnis zu allen anderen Akten kommunizierenden Verhaltens besonders betont werden.[3]

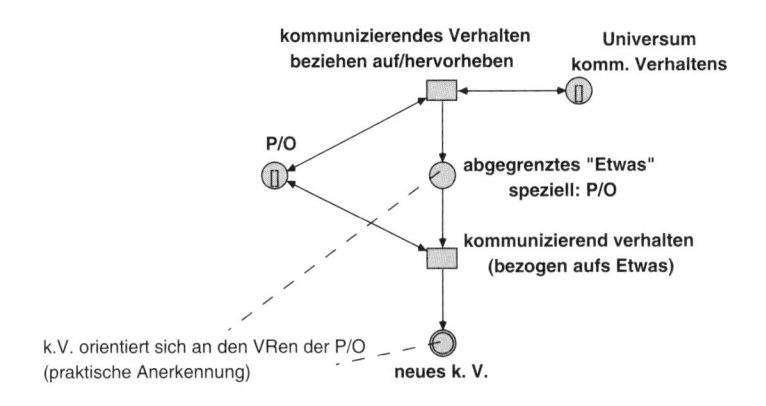

Abbildung 6.2: Kommunizierendes Verhalten

6.1.1 Verhalten kommuniziert wertende Anerkennungen

Diese mehrfache Selektivität ist eine grundlegende *Wertung* sozialer Wirklichkeit, eine Wertung, die noch vor und unterhalb jeder reflektierten, expliziten, bewusst kommunizierten gesellschaftlichen Wertung prozessiert wird. Ein Akt kommunizierenden Verhaltens wertet bestimmte Ausschnitte sozialer Wirklichkeit allein durch dies Hervorheben auf und alle anderen ab.

Kommunizierendes Verhalten verrät aber nicht nur, welche Aspekte der sozialen Wirklichkeit es besonders hervor hebt, sondern auch, in welcher Hinsicht dieser Realitätsausschnitt zu welchen anderen Ausschnitten passt und wozu nicht. Dieses Zuordnen ist aber immer zugleich ein Werten: wo kommunizierendes Verhalten

---

[3]Zur Ergänzung: Jedes Verhalten wirkt, mikrologisch betrachtet, sowohl sozial stabilisierend: zumindest insofern, als es riesige Bereiche der prozessierenden Praxis praktisch anerkennt und unangetastet lässt; als auch sozial verändernd: zumindest insofern, als es selbst relativ zur prozessierenden Praxis ein neues Moment darstellt, das auch hätte unterlassen werden können.

"Passendes" identifiziert, wertet es positiv, wo es "Unvereinbares" identifiziert, negativ.[4]

Das kommunizierende Verhalten "verrät" einfach dadurch, dass und wie es sich zur Wirklichkeit verhält – sie also in bestimmter behandelt und deutet – dass und wie es diese Wirklichkeit *anerkennt*. Kommunizierendes Verhalten anerkennt die fünf Komponenten, mit denen es relationiert ist, in genau der Weise, wie es sie selektiert (hervorhebt/vernachlässigt) und zuordnet (gemäß ihrer Geordnetheit positiv/negativ wertet). Diese Anerkennung kommuniziert es durch sich selbst weiter. Die Anerkennungen (Selektionen und Relationierungen) kommunizierenden Verhaltens stellen ein erwartungsförmiges Angebot bzw. eine Anmutung an den Rest der sozialen Welt dar, den jeweils hervorgehobenen Ausschnitt ebenfalls als solchen zu behandeln: genau so hervorzuheben, zu deuten und zu behandeln wie das der fokale Verhaltensakt selbst es tut.

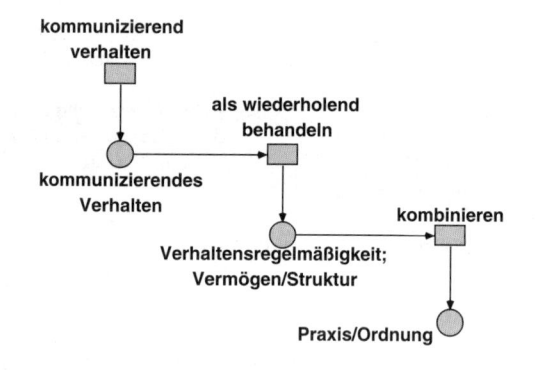

Abbildung 6.3: Praxis/Ordnungen als Kombination von Verhaltensregelmäßigkeiten

Mit jedem weiteren Akt, der dies täte, würde der hervorgehobene Ausschnitt stärker als solcher sozial festgelegt und verwirklicht. Der Effekt bestünde darin, dass der fokale Akt kommunizierenden Verhaltens *mehr soziale Wirkung* erzeugen würde. Er würde sozial wirklicher (den Grad seiner sozialen Wirklichkeit steigern), indem mehrere Akte kommunizierenden Verhaltens durch ihn veranlasst wurden und ihm darüber hinaus so ähnelten (weil sie seine Selektionen und Relationierungen imitieren), dass sie als *Wiederholungen* des fokalen Aktes behandelt, gedeutet und bewertet werden können. (Dieses ist die "flüssige" Grundform dessen, was in

---

[4] Die selektiven und ordnungsbezogenen Wertungen, die kommunizierendes Verhalten "transportiert" (genauer: erzeugt), kommen nicht aus dem Nirgendwo, sondern aus der präexistenten sozialen Wirklichkeit bzw. aus dem Bereich dieser Wirklichkeit, in dem das kommunizierende Verhalten erzeugt wird. Insofern kommuniziert Verhalten immer auch die Anerkennungen und Wertungen der Bereiche der sozialen Wirklichkeit, aus denen es stammt bzw. in denen es erzeugt wird.

6.1 Praktische Anerkennung als sozial konstitutiver Prozess

ausgebildeten sozialen Strukturen als „soziale Bestätigung" erscheint: „die anderen sehen die Welt genau so wie ich, sie sprechen und handeln wie ich, und ich bespreche, behandle und deute die Welt wie sie".)

Mit den Verfestigungen des Realitätsausschnitts und den Wiederholungen gleicher Behandlungsweisen einschließlich Deutungs- und Bewertungsweisen würde zudem ein Komplex stabiler sozialer Wirklichkeit erzeugt, der Erwartungs- und Orientierungssicherheit erzeugen würde. Eine solche Steigerung von Regelmäßigkeit (durch Verfestigung durch Wiederholung) erzeugt soziale Werte an sich in Form struktureller Vermögen (vgl. dazu das Modell Abbildung 6.3). Darauf komme ich im nächsten Kapitel zurück.

Die Soziologie ist genötigt, solche vorreflexiven und impliziten Selektionen (bzw. Hervorhebungen und Vernachlässigungen) und Zuordnungen bereits „Wertung" zu nennen, weil diese Selektionen in die symbolisierten, explizit kommunizierten und kommunikativ reflektierten Werte, Wertmaßstäbe und Wertesysteme prägend eingehen, für die der Begriff „Wert" bislang reserviert war. Die transintentionalen Selektionen, von denen hier die Rede ist, wirken sich als soziale Wertungen aus. *So ist beispielsweise jedes Wissen und jedes Können, das nirgendwo und niemals durch kommunizierendes Verhalten hervorgehoben wird, sozial völlig wertlos (sogar inexistent); während jenes Wissen und Können, auf das sich sehr unterschiedliche Akte kommunizierenden Verhaltens an verschiedenen Orten und zu verschiedenen Zeiten intensiv beziehen, sozial besonders wertvoll ist:* es wird vielfach anerkannt, kann vielfach verwendet werden und reichhaltige Wirkungen erzeugen.

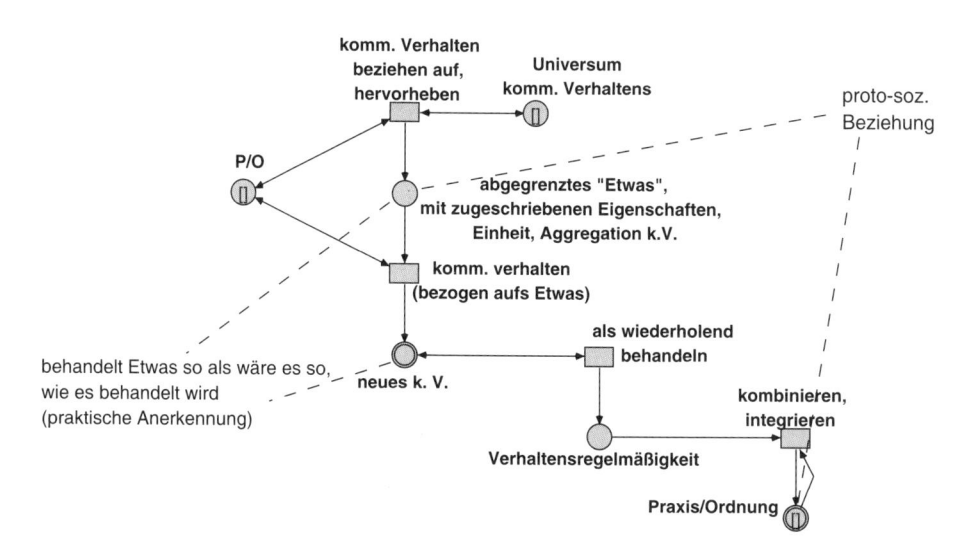

Abbildung 6.4: Erzeugen von proto-sozialen Beziehungen durch das Behandeln „als ob"

Jedes kommunizierende Verhalten kommuniziert qua verhalten-zur-Welt wertende Anerkennungen, und zwar im Modus des „Behandelns-als-ob" und des „Zulassens-behandelt-zu-werden-als-ob". Soziale Praxis ist ohne Ausnahme solch anerkennungskommunizierendes Verhalten (vgl. dazu Abbildung 6.4): Verhalten, das kommuniziert, wie etwas sein soll und wie nicht, als was etwas gelten soll und als was nicht, was als „positiv" und was als „negativ" gelten soll, was erwartet wird und was nicht, woran „man" sich orientiert und woran nicht – und, vor allem, worauf überhaupt handelnd und denkend Bezug genommen werden kann/soll und worauf nicht.[5]

Soziale Praxis ist immer zugleich eine nicht-intentionale Anerkennung anderer Praktiken. Sie provoziert *vor jeder reflexiven expliziten Bestrebung* eine implizite Tendenz, dass die soziale Wirklichkeit so werden solle, wie die Praxis selbst sie bereits anerkennt. Denn das *sich so verhalten als ob {etwas sich so und nicht anders verhielte* bedeutet immer gleichzeitig, durch eigenes Verhalten dazu bei zu tragen, dass etwassichsoundnichtandersverhält.

Dieser Modus der Konstitution des Sozialen ist von so entscheidender und grundlegender Bedeutung, dass er eine eigene Bezeichnung verdient. Er soll im folgenden *Praktische Anerkennung* resp. *anerkennende Praxis* (abkürzend für „wertende Anerkennung kommunizierendes Verhalten") heißen, kurz Anerkennung oder Praxis.

6.1.2 Praktische Anerkennung ist transintentional

Praktische Anerkennung ist der grundlegende Prozess der Selbststrukturierung des Sozialen. Akteure, die mittels kommunizierenden Verhaltens etwas anerkennen, nehmen dieses von ihr selbst hervorgehobene „Etwas" als „wahr" an (sie nehmen es als solches wahr): sie anerkennen (glauben), dass dieses Etwas so ist und sich so verhält, wie es ihnen erscheint. Das hat, gemäß dem Thomas-Theorem[6] Folgen: Die Akteure verhalten sich bis auf weiteres so, als ob es das, was sie anerkennen, tatsächlich gäbe, und zwar genau so, wie sie es anerkennen, mit seinen ihm zu- und an ihm anerkannten Grenzen und Qualitäten. Sie verhalten sich dem Anerkannten gegenüber so, als wäre es so, wie sie es anerkennen. Das heißt, sie behandeln es so, wie sie meinen, dass es behandelt zu werden „verdiene", bzw. wie es behandelt zu werden erlaubt, und anerkennen (glauben), dass dieses Verhalten ihm angemessen sei.

Dabei spielt zunächst einmal, und hier kommt eine Art „Pfeffer" in das Geschilderte, gar keine Rolle, wie das Anerkannte „wirklich" ist, d.h. wie es sich selbst anerkennt, wie dritte Beobachter es anerkennen etc. Es wird zunächst *lediglich als*

---

[5]Der Begriff der praktischen Anerkennung ist mehrdimensional. Seine erste Dimension ist Hervorhebung/Vernachlässigung: Anerkennung erkennt etwas und verkennt anderes. Seine zweite Dimension ist Aktivität/ Passivität: Anerkennung schreibt etwas zu und nimmt etwas hin bzw. an; sie erfindet und entdeckt. Die Dritte Dimension von Anerkennung ist Verbindung/Differenz: Sie erkennt (fügt) „etwas" etwas anderem *zu* und *ab*erkennt ihm anderes.

[6]"If men define situations as real, they are real in their consequences."

6.1 Praktische Anerkennung als sozial konstitutiver Prozess

solches anerkannt, unabhängig davon, über welche Eigenschaften und Grenzen es sonst noch verfügt und ob es ohne diese Anerkennung überhaupt eine Einheit wäre. Solche Anerkennungen können natürlich von Akteur zu Akteur unterschiedlich ausfallen. Genau um solche Fragen – wer (was) auf welche Weise als wer oder was anerkannt werden solle – pflegen sich die grausamsten der Menschheit bekannten Konflikte zu drehen, ungeachtet des Sachverhalts, dass die *auffälligen*, öffentlich-explizit benannten Anlässe für Konflikte sich selten direkt darauf beziehen.

Das liegt daran, dass praktische Anerkennung *transintentional* ist. Die anerkennend Tätigen ahnen nicht, dass, sie ganz grundlegend selbst die Verhältnisse hervor zu bringen suchen, die sie anerkennen. Die alltäglichen Akte praktischer Anerkennung sind unabhängig von expliziten Abwägungen und Entscheidungen, unabhängig von Intentionen und bewussten Beurteilungen: sie sind implizit, *tacitly*, unreflektiert, eben praktisch. Praktische Anerkennung wird, wie geschildert, bloß durch Verhalten, durch „Behandeln-als" mitgeteilt: die Be-Handelnden müssen davon, dass sie hier Anerkennungen kommunizieren, in keiner Weise etwas ahnen oder gar wissen, um dennoch diese anerkennende Praxis zu reproduzieren, die sie dann – mit einem anderen Schritt, man möchte sagen: in einem anderen Realitätsbereich, der reflexiv symbolisierten Wirklichkeit – bewusst, gezielt, reflektiert und explizit akzeptieren oder ablehnen mögen. Praktische Anerkennung/ anerkennungskommunizierendes Verhalten hat überhaupt nichts mit explizit symbolisierten oder gar institutionalisierten Drohungen und Sanktionen oder Anreizen und Versprechungen zu tun. Die dargestellten Prozesse spielen sich weit „unterhalb" jeder expliziten Legitimation, weit entfernt von jeder bewussten Behandlung ab, sie können vollständig unabhängig vom subjektiv gemeinten Sinn und von „rationalen" Begründungen ablaufen und tun das auch: *Praktische Anerkennung kann vollständig transintentional prozessieren*.

Es ist nicht die Absicht eines Zeitschriftenrezipienten, das Wirtschaftssystem anzuerkennen, wenn er die Zeitschrift kauft; es ist nicht die Absicht einer Studentin, den Forschungs- und Lehrbetrieb in seiner gegenwärtigen Gestalt zu unterstützen, wenn sie an Seminaren teil nimmt; es ist nicht die Absicht eines Wurstkäufers, Tiere schlachten zu lassen.

6.1.3 Der zweischneidige transintentionale „Gesellschaftsvertrag"

Praktische Anerkennung bzw. anerkennungskommunizierendes Verhalten ist *der* sozial konstitutive Prozess. Wenn einem Aspekt sozialer Wirklichkeit – gleichgültig ob einer Verhaltensweise, einem Akteur, einer Organisation oder einer Gesellschaft – anerkennungskommunizierendes Verhalten dauerhaft verweigert wird; wenn sich also nichts und niemand mehr so verhält, als ob es ihn gäbe; wenn alles auf sie bezogene kommunizierende Verhalten eingestellt wird – dann werden die Beziehungen zu jenem Wirklichkeitsaspekt abgebrochen, er wird seiner Relationen und Qualitäten beraubt; was gleichbedeutend damit ist, dass seine Qualitäten und Strukturen zerfallen: dieser Aspekt sozialer Wirklichkeit wird über kurz oder lang zerstört oder aufgelöst.[7] Gegenstände, Personen etc., auf deren Verhalten und Verhaltensresultate sich (noch) kein kommunizierendes Verhalten (mehr) bezieht, die (noch) von niemandem (mehr) behandelt, beobachtet, bemerkt werden, wirken sich in keiner Weise auf die Welt des Sozialen aus. Sie mögen in anderen Sphären existieren, *sozial* sind sie inexistent, d.h. sie sind als Elemente der sozialen Wirklichkeit noch gar nicht entstanden oder bereits verschwunden.[8]

Alle sozialen Akteure und Systeme sind deshalb dazu genötigt, die praktische Anerkennung anderer Akteure und Systeme zu „verdienen": zu erhalten oder zu steigern, jedenfalls aber nicht zu verlieren. *Jeder Akteur (jedes System) ist existenziell darauf angewiesen, von anderen Akteuren (Systemen) regelmäßig mit anerkennungskommunizierendem Verhalten „versorgt" zu werden.* Er (es) ist dazu *gezwungen*, sich so zu verhalten, dass andere Akteure (Systeme) sein Verhalten – und damit ihn (es) selbst – anerkennen können.

Sie müssen sich „gefallen" lassen, dass sie selegiert und relationiert werden, dass ihnen Qualitäten und Zuordnungen genau so zugefügt werden, wie es eben

---

[7] Im Grunde ist jede Veränderung eine begrenzte Auflösung oder Einstellung bestimmter Qualitäten/Verhaltensweisen und eine Neukonstituierung anderer Qualitäten/Verhaltensweisen. Wieder einmal ist entscheidend, wo der qualitative Umschlagpunkt zwischen Noch-Veränderung und Schon-Auflösung gezogen wird.

[8] Einige Beispiele. (a) Ein Gedanke, von einer Person flüchtig vor sich hin gesagt, aber nie anderen gegenüber geäußert, der das Verhalten dieser Person weiter nicht beeinflusst und sich deswegen auch nicht über ihr kommunizierendes Verhalten hindurch auf andere Personen, Handlungen, Organisationen etc. auswirken kann – ein solcher Gedanke ist ebenso wenig Element der sozialen Welt wie etwa eine vergessene Hochkultur. (b) Ein blinder Passagier, solange er unbemerkt bleibt, ist inexistent für alle anderen Personen, die sich auf dem Schiff aufhalten. *Es gibt ihn für sie nicht.* Sozial inexistent sind auch der Säugling, der ausgesetzt, aber von niemandem gefunden wird, und die Toten, an die sich niemand mehr erinnert und die weder in Texten, Filmen etc. noch in sonstigen Artefakten Spuren hinterlassen haben. (c) Radiert eine politische Führung bestimmte zu *non gratae* gewordene Personen aus ihren Geschichtsbüchern und Fotografien, so existieren sie für diejenigen, die die entsprechende Geschichte nur aus diesen Büchern, Reden und Fotos kennen, nicht. (d) Ist weiten Teils unbekannt, dass Gerechtigkeit eine Kontingenzformel ist (Luhmann 1992), dann ignoriert die betreffende Sozialität die Tatsache, dass das, was als gerecht gilt, ihre kontingente soziale Setzung ist. (e) Eine Studentin, die die akademischen Gepflogenheiten nicht kennt, weil sie aus einem „bildungsfernen" Milieu kommt, behandelt diese Gepflogenheiten zunächst notwendig so, als existierten sie nicht. Das legt ihrer akademischen Karriere einige Steine in den Weg. Überall liegen – für sie unsichtbare – Schlipse herum, auf die sie tritt, was ihr übel genommen wird, worüber sie aber kein Feedback bekommt (an der Universität lernt man nicht über das Erhalten negativer Sanktionen, sondern über das Nicht-Erhalten positiver Gratifikationen); den Subtext der akademischen Sprache muss sie erst mühsam lernen, ebenso die verschwiegenen Tricks, mit denen Forschung und Lehre betrieben wird, und die in keinem Lehrbuch stehen. – In diesem Sinne ist alles, was spurenlos versunken ist oder erst erfunden/entdeckt werden muss; all das, worüber niemand spricht und das in keiner Aufzeichnung oder Überlieferung festgehalten ist; alles, was niemals benutzt, ja nicht einmal wahrgenommen wird; alles, was wirkungslos verpufft und von dessen Existenz niemand weiß – all das ist nicht Bestandteil der sozialen Wirklichkeit.

6.1 Praktische Anerkennung als sozial konstitutiver Prozess 205

geschieht. In den alltäglichen massenhaften Akten ihres gewissermaßen naiveingeborenen praktischen Anerkennens konfirmieren sie die soziale Welt, wie sie ist. Mit jeder ihrer ungezählten, scheinbar unbedeutenden Verhaltensweisen knüpfen Akteure/Systeme am Netz der bestehenden sozialen Strukturen. Sie lernen, *in* der sie umgebenden Praxis mitzutun, ihre Regeln zu beachten, ihre Symbole zu verwenden, in ihr zu agieren, bis sie traumwandlerisch kontextsicher die wesentlichen Regeln befolgen und anwenden können. Ohne es zu wollen oder auch nur wahrzunehmen tendieren sie dahin, dazu bei zu tragen, dass die bestehende soziale Wirklichkeit in ihrem So-Sein bestätigt und bestärkt wird. Die „Kenntnis", die die Systeme/Akteure von diesen basalen Prozessen haben, ist ein *tacit practical know how*.

Wenn es einen „Gesellschaftsvertrag" gibt, dann ist es jene unbeabsichtigte, verschwiegene Einverständniserklärung, diese nirgendwo sichtbare Blanko-Legitimation, die niemals unterschreiben wird, die aber in Kraft tritt völlig unabhängig davon, wie die Akteure/Systeme „ihre" soziale Wirklichkeit „bewusst", d.h. explizit reflexiv symbolisiert, bewerten. Sie besteht im Mitmachen, *ohne* nennenswerten Widerstand zu leisten und *ohne* die gängige Praxis wesentlich zu ändern. Sie prozessiert, vor und unterhalb aller diskursiv-bewussten – sprich: symbolisch reflektierten – Legitimationen im Modus von *tacit practical acts*, die unerkannten Handlungsbedingungen unterliegen und unintendierte Handlungsfolgen hervorrufen.

Der Haupt-Effekt praktischer Anerkennung ist, dass die Anerkennenden sich in ein verschwiegenes Einverständnis mit nahezu der gesamten bestehenden sozialen Welt begeben und dadurch dieser sozialen Wirklichkeit in ihrem So-Seine eine grundlegende stabile Konstanz verleihen. Dass praktische Anerkennung unüberschaubar zahlreiche Momente des Sozialen unverändert gewähren bzw. bestehen lässt und teilweise aktiv reproduziert, ist also konstitutiv für die soziale Welt: ohne praktische Anerkennung zerfiele sie. Nur was praktisch anerkannt ist, existiert überhaupt als Soziales. Nur regelmäßige praktische Anerkennung, verleiht dem Sozialen im Wege des Zulassens, Gewährenlassens, Berücksichtigens und als-wirklich-Behandelns grundlegende Stabilität.

Aber dies ist nichts an sich Positives. Denn erstens: Wenn die bestehende soziale Wirklichkeit eine gewalttätige, zerstörerische, terroristische ist, dann wird sie auf dieselbe basale Weise stabilisiert, dann speist sie sich aus denselben Quellen wie alle anderen sozialen Wirklichkeiten auch. Zweitens kann sich diese konstitutive praktische Anerkennung auf Außenseiter, Minderheiten, Nachgeborene – generell: auf sozial Schwächere – jederzeit wie ein unnachsichtiger Präge- und Schraubstock auswirken. Wer etwa einmal *praktisch* nicht mehr als Mensch anerkannt wurde wie Sklaven oder, im Nationalsozialismus, Juden, Roma und Sinti, Behinderte usw., und wer *noch nicht* praktisch als Mensch anerkannt wird, wie jene Generationen, die später einmal nicht bloß mit dem heute produzierten Atommüll und Ozonloch sich herumzuschlagen gezwungen sind, der war bzw. ist mit der zerstörerischen

Seite der praktischen Anerkennung in besonders scharfem Maße konfrontiert. Aber dies sind nur die sinnfälligsten und grausamsten Realbeispiele.

Die phänomenalen Typen, in denen sich praktische Anerkennung gesellschaftlich symbolisiert, sind „Mitläufertum", „Mittäterschaft" (Thürmer-Rohr, 1987), „schweigende Mehrheit" und „politische Mitte". Nahezu alle sozialen Akteure nehmen über die weitaus meiste Zeit ihres Andauerns eine dieser Rollen ein. Wie dies in der alltäglichen Praxis aussieht, schildern Marcuse und Popitz treffend:

Die bestehenden Verhältnisse erhalten auch für sie [gemeint sind Unterprivilegierte, R. L.] – als Bestandhaben der Verhältnisse – einen Ordnungswert. ... [Sie beginnen], in die bestehende Ordnung Interessen zu investieren. Sie tun genau das, was jeder friedliche Bürger tut, um sich über Wasser zu halten, auch in einer zwangsweise oktroyierten Ordnung: Er absolviert eine Ausbildung, die ihm in dieser Gesellschaft bestimmte Berufsaussichten gibt, er sichert sich einen Arbeitsplatz, der ihm ein gewisses Einkommen garantiert, er erdauert eine Anwartschaft auf eine erträgliche Wohnung, erwirbt das Vertrauen von Vorgesetzten und sieht zu, dass er sich nicht belastet. ... Diese Handlungen setzen keineswegs eine Bejahung der bestehenden Ordnung voraus, auch keinen besonderen Opportunismus, sondern lediglich die zur Vermeidung von Heldentum unvermeidliche Konformität. Aber sie implizieren viel mehr als das: So wie jeder daran interessiert ist, den Ertrag seiner Handlungen nicht zu verlieren, so wird er auch am Bestehen der Ordnung interessiert, in die er diese Handlungen eingezahlt hat. Seine Investitionen vermehren sich mit der schieren Dauer dieser Ordnung. (Popitz, 1999, 224-225)

Um zu leben, hängen die Menschen von Chefs, Politikern, Stellungen und Nachbarn ab, die sie dazu verhalten, das zu sagen und zu meinen, was sie sagen und meinen [...] Unter diesen Umständen ist der gesprochene Satz ein Ausdruck des Individuums, das ihn ausspricht, und jener, die es dazu anhalten zu sprechen wie es spricht, und Ausdruck einer wie immer beschaffenen Spannung und Widersprüchlichkeit zwischen ihnen. Indem sie ihre eigene Sprache sprechen, sprechen die Menschen auch die Sprache ihrer Herren, Wohltäter und Werbetexter. Daher drücken sie nicht nur sich selbst aus, ihre eigene Erkenntnis, ihre Gefühle und Bestrebungen, sondern auch etwas anderes als sich selbst. (Marcuse, 1989, 207-208)

6.1.4 Praktische Anerkennung als Reformulierung des soziologischen Handlungsbegriffs

Der Konstitutions- und Reproduktionsprozess sozialer Praxis ist in einem Ausmaß transintentional (weder kognitiv-intentional geplant noch rational berechnet), das bisher noch nicht auf einen theoretischen Begriff gebracht wurde. Natürlich kennen zahlreiche soziologische Theoretiker dieses Ausmaß. Neben Luhmann etwa Giddens, dem zu Folge Reflexivität „weitgehend in der Form praktischen Bewusstseins" vorläge, ohne dass Akteure über diese Methoden, Routinen und Verfahrensweisen bewusst – diskursiv – Auskunft geben könnten (Giddens, 1984, 36, auch

6.1 Praktische Anerkennung als sozial konstitutiver Prozess

78), oder (Collins, 2000, 107): „[D]ie meisten Personen handeln die längste Zeit auf der Grundlage einer angenommenen Normalität, die nicht Gegenstand bewusster Reflexion ist. ... [D]er vorherrschende Charakter in den meisten Interaktionen [der Arbeitswelt bspw. besteht] darin, die organisatorischen Routinen als gegeben hinzunehmen".

Aber daraus ist noch nicht die Konsequenz gezogen worden, die Grundbegriffe des Handelns und Kommunizierens so zu reformulieren, dass sie es erlauben, Handeln und Kommunizieren als etwas zu begreifen, das den Handelnden und Kommunizierenden vorwiegend unterläuft, passiert, entgleitet, „heraus rutscht", zustößt; als etwas, das zumindest genau so viel rezeptive, reaktive, „automatisierte" oder quasi-mechanische, ja passive als bzw. wie (pro-)aktive und kreative Komponenten hat.[9] Joas und Sofsky haben eingefordert, den Handlungsbegriff unter diesem Gesichtspunkt weiter zu entwickeln. Um sozialen Akteuren nicht fälschlicherweise ein aktivistisches Verhältnis zur Welt zu unterstellen, müsse, so Joas (1992, 246), der Handlungsbegriff „auch Passivität, Sensibilität, Rezeptivität, Gelassenheit" umschließen. Sofsky (1996, 10-12) fordert in seinem Traktat über die Gewalt, dem Handlungsbegriff müsse ein mindestens ebenso gewichtiger Leidensbegriff zur Seite gestellt werden. Die Forderung ist umso mehr zu unterstreichen, wenn man wirkungsanalytisch vorgeht und erkennt: „Wirkung ... entsteht ... durch .. rezeptives .. Handeln" (Gresshoff u. a., 2003, 381). Mit dem Begriff der praktischen Anerkennung wird ein Konzept vorgelegt, das dieser Forderung zu entsprechen sucht.[10] Er erfasst auch rein rezeptives Verhalten: Erleiden, Erdulden und Unterlassen sowie Gekleidetsein, still Stehen, Schweigen, Umfallen, Zitiertwerden und ähnliche Fälle von mehr oder minder wirkungsvoller Passivität. Damit wird bereits grundbegrifflich ein aktivistisches Konzept des Sozialen vermieden.

Das Konzept der praktischen Anerkennung resp. der anerkennungskommunizierenden Praxis begreift darüber hinaus das Soziale als gewertet bzw. werthaltig. Die normative Dimension des Sozialen wird also bereits grundbegrifflich in die Analyse einbezogen; die Vorstellung, dass es im Sozialen „wertfreie" Sphären gäbe und Moral, Ethik, Werte, Normen einer eigenständigen, abgegrenzten Sphäre zugehören, wird dagegen dispensiert. Vielmehr wird die gesamte soziale Welt als eine anerkannte konzipiert: als eine normativ und evaluativ aufgeladene, eine (nicht) Gesollte und (Ab-)Gewertete, eine (nicht) Gewollte und (mehr oder weniger) wert-

---

[9] Und zwar ohne gleich das Kommunizierende mit Kommunikation zu identifizieren, die bekanntlich nicht nicht kommunizieren kann, und damit das Nicht-Kommunizierende gleich vorweg zur Tür hinaus zu komplimentieren, um sich damit einzuhandeln, dass es durch die Hintertür (alter und ego in „Soziale Systeme") hereingeschlichen kommt und ungebeten in der Theorie Platz nimmt.

[10] Ein ähnliches Konzept hat Stolzenburg (1997, 242) mit dem „Akzeptieren der Dinge als solche bzw. in ihrem So-Sein", in dem er einen wesentlichen Modus der Selbstreproduktion sozialer Systeme erblickt, vorgelegt. Ebenfalls ähnlich Konzepte sind das (leider nicht weiter ausgearbeitete) der „Daten setzenden Macht" von Popitz (1999) und der indirekten Informationsvermittlung über Veränderungen der Umwelt („Stigmergy") von Grassé (vgl. Serugendo, 2003).

volle Welt. So gesehen wird sofort deutlich, dass die *cui bono*-Frage eine ganz entscheidende soziologische Frage ist: Wer wertet bzw. will welche gesellschaftliche Einrichtung, wie und warum – und welche verschiedenen anderen Willen und Wertungen stehen ihm gegenüber? Wem dient das Gesollte, das Normen- und Wertesystem, und wem dient es nicht; wie verteilt es seine Anerkennungen?[11] Die Antworten auf diese Fragen erst machen soziale Auseinandersetzungen und ihre Ergebnisse verständlich.

Das Konzept der praktischen Anerkennung vermeidet zwei Ungenauigkeiten des symbolischen Interaktionismus (in der programmatischen Form von Blumer, 1973, 81), nämlich die Konnotationen, soziales Geschehen spiele sich ausschließlich zwischen Menschen ab und trüge vermittels seines Aushandlungscharakters vorwiegend symmetrische Züge. Anerkennung kommunizierendes Verhalten kann auch andere Träger als Menschen haben, es kann asymmetrisch ausfallen (und dies ist der Regelfall), und es kann durch stummen Zwang, Befehl etc. ohne Aushandlung durchgesetzt und befolgt werden. Hierbei trägt es zwar noch den grundlegenden „Aushandlungscharakter", den der Symbolische Interaktionismus meint, aber so einseitig, implizit und rudimentär, dass der interaktionistische Interaktionsbegriff hier kaum noch passt.

Anerkennung kommunizierendes Verhalten ist – aufmerksame Lesende wird es nicht überraschen – auch keineswegs kommunikatives Handeln im Habermasschen Sinne (Habermas, 1981). Weder impliziert es immanente Verständigungsorientierung, noch stellt es eine höhere Entwicklung gegenüber normenreguliertem und expressivem Handeln dar. Der Begriff der praktischen Anerkennung folgt vielmehr Joas' (Joas, 1992, 156) Forderung, „gemeinsame Merkmale *allen* Handelns" zu erfassen. Im Zuge dessen muss auch die kategoriale Trennung zwischen instrumentellem (strategischem) und kommunikativem Handeln als Reifizierung zurück gewiesen werden. Die Gründe: (1) Verständigungs- und Erfolgsorientierung sind, wenn man sie als „objektive" Strategien versteht – was Habermas tut, wenn er Verständigungsorientierung als objektives, in die Sprache eingelassenes Telos versteht – zwei Dimensionen *allen* Handelns. (2) Zu Stande gekommene Verständigung *ist* ein Erfolg, der strategisch angestrebt werden kann, während strategisch erfolgreiches Handeln immer auch eine praktische Verständigung des erfolgreichen Akteurs mit den Eigenschaften der bearbeiteten Objekte bzw. Subjekte darstellt. (3) Auch die Orientierung daran, wer behandelt wird, rechtfertigt einer kategoriale Trennung zwischen instrumentell-strategisch und kommunikativ nicht: Akteure behandeln regelmäßig (aus der Beobachterposition als solche erscheinende) Menschen wie (aus der Beobachterposition als solche erscheinende) Dinge, und andererseits, und zwar

---

[11] Eine weitere unmittelbare Konsequenz ist, dass soziologische und überhaupt jede Wissenschaft, da sie selbst soziale Praxis ist, ebenfalls nicht wertfrei sein bzw. sich wertfrei zu sozialen Gegenständen verhalten kann.

nicht nur als Animisten, Nicht-Menschen wie Subjekte: Haustiere, Teddybären, Gott, den Talisman, den Kosmos etc.[12]

6.1.5 Zweite Annäherung an den Begriff des Sozialen

Auf Basis der vorigen Rekonstruktionen kann der Begriff des Sozialen nun weiter geschärft werden. Die erste Annäherung postulierte, dass das Soziale aus allen Verbindungen bestehe, die sich durch Akte des Folgens oder Begleitens ereigneten. Präziser lässt sich jetzt formulieren: *Das Soziale besteht aus einem Universum von Folge- und Begleitungs-Relationen zwischen verschiedenen Akten anerkennungskommunizierenden Verhaltens.*

6.2 Strukturelles Vermögen – Vermögensstrukturen

Bislang drehte sich die theoretische Darstellung um flüchtigen Stoff, der bereits im Entstehen vergeht und nur zum Gegenwartszeitpunkt existiert. Jetzt wendet sie sich den Verfestigungen, dem Dauerhaften des Sozialen zu. Sie rekonstruiert damit das, was oben dekonstruiert wurde: die soziale Beziehung, und sie wird den Begriff der Beziehung mit dem Begriff der sozialen Struktur und mit dem Begriff des sozialen Vermögens (oder: Kapitals) verbinden.

6.2.1 Erzeugung von Verhaltensregelmäßigkeiten

Jedes anerkennungskommunizierende Verhalten stellt ein Angebot bzw. eine Anmutung an den Rest der sozialen Welt dar, den von ihm jeweils hervorgehobenen und anerkannten Ausschnitt ebenfalls als solchen anzuerkennen: genau so hervorzuheben, zu deuten und zu behandeln wie das der fokale Verhaltensakt selbst es tut. Wenn ein anerkennungskommunizierendes Verhalten stattfindet, dann ist es für andere Verhaltensakte trivialerweise einfacher, sich von ihm veranlassen zu lassen und sein Angebot anzunehmen, als wenn es nicht stattfände.[13] Dieser ganz einfache Sachverhalt führt zu einer *Clusterung* verschiedener Akte anerkennungskommunizierenden Verhaltens. Zunächst steigert jedes reagierende Verhalten (rV), das von einem initiierenden Verhalten (iV) veranlasst wird, dessen Wirkung (und

---

[12]Im Übrigen ist auch die Habermassche Unterscheidung zwischen Handlungen und Körperbewegungen bzw. Operationen (Habermas, 1981, 144-147) zurückzuweisen. Was als kommunizierendes Verhalten veranschlagt wird, entscheidet die Praxis, und kann nicht durch Dekrete wie „eine Körperbewegung ist Element einer Handlung, aber keine Handlung" sozialwissenschaftlich vorentschieden werden. Selbstverständlich kann eine Körperbewegung als kommunizierendes Verhalten behandelt werden.

[13]Das gilt auch, wenn erwartetes Verhalten überraschenderweise unterbleibt. Aber dies ist hier noch zu vernachlässigen: an diesem Punkt der Erörterung sind Erwartungen und Überraschungen noch nicht eingeführt; die soziale Wirklichkeit, so wie sie bislang im vorliegenden Text erschien, ist erwartungslos.

damit den Wirksamkeits- und Wirklichkeitsgrad von iV und aller fünf mit ihm relationierten Komponenten), was wiederum die Wahrscheinlichkeit erhöht, dass weitere Verhaltensakte sich von diesem neu entstandenen Wirklichkeitskomplex veranlassen lassen. *Wenn dies geschieht, werden zugleich die Relationen zwischen iV und allen rV, die von ihm veranlasst wurden, wirksamer und wirklicher.*

Mit jedem weiteren Akt praktischer Anerkennung wird der hervorgehobene Komplex sozialer Wirklichkeit stärker als solcher sozial festgelegt und verwirklicht (in seinem Wirklichkeitsgrad gesteigert). Sofern frühere und spätere Verhaltensakte miteinander als ein und dasselbe Verhalten verbunden und identifiziert („wieder erkannt"), also *zu einem Verhalten vereinheitlicht* werden, werden anerkennendes Verhalten und anerkannter Praxiskomplex dauerhaft sozial wirksam und damit zu einem stabilen Bestandteil sozialer Wirklichkeit verstetigt.

Das Verhalten wird in eine *Verhaltensregelmäßigkeit* umgewandelt.[14] Verhaltensregelmäßigkeit bedeutet: Sozial als gleichartig anerkannte Akteure wiederholen sozial als gleichartig anerkanntes Verhalten in sozial als gleichartig anerkannten Situationen. Was als „gleichartig" gilt, entscheiden diejenigen Akteure, die „X-Akteure wiederholen in Y-Situationen Z-Verhalten" als solches und als Einheit hervor heben. Sie fassen Verhaltenssequenzen, die sich wiederholen, die Situationen, in denen sie sich wiederholen, und die Akteure, die an diesen Verhaltensabläufen beteiligt sind, als gleichartig auf.[15] Eine „Regelmäßigkeit" ist also das, was

---

[14] Dieser Sachverhalt ist bekannt. „[D]er Wiederholungscharakter von Handlungen, die in gleicher Weise Tag für Tag vollzogen werden, ist" auch für Giddens „die materiale Grundlage für das, was ich das rekursive Wesen des gesellschaftlichen Lebens nenne", also für die Tatsache, „dass die Strukturmomente des sozialen Handelns .... aus eben den Ressourcen, die sie konstituieren, fortwährend neu geschaffen werden" (Giddens, 1984, 37). An dieser Stelle nennt Giddens solche Verhaltensregelmäßigkeiten allerdings noch Routinen, was aus der Perspektive der vorliegenden Theorie überdehnt scheint. Es reicht es aus, von „Bildung" bzw. „Etablierung von Verhaltensregelmäßigkeiten" zu sprechen – und den Routinebegriff für speziellere Formen verfestigter Verhaltensregelmäßigkeiten zu reservieren. – „Die soziale Struktur leitet sich von den sich wiederholenden kommunikativen Handlungen ab", betont auch Collins Collins (2000, 112) Wahrscheinlich ist ihm darin zuzustimmen, dass die „am leichtesten zu identifizierenden Bestandteile dieser Wiederholungen .. physischer Natur" seien, nämlich Orte und Objekte, die „im Mittelpunkt der dauerhaftesten Wiederholungen stehen". „So finden die meisten der repetitiven Strukturen ökonomischer Organisationen in bestimmten Fabriken, Bürogebäuden, Lastwagen usw. statt, und der überwiegende Teil desjenigen repetitiven Verhaltens, aus dem Familienstrukturen entstehen, folgt der Tatsache, dass bestimmte Leute tagtäglich die gleichen Räumlichkeiten bewohnen, dass die selben Frauen und Männer in den selben Betten schlafen, dieselbe Körper berühren, dass dieselben Kinder geküsst, gefüttert und auch getadelt werden. Der ‚Staat' existiert auf Grund der Wirksamkeit von Gerichtssälen, in denen immer wieder Richter sitzen, auf Grund der Existenz von Polizeipräsidien, von denen aus die Polizisten immer wieder Streife fahren, auf Grund von Kasernen, in denen immer wieder Soldaten untergebracht werden, und auf Grund von Versammlungssälen, in denen Politiker immer wieder zusammen kommen." (Collins, 2000, 111)

[15] „Die Konstruktion sozialer Verhaltensregelmäßigkeiten bedeutet also eine *Gleichsetzung* von Verhaltensabläufen in *gleich gesetzten* Situationen. Solche Gleichsetzungen beruhen auf Abstraktionen, auf der Heraustrennung bestimmter Merkmale aus einem Kontinuum von Umständen und Aktionen." (Popitz, 1981, 6)

bestimmte Akteure als regelmäßiges Verhalten begreifen, unabhängig davon, ob andere Akteure, etwa ferner stehende oder neu hinzu kommende Beobachter im gleichen Verhalten womöglich keine Regelmäßigkeit entdecken.

6.2.2 Verhaltensregelmäßigkeiten und Strukturen

Wenn anerkennungskommunizierendes Verhalten der flüssige Rohstoff des Sozialen ist, so sind Verhaltensregelmäßigkeiten die verfestigte Form des Rohstoffes. Die dauerhaften Bestandteile des Sozialen bestehen aus Verhaltensregelmäßigkeiten.

Verhaltensregelmäßigkeiten haben – als regelmäßige Wiederholungen von Verhalten – eine Zeitdimension. Über die Intervalle des regelmäßigen Wiederkehrens lässt sich hier nur sagen, dass sie äußerst variabel sind; hohe Wiederholungsfrequenz ist ein Faktor (aber bei Leibe nicht der einzige) für hohen Stabilitäts- und Wirklichkeitsgrad.

Verhalten weist, wie beschrieben, verschiedene Relationen zu anderem als ihm selbst auf. Wenn es wiederholt wird, werden diese Relationen zu sozialen *Beziehungen* – nämlich die durch das nun regelmäßige Verhalten vermittelten Relationen zwischen dem Verhaltensträger, den Trägern des bewirkten Verhaltens, dem Inhalt bzw. Gegenstand des Verhaltens und der Herkunftssozialität des Verhaltens und seines Trägers. Beide Träger, Inhalt/Gegenstand und die Herkunftssozialität müssen dabei jeweils selbst zeitstabile Einheiten verschiedener Verhaltensregelmäßigkeiten gelten.

Das Konzept sozialer Beziehungen ist damit hier abstrakter und zugleich realistischer gefasst als die Spontan-Assoziation „Zwei Akteure und eine Verbindung", von der auch Webers Bestimmung lebt. Was diese Konstellation – zwei Akteure in Verbindung – erstens erst möglich macht, zweitens von ihr bewirkt wird und drittens sie kontextuell rahmt, wird hier bereits grundbegrifflich mitgedacht.

Wenn Verhaltensregelmäßigkeiten (Beziehungen) sich ihrerseits in einer wieder erkennbaren Ordnung aufeinander beziehen; wenn also relativ fest gefügte Konstellationen von Verhaltensregelmäßigkeiten wieder erkennbar sind – dann sind soziale Strukturen entstanden.[16]

Als Regelmäßigkeiten anerkennungskommunizierenden Verhaltens stellen sie zugleich regelmäßige praktische Anerkennungen dar.

Giddens nennt wiederholte Handlungen – „Verfahrensweisen des Handelns, Aspekte der Praxis, ... Techniken oder verallgemeinerbare Verfahren ..., die in der Ausführung/Reproduktion sozialer Praktiken angewendet werden" – missverständlich „Regeln" (und muss mögliche Fehlinterpretationen mit seiner ausführlichen Behandlung des Begriffs der Regel (Giddens, 1984, 69-74) ausräumen). Er *meint* aber Regelmäßigkeiten: „[D]er Wiederholungscharakter von Handlungen, die in gleicher Weise Tag für Tag vollzogen werden, ist die materiale Grundlage für

---

[16] Vgl. lat. structura: Aufschichtung, Ordnung – in diesem Fall Aufschichtung und Ordnung von Verhaltensregelmäßigkeiten.

das, was ich das rekursive Wesen des gesellschaftlichen Lebens nenne" (Giddens, 1984, 37).[17]

Der Popitzsche Begriff der „Verhaltensregelmäßigkeit" erinnert nicht, wie der Regelbegriff, an die Intentionalität „gezielter Vereinbarung, geplanter Setzung und Einhaltung einer bewussten Norm" erinnert (Bourdieu, 1993, 71/72). Regeln sind der vorliegenden Theorie gemäß *reflexiv symbolisierte Regelmäßigkeiten*.

Die Bourdieuschen „Praktiken" und „Mechanismen" können als mehr oder minder komplexe (Kombinationen von) Verhaltens-, Erwartungs- und Symbolisierungsregelmäßigkeiten rekonstruiert werden.

6.2.3 Erwartungsbildung

Die soziale Welt ist, auch wenn sie strukturell zuweilen überaus starr wirkt, subkutan ständig in Bewegung, da sie aus anerkennungskommunizierendem Verhalten besteht: anerkennungskommunizierendes Verhalten ist im Moment seines Entstehens bereits wieder im Vergehen begriffen und existiert immer nur zum je gegenwärtigen Zeitpunkt. Diese beständige Bewegung müssen Praxis/Ordnungen zur Kenntnis nehmen (anerkennen). Sie werden häufig mit Verhaltensänderungen konfrontiert oder **verändern** ihr Verhalten selbst; sie erfahren, dass spontanes, sporadisches Verhalten zur Regel werden und regelmäßiges Verhalten verschwinden kann. Zahlreiche soziale Strukturen bleiben nicht identisch, sondern werden modifiziert, viele Praxis/Ordnungen weisen „heute" andere Qualitäten auf als „gestern" etc. Praxis/Ordnungen machen so die grundlegende Erfahrung, dass soziale Praxis veränderungsoffen und damit für sie prinzipiell unter- oder sogar unbestimmt ist, und dass sie weder sicher wissen können, ob die soziale Welt tatsächlich so ist, wie sie sie anerkennen, noch, wie sie sich in Zukunft verändern wird.[18] Die erfahrenen Änderungen der **Verhaltensregelmäßigkeiten** (VRen) setzen Praxis/Ordnungen einem gewissen „Druck" aus, sich auf jene Änderungen und Konstanzen einzustellen (vgl. dazu die gleichnamigen Stellen in Abbildung 6.5).

Deshalb beginnen sie, den Stabilitäts-/Veränderungsgrad des Sozialen im Voraus zu berechnen. Sie versuchen, voraus zu sehen, in welchem Ausmaß und in welcher Geschwindigkeit Praktiken sich über die Zeit verändern oder stabil bleiben (modelliert durch die Transition **Stabilitätsgrad berechnen durch Vergleich von VRen** in Abbildung 6.5. Und das bedeutet: Sie bilden Vermutungen bzw. *Erwartungen* über zukünftige und an anderen, aktuell unbeobachteten Orten befindliche Verhaltensregelmäßigkeiten aus (modelliert als die Stelle **Erwartungen an zeiträumlich**

---

[17] An dieser Stelle nennt Giddens solche Verhaltensregelmäßigkeiten allerdings noch Routinen, was aus der Perspektive der vorliegenden Theorie überdehnt scheint. Es reicht es aus, von „Bildung" bzw. „Etablierung von Verhaltensregelmäßigkeiten" zu sprechen – und den Routinebegriff für speziellere Formen verfestigter Verhaltensregelmäßigkeiten zu reservieren.

[18] Treffen zwei oder mehrere Praxis/Ordnungen erstmals aufeinander, dann ist die Unterbestimmtheit – sprich: die Undurchschautheit – wechselseitig, und man kann mit Luhmann von doppelter Kontingenz sprechen.

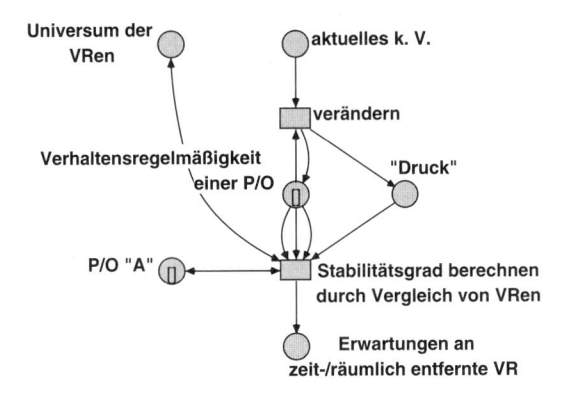

6.2 Strukturelles Vermögen – Vermögensstrukturen

Abbildung 6.5: Erwartungsbildung an Verhaltensregelmäßigkeiten

entfernte VRen) Formaler ausgedrückt ist eine Erwartung die interne Festlegung der zukünftigen Gestalt oder Ausprägung von Verhalten.

Praxis/Ordnungen beziehen ihr Verhalten also nicht nur auf erfahrene, sondern auch auf erwartete zukünftige Verhaltensregelmäßigkeiten bzw. Praxisstrukturen. Somit weist die soziale Welt eine fundamentale Glaubenskomponente auf: das *erwartete zukünftige Verhalten*; sie basiert konstitutiv auf Kredit und Unterstellung.

6.2.4 P/Oen Verhaltensregelmäßigkeiten zutrauen

Erwartende Praxis/Ordnungen stellen Zusammenhänge her zwischen bestimmten Verhaltensregelmäßigkeiten und den Praxis/Ordnungen bzw. Gegenständen, die dieses Verhalten regelmäßig ausführen bzw. zeigen, an ihm beteiligt oder von ihm betroffen sind. Diese Zusammenhänge schreiben sie in die Zukunft fort: sie erwarten, dass dieselben Praxis/Ordnungen bzw. Gegenstände, die sich bisher regelmäßig „so" verhalten haben, sich auch künftig regelmäßig „so" verhalten werden. D.h. sie schreiben die Verhaltensregelmäßigkeiten samt ihrer Verbindung zu Praxis/Ordnungen bzw. Gegenständen in die Zukunft fort und zugleich die Verhaltensregelmäßigkeiten auch für die Zukunft diesen Praxis/Ordnungen bzw. Gegenständen zu: Sie trauen Praxis/Ordnungen/Gegenständen zu, sich auch in Zukunft regelmäßig in dieser bereits bekannten, beobachteten Weise verhalten zu können (modelliert als zuschreiben/zutrauen; zugeschriebene VR in Abbildung 6.5).[19] Die Zuschreibung der Fähigkeit, sich regelmäßig auf eine bestimmte: auf die erwartete Weise verhalten zu können, ist die eines Könnens: eines Verhaltenkönnens:

---

[19] „Trauen" bedeutet auch etymologisch „fest werden". Insofern ist „jemandem etwas zutrauen" rau übersetzbar mit „etwas an jemandem fest machen".

eines *Verhaltensvermögens*. Sie wandelt faktisch vollzogene Tätigkeiten in Vermögen um.[20]

```
                    Erwartungen an
                    zeit-/räumlich entfernte VR
                         │
                         ▼
    P/O "R" ◯◀──────▢  zuschreiben/zutrauen
                         │
                         ▼
                    ◯  zugeschriebene VR
                         │
                         ▼
                    ▢  als regelmäßig sich
                         verhalten könnend behandeln
                         │
                         ▼
                    ◯ praktisch einer P/O zuerkannte VR; Vermögen
```

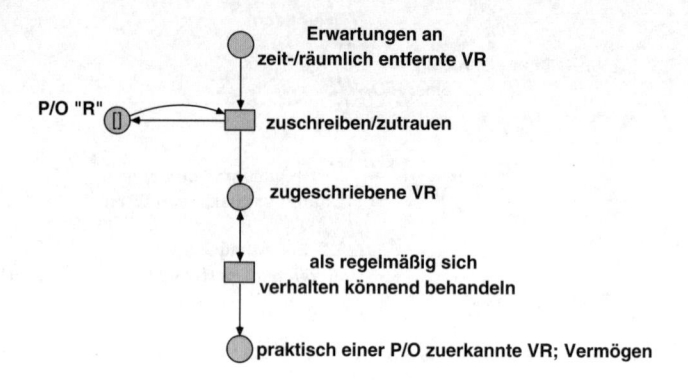

Abbildung 6.6: Zuschreibung von Verhaltensregelmäßigkeiten

Zutrauen ist aktiv: man verlangt oder erwartet, befürchtet oder erhofft,[21] dass die Praxis/Ordnungen das ihnen zugeschriebene Verhalten in Zukunft zeigen werden und stellt ihnen die praktische Anerkennung zur Verfügung, die sie zur Ausübung des erwarteten Verhaltens benötigen – nämlich indem man sein eigenes Verhalten daran orientiert (sprich: entsprechend der vermuteten Tatsache formt), dass jene Akteure sich in Zukunft so verhalten *werden*, wie man es ihnen zutraut (Transition **als regelmäßig sich verhalten könnend behandeln** in Abbildung 6.5).

Strukturelles Vermögen wird also durch praktisches Anerkennen (re-)produziert: Verhaltensmöglichkeiten werden eingeräumt und nicht streitig gemacht, es wird Zeit und Raum für dieses Verhalten bereit gestellt, die Verhaltensfähigkeit wird unterstellt, anderes Verhalten wird regelmäßig an dieser unterstellten Fähigkeit orientiert und macht faktisches Verhalten damit zu einem stabilen, verhaltensbeeinflussenden Vermögen. Die faktische Ausübung des kapitalisierten Verhaltens wird berücksichtigt und in Kauf genommen.

Wenn jene nun sozial vermögenden Praxis/Ordnungen sich dann tatsächlich so verhalten, wie es von ihnen erwartet wird, ist dieses ihr Verhalten also plötzlich mehr als es selbst: Es ist Aktualisierung eines Verhaltenkönnens, eines Vermögens:

---

[20] z. B. in Kompetenzen, Potenzialen, Ressourcen, Rechte, Eigentum, Macht, Zahlungsfähigkeit etc. – Es kommt dabei nicht in erster Linie darauf an, wie weit sich die aktiven Akteure „tatsächlich", d. h. von einem Beobachter aus gesehen, der über eine alternative Perspektive (eine Außensicht) verfügt, immer wieder so verhalten können, wie es ihnen zugetraut wird; das Zutrauen kann durchaus auf höchst selektiver Hervorhebung und unzutreffender Erwartung beruhen: „Die Türken nehmen uns unsere Mädchen weg". Formen dieses Zutrauens sind u.a. Erlaubnis, Zugeständnis, Gebot, Forderung, Zumutung, Befehl, Wunsch, neutrale Vermutung, Hoffnung, Rechtgeben etc.

[21] Emotionen werden hier nur als explizit kommunizierte verstanden.

6.2 Strukturelles Vermögen – Vermögensstrukturen

Es ist Einsatz, Realisierung, Aktualisierung von – Vermögen. (Stelle praktisch anerkannte VR; Vermögen von P/O R in Abbildung 6.5). Von nun an aktualisieren Akteure einfach dadurch, dass sie sich entsprechend verhalten, das ihnen zuerkannte Vermögen.

Auf die anerkennenden Akteure wirkt die oben (vor den Beispielen) erwähnte Verhaltensaktualisierung wie eine Bestätigung, dass die aktiven Praxis/Ordnungen über dieses Vermögen tatsächlich verfügen, wodurch ihnen ihr Zutrauen als gerechtfertigt bzw. realistisch erscheint, was ihre Orientierungssicherheit steigert. Erweist sich dagegen das Zutrauen als ungerechtfertigt und sinkt die eigene Orientierungssicherheit, kommt das einer Enttäuschung oder Überraschung gleich.[22]

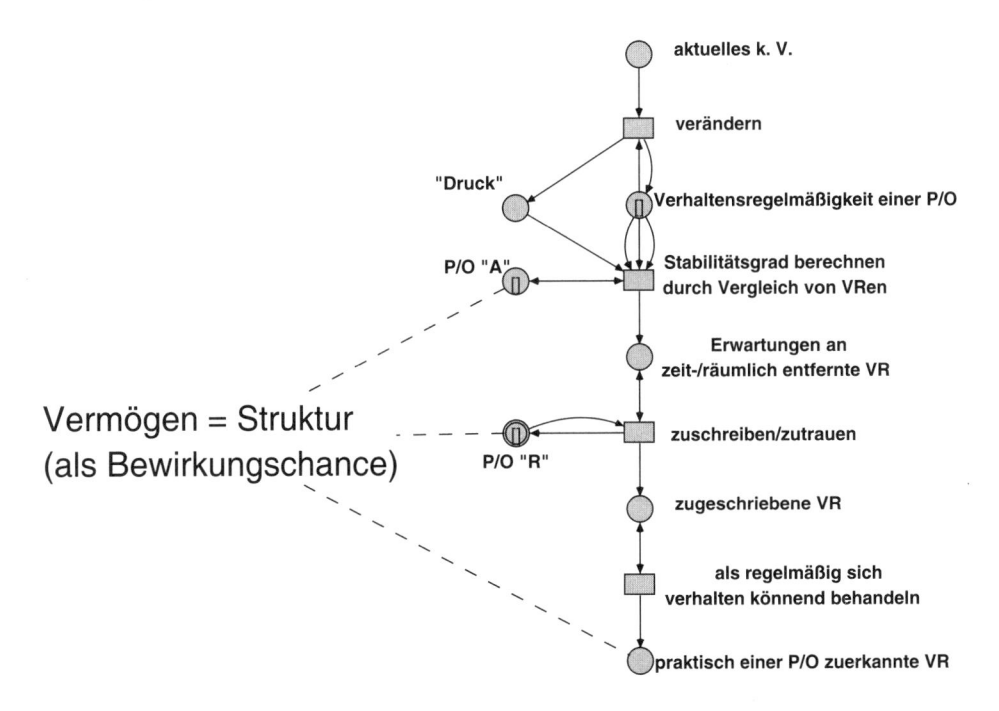

Abbildung 6.7: Verhaltensregelmäßigkeiten und Vermögensbildung

Verhaltensregelmäßigkeiten und Vermögen hängen also wie folgt zusammen (vgl dazu das kombinierte Übersichtsmodell in Abbildung 6.7). (a) Bestimmte aktive Praxis/Ordnungen (hier P/O A) treten in Verbindung mit bestimmten Verhaltensregelmäßigkeiten auf: Sie üben sie aus, sind daran beteiligt oder davon betroffen.

---
[22] Die Zuerkennung von Vermögen schließt deshalb für den Vermögenden nicht nur das Recht, sondern auch die Pflicht ein, dieses Vermögen handelnd auszuüben – mitsamt der Übernahme und Verwendung entsprechender Symbole, Eigenschaften und Praktiken, Rangpositionen und Funktionen.

(b) Bestimmte rezeptive Praxis/Ordnungen[23] (im Modell: P/O R) anerkennen diese Verbindung zwischen P/O A und Verhaltensregelmäßigkeiten (im Modell: VR) praktisch *und* verlängern diese Verbindung in die Zukunft, indem sie sie erwarten: Sie trauen den P/O A zu, sich so zu verhalten, wie diese es bisher getan haben. (c) P/O A und P/O R behandeln sich selbst und einander so, als träfe die Erwartung zu, dass die Verbindung zwischen Verhaltensregelmäßigkeiten und P/O A bestünde und auch in Zukunft bestehen würde. (d) Dadurch ist faktisches Verhalten von P/O A zu Vermögen geworden: dem Vermögen einer Praxis/Ordnung, sich auf bestimmte Weise zu verhalten. Kurz: P/O A wird von P/O R praktisch anerkannt als (= so gedeutet und behandelt wie) eine P/O, die sich so verhalten *kann*; daraus resultiert ihr Vermögen, etwas zu tun und zu bewirken: ihr Vermögen.

Popitz erläutert dies am Beispiel eines Kindes: „Was [d] das Kind [c] erfolgreich zustande bringt, erfährt es wesentlich im Kontext sozialer Aufmerksamkeit, von [b] Beifall und Missfallen, Hilfen, Stimulierungen, Korrekturen. Auch wenn es eine gewisse physische Selbstevidenz des Erfolges gibt, – was ‚geschafft' werden kann, welche Kompetenzen [= Vermögen, R. L.] erwartet werden können, das ist wesentlich durch den sozialen Erfolg, durch die Anerkennung [a] anderer definiert." (Popitz 1999: 118).[24]

Mit den Verfestigungen des Realitätsausschnitts und den Wiederholungen gleicher Behandlungsweisen einschließlich Deutungs- und Bewertungsweisen wird zudem ein Komplex stabiler sozialer Wirklichkeit erzeugt, der Erwartungs- und Orientierungssicherheit erzeugt. Eine solche Steigerung von Regelmäßigkeit (durch Verfestigung durch Wiederholung) erzeugt soziale Werte an sich in Form struktureller Vermögen.

Verhaltensregelmäßigkeiten treten niemals isoliert, sondern immer in Konstellationen bzw. Kombinationen auf, das heißt gleichzeitig oder in einer stabil bleibenden zeitlichen Reihenfolge aneinander anschließend. Eine solche Konstellation von miteinander kombinierten Verhaltensregelmäßigkeiten (Transition kombinieren) bildet eine aktionsfähige soziale Einheit. Wir nennen sie Praxis/Ordnung.

6.2.5 Struktur und Vermögen: Zwei Perspektiven auf dieselben Verhaltensregelmäßigkeiten

Vermögen sind in der sozialen Welt also Verhaltensregelmäßigkeiten, die von bzw. an bestimmten Praxis/Ordnungen erwartet bzw. ihnen zugeschrieben werden. Und

---

[23] Ob eine Praxis/Ordnung aktiv oder rezeptiv ist, ist situationsabhängig; „aktiv" und „rezeptiv" sind relationale Begriffe. Eine Praxis/Ordnung verhält sich in der Regel gleichzeitig aktiv und rezeptiv – eine Belegschaft streikt und wertet die öffentliche Berichterstattung über ihre Aktionen aus; eine Person beobachtet das Publikum während sie spricht.

[24] Zuerkennung von Vermögen ist keineswegs ein Prozess, der von denen, die das Vermögen zugewiesen bekommen, immer oder auch nur in den meisten Fällen positiv anerkannt wird, sondern er wird im Gegenteil oft als Zumutung oder Zwang erlebt – insbesondere bei der Zuerkennung negativ gewerteten Vermögens („Du kannst nur stören, sonst kannst du nichts").

6.2 Strukturelles Vermögen – Vermögensstrukturen

noch etwas, von der soziologischen Begriffstradition aus betrachtet vielleicht Ungewöhnliches, ist der Fall: Genau diese durch Aktualisierungserwartungen stabilisierten Verhaltensregelmäßigkeiten sind die sozialen *Strukturen* einer Praxis/Ordnung. Während eine Praxis/Ordnung eine Kombination von Verhaltensregelmäßigkeiten ist, sind ihre Strukturen eine Teilmenge davon, nämlich alle an und von ihr sozial erwarteten Verhaltensregelmäßigkeiten.

Vermögen *ist* Struktur! Soziale Strukturen erhält man, wenn man an faktischen und erwarteten sozialen Verhaltensregelmäßigkeiten gewissermaßen den *Beziehungsaspekt* hervorhebt, also die sozialen Beziehungen zwischen Praxis/Ordnungen akzentuiert. Soziales Vermögen erhält man, wenn man an denselben Verhaltensregelmäßigkeiten den *Eigenschaftsaspekt* hervorhebt, also eine Praxis/Ordnung selbst (und nicht Beziehungen zwischen Praxis/Ordnungen) in den Betrachtungsfokus stellt. Soziale Strukturen sind Vermögensstrukturen, und soziale Vermögen sind immer strukturelle Vermögen. Die Begriffe „strukturelles Vermögen" und „Vermögensstrukturen" sind zwei Aspekte derselben Sache – und damit sind „Vermögen" und „Struktur" in der sozialen Welt ebenfalls zwei Seiten einer selben Medaille, die da heißt: erwartete und aktualisierte Verhaltensregelmäßigkeiten.

Strukturen stellen demzufolge nicht einfach eine Art Skelett der stabileren Verhaltensregelmäßigkeiten für Praxis/Ordnungen dar, sondern sind gleichzeitig immer auch Mittel, um verändernd, und sei es stabilisierend, auf die soziale Wirklichkeit einzuwirken. Strukturen *sind* das Handlungsvermögen sozialer Praxis/Ordnungen, ihr Verhaltens- und Bewirkungspotenzial – und damit setzen sie gleichzeitig auch Begrenzungen und Beschränkungen dieses Potenzials, insofern fehlendes Struktur-Vermögen bestimmtes Verhalten nicht gestattet bzw. ausschließt. Vermögensstrukturen bzw. strukturelle Vermögen sind die Chance zum gestaltenden Eingriff ins Soziale, zur Gestalt(ung) einer oder mehrerer (Teile von) Praxis/Ordnung(en).

Die strukturelle Fähigkeit, die soziale Wirklichkeit mit eigenem Verhalten „bewirken", d.h. verändernd oder stabilisierend beeinflussen und gestalten zu können, stellt den Nutzen bzw. Gebrauchswert sozialer Vermögensstrukturen für Praxis/Ordnungen dar. Maß des Gebrauchswerts ist der Grad der Wirksamkeit eines Vermögens; der Grad, in dem es dazu verhilft, etwas sozial *verwirklichen* oder sozial *entwirklichen* zu können.[25]

In dieser Kopplung liegt ein Clou der sozialen Welt. Denn indem von einem Akteur dauerhaft erwartet, d.h. dem Akteur zugeschrieben oder *zugetraut* wird, bestimmte Handlungen regelmäßig zu vollführen, dann wird diese Handlungsregelmäßigkeit zu einem *Potenzial*, zu einem Handeln-Können des Akteurs: ihm werden auf Basis der Erwartung Räume, Zeiten und Ressourcen eingeräumt, die es ihm ermöglichen, tatsächlich so zu handeln (und niemand hindert ihn daran). Die Kopplung *Erwartung des regelmäßigen Ausübens von Handlungen durch diesen bestimm-*

---

[25] Diese Begriffsfassung impliziert, um es noch einmal explizit zu schreiben: Strukturen sind wertgeladen, sie sind für Praxis/Ordnungen mehr oder minder wertvoll.

ten Akteur erzeugt ein Handlungsvermögen dieses Akteurs. Handlungsvermögen – die Fähigkeit, zu Handeln oder Handeln-Können – ist nun aber die Gemeinsamkeit dessen, was in der soziologischen Literatur als *Kapital* beschrieben wird. Deswegen bestehen soziale Strukturen – von Akteuren erwartete Handlungsregelmäßigkeiten – aus Kapitalien, und Kapitalien sind Momente sozialer Strukturen. Wir sprechen deshalb im folgenden von *Kapitalstrukturen*.[26]

6.3 Reflexive Symbolisierung – symbolische Reflexion

Die soziale Welt erscheint den Menschen als eine ungeheure Ansammlung von Symbolen – so könnte man in Variation des berühmten Marxschen Satzes sagen –, als eine unübersehbare Vielfalt von Phänomenen, die mehr als sich selbst bedeuten, in denen sich nämlich die soziale Welt und ihre Vermögensstrukturen darstellen und ausdrücken.[27] Jedes Wort, jede Handlung, jedes Ding, jede Geste ist interpretierbar, ist als Hinweis auf die Praxis/Ordnungen lesbar, die sie hervor bringen und in Stand halten. Und da sie bereits immer schon interpretiert sind, be-deuten Worte, Handlungen, Dinge, Gesten in der sozialen Welt von sich aus etwas und bieten sich für solche Interpretationen an. Soziale Symboliken sind in ihrer Anzahl, Hervorgehobenheit und praktischen Anerkanntheit von ungeheurer Präsenz und Wirksamkeit: Personen sind von Struktur-Vermögenssymbolen bzw. -symboliken umstellt; sie können sich ihnen unmöglich entziehen. Und damit gelangt die vorliegende Darstellung zur dritten und letzten Komponente der grundlegenden Konstitutionsdynamik des Sozialen, zur symbolischen Reflexion oder reflexiven Symbolisierung.

6.3.1 „Unsichtbarkeit"/Veränderungsoffenheit des Sozialen als praktisches Grundproblem

Die Zukunfts- und Veränderungsoffenheit, die Variabilität des Sozialen, die prinzipielle Unbeobachtbarkeit aller erwarteten Momente des Sozialen erzwingt symbolische Reflexion.

Strukturelle Vermögen sind als solche sozial „unsichtbar", weil sie zum einen durch Erwartungen – also erwartetes zukünftiges, (noch) nicht verwirklichtes Ver-

---

[26] Für eingehendere Diskussionen dieses Aspekts sei nochmals auf (Langer, 2005, 2006) verwiesen.
[27] Wenn man „Symbole" ins Konkrete übersetzt, erscheint die gesellschaftliche Praxis halt so, wie sie uns erscheint: als ungeheure Ansammlung von Häusern, Automobilen, Maschinen, Kleidungsstücken, Geschlechteraccessoires, Hautfarben, Ämtern, Titeln, Preisschildern, Eheringen, Uniformen, Aktien ... Gesetzen, Satzungen, Verfahren, Vorschriften, Regeln, Verboten, Geboten, Instanzen, Autoritäten, Kontrolleuren ... und Personen, Gruppen, Organisationen etc., die sie benutzen, tragen, ausüben, bewachen, befolgen, weitergeben, kaufen, legitimieren, herzeigen ... usw.

6.3 Reflexive Symbolisierung – symbolische Reflexion

halten – erzeugt werden, und zum zweiten durch praktische Anerkennungen, die selbst *verschwiegen* prozessieren und nicht „direkt", sondern nur vermittelt über regelmäßiges Verhalten erkennbar werden (das gleiche gilt für die Kriterien bzw. Maßstäbe, nach denen sie „vergeben" wird).

Nur in ihrer Aktualisierung durch vollzogenes Verhalten und seine Auswirkungen werden strukturelle Vermögen bzw. soziale Vermögensstrukturen sozial beobachtbar; nur aus vollzogenem Verhalten kann auf die Vermögensstrukturen geschlossen werden, die „hinter" diesem Verhalten stehen. Da derartige Schlüsse auch fehlschlagen können, ist in die soziale Welt ein grundlegender Unsicherheitsfaktor eingebaut. Er kann für Praxis/Ordnungen existenzbedrohend werden: wenn sie sich grundlegend täuschen hinsichtlich bestehender Vermögensstrukturen resp. bezüglich der Verteilung struktureller Vermögen.

Die Entwicklungsoffenheit des Sozialen birgt immer das Risiko, dass Verhalten anders als erwartet ausfällt und eigenes Verhalten, das auf „falschen" Erwartungen beruhte, sich im Nachhinein als wertlos erweist, weil es erstens nicht die erwarteten Wirkungen erzeugt hat und zweitens an die nun tatsächlich eingetretenen überraschenden oder enttäuschenden Verhaltensregelmäßigkeiten nicht anschließen kann.

6.3.2 Soziale Orientierung durch Differenzreflexion und Vermögenssymbolisierung

Praxis/Ordnungen sind genötigt, zu prüfen, in welchem Ausmaß die strukturellen Vermögen auch tatsächlich vorhanden sind, und in welchem Ausmaß die tatsächlich so verteilt sind, wie sie sie (an)erkennen.[28] Sie prüfen also, in welchem Maß sie strukturelle Vermögen – also *erwartete* Verhaltensregelmäßigkeiten – in *tatsächlich eintretenden* Verhaltensregelmäßigkeiten niederschlagen. Anders gesagt: Sie prüfen die Differenz-Relation (durch die Transition **relationieren** in Abbildung 6.8) zwischen aktuell sich vollziehenden Verhaltensregelmäßigkeiten (modelliert durch die Stelle **aktuelle VR** in Abbildung 6.8) und strukturellen Vermögen (Stelle **erwartete, generalisierte und praktisch zuerkannte VR**),

Bei sehr großen Differenzen zwischen erwarteten und eintretenden Praktiken (zwischen strukturellen Vermögen und faktisch sich vollziehendem Verhalten) werden Praxis/Ordnungen handlungsunfähig; sie sind dann desorientiert und können nur zufällige, gewissermaßen sinn-lose trial-and-error-Verhaltensweisen zeigen und –Erwartungen bilden (dies entspricht im Modell in Abbildung 6.8 dem rechten Zweig). Hält dieser Zustand an, werden die in ihm befangenen Praxis/Ordnungen zerfallen bzw. zerstört.

---

[28] Wenn ein Akteur meint, er habe sich über einen Gegenstand getäuscht und sehe jetzt seine „wahre" Gestalt, dann heißt das lediglich, dass er durch eine neue Perspektive auf den Gegenstand Qualitäten an ihm anerkennt, die er bisher übersehen hatte. Dazu muss er die Perspektive einnehmen (erzählen lassen, erfahren, beobachten, investigativ enthüllen etc.) was Zeit braucht. „Wahrheit hat notwendig einen Zeitkern." (Klauß 1989: 74)

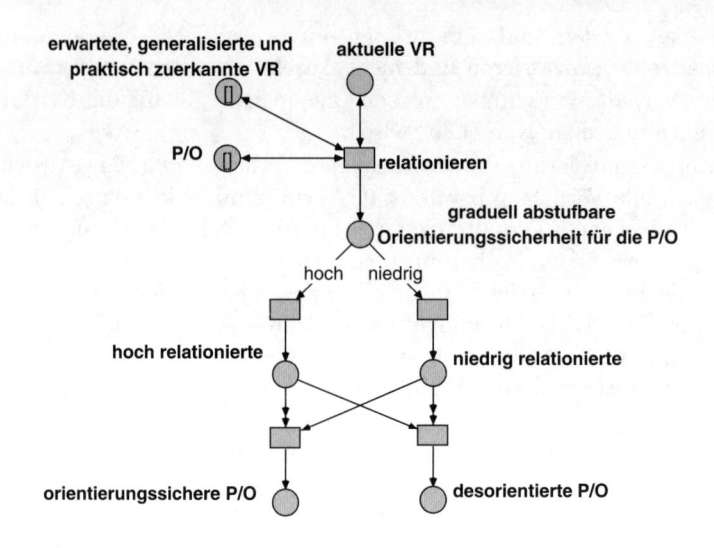

Abbildung 6.8: Orientieren

Bei minimalen Differenzen sind erwartetes und eintretendes Verhalten deckungsgleich: das Vermögen realisiert sich regelmäßig in faktischem Verhalten. Praxis/Ordnungen reproduzieren konformes Verhalten und konfirmieren sich dadurch. Ihre stabilen strukturellen Vermögen werden intensiv praktisch anerkannt, *aber sie bleiben unsymbolisiert*. Es sind die in der Soziologie sprichwörtlichen allzu selbstverständlichen Selbstverständlichkeiten, die nicht mehr reflektiert werden – die zweite Natur, die als völlig „normal" bzw. „natürlich" erscheint.

Treffen Praxis/Ordnungen aufeinander, so ergeben sich in Abhängigkeit der wechselseitigen Relationierung der Vermögen unterschiedliche Dynamiken (vgl. dazu Abbildung 6.9): Sind die Vermögen different, so ergibt sich eine Dissozierungsdynamik, die auf Tolerierung und Koexisteny der Praxis/Ordnungen zielt. Sind die Vermögen dagegen relationiert, so ist zu unterscheiden, inwieweit die Vermögenswerte gleichwertig sind und inwieweit sie an einader orientiert sind. Gleichwertige Vermögen münden in Solidariserung- oder in Konkurrenzdynamiken – abhängig vom dem **Orientierungswert**. Ungleiche Vermögen führen zu einer Hierarchisierungdynamik, entweder als Athorisierungs- oder als Herrschaftsdynamik.

Treten Differenzen zwischen erwarteten und eintretenden Praktiken auf und werden diese von Praxis/Ordnungen praktisch anerkannt – m. a. W., haben diese Differenzen eine relevante verändernde Auswirkung auf das bisherige Verhalten der Praxis/Ordnung – dann tritt die Praxis/Ordnung in ein reflexives Verhältnis zu sich (samt ihren Beziehungen zu den „abweichenden" aktuellen Praktiken)

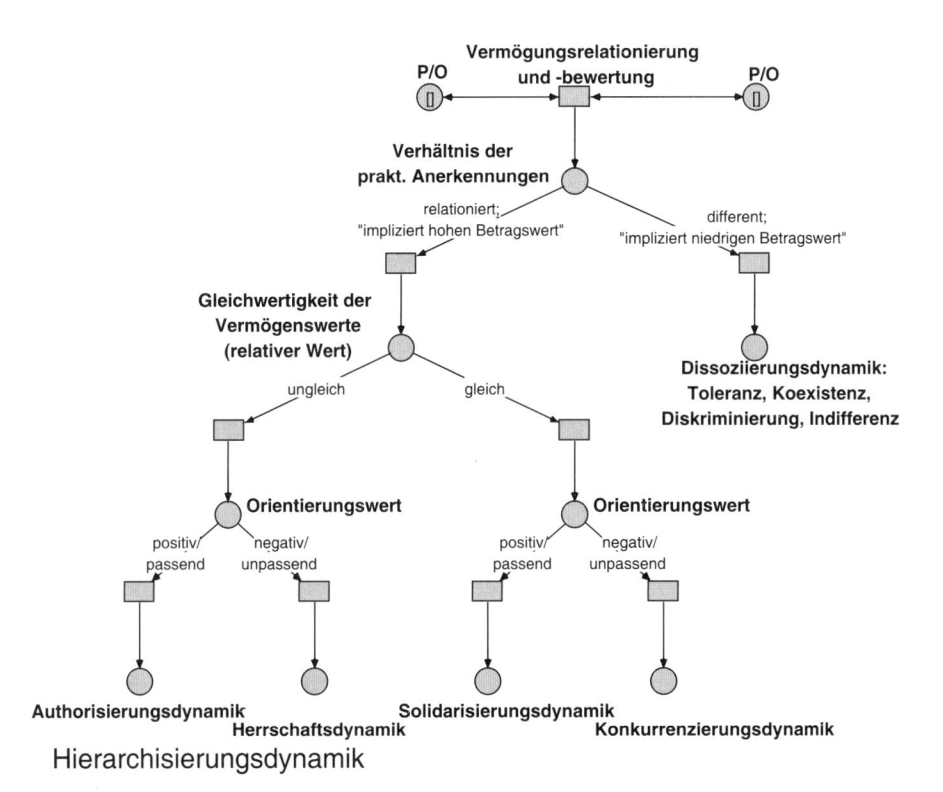

6.3 Reflexive Symbolisierung – symbolische Reflexion

Abbildung 6.9: Konstitution der Strukturdynamik

ein.[29] Dies reflexive Verhältnis beginnt mit einer Überraschung oder einer Enttäuschung angesichts der Entdeckung (Anerkennung) jener Differenz, die für die Praxis/Ordnung immer eine partielle Desorientierung bedeutet, eine mehr oder weniger große Krise: Sie „weiß nicht, was sie tun soll".

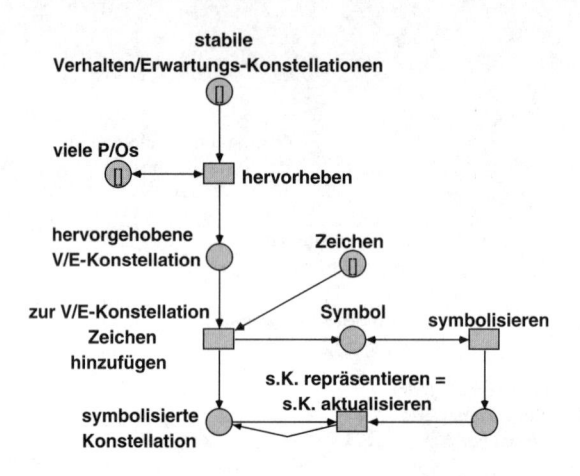

Abbildung 6.10: Symbolisieren stabiler V/E-Konstellationen

Ihr Ausweg aus dieser erlittenen graduellen Unbestimmtheit und Unberechenbarkeit der sozialen Welt besteht darin, künftiges erwartetes Verhalten (also strukturelles Vermögen) sicherer zu machen (die Erwartungssicherheit zu steigern), und dies „Versichern" läuft über eine zusätzliche Hervorhebungs- und Darstellungsarbeit: die Symbolisierung.

Um etwas zu symbolisieren müssen sich möglichst viele Praxis/Ordnungen (vgl. dazu die gleichnamige Stelle in Abbildung 6.10) zusammen finden und interne Öffentlichkeit herstellen. Öffentlich heben sie dann besonders stabile

---

[29] Joas betont ganz ähnlich, dass als Kriterium für die Gültigkeit von Erwartungen ein praktisches Zurechtkommen mit der Wirklichkeit ausreiche. Erst wenn Handlungsprobleme auftauchen, „kommt es punktuell zu einer Präzisierung der Erwartungen und der Wahrnehmungen, nicht aber zu einer völligen Umstellung". (Joas, 1992, 234) Genauso sieht es Bourdieu, wie ich, Roman Langer, in (Köhler u. a., 2003, 135) zusammenfassend darstellte: „Generell setzt ein Nachdenken über das eigene Handeln, ein Bewusstwerden über die wirklichen Verhältnisse nur in Ausnahmefällen, Grenzsituationen und Krisenzeiten ein: nämlich wenn die Automatismen des Handelns (Routinen, rituelle Praktiken und habituelle Verhaltensweisen) versagen, wenn der praktische Sinn an einem auftauchenden Problem scheitert. In diesem Fall stellen Akteure explizite Verhaltensgrundsätze, Urteilskriterien und Wahrnehmungsregeln auf, bewusst stellen sie Berechnungen an und ziehen daraus Schlussfolgerungen. Das tun sie allerdings nur so lange, bis sie ein praktikables Ergebnis erreicht haben. Akteure können sich aber auch entscheiden, das unreflektierte Einverständnis mit ihrem Feld, die Zustimmung zu seinen Verhältnissen und Gegebenheiten zurückzunehmen und stattdessen genau diese Verhältnisse und Gegebenheiten nachdrücklich zu formulieren" – sprich sprachlich zu symbolisieren.

6.3 Reflexive Symbolisierung – symbolische Reflexion

Verhaltens/Erwartens-Konstellationen[30] hervor, etwa durch exemplarisches Ausprechen, (Vor-)Spielen, Anzeigen oder Vollziehen des Verhaltens. Im Wege dieses Demonstrierens fügen sie ihnen Zeichen hinzu (modelliert durch die Transition zur V/E-Konstellation Zeichen hinzufügen in Abbildung 6.10), etwa Worte, mit denen die V/E-Konstellation (bzw. das Vermögen) bezeichnet wird, Dinge, die das Vermögen darstellen, und ritualisierte Verhaltensweisen, die die Verfügung über das Vermögen demonstrieren. Damit formulieren und präsentieren sie diese Verhaltensregelmäßigkeiten etc. als besonders wichtige, bedeutsame und beachtenswerte. Es ergibt sich eine **hervorgehobene V/E-Konstellation**.

Das Sprechen der Worte, das Zeigen der Dinge und das Durchführen der Rituale wird dann durch Konvention zu unabtrennbaren Komponenten des symbolisierten sozialen Gegenstandes: das Symbol aktualisiert und repräsentiert Erwartungen und Verhaltensregelmäßigkeiten. Das bedeutet: Symbole *stellen die Präsenz dessen her*, *was sie verkörpern*.[31] Sie sind *und* bewirken, was sie bezeichnen (im Gegensatz zum Zeichen, das nur darauf verweist). Jeder symbolische Akt stellt das Symbolisierte erneut zur Schau – re-präsentiert es – und verwirklicht es erneut – re-stituiert es. Symbole verweisen also auf ein Potenzial und sind zugleich seine Aktualisierungen (modelliert durch die Transition **symbolisierte Konstellation repräsentieren = symbolisierte Konstellation aktualisieren** in Abbildung 6.10).

Relationieren und Symbolisieren sind somit untrennbare Prozesse, was in in dem Übersichtsmodell in Abbildung. 6.11 zum Ausruck kommt. Das Modell ergibt sich als Kombination der Modelle aus Abb. 6.8 und 6.10, indem wir die Stelle **Orientierungssicherheit** für die P/O mit der Stelle **stabile V/E-Konstellation** identifizieren, was somit einer Symbolisierung im Falle hoher Orientierungssicherheit beschreibt.

Beispiele. (1) Jedes einzelne Gerichtsurteil ist (verkörpert) und restituiert (erzeugt noch einmal wieder) Recht; ebenso restituiert jede Verleihung eines Bildungstitels das Bildungssystem und ist sein Bestandteil. (2) Eine Sozialität, die sich in Name, Flagge, Sprache, Territorialgrenze, Hymne und ihren insignientragenden personalen Repräsentanten, etwa Regierungsmitgliedern, als Nation zur Schau stellt, stellt sich genau dadurch als solche immer wieder her und deutet sich als solche. (3) „Ich bin Ärztin, lassen Sie mich durch" sagt die bei einem Unfall zufällig anwesende Frau und zeigt im Zweifel vielleicht einen entsprechenden Aus-

---

[30] Stabile Verhaltens-Erwartens-Konstellationen sind zum einen solche, die Erwartungen bei variierendem faktischen Verhalten konstant halten („normative Erwartungen" im Sinne Luhmanns; klassische Fälle sind moralische Normen und juristische Gesetze, aber auch bspw. die Inhalte der Lehrbücher empirischer Sozialforschung), zum anderen solche, die mit sehr großer Reichweite kollektiv geteilt werden und gelten (weshalb sie auch gern als Argument zur Begründung anderer Normen benutzt werden (Klein, 1985) und von Führungsspitzen eines Kollektivs in besonderer Weise berücksichtigt werden müssen (Homans, 1960; Hollander, 1960)).

[31] Dies ist m. E. eine der überaus zahlreichen Stellen der vorliegenden integrativen Theorie, in der sich die Einbeziehung weiterer Theorien geradezu aufdrängt. Hier liegt eine systematische Anschlussstelle für Alfred Schütz' Arbeiten zu sozialem Sinn und sozialer Symbolik, vgl. stellvertretend etwa (Schütz und Luckmann, 1990, 195-200)

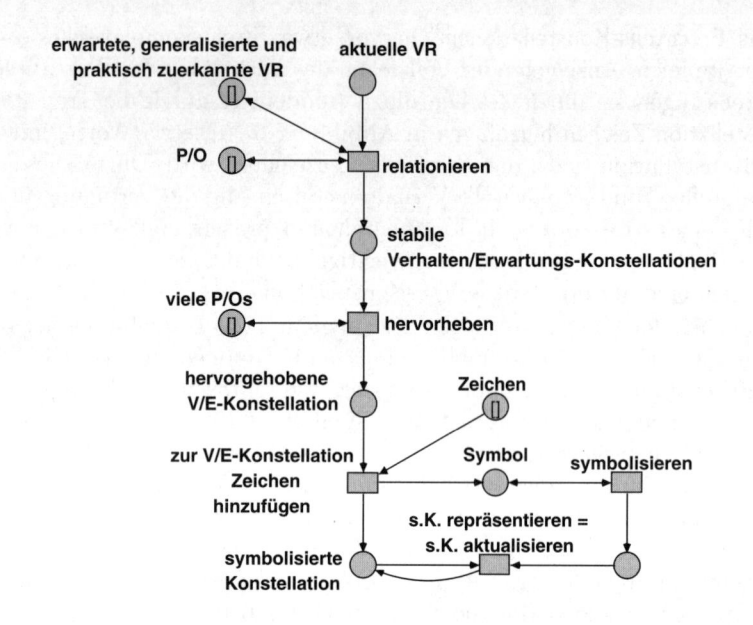

Abbildung 6.11: Reflexives Symbolisieren/symbolische Reflexion

weis; wenig später treffen, durch Blaulicht und Sirene angekündigt, Rettungs- und Streifenwagen ein: der Ärztin wird allein auf Grund ihrer symbolisierenden Berufsbezeichnung, den Unfallsanitätern und Polizisten werden auf Grund der Symbolik ihrer Wagen und Uniformen bestimmte Verhaltensrechte und -kompetenzen eingeräumt. Die Ärztin verarztet, die Polizisten sperren den Unfallort, nehmen Personalien auf, die Sanitäter lösen die Ärztin ab – und vollziehen damit zugleich Gesundheits-, Bildungs- und Rechtssystem mit.

6.3.3 Stabilisierung und zeiträumliche Erweiterung der Sozialwelt durch Symbolisierung

Die soziale Funktion reflexiver Symbolisierung besteht demnach darin, bestimmte Vermögen/Strukturen weiter zu bekräftigen und zu verfestigen. Praxis/Ordnungen erkennen dabei im Übrigen besonders jene stabilen Regelmäßigkeiten des Verhaltens und Erwartens an, von denen sie erwarten bzw. an denen sie anerkennen, dass sie selbst von ihnen in besonderem Maße stabilisiert und aufgewertet werden. Diese stabilen Strukturen werden den Praxis/Ordnungen damit lieb und teuer;

6.3 Reflexive Symbolisierung – symbolische Reflexion

sie interessieren sich für ihren Erhalt und Fortbestand, sie trachten danach und tragen so dazu bei, sie zu reproduzieren.[32]

Symbolisierung trägt so zur Sicherung des dauerhaften Bestandes bzw. der stabilen Reproduktion der symbolisch ausgezeichneten erwarteten Verhaltensregelmäßigkeiten bei – also auch zur Stabilisierung sozialer Vermögensstrukturen (samt Gewinnen/Profiten der durch sie Privilegierten). Denn zum einen wird nun Legitimation möglich: In der tätigen Verwendung von Symbolen wird „der interne gegenseitige Anerkennungsprozess" einer Praxis/Ordnung „sichtbar, beobachtbar ...: etwa im demonstrativen Zeremoniell der Privilegierten, das die Legitimität vorspielt, in einem darstellenden Verhalten versinnbildlicht (Grußformen, Kleidung, Anerkennungsgesten mit ihrer vor-bildlichen Wirkung)." (Popitz 1999: 15) Diese Demonstration symbolisiert nun die vorher rein interne Erwartung an Außenstehende, das intern von den Privilegierten Anerkannte ebenfalls (und möglichst zustimmend) anzuerkennen und damit zu legitimieren.

Dies ist der erste Schritt zu einem Generalisierungs- und Intensivierungsprozess der Anerkennung, dessen Abschluss durch die gleichförmige, routinierte Verwendung etablierter und scheinbar akteurs- wie kontextunabhängiger Symbole bildet. Die Symbole fungieren als übertragbare Blanko-Anerkennungen, und die Träger der symbolisierten Verhaltensregelmäßigkeiten können wechseln.[33] Dies ist der Effekt des Sachverhaltes, dass sich in einer symbolisierten Sozialwelt der Zugriff der Praxis/Ordnungen über die aktuell sich vollziehende Gegenwart hinaus in die Vergangenheit und die Zukunft erweitert, und sich über den Ort der aktuellen Anwesenheit hinaus auf weit entfernte Orte ausdehnt.

Praxis/Ordnungen können einander fortan mitteilen, welches Verhalten sie selbst vollziehen könnten oder zu vollziehen beabsichtigen, ohne es vollständig zu vollziehen oder bevor sie es vollziehen, und welches Verhalten sie von anderen Akteuren (nicht) erwarten, damit die anderen ihr Verhalten darauf einstellen (können), und sie beobachten und bewerten, welche Erwartungen und Vermögen andere Akteure symbolisch mitteilen, um ihr eigenes Verhalten und ihre Erwartungen darauf einstellen zu können. Damit geben Praxis/Ordnungen einander Gelegenheit, sich bereits im Vorwege an ihrem zukünftigen bzw. möglichen Verhalten und über Möglichkeiten, Fähigkeiten, Bereitschaften und Erwartungen zu orientieren.[34] Sind

---
[32] Personen lernen solche Anerkennungsregelmäßigkeiten zunächst immer in den Praxis/Ordnungen kennen, in die sie hinein geboren sind; später dann zusätzlich in allen, die ihre Existenz und Anerkanntheit sichern und reproduzieren bzw. womöglich sogar steigern – von denen sie also profitieren und privilegiert werden. Die relative Stabilität der Sozialformation „Nationalstaat" dürfte u. a. daran liegen, dass er als Einheit von Gleichgeborenen verstanden wird. Im Begriff der Nation klingt das Geborenwerden (lat. *nasci*) als verbindendes Moment noch an.

[33] Ähnlich wie die nach Marx fetischisierten Waren scheinen auch die Symbole selbst in Beziehung zueinander zu stehen und Werte-an-sich zu haben.

[34] Reflexive Symbolisierung ist mithin der erste bzw. grundlegende Prozess von sozialer Selbstregulierung bzw. Selbststeuerung bzw. Selbstordnung. Will eine Praxis/Ordnung die Wirksamkeit ihres Verhaltens sicher stellen oder erhöhen bzw. will sie das Risiko minimieren, passiv

soziale Gegenstände reflexiv symbolisiert, dann sind sie für Praxis/Ordnungen besser beobachtbar und erwartbar: berechenbarer.

6.3.4 Die Ordnungs- und Orientierungsfunktion der Symbolisierung

Darüber hinaus erfüllt reflexive Symbolisierung eine Ordnungsfunktion. Sie regelt soziale Zugehörigkeiten und Grenzen, typisiert und umgrenzt die komplexe Praxis als mehr oder minder standardisierte „Verfahren", „Fällen", „Vorgängen", „Tatbeständen", „Normen", „Regeln" etc. Vermögenssymbole fungieren also als stabilisierende Gliederungseinheiten sozialer Wirklichkeit. Denn die Verwendung von Vermögenssymbolen wirkt sozial trennend *und* vereinigend; in ihr werden soziale Unterschiede und Identitäten sozial sichtbar. So können Akteure an der Verteilungsordnung der Vermögenssymbole und der Einschätzung der relativen Vermögenswerte ihrer Koakteure Unterschiede, Positionen und Ränge im sozialen Raum erkennen – und sich damit auch über „ihre" angestrebten Positionen sowie über ihren aktuellen Ort und Rang im System sozialer Vermögensverhältnisse orientieren, um sich im sozialen Gefüge zuzuordnen.

Soziales Orientieren bedeutet im hier vorgeschlagenen Verständnis: durch reflexiven Abgleich erwarteter und tatsächlicher Praxis bestimmen, welches Verhalten von wem wann auszuüben ist und welches nicht.[35] Je größer die Menge solcher Deckungsgleichheiten ist, je mehr Erwartungen also zutreffen und je genauer sie zutreffen, desto *orientierungssicherer* ist die Praxis/Ordnung, desto sicherer „weiß" sie, was sie tun kann/darf/soll, um Vorteile zu erringen und Nachteile zu vermeiden. Orientierungssicherheit ist hier als eine subjektive Größe gefasst, d.h. es ist eine Einschätzung (Erwartung) der Praxis/Ordnung über ihre Orientiertheit, sprich das Ausmaß des Zutreffens ihrer Erwartungen auf die real sich vollziehende Praxis. Orientierungssicher sind Praxis/Ordnungen mithin, wenn sie sicher wissen, „was sie und was andere tun dürfen und tun müssen; wenn sie eine Gewissheit entwickeln können, dass sich alle Beteiligten mit einiger Verlässlichkeit auch wirklich so verhalten, wie es von ihnen erwartet wird; wenn sie damit rechnen können, dass Übertretungen in der Regel bestraft werden; wenn sie voraussehen können, was man tun muss, um Vorteile zu erringen, Anerkennung zu finden. Man muss mit einem Wort wissen, woran man ist." (Popitz 1976: 34)

Symbolisierung ist das reflexive Moment des Sozialen: Erwartungen reflektieren Praktiken *et vice versa*, und soziale Praxis/Ordnungen beziehen sich auf bestimmte Teile ihrer selbst bzw. der sozialen Wirklichkeit, in der sie existieren.

---

dem „Be-handeltwerden" ausgeliefert zu sein, dann kann sie *gezielt* kund geben, was sie hervorhebt, wie sie es deutet und bewertet, was sie erwartet, wozu sie bereit ist und was sie selbst zu tun gedenkt. Sie kann beabsichtigtes Verhalten und ihre mögliche soziale Wirksamkeit (ihre „Macht") signalisieren oder andeuten.

[35] Begriffsgeschichtlich bedeutet Orientieren „die Himmelsrichtung nach der aufgehenden Sonne (sol oriens) bestimmen".

6.3 Reflexive Symbolisierung – symbolische Reflexion

Allerdings wird nur ein relativ geringer Teil der wirklich vorhandenen sozialen Welt symbolvermittelt reflektiert bzw. symbolisiert, der Löwenanteil dagegen bleibt unsymbolisiert und unreflektiert – wenngleich praktisch anerkannt.

Soziale Symboliken sind Selbststrukturierungsinstrumente. Und sie entwickeln Motivation und Interesse daran, dass die Vermögenssymbole verwendet – Normen/Regeln durchgesetzt und nicht gebrochen, Geschichts- und Ordnungsdeutungen geglaubt, Orientierungsinstanzen anerkannt und nicht desavouiert – werden, um keine Orientierungsverluste zu erleiden, die meistens mit Anerkennungs- und Vermögensverlusten einher gehen.

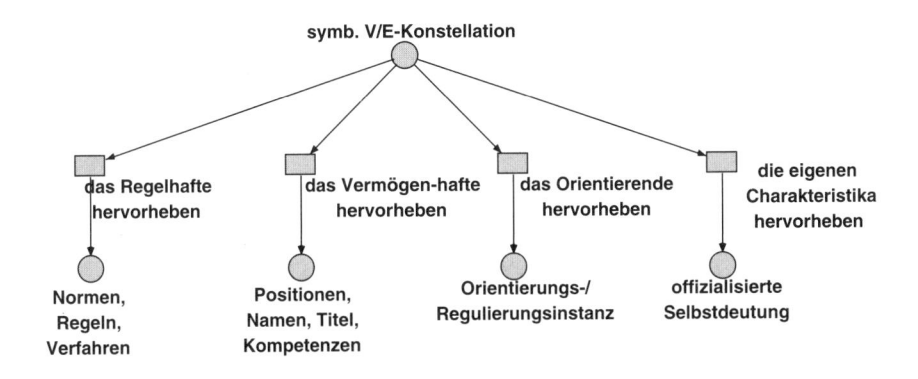

Abbildung 6.12: Ausgebildete reflexive Symboliken

Symbolisierungen des Sozialen münden in drei typische Formen reflexiver Symbolik (vgl. dazu Abbildung 6.12): (1) Die Symbolik erwarteten Verhaltens: Normen, Regeln und Verfahren sowie die Symbolik sozialen Vermögens: Positionen, Namen und Titel; (2) darunter speziell die Symbolik einer internen Selbst-Repräsentanz der Praxis/Ordnung: Orientierungsinstanzen, und (3) die Selbstbeschreibungssymbolik einer Praxis/Ordnung: die offizialisierte Selbstdeutung. – Diese drei typischen reflexiven Symboliken des Sozialen werden in den folgenden drei Abschnitten näher bestimmt.

6.3.5 Normen, Regeln, Verfahren – Positionen, Namen, Titel

Weit verbreitet ist die Symbolisierung von Erwartungen an soziale Beziehungen und ihre Gestaltung. Symbolisierung von Erwartungen an Beziehungen, sprich Verhaltensregelmäßigkeiten, ist das, was gemeinhin als „Normierung", „Regulierung", „Prozeduralisierung" oder „Ritualisierung" bezeichnet wird. Es handelt sich dabei um Verhaltensregelmäßigkeiten, deren Ausübung offizialisiert, und deshalb auch schriftlich formuliert oder zumindest in festen Vorstellungsbildern (materialisiert u.a. in durchgeführten Ritualen wie z. B. eines Justizverfahrens) und Sprachphrasen fest gelegt („formalisiert") wird: diese Verhaltensregelmäßigkeiten werden sozial explizit erwartet – und verhalten sich zu impliziten Erwartungen etwa so wie das offizielle zum *hidden curriculum*.[36]

Zwar kann jede Beziehung normiert/reguliert/in Verfahrensform gegossen werden (und denkt man an die ungeheure Zahl von Gesetzen, Vorschriften, Statuten, Regelwerken bzw. administrativen und juristischen Verfahren etc., dann hat man den Eindruck, das passiert auch). In erster Linie werden aber solche Verhaltensregelmäßigkeiten normiert, die für die Reproduktion einer Praxis/Ordnung erstens als zentral bedeutsam und zweitens als gefährdet oder gefährdungsanfällig und deshalb schutzbedürftig gelten.

Wie alle Symbole existieren („gelten") auch Normen, Regeln, Verfahren und Rituale nur so lange und nur dort, wie bzw. wo sie praktisch anerkannt werden, indem Akteure ihr Verhalten an ihnen orientieren; wie alle Symbole dienen sie als Orientierungspunkte für Praxis/Ordnungen. Orientieren heißt nicht befolgen: Der Grad der Normgeltung bzw. -befolgung variiert.[37] Normen werden durchaus übertreten und interpretiert, Verfahren abgekürzt, umgangen oder gedehnt. Sind sie aber einmal etabliert, gelten sie relativ unabhängig von Art und Häufigkeit „abweichenden" Verhaltens: die Erwartung bleibt stabil, sie ist gewissermaßen „fehlertolerant".

Norm- bzw. verfahrenskonforme Akte werden – wie die Verwendung von Vermögenssymbolen im allgemeinen – nicht prämiert, sondern als normal erwartet und schlicht vorausgesetzt. (Explizite Belohnungen beziehen sich nicht auf „normale", sondern eben auf „besondere" Tätigkeiten bzw. Leistungen.) Die Generalbelohnung für Konformität und Symbolverwendung besteht einfach in der Gewährung von Zugehörigkeit und Teilhabe an der gesellschaftlichen Praxis/Ordnung, die durch das praktische Befolgen der Normen/Regeln und das Verwenden der Symbole stabilisiert und mitreproduziert wird.

Für die Abweichung von Normen und Verfahren sind in der Regel ihrerseits symbolisierte, normierte und offizialisierte Anerkennungen vorgesehen: Sanktionen. Sanktionen sind „Reaktionen, die mit *der Intention der Erkennbarkeit* für den Betroffenen als negative" (strafende, schädigende) oder positive (lobende, förderliche) „Antwort auf ein bestimmtes Verhalten vollzogen werden." (Popitz 1980: 29) Sanktionen bekräftigen die Verhaltensregelmäßigkeiten, von denen ein bestimmtes Verhalten negativ oder positiv abweicht, indem sie es gezielt, ausdrücklich und erkennbar missbilligen und ablehnen bzw. bestätigen und bestärken. Wer sanktioniert, muss also dem zu sanktionierenden Akteur zu erkennen geben, (a) auf welches bestimmte Verhalten sich die Sanktion negierend oder konfirmierend bezieht, und (b) dass er ihn sanktioniert – wobei weder der Sanktionierende sich

---

[36] Die Begriffe „Norm" und „Regel" heben hervor, dass eine Verhaltensregelmäßigkeit *erwartet* wird, „Verfahren" und „Ritual" dagegen betonen mehr die Routinisierung und strikte Einhaltung der Verhaltensregelmäßigkeit in der Praxis.

[37] „Die Norm gilt in dem Grade, in dem sie eingehalten oder durch Sanktionen bekräftigt wird." (Popitz 1980: 3) Normen gelten in per definitionem *normrelevanten* Situationen; in definierten Ausnahmesituationen ist außerordentliches Verhalten erlaubt.

6.3 Reflexive Symbolisierung – symbolische Reflexion

dabei als solcher zu erkennen geben noch der Sanktionierte die Sanktion als solche zu empfinden braucht.

Offizialisierte Sanktionen sind in der Regel Umverteilungen strukturellen Vermögens. Sie greifen nicht in die Anerkennungsprozesse ein, die Vermögen erzeugen, sondern entziehen oder gewähren (verleihen) Symbole. Ihre Wirksamkeit und Regelungskraft sozialer Sanktionen geht aber letztlich darauf zurück, dass prinzipiell jeder Akteur die Fähigkeit besitzt, Anerkennung zu entziehen.[38]

Nicht jede einzelne Abweichung zieht eine Sanktion nach sich. Aber Abweichen *riskiert* bzw. *ermöglicht* Sanktionen. Insofern determinieren Normen und Verfahren tatsächliches Verhalten nicht, aber sie orientieren es: sie dienen als Hervorhebungs- und Bewertungsmaßstäbe für Verhalten.

Positionen (Plätze, Stellen) sind strukturelle Vermögen, die (a) ihren Inhaber in die Lage versetzen, einen bestimmten sozialen Bedarf an allgemein erwarteten, als benötigt oder nötig erscheinenden Leistungen zu erbringen bzw. Aufgaben zu erfüllen, und (b) nicht an Akteure, sondern an einen stationären Standpunkt, eine Stelle in der sozialen Welt gebunden sind und auch bei Vakanz, d.h. ohne Verbindung zu vermögensaktualisierenden (z. B. ein Amt ausübenden) Akteuren, bestehen bleiben. Positionalisierte Vermögensstrukturen werden gewissermaßen als reine Erwartungen an einer Stelle der sozialen Welt gelagert und durch Nachfolge-Regelungen von Inhaber zu Inhaber übertragen.

Titel und *Namen* sind gewissermaßen die komplementäre ambulante Variante von Positionen. Sie verleihen das Recht bzw. die Pflicht, bestimmte soziale Positionen einzunehmen. Die Praxis/Ordnung erwartet und erlaubt die Ausübung der Praktiken, die an Positionen, Titel und Namen gebunden sind, nur (von) den Verfügenden (Inhabern, Trägern), (von) allen anderen nicht. Scheiden Inhaber aus der Position aus, so verlieren sie auch das mit ihr verbundene strukturelle Vermögen.

6.3.6 Symbolische Selbstrepräsentanz: Orientierungsinstanzen

In jeder sozialen Praxis/Ordnung gibt es eine Klasse von Positionen, die von besonderem Wert sind: Orientierungsinstanzen.[39] Orientierungsinstanzen sind Positionen, deren Inhaber stellvertretend für die gesamte Praxis/Ordnung spezifische,

---

[38] „Verletzungsmächtigkeit, Verletzungsoffenheit bestimmen wesentlich mit, was wir in einem fundamentalen Sinne ‚Vergesellschaftung' nennen. Die Sorge, Furcht, Angst voreinander ist als ein Modus des Vergesellschaftet-Seins niemals ganz wegzudenken. Zusammenleben heißt stets auch sich fürchten und sich schützen." (Popitz 1999: 44)

[39] Dieser Begriff ging hervor aus der Analyse der Bestimmungen von Machtmonopol-Gruppen, Über-Ich, Gewissen, Ausübende von Fremd- und Selbstzwängen (Elias), Autoritäten, Sanktionsinstanzen, Machtpositionen und Solidaritätskernen (Popitz) sowie Geschmack, praktischer Sinn und Habitus (Bourdieu). Die analytische Kernfragestellung war dabei: wer „leitet" das Verhalten von Akteuren? Und zwar hier zunächst unabhängig vom Mischungsgrad zwischen Freiwilligkeit und Zwang. Weitere Ansatzpunkte böten der theoretischen Analyse hier u.a. Meads „Self": „Das so entstehende Self ist dann eine Instanz zur einheitlichen Selbstbewertung und Handlungsorientierung." (Joas, 1992, 275) unter Bezug auf Mead). Auch politische

meist Steuerungs-, Regulierungs- und Koordinierungsaufgaben zu erfüllen bzw. -leistungen zu erbringen haben und in dieser Funktion die gesamte Praxis/Ordnung repräsentieren.

Gemeinhin identifizieren Akteure Praxis/Ordnungen mit ihren Orientierungsinstanzen, die deshalb auch „Stellvertreterinstanzen" genannt werden können: Praxis/Ordnungen werden an von ihren Orientierungsinstanzen vertreten. Allgemeiner formuliert: Praxis/Ordnungen erkennen und anerkennen einander an Hand ihrer stellvertretenden Orientierungsinstanzen.

In diesem Sinne werden Organisationen, Gruppen, Gesellschaften in der sozialen Praxis auch und gerade von ihren Mitgliedern so behandelt, als ob sie Akteure wären, gewissermaßen als Real-Akteurfiktionen (Schimank 1988), ungeachtet dessen, dass sie intern differenziert und interesseninkonsistent, von Konfliktlinien durchfurcht sind, vielleicht gar von mehreren, untereinander zerstrittenen Stellvertreterinstanzen repräsentiert werden.

Es ist also zwar nicht „die" Praxis/Ordnung als einheitliches Subjekt, die etwas mit „ihren" Akteuren bzw. Sub-Praxis/Ordnungen „tut", sondern vielmehr die ungezählten kommunizierenden Aktivitäten und Rezeptivitäten, durch die Akteure bzw. Sub-Praxis/Ordnungen aneinander und an sich selbst Aneignungs- und Prägungsarbeit (also: Strukturierung) leisten.

Die Orientierungsinstanzen übernehmen, wie angedeutet, Organisationsfunktionen. Sie sorgen (vielfach per Delegation) für Koordination, Normierung, Sanktionierung und Steuerung „ihrer" Praxis/Ordnung bzw., je nach Funktion, bestimmter Teile oder Elemente der Praxis/Ordnung. Sub-Praxis/Ordnungen (zugehörige Akteure) anerkennen die Orientierungsinstanzen praktisch, indem sie ihr Verhalten am Verhalten jener Instanzen orientieren. Mittels ihrer Orientierungsinstanz(en) reflektieren, betrachten und beurteilen Praxis/Ordnungen sich bzw. ihr Verhalten selbst, und machen sich auf diese Weise zum Objekt ihres eigenen Verhaltens. Praxis/Ordnungen differenzieren sich damit intern, sie nehmen „ein Verhältnis zu sich selbst" (Popitz 1976: 34) ein.

Orientierungsinstanzen funktionieren gleichsam „automatisch" (Elias, 1976, 398). Die Praxis/Ordnung bedient sich ihrer, wenn sie einmal fest eingerichtet sind, absichtslos bzw. nichtintentional. Orientierungsinstanzen können daher als Ort und Hort bestands- bzw. reproduktionsrelevanter *tacit* und *practical knowledge* bzw. besser *intelligence* der Praxis/Ordnung über ihre Stellung zur Welt gelten. Sie deuten und entziffern Situationen und Praktiken auf eine ihnen und der Praxis/Ordnung nahezu selbstverständlich erscheinenden Weise und sind so dafür verantwortlich, dass Akteuren alles, was in ihrer gewohnten Praxis/Ordnung prozessiert, sinnvoll erscheint, „d.h. sinnerfüllt und objektiv in eine vernünftige Richtung weisend." (Bourdieu, 1993, 122)

Orientierungsinstanzen regulieren das Verhalten und das Erwarten der Pra-

---

Steuerungstheorien und sozialpsychologische Forschungen über Führer und Führung wären hier zu konsultieren.

xis/Ordnung insbesondere hinsichtlich der Interpretation der Welt (Traditionsauslegung, Rechtsprechung) und der Handlungsorganisation ihrer Praxis/Ordnung. Diese ihre Hauptfunktionen sind typische Herrschafts-Aufgaben. Zwar tragen alle Akteure bzw. Sub-Praxis/Ordnungen zur Regulierung und Steuerung des Verhaltens „ihrer" übergeordneten Praxis/Ordnung bei. Die Orientierungsinstanzen aber sind darauf spezialisiert, diese allgemeine Regulierung ihrerseits zu kontrollieren und zu steuern, sie stellen also funktional spezifizierte Organe der Selbstorganisation einer Praxis/Ordnung dar – und damit immer auch Ballungszentren sozialer Macht. Darüber hinaus sind sie dauerhaft institutionalisiert. Sie haben die Verfügungsgewalt über Orientierungsvermögen und einen Verhaltens-Erzwingungsstab monopolisiert. Sie sind der Teil der Praxis/Ordnungen, der höchstinstanzlich über die Regulierung allen internen Verhaltens bestimmt.[40]

6.3.7 Symbolische Selbstreflexion: Offizialisierte Selbstdeutung

Ein dritter Typ reflexiver Symbolik besteht darin, dass eine Praxis/Ordnung sich in Form von Erzählungen und Geschichte(n), Anekdoten und *stories*, Nachrichten und Interpretationen selbst beschreibt und deutet. Es handelt sich hierbei um diskursiv-symbolische Anerkennung, um den Teil der praktischen Anerkennung, der sich über Sprechverhalten und dessen Resultate bzw. Erzeugnisse, vor allem also Texte, mitteilt; ein Teil, der zur rein praktischen Anerkennung aber geradezu in Gegensatz treten kann – diskursiv-symbolische steht zur praktischen Anerkennung wie das Reden zum Handeln und wie das Interpretieren zum Verändern.[41]

Wie Normierungen und Orientierungsinstanzen sind Selbstdeutungen explizite Reflexionsformen der Praxis/Ordnung, die bestimmte Teile der Praxis/Ordnung nochmals hervorheben und befestigen. Sie dienen somit dem Re-Organisieren, Regulieren und Stabilisieren der Praxis/Ordnung. Und wer über die Geschichte(n) einer Praxis/Ordnung verfügt – sie schreibt, erzählt, zensiert, genehmigt – der verfügt über Vermögen, auf sie einwirken zu können (insofern übt eine Praxis/Ordnung, die an ihre offizialisierte Selbstdeutung glaubt, Macht über sich selbst aus): er beeinflusst Erwartungen, Hervorhebungen und die Weisen praktischen Anerkennens.

Unabhängig vom Inhalt dieser Geschichte(n) ziehen Sprache und Begriffe, in denen die Selbstdeutungen abgefasst sind, Grenzen zwischen dem, was sag- und

---

[40] Die bekanntesten und wirksamsten formalen Orientierungsinstanzen westlicher, nationalstaatlich verfasster Gegenwartsgesellschaften sind: Organe politischer Gesetzgebung, juristisch-administrativer Ausführung und exekutiver Sanktionierung (samt Verleihung von Rechtstiteln, politischen Ämtern/Funktionen) sowie erzieherischer oder kultureller Bildung (samt Verleihung von Bildungstiteln, Ehrungen, Preisen, Zertifikaten). Alle Orientierungsinstanzen arbeiten wesentlich mit ökonomischen Zahlungen und rechtlich-moralischen Normierungen.

[41] In diesem Zusammenhang wäre hier der Ansatzpunkt zur Einfügung der hervorragenden Reflexionen von Habermas (1992) über das Verhältnis zwischen sozialem Sein und Sollen bzw. zwischen „Faktizität und Geltung" aus den ersten beiden Kapiteln seines gleichnamigen, wohl letzten noch soziologisch zu nennenden Buches.

denkbar ist, und dem, was undenkbar und unsagbar ist und daher nicht einmal als unmöglich erscheint, sondern *gar nicht erst erscheint*. Die Inhalte dann geben Interpretationen der Praxis/Ordnung über sich selbst, ihre internen Verhältnisse, ihre Beziehungen zu anderen Praxis/Ordnungen, ihre Stellung in der Welt usw. wieder.

Die offizialisierte Selbstdeutung ist somit halbblind: Sie vermeidet systematisch die Frage nach dem Daseinsgrund (Begründung, Sinn) der Praxis/Ordnung; sie verschweigt wesentliche Erzeugungs- und Reproduktionsprinzipien, die an ihren praktischen Regelmäßigkeiten ablesbar und in ihren Erwartungs- und Vermögensstrukturen verankert sind. Praxis/Ordnungen können ihre „Lebens-Spielregeln", die grundlegenden Voraussetzungen und Prinzipien ihres Verhaltens, Erwartens, Vermögens, Bewertens und Symbolisierens nicht benennen, obwohl sie sicher nach ihnen handeln. Sie ahnen nicht, dass sie selbst die Verhältnisse hervor bringen, die sie als gegeben hinnehmen.

6.4 Die Konstitutionsdynamik im Überblick

Damit ist die Darstellung des grundlegenden Konstitutionsmechanismus des Sozialen abgeschlossen. Der Konstitutionsmechanismus kann zusammenfassend beschrieben werden als praktische Anerkennung struktureller Vermögen, von denen einige reflexiv symbolisiert werden, oder als Ausbildung stabiler Vermögensstrukturen durch anerkennende Praxis und symbolische Reflexion (vgl. dazu die Skizze in Abbildung 6.13).

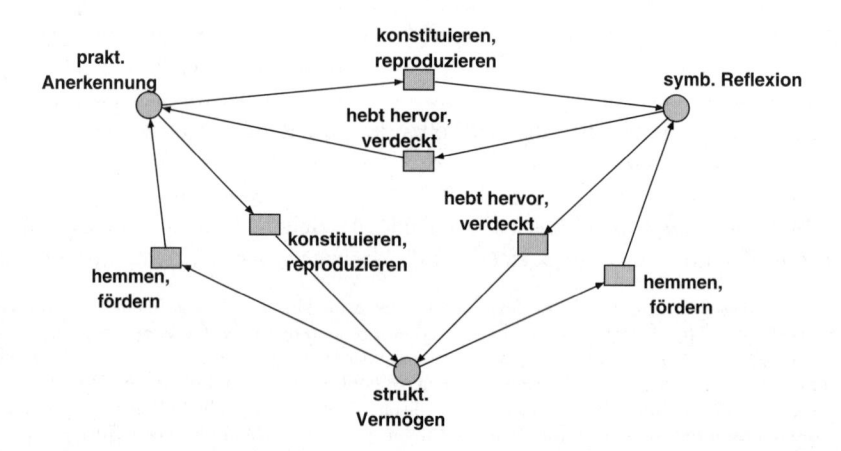

Abbildung 6.13: Schema: Konstitution strukturellen Vermögens und reflexiver Symbolik

6.4 Die Konstitutionsdynamik im Überblick

Wir können in der Darstellung aber auch eine duale Sichtweise ein nehmen, denn die praktische Anerkenung ist nicht nur ein Objekt, osndern zugleich auch untrennbar mit dem Prozess des praktischen Anerkennens verbunden. Dualisieren wir in diesem Sinne die Beziehungen in Abbildung 6.13, so erhalten wir eine abstrakte Sichtweise der Konstitution.

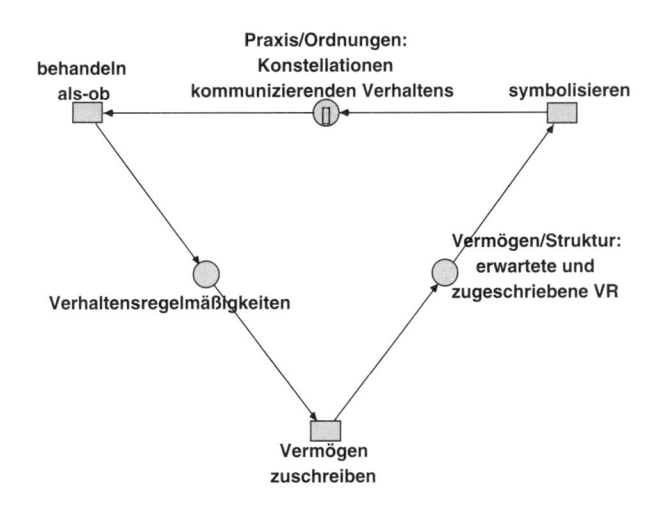

Abbildung 6.14: Konstitutionsdynamik, duale Sichtweise

Die drei Komponenten der Konstitutionsdynamik bedingen einander, d.h. sie ermöglichen und begrenzen wechselseitig ihre Ausprägungen.[42] Niedrige praktische Anerkennung lässt weder hohes Vermögen noch stabile Strukturen, weder Reflexion noch Symbolisierungen des kaum Anerkannten entstehen, hohe Anerkennung dagegen sichert Vermögensstrukturen und reflexive Symboliken.[43] Vermögensstrukturen bzw. strukturelle Vermögen wirken bedingend – also beschrän-

---

[42] Im Übrigen sind alle drei Komponenten in sich dialektisch strukturiert, insofern sie in Spannungsfeldern zwischen einem eher aktiven (Verhalten, Vermögen, Reflexion) und einem eher rezeptiv-passiven (Anerkennung, Struktur, Symbolik) Pol oszillieren. Ein dialektisches Verhältnis bezeichnet hier (a) ein soziales Verhältnis in Form eines bipolaren Diskontinuums, das einen nur in der Praxis lokalisierbaren (!) vexierbildartigen Umschlagpunkt enthält, obwohl es (b) als stufenloses, skalenartiges Kontinuum (Maßverhältnis) interpretiert werden kann, dessen Pole aber (c) einander wieder berühren – jeder Pol trägt ein Minimum seines Gegenteils in sich, weil beide Pole sich durch wechselseitige Reflexion (Spiegelung) in einander vermitteln. Dieser pragmatische Begriff einer negativen Dialektik ist den Darlegungen in (Marcuse, 1989, 21-138) und (Adorno, 1990, 13-66; 137-208) entnommen.

[43] Martens (1997, 306-307) entwirft den Zusammenhang zwischen Anerkennung und Symbolik auf ähnliche Weise: Die Möglichkeit praktisch-operativer Verwendung von Symbolen und ihre akzeptanz- und aufmerksamkeitsfördernde Wirkung sei abhängig von ihrer globalgesellschaftlichen Akzeptanz.

kend und ermöglichend – sowohl auf die reflexive Symbolisierung als auch auf die praktische Anerkennung zurück, sie steigert bzw. mindert die Wahrscheinlichkeit bestimmter anerkennender und reflexiv-symbolischer Aktionen.

Die symbolische Reflexion (oder reflexive Symbolisierung) schließlich ordnet Vermögen/Strukturen einander zu bzw. grenzt sie voneinander ab, hebt einige hervor und vernachlässigt andere, wodurch sie ihren Wirksamkeits- und Stabilitätsgrad beeinflusst. Zu Anerkennungspraktiken verhält sich die symbolische Reflexion sowohl schützend – denn die *nicht* symbolisierten, nicht reflektierten Bereiche praktischer Anerkennung und des praktisch Anerkannten können ungehindert und quasi-natürlich prozessieren – als auch abschwächend oder verstärkend, weil die reflexiv symbolisierten Bereiche der Praxis/Ordnungen diesen selbst für gezielte Eingriffe zugänglich sind.

Diese Konstitutionsdynamik liegt jeder sozialen Praxis/Ordnung zu Grunde, sie erzeugt und erhält jede soziale Einheit – jeden Akteur, jede Gesellschaft, jede Beziehung usw. Sie ist eine sozial nicht beachtete, unterhalb geläufiger Wahrnehmungsschwellen angesiedelte Gemeinsamkeit aller noch so unterschiedlichen sozialen Erscheinungen: an der Konstitutionsdynamik einer Praxis/Ordnung wirken alle Praxis/Ordnungen, die zu ihr in Beziehung stehen, mit, unabhängig von ihren je spezifischen Bestrebungen und Einschätzungen, auch die ärgsten Feinde, die härtesten Konkurrenten, die völlig Anonymen, die von ihr sozial Verachteten. Sie alle sind gewissermaßen Kollaborateure im Untergrund des Sozialen, insofern sie alle an dieser unterschwelligen Konstitutionsdynamik, die das Soziale erst ermöglicht, gemeinsam mitwirken.

Die Konstitutionsdynamik ist also ein immerwirkender Praxisprozess in der sozialen Welt. Sie ist das erste und (verglichen mit anderen, speziellen) gewichtigste Strukturationsmuster[44] des Sozialen, das die vorliegende Arbeit zu rekonstruieren in der Lage war. *Nach dieser Konstitutionsdynamik, ihren Formungen und Ausprägungen, ihren konkreten Resultaten und Auswirkungen wird in den empirischen Fällen zu suchen sein.* Die Konstitutionsdynamiken von Praxis/Ordnungen könnten zu jenen sozialen Momente zählen, die sowohl in der strukturreformerischen und -entwickelnden Praxis in Bildungsinstitutionen als auch in den theoretischen Modellen, die jene Praxis zu beschreiben suchen, zu wenig beachtet werden. Wie sehen und wirken sich die Konstitutionsdynamiken in schulischen und universitären Selbstorganisationsprozessen aus? Das wird eine Leitfrage bei der Analyse der empirischen Fälle sein.

Doch die Konstitutionsdynamik ist nicht das einzige allgemeine Selbstorganisa-

---

[44]Strukturationsmuster, um es noch einmal in Erinnerung zu rufen, sind Verhaltensregelmäßigkeiten, mit denen soziale Einheiten typischerweise auf sich selbst einwirken, also ihre eigenen Strukturen systematisch stabilisieren, verändern oder unangetastet lassen. „Sozial allgemein" heißt: Gesucht werden Strukturationsmuster, die öffentlich-rechtliche Bildungsinstitutionen zwar prägen und in ihnen reproduziert werden, die aber nicht als spezifische Merkmale von Bildungsinstitutionen (oder, noch spezieller, von Schulen und Universitäten) gelten können, sondern unabhängig von konkreten Organisationsformen gesellschaftsweit verbreitet sind.

tionsmuster, das die integrative Theorie aufzuweisen hat. Denn das Soziale ist ja in gewissem Sinne immer schon konstituiert, es weist dauerhafte Strukturen auf, von denen zahlreiche sich nur äußerst schleppend verändern, obwohl sie im Prinzip beständig rekonstituiert werden und damit eine ständige starke Veränderung zumindest denkmöglich wäre. Die festen Strukturen wirken wie Grenzen im Sozialen; das Soziale erscheint als aus lauter unterschiedlichen Gegenständen, Artefakten, Beziehungen, Gruppen, Gesellschaften, Personen, Symbolen usw. bestehend.

Die vorliegende theoretische Rekonstruktion begibt sich nun aus der bislang wenig erforschten Unterwelt des Sozialen stärker in Richtung Oberfläche, dorthin, wo jene sozialen Einheiten als getrennte erscheinen – und sich aufeinander beziehen, wo konstituierte Praxis/Ordnungen aufeinander treffen: in die Welt der sozialen Auseinandersetzungen.

6.5 Zur Gesamtstruktur des sozialen Konstitutionsmechanismus

Die Komponenten der Konstitutionsdynamik weisen strukturelle Gemeinsamkeiten auf. Diese lassen sich anhand der strukturellen Übereinstimmungen der Teilmodelle illustrieren. Vergleiche dazu die Abbildung 6.15, die die Elemente der Konstitutionsdynamiken nebeneinander darstellt. Es handelt sich hierbei um den Prozess des praktischen Anerkennens aus Abbildung 6.4, den des Aufbaus strukturellen Vermögens aus Abbildung 6.7 und den Prozess symbolischer Refelexion aus Abbildung 6.11. Zu den Ähnlichkeiten der Teilprozesse im einzelnen.

Die Analyse der **praktischen Anerkennung** ergibt folgenden Prozess: (a) Eine Praxis/Ordnung (P/O) (b) bezieht eigenes kommunizierendes Verhalten auf bestimmte Momente (c) des Universums kommunizierenden Verhaltens und (d) hebt diese dadurch als Einheit hervor, d.h. sie umgrenzt und bestimmt sie als ein „Etwas".[45] (e) Fortan bezieht die Praxis/Ordnung kommunizierendes Verhalten auf dieses ab- und eingegrenzte „Etwas" (kommunizierend verhalten). (f) Dadurch ist ein neuartiges kommunizierendes Verhalten (auf etwas bezogenes k.V.) entstanden, denn indem es sich auf das neu entstandene Etwas bezieht, ist es selbst durch die Beziehung zu diesem Etwas, die seine Eigenschaft ist, „neuartig" geworden – und als solches dem Universum kommunizierenden Verhaltens hinzu gefügt. Das neue kommunizierende Verhalten gehört im Moment seines Entstandenseins dem Universum kommunizierenden Verhaltens an. (g) Werden dann weitere Sequenzen kommunizierenden Verhaltens also solche anerkannt, die dem neuartigen kommunizierenden Verhalten *gleichen* und es dadurch *wiederholen*, dann wird das neuar-

---

[45] Dabei kann es sein, dass dieses „Etwas" schon vorher von anderen Praxis/Ordnungen, möglicherweise sogar von sich selbst, als Einheit hervorgehoben wurde und dauerhaft als solche existiert: Einige Studierende hören zum ersten Mal etwas von der universitären Selbstverwaltung, vom Fachbereichsrat – aber dieser ist als soziale Institution längst etabliert.

236   6 Der Konstitutionsmechanismus sozialer Systeme

Universum des kommunizierenden Verhaltens (k.V.)

- komm. Verhalten beziehen auf, hervorheben
- abgegrenztes "Etwas", Aggregation k. V.
- kommunizierend verhalten (bezogen aufs Etwas)
- auf etwas bezogenes k.V.
- als wiederholend behandeln
- Verhaltensregelmäßigkeit (VR)

Universum der Verhaltensregelmäßigkeiten

- aktuelles k. V.
- P/O A → Stabilitätsgrad berechnen durch Vergleich von VRen
- erwartete VRen
- P/O R → zuschreiben/zutrauen/zuerkennen
- erwartete und zugeschriebene VRen
- als regelmäßig sich verhalten könnend behandeln
- praktisch einer P/O zuerkannte VR = Vermögen

Universum des Vermögens; generalisierte und zuerkannte VRen

- aktuelle VR
- relationieren
- stabile Vermögen, Verhalten/Erwartungs-Konstellationen
- viele P/Os → hervorheben
- hervorgehobenes Vermögen/Struktur
- viele P/Os → Zeichen hinzufügen
- symbolisierte Konstellation = P/O

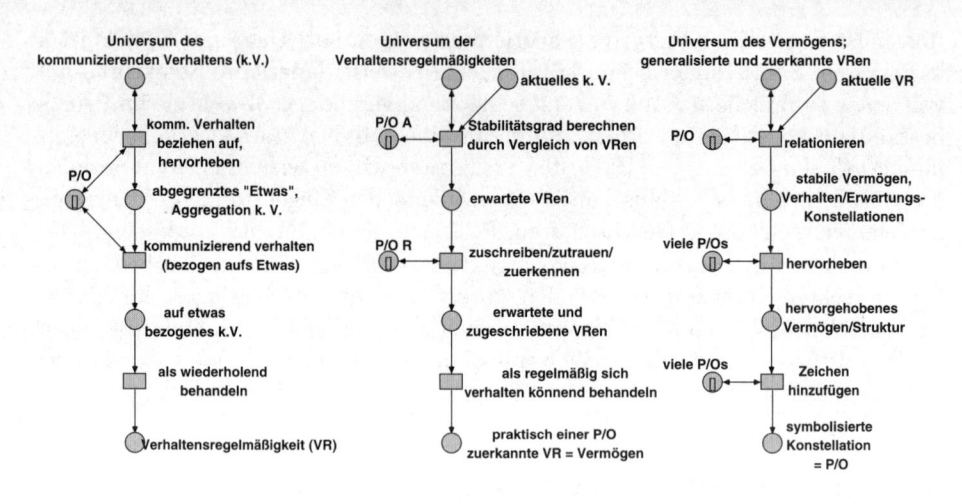

Abbildung 6.15: Vergleich der Teilprozesse der Konstitutionsdynamik aus den Abbildungen 6.4, 6.7 und 6.11

tige kommunizierende Verhalten dann als sich wiederholend behandelt und damit (h) werden diese einander gleichenden bzw. sich wiederholenden Sequenzen kommunizierenden Verhaltens als eine neue **Verhaltensregelmäßigkeit** konstituiert.

Strukturgleich spielt sich der Konstituierungsprozess **strukturellen Vermögens** ab. (a) Eine aktive Praxis/Ordnung (P/O A) (b) relationiert die (b1) neuartige Verhaltensregelmäßigkeit mit bestehenden Verhaltensregelmäßigkeiten – die sie allesamt aus dem (c) Universum der Verhaltensregelmäßigkeiten unter dem Gesichtspunkt der Differenz bzw. Identität[46] und bildet dadurch Erwartungen an den Grad der In-/Stabilität sowohl der neuartigen als auch der mit ihr verglichenen Verhaltensregelmäßigkeiten (Transition **Stabilitätsgrad berechnen durch Vergleich der VRen**). (d) Das Resultat dieser vergleichenden In-/Stabilitäts-Berechnung sind konkrete Erwartungen an künftige und (im Vergleich zur neuen) alternative Verhaltensregelmäßigkeiten: **erwartete Verhaltensregelmäßigkeiten**. Ein bestimmtes kommunizierendes Verhalten immer wieder auszuüben bzw. zu aktualisieren – also eine Verhaltensregelmäßigkeit – wird dabei (e) immer von einer oder mehreren bestimmten Praxis/Ordnung(en) erwartet, ihr zu-erkannt – dies ist ebenfalls ein praktisches Anerkennen (Transition **zuschreiben/zutrauen/zuerkennen**). (e1) Die Zuerkennenden bzw. Anerkennenden sind dabei ebenfalls Praxis/Ordnungen, die sich aber eher rezeptiv verhalten (P/O R). (f) Fortan wird nun diese Praxis/Ordnung so behandelt, als könne sie sich regelmäßig in erwarteter Weise verhalten, als wäre also die Verhaltensregelmäßigkeit eine ihrer Eigenschaften, eine

---

[46] Die aktive Praxis/Ordnung prüft also den Grad der Verschiedenheit resp. Gleichheit der neuartigen Verhaltensregelmäßigkeit im Verhältnis zu den bestehenden Verhaltensregelmäßigkeiten.

6.5 Zur Gesamtstruktur des sozialen Konstitutionsmechanismus

ihrer Fähigkeiten – (g) und diese von einer Praxis/Ordnung erwartete, ihr praktisch zuerkannte bzw. als ihre Eigenschaft praktisch anerkannte Verhaltensregelmäßigkeit ist dann ein strukturelles *Vermögen* dieser Praxis/Ordnung.

Die **reflexive Symbolisierung** oder symbolische Reflexion schließlich ist eine strukturell identische Dynamik. Der Ausgangspunkt, der den Universen kommunizierendem Verhaltens bzw. der Verhaltensregelmäßigkeiten entspricht, ist nun das Universum struktureller Vermögen bzw. Vermögensstrukturen. Indem eine Praxis/Ordnung (die Stelle P/O) nun eine neu auftretende oder neu von ihr anerkannte Verhaltensregelmäßigkeit (die Stelle aktuelle VR) mit bestehenden Vermögen/Strukturen aus jenem Universum relationiert (Transition relationieren), (an)erkennt sie, welche der relationierten Vermögen/Strukturen stabil sind. Stabile Vermögen/Strukturen sind solche, die von relativ vielen Praxis/Ordnungen (Stelle viele P/Os) hervorgehoben werden. Die Transition hervorheben generiert daher die hervorgehobenen Vermögen/Strukturen Indem diesen Zeichen hinzu gefügt werden (Transition Zeichen hinzufügen , werden sie symbolisiert.

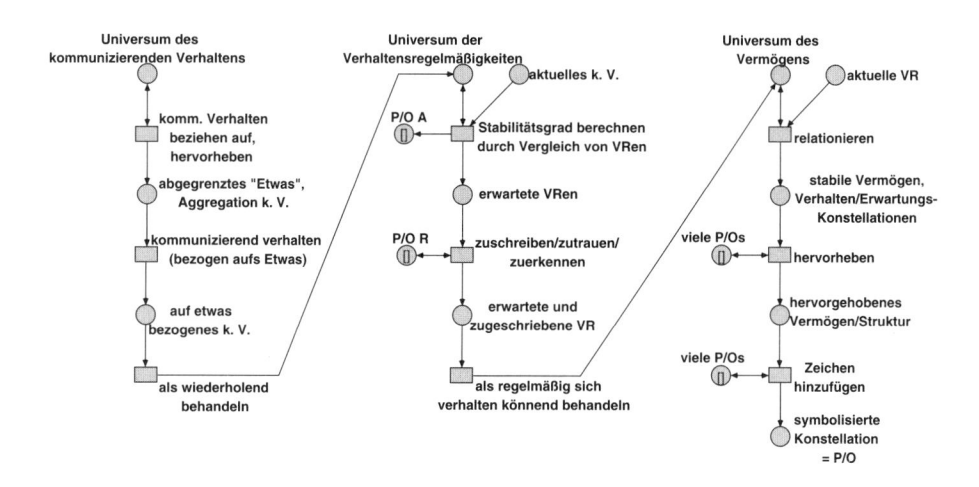

Abbildung 6.16: Konstitutionsdynamik

Die gesamte Konstitutionsdynamik einer Praxis/Ordnung lässt sich dann als ein integriertes Modell darstellen. Abbildung 6.16 zeigt die Integration der Teilmodelle zu dem Gesamtmodell der Konstitutionsdynamik. Es entsteht, indem man die in den Modellen identischen Elemente miteinander verbindet.

Wir können die Darstellung der Konstitutionsdynamik aus Abbildung 6.16 so verändern, dass die Form in der Abbildung 6.17 entsteht. Diese beiden Modelle unterscheiden sich inhaltlich nicht, lediglich das Layout des Netzes hat sich geändert. Die neue Form ist so gewählt worden, dass man leicht erkennen kann, dass die Konstitutionsdynamik eine Verfeinerung der abstrakten Sichtweise in Ab-

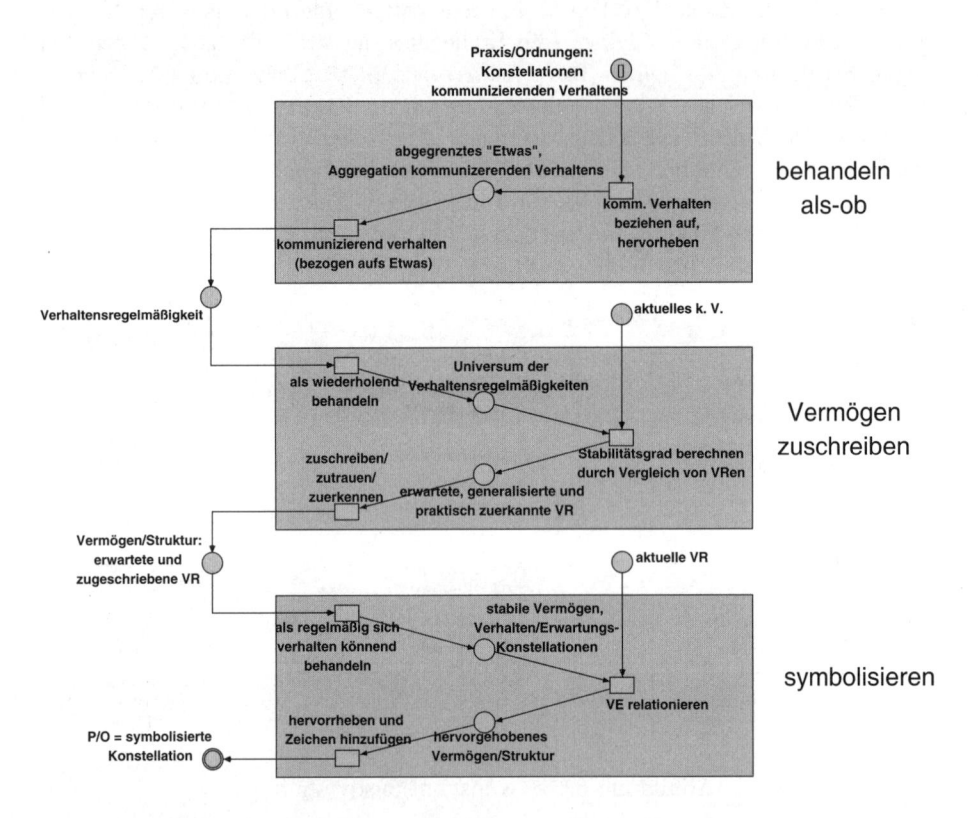

Abbildung 6.17: Konstitutionsdynamik mit Vergröberungen

6.5 Zur Gesamtstruktur des sozialen Konstitutionsmechanismus

bildung 6.14 darstellt. Dies zeigt, dass die Detailmodellierung konsistent mit der eingangs dargestellten Form der Konstitutionsdynamik ist.

6.5.1 Die Konstitutionsdynamik als operationales Modell

Das parametrisierte Modell in Abbildung 6.18 gibt eine operationalisierte Sichtweise der Konstitutionsdynamik dar. Es stellt eine Fortentwicklung des Modells aus Abbildung 6.17 dar und wurde in (Köhler u. a., 2007) im Detail vorgestellt.

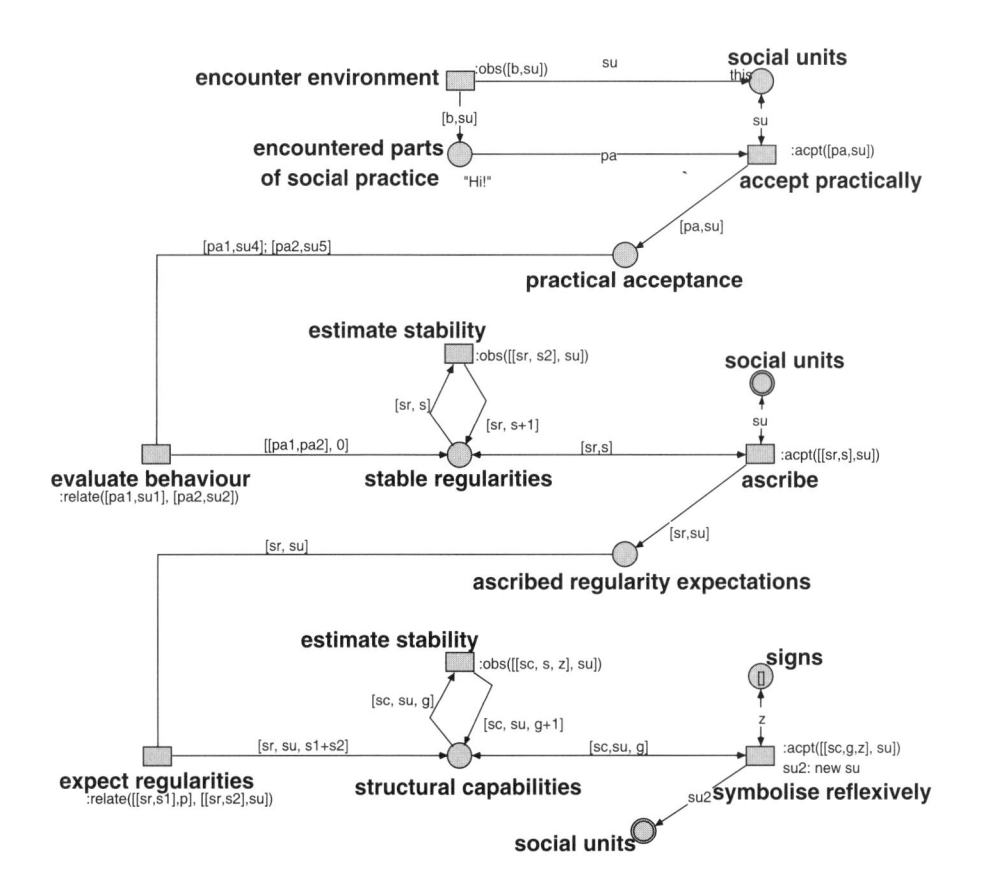

Abbildung 6.18: Das Petrinetzmodell einer Praxis/Ordnung

Die Modellelemente, wie beispielsweise *accept practically* (praktische Anerkennung), *expect regularities* (Regelmäßigkeiten erkennen), *ascribe* (zuschreiben), *symbolise reflexively* (reflexiv symbolisieren) etc., werden als Transitionen modelliert, die Konzepte, wie *stable regularities* (stabile Verhaltensregelmäßigkeiten) oder *structural capabilities* (Vermögensstrukturen) als Stellen. Die Symmetrien der Teilprozesse sind auch in dieser Darstellung klar anhand der graphischen Übereinstimmungen zu erkennen.

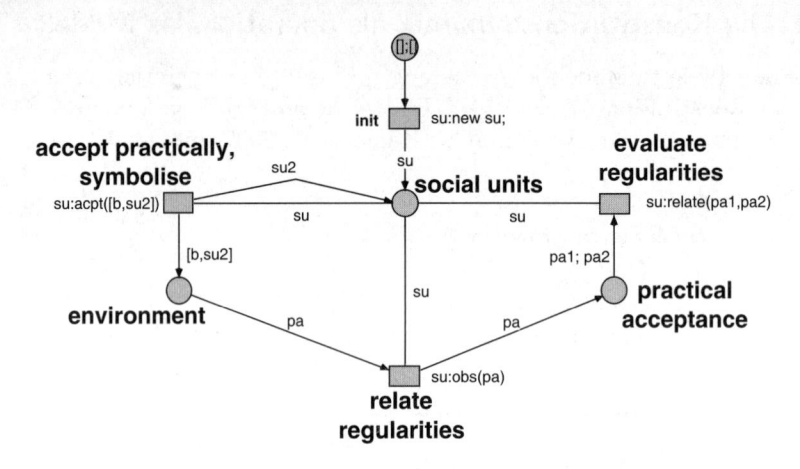

Abbildung 6.19: Das Petrinetzmodell des Sozialen

Die Modellierung erlaubt es darüberhinaus, das Modell weiter zu konkretisieren. Wir haben gegenüber dem Modell aus Abbildung 6.17 in Abbildung 6.18 die Unterscheidung zwischen den „normalen" Verhaltensregelmäßigkeiten und den durch den Vergleich besonders ausgezeichneten generalisierten und praktisch zuerkannten Verhaltensregelmäßigkeiten aufgegeben und beide zu den stabilen Verhaltensregelmäßigkeiten (stable regularities) zusammengefasst, da es sich in beiden Fällen um Verhaltensregelmäßigkeiten handelt, die sich nur in ihren Attributen unterscheiden. Diese Vereinheitlichung drückt sich im Modell dadurch aus, dass wir beide Stellen zu einer einzigen verschmolzen haben. In gleicher Art und Weise wurden die Stellen Vermögen und hervorgehobenes Vermögen vereinheitlicht.

Das Sozialsystem besteht aus der Gesamtheit aller P/Os. Es wird durch das Modell in Abbildung 6.19 modelliert. Die Stelle social units enthält mehrere Praxis/Ordnungen, die alle jeweils Netzmarken mit der Struktur aus Abbildung 6.18 sind. Die drei Transitionen relate regularities, evaluate regularities und accept practically, symbolise sind die drei Großkategorien abstrakter Teilprozesse (s.u.), die jeweils den in Abbildung 6.18 untereinander angeordneten Transitionen entsprechen, d.h. relate regularities ist die Oberkategorie zu expect regularities und evaluate behaviour. Analog ist evaluate regularities die Oberkategorie zu estimate stability und accept practically, symbolise die Oberkategorie zu accept practically, ascribe und symbolise. Die Transitionen der gleichen Kategorie sind untereinander durch synchrone Kanäle verbunden, wodurch die beiden Modellebenen – Praxis/Ordnungen und Sozialsystem – aneinander gekoppelt sind.

6.5.2 Grundstruktur der Konstitutionsdynamik

Es wird erkennbar, dass die Konstitutionsdynamik über eine allgemeine Struktur verfügt, die in Abbildung 6.20 dargestellt ist.

1. Es gibt ein Universum von Einheiten und eine neu auftretende Einheit (Stelle aktuell Relevantes).

2. Eine Praxis/Ordnung relationiert bestehende und neue Einheiten.

3. Die relationierten Einheiten sind nun als übergreifende Einheit behandelbar.

4. Die relationierten Einheiten werden bzw. die übergreifende Relation/Einheit wird nochmals relationiert, mit mindestens einer anderen Einheit. Durch diese Relation wird die übergreifende Einheit befestigt und besondert.

5. Fortan wird sie als dieselbe wiederholt behandelt (und dann: bezeichnet).

6. Als wiederholte „steigt" sie in das Universum der Einheiten der nächsten Komponente „auf".

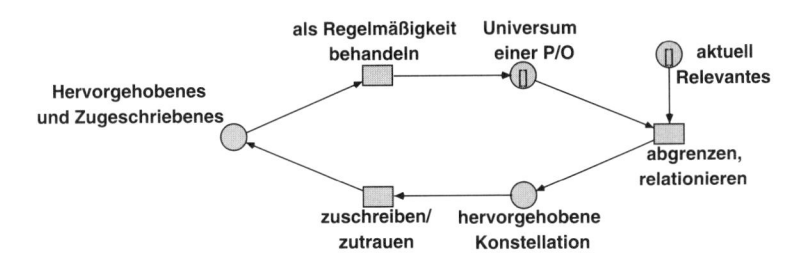

Abbildung 6.20: Wiederkehrende Grundstruktur der Netze aus Abb. 6.15, 6.16 und 6.17

Praktische Anerkennung bedingt dabei die Möglichkeit der Bildung strukturellen Vermögens, und dieses wiederum wirkt als Möglichkeitsbedingung für reflexive Symbolisierung bzw. symbolische Reflexion.

Zusammenfassung

In diesem Kapitel haben wir die Modellierung des Konstitutionsmechanismus sozialer Systeme gezeigt, wie ihn die Theorie sozialer selbstorganisierender Systeme nach Roman Langer beschreibt. Der Konstitutionsmechanismus baut auf drei

Aspekten auf. Der erste Aspekt ist die Praktische Anerkennung als sozial konstitutiver Prozess, der zum Ausdruck bringt, dass Verhalten wertende Anerkennungen kommuniziert, welche aber transintentional ist. Praktische Anerkennung dient der Theorie als Reformulierung des soziologischen Handlungsbegriffs. Der zweite Aspekt ist der des strukturellen Vermögens, der auf der Erzeugung von Verhaltensregelmäßigkeiten und damit einhergehenden Erwartungsbildung über die Verhaltensregelmäßigkeiten, die Akteure einander zutrauen, basiert. Der dritte Aspekt betrifft die symbolische Reflexion. Soziale Orientierung entsteht durch Differenzreflexion und Vermögenssymbolisierung, was zu einer Stabilisierung der Sozialwelt führt. Symbolisierung besitzen eine Ordnungs- und Orientierungsfunktion in Form von Normen, Regeln, Verfahren, Titel usw.

Die Modellierung des Konstitutionsmechanismus machte den systematischen inneren Aufbau durch Anerkennungs- und Symbolisierungsprozesse besonders deutlich. Die Modellstruktur ließ sich daher ohne großen Aufwand direkt zu einem operationalen Modell der Konstitutionsdynamik erweitern.

Literaturverzeichnis

[Adorno 1990] ADORNO, Theodor W.: *Negative Dialektik.* Suhrkamp, 1990

[Blumer 1973] BLUMER, Herbert: Der methodologische Standort des Symbolischen Interaktionismus. In: SOZIOLOGEN, AG B. (Hrsg.): *Alltagswissen, Interaktion und gesellschaftliche Wirklichkeit. Band 1: Symbolischer Interaktionismus und Ethnomethodologie.* Rowohlt, 1973, S. 80–146

[Bourdieu 1993] BOURDIEU, Pierre: *Sozialer Sinn.* Suhrkamp, 1993

[Collins 2000] COLLINS, Randall: Über die mikrosozialen Grundlagen der Makrotheorie. In: MÜLLER, Hans-Peter (Hrsg.) ; SIGMUND, Steffen (Hrsg.): *Zeitgenössische amerikanische Soziologie.* Leske und Budrich, 2000, S. 99–134

[Elias 1976] ELIAS, Norbert: *Der Prozess der Zivilisation.* Frankfurt : Suhrkamp, 1976. – (1939), zwei Bde.

[Giddens 1984] GIDDENS, Anthony: *The Constitution of Society.* Cambridge : Polity Press, 1984

[Gresshoff u. a. 2003] GRESSHOFF, Rainer (Hrsg.) ; KNEER, Georg (Hrsg.) ; UWE, Schimank (Hrsg.): *Die Transintentionalität des Sozialen. Eine vergleichende Betrachtung klassischer und moderner Sozialtheorien.* WDV, 2003

[Habermas 1981] HABERMAS, Jürgen: *Theorie des kommunikativen Handelns.* Suhrkamp, 1981

[Habermas 1992] HABERMAS, Jürgen: *Faktizität und Geltung.* Frankfurt a. M. : Suhrkamp, 1992

[Hollander 1960] HOLLANDER, Edwin P.: Competence and conformity in the acceptance of influence. In: *Journal of abnormal & social Psychology* 61 (1960), S. 361–365

[Homans 1960] HOMANS, George C.: *Theorie der sozialen Gruppe.* WDV, 1960

[Joas 1992] JOAS, Hans: *Kreatives Handeln.* Suhrkamp, 1992

[Klein 1985] KLEIN, Wolfgang: Argumentationsanalyse. Ein Begriffsrahmen und Beispiel. In: KOPPERSCHMIDT, Josef (Hrsg.) ; SCHANZE, Helmut (Hrsg.): *Argumente – Argumentation. Interdisziplinäre Problemzugänge.* Fink, 1985, S. 208–260

[Köhler u. a. 2007] KÖHLER, Michael ; LANGER, Roman ; LÜDE, Rolf v. ; MOLDT, Daniel ; RÖLKE, Heiko ; VALK, Rüdiger: Socionic Multi-Agent Systems based on Reflexive Petri Nets and Theories of Social Self-Organisation. In: *Journal of artificial societies and social simulation* 10 (2007), Nr. 1. – URL http://jasss.soc.surrey.ac.uk/10/1/3.html

[Köhler u. a. 2003] KÖHLER, Michael ; LANGER, Roman ; MOLDT, Daniel ; RÖLKE, Heiko: *Pierre Bourdieu: Praxis – Kapital – Habitus*. In: *Sozionik: Modellierung soziologischer Theorie*. Münster : Lit-Verlag, 2003 (Wirtschaft – Arbeit – Technik)

[Langer 2005] LANGER, Roman: *Anerkennung und Vermögen: Eine sozialtheoretische Analyse der Selbstorganisation in und von Bildungsinstitutionen*. Münster : Monsenstein & Vannerdat, 2005

[Langer 2006] LANGER, Roman: *Hinter den Spiegeln universitärer Governance. Dynamiken informeller Selbstregulierung in der Universität*. Münster : Lit-Verlag, 2006 (Wirtschaft – Arbeit – Technik). – Unter Mitarbeit von Daniela Spresny.

[Marcuse 1989] MARCUSE, Herbert: *Der eindimensionale Mensch*. Darmstadt : Luchterhand, 1989

[Martens 1997] MARTENS, Wil: Organisation und gesellschaftliche Teilsysteme. In: ORTMANN, Günther (Hrsg.) ; SYDOW, Jörg (Hrsg.) ; TÜRK, Klaus (Hrsg.): *Theorien der Organisation*. WDV, 1997

[Popitz 1981] POPITZ, Heinrich: *Die normative Konstruktion von Gesellschaft*. Tübingen : Mohr, 1981

[Popitz 1999] POPITZ, Heinrich: *Phänomene der Macht*. Tübingen : Mohr, 1999

[Schütz und Luckmann 1990] SCHÜTZ, Alfred ; LUCKMANN, Thomas: *Strukturen der Lebenswelt*. Suhrkamp, 1990

[Serugendo 2003] SERUGENDO, Giovanna Di M.: Engineering Emergent Behaviour: A Vision. In: HALES, David (Hrsg.) ; EDMONDS, Bruce (Hrsg.) ; NORLING, Emma (Hrsg.) ; ROUCHIER, Juliette (Hrsg.): *Multi-Agent-Based Simulation III* Bd. 2927, Springer, 2003, S. 1–7

[Sofsky 1996] SOFSKY, Wolfgang: *Traktat über die Gewalt*. Frankfurt/M. : S. Fischer, 1996

[Stolzenburg 1997] STOLZENBURG, Gabriel: Kann die Untersuchung der Grundlagen der Mathematik uns etwas über das Denken verraten? In: WATZLAWICK, Paul (Hrsg.): *Die erfundene Wirklichkeit*. Piper, 1997, S. 236–293

[Thürmer-Rohr 1987] THÜRMER-ROHR, Christina: *Vagabundinnen*. Berlin : Orlanda, 1987

7 Ein Rahmenmodell reflexiv selbstorganisierender Systeme

MICHAEL KÖHLER-BUSSMEIER

Die Skalierungsfrage in Agentensystemen (d.h. die Frage wie soziale Koordinierung auch bei wachsenden Agentenzahlen effizient realisiert wird) beschäftigt sich mit dem Bezug von Akteuren und sozialen Strukturen. Sie ist eng mit der Frage verbunden, wie Agentensystemen aus sich selbst heraus die Fähigkeit besitzen können, emergente neue Sozialstrukturen entstehen zulassen. Eine Analyse emergenter Prozesse sozialer Systeme kann – wie bereits in den vorausgegangenen Abschnitten dargestellt – nur vor dem Hintergrund der Mikro/Makro-Dualität vorgenommen werden. Betrachtet man soziale Systeme, so ist zunächst festzustellen, dass diese trotz Emergenz eine bemerkenswerte Stabilität und Konstanz aufweisen, die es überhaupt erst ermöglicht, von Sozialstrukturen zu sprechen. Der vermeintliche Gegensatz löst sich dadurch auf, dass sich Sozialstrukturen im allgemeinen identisch reproduzieren. Das lässt darauf schließen, dass emergente Phänomene durch einen tiefer liegende Reproduktionsmechanismus stark kanalisiert werden: Sozialstrukturen schaffen sich Akteure, die zu Ihnen passen – umgekehrt erzeugen Akteure solche Strukturen, die sie ausfüllen können.[1]

Wir analysieren im folgenden die strukturellen Beziehungen im Mikro/Makro-Modell. Analog zur *Theorie sozialer Selbstorganisation (TSSO)* (Langer, 2005, 2006) nehmen wir die strukturellen Theoriesymmetrien von Mikro- und Makroelementen zum Ansatzpunkt, ein rekursives Modell zu formulieren. Es handelt sich hierbei um die Symmetrien der beiden Theorieelemente *Struktur* und *Akteur*, die wir im folgenden als Ausprägungen eines allgemeineren Konzepts, *soziale Entität* genannt, begreifen. Die Tatsache, dass alle sozialen Entitäten, egal ob sie soziale Strukturen oder Akteure beschreiben, strukturgleich sind, erlaubt eine Beschreibung des Sozialen auf eine einheitliche Art und Weise. Die Entitäten sind – in Analogie zur TSSO – extensional durch ihre strukturellen Relationen untereinan-

---

[1] Elias sieht diesen Mechanismus im Über-Ich der Akteure, das durch Internalisierung und Kontrolle für eine Passung von gelebter und etablierter Norm sorgt. Bourdieu formuliert dies ähnlich als Korrespondenz von Habitus und Logik des Feldes. Die Unterscheidung von normativen Erwartungen – beispielsweise in Form von Rollen – als Haltung eines Akteurs gegenüber sich selbst einerseits und als Haltung anderer Akteure gegenüber diesem Akteur andererseits ist in einer solch wechselseitig angepassten Situation nicht mehr notwendig, da beide Formen zusammenfallen.

der charakterisiert. Im folgenden wollen wir das Augenmerk insbesondere auf die Strukturen richten, die die Handlungen der handelnden Einheiten bestimmen.

7.1 Prädisposition als Theoriesymmetrie

Auf den ersten Blick sind Mikro- und Makroperspektive inhaltlich sehr unterschiedlich und werden daher in den Sozialwissenschaften auch als unterschiedliche Akzente, wenn nicht gar als Paradigmen gesehen, beispielsweise im Gegensatzpaar „Interaktionismus/Strukturalismus" (vgl. dazu v. Lüde, Moldt und Valk, 2003, Kapitel Drei bis Sechs). Von einer analytischen Perspektive aus, die anhand der Modelle nach Unterschieden bzw. Übereinstimmungen sucht, wird sich zeigen, dass die Modelle große Ähnlichkeiten aufweisen. Die ist keineswegs überaschend, denn die Modelle setzen ja gerade die Erkenntnis um, dass soziale Strukturen und soziales Handeln aufeinander abgestimmt sind, sei es als Reproduktion von Normbefolgung/Internalisierung bei Elias, als Habitus/Feld-Dialektik bei Bourdieu oder in Form von Erhaltung des Investitionswertes in Sozialstrukturen bei Popitz. Beschäftigen wir uns im folgenden mit den grundlegenden Ähnlichkeiten des Mikro/Makro-Modells.

7.1.1 Selbstähnlichkeit

Die petrinetzbasierte Theorie-Reanalyse von Gesellschafts und Akteurstheorien ermöglichte es, die Stärken und Schwächen der jeweiligen Richtung herauszuarbeiten. Aufbauend auf der Reanalyse in (v. Lüde, Moldt und Valk, 2003) konnte eine Theorie-Integration in Hinblick auf die Gemeinsamkeiten erfolgen. Das Ergebnis war das integrierte Mikro/Makro-Modell (vgl. dazu auch Kapitel Elf in v. Lüde, Moldt und Valk, 2003). Das Mikro/Makro-Modell leistet eine notwendige Explizierungsarbeit von Begriffen und Konzepten. Für die leichtere Lesbarkeit zeigt Abbildung 7.1 das Modell (Abbildung 11.10 in (v. Lüde, Moldt und Valk, 2003)) hier erneut.

Bemerkenswert ist die durch das Modell erreichte analytische Trennung von Begriffen, die von den Theorien mit leichten Variationen auf mehreren Abstraktionsebenen eingesetzt werden. Insbesondere der Begriff der *Struktur* taucht auf allen Ebenen des Modells auf, wobei seine konkrete Bedeutung jeweils eine leichte Abwandlung erfährt.

Eine weitergehende Analyse dieses Modells wird nun zeigen, dass soziale Strukturen, Prozesse und Akteure – jenseits der jeweils verwendeten Nomenklatur – ähnlichen Aufbau und Funktionalität besitzen. Im folgenden analysieren wir diese Gemeinsamkeiten und gelangen im Ergebnis zu einer abstrakten Beschreibung von Sozialität durch Systeme, die in rekursiver Weise auf andere Systeme bezogen sind.

Das Mikro/Makro-Modell bietet mehr als nur einen allgemeinen Bewertungs- und Erklärungsrahmen, denn es lassen sich noch weitere Ergebnisse aus dem Mo-

7.1 Prädisposition als Theoriesymmetrie 247

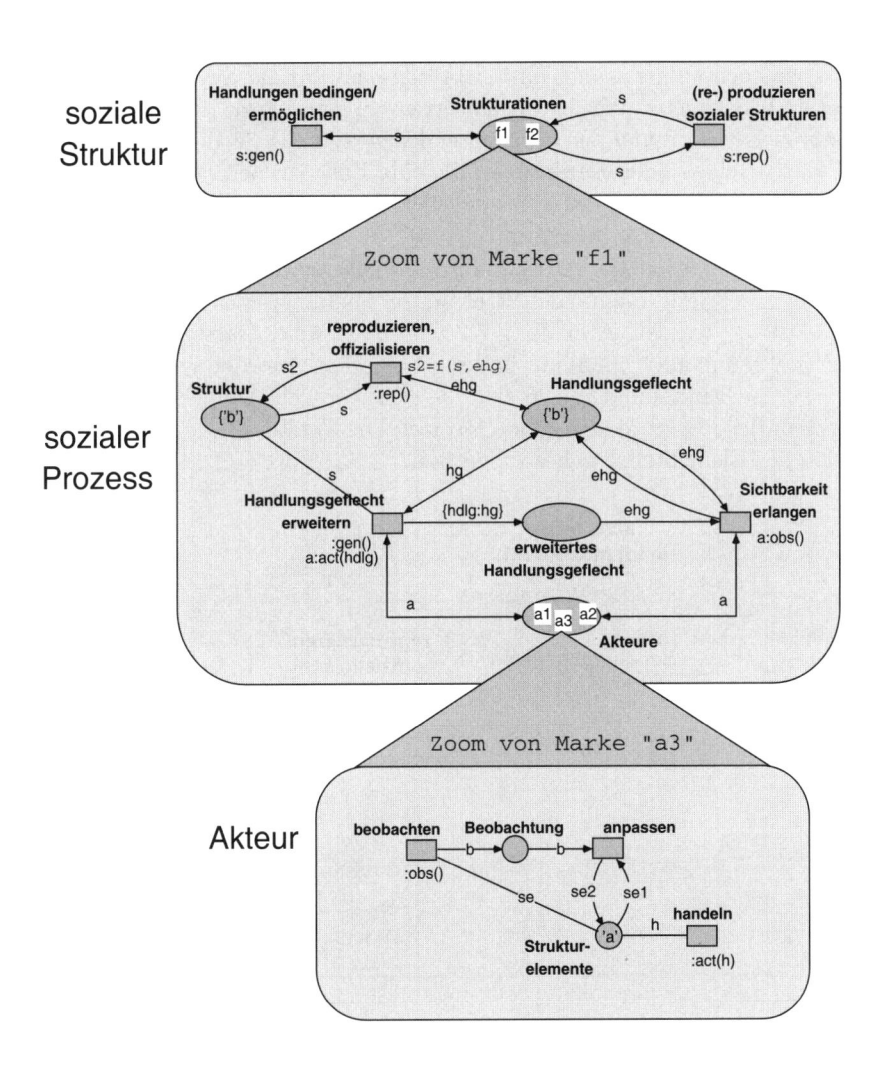

Abbildung 7.1: Abstraktes Modell einer Sozialtheorie

dell ableiten. Die Integration zeigt, dass die einzelnen Ebenen eine grundlegende Ähnlichkeit besitzen, beispielsweise in der prozesshaften Behandlung von Struktur auf allen Ebenen. Gibt man die Anschauungsebenen des Akteurs, des Feldes und der Sozialstruktur auf, so gelangt man anhand der formalen Übereinstimmungen zu einem generalisierten Modell, das die Anschauungsebenen als Spezialfälle enthält. Dies ist einleuchtend, da auch in der Alltagswelt soziale Systeme unterschiedliche Facetten besitzen.[2] Welche der Facetten wirksam wird, ist abhängig von der subjektiven Zuschreibung der beobachtenden Akteure. Erst durch das Behandeln als Akteur, Prozess oder Struktur erfüllt eine Entität eben genau diese Facette, die somit Realität erfährt. Hinreichend viele Systeme vorausgesetzt, werden alle Facetten an einer Entität anerkannt.

Die *Selbstähnlichkeit* des Mikro/Makro-Modells aus Abbildung 7.1 in allen drei Ebenen kann sehr gut anhand der Struktur des Feldnetzes aus Abbildung 7.1 (mitte) demonstriert werden. Abbildung 7.2 zeigt eine zweite Darstellung des Feldnetzes, die sich von dem Original nur in der graphischen Anordnung unterscheidet. In dieser zweiten Darstellung zeigen sich die strukturellen Ähnlichkeiten des Feldes zum Akteur des Mikro/Makro-Modells sofort: Die Netztopologie und die abstrakte Intention der Elemente ist nahezu identisch.

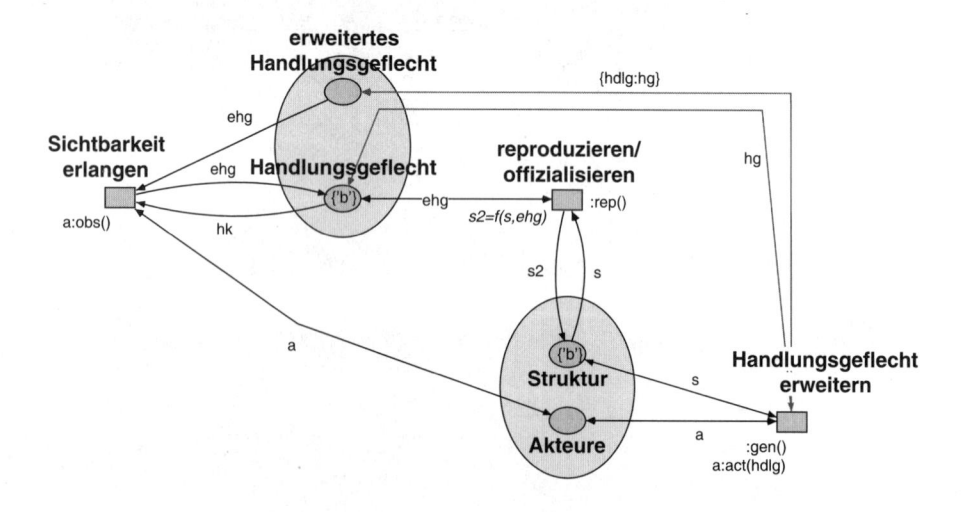

Abbildung 7.2: Feldnetz – umformatierte Darstellung

---

[2] Dies illustriert das folgende Beispiel: Eine Gewerkschaft wird als Akteur wahrgenommen, der beispielsweise im Arbeitskampf in Erscheinung tritt. Gleichzeitig besitzt eine Gewerkschaft aber auch die Eigenschaft einer Struktur mit eigenem Symbolsystem, innerhalb dessen beispielsweise das Symbol der „Solidarität" zentrale Bedeutung besitzt. Genauso kann der Prozesscharakter des Systems „Gewerkschaft" hervorgehoben werden, in dem um die Auslegung von Symbolen gerungen wird, beispielsweise, ob Solidarität eine Verantwortung nur mit den Gewerkschaftsmitgliedern oder aber mit allen Arbeitern impliziert.

Die formale Ähnlichkeit ist nicht rein zufällig, sondern entspringt der inhaltlichen Übereinstimmung der Prozesse: Sowohl der Akteur als auch das Feld besitzen Prozesse des Handelns, des Beobachtens und des Anpassens. Ein Feld handelt, da es die Aktionen bedingt und sie im sozialen Raum wirklich werden lässt. Es beobachtet, da im Feld Handlungen beobachtet und beispielsweise auf ihre Konformität hin kontrolliert werden. Ebenso passt sich ein Feld an, da – um mit Bourdieu zu sprechen – in ihm als Schauplatz sozialer Kämpfe die Wechselkurse symbolischen Kapitals bestimmt werden.

Es besteht jedoch ein grundsätzlicher Unterschied zwischen dem Modell des Akteurs und dem des Feldes: während ein Akteur nur seine *Außenwelt* – im allgemeinen andere Akteure – beobachtet, analysiert das Feld auch die Aktionen seiner *Innenwelt*, nämlich die Handlungen aller dem Felde zugehörenden Akteure. Dieser Unterschied zeigt sich in dem Modell am deutlichsten an der Tatsache, dass die **Handlungsgeflecht** Nebenbedingung des **Handelns** im Feld ist, hierzu aber keine Entsprechung im Akteurnetz existiert.

Es zeigen sich ebenso zwei Formen der Anpassungsprozesse. Die Anpassungsleistung des Feldes wird als Strukturdynamik bezeichnet und ist nach innen gerichtet. Eine nach außen gerichtete Anpassung eines Systems existiert ebenso, nämlich auf Ebene des Akteurs.

Es ist leicht einzusehen, dass beide Richtungen sowohl für den Akteur als auch das Feld inhaltlich sinnvoll sind. So existiert beispielsweise für den Akteur der Prozess der Reflektion, der einer inneren Beobachtung des Akteurs durch sich selbst entspricht. Auch kann das Feld eine Beobachtung seiner Außenwelt vornehmen, beispielsweise dann, wenn es als korporativer Akteur wiederum tätig wird.

7.1.2 Prädisposition als Grundlage der sozialen Reproduktion

Die Analyse der Mikro/Makro-Verbindungen in den Sozialtheorien zeigte in übereinstimmender Weise, dass bestehende Sozialstrukturen auf einer Prädisposition von sozialen Strukturen und Akteuren aufbaut. Im Falle einer solchen Prädisposition reproduzieren die sozialen Prozesse den Status Quo. Auch ist ein System mit prädisponierten Akteuren schwerer zu stören, da seine Elemente die Strukturen verinnerlicht haben und daher unbewusst stets danach trachten, den aktuellen Zustand zu erhalten.

Diese Prädisposition besteht bei Elias in der Abstimmung von Über-Ich und sozialen Normen (vgl. Kapitel Drei in v. Lüde, Moldt und Valk, 2003). Elias geht von Akteuren aus, die Angst vor Liebesentzug bzw. Prestigeverlust besitzen. Diese Angst bewirkt eine Anpassung an die soziale Kontrolle, indem die Fremdzwänge in Form von Selbstzwängen internalisiert werden. Die Internalisierung ist dabei in Form des *Über-Ich* modelliert, also in Trennung zum *Ich*. Diese Selbstkontrolle bewirkt somit normkonformes Verhalten, was durch Bestätigung der Gruppe die Ängste der Akteure mindert. Auf der Akteurseite stehen also Normen und Selbstkontrolle in der prozesshaften Wechselseitigkeit.

Auch bei Bourdieu findet sich die Gedankenfigur der Voranpassung, hier die von Habitus und Feld (vgl. Kapitel Fünf in v. Lüde, Moldt und Valk, 2003). Der Habitus ist das universelle Wahrnehmungs-, Denk- und Handlungsschema der Akteure, das von diesen in inkorporierter Form übernommen wird. Der Habitus, den sich die Akteure aneignen, wird vom Feld gesetzt und erzeugt genau die Handlungen, die zu seiner Erzeugung geführt haben. Auf diese Art und Weise werden ebenso die Existenzbedingungen, die zur Konstruktion des Feldes geführt haben, reproduziert.

Ähnliches beschreibt Popitz auf Basis von Verhaltensregelmäßigkeiten (vgl. Kapitel Zehn in v. Lüde, Moldt und Valk, 2003). Akteure machen ihr Verhalten voraussehbar bzw. erwartbar, indem sie es „verregelmäßigen". Mit jeder ihrer ungezählten alltäglichen konformen Handlungen knüpfen Akteure am Netz der bestehenden Ordnungsbeziehungen, in das sie sich dadurch weiter verstricken. Da sie mit ihren Handlungen in die bestehende Ordnung investieren, besitzen sie ein Interesse am Bestehen der Ordnung, denn sie wollen den Ertrag ihrer investierten Handlungen nicht verlieren.

Dieser Reproduktionsmechanismus sorgt für eine Stabilisierung, sofern Mikro- und Makroelemente eine Prädisposition aufweisen. Besonders deutlich treten diese Mechanismen zu Tage, wenn die wechselseitige Passung nicht oder nicht im vollen Umfang vorhanden ist. In diesem Fall passen sich Akteure und Strukturen entweder solange einander an, bis eine Passung entsteht, oder das System stabilisiert sich nicht.[3] Die Mechanismen, deren sich ein System im Falle nicht angepasster Elemente bedient, sind prinzipiell die gleichen, die im stabilen Zustand Anwendung finden. Die Anpassungsprozesse zeigen besonders deutlich, dass auch ein System harmonisch abgestimmter Elemente keineswegs statisch ist, sondern sich vielmehr ebenfalls durch Ab- und Ausgrenzungsprozesse bzw. durch soziale Kämpfe ständig reproduziert – wenn auch in identischer Art und Weise.

7.1.3 Dualität versus Symmetrie

Die in den Sozialtheorien vorgenommene Modellierung der Mikro/Makro-Verbindung auf Basis von prädisponierten Strukturen zeigt, dass darauf verzichtet werden kann, beide Perspektiven getrennt zu betrachten, da sie sich im jeweils anderen immer indirekt wiederspiegeln. Plakativ fomuliert: Jeder Akteur inkorporiert die soziale Struktur (wenn auch nicht vollständig oder verzerrungsfrei), und

---

[3]Elias beschreibt, dass eine Stabilisierung durch das Ausgrenzen von Außenseitern und durch die Verfeinerung der Normen geschieht. Am Ende des Prozesses haben sich die Außenseiter entweder integriert, indem sie die geltenden Normen internalisiert haben, oder sie sind komplett ausgegrenzt worden und haben keinen destabilisierenden Einfluss mehr. Bourdieu beschreibt diesen Prozess ganz analog als sozialen Kampf, der um die „richtige" Verwendung (und wichtig: um die Wechselkurse) von Symbolen geführt wird.

7.1 Prädisposition als Theoriesymmetrie

jede Struktur erscheint als das homogenisierte Bild der Handlungslogiken. Die Prädisposition stellt eine *Symmetrie* der Theorie dar, oder mit anderen Worten: Die Theorie besitzt *Selbstähnlichkeit*.

Die Spiegelung in Form prädisponierter Strukturen befreit die Informatik von dem Dilemma, dass sie einerseits neben Akteuren auch Prozesse und Sozialstrukturen als gleichberechtigte Modellelemente betrachten will, um zu Modellen zu gelangen, die konzeptionell weiter als rein akteurszentrierte Ansätze führen, dass sie andererseits aber im Rahmen von Agentensystemen auf die zentrale Perspektive des Agenten vorfestgelegt ist. Diese Problematik löst sich auf, indem der Agent seine Umwelt nicht als Agentensystem wahrnimmt, sondern als ein System, das auf den strukturellen Gemeinsamkeiten der Einzelperspektiven *Sozialstruktur*, *Prozess* und *Akteur* aufgebaut ist. Dieser Ansatz führt insgesamt zu einer rekursiven Theorie.

Generalisiert man die Theorie anhand ihrer Symmetrie, so entsteht ein Modell, das nur noch eine Klasse von Objekten enthält. Die Objekte bezeichnen wir als *Entitäten*. Das Mikro/Makro-Modell mit seinen drei Ebenen (bestehend aus Akteuren, Feldern und Strukturen) erweist sich dann als Spezialisierung der generischen Sichtweise in Form einer dreistufigen Aggregationsbeziehung. Kurz gesagt: Wir gehen also davon aus, dass Akteure und Prozesse sich nur in der Betrachtungsweise unterscheiden, mit anderen Worten, dass sie das gleiche Theoriekonstrukt darstellen. Damit verschwindet gleichzeitig auch die in der Mikro/Makro-Formulierung angelegte Konzepthierarchie: Die Konzepthierarchie äußert sich darin, dass Theorien, die Mikro- und Makroperspektive formulieren, im allgemeinen Mikroperspektive als die primäre und die Makroperspektive als Aggregationseffekt ansehen. Damit sind Mikroelemente notwendig, um Makroelemente zu definieren. In der symmetrischen Betrachtungsweise gibt es dieses zweistufige Verfahen nicht und damit auch keine Konzepthierarchie.

Das Modell einer Entität entsteht durch die Generalisierung der Gemeinsamkeiten des Akteurs (Abbildung 7.1 unten) und des Feldes (Abbildung 7.1 mitte bzw. Abbildung 7.2). Das entstehende Modell ist in Abbildung 7.3 dargestellt. Jedes Entität besitzt eine Innen- und eine Außen-Umwelt. Die Innen-Umwelt besteht aus den Entitäten, die diese Entität konstituieren, beispielsweise seine ihm zugehörigen Akteure. Die Außen-Umwelt besteht aus den Entitäten, mit den das System wiederum selbst eingebettet ist. Es ergibt sich also eine rekursive Struktur, da eine Entität wiederum Entitäten enthält und in Entitäten enthalten ist. Die Art und Weise, in der diese Systeme mit ihrer Umwelt agieren, ist somit in hohem Maße anschlussfähig an die soziologische Systemtheorie.

Die Prozesse einer Entität sind das **Beobachten**, das **Handeln** und das **Anpassen** jeweils bezogen auf die **Innen-** und die **Außen-Umwelt** der Entität, sowie seine **Strukturelemente**. Dabei ist zu beachten, dass die Strukturelemente die Zugehörigkeit von Entitäten zur Innen- oder zur Außen-Umwelt bestimmen, d.h. die Aggregationsrelation ist dynamisch und ebenso jedes einzelne Strukturelement. Strengge-

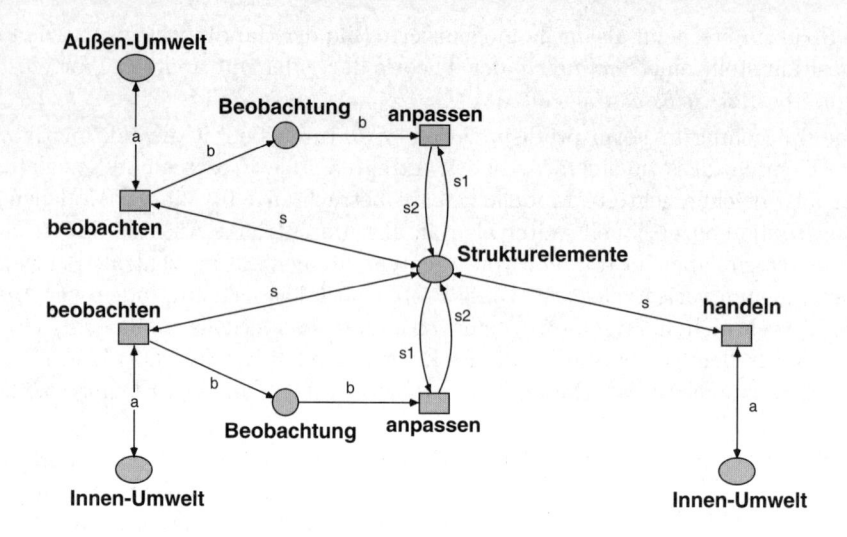

Abbildung 7.3: Eine soziale Entität

nommen erzeugt also erst die Verbindung von Aktionen mit dem Strukturelement der Aggregationsrelation die Klassen der Entitäten, die zur Innen-, zur Außen-Umwelt oder zu keiner Umwelt gehören.

Das Modell ist also rekursiv, in dem Sinne, als dass Entitäten durch ihre Relation zu Entitäten charakterisiert werden. Dies war in Ansätzen schon im Mikro/Makro-Modell angelegt, denn ein Akteur, der im Feld agiert, kann als Individuum gedeutet werden. Nichts spricht jedoch dagegen, auch korporative Akteure – z.B. Organisationen – in Feldern zuzulassen, die ihrerseits ein Feld für die von dem korporativen Akteur aggregierten Akteure darstellen. Die Hinzunahme von korporativen Akteuren stellt also bereits eine Form der Rekursivität dar, so dass die Rekursivität des generalisierten Modells nur eine konsequente Fortführung des Prinzips ist.

Der prinzipielle Unterschied eines rekursiven Modells zu einem hierarchischen liegt darin, dass keine Theorieebenen (weder Mikro noch Makro) existieren, wie dies im Badewannen-Modell der Fall ist. Im Gegensatz zu individualistischen Ansätzen hat ein rekursives Modell auch keine Probleme zu erklären, wie Normen existieren oder gar entstehen können – ein Erklärungsproblem, das auftritt, sobald alles, was sozial existiert, nur aus Individuen besteht.

Die rekursive Systemstruktur vereinfacht aber nicht nur den Theorieaufbau, sondern bildet auch die Voraussetzung für Emergenz. Wie wir noch sehen werden ist nicht nur die Definition der Entitäten rekursiv, sondern auch ihre Dynamik, denn Entitäten können neue Entitäten durch Rekursion generieren, wodurch Entitäten höherer Ordnung entstehen. Es emergieren mithin neue Systemqualitäten. Dies ist möglich, da Entitäten sowohl als Subjekt als auch als Objekt von Handlungen auftreten können.

7.2 Systeme von Handlungsregeln

Es ist derzeit noch ungeklärt, wie die Strukturlemente einer soziale Entität beschaffen sind. Bekannt ist, dass Strukturlemente genutzt werden, um die soziale Welt *gefiltert* – um nicht zu sagen: zielgerichtet – zu beobachten und Handlungen zu generieren, und dass sie Gegenstand von Anpassungsprozessen sind. Wir konkretisieren dies, indem wir Strukturelemente als *Handlungsregelwerke* darstellen.

Ein Handlungsregelwerk kodiert die Grundstruktur, die den sozialen Prozess erzeugt. Man kann auch von der Handlungslogik oder von ihrer Grammatik sprechen. Jedes Handlungsregelwerk kodiert dabei den sozialen Prozess aus Sicht der jeweiligen Entität. Alle sozialen Aktivitäten des Handlungskomplexes werden von der Entität durch dieses Handlungsregelwerk betrachtet, so dass einige sozialen Aktivitäten ausgeblendet oder umgedeutet werden. Der sozialen Prozesse wird für jede Entität erst durch das Handlungsregelwerk subjektiv *konstruiert*. Insbesondere werden damit die Entitäten der Umwelt festgelegt. Diese Konstruktion der Entität/Umwelt-Konstruktion betrifft sowohl die Zukunft als auch die Vergangenheit, legt also auch die Handlungsmöglichkeiten (bzw. den Korridor der Handlungsmöglichkeiten) fest. Wie das Handlungsregelwerk angepasst werden kann, ist ebenfalls im Regelwerk festgelegt. Das Regelwerk bezieht sich also auf sich selbst, ist also reflexiv. Die Wahl von Handlungsregelwerken als zentralem Konstrukt trifft somit – wie oben ausgeführt – den Kerngehalt der zuvor betrachteten Theorien.

Handlungsregelwerke, und damit auch Entitäten, besitzen – in Abhängigkeit ihrer Verwendung – verschiedene Facetten. Handlungsregelwerke wirken handlungserzeugend. Betrachtet man die durch das Handlungsregelwerk generierte Dynamik, so erscheint eine Entität als sozialer Prozess. In diesem Sinne stellen Handlungsregelwerke spezielle soziale Strukturen dar, nämlich die unreflektierten. Daneben sind Handlungsregelwerke aber auch noch Gegenstand anderer Handlungsregelwerke, was sie als reflektierte soziale Struktur kennzeichnet. Gleichzeitig erscheinen Handlungsregelwerke aber auch als Akteur, wenn man hervorhebt, dass sie handlungserzeugend wirken.

Welche Facette einer Entität wirksam wird, ist abhängig von der momentanen, subjektiven Zuschreibung der Entitäten. Erst durch das Behandeln als Struktur, Prozess oder Akteur erscheint eine Entität eben genau in dieser Facette, die durch das Behandeln real wird.

Jedes Handlungsregelwerkes ist für die jeweilige Entität dabei sowohl Erklärungs- als auch Prognosemodell. Die Verwendung eines Handlungsregelwerkes motiviert sich aus dem Bestreben der Akteure, die Außenwelt zu ordnen und mit dieser Ordnung prognostizierbar und damit beherrschbar zu gestalten. Mit Popitz bestimmt also der Wunsch nach Erwartungs-/Orientierungssicherheit die gliedernde Wahrnehmung der Umwelt. Akteure – gleich welcher Art – streben weiterhin danach, die Abweichungen von realen und erwarteten Aktionen zu minimieren. Dazu stehen ihnen die Methoden des Ausblendens von Umweltaspekten sowie des Kontrollierens und Sanktionierens ihrer Umwelt zur Verfügung. Bourdieu betont an dieser Stelle die selektierende Funktion des Habitus in der Wahrnehmung der Akteure in ihrem Kampf um Symbole. Jeder Kampf ist dabei auch ein Kampf um die Passung der Interpretationen und Erwartungen. Gleiches findet sich bei Elias in Form von Kontrolle der normativen Erwartungen und bei Popitz in der Darstellung zur Bildung von Verhaltensregelmäßigkeiten.

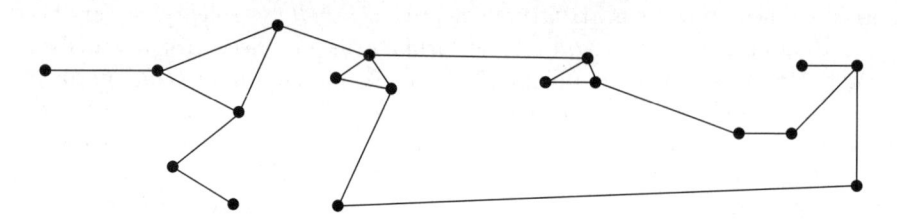

Abbildung 7.4: Ein Handlungskomplex

Im folgenden konzeptionalisieren wir Entitäten formal. Handlungskomplexe formalisieren wir als eine Menge H von Handlungsthemen. Jedem *Handlungsthema* $h \in H$ wird eine *Handlungslogik* $L(h) \in \mathcal{L}$ zugeordnet, wobei $\mathcal{L}$ die Menge aller Logiken ist. Besteht keine Gefahr der Verwechslung, so werden wir sowohl das Thema als auch die Logik nur kurz als *Handlungsregel* bezeichnen. Die Handlungsthemen stehen miteinander in Relation. Dies fomalisieren wir als binäre Relation $R \subseteq H^2$. Hierbei bedeutet $(a, b) \in R$, dass sich das Handlungsthema a auf b bezieht.

Definition 7.1 *Eine* Handlungskomplex (H, R) *besteht aus einer Menge von Handlungsthemen H, die mit der Relation $R \subseteq H^2$ in Bezug gesetzt werden.*

Eine Handlungsregelwerk $HRW = (H, R, L)$ *besteht aus einem Handlungskomplex (H, R) und der Handlungslogik $L : H \to \mathcal{L}$.*

Eine Entität E ist eine Teilmenge von Handlungsregeln, d.h. $E \subseteq H$. Entitäten definieren somit Grenzlininien zwischen dem System (d.h. der Menge E) und der Umwelt (d.h. der Menge $H \setminus E$). Nicht jede Teilmenge E eines Handlungsregelwerks H konstituiert eine Entität, da die Grenzziehung nicht qualitativ von R abhängig ist, sondern auch quantitativ von der Stärke der Relation. Entitäten sind mehr oder weniger operational abgeschlossene Einheiten, insofern als ihre Binnenkopplung viel größer als die externe ist. Um diese quantitativen Effekt zu modellieren, definieren wir das Konzept des *Entitätensystems*, das aus einer Familie von Teilmengen $\mathcal{E} \subseteq 2^H$ besteht.[4]

---

[4]Alternativ wäre es auch denkbar, anstelle einer Relation R und der Familie von Teilmengen

7.2 Systeme von Handlungsregeln

Definition 7.2 *Ein* abstraktes Entitätensystem $(H, R, L, \mathcal{E})$ *zum Handlungsregelwerk* (H, R, L) *besteht aus einer Familie von Teilmengen* $\mathcal{E} \subseteq 2^H$. *Jedes Element* $E \in \mathcal{E}$ *wird als* Entität *bezeichnet.*

Das Entitätensystem wird abstrakt genannt, da es aus der Perspektive eines fiktiven objektiven Beobachter formuliert ist. Weiter unten betrachten wir auch eine subjektiv formulierte Variante der Entitätensysteme.

Das Handlungsregelwerk kann für dieses Modell als universell gelten, während das Entitätensystem $\mathcal{E}$ als dynamische Größe $\mathcal{E}(t)$ betrachtet wird. Ist also (H, R, L) klar, so wird das soziale System allein durch das Entitätensystem $\mathcal{E}$ charakterisiert.

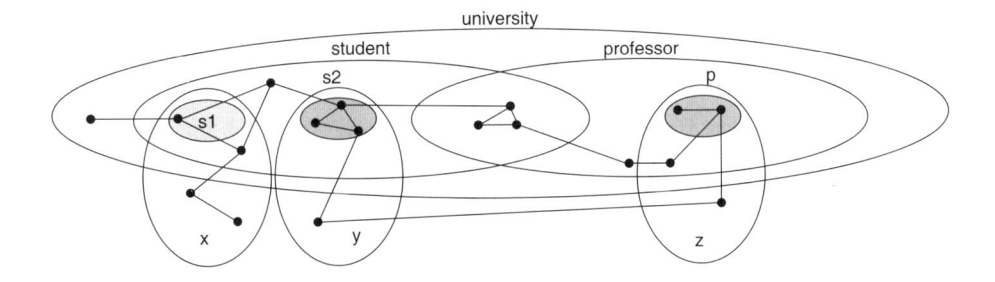

Abbildung 7.5: Ein Entitätensystem

Abbildung 7.5 zeigt ein Entitätensystem. Das dargestellte Handlungssystem *university* setzt sich aus den Systemen *student* und *professor* zusammen. (Wir können uns diese beiden Systeme grob als Rollen übersetzen.) Die Entität *student* hat als echte Teile s_1 und s_2, *professor* hat als echten Teil p. Die Systeme s_1, s_2 und p können wir uns als Akteure vorstellen, die die Rollen *student* bzw. *professor* einnehmen. Die Akteure x, y und z besitzen aber auch noch andere Rollen in sich, was durch die außerhalb von *university* liegenden Elemente angedeutet wird. Die Bezüge sind also nicht exklusiv. So ist das Rollensystem s_1 Teil vom Akteur x und gleichzeitig Teil von *student*.

Aus der Definition von $\mathcal{E} \subseteq 2^H$ folgt, dass nicht jede Teilmenge E der Handlungsregeln H konstituiven Charakter besitzt, d.h. im allgemeinen gilt für alle E auch $E \in \mathcal{E}$. Außerdem ist klar, dass Entitäten im allgemeinen wiederum aus Entitäten zusammengesetzt sind. Das Modell ist also rekursiv, da Entitäten sich aus anderen Entitäten konstituieren.[5] Die Rekursion ergibt sich anhand der Mengenüberschneidungen der Entitäten. In dem Beispiel besteht die setzt sich das System

---

$\mathcal{E}$ ein Abstandsmaß d auf der Menge H zu definieren, das die thematische Nähe beschreibt. Da man annehmen kann, dass ein solches Maß symmetrisch und positiv definit ist sowie die Dreiecksungleichung erfüllt, würden wir in diesem Fall H als topologischen Raum betrachten.

[5] Das Systemmodell besitzt in seiner rekursiven Konzeption erstaunliche Parallelen zu der Forschungsperspektive der soziologischen Systemtheorie nach Parsons und Luhmann.

university aus den Systemen *student* und *professor* zusammen, die ihrerseits sich wiederum aus Systemen zusammensetzen.

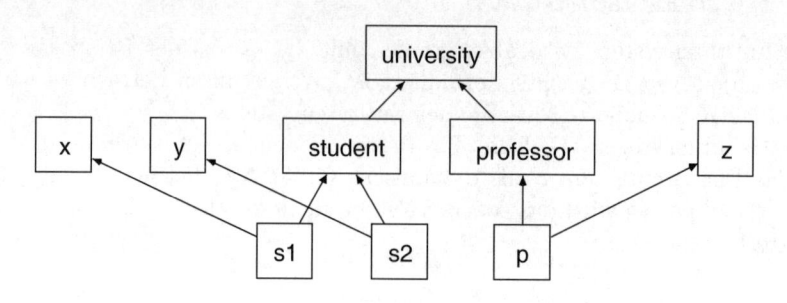

Abbildung 7.6: Ein Handlungsregelwerk

Sind wir nur an den Beziehungen der Entitäten interessiert, so bietet sich eine Darstellung wie in Abbildung 7.6 an, die nur die Struktur des Entitätensystems zeigt. Die Inklusionsbeziehungen zwischen den Entitäten sind durch die Pfeile dargestellt.

7.2.1 Globale versus lokale Sicht

Man beachte, dass in diesem Modell die Gesamtheit aller Entitäten auf globale Weise als Menge $\mathcal{E}$ modelliert wird. In der feineren Betrachtung wird analysiert, welche Entität von welcher anderen Entität lokal sozial als solche behandelt wird. Dazu weisen wir jeder Entität E dem Ausschnitt $\mathcal{E}_E \subseteq \mathcal{E}$ des Gesamtsystems zu, der allen Entitäten enthält, die E als solche wahrnimmt.

Analoges gilt für die Handlungslogik. Enthalten zwei Entitäten E_1 und E_2 beide das Handlungsthema h, d.h. $h \in E_1 \cap E_2$, dann bedeutet dies, dass sie beide eine Handlunsglogik bezüglich h besitzen. Dies bedeutet aber nicht, dass sie beide auch die *gleiche* Handlunsglogik bezüglich h besitzen müssten. Unterschiedliche Entitäten können die Logik $L(h)$ unterschiedlich ausgestalten. Dies drückt sich formal dadurch aus, dass die Handlungslogik in Abhängigkeit von E zugeordnet wird, d.h. die Handlungslogik dere Entität E ergibt sich mittels der Abbildungsfamilie $(L_E : E \to \mathcal{L})_{E \in \mathcal{E}}$ zu $L_E(h)$.

Definition 7.3 *Ein* Entitätensystem *ist das Tupel*

$$ES = \big(H, R, \mathcal{E}, (\mathcal{E}_E \subseteq \mathcal{E})_{E \in \mathcal{E}}, (L_E : E \to \mathcal{L})_{E \in \mathcal{E}}\big)$$

Hier gilt analog, dass der Handlungskomplex für dieses Modell als universell gelten kann, während das Entitätensystem $\mathcal{E}$, die subjektive Wahrnehmung $(\mathcal{E}_E)_{E \in \mathcal{E}}$ und die Handlungslogiken $(L_E)_{E \in \mathcal{E}}$ als dynamische Größen $\mathcal{E}(t)$, $(\mathcal{E}_E(t))_{E \in \mathcal{E}}$ und $(L_E(t))_{E \in \mathcal{E}}$ betrachtet werden.

7.2 Systeme von Handlungsregeln

Für ein gegebenes Entitätensystem ES definiert jede Entität $E \in \mathcal{E}$ ein Handlungsregelwerk, das entsteht, indem man (H, R) auf E einschränkt und die Handlungslogik L_E hinzufügt:

$$HRW_{ES}(E) := (H \cap E, R \cap (E \times E), L_E) \tag{7.1}$$

Jede Entität E eines Entitätensystems kann mit dem Handlungsregelwerk $HRW_{ES}(E)$ identifiziert werden. Um den besonderen Charakter des Handlungsregelwerks $HRW_{ES}(E)$ zu betonen, bezeichnen wir es als *Handlungsregelsystem*.

Ein Entitätensystem heißt *selbstwahrnehmend*, wenn sich jede Entität selbst als solche behandelt:

$$\forall E \in \mathcal{E} : E \in \mathcal{E}_E \tag{7.2}$$

Unter der Voraussetzung, dass jede Entität sich selbst als solche behandelt, d.h. (7.2) gilt, folgt dann, dass sich das globale Modell $\mathcal{E}$ als die Vereinigung aller lokalen Sichtweisen $\mathcal{E}_E$ ergibt.

Theorem 7.4 *Für selbstwahrnehmende Entitätensysteme gilt* $\bigcup_{E \in \mathcal{E}} \mathcal{E}_E = \mathcal{E}$.

Beweis: Mit $E \in \mathcal{E}_E$ folgt $\bigcup_{E \in \mathcal{E}} \mathcal{E}_E = \bigcup_{E \in \mathcal{E}} \{E\} = \mathcal{E}$. q.e.d.

Dies erlaubt aber immer noch Entitätensysteme, in denen alle Entitäten im Extremfall nur sich selbst und sonst keine weiteren Entitäten als solche behandeln. Der andere Extremfall besteht darin, dass alle Entitäten identische Wahrnehmung besitzen. Ein Entitätensystem, bei dem alle Enitäten identisch wahrnehmen bezeichnen wir als *homogen*. Formal:

$$\forall E_1, E_2 \in \mathcal{E} : \mathcal{E}_{E_1} = \mathcal{E}_{E_2} \tag{7.3}$$

Theorem 7.5 *Für ein selbstwahrnehmendes, homogenes Entitätensystem fällt die lokale Sichtweise der Entitäten mit der globalen zusammen, d.h.* $\mathcal{E}_E = \mathcal{E}$ *für alle* $E \in \mathcal{E}$.

Beweis: Gäbe es nämlich eine Entität E_1, die von E_2 nicht als solche behandelt wird, d.h. $E_1 \notin \mathcal{E}_{E_2}$, dann gilt wegen der Homogenität (7.3) auch $E_1 \notin \mathcal{E}_{E_1}$ – ein Widerspruch zur Annahme der Selbstwahrnehmung. q.e.d.

Eine stärkere Eigenschaft ist die der Übereinstimmung der Handlungslogiken. Ein Entitätensystem, bei der alle Handlungslogiken L_E auf gemeinsamen Themen identisch sind, nennen wir *harmonisch*. Formal:

$$\forall E_1, E_2 \in \mathcal{E} : \forall h \in (E_1 \cap E_2) : L_{E_1}(h) = L_{E_2}(h) \tag{7.4}$$

Fassen wir diese drei Eigenschaft zusammen, so stellen wir fest, dass für selbstwahrnehmende, homogene und harmonische Entitätensysteme

$$ES = \big(H, R, \mathcal{E}, (\mathcal{E}_E)_{E \in \mathcal{E}}, (L_E)_{E \in \mathcal{E}}\big)$$

die subjektive und die objektive Perspektive zusammenfallen, d.h. ES entspricht gerade dem abstrakten Entitätensystem $(H, R, L, \mathcal{E})$, denn aufgrund der Homogenizität fällt die lokale Sichtweise $\mathcal{E}_E$ jeder Entität E mit der globalen $\mathcal{E}$ zusammen, und aufgrund der Harmonie sind die Handlungslogiken $L_E(h)$ aller Entitäten E identisch, so dass wir $L(h) := L_E(h)$ für eine beliebige Entität E definieren können.

7.2.2 Abgeschlossene Entitätensysteme

Die Aggregation der Entitäten innerhalb eines Entitätensystems ist nicht exklusiv, d.h. ein Handlungsregelsystem kann Teil verschiedener anderer Handlungsregelsysteme sein. Es ist also möglich, dass sich die Systeme überschneiden.[6] Untersuchen wir daher im folgenden die Charakterisierung von abgeschlossenen Handlungsregelsystemen.

Definition 7.6 *Eine Entität $E_0 \in \mathcal{E}$ heißt* geschlossen *in $\mathcal{E}$, wenn gilt:*

$$\forall E \in \mathcal{E} : E \cap E_0 \neq \emptyset \Longrightarrow E \subseteq E_0 \tag{7.5}$$

Ein Entitätensystem heißt geschlossen, *wenn jede Entität $E \in \mathcal{E}$ Teilmenge einer geschlossenen Entität $E_0 \in \mathcal{E}$ ist.*

Das Entitätensystem aus Abbildung 7.5 ist nicht geschlossen, denn *student* ist dies nicht, denn *student* und x überlappen sich in s_1, sind aber nicht Teil einer gemeinsamen Obermenge. Analoges gilt für *professor* und z.

Sei eine Entität $E_0 \in \mathcal{E}$ gegeben. Schränken wir $\mathcal{E}$ auf alle Teilmengen von E_0, so erhalten wir mit $\mathcal{E}_0 := \mathcal{E} \cap 2^{E_0}$ das Entitätensystem $ES(E_0)$:

$$ES(E_0) := \left(H \cap E_0, R \cap E_0^2, \mathcal{E}_0, (\mathcal{E}_E)_{E \in \mathcal{E}_0}, (L_E)_{E \in \mathcal{E}_0} \right) \tag{7.6}$$

Dieses System wird *Abschlußsystem* genannt. Es bezieht sich im allgemeinen nur noch auf einen Teil der Handlungsregeln. Dafür ist es aber abgeschlossen:

Theorem 7.7 *Sei ein Entitätensystem ES und eine Entität $E_0 \in \mathcal{E}$ gegeben, dann ist $ES(E_0)$ geschlossen.*

Beweis: Jede Entität $E \in \mathcal{E}(E_0)$ ist nach Konstruktion eine Teilmenge von E_0, und damit gilt auch $E \cap E_0 \neq \emptyset \Longrightarrow E \subseteq E_0$, also ist E_0 geschlossen. q.e.d.

Mit Hilfe des Entitätensystems $ES(E_0)$ ist es möglich, sich auf ein soziales System zu konzentrieren, dass bezüglich des Handlungsregelsystems E_0 abgeschlossen ist. Abbildung 7.7 zeigt das aus Abbildung 7.5 generierte System $ES(student)$,

---

[6] Hier zeigen sich Ähnlichkeiten, aber auch Unterschiede zum Holonenkonzept der VKI. Der Aufbau eines Holons ähnelt dem des Entitätensystem, insofern als dass sich ein Holon wiederum aus Holonen zusammensetzt. Der Unterschied besteht darin, dass für Holone Aggregation und Delegation exklusiv ist.

7.2 Systeme von Handlungsregeln

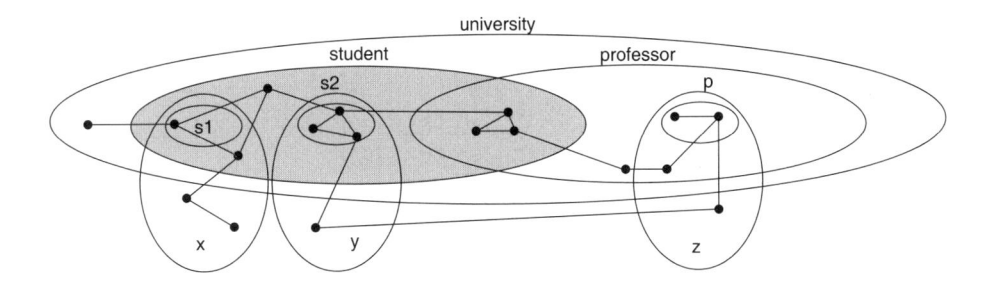

Abbildung 7.7: Das Abschlußsystem $ES(student)$

also den Systemausschnitt, den man erhält, wenn man sich nur auf die studentischen Aspekte des gesamten Handlungsregelwerks, d.h. auf $E_0 = student$ und das Handlungsregelsystem $HRW_{ES}(E_0)$ bezieht.

Die Darstellung wird übersichtlicher, wenn wir wie in Abbildung 7.6 nur die Inklusionsbeziehungen zwischen den Entitäten illustrieren. Für diese Darstellungsform ergibt sich das bezüglich des Handlungsregelsystems E_0 abgeschlossene Entitätensystems $ES(E_0)$ wie in Abbildung 7.8.

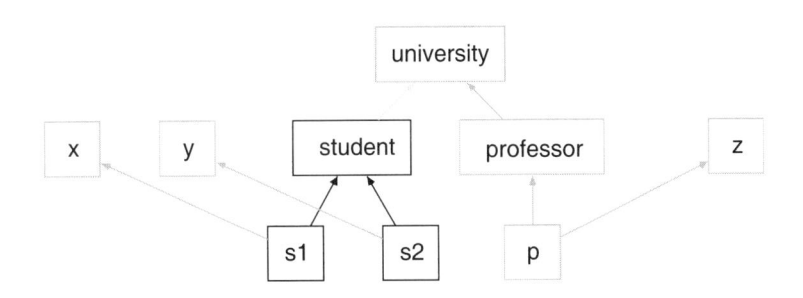

Abbildung 7.8: Das Entitätensystem $ES(student)$

Für die meisten empirisch relevanten Betrachtungen gibt es stets ein dominantes Thema. Daraus ergibt sich eine dominate Entität E_0 und als Analyserahmen das abgeschlossene Entitätensystem $ES(E_0)$. Es ist dann meist praktisch, sich nur auf die Analyse von $ES(E_0)$ zu beschränken, wenngleich dies auch die Gefahr birgt, dass man dann unangemessen von relevanten Bezüge innerhalb des Gesamtsystem abstrahiert.

7.3 Autopoiese als rekursive Erzeugung von Handlungsregeln

Die Selbstähnlichkeit in der Sozialtheorie korrespondiert zu einer *Rekursivität* in der sozionischen Modellierung. Die Rekursivität erlaubt es, die sich ausbildenen Relationen zwischen Entitäten wiederum als Entität aufzufassen, denn die Relationen von Handlungsregeln stellen wiederum welche dar. Auf diese Weise kann gleichermaßen etwas Neues im System entstehen (im Sinne einer neuen Systemqualität), ohne dass diese Form der Emergenz auch neue Modellbasiselemente erforderte. Das emergente Erzeugen neuer Strukturen geschieht durch die Grenzziehung, beispielsweise beim Übergang eines nicht operational abgeschlossenen Handlungsregelwerks hin zu einem geschlossenen, wodurch ein neues Handlungssystem entsteht.

Die emergente Dynamik eines Systems von Entitäten lässt sich am besten anhand eines Beispiels verdeutlichen. Wir beschreiben die Dynamik einer Offizialisierung, gennauer: Die autopoietische Erzeugung eines Handlungssystems. Betrachten wir dazu noch einmal das Handlungssystem $\mathcal{E}(t)$ aus Abbildung 7.5. Wir betrachten einen sozialen Prozess, in dem die Handlungssysteme *student* und *professor* wechselwirken und zwar in Bezug auf die Verbesserung universitärer Lehre. Im Laufe des Prozesses verändern sich beide Handlungssysteme, indem sie in Bezug auf die Lehre Handlungsregeln ausbilden, die *student* und *professor* verbinden (vgl. Abbildung 7.9 mitte). Sobald diese Handlungsregeln sich soweit verändert haben, dass sie operational geschlossen sind, so sind sie nach Definition ein Handlungssystem. Das resultierende Handlungssystem $\mathcal{E}(t')$ ist unten in Abbildung 7.9 dargestellt.

Die Interaktionen der Systeme *student* und *professor* erzeugen also eine neue Entität, hier: *improvement of lectures*, welche die soziale Struktur des Diskussionsprozesses beider Entitäten beschreibt. Das Emergieren des neuen Systems geschieht hierbei als Leistung des Systems aus sich selbst heraus, sprich: autopoietisch. Die emergente Autopoiese neuer Strukturen entspricht der dynamischen Erzeugung einer neuen Entitäten als Folge der Systemdynamik.

An dieser Stelle wird besonders deutlich, dass es nicht der Akteur und auch nicht die Struktur ist, die primär im Vordergrund stehen. Es ist vielmehr der Charakter des Prozesses, der in beiden Elementen vorkommt, zu betonen. Diese Prozesse interagieren reflexiv miteinander, reproduzieren sich und erzeugen auch neue Interaktionsformen (vgl. dazu die Strukturierungsdynamik aus Kapitel 6). Die Agenten sind Träger dieser Interaktionsformen, wobei je nach Beobachter ein Agent als Akteur, als Organisationsstruktur usw. erscheint.

An dieser Stelle eine Anmerkung zur Granularität von Handlungsregelwerken: Man könnte den Eindruck gewinnen, dass Handlungsregelwerke eine gröbere Granularität besitzen als individualistische Ansätze. Dies ist aber falsch, denn Handlungsregelwerke besitzen eine Granularität quer zu den Akteuren. Einerseits besit-

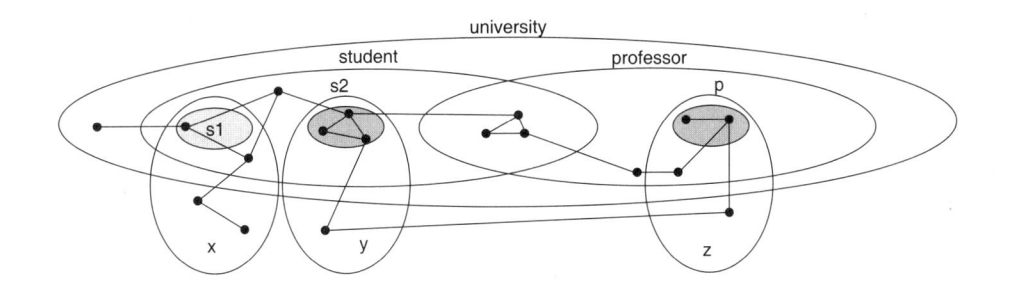

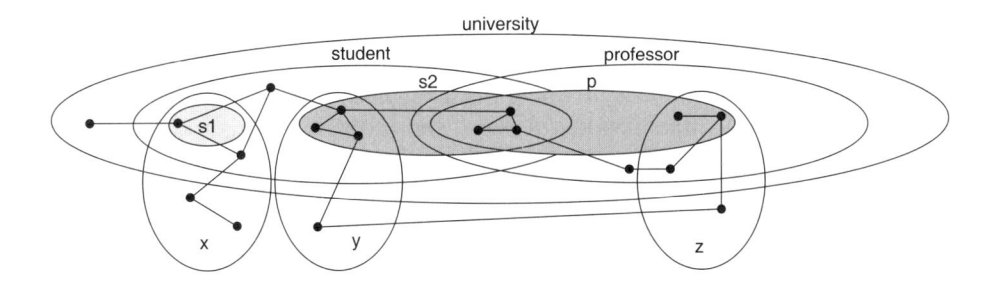

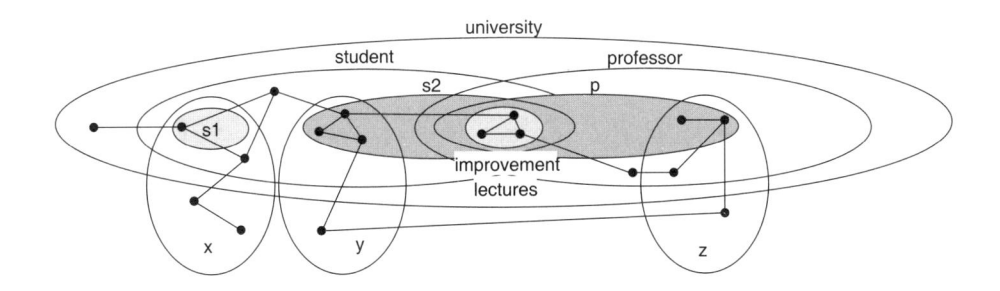

7.3 Autopoiese als rekursive Erzeugung von Handlungsregeln 261

Abbildung 7.9: Autopietische Genese von Handlungssystemen

zen Handlungsregelwerke das Potential, überindividuelle Konstrukte (wie Normen, Institutionen usw.) zu erfassen, sind also abstrakter als Akteure, ohne dabei weniger real zu sein. Die Granularität umfasst also bereits Akteurskonstellationen. Andererseits geht die Auflösung auch unter die Granularität von Akteuren, denn ein Akteur bildet zwar in natürlicher Anschauungsweise ein in sich abgeschlossenes Handlungsregelwerk, stellt aber mitnichten das kleinstmögliche dar. Dies leuchtet sofort ein: Ein Akteur ist Träger verschiedener Rollen, die im allgemeine noch nicht einmal konfliktfrei integriert sind. Da die Rollen des Akteur in sich abgeschlossene Handlungsregelwerke sind, ist der Akteur also bereits ein zusammengesetztes Systems. Auch andere Entitäten setzen sich nicht direkt zum menschlichen Akteur in Beziehung, sondern zu seinen abgeschlossenen Handlungsregelwerken. Wir halten also fest, dass der Akteur weder theoretisch noch im Modell als *Atom* des Sozialen betrachtet wird. Vielmehr ist es ein Element des sozialen, das sich anschaulich durch seinen (biologischen) Umweltabschluss auszeichnet, sozial aber eher eine mittlere Granularität besitzt. Diese Konsequenz halten wir mit folgendem Slogan fest:

> Autopoiese von Koordination – statt von Agenten.

Man beachte, dass die Beschreibung der Dynamik sehr ökonomisch ist, verglichen mit einem individualistischen Ansatz. Der individualismus ist das Paradigma, nach dem Soziales auf die Interaktion von Individuen zurückzuführen ist, so dass die kernsoziologischen Beschreibungselemente wie Rollen, Normen, Institutionen etc. streng genommen nur den Charakter von Elementen zweiter Ordnung haben. Sie existieren nur in ihrer Repräsentation „im" Individuum. Rollen, Normen, Institutionen usw. besitzen den ontologischen Status statistischer Größen. Der hier verfolgte Ansatz verleiht den soziologischen Kernelemente dagegen einen primären Status, indem er dagegen ins Zentrum der Betrachtung setzt. Hierdurch ist es möglich, Emergenz als Wechselwirkung von Stukturen zu begreifen, ohne den erklärungsökonomisch anstrengenden Umweg über die Individuen nehmen zu müssen.

7.4 Entitätensysteme als Agenten

Sei das Entitätensystem $(H, R, \mathcal{E}, (\mathcal{E}_E)_{E \in \mathcal{E}}, (L_E)_{E \in \mathcal{E}})$ gegeben. Jede Entität $E \in \mathcal{E}$ ist eine handelnde Einheit, sie wird daher im folgenden als Agent modelliert. Diese Agenten besitzen ihren eigenen Ausschnitt $\mathcal{E}_E \subseteq \mathcal{E}$ des Gesamtsystems und ihre eigene Handlungslogik. Sie konstituieren ein eigenes Handlungsregelwerk, nämlich $HRW_{ES}(E) = (H_E, R_E, L_E)$.

Jedes Handlungsregelwerk $HRW_{ES}(E)$ wird durch das in Abbildung 7.10 dargestellte Petrinetz modelliert. Dieses Netz stellt einen Akteur dar – den SONAR-Agenten in seiner abstrakten Form. Dieser beschreibt die operationale Sicht auf das Handlungsregelwerk der Entität. Der Agent ist in der Lage, auf äußere Reize zu rea-

7.4 Entitätensysteme als Agenten 263

gieren. Er rahmt den Reiz im Kontext des Handlungsregelwerks und überführt den aktuellen Handlungskorridor in eine Situation, die anzeigt, dass der Handlungskorridor angepasst werden muss. Diese Situation führt dazu, dass der Handlungskorridor mit Hilfe der zur Verfügung stehenden elementaren Handlungsmöglichkeiten nun exploriert wird, um einen neuen, adjustierten Handlungskorridor zu generieren. Diese Exploration ist dabei durch das Handlungsregelwerk gesteuert. Sowohl durch die Rahmung als auch durch die Generierung können sich neue Aspekte für das Handlungsregelwerk ergeben, die dann internalisiert werden. Der aktuelle Handlungsraum ist stets die Vorbedingung zu Handlungen des Akteurs. Eine Handlung verändert unter Umständen auch das Handlungsregelwerk.

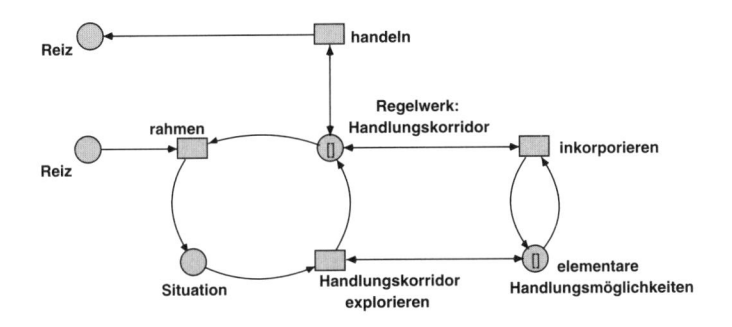

Abbildung 7.10: Schematisches Modell eines SONAR-Agenten

Die Rekursivität des Modells sozialer Entitäten lässt sich in natürlicher Weise durch Referenznetze darstellen, da diese ebenfalls eine rekursive Struktur besitzen (Netze sind Marken von Netzen). Die Handlungsstrukturen jedes Entitätsnetzes sind wiederum durch eine Menge von Referenznetzen dargestellt. Diese Handlungsstrukturnetze besitzen die in Abbildung 7.6 dargestellten Referenzen auf andere Entitäten.[7]

7.4.1 Eigenschaften von Handlungsregelwerken

Das Handlungsregelwerk kodiert die subjektive soziale Realität eines Agenten. Gleichzeitig beschreibt es sein Verhältnis zu allen anderen Agenten, zu deren Fähigkeiten etc. Es handelt sich dabei (a) um Relationen zwischen Entitäten in Form praktischer Anerkennung, (b) um das strukturelle Vermögen, das Entitäten besitzen, sowie (c) um die Symbole, durch die Anerkennung und Vermögen kommunizierbar werden.

---

[7] Mit Bourdieu gesprochen bilden die Referenzen auf andere Entitäten das Vermögen einer Entität.

Praktisches Anerkennen/Anerkannte Praxis

Handelt der Agent gemäß seines Regelwerks, so reagiert er im allgemeinen auf einen anderen Agenten. Seine Reaktion stellt eine Form der Anerkennung dieses Agenten dar, wobei dieser Anerkennungsprozess keine Bewertung ist, weder im positiven noch im negativen Sinne. Praktisches Anerkennen reproduziert die soziale Realität der so ausgezeichneten Entität.

SONAR-Agenten vollziehen diese Form der praktischen Anerkennung – ebenso wie die Internalisierung und die Kontrolle – auf der Ebene der Interaktionen. Das Bestehen einer Interaktion impliziert nämlich bereits das Anerkennen des Interaktionspartners.

Vermögensstrukturen/Strukturelles Vermögen

Handlungsstrukturen haben „Vermögenscharakter", denn sie beschreiben, was andere Agenten vermögen. Dies umfasst nicht nur materielle Ressourcen, sondern auch immaterielle Formen, wie beispielsweise das Wissen um kulturelle Spielregeln – im Sinne der Sprechweise: Ein Akteur *vermag* sich richtig zu verhalten. Ebenso kodieren Handlungsstrukturen soziale Beziehungen, die wiederum Vermögen darstellen. Dies ähnelt dem Kapitalbegriff Bourdieus, der in den Formen des ökonomischen, sozialen, kulturellen und symbolischen Kapitals verwendet wird.

Das Vermögen eines Agenten besteht demnach aus ökonomischen Kapital in Form von Ressourcen, aber auch sozialem Kapital, in Form von vertrauten Beziehungen, und kulturellem Kapital, das durch die Protokolle beschrieben wird. Insbesondere Protokolle als prozedurales Wissen bilden eine Erweiterung zu den etablierten, an Faktenwissen orientierten Konzepten.

Symbolische Reflexion/Reflexive Symbolik

Wie bereits in der Erörterung des rekursiven Charakters sozialer Entitäten angesprochen, generiert die praktische Anerkennung Entitäten höherer Ordnung. Systeme höherer Ordnung sind nur mit Hilfe von Symbolsystemen generierbar, denn nur Symbole erlauben es, soziale Relationen zum Gegenstand der Interaktion zu machen. Ohne Symbole entsteht, wie beispielsweise in Ameisengesellschaften, zwar auch komplexes Verhalten, dieses ist jedoch prinzipiell endlich, das die Interaktionsformen aus einem endlichen Repertoire (abstrakt: einem Alphabet) entstammen. Erst ein reflexives Symbolsystemen erzeugt unendliche viele Interaktionsformen.

Neben der Möglichkeit zur Reflektion erlauben erst Symbole weitreichende, über Kleingruppen hinausreichende Strukturfestigung. Ohne Symbole ist jede Stabilisierung wechselseitiger Erwartungen auf die beständig wiederholte, erwartungskonforme Bestätigung der Struktur im *direkten* Kontakt erforderlich – eine Anforderung, die nur in Kleingruppen zu erfüllen ist. Im Kontext von symbolisch repräsentierten Erwartungshaltungen – wie beispielsweise Rollen, Titel, Verträge usw. – dagegen ist die Erwartungssicherheit größer, da alle auf dieses Symbolsystem angepassten Akteure mit ihrer „Investition" in diese Symbole gewissermaßen haften. Außerdem ist es nicht notwendig, Symbole durch Interaktion aller mit allen zu reproduzieren, da der Gebrauch von Symbolen in seiner Sichtbarkeit beliebig multipliziert werden kann. Agenten der SONAR-Schicht kommunizieren daher in einem Symbolsystem, das Reflektion und damit die Generierung neuer Symbole erlaubt. Insbesondere das Erschaffen von Symbolen für übergreifende, aus mehreren Protokollen zusammengesetzte Handlungen sowie Symbole für die Bündelung von Erwartungen in Rollen sind hierbei zentrale Fähigkeiten.

7.4.2 Handlungsregelwerke sind implizite Kodierungen

Eine angemessene Umsetzung prominenter sozialtheoretischer Konzepte, wie beispielsweise Normen, liegt auf einer Ebene *unterhalb* der rationalen, denn das zentrale Movens der Akteure sind Konzepte wie das Über-Ich oder der Habitus, die gerade nicht rational oder planend sind, sondern inkorporiert im Akteur vorliegen und durch Ängste und Emotionen beeinflusst werden. Die Konzepte werden daher in diesem Modell nicht explizit dargestellt. Vielmehr besitzen Normen ihren Ausdruck in der Gesamtheit aller Verhaltensregeln des Agenten.

Dass Handlungsreln im Agenten symbolisch – und dadurch explizit – repräsentiert sind, steht hierzu nicht im Widerspruch, denn bei der Kodierung handelt sich um keine einer Reflexion unmittelbar zugänglichen Form, etwa in Form eines reflexiven Wissens. Zwar ist es dem Agenten möglich, von seinen Regeln auf die Normen zu schließen und diese somit explizit zu machen, aber dieser Vorgang der Selbstreflektion ist im allgemeinen aufwendig und geschieht nur in extremen Problemsituation und spielt daher für das soziale Handeln in Standardsituationen keine Rolle.

Ein normatives Handeln kommt nicht zustande, weil ein Akteur den Normen entsprechend handeln will, denn der Agent hat bei seinem Handeln keine Repräsentation der Norm, vielmehr ist es so, dass der Agent im Laufe seines Handelns die Normen in Form von Handlungsregeln internalisiert hat, ohne sich dessen bewusst zu sein. Aus diesem Grunde ist jeder Ansatz, das Konzept der rationalen Agenten (Wooldridge, 2000) unmittelbar zu sozial-rationalen (auch: normativ-deliberative) Agenten zu erweitern (wie in Castelfranchi u. a., 1999) ungeeignet, da Normen nicht aufgrund von rationalen Planungsprozessen befolgt werden, sondern weil sie inkorporiert wurden. Anstatt normorientierte Handlungen durch *Obligations* oder *Commitments*, die explizit in den Planungsprozess involviert sind, zu modellieren, schlagen wir vor, diese durch Handlungsregeln im Sinne habitueller Präferenzen darzustellen, die die Handlungswahl des Agenten leiten, ohne dass er dies in der meisten Zeit reflektieren müsste.

Der Unterschied zwischen beiden Ansätzen zeigt sich deutlich durch die Tatsache, dass ein normativ-deliberativer Agent in der Lage ist, gegen die Normen zu verstoßen, wenn ihm der Regelverstoß mehr Vorteile als Nachteile verspricht. Dagegen kann der SONAR-Agent nicht entscheiden, gegen die Norm zu verstoßen, da er keine symbolisch reflexive Repräsentation von ihr besitzt. Er kann also normalerweise nicht anders, als *in* den Normen zu denken, nicht aber *über* sie.

7.4.3 Vergleich mit sozialen Praxisformen und Akteursmodellen

Entitäten modellieren Interaktionszusammenhänge. Sie haben daher weitreichende Gemeinsamkeiten mit den Praxis/Ordnungen der TSSO.

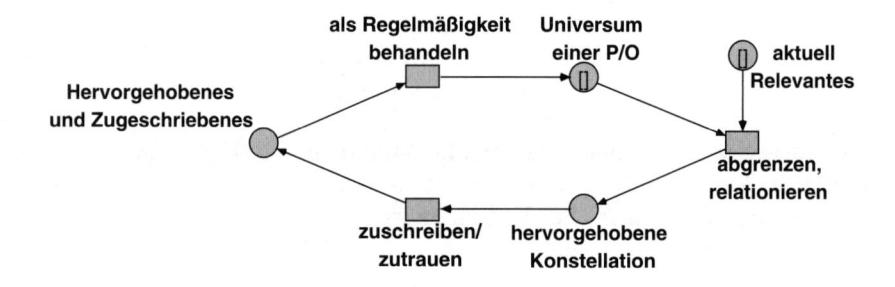

Abbildung 7.11: Grundstruktur der Konstitutionsdynamik einer Praxisordnung

Konkret erkennen wir dies daran, dass die abstrakte Grundstruktur des SONAR-Agenten aus Abbildung 7.10 strukturell der Konstitutionsdynamik einer Praxis/Ordnung ähnelt (Abbildung 7.11 ist eine Kopie der Abbildung 6.20, die wir hier der leichteren Lesbarkeit halber erneut eingefügt haben). Die strukturelle Übereinstimmung mit dem SONAR-Agenten ist direkt anhand der Modelle zu erkennen: In Abbildung 7.12 haben wir das Layout der Konstitutionsdynamik aus Abbildung 7.11 so verändert, dass die Übereinstimmung zur Grundstrukur des SONAR-Agenten in Abbildung 7.10 klar wird. Die Umgestaltung erfolgt so, dass inhaltlich korrespondierende Modellelemente an der gleichen Position in der Abbildung dargestellt werden. Die Modelle sind inhaltlich nahezu deckungsgleich.

Das Grundmodell des SONAR-Agenten aus korrespondiert zudem noch zum allgemeinen Akteursmodell (vgl. dazu v. Lüde, Moldt und Valk, 2003, Kapitel Sechs, Abbildung 6.34). Wir können dies anhand der Übereinstimmungen mit dem allgemeinen Akteursmodell aus Abbildung 6.34 in (v. Lüde, Moldt und Valk, 2003) illustrieren. Auch hier erreichen wir nämlich durch eine Anpassung des Layouts eine graphische Deckungsgleichheit. Eine Einbettung des Schemas aus Abbildung 7.10 ist in Abbildung 7.13 dargestellt.

7.4 Entitätensysteme als Agenten

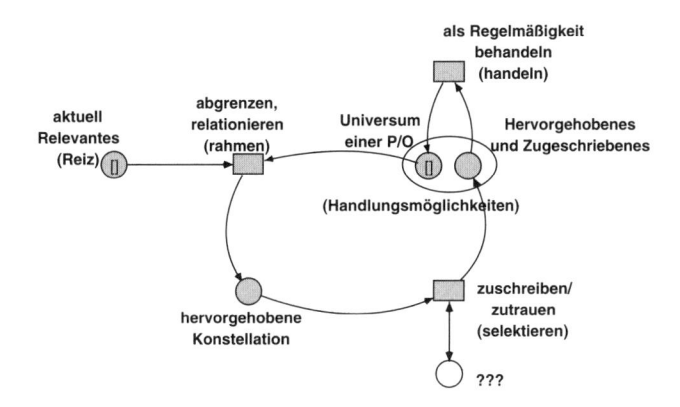

Abbildung 7.12: Strukturdynamik aus Abbildung 6.20, angepasst an die Darstellung des SONAR-Agenten aus Abbildung 7.10

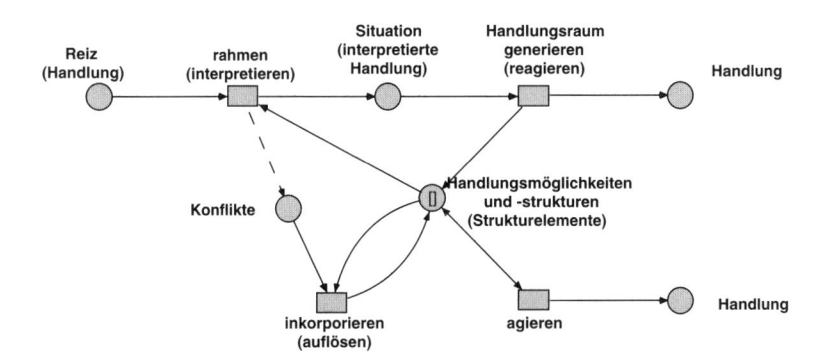

Abbildung 7.13: Der SONAR-Agent im Schema des Akteursmodell aus Abbildung 6.34 in (v. Lüde, Moldt und Valk, 2003)

7.5 Modellierung sozionischer Agenten

Die betrachteten Systeme von Handlungsregeln stellen nach sozialwissentschaftlichem Verständnis eine „objektive" Rekonstruktion des Sozialen dar, d.h. die Beschreibung ist so, wie sie sich einem Beobachter darstellt. Sie ist also insbesondere abhängig von den Interessen und Möglichkeiten des Beobachters.

Diese Rekonstruktionsperspektive stimmt dabei im allgemeinen nicht mit der Implementationsperspektive, d.h. der tatsächlichen Situation (sofern diese überhaupt existiert) oder der subjektiven Sicht der Akteure überein. Die Unterscheidung illustriert die sprichwörtliche *unsichtbare Hand des Marktes*, die dazu führt, dass individuell eigensüchtiges Verhalten auf globaler Ebene das Allgemeinwohl mehrt. Die Biologie nimmt mit der Evolutionstheorie in ähnlicher Weise die Rekonstruktionsperspektive ein, wenn sie die Handlungen individueller Lebewesen als genetisches Optimierungsproblem modelliert, auch wenn klar ist, dass dies für das Individuum keine handlungsleitende Rolle spielt.

Es ist also ein Fehler von der Rekonstruktions- auf die Implementationsperspektive zu schließen, denn bezüglich des Verhaltens existieren im allgemeinen unendlich viele Modelle, die alle das gleiche Verhalten beschreiben, nämlich das der Rekonstruktionsperspektive. Somit ist nicht möglich, die Güte der Implementation anhand seiner Extension zu beurteilen. Wir müssen daher zusätzliche noch den internen Aufbau beurteilen und mit Ockhams Rasiermesser[8] das einfachste Modell heranziehen. Unser Kriterium der Einfachheit ist im folgenden die Modellkomplexität. Wir betrachten also nicht alle möglichen Modelle, sondern bevorzugen solche, die die Rekonstruktionsperspektive mit geringem Ressourceneinsatz (Zeit und Darstellungsplatz) leisten.

Wir betrachten im folgenden einen Agententyp, der die sozialen Entitäten realisiert. Wir verfeinern dazu das schematische Modell des SONAR-Agenten aus Abbildung 7.10, um Prozesse des Strukturgenese in Agenten (Internalisierung usw.) besser unterstützen zu können. Diese Verfeinerung ist in Abbildung 7.14 dargestellt. Verfeinert wird dabei die Struktur der **elementaren Handlungsmöglichkeiten** und die Aktivität des **Handelns**.

Wir erkennen, dass die **elementaren Handlungsmöglichkeiten** (HM) ihrerseits eine interne Struktur haben und ihrerseits sich aus **atomaren Handlungsmöglichkeiten** zusammensetzen. Die Unterscheidung von elementaren und atomaren Handlungsmöglichkeiten ist dabei relativ zum Agenten getroffen. Atomar sind solche Handlungsmöglichkeiten, die im absoluten Sinne nicht weiter unterteilbar sind. Elementar sind dagegen solche Handlungsmöglichkeiten, die für die Exploration des Handlungskorridors nicht weiter unterteilbar sind. Ebenso ist die Aktivität des **Handelns**, die die Navigation innerhalb des Handlungskorridors übernimmt, nicht atomar. Handeln geschieht im Kontext *sozialer Erwartungsstrukturen* und der Agent muss seine Handlungen **sozial integrieren**.

---

[8] Wilhelm von Ockham (1285 1350), engl. William of Ockham: Vertreter der Spätscholastik

7.5 Modellierung sozionischer Agenten

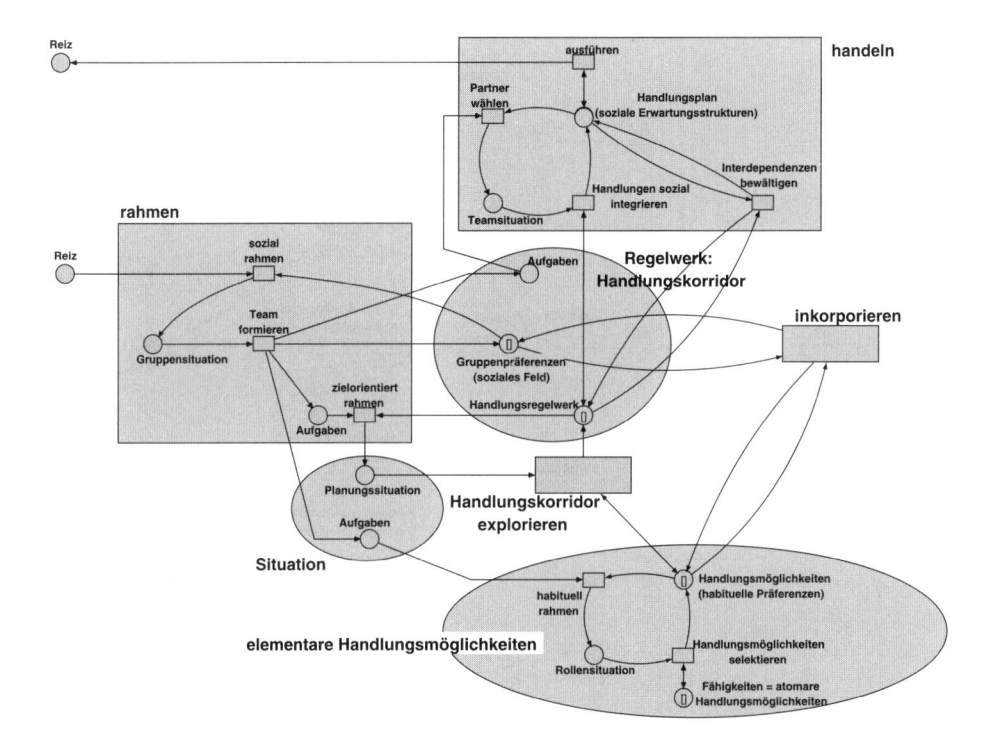

Abbildung 7.14: Verfeinerung des SONAR-Agenten aus Abb. 7.10

7.5.1 Die Ebenen der Schichtenarchitektur

Analysiert man die Struktur der Verfeinerung in Abbildung 7.14, so stellt man fest, dass das Modell innere Symmetrien aufweist. Abbildung 7.15 hebt diese Symmetrien hervor. Die Symmetrien ergeben sich aus der Tatsache, dass beide Verfeinerungen die gleiche Grundstruktur wie das abstrakte Modell des SONAR-Agenten aus Abbildung 7.10 besitzen. Man erhält daher eine mehrschichtige Architektur.

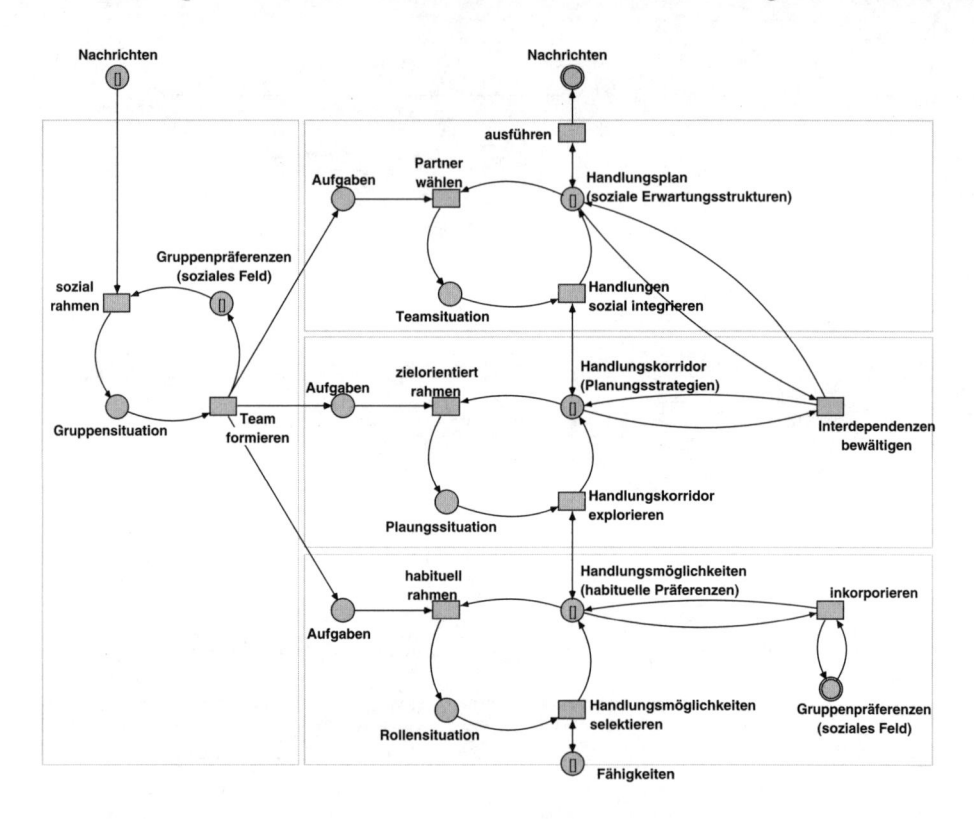

Abbildung 7.15: Geschichtetes Modell

Aus der Symmetrie der Module folgt, dass SONAR-Agenten bereits in sich strukturiert sind. Sie sind nämlich in Ebenen unterteilt, die für die verschiedenen Bezuge der Handlungswahl zuständig sind. Ein Agent besteht also Subakteuren, die einander erstens direkt zuarbeiten und zweitens die Strategien ihrer Handlungswahl ständig beeinflussen. Wir betrachten einen Agenten selbst als Organisationsform, der sich als Netzwerk von mehreren Handlungsregelwerken darstellt. Der einzige Unterschied zu einem „normalen" Agenten ist die Tatsache, dass die Subagenten nicht mit Handlungen umgehen, sondern mit dem allgemeinen Konzept des

7.5 Modellierung sozionischer Agenten

Möglichkeitsraums. Die Aufteilung in mehrere Architekturschichten gestaltet den Koordinationsprozess effektiver. Soziale Interaktion besitzt zwei zentrale Aspekte: Zum einen die Formation des Teams und zum anderen die Interaktion im Rahmen der Teamstruktur. Der SONAR-Agent aus Abbildung 7.15 besitzt dazu ein Planungsmodul zur Teamformierung, drei Module zur Planung der Interaktion und zusätzlich zwei Metastrukturen, die reflexiv auf den Planern operieren. *Planer* dienen der strategiegesteuerten Exploration des Möglichkeitsraumes eines Dienstes. Berücksichtigt werden zum einen elementare Handlungsstrukturen und die Kompositionsoperatoren hierauf und zum anderen die Explorationsstrategien. Planer regeln das Verhalten der Transitionen:

- Team formieren
- Handlungsmöglichkeiten selektieren
- Handlungskorridor explorieren
- Hanglungen sozial integrieren

Planer operieren auf dem aktuellen *Möglichkeitsraum*, der sich aus der Historie der bereits eingegangenen Nachrichten und den Planungsraum aller noch möglichen Kommunikation bestimmt. Im Modell sind dies die Stellen:

- Gruppenpräferenzen (soziales Feld),
- Handlungsmöglichkeiten (habituelle Präferenzen),
- Handlungskorridor (Planungsstrategien) und
- Handlungsplan (soziale Erwartungsstrukturen).

Planer reagieren auf äußere Signale, kontextualisieren diese in bezug auf den Möglichkeitsraum und adjustieren den Handlungsraum gegebenfalls neu. Die verwendeten Strategien eines SONAR-Agenten verbinden sich mit dem Zweck des sozialen Systems (z.B. einer Organisation).[9]

Die Prozesse der Kontextualisierung und der Adjustierung sind abhängig von Parametern, nämlich den atomare Handlungsmöglichkeiten (den Aufspannenden des Handlungsraumes) einerseits und den Adjustierungsstrukturen (habituelle Präferenzen, Strategien und soziale Erwartungsstrukturen) andererseits.

---

[9] Organisation werden oftmals durch eine zu erfüllende Aufgabe gekennzeichnet. Wir wir bereits gesehen haben, ist dieses Konzept sehr vage, da beispielsweise unklar ist, ob damit der offizielle Zweck der Organisation gemeint ist oder der objektive, d.h. dem Beobachter erschließendem Zweck oder lediglich Zweck des Selbsterhalts. Auch ist unklar, ob es sich bei dem offiziellen Zweck einer Organisation nicht um eine Rationalitätsfiktion handelt, bei der dem Bestehenden Sinn und Zweck einfach angedichtet wird.

Wir halten daher fest, dass wir nicht vorausetzen, dass es so etwas wie einen absoluten Zweck der Organisation gibt oder dass die Organisation diesen erüllen müsste.

Meta-Planer dienen der Adaption und Reorganisation der Planer, indem sie die Planungsressourcen modifizieren oder ergänzen, beispielsweise indem Strategien angepasst, Handlungsroutinen erlernt, Agenten gegen andere ausgetauscht oder Koordinierungsregeln generiert werden. Es handelt sich um die beiden Transitionen:

- Interdependenzen bewältigen
- Inkorporieren

Zusammengefasst ergibt sich ein SONAR-Agent wie folgt:

Definition 7.8 *Ein* SONAR-*Agent besteht aus folgenden Komponenten:*

1. *Fähigkeiten* ρ

2. *Gruppenpräferenzen* γ

3. *Verhaltensregelmäßigkeiten* Δ

4. *Planungsstrategie* δ

5. *Soziale Erwartungsstrukuren* π

6. *Inkorporierungsprozedur* β_1

7. *Interdependenzbewältigungsprozedur* β_2

Die Aufgaben der Ebenen der Schichtenarchitektur teilen sich anhand ihrer Kernelemente nach Verhaltensregelmäßigkeiten, Planung, und soziale Strukturen auf. In Anlehnung an die Nomenclatur der VKI sprechen wir auch von der reaktiven, der deliberativen und der sozialen Schicht. Betrachten wir diese im Detail.

Verhaltensregelmäßigkeiten

Auf der untersten Ebene werden die Verhaltensregelmäßigkeiten des Agenten verwaltet und der mittleren Schicht zur Verfügung gestellt. Die Verhaltensregelmäßigkeiten (VR) setzen sich aus atomaren Handlungen zusammen, können daher einen sehr komplexen internen Aufbau besitzen.

Die Besonderheit dieser Ebene ist, das bei der Handlungsauswahl keine Refelexion über die Handlungsmöglichkeiten erfolgt. Dem Agenten erscheinen die Verhaltensregelmäßigkeiten daher als Atome, die keine innere Struktur besitzen

Die eingehende Nachricht wird von den **habituellen Präferenzen** gerahmt. Rahmen bedeutet, dass die „nackte" Nachricht in einen subjektiven Kontext des Agenten gestellt wird, wodurch die Nachricht ihren Charakter erhält. Durch die Rahmung werden auch Aspekte, die mit der Nachricht verbunden sind, ausgeblendet oder

7.5 Modellierung sozionischer Agenten

hervorgehoben. Naturgegebenermaßen steht der subjektive Bezug des Empfängers in keinem direkten Bezug zu dem des Senders.

Die habituellen Präferenzen geben an, welche Verhaltensregelmäßigkeiten der Planungsebene als Handlungsmöglichkeiten zur Verfügung gestellt werden. Dies geschieht durch die Transition Handlungsmöglichkeiten selektieren.[10] Hierbei sind die Handlungsmöglichkeiten nicht funktional festgelegt, sondern sind mitunter vielfältig, d.h. zur einer Situationen sind mehrere Verhaltensregelmäßigkeiten passend, so dass mehrere Handlungsmöglichkeiten zur Verfügung stehen.

Es ist jedoch möglich, dass sich die habituellen Präferenzen im Laufe der Aktivität ändern. Dies geschieht durch das Inkorporieren, bei dem – ausgelöst durch die darüberliegende Schicht – habituellen Präferenzen verändert werden können. Eine Veränderung der habituellen Präferenzen impliziert eine Veränderung der Verhaltensregelmäßigkeiten. Eine Veränderung ist an dieser Stelle möglich, da sich die Verhaltensregelmäßigkeiten aus atomaren Aktionen zusammensetzen. Der Prozess des Inkorporierens muss also ein reflexives Bewusstsein über die Verhaltensregelmäßigkeiten erzeugen, um sich den inneren Aufbau der Verhaltensregelmäßigkeiten zu vergegenwärtigen und sie dann anpassen zu können. Da dies aufwendig ist, handelt es sich beim Inkorporieren um eine zeitintensive Aktivität.[11]

Planung

Die zweite Ebene ist für die individuelle Planung zuständig. Der Agent ist zielverfolgend. Auch der Planungsprozess erhält die Nachricht, um sie zu rahmen. Die Nachricht wird dabei durch die Planungsstrategien in den Kontext der aktuellen Planung gesetzt, indem beispielsweise überprüft wird, ob die aktuelle Situation noch mit früheren Annahmen übereinstimmt.

Planungsstrategien sind Heuristiken, die die Exploration des Suchraumes steuern. Dabei kann es sich beispielsweise Makropläne handeln, die den Planungsprozess flankieren, indem sie „Etappenziele" festlegen. Der Suchraum wird also anhand des Wissens, der Ziele und der Strategien exploriert. Die Exploration hat dabei nicht zum Ergebnis, einen eindeutigen Ablaufplan zu generieren. Vielmehr wird durch die Exploration des Planungsraumes ein Handlungskorridor generiert, der es der darüberliegenden Schicht ermöglicht, solche Optionen zu realisieren, die zum sozialen Kontext passen.[12]

Die Schwierigkeit bei der Planung im MAS-Kontext besteht darin, dass im allgemeinen die Handlungen des einzelnen mit denen der anderen interferieren. Da die anderen Akteure nicht direkt gesteuert werden können, ergibt sich hierdurch eine hohe Erwartungsunsicherheit. Hiermit verbunden ist ein größerer Planungsaufwand, um dass Risiko eigener Aktionen abschätzen zu können.

---

[10] Dies entspricht dem praktisches Anerkennen der Normen nach Elias, der Verwendung des Kapitals nach Bourdieu und auch den Verhaltensregelmäßigkeiten nach Popitz.
[11] Siehe dazu die Ausführungen Bourdieus zum Kapital und die Elias' zur Internalisierung.
[12] Handlungskorridor entsprechen somit grob den „partial global plans" des PGP-Protokolls.

Wie bereis erwähnt, können Strategien, die sich besonders bewähren und die ständig routinehaft wiederholt werden, durch Inkorporationsprozesse zu Verhaltensregelmäßigkeiten werden. Dies hat zur Folge, dass der Planungsebene nur solche Handlungsmöglichkeiten angeboten werden, die auf die Planungsstrategien hin abgestimmt sind.[13] Dies heißt insbesondere, dass Handlungsmöglichkeiten, die nicht zu den Strategien passen, im Laufe der Zeit ausgeblendet werden können, dem Agenten also gar nicht mehr als Möglichkeit bewusst werden.

Die Strategien können von der oberen Ebene beeinflusst werden. Die Transition **Interdependenzen bewältigen** reagiert beispielsweise auf Rollenkonflikte auf der sozialen Ebene, indem die **Strategien** angepasst werden. Dies ist analog zum Prozess des **Inkorporierens** sehr aufwendig, da erst ein reflexives Bewusstsein über die Strategien erstellt werden muss.

Soziale Interaktion

Die dritte Ebene rahmt die Nachricht im Kontext der **sozialen Erwartungsstrukturen**, worunter insbesondere Rollen, Institutionen oder Normen fallen. Technischer gesprochen handelt es sich um Formen der Koordinierung, die gemeinsame Übereinstimmung und wechselseitige Festlegung erfordern. Der von der drunterliegenden Planungsschicht aufgezeigte **Handlungskorridor** wird beim **interagieren** mit den Erwartungsstrukturen gekoppelt.

Kennzeichnend für diese Formen der sozialen Koordinierung ist, dass sie sich auf zukünftige Handlungen der anderen Agenten beziehen. Wie bereits erwähnt ist der Planungsaufwand umso größer, je unsicherer die Umgebung des Agenten ist. Es liegt daher im Interesse des Agenten, die durch Absprachen die Umgebung erwartbarer zu machen, um so die Planungskomplexität zu reduzieren. Erst durch den Aufbau **sozialer Erwartungsstrukturen** ist für einen beschränkt-rationalen Akteur eine langfristige Planung möglich.

Die Aufgabe dieser Schicht besteht darin, die Dynamik der sozialen Umwelt relativ zum Handlungskorridor zu stabilisieren und damit prognostizierbar zu machen. Der Agent antizipiert die Interaktionen mit den anderen sozialen Akteuren, indem er seine Handlungen den anderen anpasst und gleichzeitig versucht, diese auf seine Aktivitäten festzulegen. Der von der Planung generierte Handlungskorridor sollte daher idealerweise so beschaffen sein, dass er Raum für Koordinierungs- und Verhandlungsaktivitäten, die nicht direkt der Zielverfolgung selbst zuzurechnen sind, lässt, aber dennoch für den reibungsfreien Ablauf in einer Umwelt mit sozialen Anhängigkeiten sorgt.

Da die **sozialen Erwartungsstrukturen** durch **Interdependenzbewätigung** Einfluß auf die Generierung des Handlungskorridor der untergeordneten Ebene nimmt, ist es für sozial integrierte, d.h. angepasste Agenten zu erwarten, dass von vorherin nur solche **Handlungspläne** generiert werden, die an das soziale Feld angepasst sind.

---

[13]Der Habitus passt zum Feld.

7.5.2 Sozialtheoretische Implikation

Die mehrschichtige Architektur des SONAR-Agenten besitzt den konzeptionellen Vorteil, dass sie erklärt, warum und wie soziale Akteure ihr soziales Umfeld stabilisieren: Akteure handeln mit den Verhaltensregelmäßigkeiten und den Strategien, die durch das soziale Feld erst erzeugt wurden. Indem sie so handeln, bekräftigen sie zudem noch diese Strukturen, tragen also zu ihrem Erhalt bei. Dies erklärt, warum soziale Strukturen kontingente Konstrukte sind, denn ihre Art und Weise ist nur relativ zu den an sie angepassten Strategien und Verhaltensregelmäßigkeiten so und nicht anders notwendig. Die Architektur setzt somit eine aus den ASKO-Studien bekannte Gedankenfigur um, nämlich dass die Akteure danach trachten, die Umgebung so zu gestalten, dass sie besonders gut an sie angepasst sind, d.h. die sie hervorbringenden Elemente werden reproduziert.

Durch die Rückkoppplung begünstigen die Sozialstrukturen solche angepassten Strategien – und damit indirekt auch solche Verhaltensregelmäßigkeiten, die an sie angepasst sind. Wie bereits ausgeführt sind gerade die Anpassungsprozesse des Inkorporierens und der Interdependenzbewältigung jene, die besonders aufwendig sind. Diese Aufwand stellt den Investitionswert in die bestehende Ordnung dar. Es ist natürlich, dass das Handeln der Akteure danach trachtet, diesen Investitionswert zu erhalten. Dies ist kein bewusst angestrebtes Ziel, sondern vielmehr eine beiläufige Konsequenz für die Agenten, die in den Sozialstrukturen (aber nicht unbedingt mit ihnen) handeln.

Wir erkennen aber, dass jede beliebige Struktur – unabhängig von Effizienzgesichtspunkten – den an sie angepassten Akteuren Vorteile bietet, da sie die Welt ordnet und die Akteure der gegenseitigen Verbundenheit versichert. Es ist nicht notwendig, dass die Struktur objektiv rationalen Optimierungskritererien entspricht. Die Strukturen sind optimal für das Symbolsystem eines sozialen Feldes, jedoch ist das Symbolsystem – anders als ein Ökosystem – nicht an objektive Umweltbedingung angepasst, sondern seinerseits auch sozial konstruiert.

Das Design des Handlungsfindungsprozess im Rahmen einer mehrstufigen, wechseitig gekoppelten Architektur bietet den an die Struktur angepassten Akteuren Vorteile bei der Koordinierung. Explizit dargestellte Normen sozio-rationaler Planung stoßen schon bei kleinen Gruppen an ihre Grenzen. So ist es zwar für kleine Arbeitsgruppen – beispielsweise Projektteams – möglich, ein gemeinsames Normensystem kooperativ auszuhandeln und zu etablieren; auf der Ebene von Großgruppen – beispielsweise von Gesellschaften – sind diese Mechanismen jedoch nicht praktikabel, so dass hier die indirekte Kommunikation über Symbole stattfindet, deren Wirksamkeit sich erst durch die allgemeine Anerkennung ergibt. Hier zeigt sich deutlich, dass die Sozionik und hier speziell die Gesellschaftstheorie einen Beitrag leistet, der über die bestehenden Konzepte hinaus geht.

Der Planungsprozess des SONAR-Agenten zeichnet sich dadurch aus, dass die unterste Schicht den Planungskorridor durch Wahl der Handlungsmöglichkeiten und die oberste durch die Sozialstrukturen eingrenzt. Ein an das soziale Umfeld angepasster Agent besitzt genau solche Handlungsmöglichkeiten und Strategien, die für seine Ziele praktisch sind und blendet alle anderen bereits frühzeitig aus, denn die Sozialstrukturen begünstigen solche Strategien, die an sie angepasst sind. Der Trennung des Planungsprozess in drei Ebenen erlaubt es somit einem an das soziale Umfeld angepassten Agenten, Pläne ressourcensparend zu generieren. Ein Planungsprozess, der diese Trennung nicht aufweist, müsste ausgehend von allen atomaren Handlungen Pläne generieren und gleichzeitig dafür sorgen, dass diese sozial integrierbar sind.

Der Vorteil verkehrt sich natürlich in einen Nachteil, sobald sich die sozialen Rahmenbedingungen (z.B. die Erwartungsstrukturen) schlagartig ändern, beispielsweise weil der Agent seinen sozialen Kontext ändert, indem er von einer Plattform zur nächsten migriert. Ein rational planender Agent weiß, dass er zunächst ein Defizit an Wissen über seine Handlungspartner besitzt, was er durch Beobachtung ausgleichen muss. Ein internalisierender Agent nach dem hier vorgestellten Architekturmodell muss sich jedoch erstmal von den gewissermaßen „liebgewonnen" Handlungsstrukturen trennen. Da er jedoch viel in diese Strukturen investiert hat und diese sich auch unter alten Umständen bewährt haben, werden die Handlungen auch im neuen Umfeld im Kern noch auf den alten Handlungsregeln operieren. Diese führt in dem neuen Umfeld aber meist zu suboptimalen Handlungen, im Extremfall ist sogar jedwede Zielverfolgung unmöglich. Daher müssen im Laufe der Zeit Reflektions- und neue Internalisierungsprozesse stattfinden, um besser an die Strukturen angepasst zu sein. Unter Umständen ist es jedoch sogar sinnvoller, mit einer suboptimalen Lösung zu arbeiten als zu internalisieren, da die Kosten der Internalisierung die Verluste einer suboptimalen Lösung überwiegen können.

7.5.3 Sonar-Agenten und die Mikro/Makro-Dualität

Betrachten wir noch einmal den dualen Aufbau der Agentenklassen bzw. die Symmetrie von Mikro- und Makroelemente, die sich auch in dem Verhältnis der SONAR-Agenten widerspiegelt: Die internen Abläufe jener Agenten, die individualistische Mikroelemente repräsentieren, sind spiegelsymmetrisch zu jenen Agenten, die überindividuelle Makroelemente repräsentieren.

Vergleiche dazu Abbildung 7.16: Einzelne Mikro-Agenten internalisieren Routinen, sie planen im sozialen Kontext, mit dem sie interferieren, und sie interagieren sozial innerhalb von Konstellationen, zumeist um soziale Interdependenzen aufzulösen. Auf der überindividuellen Ebene kommt es im sozialen Feld durch Koordinierung zur Bildung vorstrukturierter Konstellationen, die durch Festigung zur sozialen Institution werden können.

Man stellt fest, dass die überindividuellen Tätigkeiten (Koordinieren und Institutionalisieren) die spiegelbildlichen Aktivitäten der individuellen (internalisieren und Planen) sind. In der Terminologie Norbert Elias' korrespondiert das Internalisieren in symmetrischer Weise mit dem Offizialisieren bzw. der Institutionalisie-

7.5 Modellierung sozionischer Agenten

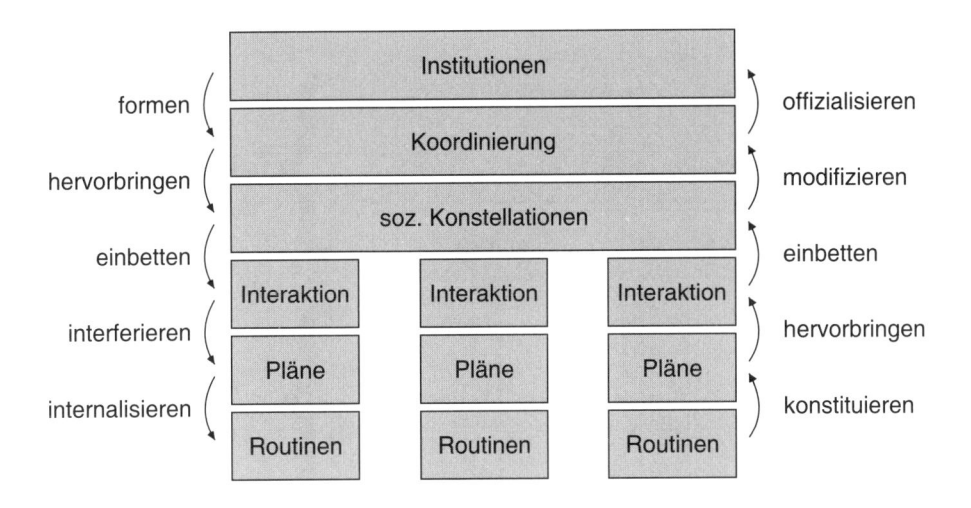

Abbildung 7.16: Institutionalisierung von Koordination

rung. Analog findet sich dies bei Pierre Bourdieu als Symmetrie von Habitus und Kapitalkursen im Feld. Bei Heinrich Popitz korrespondieren der soziale Investitionswert der Akteure mit den normativen Erwartungstrukturen. Die Begriffspaare werden in sozialen Prozessen integriert: Bei Elias ist es die von Ängsten und Schamgefühlen angetriebene Normreproduktion, bei Bourdieu ist es der Symbolkampf im Feld, bei dem die Akteure danach trachten ihr symbolisches Kapital zu vergrößern und bei Popitz ist es der Wunsch der Akteure, die Außenwelt zu ordnen und damit prognostizierbar und beherrschbar zu gestalten, der zur Ausbildung und Reproduktion von Verhaltensregelmäßigkeiten führt.

Berücksichtigt man diese Symmetrie der Abbildung 7.16, so stellt man fest, dass die überindividuellen Tätigkeiten des Feldes eine Entität darstellen, die gewissermaßen einen „auf dem Kopf stehenden" Akteur entsprechen (vgl. dazu die Abbildung 7.17). Dies illustriert unmittelbar die Symmetrie und auch die Rekursivität des hier verfolgten Ansatzes, die sich in der SONAR-Architektur als elementares Designkonzept wiederfinden wird.

Zusammenfassung

In diesem Kapitel haben wir ein Rahmenmodell reflexiv selbstorganisierender Systeme entwickelt. Hierbei war die Theoriesymmetrie die wir in all unseren Modellen vorgefunden haben der Ausgangspunkt. Die Theoriesymmetrie äußert sich als Prädisposition von Mikro- und Makroelementen. Diese Selbstähnlichkeit innerhalb des Modells bildet die Grundlage der sozialen Reproduktion.

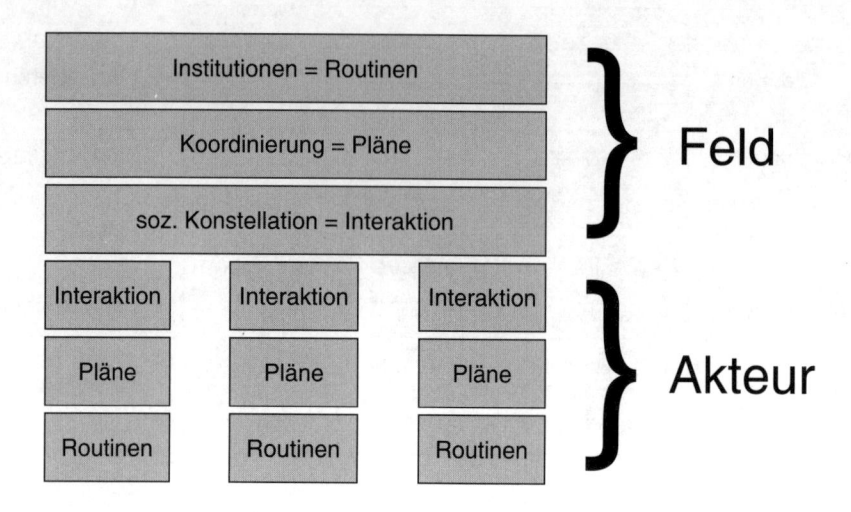

Abbildung 7.17: Strukturähnlichkeit

Wir haben die Struktur, die in selbstähnlicher Form auftaucht, in diesem Abschnitt als Handlungsregelwerk bezeichnet. Soziale Systeme sind Interaktionsformen von Handlungsregelwerken, die wir als Entitätensysteme bezeichnen. Handlungsregelwerke sind das formale Pendant zur TSSO, denn auch hier betrachten wir praktisches Anerkennen, Vermögensstrukturen und reflexive Symbolik. Die Bezüge zu den Modellen der TSSO ließen sich ohne Mühe direkt auf Modellebene rekonstruieren.

Auf Basis der Entitätensysteme haben wir dann das Modell des SONAR-Agenten mitsamt seiner spezifischen Aspekte – der Verhaltensregelmäßigkeiten, der Planung und der sozialen Interaktion – entwickelt.

An dieser Stelle wird besonders deutlich, dass es nicht der Akteur und auch nicht die Struktur ist, die primär im Vordergrund stehen. Es ist vielmehr der Charakter des Prozesse, der in beiden Elementen vorkommt, zu betonen. Diese Prozesse interagieren reflexiv miteinander und reproduzieren sich und erzeugen auch neue Interaktionsformen (vgl. dazu die Konstitutionsdynamik aus Kapitel 6).

Die Mikro/Makro-Dualität zeigt sich in diesem Modell anhand der Tatsache, dass die Agenten nicht primär als Handelnde, sondern als Träger von Verhaltensregelmäßigkeiten gesehen werden. Dies hat eine generalisierte Architektur zur Folge, bei der man sogar eine Autopoiese von Koordination konzeptionalisert. Die Agenten sind Träger dieser Interaktionsformen, wobei je nach Beobachter ein Agent als Akteur, als Organisationsstruktur usw. erscheint.

Literaturverzeichnis

[Castelfranchi u. a. 1999]   CASTELFRANCHI, C. ; DIGNUM, F. ; JONKER, C. ; TREUR, J.: Deliberate Normative Agents: Principles and Architecture. In: *Proceedings of the Sixth International Workshop on Agent Theories, Architectures, and Languages (ATAL 99)*, 1999

[Langer 2005]   LANGER, Roman: *Anerkennung und Vermögen: Eine sozialtheoretische Analyse der Selbstorganisation in und von Bildungsinstitutionen*. Münster : Monsenstein & Vannerdat, 2005

[Langer 2006]   LANGER, Roman: *Hinter den Spiegeln universitärer Governance. Dynamiken informeller Selbstregulierung in der Universität*. Münster : Lit-Verlag, 2006 (Wirtschaft – Arbeit – Technik). – Unter Mitarbeit von Daniela Spresny.

[v. Lüde, Moldt und Valk 2003]   LÜDE, R. v. ; MOLDT, D. ; VALK, R.: *Sozionik: Modellierung soziologischer Theorie*. Münster : Lit-Verlag, 2003 (Wirtschaft – Arbeit – Technik). – URL http://www.lit-verlag.de/isbn/3-8258-5980-0. – Unter der Mitarbeit von M. Köhler, R. Langer, H. Rölke und D. Spresny

[Wooldridge 2000]   WOOLDRIDGE, Michael: *Reasoning about Rational Agents*. Cambridge, Massachussetts/London : MIT Press, 2000 (Intelligent robotics and autonomous agents)

Teil III

SONAR: Eine sozialtheoretisch fundierte Multiagentensystem-architektur

> *"Unsere Idee ist, dass wir Informatiker nur wenige [..] Elemente nutzen – in der Hoffnung, dass wir verstanden werden. [..] Petrinetze: Das ist einer der wenigen Ansätze, die sich seit den sechziger Jahren gehalten haben – weil das ein ganz simples Modell ist, mit dem sich nahezu alles beschreiben lässt."*
>
> Prof. Heinrich Mayr,
> Computer Zeitung,
> Nummer 6, Februar 2007.

Überblick

In diesem Abschnitt werden die Erkenntnisse der Theorieanalyse und -modellierung aus dem zweiten Teil dieser Arbeit sowie die Theorieintegration aus dem dritten Teil auf die Konzeption von Multiagentensystemen bezogen. Es ergibt sich ein Organisationsmodell, dessen Grundkonzepte – Interaktionsprozesse, Teams und Organisationsstruktur – wie in Abbildung 7.18 ineinandergreifen.

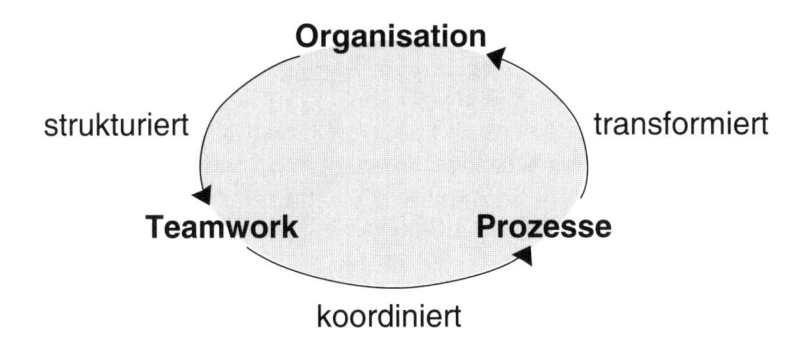

Abbildung 7.18: Abhängigkeiten der SONAR-Konzepte

In Kapitel 8 formalisieren wir die Interaktion verteilter Systeme durch den Formalismus der Dienstnetze. Dienstnetze sind gefärbte Petrinetze, die mit einer Konzeptbeschreibung und einer Rollenstruktur versehen sind. Die Rollenstruktur erlaubt es, spezifische Anteile von Dienstnetzen zu betrachten: die Rollenkomponenten. Dies sind Netzkomponenten, die die Eigenschaft besitzen, dass sie in hohem Maße miteinander kompatibel sind.

In Kapitel 9 wird ein petrinetzbasiertes Modell eines *Teams* entwickelt, das für sozial interagierende Akteure einen sozialen Kontext darstellt. Wir definieren das

Modell der Delegationsnetze, das sowohl einen statischen als auch einen dynamischen Wohlgeformtheitsbegriff beinhaltet. Teams besitzen die Eigenschaft, dass sie die Koordination der Teamagenten innerhalb eines gemeinsamen Teamdienstes realisieren. Dieses Teammodell bildet die Grundlage für die im Team agierenden SONAR-Agenten. Wir gelangen zu einer klaren Beschreibung, wie SONAR-Agenten ein Team formieren und wie sie im Team einen Teamplan generieren.

In Kapitel 10 entwickeln wir ein formales Modell der Multiagentensysteme, dass sowohl der Mikroperpektive als auch der Makroperspektive gerecht wird. Hier wird ein spezielles Modell sozialer Strukturen untersucht, in die Akteure eingebettet werden: *Organisationen*. Organisationen werden formal als Netzwerk von Positionen modelliert. Das formale Modell wird hier besonders in Hinblick auf Wohlgeformtheitskriterien studiert. Dieser Abschnitt schließt an den vorangegangenen insofern an, als dass wir von der Organisation Teamstrukturen ableiten – Organisationsteams genannt – die stets besonders wohlgeformt sind. Zudem leiten wir von der Organisation eine agentenbasierte Ausführungsumgebung – den Positionsagenten – auf Basis des SONAR-Agenten aus.

Als nächsten Schritt betrachten wir in Kapitel 11 *Transformationen* von Organisationen, d.h. Operationen, die Organisationsinstanzen auf solche abbilden. Diese Transformationen bilden die formale Grundlage zur Beschreibung der Elementaroperationen eines Organisationsprozesses. Wird der Organisationsprozess von den Organisationsmitgliedern selbst erzeugt, so sprechen wir von *Selbstorganisation*. In diesem Abschnitt werden die Strukturen untersucht, die die Anwendung der Transformationsoperationen regeln. Wir betrachten also das den Selbstorganisationsprozessen zugrundeliegende Regelwerk.

Kapitel 12 zeigt eine verfeinerte Sicht auf die Organisation. Haben wir bislang nur die formale Organisation behandelt, so betrachten wir nun die informelle Organisation, indem wir auch noch die Akteure, d.h. die *Organisationsmitglieder* selbst, hinzunehmen. In diesem Abschnitt behandeln wir die Teamformation die Teamplanung und die Teamkontrolle als Teamwork-Prozesse, die auf der Interaktion von Positions- und Mitgliederagenten basiert.

8 Interaktion verteilter Systeme

MICHAEL KÖHLER-BUSSMEIER

Im folgenden wollen wir verteilte Rollen-Interaktionen beschreiben, d.h. Abläufe, bei denen die Handlungen von Akteuren ausgeführt werden, die eine Rolle wahrnehmen. Solche Interaktionen lassen sich durch Interaktionsdiagramme beschreiben, bei denen jeder Rolle eine Lebenslinie zugeordnet ist.

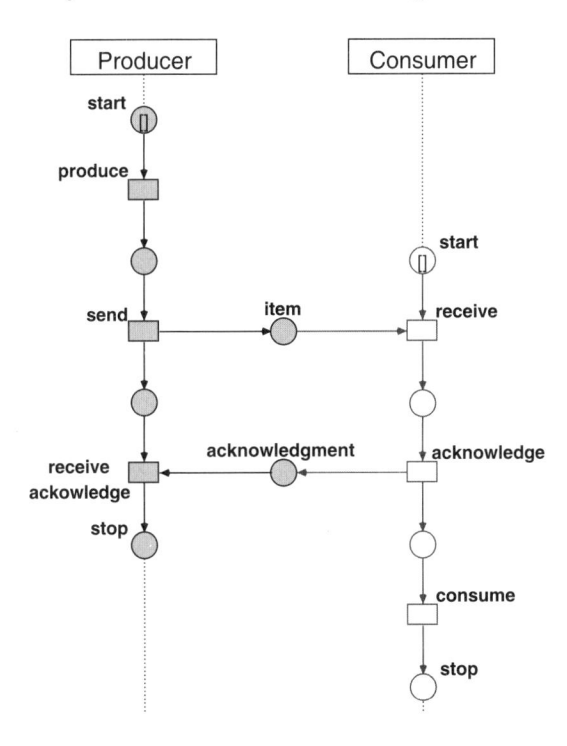

Abbildung 8.1: PC_1: Das Dienstnetz: Producer/Consumer

Um das Verhalten solcher Diagramme formal beschreiben zu können, entwickeln wir in diesem Kapitel den Formalismus der *Dienstnetze*.[1] In der Literatur existieren zahlreiche petrinetzbasierte Ansätze, die sich mit der Interaktionsperspektive

---
[1] Dieser Abschnitt erweitert die Vorarbeiten in (Köhler und Ortmann, 2005; Köhler u. a., 2006).

in Multiagentensystemen auseinandersetzen (siehe dazu Holvoet, 1995; Chainbi u. a., 1996; Moldt und Wienberg, 1997; Billington u. a., 1998; Gois u. a., 1998; Fiorino und Tessier, 1998; Cost u. a., 1999; Hameurlain u. a., 1999; Köhler u. a., 2001; Cabac u. a., 2003). Abbildung 8.1 zeigt das dem Interaktionsdiagramm für das *Producer/Consumer* Szenario zugrundeliegende Dienstnetz. Es sind die beiden Rollen *Producer* und *Consumer* beteiligt.

Jeder Rolle des Dienstnetzes wird eine Komponente zugeordnet. In dem Beispiel stellen die ausgefüllten Netzelemente die Producer-Komponente dar. Im praktischen Kontext besitzen Dienstnetze die Eigenschaften, dass jeder Rolle R eine Interaktionslinie zugeordnet sind, so dass die R-Komponente aus einer Lebenslinie (evtl. mit AND- oder OR-Verzweigungen) besteht, deren Randstellen gerade die Nachrichten sind. In (Cabac u. a., 2003) bilden solche R-Komponenten die Grundlage zur Generierung von Protokollen aus Dienstnetzen.

8.1 Modellierung von Interaktionen durch Dienstnetze

Im folgenden wollen wir Netze mit gefärbten Marken betrachten. Es existieren drei prominente Formalismen gefärbter Netze: die *Prädikaten/Transitionsnetze* nach Genrich und Lautenbach (1981), die *algebraischen Netze* nach Reisig (1991) und die *Coulored Petri Nets* nach Jensen (1992). (Für eine Einführung siehe Jensen und Rozenberg, 1991).Wir formalisieren Dienstnetze im folgenden als algebraische Netze, bei denen die Marken Elemente eines algebraischen Datentyps sinds. Wir nehmen dabei die Signatur nicht als direkt gegeben an, sondern generieren sie anhand einer Konzeptbeschreibung.

8.1.1 Ablaufnetze

Wir betrachten im folgenden ungewichtete Netze $N = (P, T, F)$, die keine isolierten Transitionen besitzen, d.h. $\forall t \in T : {}^\bullet t \neq \emptyset \wedge t^\bullet \neq \emptyset$. Solche Netze heißen T-*schlicht*.

Wir fordern, dass jeder Netzknoten auf einem Pfad zwischen den Randknoten des Netzes liegt.[2] Mit der Notation ${}^\circ N = \{n \in (P \cup T) \mid {}^\bullet n = \emptyset\}$ und $N^\circ = \{n \in (P \cup T) \mid n^\bullet = \emptyset\}$ für die Randknoten heißt dies:

$$\forall n \in (P \cup T) : \exists i \in {}^\circ N, o \in N^\circ : i F^* n F^* o \tag{8.1}$$

Man beachte, dass für T-schlichte Netze ${}^\circ N, N^\circ \subseteq P$ gelten muss.

---

[2]Würden wir nur fordern, dass alle Knoten zwischen ${}^\circ N$ und N°, sondern zwischen Teilmengen $P_i \subset {}^\circ N$ und $P_f \subset {}^\circ N$ liegen, dann kann eine Stelle $p \in {}^\circ N \setminus P_i$ nicht zwischen P_i und P_f liegen, da ${}^\bullet p = \emptyset$ gilt. Analog liegt keine Stelle $p \in N^\circ \setminus P_f$ zwischen P_i und P_f, da $p^\bullet = \emptyset$ gilt. Also müssen wir stets den kompletten Rand betrachten.

8.1 Modellierung von Interaktionen durch Dienstnetze 287

Definition 8.1 *Ein* Ablaufnetz *ist ein T-schlichtes Petrinetz $N = (P, T, F)$, bei dem jeder Knoten $n \in P \cup T$ auf einem Pfad zwischen einem $°N$ und $N°$ liegt.*

Die Markierung m_i, in der alle Stellen aus $°N$ einfach markiert sind, heißt kanonische Initialmarkierung, *die Markierung m_f, in der nur die Stellen aus $N°$ markiert sind, heißt* kanonische Finalmarkierung:

$$m_i(p) = \begin{cases} 1, & \text{falls } p \in °N \\ 0, & \text{sonst} \end{cases} \quad \text{und} \quad m_f(p) = \begin{cases} 1, & \text{falls } p \in N° \\ 0, & \text{sonst} \end{cases}$$

8.1.2 Konzept-Spezifikation

Algebraische Netze nutzen *abstrakte Datentypen* zur Spezifikation der Marken. Die Spezifikation eines abstrakten Datentyps besteht aus einer formalen Sprache, der Signatur, die durch eine Algebra interpretiert wird (vgl. dazu Ehrig und Mahr, 1985; Loeckx u. a., 1996). Wir betrachte im folgenden mehrsortige Signaturen.

Eine (heterogene) *Signatur* $\Sigma = (K, \Omega)$ besteht aus einer endlichen Menge an *Sorten* (engl. „kinds") K, einer endlichen indizierten Menge $\Omega = \{\Omega_{w,k}\}_{w \in K^*, k \in K}$ von *Operatoren*. In Anlehnung an die Notation für Funktionen werden Operatoren kurz als $\omega : k_1 \times \ldots \times k_n \to k$ für $\omega \in \Omega_{k_1 \ldots k_n, k}$ notiert. Operatoren $\omega \in \Omega_{\lambda, k}$ bezeichnen Konstanten der Sorte k.

Eine Erweiterung der mehrsortigen Signaturen stellt die *Membership Equational Logic* (MEL) (Meseguer, 1997; Bouhoula u. a., 2000) dar. Membership Equational Logic stellt eine konservative Erweiterung der *many-sorted algebra* sowie der *order-sorted algebra* dar. Zusätzlich zu den Sorten $k \in K$ werden Teilsorten $s \in S_k$ definiert, wobei mehrere Teilsorten einer Sorte zugeordnet werden. Werden keine Teilsorten definiert, so entspricht die Membership Equational Logic einer mehrsortigen Signatur. In jeder Algebra einer Membership Equational Logic sind die Träger der Teilsorten durch Teilmengen der Trägermenge der Hauptsorte definiert. Elemente der Teilsorten korrespondieren intuitiv zu den wohlgeformten Objekten der allgemeinen Hauptsorte. Eine Membership Equational Logic erlaubt es, Aussagen über das Enthaltensein eines Terms in einer Teilsorte zu treffen.

Definition 8.2 *Eine MEL-Signatur $\Sigma = (K, \Omega, S)$ besteht aus einer endlichen Menge an Sorten K, so dass (K, Ω) eine Signatur ist, und einer K-indizierten Menge $S = (S_k \mid k \in K)$ an paarweise disjunkten* Teilsorten, *wobei $S_k \cap K = \emptyset$ angenommen wird.*

Sei eine Signatur $\Sigma = (K, \Omega)$ und eine indizierte Variablenmenge $X = (X_k \mid k \in K)$ mit disjunkten Variablenmengen X_k gegeben.

Definition 8.3 *Die Menge der* Terme *$\mathbb{T}_\Sigma^k(X)$ der Sorte k über den Variablen X ist induktiv definiert:*

1. *Für alle Variablen $x_k \in X_k$ gilt $x_k \in \mathbb{T}_\Sigma^k(X)$.*

2. Für alle Konstanten $\omega : \lambda \to k$ gilt $\omega \in \mathbb{T}_\Sigma^k(X)$.

3. Sei $\omega : k_1 \cdots k_n \to k$ und $t_i \in \mathbb{T}_\Sigma^{k_i}(X)$ für alle $1 \leq i \leq n$, dann gilt $\omega(t_1, \ldots, t_n) \in \mathbb{T}_\Sigma^k(X)$.

Dann bezeichnet $\mathbb{T}_\Sigma(X) := \bigcup_{k \in K} \mathbb{T}_\Sigma^k(X)$ die Menge aller Terme mit den Variablen X. Die Menge $\mathbb{T}_\Sigma := \bigcup_{k \in K} \mathbb{T}_\Sigma^k$ mit $\mathbb{T}_\Sigma^k := \mathbb{T}_\Sigma^k(\emptyset)$ enthält alle Grundterme.

Sei $t \in \mathbb{T}_\Sigma^k(X)$ ein Term. Die Menge der verwendeten Variablen $\mathrm{VAR}(t)$ von t ergibt sich mit der induktiven Termstruktur und den Definitionen $\mathrm{VAR}(x) := \{x\}$ für $x \in X_k$ und $\mathrm{VAR}(\omega(t_1, \ldots, t_n)) := \bigcup_{i=1}^n \mathrm{VAR}(t_i)$.

Seien $t, w \in \mathbb{T}_\Sigma(X)$ Terme, dann wird durch $t[w/x]$ die Substitution im Term t von der Variable x durch den Term w bezeichnet. Die simultane Substitution wird mit $t[w_1, \ldots, w_n/x_1, \ldots, x_n]$ bezeichnet.

Die atomaren Formeln, die mit den Termen der Signatur gebildet werden, sind entweder Aussagen über das Enthaltensein eines Terms in einer Teilsorte (engl. „membership") oder die Gleichheit zweier Terme.

Definition 8.4 *Jede MEL-Formel ϕ ist von der Form:*

1. $t \in s$ *für* $s \in S_k$ *und* $t \in \mathbb{T}_\Sigma^k(X)$.

2. $t_1 = t_2$ *für* $t_1, t_2 \in \mathbb{T}_\Sigma^k(X)$.

3. $(\phi_1 \wedge \ldots \wedge \phi_n)$ *für Formeln* ϕ_i.

Ein MEL-Axiom *hat die Form (für eine MEL-Formel ϕ):*

1. $\forall X : \phi \Longrightarrow (t \in s)$.

2. $\forall X : \phi \Longrightarrow (t_1 = t_2)$.

Eine Datentyp-Spezifikation $\mathcal{S} = (\Sigma, X, E)$ *besteht aus einer Signatur* $\Sigma = (K, \Omega, S)$, *einer disjunkten Familie von Variablen* $X = (X_k \mid k \in K)$ *und einer Familie* $E = (E_k \mid k \in K)$ *von Axiomen.*

Die Menge aller MEL-Formeln wird mit $MEL_\mathcal{S}$ bezeichnet.

Auch wenn die Definition für die Axiome $\forall X : \phi \Longrightarrow \psi$ nur die Konjunktion für ϕ erlaubt, kann die Disjunktion $\forall X : (\phi_1 \vee \phi_2) \Longrightarrow \psi$ doch mit der logischen Äquivalenz $(A \vee B) \Longrightarrow C \equiv (A \Longrightarrow C) \wedge (B \Longrightarrow C)$ durch zwei Axiome formuliert werden.

Man beachte, dass nur Terme der Sorten $k \in K$, nicht aber der Teilsorten s definiert sind. Mit den Teilsortenformeln können wir aber eine praktische Kurznotation vereinbaren: Im folgenden verwenden wir die Notation $t \in \mathbb{T}_\Sigma^s(X)$ für eien Teilsorte $s \in S_k$, wenn $t \in \mathbb{T}_\Sigma^k(X)$ und $t \in s$ gilt.

8.1 Modellierung von Interaktionen durch Dienstnetze

Wenn eine Datentyp-Spezifikation keine Teilsorten definiert, so entspricht die Spezifikation in Membership Equational Logic einer mehrsortigen Signatur. Das klassische Beispiel einer solchen Sigantur ist die Sorte NAT der natürlichen Zahlen, die durch die Operatoren $0 \in \Omega_{\lambda,\text{NAT}}$ und $suc \in \Omega_{\text{NAT},\text{NAT}}$ beschrieben wird. Daraus leitet sich die Addition als Gleichungsspezifikation ab. In der MAUDE-Syntax (Maude, 1999) wird dies folgendermaßen notiert:

```
fmod NAT is
  sort Nat .
  op 0 : -> Nat .
  op suc : Nat -> Nat .
  op _+_: Nat Nat -> Nat .

  vars M N : Nat .
  eq 0 + N = N .
  eq suc(M) + N = suc(M + N) .
endfm
```

In diesem Beispiel können die Gleichungen als Ersetzungsregeln von links nach rechts angewendet werden. Da Termination und Konfluenz gilt, erzeugt diese Reduktion eine Normalform der Gestalt $suc^n(0)$.

Eine Algebra zu einer Signatur besteht aus einer indizierten Familie von Trägermengen zusammen mit einer Familie von Funktionen.

Definition 8.5 *Eine Σ-Algebra $A = (\llbracket K \rrbracket_A, \llbracket \Omega \rrbracket_A, \llbracket S \rrbracket_A)$ zu der Signatur $\Sigma = (K, \Omega, S)$ besteht aus*

- *einer indizierten Familie disjunkter Trägermengen $\llbracket K \rrbracket_A = (\llbracket k \rrbracket_A \mid k \in K)$,*

- *einer indizierten Familie von Funktionen*

$$\llbracket \Omega \rrbracket_A = \left(\llbracket \omega \rrbracket_A : \llbracket k_1 \rrbracket_A \times \cdots \times \llbracket k_n \rrbracket_A \to \llbracket k \rrbracket_A \mid \omega \in \Omega_{k_1 \cdots k_n, k} \right)$$

- *einer indizierten Familie disjunkter Submengen $\llbracket S \rrbracket_A = (\llbracket S_k \rrbracket_A \mid k \in K)$, so dass für alle $\llbracket s \rrbracket_A \in \llbracket S_k \rrbracket_A$ auch $\llbracket s \rrbracket_A \subseteq \llbracket k \rrbracket_A$ gilt.*

Sei eine Spezifikation $\mathcal{S} = (\Sigma, X, E)$ gegeben. Eine *Variablenbelegung* $\alpha : X \to \llbracket K \rrbracket_A$ ist eine Familie $(\alpha_k \mid k \in K)$ von Abbildungen $\alpha_k : X_k \to \llbracket k \rrbracket_A$. Jede Variablenbelegung α induziert die Auswertungsabbildung $\overline{\alpha} : \mathbb{T}_\Sigma(X) \to \llbracket K \rrbracket_A$ auf Termen. Die *Auswertung* $\overline{\alpha}(t)$ eines Terms $t \in \mathbb{T}_\Sigma^k(X)$ in der Algebra A ist induktiv definiert:

1. $\overline{\alpha}(x_k) = \alpha(x_k)$ für $x_k \in X_k$.
2. $\overline{\alpha}(\sigma(t_1, \ldots, t_n)) = \llbracket \sigma \rrbracket_A(\overline{\alpha}(t_1), \ldots, \overline{\alpha}(t_n))$ für $\sigma(t_1, \ldots, t_n) \in \mathbb{T}_\Sigma^k(X)$.

Definition 8.6 *Die Gültigkeit einer MEL-Formel ϕ unter einer Belegung α ist definiert durch:*

1. $A, \alpha \models (t \in s)$, *gdw.* $\alpha(t) \in [\![s]\!]_A$.

2. $A, \alpha \models (t_1 = t_2)$, *gdw.* $\alpha(t_1) = \alpha(t_2)$.

3. $A, \alpha \models (\phi_1 \wedge \ldots \wedge \phi_n)$, *gdw.* $A, \alpha \models \phi_i$ *für alle* $1 \leq i \leq n$.

Ein Axiom $\forall X : \phi \implies \phi'$ ist in der Algebra A gültig (notiert als $A \models \forall X : \phi \implies \phi'$), gdw. ϕ' in allen Belegungen α gültig ist, für die auch ϕ gültig ist.

Eine Σ-Algebra A, für die alle Axiome der Spezifikation $\mathcal{S} = (\Sigma, X, E)$ gültig sind, heißt $\mathcal{S}$-Theorie.

Eine Signatur Σ generiert die Kategorie Σ-*Alg*, die als Objekte Σ-Algebren und als Morphismen Σ-Algebra-Morphismen besitzt. Die allgemeinste Algebra ist in die *Termalgebra* $T(\Sigma)$, die jeden Operator ω in Σ durch sich selbst interpretiert, d.h. für alle $t_i \in \mathbb{T}_\Sigma^{k_i}$, $1 \leq i \leq n$ gilt:

$$[\![\omega]\!]_{T(\Sigma)}(t_1, \ldots, t_n) = \omega(t_1, \ldots, t_n)$$

Die Termalgebra ist das initiale Objekt der Kategorie Σ-*Alg*, d.h zu jeder Σ-Algebra A existiert ein eindeutig bestimmter Homomorphismus $h_A : T(\Sigma) \to A$. Die Termalgebra ist zudem noch minimal und enthält keine trivialen Gleichungen.

Analog generiert jede Spezifikation $\mathcal{S} = (\Sigma, X, E)$ die Kategorie $\mathcal{S}$-*Alg* aller $\mathcal{S}$-Algebren. Die Kategorie aller $\mathcal{S}$-Algebren besitzt ebenfalls ein initiales Objekt, nämlich die Kongruenzalgebra. Die *Kongruenzalgebra* $\mathbb{T}_{\Sigma,E} := \mathbb{T}_\Sigma / \equiv_E$ der Termalgebra $\mathbb{T}_\Sigma$ ist das initiale Objekt der Kategorie $\mathcal{S}$-*Alg*. Die Mengen $\mathbb{T}_{\Sigma,E}$ und $\mathbb{T}_{\Sigma,E}(X)$ bezeichnen die Algebra der Kongruenzklassen-Terme bezüglich der Gleichungsmenge E.

8.1.3 Konzeptbeschreibung

Teilsorten werden eingesetzt, um wertabhängigige Typisierungen aussprechen zu können. Betrachten wir dazu das Beispiel eines Graphen (V, E) mit Knotenmenge V und Kantenmenge E.

Eine Kantenwort ist ein Element $w \in E^*$, also ein Element des freien Monoids $(E^*, \cdot, \epsilon)$. Nun ist aber nicht jedes Kantenwort auch ein Pfad im Graph. Ein Pfad w des Graphen zeichnet sich dadurch aus, dass für jede Zerlegung $w = w_1 \cdot w_2$ gilt, dass der Endknoten von w_1 mit dem Anfangsknoten von w_2 identisch ist. Dies ist aber eine Bedingung, die wir nicht mehr auf der Ebene der Sorte der Worte direkt festmachen können, da die Eigenschaft, ob $w_1 \cdot w_2$ ein Pfad ist, nicht nur von $\cdot$, sondern auch an den Attributen von w_1 und w_2 abhängt. Diese wertabhängige Typisierung der Teilsorte **Path** lässt sich leicht in Membership Equational Logic

8.1 Modellierung von Interaktionen durch Dienstnetze

formulieren. Sei e eine Kantenvariable und p eine Pfadvariable, dann fomulieren wir das Axiom:

$$\forall e, p : \text{target}(e) = \text{source}(p) \implies (e \cdot p) \in \mathsf{Path}$$

Die Sorte `Seq` beschreibt alle potentiellen Pfade, die syntaktisch durch den Operator ; bildbar sind. Ein echter Pfad des Graphen wird durch die Sorte `Path` beschrieben. Jede Kante ist ein echter Pfad, was durch die Notation `subsorts Edge < Path` ausgedrückt wird. Das obige Axiom lautet in MAUDE-Syntax:

```
cmb (E ; P) : Path if target(E) == source(P) .
```

Hierbei steht *cmb* für *conditonal membership*. Die gesamte Spezifikation ergibt sich wie folgt:

```
sorts Edge Node Path Seq .
subsorts Edge < Path < Seq .

ops source target : Edge -> Node .
op _;_ Seq Seq -> Seq [assoc] .
ops source target : Path -> Node .
op length : Path -> Nat .

var E : Edge . var P : Path .

cmb (E ; P) : Path if target(E) == source (P) .

eq source(E ; P) = source(E) .
eq target(E ; P) = target(P) .

eq length(E) = suc(0) .
eq length(E ; P) = suc(0) + length(P) .
```

In diesem Beispiel werden Subsorten verwendet, um – beispielsweise für den Operator `length` – Pfade nicht erst auf der Termebene, sondern schon auf Ebene des Typsystems auszuzeichnen. Beispielsweise erwartet der Operator `length` ein Argument vom Typ `Path`. In der Gleichung `eq length(E ; P) = suc(0) + length(P)` ist `(E ; P)` zunächst vom Typ `Seq`. Es ist also notwendig, zunächst `(E ; P) : Path` herzuleiten, bevor die Gleichung angwendet werden kann.

Die Membership Equational Logic ist reich genug, um bereits Typkonstruktionen wie Schnitt oder Vereinigung darzustellen. Wir vergleichen im folgenden das Verhältnis der memberships zu der Subsumptionsbeziehung der Beschreibungslogik.

8.1.4 Beschreibungslogik

Beschreibungslogik bildet Formeln über elementaren Konzepten und Relationen zwischen ihnen (die als *Rollen* bezeichnet werden – nicht zu Verwechseln mit den

Rollen der nachfolgenden Dienstnetze), die durch Operationen verknüpft werden können. Die Subsumption $\sqsubseteq$ ist das alleinige Prädikat der Logik.

Betrachten wir ein Beispiel: Seien Woman und Man atomare Konzepte und hasChild die Eltern/Kind-Relation. Eine mögliche darauf aufbauende Terminologie (die T-Box) beschreibt abgeleitete Konzepte und Relationen:

$$\begin{align}
\text{Person} &\equiv \text{Woman} \sqcup \text{Man} \\
\text{Mother} &\equiv \text{Woman} \sqcap \exists \text{hasChild.Person} \\
\text{Father} &\equiv \text{Man} \sqcap \exists \text{hasChild.Person} \\
\text{Parent} &\equiv \text{Mother} \sqcup \text{Father} \\
\text{Grandmother} &\equiv \text{Woman} \sqcap \exists \text{hasChild.Parent}
\end{align}$$

Zyklischen Definitionen sind hierbei nicht erlaubt. Die Subsumption bezeichnet das Enthaltensein eines Konzeptes in einem anderen. Für unser Beispiel gilt unter anderem, dass jede Mutter eine Frau ist und jede Frau eine Person:

$$\text{Mother} \sqsubseteq \text{Woman} \sqsubseteq \text{Person}$$

Daneben speichert eine Wissensdatenbank (die A-Box) Fakten ab:

Woman(eva)
Man($adam$)
hasChild($eva, abel$), hasChild($eva, kain$)

Definition 8.7 *Seien N_C und N_R paarweise disjunkte, abzählbar unendliche Mengen von* Konzept-*, respektive* Rollennamen*. Dann ist die Konzeptbeschreibungen der Beschreibungslogik $\mathcal{ALC}$ folgendermaßen definiert:*

1. *Jeder atomare Ausdruck A ist eine $\mathcal{ALC}$-Konzeptbeschreibung.*

2. *$\top$ und $\bot$ sind $\mathcal{ALC}$-Konzeptbeschreibungen.*

3. *Sind C und D jeweils $\mathcal{ALC}$-Konzeptbeschreibungen und R eine Rolle, so sind auch $\neg C$, $(C \sqcup D)$, $(C \sqcap D)$, $\exists R.C$ und $\forall R.C$ auch $\mathcal{ALC}$-Konzeptbeschreibungen.*

Man erkennt, dass die Konzepte unäre und die Rollen binäre Relationen sind, die in der Beschreibungslogik allerdings in einer variablenfreien Notation verwendet werden:

$$C \sqcap D \text{ steht für } \forall x : C(x) \wedge D(x)$$

Daher werden Konzepte durch Teilmengen eines Universums und Rollen als binäre Relationen definiert.

Definition 8.8 *Eine* Interpretation $(\Delta, \cdot^{\mathcal{I}})$ *besteht aus einer nicht-leeren Grundmenge Δ und einer Interpretationsfunktion $\cdot^{\mathcal{I}}$:*

8.1 Modellierung von Interaktionen durch Dienstnetze

- *Jedem Konzeptbezeichner $A \in N_C$ wird eine Menge $A^{\mathcal{I}} \subseteq \Delta$ zugewiesen.*

- *Jedem Rollenbezeichner $R \in N_R$ wird eine binäre Relation $R^{\mathcal{I}} \subseteq \Delta \times \Delta$ zugewiesen.*

Eine Interpretation erweitert sich induktiv auf alle Konzeptbeschreibungen:

$$\begin{aligned}
\top^{\mathcal{I}} &= \Delta \\
\bot^{\mathcal{I}} &= \emptyset \\
(C \sqcap D)^{\mathcal{I}} &= C^{\mathcal{I}} \cap D^{\mathcal{I}} \\
(C \sqcup D)^{\mathcal{I}} &= C^{\mathcal{I}} \cup D^{\mathcal{I}} \\
(\neg C)^{\mathcal{I}} &= \Delta \setminus C^{\mathcal{I}} \\
(\exists R.C)^{\mathcal{I}} &= \{x \in \Delta \mid \exists y : (x,y) \in R^{\mathcal{I}} \wedge y \in C^{\mathcal{I}}\} \\
(\forall R.C)^{\mathcal{I}} &= \{x \in \Delta \mid \forall y : (x,y) \in R^{\mathcal{I}} \Longrightarrow y \in C^{\mathcal{I}}\}
\end{aligned}$$

Damit ergibt sich die Gültigkeit folgendermaßen:

- *Ein Konzept C wird bzgl. des Modells $\mathcal{I}$ von D subsumiert (notiert $C \sqsubseteq D$), falls $C^{\mathcal{I}} \subseteq D^{\mathcal{I}}$ gilt.*

- *Die Konzepte C und D sind bzgl. des Modells $\mathcal{I}$ äquivalent (notiert $C \equiv D$), falls $C^{\mathcal{I}} = D^{\mathcal{I}}$ gilt.*

- *Ein Konzept heißt erfüllbar bzgl. des Modells $\mathcal{I}$, falls $C^{\mathcal{I}}$ nicht leer ist.*

Subsumption und Erfüllbarkeit stehen in enger Verbindung wie das folgende Theorem zeigt (Baader u. a., 2003, Theorem 2.13).

Theorem 8.9 *Seien C und D Konzepte, dann gilt:*

- *C wird von D subsumiert, gdw. $C \sqcap \neg D$ unerfüllbar ist.*

- *C und D sind äquivalent, gdw. $C \sqcap \neg D$ und $\neg C \sqcap D$ unerfüllbar sind.*

- *C und D sind disjunkt, gdw. $C \sqcap D$ unerfüllbar ist.*

Schmidt-Schauß und Smolka (1991) zeigten die Verbindungen der Beschreibungslogik zum Erfüllbarkeitsproblem der multimodalen Logik K, dessen Erfüllbarkeitsproblem als PSPACE-hart bekannt ist.

Theorem 8.10 *Das Erfüllbarkeitsproblem für $\mathcal{ALC}$ ist PSPACE-hart.*

Wir betrachten nun eine teilweise Einbettung der Beschreibungslogik in Membership Equational Logic. Wir können die elementaren Konzepte direkt als Teilsorten übernehmen. Die Rollen R betrachten wir als Prädikate $R(x,y)$, d.h. als

Abbildungen in die Sorte BOOL. Betrachten wir die Formelterme als Sortenbezeichner, dann können wir einige Formel direkt in Membership Equational Logic einbetten. Die Übersetzung $\phi(C)$ des Konzepts C ist folgendermaßen definiert.

$$\begin{aligned}
\phi(C \sqcap D) &:= & \forall x : (x \in C \wedge x \in D) &\implies x \in (C \sqcap D) \\
\phi(C \sqcup D) &:= & \forall x : (x \in C \vee x \in D) &\implies x \in (C \sqcup D) \\
\phi(\top) &:= & \forall x : \text{TRUE} &\implies x \in \top \\
\phi(\bot) &:= & \forall x : x \in \bot &\implies \text{FALSE} \\
\phi(\exists R.C) &:= & \forall x,y : (R(x,y) \wedge y \in C) &\implies x \in (\exists R.C)
\end{aligned}$$

Jede Subsortenbeziehung $x \in C \implies x \in D$ spiegelt dabei die Subsumptionsbeziehung $C \sqsubseteq D$ der Konzeptdefinition wieder.

Die Konzeptebeschreibungen $(\neg C)$ und $\forall R.C$ sind dagegen nicht so ohne weiteres darstellbar, da man in Membership Equational Logic keine negierten Eigenschaften ausdrücken kann, so dass die folgende Darstellung der Negation sowie der Allquantifizierung keine Axiome ergeben:

$$\begin{aligned}
\phi(\neg C) &:= & \forall x : (\neg x \in C) &\implies x \in (\neg C) \\
\phi(\forall R.C) &:= & \forall x,y : (\neg R(x,y) \vee y \in C) &\implies x \in (\forall R.C)
\end{aligned}$$

Dass die Negation nicht ausdrückbar ist, ergibt sich auch aus der Tatsache, dass Membership Equational Logic äquivalent zur Hornklausellogik mit Gleichheit ist und in Hornlogik Negation auch gesondert zu behandeln ist. Dies ist die in Prolog bekannte *negation as failure*-Semantik.

8.1.5 Rollenstrukturen

Ein Organisationsschema ist die Grundstruktur, innerhalb deren die Aktivitäten einer Organisation stattfinden. Die eigentlichen Aktivitäten werden durch Dienstnetze beschrieben. Dienstnetze sind Petrinetze, deren Transitionen Rollen zugeschrieben sind.

Rollen sind zunächst einmal nur Namen, deren Bedeutung sich erst später durch ihre Verknüpfung mit den Dienstnetzen ergeben. Sei *Rol* eine Menge von Rollen.

Nichtleere Teilmengen $R \subseteq Rol$ werden als *Rollenprofile* (kurz: Profile) bezeichnet. Die einelementigen Profile $\{r\}$ mit $r \in Rol$ werden mit der Rolle r identifiziert.

Definition 8.11 *Sei Rol eine Menge von Rollen. Die* Rollenstruktur *über Rol ist die durch Mengeninklusion partiell geordnete Menge* $\mathcal{R} := 2^{Rol} \setminus \{\emptyset\}$.

Rollenprofile können durch Vereinigung aggregiert werden. Sie sind durch Mengeninklusion partiell geordnet: Gilt $R_1 \subseteq R_2$ für zwei Rollenprofile $R_1, R_2 \in 2^{Rol}$, so ist R_2 umfassender als R_1, bzw. R_1 ist spezialisierter als R_2.

8.1.6 Dienstnetze als gefärbte Petrinetze

Dienstnetze sind algebraische Ablaufnetze. Sei N ein Ablaufnetz. Das Typsystem – die *Farbspezifikation* – wird durch die Datentyp-Spezifikation $\mathcal{S} = (\Sigma, X, E)$, bestehend aus einer Signatur $\Sigma = (K, \Omega, S)$, einer disjunkten Familie von Variablen $X = (X_k \mid k \in K)$ und einer Familie $E = (E_k \mid k \in K)$ von Axiomen, spezifiziert. Indem das Typsystem sowohl die Syntax der Datenobjekte als auch die Subtypisierungsbeziehungen formalisiert, nimmt es in Dienstnetzen die Aufgabe einer Agentenkommunikationssprache wahr.

Die Farbe einer Marke ist in algebraischen Petrinetzen ein Term einer Teilsorte s. Jede Farbsorte besitzt ihre eigenen Operatoren und Gleichungen in $\mathcal{S}$. Sei $A = (\llbracket K \rrbracket_A, \llbracket \Omega \rrbracket_A, \llbracket S \rrbracket_A)$ eine Theorie zur Datentypspezifikation $\mathcal{S}$.

Jede Stelle eines Dienstnetzes ist durch die Abbildung d typisiert, d.h. alle Marken auf p sind vom Typ $d(p)$. Die Kanten algebraischer Netze werden mit Termen $W(f)$ beschriftet, die Variablen enthalten können. Der Ausdruck ist dabei von der Sorte $d(p)$, d.h. $W(f) \in \mathbb{T}_{\Sigma,E}^{d(p)}(X)$. Dabei definieren wir $d(x,y) = d(x)$, falls $(x,y) \in P \times T$ und $d(x,y) = d(y)$, falls $(x,y) \in T \times P$.

Eine *Bindung* konkreter Ausdrücke an die Variablen ergibt einen speziellen Schaltmodus. Auf diese Weise beschreibt eine Transition eine Vielzahl an möglichen konkreten Transitionen. Die Transitionen sind mit Schaltpädikaten $G(t)$ versehen. Bindungen können durch Schaltprädikate weiter eingeschränkt werden: Ein Schalten ist unter einer Bindung nur dann möglich, wenn bezüglich der Bindung genügend Marken im Vorbereich vorhanden sind und die Bindung das Prädikat erfüllt.

Eine Markierung $M : P \to MS(\llbracket K \rrbracket_A)$ des Netzes ist eine Abbildung, die jeder Stelle einen Wert $M(p) \in MS(\llbracket d(p) \rrbracket_A)$ in der Algebra A zuweist, d.h. eine Multimenge über $\llbracket d(p) \rrbracket_A$.

Jeder Markierung M von D ordnen wir eine Projektionsmarkierung $\pi(M)$ zu, indem wir die Farbe der Marke vergessen und nur noch die Anzahl der Marken zählen:

$$\pi(M)(p) = |M(p)| \tag{8.2}$$

Wir verwenden π im folgenden auch in der Erweiterung auf Markierungsmengen.

Als Besonderheit der Dienstnetze wird jeder Transition t die Rolle $r(t) \in Rol$ zugewiesen. Dies bedeutet, dass zur Ausführung eines Tasks ein Agent, der diese Rolle inne hat, notwendig ist. Wir erweitern die Abbildung r auf Transitionsmengen, indem wir $R(T') = \{r(t) \mid t \in T'\}$ für jede Menge $T' \subseteq T$ definieren. Die Menge der an einer Interaktion N beteiligten Rollen ist $R(D) := R(N) := R(T_N)$.

Wir fordern, dass in Dienstnetzen die Rollen konfliktfrei verbunden sind, d.h. Vor- und Nachbereich einer Stelle enthalten jeweils Transitionen mit gleicher Rollenzuweisung:

$$\forall p \in P : |R({}^\bullet p)|, |R(p^\bullet)| \leq 1 \tag{8.3}$$

Jede Rolle $r \in R(D)$ des Dienstes soll dabei einem Aktivitätsanteil entsprechen, d.h. zu jedem r gibt es genau eine initiale Stelle p_r und genau eine finale Stelle p'_r, die dieser Rolle zugeordnet ist:

$$\forall r \in R(D) : \exists^1 p_r \in {}^\circ N : \exists^1 p'_r \in N^\circ : R(p_r^\bullet) = \{r\} = R({}^\bullet p'_r) \tag{8.4}$$

Eine Stelle p heißt *Kommunikationskanal*, wenn sie Transitionen unterschiedlicher Rollen verbindet, d.h. wenn $R({}^\bullet p) \neq R(p^\bullet)$ gilt. Die Menge der Kommunikationskanäle zum Paar $(r_1, r_2) \in Rol^2$ ist:

$$P_{KK}(r_1, r_2) := \{p \mid R({}^\bullet p) = \{r_1\} \wedge R(p^\bullet) = \{r_2\}\} \tag{8.5}$$

Auf Mengen verallgemeinert:

$$P_{KK}(R_1, R_2) := \bigcup_{r_1 \in R_1, r_2 \in R_2, r_1 \neq r_2} P_{KK}(r_1, r_2) \tag{8.6}$$

Die Menge der Kommunikationskanäle ist dann:

$$P_{KK}(D) := P_{KK}(R(D), R(D)) \tag{8.7}$$

Also gilt $p \in P_{KK}(D)$, wenn $R({}^\bullet p) \neq R(p^\bullet)$ und $|R({}^\bullet p)| = |R(p^\bullet)| = 1$ gilt.

Für Dienstnetze wird gefordert, dass die Rollen aus $R \subseteq R(D)$ mit dem Komplements $R(D) \setminus R$ durch einen Kommunikationskanal verbunden sind:

$$\begin{aligned}\forall R \in 2^{R(D)} \setminus \{\emptyset\} : \exists r_1 \in R : \exists r_2 \in R(D) \setminus R : \\ P_{KK}(r_1, r_2) \cup P_{KK}(r_2, r_1) \neq \emptyset\end{aligned} \tag{8.8}$$

Definition 8.12 *Sei Rol eine Rollenmenge. Ein* Dienstnetz

$$D = (N, A, d, W, G, M_0)$$

besteht aus den folgenden Komponenten:

1. *A ist eine Theorie zur Datentypspezifikation $\mathcal{S}$.*

2. *$N = (P, T, F)$ ist ein Ablaufnetz.*

3. *$d : P \to \bigcup_{k \in K} S_k$ ist die Stellentypisierung.*

4. *$W : F \to \mathbb{T}_{\Sigma, E}(X)$ ist die Kantenschrift.*

5. *$G : T \to MEL_\mathcal{S}$ ist die Aktivierungsbedingung.*

6. *M_0 ist eine Initialmarkierung mit $\pi(M_0) = m_0$, wobei m_0 die kanonische Initialmarkierung von N ist.*

8.1 Modellierung von Interaktionen durch Dienstnetze

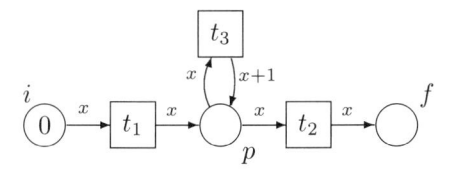

Abbildung 8.2: Ein unbeschränktes algebraisches Netz

Das D zugrundeliegende Ablaufnetz wird mit $\pi(D) := N$ bezeichnet.

Ein beschriftetes Dienstnetz $D = (N, A, d, r, W, G, M_0)$ besteht aus einem Dienstnetz zusammen mit der Rollenzuweisung $r : T \to Rol$, die (8.3) und (8.8) erfüllt.

Die Konzepte und Definitionen für Dienstnetze erweitern sich auf beschriftete Dienstnetze.

Die Schaltregel ergibt sich mit Hilfe von Variablenbindungen. Jede *Bindung* $\alpha : X \to [\![K]\!]_A$ mit $A = ([\![K]\!]_A, [\![\Omega]\!]_A, [\![S]\!]_A)$ der Variablen, die das Aktivierungsprädikat $G(t)$ der Transition t erfüllt, erzeugt einen *Schaltmodus*.

Definition 8.13 *Eine Transition t unter der Variablenzuweisung $\alpha : X \to [\![K]\!]_A$ heißt genau dann in M aktiviert, wenn die Schaltbedingung erfüllt ist: $A, \alpha \models G(t)$ und für alle $p \in P$ auch $M(p) \geq \overline{\alpha}(W(p,t))$ gilt.*

Das Schalten der Transition t unter der Belegung α wird als $M \xrightarrow{t,\alpha} M'$ notiert, wobei sich die Nachfolgemarkierung *für jede Stelle $p \in P$ wie folgt ergibt:*

$$M'(p) = M(p) - \overline{\alpha}(W(p,t)) + \overline{\alpha}(W(t,p))$$

Aus der Schaltregel ergeben sich die Definitionen für Schaltfolgen, erreichbare Markierungen usw. analog zu einfachen Netzen. Schaltfolgen w sind Wörter über $(T \times (X \to [\![K]\!]_A))$, d.h. $w = (t_1, \alpha_1) \cdots (t_n, \alpha_n)$.

Ein Dienstnetz heißt *beschränkt*, wenn die Menge der erreichbaren Markierungen endlich ist. Man beachte, dass die Anzahl der Marken auf jeder Stelle in der Anzahl beschränkt sein kann, ohne dass das Netz selbst beschränkt sein muss, wie das Netz in Abbildung 8.3 zeigt.

Jeder Schaltvorgang eines algebraischen Netzes ist auch in den Projektionen möglich. Dies halten wir im folgenden Projektionslemma fest.

Theorem 8.14 *Sei D ein Dienstnetz, dann gilt für die Projektionen:*

$$M \xrightarrow[D]{t,\alpha} M' \Longrightarrow \pi(M) \xrightarrow[\pi(D)]{t} \pi(M')$$

und

$$\pi(RS(D, M_0)) \subseteq RS(\pi(D), \pi(M_0))$$

Beweis: Sei $M \xrightarrow{t,\alpha}_{D}$. Dies ist nach Definition erfüllt, wenn $G(t)$ gilt und wenn für alle $p \in P$ gilt:

$$M(p) \geq \overline{\alpha}(W(p,t))$$
$$\iff \forall c \in [\![d(p)]\!]_A : M(p)(c) \geq \overline{\alpha}(W(p,t))(c)$$
$$\implies \sum_{c \in [\![d(p)]\!]_A} M(p)(c) \geq \sum_{c \in [\![d(p)]\!]_A} \overline{\alpha}(W(p,t))(c)$$
$$\iff |M(p)| \geq |\overline{\alpha}(W(p,t))|$$
$$\iff \pi(M)(p) \geq F(p,t)$$

Also ist t auch in N aktiviert. Bei der Umformung haben wir $\pi(M(p)) = \pi(M)(p)$ und die Eigenschaft $|\overline{\alpha}(W(p,t))| = F(p,t)$ ausgenutzt. Für die Nachfolgemarkierung gilt:

$$M'(p) = M(p) - \overline{\alpha}(W(p,t)) + \overline{\alpha}(W(t,p))$$
$$\iff \forall c \in [\![d(p)]\!]_A : M'(p)(c) = M(p)(c) - \overline{\alpha}(W(p,t))(c) + \overline{\alpha}(W(t,p))(c)$$
$$\implies \sum_{c \in [\![d(p)]\!]_A} M'(p)(c) = \sum_{c \in [\![d(p)]\!]_A} M(p)(c) - \overline{\alpha}(W(p,t))(c) + \overline{\alpha}(W(t,p))(c)$$
$$\iff |M'(p)| = |M(p)| - F(p,t) + F(t,p)$$
$$\iff \pi(M')(p) = \pi(M)(p) - F(p,t) + F(t,p)$$

Also ist $\pi(M')$ die Nachfolgemarkierung von $\pi(M)$.

Die zweite Aussage folgt induktiv aus der ersten. q.e.d.

Aus der Eigenschaft $\pi(RS(D, M_0)) \subseteq RS(\pi(D), \pi(M_0))$ können wir leider nicht schließen, dass aus der Beschränktheit von $\pi(D)$ auch die Beschränktheit von D folgt, denn aus der Beschränktheit von $\pi(D)$ folgt die Endlichkeit von $RS(\pi(D), \pi(M_0))$ und aufgrund der Inklusion auch die Endlichkeit der Projektion $\pi(RS(D, M_0))$, jedoch impliziert letzteres nicht die Endlichkeit von $RS(D, M_0)$ selbst. So ist das Netz in Abbildung 8.2 unbeschränkt, da die Stelle p zwar maximal eine Marke enthält, so dass p in $\pi(D)$ beschränkt ist, die Marke aber eine beliebig große Zahl als Wert haben kann.

Die Umkehrung gilt auch nicht, denn Abbildung 8.3 ist ein beschränktes Dienstnetz D, dessen Projektion $\pi(D)$ unbeschränkt ist.

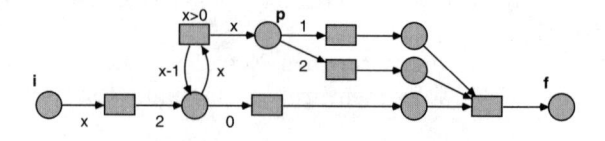

Abbildung 8.3: Ein beschränktes Dienstnetz

Theorem 8.15 *Sind die Farbdomänen alle endlich, so folgt aus der Beschränktheit von $\pi(D)$ auch die von D.*

8.1 Modellierung von Interaktionen durch Dienstnetze

Beweis: Aus der Beschränktheit von $\pi(D)$ folgt die Endlichkeit von $RS(\pi(D), \pi(M_0))$. Es gibt also nur endlich viele erreichbare Markierungen m. Nach Theorem 8.14 gilt $\pi(RS(D, M_0)) \subseteq RS(\pi(D), \pi(M_0))$ und $\pi(RS(D, M_0))$ ist eine endliche Menge. Da alle $[\![d(p)]\!]_A$ endlich sind, gibt es zu jedem m nur endlich viele Verteilungen der $M(p)(c)$, so dass $\pi(M) = \sum_{c \in [\![d(p)]\!]_A} M(p)(c) = m$ ist. Also ist für alle m die Menge $\{M \mid \pi(M) = m\}$ endlich. Also gibt es zu jedem $m \in \pi(RS(D, M_0))$ nur endlich viele Elemente in $RS(D, M_0)$, so auch $RS(D, M_0)$ endlich ist. Also ist D beschränkt. q.e.d.

8.1.7 Prozesse von Dienstnetzen

Prozesse von algebraischen Netzen – und damit auch von Dienstnetzen – ergeben sich analog zu Prozessen von P/T-Netzen. Ein Prozess ist ein Kausalnetz $K = (B, E, \prec)$ zusammen mit dem mit einem Abbildungspaar $\phi = (\phi_P : B \to P, \phi_T : E \to T)$, das jeder Bedingung von K eine Stelle des Netzes N zuweist und jedem Ereignis eine Transition. Daneben wird noch mit $\phi_A : B \to A$ jeder Bedingung b ein Wert der Algebra zugewiesen und durch $\phi_\alpha : E \to (X \to A)$ jedem Ereignis seine Bindung.

Jeder Bedingungsmenge $Q \subseteq B$ wird durch ϕ_A und ϕ^P in natürlicher Weise eine eine Multimenge $\phi_A(Q) : P \to MSA$ zugeordnet, die jeder Stelle eine Multimenge von Farben zuweist. Sie ist für alle $p \in P$ und $c \in A$ definiert durch:

$$\phi_A(Q)(p)(c) := |\{b \in Q \mid \phi^B(b) = p \wedge \phi_A(b) = c\}| \tag{8.9}$$

Damit ein Ereignis $e \in E$ das Schalten der Transition $t = \phi_T(e)$ widerspiegelt, muss dessen Guard $G(t)$ in der Bindung $\alpha = \phi_\alpha(e)$ gültig sein, und die Multimengen $\phi_A^\oplus(e^\bullet)(p)$ und $\phi_A^\oplus({}^\bullet e)(p)$ müssen für alle Stellen p den Kantengewichtungen $\alpha(W(p,t))$ bzw. $\phi_\alpha(e)(W(t,p))$ entsprechen (Hierbei ist $\phi_A^\oplus$ die homomorphe Erweiterung von ϕ_A auf Multimengen.)

Definition 8.16 *Ein Prozess des Dienstnetzes $D = (N, A, d, W, G, M_0)$ ist das Tupel (K, ϕ) mit $K = (B, E, \prec)$ und $\phi = (\phi_P, \phi_T, \phi_A, \phi_\alpha)$, wobei gilt:*

1. *(K, ϕ_P, ϕ_T) ist ein Prozess von N.*

2. *Der Prozess beschreibt den Anfangszustand:*
    $M_0(p)(c) = |\{b \in {}^\circ K : \phi^P(b) = p \wedge \phi_A(b) = c\}|$ *für alle $p \in P$ und $c \in A$.*

3. *$\phi_A : B \to A$ weist jeder Bedingung einen Wert der Algebra zu.*

4. *$\phi_\alpha : E \to (X \to A)$ weist jedem Ereignis seine Bindung zu.*

5. Die Netzstruktur beschreibt das Schalten von $(\phi_T(e), \phi_\alpha)$:

$$\forall e \in E: \quad A, \phi_\alpha(e) \models G(\phi_T(e)) \land$$
$$\forall p \in {}^\bullet\phi_T(e) : \phi_A^\oplus({}^\bullet e)(p) = \phi_\alpha(e)(W(p, \phi_T(e))) \land$$
$$\forall p \in \phi_T(e)^\bullet : \phi_A^\oplus(e^\bullet)(p) = \phi_\alpha(e)(W(\phi_T(e), p))$$

Die Menge aller Prozesse von D wird mit Proc(D) bezeichnet.
Die Menge aller Prozesse, die in eine terminale Markierung führen, ist

$$WFProc(D) := \{(K, \phi) \in Proc(D) \mid \pi(\phi(K^\circ)) = m_f\} \quad (8.10)$$

Hierbei meint π die Projektion einer gefärbten Markierung.

8.2 Korrektheit von Dienstnetzen

Wir definieren nun die Korrektheit eines Dienstnetzes. Intuitiv ist ein Dienst korrekt, wenn er erstens bei Termination keine unerledigten Aufgaben mehr vorweist, zweitens stets die Möglichkeit hat, einen begonnenen Ablauf zu einem terminierenden fortzusetzen und drittens keine nutzlosen Tätigkeiten spzifiziert.

Definition 8.17 *Ein Dienstnetz D heißt korrekt, wenn gilt:*

1. *Termination: Wird die finale Markierung übertroffen, so wird sie exakt erreicht.*
$$\forall M \in RS(D, M_0) : \pi(M) \geq m_f \implies \pi(M) = m_f$$

2. *Fortsetzbarkeit: Von jeder aus der initialen Markierung erreichbaren Markierung ist die finale Markierung erreichbar.*
$$\forall M \in RS(D, M_0) : \exists M' \in RS(D, M) : \pi(M') = m_f$$

3. *Aktivierbarkeit: Jede beliebige Transition ist für eine Anfangsmarkierung aktivierbar.*
$$\forall t \in T : \exists M_0 : \pi(M_0) = m_0 \land \exists M \in RS(D, M_0) : M \xrightarrow{t}$$

Ein Dienstnetz D heißt strukturell korrekt, wenn es für alle Anfangsmarkierungen M mit $\pi(M) = m_0$ korrekt ist.

Wir betrachten nun die Eigenschaften von Dienstnetzen. Uns interessieren Antworten auf die folgenden Fragen: Können alle möglichen Ausführungen terminieren? In welchen Anfangsmarkierungen kann das Netz terminieren? Falls die Termination nicht garantiert ist, existiert dann eine Kontrollstrategie, so dass das so gesteuerte Netz stets terminiert? Diese Fragen wollen wir beantworten, indem wir die Verwandschaft der Dienstnetze zu den Worklflownetzen ausnutzen.

8.2.1 Relation von Dienst- zu Workflownetzen

Petrinetze sind ein etablierter Formalismus, um Abläufe zu beschreiben. Ein intensiv erforschter Anwendungsbereich stellen die Workflownetze nach (Aalst, 1997, 1998, 1999) dar. Workflownetze beschreiben die Abbarbeitung eines Auftrages, wobei der Beginn durch eine Marke auf der Initialstelle i angezeigt wird und die Bearbeitung durch die Markierung, bei der die Finalstelle f eine Marke enthält. Wir betrachten im folgenden die Verwandschaft der Dienstnetze zu Workflownetzen.

Definition 8.18 *Ein Workflow-Netz ist ein Petrinetz $N = (P, T, F)$, das genau eine Stelle $i \in P$ mit $^\bullet i = \emptyset$ und genau eine Stelle $f \in P$ mit $f^\bullet = \emptyset$ besitzt und für das jeder Knoten $n \in (P \cup T)$ auf einem Pfad zwischen i und f liegt.*

Von besonderem Interesse sind solche Netze, bei denen stets gewährleistet ist, dass der Geschätsprozess, egal, was bislang passiert ist, stets noch terminieren kann (angezeigt durch eine Marke auf f) und im Falle der Termination keine überschüssigen Marken mehr im Netz verbleiben. Weiterhin kann man noch fordern, dass jede Transition von der kanonischen Initialmarkeirung $m_0 = i$ aus potentiell aktivierbar ist, denn wäre sie das nicht, dann wäre sie überflüssig, was meist einen Modellierungsfehler darstellt.

Definition 8.19 *Ein Workflow-Netz $N = (P, T, F)$ heißt korrekt, wenn gilt:*

1. *Termination: Wird die finale Markierung übertroffen, so wird sie exakt erreicht.*
$$\forall m \in RS(N, m_0) : m_f \leq m \Longrightarrow m_f = m$$

2. *Fortsetzbarkeit: Von jeder aus der initialen Markierung erreichbaren Markierung ist die finale Markierung erreichbar.*
$$\forall m \in RS(N, m_0) : m_f \in RS(N, m)$$

3. *Aktivierbarkeit: Jede beliebige Transition ist aktivierbar.*
$$\forall t \in T : \exists m \in RS(N, m_0) : m \xrightarrow{t}$$

Korrektheit eines Workflows erfordert, dass von jeder erreichbaren Markierung exakt in m_f terminiert werden kann. Somit ist m_f die einzige Verklemmung. Für potentiell terminierende Workflows ist die Korrektheitbedingung dahingehend abgeschwächt, dass die finale Markierung von der initalen aus erreichbar ist, nicht jedoch unbedingt von jeder von der initalen aus erreichbaren Markierung. Es ist dann im allgemeinen notwendig, das Netz zu steuern (s.u.), um Verklemmungen zu vermeiden.

Die beiden Bedingungen der Termination und der Fortsetzbarkeit (auch als *schwache Korrektheit* bekannt) lassen sich zu einer Bedingungen an die erreichbaren Markierungen zusammenfassen:

$$\forall m \in RS(N, m_0) : (m_f \in RS(N, m)) \land (m_f \leq m \Longrightarrow m_f = m)$$

Die Abbildung 8.4 zeigt einen strukturierte Vorgehensweise zur Erzeugung korrekter Workflows auf. Hierzu wird der Workflow als iterierte Komposition generiert, die entweder sequentiell ($\alpha \cdot \beta$), alternativ ($\alpha + \beta$) oder parallel ($\alpha \| \beta$) aus korrekten Workflows komponiert werden können. Dabei wird davon ausgegangen, dass die Argumente bereits korrekte Workflows darstellen.

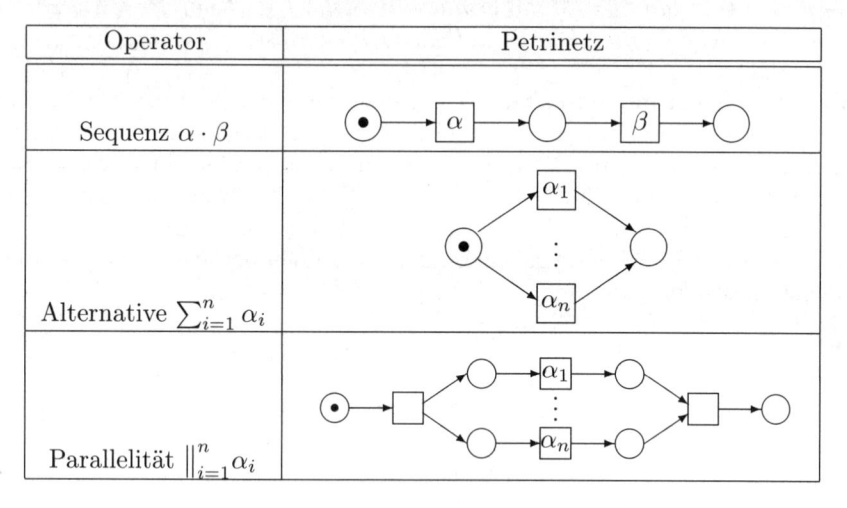

Operator	Petrinetz
Sequenz $\alpha \cdot \beta$	
Alternative $\sum_{i=1}^{n} \alpha_i$	
Parallelität $\|_{i=1}^{n} \alpha_i$	

Abbildung 8.4: Komposition von Workflows

Korrektheit ist eine dynamische Eigenschaft, die nicht monoton ist (van Hee u. a., 2003). Ein Netz, das korrekt für die kanonische Initialmarkierung $m_0 = i$ ist, muss dies nicht für eine andere Markierung sein. Insbesondere kann bereits die Wahl $m = 2i$ die Korrektheit zerstören. So kann das Netz in Abbildung 8.5 von $m = 2 \cdot i$ mit der Schaltfolge ac die Markierung $m' = p_1 + p_2 + p_3 + p_4$ erreichen und dann mit der Transition e die Markierung $m'' = p_1 + p_4 + f$. Das Netz kann also die finale Stelle markieren, ohne dass das Netz geleert hinterlassen würde. Dies Beispiel zeigt auch an, dass man im allgemeinen keinen korrekten Workflow erhält, wenn man eine Transition durch einen korrekten Workflow verfeinert. Das Fehlen der Monotonie motiviert die Verschärfung der Korrektheitsdefinition für eine Vergößerung der Initialmarkierung zu $m = k \cdot i$: Ein Workflow-Netz N heißt *k-korrekt*, wenn von jeder aus der initialen Markierung $m_i = k \cdot i$ erreichbaren Markierung m die finale Markierung $m_f = k \cdot f$ erreichbar ist (Weitere Details finden sich in van Hee u. a., 2003).

8.2 Korrektheit von Dienstnetzen 303

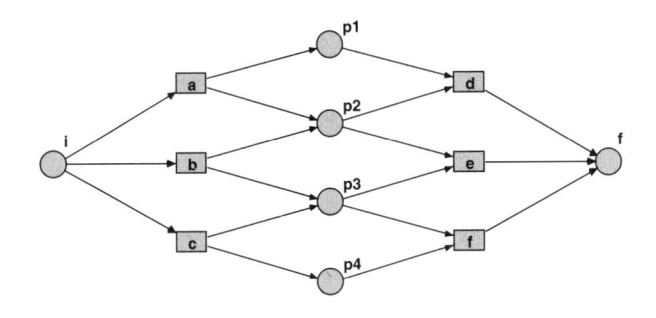

Abbildung 8.5: Ein Workflownetz

Ein Workflow-Netz N hat in der finalen Markierung einen Deadlock. Wir können das Netz jedoch neu starten, indem wir durch eine neu hinzugefügte Transition t_N die Marke in f wieder auf i zurücklegen. Diese Konstruktion wird als Abschluß N^* von N bezeichnet.

Definition 8.20 *Der Abschluß eines Workflow-Netz $N = (P, T, F)$ ist das Petrinetz $N^* = (P, T \cup \{t_N\}, F \cup \{(o, t_N), (t_N, i)\})$, wobei $t_N \notin (P \cup T)$ gilt.*

Das folgende Theorem zeigt, dass der Korrektheitsbegriff der Workflows eng mit klassischen Netzeigenschaften verbunden ist (vgl. Theorem 11 in Aalst, 1997).

Theorem 8.21 *Ein Workflow-Netz N ist genau dann korrekt, wenn sein Abschluß N^* in der Initialmarkierung m_0 beschränkt und lebendig ist.*

8.2.2 Reduktion von Ablaufnetzen auf Workflows

Aus der Definition folgt, dass Workflow-Netze spezielle Ablaufnetze sind, bei denen $|{}^\circ N| = |N^\circ| = 1$ gilt. Umgekehrt kann jedes Ablaufnetz durch das Hinzufügen einer intialen und einer finalen Transition in ein Workflow-Netz überführt werden. In ähnlicher Weise behandeln wir Dienstnetze, indem wir alle am Anfang alle Markierungen der minimalen Randstellen zu einem Tupel kombinieren, das die neue Initialmarkierung auf der Stelle i darstellt. Diese Marke wird durch t_i auf die minimalen Randstellen verteilt. Umgekehrt kombiniert t_f alle Werte auf den maximalen Randstellen zu einem Tupel.

Definition 8.22 *Sei $N = (P, T, F)$ ein Ablaufnetz und sei $\{i, f\}$, $\{t_i, t_f\}$, P und T paarweise disjunkt, dann ist $\widetilde{N}$ das Netz:*

$$\widetilde{N} := (P \uplus \{i, f\}, T \uplus \{t_i, t_f\}, \widetilde{F})$$

mit $\widetilde{F} = F \cup \{(i, t_i), (t_f, f)\} \cup (\{t_i\} \times {}^\circ N) \cup (N^\circ \times \{t_f\}))$.

Sei $D = (N, A, d, W, G, M_0)$ ein Dienstnetz und sei $°N = \{p_1, \ldots, p_n\}$ und $N° = \{p'_1, \ldots, p'_{n'}\}$, dann ist der Abschluß von D definiert als der Dienst:

$$\widetilde{D} = (\widetilde{N}, A, \tilde{d}, \widetilde{W}, \widetilde{G}, \widetilde{M_0})$$

Dabei erweitern wir die Abbildungen folgendermaßen:

$$\begin{aligned}
\tilde{d}(i) &= d(p_1) \times \cdots \times d(p_n) \\
\tilde{d}(f) &= d(p'_1) \times \cdots \times d(p'_{n'}) \\
\widetilde{W}(t_i, p) &= x_p = \widetilde{W}(p', t_f) \\
\widetilde{W}(i, t_i) &= (x_{p_1}, \ldots, x_{p_n}) \\
\widetilde{W}(t_f, f) &= (x_{p'_1}, \ldots, x_{p'_{n'}}) \\
\widetilde{G}(t_i) &= \widetilde{G}(t_f) = \text{TRUE} \\
\widetilde{M_0}(i) &= (M_0(p_1), \ldots, M_0(p_n))
\end{aligned}$$

Für beschriftete Dienstnetze wäre zudem noch die Rolle der neuen Transitionen zu definieren. Die Wahl wäre fast beliebig, solange sie nicht in D selbst vorkommt.

Mit Hilfe dieser Konstruktion kann jedes Dienstnetz auf ein Workflownetz reduziert werden.

Theorem 8.23 Ist N ein Ablaufnetz, dann ist $\widetilde{N}$ ein Workflownetz.
Ist D ein Dienstnetz, dann ist $\pi(\widetilde{D})$ ein Workflownetz.

Beweis: Folgt direkt aus den Definitionen 8.1, 8.12 und 8.18. q.e.d.

Im Vergleich mit D hat $\widetilde{D}$ nur zwei Gruppen zusätzlicher erreichbare Markierungen, nämlich die Initialmarkierung M_0 und die neuen Finalmarkierungen M_f, die $\pi(M_f) = m_f$ erfüllen. Analog hat $\widetilde{N}$ als korrekte Workflow im Vergleich mit $N = \pi(D)$ nur m_i und m_f als zusätzliche Markierungen. Es ist daher nicht verwunderlich, dass beide bezüglich der Korrektheit äquivalent sind:

Theorem 8.24 Ein Dienstnetz D ist genau dann korrekt, wenn das Workflownetz $\widetilde{D}$ dies ist.

Beweis: Zunächst einmal stellen wir fest, dass alle Schaltfolgen in $\widetilde{D}$ die folgende Form haben:

$$\widetilde{M_0} \xrightarrow[\widetilde{D}]{t_i} M_0 \xrightarrow[D]{w} M \quad \text{bzw.} \quad \widetilde{M_0} \xrightarrow[\widetilde{D}]{t_i} M_0 \xrightarrow[D]{w} M \xrightarrow[\widetilde{D}]{t_f} M', \text{ falls } \pi(M) = m_f$$

Also gilt: $M \in RS(D, M_0)$ impliziert $M \in RS(\widetilde{D}, \widetilde{M_0})$.

Für Korrektheit ist die Äquivalenz der Termination und Fortsetzbarkeit in D und $\widetilde{D}$ zu zeigen.

8.2 Korrektheit von Dienstnetzen

$\Longrightarrow$ Es gelte in D Termination und Fortsetzbarkeit:

$$\forall M \in RS(D, M_0) : \pi(M) \geq m_f \Longrightarrow \pi(M) = m_f$$
$$\forall M \in RS(D, M_0) : \exists M' \in RS(D, M) : \pi(M') = m_f$$

Dann ist für $\widetilde{D}$ analog zu zeigen:

$$\forall M' \in RS(\widetilde{D}, \widetilde{M_0}) : \pi(M') \geq \tilde{m}_f \Longrightarrow \pi(M') = \tilde{m}_f$$
$$\forall M'' \in RS(\widetilde{D}, \widetilde{M_0}) : \exists M''' \in RS(\widetilde{D}, M'') : \pi(M''') = \tilde{m}_f$$

a) Termination: Sei $M' \in RS(\widetilde{D}, \widetilde{M_0})$ eine beliebige Markierung, die $\pi(M') \geq \tilde{m}_f$ erfüllt. Jetzt impliziert $\pi(M') \geq \tilde{m}_f$, dass t_f geschaltet hat. Die Vorgängermarkierung M'' von M' ist aber in D final, erfüllt also $\pi(M'') \geq m_f$, woraus $\pi(M'') = m_f$ folgt, was wiederum $\pi(M') = \tilde{m}_f$ impliziert. Termination gilt also.

b) Fortsetzbarkeit: Ist M in D erreichbar, so auch in $\widetilde{D}$. Zu M existiert $M' \in RS(D, M)$ mit $\pi(M') = m_f$, das auch in $\widetilde{D}$ erreichbar ist. Schalten wir dann t_f in $\widetilde{D}$, so haben wir $\tilde{m}_f$ erreicht.

$\Longleftarrow$ Sei nun umgekehrt in $\widetilde{D}$ Termination und Fortsetzbarkeit gültig, dann ist dies auch für D zu zeigen:

a) Termination: Gilt $\pi(M') \geq \tilde{m}_f \Longrightarrow \pi(M') = \tilde{m}_f$, dann hat t_f geschaltet und die Vorgängermarkierung wurde exakt erreicht.

b) Fortsetzbarkeit: Ist M'' in $\widetilde{D}$ erreichbar, so markiert entweder M'' nur Stellen von D oder $M'' = \widetilde{M_0}$ oder M'' markiert auch f. Im ersten Fall kann stets ein (M''') mit $\pi(M''') = \tilde{m}_f$ erreicht werden, was impliziert, dass zuvor ein (M') mit $\pi(M') = m_f$ erreicht wurde. Im zweiten Fall kann M_0 erreicht werden und davon ein (M') mit $\pi(M') = m_f$. Im dritten Fall darf die Markierung M''' wegen der Gültigkeit der Terminationsbedingung sogar nur f markieren, so dass $\pi(M'') = \tilde{m}_f$ gilt, was impliziert, dass für die Vorgängermarkierung M'''' von M'' auch $\pi(M'''') = m_f$ gilt.

q.e.d.

Analog zu den Workflownetzen besteht eine enge Verbindung zwischen der Korrektheit des Dienstnetzes D und der Beschränktheit und Lebendigkeit des Abschlusses $\widetilde{D}^*$.

Theorem 8.25 *Ist $\widetilde{D}^*$ beschränkt und lebendig, dann ist das Dienstnetz D korrekt.*

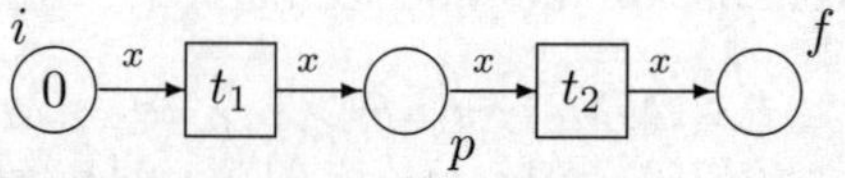

```
    i    x        x    x        x    f
    ( 0 )──▶[ t₁ ]──▶( )──▶[ t₂ ]──▶( )
                     p
```

Abbildung 8.6: Ein beschränktes algebraisches Netz, dessen Abschluss nicht beschränkt ist

Beweis: Ist $\widetilde{D}^*$ in M_0 beschränkt und lebendig, dann ist insbesondere t_N lebendig, und wir erreichen von jeder Markierung aus stets eine Markierung M, die t_N aktiviert, also: $\pi(M) \geq m_f$. Dann muss aber auch $\pi(M) = m_f$ gelten, denn ansonsten könnte das Netz nicht beschränkt sein. Also gilt Fortsetzbarkeit und Termination. Beachten wir, dass t_N jede beliebige Anfangsmarkierung M_0' mit $\pi(M_0) = m_0$ generiert werden kann, so können wir aus der Lebendigkeit folgern, dass es für jede Transition t eine Anfangsmarkierung gibt, so dass t aktiviert werden kann. Also gilt die Aktivierungsbedingung. q.e.d.

Man beachte, dass die Beschränktheit für $\widetilde{D}^*$ gefordert wird und nicht für $\widetilde{D}$, denn es ist selbst für korrekte Netze nicht möglich, von der Beschränktheit von D auf die von D^* zu schließen. Dies gilt sogar in struktureller Formulierung: Sei $\widetilde{D}$ ein korrektes Dienstnetz, dass für alle M_0 mit $\pi(M_0) = m_0$ beschränkt ist, dann gilt im allgemeinen nicht auch noch, dass auch $\widetilde{D}^*$ beschränkt ist. Abbildung 8.6 zeigt ein korrektes, für alle M_0 beschränktes Dienstnetz, für das $\widetilde{D}^*$ nicht beschränkt ist, da die Stelle p jeden beliebigen Wert annehmen kann, da die Transition t_N eine beliebige Zahl als Anfangsmarkierung generieren kann.

Von der Korrektheit können wir auf die Lebendigkeit des Dienstnetzes schließen, nicht aber auf die Beschränktheit, denn das Dienstnetz aus Abbildung 8.2 ist korrekt und unbeschränkt. Die Umkehrung gilt daher nur in folgender eingeschränkter Form.

Theorem 8.26 *Wenn das Dienstnetz D strukturell korrekt ist, dann ist $\widetilde{D}^*$ für alle Markierungen M_0 mit $\pi(M_0) = m_0$ lebendig.*

Beweis: Betrachten wir ein strukturell korrektes Dienstnetz in einer Markierungen M_0 mit $\pi(M_0) = m_0$. Ist das Netz strukturell korrekt, so ist mit der Fortsetzbarkeitseigenschaft von jeder erreichbaren Markierung $M \in RS(D, M_0)$ die finale Markierung M_f mit $\pi(M_f) = m_f$ erreichbar – unabhängig von der Wahl für M_0. Also ist t_N aktivierbar. Um zu zeigen, dass jede Transition t aktiviert werden kann, nutzen wir aus, dass t_N jede beliebige Anfangsmarkierung M_0' mit $\pi(M_0') = m_0$ generieren kann, und da D strukturell korrekt ist, gilt die Aktivierungsbedingung auch für M_0'. Die Aktivierungsbedingung garantiert, dass jede Transition t für mindestens eine Anfangsmarkierung $M_{0,t}$ aktiviert werden kann. Da diese von t_N generiert werden kann, ist $\widetilde{D}^*$ lebendig. q.e.d.

8.3 Rollenkomponenten von Dienstnetzen

Wenn das Dienstnetz D korrekt oder strukturell korrekt ist, dann muss $\widetilde{D}^*$ jedoch nicht beschränkt sein, wie das unbeschränkte, aber strukturell korrekte Netz in Abbildung 8.2 zeigt.

Betrachten wir nur beschränkte Dienstnetze, so können wir Theorem 8.25 und 8.26 folgendermaßen zusammenfassen:

Theorem 8.27 *Sei $\widetilde{D}$ ein Dienstnetz, das für alle M_0 mit $\pi(M_0) = m_0$ beschränkt ist, dann gilt: Das Dienstnetz D ist genau dann strukturell korrekt, wenn $\widetilde{D}^*$ für alle Markierungen M_0 mit $\pi(M_0) = m_0$ lebendig ist.*

Beweis: Das Dienstnetz $\widetilde{D}$ ist genau dann strukturell korrekt, wenn D dies ist. Sei $\widetilde{D}$ für jedes M_0 mit $\pi(M_0) = m_0$ beschränkt.

Wenn das Dienstnetz $\widetilde{D}$ strukturell korrekt ist, dann ist es für alle M_0 mit $\pi(M_0) = m_0$ korrekt und damit ist $\widetilde{D}^*$ nach Theorem 8.26 auch für alle M_0 lebendig.

Für jedes beliebige M_0 mit $\pi(M_0) = m_0$ folgt aus der Lebendigkeit (zusammen mit der gegebenen Beschränktheit) in M_0 aus Theorem 8.25 die Korrektheit. Gilt Lebendigkeit für alle diese M_0, so folgt die Korrektheit für alle M_0, also die strukturelle Korrektheit. q.e.d.

8.3 Rollenkomponenten von Dienstnetzen

Die Definition von Workflownetzen hat also mit den Stellen i und f einen globalen Start- bzw. Endpunkt der Bearbeitung. Workflownetze modellieren somit eine zentralisierte Sichtweise auf den Geschätsprozess. Ist dagegen (wie in Abbildung 8.7) eine verteilte Bearbeitung durch verschiedene interagierende Akteure zu modellieren, so ist es notwendig, das System auf mehrere Anfangs- bzw. Endstellen zu verallgemeinern. Dies vereinfacht auch die Definition der Komposition von Abläufen.[3]

Für zwei einfache Netze $N_i = (P_i, T_i, F_i), i = 1, 2$ ist die Komposition als komponentenweise Vereinigung zu definieren:

$$(N_1 \| N_2) = (P_1 \cup P_2, T_1 \cup T_2, F_1 \cup F_2)$$

Eine Komposition bezüglich gemeinsamer Stellen beschreibt eine asynchrone Kopplung der Systeme. Stellenfusion modelliert den gemeinsamen Zugriff zweier Komponenten auf ein geteiltes Objekt, z.B. auf einen Nachrichtenpuffer oder

---

[3]Komposition von Modulen zu größeren Einheiten wird an vielen Stellen bei der Softwareentwicklung genutzt. Insbesondere ein „bottom-up" Vorgehen, das durch die Objektorientierung propagiert wird, besitzt als zentrales Element die Komposition von einfachen zu komplexen Objekten. Die Interaktion von vielen, vorgefertigten Objekten ist unter dem Begriff der Komponenten-Architekturen bekannt geworden (Griffel, 1998).

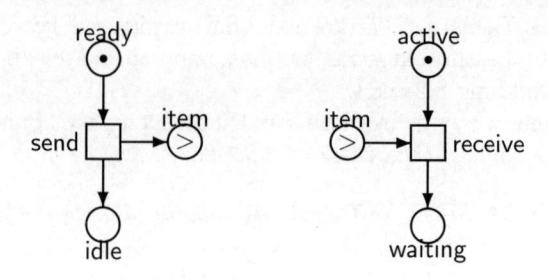

Abbildung 8.7: Producer/Consumer-Interaktion

eine gemeinsam benutzte Ressource. Wenn die Transitionsmengen disjunkt sind, schränkt das Modell keine Fortsetzbarkeitseigenschaften ein, so dass die Kopplung als *schwache Komposition* bezeichnet wird. Für ein schwachgekoppeltes System übertragen sich alle Fortsetzbarkeitseigenschaften der Einzelkomponenten auf das Gesamtsystem. Die Eigenschaft der Fortsetzbarkeit ist gleichbedeutend mit der Forderung, dass das Transitionssystem der Komposition $N_1 \| N_2$ in der Einschränkung auf die Aktionen von N_1 das Transitionssystem von N_1 enthält. Eine Komposition fügt demnach nur Übergänge zwischen Zuständen hinzu. Es ist intuitiv klar, dass sich alle Fortsetzbarkeitseigenschaften der Einzelkomponenten auf ein schwachgekoppeltes System übertragen.

Neben der Verschmelzung von Stellen, welche die einfachste Modellierung einer asynchronen Kopplung darstellt, existiert das – im folgenden nicht verwendete – Konzept der Transitionsverschmelzung. Eine Transitionsverschmelzung beschreibt eine synchrone Aktion. Transitionverschmelzung koppelt zwei Systeme eng aneinander, der Raum der erreichbaren Zustände wird sowohl eingeschränkt als auch erweitert. Er wird eingeschränkt, indem Zustandsübergänge der Komponente N_1 direkt an einen Übergang von N_2 gebunden werden können. Ist dieser nicht möglich, so wird der Übergang auch in N_1 nicht mehr möglich sein. Er wird erweitert, indem N_2 durch Hinzufügen von Transitionen den Erreichbarkeitsgraph von N_1 erweitern kann.

Ebenso können wir Komposition $(D_1 \| D_2)$ zweier Dienstnetze $D_i = (N_i, A, d_i, r_i, W_i, G_i, M_i), i = 1,2$ über der gleichen Algebra definieren. Dabei ist für die Komponierbarkeit zu fordern, dass die Anschriften auf den gemeinsamen Elementen übereinstimmen:

$$d_1(p) = d_2(p) \text{ und } M_1(p) = M_2(p) \text{ für alle } p \in P_1 \cap P_2$$
$$r_1(t) = r_2(t) \text{ und } G_1(t) = G_2(t) \text{ für alle } t \in T_1 \cap T_2$$
$$W_1(f) = W_2(f) \text{ für alle } f \in F_1 \cap F_2$$

Unter dieser Vorraussetzung ergibt sich die Komposition wie folgt:

$$(D_1 \| D_2) = (N_1 \| N_2, A, d_1 \cup d_2, r_1 \cup r_2, W_1 \cup W_2, G_1 \cup G_2, M_1 + M_2)$$

8.3.1 Netzkomponenten

In der folgenden Definition orientieren wir uns an der Komponentendefinition in (Kindler, 1997), bei denen Schnittstellen nur einseitig genutzt werden. Sie sind also entweder nur zum Lesen (Input) oder nur zum Schreiben (Output). Wir lassen im Vergleich zur Orginaldefinition hier die Spezifikation der Transitionen mit Fortschrittseigenschaft weg, da sie für uns nicht wichtig sind.

Definition 8.28 *Eine* Netzkomponente $\Gamma = (N, m_0, I, O)$ *besteht aus einem folgenden Komponenten:*

1. $N = (P, T, F)$ *ist ein T-schlichtes Petrinetz mit Markierung $m_0 : P \to \mathbb{N}$.*

2. $I, O \subseteq P$ *sind Mengen an Input- bzw. Output-Schnittstellen mit $^\bullet T \cap O = T^\bullet \cap I = \emptyset$ und $m_0(p) = 0$ für alle $p \in I \cup O$.*

Eine Komponente heißt geschlossen, *wenn $I \cup O = \emptyset$ gilt.*
Zwei Komponenten Γ_1 und Γ_2 sind komponierbar, wenn $(T_1 \cap T_2) = \emptyset$ und $(P_1 \cap P_2) \subseteq ((I_1 \cap O_2) \cup (I_2 \cap O_1))$ gilt.
Die Komposition zweier komponierbarer Komponenten ist:

$$\Gamma_1 \| \Gamma_2 := (N_1 \cup N_2, m_1 + m_2, I, O)$$

mit $I = ((I_1 \setminus O_2) \cup (I_2 \setminus O_1))$ und $O = ((O_1 \setminus I_2) \cup (O_2 \setminus I_1))$.

Beachte, dass aus der Forderung $(P_1 \cap P_2) \subseteq ((I_1 \cap O_2) \cup (I_2 \cap O_1))$ direkt die Gleichheit folgt, denn mit $I_i, O_i \subseteq P_i, i = 1, 2$ gilt die Einschachtelung:

$$(P_1 \cap P_2) \subseteq ((O_1 \cap I_2) \cup (O_2 \cap I_1)) \subseteq ((P_1 \cap P_2) \cup (P_2 \cap P_1)) = (P_1 \cap P_2)$$

Die Komposition zweier Komponenten ist wiederum eine. Offensichtlich ist die Komposition assoziativ und kommutativ, da die Mengenvereinigung dies ist.
Damit Prozesse definierbar sind, fordert Kindler, dass N auch *T-schlicht* ist, d.h. Transitionen sind nicht isoliert: $\forall t \in T : {}^\bullet t \neq \emptyset \land t^\bullet \neq \emptyset$. Prozesse einer Komponenten werden analog zu Prozessen von P/T-Netzen definiert. Die Definition unterscheidet jedoch zwischen den Ereignissen der Komponenten selbst und solchen, die die Umgebung erzeugt. In der folgenden Definition werden nur die Bedingungen abgebildet, während die Ereignisse implizit bleiben. Dies hat den Vorteil, dass externe Aktionen, deren Name unbekannt ist, nicht benannt werden müssen. Es wird davon ausgegangen, dass eine globale Obermenge $\mathcal{P}$ der Stellen existiert, damit die Komponenten eingebettet werden können.

Definition 8.29 *Sei $\Gamma = (N, m_0, I, O)$ eine Komponente mit $N = (P, T, F)$. Sei $K = (B, E, \lessdot)$ ein vorgängerendliches Kausalnetz und $\phi : B \to \mathcal{P}$ eine Abbildung, dann ist (K, ϕ) ein* Prozess *der Komponenten Γ, falls die folgenden Eigenschaften gelten:*

1. *Die minimalen Stellen $°K$ beschreiben die Anfangsmarkierung: $\phi(°K)|_P = m_0$.*

2. *Für jedes Ereignis $e \in E$ gilt eine der beiden Bedingungen:*

    a) *Interne Aktion: Es existiert eine Transition $t \in T$, so dass $\phi^\oplus(^\bullet e) = {^\bullet t}$ und $\phi^\oplus(e^\bullet) = t^\bullet$.*

    b) *Externe Aktion: Für alle Stellen $x \in \mathcal{P}$ gilt $\phi(^\bullet e)(x) \leq 1$ und $\phi(e^\bullet)(x) \leq 1$. Aus $\phi(^\bullet e)(x) = 1$ folgt $x \in O \cup (\mathcal{P} \setminus P)$ und $\phi(e^\bullet)(x) = 1$ impliziert $x \in I \cup (\mathcal{P} \setminus P)$.*

Die Menge aller Prozesse von Γ wird mit Proc(Γ) bezeichnet.

Man beachtet, dass nach Bedingung (1) die minimalen Stellen $°R$ auch andere Stellen beschreiben können, d.h. eine Bedingung $b \in °R$ kann Stellen außerhalb der Komponenten beschreiben: $\phi(b) \in \mathcal{P} \setminus P$.

Mit dieser Definition der Komponentensemantik entspricht das Verhalten der Komposition $\Gamma_1 \parallel \Gamma_2$ dem Durchschnitt der Einzelverhalten (vgl. Kindler, 1997, Proposition 10).

Theorem 8.30 *Seien Γ_1, Γ_2 zwei komponierbare Komponenten, dann gilt:*

$$Proc(\Gamma_1 \parallel \Gamma_2) = Proc(\Gamma_1) \cap Proc(\Gamma_2)$$

Dieses Theorem charakterisiert die Semantik der Komponenten als kompositional, d.h. die Semantik der Komposition ergibt sich direkt als der Durchschnitt der Semantiken der Komponenten.

8.3.2 Rollenkomponenten von Diensten

Sei $N = (P, T, F)$ das dem Dienstnetz zugrundeliegende Netz und sei $R \subseteq R(N)$ eine Teilmenge der im Netz vorkommenden Rollen. Dann können wir das Netz auf den Teil einschränken, der alle R zugeordneten Transitionen und deren umliegende Stellen enthält. Das resultierende Netz bezeichnen wir als R-Komponente. Rollenkomponenten stellen den Dienst dar, der von der Rolle R erbracht wird. Sie stellen implizit eine Spezifikation der Rechte und der Pflichten, die mit dieser Rolle verbunden sind, dar.

Der Vorteil von Rollenkomponenten von Diensten gegenüber beliebigen Komponenten ist, dass wir in voraus wissen, welche Komponenten auftreten können.

8.3 Rollenkomponenten von Dienstnetzen

Definition 8.31 *Sei $D = (N, A, d, r, W, G, M_0)$ ein Dienst mit $N = (P, T, F)$ und sei $R \subseteq R(D)$.*

- *Die R-Komponente von N ist das durch $T_R := r^{-1}(R)$ und $P_R := ({}^\bullet T_R \cup T_R{}^\bullet)$ induzierte Teilnetz von N, das mit $N[R]$ bezeichnet wird.*

- *Jedes Teilnetz $N' = (P', T', F')$ von N induziert das Dienstnetz:*

$$D|_{N'} = (N', A, d|_{P'}, r|_{T'}, W|_{F'}, G|_{T'}, M_0|_{P'}) \qquad (8.11)$$

- *Ist $N' = N[R]$ speziell eine Rollenkomponente, dann ist $D[R] := D|_{N'}$ die R-Komponente von D.*

- *Die Menge der Kommunikationskanäle, mit denen die Rolle R mit der Umgebung kommuniziert, ist dann:*

$$P_{KK}(R) = P_{KK}(R, R(D) \setminus R) \cup P_{KK}(R(D) \setminus R, R) \qquad (8.12)$$

Sei $\mathcal{E} = \{R_1, \ldots, R_n\}$ eine Mengenpartition der Rollen $R(D)$ eines Dienstnetz D. Sie erzeugt eine Menge an Rollenkomponenten: $D[R_1], \ldots, D[R_n]$. Für den Spezialfall $\mathcal{E} = \{R, \bar{R}\}$ für ein beliebiges $R \subseteq R(N)$ und mit $\bar{R} := R(N) \setminus R$ sprechen wir für die Aufteilung von $N = N[R] \cup N[\bar{R}]$ kurz von der R-Zerlegung von N.

Wir definieren eine Komposition auf Dienstnetzen unter der Voraussetzung, dass die Dienste disjunkte Transitionsmengen haben, als komponentenweise Vereinigung.

Theorem 8.32 *Sei D ein Dienst und sei $R_1, R_2 \subseteq R(D)$ mit $R_1 \cap R_2 = \emptyset$, dann gilt:*

$$N[R_1 \cup R_2] = N[R_1] \| N[R_2]$$

Beweis: Da R_1 und R_2 disjunkt sind, sind auch $T_{N[R_1]}$ und $T_{N[R_2]}$ disjunkt. Es gilt:

$$\begin{aligned} T_{N[R_1 \cup R_2]} &= r^{-1}(R_1 \cup R_2) \\ &= r^{-1}(R_1) \cup r^{-1}(R_2) \\ &= T_{N[R_1]} \cup T_{N[R_2]} \\ &= T_{N[R_1] \| N[R_2]} \end{aligned}$$

Außerdem ist:

$$\begin{aligned} P_{N[R_1 \cup R_2]} &= {}^\bullet T_{N[R_1 \cup R_2]} \cup T_{N[R_1 \cup R_2]}{}^\bullet \\ &= ({}^\bullet T_{N[R_1]} \cup {}^\bullet T_{N[R_2]}) \cup (T_{N[R_1]}{}^\bullet \cup T_{N[R_2]}{}^\bullet) \\ &= ({}^\bullet T_{N[R_1]} \cup T_{N[R_1]}{}^\bullet) \cup ({}^\bullet T_{N[R_2]} \cup T_{N[R_2]}{}^\bullet) \\ &= P_{N[R_1]} \cup P_{N[R_2]} = P_{N[R_1] \| N[R_2]} \end{aligned}$$

Da die Stellen und Transition übereinstimmen, generieren $N[R_1 \cup R_2]$ und $N[R_1] \| N[R_2]$ die gleichen Teilnetze. q.e.d.

Die R-Komponenten $D[R_i]$ beschreiben den Dienst D vollständig, in dem Sinne, dass wir das Netz aus seinen Komponenten rekonstruieren können: $N = N[R_1] \| \cdots \| N[R_n]$.

Theorem 8.33 *Sei D ein Dienstnetz und $N = \pi(D)$ ohne isolierte Stellen. Für jede Mengenpartition $\mathcal{E}$ der Rollen $R(D)$ gilt:*

$$N = \Big\|_{R \in \mathcal{E}} N[R] \quad und \quad D = \Big\|_{R \in \mathcal{E}} D[R]$$

Beweis: Wir zeigen zunächst $N = \|_{R \in \mathcal{E}} N[R]$. Da $\mathcal{E}$ eine Partition ist, gilt $\bigcup_{R \in \mathcal{E}} R = R(D)$ und damit auch:

$$\bigcup_{R \in \mathcal{E}} T_{N[R]} = \bigcup_{R \in \mathcal{E}} r^{-1}(R) = T$$

Hier gilt sogar, dass alle $T_{N[R]}$ disjunkt sind. Dies ist notwendig, damit die Komposition der $N[R]$ überhaupt definiert ist.

Da N ohne isolierte Stellen ist, gilt ${}^\bullet p \cup p^\bullet \neq \emptyset$, und damit folgt:

$$\bigcup_{R \in \mathcal{E}} P_{N[R]} = \bigcup_{R \in \mathcal{E}} ({}^\bullet T_{N[R]} \cup T_{N[R]}{}^\bullet) = P$$

Die $P_{N[R]}$ sind nicht nowendigerweise disjunkt.

Sei $(p,t) \in F \cap (P \times T)$, dann gibt es genau eine Rolle R, so dass $(p,t) \in F_{N[R]}$, da t in genau einem $N[R]$ vorkommt. Analog für $(t,p) \in F \cap (T \times P)$. Also gilt

$$\bigcup_{R \in \mathcal{E}} F_{N[R]} = F$$

Damit ist $N = \|_{R \in \mathcal{E}} N[R]$ klar, da die Knotenmenge vom N von denen der $N[R]$ überdeckt wird und alle $N[R]$ Teilnetze von N sind.

Da sich $D[R]$ stets als Einschränkung von D ergibt, folgt $D = \|_{R \in \mathcal{E}} D[R]$ aus $N = \|_{R \in \mathcal{E}} N[R]$, denn alle Abbildung auf geteilten Elementen sind konsistent definiert. q.e.d.

Die Teilnetze ergeben somit eine Überdeckung, die aber im allgemeinen nicht disjunkt ist, da die Kommunikationsstellen geteilt werden.

R-Komponenten erweisen sich als Komponenten im Sinne von Definition 8.28. Dazu definieren wir die Kommunikationskanäle als Schnittstellen. Kommunikationskanäle sind Stellen, die Transitionen unterschiedlicher Rollen verbinden: $R({}^\bullet p) \neq R(p^\bullet)$ gilt.

8.3 Rollenkomponenten von Dienstnetzen

Die initialen und finalen Stellen eines Dienstes sind leicht zu ermitteln. Stellen sind initial, wenn $^\bullet p = \emptyset$ gilt. Sie sind final, wenn $p^\bullet = \emptyset$ gilt. Die Bedingung an die Rollentypisierung

$$\forall p \in P : |R(^\bullet p)|, |R(p^\bullet)| \leq 1$$

impliziert für Stellen mit $^\bullet p, p^\bullet \neq \emptyset$ bereits $\forall t_1, t_2 \in {}^\bullet p : r(t_1) = r(t_2)$ und $\forall t_1, t_2 \in p^\bullet : r(t_1) = r(t_2)$, nicht jedoch $\forall t_1 \in {}^\bullet p : \forall t_2 \in p^\bullet : r(t_1) = r(t_2)$. Gilt die letzte Bedingung, dann verbindet die Stellen zwei Transitionen, die in der gleichen R-Komponenten liegen, die Stelle ist also intern. Gilt die Bedingung nicht, dann liegen die Transitionen in verschiedenen R-Komponenten, die Stelle ist also eine Kommunikationsstelle. Somit können alle Stellen eindeutig als Initial-, Terminal-, Binnen- oder als Kommunikationsstellen identifizert werden.

Definition 8.34 *Sei D ein Dienst und $N[R] = (P_R, T_R, F_R)$ seine R-Komponente. Definiere $\Gamma_D[R] := (N[R], m_0^R, I^R, O^R)$ mit*

$$\begin{aligned}
I^R &= \{p \in P_{KK}(N) \mid p^\bullet \subseteq T_R\} \\
O^R &= \{p \in P_{KK}(N) \mid {}^\bullet p \subseteq T_R\} \\
P_i^R &= \{p \in P \mid R(^\bullet p) = \emptyset \wedge p^\bullet \subseteq T_R\} \\
P_f^R &= \{p \in P \mid R(p^\bullet) = \emptyset \wedge {}^\bullet p \subseteq T_R\} \\
m_0^R(p) &= 1, \text{ falls } p \in P_i^R \text{ und } 0 \text{ sonst}
\end{aligned}$$

Theorem 8.35 *Wenn D ein Dienst und $N[R]$ eine R-Komponente ist, dann ist $\Gamma_D[R]$ eine Komponente nach Definition 8.28.*

Beweis: Es ist $I^R \subseteq P_R$ zu zeigen: Es gilt $I^R \subseteq P_R$, denn $p^\bullet \subseteq T_R$ impliziert $p \in (^\bullet T_R \cup T_R^\bullet) = P_R$. Analog folgt $O^R \subseteq P_R$, $P_i^R \subseteq P_R$ und $P_i^R \subseteq P_R$.

Wir zeigen $T_R^\bullet \cap I^R = \emptyset$: Sei $p \in I^R$, dann gilt nach Definition $R(^\bullet p) \neq R(p^\bullet) \wedge p^\bullet \subseteq T_R$. Da für Kommunikationsstellen stets $|R(^\bullet p)| = |R(p^\bullet)| = 1$ gilt, ist $R(^\bullet p) = \{r_1\}$ und $R(p^\bullet) = \{r_2\}$ für $r_1 \neq r_2$. Da $p^\bullet \subseteq T_R$ gilt, muss $R(p^\bullet) \subseteq R$ sein, d.h. $r_2 \in R$ und $r_1 \notin R$. Aus $r_1 \notin R$ folgt dann $^\bullet p \cap T_R = \emptyset$. Dies ist gleichbedeutend mit $(\_F_R p) = \emptyset$. Also gilt in $N[R]$ auch $^\bullet I^R = \emptyset$ und dies ist gleichbedeutend mit $T_R^\bullet \cap I^R = \emptyset$. Analog zeigt man $O^R \cap {}^\bullet T_R = \emptyset$.

Damit ist $\Gamma_D[R]$ eine Komponente. q.e.d.

8.3.3 Prozesse für Rollenkomponenten

Da für Komponenten eine Prozessdefinition existiert, können wir daher dies auch auf Rollenkomponenten übertragen:

$$Proc(N[R]) := Proc(\Gamma_D[R]) \tag{8.13}$$

Wir erweitern das Konzept der Komponentenprozesse, die keine feste Umgebung annehmen, nun auf die Komponenten $D[R]$ eines Dienstnetzes. Dabei nutzen wir aus, dass Rollenkomponenten eines Dienstnetzes die Komponente $\Gamma_D[R]$ definiert, die eine Komponente nach Definition 8.28 ist. Es ist daher naheliegend, die Definition der Komponentenprozesse aus Definition 8.36 zu verallgemeinern. Dies geschieht analog zur Definition der Dienstprozesse in Definition 8.16. Dazu nehmen an, dass alle globalen Stellen $p \in \mathcal{P} \setminus P$ auch einen Typ $d(p)$ besitzen.

Definition 8.36 *Sei D ein Dienstnetz und $R \subseteq R(D)$ eine Rolle. Ein Prozess von $D[R]$ ist das Tupel (K, ϕ) mit $K = (B, E, <)$ und $\phi = (\phi_P, \phi_A)$, wobei gilt:*

1. *Der Prozess beschreibt in der Einschränkung auf $P \subseteq \mathcal{P}$ den Anfangszustand M_0 von $D[R]$:*

   $M_0(p)(c) = |\{b \in {}^\circ D[R] : \phi^P(b) = p \land \phi_A(b) = c\}|$ *für alle $p \in P$ und $c \in A$.*

2. *$\phi_A : B \to A$ weist jeder Bedingung einen typgerechten Wert der Algebra zu: $\phi_A(p) \in [\![d(p)]\!]$ für alle $p \in \mathcal{P}$.*

3. *Für jedes Ereignis $e \in E$ gilt eine der beiden Bedingungen:*

   a) *Interne Aktion: Es existiert eine Transition $t \in T$ und eine Bindung α, so dass e das Schalten von (t, α) beschreibt:*

   $$\begin{aligned} A, \alpha \models G(\phi_T(e)) \quad &\land \quad \forall p \in {}^\bullet t : \phi_A^\oplus({}^\bullet e)(p) = \alpha(W(p,t)) \\ &\land \quad \forall p \in t^\bullet : \phi_A^\oplus(e^\bullet)(p) = \alpha(W(t,p)) \end{aligned}$$

   b) *Externe Aktion: Für alle Stellen $x \in \mathcal{P}$ gilt $\phi({}^\bullet e)(x) \leq 1$ und $\phi(e^\bullet)(x) \leq 1$. Aus $\phi({}^\bullet e)(x) = 1$ folgt $x \in O \cup (\mathcal{P} \setminus P)$ und $\phi(e^\bullet)(x) = 1$ impliziert $x \in I \cup (\mathcal{P} \setminus P)$.*

Die Menge aller Prozesse von $D[R]$ wird mit $Proc(D[R])$ bezeichnet.

Die Prozessdefinition für die gefärbten Dienstnetze ergibt sich als kanonische Erweiterung:

Theorem 8.37 *Wenn $(K, (\phi_P, \phi_A))$ ein Prozess von $D[R]$ ist, dann ist (K, ϕ_P) eine Komponentenprozess von $\Gamma_D[R]$.*

Beweis: Direkt aus dem Vergleich von Definition 8.36 mit Definition 8.29. q.e.d.

Da die Komposition zweier Rollenkomponenten $D[R_1] \| D[R_2]$ erzwingt, dass die Anschriften konsitent sind, können wir ganz analog zu Theorem 8.30 folgern, dass sich das Verhalten der Komposition als der Durchschnitt der Einzelverhalten ergibt:

Theorem 8.38 *Seien $D[R_1], D[R_2]$ zwei komponierbare Komponenten mit $R_1 \cap R_2$, dann gilt:*

$$Proc(D[R_1] \| D[R_2]) = Proc(D[R_1]) \cap Proc(D[R_2])$$

8.3.4 Verfeinerungsstruktur auf Dienstnetzen

Sei $D = (N, A, d, r, W, G, M_0)$ ein Dienstnetz. Wir hatten Stellen in (8.7) als Kommunikationskanäle definiert, wenn sie Transitionen mit unterschiedlichen Rollen verbinden.

Wenn wir uns fragen, ob sich Dienste ähnlich verhalten, dann bezieht sich die Verhaltensähnlichkeit stets auf die Kommunikationen. Da Nachrichten Stellen, also passive Elemente sind, können wir mit ihnen nicht direkt eine Verhaltensähnlichkeit definieren. Dies lässt sich aber leicht erreichen, wenn wir mit jeder Nachricht ein Ereignis assoziieren. Dazu verfeinern wir jede Nachricht p, indem wir sie in zwei Stellen p^{in} und p^{out} aufspalten, die durch die Transition t_p verbunden werden. Die Stellen p^{in} und p^{out} haben den gleichen Typ wie p. An den Kanten (p^{in}, t_p) und (t_p, p^{out}) notieren wir jeweils die gleiche Variable x, so dass jede Marke von p^{in} zu p^{out} geschaltet werden kann. Man erkennt sofort, dass bis auf einfache Umbenennungen sich das Verhalten des Netzes durch diese Transformation nicht ändert, denn jede Markierung M spaltet sich für jeden markierten Kommunikationskanal p in die Markierungen M^{in} und M^{out} auf, die im Erreichbarkeitsgraph nur durch die t_p verbunden sind. Da Kommunikationsstellen nie initial sind, sind sie in allen Anfangsmarkierungen unmarkiert, so dass wir die Markierung von p^{in} und p^{out} die leere Multimenge ist. Für Dienstnetze mit Rollenanschrift sind zudem noch die neuen Transitionen mit einer beliebigen, bislang unvewendeten Rolle zu beschriften.

Definition 8.39 *Sei $D = (N, A, d, W, G, M_0)$ ein Dienstnetz. Die Kommunikationserweiterung von D bezüglich der Rolle $R \subseteq R(D)$ ist das Dienstnetz:*

$$\hat{D}(R) = (N', A, d', W', G', M_0')$$

Dabei ist $N' = (P', T', F')$ und die Abbildungen d, r, W, G, M_0 modifizieren wir folgendermaßen:

$$\begin{aligned}
P' &= (P \setminus P_{KK}(R)) \cup \{p^{in}, p^{out} \mid p \in P_{KK}(R)\} \\
T' &= T \cup \{t_p \mid p \in P_{KK}(R)\} \\
F' &= F \cup \{(p^{in}, t_p), (t_p, p^{out}) \mid p \in P_{KK}(R)\} \\
d'(p^{in}) &= d'(p^{out}) = d(p) \\
W'(p^{in}, t_p) &= x = W'(t_p, p^{out}) \qquad x \in X_{d(p)} \\
M_0'(p^{in}) &= M_0'(p^{out}) = \mathbf{0}
\end{aligned}$$

Wir wollen nun definieren, wann zwei Dienste bezüglich ihres Kommunikationsverhaltens äquivalent sind. Der hier verwendete Äquivalenzbegriff beruht auf dem Konzept der *Bisimulation* (vgl. Park, 1980; Milner, 1989). Zwei Systemzustände P und Q sind bisimilar (notiert als $P \sim Q$), wenn jeder Zustandsübergang $P \xrightarrow{a} P'$ im anderen System durch eine den Zustandsübergang $Q \xrightarrow{a} Q'$ simuliert werden kann und P' und Q' wiederum bisimilar sind. Bisimulation kann durch die Forderung, dass folgendes Diagramm durch die Existenz einer Konfiguration Q' (bzw. P' im symmetrischen Fall) kommutativ ist, dargestellt werden:

$$\begin{array}{ccc} P & \sim & Q \\ a \downarrow & & \downarrow a \\ P' & \sim & Q' \end{array}$$

Haben wir zwei Dienste D_1 und D_2, dann müssen diese, um ähnlich sein zu können, auf jeden Fall die gleichen Kommunikationskanäle besitzen. Daraus folgt, dass beide Dienste die gleichen hinzugefügten Transitionen t_p besitzen. Auf diesen Aktionen definieren wir dann eine Bisimulation $\approx$ bezüglich der Markierungen der beiden Dienste. Hierbei müssen wir von den internen Aktionen der Dienstnetze abstrahieren, d.h. von allen nicht kommunikativen Transitionen. Diese Form der Bisimilarität heißt *Kommunikationsäquivalenz*. Dazu definieren wir den löschenden Homomorphismus h mit:

$$h(t, \alpha) = \begin{cases} (t, \alpha), & \text{falls } t = t_p, p \in P_{KK}(D) \\ \lambda, & \text{sonst} \end{cases}$$

Wir definieren mit Hilfe des Homomorphismus h eine weitere Übergangsrelation $\widehat{\rightarrow}$, die beliebig viele interne Schritte vor und nach einer Kommunikationstransition erlaubt:

$$M_1 \xrightarrow[\widehat{D}(R)]{\widehat{t,\alpha}} M_2 : \iff \exists w : M_1 \xrightarrow[\widehat{D}(R)]{w} M_2 \wedge h(w) = (t, \alpha)$$

Definition 8.40 *Seien D_1 und D_2 zwei Dienstnetze und $R_1 \subseteq R(D_1)$ und $R_2 \subseteq R(D_2)$ Teilmengen ihrer Rollen, die die gleichen Kommunikationskanälen generieren, d.h. $P_{KK}(R_1) = P_{KK}(R_2) =: KK$.*

Sei M_1 eine Markierungen von D_1 und M_2 eine Markierungen von D_2. M_1 und M_2 sind KK-kommunikationsbisimilar, notiert als $M_1 \approx_{KK} M_2$, *falls $(M_1, M_2) \in \mathcal{B}$ für eine Kommunikationsbisimulation $\mathcal{B}$ gilt.*

Eine binäre Relation $\mathcal{B}$ auf heißt Kommunikationsbisimulation, *falls für alle $(M_1, M_2) \in \mathcal{B}$ gilt:*

1. *Wenn $M_1 \xrightarrow[\widehat{D}_1(R_1)]{\widehat{t,\alpha}} M'_1$ gilt, dann existiert ein M'_2, so dass $M_2 \xrightarrow[\widehat{D}_2(R_2)]{\widehat{t,\alpha}} M'_2$ und $(M'_1, M'_2) \in \mathcal{B}$ gilt.*

2. *Wenn $M_2 \xrightarrow[\widehat{D}_2(R_2)]{\widehat{t,\alpha}} M'_2$ gilt, dann existiert ein M'_1, so dass $M_1 \xrightarrow[\widehat{D}_1(R_1)]{\widehat{t,\alpha}} M'_1$ und $(M'_1, M'_2) \in \mathcal{B}$ gilt.*

8.3 Rollenkomponenten von Dienstnetzen

Die Dienste D_1 und D_2 sind KK-kommunikationsbisimilar, notiert als $D_1 \approx_{KK} D_2$, falls für die Initalmarkierungen $M_{0,1}$ und $M_{0,2}$ die Bisimulation $M_{0,1} \approx_{KK} M_{0,2}$ gilt.

Die Rollenkomponenten $D_1[R_1]$ und $D_2[R_2]$ sind kommunikationsbisimilar, notiert als $D_1[R_1] \simeq D_2[R_2]$, wenn $KK := P_{KK}(R_1) = P_{KK}(R_2)$ gilt und für alle $i,j \in \{1,2\}$ die Kompositionen $D_1[R_1] \| D_i[R(D_i) \setminus R_i]$ und $D_2[R_2] \| D_j[R(D_j) \setminus R_j]$ KK-kommunikationsbisimilar sind.

Man erkennt leicht, dass $\approx_{KK}$ eine Äquivalenzrelation ist. Man beachte, dass für die Definition der Simulation die erweiterten Netze $\hat{D}_i(R_1), i = 1,2$ und nicht die Dienstnetze D_i selbst verwendet werden.

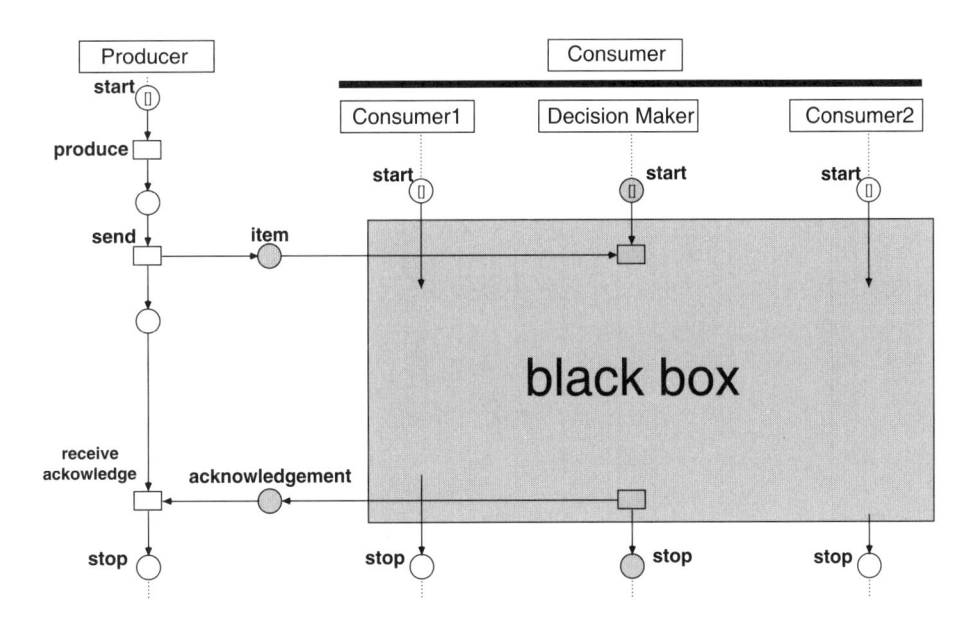

Abbildung 8.8: Verfeinerung der Rolle *Consumer*

Wir erweitern die Kommunikationsbisimulation auch auf Komponenten, um auszudrücken, dass eine Rollenkomponente die Aufgabe einer anderen übernehmen kann. Erweitern wir beispielsweise die Rolle *Consumer* im Dienstnetz aus Abbildung 8.1 – wie in Abbildung 8.8 angedeutet. Verfeinerung heißt hierbei, dass wir eine Rolle durch eine Menge von Rollen ersetzen, ohne dass sich dabei das beobachtbare Verhalten ändert. Rollenverfeinerung dedeutet also keine Verfeinerung des Verhaltens, denn dieses ändert sich ja gerade nicht.

Konkret kann es sich bei dieser Verfeinerung besipielsweise um das Dienstnetz PC_2 aus Abbildung 8.9 handeln, das eine Verfeinerung des

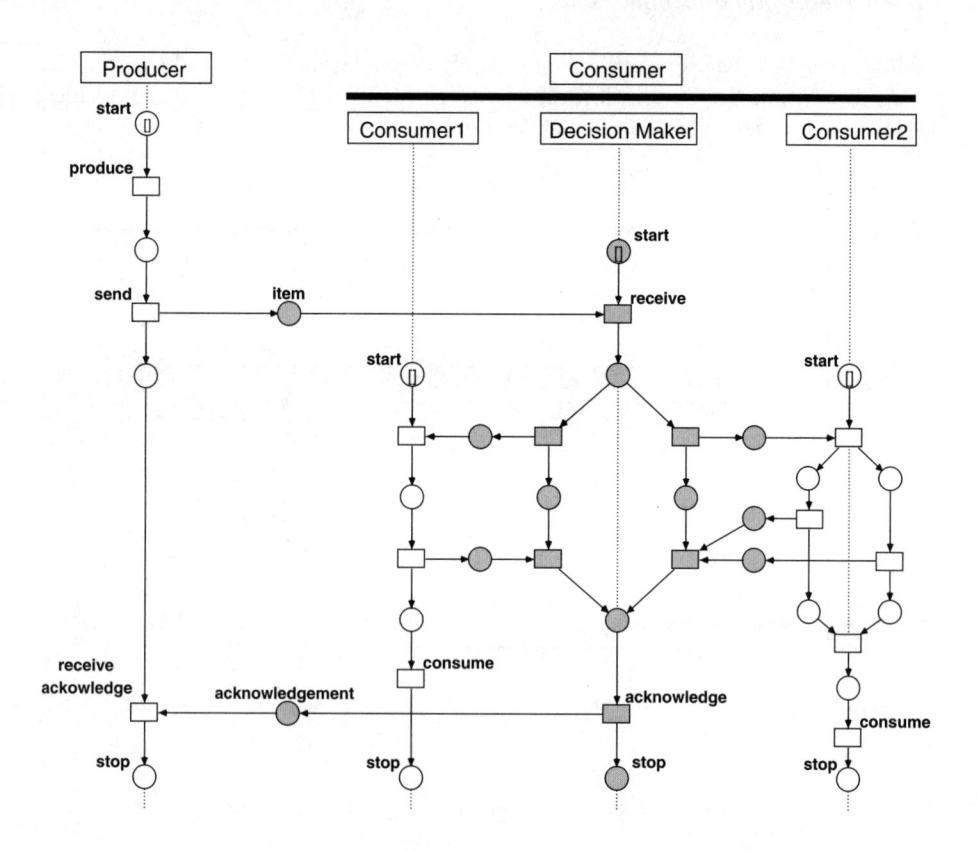

Abbildung 8.9: PC_2: Verfeinerung der Rolle *Consumer*

8.3 Rollenkomponenten von Dienstnetzen

Producer/Consumer-Dienstnetzes PC aus Abbildung 8.1 darstellt. Die Rollen $R_2 = \{Consumer_1, Consumer_2, DecisionMaker\}$ des Dienstnetzes PC_2 verfeinern das Verhalten der Rolle $Consumer$ im Dienstnetz PC.

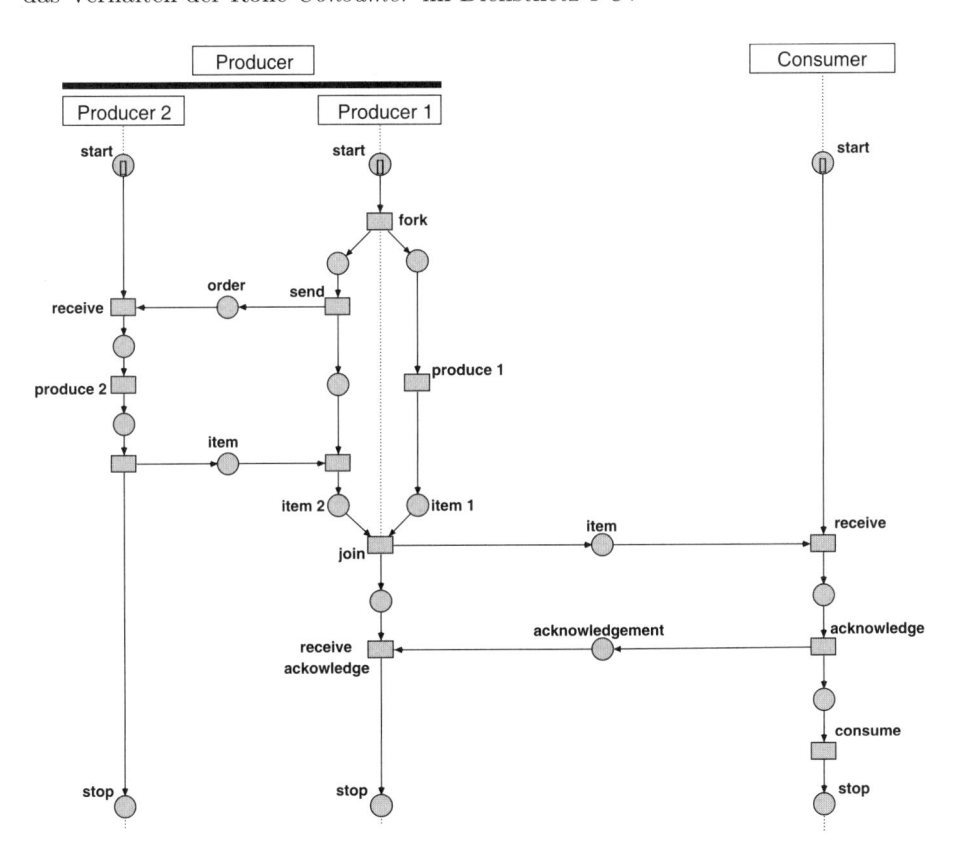

Abbildung 8.10: PC_3: Verfeinerung der Rolle $Producer$

Analog stellt das Dienstnetz PC_3 aus Abbildung 8.10 eine Verfeinerung der Rolle $\{Producer\}$ durch die Rolle $R_1 = \{Producer_1, Producer_2\}$ dar. Eine Kompositionen der beiden Teilverfeinerungen ist in Abbildung 8.11 dargestellt.

Man beachte, dass das der Rolle $Consumer_1$ zugeordnete Teilnetz zwar isomorph zu der Komponente der Rolle $Consumer$, aber nicht mit identisch ist. Dies kann auch nicht sein, denn die Rolle R_2 interagiert bereits extern über Kommunikationskanäle (hier: item und acknowledgement) mit der Rolle $Producer$ und diese sind unterschiedlich zu denen, die $Consumer_1$ nutzt.

Eine Übersicht über die Dienst/Rollen-Beziehungen in den Dienstnetzen PC_1, PC_2 und PC_3 ist in Abbildung 8.12 dargestellt. Die Transitionen modellieren die

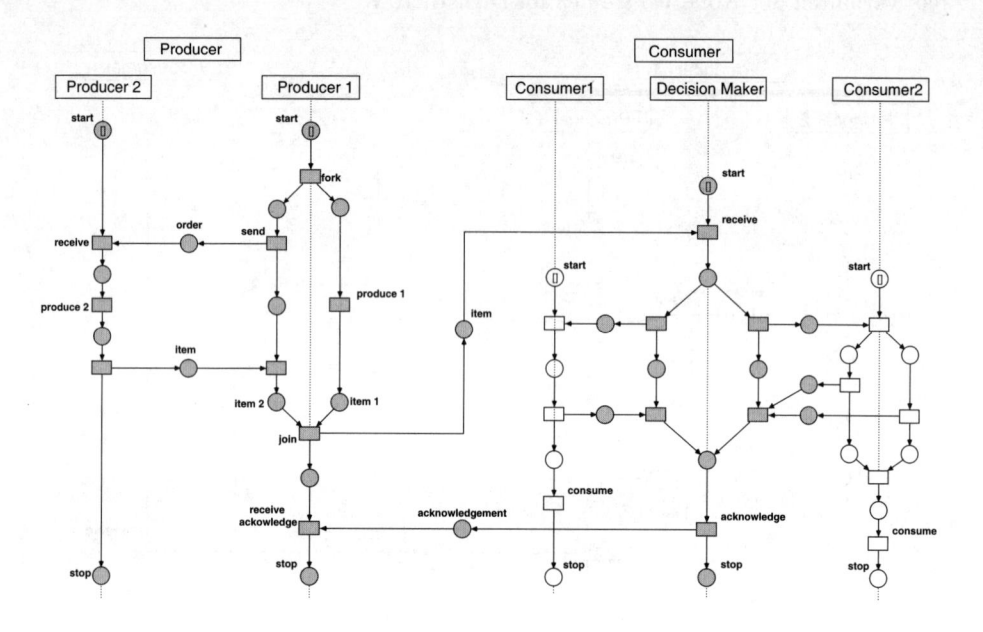

Abbildung 8.11: Die Komposition $PC_4 = PC_3[R_1] \| PC_2[R_2]$

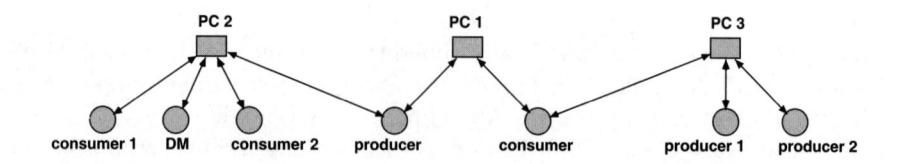

Abbildung 8.12: Übersicht über die Dienst/Rollen-Beziehungen

Dienstnetze, die Stellen die beteiligten Rollen und die Kanten die Existenz von sendenden und empfangenden Kommunikationskanälen.

8.4 Formale Analyse und Steuerung von Diensten

Zur Spezifikation des Verhaltens hat sich die Verwendung temporaler Logik etabliert. Temporallogiken sind spezielle Modallogiken (Hughes und Cresswell, 1984). Die Gültigkeit temporallogischer Aussagen wird zumeist durch eine *Zustandsraumanalyse* bewiesen. Die als Zustandsraumanalyse (engl. model checking) bekannte Technik geht auf die unabhängig voneinander entwickelten Grundlagen von Emerson und Clarke (1982) sowie Queille und Sifakis (1981) zurück.[4] Die von Emerson und Clarke vorgestellte *Computation Tree Logic* (CTL) wurde in vielen weiteren Arbeiten in der Ausdrucksmächtigkeit erweitert. Beispiele sind CTL* (Emerson, 1990) und ACTL (Grumberg und Long, 1994). Weitere Ansätze stellen das μ-Kalkül nach Park (1976) und die Hennessy-Milner-Logik (Hennessy und Milner, 1980) dar. Die *Linear Time Logic* (LTL) nach Gabbay u. a. (1980) stellt einen weiteren logikbasierten Ansatz dar, die die Grundlage für einen prominenten Ansatz zur Verifikation reaktiver Systeme nach Manna und Pnueli (1995) darstellt. Zentrale Stärke der LTL gegenüber der CTL ist die Behandlung von starken Fairness-Eigenschaften. Verwandte Arbeiten sind auch das Unity-System nach Chandy und Misra (1989) und die Arbeit von Lamport (1977), die in die *temporal logics of actions* (TLA) (Lamport, 1994) mündete.

8.4.1 Temporallogik für sequentielle Modelle

Die Klasse der zustandsbasierten Logiken ist sehr verbreitet, da sie direkt auf den Modallogiken (vgl. Hughes und Cresswell, 1984) aufbauen können. Das Standardmodell der modalen Logik ist die Kripke-Struktur (W, R), die aus einer Menge an Welten W und deren Verbindungen, dargestellt durch die Relation $R \subseteq W^2$, besteht. Zustandsaussagen lassen sich direkt als Abbildungen von der Menge der Welten in die Menge der Zustände definieren. Die hohe mathematische Formalisierung der Modallogiken begründet die starke Verbreitung der zustandsbasierten Temporallogiken. Zustandsbasierte Temporallogiken lassen sich in zwei Klassen aufteilen: Temporallogiken auf der Basis einer linearen Zeit – wie beispielsweise LTL – sowie auf Basis einer vorwärts verzweigenden Zeit, wie die Logik CTL*. Der Reiz dieser Logiken liegt in ihrer algorithmischen Fundierung. Siehe dazu die Arbeit von Emerson und Clarke (1982) für CTL und die Darstellung nach Pnueli und Lichtenstein (1985) für LTL. Für den Zusammenhang von temporaler Logik zu ω-regulären Sprachen sowie der Automatentheorie siehe Vardi und Wolper (1994) oder Thomas (1990).

---

[4] Eine Einführung zu Ansätzen im Bereich der Zustandsraumanalyse finden sich z.B. bei Shankar (1998).

Definition 8.41 *Die Menge der* CTL* *-Formeln* $CTL^*(X)$ *über einer Menge atomarer Aussagen X ist die Menge aller Pfadformeln:*

1. *Jede atomare Aussage $x \in X$ ist eine Zustandsformel.*

2. *Sind p und q Zustandsformeln, so auch $\neg p$, $(p \vee q)$ und $\mathbf{E}p$.*

3. *Jede Zustandsformel ist eine Pfadformel*

4. *Sind P, Q Pfadformeln, dann auch $\neg P$, $(P \vee Q)$, $\bigcirc P$ und $(P\ \mathbf{U}\ Q)$.*

Weitere Operatoren sind von den bestehenden abgeleitet: Wir definieren TRUE $:= (x \vee \neg x)$ für ein beliebiges Atom und FALSE $:= \neg$TRUE. Der *eventually*-Operator $\Diamond$ ist ebenfalls abgeleitet:

$$\Diamond \psi \ := \ (\text{TRUE}\ \mathbf{U}\ \psi)$$

Der „leads to"-Operator ist definiert als $\psi \rightsquigarrow \phi := \Box(\psi \Longrightarrow \Diamond \phi)$.
Die bestehenden Operatoren besitzen duale Operatoren:

$$\begin{aligned}
\neg(\phi \wedge \psi) &:= (\neg\phi \vee \neg\psi) \\
\neg \Box \phi &:= \Diamond \neg \phi \\
\neg(\phi\ \mathbf{U}\ \psi) &:= (\neg\psi\ \mathbf{R}\ \neg\phi) \\
\neg \mathbf{A}\psi &:= \mathbf{E}\neg\psi \\
\neg \bigcirc \psi &= \bigcirc \neg\psi
\end{aligned}$$

Die Logik CTL (Emerson und Clarke, 1982) ist eine Einschränkung von CTL*, derart, dass eine Zustandsmodalität nur in Kombination mit einer Pfadmodalität erlaubt ist, d.h. dass beispielsweise $\mathbf{E}$ nur zusammen mit $\mathbf{U}$ auftreten darf. Durch diese Einschränkung besitzt CTL ein Fixpunkt-Charakterisierung, was die Grundlage einer effizienten Prozedur für die Zustandsraumanalyse bildet (siehe McMillan, 1993).

Hauptvertreter der Temporallogiken auf der Basis einer linearen Zeit ist die Linear Time Logic (LTL) nach Gabbay u. a. (1980) bzw. Manna und Pnueli (1995). Zentrale Stärke der LTL gegenüber CTL ist die Behandlung von starken Fairness-Eigenschaften. Die temporale Logik LTL formalisiert nur Zustandsaussagen, die in allen möglichen Sequenzen gültig sein müssen. LTL ist eine Teillogik von CTL*, bei der keine Pfadquantoren verwendet werden. LTL kann somit als Einschränkung von CTL* verstanden werden, da LTL über allen verzweigenden Pfaden interpretiert wird, d.h. eine LTL-Formel ψ entspricht der CTL*-Formel $\mathbf{A}\psi$, wobei ψ keine Pfadquantoren enthalten darf.

Das *Kripkemodell* $M = (K, \alpha, z_s)$ dieser Logik besteht aus einer Kripke-Struktur $K = (Z, \rightarrow)$ zusammen mit einer Bewertungsfunktion $\alpha : Z \rightarrow 2^X$, die jedem Zustand die Menge der gültigen Atome zuweist, und dem Initialzustand $z_s \in Z$. Die

8.4 Formale Analyse und Steuerung von Diensten

Welten der Kripkestruktur werden im Kontext der Temporallogik als Zustände und die Relation zwischen Welten als Zustandsübergänge interpretiert. Die Gültigkeit von Aussagen wird auf Aktionssequenzen von K definiert, wobei die Kripkestruktur als Graph verstanden wird. Um nicht zwischen endlichen und unendlichen Abwicklungen unterscheiden zu müssen, nehmen wir an, dass jeder Zustand mindestens einen Nachfolger hat. Dies ist keine Einschränkung, da jedes System in diese Form bringen können, indem ein neuer Zustand hinzugefügt wird und dieser der Nachfolger aller Zustände wird, die zuvor keinen hatten. Somit können wir uns auf die unendlichen Sequenzen beschränken. Sei σ eine unendliche Sequenz von Zustandsübergängen:

$$\sigma = z_0 z_1 z_2 \cdots \quad \text{mit} \quad \forall i \in \mathbb{N} : z_i \rightarrow z_{i+1}$$

Der Pfad σ_k ist definiert als der Pfad, der im k-ten Zustand von σ beginnt:

$$\sigma_k = z_k z_{k+1} \cdots$$

Sei $\Sigma(z)$ die Menge aller unendlichen Zustandssequenzen, die mit z beginnen.

Die Gültigkeit von Zustandsaussagen ergibt sich relativ zu einem Zustand z_0. So bedeutet $\mathbf{E}p$, dass von diesem Zustand ein Pfad σ ausgeht, der p erfüllt. Die Gültigkeit von Pfadaussagen wird auf Pfaden interpretiert. Gültigkeit notieren wir als $M, \sigma \models P$. Ist das Modell klar, so notieren wir nur kurz $\sigma \models P$. Die Aussage $\circ P$ beschreibt, dass P im Nachfolgezustand z_1 gilt, $P \mathbf{U} Q$ (engl. *until*) beschreibt, dass in einem erreichbaren Zustand z_n das Prädikat Q gelten wird und dass in allen Zwischenzuständen z_i die Aussage P gilt.

Definition 8.42 *Sei $M = (K, \alpha, z_s)$ ein Modell. Die Gültigkeit einer CTL*-Formel P in einem Pfad $\sigma = z_0 z_1 \cdots$ wird mit $M, \sigma \models P$. Sie ist folgendermaßen definiert:*

$$
\begin{array}{lcl}
M, z_0 \models x & \iff & x \in \alpha(z_0) \\
M, z_0 \models \neg p & \iff & M, z_0 \not\models p \\
M, z_0 \models (p \vee q) & \iff & M, z_0 \models p \text{ oder } M, z_0 \models q \\
M, z_0 \models \mathbf{E}p & \iff & \exists \sigma \in \Sigma(z_0) : M, \sigma \models p \\
M, \sigma_k \models p & \iff & z_k \models p \\
M, \sigma_k \models \neg P & \iff & M, \sigma_k \not\models P \\
M, \sigma_k \models (P \vee Q) & \iff & M, \sigma_k \models P \text{ oder } \sigma_k \models Q \\
M, \sigma_k \models \circ P & \iff & M, \sigma_{k+1} \models P \\
M, \sigma_k \models (P \mathbf{U} Q) & \iff & \exists n \geq k : M, \sigma_n \models Q \wedge \forall k \leq i < n : M, \sigma_i \models P
\end{array}
$$

Eine Aussage P ist gültig, notiert $M \models P$, wenn sie in z_0 gültig ist.

Die Korrektheitsbedingung für Workflownetze ist ein gutes Beispiel für eine Spezifikation mittels Temporallogik. Wollen wir nicht ausschließlich korrekte

Workflow-Netzen betrachten, sondern wollen wir auch solche Workflow-Netze zulassen, die nicht notwendigerweise korrekt sind, weil sie in einigen, aber nicht in allen erreichbaren Markierungen terminieren können, dann müssen wir sie steuern, weil sie die Terminierungsbedingungen verletzen.

Dies können wir mit der folgenden Formel beschreiben, die alle Schaltfolgen beschreibt, die ψ erfüllen und gleichzeitig stets die Option zu terminieren besitzen.

$$\forall M \in RS(D, M_0) : \psi \land \exists M' \in RS(D, M) : \pi(M') = m_f \qquad (8.14)$$

Wählen wir speziell $\psi = \pi(M) \geq m_f \Longrightarrow \pi(M) = m_f$, so beschreibt (8.14) gerade die Bedingungen der Termination und Fortsetzbarkeit, die für die Korrektheit gefordert sind (vgl. Definition 8.17).

Definieren wir das Atom x_f und seine Belegung als $x_f \in \alpha(M) \iff (\pi(M) = m_f)$, dann können wir diese Eigenschaft in der Temporallogik CTL$^*(X)$ formulieren:

$$\mathbf{A}\Box(\psi \land \mathbf{E}\Diamond x_f) \qquad (8.15)$$

8.4.2 Temporallogik für partiell geordnete Modelle

Wir haben bislang Temporallogiken betrachtet, die auf dem Modell total geordneter Ereignisse basiert. In einem Petrinetz-Prozess ist die Nebenläufigkeit unmittelbar zu erkennen, denn jeder Stellen-Schnitt C aktiviert im Allgemeinen eine Menge U an Transitionen, die dann alle nebenläufig zueinander sind, d.h. in einer Sequentialisierung könnte jede Transition $e \in U$ als „erste" vorkommen. Aufgrund dieser direkten Repräsentation sind die ersten Ansätze für eine temporale Logik partiell geordneter Zustände auf Basis von Petrinetz-Prozessen definiert. Zentrale Arbeiten zu diesem Komplex stammen von Reisig (1988), von Esparza (1994) und von Kindler (1995), die die topologische Unterteilung von Sicherheits- und Lebendigkeitseigenschaften von linearen auf partielle Ordnungen übertragen.

Gerade die Berücksichtigung von Nebenläufigkeit erscheint in vielen Ansätzen als natürliche Antwort auf das Problem der „Zustandsraumexplosion". Beispielsweise besitzt die Komposition n unabhängiger Binärvariablen einen Zustandsraum mit 2^n Zuständen („Explosion des Zustandsraums"). Sei der Initialzustand $(0,\ldots,0)$. Es existieren $n!$ Sequentialisierungen, die im sequentiellen Modell alle n Variablen nebenläufig von 0 nach 1 ändern. Es ist für dieses Beispiel jedoch gar nicht notwendig, alle diese Sequenzen zu überprüfen, da sie alle den gleichen Prozess beschreiben. Unabhängigkeit von Zuständen und Ereignissen wird im Bereich des „partial order model checking" ausgenutzt, um den Suchraum zu verkleinern (siehe dazu Clarke u. a., 1989; Valmari, 1990, 1994; Godefroid, 1996; Larsem und Thomson, 1991; Grumberg und Long, 1994). Halbordnungssemantiken sind ein Ansatz, um ungeordnete Ereignisse direkt als solche zu behandeln, ohne alle ihre Sequentialisierungen zu betrachten. Diese Reduktion resultiert in einer geringeren

8.4 Formale Analyse und Steuerung von Diensten

algorithmischen Komplexität. Eine solche Betrachtung zu partiellen Ordnungen findet sich bei Bradfield (1992), McMillan (1993) und Godefroid (1996).

Die partielle Ordnung macht einen weiteren (im einfachen, sequentiellen Fall überflüssigen) Operator notwendig, der berücksichtigt, dass mehrere Zustände der direkte Nachfolger sein können. (siehe dazu Desel u. a., 1992). Dieser Operator verallgemeinert den Operator $\circ$ und wird durch $\bigvee$ notiert. Die Aussage $\bigvee\psi$ beschreibt, dass eine Eigenschaft in einem der direkt erreichbaren Folgezustände gilt. Der Operator $\bigvee$ besitzt auch einen dualen Operator $\bigwedge$, definiert durch $\bigwedge\psi := \neg\bigvee\neg\psi$, der besagt, dass eine Eigenschaft in allen direkten Folgezuständen gilt. Betrachten wir die Erweiterung von LTL für partielle Ordnungen nach Kindler (1995):

Definition 8.43 *Die Menge $LTL_{po}(X)$ der LTL-Formeln für partielle Ordnungen über einer Menge atomarer Aussagen X ergibt sich induktiv.*

1. *Jede atomare Aussage $x \in X$ ist eine $LTL_{po}(X)$-Formel.*

2. *Sind P, Q $LTL_{po}(X)$-Formeln, dann auch $\neg P$, $(P \vee Q)$, $\bigvee P$ und $(P \mathbf{U} Q)$.*

Diese Logik wird durch die durch Prozesse eines Petrinetzes interpretiert. Das *Prozessmodell* $M = (Proc(N), \alpha)$ für $LTL_{po}(X)$ besteht aus der Menge aller Prozesse π eines Netzes N und einer Bewertungsfunktion $\alpha = (\alpha_\pi : \mathcal{C}_\pi \to 2^X \mid \pi \in Proc(N))$, die jedem Stellenschnitt C des Prozesses π die Menge der gültigen atomaren Aussagen zuweist.

Definition 8.44 *Sei $M = (Proc(N), \alpha)$ ein Prozessmodell für $LTL_{po}(X)$ und sei $\pi = (K, \phi) \in Proc(N)$ ein Prozess. Die Gültigkeit einer temporalen Aussage P in einem Stellenschnitt $C \in \mathcal{C}_\pi$ ist induktiv definiert:*

$$\begin{aligned}
\pi, C \models x &\iff x \in \alpha_\pi(C) \\
\pi, C \models \neg P &\iff \pi, C \not\models P \\
\pi, C \models (P \vee Q) &\iff \pi, C \models P \text{ oder } \pi, C \models Q \\
\pi, C \models \bigvee P &\iff \exists C' \in \mathcal{C}_K : C \to C' \wedge \pi, C' \models P \\
\pi, C \models (P \mathbf{U} Q) &\iff \exists C' \in \mathcal{C}_K : C \xrightarrow{*} C' \wedge \pi, C' \models Q \wedge \\
& \quad \forall C'' \in \mathcal{C}_K : C \xrightarrow{*} C'' \xrightarrow{+} C' \implies \pi, C'' \models P
\end{aligned}$$

Der Prozess $\pi = (K, \phi)$ erfüllt P, wenn P im initialen Schnitt $°K$ gilt:

$$\pi \models P \iff \pi, °K \models P$$

Ein Netz N erfüllt eine Aussage, wenn diese in all seinen Prozessen gilt.

$$N \models P \iff \forall \pi \in Proc(N) : \pi \models P$$

Analog zur Interpretation von LTL_{po} auf Prozessen kann auch die Logik CTL auf partiellen Ordnungen interpretiert werden. Dazu betrachtet man an Stelle der Menge aller Prozesse das Prozessentfaltungsnetz, das – analog zum Abwicklungsbaum für sequentielle Ordnungen – alle Verzweigungsmöglichkeiten enthält (siehe dazu Esparza, 1994).

Wir bezeichnen die Menge aller Prozesse π eines Netzes N, die eine Eigenschaft ψ erfüllen, mit:

$$Proc(N, \psi) = \{\pi \in Proc(N) \mid \pi \models \psi\} \tag{8.16}$$

Analoge Notationen verwenden wir für Dienste D und Rollenkomponenten $N[R]$ bzw. $D[R]$. Die Menge aller Prozesse, die ψ erfüllen und in eine terminale Markierung führen, ist $WFProc(D)$.

Wenn wir speziell die Prozesse von Rollenkomponenten $D[R]$ betrachten, so erhalten wir als Verallgemeinerung von Theorem 8.30 das folgende Kompositionstheorem.

Theorem 8.45 *Sei* $R_1, R_2 \in \mathcal{R}$ *mit* $R_1 \cap R_2 = \emptyset$.

$$Proc(D[R_1], \psi_1) \cap Proc(D[R_2], \psi_2) = Proc(D[R_1] \| D[R_2], \psi_1 \wedge \psi_2)$$

Beweis: Sei $K \in Proc(D[R_1], \psi_1) \cap Proc(D[R_2], \psi_2)$, dann gilt $K \models \psi_1$ und $K \models \psi_2$ und damit auch $K \models (\psi_1 \wedge \psi_2)$. Da $Proc(\Gamma, \psi) \subseteq Proc(\Gamma)$ gilt, folgt $K \in Proc(D[R_i])$ für $i = 1, 2$ und mit Theorem 8.30 auch $K \in Proc(D[R_1] \| R[R_2])$. Insgesamt also $K \in Proc(D[R_1] \| R[R_2], \psi_1 \wedge \psi_2)$.

Sei $K \in Proc(D[R_1] \| D[R_2], \psi_1 \wedge \psi_2)$, dann gilt $K \models (\psi_1 \wedge \psi_2)$ und damit $K \models \psi_1$ und $K \models \psi_2$. Wenn $K \in Proc(D[R_1] \| D[R_2], \psi_1 \wedge \psi_2)$, dann auch $K \in Proc(D[R_1] \| D[R_2])$ und mit Theorem 8.30 auch $K \in Proc(D[R_1]) \cap Proc(R[R_2])$. Insgesamt also $K \in Proc(D[R_i], \psi_i)$ für $i = 1, 2$. q.e.d.

8.4.3 Gesteuerte Dienste

Wir sind nun daran interessiert, ob ein Dienst korrekt bleibt, wenn wir sein Verhalten relativ zu einer Eigenschaft ψ betrachten. Wenn D ein Dienst ist und ψ eine Formel, so bezeichnen wir mit $(D \times \psi)$ den durch ψ gesteuerten Dienst.

Schränken wir die Erreichbarkeitsmenge $RS(D, M_0)$ eines Dienstnetz D auf solche Zustände M ein, die $\psi \in \mathrm{CTL}^*(X)$ erfüllen, so erhalten wir die Menge $RS(D \times \psi, M_0) := \bigcup_{i \in \mathbb{N}} RS_i(D \times \psi, M_0)$ mit:

$$\begin{aligned} RS_{k+1}(D \times \psi, M_0) &:= \{M' \mid \exists M \in RS_k(D \times \psi, M_0) : M \xrightarrow{t,\alpha} M' \wedge M' \models \psi\} \\ RS_0(D \times \psi, M_0) &:= \begin{cases} \{M_0\}, & \text{falls } M_0 \models \psi \\ \emptyset, & \text{sonst} \end{cases} \end{aligned}$$

Die Menge $RS(D \times \psi, M_0)$ ist also genau dann leer, wenn M_0 die Eigenschaft ψ nicht besitzt.

Wir schränken den Erreichbarkeitsgraph $RG(D, M_0)$ eines Dienstnetz D auf solche Zustände M ein, die ψ erfüllen, indem wir die Knoten von $RG(D, M_0)$ auf $RS(D \times \psi, M_0)$ einschränken.

Die Korrektheit eines gesteuerten Dienstnetz $D \times \psi$ wird analog zu der des Dienstes D formuliert (vgl. Definition 8.17), nur dass jeweil $RS(D, M_0)$ durch $RS(D \times \psi, M_0)$ ersetzt werden muss.

Definition 8.46 *Wenn D ein Dienst ist und $\psi \in \text{CTL}^*(X)$ eine Formel, so bezeichnen wir mit $(D \times \psi)$ den durch ψ gesteuerten Dienst. Ein gesteuertes Dienstnetz $(D \times \psi)$ heißt* korrekt, *wenn gilt:*

$$\forall M \in RS(D \times \psi, M_0) : \pi(M) \geq m_f \implies \pi(M) = m_f$$
$$\wedge \, \forall M \in RS(D \times \psi, M_0) : \exists M' \in RS(D \times \psi, M) : \pi(M') = m_f$$
$$\wedge \, \forall t \in T : \exists M_0 : f(M_0) = m_0 \wedge \exists M \in RS(D \times \psi, M_0) : M \xrightarrow{t}$$

Ein gesteuertes Dienstnetz $(D \times \psi)$ heißt schwach korrekt, *wenn nur die ersten beiden Bedingungen gelten*

Ein gesteuerte Dienstnetz $D \times \psi$ heißt strukturell (schwach) korrekt, *wenn es für alle Anfangsmarkierungen M mit $\pi(M) = m_0$ (schwach) korrekt ist.*

Theorem 8.47 *Sei D ein Dienst, der in M_0 terminieren kann, d.h. $\exists M \in RS(D, M_0) : \pi(M) = m_f$, dann existiert eine Steuerung ψ, so dass $D \times \psi$ schwach korrekt ist.*

Beweis: D kann terminieren. Also existiert eine Schaltfolge $M_0 \xrightarrow{t_1, \alpha_1} M_1 \xrightarrow{t_2, \alpha_2} \cdots M_n = M$ mit $\pi(M) = m_f$. Wählen wir speziell

$$\psi = \bigwedge_{k=0}^{n} \circ^k (M = M_k) = \Big((M = M_0) \wedge \circ (M = M_1) \wedge \circ \circ (M = M_2) \wedge \cdots \Big),$$

so erlaubt die Steuerung nur diese Schaltfolge, was zeigt, dass der Dienst $D \times \psi$ korrekt ist. q.e.d.

8.5 Dienstklassen

Dienstklassen sind Mengen von Dienstnetzen, die konsistent bezüglich der verwendeten Rollen sind. Formulieren wir im folgenden Konsistenz. Die Rollen der Dienstnetze einer Dienstklasse sind nicht notwendigerweise disjunkt. Es ist möglich, dass die gleiche Rolle r in zwei Dienstnetzen D_1 und D_2 vorkommt. In diesem

Fall fordern wir aber, dass die Rolle in beiden Netzen identische Prozesse beschreiben:

$$D_1[R] \simeq D_2[R]$$

Dadurch wird ausgedrückt, dass Interaktion und Rollen zwei untrennbare Konzepte sind, d.h. dass unter einer abstrakten Betrachtungsweise die Interaktion mit dem Verhältnis der an ihr beteiligten Rollen gleichzusetzen ist.

Zu einer Menge an Diensten $\mathcal{D}$ bezeichnet $\mathcal{D}(R)$ die Menge aller Dienste, die die Rolle $R \in \mathcal{R}$ enthalten:

$$\mathcal{D}(R) = \{D \in \mathcal{D} \mid R(D) \supseteq R\} \tag{8.17}$$

Eine Dienstklasse soll abgeschlossen gegenüber der Substitution verhaltensgleicher Komponenten sein, d.h. für zwei Dienste $D, D' \in \mathcal{D}$ mit der Verhaltensäquivalenz $D[R] \simeq D'[R']$ ist auch stets die Komposition $D[R] \| D'[R(D') \setminus R']$ und auch $D'[R'] \| D[R(D) \setminus R]$ auch in $\mathcal{D}$.

Definition 8.48 *Sei $\mathcal{R}$ eine Rollenstruktur. Eine Dienstklasse $\mathcal{D}$ besteht aus einer gegenüber der Substitution verhaltensgleicher Komponenten abgeschlossener Menge an Dienstnetzen $\mathcal{D}$ mit*

$$\forall R \in \mathcal{R} : \forall D_1, D_2 \in \mathcal{D}(R) : D_1[R] \simeq D_2[R]$$

Bemerkung: Es reicht aus, für Dienstklassen die Äquivalenz $D_1[R] \simeq D_2[R]$ für elementare Rollen $R = \{r\}$ zu fordern, da alle anderen Rollen durch Vereinigung gebildet werden können.

Für jede Dienstklasse $\mathcal{D}$ generiert jede Rolle R die Klasse $\mathcal{D}(R)$, deren Elemente $D \in \mathcal{D}(R)$ sich nicht in ihrem Verhalten bezüglich der Rolle R unterscheiden lassen.

Für eine Dienstklasse $\mathcal{D}$ definieren wir die Menge aller Dienstkomponentenprozesse:

$$Proc(\mathcal{D}, \mathcal{R}) := \bigcup_{D \in \mathcal{D}} \bigcup_{R \in \mathcal{R}} Proc(D[R]) \tag{8.18}$$

Die Unterklasse der terminierenden Prozesse ist:

$$WFProc(\mathcal{D}, \mathcal{R}) := \{(K, \phi) \in Proc(\mathcal{D}, \mathcal{R}) \mid \pi(\phi(K^\circ)) = m_f\} \tag{8.19}$$

Wir definieren im folgenden die Menge der Formeln für eine Dienstklasse $\mathcal{D}$. Sei $D \in \mathcal{D}$ ein Dienstnetz. Die Atome sind von der Form $A_{k,q}$, wobei $k \in \mathbb{Q}^{|P_{KK}(D)|}$ und $q \in \mathbb{Q}$ ist, oder von der Form $A_{p,c,n}$, wobei $p \in P_{KK}(D)$, $c \in [\![d(p)]\!]$ und $n \in \mathbb{N}$ ist. Die Menge aller dieser Atome von D wird mit $\mathcal{A}_D$ bezeichnet. Die Menge aller Atome ist $\mathcal{A}_\mathcal{D} = \bigcup_{D \in \mathcal{D}} \mathcal{A}_D$.

8.5 Dienstklassen

Zu einer Markierung M ergibt sich die Bewertungsfunktion α als die Familie der α_D, die jeweils folgendermaßen definiert sind:

$$\alpha_D(M) = \{A_{k,c} \mid \sum_{p \in P_{KK}(D)} (k(p) \cdot \pi(M)(p)) \leq c\} \cup \\ \{A_{p,c,n} \mid M(p)(c) \leq n\}$$

Zu einem Prozess $\pi \in Proc(D)$ erweitert sich dies zu einer Bewertung auf den Schnitten:

$$\alpha_{D,\pi}(C) = \alpha_D(\phi(C))$$

Damit ist dann $PM(\mathcal{D}) = (\bigcup_{D \in \mathcal{D}} Proc(D), \alpha)$ das von D erzeugte Standardprozessmodell der Logik $\text{LTL}_{po}(\mathcal{A}_\mathcal{D})$.

Um sowohl die Steuerung mittels des Erreichbarkeitgraphen als auch die Erfüllbarkeit im Prozessmodell betrachten zu können, schränken wir die folgenden Betrachtungen auf Formeln ein, die sowohl in $\text{LTL}(X)$ als auch $\text{LTL}_{po}(X)$ sind.

Definition 8.49 *Sei $\mathcal{D}$ eine Dienstklasse. Die Menge der* Prozessformeln *ist definiert als die Menge:*

$$PF_\mathcal{D} := \text{LTL}(\mathcal{A}_\mathcal{D}) \cap \text{LTL}_{po}(\mathcal{A}_\mathcal{D}) \qquad (8.20)$$

Für die Steuerung konvertieren wir jede Prozessformel ψ implizit als eine CTL*-Formel, indem wir den Pfadquantor **A** hinzufügen, d.h. wir betrachten $\mathbf{A}\psi$ anstelle von ψ.

Zusammenfassung

In diesem Kapitel haben wir die Interaktion verteilter Systeme mit Hilfe von Dienstnetzen formalisiert. Dienstnetze sind gefärbte Petrinetze, die die Grundstruktur eines Ablaufnetzes besitzen und zudem mit einer Konzeptbeschreibung und einer Rollenstruktur versehen sind.

Da Dienstnetze eng mit den Workflownetzen verwandt sind, haben wir die Korrektheit von Dienstnetzen analog definiert und konnten zeigen, dass sich Korrektheit von Ablaufnetzen entscheiden lässt, indem man diese auf Workflows reduziert.

Ein weiterer wichtiger Aspekt war die Erzeugung von Rollenkomponenten. Wir konnten anhand der Rollenstruktur der Dienstnetze Rollenkomponenten definieren. Rollenkomponenten sind Subnetze von Dienstnetzen, deren Netzknoten alle der gleichen Rolle zugeordnet sind. Rollenkomponenten sind stets Netzkomponenten und erweisen sich als kompositonale Systeme, die stets miteinander wohlgeformt verknüpft werden können. Rollenkomponenten stellen den Dienst dar, der von der Rolle erbracht wird. Sie stellen implizit eine Spezifikation der Rechte und der Pflichten, die mit dieser Rolle verbunden sind, dar.

Um Dienstnetze koordinieren und steuern zu können, haben wir auch noch den Bezug zur temporalen Logik betrachtet. Dies sowohl für sequentielle als auch für partiell geordnete Modelle.

Im folgenden betrachten wir nun, wie die Agenten in Teams aggregiert werden, um die Dienstnetze „mit verteilten Rollen" auszuführen.

Literaturverzeichnis

[Aalst 1997]   AALST, Wil van d.: Verification of Workflow Nets. In: (Azeme und Balbo, 1997), S. 407–426

[Aalst 1998]   AALST, Wil van d.: The application of Petri nets to workflow management. In: *Journal of Circuits, Systems and Computers* 8 (1998), Nr. 1, S. 21–66

[Aalst 1999]   AALST, Wil van d.: Interorganizational Workflows: An Approach based on Message Sequence Charts and Petri Nets. In: *Systems Analysis - Modelling - Simulation* 34 (1999), Nr. 3, S. 335–367

[Azeme und Balbo 1997]   AZEME, Pierre (Hrsg.) ; BALBO, Gianfranco (Hrsg.): *Proceeding of the 18th International Conference on Application and Theory of Petri Nets.* Bd. *1248.* Springer-Verlag, 1997. (Lecture Notes in Computer Science)

[Baader u. a. 2003]   BAADER, F. (Hrsg.) ; CALVANESE, D. (Hrsg.) ; MCGUINNESS, D. (Hrsg.) ; NARDI, D. (Hrsg.) ; PATEL-SCHNEIDER, P.F. (Hrsg.): *Description Logic Handbook: Theory, Implementation, and Applications.* Cambridge University Press, 2003

[Billington u. a. 1998]   BILLINGTON, J. ; DU, B.B. ; FARRINGTON, M.: Modelling and Analysis of Multi-Agent Communication Protocols using CP-nets. In: *Engineering Mathematics and Applications (EMAC'98)*, Juli 1998, S. 119–122

[Bouhoula u. a. 2000]   BOUHOULA, Adel ; JOUANNAUD, Jean-Pierre ; MESEGUER, José: Specification and Proof in Membership Equational Logic. In: *Theoretical Computer Science* 236 (2000), S. 35–132

[Bradfield 1992]   BRADFIELD, Julian C.: *Verifying temporal properties of systems.* Birkhäuser, 1992

[Cabac u. a. 2003]   CABAC, Lawrence ; MOLDT, Daniel ; RÖLKE, Heiko: A Proposal for Structuring Petri Net-Based Agent Interaction Protocols. In: AALST, W. v. d. (Hrsg.) ; BEST, E. (Hrsg.): *International Conference on Application and Theory of Petri Nets 2003* Bd. 2679, Springer-Verlag, 2003, S. 102–120

[Chainbi u. a. 1996]   CHAINBI, W. ; HANACHI, C. ; SIBERTIN-BLANC, C.: The Multi-agent Prey/Predator problem: A Petri net solution. In: BORNE, P. (Hrsg.) ; GENTINA, J.C. (Hrsg.) ; CRAYE, E. (Hrsg.) ; KHATTABI, S., El (Hrsg.): *Proceedings of the Conference on Computational Engineering in Systems Applications (CESA'96)*, IEEE Society Press, 1996, S. 291–299

[Chandy und Misra 1989]   CHANDY, Mani ; MISRA, Jayadev: *Parallel programm design: a foundation.* Adison-Wesley, 1989

[Clarke u. a. 1989]   CLARKE, Edmund M. C. ; LONG, David E. ; MCMILLAN, Keneth L.: Compositional Model Checking. In: *Proc LICS'89*, IEEE Computer Society Press, 1989, S. 353–363

[Cost u. a. 1999]   COST, R. S. ; CHEN, Ye ; FININ, T. ; LABROU, Y. ; PENG, Y.: Modeling agent conversation with colored Petri nets. In: *Workshop on specifying and implementing conversation policies (Autonomous agents '99)*, Springer-Verlag, 1999, S. 565–579

[Desel u. a. 1992]   DESEL, Jörg ; GOMM, Dominik ; KINDLER, Ekkart ; WALTER, Rolf ; PAECH, Barbara: Bausteine eines kompositionalen Beweiskalküls für netzmodellierte Systeme / Technische Universität München. 1992. – Forschungsbericht. Sonderforschungsbereich 342: Methoden und Werkzeuge für die Nutzung paralleler Rechnerarchitekturen

[Ehrig und Mahr 1985]   EHRIG, Hartmut ; MAHR, Bernd: *Fundamentals of algebraic Specification*. Springer-Verlag, 1985 (EATCS Monographs on TCS)

[Emerson 1990]   EMERSON, Allen: *Temporal and modal logic*. Bd. B. MIT press, 1990

[Emerson und Clarke 1982]   EMERSON, Allen ; CLARKE, Edmund M.: Using branching time temporal logics to synthesize synchronisation sceletons. In: *Scientific Compututer Programming* 2 (1982), S. 241–266

[Esparza 1994]   ESPARZA, Javier: Model checking using net unfoldings. In: *Science of Computer Programming* 23 (1994), Nr. 2, S. 151–195

[Fiorino und Tessier 1998]   FIORINO, H. ; TESSIER, C.: Agent cooperation: a Petri net based model. In: DEMAZEAU, Yves (Hrsg.): *Int. Conference on Multi-Agent Systems (ICMAS'98)*, 1998, S. 425–426

[Gabbay u. a. 1980]   GABBAY, Dov ; PNUELI, Amir ; SHELAH, Saharon ; STAVI, Jonathan: On The Temporal Analysis of Fairness. In: *Proceedings of the 7th Annual ACM Symposium on Principles of Programming Languages*, 1980, S. 163–173

[Genrich und Lautenbach 1981]   GENRICH, Hartmann J. ; LAUTENBACH, Kurt: System modelling with high-level Petri Nets. In: *Theoretical Foundations of Computer Science* 13(1) (1981), S. 109–136

[Godefroid 1996]   GODEFROID, Patrice: *Partial-order methods for the verification of concurrent systems: an approach to the state-explosion problem*. Springer-Verlag, 1996

[Gois u. a. 1998]   GOIS, Gustavo M. ; PERKUSICH, Angelo ; FIGUEIREDO, Jorge C. A. de ; COSTA, Evandro B.: Towards a Multi-agent Interactive Learning Environment Oriented to the Petri Net Domain. In: *Proc. IEEE Int. Conf. on Systems, Man, and Cybernetics (SMC'98), 11-14 October 1998, San Diego, USA*, Oktober 1998, S. 250–255

[Griffel 1998]   GRIFFEL, Frank: *Componentware: Konzepte und Techniken eines Softwareparadigmas*. dpunkt Verlag, 1998

[Grumberg und Long 1994] GRUMBERG, Orna ; LONG, David: Model checking and modular verification. In: *ACM Transactions on Programming Languages and Systems* 16 (1994), Nr. 3, S. 843–871

[Hameurlain u. a. 1999] HAMEURLAIN, N. ; HANACHI, C. ; SIBERTIN-BLANC, C.: Mobile agents behaviours: from declaratiove specifications to implementations. In: KLUSCH, Matthias (Hrsg.) ; SHEHORY, Onn M. (Hrsg.) ; WEISS, Gerhard (Hrsg.): *Proceedings of the third Workshop on Cooperative Information Agents (CIA'99)*, Springer-Verlag, 1999 (Lecture notes in artificial intelligence), S. 196–207

[van Hee u. a. 2003] HEE, Kees van ; SIDOROVA, Natalia ; VOORHOEVE, Marc: Soundness and Separability of Workflow Nets in the Stepwise Refinement Approach. In: *Proceedings of the 24th International Conference on Applications and Theory of Petri Nets (ICATPN 2003)* Bd. 2679, Springer-Verlag, 2003, S. 337–356

[Hennessy und Milner 1980] HENNESSY, Matthew ; MILNER, Robin: On observing nondeterminism and concurrency. In: BAKKER, J.W. de (Hrsg.) ; LEEUWEN, J. van (Hrsg.): *Proc. of the Seventh International Colloquium on Automata Languages and Programming (ICALP)* Bd. 85, Springer-Verlag, 1980, S. 299–309

[Holvoet 1995] HOLVOET, Tom: Agents and Petri Nets. In: *Petri Net Newsletter* 49 (1995), Oktober, S. 3–8

[Hughes und Cresswell 1984] HUGHES, George E. ; CRESSWELL, Maxwell J.: *A companion to modal logic*. Methuen, 1984

[Jensen 1992] JENSEN, Kurt: *Coloured Petri nets, Basic Methods, Analysis Methods and Practical Use*. Springer-Verlag, 1992 (EATCS monographs on theoretical computer science)

[Jensen und Rozenberg 1991] JENSEN, Kurt (Hrsg.) ; ROZENBERG, Grzegorz (Hrsg.): *High-level Petri nets: theory and application*. Berlin : Springer-Verlag, 1991

[Kindler 1995] KINDLER, Ekkart: *Modularer Entwurf verteilter Systeme mit Petrinetzen*. Bertz Verlag, 1995

[Kindler 1997] KINDLER, Ekkart: A Compositional Partial Order Semantics for Petri Net Components. In: (Azeme und Balbo, 1997)

[Köhler u. a. 2006] KÖHLER, Michael ; MOLDT, Daniel ; ORTMANN, Jan: Dynamic Service Composition: A Petri-Net Based Approach. In: MANOLOPOULOS, Y. (Hrsg.) ; FILIPE, J. (Hrsg.) ; CONSTANTOPOULOS, P. (Hrsg.) ; CORDEIRO, J. (Hrsg.): *Conference on Enterprise Information Systems: Databases and Information Systems Integration (ICEIS 2006)*, 2006, S. 159–165

[Köhler u. a. 2001] KÖHLER, Michael ; MOLDT, Daniel ; RÖLKE, Heiko: Modeling the Behaviour of Petri Net Agents. In: COLOM, J. M. (Hrsg.) ; KOUTNY, M. (Hrsg.): *International Conference on Application and Theory of Petri Nets* Bd. 2075, Springer-Verlag, 2001, S. 224–241

[Köhler und Ortmann 2005]   KÖHLER, Michael ; ORTMANN, Jan: Formal Aspects for service modelling based on high-level Petri Nets. In: MOHAMMADIAN, M. (Hrsg.): *International Conference on Intelligent Agents, Web Technologies and Internet Commerce (IAWTIC 2005)*, 2005

[Lamport 1977]   LAMPORT, Leslie: Proving the corretness of multiprocess programs. In: *IEEE Transactions on Software Engineering* 3 (1977), Nr. 2, S. 125–143

[Lamport 1994]   LAMPORT, Leslie: The temporal logics of actions. In: *ACM Transactions on Programming Languages and Systems* 16 (1994), Nr. 3, S. 872–923

[Larsem und Thomson 1991]   LARSEM, Kim G. ; THOMSON, Bent: Partial specifications and compositional specification. In: *Theoretical Computer Science* 88 (1991), S. 15–32

[Loeckx u. a. 1996]   LOECKX, Jacques ; EHRICH, Hans-Dieter ; WOLF, Markus: *Specification of Abstract Data Types*. New York, Leipzig : Wiley & Sons and B.G. Teubner, 1996

[Manna und Pnueli 1995]   MANNA, Zohar ; PNUELI, Amir: *Temporal verification of reactive systems*. Springer-Verlag, 1995

[Maude 1999]   CLAVEL, Manuel ; DURÁN, Francisco ; EKER, Steven ; LINCOLN, Patrick ; MARTÍ-OLIET, Narciso ; MESEGUER, José ; QUESADA, José: *Maude: Specification and Programming in Rewriting Logic. Maude System documentation.* http://maude.cs.uiuc.edu/maude1/: , 1999

[McMillan 1993]   MCMILLAN, Keneth L.: *Symbolic Model Checking*. Kluwer Academic, 1993

[Meseguer 1997]   MESEGUER, José: Membership algebra as a logical framework for equational specification. In: PARISI-PRESICCE, Francesco (Hrsg.): *Workshop on Algebraic Development Techniques (WADT'97)* Bd. 1376, Springer-Verlag, 1997, S. 18–61

[Milner 1989]   MILNER, Robin: *Communication and Concurrency*. Prentice Hall, 1989

[Moldt und Wienberg 1997]   MOLDT, Daniel ; WIENBERG, Frank: Multi-Agent-Systems Based on Coloured Petri Nets. In: (Azeme und Balbo, 1997), S. 82–101

[Park 1980]   PARK, D. M. R.: *Lecture Notes in Computer Science*. Bd. 104: *Concurrency and Automata on Infinte Sequences*. Springer-Verlag, 1980

[Park 1976]   PARK, David: Finiteness is Mu-Ineffable. In: *Theoretical Computer Science* 3 (1976), Nr. 2, S. 173–181

[Pnueli und Lichtenstein 1985]   PNUELI, Amir ; LICHTENSTEIN, Orna: Checking that Finite State Concurrent Programs Satisfy their Linear Specification. In: *Conference record of the 14th ACM Symposium on Principles of Programming Languages (POPL)*, 1985, S. 97–107

[Queille und Sifakis 1981]   QUEILLE, Jean-Pierre ; SIFAKIS, Joseph: *Specification and verification of concurrent systems in Cesar*. 1981

[Reisig 1988] REISIG, Wolfgang: Temporal logics and causality in concurrent systems – Petri net models of distributed algoritms. In: VOGT, F. H. (Hrsg.): *International Conference on Concurrency 88* Bd. 335. Springer-Verlag, 1988

[Reisig 1991] REISIG, Wolfgang: Petri nets and algebraic specifications. In: *Theoretical Computer Science* 80 (1991), S. 1–34

[Schmidt-Schauß und Smolka 1991] SCHMIDT-SCHAUSS, M. ; SMOLKA, G.: Attributive concept descriptions with complements. In: *Articial Intelligence* 48 (1991), Nr. 1, S. 1–26

[Shankar 1998] SHANKAR, Udaya: Machine-assisted verifcation using theorem proving and model checking. In: BROY, M. (Hrsg.): *Mathematical methods in programm development*, Springer-Verlag, 1998

[Thomas 1990] THOMAS, Wolfgang: Automata on infinite objects. In: LEEUWEN, J. van (Hrsg.): *Handbook of Theoretical Computer Science: Formal Models and Semantics*. Elsevier, 1990, S. 133–192

[Valmari 1990] VALMARI, Antti: Compositional State Space Generation. In: ROZENBERG, G. (Hrsg.): *Proceedings of the 11th International Conference on Application and Theory of Petri Nets* Bd. 524, Springer-Verlag, 1990, S. 43–62

[Valmari 1994] VALMARI, Antti: *Lecture Notes in Computer Science*. Bd. 815: *Compositional Analysis of place-bordered Subnets*. Springer-Verlag, 1994

[Vardi und Wolper 1994] VARDI, Moshe Y. ; WOLPER, Pierre: Reasoning About Infinite Computations. In: *Information and Computation* 115 (1994), 15 , Nr. 1, S. 1–37

9 Koordinierung in Agententeams

MICHAEL KÖHLER-BUSSMEIER

In Multiagentensystemen finden sich Strukturen, die nicht einzelnen Agenten zuzuordnen sind, sondern ausschließlich der Interaktion zwischen ihnen dienen, beispielsweise Koordinationsstrukturen. In diesem Kapitel verschieben wir, aufbauend auf (Köhler, 2007), den Betrachtungswinkel vom Agenten weg – hin zu einer ganzheitlichen Perspektive, in der wir die Interaktionen zwischen den Agenten in den Mittelpunkt stellen. Es geht uns darum, Strukturen zu schaffen, in denen sich koordiniertes Handeln vollziehen kann, ähnlich dem *Contract-Net Protocol* (Smith, 1977) oder dem *Partial Global Planning Protocol* (Durfee und Lesser, 1991), also allgemein: Teamwork-Strukturen (Cohen und Levesque, 1991; Castelfranchi, 1995; Jennings, 1996; Ossowski, 1999; Castelfranchi, 2000).

Betrachten wir beispielshaft eine Produzenten/Konsumenten Beziehung (engl. producer/consumer scenario). Diese Beziehung wird in einem Markt hergestellt. Die Tätigkeit des Handelns involviert zwei Rollen, nämlich die des Produzenten (*producer*) und die des Konsumenten (*consumer*). Im Markt befinden sich m Agenten $A_1, \ldots, A_m$, die alle gleichermaßen in der Lage sind, als Produzent tätig zu werden. Daneben existieren n Agenten $B_1, \ldots, B_n$, die die Rolle des Konsumenten einnehmen können.

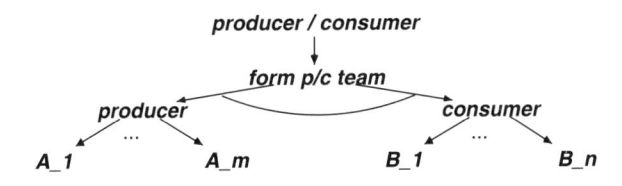

Abbildung 9.1: Producer/Consumer Szenario

Von Interesse ist, wie sich Produzenten und Konsumenten im Markt finden, d.h. wie sich Handelsbeziehungen in der Gestalt von Teamstrukturen formieren. Abbildung 9.1 formalisiert die Beziehungen zwischen den Agenten, den Rollen und der Tätigkeit als AND/OR-Graph: Die Rollen der Tätigkeit sind durch eine konjunktive Kante verbunden, da beide Rollen gleichzeitig benötigt werden. Dagegen sind die Agenten disjunktiv mit den Rollen assoziiert, da jeder Agent eine mögliche Instantiierung darstellt.

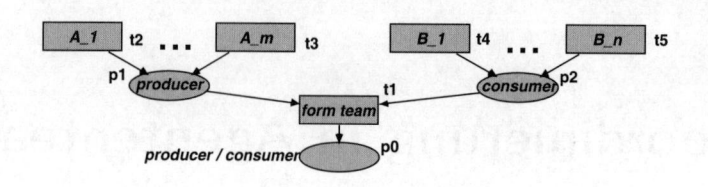

Abbildung 9.2: Formation des Producer/Consumer-Teams

Abbildung 9.1 stellt eine statische Sichtweise auf das System dar. Teamformation ist jedoch ein dynamischer Prozess, bei dem sich die Agenten zu einem Team gruppieren. Um diese Dynamik auszudrücken, modellieren wir das Szenario als Petrinetz, dargestellt in Abb. 9.2. Das Netz, das die Teamformation modelliert, besitzt dabei eine Grundstruktur, die dem AND/OR-Graphen stark ähnelt. Jeder Agent kann die mit ihm assoziierte Transition schalten, um sich für die Rolle zu bewerben. Ist zu jeder Rolle mindestens eine Bewerbung vorhanden, kann die Transition **form team** schalten, wodurch die beiden Marken abgezogen werden und eine neue Marke auf der Stelle **producer/consumer** generiert wird, die das Team darstellt. Man beachte, dass das Modell mit $m + n + 4$ Netzknoten bereits $m \cdot n$ Schaltprozesse besitzt, die jeweils den $m \cdot n$ möglichen Produzent/Konsument Paarungen entsprechen. Das Modell leistet also bereits eine kompaktere Darstellung des Sachverhalts.

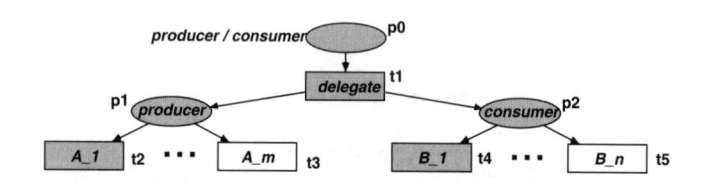

Abbildung 9.3: Bearbeitung des Producer/Consumer-Teams

Das Netz aus Abb. 9.2 zeigt die Sicht der Teamformation. Wir können diesen Prozess genauso aus der Perspektive der Aufgabenbearbeitung betrachten. Die Aufgabe ist es, eine Produzenten/Konsumenten-Beziehung mit Hilfe der im Markt vorhanden Agenten zu realisieren. Dieses Szenario ist in Abb. 9.3 modelliert. Eine Marke auf der **producer/consumer** aktiviert die Transition **delegate** (der Korrespondenz zur Transition **form team**), die die beiden Rollen aktiviert, die wiederum durch Agenten ausgefüllt werden. Eine Bearbeitungsstruktur wie in Abb. 9.3 ist als unter der Bezeichnung TMST-Baum (engl. task/method/sub-task tree) in der Literatur bekannt (siehe dazu Cuena und Ossowski, 1999). Der durch die Pfeilrichtung festgelegte Markenfluss beschreibt hierbei die Delegationsbeziehungen. Dies ist nicht mit den Kommunikationsbeziehungen zu verwechseln, denn im allgemeinen kommunizieren alle Rolleninhaber im Nachbereich einer Tätigkeit miteinander. Im Beispiel interagieren also der Produzent und der Konsument – und dies, obwohl sie im gerichteten Graphen nicht durch direkte oder indirekte Delegationsbeziehungen verbunden sind.

Auch dieses Modell ähnelt dem AND/OR-Graphen. Auch die beiden Netzmodelle sind miteinander verwandt: Offensichtlich ist Abb. 9.3 das reverse Netz von Abb. 9.2, d.h. es wurde lediglich die Richtung der Kanten umgekehrt. Das Verhalten der beiden Netze ist trotz ihrer Ähnlichkeiten sehr verschieden, da wir von unterschedlichen Startmarkierungen ausgehen.

Es sollte klar geworden sein, dass die beiden Modelle verwandte Prozesse beschrieben: Die beiden Perspektiven modellieren den gleichen Sachverhalt aus unterschiedlichem Blickwinkel, nämlich zum einen aus dem Blickwinkel der Agenten und zum anderen aus dem der Delegations- und Interaktionsbeziehung. Welchem Blickwinkel wir hier den Vorzug geben ist Geschmackssache. Wir entscheiden uns hier für die Perspektive der Delegationsbeziehung wie sie in Abbildung 9.3 modelliert wurde.

9.1 Aufgabenbearbeitung in Delegationsnetzen

Ein Team lässt sich als ein spezielles Petrinetz (P, T, F) definieren, das wir im folgenden als Delegationsnetz bezeichnen. Teams bearbeiten Aufagen durch Delegation von Teilaufgaben. Jede Aufgabe ist mit einer Rolle identifiziert. Jede *Aufgabe*, wird durch eine Stelle modelliert, jede *Delegation* durch eine Transition. Die Semantik der Kanten ist für (p,t)- und (t,p)-Kanten unterschiedlich: Die Profile $t^\bullet$ im Nachbereich einer Transition t sind genau diejenigen, die t zur Ausführung benötigt (konjunktive Verknüpfung). Jede Transition $t \in p^\bullet$ im Nachbereich von p beschreibt alternative Wahlmöglichkeiten von Tätigkeiten, die zur Bearbeitung der Teilaufgaben genutzt werden können (disjunktive Verknüpfung).

Da wir die Delegationsperspektive auf Teams gewählt haben, wird jede Tätigkeit durch genau eine Aufgabe angestoßen, wodurch wir fordern können, dass jede Transition t höchstens eine Stelle im Vorbereich besitzt. Es ist zudem wünschenswert, dass der Vorbereich von t nicht leer ist, damit Aufgaben nicht ohne Anlaß generiert werden. Insgesamt ergibt sich dann $\forall t \in T : |{}^\bullet t| = 1$. Die dann eindeutig bestimmte Stelle p im Vorbereich von t bezeichnen wir mit $p(t)$. Außerdem muss $p^\bullet \neq \emptyset$ gelten, damit jede Aufgabe überhaupt bearbeitbar ist.

Definition 9.1 *Ein* Delegationsnetz *ist ein Petrinetz* $N = (P, T, F)$, *das* $p^\bullet \neq \emptyset$ *für alle* $p \in P$ *und* $|{}^\bullet t| = 1$ *für alle* $t \in T$ *erfüllt.*

Eine Transition mit $t^\bullet \neq \emptyset$ heißt *delegativ*, eine Transition mit $t^\bullet = \emptyset$ heißt *ausführend*.

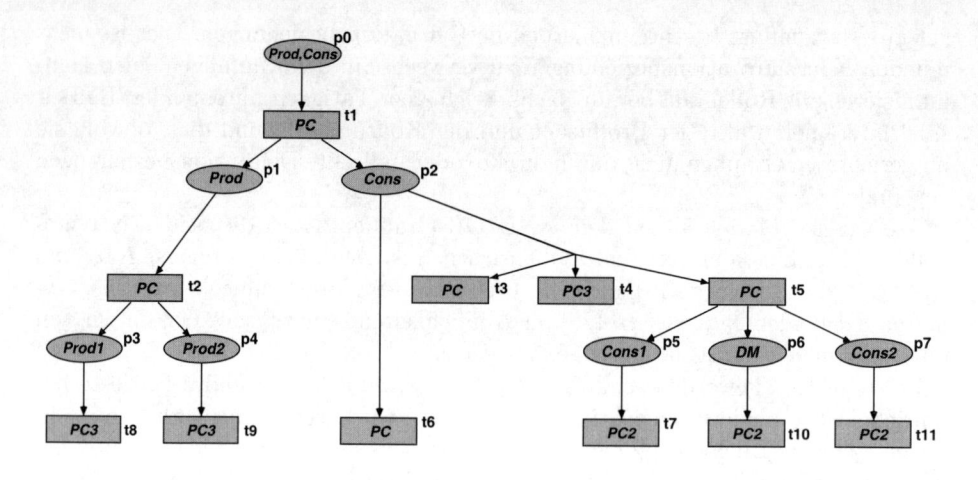

Abbildung 9.4: Ein Delegationsnetz

Sei $N = (P, T, F)$ ein Delegationsnetz. *Tätigkeitspfade* sind Schaltfolgen $w \in T^+$, die das Netz von einer Markierung m in die leere Markierung $\mathbf{0}$ überführen. In dieser Markierung sind alle Teilaufgaben Diensten zugeordnet worden, so dass keinerlei unzugewiesene Aufträge (sprich: Marken) mehr existieren. Für das Netz aus Abbildung 9.4 in der Markierung $m = p_0$ sind dies die Schaltfolgen (modulo Permutation nebenläufiger Ereignisse):

$$t_1 t_2 t_8 t_9 t_6, \quad t_1 t_2 t_8 t_9 t_3, \quad t_1 t_2 t_8 t_9 t_4 \quad \text{und} \quad t_1 t_2 t_8 t_9 t_5 t_7 t_{10} t_{11}$$

Die Menge der Tätigkeitspfade aus einer Markierung m ist:

$$TP(m) := \{w \in T^* \mid m \xrightarrow{w} \mathbf{0}\} \tag{9.1}$$

Wir fragen uns, ob jede Markierung eines R/D-Netzes, die von in der einer initialen erreichbar ist, in die leere Markierung überführt werden kann.

Definition 9.2 *Sei $N = (P, T, F)$ ein P/T-Netz.*

- *Die Markierung m heißt* bearbeitbar, *wenn $\mathbf{0} \in RS(m)$ gilt.*

- *Das Netz N heißt* bearbeitbar, *wenn alle Markierungen m dies sind.*

- *Die Markierung m heißt sicher bearbeitbar, wenn für alle $m' \in RS(m)$ auch $\mathbf{0} \in RS(m')$ gilt.*

- *Das Netz N heißt* sicher bearbeitbar, *wenn alle Markierung dies sind.*

9.1 Aufgabenbearbeitung in Delegationsnetzen

Für beliebige Netze ist es sehr aufwendig, die Bearbeitbarkeit zu entscheiden, da das in der Definition befindliche das Erreichbarkeitsproblem im allgemeinen mindestens exponentiell viel Platz benötigt. Es wird sich aber im folgenden zeigen, das wir die Struktureigenschaften der Delegationsnetze nutzen können, um das Problem effizient zu entscheiden. Betrachten wir zunächst die Eigenschaften, die sich aus der Netzstruktur der Delegationsnetze ergeben.

9.1.1 Linearität von Erreichbarkeitsmengen

Wir betrachten die Linearitätseigenschaft von Delegationsnetzen. Wir erweitern die Multimengenaddition + auf Mengen von Multimengen durch:

$$A + B := \{m_1 + m_2 \mid m_1 \in A \wedge m_2 \in B\}$$

Theorem 9.3 *Sei N ein Delegationsnetz, dann gilt:*

$$RS(m_1 + m_2) = RS(m_1) + RS(m_2)$$

Beweis: Die Inklusion $RS(m_1 + m_2) \supseteq RS(m_1) + RS(m_2)$ folgt aus der Monotonieeigenschaft der Petrinetze.

Nehmen wir an, es gäbe eine Markierung $m \in RS(m_1 + m_2)$, für die $m \notin RS(m_1) + RS(m_2)$ gilt. Dann gäbe es eine Markierung $m' = m'_1 + m'_2$ mit $m'_i = m'_i \in RS(m_i)$ mit $i = 1, 2$, die eine Transition t aktiviert, die weder in m'_1 noch in m'_2 aktiviert ist, denn gäbe es kein solches m', dann könnte auch kein m erreicht werden. Wegen der Bedingung $|{}^\bullet t| = 1$ kann es für Delegationsnetze eine solche Transition nicht geben. Also gilt $RS(m_1 + m_2) \subseteq RS(m_1) + RS(m_2)$.   q.e.d.

Die erreichbaren Markierungen $RS(\sum_{i=1}^{n} p_i)$ sind daher bereits durch die elementaren Mengen $RS(\{p_i\})$ charakterisiert. Analog ergibt sich eine Linearität für die Schaltfolgen. Für zwei Sprachen $L_1 \subseteq X^*$ und $L_2 \subseteq Y^*$ ist die Mischsprache (Shuffle-Sprache) folgendermaßen definiert:

$$L_1 \sqcup L_2 := \{u_1 v_1 \cdots u_n v_n \mid u_1 \cdots u_n \in L_1, u_i \in X^*, v_1 \cdots v_n \in L_2, v_i \in Y^*\}$$

Theorem 9.4 *Sei N ein Delegationsnetz, dann gilt:*

$$FS(m_1 + m_2) = FS(m_1) \sqcup FS(m_2)$$

Beweis: Jede Schaltfolge von m_1 kann beliebig mit denen von m_2 gemischt werden, um eine Schaltfolge von $m_1 + m_2$ zu erhalten, denn wegen $|{}^\bullet t| = 1$ aktiviert eine Markierungssumme $m_1 + m_2$ keine Transitionen, die nicht bereits in m_1 oder in m_2 aktiviert gewesen sind.

Umgekehrt lässt sich jede Schaltfolge von $m_1 + m_2$ zerlegen, da jede Marke unabhängig von den anderen bearbeitet wird.   q.e.d.

9.1.2 Kontextfreiheit der Tätigkeitspfade

Es erscheint naheliegend, die Schaltfolgen eines Delegationsnetzes $N = (P, T, F)$ durch eine kontextfreie Grammatik zu beschreiben. Die Stellen $p \in P$ sind die Nonterminale (Variablen):

$$V_G = \{A_p \mid p \in P\}$$

Die Transitionen $t \in T$ sind die Terminale:

$$T_G = \{a_t \mid t \in T\}$$

Sei $P = \{p_1, \ldots, p_n\}$. Jeder Markierung m wird das folgende Wort zugeordnet:

$$\alpha(m) = A_{p_1}^{m(p_1)} \cdots A_{p_n}^{m(p_n)} \tag{9.2}$$

Jeder Transition t mit $t^\bullet = \{p_1, \ldots, p_n\}$ werden die $n+1$ Produktionen zugewiesen:

$$A_{p(t)} \rightarrow a_t A_{p_1} \cdots A_{p_n} \mid A_{p_1} a_t A_{p_2} \cdots A_{p_n} \mid \ldots \mid A_{p_1} \cdots a_t A_{p_n} \mid A_{p_1} \cdots A_{p_n} a_t$$

Hierbeit ist $p(t)$ die eindeutig bestimmte Stelle im Vorbereich von t. Die Startproduktion ist $S \rightarrow \alpha(m)$. Die so definierte Grammatik $G(N, m)$ ist offensichtlich in Greibach Normalform.

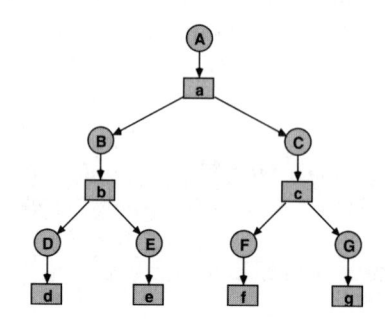

Abbildung 9.5: Ein Delegationsnetz

Mit der so definierten Grammatik $G(N, m)$ erhalten wir aber nur eine Approximation an die Menge der Schaltfolgen, denn die Transitionen gleicher Schalttiefe werden nach Teilbäumen sortiert. So ist für das Delegationsnetz in Abbildung 9.5 die Schaltfolge $w = abdcefg$ möglich, d.h. $w \in FS(N)$. Dieses w ist aber nicht ableitbar:

$$S \Longrightarrow aBC \Longrightarrow abDEC \Longrightarrow abDEcFG$$

Man erkennt, dass in w die Transition c zwischen das d und das e geraten ist, was die Grammatik, die immer jeden Teilbäume komplett entwickelt, nicht leisten

9.1 Aufgabenbearbeitung in Delegationsnetzen

kann. Nach der Wahl der Produktion $S \to aBC$ kann kein von B entwickeltes Symbol mehr nach einem von C entwickelten erzeugt werden.

Im allgemeinen gilt also nur $L(G(N,m)) \subseteq FS(N)$. Die Schaltfolgen dieser Bäume sind als *Szillard-Sprachen* bekannt (vgl. Salomaa, 1987). Für unsere Zwecke ist dies aber keine gravierende Einschränkung, denn zu jeder Schaltfolge, die von $G(N,m)$ nicht erzeugt werden kann, existiert ein Schaltwort in $L(G)$, das sich nur bzgl. der Vertauschung nebenläufiger Ereignisse unterscheidet. Dies gilt sogar, wenn wir die Menge der Regeln auf einen Produktionstyp einschränken, bei dem wir die Transition an den Anfang setzen:

$$A_{p(t)} \to a_t A_{p_1} \cdots A_{p_n}$$

Definition 9.5 *Sei $N = (P, T, F)$ ein Delegationsnetz. Dann ist die kontextfreie Grammatik $G(N, m) = (T_G, V_G, R_G, S)$ definiert als:*

1. *Die Menge der Terminale ist $T_G = \{a_t \mid t \in T\}$.*

2. *Die Menge der Variablen ist $V_G = \{A_p \mid p \in P\} \uplus \{S\}$.*

3. *Die Menge der Regeln ist gegeben als*

   $$R_G = \{S \to \alpha(m)\} \cup \{A_{p(t)} \to a_t A_{p_1} \cdots A_{p_n} \mid t \in T \wedge t^\bullet = \{p_1, \ldots, p_n\}\}.$$

4. *Das Startsymbol ist S.*

Erreichbare Nonterminale $A \in V$ einer kontextfreien Grammatik $G = (T, V, R, S)$ sind solche, die sich von dem Startsymbol ableiten lassen: $S \stackrel{*}{\Longrightarrow} \alpha A \beta$ mit $\alpha, \beta \in (X \cup V)^*$. Die Menge der erreichbaren Nonterminale (engl. reachable variables)

$$RV(G) = \{A \in V \mid \exists \alpha, \beta \in (X \cup V)^* : S \stackrel{*}{\Longrightarrow} \alpha A \beta\}$$

lassen sich schrittweise berechnen. Definiere dazu:

$$\begin{aligned} RV_0(G) &= \{S\} \\ RV_{n+1}(G) &= RV_n(G) \cup \{B \in V \mid \exists (A \to \alpha B \beta) \in P : A \in RV_n(G)\} \end{aligned}$$

Produktive Nonterminale $A \in V$ einer kontextfreien Grammatik $G = (T, V, R, S)$ sind solche, von denen sich eine Terminalwort $w \in T^*$ ableiten lässt: $A \stackrel{*}{\Longrightarrow} w$. Die Menge der produktiven Nonterminale (engl. productive variables)

$$PV(G) = \{A \in V \mid A \stackrel{*}{\Longrightarrow} w \wedge w \in T^*\}$$

lassen sich schrittweise berechnen. Definiere dazu:

$$\begin{aligned} PV_0(G) &= T \\ PV_{n+1}(G) &= PV_n(G) \cup \{A \in V \mid \exists (A \to w) \in P : w \in PV_n(G)^*\} \end{aligned}$$

Die Mengen $PV_1(G), PV_2(G), \ldots$ sind monoton wachsend (bzgl. der Mengeninklusion) und durch die endliche Menge V nach oben beschränkt, so dass $PV_{k+1}(G) = PV_k(G)$ für einen Index $k \leq |V|$ gilt. Für diesen Index gilt dann $PV_k(G) = PV(G)$. Analog für $RV(G)$.

Theorem 9.6 *Sei $N = (P, T, F)$ ein Delegationsnetz.*

1. *Die Markierung m ist genau dann bearbeitbar, wenn alle Nonterminale A_p der kontextfreien Grammatik $G(N, m)$ mit $m(p) > 0$ produktiv sind.*

2. *Die Markierung m ist genau dann sicher bearbeitbar, wenn alle erreichbaren Variablen A_p der kontextfreien Grammatik $G(N, m)$ mit $m(p) > 0$ produktiv sind.*

Beweis:

1. Wenn ein Nonterminal $A_p \in N_G$ produktiv ist, dann gilt $A_p \stackrel{*}{\Longrightarrow} w'$ Da $S \to \alpha(m)$ gilt und $\alpha(m)$ alle A_p mit $m(p) > 0$ enthält, haben wir $S \stackrel{*}{\Longrightarrow} w$ mit $w = a_{t_{i_1}} \cdots a_{t_{i_n}} \in T_G^*$. Nach Konstruktion von $G(N,m)$ ist $T_G = \{a_t \mid t \in T\}$. Da die Produktionen der Grammatik dem Schaltverhalten entsprechen, ist $t_{i_1} \cdots t_{i_n}$ ein Tätigkeitspfad. Also ist $\mathbf{0}$ von m in N erreichbar.

   Ist umgekehrt $\mathbf{0}$ erreichbar, dann gibt es eine Schaltfolge $w \in T^*$ mit $m \stackrel{w}{\to} \mathbf{0}$. Also gilt $S \Longrightarrow \alpha(m) \stackrel{*}{\Longrightarrow} w$ und damit gibt es eine Ableitung von A_p, in der alle Nonterminale, die ja den Stellen entsprechen, verschwinden, d.h. die A_p sind produktiv.

2. Ist m' erreichbar von m und $\mathbf{0}$ von m', dann gilt $S \Longrightarrow \alpha(m) \stackrel{*}{\Longrightarrow} \alpha(m')$. Dies gilt genau dann, wenn alle A_p with $p \in \{p \mid m'(p) > 0\}$ produktiv sind und alle A_{p_i} mit $\alpha(m') = A_{p_1}^{m'(p_1)} \cdots A_{p_n}^{m'(p_n)}$ erreichbare Variablen in $G(N, m)$ sind.

q.e.d.

Beschränktheit entspricht den Zyklen im Netz, bzw. den Zyklen der Grammatik. Ein Variable A kann sich selbst generieren, wenn $\alpha, \beta \in (X \cup V)^*$ existieren, so dass $A \stackrel{*}{\Longrightarrow} \alpha A \beta$ gilt. Gilt $|\alpha\beta| > 0$, dann generiert sich A ansteigend.

Lemma 9.7 *Ein Delegationsnetz (N, m_0) ist genau dann unbeschränkt, wenn in $G(N, m_0)$ eine erreichbare Variable A existiert, die sich selbst ansteigend generieren kann.*

Beweis: Ein Netz ist genau dann unbeschränkt, wenn es überdeckende Schaltfolge hat:
$$m_0 \stackrel{*}{\to} m_1 \stackrel{*}{\to} m_2 \quad \text{und} \quad m_1 < m_2$$

Dies ist für Delegationsnetze genau dann der Fall, wenn in $G(N, m_0)$ auch $S \stackrel{*}{\Longrightarrow} \alpha_1 A \alpha_2$ und $A \stackrel{*}{\Longrightarrow} \beta_1 A \beta_2$. Außerdem muss $m_1 < m_2$ und damit auch $|\beta_1 \beta_2| > 0$ glten. Also ist A eine erreichbare Variable ist, die sich selbst ansteigend generieren kann.   q.e.d.

9.2 Rollen/Dienst-Netze und Teams

Wir erweitern nun Delegatiosnetze um Anschriften, die die Rollen und Dienste näher charakterisieren. Diese Netze bezeichnen wir als Rollen/Dienst-Netze (kurz: R/D-Netze). Für R/D-Netze wird jedem $p \in P$ durch $R : P \to \mathcal{R}$ seine Rolle zugewiesen (vgl. Def. 8.11). Außerdem wird jedem $t \in T$ durch $D : T \to \mathcal{D}$ sein Dienstnetz zugewiesen, wobei $\mathcal{D}$ eine Dienstklasse sein muss (vgl. Def. 8.48).

Jede Stelle $p \in P$ besitzt in R/D-Netzen mindestens eine Stelle im Nachbereich. Das Diensnetz $D(t)$ beschreibt nun für jedes $t \in p^\bullet$ einen Dienst, der die Rolle $R(p)$ implementiert.

Die Stellen im Nachbereich von t bezeichnen dagegen delegierte Aufgaben. Die Rollen $R(p)$ der Stellen $p \in t^\bullet$ sollen dabei eine disjunkte Aufteilung der Arbeit beschreiben (s.u.).

Teamnetze sind R/D-Netze, deren Grundstruktur ein Kausalnetz bildet, das mit einer Stelle initialisiert ist und nur mit Transitionen endet. Abbildung 9.6 zeigt ein Teamnetz.

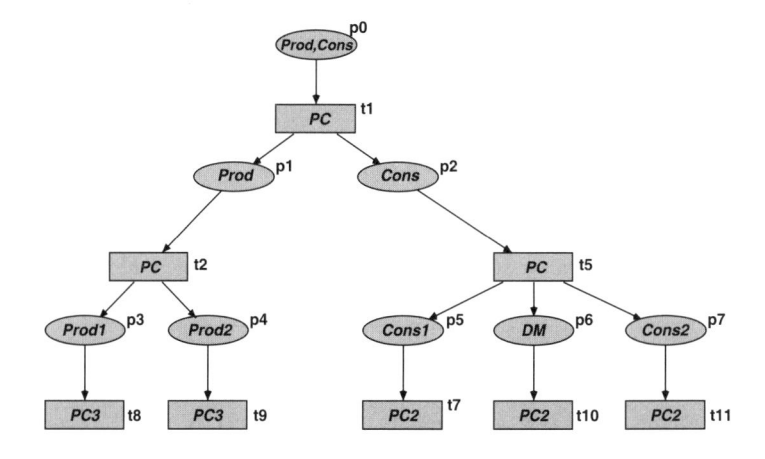

Abbildung 9.6: Ein Teamnetz

Definition 9.8 *Ein* R/D-*Netz* $RD = (N, R, D)$ *besteht aus den folgenden Komponenten:*

1. $N = (P, T, F)$ ist ein Delegationsnetz.

2. $R : P \to \mathcal{R}$ ist die Rollenabbildung.

3. $D : T \to \mathcal{D}$ ist die Dienstnetzabbildung.

Ein R/D-Netz heißt Teamnetz, wenn gilt:

1. N ist ein stark zusammenhängendes Kausalnetz.

2. N besitzt genau einen minimalen Knoten: $|^\circ N| = 1$.

Für ein R/D-Netz $RD = (N, R, D)$ definieren wir die Menge der Stellen, die die Rolle R anstoßen können, als:

$$Start_{RD}(R) = \{p \in P \mid R(p) = R, {}^\bullet p = \emptyset\} \qquad (9.3)$$

Ein Dienst D_0 kann vom R/D-Netz $RD = (N, R, D)$ geleistet werden, wenn es eine Stelle $p_0 \in Start_{RD}(R(D_0))$ gibt, für die eine Transition $t \in p_0{}^\bullet$ existiert, so dass $D(t) = D_0$ gilt.

Teamnetze notieren wir auch in der Form (K, R, D) mit $K = (B, E, F)$, weil dies für Kausalnetze eine übliche Darstellungsweise ist. Für ein beliebiges R/D-Netz $RD = (N, R, D)$ mit $N = (P, T, F)$ definieren wir die Abbildung $R : 2^P \to \mathcal{R}$ durch $R(P') = \bigcup \{R(p) \mid p \in P'\}$.

Lemma 9.9 *Elementare Eigenschaften von R/D-Netzen:*

1. *R/D-Netze sind Free-Choice Netze.*

2. *Für alle Teamnetze gilt $\forall p \in P : |p^\bullet| = 1$ und $\forall t \in T : |{}^\bullet t| = 1$.*

3. *Alle minimalen Knoten sind Stellen und alle maximalen Knoten sind Transitionen: $^\circ N \subseteq P$ und $N^\circ \subseteq T$.*

4. *Jedes Teamnetz N besitzt genau einen Platz als minimalen Knoten $^\circ N \subseteq P$.*

5. *Wenn p eine Stelle des Teamnetzes (N, R, D) mit $N = (P, T, F)$ ist, dann ist auch das auf $P_p = (\uparrow p \cap P)$ und $T_p = (\uparrow p \cap T)$ eingeschränkte Netz ein Teamnetz:*

$$RD_{\uparrow p} := (N_p, R_{|P_p}, D_{|T_p}) \quad mit \quad N_p = (P_p, T_p, F \cap (P_p \cup T_p)^2) \qquad (9.4)$$

Für jedes $p \in P$ bezeichnen wir $RD_{\uparrow p}$ als das Subteam von RD.

9.2 Rollen/Dienst-Netze und Teams

Beweis: Zu (1): Dies gilt wegen der Bedingung $|{}^\bullet t| = 1$.

Zu (2): Teamnetze sind R/D-Netze, für die nach Definition $|p^\bullet| > 0$ gilt. Da Teamnetze Kausalnetze sind, gilt außerdem $|p^\bullet| \leq 1$. Insgesamt folgt $|p^\bullet| = 1$. Nach Definition gilt für R/D-Netze $|{}^\bullet t| = 1$.

Zu (3): Mit (2) gilt $|p^\bullet| = 1$, also können maximale Knoten keine Stellen sein. Wegen $|{}^\bullet t| = 1$ können analog minimale Knoten keine Transitionen sein.

Zu (4): N besitzt genau einen minimalen Knoten, der nach (3) eine Stelle ist.

Zu (5): N_p ist als Teilnetz wieder ein Kausalnetz mit p als der einzigen initialen Stelle. q.e.d.

Um den besonderen Stellenwert des minimalen Knoten hervorzuheben, wird ein Teamnetz (N, R, D) mit dem minimalen Platz p_0 auch als $R(p_0)$-Team bezeichnet.

9.2.1 Statische Wohlgeformtheit

Betrachten wir nun die Konsistenz eines R/D-Netzes. Diese ist nur dann gegeben, wenn Dienstnetze und Rollenprofile zur Struktur des Teams passen. Sei $\mathcal{D}$ eine Dienstklasse.

Sei t eine beliebige Transition des R/D-Netzes. Für jede Kante (p, t) soll $D(t)$ einen Dienst beschreiben, der die Rolle $R(p)$ implementiert. Alle Rollen der Profile des Vorbereichs ${}^\bullet t = \{p\}$ dazu müssen Teil des Dienstes $D(t)$ sein:

$$R({}^\bullet t) \subseteq R(D(t)), \text{ bzw. äquivalent dazu: } D(t) \in \mathcal{D}(R({}^\bullet t))$$

Die Stellen im Nachbereich von t bezeichnen dagegen delegierte Aufgaben. Die Rollen $R(p)$ der Stellen $p \in t^\bullet$ sollen dabei eine disjunkte Aufteilung der Arbeit beschreiben. Dies impliziert insbesondere, dass die Rollen $R(p)$ für alle $p \in t^\bullet$ disjunkt sein sollen (*Zerlegungseigenschaft*) und dass sie kompatibel sind, d.h. ein Dienst D_t existiert, der alle Rollen in $R(t^\bullet)$ enthält:

$$D_t \in \mathcal{D}\left(\bigcup_{p \in t^\bullet} R(p)\right) = \mathcal{D}(R(t^\bullet))$$

Der Dienst D_t soll eine Verhaltensverfeinerung des Vorbereich sein, d.h. der Komponente $D(t)[R({}^\bullet t)]$ sein. Dies gilt für alle Rollen $r \in R({}^\bullet t)$ des Dienstes $D(t)$ einzelnd: Die Rollen $R({}^\bullet t)$ werden von t aufgeteilt, indem jedem $r \in R({}^\bullet t)$ eine Teilmenge $P_r \subseteq t^\bullet$ der Stellen im Nachbereich zugeordnet werden. Genauer: Alle r generieren eine Partition auf $t^\bullet$. Die r zugeordneten Rollen des Nachbereichs $R(P_r)$ müssen zudem verhaltensäquivalent zu r sein (*Verhaltensverfeinerung*):

$$D_t[R(P_r)] \simeq D(t)[\{r\}]$$

Die konkrete Wahl eines $D_t \in \mathcal{D}(R(t^\bullet))$ ist dabei irrelevant.

Diese Forderung impliziert insbesondere, dass stets $|R({}^\bullet t)| \geq |t^\bullet|$ gelten muss, d.h. die Rollen $R({}^\bullet t)$ werden bei der Delegation stets aufgeteilt.

Definition 9.10 *Ein R/D-Netz* (N, R, D) *ist* wohlgeformt, *wenn für jede Transition* $t \in T$ *die folgenden Bedingungen erfüllt sind:*

1. *Rollenkompatibilität. Die Rollen im Vorbereich passen zum Dienst:* $R(^\bullet t) \subseteq R(D(t))$

2. *Zerlegungseigenschaft. Wenn* $|t^\bullet| > 0$ *gilt, dann sind die Rollen* $R(p)$ *für alle* $p \in t^\bullet$ *disjunkt und* $\mathcal{D}(R(t^\bullet))$ *ist nicht leer.*

3. *Verhaltensverfeinerung. Wenn* $|t^\bullet| > 0$ *gilt, dann existiert für jedes* $D_t \in \mathcal{D}(R(t^\bullet))$ *eine Partition* $(P_r)_{r \in R(^\bullet t)}$ *des Nachbereichs* $t^\bullet$, *so dass für alle* $r \in R(^\bullet t)$ *die Verhaltensverfeinerung* $D_t[R(P_r)] \simeq D(t)[\{r\}]$ *gilt.*

Beachte, dass jedes Subteam $RD_{\uparrow p}$ mit $p \in P_N$ eines wohlgeformten R/D-Netzes (N, R, D) dies auch ist.

Für den Spezialfall $D(t) = D_t$ ist die Verhaltensverfeinerung immer dann erfüllt, wenn die Rollen $R(t^\bullet)$ des Nachbereichs eine disjunkte Partition der Rollen $R(^\bullet t)$ im Vorbereich darstellen.

Zur Rollenkompatibilität: In R/D-Netz sind Startstellen, d.h. Stellen mit leerem Vorbereich erlaubt. Eine wünschenswerte Eigenschaft solcher Stellen ist, dass ihr Rollenprofil $R(p)$ nicht nur einer Teilmenge der Rollen des Dienstnetz $D(t)$ für alle $t \in p^\bullet$ ist (wie für wohlgeformte R/D-Netze gefordert), sondern sogar damit übereinstimmt. Eine Stelle heißt *vollständig*, wenn folgendes gilt:

$$^\bullet p = \emptyset \implies \forall t \in p^\bullet : R(p) = R(D(t)) \tag{9.5}$$

Diese Forderung erscheint zunächst sinnvoll, da eine Stelle mit leerem Vorbereich den Beginn einer Aufgabenbearbeitung darstellt. Wir wollen diese Eigenschaft aber dennoch für die Wohlgeformtheit nicht fordern, da sie nur für die globale Sichtweise auf eine Organisation sinnvoll ist (vgl. dazu auch Abschnitt 10.3). Wir wollen aber auch noch Suborganisationen, d.h. Unterstukturen von Organisationen betrachten, und für diese kann die Eigenschaft im allgemeinen nicht erfüllt sein. Startstellen mit der Eigenschaft (9.5) können als der absolute Startpunkt von Aktivitäten betrachtet werden. Startstellen, die die Eigenschaft (9.5) nicht erfüllen, sind also gerade die Schnittstellen einer Suborganisation.

Beispiel Abbildung 9.4 zeigt ein Teamnetz. Die Dienstnetze und die Rollen sind im Teamnetz aus Abbildung 9.4 bereits als Anschriften enthalten. In dieser Organisation wird die Rolle „Consumer" nicht direkt besetzt, denn p_2 (*Cons*) verweist nicht auf eine terminale Transition. Die Aufgaben p_3 (*Prod$_1$*) und p_4 (*Prod$_2$*) werden dagegen direkt implementiert.

Wir betrachten eine Organisation mit den Diensten PC, PC_2 und PC_3. Die Dienste sind in Abbildung 8.1, 8.9 und 8.10 dargestellt. Man erkennt, dass PC_2

9.2 Rollen/Dienst-Netze und Teams

eine Verfeinerung des Producer/Consumer Dienstes PC bezüglich der Rolle $Cons$ und PC_3 eine Verfeinerung bezüglich der Rolle $Prod$ ist.

$$\mathcal{R} = 2^{Rol} \setminus \{\emptyset\} \quad \text{mit} \quad Rol = \{Prod, Cons, DM, Cons_1, Cons_2, Prod_1, Prod_2\}$$
$$\mathcal{D} = \{PC, PC_2, PC_3\}$$

Die Rollen der Dienste sind:

$$\begin{aligned} R(PC) &= \{Prod, Cons\} \\ R(PC_2) &= \{Prod, DM, Cons_1, Cons_2\} \\ R(PC_3) &= \{Prod_1\, Prod_2, Cons\} \end{aligned}$$

Die Profile realisieren die Rollenprofile $R(P) = \mathcal{R}$ und überdecken daher die Rollenmenge der Dienste $R(PC) \cup R(PC_2)$.

Wir überprüfen die notwendige Implementierungs- und Verfeinerungsbeziehung für die Transition t_1. Es gilt $p(t_1) = p_0$. Die Rollenkompatibilität ist:

$$R(^\bullet t_1) = \{Prod, Cons\} \subseteq R(D(t_1)) = \{Prod, Cons\}$$

Da sogar $R(^\bullet t_1) = R(D(t_1))$ gilt, ist t_1 sogar vollständig. Da $D_t = D(t_1)$ gilt und die Rollen des Vorbereichs auf den Nachbereich aufgeteilt werden, gilt die Verhaltensverfeinerung. Die Verhaltensverfeinerung gilt, da D_t entweder gleich PC oder aber gleich $PC[Prod]\|PC_3[Cons]$ ist, und im letzteren Fall gilt: $PC_3[Cons]$ ist verhaltensgleich mit $PC[Cons]$.

Für t_2 ist nur ein Nachbereichsdienst möglich $D_t = PC_3[Prod_1]\|PC_3[Prod_2] = PC_3[Prod_1, Prod_2]$. Es ergibt sich die Verhaltensverfeinerung: $D(t_2)[R(p_1)] = PC[\{Prod\}]$ ist verhaltensgleich zu $D_t[R(t_2^\bullet)] = PC_3[\{Prod_1, Prod_2\}]$.

Analoges gilt für die restlichen Transitionen. Insgesamt zeigt sich, dass das R/D-Netz wohlgeformt ist. $\diamond$

Wegen $|^\bullet t| = 1$ können wir folgende Schreibweise definieren: $D[t] := D(t)[R(p(t))]$. Betrachten wir speziell Teamnetze, d.h. Kausalnetze, dann ergibt sich die Nachbreichsauswahl eindeutig, da ja $|p^\bullet| = 1$ gilt. Falls $|p^\bullet| = 1$ gilt, definieren wir $D[p] := D(t)[R(p)]$ für das eindeutig bestimmte $t \in p^\bullet$. Identifiziert man die einelementige Menge $p^\bullet = \{t\}$ mit t, so notieren wir $D(p^\bullet)$ statt $D(t)$ und erhalten für $|p^\bullet| = 1$ zur Vereinfachung der Notation die Definition:

$$D[p] := D(p^\bullet)[R(p)] \text{ für } |p^\bullet| = 1 \text{ und } D[t] := D(t)[R(p(t))] \quad (9.6)$$

Die für wohldefinierte Teamnetze lokal geforderte Rollenverfeinerung erweitert sich auf die gesamte Struktur. Für einen Stellenmenge C eines Teamnetzes (N, R, D) definiere die folgende Komposition:

$$D[C] := D[R(C)] := \Big\|_{p \in C} D[p] = \Big\|_{p \in C} D(^\bullet p)[R(p)] \quad (9.7)$$

Theorem 9.11 *Sei (N, R, D) ein wohlgeformtes Teamnetz mit der initialen Stelle p_0. Dann gilt, dass das Dienstnetz $D[C]$ für jeden Stellenschnitt $C \neq \{p_0\}$ wohldefiniert ist, und die Rollen $R(C)$ eine Verfeinerung von $R(p_0)$ bilden:*

$$D(p_0^\bullet)[R(p_0)] \simeq D[R(C)]$$

Beweis: Beweis per Induktion über die Tiefe des Teamnetzes.

Induktionsanfang: Der Induktionsanfang bildet das kleinstmögliche Teamnetz, das aus einer Stelle p_0 besteht, die mit der einzigen Transition t mit einer Kante verbunden ist. Der einzige Schnitt ist $C = \{p_0\}$. Also muss nichts gezeigt werden.

Induktionsschritt: Für den Induktionsschritt nutzen wir aus, dass jedes Teamnetz N durch ein Netz N_0 gebildet wird, das aus einer einzigen Transition t mit $^\bullet t = \{p_0\}$ und $t^\bullet = \{p_1, \ldots, p_k\}$ besteht, und den Subteams $N_1, \ldots, N_k$, deren initiale Stelle jeweils die $p_1, \ldots, p_k$ sind. Jeder Stellenschnitt $C \neq \{p_0\}$ setzt sich aus Schnitten C_i der Subteams zusammen: $C = \bigcup_{i=1}^k C_i$.

Da die Subteams alle kleiner sind, gilt für sie die Induktionsannahme, d.h. alle $D[C_i]$ sind wohldefiniert und die $R(C_i)$ realisieren in $D[C_i]$ jeweils $R(p_i)$, d.h. $D[C_i] \simeq D[R(p_i)]$

Nach der Zerlegungseigenschaft ist die Komposition $\|_{i=1}^k D(t)[R(p_i)]$ definiert. Wegen der Verhaltensverfeinerung nach Induktionsannahme ist daher auch die Komposition $\|_{i=1}^k D[C_i]$ definiert. Damit ergibt sich:

$$\begin{aligned}
D(t)[R(p_0)] &\simeq \|_{i=1}^k D(t)[R(p_i)] && \text{(Wohlgeformtheit)} \\
&\simeq \|_{i=1}^k D[C_i] && \text{(Annahme)} \\
&= \|_{i=1}^k \|_{p \in C_i} D[p] \\
&= \|_{p \in C} D[p] = D[C]
\end{aligned}$$

Also realisiert $D[C]$ die Rolle $R(p_0)$. q.e.d.

Diese Eigenschaft gilt offensichtlich auch, wenn (N, R, D) ein Subteam eines größeren R/D-Netzes ist, da jedes Subteam ebenfalls wohlgeformt ist.

Dass $D[C]$ eine Verfeinerung ist, heißt insbesondere, dass die Menge der Kommunikationskanäle durch C disjunkt aufgeteilt wird. Für wohlgeformte Teams ist es ausgeschlossen, dass sich Rollen zyklisch für ihre Arbeit heranziehen. Dies gilt nur für stotterfreie R/D-Netze. Stottern bedeutet, dass eine Aufgabe nur von einer Rolle zur nächsten gereicht wird. Der Delegationsprozess ist nicht produktiv – er stottert, und dies ist nicht erwünscht.

Theorem 9.12 *Ein R/D-Netz stottert, wenn es eine Transition t mit $|t^\bullet| = 1$ gibt. Sei (N, R, D) ein wohlgeformtes, stotterfreies Teamnetz mit der initialen Stelle p_0. Sei $p \in P$ eine Stelle mit $R(p) = R(p_0)$, dann gilt $p = p_0$.*

9.2 Rollen/Dienst-Netze und Teams

Beweis: Sei $C_0 = \{p_0\}$ und sei C ein Stellenschnitt mit $p \in C$. Nach Theorem 9.11 realisieren sowohl $D[C_0]$ als auch $D[C]$ die Rolle $R(p) = R(p_0)$. Sie besitzen somit auch die gleichen externen Kommunikationskanäle. Daraus folgt, dass $D[R(C \setminus \{p\})]$ keinerlei Kommunikationskanäle besitzt. Da jedes Dienstnetz D nach Definition (Def. 8.12) für jedes Rollenzerlegung $R, (R(D) \setminus R)$ mit $R \neq \emptyset$ und $(R(D) \setminus R) \neq \emptyset$ Kanäle besitzen muss, ist dies nur möglich, wenn $C = \{p\}$ gilt. Dann muss aber $p = p_0$ gelten, da das Teamnetz nicht stottert. q.e.d.

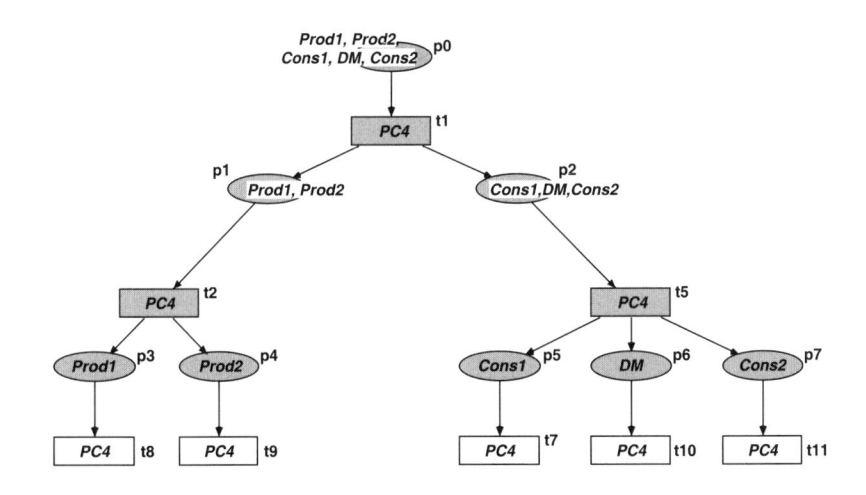

Abbildung 9.7: Ein homogenes Team

Ein besonderer Fall liegt vor, wenn das Teamnetz homogen ist, d.h. wenn alle Dienstnetze $D(t)$ identisch sind. Abbildung 9.7 zeigt ein die homogene Variante des nicht homogenen Teamnetzes aus Abbildung 9.6. In diesem Fall vereinfacht sich Definition 9.10, denn homogene wohlgeformte Teamnetze haben die Eigenschaft, die zu implementierenden Rollen nur aufzuteilen, nicht aber zu verfeinern.

Lemma 9.13 *Ein R/D-Netz* (N, R, D) *heißt homogen, wenn* $D(t_1) = D(t_2)$ *für alle* $t_1, t_2 \in T_N$ *gilt. Wenn* (N, R, D) *ein wohlgeformtes Teamnetz ist, dann gilt für alle Transitionen* $t \in T$, *dass* $\{R(p) \mid p \in t^\bullet\}$ *eine Mengenpartition von* $R(^\bullet t)$ *gilt.*

Beweis: Da (N, R, D) ein wohlgeformtes Teamnetz ist, gilt die Verhaltensgleichheit von $D(t)[R(^\bullet t)]$ und $D_t = \|_{p \in t^\bullet} D[p]$. Aufgrund der Homogenität gilt $D_t = \|_{p \in t^\bullet} D[p] = D[R(t^\bullet)]$ erhalten wir $D(t)[R(^\bullet t)] \simeq D(t)[R(t^\bullet)]$. Daraus folgt insbesondere $R(^\bullet t) = R(t^\bullet)$. Mit der Zerlegungseigenschaft folgt zudem noch, dass $\{R(p) \mid p \in t^\bullet\}$ disjunkte Menge sind. q.e.d.

9.2.2 Teamprozesse

Bezeichne $\mathcal{K}^{pg}(N,m)$ die Menge aller endlichen Prozesse von (N,m) unter der Fortschrittsannahme. Hierbei steht noch nicht fest, ob für ein gegebenes Delegationsnetz ein endlicher Prozess unter der Fortschrittsannahme überhaupt existiert. So könnte es sein, dass unter der Fortschrittsannahme keine endlichen Prozesse generiert werden. So zeigt Abbildung 9.8 ein Netz, das für $m = \{p_1\}$ gar keine endlichen Prozesse (N,m) unter der Fortschrittsannahme besitzt.

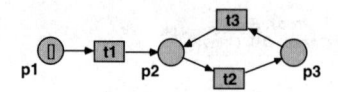

Abbildung 9.8: Ein R/D-Netz ohne Tätigkeitspfade

Theorem 9.14 *Sei N ein Delegationsnetz.*

1. *Ein Prozess $(K,\phi) \in \mathcal{K}^{pg}(N,m)$ besteht aus $|m|$ disjunkten Teilprozessen.*

2. *Die Prozesse $(K,\phi) \in \mathcal{K}^{pg}(N,m)$ von Delegationsnetzen sind Bäume.*

3. *Jeder Prozess korrespondiert zu einem Ableitungsbaum in $G(n,m)$.*

Beweis: Dies folgt aus der Linearitätseigenschaft, denn jede Marke wird disjunkt entwickelt.

Prozesse sind als Kausalnetze bereits azyklisch, im allgemeinen aber keine Bäume. Die Baum-Eigenschaft folgt aus der Struktur der Transitionen, genauer aus $|{}^\bullet t| = 1$.

Da die Struktur der Grammatik $G(N,m)$ das Netz direkt abbildet, korrespondieren Prozesse und Ableitungsbäume. q.e.d.

Theorem 9.15 *Sei N ein Delegationsnetz in der Markierung m und sei $(K,\phi) \in \mathcal{K}^{pg}(N,m)$ ein Prozess, dann gilt:*

1. $\phi(K^\circ) \subseteq T$.

2. *Jede Folge $\phi(w)$ mit $({}^\circ K \cap B) \xrightarrow{w} (K^\circ \cap B)$ ist ein Tätigkeitspfad.*

3. *Mindestens eine Schaltfolge $\phi(w)$ mit $({}^\circ K \cap B) \xrightarrow{w} (K^\circ \cap B)$ wird von der Grammatik $G(N,m)$ erzeugt.*

4. $\mathcal{K}^{pg}(N,\{p\})$ *ist genau dann eine nicht-leere Menge, wenn A_p produktiv in $G(N,m)$ ist.*

9.2 Rollen/Dienst-Netze und Teams

Beweis:

1. $\phi(K^\circ) \subseteq T$ ist äquivalent zu $K^\circ \subseteq E$. Da N keine Senken besitzt $(p^\bullet \neq \emptyset)$, gibt es zu jeder Stelle mindestens eine Transition im Nachbereich. Wäre eine Stelle b in K°, dann wäre eine dieser Transition aktiviert – im Widerspruch zu der Annahme, dass K ein Prozess von (N, m) unter der Fortschrittsannahme ist.

2. Da $\phi^\sharp(^\circ K) = m$ und $\phi(K^\circ) \subseteq T$ gilt haben wir $m = \phi^\sharp(^\circ K) \xrightarrow{\phi(w)} \phi^\sharp(K^\circ \cap B) = \phi^\sharp(\emptyset) = \mathbf{0}$, d.h. das $\phi(w)$ ein Tätigkeitspfad ist.

3. Jede Ableitung in der Grammatik $G(N, m)$ beschreibt mindestens einen Ablauf in N, wenn auch nicht alle möglichen Permutationen nebenläufiger Ereignisse betrachtet werden.

4. Nach Theorem 9.6 ist die Variable A_p genau dann produktiv, wenn $\mathbf{0}$ von $m = \{p\}$ erreichbar ist. Dies gilt genau dann, wenn es einen Prozess $(K, \phi) \in \mathcal{K}^{pg}(N, m)$ gibt, der $\phi(K^\circ) \subseteq T$ erfüllt, was nach (1) genau dann gilt, wenn überhaupt ein Prozess existiert, d.h. wenn $\mathcal{K}^{pg}(N, m) \neq \emptyset$.

q.e.d.

9.2.3 Bearbeitbarkeit in R/D-Netzen

Die Bedingung, dass eine Stelle sicher bearbeitbar ist, ist verwandt mit der Korrektheitsbedingung für Workflownetze. Im Gegensatz zu korrekten Workflownetzen sind R/D-Netze im allgemeinen jedoch nicht beschränkt. Daher scheidet eine Analyse des Erreichbarkeitsgraphen aus, da dieser im allgemeinen nicht endlich ist. Wir nutzen stattdessen die speziellen Eigenschaft von Delegationsnetzen, um die Analyse der Tätigkeitspfade zu vereinfachen, hier insbesondere die Linearitätseigenschaft von Delegationsnetzen.

Theorem 9.16 *Sei $RD = (N, R, D)$ ein R/D-Netz und m seine Markierung.*

1. *$TP(m)$ ist genau dann eine nicht-leere Menge, wenn m bearbeitbar ist.*

2. *Ist die Marking m sicher bearbeitbar, dann ist sie auch bearbeitbar.*

3. *N ist genau dann sicher bearbeitbar, wenn es bearbeitbar ist.*

4. *Die Markierung m ist in N bearbeitbar genau dann, wenn alle Markierungen $\{p\}$ mit $m(p) > 0$ bearbeitbar sind.*

5. *Es ist in $O(|N|)$ entscheidbar, ob die Markierung m bearbeitbar ist.*

6. *Es ist in $O(|N|)$ entscheidbar, ob die Markierung m sicher bearbeitbar ist.*

7. Sind alle Stellen $p \in P$ bearbeitbar, dann ist N sicher bearbeitbar.

8. Ist N sicher bearbeitbar, dann ist N nicht (strukturell) lebendig.

Beweis:

1. Direkt aus der Definition der Bearbeitbarkeit.

2. Folgt aus Definition mit $m \in RS(m)$.

3. Offensichtlich gilt, dass N bearbeitbar ist, wenn es sicher bearbeitbar ist. Ist N bearbeitbar, dann folgt für alle Markierungen, also insbesondere auch für die erreichbaren Markierungen $m' \in RS(m)$ Bearbeitbarkeit. Also folgt, dass N sicher bearbeitbar ist, wenn es bearbeitbar ist.

4. Mit der Linearitätseigenschaft $RS(m_1 + m_2) = RS(m_1) + RS(m_2)$ der Delegationsnetze (Theorem 9.3) folgt:

$$RS(m) = RS\left(\sum_{p \in P} m(p) \cdot p\right) = \sum_{p \in P} m(p) \cdot RS(\{p\})$$

Also sind die erreichbaren Markierungen durch die Mengen $RS(\{p\})$ charakterisiert.

5. Mit (3) ist die Markierung m bearbeitbar genau dann, wenn alle Markierungen $\{p\}$ mit $m(p) > 0$ bearbeitbar sind. Nach Theorem 9.6 ist die Nullmarkierung $\mathbf{0}$ von $m = \{p\}$ in N genau dann erreichbar, wenn das Nonterminal A_p der kontextfreien Grammatik $G(N,m)$ produktiv ist. Um Produktivität zu entscheiden, sind die Mengen $PV_n(G)$ zu bilden, wobei n höchstens bis zur Anzahl der Nonterminale wächst. In $G(N,m)$ gibt es zu jeder Stelle p genau ein Nonterminal A_p. Bei der Konstruktion von $PV_n(G)$ sind alle Regeln zu beachten. In $G(N,m)$ gibt es zu jeder Transition t genau eine Regel. Also ist der Aufwand von der Ordnung $|P| \cdot |T| = |N|$.

6. Mit (3) ist die Markierung m sicher bearbeitbar genau dann, wenn alle Markierungen $\{p\}$ mit $m(p) > 0$ sicher bearbeitbar sind. Nach Theorem 9.6 ist die Markierung $m = \{p\}$ genau dann sicher bearbeitbar, wenn alle erreichbaren Variablen A_p der kontextfreien Grammatik $G(N,m)$ produktiv sind. Die produktiven Variablen $PV_n(G)$ sind nach (4) mit $O(|N|)$ Zeitaufwand zu berechnen. Die erreichbaren Variablen sind durch die Konstruktion der monoton wachsenden Folge $RV_n(G)$ zu bilden, wobei n höchstens bis zur Anzahl der Nonterminale wächst. Analog zu der Menge der produktiven Variablen ist der Konstruktionsaufwand von der Ordnung $|P| \cdot |T| = |N|$. Insgesamt ist der Zeitaufwand also von der Ordnung $O(|N|)$.

7. Sind alle Stellen $p \in P$ bearbeitbar, dann sind alle Markierungen bearbeitbar, insbesondere alle $m' \in RS(m)$.

8. Da stets die Nullmarkierung erreichbar ist, kann das Netz stets in einen Deadlock geraten, also ist es nicht lebendig. Da dies für jede Anfangsmarkierung gilt, ist die Eigenschaft sogar strukturell.

Dies zeigt die Eigenschaften. q.e.d.

Zirkuläre Ausführungspfade existieren genau dann, wenn die Grammatik $G(N, m)$ Iterationen zulässt.

Theorem 9.17 *Sei (N, R, D) ein R/D-Netz und m seine Markierung. Es ist entscheidbar, ob N keine, endlich oder unendlich viele Tätigkeitspfade besitzt.*

Beweis: Dies gilt genau dann, wenn $L(G(N, m))$ leer, endlich oder unendlich ist. Diese Fragen sind für kontextfreie Grammatiken entscheidbar. q.e.d.

9.3 Koordination von Teams

Bei der Ausführung von Diensten werden Teilaufgaben entlang des Tätigkeitspfades weitergereicht, bis sie bei den terminalen Transitionen ankommen. Im Prozess in Abbildung 9.6 sind das t_8, t_{10}, t_{11}, t_{12} und t_{13}. Durch die Netzstruktur ist sichergestellt, dass die Agenten, die diesen Transitionen zugeordnet sind, die Interaktion gemäß des Dienstes PC_2 ausführen können. Der gesamte Prozess dient aber nur dazu, eine einzige Aktivität zu realisieren, nämlich die durch t_1 angestoßen wurde, d.h. $D(t_1)$. Man könnte meinen, dass die vor den terminalen Transitionen liegenden Ebenen (im Beispiel sind dies t_1, t_2, t_5 und t_7) keinerlei Funktion haben, außer dass sie entscheiden müssen, an wen sie die Aufgaben delegieren. Dies ist nicht ganz so, denn die Aufgabe dieser Agenten besteht unter anderem darin, globale Gültigkeitsbedingungen (wie z.B. Termination der Dienstnetze o.ä.) entlang der Tätigkeitspfade zu garantieren.

9.3.1 Steuerung

Jeder Transition wird durch die Abbildung $\psi : T \to PF_\mathcal{D}$ eine Prozessformel zugewiesen, die die Menge der *zugelassenen Prozessen* definiert. Wir unterscheiden hier zugelassene Prozesse von korrekten. Korrektheit spricht hier die formale Spezifikation an, während zugelassene Prozesse mit einer Form der Steuerung zu realisieren sind. Die Steuerung ψ ist der technischen Ausdruck der organisationalen Sozialstrukturen. In SONAR wird die Steuerung ψ eines Dienstes D durch ein Koordinierungsprotokoll implementiert, das die Schaltmöglichkeiten der Dienstnetze reguliert.

Wir fordern, dass die Abbildung $\psi(t)$ mindestens einen Prozess des Dienstnetzes $D(t)$ erlaubt, d.h. die Steuerung ist realisierbar.

Definition 9.18 *Ein* koordinierendes Team *ist das Tupel* (N, R, D, ψ), *wobei gilt:*

- (N, R, D) *ist ein R/D-Netz.*
- $\psi : T_G \to PF_D$ *ist die lokale Steuerung.*

Ein koordinierendes Team (N, R, D, ψ) *ist* wohlgeformt, *wenn* (N, R, D) *dies ist und die Steuerung realisierbar ist:*

$$\forall t \in T : Proc(D(t), \psi(t)) \neq \emptyset$$

Aus der lokalen Steuerung $\psi : T \to PF_D$ ergibt sich für jede Transition $t \in T$ eines koordinierenden Teams die *globale Steuerung* $\hat{\psi}$, indem wir alle F-Vorgänger miteinbeziehen:

$$\hat{\psi}(t) := \bigwedge_{(t',t) \in F^*} \psi(t') \tag{9.8}$$

Man beachte, dass die globale Steuerung $\hat{\psi}(t)$ eine endliche Konjunktion ist, da es nur endliche viele Elemente t' mit $(t', t) \in F^*$ gibt, nämlich höchstens alle $t \in T$.

Wir definieren Koordination hier allgemein für Delegationsstrukturen, werden aber im folgenden nur Kausalnetze betrachten, da wir an Teamprozessen interessiert sind. In einem Kausalnetz beschreibt $\hat{\psi}(t)$ also genau die Konjunktion aller lokalen Steuerungbedingungen von der Initialisierung des Teams bei p_0 bis hin zu t.

Die Steuerung ψ schränkt die Abläufe insofern ein, als dass wir für die Planung eines Agenten nur solche Dienstnetzprozesse des Dienstes $D(t)$ zulassen wollen, die $\hat{\psi}(t)$ erfüllen. Die lokale Steuerung ψ hat die Aufgabe, den akteursbezogenen Planungsprozess vorab einzuschränken, während die globale Steuerung die Handlungswahl eines im Team planenden Agenten noch weiter einschränkt.

9.3.2 Teamdienste

Jedes Teamnetz definiert durch seine maximalen Transitionen K° eine Interaktion. Jede Transition $t \in K^\circ$ führt den Anteil des Dienstes $D(t)$ aus, der durch die Rolle $R(p(t))$ der Stelle im Vorbereich von t definiert ist:

$$D(G) := \left\|_{t \in K^\circ} D(t)[R(p(t))]\right. \tag{9.9}$$

Aus Theorem 9.11 folgt, dass $D(G)$ wohldefiniert ist, denn es gilt:

$$D(G) := \|_{t \in K^\circ} D(t)[R(p(t))] = \|_{p \in {}^\bullet(K^\circ)} D(p^\bullet)[R(p)] = D[{}^\bullet(K^\circ)]$$

Für homogene Dienstnetze sind alle Dienstnetze $D(p^\bullet)$ identisch, so dass $D(G) = D(t)$ für jedes beliebige $t \in T$ gilt.

Für das Teamnetz in Abbildung 9.6 ergibt sich somit der Teamdienst:

$$D(t_8)[R(p_3)] \| D(t_9)[R(p_4)] \| D(t_{13})[R(p_9)] \| D(t_{10})[R(p_8)] \| D(t_{11})[R(p_7)]$$
$$= PC_3[Prod_1] \| PC_3[Prod_2] \| PC_2[Cons_1] \| PC_2[DM] \| PC_2[Cons_2]$$

Man beachte, dass diese Interaktion weder PC_2 noch durch PC_3 beschrieben wird, sondern eine Kombination aus beiden darstellt.

Ebenso ergibt sich die Teamsteuerung $\hat{\psi}(G)$ als:

$$\hat{\psi}(G) := \bigwedge_{t \in K^\circ} \hat{\psi}(t) \tag{9.10}$$

Definition 9.19 *Sei G ein koordiniertes Team, dann ist der* Teamdienst *definiert als $D(G) := \|_{t \in K^\circ} D(t)[R(p(t))]$ und die* Teamsteuerung *definiert durch $\hat{\psi}(G) := \bigwedge_{t \in K^\circ} \hat{\psi}(t)$.*

Rollenkomponenten und Teamdienste sind miteinander verträglich.

Lemma 9.20 *Sei G ein Team, dann gilt für alle $t \in K^\circ$ und für beliebige Formeln $\phi \in PF_\mathcal{D}$:*

$$Proc(D(G), \phi) \subseteq Proc(D(G)) \subseteq Proc(D(t)[R(p(t))])$$

Beweis: Mit Theorem 8.30 folgt:

$$Proc(D(G)) = Proc(\|_{t \in K_G^\circ} D(t)[R(p(t))])$$
$$= \bigcap_{t \in K_G^\circ} Proc(D(t)[R(p(t))]) \subseteq Proc(D(t)[R(p(t))])$$

Die Inklusion $Proc(D(G), \phi) \subseteq Proc(D(G))$ ist offensichtlich. q.e.d.

9.4 Sonar-Agenten und Teamwork

Wir betrachten jetzt die Ausführungsumgebung und deren Handlungslogik, mit deren Hilfe die Organisationale Abläufe und Strukturen implementiert werden: den SONAR-Agenten. Die Team-Koordinierung wird durch die oberste, die sozial koordinierenden Schicht der Agentenarchitektur von Abb. 9.9 vorgenommen. Der Ansatz ist in Hinblick auf die Planungsprozesse an das BDI-Paradigma (Bratman, 1987; Rao und Georgeff, 1991) angelehnt; in Hinblick auf die architektuelle Strukturierung lehnt es sich an typische vertikal geschichtete Systeme an (Müller und Pischel, 1994).

Der SONAR-Agent aus Abbildung 9.9 besitzt drei Ebenen der Planung und zwei darauf operierende Metastrukturen. *Planer* dienen der strategiegesteuerten Exploration des Möglichkeitsraumes eines Dienstes. Berücksichtigt werden zum einen elementare Handlungsstrukturen und die Kompositionsoperatoren hierauf und zum

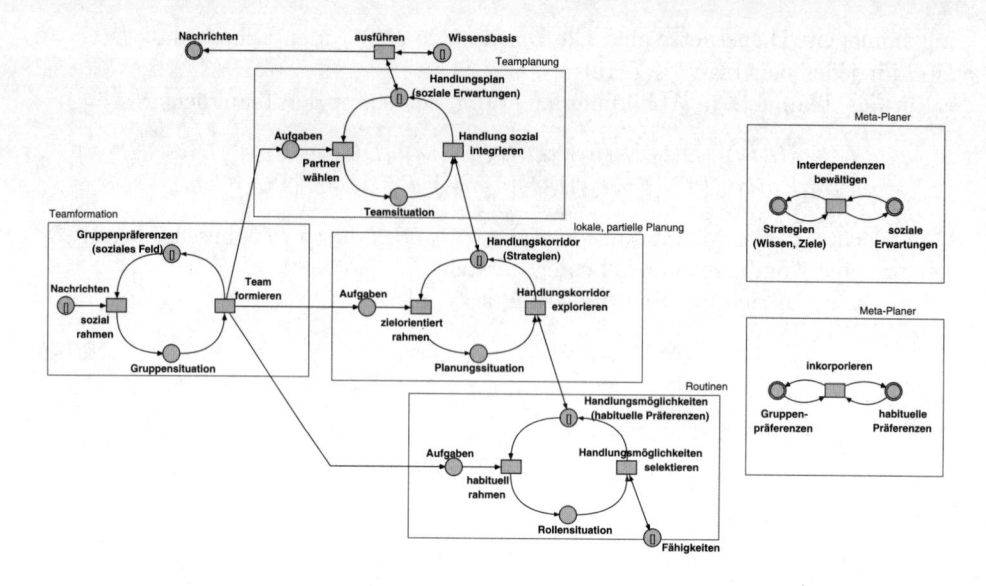

Abbildung 9.9: Die Planhierarchie im SONAR-Agenten

anderen die Explorationssstrategien. Planer regeln das Verhalten der Transitionen: Handlungen sozial integrieren, Handlungskorridor explorieren und Handlungsmöglichkeiten selektieren. Planer bestehen initial aus dem aktuellen Handlungsraum, der sich aus der Historie der eingehenden Nachrichten und der internen Verarbeitung bestimmt. Im Beispiel sind dies die Stellen Handlungsplan, Handlungskorridor und Handlungsmöglichkeiten im SONAR-Agenten. Planer reagieren auf äußere Signale, kontextualisieren diese in bezug auf den Handlungsraum und adjustieren den Handlungsraum ggf. neu. Die Prozesse der Kontextualisierung und der Adjustierung sind abhängig von Parametern, nämlich den Fähigkeiten bezüglich der atomaren Handlungsmöglichkeiten (den Aufspannenden des Handlungsraumes) einerseits und den Adjustierungsstrukturen (habituelle Präferenzen, Strategien und soziale Erwartungsstrukturen) andererseits.

Die *Meta-Planer* dienen der Adaption und Reorganisation der Planer, indem sie die Planungsressourcen modifizieren oder ergänzen, beispielsweise indem Strategien angepasst, Handlungsroutinen erlernt, Agenten gegen andere ausgetauscht oder Koordinierungsregeln generiert werden. Es handelt sich um die beiden Transitionen: Interdependenzen bewältigen und inkorporieren.

Sei $\mathcal{D}$ eine Dienstklasse und sei $\mathcal{A}$ eine Menge an Agentennamen. Jeder Agent hat eine Menge von Verhaltensregelmäßigkeiten (VR), mit denen er auf jede Rolle R reagieren kann. Verhaltensregelmäßigkeiten sind u.a. Ausdruck normativen Verhaltens (Castelfranchi und Conte, 1995b; Castelfranchi u. a., 1999, siehe hierzu

9.4 SONAR-Agenten und Teamwork

auch). Eine *Verhaltensregelmäßigkeit* δ ist ein Paar

$$(D, \{(R_1, A_1), \ldots, (R_n, A_n)\}) \in \mathcal{V}_R(\mathcal{D})$$

mit der Bedeutung, dass die Rolle R vom Dienst D implementiert werden soll, wobei die Rolle Rb nicht direkt eingenommen wird, sondern durch die Rollen R_i, die jeweils an den Agenten A_i delegiert wird. Hierbei verfeinern die Rollen $R_1, \ldots, R_n$ die Rolle R im Dienst D. Es ist zu beachten, dass die Rolle R durch jedes $D \in \mathcal{D}(R)$ identisch charakterisiert wird, denn alle $D \in \mathcal{D}(R)$ definieren die Rolle auf die verhaltensgleiche Art und Weise. Die Menge aller Reaktionsschemata zu einer Rolle R ist:

$$\begin{aligned}\mathcal{V}_R(\mathcal{D}) := \quad & \{(D, \{(R_1, A_1), \ldots, (R_n, A_n)\} \mid D \in \mathcal{D}(R), \\ & n \in \mathbb{N}, R_1, \ldots, R_n \text{ sind disjunkt} \\ & \exists D' \in \mathcal{D}(\bigcup_{i=1}^n R_i) : D[R] \simeq D'[\bigcup_{i=1}^n R_i] \\ & A_1, \ldots, A_n \in \mathcal{A}\}\end{aligned} \quad (9.11)$$

Die Menge aller Verhaltensregelmäßigkeiten ist:

$$\mathcal{V}(\mathcal{D}) := \bigcup_{R \in \mathcal{R}} \mathcal{V}_R(\mathcal{D})$$

Für jedes $\delta = (D, \{(R_1, A_1), \ldots, (R_n, A_n)\}) \in \mathcal{V}(\mathcal{D})$ definiere die Projektionen:

$$D_\Delta(\delta) := D \qquad R_\Delta(\delta) := R_1 \cup \cdots \cup R_n \qquad \mathcal{A}_\Delta(\delta) := \{A_1, \ldots, A_n\} \quad (9.12)$$

Jede Stelle $p \in P$ eines Teams beschreibt eine Aufgabe im Team. Die Transitionen $t \in T$ bearbeiten diese Aufgaben. In einem Gruppennetz wird jeder Tätigkeit t der Agent $A(t)$ zugewiesen, der die Tätigkeit ausführt. Es ist praktisch, auch dem Aufgaben p Agenten zuzuweisen. Wir fordern dabei $A(p) = A(t)$ für $p \in t^\bullet$, d.h. die vom Agenten $A(t)$ generierten Teilaufträge sind ihm auch zugeordnet.

Definition 9.21 *Ein* Gruppennetz *$G = (N, R, D, \psi, A)$ besteht aus einem Teamnetz (N, R, D, ψ) und der Besetzung $A : (P \cup T) \to \mathcal{A}$ mit $A(p) = A(t)$ für alle $p \in t^\bullet, t \in T$.*

Für eine Menge an Gruppennetze $\mathcal{G}$ ist die Menge aller Profile definiert als $\mathcal{P}_\mathcal{G} := \bigcup_{G \in \mathcal{G}} P_G$ und die Menge aller Tätigkeiten als $\mathcal{T}_\mathcal{G} := \bigcup_{G \in \mathcal{G}} T_G$.

Ist der Kontext eindeutig, so bezeichnen wir sowohl R/D-, Team- als auch Gruppennetze jeweils als *Team*. Ein Gruppennetz G wird auch als $A(p_0)$-*Team* bezeichnet, wegen der besonderen Bedeutung der initialen Stelle, die durch folgenden Satz charakterisiert wird.

Theorem 9.22 *Jede Abbildung $A' : T \to \mathcal{A}$ eines Teamnetzes wird durch durch die Definition von $A(p_0)$ für den minimalen Knoten p_0 eindeutig zu einer Besetzung $A : (P \cup T) \to \mathcal{A}$ erweitert.*

Beweis: $A(p_0)$ ist definiert. Wir setzen $A(t) = A'(t)$ für alle $t \in T$ und $A(p) = A'(t)$ für alle $p \in t^\bullet$. Somit ist die Eigenschaft der Definition aus Def. 9.21 erfüllt. Aus der Tatsache, dass N ein Kausalnetz mit $N^\circ \subseteq T$ ist, folgt, dass A für alle Knoten aus $P \cup T$ definiert ist. q.e.d.

9.4.1 Sonar-Agenten

Ein SONAR-Agent besitzt Strukturen zur Teambildung, zur Planung und zur Reorganisation durch Meta-Planung. Die Planung nutzt dabei die Dienstklasse $\mathcal{D}$. Außerdem ist definiert, welche Rollen der Agent einnehmen kann. Die Menge $\rho(D)$ bezeichnet die Menge der Rollen, die der Agent in der Lage ist einzunehmen. Gilt $\rho(D) = \emptyset$, so kann der Agent keine Rolle des Dienstes implementieren. Die Fähigkeiten $\rho(D)$ implizieren zudem, dass der Agent alle in der der Dienstkomponenten $D[\rho(D)]$ benötigten Rechte oder Ressourcen usw. besitzt.

Definition 9.23 *Sei $\mathcal{A}$ eine Menge an Agentennamen, $\mathcal{D}$ eine Dienstklasse zur Rollenstruktur $\mathcal{R}$ und $\mathcal{G}$ eine Menge an Gruppennetzen. Ein* SONAR*-Agent*

$$(\rho, \gamma, \Delta, \delta, \pi, \beta^1, \beta^2)$$

besteht aus folgenden Komponenten:

1. *$\rho : \mathcal{D} \to \mathcal{R}$ sind die Fähigkeiten, die $\rho(D) \subseteq R(D)$ für alle $D \in \mathcal{D}$ erfüllen.*

2. *$\gamma : \mathcal{R} \to \mathcal{G}$ ist die Teamgenerationsfunktion.*

3. *$\Delta : \mathcal{G} \to \mathcal{P} \to 2^{\mathcal{V}(\mathcal{D})}$ ist eine Selektionsfunktion der Verhaltensregelmäßigkeit.*

4. *$\delta : \mathcal{G} \to 2^{\mathcal{V}(\mathcal{D})} \to \mathcal{P}_\mathcal{G} \to \mathcal{V}(\mathcal{D})$ ist eine Selektionsfunktion des Handlungskorridors.*

5. *$\pi : \mathcal{G} \to \mathcal{D} \to \mathcal{P}_\mathcal{G} \to Proc(\mathcal{D}, \mathcal{R})$ ist eine Selektionsfunktion der sozialen Integration.*

6. *β^1 ist der Meta-Planer der Inkorporierung.*

7. *β^2 ist der Meta-Planer der Interdependenzbewältigung.*

Die Formationsfunktion γ und die Selektionsfunktionen Δ, δ und π besitzen die im nachfolgenden definierten Eigenschaften (9.13) bis (9.16).

Eine Konfiguration *eines Agenten wird durch die Fähigkeiten ρ, den Teamplaner γ und durch die Selektionsfunktionen Δ, δ und π definiert:*

$$(\rho, \gamma, \Delta, \delta, \pi)$$

Die Menge aller SONAR*-Agenten wird mit $\mathcal{S}_{(\mathcal{A},\mathcal{R},\mathcal{D},\mathcal{G})}$ bezeichnet (auch kurz als $\mathcal{S}$, wenn der Kontext klar ist.).*

9.4.2 Wissensbasis eines Sonar-Agenten

Im SONAR-Modell sind Dienstnetze rein funktional spezifiziert, so dass mehrere nebeneinander ablaufende Dienstnetze nicht interferieren können. In der Praxis modellieren Transitionen aber einen Zugriff auf externe Datenspeicher, die im allgemeinen von mehreren Dienstnetzen geteilt werden.

Diese Einschränkung ist insofern gerechtfertigt, als dass wir mit SONAR Dienstnetze als Typen und nicht als ablaufende Prozesse betrachten. Auf diesem Abstraktionsgrad betrachten wir also gerade nicht die Laufzeitinstanzen von Dienstnetzen und deren Seiteneffekte. Dies kann man schon daran erkennen, dass der SONAR-Agenten keinerlei Strukturen spezifizieren, die dem internen Zustand eines Agenten (auch: seine Wissensbasis) definieren. Erweitern wir den SONAR-Agenten in Abb. 9.9 um einen solchen Datenspeicher z, dann ist insbesondere jede Handlungswahl zustandsabhängig, d.h. statt Δ verwenden wir $\Delta(z)$ usw. Dieser Zustand z bildet die Initialmarkierung des SONAR-Agenten aus Abb. 9.9. Es handelt sich um die Stellen Fähigkeiten, Handlungsmöglichkeiten, Handlungskorridor und Handlungsplan. Jede Auswahl, d.h. jedes Schalten einer Transition in Abb. 9.9 modifiziert den Zustand. Dies kommt durch die in Abb. 9.9 dargestellten Kreisläufe in den Planungsschichten zum Ausdruck.

Wir werden diese Erweiterung um Datenspeicher jedoch nicht explizit notieren, sondern gehen im folgenden davon davon aus, dass jede Planungstransition sowie jede Transition eines Dienstnetzes implizit auch den Datenspeicher modifiziert. Wir wollen aber dennoch im folgenden kurz skizzieren, wie ein solcher Datenspeicher modelliert werden könnte und wie man mit seiner Hilfe auch die Fähigkeiten eines Agenten charakterisieren kann.

Den Datenspeicher eines SONAR-Agenten können wir modellieren, indem wir eine globale Menge an Datenbankschlüsseln DB einführen. Diese Menge behandeln wir formal wie Stellen, die mit genau einer Marke markiert sind und die nur als Nebenbedingungen von Transitionen auftreten. Die Marke ist in der Signatur typisiert, d.h. jeder Datenbankschlüssel $p \in DB$ wird durch die Abbildung d typisiert.

Jeder Agent A besitzt in seiner Datenbank Einträge zu den Schlüsseln $DB_A \subseteq DB$. Die Abbildung $M_A : DB_A \to [\![K]\!]_A$ weist allen Datenbankschlüssel ihren aktuellen Wert zu. Datenbankschlüssel sind also mit den Namen von Variablen imperativer Programmiersprachen vergleichbar. Die Abbildung M_A beschreibt das aktuelle Faktenwissen des Agenten.

Die Transitionen von Dienstnetzen modifizieren Datenbankeinträge. Jedes Dienstnetz D wird mit einer weiteren Inschrift versehen, die angibt, wie die Schlüsselwerte modifiziert werden. Es gibt einen lesenden und einen schreibenden Zugriff, die durch Terme $l_{rd}(t)(p)$ bzw. $l_{wr}(t)(p)$ der Sorte $d(p)$ definiert werden. Jede Transition t modifiziert eine endliche Teilmenge $DB_t \subseteq DB$ aller Schlüssel. Die Modifikation wird durch die Abbildung l_{rd} für den lesenden und l_{wr} für den schreibenden

Zugriff definiert:
$$l_{rd}, l_{wr} : T \to (DB \to \mathbb{T}_{\Sigma,E}(X))$$

Hierbei sind $l_{rd}(t), l_{wr}(t)$ partielle Funktionen, die nur auf DB_t definiert sind, d.h. $l_{rd}(t), l_{wr}(t) : DB_t \to \mathbb{T}_{\Sigma,E}(X)$ sind total. Die Terme müssen – analog zu den Kantenausdrücken – passend zu Typ $d(p)$ typisiert sein, d.h. es muss $l_{rd}(t)(p), l_{wr}(t)(p) \in \mathbb{T}_{\Sigma,E}^{d(p)}(X)$ gelten:

In der graphischen Darstellung notieren wir die Modifikationen für $DB_t = \{p_1, \ldots, p_n\}$ als die Transitionsinschrift in der folgenden Syntax:

$$l_{wr}(t)(p_1) \text{ <== } l_{rd}(t)(p_1) \ ; \ \ldots \ ; \ l_{wr}(t)(p_n) \text{ <== } l_{rd}(t)(p_n)$$

Ist die Menge der Schlüsseln DB_A, die ein Agent A in seiner Datenbank definiert, festgelegt, dann sind damit implizit auch seine Fähigkeiten festgelegt, d.h. die Information, welche Rollen der Agent einnehmen kann. Ein Agent kann nämlich eine Rolle $r \in R(D)$ dann einnehmen, wenn alle Datenbankschlüssel, die von Transitionen $t \in T_D$ mit $r(t) = r$ modifiziert werden, auch in der Datenbank des Agenten vorkommen: $\bigcup_{t \in r^{-1}(r)} DB_t \subseteq DB_A$. Die Menge $\rho_A(D)$ der Rollen, die der Agent A einnehmen kann, ergibt sich somit zu:

$$\rho_A(D) = \left\{ r \in R(D) \mid \bigcup_{t \in r^{-1}(r)} DB_t \subseteq DB_A \right\}$$

Die Datenbankzugriffe, die der Agenten A durchführen kann, definieren also seine Fähigkeiten implizit mit.

Die Schaltregel wird erweitert, um auch die Modifikation der Daten zu modellieren:

- Eine Transition t unter der Variablenzuweisung $\alpha : X \to [\![K]\!]_A$ heißt genau dann in M *aktiviert*, wenn gilt:
  1. Die Schaltbedingung ist erfüllt: $A, \alpha \models G(t)$.
  2. Für alle $p \in P$ gilt $M(p) \geq \overline{\alpha}(W(p,t))$.
  3. Für alle $p \in DB_t$ gilt $l_{rd}(t)(p) = M_A(p)$.

  Verglichen mit der Standarddefinition ist hierbei nur die dritte Bedingung hinzugetreten.

- Die Nachfolgemarkierung ergibt sich für jede Stelle $p \in P$ wie zuvor als:

$$M'(p) = M(p) - \overline{\alpha}(W(p,t)) + \overline{\alpha}(W(t,p))$$

Die neue Datenbankbelegung M'_A ergibt sich wie folgt:

$$M'_A(p) = \begin{cases} l_{wr}(t)(p), & \text{falls } p \in DB_t \\ M_A(p), & \text{sonst} \end{cases}$$

9.4 SONAR-Agenten und Teamwork

Ein besonders einfacher Fall liegt vor, wenn jeder Term $l_{rd}(t)(p)$ eine Variable ist, denn in diesem Fall können Datenbankzugriffe keine Transition am Schalten hindern. Auch die Konfliktauflösung wird nur durch die Markierung, nicht aber durch die Werte der Datenbank gesteuert. In diesem Fall wirken sich Interferenzen von Dienstnetzprozesse, die gemeinsame Datenbankstellen modifizieren, zwar auf das Endergebnis, nicht aber auf die Schaltfolgen selbst aus.

Man beachte, dass die Datenbankobjekte eine Quelle der Zwangsserialisierung von Transitionen darstellen, nämlich immer dann, wenn zwei Transitionen t_1 und t_2 auf das gleiche Datenobjekt zugreifen wollen. In diesem Fall sind dann diese beiden Transitionen nicht mehr nebenläufig, was sich in einer Modifikation der Prozesssemantik ausdrückt. Die Menge der Schaltfolgen, d.h. der sequentialisierten Prozesse, verändert sich dagegen nicht, denn auch dann ist jede beliebige Schaltreihenfolge, d.h. sowohl $t_1 t_2$ als auch $t_2 t_1$, weiterhin möglich. Diese führen aber im allgemeinen zu unterschiedlichen Werten der Datenobjekte.

Die in der Definition hinzugefügten Bedingungen für Datenschlüssel sind konsistent mit der Sichtweise, nach der Datenbankwerte wie Nebenbedingungen der Transition t behandelt werden. In diesem Fall ergibt sich die Markierung M_A einfach als der Teil der Markierung von D, der sich auf Stellen in DB bezieht. Datenbankstellen werden hier dennoch gesondert behandelt, da auf ihren Wert im allgemeinen von allen Diensten eines Agenten zugegriffen werden kann. Dies führt zu dem weithin bekannten Problem in verteilten Datenbanken, dass die relative Ausführungsreihenfolge der Prozesse Auswirkungen auf den finalen Zustand der Datenbank hat (race conditions). Dies lässt sich zwar im Rahmen der Petrinetztheorie klar analysieren, indem man alle Netze an den geteilten Datenbankstellen vereinigt. Wodurch die Kausalbeziehungen zwischen den Dienstnetzen klar hervortritt. Dies geschieht allerdings um den Preis, dass man im allgemeinen ein riesiges Netz erhält, in dem die Einzelaktivitäten der Dienste nicht mehr gut zu erkennen sind.

Wir wollen diese Problematik in dieser Arbeit nicht weiter vertiefen und abstrahieren von nicht-funktionalen Anteilen in Dienstnetzen – wie den Datenobjekten – völlig, da unser Interesse primär der Gruppenaktivität und nicht der Verwaltung verteilter Daten gilt. Diese Abstraktion hat jedoch keine Auswirkungen auf den prinzipiellen Charakter der Betrachtung.

9.4.3 Formation eines Teams

In der formalen Darstellung beschreiben wir Teamwork als das Zusammenspiel von Teamgenerierung und Planung (vgl. Abb. 9.10), wobei verteiltes Planen noch in unterteilt wird: In der ersten Phase wird ein Teamplan generiert, in der zweiten Phase wird dieser gemeinsame Plan ausgeführt.

Die beiden Abläufe – Teamgenerierung und -planung – sind nicht losgelöst voneinander zu betrachten, das sie durch die Bedingungen an die Wohlkoordiniertheit

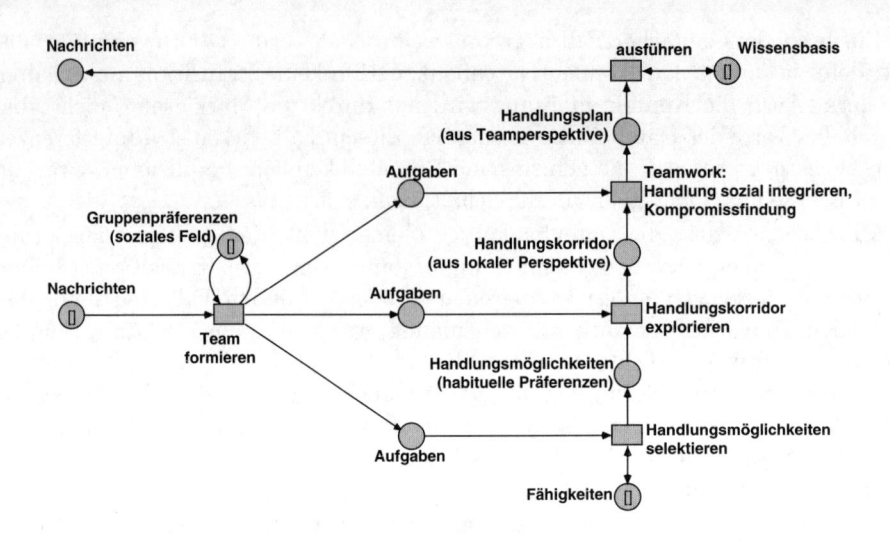

Abbildung 9.10: Die Planhierarchie als Vergröberung von Abbildung 9.9

eng verpflochten sind. Die hier gewählte Darstellung besitzt den Vorzug, dass sie eine klare Spezifikation darstellt. Man darf sie jedoch nicht als Phasen eines Algorithmus misdeuten. Dieser würde zunächst ein Team generieren, dann würden alle Agenten des Teams lokal ihre Handlungen planen und schließlich würde dieser Plan, sofern er wohlkoordiniert ist, ausgeführt. Würde man die so umzusetzen, so erhielte man sicherlich keine effiziente Zusammenarbeit von Agenten. Es sind also die Präferenzen der Beteiligten – schon aus Effizienzgründen – bereits bei der Teamformation zu berücksichtigen.

Sei ein Multiagentensystem gegeben. Die Teamaktivität geht vom Agenten $A_0 \in \mathcal{A}$ aus, der die Teamaktivität anstößt. Das koordinierte Team, das A_0 generiert, muss ein A_0-Team sein. Es hat die Aufgabe die Rolle R_0 auszufüllen. Das Team wird in Abhängigkeit der Teamgenerationsfunktion $\gamma : \mathcal{R} \to \mathcal{G}$ des Agenten gebildet:

$$G_0 = \gamma(R_0) = (K_G, R_G, D_G, \psi_G, A_G) \quad \text{mit} \quad K_G = (P_G, T_G, F_G)$$

Das Team $\gamma(R_0)$ muß für alle $R_0 \in \mathcal{R}$ ein R_0-Team sein, d.h. die Rolle $R_G(p_0)$ der initialen Stelle p_0 des Teams (d.h. $°K_G = \{p_0\}$) muss R_0 sein:

$$\forall R \in \mathcal{R} : R_G(°K_{\gamma(R)}) = R \tag{9.13}$$

Zur Aufgabe p_0 wählt A_0 einen Agenten A_{p_0}, der damit beauftragt wird, diese zu bearbeiten. Dazu wählt A_0 eine Aktivität t_0 sowie den Dienst $D_G(t_0)$ und setzt $A_G(t_0) = A_{p_0}$. Dabei muss D_0 in der Lage sein, die Rolle $R_G(p_0) = R_0$ zu implementieren (vgl. Def. 9.10). Die Aktivität wird realisiert, indem die Teilaufgaben

9.4 SONAR-Agenten und Teamwork

$t_0^\bullet = \{p_1, \ldots, p_n\}$ generiert werden. Für diese legt $R_G(p_i)$ die jeweils zu implementierende Rolle fest, die dann vom Agenten A_{p_i} zu implementieren ist. Für diese Teilaufgaben wiederholt sich die Auswahl, solange bis keine weiteren Teilaufgaben mehr generiert werden (vgl. dazu auch Abschnitt 10.5.1). A_0 erzeugt also nicht nur seine lokale Aufgabenaufteilung, sondern entwirft bereits einen Plan für die gesamte Teamstruktur, in der auch die Aufgaben für andere Agenten festgelegt sind.

Das Team wird aber genauso von jedem anderen Teammitglied mitgestaltet. Eine Kante $(p, t) \in F$ bedeutet, dass der Agent $A_G(p)$ eine Aufgabe p dem Agenten $A_G(t)$ überträgt. Die Teamformation vollzieht sich bezüglich p für $A_G(t)$ auf die gleiche Art und Weise, wie für A_0 bezüglich p_0. Der Agent $A_G(t)$ generiert also mit seiner Auswahlfunktion $\gamma_{A_G(t)}$ das Subteam:

$$\gamma_{A_G(t)}(R(p))$$

Offensichtlich ist es notwendig, dass das Team zu den Absichten aller beteiligten Agenten des Teams passt, d.h. alle generierten (Sub-)Teams müssen zueinander passen und wohlkoordiniert sein. Bevor wir die Bedingungen in Definition 9.25 formalisieren, beschreiben wir zunächst den Planungsprozess im Team.

9.4.4 Plangenerierung im Team

Nach der Formation des Teams $G = (K_G, R_G, D_G, \psi_G, A_G)$ mit $K_G = (P, T, F)$ beginnen die Agenten mit der Handlungsplanung. Im Agenten ist der Rolle kein fester Dienst zugewiesen, d.h. es ist für ein Team G nicht statisch definiert, wie der Agent A_p die Rolle $R_G(p)$ realisiert. Dies ergibt sich anhand eines Planungsprozesses. Die Agenten des Teams werden von der Transition **team formieren** aktiviert, indem jeder Agent $A \in \mathcal{A}^*$, der einer finalen Transitionen des Teams zugeordnet ist, die Menge der ihm im Team durch A_G zugewiesenen **Aufgaben** berechnet. Diese Agenten realisieren den Teamdienst $D(G)$. Es handelt sich um die Stellen:

$$^\bullet(K^\circ \cap A_G^{-1}(A))$$

Man beachte, dass aus $K^\circ \subseteq T$ direkt $^\bullet(K^\circ \cap A_G^{-1}(A)) \subseteq P$ folgt.

Die Kanten $(p, t) \in F_G$ des Teamnetzes K_G stellen Implementationsbeziehungen dar. Da K_G ein Teamnetz ist, existiert zu jeder Tätigkeit t eine eindeutig bestimmte Stelle p im Vorbereich und zu jeder Stelle p eine eindeutig bestimmte Tätigkeit t im Nachbereich (vgl. Lemma 9.9). Die Aufgabe p wird von dem Agenten $A_G(t)$ implementiert. Dieser Agent $A_G(t)$ führt dann folgende Berechnung durch (vgl. dazu die Schaltfolgen des Netzes aus Abb. 9.9): Die Transition **Handlungsmöglichkeiten selektieren** trifft zwischen den Dienstnetzen $\mathcal{D}$ eine Auswahl, um die Rolle $R_G(p)$ auszufüllen. Die habituelle Präferenzordnung Δ generiert dazu eine Menge passender Verhaltensregelmäßigkeiten. Das Ergebnis

$$\Delta := \Delta(G)(p) \subseteq \mathcal{V}(\mathcal{D})$$

markiert dann die Stelle **Handlungsmöglichkeiten**, die in Abhängigkeit von den Fähigkeiten generiert werden. Da die Wahl in Abhängigkeit von p und nicht von $R_G(p)$ getroffen wird, kann die Auswahl flexibel von der Teamstruktur abhängen. Der **Handlungskorridor** ergibt sich, indem die Transition **Handlungskorridor explorieren** mit Hilfe der **Strategie** δ die Verhaltensregelmäßigkeit

$$\delta := \delta(G)(\Delta)(p)$$

selektiert und damit die Stelle **Handlungskorridor** markiert. Um **Handlungen sozial zu integrieren**, muss ein Plan, d.h. ein Prozess π der Komponenten

$$D[R_G(p)] \quad \text{mit} \quad D := D_\Delta(\delta)$$

ausgewählt werden, der zum einen die Teamsteuerung $\hat{\psi}_G(p^\bullet)$ respektiert und zum anderen zu den Plänen aller anderen Teammitglieder passt. Letzteres bedeutet, dass im Team ein gemeinsamer Teamplan π_G ausgehandelt wird (vgl. Definition 9.26). Die Auswahl leistet die Funktion π, die die **sozialen Erwartungsstrukturen** zum Ausdruck bringt. Der ausgewählte Prozess

$$\pi(G)(D)(p) \in Proc(D[R_G(p)], \hat{\psi}_G(p^\bullet))$$

ist dann der **Handlungsplan** der die Teamsteuerung erfüllt.

Handlungsplanung involviert drei verschiededene Klassen von *Sektionsfunktionen*:

1. Eine Selektionsfunktion der Verhaltensregelmäßigkeit ist eine Abbildung $\Delta : \mathcal{G} \to \mathcal{P} \to 2^{\mathcal{V}(\mathcal{D})}$ mit

$$\forall G \in \mathcal{G} : \forall p \in P_G : \Delta(G)(p) \subseteq \mathcal{V}_{R_G(p)}(\mathcal{D}) \tag{9.14}$$

2. Eine Selektionsfunktion des Handlungskorridors ist eine Abbildung $\delta : \mathcal{G} \to 2^{\mathcal{V}(\mathcal{D})} \to \mathcal{P}_\mathcal{G} \to \mathcal{V}(\mathcal{D})$ mit

$$\forall G \in \mathcal{G} : \forall \Delta \in 2^{\mathcal{V}(\mathcal{D})} : \forall p \in P_G : \delta(G)(\Delta)(p) \in \Delta \tag{9.15}$$

3. Eine Selektionsfunktion der sozialen Integration ist eine Abbildung $\pi : \mathcal{G} \to \mathcal{D} \to \mathcal{P}_\mathcal{G} \to Proc(\mathcal{D}, \mathcal{R})$ mit

$$\forall G \in \mathcal{G} : \forall D \in \mathcal{D} : \forall p \in P_G : \pi(G)(D)(p) \in Proc(D[R_G(p)], \hat{\psi}_G(p^\bullet)) \tag{9.16}$$

Die Formationsfunktion γ und die Selektionsfunktionen Δ, δ und π eines SONAR-Agenten besitzen nach Definition stets die obigen Eigenschaften (9.13) bis (9.16).

Anmerkung: In der obigen Modellierung liefern die Formationsfunktion γ und die Selektionsfunktionen Δ, δ und π genau ein Ergebnis, nämlich die beste Wahl.

Für eine praktische Implementierung ist meist aber auch die zweitbeste Wahl von Interesse, beispielsweise falls innerhalb einer Gruppe ein Kompromiß gefunden werden muss. Um dies zu modellieren, gibt man statt einer Funktion eine komplette Präferenzordnung an, d.h. $\gamma(R_0)$ wäre eine Ordnung der Menge aller Teams $\mathcal{G}$, $\Delta(G)(p)$ würde in dieser Modellierung eine Ordnung der Menge der Teilmengen von Verhaltensregelmäßigkeiten $2^{\mathcal{V}(\mathcal{D})}$ sein, $\delta(G)(\Delta)(p)$ würde eine Ordnung auf der Menge der Verhaltensregelmäßigkeiten Δ darstellen und $\pi(G)(D)(p)$ eine auf der Prozessmenge $Proc(D[R_G(p)], \hat{\psi}_G(p^\bullet))$. Die Ordnungen kann man als surjektive Abbildung der natürlichen Zahlen in die jeweilige Grundmenge modellieren. Die Selektionsfunktionen ergeben sich dann jeweils als das Minimum bezüglich der jeweiligen Präferenzordnung.

9.4.5 Rekonfiguration der Agenten

Die Meta-Planer der Agenten reorganisieren den Planungsprozess, indem sie die Konfiguration des Agenten modifizieren. Dies ist beispielsweise dann nötig, wenn der Teamplanungsprozess keine Übereinkunft liefert. Wir haben zwei Formen der Meta-Planung. Zum einen ist im Modell aus Abb. 9.9 die Transition inkorporieren vorgesehen. Sie modifiziert mit Hilfe des Meta-Planers β^1 die Rollenfähigkeiten ρ, die Verhaltensregelmäßigkeiten Δ und die Teamformation γ:

$$\beta^1 : \rho \mapsto \rho', \gamma \mapsto \gamma', \Delta \mapsto \Delta'$$

Hierbei besitzt die Modifikation von ρ gegenüber denen von Δ oder γ eine besonderen Stellenwert, denn während eine Veränderung von Δ oder γ bedeutet, dass sich die Präferenzen des Agenten ändern, bedeutet eine Veränderung von ρ, dass der Agent sogar seine Fähigkeiten verändert. Der Agent kann daher auch lernen, bis dato unbekannte Rollen einzunehmen.

Zweitens haben wir noch die Transition Interdependenzen bewältigen, die mit Hilfe des Meta-Planers β^2 die Strategien δ und die Planung π modifiziert:

$$\beta^2 : \delta \mapsto \delta', \pi \mapsto \pi'$$

Die Unterscheidung der beiden entspricht ihrer Position in der internen Verabeitung. Für eine Inkorporation verändern sich die Fähigkeiten des Agenten oder die grundlegenden Verhaltensregelmäßigkeiten. Diese Parameter wirken sehr früh und sehr grundsätzlich auf den gesamten Interaktionsprozess ein. Für eine Interdependenzbewältigung werden dagegen die nachgelagerten Phasen des Planungsprozesses modifiziert. Wir wir in den beiden folgenden Kapiteln feststellen werden korrespondieren die beiden Ebenen dabei auch noch zur Definition der Organisation. Die Veränderung der Organisation eines Multiagentensystems, wie wir sie in Kapitel 11 betrachten, ist eine tiefgreifende Umgestaltung des Systems, und sie wirkt gerade auf die Parameter, die von der Meta-Planung der Inkorporation verändert werden.

Die Meta-Planung muss wieder koordiniert stattfinden. Meta-Planung ist eine Teamaktivitäten und ihre Dienst sind die Organisationstransformationen. Wir betrachten diese Form der Koordinierung von reflexiven Meta-Prozessen in Kapitel 11. Dort geben wir Kriterien an, welche Formen der Meta-Planung verträglich mit den MAS-Strukturen sind.

Die Selbstmodifikation ist ein algorithmisch aufwendiges Verfahren. Es ist daher im allgemeinen notwendig, die Strukturen des Multiagentensysteme so zu gestalten, dass möglichst alle Aufgabe realisierbar und das die Agenten Teams generieren, die vom Multiagentensystem abzeptierbar sind. Im folgenden Kapitel betrachten wir daher Organisation, die Multiagentensystem genau diese Strukturen bereitstellen.

9.5 Sonar-Multiagentensysteme und wohlgeformte Teamplanung

Betrachten wir nun, wie sich SONAR-Agenten zu Multiagentensystemen aggregieren lassen und wie sich innerhalb dieser Systeme wohlgeformte Teamplanung vollzieht.

9.5.1 Sonar-Multiagentensysteme

Im folgenden konstruieren wir ein Multiagentensystem, indem wir jedem Agentennamen A einen Agenten $\mu(A)$ zuordnen. Dieses Multiagentensystem nennen wir SONAR-*Multiagentensystem*, kurz: SONAR-MAS.

Definition 9.24 *Sei $\mathcal{A}$ die Menge aller Agentennamen. Ein* SONAR-*Multiagentensystem ist ein Tupel*
$$MAS = (\mathcal{A}_\mu, \mu),$$
wobei gilt:

- $\mathcal{A}_\mu \subseteq \mathcal{A}$ *ist eine endliche Menge an Agentennamen.*

- $\mu : \mathcal{A}_\mu \to \mathcal{S}$ *weist jedem Agentennamen einen* SONAR-*Agenten zu.*

Die *MAS-Grundstruktur* besteht aus den vorhandenen Agenten:
$$\mathcal{S}_{MAS} := \{\mu(A) \mid A \in \mathcal{A}_\mu\} \tag{9.17}$$

Jeder SONAR-Agent $\mu(A) \in \mathcal{S}_{MAS}$ besitzt die Komponenten $\Delta_{\mu(A)}$, $\delta_{\mu(A)}$ usw. Für jeden Agenten $A \in \mathcal{A}_\mu$ identifizieren wir A mit $\mu(A)$ und schreiben im Folgenden kurz Δ_A statt $\Delta_{\mu(A)}$ und analog für die anderen Komponenten.

9.5 SONAR-Multiagentensysteme und wohlgeformte Teamplanung

Sei ein Multiagentensystem gegeben. Wie bereits erwähnt, muss das durch A_0 generierte Team

$$G_0 := \gamma_{A_0}(R_0) = (K_G, R_G, D_G, \psi_G, A_G)$$

zu den Absichten der beteiligten Agenten des Teams passen. Wir definieren $G_{\uparrow p}$ als das Subteam ist, das aus $G = ((P, T, F), R, D, \psi, A)$ entsteht, wenn man es auf Knoten $\uparrow p$ (d.h. auf Knoten, die p bzgl. F^* nachfolgen) einschränkt:

$$G_{\uparrow p} = ((P', T', F \cap (\uparrow p)^2), R|_{P'}, D|_{T'}, \psi|_{T'}, A|_{T'}) \quad \text{mit} \quad P' = P \cap \uparrow p, T' = T \cap \uparrow p$$

Jedes Subteam $G_{0 \uparrow p}$ von G_0 muss dann identisch mit dem Team sein, das $A_G(p)$ generiert. Auerdem müssen die Teamattribute zu den individuellen Präfenzen der Agenten passen. Wir formalisieren nun die dazu notwendigen Bedingungen.

Definition 9.25 *Sei ein Multiagentensystem* $(\mathcal{A}_\mu, \mu)$ *und ein Team* $G = (K_G, R_G, D_G, A_G)$ *mit* $K_G = (P, T, F)$ *gegeben. Das Multiagentensystem akzeptiert* G, *wenn gilt*

1. *Die Teamattribute (Dienste, Rollen und Agenten) passen zu den individuellen Präfenzen der Agenten:*

$$\forall (p,t) \in F_G : \forall \Delta : \delta_{A(t)}(G)(\Delta)(p) = (D_G(t), \{(R_G(p'), A_G(p'^\bullet)) \mid p' \in t^\bullet\})$$

2. *Das von $A_G(t)$ generierte Team $\gamma_{A_G(t)}(R_G(p))$ ist mit dem Subteam $G_{\uparrow p}$ identisch:*

$$\forall (p,t) \in F_G : \gamma_{A_G(t)}(R_G(p)) = G_{\uparrow p}$$

Die Menge aller vom Multiagentensystem akzeptierten Teams bezeichnen wir mit $\mathcal{G}_{akz}(\mathcal{A}_\mu, \mu)$.

Aus dieser Definition folgt, dass Teamformation erstens nicht von den habituellen Präferenzen und der Planung der Agenten zu trennen ist und dass sie zweitens ein verteilter Prozess ist.

Ist keines dieser Teams (im Sinne von Definition 9.25) akzeptierbar, so muss die Planung einiger (oder aller) Agenten nachkorrigiert werden, solange bis mindestens ein akzeptables Team existiert. Erfüllt dann keines dieser Teams die Teamsteuerung, so muss die lokale Steuerung ψ verschärft werden, bis die globale Steuerung Korrektheit garantiert – im Extremfall solange, bis die Korrektheit schon lokal erzwungen wird.

9.5.2 Wohlgeformte Teamplanung

Die einzelnen Pläne $\pi_A(G)(D)(p)$ der Agenten $A = A_G(t)$ für $(p,t) \in F_G$ müssen miteinander konsistent sein, d.h. zu einem gemeinsamen Teamplan π_G der Gruppe G passen. Ein Teamplan π_G ist ein Prozess des Teamnetzes $D(G)$, der zum einen die Steuerbedingung $\hat{\psi}(G)$ des Teams erfüllt und zum anderen einen korrekten Ablauf von $D(G)$ beschreibt. Die Menge aller Teampläne einer Gruppe G ist:

$$Teampläne(G) := \{ \quad \pi_G \in Proc(D(G)) \mid \forall D \in \mathcal{D} : \forall t \in K_G° :$$
$$\pi_{A_G(t)}(G)(D)(p(t)) = \pi_G \wedge \pi_G \models \hat{\psi}_G(t) \wedge \quad (9.18)$$
$$\phi(\pi_G°) = M_f \wedge \pi(M_f) = m_f \}$$

Hierbei meint $\pi(M_f)$ die Projektion der gefärbten Markierung M_f auf ungefärbte Marken.

Die lokale Wahl eines Agenten für seinen Plan ist durch die Selektionsfunktion π bestimmt, für die $\pi(G)(D)(p) \in Proc(D[R_G(p)])$ gefordert wird. Dies ist verträglich mit der der Eigenschaft des Teamplans π_G aus der Menge $Proc(D(G))$) zu sein, denn nach Lemma 9.20 gilt die Inklusion:

$$Proc(D(G), \hat{\psi}(G)) \subseteq Proc(D(G)) \subseteq Proc(D(t)[R(p(t))])$$

Definition 9.26 *Ein Multiagentensystem* $(\mathcal{A}_\mu, \mu)$ *ist wohlgeformt, wenn für jeden Agent* $A \in \mathcal{A}_\mu$ *folgendes gilt:*

1. *A kennt nur Teampartner, die in $\mathcal{A}_\mu$ enthalten sind:*

$$\bigcup \{\mathcal{A}_\Delta(\delta) \mid G \in \mathcal{G}, p \in P_G, \delta \in \Delta_A(G)(p)\} \subseteq \mathcal{A}_\mu$$

2. *A vefügt über die im Teamdienst benötigten Fähigkeiten:*

$$\forall G \in \mathcal{G} : \forall e \in K_G° : R_G(^\bullet e) \subseteq \rho(D_G(e))$$

3. *In jeder Gruppe existiert ein gemeinsamer Teamplan π_G:*

$$\forall G \in \mathcal{G} : \exists \pi_G \in Teampläne(G)$$

In wohlgeformten Multigensystemen vefügen die Agenten über die im Team notwendigen Fähigkeiten.

Lemma 9.27 *Akzeptiert ein wohlgeformtes Multigensystem* $(\mathcal{A}, \mu)$ *das Team* G, *dann vefügt jeder Agent über die Fähigkeiten, die für die Ausführung der durch das Team festegelegten Rollen* $R_G(t^\bullet)$ *des Dienstes* $D_G(t)$ *notwendig sind:*

$$\forall t \in T : R_G(t^\bullet) \subseteq \rho_{A_G(t)}(D_G(t))$$

Beweis: Da das Team akzeptiert ist, entsprechen die Teamattribute den Präferenzen: $D_\Delta(\delta)) = D_G(t)$ und $R_\Delta(\delta) = R_G(t^\bullet)$. In einem wohlgeformten Multiagentensystem vefügt jeder Agent A über die benötigten Fähigkeiten: $R_\Delta(\delta) \subseteq \rho_A(D_\Delta(\delta))$, und jeder Agent kann nach Definition 9.23 aufgrund der Eigenschaft von Δ nur

9.5 SONAR-Multiagentensysteme und wohlgeformte Teamplanung

solche Dienste wählen. Daraus folgt für $A = A_G(t)$ sofort $R_G(t^\bullet) \subseteq \rho_{A_G(t)}(D_G(t))$.
q.e.d.

Durch diese Bedingung besitzen alle Agenten im Team einen Teamplan, der mit den Randbedingungen des Teams vereinbar ist. Der gemeinsame Teamplan π_G ist im allgemeinen Ergebnis eines verteilten Planungs- und Aushandlungsprozesses. Von praktischer Bedeutung ist hier die Problematik, die einzelnen individuellen Pläne $\pi_{A_G(t)}(G)(D)(p)$ in einem gemeinsamen Teamplan π_G – einem Kompromiß – zu integrieren.

Theorem 9.28 *Wenn $(\mathcal{A}_\mu, \mu)$ ein wohlgeformtes Multiagentensystem ist, dann generiert jedes Team G nur solche Teampläne $\pi_G \in Proc(D(G))$, die die Teamsteuerung $\hat{\psi}(G)$ erfüllen.*

Beweis: Da das Multiagentensystem wohlgeformt ist, existiert für jeden Gruppe ein gemeinsamer Teamplan π_G mit $\pi_A(G)(D)(p) = \pi_G$, der die Steuerbedingung erfüllt. Außerdem gilt $\pi_A(G)(D)(p) \in Proc(D[R_G(p)])$ nach Definition der Selektionsfunktion. Für alle Teampläne gilt:

$$\forall t \in K_G{}^\circ : \pi_G \models \hat{\psi}_G(t) \wedge \pi_G \in Proc(D[R_G(p)])$$
$$\iff \forall t \in K_G{}^\circ : \pi_G \in Proc(D_G[R_G(p(t))], \hat{\psi}_G(t))$$
$$\iff \pi_G \in \bigcap_{t \in K_G{}^\circ} Proc(D_G[R_G(p(t))], \hat{\psi}_G(t))$$

mit Thm. 8.45 $\iff \pi_G \in Proc(\|_{t \in K_G{}^\circ} D_G[R_G(p(t))], \bigwedge_{t \in K_G{}^\circ} \hat{\psi}_G(t))$
$$\iff \pi_G \in Proc(D(G), \hat{\psi}(G))$$

Als Teamplan muss π_G auch maximal sein, d.h. er muss den Dienst bis in die finale Markierung bringen: $\phi(\pi_G{}^\circ) = M_f$. q.e.d.

Besonders praktisch sind solche Dienstnetze $D(G)$ des Teams G, die sogar unter der Steuerung $\hat{\psi}(G)$ noch schwach-korrekt sind, denn dann kann jedes Prozessanfangsstück eines gemeinsamen Teamplans stets zu einem terminierenden Prozess vervollständigt werden, da ein korrektes Dienstnetz in jeder erreichbaren Markierung nach Definition korrekt terminieren kann (vgl. Def. 8.46):

$$\forall M \in RS(D \times \psi, M_0) : \quad \pi(M) \geq m_f \Longrightarrow \pi(M) = m_f \wedge$$
$$\exists M' \in RS(D \times \psi, M) : \pi(M') = m_f$$

Ist $(D(G) \times \hat{\psi}(G))$ ein schwach-korrektes Dienstnetz, dann ist es also nicht notwendig, den Teamplan vorab gemeinsam festzulegen, da ja keine Aktion der Teammitglieder in eine Verklemmung führen kann. Die Verhandlungsphase der Teamplanung zur Festlegung von π_G kann daher entfallen. Da manche Teampläne aber besser als andere sein können, kann eine Verhandlung dennoch sinnvoll sein.

Wir definieren ein Teamnetz G als wohlkoordiniert, wenn der von ihm generierte Dienst $D(G)$ unter der Steuerung $\hat{\psi}(G)$ die Möglichkeit zur korrekten Termination besitzt.

Definition 9.29 *Eine Gruppe G heißt* wohlkoordiniert, *wenn* $(D(G) \times \hat{\psi}(G))$ *ein schwach-korrektes Dienstnetz ist. Ein wohlgeformtes Multiagentensystem* $(\mathcal{A}_\mu, \mu)$ *heißt* wohlkoordiniert, *wenn alle* $G \in \mathcal{G}$ *wohlkoordiniert sind.*

Die Eigenschaft eines Multiagentensystems, wohlkoordiniert zu sein, hängt direkt von der Struktur der Menge aller Teams $\mathcal{G}$ ab. Es ist daher im allgemeine nicht möglich, hinreichende Kriterien für die Wohlgeformtheit zu entwickeln, ohne etwas über den Aufbau von $\mathcal{G}$ zu wissen. Wir betrachten daher im folgenden Kapitel Organisationen als Strukturen, die die Menge $\mathcal{G}$ erzeugt, um so Aussagen über die Wohlgeformtheit treffen zu können.

Zusammenfassung

In diesem Kapitel haben wir die Koordinierung in Agentensystemem betrachten. Wir haben das Modell der Rollen/Dienst-Netze (R/D-Netze) entwickelt, um die Interaktion in Teams zu beschreiben. Rollen/Dienst-Netze sind Petrinetze, deren Transitionen mit Dienstnetzen und Stellen mit Rollen verbunden sind. Teamnetze sind spezielle Rollen/Dienst-Netze, bei denen die Delegationsstruktur eindeutig festgelegt ist, was sich im Netz in der Eigenschaft widerspiegelt, dass Teams Kausalnetze sind.

Rollen/Dienst-Netze sind spezielle Delegationsnetze, d.h. Netze, die genau eine Stelle im Vorbereich besitzen. Diese Eigenschaft impliziert, dass die Erreichbarkeitsmengen von Delegationsnetzen linear sind und die Menge der Tätigkeitspfade kontextfrei. Diese Eigenschaft konnten wir ausnutzen, um die Bearbeitbarkeit von Aufgaben in Rollen/Dienst-Netzen effizient zu entscheiden.

Rollen/Dienst-Netze bilden die Grundlage für die Interaktion der SONAR-Agenten. Die Prozess-Semantik der Petrinetze impliziert, welche Teams sich formieren können und wie sich die Plangenerierung im Team vollzieht. Der formale Teamplanungsprozess ist – in Anlehunung an die Agentenarchitektur aus Abb. 9.9 – in Abbildung 9.11 zusammengefasst.

Der Formalismus erlaubte es uns darüberhinaus, Kriterien der Wohlgeformtheit für Teamstrukturen zu entwickeln. Für Rollen/Dienst-Netze bedeutet Wohlgeformtheit, dass die Dienstnetzanschriften der Transitionen zu den Rollenanschriften der Stellen passen. Neben diesem statischen Begriff der Wohlgeformtheit haben wir auch einen Begriff der Wohlgeformtheit des Teamplanungsprozesse entwickelt, der beschreibt, dass die lokalen Pläne der Agenten konsistent mit der Plangenerierung im Team sind.

Betrachten wir im folgenden Kapitel mit Organisationen einen Erzeugungsmechanismus für Teamnetze.

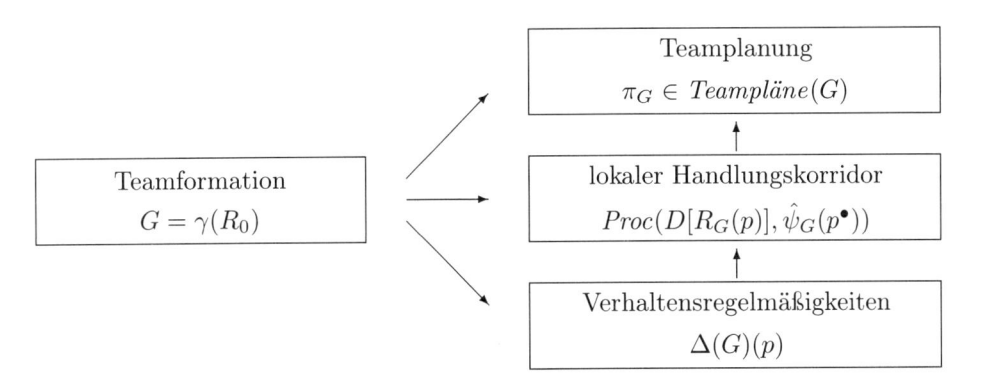

9.5 SONAR-Multiagentensysteme und wohlgeformte Teamplanung 373

```
                                    ┌─────────────────────────────┐
                                    │        Teamplanung          │
                                    │  π_G ∈ Teampläne(G)         │
                                    └─────────────────────────────┘
                                                 ↑
┌──────────────────┐                ┌─────────────────────────────┐
│  Teamformation   │ ──────────→    │  lokaler Handlungskorridor  │
│  G = γ(R₀)       │                │  Proc(D[R_G(p)], ψ̂_G(p•))   │
└──────────────────┘                └─────────────────────────────┘
                                                 ↑
                                    ┌─────────────────────────────┐
                                    │   Verhaltensregelmäßigkeiten│
                                    │        Δ(G)(p)              │
                                    └─────────────────────────────┘
```

Abbildung 9.11: Der formale Teamplanungsprozess – vgl. Abb. 9.9

Literaturverzeichnis

[Bratman 1987]   BRATMAN, M. E.: *Intentions, Plans, and Practical Reason.* Cambridge : Harvard University Press, 1987

[Castelfranchi u. a. 1999]   CASTELFRANCHI, C. ; DIGNUM, F. ; JONKER, C. ; TREUR, J.: Deliberate Normative Agents: Principles and Architecture. In: *Proceedings of the Sixth International Workshop on Agent Theories, Architectures, and Languages (ATAL 99)*, 1999

[Castelfranchi 1995]   CASTELFRANCHI, Christiano: Commitments: from individual intentions to groups and organisations. In: *First International Conference on Multi Agent Systems*, AAAI Press and MIT Press, 1995, S. 41–48

[Castelfranchi 2000]   CASTELFRANCHI, Christiano: Engineering social order. In: OMICINI, A. (Hrsg.) ; TOLKSDORF, R. (Hrsg.) ; ZAMBONELLI, F. (Hrsg.): *Engineering Societies in the Agents World. First International Workshop, ESAW 2000, Berlin, Germany* Bd. 1972, Springer-Verlag, 2000, S. 1–18

[Castelfranchi und Conte 1995a]   CASTELFRANCHI, Christiano ; CONTE, Rosaria: *Cognitive and Social Action.* UCL Press, 1995

[Castelfranchi und Conte 1995b]   CASTELFRANCHI, Christiano ; CONTE, Rosaria: Understanding the Functions of Norms in Social Groups Through Simulation. In: GILBERT, N. (Hrsg.) ; CONTE, R. (Hrsg.): *Artificial Societies: The Computer Simulation of Social Life.* UCL Press: London, 1995, S. 252–267

[Castelfranchi und Conte 1996]   CASTELFRANCHI, Christiano ; CONTE, Rosaria: Distributed artificial intelligence and social science: Critical issues. In: O'HARE, G. M. P. (Hrsg.) ; JENNINGS, N. R. (Hrsg.): *Foundations of Distributed Artificial Intelligence*, Wiley, 1996, S. 527–542

[Cohen und Levesque 1991]   COHEN, Phil R. ; LEVESQUE, Hector J.: Teamwork. In: *Nous, Special Issue on Cognitive Science and Artifical Intelligence* 25 (1991), Nr. 4, S. 487–512

[Cuena und Ossowski 1999]   CUENA, José ; OSSOWSKI, Sascha: Distributed Models for Decision Support. In: WEISS, Gerhard (Hrsg.): *Multiagent systems: A modern approach to Distributed Artificial Intelligence.* MIT Press, 1999

[Durfee und Lesser 1991]   DURFEE, Edmund H. ; LESSER, Victor R.: Partial Global Planning: A Coordination Framework for Distributed Hypothesis Formation. In: *IEEE Transactions on Systems, Man, and Cybernetics* 21 (1991), September, Nr. 5, S. 1167–1183

[Jennings 1993]   JENNINGS, Nicholas R.: Commitments and Conventions: The Foundation of Coordination in Multi-Agent Systems. In: *The Knowledge Engineering Review* 8 (1993), Nr. 3, S. 223–250

[Jennings 1996]   JENNINGS, Nicholas R.: Coordination Techniques for Distributed Artificial Intelligence. In: O'HARE, G. M. P. (Hrsg.) ; JENNINGS, N. R. (Hrsg.): *Foundations of Distributed Artificial Intelligence*, Wiley, 1996, S. 187–210

[Köhler 2007]   KÖHLER, Michael: A Formal Model of Multi-Agent Organisations. In: *Fundamenta Informaticae* 79 (2007), Nr. 3-4, S. 415 – 430

[Müller und Pischel 1994]   MÜLLER, Jörg P. ; PISCHEL, Markus: An architecture for dynamically interacting agents. In: *Journal of Intelligent and Cooperative Information Systems* 3 (1994), Nr. 1, S. 25–45

[Ossowski 1999]   OSSOWSKI, Sascha: *Lecture Notes in Computer Science*. Bd. 1535: *Co-ordination in Artificial Agent Societies: social structures and its implications for autonomous problem-solving agents*. Springer-Verlag, 1999

[Rao und Georgeff 1991]   RAO, Anand S. ; GEORGEFF, Michael P.: Modeling Rational Agents within a BDI-Architecture. In: ALLEN, James (Hrsg.) ; FIKES, Richard (Hrsg.) ; SANDEWALL, Erik (Hrsg.): *Proceedings of the 2nd International Conference on Principles of Knowledge Representation and Reasoning (KR'91)*, Morgan Kaufmann, 1991, S. 473–484

[Salomaa 1987]   SALOMAA, Arto: *Formal languages*. San Diego, CA, USA : Academic Press Professional, 1987

[Smith 1977]   SMITH, Reid G.: The contract net: A formalism for the control of distributed problem solving. In: *Proceedings of the Fifth International Joint Conference on Artificial Intelligence (IJCAI-77)*, 1977

10 Formale Agentenorganisationen

MICHAEL KÖHLER-BUSSMEIER

Das SONAR-Multiagentensystem als Organisationsform besteht aus einer formalen Organisation und ihren Mitgliedern, d.h. den der Organisation zugeordneten Akteuren. Unter einer Organisation verstehen wir hier eine formalisierte Institution, die sich zudem durch die formale Regelung der Mitgliedschaft kennzeichnet.[1] Der Organisationsbegriff ist also weiter gefasst als der betriebliche. Die Betrachtungsweise von Multiagentensystemen durch den Blick der Organisationstheorie hat ein eigenen Forschungsbereich innerhalb der VKI hervorgebracht: den der *Computational Organsation Theory* (für eine Einführung siehe Prietula u. a., 1998; Carley und Gasser, 1999). Wir gliedern uns in diese Forschungsrichtung ein und betrachten in diesem Kapitel – aufbauend auf (Köhler, 2007; Köhler-Bußmeier u. a., 2009) – zunächst die *formale* Organisation. Kapitel 12 widmet sich dann der Verbindung von formaler Organisation und Mitgliedern zur informellen Organisation.

Eine Organisation wird in Hinblick auf ein Designziel konstruiert.[2] Das Organisationsdesign hat den Zweck, in Abhängigkeit der vorliegenden Aufgaben und der zur Verfügung stehenden Technologie die Organisationsstrukturen (Netzwerk der Organisationseinheiten, Rolle etc.) zu definieren. Die Wahl betrifft sowohl die Typisierung als auch die Interaktivitäten. Die Wahl der Organisationsstrukturen hat Auswirkungen darauf, wie effektiv oder effizient die Agenten Aufgaben – in Form von Aktivitäten – bearbeiten.

Zur organisationalen Kernaktivität zählen wir nur die Elemente der formalen Organisation, d.h. das Netzwerk, die Positionen, die Ressourcen, die Rollen und die Aktivitäten (vgl. dazu auch Abbildung 3.8). An dieser Stelle spielen Akteure – als System(binnen)umwelt – und ihre Fähigkeiten noch keine Rolle. Wir geben im folgenden ein Modell an, in dem sich alle Modellelemente (Positionen, Aktivitäten, Rollen, Netzwerk usw.) einfügen und zeigen, wie man diese zur Generierung von Multiagentensystemen nutzen kann.

---

[1] Die Verbindung von Organisationstheorie und Multiagentensystemen reicht jedoch noch weiter zurück. Bereits Müller (1993) geht von dem VKI-Konzept der *organisationellen Intelligenz* aus. Diese Verbindung wurde später auch unter dem Begriff der *MAS-Organisation* geführt (siehe auch Ferber u. a., 2003; dos Reis Coutinho u. a., 2005; Horling und Lesser, 2005).

[2] Von diesem Designziel sich die Organisation im Laufe ihrer Evolution entfernen – eine zentrale Erkenntnis des Neo-Institutionalismus.

10.1 Organisationspetrinetze und Positionen

Die Elemente der formalisierten Organisation sind die *Positionen*. Zentrales Konzept der Organisation ist das Organisationsnetzwerk, welches die Anordnung der Positionen definiert (vgl. auch zur Mühlen, 1999): Positionen stehen in Verbindung mit anderen Positionen. Neben den aus dem betrieblichen Kontext bekannten Organisationsstrukturen – wie der Hierarchie, dem Stab oder der Matrix – existiert eine Vielzahl von Strukturen, die im Kontext der Graphentheorie, des Hardwareentwurfs oder der verteilten Algorithmen studiert wurden. Beispiele sind hier die für Betriebe eher untypischen Stukturen des Kreises, des Hypercubes, des Butterfly-Netzwerkes usw.

Die Beziehungen zwischen den Postionen werden durch die *Verfahren* definiert. Verfahren regeln reflexiv die Mitgliedschaft von Akteuren und ihre Rollen in der Organisation, sie koordinieren die Interaktionen der Akteure miteinander, sie regeln die Modifikation von Verfahren. Durch Verfahren ist also sowohl die Statik als auch die die Dynamik einer Organisation geregelt.

Jeder formale Organisation lässt sich ein spezielles R/D Netz definieren: Jedes *Rolle* wird durch eine Stelle modelliert, jede *Tätigkeit* durch eine Transition. Jede Transition t besitzt genau eine Stelle im Vorbereich. Eine (t,p)-Kante bedeutet, dass die Tätigkeit t die Rolle p *nutzt*. Eine (p,t)-Kante bedeutet, dass die mit p verbundenen Rollenaufgaben durch die Tätigkeit t *implementiert* werden. Eine Marke auf der Stelle p stellt einen Arbeitsauftrag dar, der von einer Tätigkeit $t \in {}^{\bullet}p$ generiert wurde und der von einer Tätigkeit $t \in p^{\bullet}$ bearbeitet werden muss.

Für Organisationen gruppieren wir Teilmengen von Stellen und Transitionen zu organisationalen Positionen: $O \subseteq P \cup T$. Auf diese Art und Weise erhalten wir eine Partitionierung $\mathcal{O}$ der Knotenmenge $P \cup T$. Wir fordern, dass wenn eine Transition t zu einer Position O gehört, alle genutzten Rollen $p \in t^{\bullet}$ ebenfalls zur Position gehören: $t^{\bullet} \subseteq O$. Die nutzenden Rollen $p \in {}^{\bullet}t$ gehören dagegen nicht dazu: ${}^{\bullet}t \subseteq \bar{O}$, wobei $\bar{O}$ das Mengenkomplement bezüglich der Knotenmenge $P \cup T$ bezeichnet. Gehört p zu einer Position, so sind alle zugreifenden Dieste $t \in {}^{\bullet}p$ auch Element der Position, nicht aber die implementierenden Dienste $t \in p^{\bullet}$.

Eine Organisation ist ein R/D-Netz (vgl. Definition 9.8) mit einer Organisationsstruktur. Eine Organisation weist jedem Stelle p einer Position O im Organisationsnetz ein Rollenprofil $R(t)$ und jeder Transition t ein Dienstnetz $D(t)$ zu: Das Rollenprofil, die eine Positionsstelle p auszufüllen hat, ist durch die Anschrift $R(p)$ gegeben. Das zu einer Transition t zugehörige Dienstnetz ist durch die Anschrift $D(t)$ definiert. Abbildung 10.1 zeigt eine Organisationsnetz, bei dem die Dienstnetze und die Rollenprofile bereits als Anschriften enthalten sind. Analog zu Teams weisen wir jeder Transition t eine Prozessformel $\psi(t)$ zu, die eine Menge zugelassener Prozesse ihres Dienstnetzens $D(t)$ beschreibt.

Definition 10.1 *Sei $N = (P, T, F)$ ein P/T-Netz. Eine Partitionierung $\mathcal{O}$ auf der Knotenmenge $P \cup T$ ist eine* Organisationsstruktur, *wenn folgende Zusammen-*

10.1 Organisationspetrinetze und Positionen

hangsbedingung erfüllt ist:

$$\forall O \in \mathcal{O}: \quad (\forall p \in O \cap P: \ {}^\bullet p \subseteq O \ \land \ p^\bullet \subseteq \bar{O}) \land$$
$$(\forall t \in O \cap T: \ {}^\bullet t \subseteq \bar{O} \ \land \ t^\bullet \subseteq O)$$

Ein Element $O \in \mathcal{O}$ heißt Position *der Organisation.*

Ein Organisationsnetz $(N, \mathcal{O})$ *besteht aus einer Organisationsstruktur $\mathcal{O}$ zum Netz N.*

Sei eine Rollenmenge $\mathcal{R}$ und eine Dienstklasse $\mathcal{D}$ gegeben. Eine Organisation

$$Org = (N, \mathcal{O}, R, D),$$

besteht aus dem Organisationsnetz $(N, \mathcal{O})$ und dem R/D-Netz (N, R, D).

Eine Organisation $(N, \mathcal{O}, R, D)$ heißt wohlgeformt, *wenn das R/D-Netz (N, R, D) dies ist.*

Eine koordinierende Organisation *ist das Paar (Org, ψ), wobei $\psi : T \to PF_\mathcal{D}$ die zugelassenen Prozesse der Organisation Org definiert, wobei $\forall t \in T : Proc(D(t), \psi(t)) \neq \emptyset$ gelten muss.*

Koordinierende Organisationen notieren wir auch in der Form $Org = (N, \mathcal{O}, R, D, \psi)$. Definieren wir $\psi(t) = \text{TRUE}$, so erkennen wir, dass koordinierende Organisationen eine konservartive Erweiterung der Organisation darstellen. Besteht keine Gefahr der Verwechslung sprechen wir auch im Falle koordinierender Organisationen nur von Organisationen.

Da $\mathcal{O}$ eine Partition der Menge $P \cup T$ ist, existiert zu jeder Position $p \in P$ genau eine Position $O \in \mathcal{O}$, die wir mit $O(p)$ bezeichnen. Genauso existiert zu jeder Tätigkeit $t \in T$ genau eine Position $O \in \mathcal{O}$, die wir mit $O(t)$ bezeichnen.

Theorem 10.2 *Sei $\mathcal{O}$ eine Organisationsstruktur.*

- *Jede Position $O \in \mathcal{O}$, die keine Tätigkeiten besitzt, wird von keiner Position genutzt: $\forall O \in \mathcal{O} : O \subseteq P \Longrightarrow {}^\bullet O = \emptyset$.*

- *Jede Position $O \in \mathcal{O}$, die keine Rollenprofile enthält, kann keine anderen Position nutzen: $\forall O \in \mathcal{O} : O \subseteq T \Longrightarrow O^\bullet = \emptyset$.*

Beweis: Sei $O \subseteq P$ und $O \in \mathcal{O}$. Aus der Definition folgt für alle $p \in O \cap P$, dass ${}^\bullet p \subseteq O$ gelten muss. Da aber stets ${}^\bullet p \subseteq T$ gilt, folgt daher ${}^\bullet p = \emptyset$. Analog für $O \subseteq T$. q.e.d.

Eine Position $O \in \mathcal{O}$ mit $O \subseteq P$ heißt *initial*, denn diese Position startet eine Tätigkeit, ohne dass eine andere Positionen auf sie zurückgriffe. Eine Position $O \in \mathcal{O}$ mit $O \subseteq T$ heißt *terminal*, denn diese Position greift auf keine anderen Positionen zurück. Eine Position $O \in \mathcal{O}$ mit $O \subseteq P$ oder $O \subseteq T$ heißt *elementare* Position. Eine Position $O \in \mathcal{O}$ mit $O \cap P \neq \emptyset$ und $O \cap T \neq \emptyset$ modelliert dagegen eine *komplexe* Position, die auf andere Positionen zurückgreift.

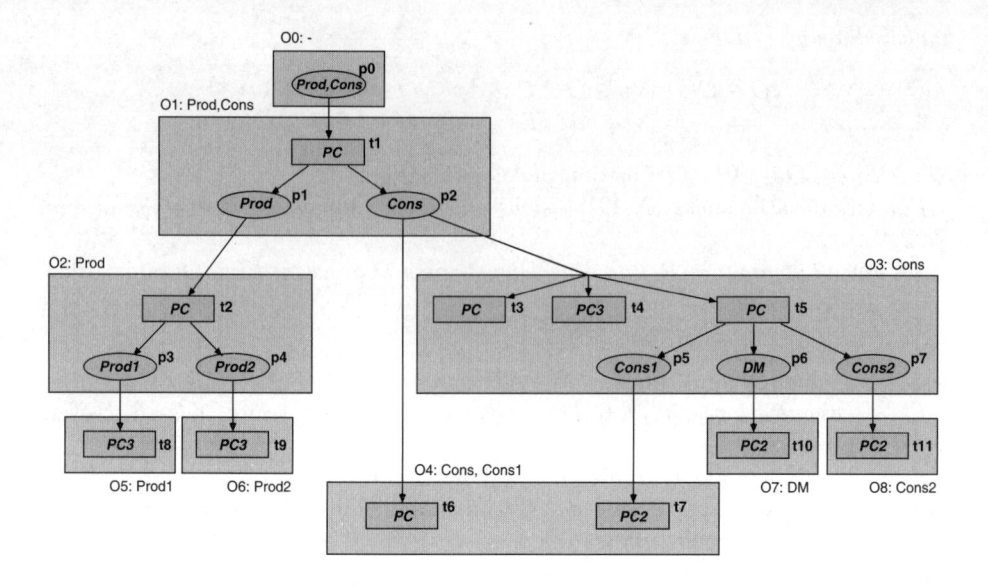

Abbildung 10.1: Organisationsnetz

Beispiel Abbildung 10.1 zeigt ein Organisationsnetz. Das der Organisation zugrundeliegende R/D-Netz ist mit dem in Abbildung 9.4 dargestellten Netz identisch. Die Menge der Positionen ist durch die Organisationstruktur $\mathcal{O} = \{O_0, \ldots, O_8\}$ gegeben, wobei die Elemente der Partition gegeben sind durch:

$$
\begin{aligned}
O_0 &= \{p_0\} & O_3 &= \{t_3, t_4, t_5, p_5, p_6, p_7\} & O_6 &= \{t_9\} \\
O_1 &= \{t_1, p_1, p_2\} & O_4 &= \{t_6, t_7\} & O_7 &= \{t_{10}\} \\
O_2 &= \{t_2, p_3, p_4\} & O_5 &= \{t_8\} & O_8 &= \{t_{11}\}
\end{aligned}
$$

Positionen, die mehr als einen Knoten umfassen, sind durch graue Kästen dargestellt. Die Positionen $O_1, \ldots, O_4$ sind komplex. Die Position O_0 ist eine reine Stellenmenge, stellt also eine Aktivierungsbedingung dar. Die Positionen $O_5, \ldots, O_8$ sind reine Transitionsmengen, sind also elementare Positionen. In O_3 können die Tätigkeiten t_3, t_4 und t_5 alternativ genutzt werden, um die Aufgabe p_2 zu realisieren.

Abbildung 10.1 ist dabei natürlich weder das einzig mögliche, noch unter den zum R/D-Netz aus Abbildung 9.4 passenden Organisationsnetzen ein besonders ausgezeichnetes. Eine ebenso mögliche Alternative, die sogar Zyklen enthält, ist in Abbildung 10.2 dargestellt.

Man beachte, dass die Zusammenhangsbedingung, die eine Organisationsstruktur $\mathcal{O}$ zu erfüllen hat, verhindert, dass sich eine Position an der Bearbeitung der von ihr generierten Teilaufgaben beteiligen kann. So gehört in Abbildung 10.1

10.1 Organisationspetrinetze und Positionen

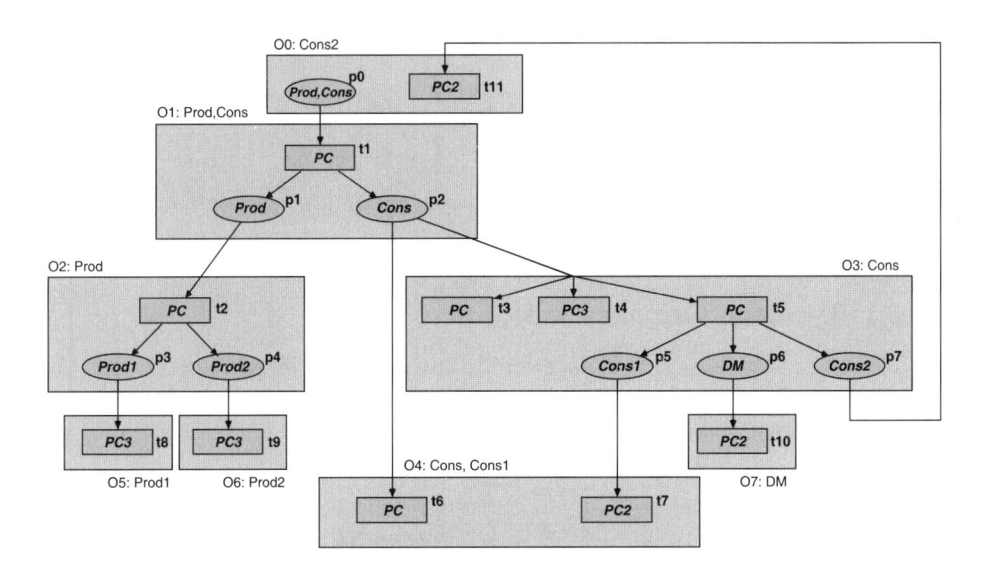

Abbildung 10.2: Alternatives Organisationsnetz

beispielsweise die Transition t_{10}, welche die Rolle *DecisionMaker* (*DM*) implementiert, nicht zur Position O_3. Dies stellt aber zentrale keine Einschränkung dar, da die Positionen im folgenden (vgl. Abschnitt 10.3) weiter zu Positionsagenten gruppiert werden. Für die Organisation in Abbildung 10.1 wäre es naheliegend, die Positionen O_3 und O_7 zusammenzufassen, damit der delegierende Agent mit dem die Rolle *DecisionMaker* implementierenden identisch ist. Dies gilt ganz allgemein für alle Positionen, die aus nur einer Transition bestehen.   ◇

Lemma 10.3 *Sei $N = (P, T, F)$ ein Netz. Besitzt N Schlingen, dann ist es nicht möglich, eine Organisationsstruktur anzugeben. Ist N schlingenfrei, dann existiert eine Organisationsstruktur $\mathcal{O}$.*

Beweis: Für ein Netz N mit Schlingen ist es nicht möglich, eine Organisationsstruktur anzugeben, da jeder Zyklus $pFtFp$ die Zusammenhangsbedingung verletzt.

Zu jedem schlingenfreien Netz können wir eine Organisationsstruktur definieren: Zu jeder Transition t betrachten wir die Menge der Knoten p_i und t_i, die wir zu einer Position O hinzunehmen müssen, um die Zusammenhangsbedingung nicht zu verletzen:

$$\{p_i, t_i \mid tFp_1F^{-1}t_1Fp_2F^{-1}t_2Fp_3\ldots\}$$

Analog setzen wir für einen Platz p die Knoten $\{p_i, t_i \mid pF^{-1}t_1Fp_1F^{-1}t_2\ldots\}$ in

Beziehung. Dies können wir durch eine einzige Relation ausdrücken.

$$\sim \; := \; \begin{pmatrix} \left((F \circ F^{-1})^* \cup (F \circ F^{-1})^* \circ F\right) & \cap & \left(T \times (P \cup T)\right) \end{pmatrix} \cup \\ \begin{pmatrix} \left((F^{-1} \circ F)^* \cup (F^{-1} \circ F)^* \circ F^{-1}\right) & \cap & \left(P \times (P \cup T)\right) \end{pmatrix}$$

Man sieht leicht, dass $\sim$ eine Äquivalenzrelation auf den Netzknoten darstellt, also eine Partition $\mathcal{O}$ erzeugt. q.e.d.

10.1.1 Typische Organisationformen

Ein Markt ist Abbildung 10.3 dargestellt, ein Koalition in Abbildung 10.4 und eine virtuelle Organisation in Abbildung 10.5. Die Netze heben jeweils schön die spezifischen Eigenschaften der Organisationsformen heraus.

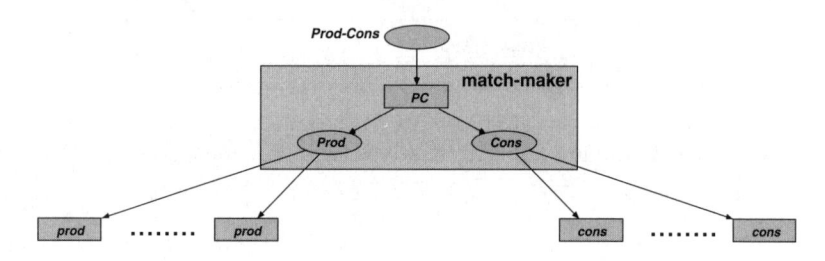

Abbildung 10.3: Ein Markt als Organisationsnetz

Der Markt in Abb. 10.3 zeichnet sich durch seine flache Struktur aus, es findet also kaum iterierte Delegation statt. Außerdem strukturiert der Markt genau eine Rollenbeziehung, nämlich die von Erzeuger und Verbraucher. Dafür ist der Verzweigungsgrad sehr hoch, da es viele Marktteilnehmer gibt. Alle entstehenden Teams sind also – gemessen an der Tiefe der Graphenstruktur – sehr flach. Die Anzahl der generierbaren Team, die ja mit dem Alternativgrad wächst, ist dagegen sehr groß.

Die Koalition in Abb. 10.4 zeichnet sich dagegen durch eine geringere Anzahl an Mitgliedern, aber eine höhere Anzahl an Aktivitäten aus. Das Hauptaugenmerk liegt auf der Bündelung der verschiedenen Aktivitäten zu einem kohärentem Ganzen. Entsprechend hoch ist die Anzahl der Aufgaben und Rollen, die die Organisation bearbeiten kann. Für jede einzelne der Aufgaben ist die Anzahl der Bearbeitungsvarianten dagegen eher niedrig.

Die virtuelle Organisation aus Abb. 10.5 erweitert diesen Aspekt der Bündelung um den Aspekt der Tiefenstruktur. Dieser zeigt sich durch die größere Delegationstiefe der Aufgaben, die sich ergibt, weil sich in einer virtuelle Organisation bereits vorstrukturierte Suborganisation mit vielen Positionen, die weitläufiger verbunden sind, zusammenschließen.

10.1 Organisationspetrinetze und Positionen

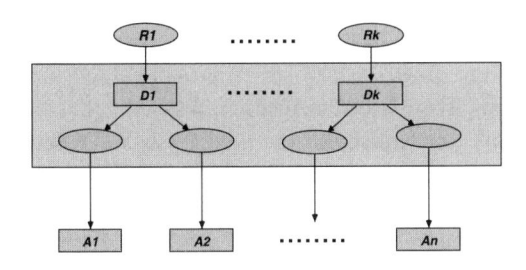

Abbildung 10.4: Eine Koalition als Organisationsnetz

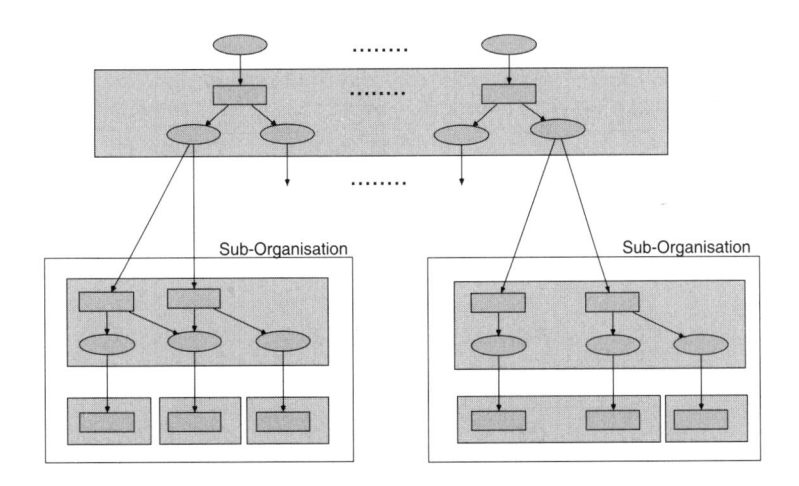

Abbildung 10.5: Eine virtuelle Organisation als Organisationsnetz

10.1.2 Organisationsverbünde

Im folgenden wollen wir verschachtelte Organisationen betrachten. Eine Hierarchie von Organisationen entsteht, wenn eine Position durch eine komplette Organisation verfeinert wird. Eine solche Verfeinerung von Organisationen können wir äquivalent als Vergröberung ausdrücken, indem wir umgekehrt eine Menge $\mathcal{Q} \subseteq \mathcal{O}$ von Positionen zu einer Position $O_\mathcal{Q}$, die aus einer einzigen Transition besteht, vergröbern. Diese neue Transition bezeichnen wir mit $t_\mathcal{Q}$.

Damit das Ergebnis der Konstruktion wieder ein R/D-Netz ist, muss die neue Transition $t_{(P_\mathcal{Q}\bullet \setminus \bigcup \mathcal{Q})}$ wiederum genau eine Stelle im Vorbereich besitzt. Daher ist es wichtig, dass die Tätigkeiten am Rand mit genau einer Stelle verbunden sind: $|\bullet T_\mathcal{Q} \setminus \bigcup \mathcal{Q}| = 1$.

Analog können wir anhand der Positionsmenge $\mathcal{Q}$ eine Suborganisations definieren, indem wir uns auf alle Netzknoten aus $\mathcal{Q}$ sowie die im Rand $\bullet T_\mathcal{Q} \setminus \bigcup \mathcal{Q}$ davor liegenden Stellen beschränken. Letztere benötigen wir, um der Suborganisation von außen Aufgaben zuweisen zu können.

Definition 10.4 *Sei $Org = (N, \mathcal{O}, R, D)$ eine Organisation. Die Position-Menge $\mathcal{Q} \subseteq \mathcal{O}$ heißt* semi-abgeschlossen, *falls mit $P_\mathcal{Q} := P \cap \bigcup \mathcal{Q}$ und $T_\mathcal{Q} := T \cap \bigcup \mathcal{Q}$ gilt:*

1. *Alle Rollenprofile werden nur lokal genutzt: $|P_\mathcal{Q}{}^\bullet \setminus \bigcup \mathcal{Q}| = 0$*

2. *Die Tätigkeiten am Rand werden exklusiv genutzt: $|\bullet T_\mathcal{Q} \setminus \bigcup \mathcal{Q}| = 1$*

Sei $\mathcal{Q} \subseteq \mathcal{O}$ semi-abgeschlossen, dann ist die Suborganisation *von Org bezüglich $\mathcal{Q}$ folgendermaßen definiert:*

$$Org_{\downarrow \mathcal{Q}} = (N_{\downarrow \mathcal{Q}}, \mathcal{O}_{\downarrow \mathcal{Q}}, R_{\downarrow \mathcal{Q}}, D_{\downarrow \mathcal{Q}})$$

mit $N_{\downarrow \mathcal{Q}} = (P_{\downarrow \mathcal{Q}}, T_{\downarrow \mathcal{Q}}, F_{\downarrow \mathcal{Q}})$ und:

$$\begin{aligned}
P_{\downarrow \mathcal{Q}} &= P_\mathcal{Q} \cup {}^\bullet T_\mathcal{Q} \\
T_{\downarrow \mathcal{Q}} &= T_\mathcal{Q} \\
F_{\downarrow \mathcal{Q}} &= \left(F \cap ((T_{\downarrow \mathcal{Q}} \times P_{\downarrow \mathcal{Q}}) \cup (P_{\downarrow \mathcal{Q}} \times T_{\downarrow \mathcal{Q}}))\right) \\
\mathcal{O}_{\downarrow \mathcal{Q}} &= \mathcal{Q} \cup \left\{{}^\bullet T_\mathcal{Q} \setminus \bigcup \mathcal{Q}\right\} \\
R_{\downarrow \mathcal{Q}} &= R|_{P_{\downarrow \mathcal{Q}}} \\
D_{\downarrow \mathcal{Q}} &= D|_{T_{\downarrow \mathcal{Q}}}
\end{aligned}$$

Sei $\mathcal{Q} \subseteq \mathcal{O}$ semi-abgeschlossen, dann ist die Vergröberung *von Org bezüglich $\mathcal{Q}$ die Organisation*

$$Org_{/\mathcal{Q}} = (N_{/\mathcal{Q}}, \mathcal{O}_{/\mathcal{Q}}, R_{/\mathcal{Q}}, D_{/\mathcal{Q}})$$

10.1 Organisationspetrinetze und Positionen

mit $N_{/\mathcal{Q}} = (P_{/\mathcal{Q}}, T_{/\mathcal{Q}}, F_{/\mathcal{Q}})$ und:

$$\begin{aligned}
P_{/\mathcal{Q}} &= P \setminus \bigcup \mathcal{Q} \\
T_{/\mathcal{Q}} &= \left(T \setminus \bigcup \mathcal{Q}\right) \uplus \{t_{\mathcal{Q}}\} \\
F_{/\mathcal{Q}} &= \left(F \cap \left((T_{/\mathcal{Q}} \times P_{/\mathcal{Q}}) \cup (P_{/\mathcal{Q}} \times T_{/\mathcal{Q}})\right)\right) \cup \left((^{\bullet}T_{\mathcal{Q}} \setminus \bigcup \mathcal{Q}) \times \{t_{\mathcal{Q}}\}\right) \\
\mathcal{O}_{/\mathcal{Q}} &= (\mathcal{O} \setminus \mathcal{Q}) \cup \{O_{\mathcal{Q}}\} \quad \text{mit} \quad O_{\mathcal{Q}} = \{t_{\mathcal{Q}}\} \\
R_{/\mathcal{Q}} &= R|_{P_{/\mathcal{Q}}} \\
D_{/\mathcal{Q}} &= D|_{T_{/\mathcal{Q}}} \cup \{(t_{\mathcal{Q}}, D(t)\} \quad \textit{für irgendein} \quad t \in T_{\mathcal{Q}} \setminus \bigcup \mathcal{Q}
\end{aligned}$$

Wenn $Org_{/\mathcal{Q}}$ eine Vergröberung von Org, dann nennen wir Org eine **Verfeinerung** von $Org_{/\mathcal{Q}}$ durch $\mathcal{Q}$.

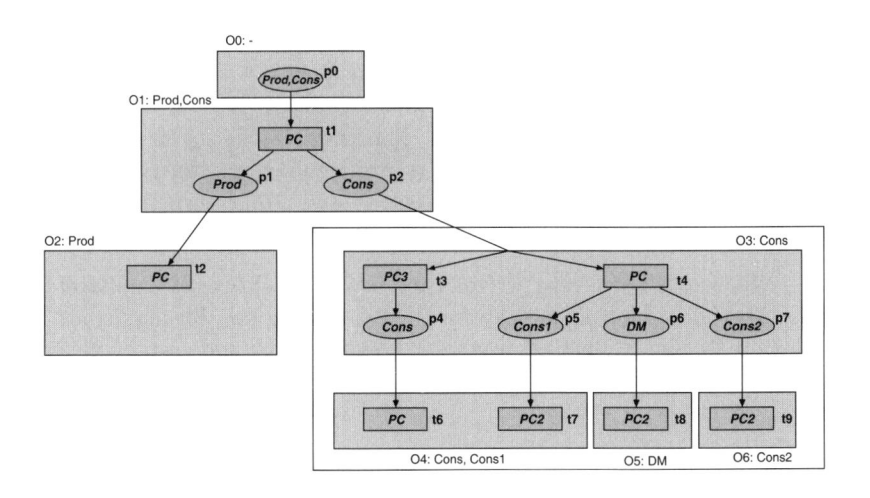

Abbildung 10.6: Organisation des Producer/Consumer-Systems

Die semi-abgeschlosse Position-Menge $\mathcal{Q} = \{O_3, O_4, O_5, O_6\}$ aus Abbildung 10.6 kann zu einer einzigen Position $O_{\mathcal{Q}} = \{t_{\mathcal{Q}}\}$ vergröbert werden. Diese enthält nur die Transition $t_{\mathcal{Q}}$ und realisiert die Rolle $R(O_{\mathcal{Q}}) = \{Cons\}$.

Sei Org eine Organisation. Wird eine semi-abgeschlosse Position-Menge $\mathcal{Q}$ zu einer einzigen Position vergröbert, so sind Aufgaben von der resultierenden Organisation $Org_{/\mathcal{Q}}$ bearbeitbar, wenn es die verfeinerte ist.

Analog ergibt die Verfeinerung eines sicher-berarbeitbares Netz $Org_{/\mathcal{Q}}$ durch ein semi-abgeschlossenes, sicher-berarbeitbares Netz in Form der Suborganisation $Org_{\downarrow \mathcal{Q}}$ wiederum ein sicher-berarbeitbares Netz, nämlich Org.

Theorem 10.5 *Wenn Org $= (N, \mathcal{O}, R, D)$ eine Organisation und $\mathcal{Q} \subseteq \mathcal{O}$ eine semi-abgeschlosse Positionsmenge ist, dann ist die Vergröberung $Org_{/\mathcal{Q}}$ und die Suborganisation $Org_{\downarrow\mathcal{Q}}$ genau dann sicher bearbeitbar, wenn es Org ist.*

Beweis: ($\Leftarrow$) Da $\mathcal{Q}$ semi-abgeschlossen ist, gilt $|{}^{\bullet}T_{\mathcal{Q}} \setminus \bigcup \mathcal{Q}| = 1$, d.h. der Rand wird exklusiv genutzt. Sei $p_{\mathcal{Q}}$ das Element im Rand ${}^{\bullet}T_{\mathcal{Q}} \setminus \bigcup \mathcal{Q}$. Sei Org sicher bearbeitbar, dann gilt für alle $m' \in RS(m)$ auch $\mathbf{0} \in RS(m')$. Dies gilt insbesondere für $m = {}^{\bullet}T_{\mathcal{Q}} \setminus \bigcup \mathcal{Q} = \{p_{\mathcal{Q}}\}$. Alle Stellen in $Org_{/\mathcal{Q}}$ sind dann auch bearbeitbar, denn alle Stellen in $P_{/\mathcal{Q}}$ sind bearbeitbar. Die Stelle $p_{\mathcal{Q}}$ wird durch die Transition $t_{\mathcal{Q}}$ geleert. Die anderen Stellen nutzen nur Transitionen aus $T_{/\mathcal{Q}}$.

Wenn Org sicher bearbeitbar, dann sind auch alle Stelle p markierbar, also auch alle aus $\mathcal{Q}$. Da $\mathcal{Q}$ semi-abgeschlossen ist, führt aber keine Kante mehr aus der Suborganisation heraus, so dass die Marken innerhalb von $\mathcal{Q}$ bearbeitet werden

($\Rightarrow$) Seien nun die Vergröberung $Org_{/\mathcal{Q}}$ und die Suborganisation $Org_{\downarrow\mathcal{Q}}$ sicher bearbeitbar.

Wenn $Org_{/\mathcal{Q}}$ sicher bearbeitbar ist, dann gilt für alle $m' \in RS(m)$ auch $\mathbf{0} \in RS(m')$. Wir zeigen, dass dann auch die sichere Bearbeitbarkeit in Org gilt.

Jede Transition in $Org_{/\mathcal{Q}}$, kann in Org direkt simuliert werden, da die Transitionen aus $Org_{/\mathcal{Q}}$ auch in Org enthalten sind.

Sei $p_{\mathcal{Q}}$ das Element in ${}^{\bullet}T_{\mathcal{Q}} \setminus \bigcup \mathcal{Q}$. Jede Marke der Stelle $p_{\mathcal{Q}}$ in $Org_{\downarrow\mathcal{Q}}$ kann in $Org_{\downarrow\mathcal{Q}}$ bearbeitet werden. Daher kann jedes Schalten von $t_{\mathcal{Q}}$, welches die Stelle $p_{\mathcal{Q}}$ in $Org_{/\mathcal{Q}}$ leert, durch eine Schaltfolge in $Org_{\downarrow\mathcal{Q}}$ und daher auch in Org simuliert werden. q.e.d.

Diese strukturierte Form der Verfeinerung ist ein mächtiges Hilfsmittel für die Strukturierung eines Multiagentensystems. Wir können den Mechanismus jedoch nicht nur zum Organisationsdesign nutzen, sondern auch zudem noch flexibel als Transformation, die wir zur Laufzeit anwenden.

10.2 Koordinierung der Organisationsprozesse

Um nebenläufige Ereignisse nicht unnötig durch eine sequentielle Notation zu unterscheiden, betrachten wir die partiell geordneten Prozesse von Organisationsnetzen. Abbildung 10.7 zeigt einen Prozess der Organisation aus Abbildung 10.1 in der Markierung $m = p_0$.

Ist ein Organisationsnetz N gegeben, so lassen sich anhand eines gegebenen Team-Prozesses (K, ϕ) die Dienst- und Rollenabbildung D und R leicht angeben, indem man für alle $b \in B$ und $e \in E$ definiert:

$$R_G(b) = R(\phi(b)) \quad \text{und} \quad D_G(e) = D(\phi(b))$$

Jeder Prozess der Organisation erzeugt ein koordiniertes Team.

10.2 Koordinierung der Organisationsprozesse

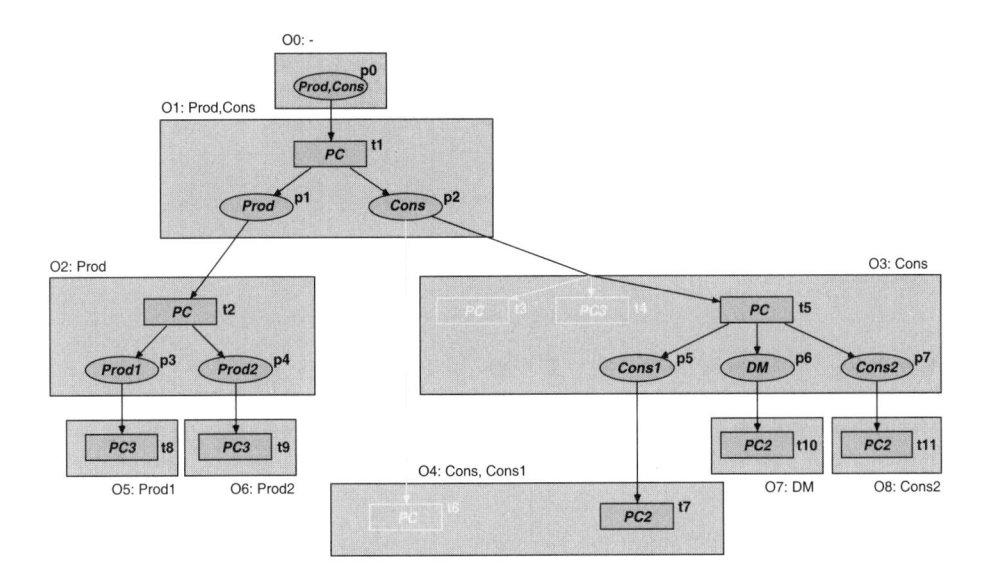

Abbildung 10.7: Prozess eines Organisationsnetzes

Theorem 10.6 *Sei $Org = (N, \mathcal{O}, R, D)$ eine Organisation und $R \in \mathcal{R}$ eine Rolle. Dann generiert jeder Prozess $(K, \phi) \in \mathcal{K}^{pg}(N, \{p\})$ zu einem $p \in Start_{Org}(R)$ das R/D-Netz:*

$$G_{Org}(K, \phi) := (K, (R \circ \phi), (D \circ \phi))$$

Sei (Org, ψ) eine koordinierende Organisation und $R \in \mathcal{R}$ eine Rolle. Für jedes $p \in Start_{Org}(R)$ erzeugt jeder Prozess $(K, \phi) \in \mathcal{K}^{pg}(N, \{p\})$ des Organisationsnetzes das koordinierende Team:

$$G_{(Org,\psi)}(K, \phi) := (K, (R \circ \phi), (D \circ \phi), (\psi \circ \phi_{|E}))$$

Beweis: Die Abbildung $(R \circ \phi)$ und $(D \circ \phi)$ sind offensichtlich Rollen- und Dienstzuweisungen. Damit ist $(K, (R \circ \phi), (D \circ \phi))$ ein ein R/D-Netz. Außerdem stellt $\psi \circ \phi_{|E}$ eine Steuerung dar.

Offensichtlich ist K ein Kausalnetz. Es besitzt genau einen Platz als minimalen Knoten besitzt, da der Prozess zu $(N, \{p\})$ generiert wurde. Nach Theorem 9.15 gilt zudem $K^\circ \subseteq E$. Damit ist $(K, (R \circ \phi), (D \circ \phi), (\psi \circ \phi_{|E}))$ ein Teamnetz. q.e.d.

Die lokale Steuerung $\psi_K = (\psi \circ \phi_{|E})$ erweitert sich nach Definition 9.18 zu der globalen Steuerung $\hat{\psi}$.

Das folgende Theorem zeigt, dass die an eine koordinierende Organisation gestellte Bedingung $\forall t \in T : Proc(D(t), \psi(t)) \neq \emptyset$ konstruktiv entscheidbar ist.

Theorem 10.7 *Sei Org eine wohlgeformte Organisation, dann ist die Menge aller Prozesse*

$$\mathcal{K}^{pg}(Org) := \bigcup_{p \in P} \mathcal{K}^{pg}(N, \{p\})$$

eine endliche, konstruktive Menge.

Beweis: Dies folgt aus der Tatsache, dass jedes Prozessnetz (K, ϕ), die folgende Eigenschaft besitzt:

$$(\phi(b_1) = \phi(b_2)) \Longrightarrow (b_1 = b_2)$$

Denn wenn $\phi(b_1) = \phi(b_2)$ für zwei Stellen b_1 und b_2 wäre, dann wäre $R(\phi(b_1)) = R(\phi(b_2))$ in dem Teamnetz $G_{Org}(K, \phi)$ und nach Theorem 9.12 folgt dann $b_1 = b_2$.

Im jedem Prozess besitzt jede Stelle somit höchstens ein Urbild. Die Menge aller Prozesse, mit dieser Eigenschaft ist offensichtlich endlich und auch konstruktiv. q.e.d.

Jede Organisation ist somit ein Erzeuger einer Menge von Teamnetzen:

$$\mathcal{G}(Org) := \{G_{Org}(K, \phi) \mid (K, \phi) \in \mathcal{K}^{pg}(Org)\} \tag{10.1}$$

Damit können wir ein Multiagentensystem als organisiert definieren, wenn die Menge seiner Teamnetze $\mathcal{G}$ durch eine wohlgeformte Organisation Org erzeugt wird: $\mathcal{G} = \mathcal{G}(Org)$ und alle Teamnetze im Sinne von Definition 9.25 vom Multiagentensystem akzeptiert werden: $\mathcal{G} = \mathcal{G}_{akz}(\mathcal{A}_\mu, \mu)$.

Definition 10.8 *Das zur Teammenge $\mathcal{G}$ gebildete Multiagentensystem $(\mathcal{A}_\mu, \mu)$ heißt organisiert, wenn es eine wohlgeformte Organisation Org gibt, so dass gilt:*

$$\mathcal{G} = \mathcal{G}_{akz}(\mathcal{A}_\mu, \mu) = \mathcal{G}(Org)$$

10.2.1 Koordinierung: Realisierbarkeit der Steuerung

Ein Organisationsprozess (K, ϕ) kann die Steuerung *realisieren*, wenn es für jedes Ereignis e möglich ist, einen Prozess π des Dienstes $D(e)$ zu finden, der die globale Steuerung $\hat{\psi}_K(e)$ erfüllt:

$$(K, \phi) \models \hat{\psi}_K :\iff \forall e \in E_K : \exists \pi \in Proc(D(e)[R(b(e))]) : \pi \models \hat{\psi}_K(e) \tag{10.2}$$

Für die Wohlgeformtheit einer koordinierender Organisation fordern wir, dass jeder Organisationsprozess die globale Steuerung realisieren kann.

Die Dienstnetze $D(t)$ und Rollenprofile $R(p)$ müssen zur Struktur des Organisationsnetzes passen, d.h wohlgeformt sein. Hier lässt sich die Begriffsbildung aus dem Bereich der Teams verwenden nach Definition 9.10 und 9.18.

10.2 Koordinierung der Organisationsprozesse

Definition 10.9 *Eine Steuerung ψ heißt wohlgeformt, wenn für alle Organisationsprozesse mindestens ein Dienstprozess existiert, der die globale Steuerung $\hat{\psi}$ erfüllt:*

$$\forall R \in \mathcal{R} : \forall p \in Start_{Org}(R) : \forall (K,\phi) \in \mathcal{K}^{pg}(N, \{p\}) : (K,\phi) \models \hat{\psi}_K$$

Eine koordinierende Organisation (Org, ψ) heißt wohlgeformt, wenn Org und ψ wohlgeformt sind.

Wohlgeformte Organisationen erzeugen nur wohlgeformte Teams.

Theorem 10.10 *Ist die Organisation $Org = (N, \mathcal{O}, R, D)$ wohlgeformt, so ist für alle Prozesse $(K,\phi) \in \mathcal{K}^{pg}(N, m)$ auch $G_{Org}(K,\phi)$ ein wohlgeformtes R/D-Netz.*

Ist die koordinierende Organisation (Org, ψ) wohlgeformt, dann ist für alle Prozesse $(K,\phi) \in \mathcal{K}^{pg}(N, m)$ auch $G_{(Org,\psi)}(K,\phi)$ ein wohlgeformtes koordinierendes Team.

Beweis: Da Org wohlgeformt ist und Wohlgeformtheit eine Eigenschaft ist, die sich nur auf die Lokalität bezieht, gilt sie auch in den Entfaltungen von N, d.h. für alle Prozesse $(K,\phi) \in \mathcal{K}^{pg}(N,m)$.

Da (Org, ψ) wohlgeformt ist, gilt $(K,\phi) \models \hat{\psi}_K(e)$ für alle $R \in \mathcal{R}$, $p \in Start_{Org}(R)$ und $(K,\phi) \in \mathcal{K}^{pg}(N, \{p\})$.

Dabei gilt $(K,\phi) \models \hat{\psi}_K(e)$ nach (10.2) genau dann, wenn für alle $e \in E_K$ ein Prozess π mit $\pi \models \hat{\psi}_K(e)$ existiert, d.h. das erzeugte Team $G_{(Org,\psi)}(K,\phi) = (K, (R \circ \phi), (D \circ \phi), (\psi \circ \phi_{|E}))$ ist wohlgeformt. q.e.d.

Betrachten wir zunächst eine hinreichende Charakterisierung der Wohlgeformtheit. Die maximal strenge Steuerung der Organisation (Org, ψ) ist definiert als

$$\xi_{Org}^{\max} := \bigwedge_{t \in T_N} \hat{\psi}(t) \tag{10.3}$$

Offensichtlich gilt für die maximal strenge Steuerung:

$$\forall t \in T_N : \xi_{Org}^{\max} \Longrightarrow \hat{\psi}(t) \Longrightarrow \psi(t)$$

Ein besonderer Fall liegt vor, wenn für alle Dienstnetze $D(t)$ ein Dienstprozess π existiert, der $\xi_{Org}^{\max}$ erfüllt. In diesem Fall realisieren alle Organisationsprozesse die Steuerung, woraus folgt, dass die Organisation wohlkoordiniert ist.

Theorem 10.11 *Sei $Org = (N, \mathcal{O}, R, D, \psi)$ eine wohlgeformte, koordinierende Organisation. Existiert zu jedem $t \in T_N$ ein $\pi \in Proc(D(t), \xi_{Org}^{\max})$, dann ist (Org, ψ) wohlgeformt.*

Beweis: Zu jedem $t \in T_N$ existiert nach Vorraussetzung mindestens ein Dienstprozess π_t mit $\pi \models \xi_{Org}^{max}$, was $\pi \models \hat{\psi}(t)$ impliziert, da $\xi_{Org}^{max} \Longrightarrow \hat{\psi}(t)$ gilt.

Wir zeigen, dass dieser Dienstprozess π_t die Wohlgeformtheitsbedingung erfüllt: Sei $(K, \phi) \in \mathcal{K}^{pg}(N, \{p\})$ ein Prozess zu beliebigen $R \in \mathcal{R}$ und $p \in Start_{Org}(R)$, dann gilt für alle $e \in E_K$:

$$\hat{\psi}_K(e) = \bigwedge_{(e',e) \in F_K^*} \psi_K(e') = \bigwedge_{(e',e) \in F_K^*} (\psi \circ \phi_{|E})(e')$$
$$= \bigwedge_{(e',e) \in F_K^*} \psi(\phi_{|E}(e')) = \bigwedge_{(e',e) \in F_K^*, \phi(e')=t'} \psi(t') = \bigwedge_{t' \in T_e} \psi(t')$$

Hierbei definieren wir $T_e := \phi^{-1}(\_F_K^* e) = \{t \in T \mid \exists e' \in E_K : (e', e) \in F_K^*, \phi(e') = t\}$. Aus $T_e \subseteq T$ folgt:

$$\xi_{Org}^{max} = \bigwedge_{t \in T_N} \psi(t) \Longrightarrow \bigwedge_{t \in T_e} \psi(t) = \hat{\psi}_K(e)$$

Also gilt auch $\pi_{\phi(e)} \models \hat{\psi}_K(e)$ für alle Ereignisse $e \in E_K$ aller Prozesse (K, ϕ), d.h. die Wohlgeformtheitsbedingung ist erfüllt. q.e.d.

Sei *Org* eine wohlgeformte Organisation mit dem Organisationsnetz N. Zu jeder Transition t gibt es verschiedene Markierungen und Prozesse, in denen t vorkommt. Die Menge aller globalen Steuerungen ist dann:

$$\Xi_{Org}(t) := \{\hat{\psi}_K(e) \mid p \in P, (K, \phi) \in \mathcal{K}^{pg}(N, \{p\}), e \in E_K, \phi(e) = t\}$$

Damit ist Wohlgeformtheit konstruktiv entscheidbar, denn es gilt folgende Aussage.

Theorem 10.12 *Sei* $Org = (N, \mathcal{O}, R, D, \psi)$ *eine wohlgeformte, koordinierende Organisation.*

1. *Genau dann wenn zu jedem $t \in T_N$ und zu jedem $\xi \in \Xi_{Org}(t)$ ein Prozess $\pi \in Proc(D(t), \xi)$ existiert, dann ist Org wohlgeformt.*

2. *Für alle $t \in T$ eines Organisationsnetzes ist $\Xi_{Org}(t)$ ist eine endliche, konstruktive Menge.*

Beweis: Die erste Eigenschaft folgt direkt aus Definition 10.9. Dass $\Xi_{Org}(t)$ eine endliche Menge ist, folgt aus der Tatsache, dass $\mathcal{K}^{pg}(Org)$ dies ist. q.e.d.

Kann nicht sichgestellt werden, dass jeder Prozess korrekt ist, so sind entweder einige – oder alle – Regeln $\psi(t)$ zu verschärfen oder es muss verhindert werden, dass dieses Team gewählt werden kann (siehe auch den Abschnitt 11.2 zu Transformation von Organisationen). Eine koordinierende Organisation darf nur korrekte Prozesse zulassen. Natürlich kann man Wohlgeformtheit leicht erreichen, wenn man bereits alle proaktiven Transitionen auf korrekte Prozesse einschränkt. Dabei wird jedoch im allgemeinen das mögliche Verhalten der nachfolgenden Positionen sehr stark eingeschränkt, was deren Flexibilität einschränkt. Hier ist also ein Ausgleich zwischen Wohlgeformtheit und Flexibilität zu erzielen.

10.2.2 Stabilität der Koordinierung

In der Definition der Wohlgeformtheit (Definition 9.26) wird für ein Multiagentensystem gefordert, dass zu jede Gruppe G einen gemeinsamen Teamplan π_G des Teamnetzes $D(G)$ auswählt und dass dieser Teamplan die Steuerbedingung $\hat{\psi}(G)$ des Teams erfüllt. Dieser Teamplan π_G muss zudem noch einen korrekt terminierten Ablauf des Dienstes beschreiben. Letzteres ist dann besonders einfach zu sicherzustellen, wenn das durch $\hat{\psi}(G)$ gesteuerte Teamnetzes $D(G)$ schwach korrekt ist (vgl. Definition 8.46).

Wir sind nun daran interessiert, ob die Organisation nur korrekte gesteuerte Gruppen generiert. Dabei müssen wir berücksichtigen, dass jedes Team G von einem Prozess (K, ϕ) des Organisationsnetzes abgeleitet wird, d.h. $G = G(K, \phi)$ für einen Prozess $(K, \phi) \in \mathcal{K}^{pg}(N, \{p\})$ mit $p \in Start_{Org}(R)$ und $R \in \mathcal{R}$. Organisationen mit dieser Eigenschaft nennen wir *koordinationsstabil*.

Theorem 10.13 *Sei $Org = (N, \mathcal{O}, R, D, \psi)$ eine koordinierende Organisation. Es ist entscheidbar, ob Org koordinationsstabil ist, d.h. ob für alle $R \in \mathcal{R}$, $p \in Start_{Org}(R)$ und $(K, \phi) \in \mathcal{K}^{pg}(N, \{p\})$ gilt, dass $D(G(K, \phi)) \times \hat{\psi}(G(K, \phi))$ ein schwach korrektes Dienstnetz ist.*

Beweis: Da die Menge aller Delegationsprozesse $(K, \phi) \in \mathcal{K}^{pg}(N, \{p\})$ einer wohlgeformten Organisation endlich sind, kann die Eigenschaft der Koordinationsstabilität überprüft werden. q.e.d.

10.3 Organisationspositionen als Agenten

Im folgenden entwickeln wir ein dualistisches Agentenmodell, indem wir auch die Positionen durch Agenten realisieren. Diese Agenten integrieren Handlungsablauf- und Organisationsstrukturbeschreibungen. Wir schließen damit an die Ergebnisse aus Kapitel 7 an, in dem wir gezeigt haben, dass Makro- und Mikroperspektive in einem dualistischen Verhältnis zueinander stehen und nur zwei Seiten der selben Medaille sind. Auch aus dieser Betrachtungsweise ist folgerichtig, dass die strukturellen Elemente, wie die Positionen, und die interaktiven Elemente, wie die Akteure, durch das gleiche Konstrukt beschrieben werden.

Organisationale Koordination- und individuelle Handlungspläne stehen in wechselseitiger Beziehung, in dem die organisationalen Koordinierungspläne die Handlungspläne der Organisationsmitglieder rahmen und umgekehrt die Handlungen der Mitglieder die Organisationsabläufe mit Leben erfüllen.[3]

---

[3] An dieser Stelle erneut eine Bemerkung zur ontologischen Stellung von Organisationen: Die Aktvität der Organisation ergibt sich stets im konkreten Zusammenspiel von Formalstruktur und Mitgliedern. Und obwohl eine Organisation ohne Mitglieder keine Handlungen hervorbringen kann, wäre es demnach falsch, ihr den Akteursstatus abzusprechen. Dafür lassen sich

Wir betrachten nun Positionen als Agenten, indem wir uns auf die lokale Perspektive, die eine Position O bezüglich der Organisation besitzt, beschränken. In dieser Perspektive sind nur die Position sichtbar, zu denen O eine Verbindung besitzt. Außerdem blenden wir, wie in Abbildung 10.8 gezeigt, den internen Aufbau der umgebenden Positionen aus, da dieser für O nicht sichtbar ist.

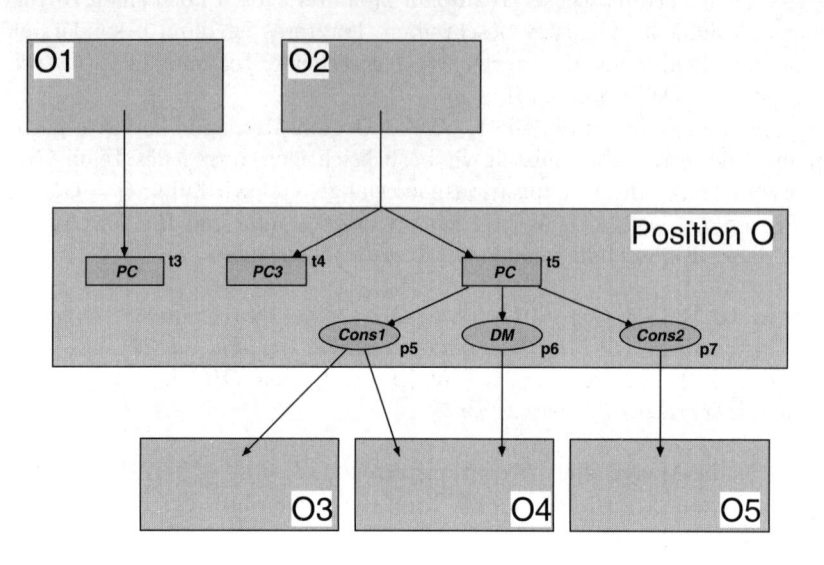

Abbildung 10.8: Lokale Perspektive einer Position

Mit jeder Position ist eine Menge von Rollen verbunden. Als Rollenprofil einer Position $O \in \mathcal{O}$ bezeichnen wir die Menge der Rollen, die die Position anderen gegenüber bereitstellt:

$$R(O) := R(^\bullet(O \cap T) \setminus O) \tag{10.4}$$

Der Organisationseinheit $O \in \mathcal{O}$ wird ein Agent $Ag(O)$ zugewiesen. Diese Agenten nennen wir *Positionsagenten*. Der der Position O zugeordnete Positionsagent

> zwei Argumente ins Feld führen. Das erste Argument behandelt den Kommunikationsaspekt: Andere Akteure können sich in ihrem Handeln auf die Organisation beziehen, ohne dazu Mitglied sein zu müssen. Die Möglichkeit einer Kommunikationsbeziehung zeigt hier die soziale Existenz. In diesem Fall zeigt sich der Akteursstatus durch die Mitgliedschaft in den durch den Beobachter rekonstruierten Kommunikationsprozessen. Das zweite Argument besagt, dass Organisationen Akteure sind, weil ihre Verfahrensregelungen eine eigene Dynamik besitzen. Auch wenn diese Dynamik von den Mitgliedern erzeugt wird, ist sie nicht den Mitgliedern zuzurechnen, sondern der Entität Organisation, da diese der primärer Ursprung der Handlungslogik ist. Auch hier zeigt sich die Organisation dem Beobachter als eigenständiger Akteur, mit dem die Organisationsmitglieder interagieren.

10.3 Organisationspositionen als Agenten

ist ein Agent, der das Rollenprofil $R(O)$ einnimmt.[4] Wie wir in Kapitel 8 bereits festgestellt haben, spezifizieren Rollenkomponenten von Dienstnetzen die Rechte und Pflichten einer Rolle. Ebenso definieren Positionen ebenfalls Rechte und Pflichten. Die Rechte einer Position definieren sich über die Delegationsmöglichkeiten, Pflichten sind über die Rollen $R(O)$ definiert.

Jede Position muss mit einem Agenten besetzt werden, der das Rollenprofil wahrnehmen kann. Um das Rollenprofil wahrnehmen zu können, stehen der Position die ihr zugewiesenen Dienste zur Vefügung:

$$D(O \cap T) = \{D(t) \mid t \in (O \cap T)\}$$

Man beachte, dass der Dienst, der bei der Auswahl der Tätigkeit t ausführt wird, nur in der Einschränkung $D(t)[R(^{\bullet}t)]$ genutzt wird, d.h. nur der Anteil der Interaktion, die die genutzten Rollenprofile betrifft.

Beispiel Betrachten wir die Organisation aus der Abbildung 10.1. Das Rollenprofil $R(O)$ ist in der Abbildung an den Positionen annotiert. Die Positionen definieren folgende Rollenprofile: $R(O_1) = \{Prod, Cons\}$, $R(O_2) = \{Prod\}$, $R(O_3) = \{Cons\}$ und $R(O_4) = \{Cons, Cons_1\}$.

Sie implementieren folgende Dienste: $D(O_1) = \{PC\}$, $D(O_2) = \{PC_2\}$ $R(O_3) = \{PC, PC_3\}$ und $R(O_4) = \{PC, PC_2\}$. ◇

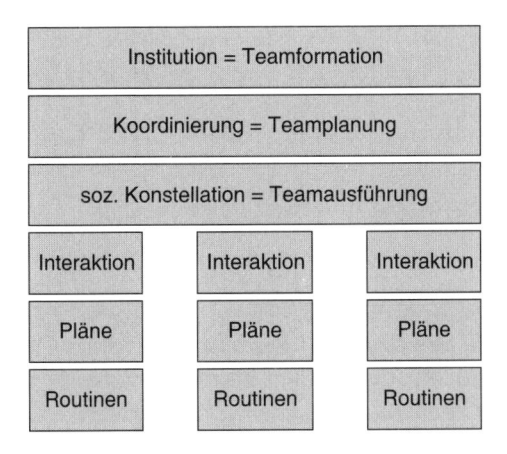

Abbildung 10.9: Positionen als Agenten

Die Art und Weise, wie Positionen agieren, entspricht denen der SONAR-Agenten (vgl. dazu Abbildung 10.9). Die organisationalen Routinen, die den Teamformationsprozess steuern, sind durch das Organisationsnetz festgelegt. Jedes Teamnetz

---
[4]Von $R(O)$ ist die Menge $R(O \cap P) = \{R(p) \mid p \in (O \cap P)\}$ zu unterscheiden, d.h. die Menge der Rollen, die eine Position zur Ausführung der mit seinem Profil verbundenen Dienste nutzt.

G koordiniert die Teamplanung, welche das organisationale Pendant zur Akteursplanung darstellt. Die Ausführung des gemeinsamen Teamplans π_G als spezifische Form der sozialen Konstellation korrespondiert zur Interaktivität des Akteurs. Wir erkennen also in Abbildung 10.9 die in Abbildung 7.17 dargestellte selbstähnliche Korrespondenz von Mikro- und Makroprozessen wieder.

10.4 Multiagentensystemorganisationen

Wir betrachten die Ausführungsumgebung, mit deren Hilfe die Agenten und ihre Pläne in organisationale Abläufe und Strukturen eingebettet werden. Betrachten wir eine Organisation $Org = (N, \mathcal{O}, R, D, \psi)$. Eine *MAS-Organisation* ist eine Instanz einer formalen Organisation. Jeder Organisationseinheit $O \in \mathcal{O}$ wird dazu der Agentenname A_O und der Positionsagent $Ag(O)$ zugewiesen. Jede MAS-Organisation generiert ein Multiagentensystem, das generierte SONAR-*MAS*, indem man jeder Organisationsposition $O \in \mathcal{O}$ den Agenten A_O zuweist.

Für eine gegebene Organisation Org setze die Menge an Agentennamen zu $\mathcal{A} = \{A_O \mid O \in \mathcal{O}\}$, die Dienstklasse $\mathcal{D}$ als die kleinste Dienstklasse, die $\{D(t) \mid t \in T_{Org}\}$ enthält, die Rollenstruktur zu $\mathcal{R} = \{R(D) \mid D \in \mathcal{D}\}$ und die Menge an Gruppennetzen zu $\mathcal{G} = \mathcal{G}(Org)$. Damit ist die Menge der SONAR-Agenten $\mathcal{S}_{(\mathcal{A}, \mathcal{R}, \mathcal{D}, \mathcal{G})}$ festgelegt.

Definition 10.14 *Eine* MAS-Organisation (Org, Ag) *besteht aus*

1. *einer koordinierten Organisation* $Org = (N, \mathcal{O}, R, D, \psi)$ *und*

2. *einer Injektion* $Ag : \mathcal{O} \to \mathcal{S}_{(\mathcal{A}, \mathcal{R}, \mathcal{D}, \mathcal{G})}$, *die jeder Position einen Positionsagenten zuweist.*

Sei (Org, Ag) *eine MAS-Organisation, dann bezeichnet*

$$\mu(Org, Ag) := (\{A_O \mid O \in \mathcal{O}\}, Ag)$$

das von ihm generierte SONAR-MAS.

Für jede Stelle $p \in P$ *des Organisationsnetzes bezeichnet* $\mathcal{O}_{dlg}(p)$ *die Menge aller Positionen und* $\mathcal{A}_{dlg}(p)$ *die Menge aller Agenten, an die die Bearbeitung delegiert werden kann:*

$$\begin{aligned} \mathcal{O}_{dlg}(p) &:= O(p^\bullet) &= \{O(t) \mid t \in p^\bullet\} \\ \mathcal{A}_{dlg}(p) &:= Ag(\mathcal{O}_{dlg}(p)) &= \{Ag(O(t)) \mid t \in p^\bullet\} \end{aligned} \quad (10.5)$$

Für jede Transition $t \in T$ *des Organisationsnetzes bezeichnet* $\mathcal{O}_{gen}(t)$ *die Menge aller Positionen und* $\mathcal{A}_{gen}(t)$ *die Menge aller Agenten, die Aufträge für* t *generieren können:*

$$\begin{aligned} \mathcal{O}_{gen}(t) &:= O(^\bullet t) &= \{O(p) \mid p \in {}^\bullet t\} \\ \mathcal{A}_{gen}(t) &:= Ag(\mathcal{O}_{gen}(t)) &= \{Ag(O(p)) \mid p \in {}^\bullet t\} \end{aligned} \quad (10.6)$$

Wir weisen darauf hin, dass die Organisationsstruktur sich sehr unterschiedlich auf die Interaktionsprozesse auswirken kann. So ist es möglich, dass zwei Positionsagenten miteinander in Teamplanungsprozessen miteinander interagieren, obwohl sie nach dem Organisationsnetz in keiner Verbindung miteinander stehen. Dies liegt daran, dass ein Organisationsnetz die Positionen bezüglich der Delegationsmöglichkeiten relationiert, nicht aber bezüglich der Interaktivität. Ein Beispiel stellt die Organisationsform des Marktes ist Abbildung 10.3 dar: Nach dem Organisationsnetz stehen Erzeuger und Verbraucher in keiner Delegationsbeziehung. Gleichwohl ist jeweils ein Erzeuger und ein Verbraucher Mitglied in den generierbaren Teams, in denen sie auch miteinander interagieren.

Ist eine MAS-Organisation (Org, Ag) gegeben, so kann anhand eines gegebenen Prozesses (K, ϕ) ein Gruppennetz nach Definition 9.21 konstruiert werden. Dazu ist die Agentenabbildung A_G angeben. Jede Aktivität e im Prozess wird auf die Tätigkeit $\phi(e)$ abgebildet, die sich in der Position $O(\phi(e))$ befindet, die vom Positionsagenten $Ag(O(\phi(e)))$ implementiert wird. Dies ist der Agent $A_G(e)$, der e zuzuweisen ist.

Theorem 10.15 *Sei $Org = (N, \mathcal{O}, R, D, \psi)$ eine koordinierende Organisation und $R \in \mathcal{R}$ eine Rolle. Dann generiert jeder Prozess $(K, \phi) \in \mathcal{K}^{pg}(N, \{p\})$ zu einem $p \in Start_{Org}(R)$ die Gruppe:*

$$G(K, \phi) := (K, (R \circ \phi), (D \circ \phi), \psi \circ \phi_{|E}, (Ag \circ O \circ \phi))$$

Beweis: Wir wissen bereits aus Theorem 10.6, dass $(K, (R \circ \phi), (D \circ \phi), (\psi \circ \phi_{|E}))$ ein Teamnetz ist.

Nach Definition 9.21 muss für die Besetzung A eines Gruppennetzes $A(p) = A(t)$ für alle $p \in t^\bullet$ gelten. Wie bereits dargelegt ist zudem durch $A = (Ag \circ O \circ \phi)$ eine Besetzung definiert, die zur Organisationsstruktur passt, denn in einer Position O gilt nach Definition $t \in O \Longrightarrow t^\bullet \subseteq O$. q.e.d.

10.5 Konstruktion wohlorganisierter Multiagentensysteme

Im folgenden zeigen wir, dass eine Organisation genug Struktur enthält, um ein Multiagentensystem generativ zu definieren, das genau der formalen Organisation entspricht. Wir betrachten konkret, wie man anhand einer gegebenen Organisation ein wohlgeformtes, wohlkoordinierendes SONAR-MAS konstruieren kann.

Zwischen der Organisation und den Positionsagenten müssen Konsistenzbeziehungen erhalten sein. Dies umfasst somit die Tätigkeiten, die Profile, die Rollen und das Organisationsnetzwerk. Die Rollenfähigkeiten ρ_A und die Handlungsmöglichkeiten sind durch die Organisation implizit festgelegt. Jeder Dienst D kann vom Agenten A durch solche Tätigkeiten geleistet werden, die erstens dem Agenten A zugeordnet sind (d.h. $t \in Ag^{-1}(A) \cap T$ muss gelten) und die zweitens in der Organisation D zugeordnet sind (d.h. $D(t) = D$ muss gelten). Für jede solche Tätigkeiten t muss A dann mindestens die Rollen der Positionen im Nachbereich $t^\bullet$ realisieren.

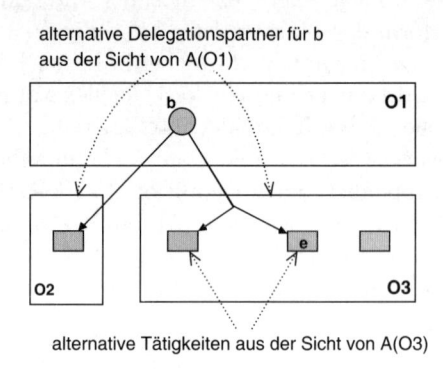

Abbildung 10.10: Auswahlpunkte

Jeder Agenten kodiert in $\Delta_A(G)(b)$ Handlungsmöglichkeiten, um auf die Rolle zu reagieren. Ist das Team G ein Prozess von N, so ist b die Stelle $p = \phi(b)$ zugewiesen. Als Tätigkeiten kommen in der Organisation jetzt solche in Frage, die erstens dem Agenten A zugeordnet sind (d.h. $t \in Ag^{-1}(A) \cap T$ muss gelten) und die zweitens im Nachbereich von $p = \phi(b)$ liegen (d.h. $t \in \phi(b)^\bullet$ muss gelten). Dies ist in Abbildung 10.10 illustriert. Mit der Wahl einer Tätigkeit t sind durch den Nachbereich bereits die Rollen der Partner festgelegt: Für jedes Rollenprofil $p \in t^\bullet$ ist die Rolle $R(p)$ zu besetzen. Wer diese Rolle implementiert, ist durch die Organisation ebenfalls eingeschränkt, denn es kommen Agenten in Frage, für die eine Tätigkeit $t \in p^\bullet$ existiert und die in der Organisation vom Agenten $Ag(O(t))$ ausgeführt werden, d.h. Agenten aus der Menge $\mathcal{A}_{dlg}(p)$.

Diese zuvor formulierten Bedingungen integrieren wir nun im folgenden in das formale Modell.

10.5.1 Prozessentfaltung

Teamplanung stellt eine Prozessentfaltung des Organisationsnetzes dar. Die Prozesse eines Netzes $N = (P, T, F, m_0)$ lassen sich induktiv charakterisieren:

1. Sei C eine Menge mit $\phi(C) = M_0$, dann ist $((C, \emptyset, \emptyset), \phi)$ ein Prozess von N.

2. Sei $(K, \phi) = ((B, E, F), \phi)$ ein Prozess, der für ein $t \in T$ eine Menge $B_t \subseteq K^\circ$ enthält, die auf die Eingangsstelle $^\bullet t$ abgebildet wird, d.h. es gilt $\phi(B_t) = {}^\bullet t$.

Dann bilden wir die Prozessverlängerung $((B', E', F'), \phi')$ indem wir ein frisches Ereignis e mit $\phi(e) = t$ an alle Stellen in B_t anhängen und eine frische Menge von Bedingungen $B'_t = \{b_p \mid p \in t^\bullet\}$ mit $\phi(b_p) = p$ an das Ereignis e anhängen.

Für Prozesse unter der Fortschrittseigenschaft wird dieses Verfahren solange angewendet, bis es keine Menge $B_t \subseteq K^\circ$ mehr gibt, die auf die Eingangsstelle $^\bullet t$ abgebildet wird. Abbildung 10.11 zeigt den Algorithmus zur Konstruktion aller endlichen Prozesse unter der Fortschrittseigenschaft. Der Algorithmus ist nichtdeterministisch in der Auswahl der Transition t und der Menge B_t. Das Verfahren terminiert, wenn der Prozess nicht weiter verlängerbar ist.

```
function K(N, p) is
    (K, φ) := (({b₀}, ∅, ∅), {(b₀, p)})
    while ∃t ∈ T : ∃B_t ⊆ K° : φ(B_t) = •t do
        (K, φ) := ((B', E', F'), φ') where
            B'_t = {b_p | p ∈ t•}
            B' = B_K ⊎ B'_t
            E' = E_K ⊎ {e}
            F' = F_K ∪ (B_t × {e}) ∪ ({e} × B'_t)
            φ' = φ ∪ {(e, t)} ∪ {(b_p, p) | p ∈ t•}
    endwhile
    return (K, φ)
end
```

Abbildung 10.11: Algorithmus zur induktiven Prozesserzeugung unter der Fortschrittseigenschaft

10.5.2 Organisationssicht der Teamformation

Teamplanung ähnelt der induktiven Prozesserzeugung. Sei das Organisationsnetz N mit der Rolle R gegeben. Sei p eine Stelle aus $Start_{Org}(R)$, die das Rollenprofil R besitzt. In der Organisation beginnt der Agent $A_p = Ag(O(p))$ mit der Bearbeitung. Initial definiert A_p das Anfangsstück K, das nur aus einer Stelle b_0 besteht, für die $R_G(b_0) = R_0$ gilt und die durch ϕ auf eine initiale Stelle des Organisationsnetzes abgebildet wird, d.h. es gilt $A_p = Ag(O(p)) = Ag(O(\phi(b_0)))$. Dies ist der initiale Teampräfix.

Zu einem Anfangsstück eines Teams K wird das Team an den Aufgaben $K^\circ \cap B$ weiter entwickelt. Zu jedem $b \in K^\circ \cap B$ ist ein Agent A^b festzulegen, an den die Aufgabe delegiert wird. Dieser Agent A^b wird vom Agenten $A_b = Ag(O(\phi(b)))$ festgelegt.

Da die Teambildungsprozesse miteinander konsistent sein sollen, betrachten wir nun, wie A^b den Präfix weiter entwickelt, denn die Wahl von $Ag(O(\phi(b)))$ muss hiermit identisch sein.

An die Stelle b wird von A^b ein neues Ereignis e angefügt, wobei – aus Organisationssicht – für das Bild $\phi(e)$ nur Transitionen in Frage kommen, die im Nachbereich von $\phi(b)$ liegen und dem gleichen Agenten A^b zugeordnet sind:

$$\phi(e) \in \left(\phi(b)^\bullet \cap Ag^{-1}(A^b)\right)$$

An das Ereignis e werden die Bedingungen $B'_t = \{b_p \mid p \in t^\bullet\}$ gehängt und es wird $\phi(b_p) = p$ gesetzt.

---

function $K(N, p)$ **is**
    $(K, \phi) := ((\{b_0\}, \emptyset, \emptyset), \{(b_0, p)\})$
    while $(K^\circ \cap B) \neq \emptyset$ **do**
        for each $b \in (K^\circ \cap B)$ **do**
            $A^b \in \mathcal{A}_{dlg}(\phi(b))$
            $t \in (\phi(b)^\bullet \cap Ag^{-1}(A^b))$
            $B'_t = \{b_p \mid p \in t^\bullet\}$
            $(K, \phi) := ((B', E', F'), \phi')$ where
                $B' = B_K \uplus B'_t$
                $E' = E_K \uplus \{e\}$
                $F' = F_K \cup \{(b, e)\} \cup (\{e\} \times B'_t)$
                $\phi' = \phi \cup \{(e, t)\} \cup \{(b_p, p) \mid p \in t^\bullet\}$
    endwhile
    return (K, ϕ)
end

Abbildung 10.12: Nichtdeterministischer Teambildungsalgorithmus

Abbildung 10.12 zeigt den Algorithmus zur Teambildung. Der Algorithmus ist nichtdeterministisch in der Auswahl der Transition t und des Agenten A^b. Das Verfahren terminiert, wenn für jede maximale Stelle eine Transition t mit $t^\bullet = \emptyset$ gewählt wird, da dann $(K^\circ \cap B)$ die leere Menge ist. Der konstruierte Prozess beschreibt einen Tätigkeitspfad (vgl. Theorem 9.15). Als Ergebnis der Teambildung erhalten wir ein Kausalnetz (K, ϕ), das das Team $G(k, \phi)$ repräsentiert.

Theorem 10.16 *Sei $Org = (N, \mathcal{O}, R, D)$ eine wohlgeformte Organisation.*

1. *Ist die Markierung $\{p\}$ in N sicher bearbeitbar, dann hat Algorithmus 10.12 die Option zu terminieren.*

2. *Ist N sicher bearbeitbar, dann hat der Algorithmus 10.12 für alle p die Option zu terminieren.*

10.5 Konstruktion wohlorganisierter Multiagentensysteme

3. Ist die Markierung $\{p\}$ in N sicher bearbeitbar, dann ist $\mathcal{K}^{pg}(N,\{p\})$ eine nicht-leere Menge.

Beweis: Wir beweisen die einzelnen Teile in der angegebenen Reihenfolge.

1. Wenn die Markierung $\{p\}$ in N bearbeitbar ist, dann gilt $\mathbf{0} \in RS(N,m)$ für alle m, die von $\{p\}$ erreichbar sind. Also gibt es für alle m Schaltfolgen, so dass $\{p\} \xrightarrow{w_1} m \xrightarrow{w_2} \mathbf{0}$. Da der Algorithmus 10.12 genau dann terminiert, wenn $\mathbf{0}$ erreicht wird und er für jede erreichbare Markierung m die Möglichkeit besitzt diese zu erreichen, besteht auch stets die Option zu terminieren.

2. Die Aussage folgt aus (1).

3. Nach Proposition 9.6 ist die Markierung $\{p\}$ genau dann bearbeitbar, wenn das Nonterminal A_p der kontextfreien Grammatik $G(N,m)$ produktiv ist und nach Proposition 9.15 ist $\mathcal{K}^{pg}(N,\{p\})$ genau dann eine nicht-leere Menge, wenn A_p produktiv in $G(N,\{p\})$ ist.

q.e.d.

Der Teambildungsalgorithmus 10.12 generiert alle möglichen Prozesse.

Theorem 10.17 *Sei $Org = (N, \mathcal{O}, R, D)$ eine wohlgeformte Organisation. Für alle $R \in \mathcal{R}$ und $p \in Start_{Org}(R)$ gilt, dass jeder Prozess $(K, \phi) \in \mathcal{K}^{pg}(N, p)$ vom Teambildungsalgorithmus in Abbildung 10.12 generiert werden kann.*

Beweis: Jeder Prozess $(K, \phi) \in \mathcal{K}^{pg}(N, p)$ kann auch induktiv vom Algorithmus 10.11 zur induktiven Prozesserzeugung erzeugt werden. Beachtet man, dass für R/D-Netze $|{}^\bullet t| = 1$ und daher auch $|B_t| = 1$ gilt, so stellt man fest, dass sich dieser Algorithmus kaum vom Teambildungsalgorithmus 10.12 unterscheidet.

Der einzige Unterschied besteht darin dass die Transition t nicht aus der Menge $\phi(b)^\bullet$, sondern nur aus $\phi(b)^\bullet \cap Ag^{-1}(A^b)$ gewählt wird.

Da die Wahl $A^b \in \mathcal{A}_{dlg}(\phi(b))$ beliebig ist, können wir die Vereinigung über alle möglichen A^b betrachten:

$$\bigcup_{A^b \in \mathcal{A}_{dlg}(\phi(b))} \left(\phi(b)^\bullet \cap Ag^{-1}(A^b) \right) = \phi(b)^\bullet \cap \left(\bigcup_{A^b \in \mathcal{A}_{dlg}(\phi(b))} Ag^{-1}(A^b) \right) = \phi(b)^\bullet$$

Die zweite Umformung gilt, da mit $\mathcal{A}_{dlg}(p) = \{Ag(t) \mid t \in p^\bullet\}$ bereits $\phi(b)^\bullet \subseteq \bigcup_{A^b \in \mathcal{A}_{dlg}(\phi(b))} Ag^{-1}(A^b)$ gilt.

Also hat der Teambildungsalgorithmus die gleiche Auswahl wie der Algorithmus zur induktiven Prozesserzeugung. Dann stimmen also auch die generierten Prozesse überein.

q.e.d.

Wir können den Teambildungsalgorithmus aus Abbildung 10.12 leicht in die Form eines verteilten Algortihmus bringen, indem wir die Auswahl des Agenten

A^b, an den delegiert wird, als das Senden einer Nachricht interpretieren (vgl. dazu Abbildung 10.13). In diesem Fall erweist sich Teambildung als eine Variante des Echo-Algorithmus.

---

when A receives (K, ϕ, b) do
    choose $t \in (\phi(b)^\bullet \cap Ag^{-1}(A))$
    $B'_t = \{b_p \mid p \in t^\bullet\}$
    $(K', \phi') := ((B', E', F'), \phi')$ where
        $B' = B_K \uplus B'_t$
        $E' = E_K \uplus \{e\}$
        $F' = F_K \cup \{(b, e)\} \cup (\{e\} \times B'_t)$
        $\phi' = \phi \cup \{(e, t)\} \cup \{(b_p, p) \mid p \in t^\bullet\}$
    for each $b' \in B'_t$ do
        choose $A^{b'} \in \mathcal{A}_{dlg}(\phi(b'))$
        send (K', ϕ', b') to $A^{b'}$

---

init
    choose $p \in Start_{Org}(R)$
    $(K_0, \phi_0) := ((\{b_0\}, \emptyset, \emptyset), \{(b_0, p)\})$
    send (K_0, ϕ_0, b_0) to $(Ag \circ O \circ \phi)(b_0)$

Abbildung 10.13: Teambildung als verteilter Algorithmus

Den Nichtdeterminismus in Algorithmus 10.12 können wir eliminieren, indem wir das Abbildungstupel $\tau = (\tau^1, \tau^2, \tau^3)$ definieren, mit deren Hilfe der Agent $A_b = (Ag \circ O \circ \phi)(b)$ die Auswahlen $A^b \in \mathcal{A}_{dlg}(\phi(b))$ und $t \in \phi(b)^\bullet \cap Ag^{-1}(A^b)$ trifft. Da wir die Prozesse eigentlich nicht anhand einer Markierung $m = \{p\}$ generieren, sondern zu einer zu implementierenden Rolle R, treffen wir außerdem noch eine Auswahl $p \in Start_{Org}(R)$:

$$\begin{aligned} A^b &= \tau^1(K, \phi, b) \in \mathcal{A}_{dlg}(\phi(b)) \\ t &= \tau^2(K, \phi, b) \in (\phi(b)^\bullet \cap Ag^{-1}(A^b)) \\ p &= \tau^3(R) \in Start_{Org}(R) \end{aligned}$$

Auch wenn die Wahl $\tau(K, \phi, b)$ bei der Bearbeitung von b eigentlich nur vom zuständigen Agenten $A_b = (Ag \circ O \circ \phi)(b)$ getroffen wird, muss die Auswahl in allen beteiligten Agenten identisch sein, damit die Formation der Subteams miteinander konsistent verläuft.

Definition 10.18 *Das Abbildungstupel $\tau = (\tau^1, \tau^2, \tau^3)$ heißt* Teamkonstruktor, *wenn die Formation der Subteams konsistent verläuft:*

$$\forall A \in \mathcal{A}_\mu : \tau_A(K, \phi, b) = \tau_{(Ag \circ O \circ \phi)(b)}(K, \phi, b) \tag{10.7}$$

10.5 Konstruktion wohlorganisierter Multiagentensysteme

Bei festgelegtem Teamkonstruktor τ ist – im Falle der Termination – der vom Algorithmus 10.14 generierte Prozess eindeutig festgelegt. Diesen Prozess bezeichnen wir als $K_\tau(N, p)$. Ist eine Rolle R vorgegeben, so definieren wir:

$$K_\tau(N, R) := K_\tau(N, \tau^3(R)) \tag{10.8}$$

Für die Eindeutigkeit der Konstruktion ist zentral, dass die Reihenfolge der Auswahl der $b \in (K^\circ \cap B)$ keine Auswirkung auf das Ergebnis hat, da der Prozess für jedes b an disjunkten Stellen weiter entwickelt wird.

```
function K_τ(N,p) is
    (K, φ) := ((({b_0}, ∅, ∅), {(b_0, p)})
    while (K° ∩ B) ≠ ∅ do
        foreach b ∈ (K° ∩ B) do
            A_b = (Ag ∘ O ∘ φ)(b)
            A^b = τ^1_{A_b}(K, φ, b)
            t = τ^2_{A^b}(K, φ, b)
            B'_t = {b_p | p ∈ t^•}
            (K, φ) := ((B', E', F'), φ') where
                B' = B_K ⊎ B'_t
                E' = E_K ⊎ {e}
                F' = F_K ∪ {(b, e)} ∪ ({e} × B'_t)
                φ' = φ ∪ {(e, t)} ∪ {(b_p, p) | p ∈ t^•}
        end
    endwhile
    return (K, φ)
end
```

Abbildung 10.14: Algorithmus zur Teambildung $K_\tau(N, p)$

Die Aussage von Theorem 10.17 gilt auch für die deterministische Konstruktion mit Hilfe des Konstruktors τ nach Algorithmus 10.14.

Theorem 10.19 *Sei der Teamkonstruktor τ gegeben. Durch Variation von τ können alle Prozesse erzeugt werden:*

$$\bigcup_\tau K_\tau(N, p) = \mathcal{K}^{pg}(N, p)$$

Beweis: Dazu müssen wir nur beachten, dass wir durch Variation von τ alle Auswahlen realisieren können. Wir erhalten somit die folgende Aussagen:

$$\bigcup_\tau \tau^1(K, \phi, b) = \mathcal{A}_{dlg}(\phi(b))$$

und mit $A_b = (Ag \circ O \circ \phi)(b)$ und $A^b = \tau^1_{A_b}(K, \phi, b)$:

$$\bigcup_\tau \tau^2(K, \phi, b) = \phi(b)^\bullet \cap Ag^{-1}(A^b)$$

Also können alle Prozesse erzeugt werden. q.e.d.

Die Variation des Teamkonstruktors τ ist bereits als Lernaktivität im SONAR-Modell vorgesehen, nämlich als die Meta-Planung der Inkorporation. Hierbei wird die Teamgenerationsfunktion γ modifiziert. Da γ aber mit Hilfe des Teamkonstruktors τ definiert wird, verändert die Meta-Planung auch den Teamkonstruktor.

10.5.3 Organisationssicht der Teamplanung

Die Spezifikation eines SONAR-Agenten fordert, dass ein Agent A einen Handlungsplan $\pi_A(G)(D)(p)$ wählt, der bereits ein Teamplan ist, also mit den Handlungsplänen aller anderen Agenten des Teams abgestimmt ist und die Steuerbedingung erfüllt. Jeder Agent wählt also aus Menge der Teampläne (9.18) einen geeigneten Prozess aus. Teamplanung bedeutet also die Erfüllung Team-globaler Anforderungen durch lokale Planung. Dies ist nur durch verteilte Kompromissfindung möglich.

Wir definieren dazu abstrakt zu jedem Netzknoten $n \in (B_{K_G} \cup E_{K_G})$ des Teamnetzes G eine Kompromissmenge $KS(n) \subseteq WFProc(\mathcal{D}, \mathcal{R})$, die mögliche gemeinsame Pläne enthält. Wir nutzen nun die Teamstruktur aus, um rekursiv den Raum der möglichen Teampläne einzuschränken. Die Blätter $e \in K_G{}^\circ$ von G enthalten alle Prozesse, die einen terminierenden Workflow beschrieben, der zudem noch die Steuerungsbedingung $\hat{\psi}(e)$ erfüllt, d.h. $KS(e) := WFProc(D(e)[R(^\bullet e)], \hat{\psi}(e))$. Alle Bedingungen b erhalten die Kompromissmenge ihrer Transition im Nachbereich zugewiesen, d.h. $KS(b) := KS(b^\bullet)$. Für jeden inneren Knoten $e \in E_{K_G} \setminus K_G{}^\circ$ wählt die Position $O(e)$ durch die Abbildung $\xi_{O(e)}$ aus der Schnittmenge aller Kindsknoten, d.h. aus $\bigcap_{b \in e^\bullet} KS(b)$, eine Teilmenge aus:

$$\xi_{O(e)}\Big(\{KS(b) \mid b \in e^\bullet\}\Big) \subseteq \bigcap_{b \in e^\bullet} KS(b)$$

Die Kompromissfindung greift somit auf die Abbildungsfamilie $(\xi_O)_{O \in \mathcal{O}}$ zurück, um den Kompromissraum sukzessiv zu verkleinern. Formal ergibt sich:

$$\begin{aligned} KS(b) &:= KS(b^\bullet) \\ KS(e) &:= \begin{cases} WFProc(D(e)[R(^\bullet e)], \hat{\psi}(e)), & \text{falls } e \in K_G{}^\circ \\ \xi_{O(e)}(\{KS(b) \mid b \in e^\bullet\}) & \text{falls } e \in E_{K_G} \setminus K_G{}^\circ \end{cases} \end{aligned} \quad (10.9)$$

Die Kompromissmenge $KS(G)$ ergibt sich dann anhand des Wurzelknotens: $KS(G) := KS(^\circ K_G)$.

10.5 Konstruktion wohlorganisierter Multiagentensysteme

Diese Berechnung können wir uns direkt als verteilten Algorithmus vorstellen (siehe Abb. 10.15). Die Berechnungsschritte beginnen also bei den Blättern $e \in K_G^\circ$ und werden entlang des Baumes kombiniert. In einem Agentensystem wird jeder Schritt, der $KS(e)$ berechnet, vom Agenten $(Ag \circ O \circ \phi)(e)$ vorgenommen.

---

when agent $A = Ag(O(t))$ receives CS from agent $Ag(O(p)), p \in t^\bullet$ then
$\quad CS_{A,p} := CS$

when agent $Ag(O(t))$ has received CS from all agent $Ag(O(p)), p \in t^\bullet$ then
$$CS_{A,t} := \begin{cases} Proc_{WF}(D(G)), & \text{if } t \in N^\circ \\ \xi_{O(t)}(\{CS(p) \mid p \in e^\bullet\}) & \text{if } t \in T_N \setminus N^\circ \end{cases}$$
send $CS_{A,t}$ to $Ag(O(^\bullet t))$

Abbildung 10.15: Teamplanung als verteilter Algorithmus

Beispiel Wir können die verteilte Kompromissfindung am Beispiel des Teamnetzes aus Abbildung 10.7 betrachten. Die Blätter des Teams sind t_8, t_9, t_7, t_{10} und t_{11}, die folgendermaßen ihren Rollenkomponenten zugewiesen sind:

t_8	$PC_3[Prod_1]$	t_2	$PC_3[Prod_1, Prod_2]$		
t_9	$PC_3[Prod_2]$				
t_7	$PC_2[Cons_1]$			t_1	PC_4
t_{10}	$PC_2[DM]$	t_5	$PC_2[Cons_1, DM, Cons_2]$		
t_{11}	$PC_2[Cons_2]$				

Die Komposition all dieser Komponenten ergibt auch gleichzeitig den Teamdienst $D(G) = PC_4$. Die Komposition ist zwar assoziativ, sie besitzt aber die Tiefenstruktur des Teambaumes.

Die Kompromissfindung fasst nun Teilmengen zusammen, die sich im gleichen Teilast des Teambaumes befinden. Der Agent $Ag(O_2)$ integriert nun die Kompromissmengen $KS(t_8)$ und $KS(t_9)$ zu einer Menge $KS(t_2)$, indem er den Mengenschnitt $KS(t_2) \subseteq KS(t_8) \cap KS(t_9)$ berechnet. Damit fasst t_2 genau seine Kindknoten zusammen. Die Menge $KS(t_2)$ enthält dadurch nur Komponentenprozesse des Dienstes

$$PC_3[Prod_1] \| PC_3[Prod_2] = PC_3[Prod_1, Prod_2].$$

Parallel dazu integriert der Agent $Ag(O_3)$ die Kompromissmengen $KS(t_7)$, $KS(t_{10})$ und $KS(t_{11})$ zu einer Menge $KS(t_5)$. Diese Menge enthält nur Komponentenprozesse des Dienstes

$$PC_2[Cons_1] \| PC_2[DM] \| PC_2[Cons_2] = PC_2[Cons_1, DM, Cons_2].$$

Beide Mengen werden durch $Ag(O_1)$ in $KS(t_1) \subseteq KS(t_2) \cap KS(t_5)$ zusammengefasst. Es handelt sich jetzt um Prozesse von $D(G)$. Diese Menge wird schließlich an die initiale Stelle p_0 weitergeleitet, so dass wir $KS(G) = KS(p_0)$ erhalten. ◇

Um eine detailiertere Kompromissfindung zu ermöglichen, müssen wir die einzelnen Pläne bewerten. Wir nehmen an, dass es k verschiedene Bewertungskriterien gibt. Jeder Transition t eines Dienstnetzes weisen wir durch die Abbildung

$$eval : T \to \mathbb{Z}^k$$

einen Vektor zu. Interpretieren wir die Bewertungskriterien als abstrakte Tauschgüter (Zeit, Geld, Ressourcen usw.), so bedeutet ein positiver Wert im Vektor $eval(t)$, dass die Ausführung einen Gewinn dieses Gutes bewirkt, ein negativer entsprechend eine Investition.

Diese Abbildung $eval$ lässt sich auch auf Prozesse (K, ϕ) eines Dienstnetzes D erweitern. Dazu betrachten wir die Multimenge $\phi^\sharp(E_K)$ aller Transitionen im Dienstnetz, deren Vorkommen der Prozess beschreibt. Wenden wir die Multimengenerweiterung der Bewertung $eval^\sharp$ auf diese Multimenge an, so erhalten wir die Bewertung des Prozesses in Form seiner Tauschgüterbilanz:

$$eval(K, \phi) := eval^\sharp(\phi^\sharp(E_K)) \tag{10.10}$$

Wir nutzen nun die Teamstruktur aus, um rekursiv den Raum der möglichen Teampläne einzuschränken. Wir definieren dazu für jedes $i \in \mathbb{N}$ die Abbildung

$$KS^i_\xi : (B_{K_G} \cup E_{K_G}) \to 2^{WFProc(\mathcal{D},\mathcal{R})},$$

die zu jedem Knoten im Teamnetz G eine Kompromissmenge, d.h. mögliche gemeinsame Pläne, aushandelt. Der Parameter i gibt dabei Abweichung der Güte des Kompromisses vom Optimum an: $i = 0$ bedeutet optimal. Die Abbildung weist dazu zunächst jedem Blatt $e \in K_G^\circ$ die Menge aller lokal möglichen Pläne zu:

$$KS^i_\xi(e) := WFProc(D(e)[R({}^\bullet e)], \hat{\psi}(e))$$

Jede Stelle $b \in B_{K_G}$ wird die Kompromissmenge ihrer Transition e mit $b^\bullet = \{e\}$ im Nachbereich zugewiesen:

$$KS^i_\xi(b) := KS^i_\xi(b^\bullet)$$

Der Agent $A_e = Ag(O_e), O_e = O(\phi(e))$, der einer inneren Transition $e \in (E_{K_G} \setminus K_G^\circ)$ zugeordnet ist, benutzt die Mengen $KS^i_\xi(b)$ aller Stellen $b \in e^\bullet$ im Nachbreich von e, d.h. die Werte, der im Team untergeordneten Agenten $A^b = Ag(O^b), O^b = O(\phi(b^\bullet))$. Jeder Plan π, der sich in allen Mengen $KS^i_\xi(b)$ befindet, wird durch die Abbildung $eval_{O^b}$ von den untergeordneten Agenten bezüglich der k Tauschgüter

10.5 Konstruktion wohlorganisierter Multiagentensysteme

bewertet. Die Einzelbewertungen $eval_{A^b}(\pi)$ werden nun vom Agenten A_e mit Hilfe der Funktion

$$\xi_{O_e} : 2^{\mathbb{Z}^k} \to \mathbb{N}$$

zu einer integrierten Bewertung zusammengefasst. Durch die Funktionsfamilie $\xi_O, O \in \mathcal{O}$ kann beispielsweise der Gesamtnutzen herangezogen werden. Die Integrationsfunktion sind dabei für jeden Agenten im allgemeinen unterschiedlich. Dann filtert der Agent A_e dann die Pläne heraus, die die beste Bewertung bekommen haben, und gibt sie an den ihn übergeordneten Agenten weiter. Formal ergibt sich die folgende Rekursionsformel:

$$\begin{aligned} KS_\xi^i(b) &:= KS_\xi^i(b^\bullet) \\ KS_\xi^i(e) &:= \begin{cases} WFProc(D(e)[R(^\bullet e)], \hat{\psi}(e)), & \text{falls } e \in K_G{}^\circ \\ \bigcup_{j=0}^i KS_\xi^i(e, m_\xi^i(e) - j), & \text{falls } e \in E_{K_G} \setminus K_G{}^\circ \end{cases} \end{aligned} \qquad (10.11)$$

mit

$$\begin{aligned} KS_\xi^i(e, x) &:= \{\pi \in Y_\xi^i(e) \mid g_\xi(\pi, e) = x\} \\ m_\xi^i(e) &:= \max\{g_\xi(\pi, e) \mid \pi \in Y_\xi^i(e)\} \\ g_\xi(\pi, e) &:= \xi_{O(\phi(e))}(\{eval_{O(\phi(b^\bullet))}(\pi) \mid b \in e^\bullet\}) \\ Y_\xi^i(e) &:= \bigcap_{b \in e^\bullet} KS_\xi^i(b) \end{aligned}$$

Hierbei gibt $g_\xi(\pi, e)$ die von A_e vorgenommene integrierte Gesamtbewertung des Planes π an. Der Wert $m_\xi^i(e)$ ist das Maximum der integrierten Bewertungen aller Pläne, die in den Kompromissmengen der untergeordneten Agenten A^b vorkommen. Die Menge $KS_\xi^i(e, x)$ enthält all jene Pläne, die in der Gesamtbewertung den Wert x bekommen.

Man beachte hierbei, dass die Kompromiss-Suche durch die Familie der Kompromissgesamtbewertungen ξ_O bestimmt wird, so wie die Teamformation durch den Teamkonstruktor τ bestimmt wird.

Alle generierten Mengen $KS_\xi^i(e)$ stellen mögliche Teampläne dar.

Lemma 10.20 *Sei ξ_O eine Familie von Kompromissgesamtbewertungen. Für alle Teams G, jeden Index $i \in \mathbb{N}$ und jeden Knoten $n \in B_{K_G} \cup E_{K_G}$ gilt:*

$$KS_\xi^i(n) \subseteq \textit{Teampläne}(G)$$

Beweis: Der Algorithmus bildet Schnitte $\bigcap_{b \in e^\bullet} KS_\xi^i(b)$ von Teilmengen der lokalen Prozesse $WFProc(D(e)[R(^\bullet e)], \hat{\psi}(e))$, wobei die Baumstruktur des Teams G dazu genutzt wird, die Klammerung festzulegen. Nach Theorem 8.30 und 8.38 bedeutet Schnittbildung von Komponentenprozesse aber nichts anderes als die Berechnung der Prozesse der Komposition. Da die Komposition aller Komponenten $D[R(^\bullet e)]$ nach Definition 9.19 den Teamdienst $D(G)$ ergibt, die die Teamsteuerung $\hat{\psi}(G)$ respektieren und wir nur terminierende Prozesse betrachten, haben wir somit nur Teampläne nach (9.18) konstruiert. q.e.d.

Im Idealfall entsteht durch die rekursive Berechnung der $KS^0_\xi(^\circ K_G)$ an der Spitze des Teams, d.h. an der eindeutig bestimmten Stelle $b_0 \in {^\circ K_G}$, eine Menge von Teamplänen $KS^i_\xi(^\circ K_G)$ mit bestmöglicher Bewertung. Sollte die Menge $KS^0_\xi(^\circ K_G)$ jedoch leer sein, so werden in weiteren Durchläufen dann noch die Pläne $KS^1_\xi(^\circ K_G)$, $KS^2_\xi(^\circ K_G)$ usw. betrachtet, die höchstens um $i \in \mathbb{N}$ vom Maximum abweichen.

Die Kompromissmenge $KS^i_\xi(G)$, die vom Team G generiert wird, ergibt sich dann anhand des kleinsten Index i, für den $KS^i_\xi(^\circ K_G)$ nicht-leer ist:

$$KS_\xi(G) := KS^i_\xi(^\circ K_G), \text{ wobei } \begin{array}{l} KS^i_\xi(^\circ K_G) \neq \emptyset \text{ und} \\ KS^j_\xi(^\circ K_G) = \emptyset \text{ für alle } j < i \end{array} \qquad (10.12)$$

Mit dieser verteilten, rekursiven Eingrenzung des Kompromissraums ist die Teamplanung praktisch schon festgelegt, denn alle Pläne einer Kompromissmenge werden durch g_ξ identisch bewertet. Mit der wiederholten Eingrenzung erleichtert sich die Wahl eines Teamplans $\pi_G \in KS_\xi(G)$ enorm, da $KS_\xi(G)$ meist eine sehr kleine Menge ist.

Abbildung 10.16 zeigt die Teamplanung als verteilten Algorithmus. Der Algorithmus verwendet zwei Arten von Nachrichten: `req(n,i)` und `reply(X,n,i)` mit $n \in (B_{K_G} \cup E_{K_G})$. Mit der Nachricht `req(n,i)` wird der n zugewiesene Agent $A(n)$ – mit der Abbildung $A = (Ag \circ O \circ \phi)$ berechnet – aufgefordert, die i-te Annäherung der Kompromissmenge zu berechnen. Mit der Nachricht `reply(X,n,i)` sendet der Agent $A(n)$ die Menge X – die i-te Annäherung der Kompromissmenge – an seinen Teamvorgesetzten.

Jeder Agent A besitzt für die ihm zugewiesenen Knoten des Teamnetzes, d.h. für alle $n \in Ag^{-1}(A)$ die Variablen $KS[n]$, die die in der i-ten Runde berechneten Kompromissmengen $KS^i_\xi(n)$ enthalten. Zu jeder Stelle $b \in B_{K_G}$ existieren die Variablen $rcv_A[b]$, die speichert, ob von b schon die Teilberechnung geliefert wurde. In diesem Fall ist der berechnete Wert in der Variablen $X_A[b]$ gespeichert.

Der Agent an der Wurzel $A(b_0)$ für ${^\circ K_G} = \{b_0\}$ besitzt als einziger zudem noch die Variable **result**, die bei der Termination die Kompromissmenge $KS_\xi(G)$ enthält.

10.5.4 Konstruktion eines Sonar-MAS

Aus der Sicht des Agent A^b, dem die Aufgabe b zur Bearbeitung zugewiesen wurde, wird die Auswahl nicht unter den Elementen, die der Teambildungsalgorithmus betrachtet:

$$\phi(b)^\bullet \cap Ag^{-1}(A^b),$$

sondern unter den Elementen seiner Präferenz:

$$\Delta_{A^b}(b)$$

10.5 Konstruktion wohlorganisierter Multiagentensysteme

// Anforderung zur Teilberechnung an e.
when $A(e)$ receives $\text{req}(e,i)$ where $e \in E_{K_G}$ do
    if $e \in K_G°$ then
        $KS[e] := \text{WFProc}(D(e)[R(^\bullet e)], \hat{\psi}(e))$, send $\text{reply}(KS[e], e, i)$
    else
        reset $A(e)$;
        for all $b \in e^\bullet$ do send $\text{req}(b,i)$ to $A(b)$

// Anforderung zur Teilberechnung von b. Wird an e weitergeleitet.
when $A(b)$ receives $\text{req}(b,i)$ where $b \in B_{K_G}$ do
    send $\text{req}(e,i)$ to $A(e)$ where $b^\bullet = \{e\}$

// Eine Teilberechnung X von einem $b \in e^\bullet$ empfangen.
when $A(e)$ receives $\text{reply}(X, b, i)$ where $b \in B_{K_G} \wedge (e,b) \in F_{K_G}$ do
    $X_{A(e)}[b] := X$, $rcv_{A(e)}[b] := \text{true}$

// Teilberechnungen aller $b \in e^\bullet$ zusammenfassen.
wait until $\exists e \in E_{K_G} \setminus K_G° : \forall b \in e^\bullet : rcv_{A(e)}[b]$ do
    send $\text{reply}(KS[e], e, i)$ to $A(b')$ where $^\bullet e = \{b'\}$,
        $KS[e] \quad := \quad \bigcup_{j=0}^{i} KS(m-j)$
        $KS(x) \quad := \quad \{\pi \in Y \mid g(\pi) = x\}$
        $m \quad := \quad \max\{g(\pi) \mid \pi \in Y\}$
        $g(\pi) \quad := \quad \xi_{O(\phi(e))}(\{eval_{O(\phi(b))}(\pi) \mid b \in e^\bullet\})$
        $Y \quad := \quad \bigcap_{b \in e^\bullet} X_{A(e)}[b]$

// Teilberechnung X von e empfangen.
when $A(b)$ receives $\text{reply}(X, e, i)$ where $e \in E_{K_G} \wedge (b,e) \in F_{K_G}$ do
    $KS[b] = X$
    if $b \neq b_0$ where $°K_G = \{b_0\}$ then
        send $\text{reply}(KS[b], b, i)$
    elseif $X = \emptyset$ then
        $\text{reset}(A(b))$; send $\text{req}(e_0, i+1)$ to $A(e_0)$ where $b_0^\bullet = \{e_0\}$
    else
        $result = KS[b_0]$

---

init A is if $A = A(b_0)$ where $°K_G = \{b_0\}$ then
        $result = \emptyset$; reset (A);
        send $\text{req}(e_0, 0)$ to $A(e_0)$ where $b_0^\bullet = \{e_0\}$

---

reset(A) is   for all $b \in B_{K_G}$ do $X_A[b] = \emptyset$, $rcv_A[b] = \text{false}$
            for all $n \in Ag^{-1}(A)$ do $KS[n] = \emptyset$

Abbildung 10.16: Teamplanung als verteilter Algorithmus

getroffen. Um ein an die Organisation angepasstes Multiagentensystem zu erhalten, konstruieren wird Δ_A und δ_A derart, dass diese beiden Sichtweisen gerade zusammenfallen.

Sei $Org = (N, \mathcal{O}, R, D, \psi)$ eine wohlgeformte Organisation. In einer MAS-Organisation (Org, Ag) sind die notwendigen Rollenfähigkeiten ρ_A, die Teamgeneration γ_A und die Handlungsmöglichkeiten Δ_A, δ_A durch die Organisation implizit festgelegt.

Definition 10.21 *Eine MAS-Organisation (Org, Ag) mit $Org = (N, \mathcal{O}, R, D, \psi)$ heißt* wohlgeformt, *wenn für jeden Positionsgagenten A_O mit $O \in \mathcal{O}$ ein Teamkonstruktor τ_{A_O} existiert, für den folgendes gilt:*

1. *Die benötigten Rollenfähigkeiten ρ_{A_O} ergeben sich anhand der A_O zugeordneten Transitionen:*

$$\rho_{A_O}(D_0) = \{R(^\bullet t) \mid t \in Ag^{-1}(A_O) \cap T, D(t) = D_0, t^\bullet = \emptyset\}$$

2. *Die Teamgeneration $\gamma_{A_O} : \mathcal{R} \to \mathcal{G}$ geschieht anhand des Teamplanungsalgorithmus.*

$$\gamma_{A_O}(R) = G(K_{\tau_{A_O}}(N, R))$$

3. *Die Verhaltensregelmäßigkeiten $\Delta_{A_O}(G)(b)$ ergeben sich anhand der A_O zugeordneten Transitionen. Definiere für alle $b \in B_G$:*

$$\Delta_{A_O}(G)(b) = \{ \ (D(t), \{(R(p), A_p) \mid p \in t^\bullet\}) \\ \mid \ t \in (T \cap \phi(b)^\bullet \cap Ag^{-1}(A_O)), \forall p \in t^\bullet : A_p \in \mathcal{A}_{dlg}(p)\}$$

4. *Die Handlungsmöglichkeiten $\delta_{A_O}(G)(\Delta)(b)$ ergeben sich anhand des Teams G. Definiere für alle $b \in B_G$:*

$$\delta_{A_O}(G)(\Delta)(b) := (D(\phi(e)), \{ \ (R(\phi(b')), A_{O(\phi(e'_b))}) \mid \\ (b, e) \in F_G, \forall b' \in e^\bullet : (b', e'_b) \in F_G\})$$

Beachte, dass im Team G zu jedem b der Nachfolger e eindeutig bestimmt ist, ebenso wie zu jedem $b' \in e^\bullet$ das e'_b.

5. *Der Handlungsplan muss ein beliebiger Teamplan sein, d.h. ein Kompromiss, der die Steuerbedingung erfüllt:*

$$\pi_{A_O}(G)(D)(p) \in KS_\xi(G)$$

Die Definition einer wohlgeformten koordinierenden Organisation stellt sicher, dass ein solcher Prozess stets existiert.

10.5 Konstruktion wohlorganisierter Multiagentensysteme

Durch *Org* sind mit Definition 10.21 die Abbildungen ρ und Δ und durch τ sind γ und δ konstruktiv festgelegt. Durch $\hat{\psi}$ und ξ wird π eingeschränkt, im allgemeinen jedoch nicht festgelegt. Der zu Position gehörende Agent wird daher erst durch die Abbildung *Ag* eindeutig festgelegt.

Jede wohlgeformte MAS-Organisation (Org, Ag) generiert ein SONAR-MAS $\mu(Org, Ag)$. Es zeigt sich deutlich, dass die Agenten eines generierten SONAR-MAS die *formale* Organisation modellieren, denn sie entsprechen exakt den Anforderungen der Organisationen, mit anderen Worten: Sie sind mit ihr identisch.

Generierte SONAR-MAS sind praktisch relevant, da sie stets wohlgeformte Multiagentensysteme darstellen und alle gebildeten Prozesse Teams darstellen.

Theorem 10.22 *Das von einer wohlgeformten MAS-Organisation (Org, Ag) generierte SONAR-MAS $\mu(Org, Ag)$ ist wohlgeformt.*

Beweis: In $\mu(Org, Ag)$ ist jedem $O \in \mathcal{O}$ der Agent A_O zugeordnet. Nach Definition 9.26 sind folgende Bedingungen zu erfüllen:

1. A_O kennt nur Teampartner, die durch die Verhaltensregelmäßgkeiten $\Delta_{A_O}(G)(p)$ über die Organisationsstruktur erzeugt werden, wobei nach Konstruktion nur Agenten aus der Menge $\{Ag(O) \mid O \in \mathcal{O}\}$ verwendet werden.

2. A_O verfügt nach Konstruktion für jede finale Tätigkeit t über die benötigten Fähigkeiten $\rho(D(t))$.

3. Der Handlungsplan ist nach Konstruktion immer ein Prozess, der die Steuerbedingung erfüllt.

Also gilt Wohlgeformtheit. q.e.d.

Ob das Multiagentensystem das Team G akzeptiert, hängt von der Auswahl der Verhaltensregelmäßgkeiten ab. Im jedem Schritt des Algorithmus wählt $Ag(O(\phi(b)))$ eine Transition t als Verlängerung von b. Dies ist gleichbedeutend mit der Auswahl einer Verhaltensregelmäßgkeit:

$$\delta := \delta_A(G)(\Delta)(p) = (D, \{(R_1, A_1), \ldots, (R_n, A_n)\})$$

Nach Konstruktion (Definition 10.21) passt Δ_A und δ bereits zu Struktur von G, so dass wir folgende Aussage erhalten:

Theorem 10.23 *Sei $Org = (N, \mathcal{O}, R, D, \psi)$ eine wohlgeformte Organisation und sei $R \in \mathcal{R}$, $p \in Start_{Org}(R)$ und $\{p\}$ bearbeitbar.*

Wenn τ ein Teamkonstruktor ist, dann wird jedes vom Teambildungsalgorithmus generierte Team $G(K_\tau(N, p))$ auch vom generierten SONAR-MAS akzeptiert.

Beweis: Nach Theorem 10.16 hat der Algorithmus 10.12 die Option zu terminieren, so dass mindestens ein Team $G(K_\tau(N, p))$ vom Teambildungsalgorithmus generiert wird.

Es sind zwei Eigenschaften zu zeigen:

1. Die Subteams passen zusammen: Dies gilt aufgrund der Konsistenzforderung (10.7) des Teamkonstruktors.

2. Die Teamzuweisungen entsprechen den individuellen Präfenzen aller Agenten, d.h. für alle $(b,e) \in F_G$ muss gelten:

$$\delta_{A(e)}(G)(\Delta)(b) = (D_G(e), \{(R_G(b'), A_G(e(b'))) \mid b' \in e^\bullet\})$$

Dies gilt, da nach Konstruktion im generierten SONAR-MAS gilt:

$$\begin{aligned}&\delta_A(G)(\Delta)(b)\\ =\ &(D(\phi(e)), \{(R(\phi(b')), Ag(O(\phi(e'_b)))) \mid (b,e) \in F_G, \forall b' \in e^\bullet : (b', e'_b) \in F_G\})\\ =\ &(D_G(e), \{(R_G(b'), A_G(e'_b) \mid (b,e) \in F_G, \forall b' \in e^\bullet : (b', e'_b) \in F_G\})\\ =\ &(D_G(e), \{(R_G(b'), A_G(e(b')) \mid (b,e) \in F_G, b' \in e^\bullet\})\end{aligned}$$

Die erste Umformung ergibt sich, weil die Gruppe aus (K, ϕ) konstruiert wird $(G(K, \phi))$, so dass $R_G = R \circ \phi$, $D_G = D \circ \phi$ und $A_G = Ag \circ O \circ \phi$ gilt. Nutzen wir dann aus, dass die Nachbedingung von b' eindeutig bestimmt ist, so erhalten wir die zweite Umformung.

q.e.d.

Das Theorem zeigt, dass für ein wohlgeformtes generiertes SONAR-MAS die Teamauswahl nicht eingeschränkt ist, da – im Gegensatz zu beliebigen Multiagentensystemen – alle Teams akzeptiert werden. Somit sind generierte SONAR-MAS besonders geeignet, als Vorstrukturierung der Teamprozesse eines Multiagentensystems zu dienen.

Wir erhalten aus Theorem 10.23 als Korrolar die Aussage, dass generierte Multiagentensysteme organisiert sind.

Theorem 10.24 *Sei (Org, Ag) eine wohlgeformte MAS-Organisation, dann ist das generierten* SONAR-*MAS $\mu(Org, Ag)$ organisiert.*

Beweis: Das generierten SONAR-MAS $(\mathcal{A}_\mu, \mu) = \mu(Org, Ag)$ hat nach Konstruktion in Definition 10.21 nur Teamnetze, die von der Netzstruktur der organisation Org erzeugt wird: $\mathcal{G} = \mathcal{G}(Org)$. Nach Theorem 10.23 werden außerdem alle Teamnetze vom Multiagentensystem akzeptiert: $\mathcal{G}(Org) = \mathcal{G}_{akz}(\mathcal{A}_\mu, \mu)$. Damit ist $\mu(Org, Ag)$ im Sinne von Definition 10.8 organisiert. q.e.d.

Zusammenfassung

Organisationen generieren konstruktiv ein SONAR-MAS, das sich sehr gut zur Vorstrukturierung der Teamprozesse eines Multiagentensystems eignet. Diese Eigenschaft folgt aus der Tatsache, dass alle Prozesse der Organisation ein zugelassenes

10.5 Konstruktion wohlorganisierter Multiagentensysteme

Team generieren. Ebenso ist von Interesse, dass sich aus einer formalen Organisation stets ein wohlgeformtes Multiagentensystem ableiten lässt. Abbildung 10.17 fasst die Beziehungen zwischen Organisation, Team und Multiagentensystem zusammen.

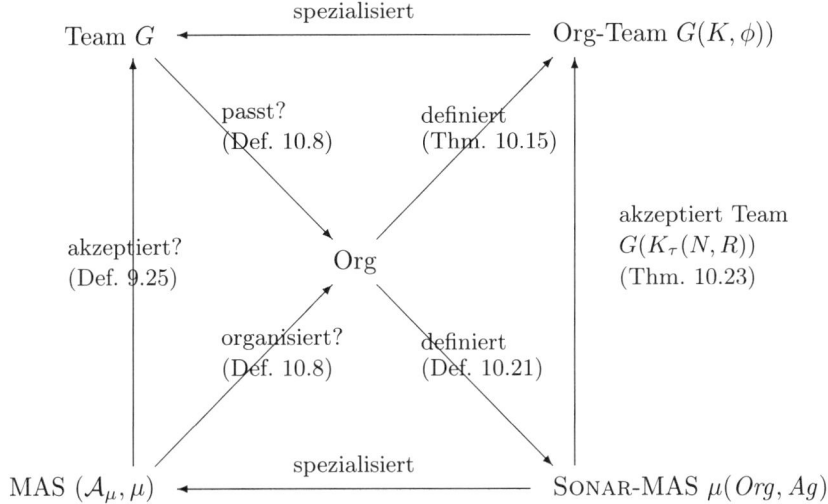

```
                    spezialisiert
     Team G ←──────────────────────── Org-Team G(K, φ))
        ↑  ↖                      ↗  ↑
        |    passt?        definiert
        |    (Def. 10.8)   (Thm. 10.15)
        |         ↘      ↙
   akzeptiert?      Org          akzeptiert Team
   (Def. 9.25)                    G(K_τ(N, R))
        |         ↗      ↘        (Thm. 10.23)
        |   organisiert?   definiert
        |   (Def. 10.8)    (Def. 10.21)
        ↓  ↙                      ↘  ↓
    MAS (𝒜_μ, μ) ←──────────────── SONAR-MAS μ(Org, Ag)
                    spezialisiert
```

Abbildung 10.17: Beziehungen zwischen Organisation, Team und Multiagentensystem

An dieser Stelle zeigt sich, dass das Modell der formalen Organisation hilft, organisationale Planung auf der strategischen, der taktischen und der operationalen Ebene zu unterstützen (vgl. Abb. 10.18). Die Organisationsstruktur bildet die *stra-*

Organisationale Planung	Modellelement
strategische Ebene	Organisationsstruktur Org
taktische Ebene	Teamformation G
operationale Ebene	Teamplanung π_G

Abbildung 10.18: Die Aktivitätsebenen der organisationalen Planung

tegische Ebene der Planung. In ihr werden die Grundstrukturen der bearbeitbaren Rollen, der Delegationspfade usw. festgelegt. Die Teamformation auf Basis der Prozessabwicklung des Organisationsnetzes stellen die *taktische Ebene* dar. Hier wird zu einer gegebenen Situation festgelegt, wie ein Team G zusammengestellt wird, das sich der Aufgabe annimmt. Die Auswahl eines Teamplanes, d.h. eines Dienstnetzprozesses π_G in Abhängigkeit zur organisationalen Steuerung ψ stellt die *operationale Ebene* dar. Hier wird entschieden, wie innerhalb des Teams Rollen in konkreten Aktionen ausgefüllt werden.

In Kapitel 8 haben wir bereits festgestellt, dass Rollenkomponenten von Dienstnetzen eine Spezifikation der mit einer Rolle verbundenen Rechte und Pflichten darstellen. Organisationen definieren durch ihre Positionen in ganz ähnlicher Weise ebenfalls Rechte und Pflichten – diesmal aber für die Positionen, die man sich als Bündelung von Rollen vorstellen kann. Die Rechte einer Position definieren sich über die Delegationsmöglichkeiten. Ihre Pflichten sind über die Rollen $R(O)$ definiert, d.h. über diejenigen Rollen, welche die Position O ausfüllen muss.

Betrachten wir nun, wie ein SONAR-MAS seine eigene Struktur zur Laufzeit verändern kann.

Literaturverzeichnis

[Carley und Gasser 1999]   CARLEY, Kathleen M. ; GASSER, Les: Computational organisation theory. In: WEISS, Gerhard (Hrsg.): *Multiagent Systems*. MIT Press, 1999, S. 229–330

[Ferber u. a. 2003]   FERBER, Jacques ; GUTKNECHT, Olivier ; MICHEL, Fabien: From Agents to Organizations: An Organizational View of Multi-agent Systems. In: GIORGINI, Paolo (Hrsg.) ; MÜLLER, Jörg P. (Hrsg.) ; ODELL, James (Hrsg.): *Agent-Oriented Software Engineering IV* Bd. 2935, 2003, S. 214–230

[Horling und Lesser 2005]   HORLING, Bryan ; LESSER, Victor: A Survey of Multi-Agent Organizational Paradigms. In: *The Knowledge Engineering Review* 19 (2005), Nr. 4, S. 281–316

[Köhler 2007]   KÖHLER, Michael: A Formal Model of Multi-Agent Organisations. In: *Fundamenta Informaticae* 79 (2007), Nr. 3-4, S. 415 – 430

[Köhler-Bußmeier u. a. 2009]   KÖHLER-BUSSMEIER, Michael ; WESTER-EBBINGHAUS, Matthias ; MOLDT, Daniel: A Formal Model for Organisational Structures behind Process-Aware Information Systems. In: *Tansactions on Petri Nets and Other Models of Concurrency* (2009). – to appear

[zur Mühlen 1999]   MÜHLEN, Michael zur: Evaluation of Workflow Management Systems Using Meta Models. In: *Proceedings of the Thirty-second Annual Hawaii International Conference on System Sciences-Volume 5*. Washington, DC, USA : IEEE Computer Society, 1999

[Müller 1993]   MÜLLER, Jürgen: *Verteilte künstliche Intelligenz: Methoden und Anwendungen*. B-I-Wiss.-Verlag, 1993

[Prietula u. a. 1998]   PRIETULA, Michael J. (Hrsg.) ; CARLEY, Kathleen M. (Hrsg.) ; GASSER, Les (Hrsg.): *Simulating Organisations. Computational Models of Institutions and Groups*. AAAI/MIT-Press, 1998

[dos Reis Coutinho u. a. 2005]   REIS COUTINHO, Luciano dos ; SICHMAN, Jaime S. ; BOISSIER, Olivier: Modeling organization in MAS: a comparison of models. In: CHOREN, R. (Hrsg.) ; SILVA, V. (Hrsg.): *Proc. of the 1st. Workshop on Software Engineering for Agent-Oriented Systems (SEAS'05)*, 2005

11 Sozionisches Modell reflexiver, selbstorganisierter Koordinierung

MICHAEL KÖHLER-BUSSMEIER

Bislang haben wir Organisationen als kontextuelle Strukturen begriffen, welche die Prozesse des Multiagentensystems rahmen. In diesem Abschnitt betrachten wir – aufbauend auf (Köhler-Bußmeier u. a., 2009) – Organisationen als Agierende. Während sich bislang Prozesse eines Multiagentensystems als Reaktion auf externe Situationen darstellten, betrachten wir nun Reaktionen auf interne Situationen. Diese Prozesse der Organisation haben demnach sich selbst zum Gegenstand, sind also reflexiv. Damit verbunden ist die Absicht, das die Organisation durch Anpassung sich selbst verbessert (vgl. auch Turner und Jennings, 2001; Panzarasa und Jennings, 2001; Glaser und Morignot, 1997; Kirn und Gasser, 1998; Schillo, 2003).[1]

11.1 Reorganisation als organisationale Aktivität

Wie unterscheiden Organisationsprozesse erster und zweiter Ordnung. Die Organisationsprozesse *erster Ordnung* betreffen das Zusammenspiel des Teams (engl. team work). Soll eine Aufgabe realisiert werden, so wird ein Team generiert, und jeder Positionsagent, der Teil des Teams ist, führt seinen Teil des gemeinsamen Teamplans aus. Teamplanung ist ein Organisationsprozess, der die Organisation – zumindest für den Moment der Teamgenese – als statisches Gebilde auffasst. Die Organisation ist der Kontext, innerhalb dessen sich Teamprozesse vollziehen.

Für Organisationsprozesse *zweiter Ordnung* ist die Organisation dagegen selbst Gegenstand des Prozesses. Es handelt sich um Reorganisationprozesse, die eine Organisation transformieren. Diese autopoetischen Reorganisationprozesse stößt die Organisation aufgrund interner Zustände an. Für Organisationsprozesse zweiter Ordnung sind Organisationen also die Variable. Organisationsprozesse zweiter Ordnung sind also, indem sie sich mit sich selbst beschäftigen, reflexiv.

---

[1] Zu ersten Experimenten in Bezug auf die Verbindung der Variablen *Organisationsstruktur* und *Akteurshandeln* siehe (Shoham und Tennenholtz, 1994) und (Walker und Wooldridge, 1995). Zur Mikro-Makro-Dualität in Multiagentensystem siehe auch (Schillo u. a., 2000).

An dieser Stelle kann man den Akteurscharakter der Organisation herausstellen, denn indem die Organisation reflexiv auf ihre eigenen Zustände Bezug nimmt und diese verändert, tritt sie als Akteur auf. Da die Reorganisation sich regelhaft auf interne Zustände bezieht, kann man in diesem Zusammenhang sogar von der Lernfähigkeit einer Organisation sprechen.

Von besonderer Bedeutung ist hierbei, dass die Transformationsprozesse nicht als unmittelbares Ergebnis der Aktivitäten der Organisationsmitglieder zu verstehen sind, denn die Organisation reagiert auf ihre internen Zustandsveränderungen, nicht aber auf das Verhalten der Organisationsmitglieder, die ursächlich die Zustandsveränderungen herbeigeführt haben. Die Organisation ist sogar als autonomer Akteur zu verstehen, denn die Reaktion auf Zustandsveränderungen erfolgt nach eigenen Regeln. Kurzgefasst: Die Organisation ist operational geschlossen.

Die Organisationsprozesse erster und zweiter Ordnung sind nicht unabhängig, sondern vielmehr wechselseitig aufeinander bezogen. Die Organisation tritt sowohl als Koordinator als auch als Koordinierter auf. Bei jedem Koordinierungsprozess sind sowohl Koordinator als auch Koordinierte einem wechselseitigem Anpassungsprozess unterworfen. Wir kennen diese Gedankenfigur allgemein auch für soziale Systeme, genauer für die wechselseitige Verflechtung der Akteure mir der sozialen Struktur, bei denen jede Struktur mit einer Kontrolle einhergeht. Diese Kontrolle dient den Akteuren der Sicherung ihres eingebrachten Kapitals, ihrem Investionswert, und dies wird meist von Anerkennungs- und Sanktionierungsmaßnahmen flankiert.

Ein einfaches Beispiel für den reflexiven Charakter der Organisationsprozesse ist die Generierung einer modifizierten Steuerung ψ als Ergebnis einer Gruppeninteraktion (vergleiche dazu Abbildung 11.1). Die Organisation beeinflusst zum einen die Akteure, denn sie rahmt als Koordinator mit der Steuerung ψ den Plan jedes Teammitglieds, denn jedes Mitglied $i \in \{1, \ldots, n\}$ muss einen Plan wählen, der die Steuerungsbedingung erfüllt. Die Auswahl des Teams hat Auswirkungen auf die Organisationsmitglieder, da diese ihre Strukturen gegebenenfalls so reorganisieren, dass sie zu den Steuerungsbedingungen passen.[2] Es gilt zudem noch, dass sich das Team G auf einen gemeinsamen Teamplan π_G, d.h. ein Prozess des Teamnetzes $D(G)$, einigen muss, der die globale Steuerbedingung $\hat{\psi}(G)$ des Teams erfüllt. Außerdem muss der Teamplan π_G einen korrekten Ablauf des Dienstes beschreiben, d.h. er muss auch teminieren, ohne dass im Dienstnetz noch Marken verbleiben (vgl. Definition 9.26). Zum anderen beeinflussen die Akteure aber auch die Organisation, indem jene bewirken, dass sie die Steuerungsbedingungen anpasst. Dies ist notwendig, damit die Einigung eines Teams auf einen gemeinsamen Plan nicht zu aufwendig wird. Um den Suchraum zu begrenzen ist es wünschenswert, dass die Steuerungsbedingungen so beschaffen sind, dass sie die korrekte Termination implizieren. Dabei bietet es sich für die Organisation an, bei der Modifikation der Steuerung $\psi \rightsquigarrow \psi'$ an der Teamplanung zu orientieren, d.h. die Steuerung so zu

---

[2]Zum Verhältnis von Organisation und Organisationsmitglied siehe Kapitel 12.

11.1 Reorganisation als organisationale Aktivität

modifizieren, dass sie mit den Konfliktvermeidungsstrategien der Organisationsmitglieder zusammenfällt.

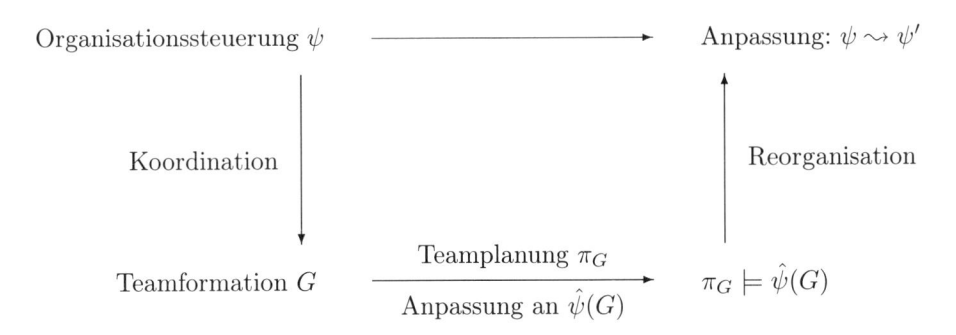

$$
\begin{array}{ccc}
\text{Organisationssteuerung } \psi & \longrightarrow & \text{Anpassung: } \psi \rightsquigarrow \psi' \\
\Big\downarrow \text{Koordination} & & \Big\uparrow \text{Reorganisation} \\
\text{Teamformation } G & \xrightarrow[\text{Anpassung an } \hat{\psi}(G)]{\text{Teamplanung } \pi_G} & \pi_G \models \hat{\psi}(G)
\end{array}
$$

Abbildung 11.1: Rekursive Koordination

Auf diese Art und Weise generieren die Handlungen der Organisationsmitglieder die Organisationstrukturen, die später als Steuerungsbedingungen auf sie einwirken. Es gilt also, dass sich sowohl die Organisationsmitglieder als auch die Organisation, repräsentiert durch ihre Positionsagenten, *wechselseitig* einander anpassen. Man beachte, dass sich die wechselseitige Beeinflussung von Mitgliedern und Organisation in unserem Modell zu einer gewöhlichen Position/Position-Relation, also zu einer Agent/Agent-Beziehung reduziert, da die Akteure und die Organisation als Ausprägungen des gleichen Konzeptes gesehen werden.

Wie in Kapitel 7 diskutiert ist der Unterschied zwischen Mikro- und Makroelementen eher inhaltlicher Natur, denn ihrer Struktur nach sind sie weitesgehend identisch. Die strukturelle Ähnlichkeit erlaubt es uns, einen neuen Blick auf die Modelle einzunehmen, bei dem Positionsagenten und „normale" Agenten konzeptionell nicht unterschieden werden. Diese Vereinheitlichung hilft uns, Konzeptlücken zu schließen, die von den jeweiligen Metaphern bedingt sind. Die Metapher des Agenten impliziert eine Betonung des Handelns, des Planens etc. Sie verschließt sich dagegen tendenziel strukturellen Ansätzen. Umgekehrt impliziert die Metapher der Organisation Statik, die blind gegenüber möglichen Veränderung ist.

Eine Analyse der Gemeinsamkeiten zeigt, dass beide Sichtweisen ein gemeinsames Modell zugrundeliegt, das die aktionististischen wie die strukturellen Elemente gleichermaßen enthält. Wir erkennen, dass es sich bei diesem Vorhaben um die konstruktivistische Wendung der soziologischen Betrachtung aus Kapitel 7 handelt. Die rekursive Form des Entitätenmodells korrespondiert zum rekursiven Bezug der SONAR-Agenten, die sowohl Mikro- als auch Makrocharakter besitzen.

Pointiert formuliert handelt es sich bei den Organisationsprozesse erster Ordnung um *selbstorganisierte Koordinierungsprozesse* und bei denen zweiter Ordnung um *Prozesse koordinierter Selbstorganisation*. Die Mikro-/Makro-Dualität zeigt sich hier im Akzent: Im Falle selbstorganisierte Koordinierung betrachten wir den Koordinierungsprozess aus der Perspektive der koordinierten Einheiten, im Falle koordinierter Selbstorganisation aus der Perspektive der koordinierenden Einheit.

Interessante Konstellationen sind gerade solche, bei denen die Anpassung der einen Seite vernachlässigt werden kann. Interessant sind hier also die beiden Extreme. Wird beispielsweise innerhalb des Prozesses der Koordinator erst generiert, so ist diese Dynamik von größerem Interesse als die daraus resultierende Koordinierung. Wird dagegen ein bestehendes Protokoll eingesetzt, um den Prozess zu koordinieren, so kann die Koordinationsstruktur näherungsweise als statisch angesehen werden, und die koordinierten Akteure rücken in den Mittelpunkt.

11.2 Reorganisation durch Organisationstransformationen

Im folgenden konzeptionalisieren wir Reorganisationsprozesse als Transformationen, die eine formale Organisation auf eine andere abbildet. In diesem Kapitel wollen wir zunächst die Organisation als ganzes betrachten, d.h. wir gehen davon aus, dass wir eine globale Sicht auf das System besitzen, um Reorganisationen vorzunehmen. Eine lokale Sichtweise, bei der die Modifikation die Organisationsstruktur durch Anpassung der Positionsagenten erfolgt, ist Gegenstand des nachfolgenden Kapitels 11.4.

Wir betrachten nun (ähnlich wie Rinderle-Ma und Reichert, 2007) Transformation auf Organisationen. Eine Transformation bildet eine MAS-Organisation auf eine weitere ab. Die Transformation bezieht sich im allgemeinen auf das Organisationsnetz N, auf die Organisationsstruktur $\mathcal{O}$, auf die Rollenzuweisung $R : P \to \mathcal{R}$, auf die Dienstnetzzuweisung $D : T \to \mathcal{D}$, auf die Prozesssteuerung ψ und auf die Agentenzuweisung $Ag : \mathcal{O} \to \mathcal{S}$:

$$(N_1, \mathcal{O}_1, R_1, D_1, \psi_1, Ag_1) \mapsto (N_2, \mathcal{O}_2, R_2, D_2, \psi_2, Ag_2)$$

Transformationen heißen nebenläufig, wenn sie sich auf disjunkte Teile der Organisation beziehen. Wenn die Transformationen f_1 und f_2 nebenläufig sind, dann ist $f_1 \oplus f_2$ eine Transformation, die den gemeinsamen Effekt der Einzeltransformationen beschreibt.

Definition 11.1 *Zwei Transformationen f_1 und f_2 heißen nebenläufig, wenn gilt:*

$$(f_1(x) \neq x \implies f_2(x) = x) \land (f_2(x) \neq x \implies f_1(x) = x)$$

Die Summe $f_1 \oplus f_2$ zweier nebenläufiger Transformation ist folgendermaßen defi-

niert:

$$(f_1 \oplus f_2)(x) = \begin{cases} f_1(x), & \textit{falls } f_1(x) \neq x, f_2(x) = x \\ f_2(x), & \textit{falls } f_1(x) = x, f_2(x) \neq x \\ x, & \textit{sonst} \end{cases}$$

Mit $\mathcal{ORG}$ bezeichnen wir die Menge aller Organisationen. Wir nehmen an, dass die Stellenmenge P aller Organisationen in $\mathcal{ORG}$ Teilmenge einer universellen Stellenmenge $\mathcal{P}_u$ ist und dass die Transitionsmenge T Teilmenge einer universellen Menge $\mathcal{T}_u$ ist. Damit vermeiden wir, dass ein Element x in einem Organisationsnetz eine Stelle beschreibt, in einem anderen dagegen eine Transition. Die hier eingeführte Konvention ist daher lediglich eine Typisierung und keine prinzipielle Einschränkung. Eine Transformation f ist dann eine Abbildung von der Menge $\mathcal{ORG}$ auf sich selbst:

$$f : \mathcal{ORG} \rightarrow \mathcal{ORG}$$

Mit $\mathcal{TM}$ bezeichnen wir die Menge aller Transformationen.

Transformationen sind verkettbar, d.h. wenn f_1 und f_2 zwei Transformationen sind, dann ist auch $f_1(f_2(Org, Ag))$ eine. Mit der identischen Transformation haben wir damit die Kategorie der Organisationstransformation mit den Organisationen $\mathcal{ORG}$ als Objekten und den Transformationen $\mathcal{TM}$ als Morphismen.

Wir betrachten nur *wohlgeformte Transformationen*, d.h. Transformationen auf Organisationen, die eingeschränkt auf wohlgeformte Organisationen einen Abschlußoperator darstellen, d.h. die eine wohlgeformte Organisation auf eine solche abbilden.

11.3 Elementare Tranformationen

Es gibt unendlich viele Transformationen, da es unendlich viele MAS-Organisationen gibt. Um eine unendlich Menge von Transformationen endlich zu beschreiben, gehen wir davon aus, dass es eine endliche Menge an Transformationsmustern gibt, die diese Klasse von Transformationen definiert. Eine Organisationstransformation bildet Netze, also spezielle Graphen, mit Anschriften aufeinander ab. Wir können also *Graphersetzungssysteme* verwenden, um die Transformationen darzustellen (vgl. Padberg u. a., 1995, 1998; Hoffmann u. a., 2005). Graphersetzungssysteme verallgemeinern Termersetzungssysteme in dem Sinne, als dass Termersetzungssysteme nur auf speziellen Graphen, nämlich den Termbäumen operieren, während Graphersetzungssysteme beliebige Graphen betrachten. Die Regeln eines Graphersetzungssystems erlauben es, einen Teilgraphen in einem beliebigen Kontext zu substituieren. Da der Kontext beliebig ist, kann eine solche Regel auf unendlich viele Instanzen angewendet werden.

Die Regeln eines Graphersetzungssystems bilden somit eine Menge der gesuchten Muster. Da jede Regel eine Teilgraphen in einem beliebigen Kontext substituieren kann, ist sie auf unendlich viele Instanzen anwendbar. Dabei ist es nicht notwendigerweise so, dass jede beliebige Regelmenge die Menge aller Transformationen generiert. Im allgemeinen generiert sie nur eine Teilmenge aller möglichen Transformationen. Dies ist typischerweise auch gewollt, denn Organisationstransformationen können unterschiedlich schwer zu implementieren sein, unterschiedliche Kosten verursachen usw., so dass man sich auf solche Transformationen einschränkt, die gute Eigenschaften besitzen.

Wir studieren nun einige Transformationsmuster, die entweder naheliegend sind oder die geeignet sind, wohlgeformte Organisationen in solche zu überführen. Die Anpassungen beziehen sich dabei sowohl auf das Organisationsnetz, d.h. wir nehmen Transformationen auf der Graphenstruktur des Netzes vor, als auch auf die Anschriften R, D und ψ sowie die Organisationsstruktur $\mathcal{O}$.

Vergröberung und Verfeinerung von Positionen Bereits in Definition 10.4 haben wir das Konzept der Vergröberung für Positionsmengen definiert. Jede Vergröberung ist eine Transformation, ebenso wie die dazu inverse Transformation, die Verfeinerung. Diese Transformation ist in Abbildung 11.2 skizziert.

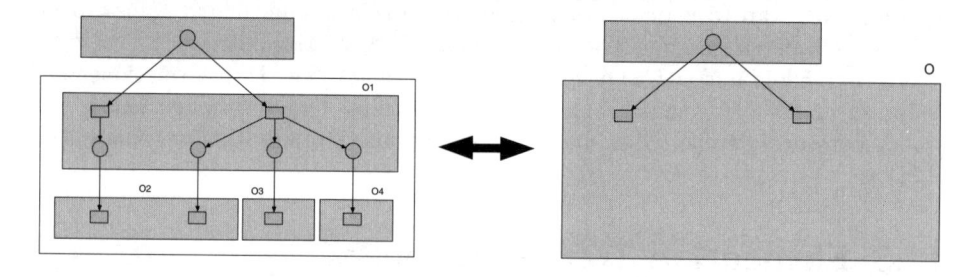

Abbildung 11.2: Vergröberung der Position

Vergröberung und Verfeinerung von Tasks Eine Verfeinerung einer Tätigkeit t kann sinnvoll sein, falls die Menge der zugelassenen Prozesse $\psi(t)$ in zwei Teile zerfällt: $\psi(t) = \psi_1 \vee \psi_2$ mit $D(t_1) = D(t_2) = D(t)$. In diesem Fall bestehen eigentlich zwei Aufgabenbereiche, die durch die zwei Tätigkeiten t_1 und t_2 mit $\psi(t_1) = \psi_1$ und $\psi(t_2) = \psi_2$ realisiert werden können. Umgekehrt können so zwei Transitionen mit gleichem Dienstnetz und gleichem Nachbereich zu einer Transition zusammengefasst werden. Dies ergibt die inverse Transformation. Diese Transformation ist in Abbildung 11.3 skizziert.

Aufspaltung und Verschmelzung von Positionen Eine Position O, die aus zwei Mengen besteht: $O = O_1 \cup O_2$ mit $O_1 \cap O_2 = \emptyset$, kann auf die beiden Positionen

11.3 Elementare Tranformationen

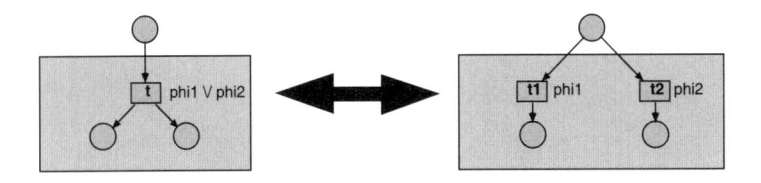

Abbildung 11.3: Transformation der Steuerung

aufgeteilt werden, wenn sie sich gegenseitig nicht nutzen d.h. wenn gilt:

$$(T \cap O_i)^\bullet \subseteq O_i \quad \text{für } i = 1, 2$$

Diese Transformation ist auch invers sinnvoll. Sie beschreibt die Verschmelzung zweier Positionen. Diese Transformation ist in Abbildung 11.4 skizziert.

Abbildung 11.4: Transformation der Position

Umlenken von Delegationsbeziehungen Wenn wir eine Delegationsbeziehung zwischen O_1 und O_2, d.h. eine Kante (p_1, t_2) modifizieren wollen, dann ist es für den Erhalt der Wohlgeformtheit wichtig, dass die Aufgabe p_1 weiterhin bearbeitbar ist, d.h. es muss mindestens eine weitere Transition $t \in p_1^\bullet$ geben, die die Aufgabe von t_2 übernehmen kann. Außerdem darf durch das Entfernen der Kante (p_1, t_2) die Transition nicht isoliert werden, d.h. wir müssen $^\bullet t \neq \emptyset$ sicherstellen, d.h. es muss eine weitere Stelle p existieren, deren Aufgabe durch t_2 bearbeitet werden kann. Zu dieser fügen wir dann die Kante (p, t_2) ein. Die Delegationsbeziehung (p_1, t_2) wird so zur Relation (p, t_2). Die Beziehung wird also nur umgelenkt. Diese Transformation ist in Abbildung 11.5 skizziert.

Generieren und Löschen von Delegationsbeziehungen Eine Alternative zum Umlenken von Delegationsbeziehung zwischen O_1 und O_2 ist das Löschen, bzw. invers dazu: das Generieren. Soll eine Kante (p_1, t_2) gelöscht werden, dann ist es weiterhin notwendig, dass die Aufgabe p_1 weiterhin durch mindestens eine weitere Transition $t \in p_1^\bullet$ bearbeitbar bleibt. Nach dem Entfernen der Kante besitzt die Transition t_2 einen leeren Vorbereich. Besitzt sie auch einen leeren Nachbereich, so

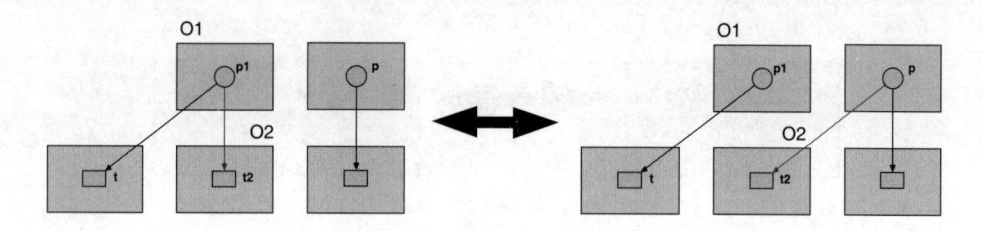

Abbildung 11.5: Transformation der Delegationsbeziehungen

können wir sie direkt löschen. Ist dies nicht der Fall, so ist darauf zu achten, dass für jede Stelle $p \in t_2^\bullet$ eine alternative Transition $t_p \in {}^\bullet p$ existiert, damit keine Stellen mit leerem Vorbereich existieren. Stellen mit leerem Vorbereich sind zwar nicht verboten, aber wir wollen auch noch die Initialitätseigenschaft (9.5) erfüllen, d.h. für alle Stellen $p \in P_N$ mit ${}^\bullet p = \emptyset$ gilt $\forall t \in p^\bullet : R(p) = R(D(t))$. Diese Transformation ist in Abbildung 11.6 skizziert.

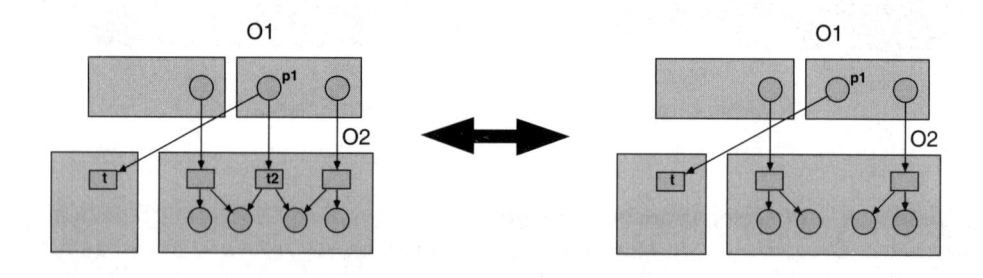

Abbildung 11.6: Löschen/Einfügen der Delegationsbeziehungen

Generieren/Löschen von Tätigkeiten und Aufgabenprofilen Eine weitere Transformation besteht darin, neue Tätigkeiten und Aufgabenprofile zu generieren. Wir können in die Position O eine neue Tätigkeit t hinzufügen, wenn es bereits eine Stelle p gibt, deren Rollenprofil t realisieren kann. Ist die Transition t ihrerseits delegierend, d.h. $t^\bullet \neq \emptyset$, dann müssen alle $p_i \in t^\bullet$ mit bereits bestehenden Transitionen verknüpft werden, damit die Wohlgeformtheit gewahrt bleiben kann. Darüberhinaus sind natürlich noch die Bedingungen an die Rollen- und Verhaltensverfeinerung zu beachten. Diese Transformation ist in Abbildung 11.7 skizziert.

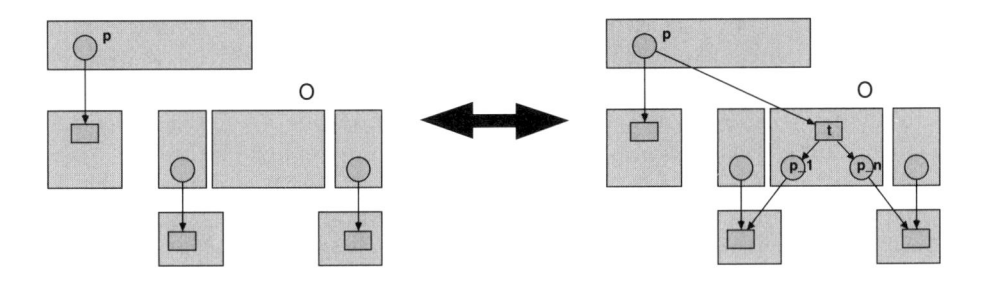

Abbildung 11.7: Löschen/Einfügen von Tätigkeiten und Aufgabenprofilen

11.4 Selbstorganisation durch Transformationsteams

Betrachten wir zunächst, wie sich das Verhältnis von Organisation und generierten SONAR-MAS sich durch eine Transformation verändert. Eine Reorganisation durch eine Organisationstransformation ist konzeptionell zentralisiert, denn wenn wir die Transformation $(Org_1, Ag_1) \mapsto (Org_2, Ag_2)$ vornehmen, dann verändert sich auch das davon generierte SONAR-MAS von $MAS_1 = \mu(Org_1, Ag_1)$ zu $MAS_2 = \mu'(Org_2, Ag_2)$. Es ist also notwendig, ein globales Modell der Organisation zu verwalten, das transformiert wird und von dem sich dann das veränderte Multiagentensystem ableiten lässt (vgl. dazu die obere, rechte Hälfte der Abbildung 11.8).

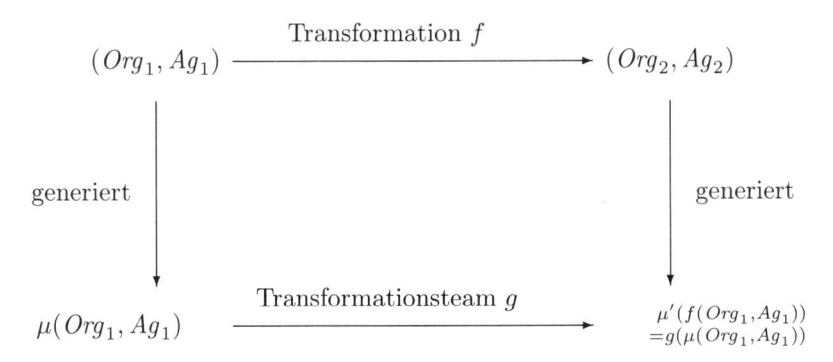

$$
\begin{array}{ccc}
(Org_1, Ag_1) & \xrightarrow{\text{Transformation } f} & (Org_2, Ag_2) \\
\text{generiert} \downarrow & & \downarrow \text{generiert} \\
\mu(Org_1, Ag_1) & \xrightarrow{\text{Transformationsteam } g} & \mu'(f(Org_1, Ag_1)) \\
& & = g(\mu(Org_1, Ag_1))
\end{array}
$$

Abbildung 11.8: Zentrale versus dezentrale Transformation

In diesem Abschnitt entwickeln wir erweiternd eine denzentralisierte Perspektive auf die Organisationstransformation. Die Organisation (Org_1, Ag_1) generiert initial das SONAR-MAS $MAS_1 = \mu(Org_1, Ag_1)$. Die Organisationsstruktur liegt dann verteilt im Multiagentensystem vor. Um eine denzentralen Transformation vorzunehmen wird diese Organisationsstruktur nicht rekonstruiert – stattdessen transformieren die Agenten des SONAR-MAS MAS_1, so dass ein modifiziertes System $MAS_2 = g(MAS_1)$ generiert wird. Diese Transformation findet kooperativ in einem *Transformationsteam* statt (vgl. dazu die untere, linke Hälfte der Abbildung 11.8).

Ziel ist es dabei, dass die beteiligten Agenten ihre Präferenzen so anpassen, dass die *lokalen* Anpassungen auf der Ebene des SONAR-MAS das gleiche Ergebnis haben wie die *globale* Transformation auf Ebene der Organisation. Formal heißt dies, dass das Diagramm in Abbildung 11.8 kommutieren soll:

$$\mu'(f(Org_1, Ag_1)) = g(\mu(Org_1, Ag_1))$$

In Kurzform: $\mu' \circ f = g \circ \mu$. Betrachten wir nun, wie diese Lokalisierung zu erreichen ist.

11.4.1 Lokale Transformationen

Eine Transformation ist lokal, wenn sich die Transformation nur auf eine Organisationsposition O bezieht, d.h. wenn sich im Kontext $\bar{\mathcal{O}} := \mathcal{O}_1 \setminus \{O\}$ keine Veränderungen ergeben. Sie ist übergreifend, wenn die Änderung an einer Position auch welche an anderen Positionen nach sich zieht.

Definition 11.2 *Sei $O \in \mathcal{O}$ eine Position. Eine Transformation λ ist O-lokal, wenn folgendes für jedes Bild von λ gilt:*

$$\lambda : (N_1, \mathcal{O}_1, R_1, D_1, \psi_1, Ag_1) \mapsto (N_2, \mathcal{O}_2, R_2, D_2, \psi_2, Ag_2)$$

1. *Die Position des Kontextes bleiben erhalten:*

$$(\mathcal{O}_1 \setminus \{O\}) \subseteq \mathcal{O}_2$$

2. *Im Kontext beginnende Kanten bleiben erhalten:*

$$((x,y) \in F_1 \wedge x \in \bar{\mathcal{O}}) \implies (x,y) \in F_2$$

3. *Die Anschriften bleiben im Kontext erhalten:*

$$\begin{aligned} R_1|_{(P_1 \cap \cup \bar{\mathcal{O}})} &= R_2|_{(P_2 \cap \cup \bar{\mathcal{O}})} \\ D_1|_{(T_1 \cap \cup \bar{\mathcal{O}})} &= D_2|_{(T_2 \cap \cup \bar{\mathcal{O}})} \\ \psi_1|_{(T_1 \cap \cup \bar{\mathcal{O}})} &= \psi_2|_{(T_2 \cap \cup \bar{\mathcal{O}})} \\ Ag_1|_{(\cup \bar{\mathcal{O}})} &= Ag_2|_{(\cup \bar{\mathcal{O}})} \end{aligned}$$

11.4 Selbstorganisation durch Transformationsteams

Eine Transformation heißt lokal, wenn sie O-lokal für ein O ist.
Eine Transformation f heißt lokalisierbar, *wenn sie sich als Komposition lokaler Transformation darstellen lässt.*

Bei einer O-lokale Transformationen verändert sich die Zusammensetzung von O, beispielsweise, indem Knoten gelöscht oder hinzugefügt werden. Trotzdem kann eine andere Menge O' den Platz von O gewissermaßen ersetzen. Man beachte aber, dass O-lokale Transformationen nicht implizieren, dass O stets in diesem Sinne erhalten bleibt, denn O kann sogar als ganzes gelöscht werden oder durch mehrere Positionen $O_1, \ldots, O_n$ ersetzt werden. Eine O-lokale Transformation schließt mit ein, dass der Positionsagent $Ag(O)$ gelöscht oder auf mehrere aufgeteilt wird.

Lemma 11.3 *Sei λ eine O-lokale Transformation.*

- *Die Knoten im Kontext bleiben erhalten:*

$$(P_1 \cap \bigcup \bar{\mathcal{O}}) \subseteq P_2 \quad und \quad (T_1 \cap \bigcup \bar{\mathcal{O}}) \subseteq T_2$$

- *Knoten, die mit dem Kontext verbunden sind, bleiben erhalten:*

$$((x,y) \in F_1 \wedge x \notin \bar{\mathcal{O}} \wedge y \in \bar{\mathcal{O}}) \implies y \in \bigcup \mathcal{O} \setminus \bigcup \bar{\mathcal{O}}$$

- *Die Kanten des Kontextes bleiben erhalten:*

$$(F_1 \cap \bar{\mathcal{O}}^2) \subseteq F_2$$

- *Das Organisationsnetz verändert sich nicht im Kontext:*

$$N_1|_{\bar{\mathcal{O}}} = N_2|_{\bar{\mathcal{O}}}$$

Beweis: (1) Da die Position des Kontextes $\bar{\mathcal{O}}$ erhalten bleiben und da für jedes $O' \in \bar{\mathcal{O}}$ auch $O' \subseteq P_1 \cup T_1$ gilt, müssen auch alle Knoten in O' erhalten bleiben, d.h. $\bigcup \bar{\mathcal{O}} \subseteq (P_2 \cup T_2)$ gilt. Da wir gefordert haben, dass alle Stellenmengen Teilmenge der universellen Menge $\mathcal{P}_u$ sind (und analog auch für Transitionen), folgen die Inklusion sogar jeweils für Stellen und Transitionen.
(2) Wenn eine Kante $(x,y) \in F_1$ in O endet, aber nicht dort beginnt, dann folgt aus der Definition, dass die Kante auch im Bild von λ sein muss. Also müssen auch x und y im Bild sein, denn das Bild eines Organisationsnetzes unter λ ist wiederum ein Netz.
(3) Die Aussage ist äquivalent zu $(x,y) \in (F_1 \cap \bar{\mathcal{O}}^2) \implies (x,y) \in F_2$. Die Kanten des Kontextes starten insbesondere dort, bleiben also nach Definition erhalten.
(4) Direkt aus (1) und (3). q.e.d.

Lokale Transformation entsprechen der Nebenläufigkeit.

Theorem 11.4 *Wenn $O_1, O_2 \in \mathcal{O}$ zwei verschiedene Positionen sind, dann sind die O_i-lokale Transformationen λ_i für $i = 1, 2$ nebenläufig.*

Beweis: Wenn beide Transformation für verschiedene Positionen lokalisiert sind, dann werden auch unterschiedliche Netzknoten modifiziert, womit die Nebenläufigkeit folgt. q.e.d.

11.4.2 Transparente Transformationen

Wir betrachten nun die Operationalisierung, d.h. die Ausführung der lokalen Transformationen im Multiagentensystem, wie wir es einleitend im Diagramm 11.8 beschrieben haben.

Wie wir gesehen haben, impliziert eine $\mathcal{O}$-lokale Transformationen, dass der Kontext von O unverändert bleibt. Nur O verändert sich. Man könnte daher glauben, dass beim parallel stattfindenden Übergang auf der Ebene des Multiagentensystems:

$$\mu(N_1, \mathcal{O}_1, R_1, D_1, \psi_1, Ag_1) \mapsto \mu(N_2, \mathcal{O}_2, R_2, D_2, \psi_2, Ag_2)$$

ebenfalls alle Positionsagenten im Kontext erhalten bleiben. Dies ist aber leider nicht so: Nehmen wir an, dass O bislang lediglich aus den beiden Transitionen t_1 und t_2 bestand und dass eine Transformationen O in die zwei Positionen $O_1 = \{t_1\}$ und $O_2 = \{t_2\}$ aufgespalten wird (vgl. Abbildung 11.9). Diese Transformation ist $\mathcal{O}$-lokal. Jede andere Position O', die eine Delegationskante von der Form (p, t_1) bzw. (p, t_2) besitzt, hat in den Handlungsmöglichkeiten $\Delta_{Ag(O')}$ einen Eintrag, in dem $Ag(O)$ als Delegationspartner eingetragen ist. Nach der Transformation stehen aber nur die beiden Positionsagenten $Ag(O_1)$ und $Ag(O_2)$ als Delegationspartner zur Verfügung. Die Modifikation muss sich also auch in $Ag(O')$ widerzuspiegeln. Die Transformation ist somit lokal auf der Ebene der Organisation, aber nicht auf Ebene der Positionsagenten.

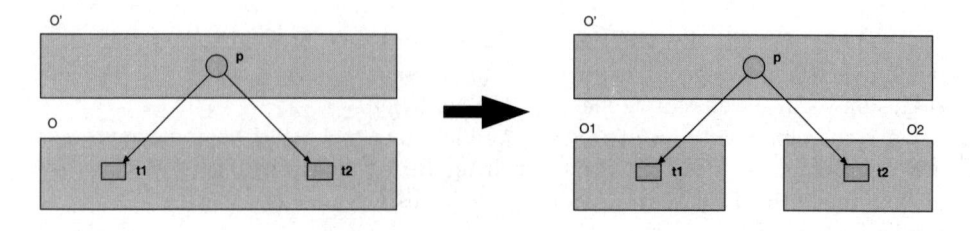

Abbildung 11.9: Lokale Transformation einer Position

Wir fragen uns nun, welche $\mathcal{O}$-lokalen Transformationen nur durch eine Modifikation des Positionsagenten $Ag(O)$ allein durchgeführt werden können.

11.4 Selbstorganisation durch Transformationsteams

Hierbei sind alle externen Referenzen auf O zu erhalten. Sei

$$\lambda : (N_1, \mathcal{O}_1, R_1, D_1, \psi_1, Ag_1) \mapsto (N_2, \mathcal{O}_2, R_2, D_2, \psi_2, Ag_2)$$

eine O-lokale Transformation mit $O \in \mathcal{O}_1$ und sei $|\mathcal{O}_1| = |\mathcal{O}_2|$. Da die Positionen des Kontextes erhalten bleiben, d.h. $(\mathcal{O}_1 \setminus \{O\}) \subseteq \mathcal{O}_2$ gilt folgt aus $|\mathcal{O}_1| = |\mathcal{O}_2|$, dass es ein O_2 gibt, so dass

$$(\mathcal{O}_1 \setminus \{O\}) \uplus \{O_2\} = \mathcal{O}_2 \quad \text{bzw.} \quad \mathcal{O}_2 \setminus (\mathcal{O}_1 \setminus \{O\}) = \{O_2\}$$

Gilt für diese Positionen

$$Ag(O) = Ag(O_2),$$

dann geschieht die Ersetzung von O durch O_2 transparent für Positionsagenten im Kontext.

Definition 11.5 *Eine O-lokale Transformation λ mit $O \in \mathcal{O}_1$ heißt O-transparent, falls gilt:*

1. $|\mathcal{O}_1| = |\mathcal{O}_2|$
2. $Ag(O) = Ag(O_2)$ *für* $\{O_2\} = \mathcal{O}_2 \setminus (\mathcal{O}_1 \setminus \{O\})$.

Um die Transformation auch tatsächlich operationalisieren zu können, wollen wir natürlich, dass der Teamagent, der die O-transparente Transformation $\lambda(t)$ vornimmt, identisch mit dem Positionsagenten $Ag(O(t))$ ist.

Folgendes Theorem zeigt, dass jede O-transparente Transformation vom Positionsagenten $Ag(O)$ allein durchgeführt werden kann.

Theorem 11.6 *Wenn λ eine O-transparente Transformation $(Org_1, Ag_1) \mapsto (Org_2, Ag_2)$ ist, dann bleiben in den Bildern $\mu(Org_1, Ag_1)$ und $\mu(Org_2, Ag_2)$ die Agentennamen des Multiagentensystems unverändert. Die Interna des Positionsagenten $Ag(O)$ verändern sich, die Interna aller anderen bleiben unverändert.*

Beweis: Man beachte, dass $Ag_i, i = 1, 2$ nach Definition eine Injektion ist. Jede Position O ist eindeutig dem Positionsagenten $Ag_1(O)$ zugeordnet. Wir betrachten dazu die Konstruktion der Agenten $Ag(O)$ von $\mu(Org_i, Ag_i)$ nach Definition 10.21. Da λ transparent ist, gilt $Ag_1(O) = Ag_2(O)$. Sei nun $A_O := Ag_1(O)$.

1. Die Rollenfähigkeiten

$$\rho_{A_O}(D_0) = \{R(^\bullet t) \mid t \in Ag^{-1}(A_O) \cap T, D(t) = D_0, t^\bullet = \emptyset\}$$

sind lokal definiert, da alle $t \in Ag^{-1}(A_O)$ und alle Stellen $p \in t^\bullet$ zu einer Position O gehören. Daher bezieht sich die Definition ρ_{A_O} nur auf eine Position.

2. Die Teamgeneration $\gamma_{A_O}(R) = G(K_{\tau_{A_O}}(N,R))$ ist O-lokal, da $\tau_{A_O}^3$ dies ist.

3. Die Handlungsmöglichkeiten

$$\Delta_{A_O}(G)(b) = \{ \ (D(t), \{(R(p), A_p) \mid p \in t^\bullet\}) \ \mid$$
$$t \in (T \cap \phi(b)^\bullet \cap Ag^{-1}(A_O)), \forall p \in t^\bullet : A_p \in \mathcal{A}_{dlg}(p) \ \}$$

sind nicht lokal, da sich die Definition nicht nur auf die Knoten t und $t^\bullet$ einer Position O – also die lokalen Elemente – , sondern auch auf die Agenten $\mathcal{A}_{dlg}(p) = \{Ag(O(t)) \mid t \in p^\bullet\}$ nach (10.5), also auch auf andere Positionen, bezieht. Da λ sogar O-transparent ist und somit $Ag(O) = Ag(O_2)$ gilt, verändert sich jedoch $\mathcal{A}_{dlg}(p)$ nicht, und die Modifikation hat doch nur lokale Auswirkung.

4. Die Handlungsmöglichkeiten $\delta_{A_O}(G)(\Delta)(b)$ ergeben sich anhand des Teams G – sind also unabhängig von den Positionen.

5. Die Definition des Handlungsplans $\pi_{A_O}(G)(D)(p) \in Proc(D(G), \hat{\psi}(G))$ ist ebenfalls unabhängig von den Positionen.

Also sind alle Modifikation unabhängig von der Positionsstruktur oder die Auswirkungen lokal begrenzt. Da eine O-lokale Transformation nur Änderungen innerhalb von O vornimmt, ändert sich daher nur A_O und alle anderen Positionsagenten bleiben unverändert,
q.e.d.

Wenn die Transformation $\lambda(t)$ nur O-lokal, aber nicht transparent ist, dann kann bei der Transformationen die Position O in n Positionen $O_1, \ldots, O_n$ aufgespalten werden. Ein Beispiel für $n = 2$ zeigt Abbildung 11.9. Die Transformation kann von $Ag(O)$ realisiert werden, indem der Agent $Ag(O)$ zunächst n neue Agenten $A_1, \ldots, A_n$ mit $Ag(O_i) := A_i$ für alle i erzeugt, diese mit den von $\lambda(t)$ beschriebenen Interna ausstattet und sich anschließend selbst löscht. Hierbei ist auch $n = 0$ möglich, was bedeutet, dass der Agent sich selbst löscht.

Wie wir im Beweis von Theorem 11.6 gesehen haben, sind von der Transformation alle Positionsagenten A betroffen, die potentiell an $Ag(O)$ delegieren, sobald die Transformation $\lambda(t)$ nur O-lokal, aber nicht transparent sind, denn dann ist in Δ_A ein Verweis auf $Ag(O)$ gespeichert. Damit die Transformation von den Agenten realisiert werden kann, müssen wir also alle Agenten informieren, die an O delegieren. Dies können wir direkt am Organisationsnetz ablesen, denn eine Delegation von O_1 an O_2 entspricht genau einer Kante (p, t) mit $O_1 = O(p)$ und $O_2 = O(t)$. Die Menge der Positionen, die an O delegieren, ist nach (10.6) die Menge $\mathcal{O}_{gen}(t)$.

Wir können sicher sein, dass die delegierenden Positionen ihre internen Datenstrukturen (d.h. $\Delta_{Ag(O)}$) an die Veränderung anpassen, wenn wir alle Positionen der Menge $\mathcal{O}_{gen}(t)$ benachrichtigen. Um dies sicherzustellen, fordern wir, dass jede Positionen $O \in \mathcal{O}_{gen}(t)$ auch in den maximalen Positionen des Teams G, d.h. in $O(G^\circ)$, enthalten ist.

11.4 Selbstorganisation durch Transformationsteams

Theorem 11.7 *Sei G ein Team mit $\bigcup_{t \in G°} \mathcal{O}_{gen}(t) \subseteq O(G°)$ (Delegationsabschluß), dann kann die Teamtransformation $\lambda(\pi_G)$ verteilt durch lokale Meta-Planung implementiert werden.*

Beweis: Verglichen mit dem Beweis von Theorem 11.6 ist hier nur noch zu zeigen, dass an $Ag(O)$ delegierende Positionsagenten, d.h. alle $O \in \mathcal{O}_{gen}(t)$, an der Transformation teilnehmen, d.h. Teammitglieder sind, damit sie in ihren Präferenzordnungen Δ_A den Verweis auf $Ag(O)$ anpassen können. Genau dies ist aber durch den Delegationsabschluß bereits sichergestellt. Unter dieser Annahme ist auch für O-lokale Transformation sichergestellt, dass die Transformation, die durch das Team beschrieben wird, auch wirklich verteilt implementiert werden kann. q.e.d.

11.4.3 Transformationsteams und -dienste

Manche Transformationen lassen sich nicht mit einer lokalen Transformation erledigen. Aus der Definition einer lokalen Transformation folgt, dass keine Kante (p, t) entfernt werden kann, wenn sie außerhalb, d.h. im Kontext von O startet, d.h. wenn $p \in \bigcup \bar{\mathcal{O}}$ gilt. Inhaltlich bedeutet dies, dass keine Positionsagent eine Delegationskante löschen darf. Erst recht darf eine Position keine Transition t löschen. Will eine Position die Transition t löschen, muss sie die Position, in der die Delegationskante (p, t) startet, überzeugen, diese Kante zu löschen. Wenn diese dann nicht mehr existiert, dann ist O frei, die Transition t selbst zu entfernen, da t nicht vernetzt ist. Abbildung 11.10 illustriert das Verfahren. Dieses koordinierte Handeln zur Transformation bringt uns im folgenden zum Konzept der Transformationsteams.

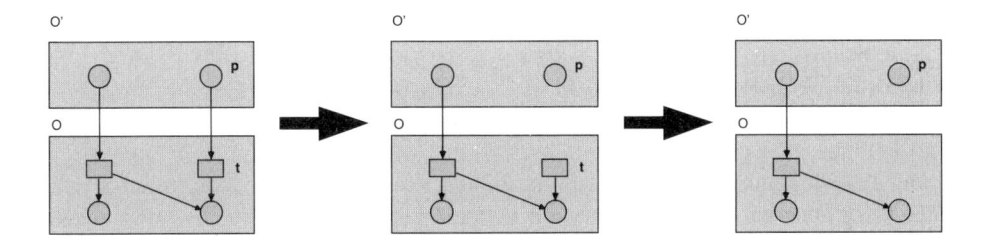

Abbildung 11.10: Koordinierte Transformation

Wir definieren Transformationsteams, um eine agentenbasierte Komposition von Transformationen beschreiben zu können. Jeder Transition t eines Dienstnetzes wird dazu eine Transformation $\lambda(t)$ zugeordnet. Dies soll bedeuten, dass wann immer die Transition t schaltet, das Team die Transformation $\lambda(t)$ vornimmt.

Definition 11.8 *Ein* Transformationsdienst (D, λ) *besteht aus einem Dienstnetz* D *und einer Transformationsanschrift* $\lambda : T \to \mathcal{TM}$, *die jeder Transition von* D *eine Transformation* $\lambda(t)$ *zuordnet.*

Jedes Dienstnetz kann als eine Transformationsdienst betrachtet werden, wenn wir jeder Transition die Identitätstranformation, die keinerlei Modifikationen vornimmt, zuweisen: $\lambda(t) = id$. Offensichtlich verändert sich dadurch nichts an den bislang beschriebenen Eigenschaften. Wir können daher annehmen, dass alle Dienste der Menge $\mathcal{D}$ Transformationsinschriften tragen.

Eine Organisation, deren Dienste Transformationsinschriften tragen, bezeichnen wir als *transformierend*.

Da wir nur an der Transformation des Teams, nicht aber an den Einzeltransformation interessiert sind, ist es nicht notwendig, dass schon die Transformationen $\lambda(t)$ wohlgeformt sind. Es ist jedoch wünschenswert, dass das gemeinschaftliche Werk eines Teams: $\lambda(\pi_G)$ insgesamt eine wohlgeformte Transformation beschreibt.

Ganz analog zu bisherigen Teamwork erzeugen wir zunächst ein Team G und dadurch einen Teamdienst $D(G)$ und – im weiteren Verlauf – einen Teamplan π_G. Jedem Ereignis e in π_G ist durch die Abbildung λ die Transformation $\lambda(\phi(e))$ zugeordnet.

Weiterhin definieren wir die Transformation $\lambda(\pi_G)$, die vom Teamplan π_G beschrieben wird. Die Transformation $\lambda(\pi_G)$ soll funktional sein, d.h. sie soll unabhängig von der Ausführungsreihenfolge nebenläufiger Ereignisse sein (vgl. dazu das Konzept der Funktionalität schematischer Auftragssysteme in Jessen und Valk, 1987, S.166 ff.). Dazu benötigen wir zunächst eine Definition, welche Transformation eine sequentielle Schaltfolge erzeugt.

Jede Schaltfolge $w = t_1 \cdots t_n$ eines Transformationsdienstes erzeugt die Transformation $\lambda(w) : \mathcal{ORG} \to \mathcal{ORG}$, die durch Funktionskomposition entsteht:

$$\lambda(w) = \lambda(t_1 \cdots t_n) := \lambda(t_1); \cdots ; \lambda(t_n) = \lambda(t_n) \circ \cdots \circ \lambda(t_1) \qquad (11.1)$$

Eine Schaltfolge w eines Teamplanes π_G erzeugt dann mittels der Prozessabbildung ϕ die Transformation:

$$\lambda(\phi(w)) = \lambda(\phi(e_1 \cdots t_n)) := \lambda(\phi(e_1)) \cdots t_n)) \qquad (11.2)$$

Die Transformation $\lambda(\phi(w))$ soll unabhängig von der Wahl der konkreten Schaltfolge sein. Dies ist nur möglich, wenn nebenläufige Ereignisse in π_G auch nebenläufige Transformation beschreiben. Außerdem soll sie eine wohlgeformte Transformation darstellen, d.h. eine wohlgeformte Organisation auf eine solche abbilden.

Wir interessieren uns im folgenden für solche Teams und Dienste, bei denen alle $\lambda(\phi(e))$ lokal zu der Position O sind, die e ausführt. Dazu betrachten wir die Rollenkomponente von $D(G)$, die von einer Position $O \in O(G^\circ)$ ausgeführt wird. Diese ergibt sich analog zur Definition (9.9) als:

$$D(G, O) := \Big\|_{t \in K^\circ \cap O} D(t)[R(p(t))] \qquad (11.3)$$

11.4 Selbstorganisation durch Transformationsteams

Jedes Ereignis e des Teamplans π_G wird dann genau von genau einer Position $O \in O(G°)$ ausgeführt, nämlich von der, die $\phi(e)$ als Transition in ihrer Rollenkomponente $D(G, O)$ besitzt. Diese Position bezeichnen wir mit $O(\pi_G, e)$. Für alle Ereignisse in π_G soll die Transformation $\lambda(\phi(e))$ eine $O(\pi_G, e)$-transparente Transformation sein.

Weiterhin sollen für jede Position O alle Schaltfolge $°\pi_G \xrightarrow{w} \pi_G°$ in der Einschränkung auf die Ereignisse e, die O zugeordnet sind, auch funktional sein. Dazu definieren wir die Projektionshomomorphismus $h_O : E^*_{\pi_G} \to E^*_{\pi_G}$ durch:

$$h_O(e) = \begin{cases} e, & \text{falls } O(\pi_G, e) = O \\ \epsilon, & \text{sonst} \end{cases}$$

Funktionalität des Teamplans bezüglich der Transformation liegt vor, falls für jede Position $O \in O(G°)$ und jede für jede Schaltfolgen $°\pi_G \xrightarrow{w} \pi_G°$ die auf O bezogene Transformation $\lambda(\phi(h_O(w)))$ wohldefiniert und unabhängig von w ist.

Wir fassen alle Anforderungen an den Teamplan π_G in der folgenden Definition zusammen.

Definition 11.9 *Ein Teamplan π_G eines Teams G ist* wohltransformierend, *wenn folgendes gilt:*

1. *Alle an eine transformierende Position potenziell delegierenden Position sind bereits Mitglieder des Teams:*

$$\bigcup_{t \in G°} \mathcal{O}_{gen}(t) \subseteq O(G°)$$

2. *Für alle Ereignisse e in π_G ist die Transformation $\lambda(\phi(e))$ eine $O(\pi_G, e)$-transparente Transformation.*

3. *Die Transformation $\lambda(\phi(w))$ ist unabhängig von der Wahl der Schaltfolge w in $°\pi_G \xrightarrow{w} \pi_G°$ und stellt eine wohlgeformte Transformation dar.*

4. *Für jede Position $O \in O(G°)$ ist die auf O bezogene Transformation $\lambda(\phi(h_O(w)))$ unabhängig von der Schaltfolge $°\pi_G \xrightarrow{w} \pi_G°$.*

5. *Die Transformation setzt sich aus den auf die Positionen bezogenen Teiltransformationen zusammen:*

$$\lambda(\phi(w)) = \bigoplus_{O \in O(G°)} \lambda(\phi(h_O(w)))$$

Ist der Teamplan π_G wohltransformierend, dann bezeichnen wir mit $\lambda(\pi_G) := \lambda(\phi(w))$ die Teamtransformation. *Analog bezeichnen wir mit $\lambda(\pi_G)|_O$ den Anteil der Team-Transformation, der O betrifft:*

$$\lambda(\pi_G)|_O := \lambda(\phi(h_O(w))) \text{ für irgendeine Schaltfolge } °\pi_G \xrightarrow{w} \pi_G°$$

Ein Team G ist wohltransformierend, wenn all seine Teampläne dies sind. Ein wohltransformierendes Team G heißt Transformationsteam.
Eine Organisation ist wohltransformierend, wenn alle seine Teams G es sind.

Nach dieser Definition sind alle „normalen" Teampläne π_G wohldefiniert, denn für diese gilt ja gerade $\lambda(t) = id$.

In Analogie zu der Menge aller wohlgeformten Teampläne nach (9.18) definieren wir die Menge aller Transformationspläne einer Gruppe G:

$$Transformationspläne(G) := \{\pi_G \in Proc(D(G)) \mid \pi_G \text{ ist wohltransformierend }\} \tag{11.4}$$

Die Eigenschaft eines Teamplans π_G, wohltransformierend zu sein, lässt sich – in bezug auf die Funktionalität – beispielsweise dadurch erreichen, dass der Teamplan sequentiell ist, d.h. keine nebenläufigen Ereignisse besitzt, oder dadurch, dass alle Transformation $\lambda(t)$ bereits nebenläufig sind. In allen Zwischenfällen sind die kausalen Abhängigkeiten innerhalb eines Dienstnetzes so zu spezifizieren, dass nicht-nebenläufige Transformationen nie durch nebenläufige Ereignisse im Teamplan beschrieben werden.

11.4.4 Lokale Transformation als Meta-Planung

Betrachten wir wohltransformierende Pläne π_G, folgt aus der Definition 11.9 die Dekompositionseigenschaft der Transformation:

$$\lambda(\pi_G) = \bigoplus_{O \in O(G^\circ)} \lambda(\pi_G)|_O$$

Die Gesamttransformartion setzt sich also aus den lokalen Transformationen der Positionsagenten zusammen. Jede O-transparente Transformation eines Transformationsteams kann nach Theorem 11.6 vom Positionsagenten $Ag(O)$ allein, d.h. ohne Mithilfe anderer, durchgeführt werden. Diese lokalen Modifikation sind bereits im Modell des SONAR-Agenten enthalten. Sie werden in Form von *Meta-Planer* umgesetzt. Sie haben die Aufgabe, Planungsstrategien anzupassen oder Handlungsroutinen zu erlernen usw. Im Modell aus Abbildung 9.9 sind dies die beiden Transitionen Interdependenzen bewältigen und inkorporieren. Wie wir bereits gesehen haben, erfolgt im SONAR-Modell die Meta-Planung der Interdependenzbewältigung durch eine Anpassung der Selektionsfunktion δ und π. Die Transition inkorporieren modifiziert mit Hilfe des Meta-Planers β^1 die restlichen Interna des Agenten:

$$\beta^1(\rho, \gamma, \Delta) = (\rho', \gamma', \Delta')$$

Im Beweis von Theorem 11.6 ist implizit schon enthalten, wie diese Modifikationen vorzunehmen sind. Die Inkorporation bezieht sich auf die Rollenfähigkeiten $\rho_{Ag(O)}(D)$, die Teamgeneration $\gamma_{Ag(O)}(R)$ und die Handlungsmöglichkeiten

11.4 Selbstorganisation durch Transformationsteams

$\Delta_{Ag(O)}(G)$, denn diese Ageneninterna korelieren direkt mit der Organisationsstruktur, während die restlichen Komponenten nur Auswahlen unter von diesen Komponenten bereitgestellten Optionen treffen.

Bezeichne $A_O = Ag_1(O) = Ag_2(O)$ den sich transparent transformierenden Positionsagenten.

Der Teamselektor $\tau_A^3(R) \in Start_{Org}(R)$ ändert sich unter Umständen, da sich Menge der Profile $Start_{Org}(R)$, die die Rolle R anstoßen können, ändert, wenn sich P_1 zu P_2 ändert, denn nach (9.3) ist $Start_{i,RD}(R) = \{p \in P_i \mid R(p) = R, {}^\bullet p = \emptyset\}$ von $P_i, i = 1, 2$ abhängig. Bei der Teamtransformation ändert sich die Teamformation, da diese indirekt durch $\tau_{A_O}^3(R)$ definiert ist: $\gamma_{A_O}(R) = G(K_{\tau_{A_O}}(N, \tau_{A_O}^3(R)))$. Analoges gilt für Δ_{A_O} und ρ_{A_O}.

Alle Meta-Planungen β^1, die zu einer Transformation

$$\lambda : (N_1, \mathcal{O}_1, R_1, D_1, \psi_1, Ag_1) \mapsto (N_2, \mathcal{O}_2, R_2, D_2, \psi_2, Ag_2)$$

passen sollen, müssen daher gewisse Randbedingungen einhalten:

$$\rho_{A_O}(D_0) \mapsto \{R_2({}^\bullet t) \mid t \in Ag_2^{-1}(A_O) \cap T_2, D_2(t) = D_0, t^\bullet = \emptyset\}$$

$$\tau_{A_O}^3(R) \mapsto \beta^1(\tau^3) \text{ mit } \beta^1(\tau^3)(R) \in Start_{2,RD}(R)$$

$$\Delta_{A_O}(G)(b) \mapsto \begin{array}{l} \{ \ (D_2(t), \{(R_2(p), A_p) \mid p \in t^\bullet\}) \\ \mid \ t \in (T_2 \cap \phi(b)^\bullet \cap Ag_2^{-1}(A_O)), \forall p \in t^\bullet : A_p \in \mathcal{A}_{dlg}(p)\} \end{array}$$

Welches Bild wir hierbei für $\beta^1(\tau^3)(R)$ definieren, ist gleichgültig, solange es nur in $Start_{2,RD}(R)$ liegt. Die Menge aller Abbildung bezeichnen wir mit $\mathcal{B}^1(\lambda)$.

Bislang hatten wir beliebige Modifikation β^1 als Meta-Planung zugelassen. Mit den Transformationsteams einer Organisation haben wir nun ein Kriterium, um die Wohlgeformtheit einer Meta-Planung zu charakterisieren.

Definition 11.10 *Sei der Teamplan π_G wohltransformierend. Eine Meta-Planung β^1 eines Positionsagenten O ist wohlgeformt, wenn β^1 durch den Transformationsplan π_G induziert wurde:*

$$\beta^1 \in \mathcal{B}^1\left(\lambda(\pi_G)|_O\right)$$

Wir wissen also, dass jeder Prozess einer wohlgeformten, transformierenden Organisation eine lokale Transformation darstellt und sich nach Theorem 11.6 alle Änderungen durch *lokale Modifikation an den Positionsagenten* vornehmen lassen. Wie wir zudem gesehen haben, vollzieht sich die Meta-Planung genauso wie die Planung. Die Planung, so wie sie Abbildung 9.9 beschreibt, und die Planungsparameter (Wissensbasis, Fähigkeiten, Gruppenpräferenzen, habituelle Präfernzen, Strategien und soziale Erwartungen) sind dabei Gegenstand der Meta-Planung. Genauso wie der Planer bei der Ausführung des Teamplans die Einträge in der

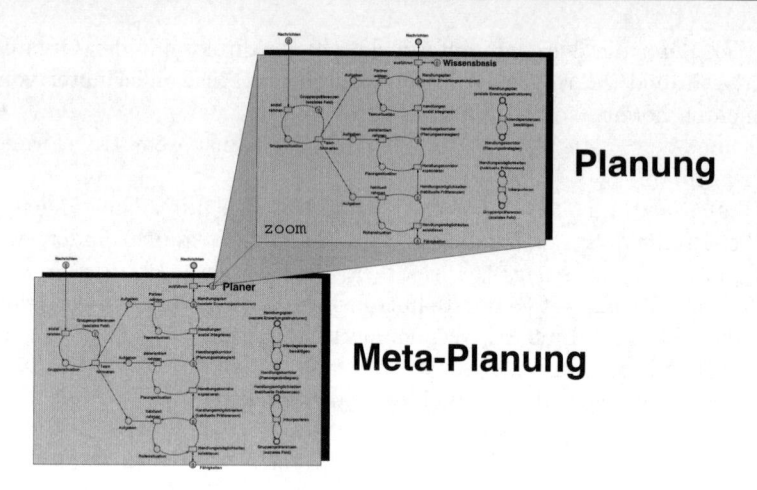

Abbildung 11.11: Die rekursive Planhierarchie im SONAR-Agenten

Wissensbasis modifiziert, so modifiziert der Meta-Planer bei der Ausführung des Transformationsplans die Planungsparameter. Es ergibt sich somit eine rekursive Struktur der Planung: Die Daten des Meta-Planers (der ein Planer zweiter Stufe ist) sind die Planer der ersten Stufe. Die sich ergebende rekursive Planhierarchie innerhalb des SONAR-Agenten ist in Abbildung 11.11 dargestellt. Die rekursive Struktur kann analog auf höhere Rekursionsebenen ergänzt werden, d.h. auf die Meta-Meta-Ebene, die die Meta-Planung beeinflusst usw.

Mit Hilfe der Charakterisierung wohlgeformter Meta-Planung sind wir nun in der Lage, eine Transformation $\lambda(\pi_G)$, die sich anhand eines Transformationsdienstes ergibt, mit den Meta-Planungen der SONAR-Agenten in Beziehung zu setzen, so wie wir dies im Diagramm in Abbildung 11.8 gefordert haben.

Theorem 11.11 *Sei der Teamplan π_G wohltransformierend. Zu der Transformation $\lambda(\pi_G)(Org_1, Ag_1) \mapsto (Org_2, Ag_2)$ existiert eine verteilte Meta-Planung g im Transformationsteam, dessen Effekt der Transformation entspricht.*

Beweis: Formal ist die Kommutativität

$$\mu' \circ f = g \circ \mu$$

des Diagramm in Abbildung 11.8 zu zeigen. Diese erhalten wir, wenn wir $f = \lambda(\pi_G)$ und $g = \bigoplus_{O \in O(G^\circ)} \beta^1(\lambda(\pi_G)|_O)$ setzen:

$$\mu((\lambda(\pi_G)(Org_1, Ag_1)) = \bigoplus_{O \in O(G^\circ)} \beta^1(\lambda(\pi_G)|_O) \left(\mu(Org_1, Ag_1) \right)$$

Also sind alle Transformationen der Organisation durch eine verteilte Meta-Planung der Teammitglieder implementierbar.
q.e.d.

11.5 Organisationsmetriken

Um eine Meta-Planung geeignet operationalisieren zu können, müssen wir Optimalitätsfaktoren definieren, die bewerten, ob eine Transformation die Struktur verbessert oder verschlechtert. Dazu definieren wir ein Maße, die eine Organisation bewerten. Diese Maße sind Einflussparameter für die Transformation, denn im allgemeinen lohnt es sich nur dann, eine Organisation zu transformieren, wenn sich die Bewertung verbessert.

Nehmen wir an, dass es n verschiedene Bewertungsmaße einer Organisation gibt und dass sich diese reellwertig quantifizieren lassen. Eine *Organisationsmetrik* ist dann eine Abbildung:

$$v : \mathcal{ORG} \to \mathbb{R}^n$$

Definiere für die Transformationen $f : (Org_1, Ag_1) \mapsto (Org_2, Ag_2)$ die Werte $v_1 = v(Org_1, Ag_1)$ und $v_2 = v(Org_2, Ag_2) = v(f(Org_1, Ag_1))$. Dann gibt es verbessernde, verschlechternde und unvergleichbare Transformationen f, nämlich dann, wenn mit der partiellen Ordnung $\leq$ auf Vektoren gilt:

$$\begin{array}{ll} \text{Verbesserung:} & v_1 \leq v_2 \\ \text{Verschlechterung:} & v_1 \geq v_2 \\ \text{Unvergleichbarkeit:} & v_1 \not\leq v_2 \wedge v_1 \not\geq v_2 \end{array}$$

Der Fall der Unvergleichbarkeit tritt also dann auf, wenn f die Bewertung bezüglich einiger Kriterien verbessert, gleichzeitig aber bezüglich einiger anderer Kriterien verschlechtert. Eine eindeutige Bewertung von f ist dann also nicht möglich.

Jede Transformation benötigt Ressourcen, beispielsweise Zeit oder Geld. Wir nehmen an, dass es m verschiedene Ressourcentypen gibt. Wir treffen die Annahme, dass sich die Transformation f in ihrem Bedarf für alle Argumente (Org_1, Ag_1), d.h. für alle Organisationen, gleich verhält. Diese Annahme der Uniformität ist plausibel, da unsere Transformationen sich von Transformationsmustern ableiten, und diese verhalten sich für alle Organisationen gleich, da sie nur auf ihrem Muster arbeiten und den weiteren Kontext, in dem sie das Muster vorgefunden haben, ausblenden. Unter dieser Annahme lassen die Kosten einer Transformation durch eine Abbildung in die nicht negativen Zahlen modellieren, die sich durch die Summe der Einzelkosten ergibt:

$$c : \mathcal{TM} \to \mathbb{R}_+$$

Für eine gegebene Transformation f, die wir auf eine MAS-Organisation (Org, Ag) anwenden, berücksichtigen wir die drei Größen

$$v_1 = v(Org, Ag), \qquad v_2 = v(f(Org, Ag)) \quad \text{und} \quad c(f),$$

um zu entscheiden, ob die Transformation f vorgenommen werden soll. Hierbei können die drei Größen unterschiedlich verknüpt werden. Ein einfaches Kriterium ist es, im Falle $v_1 \leq v_2$ den Quotienten aus der absoluten Verbesserung $v_2 - v_1$ und den Kosten heranzuziehen, also: Verbesserung pro Kosten. Die Verbesserung gewichten wir dabei noch linear mit $a \in \mathbb{R}_+^n$:

$$eval(f, Org, Ag) := \frac{a(v(f(Org, Ag)) - v(Org, Ag))}{c(f)}$$

Der Gewichtungsfaktor a kann im Falle unvergleichbarer MAS-Organisationen entscheiden, welche der n Kriterien stärker zu berücksichtigen sind.

Mit diesem Maß versehen ist es naheliegend, unsere Reorganisation so zu gestalten, dass $eval(f, Org, Ag)$ maximiert wird. Reorganisation reduziert sich damit dann zu einem Optimierungsproblem. Offen ist bislang noch, auf welche Maße sich die Metrik stützt. Betrachten wir im folgenden einige naheliegende Kandidaten.

Zunächst halten wir fest, dass wir bereits ein grundlegendes Instrument zur Bewertung der Organisationsstruktur kennengelernt haben, nämlich die Wohlgeformtheit und die Charakterisierung der Tätigkeitspfade bezüglich der sicheren Bearbeitbarkeit von Aufgaben. Dieses Maß ist ein ausschließendes, da nur wir nur wohlgeformte Organisationen heranziehen wollen. Betrachten wir nun, welche weiteren möglichen Bewertungen existieren.

Organisationsnetz Die Wohlgeformtheit einer Organisation impliziert bereits eine Vielzahl wünschenswerter Eigenschaften. So gibt es keine unnützen Teams, es gibt keine Teamprozesse, die nicht korrekt gesteuert würden usw. Die Organisation ist somit funktional korrekt – ein für den praktischen Einsatz wichtige Eigenschaft, die wir hier aber nicht in die Bewertung mi taufnehmen können, da wir ja nicht wohlgeformte Organisationen von der Betrachtung ausgeschlossen haben.

Darüberhinaus können wir die Organisation als Netzwerk analysieren. Eine Kenngröße ist der Alternativgrad einer Organisation, die sich in der Anzahl der Alternativen bemisst, die zu einer Ausführung einer Aufgabe herangezogen werden können. Diese Größe können wir folgendermaßen quatifizieren:

$$\max\{|p^\bullet| : p \in P\} \quad (11.5)$$

Eine damit verwandte Kenngröße misst die Delegationsverzweigung, d.h. die Anzahl der Subtasks, die zur Bewältigung einer Aufgabe herangezogen werden. Diese Größe können wir folgendermaßen quantifizieren:

$$\max\{|t^\bullet| : t \in T\} \quad (11.6)$$

Organigramme Faltet man alle Stellen und alle Transitionen einer Position $O \in \mathcal{O}$ zu einem Knoten, so erhält man einen Graphen, der das Organigramm

11.5 Organisationsmetriken

der abstrakten Organisation darstellt. Dieser Graph ist im allgemeine nicht zyklenfrei, wie man anhand des Organisationsnetzes in Abbildung 11.12 und seiner Vergröberung in Abbildung 11.13 erkennen kann.

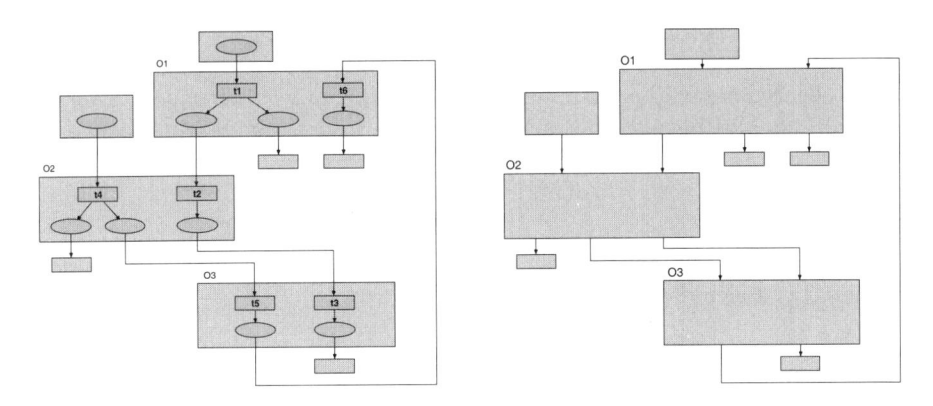

Abbildung 11.12: Organisation   Abbildung 11.13: Vergröberung

Durch die Vergröberung werden durch die Kanten nur noch abstrakte Kommunikationsbeziehungen beschrieben, bei denen die jeweilige Tätigkeit und deren Abhängigkeiten ausgeblendet werden. Es ist offen, ob die Kommunikationsbeziehungen statisch, d.h. für alle Aktivitäten gleich sind, oder ob sie vom Aufgabenprofil abhängen.

In dem Organisationsnetz in Abbildung 11.12 existiert der Abhängigkeitspfad $t_1 t_2 t_3$, der eine Hierarchie der Positionen von O_1 über O_2 zu O_3 nahelegt. Diese Hierarchie deckt sich jedoch nicht mit der des Abhängigkeitspfade $t_4 t_5 t_6$ der von O_2 über O_3 zu O_1 verläuft. In betrieblichen Organisationsstrukturen ist es vorteilhaft, die Organisationsstrukturen (insbesondere die Weisungsstrukturen) für alle Aufgabenpfade identisch zu gestalten, um so einen aufwändigen Kontextwechsel der Delegationsbefugnisse zu vermeiden.

Die Zyklenfreiheit des Graphen erlaubt es, auf die Zyklenfreiheit der Tätigkeitspfade, bzw. ihre Endlichkeit zu schließen. Die Umkehrung gilt jedoch, wie wir gesehen haben, im allgemeinen jedoch nicht. Generell ist eine Modellierung einer Organisation, deren Organigramm bereits zyklenfrei sein muss, zu eingeschränkt. In diesem Fall ist es notwendig, die Tätigkeitspfade selbst zu analysieren. Ein Organisationsmaß sollte daher Organisationsnetze besser bewerten, wenn ihr Organigramm zyklenfrei ist.

Organigramme leisten darüberhinaus auch beim Entwurf des Multiagentensystems einen wichtigen Beitrag, denn wenn wir zum Organigramm einen aufspannenden Baum konstruieren, dann erhalten wir einen hierarchischen Namensraum, der geeignet ist, dass System auf verschiedene physikalische Rechner zu verteilen.

Rollenredundanz Rollen- und Dienstnetzzuweisung liefern wichtige Bewertungen beim Zuschnitt der Position. Die Positionen sollen nämlich einerseits allumfassend sein, um die Kommunikationskosten und den Overhead, der durch Aufteilung der Aufgaben entsteht, gering zu halten. Andererseits ist eine Verteilung und Spezialisierung wünschenswert, da sie eine leichte Wartbarkeit und Lastverteilung ermöglichen.

Die Rollenredundanz bezogen auf Positionen können wir berechnen, indem wir $R(^\bullet O \cap T)$ als Multimengen betrachten und damit die folgende Multimenge definieren:

$$Red(N) := \sum_{O \in \mathcal{O}} R(^\bullet O \cap T)$$

Für jede Rolle $r \in Rol$ gibt $Red(N)(r)$ die *Redundanz* von r an. Das Rollenredundanzmaß ergibt sich dann folgendermaßen:

$$\frac{\sum_{r \in Rol} Red(N)(r)}{|Rol|} \qquad (11.7)$$

Die Redundanz schätzt grob die Spezialisierung der einzelnen Positionen ab. Eine hohe Spezialisierung ist einerseits sinnvoll, da sie die Teamformation erleichtert, andererseits ist Redundanz sinnvoll, um Alternativen zu besitzen.

Dienstüberlappung Wir wollen nun betrachten, wie sehr sich die Positionen bezüglich der von ihnen angebotenen Dienste $D(T \cap O)$ überlappen. Dazu müssen wir definieren, wann sich Dienste überschneiden. Die in einem Dienstnetz verwendeten Typen liefern einen Hinweis, wie groß die Übereinstimmung ist, vorausgesetzt natürlich, dass das Typsystem, d.h. die Systemenontologie, fein genug modelliert ist. Die Menge der in D verwendeten Typen ist:

$$\{d(p) \mid p \in P_D\}$$

Zwei Dienste D_1 und D_2 stehen miteinander in Verbindung, wenn es einen Typ gibt, der in beiden genutzt wird. Diese Relation auf Dienstnetzen bezeichnen wir mit R_{Dienst}:

$$(D_1, D_2) \in R_{Dienst} : \iff \exists p_1 \in P_1 : \exists p_2 \in P_2 : d(p_1) = d(p_2)$$

Man kann die Aussagekraft noch verbessern, wenn man elementare Typen wie Integer usw. von der Betrachtung ausnimmt. Die Relation R_{Dienst} ist reflexiv und symmetrisch. Wir können daher die Bezirke $C \in \text{Bez}(R_{Dienst})$ der Relation R_{Dienst} berechnen, d.h. die maximalen Mengen von Diensten, die paarweise miteinander in Relation stehen. Die Bezirke entsprechen in der ersten Näherung Datenspeichern, die verwandte Datentypen und ihre Instanzen aufnehmen. Typen, die nicht gemeinsam verwendet werden, können in verschiedenen Datenspeichern abgelegt werden.

11.5 Organisationsmetriken

Das Überlappungmaß ist die kumulierte Anzahl der Gemeinsamkeit der Positionen mit den Bezirken:

$$\sum_{O \in \mathcal{O}} |\{C \in \text{Bez}(R_{Dienst}) : C \cap D(T \cap O) \neq \emptyset\}| \tag{11.8}$$

Dieser Wert ist besonders groß, wenn Positionen an vielen Bezirken partizipieren, d.h. wenn sie an vielen Datenspeichern angeschlossen sind.

Diese Information können wir ebenfalls für die Implementation nutzen, denn die von mehreren Positionen gemeinsam genutzten Typen definieren Cluster, die zum schnelleren Zugriff auf die mit den Typen assoziierten Daten auf einem physikalischen System verwaltet werden. Diese Anforderung tendiert dazu, zentralisierte Ansätze zu bevorzugen. Dies steht meist jedoch im Widerspruch zu der Forderung nach einer physikalischen Dezentralisierung. Zwischen diesen beiden Punkten muss ein Ausgleich gefunden werden. Hierbei ist das Überlappungsmaß ein wichtiges Hilfsmittel.

Teamwork Eine weitere interessante Größe betrifft die Teamaktivität. Hierbei versuchen wir abzuschätzen, wie positiv sich die organisationale Koordinierung durch die Teambildung und die Steuerung auswirkt. Es ist anzustreben, dass die Organisation für den einzelnen Agenten eine Reduktion des Koordinierungsoverheads bedeutet, und dass die Steuerung eine Vergrößerung des Entscheidungsspielraum bedeutet, da „irrelevante" Möglichkeiten ausgeblendet werden. Die Gefahr, die dabei droht, ist natürlich, auch relevante, interessante Prozesse auszublenden. Wollen wir dies quantifizieren, so sind wir darauf angewiesen, dass wie jedem Ablauf eines Dienstes eine Bewertung geben können. Sei $M_0 \xrightarrow{w} M_f$ ein korrekter Ablauf von D. Diesen bewerten wir mit der Abbildung v_π.

Nun vergleichen wir zu einer Rolle $R \in \mathcal{R}$ den Mittelwert $\bar{v}_0$ aller Abläufe der Menge

$$\bar{v}_0 := \text{avg}\left\{v_\pi(w) : M_0 \xrightarrow[D]{w} M_f, R(D) = R, D \in \mathcal{D}\right\}$$

mit dem Mittelwert $\bar{v}_{Org}$ der Menge aller Abläufe, den die gesteuerten Teams $D(G) \times \hat{\psi}(G)$ der Organisation erzeugen:

$$\bar{v}_{Org} := \text{avg}\Big\{v_\pi(w) : M_0 \xrightarrow[D(G) \times \hat{\psi}(G)]{w} M_f, \ G = G(K, \phi),$$
$$(K, \phi) \in \mathcal{K}^{pg}(N, \{p\}), p \in Start_{Org}(R)\Big\}$$

Der Quotient der beiden Größen ist dann ein Maß für die Verbesserungen durch die organisationelle Koordinierung:

$$\frac{\bar{v}_{Org}}{\bar{v}_0} \tag{11.9}$$

Natürlich hängt das Maß in problematischer Art und Weise von der geschickten Wahl der konkreten Bewertung der Abläufe $v_\pi(w)$ ab. Sie generell zu definieren ist praktisch nicht möglich. Nur wenn man den einzelnen Tätigkeiten t von D Kosten und Nutzen zuweisen kann, mag dies für diesem konkreten Spezialfall gelingen.

Daneben kommt es auch auf die Größe des Regelwerks an, denn die Regeln müssen leicht zu befolgen sein, damit sie die Agenten internalisieren können. Außerdem stellt sich die Frage, ob überhaupt noch die richtigen Prozesse geregelt werden, oder ob man mit einer Vielzahl an Regeln versucht, solche Aktivitäten auszuschließen, die von den Organisationsmitgliedern aufgrund externer Einflüsse gar nicht gewählt werden.

Zusammenfassung

In diesem Kapitel haben wir Reorganisationsprozesse als spezielle organisationale Aktivität behandelt. Reorganisation werden durch Organisationstransformationen vorgenommen, d.h. durch formale Abbildungen, die Organisationen wiederum auf Organisationen abbilden.

Wir haben speziell solche Transformationen untersucht, die vom System selbst erbracht werden. Diese Selbstorganisation wird durch Transformationsteams erbracht, in denen jeder Agent nur spezielle Transformationen vornehmen darf, nämlich eine Teilmenge der lokalen Transformationen, die wir als transparent bezeichnet haben, weil ihre Wirkung auf die Interna des transformierenden Agenten beschränkt bleibt. Aus diesem Grund lässt sich die auf den Agenten lokalisierte Transformation als Meta-Planung des SONAR-Agenten auffassen, da diese ja ebenfalls die Interna modifiziert.

Weiterhin haben wir untersucht, welche elementaren Tranformationen auf Organisationen wir unterstützen wollen, nämlich beispielsweise die Vergröberung und Verfeinerung von Positionen oder von von Tasks; die Aufspaltung und Verschmelzung von Positionen; das Umlenken von Delegationsbeziehungen; das Generieren und Löschen von Delegationsbeziehungen oder von Tätigkeiten und Aufgabenprofilen. Dies erzeugt einen Basissatz an Transformation.

Für die Agenten ist darüberhinaus noch wichtig, entscheiden zu können, wann Transformationen nützlich sind. Dazu muss der Agent den Aufwand einer Transformation zu der Verbesserung ins Verhältnis setzen. Um die Verbesserung einer Transformation bewerten zu können, haben wir Organisationsmetriken eingeführt, die jeder Organisation eine mehrdimensionale Bewertung auf Basis des Organisationsnetzes, des Organigramms, der Rollenredundanz und der Dienstüberlappung zuweist.

Transformationen bilden eine Form der Koordination, mit der eine Organisation reflexiv auf sich selbst einwirkt. Transformationsregeln stellen hierbei Meta-Strukturen der Organisation dar, d.h Strukturen zweiter Ordnung. So wie Transformationsregeln auf die Organisationsstrukturen einwirken, so existieren Regeln

11.5 Organisationsmetriken

```
Handlungen
    Dienste
        Gruppen, Teams
            Organisationen
                Transformationen 1. Stufe
                    Transformationen 2. Stufe
                        . . .
                            Transformationen $n$. Stufe
                                . . .
```

Abbildung 11.14: Koordinierungsmechanismen

zweiter Stufe, die ihrerseits auf die Transformationsregeln einwirken. Diese Regeln der zweiten Stufe sind dann Organisationsstrukturen der dritten Ordnung. Diese Schichtung setzt sich im Prinzip unbegrenzt fort. Mit SONAR haben wir somit einen unbegrenzten Stapel an Koordinierungsmechanismen zur Selbstorganisation formalisiert (vgl. Abb. 11.14): Auf der untersten Stufe strukturieren Dienste die Menge der Handlungsprozesse. Auf der zweiten Stufe finden sich die Teams, die aus der Menge aller Dienste einen speziellen auszeichnen: den Teamdienst. Die Menge aller Teams wird wiederum durch die Organisation generiert. Die Organisation selbst enthält dann alle Stufen der Transformation.

Nach dieser Untersuchung der formalen Organisation widmen wir uns im folgenden Kapitel den Wechselwirkungsformen mit den informellen Anteilen.

Literaturverzeichnis

[Glaser und Morignot 1997] GLASER, Norbert ; MORIGNOT, Philippe: The Reorganization of Societies of Autonomous Agents. In: BOMAN, Magnus (Hrsg.) ; VELDE, Walter V. de (Hrsg.): *Multi-Agent Rationality, 8th European Workshop on Modelling Autonomous Agents in a Multi-Agent World* Bd. 1237, Springer-Verlag, 1997, S. 98–111

[Hoffmann u. a. 2005] HOFFMANN, Kathrin ; EHRIG, Hartmut ; MOSSAKOWSKI, Till: High-Level Nets with Nets and Rules as Tokens. In: *Application and Theory of Petri Nets and Other Models of Concurrency* Bd. 3536, Springer-Verlag, 2005, S. 268 – 288

[Jessen und Valk 1987] JESSEN, Eike ; VALK, Rüdiger: *Rechensysteme – Grundlagen der Modellbildung*. Springer-Verlag, 1987

[Kirn und Gasser 1998] KIRN, Stefan ; GASSER, Les: *Organizational Approaches to Coordination in Multi-Agent Systems*. 1998

[Köhler-Bußmeier u. a. 2009] KÖHLER-BUSSMEIER, Michael ; WESTER-EBBINGHAUS, Matthias ; MOLDT, Daniel: A Formal Model for Organisational Structures behind Process-Aware Information Systems. In: *Tansactions on Petri Nets and Other Models of Concurrency* (2009). – to appear

[Padberg u. a. 1998] PADBERG, J. ; GAJEWSKY, M ; ERMEL, C.: Rule-based refinement of high-level nets preserving safety properties. In: ASTESIANI, E. (Hrsg.): *Proceedings of ETAPS-FASE: Fundamental approaches to software engineering*, Springer-Verlag, 1998 (LNCS 1382), S. 221–238

[Padberg u. a. 1995] PADBERG, J. ; MAHR, E. ; RIBEIRO, L.: Algebraic high-level net transformation systems. In: *Mathematical structures in computer science* (1995), Nr. 5, S. 217–256

[Panzarasa und Jennings 2001] PANZARASA, Pietro ; JENNINGS, Nicholas: The organisation of sociality: A manifesto for a new science of multiagent systems. In: *Proceedings of the Tenth European Workshop on Multi-Agent Systems (MAAMAW01)*, 2001

[Rinderle-Ma und Reichert 2007] RINDERLE-MA, Stefanie ; REICHERT, Manfred: A Formal Framework for Adaptive Access Control Models. In: *Journal on Data Semantics IX*, Springer-Verlag, 2007 (Lecture Notes in Computer Science), S. 82–112

[Schillo 2003] SCHILLO, Michael: Self-Organization and Adjustable Autonomy: Two Sides of the Same Coin? In: *Connection Science* 14 (2003), Nr. 4, S. 345–360

[Schillo u. a. 2000]   SCHILLO, Michael ; FISCHER, Klaus ; KLEIN, Christof: The Micro-Macro Link in DAI and Sociology. In: MOSS, S. (Hrsg.) ; DAVIDSSON, P. (Hrsg.): *Second International Workshop on Multi-Agent Based Simulation* Bd. 1979, Springer-Verlag, 2000, S. 133–148

[Shoham und Tennenholtz 1994]   SHOHAM, Yoav ; TENNENHOLTZ, Moshe: On social laws for artificial agent societies: off-line design. In: *Artificial Intelligence* 72 (1994), Nr. 1-2, S. 231–252

[Turner und Jennings 2001]   TURNER, Phillip J. ; JENNINGS, Nicholas R.: Improving the Scalability of Multi-agent Systems. In: *Proceedings of the First International Workshop on Infrastructure for Scalable Multi-Agent Systems* Bd. 1887, Springer-Verlag, 2001, S. 246ff.

[Walker und Wooldridge 1995]   WALKER, A. ; WOOLDRIDGE, M. J.: Understanding the Emergence of Conventions in Multi-Agent Systems. In: *Proceedings of the 1st International Conference on Multiagent Systems (ICMAS'95)*, 1995

12 Agentensysteme als Interaktion von Organisation und Mitgliedern

MICHAEL KÖHLER-BUSSMEIER

Eine Organisation ergibt sich als die Verschränkung der formalen Organisation mit ihrem informellen Anteil, der sich durch die Organisationsmitglieder ergibt. In unserem Fall geschieht dies, indem wir jeden Positionsagenten mit einem Mitgliedsagenten koppeln. Der Mitgliedsagent füllt den Positionsagenten mit „Leben" an. Damit erweitern wir – aufbauend auf unseren Vorarbeiten in (Köhler-Bußmeier u. a., 2008, 2009) – den SONAR-Ansatz hin zu einem Entwicklungsmodelle, analog zu bestehenden wie beispielsweise MASE (DeLoach u. a., 2001), GAIA (Zambonelli u. a., 2003), Taems (Nagendra u. a., 1996), TROPOS (Bresciani u. a., 2004), OMNI (Dignum u. a., 2004), Tropos (Bresciani u. a., 2004), MOISE (Hannoun u. a., 2000) und ODML (Horling und Lesser, 2005).

12.1 Positionen und Organisationsmitglieder

Betrachte die komplette Organisation in Abbildung 12.1, bei der sich zwei Firmen zu einer virtuelle Organisation zusammengeschlossen haben. Die Elemente, die sich in der Abbildung innerhalb des mit „virtuelle Organisation" beschrifteten Bereichs befinden, stellen die formale Organisation dar, die aus der Organisationsstruktur, den Positionen (hier: der Initiator, der Koordinator und die beiden Firmenrepräsentanten) und den Aufgaben besteht. In der agentenorientierten Umsetzung des Modells wird jede Position durch einen Agenten implementiert. Obwohl jetzt Agenten im Spiel sind, handelt es sich immer noch um die formale Organisation, denn die Agenten implementieren nur die mit der Position verbundenen Handlungsstrukturen. Von der Position streng zu trennen ist aber der Positionsinhaber – das Organisationsmitglied.

Um die Organisation zu erhalten, müssen wir alle Positionen mit Mitgliedern besetzen. In der Abbildung ist dies durch zusätzliche eingefügte Agenten dargestellt. Man beachte, dass diese *Mitgliedsagenten* für die Organisation *extern* sind, denn Organisationsmitglieder sind nach strenger theoretischer Auffassung nicht Bestandteil der Organisation, sondern nur durch Mitgliedschaft mit ihr assoziiert

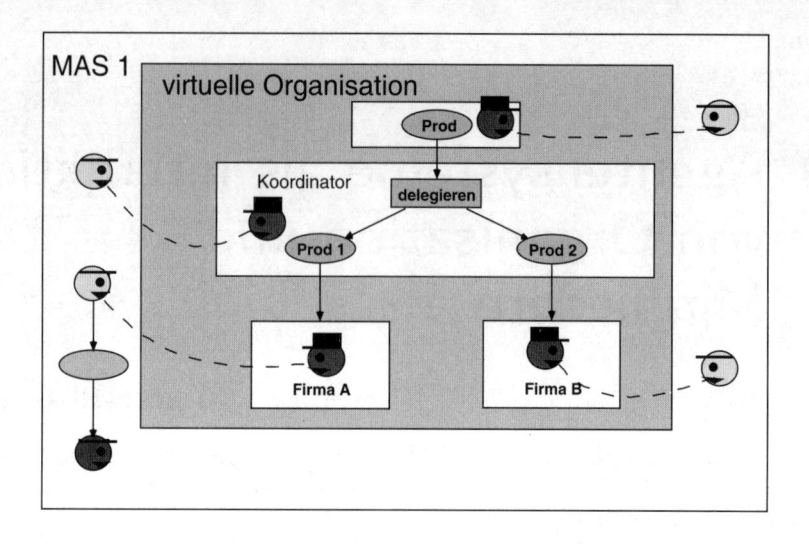

Abbildung 12.1: Implementation der formalen Organisation

– in der Abbildung durch eine gestrichelte Linie dargestellt. Der Mitgliedsagent, der die Position implementiert, kommuniziert mit dem Positionsagenten, der seine einzige Schnittstelle zur Organisation darstellt. Durch die Rollen der Position ist festgelegt, welche Fähigkeiten der Agenten mitzubringen hat und welche Aktivitäten er ausführen muss. Formale Organisation und ihre Mitglieder bilden zusammen die informelle Organisation. Daneben gibt es auch noch die Agenten, die mit keiner Positionen assoziiert sind. In der Abbildung 12.1 ist diese der Agent links unten. Solche Agenten sind weder Bestandteil der formalen noch der informellen Organisation.

Die Position ist ein Akteur, der mit Abläufen auf die Umwelt reagiert. Diese Abläufe werden zwar von Mitgliedern der Organisation getragen, sind jedoch gleichzeitig in ihrer Existenz von ihnen unabhängig, da ihre Grundstruktur von den Positionsagenten, also der formalen Organisation, bereits festgelegt ist. Es liegt nahe, das in Kapitel 7 dargestellte Akteursmodell unter dem Blickwinkel von formalen wir informalen Organisationselementen zu betrachten, denn die Art und Weise, wie die Position agiert, entspricht denen eines SONAR-Agenten (vgl. dazu Abbildung 12.2). Die von den Positionen getragenen organisationalen Transformationen stellen die Institutionalisierungsprozesse dar, die Teamplanung entspricht der Koordination und die Teamformation erzeugt die institutionalisierten Konstellationsarten, innerhalb dessen die Mitglieder agieren. Wir erkennen hier die in Abbildung 7.17 dargestellte selbstähnliche Korrespondenz von Mikro- und Makroprozessen wieder. Positionen und Mitglieder sind somit unterschiedliche Perspek-

12.1 Positionen und Organisationsmitglieder

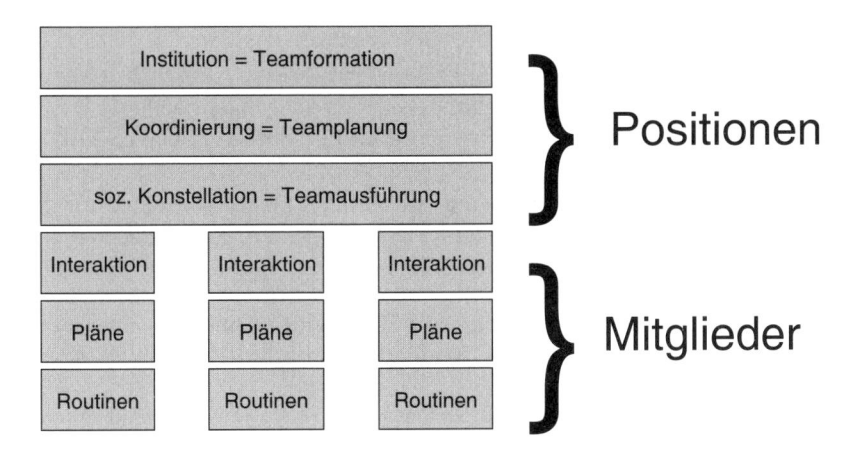

Abbildung 12.2: Dualität von Positionen und Mitgliedern

tiven auf das Organisationsgeschehen, die beide geleichermaßen relevant sind und auch beide in der SONAR-Architektur repräsentiert werden.

Diese Trennung in Positions- und Mitgliedsagenten mag einem auf den ersten Blick redundant erscheinen. Sie ist aber auch in hohem Maße auch im praktischen Kontext der Software-Entwicklung nützlich, nämlich immer dann, wenn die Entwicklung der Organisation getrennt von der ihrer Mitglieder vorgenommen wird. Dies ist beispielsweise typisch für die Entwicklung von Handelsplattformen aus dem Bereich des *e-commerce*, hier speziell der Bereich: *business to business (B2B)*. Hier sollen Agenten verschiedener Unternehmen bei der Anbahnung und Abwicklung elektronischer Verträge unterstützt werden. Aus Sicht der Plattform sind dazu Handelsregeln für die Preisfindung und die Vertragsabwicklung zu entwickeln. Da die Agenten der Marktteilnehmer jedoch in den Unternehmen entwickelt werden, kann die Entwicklung nur die formale Organisation betrachten. Bei der Analyse der Plattform können daher keine spezifische Eigenschaften der Mitgliedsagenten angenommen werden. Daher ist allein eine Kontrolle der Mitglieder durch die von den Positionsagenten überwachten organisationalen Handelsregeln in diesem Szenario sinnvoll. Von dieser Trennung unbenommen bleibt die Tatsache, dass das Wechselspiel von konkreten Positionen und Mitgliedern eine adjustierende Anpassung der Handelsregeln – im Sinne einer Ordnungspolitik der Organisation – nötig werden lässt.

Man beachte, dass die Organisation nur bestimmt, wie sich die Rollen und Positionen der Organisation zueinander verhalten. Es wird nicht erzwungen, dass ihre Mitglieder mit den Positionen identisch sind. Das implementierende Multiagentensystem besteht daher mindestens aus den Mitglieder, der informellen Organisation also, kann aber auch weitere externe Agenten enthalten, mit denen die Mitglieder informelle Kanäle unterhalten (vgl. Abbildung 12.1).

Bei der Besetzung besteht nicht notwendigerweise eine direkte Korrespondenz von Position und Mitglied. Es ist auch möglich, dass eine Agent mehrere Positionen besetzt. So ist es möglich, dass der Repräsentant der Firma A auch gleichzeitig als Koordinator tätig wird.

Der externe Mitgliedsagent kann nur mittels des Positionsagenten an den organisationalen Prozessen teilzunehmen.[1] Positions- und Mitgliedsagent teilen sich die Planung der organisationalen Prozesse. Teamwork umfasst drei Teilaspekte:

1. Die Teamformation: Sie generiert mit Hilfe des Organisationsnetzes und der Teamgenerationsfunktion γ ein Team G.

2. Die Teamplanung: Sie stellt sicher, dass alle lokalen Handlungspläne auch Teampläne sind, d.h. Prozesse, der die Steuerbedingung erfüllen: $\pi_A(G)(D)(p) \in Proc(D(G), \hat{\psi}(G))$.

3. Die Ausführungskontrolle: Die kontrollierte Ausführung des Teamplans stellt zur Laufzeit sicher, dass sich der Mitgliedsagent an das Teamnetz $D(G)$ und an die Teamsteuerung $\hat{\psi}(G)$ hält.

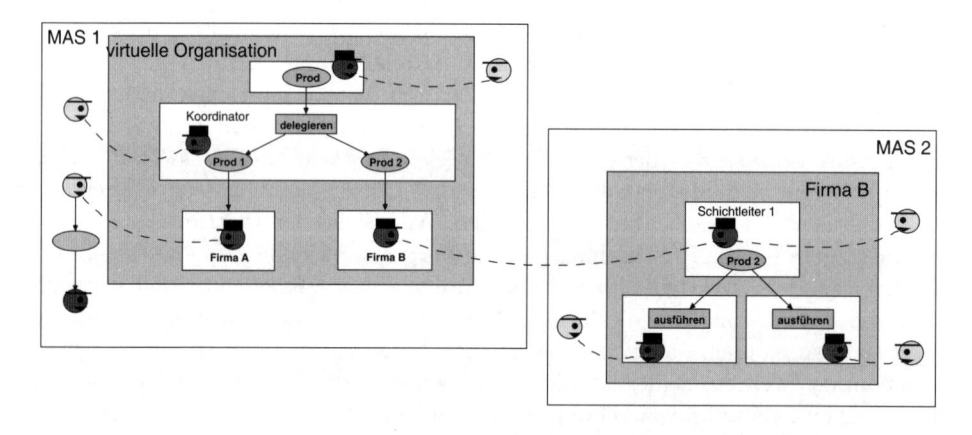

Abbildung 12.3: Organisationen als Organisationsmitglieder

Diese dualistische Sichtweise passt auch zur Perspektive der Organisationsverbünde. Abbildung 12.3 zeigt den Positionsagenten der Firma B, der nicht durch

---

[1] Hier verweisen wir auf die sozialtheoretische Besonderheit, dass es die Rollen der Organisationspostionen sind, die an organisationalen Prozessen teilnehmen, nicht aber – wie man denken könnte – die Akteure, die diese Rollen innehaben.

12.2 Die Organisation als Plattform

Aus der Sicht aller Agenten (Positionen, Mitglieder und Externe) dient die Organisation als Dienstleister, gewissermaßen als logische Plattform. Ihre zentrale Aufgabe ist die Verwaltung der Positionsbesetzungen, also die Verbindung von Positionsagenten und Mitgliedsagenten. Wir können diesen Aufbau mit dem eines allgemeinen Multiagentensystems vergleichen (vgl. dazu die Abbildung 12.4[2]). Ein Multiagentensystem ist das Netzwerk von Agentenplattformen. Jede Agentenplattformen. stellt für die von ihr verwalteten Agenten eine Laufzeitumgebung dar, die u.a. für die Nachrichtenkommunikation die aller Agenten im System die technischen Voraussetzung schafft. Die Interaktion der Agenten untereinander wird durch Protokolle gesteuert.

Abbildung 12.5 zeigt dagegen die Struktur eines organisationsorientierten Sonar-Multiagentensystems: Auf der obersten Abstraktionsebene ist die formale Organisation *Org*, hier dargestellt als ein Netzwerk aus Positionen. Die Positionen werden in Form der Positionsagenten implementiert und stellen ihrerseits den Kontext für die Mitgliedsagenten dar. Man erkennt sofort, dass die Organisation das strukturierte Pendant zum Agentensystem ist und der Positionsagentn das der Plattform.

Um die Besetzungen der Positionen zu verwalten, hält die Organisation alle offenen Stellenausschreibungen vorrätig, die von allen Agenten eingesehen werden können (vgl. dazu das Protokoll in Abb. 12.6). Im Allgemeinfall wird eine Stelle ausgeschrieben, sobald das aktuelle Mitglied aus der Organisation scheidet. Eine Ausnahme liegt bei der Initialisierung vor, bei der noch gar keine Mitglieder vorhanden sind und daher alle Stellen zunächst ausgeschrieben werden.

Ein Mitglied scheidet aus der Organisation aus, indem das Mitglied den Vertrag kündigt oder ihm von der Position gekündigt wird. In einem realen Multiagentensystem kann dies bedeuten, dass die aktuelle Implementierung der Positionsaufgaben durch eine neuere Version ersetzt wird. Kündigungen modellieren dann den Update-Vorgang in Form einer dynamischen Bindung. Kündigungen können aber auch ein Ausdruck der Fehlerbehandlung sein, die bei der Ausführungskontrolle (s.u.) auftreten kann.

Der betroffene Positionsagent, dessen Mitglied ausscheidet, regelt den Übergang vom ausscheidenden Mitglied zu seinem Nachfolger. Die Mitgliedschaft eines ausscheidenden Agenten endet erst, wenn alle laufenden Teamaktivitäten, in denen

---

[2] Es handelt sich bei der Abbildung um die Grobarchitektur des MULAN-Systems nach (Rölke, 2004).

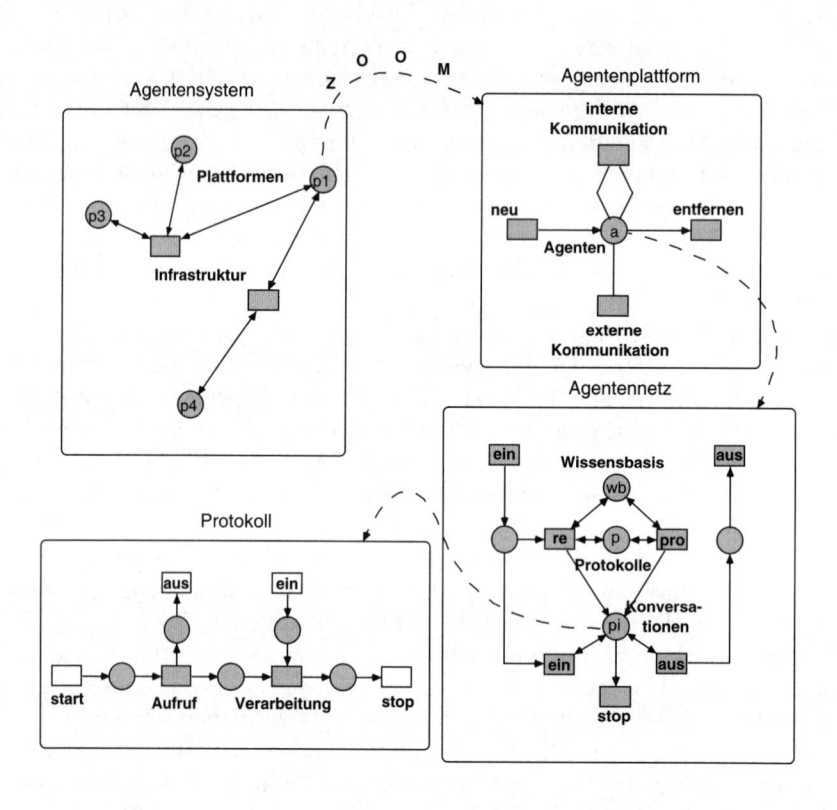

Abbildung 12.4: Grobstruktur eines Agentensystems (Abb. 7.2 in Rölke, 2004)

12.2 Die Organisation als Plattform   451

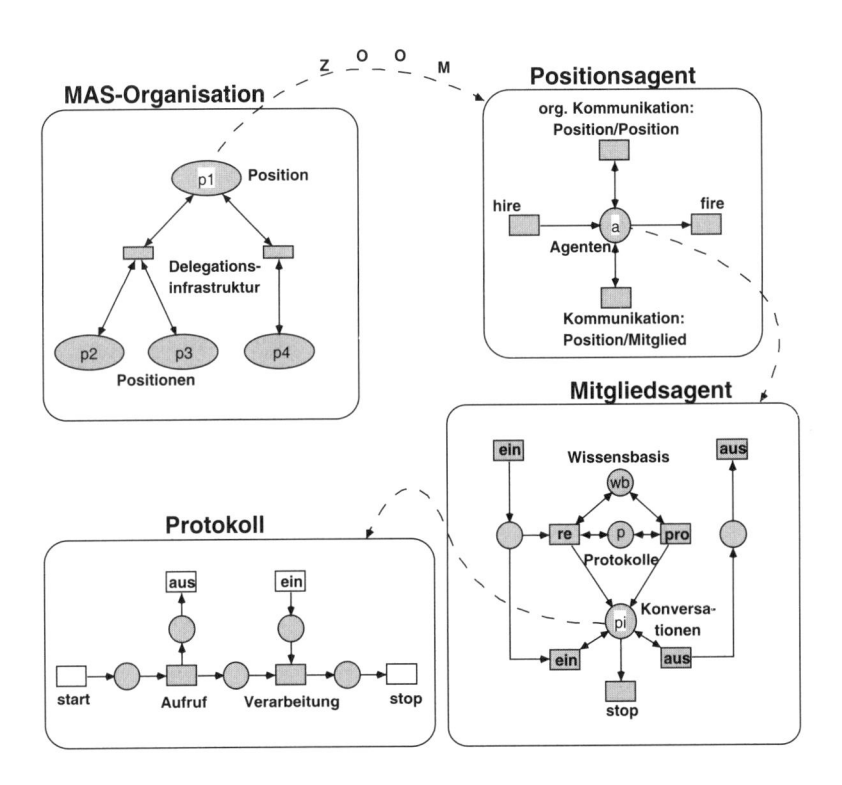

Abbildung 12.5: Struktur eines organisationsorientierten SONAR-MAS

das Mitglied involviert ist, beendet sind – und sei es nur, dass sie kontrolliert abgebrochen werden. Der Positionsagent leitet daher die laufenden Teamaktivitäten an den auscheidenden Agenten weiter, während die im Nachfolgenden begonnenen Teamaktivitäten schon vom Nachfolger bearbeitet werden. Im allgemeinen sind also in der Übergangszeit – wenn auch typischerweise nur für relativ kurze Zeit – mehrere Agenten als Besetzung einer Position tätig.

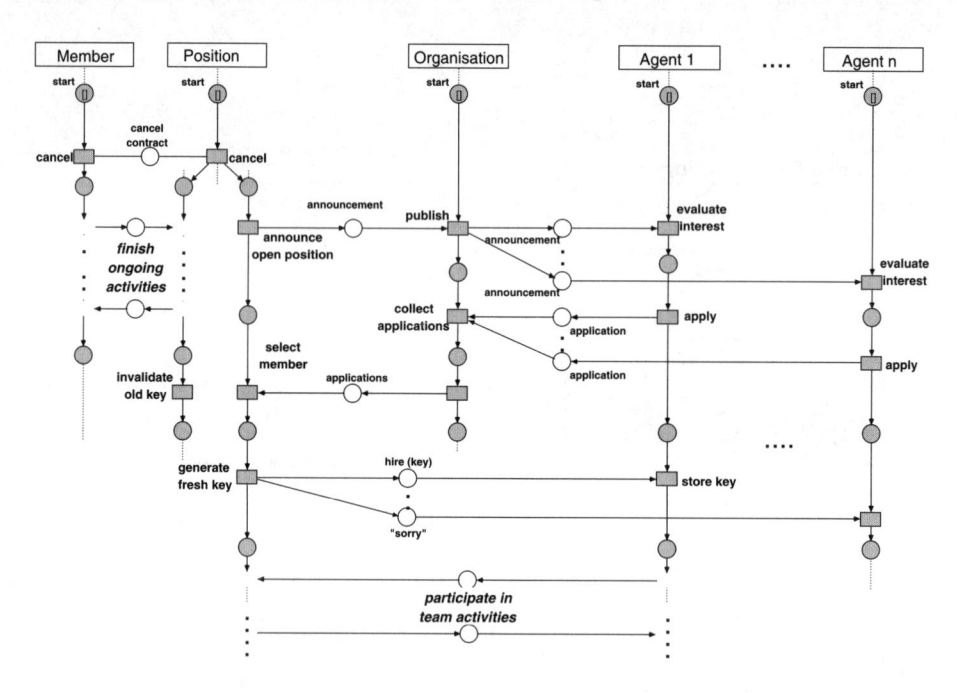

Abbildung 12.6: Protokoll zur Bindung von Position und Mitglied

In der praktische Umsetzung wird die Kommunikation von Mitglied und Position sowie innerhalb der Positionen durch kryptographische Techniken abgesichert. Bei der Initialisierung der Organisation werden alle Positionsagenten erzeugt. Außerdem generiert die Organisation für jeden erzeugten Positionsagenten einen asymmetrischen Schlüssel. Bei der Erzeugung wird jedem Positionsagent sein eigener Schlüssel sowie der öffentliche Schlüssel der Organisation mitgeteilt.

Die Organisation verwaltet die öffentlichen Schlüssel aller Positionsagenten und versendet diese – mit seinem eigenem Schlüssel signiert – auf Anfrage. Er agiert also als *Key-Server* der Organisation.

Die Schlüssel der Positionsagenten dienen dazu, die Nachrichten, welche die Positionsagenten einander schicken, zu signieren, so dass deren Herkunft kontrolliert werden kann. Dies verhindert, dass sich externe Agenten als Positionen ausgeben können. In einer Organisation wird also sichergestellt, dass nur Positionsagenten und auch nur solche, die dazu laut Organisationsnetz authorisiert sind, miteinander kommunizieren.

Die Kommunikation zwischen Position und Mitglied wird ebenfalls durch Verschlüsselung abgesichert. Dazu generiert der Positionsagent für die aktuelle Besetzung einen frischen Schlüssel und teilt ihn dem Mitgliedsagenten in dem Moment mit, in dem dieser eingestellt wird. Erst die Kenntnis des Schlüssels zeichnet den Agenten als Mitglied der Organisation aus.

Ein Agent kann nur mittels der Position als Organisationsmitglied mit anderen Mitgliedern kommunizieren. Wenn ein Mitgliedsagent eine Nachricht im Kontext seiner organisationalen Tätigkeit versenden will, so schickt er sie zunächst an seinen Positionsagenten. Diese Kommunikation wird durch den gemeinsamen symmetrischen Schlüssel abgesichert. Der Positionsagent signiert die Nachricht und schickt sie an den gewünschten Positionsagenten. Dieser überprüft die Signatur, signiert seinerseits und leitet die Nachricht an sein Mitglied weiter. Durch diesen Mechanismus können die Mitglieder einer Organisation Nachrichten, die ein Agent in seiner Aufgabe als Mitglied versendet, von solchen unterscheiden, die ein Agent als „Privatperson" versendet.

12.3 Teamwork: Formation, Planung und Ausführung

Die drei organisationalen Aufgaben, die Positionen wahrnehmen, sind – wie wir bereits in Abbildung 10.9 illustriert haben – die Teamformation, die Teamplanung und die Planausführung. Betrachten wir diese Prozesse im folgenden unter Einbezug der Mitglieder (siehe dazu auch Köhler und Wester-Ebbinghaus, 2007a; Köhler-Bußmeier und Wester-Ebbinghaus, 2008; Köhler-Bußmeier u. a., 2009).

12.3.1 Teamformation

Die Teamformation geschieht anhand der Teamgenerationsfunktion γ_A. Sie löst – wie bereits dargelegt – den Nichtdeterminismus im Organisationsnetz auf, um ein Team G zu erzeugen. Jeder Positionsagent A delegiert dabei Teilaufgaben an andere Positionsagenten $A_1, \ldots, A_m$, die ihrerseits rekursiv jeweils ein Teilteam erzeugen, das von A zu einem gemeinsamen Team zusammengesetzt wird. Der Positionsagent gibt die durch das Organisationsnetz $(N, \mathcal{O}, R, D)$ die Grundstruktur vor, während der Mitgliedsagent – typischerweise in Absprache mit der Position –

durch dem Teamkonstruktur τ die Partner auswählt:

$$\text{Positionsagent} \quad \xrightarrow{(N,\mathcal{O},R,D)} \quad G \quad \text{Mitgliedsagent}$$
$$\xleftarrow{\tau}$$

Hierbei ist essentiell, dass es die Positionsagenten A_i im Prinzip *nicht ablehnen* können, die Teilaufgaben zu bearbeiten. Als Teil Organisation sind sie zur Bearbeitung im Prinzip verpflichtet.

An dieser Stelle formulieren wir die Verpflichtung bewusst mit dem Attribut „im Prinzip", denn wenn der Agent eine Aufgabe aktuell nicht bearbeiten kann, beispielsweise weil er überarbeitet ist, dann existieren unterschiedliche Szenarien: der Agent bearbeitet die Aufgabe mit großer Verzögerung; der Agent kann eventuell im Ausnahmefall die Aufgabe ablehnen; der Agent kann die Aufgabe ablehnen, muss aber eine Strafe ableisten usw.

Welche der Varianten realisiert wird, hängt von der konkreten Implementation der Interaktion von Position und Mitglied ab. Verschiedene Implementation entsprechen dabei unterschiedlichen Organisationsstrukturen.

Ein Beispielprotokoll zur Teamformation zeigt die Abbildung 12.7. Hier fragt der delegierende Agent zunächst bei n Agenten an, ob und wie sie die Aufgabe erfüllen können. Anhand der Antworten entscheidet er sich für eine Teilmenge von m Agenten, an die er delegiert und die die Subteams erzeugen. Für die Darstellung einer Implementierung dieses Algorithmus mit Hilfe gefärbter Petrinetze wird auf (Köhler-Bußmeier und Wester-Ebbinghaus, 2008) verwiesen.

12.3.2 Teamplanung

Der Positionsagent gibt durch die Teamplanung, d.h. durch die Generierung von $G = G(K, \phi)$ das Dienstnetze $D = D_\Delta(\delta)[R(p)]$ und die Steuerung $\hat{\psi}(G)$ vor, während der korrespondierende Mitgliedssagent – typischerweise in Absprache mit der Position – den Plan $\pi = \pi(G)(D)(p)$ auswählt:

$$\text{Positionsagent} \quad \xrightarrow{D(G),\hat{\psi}(G)} \quad G \quad \text{Mitgliedsagent}$$
$$\xleftarrow{\xi,\pi_G}$$

In einer konkreten Implementierung wird der Mitgliedsagent eine Präferenz auf allen möglichen Teamplänen $\pi \in Proc(D(G), \hat{\psi}(G))$ besitzen. Die in dem Team G partizipierenden Positionsagenten handeln untereinander aus, wie die Präferenzordnungen der Mitglieder in Einklang gebracht werden, so dass ein Kompromiss in Form eines Teamplans π_G gefunden wird.

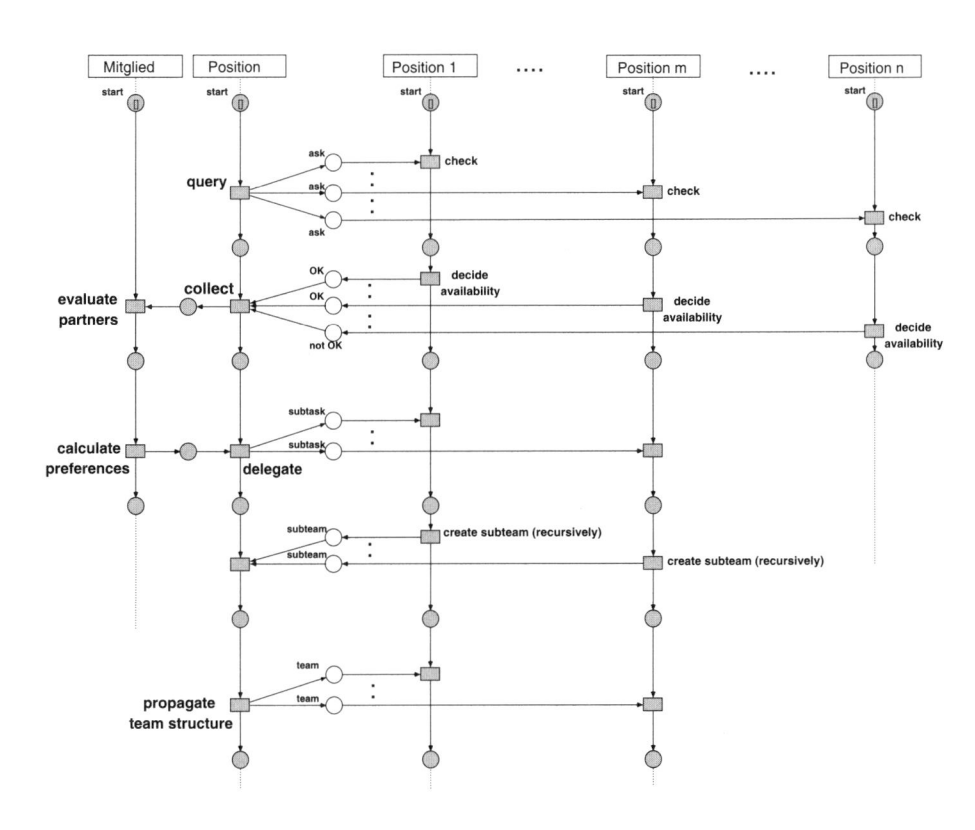

12.3 Teamwork: Formation, Planung und Ausführung

Abbildung 12.7: Protokoll zur Teamformation

Auch hier existieren in Abhängigkeit der Ausprägung der Organisation unterschiedliche Szenarien: der Mitgliedsagent muss den von den Positionsagenten ausgehandelten Kompromiss stets akzeptieren; er kann den Kompromiss ablehnen und nach Anpassung der Präferenz auf eine Neuverhandlung bestehen usw.

Außerdem kann es Autoritätsbeziehungen zwischen den Positionen geben, die gegebenenfalls absolut gelten oder abhängig vom Team sind. Welche der Varianten realisiert wird, hängt auch hier von der konkreten Implementation der Position/Mitglied-Interaktion ab. Für die Kompromissfindung, d.h. für die Konstruktion von $KS_\xi(G)$ nach Algorithmus 10.16, gilt beispielsweise, dass die Entscheidungen relativ zur Teamstruktur getroffen werden.

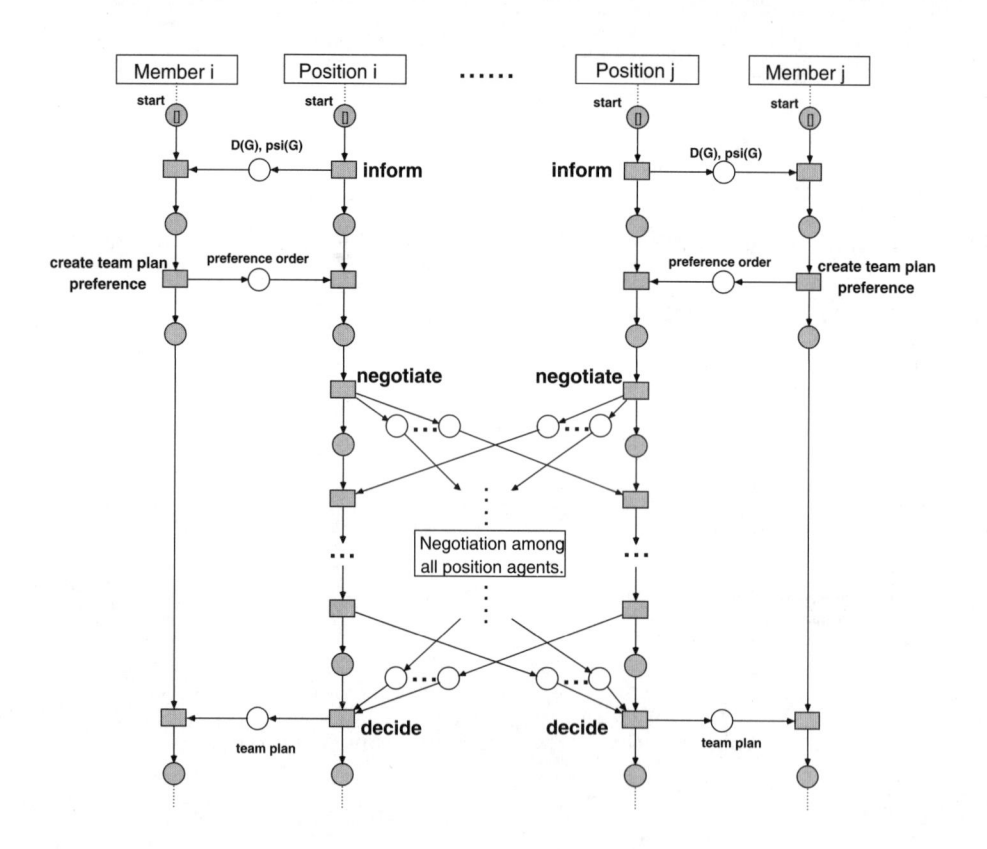

Abbildung 12.8: Protokoll zur Teamplanung

Ein Beispielprotokoll zur Teamplanung zeigt die Abbildung 12.8, bei dem die Positionsagenten eine Kompromiss aushandeln, wobei der Kompromiss für die Mitgliedern bindend ist.

12.3.3 Planausführung

Da der Positionsagent in wohlgeformten Organisation die Einhaltung der organisationalen Bedingungen garantiert, hat dies zur Auswirkung, dass der Mitgliedsagent eigentlich gezwungen ist, sich gemäß der organisationalen Regeln zu verhalten.[3] Dies kann jedoch aus der Sicht des Positionsagenten nicht erzwungen werden, da die Agenten weiterhin ihre Autonomie behalten. Der Mitgliedsagent ist also nicht gezwungen, sich an die Regeln zu halten. Hält er sich nicht an die Regeln, so liegt im technischen Sinne eine Typverletzung vor, die beispielsweise mit der Aufkündigung der Mitgliedschaft durch den Positionsagenten geahndet werden kann.

Im allgemeinen ist der Positionagent für eine geeignete Fehlerbehandlung im Sinne einer Ausnahmebehandlung (execption handling) zuständig. Ein Beispielprotokoll zur Kontrolle zeigt die Abbildung 12.9. Im Idealfall werden die Nachrichten einfach weitergeleitet. Nur im Fehlerfall tritt eine Ausnahmebehandlung ein, die hier auch den Mitgliedsagenten einbezieht.

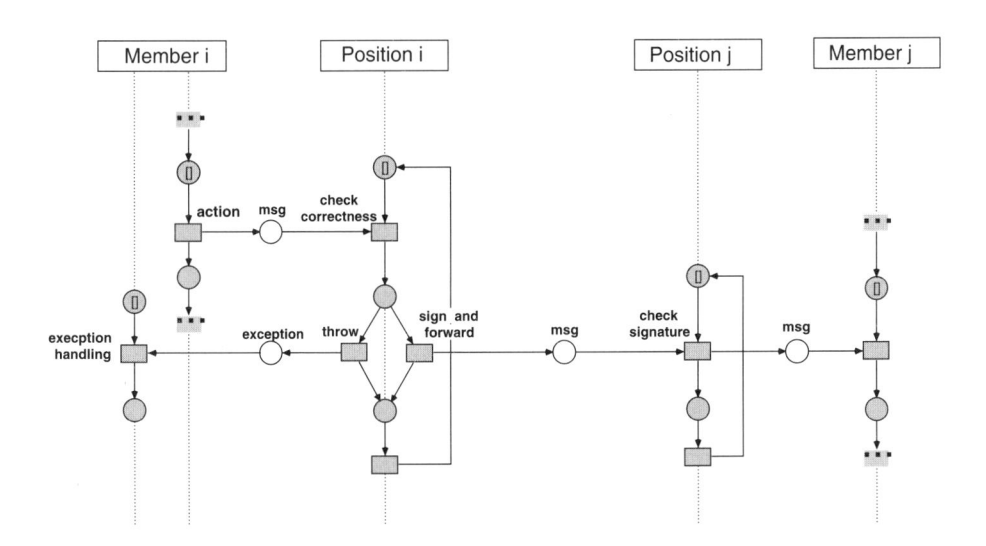

Abbildung 12.9: Protokoll zur Ausführungskontrolle

---

[3]Pointiert formuliert kann man sagen, dass sich ein Organisationsmitglied stets konform mit den Rollenerwartungen, da per Definition nur dann ein Organisationsmitglied ist, wenn er sich an die an ihn gestellten Anforderungen hält.

12.4 Ausprägung organisationaler Strukturen

Wie wir gesehen haben, besitzt Teamwork mit den drei Teilaspekten der Teamformation, der Teamplanung und der Ausführungskontrolle eine universelle, von den konkreten Aufgaben unabhängige Struktur. Wie wir gesehen haben, lässt dies aber dennoch großen Raum für die Implementation der Position/Mitglied-Interaktion.

Varianten zur Operationalisierung der Teamformation betreffen den Zwang für das Position/Mitglied-Paar, delegierte Aufgaben anzunehmen:

1. Jeder Positionsagent muss jede an ihn delegierte Teilaufgabe bearbeiten.

2. Jeder Positionsagent wird gefragt, ob er bereit ist, eine Teilaufgabe zu bearbeiten. Der delegierende Agent ist aber an eine Ablehnung nicht gebunden.

3. Ein Positionsagent darf sogar die an ihn delegierte Teilaufgabe ablehnen, vorrausgesetzt, dass die Bearbeitung durch einen anderen Agenten garantiert ist.

Varianten zur Operationalisierung der Teamplanung betreffen die Verbindlichkeit der Entscheidung einzelner Agenten für andere bei der Teamplanfindung. Allgemein gilt, dass die Positionsagenten einen Teamplan als Kompromiss aushandeln.

1. Manche Positionsagenten können Vorentscheidungen treffen, die für andere Positionsagenten im folgenden Verhandlungsprozess bindend sind. Diese Möglichkeit zur machtbesetzten, autoritären Planung ergibt sich anhand der Organisationsstruktur und ist unabhängig vom aktuellen Team.

2. Positionsagenten können für andere Positionsagenten bindende Vorentscheidungen treffen. Diese Autorität ergibt sich aber anhand der Teamstruktur, d.h. dass Positionen nur jenen Vorschriften machen können, die ihnen in der Baumstruktur des Teamnetzes untergeordnet sind.

3. Alle Positionsagenten nehmen gleichberechtigt am Verhandlungsprozess teil. Die Entscheidung wird gemeinschaftlich getroffen.

Die Mitgliedsagenten sind indirekt durch ihren Positionsagenten an der Verhandlung beteiligt. Inwieweit dieser an die Vorlieben des Mitglieds gebunden ist, generiert eine weitere Dimension, die hier aber nicht weiter zur Klassifikation herangezogen werden soll.

Beide Aspekte – Teamformation und -planung – stellen unabhängige Dimensionen der Teamprozesse und damit auch der Organisiertheit dar.

Es ergibt sich somit das zweidimensionale Schema aus Abbildung 12.10 zur Klassifikation von Teamprozessen. Jeder Teamprozess besitzt im Prinzip die gleichen Grundstruktur, bestehend aus Formation, Planung und Durchführung. Die

Planung Formation	autoritär	teamautoritär	egalitär
Positionen müssen Aufgaben annehmen.	Hierarchien		
Positionen bewerten Aufgaben.		Föderationen	
Positionen können Aufgaben ablehnen.			Märkte

Abbildung 12.10: Organisationales Klassifikationsschema

jeweilige Ausprägung in Gestalt der oben beschriebenen Operationalisierungen unterscheiden die Prozesse des Teamworks jedoch charakteristisch.

In (Köhler und Wester-Ebbinghaus, 2007a,b) wurden drei typische Formen dieser Formation/Teamplanung-Interaktion identifiziert: Betriebe als Idealform hierarchischer, autoritärer Teamprozesse, virtuelle Organisationen (auch: Föderationen) als Idealform kongregierter und kooperierender Teamprozesse und Märkte als Idealform egalitärer, verhandelnder Teamprozesse. Diese Formen bilden die Hauptdiagonalelemente in der Klassifikationsmatrix aus Tabelle 12.10.

12.5 Vergleich von Sonar mit anderen agenten- und organisationsorientierten Ansätzen

Betrachten wir die Beziehungen der SONAR-Konzepte, wie sie in Abbildung 12.11 dargestellt sind, so stellen wir fest, dass sie in unterschiedlichen Graden auch in anderen agenten- und organisationsorientierten Ansätzen präsent sind.

So kommen Taxonomien (auch: Ontologien), Rollen und Dienstnetze in Form von Interaktionsprotokollen in nahezu allen agentenorientierten Ansätzen vor, was sich schlicht aus den grundlegenden Agentenkonzepten herleitet, hier speziell die Interaktivität (vgl. dazu auch den Abschnitt 3). Aber auch in Komponentenorientierten Ansätzen oder dem Semantic Web spielen diese Konzepte eine zentrale Rolle.

Delegationsnetze – und speziell hier die Teamnetze – beschreiben die Struktur von Interaktionsnetzwerken. Im Gegensatz zu den Interaktionsprotokollen wird hier nicht beschrieben, wie Agenten miteinander interagieren, sondern welche Agenten dies tun. Delegationsnetze gehen somit den Interaktionsprotokollen logisch vor, da jede Interaktion im Rahmen eines Delegationsnetzes stattfindet. Teamnetze sind eng mit den TMST-Bäumen (engl. task/method/sub-task trees) (siehe dazu Cuena und Ossowski, 1999) verwandt. Allgemeiner betrachtet stellen

Delegations- und Teamnetze ein Muster für verteilte Teile-und-Herrsche Algorithmen dem Vorbild des *Contract-Net* Protokolls (Smith, 1977) dar.

Eine Besonderheit unseres Ansatzes ist die Betrachtung der Steuerung von Dienstnetzen, die sich aus der Modellierung in Form von Petrinetzen ergibt. Unsere formalen Spezifikationen der Interaktionen besitzen eine inhaltliche Nähe zu den Workflow-Petrinetzen, so dass wir untersuchen können, ob durch eine Steuerung des Schaltverhaltens Eigenschaften wie Termination und Fortsetzbarkeit zu garantieren sind (vgl. Abschnitt 8).

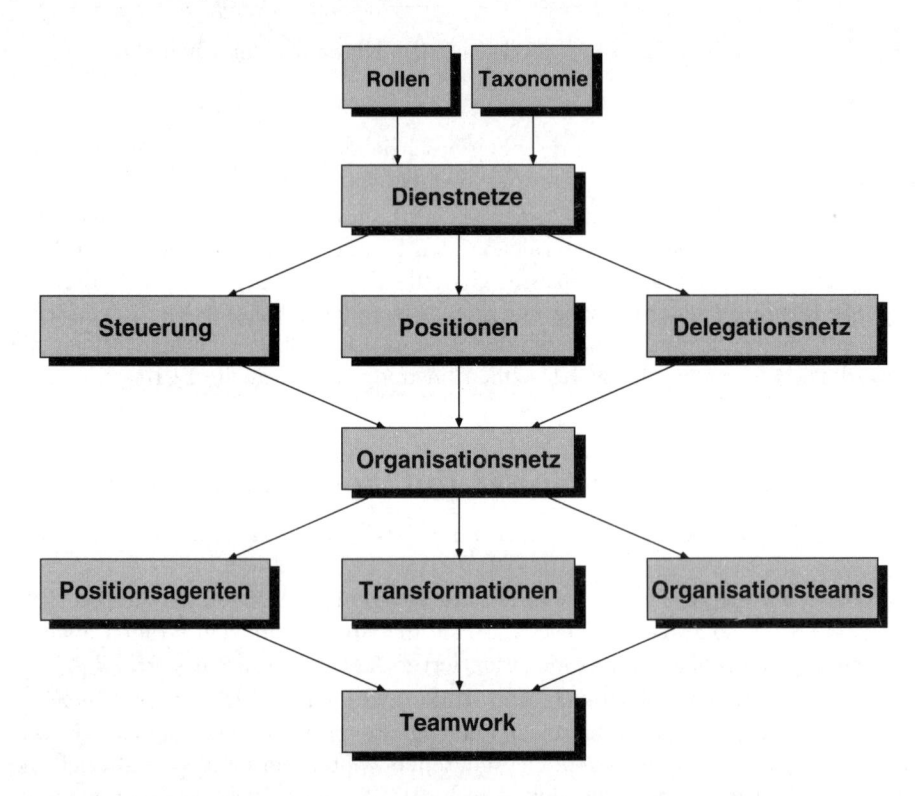

Abbildung 12.11: Beziehungen der SONAR-Konzepte

Positionen bilden eine Abstraktionsebene zwischen den Agenten und den ihn zugewiesenen Rollen. Das Konzept der Position leitet sich aus der Organisationstheorie ab und findet sich dementsprechend nur in den organisationsorientierten Ansätzen zur Software-Entwicklung, wie beispielsweise MASE (DeLoach u. a., 2001), GAIA (Zambonelli u. a., 2003), TROPOS (Bresciani u. a., 2004), OMNI (Dignum u. a., 2004), MOISE (Hannoun u. a., 2000) und ODML (Horling und Lesser, 2005).

Die SONAR-Organisationsnetze stehen im Zentrum eines SONAR-Multiagentensystems, und dies sowohl in der Design- als auch in der Implementationsphase. Dies ist insofern bemerkenswert, als dass sich in der Vielzahl der organisationsorientierten Ansätzen die Betrachtung von Organisationen auf die Designphase beschränkt. Zur Designzeit wird ein Organisationsnetz hauptsächlich auf die Wohlgeformtheit hin analysiert. Für die Implementation wird aus der Organisation ein Netzwerk von Positionsagenten erzeugt, wobei durch das Organisationsnetz bereits auch die relevanten Prozesse wie die Teamformation, die habituellen Präferenzen usw. festgelegt sind. Dieses Netzwerk beschreibt den formalen Anteil der Organisation. Die gesamte Organisation ergibt sich in SONAR als eine Kopplung von Positions- und Mitgliedsagenten. Ein SONAR-Agentensystem entsteht also als Interaktion von Organisation und Mitgliedern (vgl. dazu Abschnitt 12). Das gesammte Teamwork leitet sich also in SONAR von der Organisation ab. Für einen Vergleich von SONAR mit anderen Infrastrukturen für Agentenorganisationen wie ISLANDER oder S-MOISE siehe (Köhler-Bußmeier u. a., 2008).

Eine weitere Besonderheit der SONAR-Organisationsnetze ist ihre Eigenschaft, dass sich die Teamnetze, die für die konkrete Interaktion benötigt werden, direkt aus dem Organisationsnetz abgeleitet werden können. Dies ergibt sich aus der Anwendung der Prozesstheorie der Petrinetze, denn nach Theorem 10.6 ist jeder Prozess eines Organisationsnetzes ein Teamnetz.

Solche Teamnetze werden aber nicht nur eingesetzt, um eine „normale" Interaktion zu rahmen, sondern auch, um die Organisation als solche zu transformieren. In Kapitel 11 haben wir betrachtet, wie es möglich ist, organisationelle Transformationen durch Anpassungsprozesse der Positionsagenten zu realisieren. Diese Anpassung findet in SONAR-Multiagentensystemen koordiniert in sogenannten Transformationsteams statt. Hier zeigt sich sehr deutlich, dass die gesamte Information über die Organisation durch die Positionsagenten repräsentiert wird. SONAR besitzt also – und dies ist eine Besonderheit – ein grundlegendes Konzept für das verteilte organisationale Lernen.

Der durch SONAR beschriebene Ansatz zur agentenorientierten Softwareentwicklung kann mit der abstrakten Beschreibung iterativer Entwicklungsmodelle in Abbildung 3.10 verglichen werden. Abbildung 12.12 stellt die SONAR-Konzepte und ihre Abhängigkeiten in einer Form dar, die sich an die Darstellung der Abbildung 3.10 anlehnt. Man erkennt sofort, dass sich das SONAR-Entwicklungsmodell in das Schema einfügt und es in Hinblick auf die grundlegenden Systemaktivitäten: Teamformation, verteiltes Problemlösen und organisationelles Lernen verfeinert.

Zusammenfassung

In diesem Abschnitt haben wir gezeigt, dass sich Agentensysteme geeignet als Interaktion von formaler Organisation und ihren Mitgliedern darstellen lassen. Dies erweitert die bisherige Darstellung der formalen Organisation um den Aspekt,

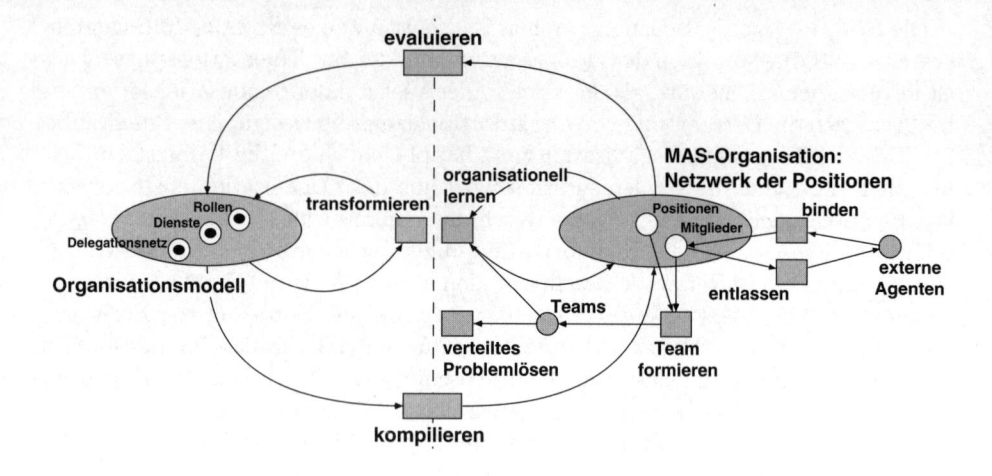

Abbildung 12.12: Das SONAR-Entwicklungsmodell

dass es die Organisationsmitglieder sind, welche die organisationalen Prozesse ausführen und mit Leben füllen. Die Teamprozesse werden also nicht ausschließlich von den Positionen erbracht, sondern vielmehr von dem aus Position und Organisationsmitglied bestehenden Paar. Dieses Paar besteht dabei gleichermaßen aus zwei analytisch trennbaren Komponenten, obgleich praktisch keine der beiden Komponenten jemals allein auftreten würde. Daher sind in die Teamprozesse der Formation, der Planung und der Planausführung stets Positionen und Mitglieder involviert, mit der Besonderheit, dass Mitglieder ausschließlich durch ihre jeweiligen Positionen wirksam werden können. Letzteres drückt sich insbesondere in den Interaktionsprotokollen der Teamprozesse aus. Außerdem zeigt sich, dass die konkreten Ausprägungen der Teamformation und -planung ein hinreichend reiches Spektrum organisationaler Strukturen aufspannt, um darin die aus der Organisationstheorie bekannten Strukturen der Hierarchie, der Föderation oder des Marktes wiederzuerkennen. Es zeigt sich somit, dass das hier gezeigte Modell reich genug ist, um die bereits bekannten und praktisch erprobten Organisationsformen direkt zu modellieren.

Literaturverzeichnis

[Bresciani u. a. 2004] BRESCIANI, P. ; GIORGINI, P. ; GIUNCHIGLIA, F. ; MYLOPOULOS, J. ; PERINI, A.: Tropos: An Agent-Oriented Software Development Methodology. In: *Journal of Autonomous Agents and Multi-Agent Systems* 8 (2004), S. 203–236

[Cuena und Ossowski 1999] CUENA, José ; OSSOWSKI, Sascha: Distributed Models for Decision Support. In: WEISS, Gerhard (Hrsg.): *Multiagent systems: A modern approach to Distributed Artificial Intelligence*. MIT Press, 1999

[DeLoach u. a. 2001] DELOACH, Scott A. ; WOOD, Mark F. ; SPARKMAN, Clint H.: Multiagent Systems Engineering. In: *International Journal of Software Engineering and Knowledge Engineering* 11 (2001), Nr. 3, S. 231–258

[Dignum u. a. 2004] DIGNUM, Virginia ; VÁZQUEZ-SALCEDA, Javier ; DIGNUM, Frank: OMNI: Introducing Social Structure, Norms and Ontologies into Agent Organizations. In: *Programming Multi-Agent Systems (PROMAS)*, 2004, S. 181–198

[Hannoun u. a. 2000] HANNOUN, Mahdi ; BOISSIER, Olivier ; SICHMAN, Jaime S. ; SAYETTAT, Claudette: MOISE: An Organizational Model for Multi-agent Systems. In: *IBERAMIA-SBIA '00: Proceedings of the International Joint Conference, 7th Ibero-American Conference on AI*, Springer-Verlag, 2000, S. 156–165

[Horling und Lesser 2005] HORLING, Bryan ; LESSER, Victor: Using ODML to Model Organizations for Multi-Agent Systems. In: *Proceedings of the 2005 IEEE/WIC/ACM International Conference on Intelligent Agent Technology (IAT 2005)*. Compiegne, France : IEEE Computer Society, September 2005, S. 72–80

[Köhler und Wester-Ebbinghaus 2007a] KÖHLER, Michael ; WESTER-EBBINGHAUS, Matthias: Organizational Models and Multi-Agent System Deployment. In: *Multi-Agent Systems and Applications V* Bd. 4696, Springer-Verlag, 2007, S. 307–309

[Köhler und Wester-Ebbinghaus 2007b] KÖHLER, Michael ; WESTER-EBBINGHAUS, Matthias: Petri Net-Based Specification and Deployment of Organizational Models. In: *International Workshop on Petri Nets and Software Engineering 2007*, 2007, S. 67–81

[Köhler-Bußmeier und Wester-Ebbinghaus 2008] KÖHLER-BUSSMEIER, Michael ; WESTER-EBBINGHAUS, Matthias: Automatic Generation of Distributed Team Formation Algorithms from Organizational Models. In: HÜBNER, Jomi (Hrsg.) ; BOISSIER, Olivier (Hrsg.): *Workshop on Coordination, Organizations, Institutions, and Norms in Agent Systems, COIN'08*, 2008

[Köhler-Bußmeier u. a. 2008]   KÖHLER-BUSSMEIER, Michael ; WESTER-EBBINGHAUS, Matthias ; MOLDT, Daniel: From Multi-Agent to Multi-Organization Systems: Utilizing Middleware Approaches. In: ARTIKIS, Alexander (Hrsg.) ; PICARD, Gauthier (Hrsg.) ; VERCOUTER, Laurent (Hrsg.): *International Workshop Engineering Societies in the Agents World (ESAW 08)*, 2008

[Köhler-Bußmeier u. a. 2009]   KÖHLER-BUSSMEIER, Michael ; WESTER-EBBINGHAUS, Matthias ; MOLDT, Daniel: A Formal Model for Organisational Structures behind Process-Aware Information Systems. In: *Tansactions on Petri Nets and Other Models of Concurrency* (2009). – to appear

[Nagendra u. a. 1996]   NAGENDRA, Prasad ; GARVEY, Alan ; DECKER, Keith ; LESSER, Victor: Exploring Organizational Designs with TAEMS: A case study of distributed data processing. In: *Second International Conference on Multi-Agent Systems* (1996), January, S. 283–290

[Rölke 2004]   RÖLKE, Heiko: *Modellierung von Agenten und Agentensystemen: Grundlagen und Anwendungen*. Berlin, Universität Hamburg, Fachbereich Informatik, Dissertation, 2004

[Smith 1977]   SMITH, Reid G.: The contract net: A formalism for the control of distributed problem solving. In: *Proceedings of the Fifth International Joint Conference on Artificial Intelligence (IJCAI-77)*, 1977

[Zambonelli u. a. 2003]   ZAMBONELLI, Franco ; JENNINGS, Nicholas R. ; WOOLDRIDGE, Michael: Developing multiagent systems: The Gaia methodology. In: *ACM Trans. Softw. Eng. Methodol.* 12 (2003), Nr. 3, S. 317–370

Teil IV

Transformationsprozesse universitärer Governancestrukturen

> *„It's very clear to me*
> *that a spoonful of sugar*
> *helps the medicine go down*
> *in a most delightful way."*
>
> A *Spoonful of Sugar* Performed by Mary Poppins (Julie Andrews).
> Written by Richard M. Sherman and Robert B. Sherman.

Überblick

Die Governance des Universitätssystems ist Thema dieses Teils. Wir bilanzieren zunächst, in Kapitel 13, aktuelle Verwendungsweisen des Governance-Konzepts, einer gegenwärtig sich verbreitenden, auf multiperspektivische Analyse von Phänomenen der Steuerung, Verwaltung, Organsiation, Regulierung und Regierung zugeschnittenen Forschungsperspektive. Wir ziehen die Quintessenz eines „gemeinsamen" Nenners dieser Forschungsperspektive und zählen ihre Vor- und Nachteile auf.

In Kapitel 14 beziehen wir das Governance-Konzept dann auf die spezielle Theorie sozialer Selbstorganisation, wie sie in Kapitel 6 dargelegt ist. Dadurch werden nicht bloß der Governance-Ansatz und die hier vorgestellte sozionische Forschung verknüpft, sondern es handelt sich auch um einen – wie immer tentativen – Versuch, dem theoretischen Governance-Konzept klarere theoretische Konturen, mithin eine Grundlegung zu verschaffen – auch wenn wir wissen, dass das seinem gesellschaftlichen Erfolg, der nicht zuletzt in der Unklarheit und daher vielfältigen Verwendbarkeit liegt, eher Abbruch täte als ihn beflügelte. Doch Sozialwissenschaft ist unserer Auffassung nach nicht darauf verpflichtet, erfolgreiches zu unterstützen, sondern wenn schon, er zu klären und zu erklären.

Der nächste Schritt dann führt ins empirische Feld hinein: ins Universitätssystem. Es wird niemanden überraschen, dass wir die Reformbewegung analysieren, die durch die Stichworte „Bologna-Prozess", „europäischer Hochschulraum" und „BA/MA-Studiengänge" gekennzeichnet ist. Wir fragen nach den sozialen Formen, Grundlagen und Mechanismen, die diese Bewegung hervorgebracht haben und antreiben, und danach, inwieweit es der Bildungspolitik – ob sie zur dirigistischen oder zur symbolischen Variante tendiert – gelingt, jene transintentionalen Mechanismen sozialer Selbstorganisation zu beeinflussen oder sogar zu beherrschen, mit denen sich das Hochschulsystem (wie jedes komplexe soziale System) selbst organisiert, reguliert und steuert.

In Kapitel 15 analysieren wir dies an Hand der Domäne der dirigistisch-symbolischen Politik: der Gesetzgebung, sprich der Veränderung formaler Strukturen im Hochschulsystem, und zwar am Beispiel der „Stärkung der Leitungspositionen". Wir zeigen, dass die Veränderung der formalen Strukturen – vulgo:

Gesetzesänderungen – , die in bundesdeutschen Hochschulen die Befugnisse und Kompetenzen der Dekane neu arrangierten, es äußerst zweifelhaft erscheinen lässt, ob die „gestärkten" Dekane tatsächlich auf gesetzeskonforme Weise das Kollegialitätsprinzip durchbrechen können.

Im 16. Kapitel schließlich rekonstruieren wir die Mechanismen, die gleichzeitig unterhalb und oberhalb der formalen Bestimmungen liegen, und die es verursachen, dass formale Bestimmungen so zweischneidig ausfallen: *Informelle* Governance-Strukturen des Hochschulsystems werden zunächst an Hand der Dynamik nachgezeichnet, die zum Bologna-Prozess führte. Anschließend werden die Mechanismen schlaglichtartig dargestellt, die auf sehr verschiedenen Ebenen des Bildungssystems – von der höchsten internationalen politischen Ebene bis zur Einzelschule – gleichzeitig dafür sorgten, dass eine solche Dynamik zu Stande kommen kann, als auch für Blockadetendenzen. Hier wird gezeigt, wie Dirigismus und symbolische Politik wie Komplizen im Prozess der Bologna-orientierten Reformdynamik wirken, welche Rolle die Logik der Konkurrenz und eine immanente Hierarchisierungsdynamik im Hochschulsystem spielen; das neo-institutionalistische Theorem der Entkopplung von Formal- und Aktivitätsstruktur wird aktualisiert und es wird schließlich die übergreifende Konkurrenz-Konservations-Dynamik dargestellt, die – zusammen mit den vorher dargestellten Mechanismen – dahin wirkt, dass die Verhältnisse vor Ort sich jenseits der Außendarstellung der Politik und der Universitäten perpetuieren.

13 Das Governance-Konzept

ROMAN LANGER UND OTTO HÜTHER

Zielsetzung dieses Kapitels ist es, das Governancekonzept vorzustellen und es für unsere Bearbeitung und Präzisierung gewissermaßen „zurecht zu legen". Wir erläutern zunächst die Begriffsgeschichte (1), die Verwendung des Konzepts in außerwissenschaftlichen Zusammenhängen (2) und Versuche, Governance-Konzepte zu ordnen (3), um uns dann für eine allgemein-analytische Verwendung des Governance-Konzepts zu entscheiden (4). Anschließend (5) nennen wir in einer Zwischenbilanz die Vor- und Nachteile, die wir in der gegenwärtigen Verwendung des Governance-Konzepts entdecken.

13.1 Begriffsgeschichte: „Governance" ersetzt „Steuerung"

Der Begriff „Governance" stammt vom griechischen κυβερναν (*kybernan*) und vom lateinischen *gubernare* ab. Dies bezeichnete ursprünglich das Steuern eines Schiffes, aber bereits bei Platon auch metaphorisch das Regieren eines Volkes. Im Englischen bezeichnet *governance* „Art und Weise des Regierungshandelns" (*manner to govern*), während *to govern* „regieren" und *government* „die Regierung" bedeutet. (Botzem, 2002, 16)

Dies kommt dem Bedeutungskern des Fachbegriffs Governance recht nahe, der freilich sehr heterogenen Verwendungsweisen unterliegt (Wolff, 2001; Botzem, 2002). Als Übersetzungs-Angebote finden sich unter anderem: „Beherrschung und Überwachung" (in der Übersetzung von Williamson (1990)), „institutionelle Steuerung" (Kenis und Schneider, 1996b, 11), „Steuern und Koordinieren (oder auch Regieren)" (Benz, 2004, 25) und „Regelung" (Mayntz und Scharpf, 1995, 16). Bisher hat sich keine Übersetzung durchgesetzt. Für unsere Zwecke eignet sich vorerst eine raue, allgemeine Übersetzung sowohl als „Art und Weise der (Gesellschafts-)Steuerung", als auch als „Art und Weise der institutionellen Handlungskoordination". Ein kurzer Durchgang durch verschiedene Verwendungsweisen und eine knappe Übersicht über die jüngere Geschichte soll im Folgenden diese Begriffsdeutung rechtfertigen.

In den 70er Jahren des letzten Jahrhunderts herrschte Planungseuphorie: die Vorstellung, dass man Gesellschaften durch präzise und ausgefeilte Planung auf vernünftige Weise staatlich gestalten und steuern könne. „Politische Planung", so das Schlagwort, galt als das Mittel, eine bessere Zukunft anzusteuern. Allerdings wurde recht schnell klar, dass diese Vorstellung unrealistisch war, weil die Wirklichkeit regelmäßig sehr anders eintrat als von der Planung vermutet – ein Problem, mit dem bekanntlich auch die Planwirtschaft zu kämpfen hatte, und das dem Alltagwissen ebenfalls bekannt ist – man denke etwa an den Unterschied zwischen geplanten und realen Kosten und Zeiten im Städtebau.

Wenn man also gesellschaftliche Entwicklungen nicht durch einmalige Vorausplanung, der dann bloß noch quasi-automatische Umsetzungen folgen, sinnvoll gestalten kann, dann kann man sie doch immerhin steuern, so die Vorstellung, und fortan löste die *Theorie politischer Steuerung* jene politischer Planung ab. Nun stellte man sich einen Staat vor, der nicht mehr so sehr im Voraus plante, sondern gesellschaftliche Entwicklungen beobachtete und dann durch gezielte gesetzlich Eingriffe lenkte.

Verglichen mit der Planungsdebatte ergab sich dadurch ein vergleichsweise realistisches Bild staatlicher Lenkungsmöglichkeiten. Dennoch galt der Staat weiterhin als zentrale Instanz gesellschaftlicher Steuerung; es gab weiterhin eine klare Trennung zwischen Steuerungssubjekt und -objekt. Genau diese Vorstellung wurde zunehmend als unrealistisch kritisiert:

Die Implementationsforschung[1] wies auf die jeweiligen Eigenlogiken sozialer Felder hin und erhob die Eigendynamik der Steuerungssubjekte zu einem zentralen Forschungsproblem der Steuerungstheorie. Die Korporatismusdebatte[2] relativierte die Stellung des Staates als Steuerungssubjekt und schrieb weiteren gesellschaftlichen Akteuren ebenfalls Steuerungspotenzial für die Gesellschaft oder zumindest für gesellschaftliche Teilsysteme zu (vgl. Mayntz, 2002, 3f.). Die schärfste Kritik an der Theorie politischer Steuerung wurde dann aber durch die soziologische Systemtheorie verübt, die eine radikal steuerungsskeptische Position einnahm.[3]

Soziale Systeme würden sich, so die systemtheoretische These, ausschließlich selbst steuern, und Eingriffe von außen würden dabei nichts ausrichten – es sei denn, das System nähme einen solchen Eingriff zum Anlass, sich selbst umzuorientieren. Aber selbst wenn es das täte, käme nicht das dabei heraus, was der externe Steuerungsakteur, der den Eingriff durchgeführt hatte, mit diesem Eingriff intendiert hätte. Im schlimmsten Fall würde die Leistung des „gesteuerten" Systems sogar beeinträchtigt oder zerstört. Weil soziale Systeme nur sich selbst steuern könnten, aber nicht von außen steuerbar wären, bliebe als einzige Option höchstens eine *Kontextsteuerung* (vgl. (Willke, 1995), der die radikale Steuerungsskepsis Luhmannscher Provenienz abmilderte) – das heißt, man verändert die Umwelt eines Systems, die Bedingungen, unter denen es existiert, so, dass es

---

[1]Grundlegend Pressman und Wildavsky (1979); für die deutsche Diskussion Mayntz (1980).
[2]Grundlegend Streeck und Schmitter (1996).
[3]Die Korporatismusdebatte (Pressman und Wildavsky, 1979; Mayntz, 1980) hatte die Stellung des Staates als Steuerungssubjekt erstmals relativiert.

13.1 Begriffsgeschichte: "Governance" ersetzt "Steuerung"

"angeregt" wird, sich in eine bestimmte Richtung zu entwickeln – aber eine solche Kontextsteuerung wäre keinesfalls mit einer Erfolgsgarantie versehen, das System "entscheide" letztlich immer noch autonom, wie und wohin es sich entwickeln wolle.

Die radikale Steuerungsskepsis rief Widerspruch hervor, der vornehmlich vom politikwissenschaftlich orientierten akteurzentrierten Institutionalismus formuliert wurde: Mayntz und Scharpf (1995, 16) ersetzen "Steuerung" erstmals explizit durch "Regelung (Governance)". Er konzedierte, dass eine sehr weit reichende Steuerung, die immer die gewünschten Ergebnisse erziele, nicht möglich wäre, wies aber die Vorstellung, dass der Staat eigentlich gar nicht steuern könnte, als überzogen zurück und entwickelte so die Position einer *moderaten* Befürwortung der Möglichkeit von Steuerung (vgl. Botzem, 2002, 5). Die Auseinandersetzung zwischen Systemtheorie und akteurzentriertem Institutionalismus wird recht gut zusammengefasst in Kapitel 2 von (Wiesenthal, 2006).

Ab Mitte der 90er Jahren registrierte die Politikwissenschaft einschneidende gesellschaftliche Veränderungen, die mit der ökonomischen und kulturellen Globalisierung einher gingen: "Internationalisierung der Märkte (v.a. der Finanzmärkte), Transnationalisierung von Unternehmen, Zunahme ausländischer Direktinvestitionen etc. als Folge des Zusammenbruchs des Ostblocks, [...] Liberalisierung des Handels und der Investitionen, transport- und informationstechnologischer Möglichkeiten – und verbunden mit Folgen für nationale Steuerungsmöglichkeiten im Bereich Fiskal-, Konjunkturpolitik, [...] Verlagerung von politischen Entscheidungen in internationale Arenen: regionale Zusammenschlüsse[.] (EU, NAFTA, MERCOSUR, ASEAN etc.), (z.T. neu geschaffene) internationale Organisationen (UNO, WTO, CSD etc.)" (Wolff, 2001, 29).

Diese Veränderungen stellten die Nationalstaaten nun, so die politikwissenschaftliche Auffassung, vor ziemlich neuartige Probleme: Es ergäben sich hoch komplexe und deswegen intransparente (unübersichtliche, nicht mehr durchschaubare) Beziehungsstrukturen, die sich nicht mehr ohne weiteres durch Nationalstaaten regulieren (steuern) ließen. Auch die gesellschaftlichen Probleme, die in einer globalisierten Welt erzeugt werden, überschritten nationale Grenzen – globale ökologische Probleme beispielsweise, globale Armutsrisiken und Ungleichheiten – und die Nationalstaaten wären nicht mehr in der Lage, sie durch politische (Um-)Steuerungsmaßnahmen effektiv zu bearbeiten.

Gleichzeitig würden nicht-staatliche und über-staatliche Akteure beginnen, selbst Steuerungshandlungen durchzuführen, die vormals den Staaten vorbehalten waren: Transnationale Wirtschaftskonzerne machen ihre eigene Wirtschaftspolitik und nehmen via Lobbyismus Einfluss auf die politische Gesetzgebung, Nicht-Regierungsorganisationen (NGO's) leisten Entwicklungshilfe, betreiben Menschenrechts- oder Umweltpolitik usw., privatwirtschaftliche Stiftungen legen Forschungsprogramme auf und fördern Schulen und üben dadurch politischen Einfluss aus, internationale Organisationen handeln politisch – aber im Weltmaßstab (vor allem transnationale Konzerne, aber auch ökonomische und politische

Institutionen wie Weltbank, Internationaler Währungsfonds, OECD, UNO und UN-Sicherheitsrat, G8, Welthandels- und Weltgesundheitsorganisation).

Die Nationalstaaten, so lautet die Quintessenz dieser Diagnose, erleiden einen Bedeutungsverlust zu Gunsten supranationaler und regional-zivilgesellschaftlicher Akteure. Und Politik wird nun plötzlich nicht mehr nur von Nationalstaaten betrieben, sondern von einer hohen Anzahl höchst unterschiedlicher Akteure. Der Nationalstaat selbst wird ebenfalls nicht mehr als einheitlicher Akteur gesehen, sondern als ein buntes Gebilde unterschiedlicher Akteure: exekutive und legislative Akteure, Bundes- und verschiedene Landesregierungen, unterschiedliche Ministerien auf Bundes- und Landesebene, verschiedene Landes-, Bundes- und Kommunalverwaltungen, deren Abteilungen, Sonderbehörden ... und all diese substaatlichen Akteure handeln keineswegs immer gleichsinnig wie „ein Staat", sondern abweichend voneinander, gegeneinander usw.

Für all diese neuen Akteure und für die Beziehungen zwischen ihnen hat sich nun der Governance-Begriff eingebürgert.[4] Er macht also, im Vergleich zum Steuerungsbegriff, darauf aufmerksam, dass es *mehrere* Akteure gibt, die aufeinander einwirken (und nicht: einer steuert, die andern rudern); dass diese Akteure ihre Beziehungen damit auch *selbst* regulieren (und nicht bloß „von oben" reguliert werden); dass diese einwirkenden und regulierenden Aktivitäten herkömmliche *Grenzen überschreiten* – sowohl horizontal (Staatsgrenzen, regionale Grenzen) als auch vertikal (Ebenen der Verwaltungshierarchie und Aggregationsebenen, etwa global/national/lokal, Makro/Meso/Mikro); und dass die Ebenen und Akteure in *Abhängigkeitsbeziehungen* voneinander stehen (und nicht, wie vordem, als souverän und autonom betrachtet werden können).

Durch die Konzeptumstellung wird die Auflösung von Steuerungssubjekt und -objekt in interdependente „steuernde und gesteuert werdende" Akteure radikal vollzogen. Nicht mehr die akteurzentrierte (staatliche) Intervention steht in der GovernanceForschung im Vordergrund, sondern die Gesamtheit der institutionellen Regelungsarrangements und ihre jeweiligen Wirkungen in Bezug auf die Akteure. Zentraler Forschungsgegenstand ist nun „die mehr oder weniger fragmentierte oder integrierte, nach unterschiedlichen Prinzipien gestaltete Regelungsstruktur" (Mayntz, 2001, 4). Insofern beinhaltet der Wechsel der Begrifflichkeiten eine Perspektivenverschiebung weg von akteurszentrierter „in eine institutionelle Denkweise" (Mayntz, 2001, 5). Allerdings kann hier nicht von einem „akteurfreien" Ansatz gesprochen werden, da die Wirkungen der Regelungsmechanismen nur anhand der

---

[4] Hier die klassische und oft zitierte Unterscheidung zwischen Regierung (Government) und Governance im Original: „[G]overnance is not synonymous with government. Both refer to purposive behavior, to goal-oriented activities, to systems of rules; but government suggest activities that are backed by formal authority, by police powers to insure the implementation of duly constituted policies, whereas governance refers to activities backed by shared goals that may or may not derive from legal und formally prescribed responsibilities and that do not necessarily rely on police powers to overcome defiance and attain compliance. Governance, in other words, is a more encompassing phenomenon than government." (Rosenau, 2002, 4)

Reaktionen der ihr unterworfenen Akteure untersucht werden können (Kenis und Schneider, 1996b, 12). (Die gleichwohl vorhandene Kontinuität in der Verwendung beider Konzepte zeigt sich übrigens prägnant darin, dass einige Aufsätze, die zuvor in der Steuerungsdebatte veröffentlicht wurden nochmals in Governancesammelbänden auftauchen (vgl. z. B. Steinberg, 1999, 20)[5] „Tatsächlich werden heute teilweise die gleichen Themen unter den verschiedenen Leitbegriffen *Steuerung* bzw. *Governance* behandelt." (Mayntz, 2001, 3)

13.2 Governance in Politik und Wirtschaft

Im vorstehenden Abschnitt wurde die Geschichte des Konzepts *Governance* aus der sozialwissenschaftlichen Perspektive erzählt.[6] Dies ist allerdings nicht die einzig mögliche Geschichte, denn Governance ist einer der sozialwissenschaftlichen Begriffe, der in verschiedenen disziplinären und subdisziplinären Zusammenhängen verwendet wird. Ohne Vollständigkeit oder auch Korrektheit der Darstellung zu beanspruchen (was bei einem *umbrella*-Konzept wie Governance ohnehin sehr schwierig wäre), und unter Verweis darauf, dass dies nur *eine* von zahlreichen möglichen Systematisierungen und Schwerpunktsetzungen ist,[7] soll ein kurzer Überblick über wichtige Variationen des Governance-Konzepts gegeben werden.

13.2.1 Politik: Regieren zwischen neoliberaler *good governance* und sozialliberaler *global governance*

In der internationalen Wirtschafts- und Sozialpolitik findet der Begriff der *good governance* Verwendung.[8] Damit ist so viel gemeint wie eine Konzeption des „guten Regierens" unter aktivierender Einbeziehung selbstverantwortlicher Bürger. Die Weltbank, „auf deren Veröffentlichung aus dem Jahre 1989 eine umfassende Diskussion um Governance zurückgeführt werden kann", versteht *Good Governance* als „gute Regierungsführung" (Botzem, 2002, 17) mit dem Ziel der „Verbesserung

---

[5] Als weiteres Beispiel wäre der Aufsatz von Streeck und Schmitter (1996) zu nennen, der im Zuge der Neokorporatismusdiskussion Mitte der achtziger Jahre erstmals veröffentlicht wurde.

[6] Subdisziplinen von Politikwissenschaft und Soziologie, die das Governance-Konzept hauptsächliche verwenden, sind Steuerungstheorie, Policy-Analyse, Institutionensoziologie, Netzwerkanalyse und internationale Politikforschung Verwendung – vgl. Wolff (2001, 10) sowie bei Benz u. a. (2007, 159-268).

[7] Vgl. nur die „Theorie- und Analyseperspektiven" in „Teil 2" des Handbuchs Governance (Benz u. a., 2007) oder die Typologien von Botzem (2002, 21).

[8] Protagonisten waren/sind die Nord-Süd-Kommission, die UN, der Club of Rome, die Weltbank und die EU. Die einschlägigen Studien: Bericht der Nord-Süd-Kommission 1980 (Abschlussbericht der Kommission für internationale Entwicklungsfragen; „Brandt-Bericht"); UN-World Commission on Environment and Development 1987: "Our Common Future"; dt. Hauff 1987 („Brundtland-Report"); Weltbank 1989; Club of Rome 1991: The First Global Revolution, dt. King/Schneider 1992; EU-Weißbuch „European Governance" 2002.

der Leistungsfähigkeit des Staates, um die Rahmenbedingungen für die Entfaltung der Marktkräfte zu gewährleisten." (Wolff, 2001, 5) „Im Anschluss daran hat sich insbesondere die OECD dieser Konzeption bedient und sie als effiziente Regierungsführung mit Betonung von Privatisierung und Liberalisierung konzipiert." (Botzem, 2002, 17)

Von der EU wird *good governance* ein kleines bisschen weniger neoliberal ausgelegt. In ihrem Weißbuch (EU-Kommission, 2001) propagiert sie Qualitätsstandards für gutes Regieren, „insbesondere in Bezug auf Offenheit, Partizipation, Verantwortlichkeit, Wirksamkeit und Kohärenz" (Wolff, 2001, 6).

Damit befindet sich die EU zwischen den Vertretern einer neoliberal ausgelegten *good governance* und den Verfechtern des Konzeptes der *global governance* (vgl. Wolff, 2001, 5), das als „Kontrapunkt zu den Entwicklungskonzepten der internationalen Geldgeberinstitutionen ... angesehen werden" kann (Botzem, 2002, 17). *Global Governance*, das eine Zeitlang als „Weltordnungspolitik" eingedeutscht werden sollte, bezeichnet einen politisch-strategischen Reformansatz, der an sozialdemokratischen und linksliberalen Grundüberzeugungen orientiert ist. Neben bloß effizienterem Regierungshandeln will dieser Ansatz neuartige Wege finden, um Akteure an der Regulierung ihrer gesellschaftlichen Angelegenheiten zu beteiligen (Brunnengräber, 2001; Wolff, 2001).

„Ordnungspolitik bzw. [Global, R: L.] Governance ist die Gesamtheit der zahlreichen Wege, auf denen Individuen sowie öffentliche und private Institutionen ihre gemeinsamen Angelegenheiten regeln. Es handelt sich um einen kontinuierlichen Prozess, durch den kontroverse oder unterschiedliche Interessen ausgeglichen werden und kooperatives Handeln initiiert werden kann. Der Begriff umfasst sowohl formelle Institutionen und mit Durchsetzungsmacht versehene Herrschaftssysteme als auch informelle Regelungen, die von Menschen und Institutionen vereinbart oder als im eigenen Interesse angesehen werden" (SEF 1995: 4 nach Brunnengräber (2001, 8-9)).

13.2.2 Ökonomie: Unternehmensführung (corporate governance) und Wirtschaftssteuerung (economic governance)

Aus den *Wirtschaftswissenschaften* stammen zwei Governance-Konzepte. Die Forschungsbereiche Unternehmenssteuerung, Ordnungsökonomik und Neue Institutionenökonomik verwenden das Konzept der *corporate governance* (Wolff, 2001, 10), das so viel wie „gute Unternehmensführung" bedeutet. „Dieses Konzept stellt auf die Unternehmensperspektive ab und beschäftigt sich mit Unternehmenskontrolle und den rechtlichen Rahmenbedingungen für die Unternehmensorganisation" (Botzem, 2002, 16), es erfasst „das komplexe System aus Institutionen .., durch welches Unternehmen (intern) die Allokation ihrer Ressourcen und Erträge steuern ... Corporate Governance wird als zentrale Variable für ökonomischen Erfolg und Konkurrenzfähigkeit betrachtet, da unternehmerische Kontrollstrukturen als ausschlaggebend für Investitionsarten/ -volumen und den Ertrag der Investitionen gelten." (Wolff, 2001, 26-27)

Während *corporate governance* sich also auf die Ebene des Einzelunternehmens kapriziert, nimmt das Konzept der *economic governance* Makro-Zusammenhänge ins Visier. Es „fragt nach Formen sozialer Einbettung wirtschaftlicher Aktivitäten, nach den Konfigurationen von Governance-Typen in Wirtschafts- und Produktionszusammenhängen und nach der komparativen Leistungsfähigkeit unterschiedlicher Varianten der institutionellen Steuerung von Wirtschaft."

Der Ansatz ist beeinflusst von der Neuen Institutionenökonomik, die die konstitutive Funktion institutioneller Rahmenbedingungen für reine Marktprozesse entdeckte und so die marktpuristische ökonomische Neoklassik entscheidend erweiterte (klassisch Coase (1991), wegweisend u.a. Shonfield (1965) und North (1992); vgl. für einen Überblick nur Maurer und Schmid (2002)): „[W]estliche Industriestaaten [überließen] den Wiederaufbau der Wirtschaft in den ersten beiden Nachkriegsjahrzehnten nicht dem freien Spiel der Marktkräfte, sondern [griffen] auf vielfältige Weise planend in den Marktprozess ein und [trugen] auf diese Weise zu stetig steigenden Wachstumsraten bei. Interventionsformen sahen je nach Staatstradition und Grad an verbandlicher oder gesellschaftlicher Selbstorganisation sehr unterschiedlich aus." (Lütz, 2003, 14)

Dem *economic governance*-Ansatz geht es darum, wie komplexe wirtschaftliche Prozesse sinnvoll institutionell gesteuert werden können, und wie sich Steuerungs-Arrangements hinsichtlich ihrer Steuerungsfähigkeit unterscheiden. In letzter Zeit „rückte mit dem *Varieties-of-Capitalism*-Ansatz das Zusammenspiel von kapitalistischen Funktionen, Formen ihrer Organisation und den daraus resultierenden komparativen Wettbewerbsvorteilen in den Mittelpunkt der Betrachtung." (Lütz, 2003, 32)[9]

13.3 Ordnungsversuche: Governance-Typen und -Regime

Nun existieren zahlreiche Versuche, das schillernde Governance-Konzept zu systematisieren, die wir im Folgenden kurz rekapitulieren wollen. Vor allem ist zwischen den Begriffen „Governancetypen" und „Governanceregime" zu unterscheiden. Hinsichtlich der Governancetypen bietet sich eine weitere Differenzierung zwischen

---

[9]In Bereich Management und Verwaltung wurden die Ansätze der *public governance* (neu für: öffentliche Verwaltung) und des *new public management* geprägt und miteinander verknüpft, die durch neue ziel- und ergebnisorientierte Methoden der Verwaltungssteuerung einen effizienteren, kostengünstigeren, bürgerfreundlicheren und besser akzeptierten öffentlichen Sektor anstreben (Wolff, 2001, 24). Sie darzustellen unterlasse ich hier, weil sie sehr stark auf ökonomische Konzepte zurückgehen. Vgl. dazu Schedler (2007), der einen Überblick über dieses Gebiet gibt.

reinen Typen und Mischformen, welche jeweils spezifische Mischungen der reinen Typen verwirklichen, an.

13.3.1 Governance-Typen

Bereits in der Korporatismusdebatte wurde auf den Markt (Konkurrenz), den Staat (Hierarchie) und die Gemeinschaft (Solidarität/Verhandlung) als die drei grundlegenden sozialen Koordinationsmechanismen hingewiesen (vgl. Streeck und Schmitter, 1996). Diese drei Mechanismen finden sich zumindest teilweise in fast allen Governanceartikeln wieder. Sie werden als Governancetypen bezeichnet (vgl. z.B. Benz, 2004; Wiesenthal, 2000; Mayntz und Scharpf, 1995). In ihrer Reinform treten diese Mechanismen aber höchst selten auf. Dies erklärt sich daraus, dass sie jeweils spezifische Stärken und Schwächen[10] aufweisen und erst durch ihr Zusammenwirken eine sinnvolle Koordinationsleistung für eine soziale Einheit erbringen können: „Alles in allem gibt die Empirie wenig Grund zur Annahme, bei den drei basalen Mechanismen handele es sich um je für sich koordinationstaugliche Regelungsmechanismen." (Wiesenthal, 2000, 49)

Demnach ist davon auszugehen, dass eine soziale Einheit über Regelungsarrangements verfügt, die jeweils eine spezifische Mischung der drei reinen Koordinationsmechanismen aufweisen. Letztendlich bedeutet dies, dass alle Governancetypen auf diese drei Grundformen reduziert werden können (Wiesenthal, 2000, 63ff). Im Gegensatz zu anderen Autoren gehen wir also nicht davon aus, dass Netzwerke oder Verbände Governancetypen bilden, die nicht auf die drei Grundformen zurückgeführt werden können. Vielmehr liegen hier jeweils spezifische Mischungen der drei Grundformen vor. „Netzwerke [sind] nicht als ein eigene[r] distinkte[r] Koordinationsmechanismus zu charakterisieren. Vielmehr sind sie genuine Hybride, die sich von den drei basalen Koordinationsmechanismen allenfalls durch eine besonders gründliche Durchmischung der Elemente unterscheiden." (Wiesenthal, 2000, 50)

Sollen nun die Governance- oder Regelungsstrukturen oder -institutionen einer bestimmten sozialen Einheit betrachtet werden, muss eine weitere Differenzierung vorgenommen werden. Diese bezieht sich auf die jeweiligen institutionellen Arrangements der Steuerung, die durch die soziale Einheit definiert werden. Ein solches Arrangement ist zum Beispiel die Selbstverwaltung an Universitäten. In diesem Arrangement wiederum verwirklichen sich dann die Governancetypen in einem spezifischen Mischungsverhältnis.

Die Selbstverwaltung der Universitäten beispielsweise ist offiziell intern durch den Koordinationsmechanismus der Gemeinschaft geprägt. Die Gemeinschaft der Lehrenden und der Lernenden soll hier gemeinsam entscheiden. Zwischen den Gremien besteht aber auch eine hierarchische Beziehung, die insbesondere im Konflikt-

---

[10] Eine Tabellarische Übersicht findet sich in (Streeck und Schmitter, 1996, 128f) und in (Wiesenthal, 2000, 61).

13.3 Ordnungsversuche: Governance-Typen und -Regime

fall aktiviert werden kann. So kann das Präsidium eine Entscheidung – meist aber nicht die konkreten Inhalte – durch einen Institutsrat verlangen. Gleichfalls finden sich auch Elemente von Konkurrenz, die aber meist nicht offen ausgetragen werden, da sie der offiziellen Selbstdarstellung widersprechen. Eine soziale Einheit kann dabei eine Vielzahl solcher institutionellen Arrangements besitzen, in denen die Governancetypen jeweils unterschiedliches Gewicht aufweisen.

Wiesenthal macht im Hinblick auf diese Vermischung auf einen interessanten Sachverhalt aufmerksam. Innerhalb dieser institutionellen Arrangements ist im Regelfall ein Fallback-Mechanismus vorhanden, der die Komplexität eines Koordinationsproblems im Konfliktfall reduziert. „Der Rückgriff auf einen Mechanismus stellt wechselseitige Erwartungssicherheit her und bietet die Möglichkeit, den Set maßgeblicher Entscheidungskriterien auf eines zu reduzieren, das in Grenzsituationen zumindest ‚zweitbeste' Resultate ermöglicht."[11] (Wiesenthal, 2000, 65)

Dieser Mechanismus ist dann meist der dominante Mechanismus. Hier schließen sich dann interessante Überlegungen an. Erstens scheint es plausibel, dass nicht nur die jeweiligen institutionellen Arrangements über einen solchen „Krisenmechanismus" verfügen, sondern soziale Einheiten insgesamt. Dies würde bedeuten, dass ein bestimmtes institutionelles Arrangement mit einem bestimmten Fallback-Mechanismus dominant wird. Im Hinblick auf Organisationen könnte dies zum Beispiel tatsächlich die Hierarchie sein. Unter dieser Perspektive würden dann die Versuche einer Gleichsetzung von Organisation und Hierarchie dadurch erklärbar, dass die Hierarchie in Organisationen der Fallback-Mechanismus ist und deshalb im Normalfall besonders hervorgehoben wird.

Zweitens stellt sich die Frage, wie soziale Einheiten, die Aktualisierung des Fallback-Mechanismus Handhaben oder anders formuliert: Wann wird eine Krise konstatiert und damit Kooperationskomplexität durch den Fallbackmechanismus reduziert. Hier wäre anzunehmen, dass in verschiedenen Organisationen unterschiedliche Schwellen vorhanden sind.

Auch hier bildet die Universität ein gutes Beispiel. Da die Universität eine Organisation darstellt wäre hier zu vermuten, dass der Fallback-Mechanismus Hierarchie eingebaut ist. Tatsächlich weisen empirische Forschungen darauf hin, dass untergeordnete Gremien innerhalb der Universität von übergeordneten Gremien bzw. dem Präsidenten/Rektor angewiesen werden eine Entscheidung vorzunehmen bzw. die Entscheidungsinhalte begrenzt werden. Gleichfalls wären auch die Eingriffe/Vorgaben des politischen Systems auf die Universitäten in diesem Sinne interpretierbar. Der Unterschied zu anderen Organisationen bestünde dann darin, dass die Reduktion auf den Fallback-Mechanismus eine größere Toleranzschwelle beinhaltet. Gleichfalls wird an Universitäten die Hierarchie im Vergleich zu anderen Organisationen nicht deutlich markiert oder herausgehoben. Aus der Gover-

---

[11] Bereits Offe macht auf diesen Sachverhalt des Rückgriffes auf einen Koordinationsmechanismus, hier allerdings in Bezug auf ordnungspolitische Positionen, aufmerksam (vgl. Offe, 1984, S. 239).

nanceperspektive ergibt sich dann die Fragestellung, ob durch die Reformen diese Schwelle verändert werden kann bzw. ob es zu einer stärkeren Symbolisierung des Fallbackmechanismus kommt. Allerdings sei an dieser Stelle darauf hingewiesen, dass eine solche Veränderung noch nicht eine erfolgreiche Steuerung beinhaltet, da die Akteure erhebliche Freiheitsgrade besitzen können.

13.3.2 Governance-Regime

Neben den Governancetypen ist der Begriff des Governanceregime zu klären. Hierunter verstehen wir die Gesamtheit aller institutionalisierten Regelungsstrukturen einer sozialen Einheit. Bei der Betrachtung auf dieser Ebene sind demnach die Beziehungen zwischen den einzelnen institutionellen Arrangements von besonderem Interesse. Je nach dem Gewicht der Regelungsstrukturen und der darin vorhandenen reinen Governancetypen, ist es möglich, dass das Regime charakterisiert wird. Schimank (2002) unterscheidet so innerhalb von Universitätssystemen zwischen einem Selbstverwaltungsmodell und einem Managementmodell.

Diese begrifflichen Unterscheidungen sind besonders wichtig, wenn Regelungseingriffe betrachtet werden sollen. Hierbei wäre nämlich zumindest analytisch zu unterscheiden, auf welcher Ebene sich diese Eingriffe/Veränderungen beziehen. So ist es nicht unerheblich, ob Veränderungen innerhalb eines institutionellen Arrangements, zwischen einzelnen institutionellen Arrangements oder aber auf das gesamte Governanceregime angestrebt werden. Des Weiteren ist es nicht unerheblich, welcher der drei reinen Grundtypen jeweils gestärkt bzw. geschwächt werden soll und mit welcher Zielsetzung dies geschieht. Gleichfalls ist zu klären, ob zum einen die Schwelle zur Aktualisierung eines vorhandenen Fallback-Mechanismus verändert wird zum anderen, ob der bisherige Fallback-Mechanismus zugunsten eines anderen ausgetauscht wird.

Des Weiteren muss im Hinblick auf die Zielerreichung betrachtet werden, ob diese durch die Veränderungen erreicht werden. So ist vorstellbar, dass ein bestimmter Governancemechanismus gestärkt werden soll, diese Stärkung aber in der Praxis nicht wirksam wird. Dies kann zum einen an der technischen Umsetzung der Stärkung liegen und/oder daran, dass die vermeintliche Stärkung durch einen anderen Governancemechanismus ausgehebelt wird. Hier ist dann auf das Zusammenspiel der einzelnen Mechanismen im Governanceregime zu achten.

Bei der Durchsicht der Literatur fällt auf, dass oftmals eine Ebenenvermischung stattfindet. So bleibt es bei der Darstellung der Governancetypen bei abstrakten Betrachtungen der Koordinationsmechanismen. Eine Anwendung auf Handlungszusammenhänge wird hingegen selten vorgenommen. „Auch wird es häufig unterlassen, zwischen Koordinations*mechanismen* im Sinne eines Prinzips der Handlungssteuerung und empirischer Koordinations*weise* als Set praktischer Handlungsorientierungen zu unterscheiden." (Wiesenthal, 2000, 47; Hervorhebung im Original)

13.4 Allgemein-analytischer und speziell-normativer Governance-Begriff

Durch alle geschilderten Variationen des Governance-Konzepts ziehen sich zwei Verwendungsweisen: Einmal die Verwendung als *normativ-spezielles* Konzept in politischer und ökonomischer Praxis,[12] das einen bestimmten Typ der kollektiven Regelung als besonders positiv hervorhebt, und ein andermal die Verwendung als *analytisch-allgemeines* Konzept zu Zwecken wissenschaftlicher Problematisierung und Erklärung *aller* Regelungsstrukturen sozialer Einheiten (vgl. Benz, 2004, S. 17f).[13]

Als *normativ-spezielles Konzept* bezeichnet Governance sozusagen die „Lehre vom guten Regieren und Wirtschaften", die *eine bestimmte Form* der Regulierung und Gestaltung politischer und ökonomischer Systeme durchführen solle. Meistens ist dies in Abgrenzung zu herkömmlichen, weniger „guten" – sprich weniger effizienten oder weniger demokratischen – Formen gedacht: Wo Weisung durch einen Steuerer war, soll mehr Selbstverantwortung und Beteiligung der vormals Gesteuerten sein; wo Hierarchie war, sollen Netzwerke werden; wo der enge Blick auf formale Strukturen der Aufbauorganisation war, soll eine weitere, offene Perspektive auf die zahlreichen Faktoren in ihrem komplexen Zusammenspiel eingenommen werden ... und so weiter. Beispiele für normativ-spezielle Konzepte sind *good*, *global* und *corporate governance*. Ein klassisches Beispiel dafür liefert Rosenau:

> *Governance is not synonymous with government. Both refer to purposive behavior, to goal-oriented activities, to systems of rules; but government suggest activities that are backed by formal authority, by police powers to insure the implementation of duly constituted policies, whereas governance refers to activities backed by shared goals that may or may not derive from legal und formally prescribed responsibilities and that do not necessarily rely on police powers to overcome defiance and attain compliance. Governance, in other words, is a more encompassing phenomenon than government.* (Rosenau, 1992, 4)[14]

---

[12] Benz u. a. (2007) unterscheiden die „normative" noch von der „praktischen" Verwendungsweise.

[13] "Recently, the term 'governance' has thus been extended in two ways, both distinct from political guidance or steering. For one thing, 'governance' is now often used to indicate a new mode of governing that is distinct from the hierarchical control model, a more cooperative mode where state and non-state actors participate in mixed networks. Attempts at collective problem-solving outside of existing hierarchical frameworks of the nation-state have contributed significantly to this shift in the meaning of the term governance. The second 'new' meaning of the term governance is much more general, and has a different genealogy. Here governance means the different modes of coordinating individual actions, or basic forms of social order." (Enders, 2002, 8-9)

[14] Kooiman grenzt Governance gleichfalls als eigenständigen Regelungstyp ab. Allerdings bezieht sich die Abgrenzung hier nicht auf Government, sondern auf Markt und Staat. (vgl. Kooiman, 1993)

Diese Fassung des Governance-Begriffs wird in diesem Buch nicht weiter verfolgt. Stattdessen wird ein *allgemeines und analytisches Governancekonzept* verwendet und erläutert. Dieses bezieht sich auf *alle* Formen sozialer Regulierung und Selbstregulierung, auf alle Formen der Regelung kollektiver Sachverhalte, auf Formen der Koordination von Einzelhandlungen und auf alle daraus entstehenden basalen *Formen sozialer (Handlungs-)Ordnung* und *sozialer Regelungsstrukturen* (Enders, 2002, 9); (Mayntz, 2004); (Benz, 2004, 17-18); (Kenis und Schneider, 1996b, 10).[15] Diese „Regelungsstrukturen interessieren nicht per se, sondern aufgrund ihrer ermöglichenden und restringierenden Wirkung auf das Handeln von Akteuren." (Mayntz, 2001, 7)

13.5 Zwischenbilanz: Vor- und Nachteile des Governance-Konzepts

Welche Vor- und Nachteile können dem Governance-Konzept zugeschrieben werden?[16] Als *Vorteile* können gelten:

- Die Verwendung des Governance-Konzeptes ermöglicht die „Identifizierung und Analyse von Veränderungen des Politischen, die mit den herkömmlichen sozialwissenschaftlichen Kategorien nicht mehr erfasst werden können" Brunnengräber (2001, 1). Der analytische Zugriff mittels Governance-Konzepten fokussiert *auch* neu entstandene und nicht-staatliche, formelle und informelle sowie trans- und supranationale Institutionen (Regelsysteme), Akteure, Handlungs- und Kooperationsformen, die vorher keine maßgebliche Rolle spielten. Deswegen gilt das Governance-Konzept als „vor allem dort sinnvoll anwendbar, wo der Nationalstaat ... als Erklärungskategorie an Bedeutung verliert" (Botzem, 2002, 23)

- Die Governance-Perspektive erlaubt gewissermaßen einen Vogelperspektiven-Blick auf wechselseitige Steuerungs-, Beeinflussungs- und Regelungsversuche verschiedenster Akteure und auf die Interdependenzbeziehungen, die sich daraus ergeben. Sie wird damit den komplexen, grenzüberschreitenden Verflechtungen der Akteure in institutionellen Regelsystemen besser gerecht, die sich insbesondere durch die Tendenzen der Globalisierung, Beschleunigung und Komplexitätssteigerung moderner Gesellschaften ergeben – und kann auch realistischer nach Bedingungen

---

[15] „Aus einer generalisierten Steuerungs- und Regelungsperspektive im Sinne von Governance ist ein breites Spektrum von Mechanismen denkbar, angefangen bei dem erwähnten singulär-hierarchischen Schema, über komplexe und heterogene Steuerungssysteme, in denen vielzählige eigenständige Steuerungssubjekte über ebenso vielfältige Koordinationsmechanismen und Ressourcenflüsse ineinandergreifen und zusammenwirken bis hin zum atomistischen Markt als Extrempunkt dezentraler Steuerung." (Kenis und Schneider, 1996b, 10)

[16] Vgl. (Benz, 2004; Benz u. a., 2007; Altrichter u. a., 2007)

13.5 Zwischenbilanz: Vor- und Nachteile des Governance-Konzepts

des Interdependenzmanagements forschen. Externe Steuerungspotentiale und Selbststeuerungspotentiale können gleichzeitig erfasst werden. All dies ermöglicht es, ein differenzierteres und realistischeres Bild der Regulierung sozialer Einheiten zu gewinnen.

- Da das Governance-Konzept eher eine Forschungs-Perspektive als eine inhaltliche Theorie darstellt, erlaubt es, Anschlüsse zwischen verschiedenen Disziplinen, Theorien und empirischen Studien herzustellen, sodass eine problemorinetierte transdisziplinäre Kommunikation ermöglicht wird.

- Das allgemeine Governance-Konzept erlaubt eine vergleichsweise unmittelbare Thematisierung der Wirkungsmechanismen sozialer Handlungskoordination, also auch eine Konzentration auf die Analyse dessen, was durch bestimmte Koordinationsformen und institutionalisierte Regelsysteme *wirklich bewirkt wird* – und nicht nur: intentional bewirkt werden soll, oder: funktional bewirkt wird. Auch Neben- und Folgewirkungen sowie transintentionale Effekte können systematisch in den Blick genommen werden.

- Das Governance-Konzept reagiert offensichtlich auf eine Problematik, die in Politik und Wirtschaft ebenso verspürt wird wie in der Wissenschaft; es eignet sich deswegen als Mittel zur Verständigung zwischen diesen unterschiedlichen Feldern – dies dürfte den enormen Erfolg des Governance-Konzepts ausmachen, ablesbar an seiner ebenso sprunghaften wie weiten Verbreitung.

Aber es sind auch *Nachteile* und Risikien mit dem Governance-Konzept verbunden.

- Besonders problematisch scheint uns gerade der letzte Punkt zu sein, der unter „Vorteile" genannt wurde. Die Beliebtheit des Governance-Konzeptes hängt eng mit seiner Beliebigkeit zusammen – es lässt sich zur Zeit für sehr unterschiedliche Zwecke verwenden, und seine Unklarheit scheint durchaus funktional für rhetorische Strategien symbolischer Politik zu sein, die handfeste Interessen und Machtverhältnisse eher verschleiert. Es ist in diesem Sinne eine äußerst unangenehme typische Erscheinung des Governance-Konzepts, dass es mitsamt seiner Komponenten häufig wie ein *deus ex machina* eingeführt wird, ohne Herleitung, ohne Begründung, eher in Form einer Verfügung durch Akteure, die auf Grund ihrer Autorität und ihrer schieren Macht Begründungen nicht nötig zu haben scheinen. Hier wird ein „Politikberatung-Bias" erkennbar, der dazu tendiert, sich vornehmlich mit der Perspektive herrschender Gruppen zu identifizieren. Aus der Foucaultschen Gouvernementalitätsperspektive kann dem Governance-Konzept zusätzlich vorgehalten werden, dass seine Institutionenzentriertheit jene feinen und subtilen, aber überaus wirksamen Techniken der „Selbstregierung" völlig ausblendet, die in gesellschaftlichen Diskurse und mikrologischen Praktiken erzeugt werden, welche ihrerseits nach wie vor durch staatlichen Zwang reguliert werden und eine Art vorauseilenden Gehorsam erzeugen. Die Begründung jedenfalls, warum bestimmte Mechanismen oder Regelungspotenziale herausgehoben werden, fehlt im Governance-Diskurs fast immer.

- Der Governancebegriff verstärkt womöglich den „Problemlösungsbias"[17] der Steuerungsdebatte, d.i. die Unterstellung, dass staatliche Akteuren vor allem die Steigerung des Gemeinwohls anstreben. Praktiken purer Privilegiensicherung und des Machterhalts oder -gewinns bleiben unterbelichtet, die Gründe für die strategische Benutzung von Regelungsmechanismen werden in der Givernance-Debatte selten hinterfragt.

- Die *Entstehung von Regelungsmechanismen* wird nicht genügend betrachtet. Dem Governance-Konzept fehlen Instrumente zur Analyse transintentionaler Erzeugungsdynamiken und generativer Mechanismen. Das Vorhandensein von Regelungsstrukturen wird implizit mit erfolgreicher Auslese, rationaler Wahlhandlung oder einem ex-post-Funktionalismus begründet – inklusive der Gefahr eines funktionalistischen Fehlschlusses, der davon ausgeht, dass „existierende Institutionen im Interesse der Lösung kollektiver Probleme entstanden sind" (Mayntz, 2001, 8).[18]

Mit den Analysen in diesem Buch versuchen wir unseren Teil dazu beizutragen, die Vorteile des Governance-Konzepts zu nutzen und die Nachteile zu verringern. Das Konzept wird im folgenden Kapitel an Hand einiger zentraler Begriffe der Governanceforschung, aber auch an Hand von Begriffen, die ihr nahe kommen und dennoch von ihr normalerweise nicht diskutiert werden, etwas weiter aufgefächert und, so hoffen wir, präzisierenden Klärungen zugeführt.

---

[17]Vgl. hierzu ausführlich (Mayntz, 2002).
[18]Eine damit verbundene Problematik ist darin zu sehen, dass auf internationaler aber auch nationaler Ebene die Regelungsmechanismen eine Legitimitätsproblematik aufweisen können (vgl. Schimank und Werle, 2000). Ein Verweis darauf, dass ein Governancetyp funktional zur Problemlösung beträgt, beinhaltet nicht dessen Legitimation in einer demokratischen Gesellschaft.

Literaturverzeichnis

[Altrichter u. a. 2007]   ALTRICHTER, Herbert (Hrsg.) ; BRÜSEMEISTER, Thomas (Hrsg.) ; WISSINGER, Jochen (Hrsg.): *Educational Governance. Handlungskoordination und Steuerung im Bildungssystem*. Wiesbaden : VS, 2007

[Benz 2004]   BENZ, Arthur: Einleitung: Governance – Modebegriff oder nützliches sozialwissenschaftliches Konzept. In: BENZ, Arthur (Hrsg.): *Governance – Regieren in komplexen Regelsystemen: Eine Einführung*. Wiesbaden : VS Verl. für Sozialwiss, 2004, S. 11–28

[Benz u. a. 2007]   BENZ, Arthur (Hrsg.) ; LÜTZ, Susanne (Hrsg.) ; SCHIMANK, Uwe (Hrsg.) ; SIMONIS, Georg (Hrsg.): *Handbuch Governance. Theoretische Grundlagen und empirische Anwendungsfelder*. Wiesbaden : VS, 2007

[Botzem 2002]   BOTZEM, Sebastian: *Governance-Ansätze in der Steuerungsdiskussion. Steuerung und Selbstregulierung unter den Bedingungen fortschreitender Internationalisierung*. Wissenschaftszentrum Berlin für Sozialforschung., 2002. – Kap. 2 und 3

[Brunnengräber 2001]   BRUNNENGRÄBER, Achim: *Global Governance. Zur Karriere eines politikwissenschaftlichen Begriffs*. Enquete-Kommission *Globalisierung der Weltwirtschaft*. Arbeitsgruppe *Global Governance*. 2001. – AG4 AU 14/5

[Coase 1991]   COASE, Ronald: The Nature of the Firm. In: WILLIAMSON, Oliver E. (Hrsg.) ; WINTER, Sidney G. (Hrsg.): *The Nature of the Firm. Origins, Evolution, and Development*. New York u.a. : Oxford University Press, 1991, S. 18–33. – [1937]

[Enders 2002]   ENDERS, Jürgen: Higher Education, Internationalisation, and the Nation-State: Recent Developments and Challenges to GovernanceTheory. In: *Paper prepared for the CHER conference, September 5-7, 2002, Vienna*, 2002

[EU-Kommission 2001]   EU-KOMMISSION: *Weißbuch Governance*. Brüssel. 2001

[Foucault 2004]   FOUCAULT, Michel: Zusammenfassung der Vorlesung. In: *Geschichte der Gouvernementalität*. Frankfurt am Main : Suhrkamp, 2004

[Kenis und Schneider 1996a]   KENIS, Patrick (Hrsg.) ; SCHNEIDER, Volker (Hrsg.): *Organisation und Netzwerk. Institutionelle Steuerung in Wirtschaft und Politik*. Frankfurt/Main : Campus-Verl., 1996 (Wohlfahrtspolitik und Sozialforschung)

[Kenis und Schneider 1996b]   KENIS, Patrick ; SCHNEIDER, Volker: Verteilte Kontrolle: Instituionelle Steuerung in modernen Gesellschaften. In: *Organisation und Netzwerk. Institutionelle Steuerung in Wirtschaft und Politik*. (Kenis und Schneider, 1996a), S. 9–43

[Kooiman 1993]   KOOIMAN, Jan: Findings, Speculations, and Recommendations. In: KOOIMAN, Jan (Hrsg.): *Modern governance. New government-society interactions*. London, Newbury Park und New Delhi : Sage, 1993, S. 249–262

[Lütz 2003]   LÜTZ, Susanne: *Governance in der politischen Ökonomie*. 2003. – Discussion Paper 03/5

[Maurer und Schmid 2002]   MAURER, Andrea ; SCHMID, Michael: *Neuer Institutionalismus. Beiträge zur soziologischen Erklärung von Organisation, Moral und Vertrauen*. Frankfurt/Main, New York : Campus, 2002. – URL http://forschung.unibw-muenchen.de/berichte/2002/ainfo.php-SID&id=3124.htm

[Mayntz 1980]   MAYNTZ, Renate (Hrsg.): *Implementation politischer Programme: Empirische Forschungsberichte*. Königstein/Ts., 1980

[Mayntz 2001]   MAYNTZ, Renate: Zur Selektivität der steuerungstheoretischen Perspektive. In: BURTH, Hans-Peter (Hrsg.) ; GÖRLITZ, Axel (Hrsg.): *PolitischeSteuerung in Theorie und Praxis*. Baden-Baden : Nomos, 2001, S. 17–27. – URL http://www.mpi-fg-koeln.mpg.de/pu/workpap/wp01-2/wp01-2.html. – MPIfG Working Paper

[Mayntz 2002]   MAYNTZ, Renate: Akteure — Mechanismen – Modelle: Zur Theoriefähigkeit makro-sozialer Analysen. In: MAYNTZ, Renate (Hrsg.) ; SCHARPF, Fritz W. (Hrsg.): *Gesellschaftliche Selbstregelung und politische Steuerung*. Frankfurt/Main : Campus-Verl., 2002 (Schriften des Max-Planck-Instituts für Gesellschaftsforschung)

[Mayntz 2004]   MAYNTZ, Renate: Mechanisms in the Analysis of Social Macro-Phenomena. In: *Philosophy of the Social Sciences* 34 (2004), Nr. 2, S. 237–259

[Mayntz und Scharpf 1995]   MAYNTZ, Renate ; SCHARPF, Fritz W.: Steuerung und Selbstorganisation in staatsnahen Sektoren. In: MAYNTZ, Renate (Hrsg.) ; SCHARPF, Fritz W. (Hrsg.): *Gesellschaftliche Selbstregelung und politische Steuerung*. Frankfurt/Main : Campus-Verl., 1995 (Schriften des Max-Planck-Instituts für Gesellschaftsforschung), S. 9–38

[North 1992]   NORTH, Douglass C.: *Institutionen, institutioneller Wandel und Wirtschaftsleistung*. Tübingen : Mohr, 1992

[Offe 1984]   OFFE, Klaus: Korporatismus als System nichtstaatlicher Makrosteuerung? Notizen über seine Voraussetzungen und demokratischen Gehalte. In: *Zeitschrift für Historische Sozialwissenschaft* 10 (1984), Nr. 2, S. 234–256

[Pressman und Wildavsky 1979]   PRESSMAN, Jeffrey L. ; WILDAVSKY, Aaron B.: *Implementation. How great expectations in Washington are dashed in Oakland; or, why it's amazing that federal programs work at all...* Berkeley : Univ. of California Pr., 1979

[Rosenau 1992]   ROSENAU, James N.: Governance, order, and change in world politics. In: ROSENAU, James N. (Hrsg.) ; CZEMPIEL, Ernst-Otto (Hrsg.): *Governance without government. Order and change in world politics*. Cambridge : Cambridge Univ. Press, 1992 (Cambridge studies in international relations), S. 1–29

Literaturverzeichnis 485

[Rosenau 2002]   ROSENAU, James N.: Governance in a New Global Order. In: HELD, David (Hrsg.) ; MCGREW, Anthony (Hrsg.): *Governing Globalization: Power, Authority and Global Governance*. Polity Press, 2002

[Schedler 2007]   SCHEDLER, Kuno: Public Management und Public Governance. In: *Handbuch Governance: theoretische Grundlagen und empirische Anwendungsfelder*. Wiesbaden : VS Verlag für Sozialwissenschaften, 2007

[Schimank 2002]   SCHIMANK, Uwe: *Expertise zum Thema: Neues Steuerungssysteme an den Hochschulen. Abschlussbericht 31.05.2002. Förderinitiative des BMBF: Science Policy Studies*. 2002. – URL http://www.fernuni-hagen.de/SOZ/weiteres/preprints/BMBF_Studie.pdf. – Unter Mitarbeit von Frank Meier

[Schimank und Werle 2000]   SCHIMANK, Uwe ; WERLE, Raymund: Einleitung: Gesellschaftliche Komplexität und kollektive Handlungsfähigkeit. In: *Gesellschaftliche Komplexität und kollektive Handlungsfähigkeit*. Frankfurt/Main : Campus-Verl., 2000, S. 9–20

[Shonfield 1965]   SHONFIELD, Andrew: *The Modern Capitalism. Changing Balance of Public and Private Power*. London : Oxford University Press, 1965

[Steinberg 1999]   STEINBERG, Philippe: *Governance-Modelle in der Politikwissenschaften und Möglichkeiten ihrer verfassungsrechtlichen Umsetzung*. WHI Paper. Berlin. 1999. – URL http://www.rewi.hu-berlin.de/WHI/papers/whipapers699/governance!pdf

[Streeck und Schmitter 1996]   STREECK, Wolfgang ; SCHMITTER, Philippe C.: Gemeinschaft, Markt, Staat und Verbände? In: (Kenis und Schneider, 1996a), S. 9–44

[Wiesenthal 2000]   WIESENTHAL, Helmut: Markt, Organisation und Gemeinschaft als zweitbeste Verfahren sozialer Koordination. In: WERLE, Raymund (Hrsg.) ; SCHIMANK, Uwe (Hrsg.): *Gesellschaftliche Komplexität und kollektive Handlungsfähigkeit*. Frankfurt/Main : Campus-Verl., 2000, S. 44–73

[Wiesenthal 2006]   WIESENTHAL, Helmut: *Gesellschaftssteuerung und gesellschaftliche Selbststeuerung*. Wiesbaden : VS, 2006

[Williamson 1990]   WILLIAMSON, Oliver E.: *Die ökonomischen Institutionen des Kapitalismus: Unternehmen, Märkte, Kooperationen*. 64. Aufl. Tübingen : Mohr, 1990

[Willke 1995]   WILLKE, Helmut: *Systemtheorie I: Steuerungstheorie; Grundzüge einer Theorie der Steuerung komplexer Sozialsysteme*. Stuttgart : Fischer Verl, 1995

[Wolff 2001]   WOLFF, Franziska: *Dimensionen des Governance-Konzepts: Eine Recherche im Rahmen des Projekts Schnittstellenentwicklung zur Integration akademischer und praxisbezogener Forschung im Bereich Sozial-Ökologie*. Freiburg, Darmstadt, Berlin : Öko-Institut, 2001. – Im Auftrag des Bundesministeriums für Forschung und Bildung (BMBF)

14 Governance als Analyseinstrument

ROMAN LANGER

Welchen Sinn kann es haben, Governance-Kategorien zu systematisieren? Zeigen nicht die Vielfalt und der offensichtliche Erfolg der Governance-Forschung allein schon das analytische und das Anregungspotenzial dieses Ansatzes? Liegt nicht gerade in der konzeptuellen Offenheit ihr Charme – ähnlich anderen kreativen sozialwissenschaftlichen Ansätzen, die auf innovative Weise empirischen Gehalt, theoretische Analyse und pragmatische Perspektive zu Erklärungsmodellen mittlerer Reichweite verknüpfen? Und ist es nicht gerade die Stärke des Governance-Ansatzes, anschlussfähige Brückenkonzepte entwickelt zu haben, die es erlauben, unterschiedliche Studien, die oft nur Ausschnitte komplexer Governance-Zusammenhänge erfassen, zu relationieren?

Sicher. Freilich muss man sich um diese blühende Vielfalt schon angesichts des politischen Prozesses und des Wissenschaftsbetriebes nicht sorgen, die aus ihren inneren Tendenzen heraus immer wieder neue Entwicklungen und Interpretationen hervor bringen werden. Andererseits aber muss gefragt werden dürfen, wie eine solche bunte Vielfalt in den Augen derer erscheint, die nicht im großen Spiel der Forschungsprogramme und der Politikberatung mitspielen, sondern reine Betroffene sind. Kann nicht die Beliebigkeit, die dem Governance-Diskurs zuweilen innewohnt, dazu führen, dass jeweils die Interpretationen der am meisten vermögenden Institutionen handlungsleitend werden? Kann nicht die Unübersichtlichkeit eines Flickenteppichs dazu benutzt werden, handfeste Interessendurchsetzung unter einem pragmatisch erscheinenden und sehr dehnbaren Vokabular zu verschleiern?

Nun wäre naiv, wer meint, dass mit konzeptuellen Klärungen einem solchen interessenbestimmten Einsatz moderner politwissenschaftlicher Begrifflichkeit Einhalt geboten werden könnte. Aber einer Wissenschaft, der es trotz oder gerade wegen des zunehmenden Drucks in Richtung Verwendbarkeit für politisch prädefinierte Konkurrenzkämpfe im globalen Maßstab darauf ankommt, neben Dienstleistungen für den Mainstream gesellschaftlicher Tendenzen auch noch Alternativen zu entwickeln, eine „Optionenheuristik" (Wiesenthal) bereit zu stellen, und schädliche Auswirkungen aktueller Governance-Entwicklungen einer begründeten Kritik zu unterziehen – einer solchen Wissenschaft müsste eigentlich das Bemühen um tragfähige analytische Konzepte, die sich sperrig gegen beliebige interessenbestimmte Verwendung erweisen, zentrales Interesse – sic! – sein.

Die Vorstudien, die dieser Abschnitt liefert, sollen auf immanente Zusammenhänge der wichtigsten Governance-Kategorien hinweisen und den Boden dafür bereiten, Governance als sowohl handhabbares als auch widerständiges Analyseinstrument einzusetzen – widerständig gegen beliebige legitimatorische Verwendung. Wird den Governance-Konzepten hier also ein Stück ihrer pragmatischen Liberalität genommen, so deshalb, um der repressiven Toleranz des Rechts des Stärkeren, das sich hinter dieser Liberalität verbirgt, die Stärke des Begriffs entgegen zu setzen.

Der Abschnitt beginnt mit der Rekonstruktion von Konzepten, die den abstrakten, allgemeinen Gegenstand der Governance-Forschung betreffen, der vorläufig als *Handlungskoordination* bezeichnet werden kann (1). Anschließend werden unter Rückgriff auf die Theorie sozialer Selbstorganisation gezeigt, wie die verschiedenen Formen basaler Handlungskoordination – Beobachten, Beeinflussen, Verhandeln – miteinander zusammenhängen, wie sie zu präzisieren sind und inwiefern sie die Konstitution sozialer Einheiten beschreiben können (2). Auf dieser Basis wird „Steuerung" – einschließlich Selbstregulierung – als Form der Strukturierung sozialer Einheiten rekonstruiert; hier werden Einsichten des Neo-Institutionalismus und der Akteur-Netzwerk-Theorie integriert (3). Abschließend werden methodologische Schlussfolgerungen für kritische Governance-Analysen gezogen (4).

14.1 Handlungskoordination und Selbstorganisation als Wirkrelationen

In diesem Abschnitt werden einige zentrale Konzepte der Governance-Forschung vorgestellt, die ihren allgemeinen Gegenstand benennen: die Relationierung sozialer Komponenten, oder: die Selbstorganisation des Sozialen.

14.1.1 Handlungskoordination

Handlungskoordination (Mayntz, 2005; Schmid, 2003) ist theoriesystematisch gesehen *das* Grundlagenkonzept der Governanceforschung. Wenn mehrere Akteure ihre Handlungen koordinieren, bedeutet das, dass sie ihre Handlungen so einrichten (ordnen, anordnen, wörtlich: „zusammenordnen"), dass das Zusammen- und Wechselwirken der Handlungen ein bestimmtes Resultat bewirken (ein Problem lösen, einen Standard einhalten etc.).

Die einzelnen Handlungen der vereinzelten Akteure können dies Resultat also *nicht* erzeugen. Nur in ihrem gemeinsamen Wirkungszusammenhang ist ihnen das möglich. Der Staat, Markt, Organisationen zum Beispiel sind solche Resultate des Ineinandergreifens und Zusammenwirkens zahlloser Einzelhandlungen, aber auch Mikrosozialitäten wie Freundschaften, Familien oder Busfahrten kommen nur durch handelndes Zusammenwirken verschiedener Akteure zu Stande, die ihre Einzelhandlungen zum Gesamten beitragen.

Dieses Wirkungsgefüge verschiedener Handlungen ist eine Handlungsordnung[1] oder eine soziale *Struktur*.

14.1.2 Systeme von Wirkrelationen: Handlungslogik – Logik der Praxis – institutionalisiertes Regelsystem

Die Koordination (Strukturierung) verschiedener Handlungen verläuft in der Regel nach wiederkehrenden Mustern; diese Muster können als *Handlungslogiken* oder als *Logiken der Praxis* (Bourdieu) bezeichnet werden.

Handlungs- oder Praxislogiken sind institutionalisierte Systeme[2] regelmäßig auftretender, miteinander relationierter (koordinierter) Handlungen, die regelmäßige Wirkungen erzeugen. Die Konzepte der „Handlungslogik" oder der „Logik der Praxis" entsprechen insofern dem *institutionalisierten Regelsystem*, des akteurzentrierten und des Neo-Institutionalismus (Wolff, 2001, 10). „Regeln" dürfen hier aber nicht in erster Linie als kodifizierte, formal explizite Spielregeln verstanden werden, sondern vor allem als implizite Regelmäßigkeiten des Handelns.

Handlungslogiken – oder institutionalisierte Regelsysteme (Mayntz, 2001, 4) – sind eigendynamische soziale Prozesse (Mayntz und Nedelmann, 1987). Das heißt, sie entwickeln sich zu wesentlichen Anteilen ungeplant und ungesteuert. Sie erscheinen deshalb auch Akteuren, die nicht an ihnen beteiligt und durch sie geprägt sind, oft unverständlich oder sinnlos. Gemessen an der formalen oder, wie Bourdieu (1993) es nennt, theoretischen Logik, weisen sogar alle Praxislogiken innere Widersprüche, Lücken und Brüche auf.

Diese resultieren aus folgendem Sachverhalt: Wenn verschiedene Handlungslogiken, die vormals miteinander nicht verbunden waren, aufeinander treffen, entstehen *Konflikte* (die auf kreative Neuschöpfungen von Handlungsstrukturen hinaus laufen können),[3] die von den beteiligten Akteuren typisch *nicht* vorhergesehen werden, da ihnen weder ihre eigenen noch die Handlungslogiken anderer Akteure vollständig einsichtig sind. Oft macht erst diese Konfrontation von Handlungslo-

---

[1] Damit wird unmittelbar deutlich, dass die Frage nach Formen und Möglichkeiten der Handlungskoordination eine andere Formulierung der alten Grundfrage der Soziologie ist: Wie ist soziale Ordnung möglich? (Simmel, 1992) Vgl. für einige prominente sozialwissenschaftliche Versionen der Frage nach Handlungskoordination Schmid (2003), der drei basale Koordinationsformen unterscheidet, Habermas (1981), der kommunikative Verständigung und „Steuerungsmedien" als Formen der Handlungskoordination begreift, vgl. aber auch Luhmann (1984), bei dem das – strukturgleiche – Problem allerdings anders formuliert wird, er fragt, wie Kommunikationen aneinander anschließen können.

[2] Institutionen sind „Regelsysteme, (...) die einer Gruppe von Akteuren offenstehende Handlungsverläufe strukturieren" (Scharpf, 2000, 77)

[3] Solches Aufeinandertreffen kann man beispielsweise gegenwärtig im Bildungssystem überall dort betrachten, wo ökonomische Handlungsprinzipien, vormals dem Bildungssystem fremd, in dieses eingeführt werden (sollen).

giken (die für Akteure dann Handlungsprobleme erzeugen) den beteiligten Akteuren sichtbar und bewusst, wie ihre Handlungslogik überhaupt gestaltet ist; ohne diesen Kontrast bliebe jede – für jeweils die Akteure, die sie „ausüben" – so selbstverständlich, dass sie in der expliziten kollektiven Kommunikation und damit im Gedächtnis der Akteure nicht oder nur in Spurenelementen auftaucht.

Aus differenten Handlungslogiken folgen typischerweise Missverständnisse, die zu einer wechselseitigen Abwertung oder Abwendung der einander missverstehenden Akteure führen. Beispielsweise werten Wissenschaftler die Logik der Universitätsverwaltung als „bürokratisch" ab, weil sie deren Prinzipien und Regeln weder selbst anwenden noch verstehen; anders herum zeigen Verwaltungsangestellte öfters wenig Verständnis und Wertschätzung für die Anforderungen und Zumutungen, die das wissenschaftliche Personal ihnen abverlangt, da sie die Logik der Forschungspraxis, des Ringens um Prestige oder der Lehrsituation nicht kennen und/oder nicht recht ernst nehmen.

Governance-Analysen ergreifen hier nicht Partei für eine Handlungslogik, um dann aus deren Warte alle anderen zu betrachten. Sondern sie rekonstruieren die Handlungslogiken und ihr Verhältnis zueinander aus einer neutralen Perspektive heraus. Denn jede praktische Logik macht immer *Wirkungs*-Sinn: Bezogen auf ihren Effekt sind sie nicht widersprüchlich, sondern bewirken gemeinsam die Fortsetzung der Praxis. Dies, nicht Widerspruchsfreiheit oder Verständlichkeit für Akteure – nicht einmal für die, die an der Praxis selbst beteiligt sind – ist das Kriterium für die Logik der Praxis. *Bezogen auf seine Wirkung macht jedes institutionalisierte Relationensystem (jede Logik) regelmäßiger Handlungen Sinn.*

Es ist Aufgabe der Governanceforschung, diesen auf praktische Wirkungen bezogenen Sinn zu rekonstruieren. Sie kann ihn in Form von *objektiven Als-Ob-Regeln* explizieren. Etwa: „Die Akteure in der Universität handeln so, als befolgten sie die Regel, dass Personen einüben sollen, sich an institutionelle Gegebenheiten auch dann anzupassen, wenn diese widersprüchlich sind und keinen für die Akteure nachvollziehbaren Sinn zeigen."

Handlungslogiken, die bei oberflächlicher Betrachtung scheinbar ausschließlich different sind, weisen verborgene Verbindungen auf – wie Kämpfer, die gemeinsam geteilten Kampfregeln folgen. *Vice versa* sind Handlungslogiken, die harmonisch, einheitlich und geschlossen erscheinen, bei genauerer Betrachtung intern differenziert, teilweise bis hin zur Zerklüftung.

Governance-Analysen werden deshalb nicht bloß isolierte Handlungslogiken einzelner Akteure oder Institutionen rekonstruieren. Diese isolierte Analyse wird zu falschen Ergebnissen führen, so als versuchte man Terrorismus ohne seinen Gegner, den Staat oder die Regierung, zu erklären. Sie wird stattdessen Handlungslogiken als Reaktionen auf andere Handlungslogiken – also als *bewirkte* und als *auf andere Handlungslogiken einwirkende* – interpretieren, und zwar sowohl auf *interne* „Sub-Handlungslogiken" als auch auf *externe*, teils gleichgeordnete, teils übergreifende „Super-Handlungslogiken".

14.1.3 Interdependenz

Interdependenz bedeutet wechselseitige Abhängigkeit. Im Vergleich zum Begriff der Handlungskoordination, der das aktive Moment der Praxis betont – Akteure „ordnen" ihre Handlungen einander zu – verweist Interdependenz auf ein passives oder rezeptives Moment: Akteure handeln in Abhängigkeit von anderen Dingen und Akteuren.

Mit dem Interdependenzkonzept verweist die Governanceforschung darauf, dass soziale Akteure niemals isoliert, sondern nur mit Unterstützung anderer Akteure (und auch ihrer artifiziellen Umwelt) existieren können. Diese „Unterstützung" ist dabei durchaus indirekt und wird oft gar nicht bemerkt. So registriert man beispielsweise kaum, dass man Kleidung nicht tragen, Geld nicht benutzen und an der Universität nicht studieren könnte, wenn nicht eine ganze Menge anderer Organisationen und Personen Kleidung produzieren, mit ihr handeln und sie verkaufen, wenn nicht zahllose Akteure den Geldkreislauf aufrecht erhalten und Geld als Zahlungsmittel akzeptieren, wenn nicht viele Akteure die Universität gegründet und ihre Gebäude konstruiert und gebaut hätten und wenn sie nicht heute durch Verwaltungs-, Forschungs- und Lehrhandlungen reproduziert werden würde.

Interdependenzen werden dort wichtig, wo verschiedene Akteure jeweils einzelne, unersetzliche Beiträge zur Leistungsproduktion eines Feldes oder Sektors beitragen müssen. Das Hochschulsystem bspw. könnte seine Leistungen nicht erbringen, wenn die „Abnehmer" ausfielen, also Institutionen, die die Absolventen einstellen. Ohne Staat könnte es nicht bestehen, ohne Studierende nicht, nicht ohne Hochschullehrende, nicht ohne Verwaltungspersonal, ohne technisches Personal. Alle diese Akteure sind *interdependent* hinsichtlich der Leistungsproduktion des Hochschulsystems.[4]

Das Hochschulsystem selbst erbringt für alle diese Akteure umgekehrt ebenfalls Leistungen, und zusätzlich noch für andere gesellschaftliche Teilsysteme (Gesundheitssystem, Wirtschaftssystem, Rechtssystem, politisches System etc.), ohne deren Leistungen es selbst wiederum nicht bestehen könnte. Auch hier gilt: keines darf „ausfallen", ohne die Gesellschaft vor ernste Existenzprobleme zu stellen. Aus dieser Perspektive ergeben sich gegenwartsdiagnostische Fragen von der Art, ob beispielsweise das Wirtschaftssystem auf Grund der Intrusion *in* andere Systeme eher Belastungen als Leistungen *für* die anderen Systeme produziert, oder ob sich die Form der staatlichen Leistungen wirklich vom Steuerungsstaat zum

---

[4]Interdependenz – wechselseitige Abhängigkeit – heißt keineswegs, dass die Abhängigkeit *symmetrisch* wäre, im Gegenteil, sie ist in der Regel asymmetrisch! Auch in Herrschaftsbeziehungen sind, wie prominent bereits Hegel in der Analyse der Herr-Knecht-Dialektik in der Phänomenologie des Geistes darlegte und wie es heute vor allem von Foucaults und Popitz' Sozialtheorien heraus gestellt wird, die Herrschenden immer darauf angewiesen, dass die Beherrschten *mitmachen*. Grundlegende Interdependenz ist daher auch in den grausamsten Unterdrückungsverhältnissen gegeben, selbst wenn die Kosten des Ausstiegs aus der Herrschaftsbeziehung für die Beherrschten unzumutbar sind.

moderierenden, aktiven Staat wandelt und welche Konsequenzen solch ein „Leistungswandel" für die anderen Systeme hat.

Den Blick auf solche Interdependenzen zu richten ist wichtig, um zu verstehen, warum Akteure handeln, wie sie handeln. Denn Akteure handeln immer in Bezug auf andere Akteure beziehungsweise in Bezug auf ihre artifizielle Umwelt: So, dass sie Wirkungen bei anderen Akteuren oder Dingen hervorrufen (gleich ob absichtlich oder nicht), und so, dass sie auf bestimmte Verhaltensweisen und Eigenschaften von Akteuren oder Dingen reagieren (ob ihnen das klar ist oder nicht). Nicht nur in einigermaßen fest stehenden und dauerhaft eingerichteten Beziehungen also sind Akteure (und Artefakte) interdependent, sondern bereits in ihren einzelnen Verhaltensakten.

14.1.4 Akteurkonstellation

Wieder eine etwas andere Bedeutung hat der Begriff der *Akteurkonstellation*. Konstellation bedeutet wörtlich: (Art, wie verschiedene Akteure) zueinander stehen, oder (Art der) Stellung von Akteuren zueinander. Diese „Stellung zueinander" ist ein Relationsgefüge, das die Akteure miteinander verbindet.

Anders als bei „Interdependenz" wird hier keine Auskunft darüber gegeben, *wie* die Akteure zueinander positioniert sind, um welche Art von Beziehung es sich dabei handelt. „Konstellation" betont eher, dass es sich um eine *situative, auf ein Handlungsproblem bezogene* Anordnung von Akteuren handelt.

Beispielsweise stehen SPD und CDU in einer innerdeutschen Auseinandersetzung um anders zueinander, als wenn es um das Problem der Vertretung deutscher Interessen in der EU geht. Personen, die sich hinsichtlich des Problems der Studiengebühren in Gegner und Befürworter trennen, setzen sich in Seminaren in völlig anderer Gruppierung, vornehmlich nach Studierenden und Dozenten getrennt, zusammen. Das heißt: Je nach Handlungsproblem (oder Handlungssituation) *gruppieren* (ordnen) sich die Akteure auf eine andere Weise, begeben sie sich in eine andere situative Akteurkonstellation.

Das Konzept der Handlungskoordination verweist darauf, dass Akteure oder Handlungsvollzüge *nicht* isoliert zu betrachten sind. Im Fokus der Analyse stehen *Beziehungen* oder *Relationen* zwischen den Handlungen/Akteuren, stehen die Weisen, wie sie aufeinander einwirken und sich zu einer gemeinsamen Ordnung zusammenfügen. Soziale Phänomene (Balog, 2006) werden als momentane Resultate wechsel- und zusammenwirkender Handlungen betrachtet und als *Wirkrelationen* analysiert.

14.1.5 Selbstorganisation – Strukturierung – Regulierung

All die genannten Konzepte und auch das Governancekonzept selbst sind anschlussfähig sowohl an Theorien sozialer Selbstorganisation (Küppers,

1999; Langer, 2005) als auch an die Theorie der Strukturation (Giddens, 1984). Konstitutionstheoretisch gesehen, entspricht Governance-Interesse an der (Selbst-)Regulierung sozialer Sachverhalte dem Giddensschen Interesse an der Strukturation von Handeln und Strukturen und dem Interesse der Selbstorganisationstheorie an den Wechselwirkungen von relationalen Systemen und ihren emergenten Effekten. Die Forschungsperspektive richtet sich auf die (strukturellen Bedingungen der) Strukturierung (Gestaltung) von Strukturen.

Dies kann man sich auf verschiedene Weisen klar machen, ich wähle hier eine begriffsanalytische. Die Begriffe „Regulierung/ Regelsystem", „Organisierung/Organisation" und „Strukturierung/Struktur" kann man auf hoher Abstraktionsstufe synonym verwenden: Indem eine Sozialität ihr institutionelles Regelsystem (re-)reguliert, (re-)organisiert bzw. (re-)strukturiert es seine Organisationsstrukturen.

Will man nuancieren, so ist *Strukturieren* der am stärksten verallgemeinerte Begriff, er bedeutet gemeinhin „ordnen" oder „aufbauen", abstrahiert „um-ordnen, umbauen" oder „neu ordnen". *Organisieren* bedeutet spezifischer das Relationieren (Zusammenfügen) verschiedener Einheiten auf eine Weise, dass sie durch ihre Kooperation einen besonderen Zweck erfüllen. Die etablierte Art und Weise des Zusammenwirkens heißt dann „Organisation". *Regulieren* ist noch etwas spezifischer. Gemeinhin wird darunter verstanden, dass ein bestehendes System von seiner Funktionsweise her unangetastet gelassen wird, es werden aber einzelne seiner Eigenschaften oder Verhaltensweisen („Parameter", „Variablen") graduell verändert, so dass die Outcome-Intensität verändert wird: Die Heizung wird wärmer oder kälter, die Aufstellung defensiver oder offensiver, der Eurokurs sinkt oder steigt.

Fügt man diesen Begriffen nun das Präfix „Selbst" hinzu – „Selbstorganisation, Selbstregulierung, Selbststrukturierung" – so hat dies spezifische Vorteile. Es eröffnet den analytischen Blick darauf, dass es einen *übergreifenden Zusammenhang* gibt – das „Selbst" – der sich hier strukturiert, und zwar, dies ist das Entscheidende, ohne dass er von bestimmten Akteuren oder Organisationen bewusst geplant oder gezielt gesteuert würde. Er steuert sich vielmehr eben selbst, jenseits der Intentionen von Akteuren. Bezogen auf die Perspektive der Akteure ist der übergreifende Zusammenhang samt der Mechanismen seiner Selbstorganisation *transintentional*. In der Regel können die Akteure ihn *als* vollständigen Zusammenhang noch nicht einmal erkennen. Wohl mögen sie selektive Ausschnitte und Aspekte von ihm erkennen, aber dass dies Teilansichten eines sich selbsttätig strukturierenden und reproduzierenden Gesamtzusammenhangs sind, ist ihnen nicht klar, nicht einmal dann, wenn ihre Handlungen in diese Strukturierungs- und Reproduktionsprozesse einbezogen sind. An der Analyse solcher transintentionalen, sich selbst organisierenden sozialen Systeme ist die Governanceanalyse besonders interessiert.

In diesem Zusammenhang sind drei Präzisierungen vorzunehmen, um Missverständnissen vorzubeugen.

Selbsttätigkeit. Mit „selbstregulierend" oder „selbstorganisierend" soll betont werden, dass etwas sich *selbsttätig, quasi-automatisch* ereignet und wiederholt abläuft. „Selbsttätig" oder „quasi-automatisch" betont den Sachverhalt, dass kein Mensch bzw. keine menschliche Organisation diese Prozesse bewusst steuert – jedenfalls nicht in ihrer Gänze; Teilprozesse mögen bewusst gesteuert werden. Sie ereignen hinter den Rücken beziehungsweise über den Köpfen menschlicher Akteure, sprich: unbemerkt von ihnen. In diesem Sinne sind sie auch „autonom": Zwar ist auch Selbstregulierung an bestimmte Bedingungen gebunden und damit niemals vollständig autonom, aber selbstregulierende Prozesse sind *unempfindlich gegen Eingriffe, die eine „Gegen-Regulation"* versuchen – im Bereich menschlicher Gesellschaften insbesondere von intentionalen Eingriffen von Menschen.

Regulierung ist nicht bewusste Planung. „Selbstregulierung" oder „Selbstorganisation" wird oft als autonome Regulierung eigener Angelegenheiten ohne Fremdeingriffe verstanden. Dies ist häufig mit der Vorstellung verknüpft, diese Regulierung werde von einem einheitlichen Akteur (Subjekt), der seine Angelegenheiten zur Gänze überblickt, bewusst und gezielt vorgenommen. So etwas kommt zwar vor, ist aber nur eine von vielen verschiedenen Formen der Selbstregulierung. Ein stärker abstrahiertes Konzept der Selbstregulierung bezieht auch *nicht* intentionale, unreflektierte und ungeplante Regulierungs-Eingriffe ein – basierend auf der Annahme, dass diese Prozesse viel häufiger vorkommen und eine wesentlich stärkere Bedeutung für Gesellschaftsstrukturen haben als gemeinhin angenommen wird.

Das „Selbst" ist ein Zusammenhang von Wirkrelationen. Selbstregulierung *erscheint* so, als gäbe es ein „Selbst", Subjekt, eine Meta-Einheit, die sich selbst nach bestimmten Plänen und Kriterien reguliert. Aber diese Einheit, dieses „Selbst" ist nichts anderes als die Kombination vieler verschiedener Wirkungsbeziehungen zwischen jenen Einheiten. Dieses Konglomerat aus Wirkungsbeziehungen nimmt dieselben, identifizierbare (identische: „selbstische"), wiederkehrende, typische Formen an. Das „Selbst" in Selbstregulierung ist kein Bewusstsein, kein Subjekt, kein Individuum, sondern ein *System von Wirkungsbeziehungen*. – Dieses System von Wirkungsbeziehungen ist häufig kein in sich harmonisches Gebilde. Die Wirkungsbeziehungen (und die Einheiten, die da aufeinander einwirken) können unter Spannung stehen, einander widersprechen, bekämpfen oder einschränken, sie können auseinanderstreben usw.

14.1.6 Die Dynamik selbstorganisierender Governance: Solidarität, Konkurrenz, Hierarchie, Zerfall

Die sozialwissenschaftliche Governanceforschung postuliert – in einer historisch offenen Liste – drei bis vier grundlegende Formen gesellschaftlicher Handlungs-

14.1 Handlungskoordination und Selbstorganisation als Wirkrelationen

koordination: Gemeinschaft, Markt und Staat, zuweilen noch Netzwerke[5] (Lange, 2004, 22ff.), (vgl. auch z.B. Wiesenthal, 2000,?; Benz, 2004; Mayntz und Scharpf, 1995); außerhalb der Governanceforschung siehe etwa für die Korporatismusdebatte (Streeck und Schmitter, 1985, 1996) und für den Neo-Institutionalismus (Becker-Ritterspach und Becker-Ritterspach, 2006, 130); in der Professionstheorie unterscheidet Freidson (2001) Markt, Staat und Profession als grundlegende Prinzipien der Handlungskoordination, wobei Profession aber als Mischung aus Netzwerk und Gemeinschaft verstanden werden kann).

Wiesenthal (2000) argumentiert, dass diese Formen der Handlungskoordination nicht in Reinform auftreten, sondern nahezu jede Sozialität ein *Mischungsverhältnis* dieser Koordinationsformen aufweist. Dies wird leichter nachvollziehbar, wenn man die *Koordinationsaktivitäten und -prozesse* betrachtet, die hinter den genannten Strukturformen stehen. Statt „Staat" wird oft auch „Hierarchie" oder „(bürokratische) Organisation" gesetzt. Die Koordinationsaktivitäten sind *Über- und Unterordnung* mittels Weisung, Vorschrift oder Befehl und Befolgung/Gehorsam. Hinter dem „Markt" stehen einerseits *Tausch*, andererseits *Konkurrenz* als Koordinationsaktivitäten, und hinter „Gemeinschaft" stehen *Arbeitsteilung* und *Solidarität*.

Betrachtet man diese Prinzipien und Aktivitäten nun als *Prozesse*, und ordnet man sie in Bezug auf die Entwicklungsdynamik von Sozialitäten, dann lässt sich ein spezifischer Ablauf erkennen, der beschreibt, in welchen Phasen sich eine Sozialität selbst konstituiert. Eine Sozialität entsteht in der Regel dadurch, dass verschiedene, vormals getrennte Akteure aufeinander treffen und ihre jeweils „mitgebrachten" Strukturen (Ressourcen: Kompetenzen, Vermögen und Regeln: Normen, Verfahren, Rituale) zunächst von sich abtrennen, dann *auftrennen*, auf neuartige Weise *zusammenfügen* und schließlich auf neue Weise auf Akteure verteilen, sodass eben eine neue Sozialität mit einer bislang „nicht dagewesenen" und von den beteiligten Akteuren gemeinsam geteilten Struktur entsteht. Durch diesen Prozess der intentional gerichteten Teilung und Rekombination von Strukturen entsteht eine *Solidarisierung*.

Ist eine Sozialität dann einmal entstanden, und verfügt sie über eine eigene, gemeinsame Handlungsstruktur, die in der Lage ist, eigenständige Wirkungen zu erzeugen – etwa: Produkte oder Dienstleistungen, aber auch: moralische Forderungen oder nachhaltige Beeinflussungen anderer Akteure – dann kann sie *als* Sozialität anfangen, mit anderen sowohl zu kooperieren (und letztlich sich durch weitere Solidarisierungen zu erweitern) als auch zu tauschen: unser Produkt gegen euer Produkt, unsere Zurückhaltung in der moralischen Agitation gegen euren Verzicht etwa auf die zügellose Herstellung eines umweltschädlichen Produkts. Gleichzeitig aber können andere Sozialitäten mit ihr in Konkurrenz treten: Externe Akteure können Gegenforderungen aufstellen oder Konkurrenzprodukte produzieren, aber

---

[5]Es gibt eine Debatte darum, ob Netzwerke eine eigenständige Koordinationsform sind oder nicht, die hier nicht von Interesse ist.

auch interne Akteure können alternative Strukturformen (Produktionsweisen, moralische Argumentationsweisen) durchzusetzen versuchen.

Das heißt, die Sozialität begibt sich in Relation (Kooperation, Tausch und Konkurrenz) mit Komponenten der inneren und äußeren Umwelt. Sie kann dies aber wie gesagt erst tun bzw. dies kann ihr erst passieren, wenn sie durch Solidarisierung zunächst einmal überhaupt entstanden ist (wobei es freilich sein kann, dass sie sich solidarisiert hat, *um* die Leistungen einer anderen Sozialität zu konkurrenzieren). Solidarisierung ist also entwicklungshistorisch früher anzusetzen als Konkurrenzierung. Durch Tausch und Konkurrenz entstehen zwar auch soziale *Strukturen*, nicht aber einheitlich handlungsfähige Sozialitäten, also keine Sozialitäten mit Akteurqualität. Es müssen zunächst Sozialitäten da sein und aktiv werden, bevor Konkurrenz greifen kann, und sie müssen zunächst etwas herstellen, bevor man es tauschen kann.

Handlungskoordination durch Kooperation, Tausch und Konkurrenzverhältnisse tendiert nun immer dahin, dass sich „Schwerpunkte" bilden: Verschiedene Akteure (oder Sozialitäten, diese Bezeichnungen kann man in diesem Zusammenhang synonym benutzen) schließen sich zusammen (= solidarisieren sich), um in der Konkurrenz zu „überleben", um sich stabile Tauschverhältnisse zu sichern und damit den eigenen, bestandsnotwendigen Ressourcenzufluss zu sichern, oder um höhere Gewinne zu erzielen. Andere Akteure werden aus dem Tausch exkludiert oder unterliegen im Konkurrenzkampf.

So entstehen Oligopole: Bestimmte Akteure werden mächtiger als andere und verfügen über höheres Vermögen, d.h. über mehr Anteile an der gemeinsamen (Konkurrenz- und Tausch-)Struktur als andere, oder sie besitzen die wichtigsten und wertvollsten Anteile daran – dies sind normalerweise die Kontrolle über die Gewalt- und Produktionsmittel sowie über die geltende Weltdeutung. Die „Verlierer" solcher Konkurrenzen erhalten periphere *funktionale Monopole* zugewiesen. Sie spezialisieren sich auf eine besondere Teilleistung oder -funktion, die niemand anders erbringen oder herstellen kann. So sind diese funktionalen Monopolisten wechselseitig aufeinander angewiesen. Gleichzeitig sind sie alle auf das Wohlwollen des Gewinners, des *Herrschaftszentrums* angewiesen, das über die wirksamsten Anteile an den gemeinsam geteilten sozialen Vermögensstrukturen verfügt, beispielsweise über Gewaltmittel (Staat) oder über Personal-Einstellungs- und -Entlassungsbefugnissen (Konzernvorstand).

Die Akteure haben einen *Differenzierungs- und Hierarchisierungsprozess* durchlaufen und sind nun sowohl hierarchisch angeordnet als auch funktional differenziert. Dies kann übrigens auch durch Autorisierung geschehen, also dadurch, dass bestimmte Akteure ihre Verfügungsrechte über bestimmte strukturelle Vermögen abtreten, eine Dienstleistungsfunktion übernehmen und dafür Schutz und Privilegien erhalten, also ein *asymmetrisches Tauschverhältnis* etablieren.

Sozialitäten (oder Akteure), die über eine fest institutionalisierte, ausdifferenzierte interne Struktur verfügen – gleichviel ob sie starr oder flexibel ist – sind entwicklungsgeschichtlich gesehen also „alte" Sozialitäten. Sinkt ihr Flexibilitätsgrad unter eine kritische Grenze, werden sie also zu starr, dann werden sie durch Konkurrenzierungen bedrängt, die alternative Strukturformen fordern und/oder durchzusetzen versuchen, wobei die Konkurrenten sowohl von innen als auch von außen kommen können.

Jeder Konkurrent ist dabei ein intern solidarischer Akteur (eine intern solidarische Sozialität). Jeder kann durch neuartige Beteiligung oder neuartigen Tausch von der hierarchisch strukturierten Sozialität befriedet werden – die Branche zahlt den streikenden Arbeitern und Angestellten mehr, Umweltaktivisten erhalten umweltpolitische Kontrollfunktionen – aber wenn sie zu starr ist, werden sich die internen Konkurrenten von ihr absprengen bzw. externe Konkurrenten werden von Tausch auf Ruinierung umstellen, und die starre hierarchische Sozialität *zerfällt*.

Damit ist eine Hypothese über den immanenten Zusammenhang von „Gemeinschaft", „Markt", „Staat" und „(sozialem) Zerfall" aufgestellt. Die Konzepte wurden *dynamisiert*, also als Prozesse der Solidarisierung, Konkurrenzierung, Hierarchisierung (Autorisierung) und Dissoziierung betrachtet, und dann einander zugeordnet. Die Hypothese lautet zusammengefasst, dass Sozialitäten durch Solidarisierung als handlungsfähige Einheiten entstehen, durch Konkurrenzierung angegriffen werden, aber auch durch darauf reagierende „Weiter-Solidarisierung" sich festigen können, dass diese „Weiter-Solidarisierung" sich vorwiegend in Form von Autorisierungs- und Hierarchisierungsprozessen abspielt, die schließlich eine feste Hierarchiestruktur ergeben, die ihrerseits, falls sie ein kritisches Maß an Starrheit annimmt, mittels Gegen-Solidarisierung und Konkurrenzierung gesprengt oder aufgelöst werden kann. Die übergreifende Strukturdynamik aller Sozialitäten hat also dieser Hypothese gemäß die Form: Solidarisierung $\Longrightarrow$ Konkurrenzierung $\Longrightarrow$ Hierarchisierung $\Longrightarrow$ Zerfall oder Re-Solidarisierung.

Doch die Governanceforschung ist bereits einen Schritt weiter gegangen und hat diese Konzepte sowohl abstrahiert als auch mikrologisch „heruntergebrochen" auf basale Prozesse der Handlungskoordination, die der beschriebenen Dynamik zu Grunde liegen. Ihnen wendet sich der folgende Abschnitt zu.

14.2 Die konstitutive Selbstorganisation des Sozialen

Auf welche Weise konstituieren sich soziale Systeme? Welches sind die basalen Akte der Selbstorganisation oder -strukturierung? Auf welche Weise relationieren sich Verhaltensakte, und dann wiederum: Relationen von Verhaltensakten? In der sozialwissenschaftlichen Governance-Forschung gibt es darauf eine recht eindeutige Antwort, die Schimank (2000, 2007) – ein wenig *ex cathedra*[6] – in den Governance-Diskurs eingeführt hat: Beobachtung, Beeinflussung und Verhandlung. Im Folgen-

---

[6] Eine Begründung oder Herleitung für diese Dreifaltigkeit ist mir jedenfalls bisher nicht bekannt.

den versuche ich diesen Zusammenhang zu rekonstruieren, indem ich die Kategorien aus Sicht einer Theorie sozialer Selbstorganisation (Langer, 2005; Köhler u. a., 2007) erweitere und ihren Zusammenhang kläre.

14.2.1 Beobachten und Behandeln

Die basale Verhaltens-Koordination besteht nicht nur aus purem rezeptiven Verhalten, dem Beobachten. Sie hat auch eine aktive Komponente, die man *Behandeln* nennen kann. Damit ist allerdings nicht eine professionelle oder überhaupt reflektierte Behandlung gemeint, genau so wenig wie mit der Schimankschen Beobachtung etwa eine systematische, reflektierte Methode gemeint ist. Vielmehr besteht das hier gemeinte Behandeln in jedem sich-Verhalten, das sich auf anderes als es selbst auswirkt. Indem sich ein Akteur verhält, behandelt er die Welt auf eine bestimmte Weise (häufig ohne es zu reflektieren).[7] Um Watzlawicks altes Axiom abzuwandeln (Watzlawick u. a., 1985, 53): Man kann die Welt nicht nicht behandeln – genau so wenig, wie man sie nicht nicht beobachten kann.

Erkennbar wird diese Art der Behandlung besonders dann, wenn sie nicht zu den Strukturen der behandelten Akteure oder Umweltgegenstände passt, wenn die Strukturen dieser Behandlung Widerstand bieten, oder wenn sie unterm Druck des Behandeltwerdens sichtbar verändert oder sogar (teilweise) zerstört wird. Zum Beispiel spielt ein Kind zu heftig mit einem Spielflugzeug, und es zerbricht: Das Kind behandelt das Flugzeug so, als ließe es jene heftige Art von Spiel zu, aber das Flugzeug ist so strukturiert, dass es dies eben nicht zulässt, sondern zerbricht. Oder: Die Wissenschaftsbehörde verschickt einen Letter of Intent, der in einem stark ökonomischen Duktus gehalten ist, und die Wissenschaftler vor Ort interpretieren, ihre Arbeit solle für wirtschaftliche Belange zweckentfremdet werden. Die Behörde behandelt – vielleicht ohne es beabsichtigt zu haben – die Hochschullehrer so, dass diese sich *falsch* oder *unangemessen*, das heißt nicht der Struktur ihrer Arbeit entsprechend, behandelt fühlen.

In menschlichen Sozialitäten wird diese basale Koordinationsform, das Behandeln und Beobachten, so selbstverständlich und allgegenwärtig ausgeübt, dass sie unbemerkt bleibt. Dennoch ist sie hoch wirksam. Garfinkel hat mit seinen Krisenexperimenten darauf aufmerksam gemacht, was passiert, wenn Akteure plötzlich die Welt *anders* behandeln, als es selbstverständlich ist: Angst, Wut, Kopfschütteln, Verächtlichkeit und Verachtung sind die Folge. Das grundlegende Beobachten und Behandeln läuft in regelmäßigen, routinierten Bahnen ab, und wer diese Bahnen verlässt und auf Weisen (be-)handelt, die nicht erlaubt oder nicht vorgesehen sind, verletzt grundlegende *Erwartungs- bzw. Orientierungssicherheiten* vergesellschafteter Akteure.

Es gibt eine spezifische Sorte von Akteuren, die notwendigerweise häufig diese

---

[7]Diese Aussage trifft übrigens auch auf Gegenstände zu, insoweit ist der Akteur-Netzwerk-Theorie zuzustimmen.

14.2 Die konstitutive Selbstorganisation des Sozialen

eingespielten und impliziten Regeln des einander-Behandelns durchbrechen und deshalb auch die entsprechenden, in aller Regel informellen Maßregelungen häufiger zu spüren bekommen als andere; während sie gleichzeitig die eingespielten Regeln oft unvorbereitet erfahren. Die Rede ist von Kindern und Neulingen, ferner von Minderheiten, Außenseitern und all jenen, die generell in gesellschaftlich für wichtig gehaltenen Hinsichten „schwächer" sind als andere. Solche Akteure werden von den Etablierten, „Normalen" zwar auch gezielt „Sonderbehandlungen" unterzogen, noch viel häufiger aber „aus Versehen" und ohne Absicht auf eine Weise behandelt, die ihnen nicht entspricht und häufig Enttäuschung, Unannehmlichkeiten, psychische oder physische Schmerzen und generell Verluste und Exklusionen zumutet.[8]

Unabsichtliche Zumutungen durch etablierte, zentrale Akteure und verschwiegene Anpassungsleistungen peripherer oder neuer Akteure stehen im Mittelpunkt kritischer Governance-Forschung. Sie können nur in den analytischen Blick geraten, wenn man das „Behandeln" als grundlegenden Koordinationsmodus ernst nimmt und somit über das reine Beobachten hinaus geht. Diese Aktionen geben aber, da nicht intentional und strategisch gewählt, besonders guten Aufschluss über Missverständnisse, Interessengegensätze und Herrschaftsbeziehungen, die ihrerseits wiederum Konflikte, Entscheidungsversagen und Innovationsblockaden verursachen können.

Die generelle Leitlinie, die sich aus der vorgeschlagenen Perspektive fürs Forschungshandeln ziehen lässt, ist zugleich sehr einfach und sehr schwierig umzusetzen. Sie lautet: *Schau genau hin* – darauf, wer wen oder was beobachtet und behandelt, wie er das tut, und wer sich wie beobachten und behandeln lässt – und wie nicht, bzw. wer oder was nicht. Bei dieser Forschung darf man sich weder auf die Welt- und Selbst-Beschreibungen der Akteure verlassen noch auf die Deutungskompetenz der Forschungspersonen. Es geht darum, genau zu beschreiben, wie sich welche Beobachtungs- und Behandlungsakte *auswirken*, und wie aus ihnen – immer wieder neu – verfestigte, institutionalisierte Verhältnisse entstehen. Es geht darum, gezielt die Sphäre des Fließens und Flackerns von Verhaltensakten zu erforschen, aus der das Verfestigte besteht und die zugleich von den „festen" Strukturen und Akteuren verdeckt wird. Es geht darum, zu erforschen, wie im Einzelnen Akteure, ohne es zu wissen und zu wollen, teilweise sogar gegen ihre Intentionen und Interessen, die soziale Welt mitproduzieren, die ihnen doch als objektivierte gegenüber tritt.

---

[8] Dass und warum die von diesem alltäglichen Leiden an der Gesellschaft (Dreitzel, 1968) betroffenen Personen relativ wenig Widerstand leisten, kann hier nicht Gegenstand der Betrachtung sein. Dass die so behandelten Akteure ihre Erfahrungen in der Regel kaum verbalisieren und in Widerstand umwandeln, sondern jene Behandlungen hinnehmen und sich anpassen, darf nicht dahin gehend missinterpretiert werden, dass es dieses Leiden nicht gäbe, sondern eher als Hinweis darauf, wie effektiv es den Eliten gegenwärtiger Gesellschaften gelingt, die gegenwärtige Realität als einzig mögliche, sinnvolle und richtige zu kommunizieren.

14.2.2 Von Beobachtung/Behandlung über Erwartungsbildung zu Strukturen/Vermögen

Mit der Theorie sozialer Selbstorganisation kann man den Zusammenhang zwischen Beobachten und Beeinflussen wie folgt benennen. Wenn Beobachtungs- und Behandlungsakte ständig völlig unterschiedlich ausfielen und zufällige Ergebnisse erzeugten, könnte sich keine dauerhafte soziale Ordnung bilden. Sie fallen aber notgedrungen – schon allein auf Grund der Strukturiertheit der physischen Umwelt, die ihnen Bedingungen entgegen setzt – geordnet aus, d.h. manche Beobachtungs- und Behandlungsweisen treten in ähnlicher oder gleicher Form immer wieder auf, sie werden zu *regelmäßigen* Handlungen/Beobachtungen. Genau diese regelmäßigen Handlungen/Beobachtungen werden für andere Handlungen und Beobachtungen *erwartbar* – im Sinne einer strukturellen Kopplung bilden sich Handlungen und Beobachtungen heraus, die von vornherein so strukturiert (disponiert, „voreingestellt") sind, dass sie zu bestimmten regelmäßig auftretenden Handlungen und Beobachten passen (und damit auch einladen, erneut aufzutreten).[9]

Diese Erwartungen – genauer gesagt: die *erwartenden Beobachtungs- und Behandlungsregelmäßigkeiten* – bilden nun einen einladenden Resonanzboden für die erwarteten Beobachtungs- und Behandlungsregelmäßigkeiten. Indem beide wechselseitig aufeinander verweisen – die Erwartungen verweisen auf das Erwartete, das Erwartete verweist auf die Erwartungen – werden sie zusammen *wirksamer*, als sie es allein wären – auffälliger und besser wahrnehmbar, widerstandsfähiger und stabiler. Sie werden zu (Erwartungs- und Verhaltens-)*Strukturen, zu erwartetem regelmäßigem Verhalten (Beobachtungen und Behandlungen)*.

Die erwarteten Verhaltensweisen werden gleichzeitig zu Potenzialen. Auch wenn sie nicht ausgeübt werden, also nicht aktuell wirken, so sind wie doch *möglich*, sie *können* wirksam werden, sobald sie sich aktualisieren. Das Erwartete ist das Potenzielle: das *Vermögen*, sich zu Verhalten und dadurch etwas zu bewirken; ein Vermögen, das durch tatsächliches Verhalten realisiert werden muss.

14.2.3 Beeinflussen: Strukturen als Handlungsvermögen für (Um-)Strukturierungsakte

Man könnte sagen, Schimank habe das „Behandeln" schon berücksichtigt, nämlich durch die zweite basale Koordinationsform, das Beeinflussen. Aber das Beeinflussen ist bei Schimank weniger basal als das Beobachten angesiedelt: Während Be-

---

[9] Einfacher wäre es zu sagen: Akteure beginnen, die regelmäßigen Handlungen zu erwarten. Aber diese Erwägungen befassen sich mit transintentionalen Ereignissen, sodass es verfehlt wäre, hier Akteure und bewusste Erwartungen voraus zu setzen; statt sie voraus zu setzen, wird hier problematisiert, woraus sie eigentlich bestehen. Der im Text verwendete Erwartungsbegriff ist deshalb hoch formal: Unter Erwartungen werden hier unilineare strukturelle Kopplungen, also *regelmäßige Folgen oder Begleiterscheinungen* regelmäßiger Beobachtungs- und Behandlungsweisen verstanden.

14.2 Die konstitutive Selbstorganisation des Sozialen

obachten im sozialen Prozessieren immer mitläuft, gilt dies für Beeinflussen nicht. Und in den Beispielen, die Schimank für „Beeinflussen" gibt, handelt es sich eindeutig um intentionale und gezielte, strategisch eingesetzte und den beeinflussenden Akteuren bewusste Akte. Behandeln aber, wie ich es oben zu umreißen versuchte, läuft in hohem Ausmaß *transintentional* ab, und nur in ganz geringem Maße intentional.

Beeinflussen ist der gezielte Einsatz spezifischer Regeln und Ressourcen zwecks Verändern aktueller Strukturen – anders gesagt: zwecks Durchsetzen einer bestimmten zukünftigen Situation, die sich in spezifischer Weise von der aktuellen Situation unterscheidet. Beeinflussen zeichnet sich demnach dadurch aus, dass *spezifische Strukturen eingesetzt (benutzt)* werden, um andere spezifische Strukturen zu verändern, das heißt (neu bzw. um-) zu strukturieren.

Und das ist nun das Entscheidende. Strukturen[10] werden eingesetzt, um Strukturen wirksam zu strukturieren. Somit dienen Strukturen als Vermögen für Akteure: als Vermögen, etwas zu bewirken! Es ist wichtig, diesen Zusammenhang zu begreifen, um nicht der falschen Vorstellung zu folgen, Strukturen seien eine Art „Wände", die Akteuren prinzipiell äußerlich sind, und innerhalb derer Akteure dann ihre Handlungsspiel-„Räume" haben.

Die *Dualität* von Handeln und Strukturen, von der Giddens (1984) spricht, schlüsselt sich dann wie folgt auf: Akteure *produzieren* soziale Strukturen, indem sie sich regelmäßig auf eine bestimmte Weise verhalten (verhalten im weitesten Sinne: Handeln und Kommunizieren, reflexartig Reagieren und rezeptiv Hinnehmen ebenso wie gestaltend Agieren). Dieses regelmäßige Verhalten verfestigt sich zu *Verhaltensregelmäßigkeiten*, die unabhängig von Personen existieren – beispielsweise die Form des Gerichtsverfahrens oder die Form typischer Auseinandersetzungen in den Selbstverwaltungsorganen von Universitäten, typische Deutungsmuster über das Entstehen von Gewalt und die Reproduktion von Ungleichheit in Schulen, die Regeln des Schachspiels oder des höflichen Umgangs miteinander, und so weiter.

Auf solche verfestigten Verhaltensregelmäßigkeiten können Akteure nun Bezug nehmen, sie können sie *einsetzen* oder *nutzen*, um bestimmte Ziele zu erreichen. „Ziele zu erreichen" heißt präzise: Um bestimmte andere Strukturen (regelmäßiges Verhalten anderer Akteure) verändernd oder bestärkend zu beeinflussen. Durch diese Nutzung werden Strukturen zu Ressourcen oder, treffender, zu *Handlungsvermögen* von Akteuren. Indem Akteure bereits bekannte Verfahren, Regeln, Erwartungs- oder Deutungsmuster nutzen, können sie auf eine Weise – und vor allem: mit einem Grad an Wirkkraft – handeln, die ihnen ohne Nutzung dieser Strukturen nicht möglich wäre.

Einige Beispiele. Journalisten nutzen ihr Netzwerk von Informanten, um inve-

---

[10] Und zwar sowohl Erwartungsstrukturen (einschließlich Relevanz- und Wertsysteme und Bewertungsmaßstäbe, normative und kognitive Erwartungen, formale Strukturen, Deutungsmuster, *mind cards*, *core beliefs* und *stored responses*) als auch Praxisstrukturen.

stigative Recherchen tätigen zu können, die es dann erlauben, dubiose Praktiken bestimmter Organisationen öffentlich zu machen; politische Redner appellieren an grundlegende Werte und Normen („die Schwachen zu schützen ist Aufgabe einer Solidargemeinschaft"), um positive Urteile über ihre Ansichten zu erzeugen; Mietervereine legitimieren ihre Beratungsaussagen durch Verweise auf Urteile, die in einem ordentlichen Gerichtsverfahren getroffen worden sind; Studierende nutzen kursierende Zusammenfassungen wissenschaftlicher Texte, um sich auf eine Klausur vorzubereiten; Redner nutzen das Deutungsmuster vom „Zug, der abgefahren ist", um die Zuhörer von der Unumkehrbarkeit einer Entscheidung zu überzeugen.

Bei allem, was hier eingesetzt wurde, um etwas Bestimmtes zu erreichen – Informanten-Netzwerk, grundlegende Werte und Normen, Gerichtsurteile, Textzusammenfassungen, Deutungsmuster – handelt es sich um Sachverhalte, die *nicht durch ihre Verwender selbst produziert worden sind*. Von den Netzwerken bis zu den Deutungsmustern sind die genannten Sachverhalte relativ stabile Effekte lang andauernder Prozesse handelnden und kommunizierenden Zusammenwirkens einer (mehr oder minder) unabsehbaren Anzahl von Akteuren.

Die Verwender können sich aber in bestimmter Weise zu jenen sozial konstruierten Sachverhalten in Relation setzen: Sie können über sie verfügen, sich ihrer bedienen, sich auf sie berufen. Und mit dieser Relationierung machen sie sich selbst auf eine bestimmte Weise „größer" als vorher: Sie erlangen mehr Information, Würde, Recht, Wissen, Sinn als vorher; sie *fügen diese Elemente der sie umgebenden sozialen Strukturen ihrer eigenen Handlungsstruktur hinzu* und können sie fortan als Handlungsvermögen nutzen. Die Hinzufügung verschafft ihnen damit einen Vorsprung gegenüber Akteuren, die signifikant *weniger* Information aus ihren Netzwerken gewinnen, weniger Bezug auf allgemeingültige wertvolle Normen oder gültige Gerichtsurteile herstellen, weniger Textinformationen erlangen oder weniger einleuchtende Deutungsmuster verfügen.

Damit die Verwender diese strukturellen Elemente (oder Momente) aber auch effektiv einsetzen können, müssen andere Akteure sich auf eine bestimmte Weise verhalten. Zunächst müssen sie zulassen, dass jene „Verwender" überhaupt Relationen zu den strukturellen Elementen herstellen können. Wenn ein Akteur in rhetorischen Figuren nicht geschult wurde, oder wenn er nicht in einer Lebenswelt aufwächst, in der der „abgefahrene Zug" ein starkes Bild darstellt, wird er dieses Bild nicht verwenden. Wird ihm keine Textzusammenfassung ausgehändigt oder ihm der Zugang zu Gerichtsurteilen versperrt (nicht nur durch gezielte Verschlusshaltung oder durch Abfassung von Urteilen in einer gelehrten Fremdsprache, sondern bekanntlich auch einfach dadurch, dass er den juristischen Fachjargon nicht versteht), dann kann er sie auch nicht verwenden. Dies ist die erste, die allgemeine Art, in der Akteure die Einflussnahme eines Akteurs auf andere mit-produzieren: Sie müssen es *zulassen*, dass der fokale Akteur sich mit strukturellen Elementen relationiert und diese nutzt.

Die zweite Art der Mit-Produktion einer Einflussnahme durch einen Akteur ist eine stärker spezielle: Es muss Akteure geben, die den Informationen des Journalisten *glauben*. Akteure, die die Normen, auf die eine Politikerin sich bezieht, für wertvoll und gültig erachten *und* der Politikerin unterstellen, dass es ihr (auch) darum gehe, diese zu bekräftigen. Akteure, die einmal gefällte Gerichtsurteile als etwas Stabiles anschauen, das nicht einfach wieder eingezogen werden kann, die sich außerdem dem Recht fügen und die schließlich darauf *vertrauen*, dass es diese Urteile wirklich gibt und dass ihre Interpretation durch den Verwender richtig ist. – Nur dann nämlich, wenn sie diese Akte der Anerkennung vollziehen, werden sie – und darauf kommt es den Verwendern an, daran bemisst sich ihre Wirksamkeit und damit der Erfolg der Einflussnahme – ihr Verhalten verändern, und zwar orientiert an den beeinflussenden Akten und Kommunikationen des „Verwenders".[11]

Zusammenfassung und Bewertung. „Beeinflussen" kann präzise konzipiert werden als Einsatz (verhaltens-)struktureller Elemente zum Zweck der Umstrukturierung bestehender Verhaltensstrukturen. Die eingesetzten strukturellen Elemente verleihen dem Verwender ein bestimmtes Vermögen, strukturelle Verhaltensänderungen zu bewirken, über das er ohne diese strukturellen Elemente nicht verfügen würde. Insofern fungieren soziale Strukturen für Akteure als Handlungsvermögen (und nicht nur, ja nicht einmal in erster Linie als Handlungsbeschränkungen).

Diese Handlungsvermögen, und damit die Beeinflussungschancen eines Akteurs, werden auf dreifache Weise sozial konstruiert: Erstens werden die Strukturen (bzw. strukturellen Elemente), die ein Akteur verwendet, durch langfristiges Zusammenwirken verschiedenster anderer Akteure erzeugt. Zweitens müssen bestimmte andere Akteure zulassen, dass der „Verwender" die strukturellen Elemente benutzt. Drittens müssen wiederum bestimmte Akteure ihr Verhalten angesichts des Einsatzes struktureller Elemente durch einen Verwender ihr Verhalten verändern, und zwar orientiert an den Bedingungen, die ihnen durch die Akteur-Strukturelement-Relation gesetzt werden. Nur wenn diese dreifache soziale Konstruktion gegeben ist, kann der „Verwender" die Verhaltensstrukturen anderer Akteure erfolgreich, das heißt wirksam, beeinflussen.

Es wurde gezeigt, dass Strukturen von Akteuren benutzt werden können, um etwas zu bewirken – nämlich eine Veränderung oder Umgestaltung von anderen Akteuren respektive von Strukturen. Strukturen fungieren also in sozialen Auseinandersetzungen als (strukturelle) Vermögen: als Handlungsvermögen, und – sofern Handlungen Wirkung erzeugen – als Vermögen, etwas (eine Veränderung, Umgestaltung, Umstrukturierung) zu bewirken. Diese Perspektive öffnet den Blick dafür, dass Akteure die soziale Wirklichkeit mit unterschiedlichsten Mitteln strukturieren können – und dass sie diese Mittel prinzipiell auf immer neue Weise aus bestehenden Strukturen „herausschneiden" und neu konstruieren können.

---

[11] Bekannte Formen institutionalisierter Handlungsvermögen sind Namen, Titel, Positionen, Rollen und Ämter. Aber auch alle Arten von Regeln (Prozeduren und Verfahren, Normen und Vorschriften, Gewohnheiten und Routinen) und Ressourcen zählen dazu.

Mit dieser analytischen Perspektive ist man nicht mehr darauf beschränkt, bloß die „üblichen", als Steuerungsmittel anerkannten Regeln und Ressourcen in Betracht zu ziehen. Es ist für die Analyse dynamischer Systeme unzureichend, Komponenten voraus zu setzen, ohne sie in ihrem Immer-wieder-neu-erzeugt- bzw. Reproduziertwerden nachzuvollziehen. Ihre Kontigenz und mögliche Alternativen zu ihnen werden dann nicht deutlich – und damit die Realität verdoppelt.

Mit der vorgeschlagenen Perspektive wird die generative, konstruktive Dimension des „Beeinflussens" die Analyse einbezogen. Es wird möglich, systematisch danach zu fahnden, wo und wie Akteure sich auf mehr oder weniger neuartige, kreative Weise verschiedenster struktureller Elemente und Momente bedienen, um ihre soziale Umgebung in ihrem Sinne umzustrukturieren.

14.2.4 Reflexive Symbolik (statt „Verhandeln")

Die Verhandlung unterscheidet sich vom Umstrukturieren mittels struktureller Vermögen (Beeinflussen) und vom Konstituieren sozialer Strukturen (durch Beobachten/Behandeln) zunächst einmal dadurch, dass sie vollständig intentional angegangen und durchgeführt wird. Allen an der Verhandlung beteiligten Akteuren ist explizit bekannt, dass es darum geht, qua Verhandlung etwas zu erreichen, zu erzeugen oder zu gestalten, was bislang noch nicht existiert – oder noch nicht so, wie die Beteiligten es wünschen. Außerdem wissen alle Akteure, dass sie versuchen, einander im jeweils eigenen Interesse zu beeinflussen, dass sie aber andererseits nicht nur ihre egozentrierten Interessen, sondern auch die Interessen aller anderen Akteure berücksichtigen müssen, wenn sie ihre Interessen wirksam verfolgen wollen.

In der Verhandlung findet die wechselseitige Beobachtung, Behandlung und Beeinflussung mittels Vermögensstrukturen auf *symbolvermittelte und reflexive* Weise statt: Es wird verbal oder schriftlich explizit kommuniziert, dass verhandelt wird, und die beteiligten Akteure kennen das Verhandlungssystem als solches und begreifen ihre Handlungen als Komponenten eines Verhandlungssystems.

In der Theorie sozialer Selbstorganisation besteht der entscheidende Unterschied nicht zwischen Beeinflussen (intrumentellem Handeln) und Verhandeln (kommunikativem Handeln); letzteres gilt als eine Form (wechselseitiger) Beeinflussung. Der entscheidende Unterschied wird zwischen solchen Formen strukturellen Vermögens (und seines Aktualisierens: des Beeinflussens) gesehen, die symbolisch reflektiert und damit den Akteuren kommunikativ zugänglich sind, und solchen, die unsymbolisiert und den Akteuren damit kommunikativ unzugänglich bleiben. Die entscheidende Frage ist hier also, ob den Akteuren ihre eigenen sozialen Verhältnisse prinzipiell bekannt sind oder nicht.

14.2.5 Von Strukturen/Potentialen zu reflexiver Symbolik

Wie werden Erwartungs-/Verhaltensstrukturen symbolisch reflexiv? Dies passiert durch zwei bestimmte Arten von Ereignissen: (a) Wenn sich eine Struktur zerteilt in mehrere, voneinander unabhängige Strukturen, (b) wenn sich vormals getrennte Strukturen relationieren und als eine umgrenzte Struktur konstituieren. Ich diskutiere im Folgenden stellvertretend für beide – in diesem Zusammenhang strukturgleiche – Fälle nur Fall a.

Eine vormals einheitlich wirkende Struktur trennt sich auf: Aus einer Struktur werden mehrere, voneinander getrennte Strukturen. Dieses Trennen wirkt sich auf andere Strukturen aus, die mit der vormals einen und den nun mehreren getrennten Strukturen verbunden waren und bleiben. Diese „anderen Strukturen" passen, indem sie bleiben, wie sie sind, nicht mehr so gut zu den nun getrennten Strukturen.

Die gleich bleibenden regelmäßigen Erwartungen und Verhaltensakte der „betroffenen" Strukturen behandeln die nun getrennten Strukturen noch als eine – damit gerät ihr Verhalten (und Erwarten) in (zumindest partiellen) Widerspruch zur jetzt getrennten Existenzweise der vormals einheitlichen Struktur. Gleichzeitig verhalten sich die getrennten Strukturen nun anders – nämlich eben verschieden und nicht mehr einheitlich – zu den „betroffenen" Strukturen und geraten damit in Widerspruch zu deren Erwartungen, Beobachtungen und Behandlungen.

Sowohl für die Trennungsstrukturen als auch für die betroffenen Strukturen ergibt sich also, dass sie *anders erwartet, behandelt und beobachtet werden, als sie sind (als sie erwartet, behandelt und beobachtet zu werden erwarten und durch ihr Verhalten nahe legen)*. Beide Strukturkomplexe (die „sich trennenden Strukturen" und die „betroffenen Strukturen"), verdoppeln sich somit gewissermaßen: Sie sind die, die sie sind – nämlich die sich verhaltenden und erwartenden – und gleichzeitig sind sie die, die sie nicht sind – nämlich die, zu denen sich die anderen verhalten und die die anderen erwarten. Jede Struktur nimmt *durch das Reflektiertwerden im Verhalten und Erwarten der jeweils „anderen" Struktur* eine doppelte Existenzweise an, man könnte sagen: gliedert sich in Wesen und Erscheinung.

Während die vormals einheitliche Struktur nun also faktisch – nämlich: aus der Vogelperspektive unabhängiger Beobachter gesehen[12] – aus getrennten Strukturen besteht, ist die (scheinbar vergangene) einheitliche Struktur dennoch noch wirklich, nämlich als *Form der Erwartungen und Verhaltensweisen der betroffenen Strukturen*. Genau diese Form der Erwartungen und Verhaltensweisen der betroffenen Strukturen ist nun eine Stellvertreterin oder Platzhalterin – eine in Erwartungen

---
[12] Es ist möglich, hier unabhängige Beobachter zu veranschlagen, ohne eine Gottesposition veranschlagen zu müssen – die Perspektive der Beobachter bleibt selbstverständlich selbst standortgebunden. Aber *im Verhältnis zu den Perspektiven der Strukturen, von denen hier die Rede ist*, kann die Perspektive der Beobachter freilich etwas einbeziehen, was jene nicht sehen – in dem unspektakulären Sinn, in dem man aus dem Hubschrauber einen Überblick auf Muster des Straßenverkehrs hat, der den beobachteten Verkehrsteilnehmern fehlt.

und Verhaltensweisen bestehende Erinnerung – für etwas geworden, das faktisch nicht mehr existiert, und das doch deshalb noch präsent und insofern wirklich ist, als es sich durch die Verhaltens- und Erwartungsformen der betroffenen Strukturen hindurch auf wieder andere Strukturen auswirkt, die sich in ihrem Verhalten und Erwarten auf die „betroffenen Strukturen" beziehen.

Damit ist der Tatbestand „Symbol" erfüllt: Die überkommenen Verhaltens- und Erwartungsformen der betroffenen Strukturen sind Zeichen, die auf etwas (hier: den einheitlichen Zustand jener inzwischen getrennten Strukturen) verweisen, das sie nicht selbst sind und das abwesend ist, aber genau dadurch, dass sie auf es verweisen, vergegenwärtigen und verwirklichen sie es! Dies ist genau die Form, in der Menschen ihre Götter oder ihre Nation symbolisieren: Das Abwesende (Gott, alle „Gleichgeborenen"), das die anwesenden Menschen nicht selbst sind, bringen sie zur gegenwärtigen wirksamen Präsenz, indem sie ihr Verhalten und ihre Erwartungen auf es richten, an ihm orientieren – ob sie nun „Im Namen des Volkes" richten, auf die Flagge einen Eid schwören oder sich vor Jesusfiguren bekreuzigen.

Das Symbol(isierte), das zuerst nur (noch) in Verhaltens- und Erwartungsäußerungen existiert, die ihrerseits beobachtet und auf irgendeine Weise behandelt werden müssen, also im basalen Modus alles Sozialen – kann dann *materialisiert* werden, also an Anschauliches geheftet werden (die Nation beispielsweise an die Flagge, die Hymne, die Sprache, das Territorium). Dadurch wird ihm zusätzliche Dauer und praktische Anerkennung – durch auf es bezogene (Be-)Handlungen und Beobachtungen – verliehen, es wird sozial wirklicher (weil wirksamer, härter, robuster und widerstandsfähiger (die Akteur-Netzwerk-Theorie weist auf die enorme Bedeutung hin, die diese Form von veranschaulichender Verdinglichung für die Persistenz sozialer Ordnungen hat, vgl. Belliger und Krieger (2006)).

Reflexion und Symbolik entstehen also im Kern dann, wenn Strukturen sich teilen oder miteinander verbinden (dies letztere ist der oben erwähnte, aber nicht diskutierte Fall b), und „dritte" Strukturen davon betroffen sind, sodass zwei verschiedene Komplexe von Erwartungen und Verhalten – die von den sich teilenden/verbindenden und die von den davon betroffenen Strukturen – nicht mehr zueinander passen. (Wenn es keine betroffenen „dritten" Strukturen gibt, dann findet eine einfache, nicht-reflexive Um-Strukturierung statt). Dies sind Ereignisse, während derer der ursprüngliche Zustand, der vor dem jeweiligen Ereignis herrschte, noch präsent ist. – Symbolik und Reflexion entstehen weder, wenn Strukturen (Verhaltens-Erwartungs-Komplexe) voneinander zeiträumlich getrennt sind und bleiben, noch wenn sie sich über Zeit und Raum ausdehnen, ohne dass sie auf unpassende, ihnen widerstrebende Strukturen treffen.

Dies ist die abstrahierte und verallgemeinerte Fassung des verschiedentlich theoretisch festgehaltenen Umstands, dass menschliche Akteure nur dann nachzudenken und zu problematisieren beginnen, wenn etwas Unerwartetes passiert, wenn bislang Funktionierendes plötzlich nicht mehr funktioniert, wenn neuartige Probleme auftreten, die nicht mehr oder weniger umstandslos mit vorhandenen Vermögen bearbeitet werden können, wenn Fremdes auftritt und bleibt. Wenn dagegen alles bleibt wie es war, dann ist es so selbstverständlich, dass es nicht reflektiert und symbolisiert wird, sondern transintentional bleibt, und wenn die potentiellen Widersprüche, Alternativen, Möglichkeiten *zu fremd* bleiben, außerhalb der geistigen oder körperlichen Reichweite, dann bleiben sie ebenfalls unreflektiert und unsymbolisiert.

Bislang klang es so, als würden Symbolik und Reflexion immer etwas einst Existierendes aber jetzt Vergangenes vergegenwärtigen und verwirklichen. Dem ist aber nicht so, auch etwas Zukünftiges und/ oder Noch-nie-Dagewesenes kann reflexiv symbolisiert werden, insofern (a) bislang getrennte Symboliken/Reflexionen miteinander verbunden werden, oder (b) bislang verbundene Symboliken/Reflexionen auf neuartige Weise voneinander getrennt werden. – Auf diese Weise können Menschen in der reflexiv-symbolischen Sphäre, also im *talk*, in Texten, in kommunizierten Ideen und Vorstellungen völlig Neues, Andersartiges, Unbekanntes entwerfen und explorieren, zunächst einmal völlig folgenlos für ihre tatsächlichen Praktiken und Strukturen. – Symbolische Reflexion ist im Universum des Sozialen insofern nicht nur das Wundsekret für Auseinandergerissenes, für frische *structural holes*, sondern auch der Schutzverband für „Junges", neu Entstehendes, Zusammenwachsendes

Aber hier entsteht dann auch die Tendenz, dass sich die Symboliken/Reflexionen nach mehrfachen Differenzierungen und Neu-Relationierungen immer mehr in einer eigenen, von der „praktischen" getrennten Welt bewegen, und das eine mit dem anderen nicht mehr viel zu tun hat. Analog gilt dies für die vergangenheitsbezogenen Symboliken/Reflexionen, sofern sie stabil bleiben, während sich die praktische Welt des Erwartens und Verhaltens weiter und weiter umstrukturiert. In beiden Fällen entstehen illusionäre Symboliken/Reflexionen. Die gegensätzliche Tendenz wäre es, die praktisch-faktischen Strukturen in den Reflexionen/Symboliken eins zu eins abzubilden, aber dann fielen die Symboliken/Reflexionen in sich zusammen, weil sie ihre Funktion verlören: *bestimmte* praktisch-desiderative Strukturen aus dem Universum aller strukturellen Praktiken heraus zu heben und zu stabilisieren.

14.2.6 Das Entstehen von Intentionalität

Wenn Strukturen sich symbolvermittelt reflexiv von anderen Strukturen abgrenzen und zugleich auf Teile ihrer selbst und Teile der ausgegrenzten Umweltstrukturen beziehen, dann werden sie intentional: Da die symbolvermittelt-reflexive Bezugnahme *selektiv* ist – nur Teile des Selbst und der Umwelt betont, während sie andere Teile vernachlässigt –, entsteht eine Asymmetrie zwischen den reflexiv symbolisierten und den un-symbolisierten Komponenten der Selbst-Umwelt-Relationen. Die Asymmetrie aber ist eine *Gerichtetheit*: die sich abgegrenzt habende Struktureinheit richtet sich mittels ihrer symbolischen Reflexion genau auf die reflexiv symbolisierten Komponenten ihrer selbst, ihrer Umwelt und ihrer Selbst-Umwelt-

Relationen (und auf alle anderen nicht) – sie richtet sich genau auf den Ausschnitt des Universums aller Relationen, der sich in ihren Symbolen spiegelt, der in ihren Symbolen re-flektiert (auf sie zurück gebeugt) wird. Genau diese Gerichtetheit ist ihre Intentionalität (intendere – lat. richten auf). Eine Struktur kann sich fortan intentional auf sich selbst, ihre Umwelt und auf ihre Relation zur Umwelt beziehen.

Für die Governance-Forschung stellt sich damit die Frage, inwieweit und warum sich symbolisch-reflexive und intentionale Strukturen von der Gesamtheit der praktischen Strukturen unterscheiden – und inwieweit und warum sie miteinander überein stimmen.

14.2.7 Formale Regelungsstrukturen

„Regelungsstrukturen" ist ein Ausdruck für die Summe aller Regeln, die bestimmen, wie eine soziale Einheit (im Folgenden: eine Organisation) sich verhalten soll. Zu Regelungsstrukturen gehören also Leitbilder und (etwa Firmen-)Philosophien, Satzungen und (etwa Partei-)Programme, Gesetze und Vorschriften, Organigramme, Aufgaben- und Arbeitsplatzbeschreibungen, Stunden- und Einsatzpläne, Entscheidungsgremien und Führungspositionen. Normalerweise sind Regelungsstrukturen *formale* Strukturen, also schriftlich/bildlich festgehaltene Regeln, die durch institutionalisierte Autoritäten gedeckt sind.

Das heißt, dass ein besonders anerkanntes Organ – etwa: das Parlament, ein Gericht oder das höchste Organ einer sozialen Organisation, etwa der Parteitag, oder die Mitgliederversammlung – in einem besonders anerkannten, kodifizierten Prozess - Gesetzgebungsverfahren, Gerichtsprozess, Parteitagsbeschluss nach Diskussion und Abstimmung – diese Regeln festlegt. Durch diese Autoritäten, also spezifische Instanzen und Verfahren, sind die Regeln dann gedeckt, sie gelten als *legitim* und als *verbindlich* (Walgenbach, 1999, 324-325). Sind die formalen Regeln einmal festgelegt, ist es nicht mehr so leicht, sie zu ändern. Man müsste dazu den gesamten Autoritäts-Apparat, der die Regeln deckt, wieder anwerfen.

Diese Autoritäten können Regeln deshalb legitimieren (und qua Exekutive: Leitung, Verwaltung, Gerichtswesen, Polizei, Abweichungen von diesen Regeln sanktionieren), weil es ihr *Zweck* ist, den Willen der „Bevölkerung" beziehungsweise der Organisationsmitglieder zu formulieren und in bindende Regeln und Gesetze umzuwandeln. Dafür ist ein Vorstand, ist das Parlament da. Formale Regeln gelten als Ausdruck des allgemeinen Willens der Mitglieder der jeweiligen Organisation: Annahmen, Vorstellungen und Erwartungen, die in einer Gesellschaft bestehen, [legen] generell fest, wie Unternehmen, Schulen oder Krankenhäuser gestaltet sein sollen, warum sie nützlich sind, welche Aufgaben ihnen zukommen sollen und welche nicht.

Damit ist ein kennzeichnendes Merkmal formaler Regeln betont: Sie sind *normativ*, das heißt, sie beschreiben nicht, die die Praxis wirklich ist, sondern wie sie sein *soll*. Zweck formaler Regelungsstrukturen ist es, das Verhalten der sozialen Einheit zu *steuern*. Die „Regelungsstrukturen" des Governance-Ansatzes sind damit die „formalen Strukturen" des Neo-Institutionalismus und ähneln der „theoretischen Logik" Bourdieus: Sie sind kein Teil der gelebten Praxis, der „Logik der Praxis", sondern Teil der symbolischen Beschreibung (genauer „Vor-Schreibung", Präskription) von Praxis.

14.2.8 Aktivitäts- und Leistungsstrukturen

Leistungsstrukturen dagegen gleichen den neo-institutionalistischen „Aktivitätsstrukturen" und der Bourdieuschen „Logik der Praxis": Sie sind Teil des *tatsächlichen* Verhaltens einer Organisation. Sie bezeichnen alles Verhalten, das zum Erbringen der spezifischen Leistung jener spezifischen Organisation beiträgt.

Eine *Leistung* ist eine Wirkung (ein Resultat, Produkt, Ergebnis, ein Dienst oder eine Unterstützung), die die Organisation *anderen sozialen Einheiten zur Verfügung stellt*. So besteht die Leistung der Schule darin, der Gesellschaft arbeitsfähige, kulturell angepasste und politisch handlungsfähige Bürger zur Verfügung zu stellen. Die Leistung von Krankenhäusern besteht in der Behandlung kranker oder verletzter Personen, möglichst bis zur Gesundung. Leistungen wie diese können nicht von anderen Organisationstypen vollbracht werden: Krankenhäuser sind nicht in der Lage, Patienten zu kulturell angepassten und politisch handlungsfähigen Personen zu erziehen, sie können nur Handlungs- und Arbeitsfähigkeit, die bereits da sein muss, aber durch Krankheit oder Verletzung beeinträchtigt ist, wiederherstellen. Schulen anders herum können kranke oder verletzte Personen nicht behandeln oder heilen. Das ist mit dem Wort *spezifisch* gemeint: Die Leistung eines Organisationstyps kann nur von ihm, nicht von anderen Organisationstypen erbracht werden.

Es gibt Konzepte, die dem der „Leistung" sehr ähneln oder sogar in der Bedeutung gleichen. Das erste ist „Funktion". Eine Schule erfüllt die gesellschaftliche Funktion, arbeitsfähige, enkulturalisierte Staatsbürger hervor zu bringen. Die Perspektivennuance relativ zu „Leistung" besteht darin, dass „Funktion" an einen übergeordneten Gesamtzusammenhang denken lässt, für dessen Bestandserhaltung („Überleben") einzelne Teile sorgen – wie verschiedene Organe Funktionen erfüllen, deren Zusammenwirken das Überleben eines Organismus sichert. Auf diese Weise sichern universitäre „Verwaltungsorgane" das Fortbestehen der Universität als ganzer. Leistung dagegen lässt nicht an einen übergeordneten Zusammenhang denken, sondern lediglich an eine Beziehung zweier Einheiten: des Leistungserbringers und des Leistungs-Nutznießers.

Wie man eine Funktion erfüllen kann, so kann man auch eine „Aufgabe" erfüllen, und damit ist das dritte bedeutungsähnliche Konzept angesprochen. Der Begriff der „Aufgabe" weist darauf hin, dass es eine Vorgabe, ein Ziel, eine Erwartung gibt: „Es ist deine Aufgabe, Schüler zu arbeitsfähigen Staatsbürgern zu machen, und du *sollst* sie erfüllen". Eine Aufgabe gehört also der formalen Regelungsstruktur an, erst wenn man sie *erfüllt*, erbringt man seine (praktische, tatsächliche) Leistung und übt man seine Funktion aus. Leistung also ist eine Komponente der *tatsächlichen* Praxis, der tatsächlich ausgeübten Aktionen – deswegen kann man Leistungsstruktur auch Aktivitätsstruktur nennen. „Funktion" dagegen kann normativ-formal *und* empirisch-praktisch gemeint sein. „Aufgabe" lässt wiederum weder an einen übergeordneten noch an einen zweiseitigen Zusammenhang denken, sondern einfach nur daran, dass es einen *Soll*-Zustand gibt, der in einen *Ist*-Zustand überführt werden soll.

14.2.9 Verhältnis von Regelungs- und Leistungsstrukturen

Nach dieser begrifflichen Arbeit lässt sich der Zusammenhang zwischen Regelungs- und Leistungsstrukturen recht einfach bestimmen: *Formale Regelungsstrukturen beschreiben symbolisch, welche praktischen Leistungen eine soziale Einheit erbringen soll, und auf welche Weise sie diese Leistungen erbringen soll.* Die Funktion formaler Regelungsstrukturen besteht also darin, zu ermöglichen und sicher zu stellen, dass die soziale Einheit durch ihre Aktivitäten eine bestimmte Leistung auch tatsächlich erbringt.

Governance-Analysen fragen nun danach, wie formale Regelungs- und praktische Leistungsstrukturen *de facto* zusammenhängen. Der Neo-Institutionalismus beispielsweise ist hier skeptisch.[13] Seiner Ansicht nach ist die formale Organisationsstruktur als Instrument zur effizienten Steuerung von Organisationen, interorganisationalen Beziehungen und den Beziehungen zwischen Organisation und Umwelt *untauglich*. Formale Struktur dienen stattdessen dem Zweck, der Organisation Legitimität gegenüber den Anforderungen und Erwartungen der Umwelt zu verschaffen (Meyer und Rowan, 1977): Sie symbolisieren durch die formalen Strukturen nach außen und nach innen ihre Anpassung an öffentlich kommunizierte gesellschaftliche Werte, also etwa dass sie demokratisch, reformorientiert und -willig, effizienzorientiert, mitarbeiterfreundlich sei, *entkoppelt* aber diese formalen Strukturen von den Aktivitätsstrukturen, also der faktischen Praxis hinter den Türen ihrer Organisationsgebäude, von der *action*, die durchaus nach völlig anderen Prinzipien ablaufen könne als der legitimitätsheischende *talk* der symbolischen Formalstrukturen. Für die interne Praxis fungieren Formalstrukturen somit auch als eine Art Schutzschild.

Die Grundfrage der Governanceforschung, die all die oben stehenden Fragen leitet, lautet: Erfüllen die Regelungsstrukturen ihre Funktion? Stellen sie tatsächlich sicher, dass die Organisation ihre Leistungen erfüllt – oder nicht? Diese Frage nimmt – ohne dass es in der Governanceforschung explizit diskutiert würde – ein

---

[13] Dieser Skepsis begegnet man auch im politischen und ökonomischen Diskurs unter den Schlagworten „Entbürokratisierung" und „Deregulierung", diese Bestrebungen laufen freilich häufig darauf hinaus, eine Freiheit von hemmenden Regulierungen selektiv nur für große ökonomische Akteure einzurichten, an deren „Spiel-"Regeln sich dann andere Akteure anzupassen haben.

14.2 Die konstitutive Selbstorganisation des Sozialen

altes Motiv der Kritischen Theorie wieder auf: die Konfrontation des Sollens mit dem Sein. Das heißt, sie vergleicht das, was eine Organisation sein und tun *will* oder *soll* mit dem, was sie *tatsächlich ist und tut* – und prüft so, ob die Ziele der Organisation wirklich erreicht werden, ob sie ihre Aufgaben wirklich erfüllt, oder ob sie möglicherweise *andere* Zwecke verfolgt, Leistungen erbringt und Aufgaben erfüllt, als sie sich offiziell auf die Fahnen schreibt oder als es gesellschaftlich von ihr erwartet wird.

Damit stößt die Governanceforschung in eine Lücke. Diese besteht darin, dass nach dem Zusammenhang von Regelungs- und Leistungsstrukturen erstaunlich selten gefragt wird. Insbesondere gibt es wenig Evaluationsforschung über *Reformen*. Die meisten Reformen (oder Strukturentwicklungsmaßnahmen, Prozess- und Strukturinnovationen) sollen ja eine Veränderung der Leistungsstruktur und damit eine quantitative oder qualitative Verbesserung des Leistungsoutcomes bewirken. Es ist aber selten klar, was sie wirklich bewirken.

Diese Forschungslücke gibt es nicht nur in Bezug auf Reformmaßnahmen. Auch beispielsweise die Wirkungen professionellen Handelns – also der Leistungen von Ärzten, Anwälten und Pfarrern, aber auch von Polizisten, Architekten und Lehrern beispielsweise – werden generell selten erforscht, und noch seltener mit Bezug auf den Einfluss, den die formalen Regelungsstrukturen ihrer Organisationen (Krankenhäuser, Praxen, Kirchen, Wachen, Architektenbüros und Schulen) auf ihre Leistungserbringung ausüben.

Die Forschung weiß also generell relativ wenig darüber, *wie* Leistungen überhaupt erbracht werden. Dies hat verschiedene Ursachen. Um nur einige zu nennen: Leistungserbringung wird als Betriebsgeheimnis behandelt, Professionen fürchten um ihren Status, wenn man ihnen „in die Karten schaut", langfristige teilnehmende Beobachtungen sind schwieriger zu erstellen als Befragungen. Zu den Aufgaben kritischer Governanceforschung gehört es auch, noch weitere Ursachenforschung zu betreiben hinsichtlich der Frage, *warum* der Zusammenhang zwischen Regelungs- und Leistungsstruktur relativ selten erforscht wird.

Normative Konzepte, formale Strukturen und offizielle (Selbst-)Darstellungen sind deshalb nur *Ausgangspunkte* kritischer Governance-Analyse, nicht aber Endpunkte. Sie müssen auf ihre impliziten Wirkungsannahmen, auf ihr Zustandekommen (Reproduziertwerden) und auf die Bedingungen ihres Wirkens befragt werden – also danach, wer oder was es möglich macht, dass diese offiziellen Kommunikationen genau in der Weise, in der man sie vorfindet, zu Stande gekommen sind – und, *last not least*, auf ihre praktischen Auswirkungen. Formale Strukturen und intentionale Konzepte sind trivialerweise auf Praxis angewiesen, um handlungsorientierend und strukturierend wirksam werden zu können; folgt die Praxis ihnen nicht, verstauben sie im Regal oder verbleiben sozial wirkungslos in den Köpfen von Personen.

Legt man den Untersuchungsfokus auf formale Strukturen und verbale Selbstauskünfte, dann läuft man Gefahr, weniger die wirkliche Praxis zu erforschen als vielmehr das, was aus Sicht der maßgeblichen, regelsetzenden Akteure die *richtige* Praxis sein *soll*, und was mit der Absicht, Verhalten zu normieren, strategisch und gezielt kommuniziert wird. Offizielle Beschreibungen sind in aller Regel normative Konzepte. (Ein ähnliches Phänomen ergibt sich, wenn man ausschließlich mit Befragungen forscht. Die Interviewprotokolle enthalten dann die Ansichten der Befragten[14], also subjektive Auskünfte und selektive Teilansichten, die zudem interessengeleitet und durch strategische oder nichtintentionale *social desirability* gefiltert sind.)

Governance-Analysen untersuchen deshalb gezielt *informelle Praktiken*, *implizite* und *transintentionale Strukturen*. Transintentionale Strukturen sind solche, die jenseits von Absicht, Plan, Wille und Intention der Akteure existieren. Es sind unbemerkte, verdeckte Strukturen.

14.3 Steuerung als Auseinandersetzung um die Strukturierung des Status Quo

Bislang wurden solche Prozesse sozialer Selbstorganisation rekonstruiert, die wesentlich transintentional ablaufen. Dieser Abschnitt widmet sich nun genauer Handlungsweisen, mit denen Akteure versuchen, Strukturen gezielt zu beeinflussen – und das verhalten anderer Akteure zu steuern. Aber auch hier wird der Fokus auf basale Prozesse gelegt; Steuerung, so könnte man die These zusammenfassen, findet überall und ständig statt, und die zentrale Frage ist, welche Steuerungshandlungen aus welchen Gründen mehr und stärkere Wirkungen erzeugen als andere. Hinter den Wortungetümen der Überschrift verbirgt sich eine *Uminterpretation von „Steuerungshandeln" in „Strukturierungshandeln"*.[15] Die Erläuterungen nehmen ihren Ausgang an der Hypothese, dass die Grundform jeder Steuerungshandlung die *Strukturerhaltung* ist.

14.3.1 Sicherung einmal erreichter Strukturzustände

Renate Mayntz (2001) hat darauf hingewiesen, dass es ein Irrtum sei, wie selbstverständlich anzunehmen, dass politische Akteure, die offiziell mit Steuerungsaufgaben betraut sind, diese auch de facto auszufüllen anstreben.[16] Die politische Theo-

---

[14] von denen ausgehend man freilich durch bestimmte Analyseverfahren auch zu objektiven Strukturen gelangen kann, was aber einen vergleichsweise schwierigen und langwierigen Analyseprozess erfordert.

[15] Die Nähe zu den generalisierten Machtbegriffen Popitz' und Foucaults sowie zum ebenfalls entgrenzten Begriff sozialen Kapitals, in die die vorliegende Konzeption damit gerät, ist beabsichtigt.

[16] „Selbst da, wo es in der Politik um Problemlösung geht - und das ist ohne Zweifel über weite Strecken der Fall - sind die Problemdefinitionen und die Lösungsansätze oft ideologisch gefärbt, durch postulierte Werte (Wachstum, soziale Gerechtigkeit) oder durch manifeste Sonderinteressen geprägt. Nur indem man von der kritischen Beurteilung von Problemdia-

rie hat Mayntz zu Folge erkannt, dass staatliche Politik keineswegs ausschließlich, ja nicht einmal vorwiegend an der Mehrung des gesamtgesellschaftlichen Allgemeinwohls orientiert ist oder an der Lösung gesellschaftlicher Probleme, sondern an Machtgewinn und -erhalt als Selbstzweck.

Kritische Governance-Forschung verallgemeinert diese These und verwandelt sie in ein analytisches Prinzip. Sie geht davon aus, dass Akteure (und überhaupt alle sozialen Einheiten) danach streben, jene ihrer eigenen Strukturen zu erhalten, die es ihnen erlaubt, *auf ihre Umwelt einwirken zu können*. Das Mindestmaß an Strukturerhaltung besteht darin, die Zerstörung ihrer eigenen Strukturen durch externe Kräfte wirksam verhindern können. Das übliche und verbreitete Maß besteht darin, einmal erlangte Einflusspotenziale zu verteidigen: Die Macht zu erhalten, den Status zu sichern, Kapital zu sichern, Einfluss zu behalten, die Erträge von Investitionen zu sichern, den Ausschluss aus sozialen Zusammenhängen zu vermeiden, den einmal erlangten Ressourcenzufluss abzusichern.

Das größte Ausmaß der Strukturerhaltung besteht in der Struktur*erweiterung*, in Expansion und der Suche nach neuen Aufgaben und Funktionen, die den Grad der eigenen „Selbstwirksamkeit"[17] erhöhen. Mit Bezug auf die allgemeine Theorie sozialer Selbstorganisation heißt das, dass soziale Einheiten immer so zu handeln trachten, dass sie Ausmaß und Wert ihrer strukturellen Vermögen, auf ihre Umwelt einzuwirken, mindestens sichern. Und dies gilt *unabhängig* von „inhaltlichen", öffentlich kommunizierten Zwecken oder Zielen (gerade auch von jenen, die einmal den Anlass zur Gründung solcher Einheiten gaben, wie etwa ursprüngliche Organisationszwecke).[18]

Soziale Entitäten verhalten sich in aller Regel so, als laute ihre Maxime, ihren Bestand zu erhalten. Das bedeutet nicht einfach, das „nackte Überleben" zu sichern, obwohl die meisten sozialen Einheiten die Auflösung ihrer selbst nahezu unbedingt vermeiden.[19] Es bedeutet eher, den jeweils erreichten Standard zu sichern – Personen beispielsweise sichern das jeweils erreichte Ausmaß an Macht und Einflussreichtum, Status und Prestige, Einkommen und Lebensqualität usw. – und mögliche Nachteile oder Verluste abzuwenden. Deshalb ist der Ausdruck „Bestandserhaltung" missverständlich.

Es geht eher um die Erhaltung eines bestimmten *Zustandes der Strukturen* (sowohl der Strukturen, aus denen die Entität besteht, als auch jener, deren Teil

---

gnosen und Lösungsvorschlägen absieht, lässt sich das politisch-administrative System - oder auch der kooperative Staat - als gesellschaftliche Problemlösungsinstanz im positiven Sinne verstehen." (Mayntz, 2001, Abs. 19)

[17] Die Anführungszeichen sollen andeuten, dass mir bewusst ist, dass ich diesen Begriff hier in einem ganz anderen Zusammenhang verwende als üblich.

[18] Öffentlich formulierte Standards und Ziele dienen gemäß der neoinstitutionalistischen These von der Entkopplung von formalen und Aktivitätsstrukturen sogar in der Regel vorwiegend der Selbstlegitimation, die wiederum den Zufluss von Ressourcen aus der Umwelt sichert.

[19] Für soziale Einheiten gibt es kein klar abgrenzbares Kriterium des „Überlebens", das der Unterscheidung zwischen Leben und Tod bei biotischen Einheiten entspräche (Habermas und Luhmann, 1971, 151).

sie ist und jener, in die sie eingebettet ist): Es geht darum, die Strukturen, die den eigenen Bestand sichern, zu erhalten (oder sogar auszubauen). Als Theorem formuliert: *Soziale Entitäten verhalten sich in aller Regel so, dass sie einen einmal erreichten Strukturzustand sichern (und wenn möglich so ausbauen, dass ihr Handlungsvermögen weiter gesteigert wird).* Strukturzustands-Erhaltung ist eine praktische Basis-Regel[20] des Sozialen, die anderen „inhaltlichen" oder stärker kontextspezifischen Regeln voraus geht.

Übertragen auf das Feld der Politik: In politischen Entscheidungs- und Gestaltungsprozessen geht es nur in zweiter Linie darum, inhaltliche Ziele effektiv durchzusetzen, gesellschaftliche Probleme effektiv zu lösen oder das Allgemeinwohl zu steigern (Hasse und Krücken, 2005, 22,38) und (Mayntz, 2005, Abs. 14)). Vordringlich trachten politische Akteure danach, die Machtressourcen und Einflussvermögen, über die sie verfügen, insbesondere: Regierungs- und Administrationspositionen, zu sichern und nach Möglichkeit auszubauen. Kurz: Es geht um Machterhalt und -gewinn (Mayntz, 2005, Abs. 14)).

14.3.2 Sicherung sozialer Unterstützung durch Selbst-Legitimierung

Kein sozialer Akteur kann einen Strukturzustand aus eigener Kraft erhalten. Er ist auf Unterstützung (auch durch Gewährenlassen oder Ressourcenzuteilung) durch andere Akteure angewiesen. Würde ihm diese Unterstützung entzogen – über ein kritisches Maß hinaus und von einer kritischen Masse anderer Akteure, im Extrem: vollständig und durch alle Akteure – würde der fokale Akteur aufgelöst, er wäre nicht länger eine handlungsfähige soziale Entität.

Was aber tun Akteure, um sich die Unterstützung anderer Akteure zu sichern? Die Antwort des Neo-Institutionalismus lautet: Sie legitimieren sich. Legitimität garantiert Bestand (Strukturerhalt) mittels Unterstützung und Ressourcenversorgung; Legitimitätsverlust dagegen führt zu Ressourcen- und Unterstützungsverlust (Entstrukturierung) und gefährdet schließlich den Bestand des Akteurs (Hellmann, 2006, 77) sowie (Hasse und Krücken, 2005, 22)). Dies verlagert freilich nur die Fragestellung: Wie erreichen Akteure es, dass ihr Handeln und ihr So-Sein von anderen Akteuren als legitim erachtet wird, dass sie „andere von ihrer Existenzberechtigung überzeugen" (Hellmann, 2006, 81)?

Die Antwort lautet: Durch Anpassung von Erwartungsstrukturen und Verhaltensstrukturen. Sprich, ein Akteur bewegt seine Verhaltensstrukturen und die Erwartungen, die externe Akteure an sein Verhalten stellen, aufeinander zu, bis erwartetes und tatsächlich ausgeübtes Verhalten sich in einem solchen Ausmaß

---

[20] „Praktische Regel" bezeichnet empirisch vorkommendes, regelmäßiges Verhalten, im Gegensatz zur formalen oder symbolischen Regel, die ein bestimmtes Verhalten normativ beschreibt (vorschreibt).

decken, dass das ausgeübte Verhalten von maßgeblichen externen Akteuren als legitim anerkannt wird.

Die Anpassung kann grundsätzlich auf zwei Weisen erfolgen (die einander nicht ausschließen, sondern durchaus gemeinsam auftreten können). Erstens auf rezeptive Weise: Ein Akteur gestaltet seine Verhaltensstrukturen um, bis deckungsgleich sind mit den Verhaltensweisen, die von ihm erwartet werden. Zweitens auf aktive Weise, indem der Akteur durch Überzeugungsarbeit und wirksame Einflussnahme erreicht, dass die externen Akteure *ihre* Verhaltenserwartungen ändern und fortan ausschließlich diejenigen Verhaltensweisen erwarten, die der Akteur auch faktisch ausübt.

14.3.3 Anpassung von Erwartung und Verhalten

Den Weg der (rezeptiven) Anpassung des Verhaltens an externe Erwartungen schlagen Akteure ein, wenn sie andere Akteure als überlegen anerkennen. Dies kann notgedrungen erfolgen: Sie werden von Akteuren, die ihnen an sozialem Durchsetzungsvermögen überlegen sind, gezwungen, sich deren Vorgaben anzupassen. Freiwillig dagegen passen sie sich an, wenn sie die Verhaltensstrukturen anderer Akteure als wirkungsvolles Erfolgsmodell wahrnehmen und ihr eigenes Verhalten entsprechend umstellen, um selbst so erfolgreich zu werden: „Organizations tend to model themselves after similar organizations in their field that they perceive to be more legitimate or successful." ((DiMaggio und Powell 1991: 70, zitiert nach Hellmann, 2006, 79). In beiden Fällen richten sie sich nach externen Erwartungen, befolgen externe Vorgaben[21] und/oder übernehmen externe institutionelle Elemente.

Wenn Akteure sich selbst aber als anderen Akteuren überlegen anerkennen, wählen sie eher die *(aktive) Anpassung der externen Erwartungen an das eigene Verhalten.* Dies können sie auf rein symbolisch-demonstrative oder auf symbolische *und* praktische Weise betreiben.

Rein *symbolische Beeinflussung* externer Erwartungen betreiben sie, wenn ihnen die Mittel (= in ihrer Struktur verankerte Handlungsvermögen) fehlen, ihr Verhalten auf eine Weise umzustellen, dass externe Akteure dieses Verhalten von selbst als vorbildlich (erfolgreich) anzuerkennen. In diesem Falle inszenieren sie – mit bisweilen erheblichen dramaturgischen Anstrengungen (Tacke, 2005, 95) – die Leistungen und Funktionen, die sie durch ihr Verhalten erbringen, „als besonders wichtig und wertvoll" (Hellmann, 2006, 81).

Sie betonen, dass ihr Verhalten grundlegende kollektiv geltende Normen vorbildlich repräsentiert und/oder zentrale, allgemein hoch geschätzte gesellschaftliche Werte reproduziert; sie kommunizieren rituell, dass sie wichtige gesellschaftliche Glaubensvorstellungen teilen, und sie demonstrieren symbolisch die „vor-

---

[21]„Externe Vorgaben werden ... deshalb übernommen, weil andernfalls gravierende Nachteile in Kauf genommen werden müssen." (Hasse und Krücken, 2005, 55)

bildliche" soziale Angemessenheit, Regeltreue und Konformität ihres Verhaltens (Tacke, 2005, 90). Oft wählen sie sich zusätzlich einen Kontrastakteur, der das genaue Gegenteil repräsentiert: misslingende Konformität, Missachtung kollektiv geteilter Normen und Werte – um im Vergleich besonders hell zu erstrahlen.

Das demonstrative Hervorheben der eigenen Besonderheit begibt sich schon in Richtung der *praktischen Beeinflussung* externer Erwartungen. „Praktische" Beeinflussung bedeutet hier eine Beeinflussung, die durch Veränderung von Verhaltensstrukturen erfolgt, also nicht bloß in der Sphäre des Symbolischen. Während die symbolvermittelte Beeinflussung externer Erwartungen eher in der Demonstration von Konformität besteht, also in betonter Symbolisierung von Angepasstheit des eigenen Verhaltens an die vorherrschenden gesellschaftlichen Werte, Normen und Glaubensvorstellungen, *verändern* Akteure mittels praktischer Beeinflussung diese Werte, Normen und Glaubensvorstellungen. Die effektivste Methode praktischer Beeinflussung externer Erwartungen ist die Erzeugung von Realität.

14.3.4 Soziale Auseinandersetzungen und Steuerung

Die Sicherung eines Status Quo-Strukturzustandes durch Akteure (Entitäten), denen dieser Zustand zu Gute kommt, und die praktische Beeinflussung anderer Akteure und Strukturen in Richtung der Status Quo-Erhaltung werden vor allem dann akut, wenn soziale Konflikte entstehen oder wenn soziale Verhältnisse in Bewegung geraten. In beiden Fällen geraten Akteure in Auseinandersetzungen, und in diesen Auseinandersetzungen versuchen sie, einander zu steuern.

Die Grundform sozialer Auseinandersetzungen beruht darauf, dass verschiedene Akteure unterschiedliche strukturelle Ordnungen[22] in ihrem Verhalten realisieren und/oder unterschiedliche Ordnungsvorstellungen kommunizieren – (Bourdieu, 1993) sowie (Langer, 2005, 228-246). Ihr Ringen dreht sich darum, wer seine Ordnung(svorstellung) durchsetzen und als allgemein verbindlich anerkennen lassen kann – und damit eine neue allgemeine Ordnung gestiftet hat. (Ist dies erst einmal geschehen, mag aus der Rückschau die vorherige Ordnung als „unordentlich" oder „chaotisch" erscheinen.)[23]

Im Stiften einer Ordnung liegt dann ein enormer Wert für den Stifter. Denn jede soziale Ordnung – selbst eine unterdrückerische – stiftet immerhin Orientierungsvermögen, das heißt, Akteure wissen, was sie in welchen Situationen zu tun und zu lassen haben. Dadurch gewinnt soziale Ordnung für sie einen Ordnungswert. Je länger diese Ordnung andauert und je mehr Handlungen Akteure in diese Ordnung investieren, desto höher steigt der Ordnungswert, den diese Ordnung für sie hat (Popitz, 1999, 221-227).

---

[22] „Ordnung" steht im Folgenden synonym für „Struktur".
[23] Denn ihr Ordnungs*prinzip* ist delegitimiert und gerät in Vergessenheit. So wird heute beim Ressentiment gegen die Beamten-Bürokratie im Allgemeinen vergessen, welchen Sinn sie hatte, sprich aus welchen Motiven sie einmal eingerichtet wurde.

14.3 Steuerung als Auseinandersetzung um den Status Quo

Wird ein Akteur nun als Stifter, Hüter und Bewahrer dieser Ordnung anerkannt, so wird ihm und seinen Handlungen Legitimität zugesprochen. Dies entspricht der These des Neo-Institutionalismus, der zu Folge ein Akteur[24] dann die größtmögliche Legitimität erlangt, wenn es ihm gelingt, sinn- und ordnungsstiftend zu wirken, wenn er neue Erklärungen der Wirklichkeit erfindet und etabliert, an die andere Akteure glauben, und wenn sein Verhalten als selbstverständlich gilt, weil alternatives Verhalten undenkbar ist und/oder Veränderungen seines Verhaltens für unmöglich gehalten werden (Hellmann, 2006, 83-84). Und wem Legitimität zugesprochen wird, der kann mindestens seinen Status Quo erhalten, mehr noch, er kann das Verhalten anderer Akteure und auch andere Strukturen wirksam in seinem Sinne beeinflussen.

Es braucht hier nicht betont zu werden, dass es gesetzlich vorgeschriebenes Metier der Berufspolitik ist, Vorstellungen über soziale Ordnung zu artikulieren (bzw. artikulieren zu helfen) und die Auseinandersetzung um differente Ordnungsvorstellungen in einen gewaltlosen, geregelten, rechtsförmigen Prozess zu überführen. Politische Akteure haben somit *per se* gesellschaftliche Auseinandersetzungen zu führen.

Doch auch „unterhalb" politischer Auseinandersetzungen wird um die Gestaltung soziale Ordnungen bzw. um Anteile an ihr gerungen. Etwa zwischen Berufsgruppen, die hier einmal stellvertretend für Fachwissenschaften stehen können, denn beide Gruppierungen verhalten sich im zur Rede stehenden Zusammenhang strukturgleich. Berufsgruppen, die sich als Professionen etablieren, sind aus Kämpfen mit anderen Berufsgruppen um Zuständigkeiten, Verantwortlichkeiten, Rechte und Privilegien (Kälble 2005: 222; Klatetzki 2005: 263; Goode 1972: 409) als Sieger hervor gegangen und haben sich erfolgreich als Ausübende „besonders wertvoller Berufe" von ihnen distinguiert:[25] „[K]ein Beruf wird ohne Auseinandersetzungen zur Profession, ebenso wie kein Spezialgebiet innerhalb einer Profession sich durchsetzt, ohne dass es zu Konflikten kommt. [...] Wenn ein neuer Beruf das Recht beansprucht, ein Problem zu lösen, das vordem ein anderer Beruf gelöst hat, so kommt dieser Anspruch einer Anklage wegen ‚Inkompetenz' gleich; die Gegenanklage wegen illegitimer Übergriffe lässt dann natürlich nicht lange auf sich warten." (Goode, 1972, 401)[26]

Professionalisierungsbestrebungen zielen auf die Verteidigung von oder den Zugewinn an (oder auf die Vermeidung des Verlusts von) Legitimität via Status,

---

[24] Akteure sind im Neo-Institutionalismus in der Regel Organisationen.

[25] In den mikropolischen Auseinandersetzungen universitärer Wissenschaftler wird ganz analog um Stellen, Gelder und Reputation gefochten, in dem die Akteure die Besonderheit ihres Fachgebietes bzw. Forschungsfeldes einschließlich der besonderen Kompetenz und Exzellenz, der es bedarf, ein so „hervorragendes" und „schwieriges" Feld bearbeiten zu können, als Argument benutzen (Langer, 2006, 40-41).

[26] Diesen Strauß haben einst die Psychotherapeuten, die Goode vor Augen hat, mit den Medizinern ausgefochten; heute kämpfen unter anderem die Sonder- und Sozialpädagogen um Aufwertung ihres Berufsstandes relativ zu dem der Lehrer sowie generell die Angehörigen der Sozial- und Gesundheitsberufe.

Reputation und Prestige, die dann Sicherung oder Erhöhung des Gehaltsniveaus nach sich ziehen, und damit des Ranges der Berufsgruppen-Mitglieder in der gesellschaftlichen Gesamthierarchie (vgl. Stichweh, 2005, 33). Freilich tragen Professionen – und Wissenschaftsdisziplinen – die Auseinandersetzungen um ihre relative Wertung nicht unmittelbar miteinander aus, sondern mit dem Staat und ferner mit der Öffentlichkeit.

In den gegenwärtigen Auseinandersetzungen im Bildungssystem aber sind Staaten und internationale Organisationen die aktiven Akteure, sie suchen ihre Vorstellungen von einer „besseren" strukturellen Ordnung des Universitätssystems aktiv umzusetzen.

14.3.5 Einfache Formen sozialer Steuerung

Die Steuerung sozialer Systeme hat mit der Steuerung eines Fahrzeugs zumindest das gemein, dass der steuernde Akteur das Fahrzeug/das Sozialsystem davon abhalten möchte, in eine von ihm unerwünschte Richtung zu driften, und es durch steuernde Eingriffe in eine erwünschte Richtung zu bewegen oder in dieser Richtung zu halten trachtet. Es geht also darum, die Differenz zwischen einem weniger erwünschten und einem erwünschten Zustand zu minimieren (vgl. Luhmann, 1988) – in Richtung des Eintretens oder Erhaltens des erwünschten Zustands.

Es gibt relativ einfache Formen sozialer Steuerung, die dem Fahrzeuglenken ähneln. (a) Hierarchische Anweisung oder Befehl. Sie beruht auf dem Folgen der Befehls- oder Weisungsempfänger und variiert zwischen autoritäts- und verfahrenslegitimierten Vorschriften (etwa Gesetzen) und letztlich auf Zwang. (b) Belohnung erwünschten und Bestrafung unerwünschten Verhaltens. Sie basiert auf Ungleichheit in der Verfügung über begehrte Ressourcen zu Gunsten des Gratifizierenden. (c) Steuerung via argumentativer Überzeugung oder rhetorischer Überredung. Ihre institutionalisierte, explizit und gezielt auf Steuerung abzielende Form ist die *Verhandlung* mit anschließender Entscheidung. – Die genannten Steuerungsformen sind relativ leicht beobachtbar, weil sie symbolvermittelt kommuniziert werden, und weil sie relativ direkt von einem Akteur an einen anderen Akteur gerichtet sind.

14.3.6 Steuerung als Strukturierung

Schwieriger zu beobachten, aber auch ungleich wirksamer sind Steuerungen und Steuerungsversuche, die „stumm", durch praktisches Handeln gesetzt werden. Anders als bei der Fahrzeuglenkung beruhen diese Steuerungsformen darauf, dass Akteure, die im Prinzip auch anders handeln könnten, sich steuern lassen.

Steuerung durch Praxis kann, anders als einfache Formen sozialer Steuerung, bestehende Strukturen verändern und umgestalten. Sofern die veränderten Strukturen dann ihrerseits bestimmte Akteure zwingen, ihr Verhalten zu verändern, kann von *Steuerung mittels Strukturierung* gesprochen werden: „Ein Steuerungsakteur führt den von ihm angestrebten Weltzustand dadurch herbei, dass er den strukturellen Kontext anderer Akteure so gestaltet, dass sie diesen Zustand herbei führen." (Schimank, 2007, 233) Die strukturellen „Umstände" der zu steuernden Akteure zu modifizieren heißt also, etwas Vermittelndes, eine Art Hebel zu bewegen, um etwas anderes zu bewegen, nämlich das Verhalten der zu steuernden Akteure (Latour, 2006, 117).

Strukturierende Steuerung ist Macht: die Macht der Strukturerzeuger, die Macht des Datensetzens (Popitz, 1999, 31). Denn sie stellt die „gesteuerten" Akteure sozusagen vor vollendete Tatsachen. Diese können die geschaffenen strukturellen Fakten nicht ignorieren, übergehen oder wegwünschen, sondern müssen sich „zu ihnen verhalten" – oder sie erleiden benennbare Verluste an Handlungsvermögen und struktureller Integrität. Steuerung funktioniert generell nur dann, wenn die „Gesteuerten" über keine Exit-Option (zu) verfügen (glauben), wenn sie befürchten müssen, dass ihre Teilhabe an sozialen Vermögensstrukturen und ihre Handlungsspielräume und ihr sozialer Wirkungsraum respektive Wirkungsgrad eingeschränkt wird – dass sie also in weniger Bereichen als zuvor mitbestimmen können beziehungsweise diese weniger beeinflussen können als vorher.

Strukturierende Steuerung ist allgegenwärtig: Gesellschaften steuern beispielsweise mittels Integrationsstrukturen (Popitz, 1981) und Erziehungs- und Bildungssystemen die Sozialisation ihrer Nachkommen und mittels Infrastrukturen ihren Austausch von Produkten und Dienstleistungen. Wie Organisationen das Verhalten ihrer Mitglieder strukturell steuern, lässt sich wie im Brennglas an Hand der bekannten Gehorsams- (Milgram, 1963, 1997) und Gefängnis-Experimente (Haney u. a., 1973a,b) nachvollziehen: Allein die Strukturierung der typisch organisationalen Experimental-Situation legte den Versuchspersonen Verhaltensweisen nahe, die sie in den anders strukturierten Situationen ihres Alltagslebens niemals in diesem Ausmaß gezeigt hätten. Und Professionen steuern das Verhalten ihrer Mitglieder durch institutionalisierte Strukturen wie Fachzeitschriften, Berufsverbände, Kongresse, akademische Ausbildungsgänge und informelle interaktive Sanktionen und Gratifikationen, die institutionalisierten Mustern folgen.

Diese institutionalisierte strukturierende Steuerung ist *als* Steuerung im gesellschaftlichen, organisationalen und professionellen Alltag kaum noch spürbar, und deshalb aus der Perspektive der erdrückenden Mehrheit der an diesen Strukturen beteiligten Akteuren *transintentional*, gleichwohl – und gerade deshalb – wirksam. Sie ist Steuernden wie Gesteuerten zur selbstverständlichen zweiten Natur geworden.

Sie wird erst wieder spürbar, wenn sich etwas bewegt und in Fluss gerät, so wie seit einiger Zeit die Schulsysteme in deutschsprachigen Ländern. Akteure beginnen dann, sich neu zu positionieren, veränderte Symbolisierungsformen zu erzeugen, um ihren eigenen Status Quo *strategisch* zu erhalten. Und *diese regelmäßigen, gerichteten Handlungen wirken sich, in der Regel transintentional, als Struktu-*

rierungsversuch auf den strukturellen Kontext anderer Akteure aus. Man kann deshalb mit Altrichter und Heinrich (2007) sagen, dass Akteure, die sich in Auseinandersetzung um die „richtige" Gestaltung oder Steuerung bestimmter sozialer Strukturen befinden, einander mit ihren Steuerungsaktivitäten *Strukturangebote* offerieren – man könnte freilich auch von Struktur*zumutungen* sprechen.

14.3.7 Strukturierung mittels praktischer Problemdefinition

Strukturierende Steuerung findet zumeist über eine *praktische* Problemdefinition statt. Eine rein symbolische (sprachlich kommunizierte) Problemdefinition würde nicht ausreichen, um strukturelle Änderungen herbei zu führen, so wenig, wie ein Appell zu verändertem Verhalten führt. Praktische Problemdefinition ist aber bereits Strukturierung – und damit strukturierende Steuerung. Sie besteht darin, dass bestimmten Akteuren durch die Erzeugung neuer (oder die Veränderung bestehender) Strukturen ein Handlungsproblem geschaffen wird, das sie vorher nicht hatten, und das sie nun bearbeiten müssen. (Ein Problem ist ein Hindernis, das die Bewegungsfreiheit eines Akteurs auf dem Weg zu seinem Zielzustand einschränkt, (vgl. Callon, 2006a, 150)).

Die Grundform der Schaffung von Handlungsproblemen – die praktische Problemdefinition, in der Akteur-Netzwerk-Theorie „Problematisierung" genannt, besteht darin, „Bindungen zu trennen oder herzustellen" (Callon und Latour, 2006, 91) und Allianzen zu bilden und zu verhindern (Callon, 2006a, 162). Neue Strukturen werden in einem Doppelakt geschaffen: Zuerst werden bestehende soziale Beziehungen, Praktiken, Wertbindungen und Akteure aufgetrennt, um sie dann zu neuen Beziehungen, Praktiken, Wertbindungen und Akteuren zusammenzufügen.

Und dies hat einen doppelten Effekt. Einesteils wird ein Akteurtyp geschaffen, der auf die Bearbeitung eines neu erzeugten Handlungsproblems zugeschnitten ist. Verschiedene, vormals getrennte Akteure, Kräfte, Beziehungen und Dinge werden so vereinigt (oder konzentriert Callon, 2006a, 163), dass sie als „vereinte Kraft" (Callon, 2006a, 162) agieren – wie ein einziger Akteur (Callon und Latour, 2006, 97). Dieser Akteur ist konstitutiv dazu disponiert, ein bestimmtes, neu erzeugtes Handlungsproblem zu bearbeiten (ein neu definiertes Ziel oder einen neu definierten Standard oder eine neu festgelegte Norm zu erreichen) – dies ist seine Funktion. Seine strukturelle Identität (bourdieuisch gesprochen: sein Habitus) ist so eingerichtet, dass er genau diese Funktion erfüllt.[27]

Anderenteils stellen die neu erzeugten Strukturen – Beziehungen, Bindungen, Allianzen inklusive ihrer regelmäßigen Praktiken und ihrer an andere Akteure gerichteten Erwartungen – dann neue Handlungsprobleme für jene anderen Akteure

---

[27] Man sieht also, dass strukturierende Steuerung sehr weit geht. Es werden nicht nur strukturelle Handlungsprobleme, sondern auch neuartige Akteure geschaffen und die Eigenschaften bereits bestehender Akteurtypen umdefiniert (Callon, 2006a, 150; 152)!

dar. Sie müssen sich zu diesen Strukturen, insbesondere zu den Akteuren neuen Typs, „verhalten".

14.3.8 Strategien, um neue Strukturen zu stabilisieren

Anschließend geht es darum, zu gewährleisten, dass dieser neue Akteur die Elemente, aus denen er sich zusammensetzt, zusammenhalten kann und „davon ab[hält], ihre eigenen Neigungen zu verfolgen und sich zu verselbstständigen" (Law, 2006, 438). Es geht also darum, „Schranken aufzubauen, die zwischen sie [die Akteure neuen Typs, R. L.] und jene anderen Entitäten gestellt werden können, die ihre Identitäten auf andere Weise definieren wollen." (Callon, 2006a, 152) Konkurrierende Akteure mit ihren alternativen Problem- und Identitätsdefinitionen müssen also geschwächt, isoliert, unwirksam gemacht werden. Dazu gibt es zwei prominente Wege:

(1) Durch Verbergen interner Komplexität. Man verbirgt, dass die Akteure neuen Typs zusammengesetzte Einheiten sind, deren Komponenten nicht von vornherein darauf begrenzt waren, zur Erfüllung der Funktion, die die Akteure neuen Typs übernommen haben, beizutragen. Der äußeren Umwelt und den internen Komponenten der Akteure neuen Typs wird als verborgen, dass jeder dieser punktualisierten Akteure neuen Typs „in Wirklichkeit" ein Satz heterogener Einzelelemente ist, von denen jedes seine eigenen Neigungen hat. Der Akteur neuen Typs wird zu einer *black box*, in die man nicht mehr hinein schaut (Law, 2006, 438). Prominentes Beispiel für diese Strategie sind das „nach außen geschlossene Auftreten" etwa von Parteien im Wahlkampf oder von Instituten im inneruniversitären Verteilungskampf.

(2) Durch Stellvertretung. Akteure versuchen, sich zum „Fürsprecher" zahlreicher anderer, vom definierten Problem betroffener Akteure zu machen (Callon, 2006b, 327) , und an deren Stelle zu kommunizieren, welches Handlungsproblem bearbeitet werden solle und wie das zu geschehen habe. Aber dieses stellvertretende Kommunizieren fällt durchaus nicht im Sinne einer Interessenvertretung für jene betroffenen Akteure aus. Vielmehr kommuniziert der Sprecher seine Problemdefinition und seine Lösungswege, während die Betroffenen ganz einfach stumm bleiben. Dass die Betroffenen stumm bleiben, ist leichter zu erreichen, wenn der „Fürsprecher" mit ihnen selbst keinen Dialog führt, wenn Massenmedien/Öffentlichkeit und andere einflussreiche Akteure davon abgehalten werden, die Problemdefinitionen der Betroffenen anzuhören – und wenn der „Fürsprecher" so argumentiert, dass das *Allgemeinwohl* gesteigert würde, wenn seine Problemdefinition übernommen und seine Forderungen, wie das Problem zu lösen sei, umgesetzt würden.

14.4 Methodologische Schlussfolgerung: Relationale Wirkungsanalyse

Die Educational Governance-Forschung (Altrichter u. a., 2007) arbeitet bislang mit Kategorien, die relativ wenig verbunden nebeneinander stehen, und sie hat bislang keine klare Methodologie heraus gearbeitet. In diesem Abschnitt wird nun versucht, einen ersten Umriss einer solchen systematischen Methodologie vorzulegen. Diese Methodologie ist als Ergänzung zur Mechanismen-Analyse zu verstehen; sie ist darüber hinaus so angelegt, dass sie es erlaubt, petrinetzbasierte Beschreibungen anzufertigen. Kurze Kommentare erläutern den Sinn der Regeln.

14.4.1 Analyse basaler Wirkrelationen

(0) Wende dich in der Analyse so weit wie möglich gegenwärtig ablaufenden Verhaltensakten (Kommunikationen und Interaktionen) zu. Achte darauf, welche möglichen Alternativen Verhaltensakte (Wirkungen) durch Realisierung der gegenwärtigen verhindert werden.

Kommentar. Diese Regel geht davon aus, dass die soziale Wirklichkeit immer nur in der Gegenwart bewegt (reproduziert, verändert, stabilisiert) wird. Vergangenes und örtlich Nicht-Gegenwärtiges kann sich nur insofern auswirken, als es durch gegenwärtige Verhaltensakte vermittelt („ausgetragen", aktualisiert) wird. Die Regel basiert auf dem Axiom, dass das Allgemeine im besonderen Einzelfall enthalten ist und sein Verhalten strukturiert, während es gleichzeitig ohne sein Verhalten nicht wirken könnte. – Die Frage nach den Alternativen trägt die kritische Dimension in die Analyse hinein und verhindert durch Aufdeckung der Kontingenzen, dass das nun einmal Bestehende als solches hingenommen wird.

(1) Zerlege soziale Phänomene analytisch in Wirkrelationen, bis du erklären kannst, aus welchen Wirkrelationen sie bestehen, historisch entstanden sind und gegenwärtig reproduziert werden – das heißt, wie sie *bewirkt* wurden und werden.

Kommentar. Diese Regel bildet das Herzstück der gesamten Methodologie. Sie soll zu einer kritischen Sichtweise verhelfen, die es erlaubt, scheinbar selbstverständliche Einheiten und Blöcke analytisch aufzulösen, um nicht – beispielsweise – deren Macht, Recht, Geordnetheit oder sonstiges strukturelles Vermögen unanalysiert voraus zu setzen.

(2) Analysiere, wie ein Akteur (oder Artefakt) auf (welche) Eigenschaften und Handlungen anderer Akteure und Artefakte *reagiert*, und wie er (es) seinerseits auf andere Akteure und Artefakte einwirkt, die dann wiederum in bestimmter Weise reagieren. Analysiere in diesem Zusammenhang, vor welche Handlungsprobleme sich Akteure subjektiv gestellt sehen und auf welche Handlungs-(Koordinations-)Probleme sie objektiv, d.h. im Als-Ob-Modus, der für einen Beobachter sichtbar ist, reagieren.

Kommentar. Diese Regel soll helfen zu vermeiden, einen Akteur (genauer: alle

14.4 Methodologische Schlussfolgerung: Relationale Wirkungsanalyse

Phänomen, die Akteur-Qualitäten aufweisen) als isolierte Robinson-Einheit wahrzunehmen, und stattdessen die Relationen aufspüren, die einen Akteur veranlassen, so zu handeln und zu deuten, wie er es tut. Diese Regel wird durch die folgenden Regeln verfeinert und differenziert.

(3) Beobachte und analysiere, (a) wer wen oder was beobachtet und behandelt, wie er das tut und warum er das so und nicht anders tut, (b) wer sich wie, von wem und warum so und nicht anders beobachten und behandeln lässt, (c) wer oder was *nicht* beobachtet und behandelt wird bzw. sich nicht beobachten und behandeln lässt, und warum nicht.

(4) Ermittle, wie und auf wen/was sich Beobachtungs- und Behandlungsakte *auswirken*.

Kommentar. Diese Regeln beschreiben im Grunde das, was jede empirische Untersuchung leisten soll. Die Formulierung der Fragen erinnert einerseits gezielt an frühe Formulierungen des Kodierparadigmas der *Grounded Theory* (Strauss, 1994), das sich für die Analyse interaktiver Settings und Prozesse gut eignet, andererseits an die negative Dimension (Marcuse, 1989), die bereits in Regel 0 angesprochen wurde. Denn sofern die Analyse Alternativen einbezieht, erinnert sie sich selbst immer wieder an die Kernfrage, um die es kritischer und erklärender Sozialwissenschaft geht: Warum handeln die Akteure so *und nicht anders*, warum werden die bestehenden Strukturen erzeugt *und keine anderen*?

(5) Achte besonders auf „unpassende Behandlungen aus Versehen": auf unabsichtliche Zumutungen, denen durch das behandelte Objekt Widerstand geboten wird, und auf verschwiegene Anpassungsleistungen des behandelten Objekts.

Kommentar. Diese Regel sensibilisiert für verschwiegene oder vergessene (nicht reflexiv symbolisierte) Momente des Sozialen.

14.4.2 Analyse komplexer Wirkrelationen-Systeme

(6) Suche nach Eigenschaften, die *Systeme von Wirkrelationen* (Ordnungen von Beziehungen) zukommen. Interpretiere Einzel-Handlungen und einzelne Akteure als Entitäten, die von Wirkungsrelationen erzeugt werden. Interpretiere zugleich jedes Wirkrelationen-System als ein bewirktes und als ein wirkendes. Frage, welche Wirkungen Wirkrelationen-Systeme (als Handlungslogiken bzw. institutionalisierte Regelsysteme) auf andere Systeme erzeugen, und wie andere Systeme auf sie einwirken. Beachte, dass Wirkungsbeziehungen das System sowohl mit ihm äußerlichen als auch mit internen Entitäten verbinden; beachte ferner, dass die Entitäten (sowohl die intern als auch die externen) übergreifenden Wirkungsrelationen-Systemen angehören können.

Kommentar. Diese Regel soll helfen, nicht mentalistisch Intentionen, Glaubenssätze oder kommunikativ vermittelte Deutungen mit der Realität zu verwechseln, sondern darauf zu schauen, was sich unabhängig von Deutung, Intention und Glauben tatsächlich auswirkt und somit zu einem Moment der sozialen Wirklichkeit wird – soziale Wirklichkeit besteht aus dem, was wirkt, lautet die Grundauffassung hinter dieser Regel. Dies kann zwar nicht aus einer ewig objektiven Gottesposition heraus geschehen, aber es kann *relativ zu den analysierten Strukturen und Akteuren* aus der Position eines Dritten heraus geschehen.

(7) Frage, zu welchen Wirkrelationen-Systemen Akteure handelnd beitragen, und wie sie mit ihren Handlungen dazu beitragen, diese Wirkrelationen-Systeme zu erzeugen und zu reproduzieren. Ermittle, welcher übergreifende soziale Zusammenhang (präziser: welcher basale Komplex von Wirkrelationen) sich – jenseits der intentionalen Planung der beteiligten Akteure – mit Hilfe der beobachteten Verhaltensakte und Relationen (re-)konstituiert (re-strukturiert, re-organisiert).

Kommentar. Beide Regeln richten die Aufmerksamkeit auf dauerhaft institutionalisierte und komplexe Systeme von Wirkrelationen, die durch basale Wirkrelationen, wie sie im vorigen Abschnitt ins Auge gefasst wurden, konstituiert werden. Regel 6 richtet sich auf *emergente* Phänomene, die nicht aus den Eigenschaften der Elemente – Einzelhandlungen, Individuen usw. – heraus erklärbar sind, sondern die durch Eigenschaften von Beziehungen zwischen diesen Elementen beschrieben und erklärt werden müssen. Regel 7 soll helfen aufzuzeigen, zu welchen Verhältnissen Akteure beitragen, ohne es explizit zuzugeben, ohne es selbst zu wissen, ohne es zu wollen, vielleicht sogar wider besseren Wissens oder entgegen den eigenen Absichten oder Interessen. – Die folgenden Regeln differenzieren die Analyse in Richtung auf den *Prozess* der (Re-)Konstitution komplexer Wirkrelationen.

(8) Erfasse (a) die Bildung neuer symbolisch vermittelter Erwartungen. Ermittle, (b) auf welche strukturellen Trennungs- oder Verbindungs-Prozesse sie reagieren. Rekonstruiere, (c) wie aus Beobachtungs- und Behandlungsakten, den Reaktionen auf sie, sowie mittels der neuen Erwartungen verfestigte Strukturen (komplexe Relationen wiederholten Ein-, Zusammen- und Wechselwirkens) entstehen.

Kommentar. Diese Regel bringt Erwartungen in die Analyse ein – und zwar solche, die in symbolisierter, also *geäußerter* Form vorliegen und nicht allein in den Köpfen von Individuen – und sensibilisiert auf Prozesse der Verfestigung sozialer Relationen.

(9) Analysiere, wie und von wem Strukturen unterschieden werden in (a) Akteure, (b) Strukturen, (c) Prozesse, (d) Vermögen, (e) Sozialitäten.

(10) Analysiere, (a) welchen Akteuren welche Strukturen als Handlungsvermögen zugeschrieben (zu-erwartet) werden (und: von wem und warum, und: welche Strukturen werden nicht als Handlungsvermögen zugeschrieben?), (b) welche Akteure welche Strukturen (als Handlungsvermögen) nutzen, um andere Strukturen (wie? warum?) zu beeinflussen (und welche Strukturen sie nicht nutzen, und: warum nicht), (c) wer die eingesetzten Strukturen jeweils konstituiert hat, und (d) wie es Akteuren gelingt/gelungen ist, die Verfügung über Strukturen zu erlangen, die andere konstituiert haben.

Kommentar. Diese beiden Regeln sollen gewährleisten, dass konstituierende Anerkennungs- bzw. Zuschreibungsprozesse und regulierende Verteilungsprozesse (vgl. Honneth und Fraser, 2003) in ihrem Zusammenhang berücksichtigt werden. Sie machen wiederum auf die Kontingenz sowohl der Zuschreibungen als auch der Verteilungsordnungen aufmerksam.

(11) Rekonstruiere ein Wirkrelationen-System, indem du eine Als-Ob-Analyse durchführst: Die beobachtbaren Beziehungen und Verhaltensweisen sind so gestaltet, als ob es ihr Zweck wäre, die Wirkung(en) x, y, z zu erzeugen.

Kommentar. Diese von Bourdieus Forschungsansatz übernommene Regel richtet den Blick nun wieder konzentriert auf das übergreifende System, zu dem die in den vorherigen Regeln angesprochenen Akte beitragen und in dem sie miteinander relationiert sind – sprich: aufeinander einwirken.

(12) Analysiere, welche Wirkrelationen sich zu dauerhaft institutionalisierten Abhängigkeitsverhältnissen – *Interdependenzen* – verdichten (und welche nicht), und warum das der Fall ist.

14.4.3 Analyse formaler symbolischer Erwartungsstrukturen

(13) Rekonstruiere, (a) welche Teile der übergreifenden Sozialität (des übergreifenen systems von Wirkrelationen) symbolisch reflektiert und damit hervorgehoben werden, (b) welche Teile nicht symbolisch reflektiert werden, und warum diese Unterscheidung auf die rekonstruierte Weise (und nicht auf andere Weise) ausfällt. (c) Rekonstruiere die unterschiedlichen Praktiken der reflexiven Symbolisierung, derer sich unterschiedliche Akteure bedienen, und (d) wie diese aufeinander ein- und zusammenwirken.

Kommentar. Dies ist eine allgemeine Regel, die besagt, dass symbolische Reflexionen des Sozialen auf sich selbst zusammen mit ihren Selektivitäten und „Scharfsichtigkeiten" betrachtet werden sollen. Auch diese Regel wird im Folgenden spezifiziert, zunächst mit Bezug auf bestehende symbolische Erwartungsstrukturen – die formalen Strukturen – und anschließend mit Bezug auf mehr oder weniger strategische Steuerungshandlungen.

(14) Ermittle, welche praktischen Strukturen/Leistungen aus welchen Gründen nicht formalisiert werden (auch: nicht formalisiert werden *dürfen*; Kandidaten wären hier Leistungen der Art: Reproduktion undemokratischer Verhaltensformen; die Machtausweitung über den eigentlichen Organisationszweck zu stellen; aber auch rechtlich/moralisch „nicht ganz koscherer" Verfahren der Bewältigung großer Studierendenmassen in Universitäten, ohne die die Leistungsproduktion dieser Universitäten aber gar nicht mehr aufrecht erhalten werden könnte).

(15) Ermittle: (a) Welche Bereiche werden durch Formalstrukturen geregelt, welche nicht, und warum ist das so? (b) Auf welche Verhältnisse reagieren die formalen Strukturen, auf welche nicht, und warum? (c) Inwieweit verstärken formale Teilstrukturen einander, inwieweit schwächen sie einander ab, und woraus resultiert die Gleich- bzw. Gegensinnigkeit?

(16) Ermittle, in welcher (unerwünschten oder erwünschten) Hinsicht formale

Regeln und praktische Regelmäßigkeiten/Leistungen einander widersprechen und verstärken. Prüfe insbesondere, wie die Praxis „Lücken" der Formalstrukturen ausnutzt, die Formalstrukturen uminterpretiert, übergeht/ignoriert und für „praktische Zwecke" zweckentfremdet.

(17) Konstruiere, welche *transintentionalen* Wirkungen formale Regelungsstrukturen zeitigen. Sprich: Haben die formalen Regelungen Folge- und Nebenwirkungen, die niemand beabsichtigt, niemand wünscht oder niemand überhaupt nur bemerkt? (Beispielsweise wurde unter dem Stichwort des „heimlichen Lehrplans" darauf hingewiesen, dass Schüler in der Schule eine Menge Verhaltensweisen lernen, die in keinem Lehrplan oder Schulgesetz angestrebt werden: Sich unendlich gedulden, passiv sein, sich herrschenden Regeln anpassen usw.)

Kommentar. Diese Regeln sollen eine möglichst umfassende Analyse der Erzeugung, Ordnung und Wirkung formaler Erwartungsstrukturen gewährleisten. – Die folgenden Regeln dagegen befassen sich mit *neuen* praktischen und symbolischen Handlungen, die versuchen, bestehende Formal- und Praxisstrukturen gezielt zu verändern.

14.4.4 Analyse strategischer Strukturierungshandlungen

Nun kommen die Regeln für kritische Governance-Analysen zum zentralen Interesse der gängigen Governance-Forschung, die um die Frage kreisen: Wie können eigendynamische Strukturen überhaupt gesteuert werden? Diese Frage kann in die spezifischeren Fragen untergliedert werden: Wie ist Steuerung angesichts der Eigenwilligkeit von Steuerungsobjekten möglich (Streeck und Schmitter, 1985)? Wie kann man das Verhalten bestimmter Akteure mittels verändernden Eingriffs in die prägenden Bedingungen ihrer Handlungslogik, also mittels Veränderung von Regelsystemen (Wolff, 2001, 10), steuern? Wie kann man diese eigendynamischen Systeme institutionalisierter Handlungsregelmäßigkeiten selbst *als* Steuerungsinstrumente einsetzen, sie gewissermaßen als „Hebel" benutzen, um damit wieder andere Handlungslogiken/Regelsysteme (um-) zu strukturieren (Schimank, 2007)? – Es geht also im Folgenden speziell um die Untersuchung von Steuerungsmaßnahmen und Reforminitiativen.

(18) Rekonstruiere, (a) welche sozialen Auseinandersetzungen im untersuchten Feld ablaufen. Es werden mehrere sein. (b) Finde heraus, um welche verschiedenen Probleme sich diese verschiedenen Auseinandersetzungen drehen, und rekonstruiere (c) die jeweilige mit welcher spezifischen *Akteurkonstellation,* die mit jedem dieser Probleme einher geht (Konfliktlinien und Gegnerschaften, Koalitionen und Gruppierungen, Verhältnisse der Über- und Unterordnung, neue Grenzziehungen und Grenzüberschreitungen). (d) Ermittle, welche Akteure welche dieser Auseinandersetzungen/Probleme als besonders wichtig erachten und welche anderen nicht, warum das so ist, und welche Auswirkungen diese unterschiedlichen Gewichtungen haben. (e) Rekonstruiere schließlich, wie die Problem-Situation-

14.4 Methodologische Schlussfolgerung: Relationale Wirkungsanalyse

Akteure-Konstellationen miteinander wechselwirken – verstärkend oder abschwächend, modifizierend etc.

(19) Fahnde in diesem Zusammenhang nach Prozessen der Solidarisierung, Konkurrenzierung, Hierarchisierung und Dissoziierung, die sich im Laufe dieser Auseinandersetzungen ereignen, und erkenne die *übergreifende Sozialität*, die sich aus diesen Prozessen herausbildet und mit ihnen umformt (und/oder: umgeformt werden soll). Ermittle, warum gerade dort, wo es beobachtet wird, Solidarität oder Konkurrenz oder Hierarchie oder Zerfall in den Vordergrund treten, oder anders: warum genau diese beobachtete Konstellation der Solidarisierung, Konkurrenzierung usw. zwischen den beteiligten Akteuren (Sozialitäten) eintritt (und nicht andere denkbare und möglicherweise sogar näher liegende alternative Strukturierungskonstellationen)?

Kommentar. Diese Analysen sind wichtig, um zu verstehen, auf welche Probleme Steuerungs- und Reformmaßnahmen eine Reaktion (und damit auf welche strukturellen Fragen sie Antwortversuche) darstellen. Alle offiziellen Äußerungen und Texte sind als Reaktionen auf – und damit als Indizien für – verborgene praktische Strukturen, Problemlagen und Erfolgsgeschichten zu lesen. Und die gegebenen Auseinandersetzungen und Akteur-Problem-Konstellationen eröffnen Gelegenheiten oder Anlässe, bestimmte Steuerungs- oder Reformmaßnahmen auf sie aufzusetzen.

(20) Rekonstruiere, (a) welche Realitätserwartungen Akteure symbolisch erzeugen (Szenarien, Situationsbeschreibungen), und (b) welche Verhaltensstrukturen sie praktisch erzeugen (i. S. v. „Fakten schaffen" und „vor vollendete Tatsachen stellen"), um andere Akteure dazu zu bringen, deren Verhaltensstrukturen in gewünschter Weise abzuändern. (c) Prüfe in diesem Zusammenhang, welche expliziten und vor allem impliziten Wirkungsunterstellungen im Diskurs über Reformmaßnahmen enthalten sind; unterziehe die impliziten Vorstellungen einer Realitätsprüfung. Beachte zudem besonders (d) die Verwendung von Strukturen, die man nicht sofort als Steuerungsinstrumente oder Governance-Strukturen erkennt bzw. die gemeinhin nicht als solche bezeichnet werden, und die Erzeugung neuer Strukturen zum Zweck der Beeinflussung.

Kommentar. Dies ist eine allgemeine Regel, die sich auf – mehr oder minder – strategische Steuerungshandlungen und -versuche bezieht; sie wird mit den folgenden Regeln spezifiziert.

(21) Analysiere, welcher Akteur welche Strukturen (und: welche und wessen strukturelle Vermögen) (a) zu bewahren und zu festigen, (b) auszubauen und zu erweitern, (c) einzuschränken, zu reduzieren oder (d) aufzulösen und unwirksam zu machen sucht. Prüfe in diesem Zusammenhang, (e) welche Verluste an (Handlungs-)Vermögen sowie an Gestaltungs- oder Einflussspielräumen Akteure befürchten und welche Gewinne sie erhoffen, sowie (f) welche Ab- oder Entwertungen ihrer strukturellen Vermögen sie befürchten und welche Auf- oder Neuwertungen sie sich erhoffen.

Kommentar. Diese Regel fordert, wenn man so will, die Analyse der „Logik der Situation" (Esser), die in den Regeln 18 und 19 aus der Beobachterperspektive erfasst wurde, nun aus der Perspektive der beteiligten Akteure (allerdings ist zu beachten, dass hier nicht bloß deren strategische Selbstdarstellung oder auch bloß deren Selbstkonzept zu analysieren ist, sondern auch ihre nicht eingestandenen oder nicht „bewussten", aber „objektiven", das heißt aus Beobachterperspektive plausibel rekonstruierbaren Interessenlagen und Intentionen.)

(22) Analysiere, auf welche Weise Akteure (a) Handlungsprobleme erzeugen und (b) wie sie diese Probleme zu bearbeiten oder zu lösen versuchen, einschließlich (c) welche möglichen anderen Probleme damit nicht erzeugt und (d) welche alternativen Beabreitungsweisen und Lösungen nicht ergriffen werden. (e) Ermittle, wie sich diese Praktiken der Problemerzeugung und -verarbeitung auf die Möglichkeit von Steuerungsmaßnahmen auswirken.

Kommentar. Auch diese Regel soll helfen, verdeckte Interessenlagen aufzudecken. Wenn beispielsweise eine universitäre Wissenschaft oder eine bildungspolitische Institution alleinzuständig sind für die Definition und Bearbeitung bestimmter Probleme, könnten sie bei einer endgültigen Lösung dieser Probleme selbst mit-abgeschafft werden. Dies wird in ihnen die Neigung erzeugen, „ihre" Probleme zu perpetuieren.

(23) Prüfe, (a) wessen Unterstützung Akteure erringen oder sichern (und: zu erringen und zu sichern suchen), (b) durch welche Art von Legitimierung sie dies tun (versuchen), (c) welche Erwartungs- und Verhaltensstrukturen sie zu diesem Zweck miteinander in Deckung bringen, (d) warum und in welcher Hinsicht sie damit erfolgreich oder erfolglos sind und (e) welche Auswirkungen diese nun (nicht) legitimierten Verhaltensstrukturen zeitigen.

(24) Ermittle, (a) für wen Akteure stellvertretend zu sprechen beanspruchen – und wie die „Vertretenen" zu diesen Äußerungen stehen, und (b) welche Akteure und Strukturen ein Akteur in der symbolischen Außenkommunikation als *black boxes*, also als einheitliche, gegebene Fakten darstellt.

Kommentar. Mit diesen beiden Regeln wird analysiert, wie Akteure bestimmte Strukturen und Akteure (zu) instrumentalisieren (versuchen), um sie als Kapital, als Handlungsvermögen für ihre Zwecke in laufenden Auseinandersetzungen einzusetzen und die eigene Wirksamkeit zu erhöhen.

(25) Ermittle, welche Akteure sich welchen Verhaltenserwartungen anderer Akteure anpassen, und inwiefern und warum sie dies freiwillig oder gezwungenermaßen tun.

(26) Ermittle: (a) Inwieweit schlagen sich Reformen der formalen Regelungsstruktur in der praktischen Aktivitäts- und Leistungsstruktur nieder? (b) An welchen „Sollbruchstellen" bricht dieser Durchsatz ab? (c) Welche möglicherweise bewahrenswerten Regelungen werden von den Reformen „aus Versehen" mit abgeschafft? Und anders herum: (d) Durch welche Praktiken werden die formalen Reformerwartungen kontertkariert, ausgehebelt, umgeformt, aufgeweicht etc., mit

14.4 Methodologische Schlussfolgerung: Relationale Wirkungsanalyse

welchen strukturellen Mitteln geschieht dies, und aus welchen Motiven (Reaktionen) heraus?

Kommentar. Diese Regeln fragen danach, wer sich in der Auseinandersetzung durchsetzt. Insbesondere die letzte Regel ist im Grunde nur eine Erinnerung daran, noch einmal spezifisch auf den Eigensinn von Reformwiderständen zu achten – bei konsequenter Anwendung der voran stehenden Regeln müsste dies aber prinzipiell bereits geschehen sein. – Nach diesen Analysen kann man dann gezielt nach den Möglichkeiten des *Interdependenzmanagements* fragen, indem man alle Analyseergebnisse unter einer spezifischen Fragestellung untersucht:

(27) Welche der ermittelten Wirkrelationen müssten umgestaltet werden – und wie – damit die unterschiedlichen Akteure gleichsinnig handeln, also auf koordinierte Weise eine gemeinsame Wirkungsrichtung einschlagen können, mithin die Strukturen, durch die sie miteinander verbunden sind, durch kooperative, durch symbolische Reflexion gesteuerte Handlungen umstrukturieren können – und unter welchen Bedingungen funktioniert das nicht?

Literaturverzeichnis

[Altrichter u. a. 2007]   ALTRICHTER, Herbert (Hrsg.) ; BRÜSEMEISTER, Thomas (Hrsg.) ; WISSINGER, Jochen (Hrsg.): *Educational Governance. Handlungskoordination und Steuerung im Bildungssystem.* Wiesbaden : VS, 2007

[Altrichter und Heinrich 2007]   ALTRICHTER, Herbert ; HEINRICH, Martin: Kategorien der Governance-Analyse und Transformation der Systemsteuerung in Österreich. In: ALTRICHTER, Herbert (Hrsg.) ; BRÜSEMEISTER, Thomas (Hrsg.) ; WISSINGER, Jochen (Hrsg.): *Educational Governance. Handlungskoordination und Steuerung im Bildungssystem.* Wiesbaden : VS, 2007, S. 55–57

[Balog 2006]   BALOG, Andreas: *Soziale Phänomene.* Wiesbaden : VS, 2006

[Becker-Ritterspach und Becker-Ritterspach 2006]   BECKER-RITTERSPACH, Jutta C. E. ; BECKER-RITTERSPACH, Florian A. A.: Organisationales Feld und Gesellschaftlicher Sektor im Neo-Institutionalismus. In: SENGE, Konstanze (Hrsg.) ; HELLMANN, Kai-Uwe (Hrsg.): *Einführung in den Neo-Institutionalismus.* Berlin : VS Verlag für Sozialwissenschaften, 2006, S. 118–136

[Belliger und Krieger 2006]   BELLIGER, Andrea (Hrsg.) ; KRIEGER, David J. (Hrsg.): *Anthology. Ein einführendes Handbuch zur Akteur-Netzwerk-Theorie.* Bielefeld : Transcript, 2006

[Benz 2004]   BENZ, Arthur: Einleitung: Governance – Modebegriff oder nützliches sozialwissenschaftliches Konzept. In: BENZ, Arthur (Hrsg.): *Governance – Regieren in komplexen Regelsystemen: Eine Einführung.* Wiesbaden : VS Verl. für Sozialwiss, 2004, S. 11–28

[Bourdieu 1993]   BOURDIEU, Pierre: *Sozialer Sinn.* Suhrkamp, 1993

[Callon 2006a]   CALLON, Michel: Einige Elemente einer Soziologie der Übersetzung: Die Domestikation der Kammuscheln und der Fischer in der St. Brieuc-Bucht. In: (Belliger und Krieger, 2006), S. 135–174

[Callon 2006b]   CALLON, Michel: Techno-ökonomische Netzwerke und Irreversibilität. In: (Belliger und Krieger, 2006), S. 309–342

[Callon und Latour 2006]   CALLON, Michel ; LATOUR, Bruno: Die Demontage des großen Leviathans: Wie Akteure die Makrostruktur der Realität bestimmen und Soziologen ihnen dabei helfen. In: (Belliger und Krieger, 2006), S. 75–102

[Dreitzel 1968]   DREITZEL, Hans P.: *Die gesellschaftlichen Leiden und das Leiden an der Gesellschaft. Vorstudien zu einer Pathologie des Rollenverhaltens.* Stuttgart : Enke, 1968

[Freidson 2001] FREIDSON, Eliot: *Professionalism. The Third Logic. On the Practice of Knowledge.* Chicago : University of Chicago Press, 2001

[Giddens 1984] GIDDENS, Anthony: *The Constitution of Society.* Cambridge : Polity Press, 1984

[Goode 1972] GOODE, William J.: Experten und Scharlatane. In: LUCKMANN, T. (Hrsg.) ; M., Sprondel W. (Hrsg.): *Berufssoziologie.* Köln : Kiepenheuer & Witsch, 1972, S. 401–418

[Habermas 1981] HABERMAS, Jürgen: *Theorie des kommunikativen Handelns.* Suhrkamp, 1981

[Habermas und Luhmann 1971] HABERMAS, Jürgen ; LUHMANN, Niklas: *Theorie der Gesellschaft oder Sozialtechnologie.* Frankfurt/ M. : Suhrkamp, 1971

[Haney u. a. 1973a] HANEY, Craig ; BANKS, W. C. ; ZIMBARDO, Philip G.: Interpersonal dynamics in a simulated prison. In: *International Journal of Criminology and Penology* 1 (1973), S. 69–97

[Haney u. a. 1973b] HANEY, Craig ; BANKS, W. C. ; ZIMBARDO, Philip G.: Study of prisoners and guards in a simulated prison. In: *Naval Research Reviews* 9 (1973), S. 1–17

[Hasse und Krücken 2005] HASSE, Raimund ; KRÜCKEN, Georg: *Neo-Institutionalismus.* Bielefeld : Transcript, 2005

[Hellmann 2006] HELLMANN, Kai-Uwe: Organisationslegitimität im Neo-Institutionalismus. In: SENGE, Konstanze (Hrsg.) ; HELLMANN, Kai-Uwe (Hrsg.): *Einführung in den Neo-Institutionalismus.* Wiesbaden : VS, 2006, S. 75–88

[Honneth und Fraser 2003] HONNETH, Axel ; FRASER, Nancy: *Umverteilung oder Anerkennung? Eine politisch-philosophische Kontroverse.* Frankfurt/M. : Suhrkamp, 2003

[Kälble 2005] KÄLBLE, Karl: Die Pflege auf dem Weg zur Profession? Zur neueren Entwicklung der Pflegeberufe vor dem Hintergrund des Wandels und der Ökonomisierung im Gesundheitswesen. In: EURICH, J. (Hrsg.) ; BRINK, A. (Hrsg.) ; HÄDRICH, J. (Hrsg.) ; LANGER, A. (Hrsg.) ; SCHRÖDER, P. (Hrsg.): *Soziale Institutionen zwischen Markt und Moral.* Wiesbaden : VS, 2005, S. 215–246

[Klatetzki 2005] KLATETZKI, Thomas: Professionelle Arbeit und kollegiale Organisation. Eine symbolisch interpretative Perspektive. In: KLATETZKI, T. (Hrsg.) ; TACKE, V. (Hrsg.): *Organisation und Profession.* Wiesbaden : VS, 2005, S. 253–284

[Köhler u. a. 2007] KÖHLER, Michael ; LANGER, Roman ; LÜDE, Rolf v. ; MOLDT, Daniel ; RÖLKE, Heiko ; VALK, Rüdiger: Socionic Multi-Agent Systems based on Reflexive Petri Nets and Theories of Social Self-Organisation. In: *Journal of artificial societies and social simulation* 10 (2007), Nr. 1. – URL http://jasss.soc.surrey.ac.uk/10/1/3.html

Literaturverzeichnis 533

[Küppers 1999] KÜPPERS, Günter: Der Umgang mit Unsicherheit: Zur Selbstorganisation sozialer Systeme. In: MAINZER, Klaus (Hrsg.): *Komplexe Systeme und Nichtlineare Dynamik in Natur und Gesellschaft. Komplexitätsforschung in Deutschland auf dem Weg ins nächste Jahrhundert*. Berlin, Heidelberg, New York : Springer-Verlag, 1999, S. 348–372

[Lange 2004] LANGE, Stefan und Uwe S.: Governance und gesellschaftliche Integration. Zur Einleitung. In: LANGE, Stefan und Uwe S. (Hrsg.): *Governance und gesellschaftliche Integration*. Wiesbaden : VS, 2004

[Langer 2005] LANGER, Roman: *Anerkennung und Vermögen: Eine sozialtheoretische Analyse der Selbstorganisation in und von Bildungsinstitutionen*. Münster : Monsenstein & Vannerdat, 2005

[Langer 2006] LANGER, Roman: *Hinter den Spiegeln universitärer Governance. Dynamiken informeller Selbstregulierung in der Universität*. Münster : Lit-Verlag, 2006 (Wirtschaft – Arbeit – Technik). – Unter Mitarbeit von Daniela Spresny.

[Latour 2006] LATOUR, Bruno: Gebt mir ein Laboratorium, und ich werde die Welt aus den Angeln heben. In: (Belliger und Krieger, 2006), S. 103–134

[Law 2006] LAW, John: Notizen zur Akteur-Netzwerk-Theorie: Ordnung, Strategie und Heterogenität. In: (Belliger und Krieger, 2006), S. 429–446

[Luhmann 1984] LUHMANN, Niklas: *Soziale Systeme. Grundriß einer allgemeinen Theorie*. Frankfurt a. M. : Suhrkamp, 1984

[Luhmann 1988] LUHMANN, Niklas: Grenzen der Steuerung. In: LUHMANN, Niklas (Hrsg.): *Die Wirtschaft der Gesellschaft*. Frankfurt : Suhrkamp, 1988, S. 324–349

[Marcuse 1989] MARCUSE, Herbert: *Der eindimensionale Mensch*. Darmstadt : Luchterhand, 1989

[Mayntz 2001] MAYNTZ, Renate: Zur Selektivität der steuerungstheoretischen Perspektive. In: BURTH, Hans-Peter (Hrsg.) ; GÖRLITZ, Axel (Hrsg.): *PolitischeSteuerung in Theorie und Praxis*. Baden-Baden : Nomos, 2001, S. 17–27. – URL http://www.mpi-fg-koeln.mpg.de/pu/workpap/wp01-2/wp01-2.html. – MPIfG Working Paper

[Mayntz 2005] MAYNTZ, Renate: Governance Theory als fortentwickelte Steuerungstheorie? In: SCHUPPERT, G. F. (Hrsg.): *Governance-Forschung. Vergewisserung über Stand und Entwicklungslinien*. Baden-Baden : Nomos, 2005

[Mayntz und Nedelmann 1987] MAYNTZ, Renate ; NEDELMANN, Birgitta: Eigendynamische soziale Prozesse. In: *KZfSS* 39 (1987), S. 633–647

[Mayntz und Scharpf 1995] MAYNTZ, Renate ; SCHARPF, Fritz W.: Steuerung und Selbstorganisation in staatsnahen Sektoren. In: MAYNTZ, Renate (Hrsg.) ; SCHARPF, Fritz W. (Hrsg.): *Gesellschaftliche Selbstregelung und politische Steuerung*. Frankfurt/Main : Campus-Verl., 1995 (Schriften des Max-Planck-Instituts für Gesellschaftsforschung), S. 9–38

[Meyer und Rowan 1977]　MEYER, John W. ; ROWAN, Brian: Institutionalized Organizations: Formal Structures as Myth and Ceremony. In: *American Journal of Sociology* 83 (1977), S. 340–363

[Milgram 1963]　MILGRAM, Stanley: Behavioral study of obedience. In: *Journal of abnormal and social psychology* 67 (1963), S. 371–378

[Milgram 1997]　MILGRAM, Stanley: *Das Milgram-Experiment. Zur Gehorsamsbereitschaft gegenüber Autorität*. Reinbek bei Hamburg : Rowohlt, 1997

[Popitz 1981]　POPITZ, Heinrich: *Die normative Konstruktion von Gesellschaft*. Tübingen : Mohr, 1981

[Popitz 1999]　POPITZ, Heinrich: *Phänomene der Macht*. Tübingen : Mohr, 1999

[Scharpf 2000]　SCHARPF, Fritz W.: *Interaktionsformen. Akteurzentrierter Institutionalismus in der Politikforschung*. Opladen : Leske und Budrich, 2000

[Schimank 2000]　SCHIMANK, Uwe: *Handeln und Strukturen. Einführung in die akteurstheoretische Soziologie*. Juventa, 2000

[Schimank 2007]　SCHIMANK, Uwe: Die Governance-Perspektive: Analytisches Potenzial und anstehende konzeptionelle Fragen. In: ALTRICHTER, Herbert (Hrsg.) ; BRÜSEMEISTER, Thomas (Hrsg.) ; WISSINGER, Jochen (Hrsg.): *Educational Governance*. Wiesbaden : VS, 2007, S. 231–260

[Schmid 2003]　SCHMID, Michael: Konsens und Gewalt. Zur handlungstheoretischen Modellierung sozialer Mechanismen der Normentstehung. In: *Journal für Soziologie* 1 (2003), Nr. 13, S. 97–126

[Simmel 1992]　SIMMEL, Georg: *Soziologie. Untersuchungen über die Formen der Vergesellschaftung*. Frankfurt : Suhrkamp, 1992. – zuerst 1908

[Stichweh 2005]　STICHWEH, Rudolf: Wissen und die Professionen in einer Organisationsgesellschaft. In: KLATETZKI, T. (Hrsg.) ; TACKE, V. (Hrsg.): *Organisation und Profession*. Wiesbaden : VS, 2005, S. 31–44

[Strauss 1994]　STRAUSS, Anselm: *Grundlagen qualitativer Sozialforschung*. München : Fink (UTB), 1994

[Streeck und Schmitter 1985]　STREECK, Wolfgang (Hrsg.) ; SCHMITTER, Philippe C. (Hrsg.): *Private interest government: Beyond market and state*. London : SAGE, 1985 (Sage Studies in Neo-Corporatism)

[Streeck und Schmitter 1996]　STREECK, Wolfgang ; SCHMITTER, Philippe C.: Gemeinschaft, Markt, Staat und Verbände? In: KENIS, Patrick (Hrsg.) ; SCHNEIDER, Volker (Hrsg.): *Organisation und Netzwerk. Institutionelle Steuerung in Wirtschaft und Politik*. Frankfurt/Main : Campus-Verl., 1996 (Wohlfahrtspolitik und Sozialforschung), S. 9–44

Literaturverzeichnis 535

[Tacke 2005]   TACKE, Veronika: Schulreform als aktive Deprofessionalisierung? Zur Semantik der lernenden Organisation im Kontext der Erziehung. In: KLATETZKI, T. (Hrsg.) ; TACKE, V. (Hrsg.): *Organisation und Profession*. Wiesbaden : VS, 2005, S. 165–198

[Walgenbach 1999]   WALGENBACH, Peter: Institutionalistische Ansätze in der Organisationstheorie. In: KIESER, Alfred (Hrsg.): *Organisationstheorien*. Stuttgart : Kohlhammer, 1999, S. 319–353

[Watzlawick u. a. 1985]   WATZLAWICK, Paul ; BEAVIN, Janet H. ; JACKSON, Don D.: *Menschliche Kommunikation. Formen, Störungen, Paradoxien*. Bern, Stuttgart, Wien : Hans Huber, 1985

[Wiesenthal 2000]   WIESENTHAL, Helmut: Markt, Organisation und Gemeinschaft als zweitbeste Verfahren sozialer Koordination. In: WERLE, Raymund (Hrsg.) ; SCHIMANK, Uwe (Hrsg.): *Gesellschaftliche Komplexität und kollektive Handlungsfähigkeit*. Frankfurt/Main : Campus-Verl., 2000, S. 44–73

[Wolff 2001]   WOLFF, Franziska: *Dimensionen des Governance-Konzepts: Eine Recherche im Rahmen des Projekts Schnittstellenentwicklung zur Integration akademischer und praxisbezogener Forschung im Bereich Sozial-Ökologie*. Freiburg, Darmstadt, Berlin : Öko-Institut, 2001. – Im Auftrag des Bundesministeriums für Forschung und Bildung (BMBF)

15 Hierarchie oder Kollegialität auf der Fakultätsebene? Eine Analyse der Landeshochschulgesetze

OTTO HÜTHER

15.1 Einleitung

Die deutschen Universitäten sind in den letzten Jahren einem vielfältigen Veränderungsprozess unterworfen, in dem ein Schwerpunkt die interne Organisation der Hochschule bildet. In der Literatur wird dabei häufig auf die stärkere Hierarchisierung innerhalb der Hochschulen verwiesen (z.B. Lüde 2003; Stichweh 2004; Enders und Kaulisch 2005; de Boer u. a. 2007). Das propagierte Ziel dieser Reformen ist es, eine Effizienzsteigerung der Entscheidungsabläufe in Universitäten durch eine Stärkung der Leitungspositionen gegenüber den Kollegialitätsorganen in den Universitäten zu erreichen. Innerhalb dieses Kapitels soll anhand der Landeshochschulgesetze überprüft werden, ob die formalen Regelungen geeignet erscheinen, die Position der Dekane[1] an Universitäten grundlegend zu stärken und den Einfluss des Fach- oder Fakultätsrates – und mithin der Professoren als dominanter Mitgliederkategorie dieses Organs – zu schwächen.

Die Ausführungen versuchen dabei eine ergänzende Betrachtung der organisationsinternen Universitätsreformen zu leisten. An der sozialwissenschaftlichen Diskussion der internen Organisationsveränderungen fällt nämlich auf, dass häufig eine Fokussierung auf die Zielsetzung und auf die möglichen Folgen für die Universität bzw. das Wissenschaftssystem erfolgt. Nicht oder kaum problematisiert wird hingegen die tatsächliche Umsetzung oder genauer die spezifische technische Ausgestaltung der Landeshochschulgesetze. Diese Vernachlässigung der technischen

---

[1] Ungeachtet der Tatsache, dass häufig Dekanate – also ebenfalls Kollegialorgane – in den Fachbereichen gebildet werden, wird dies im Artikel aus Gründen der Übersichtlichkeit ausgeblendet. Inhaltlich kann dies damit gerechtfertigt werden, dass in fast allen Landeshochschulgesetzen, die Dekanate vorsehen, der Dekan eine herausgehobene Stellung einnimmt. Dies wird entweder durch dessen Richtlinienkompetenz deutlich oder aber auch dadurch, dass keine Entscheidung gegen seine Stimme im Dekanat beschlossen werden kann.

Umsetzung der Zielsetzungen ist aber in mehrfacher Hinsicht selektiv. Zunächst birgt diese Ausblendung die Gefahr, dass die Steuerungsfähigkeit staatliche Akteure überschätzt wird. So unterstellt eine Konzentration auf die Betrachtung von Zielsetzungen und grundsätzlichen Wirkungen, dass es zu einer problemlosen Übersetzung von Zielsetzung und formalen Regelungen kommt. Nicht bedacht wird dann, dass formale Regelungen sich gegenseitig womöglich aushebeln oder abschwächen. Gleichfalls wird unterstellt, dass die Regelungen der Landeshochschulgesetze auch tatsächlich wirken. In Bezug auf die internen Organisationsregelungen stellen diese aber nur einen Teil der Formalstrukturen dar, die durch Organisationsmitglieder nicht nur interpretiert werden, sondern auch befolgt oder offen bzw. verdeckt gebrochen werden können. Eine Betrachtung dieser Effekte ist nur möglich, wenn die Regelungen der Landeshochschulgesetze beachtet werden und deren einzelne und gemeinsame Wirkungen auf die Akteure mit ihren typischen Handlungsorientierungen.

Der Artikel geht aus diesen Überlegungen heraus einen anderen Weg und nutzt die Überlegungen des akteurszentrierten Institutionalismus als Analyseraster. Auf Basis dieses Ansatzes wird ein vereinfachtes und abstraktes Modell der Wirkungen der Veränderungen der Landeshochschulgesetze gebildet. Dies beinhaltet, dass zunächst nicht die Zielsetzungen der Veränderungen problematisiert oder kritisiert werden, sondern diese werden lediglich herausgearbeitet und sodann als gegeben hingenommen. Problematisiert wird hingegen die tatsächliche Umsetzung der Zielsetzungen, in dem die Landeshochschulgesetze als institutioneller Kontext betrachtet werden. Die unterschiedlichen institutionelle Kontexte wirken dann auf die Akteure in der Universität, die aufgrund ihrer Handlungsorientierung mit diesen institutionellen Kontext umgehen. Analytisch wir also bei der Betrachtung eine Variation des institutionellen Kontextes durch die unterschiedlichen Landeshochschulgesetzte vorgenommen und eine Stabilität von grundsätzlichen Handlungsorientierungen unterstellt.

Dieses Vorgehen bietet zwei Vorteile: Erstens wird es möglich, die interne Konsistenz der formalen Regelungen zu betrachten und zum anderen können Annahmen getroffen werden, wie diese Regelungen auf die Akteure wirken, wenn eine bestimmte Handlungsorientierung unterstellt wird.[2]

15.2 Analytischer Rahmen

Der von Renate Mayntz und Fritz Scharpf (Mayntz und Scharpf 1995a; Scharpf 2000) entwickelte akteurszentrierte Institutionalismus greift die allgemeine Tendenz innerhalb der Sozialwissenschaften auf, dass Institutionenkonzept zu erneu-

---

[2] Diese Annahmen werden innerhalb der Betrachtungen expliziert und dadurch diskutierbar. Zielsetzung ist es, innerhalb des Modell möglichst plausible und dennoch abstrakte Annahmen zu generieren, welche an jeder Stelle durch andere plausible Annahmen oder gar empirische Ergebnisse widersprochen werden kann und soll.

ern.³ Ziel des Ansatzes ist es, mit Hilfe von Institutionen das Handeln von Akteuren zu erklären und zu beeinflussen. Der akteurszentrierte Institutionalismus ist zwar für die Betrachtung von „gesellschaftlichen Teilsystemen" (vgl. Mayntz und Scharpf 1995a, 44) entwickelt worden,⁴ ermöglicht aber trotz dieses Entstehungskontextes auch eine Analyse von Organisation (vgl. Mayntz und Scharpf 1995a, 44; Scharpf 2000, 168). Hier wird dann davon ausgegangen, dass die Organisation „für das Handeln ihrer Mitglieder den institutionellen Rahmen bilden" (Mayntz und Scharpf 1995a, 44).⁵

Der Institutionenbegriff, der diesem Konzept zugrunde liegt betont stark die Regelungsaspekte von Institutionen und schließt ausdrücklich die „kulturalistischen" Erweiterungen aus (vgl. Mayntz und Scharpf 1995a, 45).

> „Ganz allgemein werden mit dem Institutionenbegriff (...) Regelungsaspekte betont, die sich vor allem auf die Verteilung und Ausübung von Macht, die Definition von Zuständigkeiten, die Verfügung über Ressourcen sowie Autoritäts- und Abhängigkeitsverhältnisse beziehen."
> (Mayntz und Scharpf 1995a, 40)

Die Betonung auf Regelungsaspekte führt aber nicht in ein deterministisches Handlungsmodell, sondern Institutionen werden nur als eine, wenn auch wichtige, Variable zur Erklärung des Handelns angesehen. Institutionen bilden quasi einen Rahmen, in dem Akteure handeln, ihre spezifischen Handlungsorientierungen bilden, die Handlungssituation wahrnehmen und eine bestimmte Akteurskonstellation entsteht. Das Institutionen dennoch nicht handlungsdeterminierend wirken, ist nicht nur darin begründet, dass Regelungen nicht eingehalten werden müssen, Machtverhältnisse illegitim benutzt werden oder aber formale Regelungen durch informelle Interaktionen ausgehebelt werden, sondern auch in der Unfähigkeit, die Kontrolle über Ressourcen vollständig institutionell zu bestimmen.⁶

> „Der institutionelle Rahmen umschließt jedoch nicht alle Arten von Handlungen und handlungsrelevanten Faktoren, und er bestimmt auch dort, wo er gilt, Handlungen nicht vollständig." (Mayntz und Scharpf 1995a, 49)

---

³Vgl. hierzu allgemein March und Olsen 1989; Powell und DiMaggio 1991; Schmid und Maurer 2003.
⁴Dies wird besonders durch die Konzentration auf korporatistische Akteure deutlich (vgl. Mayntz und Scharpf 1995a, 43f.).
⁵Genutzt wird dieses Analysemodell vor allem bei der Verwendung des Governancekonzeptes im deutschsprachigem Raum. (vgl.Kenis und Schneider 1996; Mayntz und Scharpf 1995b; Werle und Schimank 2000; Lange und Schimank 2004)
⁶Dieses Verständnis gleicht dem organisationstheoretischen Erkenntnis, das feststellt, dass auch formale Strukturen immer einem Aushandlungsprozess unterliegen, weil sie nicht alle möglichen Eventualitäten enthalten. Vgl. hierzu insbesondere die interpretativen Organisationstheorien. Einen Überblick hierzu findet sich z.B. in Kieser 1995.

In diesem Sinne bilden dann die Regelungen der Landeshochschulgesetze zur internen Organisation der Hochschulen die Grundlagen des institutionellen Kontextes der Universität als Organisation.

Hinsichtlich der Regelungsinhalte ist zwischen Verhaltens- und Verfahrensnormen, Regeln der Ressourcengewährung und -verweigerung und Relationsfestlegungen insbesondere im Hinblick auf Dominanz und Abhängigkeit zu unterscheiden. Daneben werden korporative Akteure, die Interaktionsanlässe und die Arenen der Interaktion oftmals durch institutionelle Regelungen geschaffen (vgl. Mayntz und Scharpf 1995a, 47). Die Landeshochschulgesetze enthalten so zum Beispiel Regelungen, wie der Fakultätsrat als Akteur zusammengesetzt ist, wie er gewählt wird, bei welchen Entscheidungen er beteiligt werden muss, usw. Gleichfalls wird durch diese Regelungen auch die Interaktionsarena Fakultätsrat gebildet, in der die verschieden Gruppen der Universität Entscheidungen nach bestimmten formalen Regeln treffen sollen. In Bezug auf die inhaltliche Fragestellung des Artikels ist zu untersuchen, ob die Regelungsinhalte so verändert werden, dass die Position des Dekans gegenüber dem Fakultätsrat jeweils gestärkt wird.

Neben die Betrachtung dieser institutionellen Regelungen der Landeshochschulgesetze werden bei den folgenden Betrachtungen zur Stellung der Dekane die Handlungsorientierungen der Akteure in die Analyse aufgenommen. Sie sind der wichtigste Faktor für die Ausgestaltung des Handlungsspielraums und erst durch deren Beachtung wird es möglich, Annahmen über die Auswirkungen von veränderten institutionellen Rahmenbedingungen im Sinne einer Interaktionsprognose zu generieren.[7] Im Mittelpunkt der Betrachtungen stehen dabei die motivationalen Komponenten[8] der Handlungsorientierung. Hierunter fallen die Interessen der Akteure, die für sie relevanten Normen und ihr Selbstverständnis bzw. ihre Identität (vgl. Mayntz und Scharpf 1995a, 52ff.). An dieser Stelle werden so zum Beispiel innerhalb des Analysemodells Annahmen im Hinblick auf die Interessen und die wirksamen Normen gebildet, die für die Handlungsorientierung von Professoren bei der Wahl eines Dekans unterstellt werden.

15.3 Problematik von Kollegialitätsentscheidungen und unterstellte Zielsetzung Reformen

Der Begriff des Kollegialitätsprinzips findet sich bereits bei Max Weber im Zusammenhang seiner Herrschaftstypologie und wird dort unter anderem als eine Möglichkeit der Begrenzung rational-bürokratischer Herrschaft beschrieben (vgl.

---

[7]Eine solche Handlungsprognose wird von Mayntz/Scharpf nicht angestrebt. Der Ansatz soll vielmehr Interaktionsergebnisse zwischen korporatistischen Akteuren erklären. Insofern findet hier der Versuch einer erweiterten Nutzung des Ansatzes statt.

[8]Weitere Komponenten der Handlungsorientierung sind kognitive (Wahrnehmung der Situation, der kausalen Struktur, der Handlungsoptionen, der erwartbaren Ergebnisse) und relationale (Interpretation der Akteursbeziehungen) Aspekte (vgl.Mayntz und Scharpf 1995a, 52ff.).

15.3 Problematik von Kollegialitätsentscheidungen

Weber 1976, 158ff.). Ganz grundsätzlich ist damit gemeint, dass Entscheidungen nicht hierarchisch-monokratisch – also durch einen einzelnen Vorgesetzten –, sondern durch eine Mehrheit von gleichgestellten Entscheidungsträgern beschlossen werden. Letztendlich wird damit auf zwei unterschiedliche Koordinationsmechanismen verwiesen. Während dies in Bezug auf die Hierarchie bereits begrifflich deutlich sein sollte, bildet das Kollegialitätsprinzip eine Sonderform entweder eines Verhandlungssystems[9] oder eine Polyarchie[10] . Das Vorhandensein beider Koordinationstypen in Universitäten – und damit die Begrenzung von hierarchischer Strukturen – ist im internationalen Vergleich ein relativ stabiles Muster. Was sich allerdings unterscheidet, ist das jeweilige Gewicht der beiden Koordinationstypen (vgl. z.B. Braun und Merrien 1999; de Boer u. a. 2007).

In der Reformdiskussion zum traditionellen deutschen Universitätssystems wird nun festgestellt, dass die Kollegialitätsorgane und das in ihnen verwirklichte Kollegialitätsprinzip im Vergleich zu den monokratisch ausgerichteten Positionen des Präsidenten/Rektors und der Dekane ein zu großes Übergewicht hätten.[11] Dieses Übergewicht führt nach Ansicht der Reformanhänger zu erheblicher Ineffizienz der Entscheidungsstrukturen an den deutschen Universitäten (vgl. z.B. Schimank 2005; Hartmer 2004). Diese Feststellung wirft zunächst die Frage auf, welche Effizienznachteile sich aus dem Kollegialitätsprinzip ergeben.[12]

Zu den offenkundigen Nachteilen des Kollegialitätsprinzips gehört zunächst, dass die Verhandlungen zur Entscheidungsfindung innerhalb des Kollegiums Zeit benötigt. Dies verhindert zwangsläufig schnelle Entscheidungen. Zudem sind aufgrund der Verhandlungen und der damit verbundenen Kompromisse die Entscheidungen häufig unpräzise.

„Kollegialität (...) bedeutet, fast unvermeidlich, eine Hemmung präziser und eindeutiger, vor allem schneller Entschließungen (...)." (Weber 1976, 162)

In der geringen Präzision der Entscheidungen und deren Langwierigkeit ist auch ein zentraler Kritikpunkt in der Diskussion zu den Universitätsreformen zu sehen. Zudem wird gleichfalls die Verteilung der Verantwortlichkeit – was Weber eher noch als Vorteil beschreibt – als weitere Schwäche angesehen. Hier wird davon ausgegangen, dass Verantwortung nicht verteilt wird, sondern gänzlich verschwindet und Entscheidungen an Universitäten nicht mehr zuordenbar sind. Dass diese Effekte einer Entscheidungseffizienz abträglich sind, kann zumindest nicht geleugnet werden.

---

[9]Wenn innerhalb des Gremiums Einstimmigkeit herrschen muss.
[10]Wenn Entscheidungen durch Mehrheit gefällt werden.
[11]Deutlich wurde dieses Übergewicht zum Beispiel durch die alleinigen Kompetenzen des Fachbereichsrates im Hinblick auf die Verteilung des Budgets.
[12]Die grundlegenden Vorteile von Kollegialitätsentscheidungen werden hier ausgeblendet, sind aber ebenfalls bereits bei Weber nachzulesen (vgl. Weber 1976, 163).

Neben diesen allgemeinen Nachteilen des Kollegialitätsprinzips wird zusätzlich darauf verwiesen, dass Entscheidungen in den Kollegialitätsorganen der deutschen Universitäten nicht wie vorgesehen per Mehrheitsentschluss gefällt werden, sondern in der hochschulpolitischen Praxis auf Seiten der Professoren „faktische Nichtangriffspakte" Schimank 2001, 233 bestehen. Diese verhindern dann vielfach Entscheidungen, die für einen „Kollegen" negative Folgen beinhalten. Als Ursache dieses Effektes wird zum einen auf eine Kollegialitätsnorm zwischen den Professoren abgestellt (vgl. Hanft 2000, 12), zum anderen auf rationale Kalküle der Professoren (vgl. Schimank 2001, 233f.). So würde eine Entscheidung gegen eine Minderheit der Professoren zu Konflikten führen, die Organisation der Mehrheit würde zudem Kosten verursachen und eine erfolgreiche Überstimmung die Gefahr beinhalten, später selbst überstimmt – also ebenfalls Opfer einer Mehrheitsentscheidung – zu werden. (vgl. Schimank 2001, 233f.) An dieser Stelle sollte deutlich sein, dass dieser Effekt nicht mit dem Kollegialitätsprinzip als Koordinationstyp zusammenhängt, sondern vielmehr grundsätzliche Orientierungen der Professoren als Akteure beschreibt.[13] Wichtig ist, dass diese Orientierungen auf die Koordinationsfähigkeiten des Mechanismus wirken.

Diese Handlungsorientierungen innerhalb des Koordinationsmechanismus führen zum Beispiel dann dazu, dass es zu einer Status quo Bewahrung kommt und grundsätzliche Veränderungen in den Selbstverwaltungsgremien der Universität verhindert werden können. Dies wird in Anbetracht der vielfältig veränderten Bedingungen[14] der Universitäten aber zunehmend als Problem im gesellschaftlichen Diskurs wahrgenommen, der letztendlich zu politischen Eingriffen führte.

Die Lösung für die beschriebenen negativen Effekte des Kollegialitätsprinzips in den deutschen Hochschulen wird nun unter anderem darin gesehen, die Position der Dekane gegenüber dem Fakultätsrat und den einzelnen Professoren zu stärken. Verbunden ist damit die Hoffnung von schnellen, präzisen und klar zuordenbaren Entscheidungen. Gleichfalls soll durch die Konzentration von Entscheidungsmacht ermöglicht werden, auch grundsätzliche Veränderungen des Status quo zu ermöglichen. Mittel dieser Reformen sind veränderte Regelungen in den Landeshochschulgesetzen. Deren jeweilige Ausgestaltung und die damit verbundenen vermutete Wirkung stehen im Mittelpunkt der weiteren Betrachtungen. Nicht problematisiert wird hingegen, ob eine Stärkung des Koordinationsmechanismus Hierarchie – also die Zielsetzung der Veränderungen – letztendlich sinnvoll, funktional, geboten usw. ist.

---

[13] Ausgeschlossen werden soll hier allerdings nicht, dass diese Orientierungen mindestens durch den Koordinationstyp verstärkt werden.
[14] Im Hinblick auf die Veränderungen sei nur an die Stichworte Globalisierung, Internationalisierung, Finanzkrise des Staates, New Public Management, Wissensgesellschaft usw. erinnert.

15.4 Ebenen der Betrachtung und Vorgehen der Analyse

Die folgende Analyse beruht auf der Beachtung mehrerer Dimensionen im Hinblick auf die Stärkung der Dekane. Es wird also nicht ausschließlich auf die formalen Kompetenzregelungen abgestellt, sondern es werden auch die Bereiche Konstitutionsregeln und Machtpotential einbezogen. Dies ist deshalb wichtig, da formal festgeschriebene Kompetenzen auch faktisch umgesetzt werden müssen bzw. deren faktische Umsetzungsfähigkeit darf nicht außer acht gelassen werden.

In den einzelnen Dimensionen werden dann jeweils begründete Annahmen dahingehend getroffen, wann eine Stärkung bzw. keine Stärkung der Dekane vorliegt. Im nächsten Schritt werden dann die Regelungen der Landeshochschulgesetze mit diesen Annahmen abgeglichen.

15.4.1 Zuständigkeit der Dekane

Die Regelungen im Hinblick auf die Zuständigkeiten sind inhaltlich als Verfahrensnormen zu kennzeichnen. Soll eine Stärkung der Dekane angenommen werden, so sollte sich diese zunächst in deren formalen Zuständigkeiten wiederfinden. Und tatsächlich findet man in fast allen Landeshochschulgesetzen eine Kompetenzerweiterung der Dekane. Der Umfang ist aber durchaus nicht in jedem Landeshochschulgesetz gleich, sondern differenziert in erheblichem Maße. Dies wird zum Beispiel daran deutlich, dass der Dekan in einigen Bundesländern die Fakultät leitet und vertritt[15], in anderen aber nur vertritt[16]. Auch bei der Zuordnung der Auffangkompetenz (Generalzuständigkeit) – also dem Zuweisen aller nicht gesetzlich geregelten Aufgaben – wird die Differenzierung deutlich. Während in Sachsen, Bayern, Schleswig-Holstein, Rheinland-Pfalz und Sachsen-Anhalt die Auffangkompetenz dem Fakultätsrat zukommt, wird diese in allen anderen Bundesländern dem Dekan/Dekanat zugesprochen.

Eine der entscheidenden Kompetenzfragen ist jene nach der Verteilung der Mittel innerhalb der Fakultät. Hier ist deutlich eine Tendenz in den Landeshochschulgesetzen zu erkennen, die den Dekanen das Budgetrecht übertragen.[17] Allerdings sind die Vorgaben, welche die Dekane bei der Mittelvergabe beachten müssen, sehr unterschiedlich. Diese Vorgaben kommen in einigen Bundesländern von der

---

[15] Hamburg, Baden-Württemberg, Hessen, Nordrhein-Westfalen, Niedersachsen, Bremen, Brandenburg, Thüringen, Sachsen, Mecklenburg-Vorpommern, Saarland, Schleswig-Holstein.
[16] Berlin, Sachsen-Anhalt, Bayern.
[17] Eine Ausnahme bildet Berlin, wo der Fakultätsrat das Budgetrecht hat. In Niedersachsen und Thüringen gibt es keine gesetzlichen Regelungen zur Zuweisung des Budgetrechts, sondern dieses wird in den jeweiligen Grundordnungen der Universitäten geregelt.

Hochschulleitung,[18] in anderen vom Fakultätsrat[19]. Auch hier stellen wir also Unterschiede zwischen den einzelnen Bundesländern fest.

Trotz dieser Unterschiede im Umfang der Kompetenzverlagerung lässt sich aber durchaus – und hier ist der Literatur zuzustimmen – eine Stärkung der Dekane im Hinblick auf die Kompetenzen feststellen. Diese Stärkung in Bezug auf die Kompetenzen können allerdings nicht als Beleg dafür genutzt werden, eine generelle Stärkung der Dekane und damit des Koordinationsmechanismus der Hierarchie anzunehmen. Es bleiben vielmehr entscheidende Fragen offen.

Diese ergeben sich zunächst daraus, dass ja bereits in den gesetzlichen Regelungen vor 1998 die Position des Dekans oder Fachbereichssprechers vorhanden war. Festzustellen ist dann, dass im traditionellen deutschen Universitätssystem die Dekane zwar im Sinne eines Primus inter pares konstruiert waren, aber dennoch über alleinige Entscheidungskompetenzen verfügten (vgl. z.B. Thieme 1986, 261ff.). In der Literatur wird an dieser Stelle aber darauf hingewiesen, dass die monokratischen Entscheidungskompetenzen in der Praxis ungenutzt blieben und stattdessen kollegial ausgeübt wurden (vgl. z.B. Kluth 2004, 186).

Diese Nichtanwendung formal vorhandener hierarchischer Entscheidungskompetenz der Dekane kann aber auf organisatorisch-strukturelle Gründe zurückgeführt werden. Eine reine Ausweitung der Kompetenzen des Dekans ohne die Beseitigung der strukturellen Entscheidungshemmnisse wird am faktischen Übergewicht des Kollegialitätsprinzips aber höchstwahrscheinlich wenig ändern.[20] Neben die Ausweitung der Kompetenzen der Dekane muss also eine organisatorisch-strukturelle Veränderung durch die Reformen treten, wenn eine generelle Stärkung der Dekane angenommen werden soll.

15.4.2 Konstitutionsregeln

Im akteurszentrierten Institutionalismus wird darauf hingewiesen, dass institutionelle Regelungsinhalte Akteure schaffen können. Die im Folgenden betrachteten Konstitutionsregeln fallen in diese inhaltliche Kategorie. Sie sind gleichzeitig als Verfahrensnormen zu kategorisieren. Die Konstitutionsregeln werden dabei in verschiedenen Konstellationen der Merkmale einseitige vs. doppelte Legitimation, Abwahlregeln und Öffnung für externe vs. Besetzung durch interne Kandidaten betrachtet. Je nach Kombination werden dann Annahmen dahingehend möglich, welche grundsätzlichen Handlungsorientierungen auf Seiten der Dekane zu erwarten sind.

---

[18] Z.B. Baden-Württemberg und Bayern.
[19] Z.B. Rheinland-Pfalz.
[20] Der Hinweis, die Zuständigkeit und Entscheidungsmöglichkeit der Dekane könnten im Zweifelsfall gerichtlich durchgesetzt werden, beachtet nicht, dass Gerichtsverfahren – selbst wenn man die Ungewissheit der Entscheidung außer acht lässt – ungeeignete Mechanismen sind, um Abläufe in Organisationen zu steuern.

Konstellation: Wahl und Abwahl des Dekans durch den Fakultätsrat verknüpft mit der internen Besetzung aus der Fakultät

Bei einer Wahl des Dekans durch den Fakultätsrat ohne eine Vetoposition der Universitätsleitung lässt sich vermuten, dass die Professoren nur einen Dekan wählen werden, bei dem durch sein vergangenes Handeln zukünftig zu erwarten ist, dass er keine grundsätzlichen Entscheidungen gegen die Mehrheit der Professoren fällen wird. Die Annahme ist hier also, dass sich eher Kandidaten durchsetzen, die eine grundsätzliche Orientierung im Hinblick auf ihre Kollegen haben. Sind nur interne Kandidaten zugelassen, ist zudem davon auszugehen, dass durch die vorherige Mitgliedschaft im Kollegium Abhängigkeiten, Absprachen, Verpflichtungen, Loyalitäten, Netzwerkbeteiligungen usw. bestehen, die gleichfalls zu einer Einschränkung der hierarchischen Entscheidungsmöglichkeiten des zukünftigen Dekans führen.

Das bisher Festgestellte ermöglicht den am Auswahlprozess Beteiligten aber nur eine Prognose des zukünftigen Handelns des Dekans. Die Prognoseunsicherheit wird aber dadurch abgemildert, dass ein einseitiges Abwahlrecht des Fakultätsrats zu finden ist. Fehlprognosen des zukünftigen Verhaltens können so bei gewichtigen Abweichungen durch Abwahl des Dekans korrigiert werden. Dieses latente Drohpotential des Fakultätsrates gegenüber dem Dekan wirkt dann auch gegenüber solchen Dekanen, die eher machtbewusst und hierarchisch orientiert sind. Aus Sicht der Professoren ist aber zu beachten, dass sie aufgrund der Mehrheitshürde für eine Abwahl auf Verbündete im Fakultätsrat angewiesen sein können. Die Abwahloption dürfte deshalb tatsächlich eher dahingehend wirken, dass der Dekan besonders sensible Entscheidungen, die mehrere Gruppen des Fakultätsrates betreffen, nicht alleine treffen wird.

Die institutionelle Regelung einer Wahl und Abwahl des Dekans durch den Fakultätsrat bedingt nach dieser Interpretation fast zwangsläufig eine starke Abhängigkeit der Dekane oder positiv ausgedrückt eine starke Orientierung an den Belangen des Kollegialgremiums. Ob ein einseitig durch den Fakultätsrat legitimierter Dekan deshalb seine gesetzlichen Entscheidungskompetenzen also hierarchisch ausübt kann bereits aufgrund dieser Betrachtungen zumindest bezweifelt werden.

Hinzu kommt, dass die interne Besetzung der Dekane einen weiteren Effekt beinhaltet, der negativ auf die Wahrnehmung der Entscheidungskompetenzen wirkt. Dieser entsteht dadurch, dass ein Dekan nach der jeweiligen Amtszeit wieder „normales" Mitglied des Kollegiums wird. In diesem Fall ist es für den Dekan wenig rational, Entscheidungen gegen das Gremium durchzusetzen, dem er bald wieder mittelbar oder unmittelbar angehören wird. Nicht nur, dass damit seine spätere Wiederaufnahme in den Kreis der Kollegen erschwert wird, sondern er müsste auch damit rechnen, dass er nach seiner Amtszeit selbst „Opfer" eines entscheidungsfreudigen oder gar „rachelustigen" Dekans werden würde. Auch hierin ist eine wichtige Schranke der Anwendung formal vorhandener Entscheidungskompetenzen zu sehen, die sich durch relativ kurze Amtszeiten[21] erhöht.

Diese Konstellation der Konstitutionsregeln hat demnach mehrfache Sicherungen des Kollegialitätsprinzips eingebaut. Da diese Konstellation im traditionellen deutschen Universitätssystem zu finden war, kann es deshalb auch nicht verwundern, dass die Dekane ihre Entscheidungskompetenzen kollegial – und eben nicht hierarchisch – wahrgenommen haben.

In den Landeshochschulgesetzen ist diese Konfiguration in Reinform in Rheinland-Pfalz, Bremen und Schleswig-Holstein zu finden. In Berlin, Sachsen-Anhalt und Mecklenburg-Vorpommern ist die Abwahl hingegen nicht in den Landeshochschulgesetzen geregelt, sondern den Grundordnungen überlassen. In diesen findet sich allerdings häufig ein alleiniges Abwahlrecht des Fakultätsrat.[22] Unterschiede zwischen diesen Bundesländern lassen sich hinsichtlich der Mehrheitsregeln bei der Wahl und wichtiger in Bezug auf die Abwahl finden.[23]

Trotz dieser Unterschiede ist aber davon auszugehen, dass häufig Dekane gewählt werden sollten, die eine starke Orientierung in Richtung Fakultätsrat erwarten lassen. Dies bedingt dann, dass aus Sicht der Professoren die Erwartung an den Dekan besteht, dass dieser keine grundlegenden Entscheidungen gegen den Fakultätsrat bzw. gegen die Mehrheit der darin vertretenen Professoren vornehmen wird. Zweitens ist davon auszugehen, dass bei einem Nichtzutreffen dieser Handlungserwartung durch den Dekan eine Abwahldrohung bzw. die Abwahl tatsächlich vorgenommen wird. Für einen Dekan ist es dann aufgrund der möglichen Abwahl und der späteren Rückkehr ins Kollegium nicht rational, Entscheidungen gegen den Willen der Professoren zu treffen.

Hier liegt die Vermutung nahe, dass die Kompetenzerweiterung der Dekane das Kollegialitätsprinzip faktisch eher nicht schwächt. Dies erklärt sich dann daraus, dass die veränderten Regelungen der Kompetenzerweiterung mit Akteuren und Handlungsrationalität rechnet, die sich aufgrund der Konstitutionsregeln eher nicht durchsetzen werden.

Konstellation: Besetzung durch Fakultätsrat und Universitätsleitung verknüpft mit der internen Besetzung aus der Fakultät und variierenden Abwahlregeln

Besitzen der Fakultätsrat und die Universitätsleitung jeweils eine Vetoposition im Besetzungsverfahren des Dekans, ist zwischen beiden Ebenen eine Verhandlungskonstellation gegeben. Spezifika dabei ist, dass kein Exit möglich ist und durch

---

[21] In vielen Landeshochschulgesetzen finden sich zwar verlängerte Amtszeiten der Dekane, die diesem Effekt entgegenwirken sollen. Hartmer weist aber darauf hin, dass sich der „Brauch" entwickelt hat, diese längeren Amtszeiten faktisch zu umgehen und auf 2 Jahre zu verkürzen (vgl. Hartmer 2004, 194).

[22] Zum Beispiel an der HU- bzw. TU-Berlin,

[23] Wahl: Mehrheit der Professoren und des Fakultätsrates vs. Mehrheit im Fakultätsrat; Abwahl: Einfache Mehrheit im Fakultätsrat vs. doppelte Mehrheit vs. 2/3 Mehrheit vs. 3/4 Mehrheit. Zum Teil muss bei einer Abwahl auch gleichzeitig ein Nachfolger gewählt werden.

15.4 Ebenen der Betrachtung und Vorgehen der Analyse

die jeweiligen Vetoposition bestimmte Lösungsbereiche in der Verhandlung ausgeschlossen werden können (vgl. Scharpf 2000, 192ff.).

Nimmt man an, dass die Universitätsleitung daran interessiert ist, einen Dekan zu bestimmen, der die ihm zugewiesenen Kompetenzen auch im Konfliktfall hierarchisch ausübt, kann die Hochschulleitung durch ihre Vetoposition zumindest verhindern, dass sich ein Kandidat mit einer (vermuteten) starken Kollegialitätsorientierung durchsetzt. Im Gegenzug kann der Fakultätsrat verhindern, dass sich ein ausschließlich hierarchisch orientierter Kandidat durchsetzen kann.[24]

Unterstellt man hingegen eine eher kollegial orientierte Universitätsleitung, so wird diese wahrscheinlich die Vetoposition nicht nutzen – oder sehr sparsam einsetzen. Dies würde die gesetzliche Regelung also quasi aushebeln und zu den gleichen Effekten der Besetzung führen, die bereits bei der einseitigen Besetzung des Dekans durch den Fakultätsrat beschrieben wurden. Die Auswirkung der formalen Regelungen hängt also auch hier von der Orientierung der beteiligten Akteure ab – in diesem Fall von der Orientierung der Hochschulleitung.

Zu beachten ist hierbei, dass die Hochschulleitung Abstimmungsvorteil haben kann, wenn sie sich entscheidet, die Vetoposition zu nutzen. Dieser Vorteil entsteht dadurch, dass innerhalb der Hochschulleitung entweder Verhandlungen zur Findung der Vetoposition entfallen (wenn nur der Präsident zuständig ist[25]) bzw. die Abstimmung aufgrund der geringeren Anzahl der Mitglieder des Rektorats bzw. Präsidiums schneller zu einem Ergebnis führen kann. Hingegen muss die Vetoposition des Fakultätsrates selbst wieder in langwierigen Verhandlungen oder einer Abstimmung – mit allen verbunden Transaktionskosten und Unwägbarkeiten – gewonnen werden.

Die interne Besetzungsregel des Dekans wirkt allerdings in zweierlei Hinsicht eher in Richtung der Schwächung der Verhandlungsposition der Hochschulleitung. Zunächst ist davon auszugehen, dass ein interner Kandidat eine sichtbare und auf Seiten der (oder zumindest einiger) Professoren erlebte Handlungsgeschichte in der Fakultät hat, die – so wäre zumindest anzunehmen – auch gewisse Orientierungen, Einstellungen, Werte und seine Identität repräsentiert. Dies begründet dann bei einem Verfahren der doppelten Legitimation einen erheblichen Informationsvorteil des Fakultätsrats gegenüber der Hochschulleitung im Hinblick auf die Prognose des zukünftigen Verhaltens der Dekankandidaten. Gleichfalls wird bei einem Zusammentreffen von doppelter Legitimation und interner Besetzung die Vetoposition der Hochschulleitung geschwächt. Sie kann diese nur im Hinblick auf einen begrenzten Pool an Kandidaten einsetzen, die in bestimmten Absprachen, Netzwerken usw. gefangen sind. Gleichfalls stellt sich die Frage, ob überhaupt Kandidaten gefunden werden können, welche die von der Hochschulleitung gewünschte Handlungsorientierung besitzen.

---

[24] Der Gesetzgeber rechnet scheinbar genau mit diesen Orientierungen der Hochschulleitung und des Fakultätsrates.
[25] Baden-Württemberg, Nordrhein-Westfalen, Brandenburg, Saarland.

Die Doppellegitimation und eine gleichzeitig vorgeschriebenen internen Besetzung führt organisationstheoretisch deshalb zu einer Inkonsistenz. Die zuvor festgelegt formale Unabhängigkeit der Dekane wird nämlich tendenziell durch eine personale Abhängigkeit – des ehemaligen und zukünftigen Mitglieds des Kollegiums – wieder aufgehoben.

Kommen wir nun zu den Abwahlregeln in dieser Konstellation. Es finden sich grundsätzlich zwei unterschiedliche Ausgestaltungen der Abwahl des Dekans in Verbindung mit einer doppelten Legitimität bei der Besetzung. Erstens findet sich ein einseitiges Abwahlrecht des Fakultätsrates. Die Vetoposition der Hochschulleitung wird hierdurch nochmals geschwächt, da nur der Fakultätsrat eine Fehlprognose korrigieren kann. Hinzu kommt, dass, selbst wenn die Universitätsleitung es schaffen sollte einen hierarchisch orientierten Kandidaten durchzusetzen, die bereits oben beschriebene latente Abwahldrohung auf den Dekan wirken. Bereits dies sollte ein allzu eigenmächtiges Handeln des Dekans verhindern.

Bei der zweiten Ausgestaltung der Abwahlregel ergibt sich allerdings eine veränderte Situation. Die Stellung des Dekans wird nämlich dadurch erheblich gestärkt werden, dass keine einseitige Abwahl durch den Fakultätsrat möglich ist – eine latente Drohung der Abwahl im Konfliktfall mit dem Selbstverwaltungsgremium entfällt also. Dies führt dazu, dass Fehlprognosen der Professoren im Hinblick auf das zukünftige Verhalten des Dekans nicht mehr korrigiert werden können. Gleiches trifft aber auch auf die Hochschulleitung zu, da auch sie kein einseitiges Absetzungsrecht hat.[26]

In beiden behandelten Variationen der Abwahlregel sollte allerdings deutlich sein, dass die Problematik unverändert bestehen bleibt, dass der Dekan bei der internen Besetzung nach seiner Amtszeit wiederum Mitglied des Kollegiums sein wird und dann den Entscheidungen eines anderen Dekans unterworfen ist. Dieses Hemmnis der Anwendung hierarchischer Entscheidungskompetenz entfällt also auch bei dieser Konfiguration bisher keinesfalls. Es kann bei dieser Konfiguration demnach nicht automatisch darauf geschlossen werden, dass ein Dekan seine erweiterten Entscheidungskompetenzen auch tatsächlich hierarchisch wahrnimmt.

Diese Konfiguration ermöglicht demnach der Hochschulleitung, wenn sie dies denn will, „extreme" Kandidaten aus einem begrenzten Pool zu verhindern. Dies trifft auf 10 Bundesländer zu, die ein gemeinsames Besetzungsverfahren von Hochschulleitung und Fakultätsrat vorsehen. Dies sind: Hamburg, Baden-Württemberg, Hessen, Niedersachsen, Brandenburg, Thüringen, Sachsen, Bayern, Saarland, Nordrhein-Westfalen (aber nur wenn die Option einer monokratischen Leitung durch einen Dekan gewählt wird). Hinsichtlich der Details dieser Verfah-

---

[26] Eine weitere Variante ist zumindest im Hamburger Landeshochschulgesetz vorhanden. Hier ist ein einseitiges Absetzungsrecht durch die Hochschulleitung mit Zustimmung des Hochschulrates möglich. In der Grundordnung der Universität Hamburg wurde dies allerdings dahingehend geändert, dass Dekane nur auf Vorschlag von mindestens 3/4 des Fakultätsrates durch die Universitätsleitung abberufen werden können.

15.4 Ebenen der Betrachtung und Vorgehen der Analyse

ren gibt es zwar auch hier Unterschiede, sie beinhalten aber letztendlich alle eine gegenseitige Vetoposition[27], die zu einer Einigung beider Organe zwingt.[28]

Gleichfalls eröffnen sich größere Handlungsspielräume für den Dekan, wenn keine einseitige Abwahlmöglichkeit des Fakultätsrates besteht. Dies ist der Fall in Hamburg, Baden-Württemberg, Thüringen Bayern und Nordrhein-Westfalen.[29] Wie der Dekan diese Handlungsspielräume allerdings nutzt, würde wieder von dessen Handlungsorientierung abhängen. Im Vergleich zur ersten Konfiguration werden aber die Sicherungsmechanismen des Kollegialitätsprinzips zumindest abgeschwächt. Ob sie entscheidend geschwächt werden ist aber zunächst eine offene Frage, die empirisch beantwortet werden muss.

Konstellation: Besetzung durch Fakultätsrat und Universitätsleitung verknüpft mit externer Besetzung(smöglichkeit) und variierenden Abwahlregeln

In dieser Konstellation wird im Gegensatz zur vorherigen insbesondere die Position des Fakultätsrates potentiell geschwächt. Durch eine externe Besetzung verliert er zunächst seinen Informationsvorteil im Hinblick auf die Prognose des zukünftigen Handelns des Dekans. Die Prognose kann sich also nicht mehr auf eigene Erfahrungen stützen, sondern ist auf Informationen aus „zweiter Hand" angewiesen.

Zweitens erweitert sich durch die externe Besetzung auch der Pool der möglichen Kandidaten. Dies stärkt die Position der Hochschulleitung insbesondere dann, wenn sie über das Vorschlagsrecht verfügt. Wurde bei einer internen Besetzung noch angemerkt, dass es zunächst unsicher ist, ob die Universitätsleitung überhaupt Kandidaten finden kann, die eine aus ihrer Sicht gewünschte Handlungsorientierung aufweisen, so ist dies bei einer externen Besetzungsmöglichkeit sehr viel weniger problematisch. Der Fakultätsrat ist vielmehr den Vorschlägen der Hochschulleitung mehr oder weniger hilflos ausgeliefert und kann immer nur reagieren. Er muss sich verlässliche Informationen über den Kandidaten beschaffen, muss zu einer informellen Abstimmung gelangen usw. Die Chancen der Universitätsleitung, einen Kandidaten durchzusetzen, der eine stärkere Organisationsorientierung aufweist und weniger Rücksichten auf das Kollegialitätsprinzip nimmt, wachsen in dieser Konstellation erheblich.

Weiterhin kommt hinzu, dass bei einer tatsächlichen externen Besetzung der Dekan nicht in die bisherigen informellen Netzwerke und Absprachen eingebunden ist. Die bisherigen informellen Netzwerke verlieren in einer solchen Situation tendenziell an Bedeutung. Es wäre deshalb zu erwarten, dass die „informellen" Tätigkeiten

---

[27] Eine Ausnahme bildet Thüringen. Hier entscheidet bei einer Nichteinigung von Fakultätsrat und Präsidium der Hochschulrat über die Bestellung eines gewählten Dekans.

[28] Unterschiedliche Verfahren: Vorschlagsrecht der Leitung, Zustimmungs- bzw. Bestätigungsvorbehalt der Leitung zur Wahl bzw. zum Wahlvorschlag.

[29] Ein einseitiges Abwahlrecht besteht in Brandenburg, Saarland und in Niedersachsen (Abwahlregelung in Niedersachsen: Mit Zustimmung des Präsidiums Abwahl durch 2/3 Mehrheit im Fakultätsrat; ohne Zustimmung des Präsidiums kann die Abwahl auch mit 3/4 Mehrheit erfolgen). Keine Regelung der Abwahl findet sich hingegen in Sachsen und in Hessen.

der Professoren in einer solchen Situation stark zunehmen werden. Deutlich sollte sein, dass eine solche externe Besetzung das bisherige informelle Machtgefüge in Frage stellt, was die Position des Dekans und dessen Entscheidungsmöglichkeiten erheblich verbessern kann. Gleichfalls kann bei einer externen Besetzung auch der Mechanismus entfallen, dass der Dekan Rücksichten auf die Professoren der Fakultät nimmt, weil er nach seiner Amtszeit selbst wieder Professor in der Fakultät wird. Die Handlungsmöglichkeiten eines Dekans, der nicht der Fakultät bzw. der Universität angehört, sind demnach erheblich größer, weil wichtige Absicherungen des Kollegialitätsprinzips ausgehebelt werden können.

Eine weitere Stärkung des Dekans ist dann vorhanden, wenn der Fakultätsrat keine einseitige Abwahloption besitzt. Während der Amtszeit des Dekans besitzen die Professoren dann wenig bis kein Verhinderungspotential bei unliebsamen Entscheidungen des Dekans. Besteht hingegen ein einseitiges Abwahlrecht, so ist anzunehmen, dass der Fakultätsrat zumindest bei eklatanten Differenzen Entscheidungen durch sein Drohpotential der Abwahl verhindern kann. Allerdings sind hier die jeweiligen Mehrheitsanforderungen zu beachten.

Bei einer externen Besetzung der Dekane könnte man also darauf schließen, dass eine erhebliche strukturelle Stärkung gegenüber dem Selbstverwaltungsgremium vorhanden ist. In keinem Landeshochschulgesetz findet sich aber bisher die Regelung, dass Dekane extern besetzt werden müssen. Es lässt sich lediglich in einigen Bundesländern eine Option auf externe Besetzung finden. Eine solche Regelung findet sich in Hamburg, Baden-Württemberg, Hessen, Nordrhein-Westfalen, Thüringen, und Bayern.[30] Außer in Hessen, wo keine Regelungen zur Abwahl im Landeshochschulgesetz vorhanden sind, ist in keinem dieser Länder eine einseitige Abwahl des Dekans möglich. Hier besteht demnach die Möglichkeit, aufgrund der Regelungen der Landeshochschulgesetze die Absicherungen des Kollegialitätsprinzips erheblich zu minimieren. Allerdings scheint es problematisch, dass in den Gesetzen keine Vorschrift zur externen Besetzung – ja noch nicht mal eine Präferenz – vorhanden ist. Die Professoren werden deshalb im Normalfall zu verhindern suchen, einen externen Dekan zu erhalten.[31] Es wird also abzuwarten sein, ob und in welcher Anzahl sich tatsächlich externe Kandidaten durchsetzen können.

Zusammenfassung

Im Hinblick auf die drei betrachteten Konstellationen sollte deutlich sein, dass lediglich bei der letzten eine grundlegende Stärkung der Dekane möglich ist, da wichtige Absicherungsmechanismen des Kollegialitätsprinzips ausgehebelt werden können. Zwar kommt es auch bei der zweiten Konstellation durch die doppelte

---

[30] Das Landeshochschulgesetz von Sachsen-Anhalt schließt eine externe Besetzung des Dekans nicht aus. Allerdings erscheint es eher unwahrscheinlich, dass bei einer einseitigen Legitimation des Dekans durch den Fakultätsrat eine externe Besetzung vorgenommen wird. Die anderen neun Bundesländer schließen eine externe Besetzung explizit aus.

[31] In Bayern ist dies zum Beispiel ohne die jeweilige Zustimmung des Fakultätsrates nicht möglich.

15.4 Ebenen der Betrachtung und Vorgehen der Analyse

Legitimation zu einer Abschwächung dieser Mechanismen, die interne Besetzung des Dekans und die sich daraus ergebenden Folgen für die Positionsinhaber sollten aber eher nicht zu einer grundsätzlichen Schwächung des Kollegialitätsprinzips führen.

Aufgrund der Regelungen in den Landeshochschulgesetzen ist demnach festzuhalten, dass es keineswegs zu einer umfassenden Stärkung der Stellung der Dekane im deutschen Universitätssystem gekommen ist. Es ist vielmehr zu erwarten, dass eher stark kollegial orientierte Professoren das Amt des Dekans wahrnehmen werden. Selbst wenn dies aber nicht der Fall ist, so ergeben sich aufgrund der häufig vorgeschriebenen internen Besetzung Handlungsbeschränkungen der Dekane, die dahinwirken sollten, dass diese keine grundlegenden Entscheidungen gegen die Mehrheit der Professoren treffen werden. Nur für wenige Bundesländer entsteht die Option, dass ein Dekan gewählt wird, der keine starke Kollegialitätsorientierung aufweist. Wird zusätzlich eine externe Besetzung vorgenommen und es besteht kein einseitiges Abwahlrecht des Dekans durch den Fakultätsrat, ergibt sich für den Dekan ein relativ großer Handlungsspielraum.

Ob und wie ein Dekan diesen Handlungsspielraum aber tatsächlich ausfüllen kann, hängt von weiteren Faktoren ab. Im Folgenden wird das Machtpotential der Dekane als ein zentraler Faktor hierfür näher betrachtet.

15.4.3 Machtpotentiale – Hierarchie ohne Macht?

Hierarchie und mit ihr verbundene Entscheidungskompetenz benötigt Macht- und Durchsetzungspotential. Demnach müssen die hierarchischen Leitungspositionen an der Universität sowohl gegenüber dem Kollegialgremium als auch gegenüber den einzelnen Professoren solche Potentiale aufweisen. Es ist nicht zu erwarten, dass Positionsinhaber, die damit rechnen müssen, Entscheidungen nicht durchsetzen zu können, diese tatsächlich selbstständig treffen. Dies betrifft dann auch Dekane, die unter den Bedingungen der oben behandelten dritten Konstellation arbeiten (doppelte Legitimation, kein einseitiges Abwahlrecht, externe Besetzung). Eine Stärkung der Dekane müsste also auch darin bestehen, dass die Reformen ihnen selbstständige[32] Möglichkeiten der organisatorischen Durchsetzung zugestehen. Hier wäre an Organisationsmacht, Personal(beurteilungs)macht und an die Verteilung von Mitteln zu denken.

Die Organisationsmacht basiert auf der Möglichkeit, Mitglieder auszuschließen, wenn sie gegen die Mindestanforderungen der Organisation verstoßen. Eine Mindestanforderung ist dabei regelmäßig die Anerkennung der Hierarchiekette. Organisationsmacht wird in der Regel vom jeweiligen Vorgesetzten ausgeübt bzw. dieser

---

[32] Die möglichen Machtpotentiale der Hochschulleitung werden im Folgenden nicht beachtet. Es kann nicht ausgeschlossen werden, dass statt bei den Dekanen erhebliche Machtpotentiale bei der Hochschulleitung angesiedelt sind. Für eine Gesamtbetrachtung der Machtverhältnisse innerhalb der Universität wäre dies natürlich zu beachten. Das Kapitel beschäftigt sich aber lediglich mit der Ebene der Dekane.

hat einen erheblichen Einfluss auf die Ausübung. Hierbei ist zu beachten, dass die tatsächliche Anwendung dieser Macht sowohl für das Mitglied als auch für den Vorgesetzten mit erheblichen Transaktionskosten verbunden ist und deshalb für beide eine Vermeidungsalternative darstellt (vgl.Luhmann 1988, 106). Die Wirkung der Organisationsmacht liegt deshalb nicht in der tatsächlichen Anwendung, sondern im latenten Mitlaufen der Drohung der Anwendungsmöglichkeit im Hintergrund. Immer dann, wenn aber eine solche Drohung nicht glaubhaft ist oder gemacht werden kann, kommt es zu einer Schwächung dieser Machtquelle.

Im Hinblick auf die Professoren an den Universitäten sollte deutlich sein, dass ein Rückgriff auf die Organisationsmacht von Seiten der Dekane – selbst wenn sie Dienstvorgesetzte sind – eher kritisch zu beurteilen ist. Dies liegt nicht nur daran, dass die weitaus meisten Professoren Beamte auf Lebenszeit sind, sondern das Problem verschärft sich auch dadurch, dass der Professor „der einzige Beamte [ist, O.H.], der in seinem Aufgabengebiet weisungsfrei ist" (Hartmer 2004, 187). Dieser Sonderstatus erschwert letztendlich die Entlassung eines Professors erheblich.[33] Dies verhindert eine glaubhafte Androhung des Ausschlusses eines Professors, da dieser sich immer auf seinen Sonderstatus berufen kann. Die Organisationsführung ist dann darauf angewiesen, relativ riskante Gerichtsverfahren zur Durchsetzung der Organisationsmacht zu führen. Die Organisationsmacht als Mittel der Abstützung der internen Hierarchie ist deshalb in Universitäten erheblich eingeschränkt.

Während die Organisationsmacht ein Sicherstellen der Mindestanforderungen durch Kopplung an die Frage der Mitgliedschaft erreichen kann, bezieht sich die Stellenmacht nicht auf die Mitgliedschaft als solche, sondern auf den Zugang zu begehrten Stellen in der Organisation. Eine Kontrolle von Handlungen wird also dadurch erreicht, dass die Mitglieder begehrte Positionen erreichen wollen und der Erwerb von der Führung abhängt (vgl. Luhmann 1988, 106).[34]

Hier stellt sich natürlich die Frage, ob im deutschen System der Wissenschaftskarriere diese organisatorische Machtquelle überhaupt eine Rolle spielen kann. Für einen Professor gibt es innerhalb der eigenen Universität keine Aufstiegsmöglichkeiten – nehmen wir einmal den eher seltenen Fall aus, dass ein Professor Dekan oder Rektor werden will. Der einzig mögliche Aufstieg von einer W2 zu einer W3 Professur ist nur durch einen Wechsel der Organisation möglich, hängt also keineswegs von der aktuellen Organisation ab.[35] Hinzu kommt, dass bei der Entscheidung über die Karriere eines Wissenschaftlers die Organisation Universität kaum Ein-

---

[33] Auch durch die Umwandlung des Beamtenverhältnisses in ein Angestelltenverhältnis ändert sich daran nichts, da auch ein angestellter Professor keinerlei fachlichen Anweisungen unterliegen kann.

[34] Eine Abschwächung der Personalmacht ist dann gegeben, wenn nicht mehr der direkte Vorgesetzte, sondern eine zentrale Stelle über Stellenbesetzungen entscheidet (Personalabteilung). Allerdings behält der direkte Vorgesetzte die Personalbeurteilungsmacht, d.h. er beurteilt seine Untergebenen und die Personalabteilungen sind auf diese Beurteilungen angewiesen. Dem direkten Vorgesetzten bleibt „ein beträchtlicher Einfluss (...) und das genügt als Machtquelle" (Luhmann 1988, 107).

[35] Gleiches galt zumindest an den Universitäten bei der C-Besoldung.

15.4 Ebenen der Betrachtung und Vorgehen der Analyse

fluss hat. Vielmehr – und diese Erkenntnis ist nicht neu – entscheidet darüber der Reputationserwerb innerhalb der jeweiligen scientific community (vgl. z.B. Pellert 2005, 52; Langer 2006, 43). Das deutsche System sozialisiert vielmehr Nachwuchswissenschaftler dahingehend, dass die jeweilige Mitgliedschaft in der Organisation für die Karriere unerheblich ist, da ein Karrieresprung erst mit dem Verlassen der Organisation möglich wird.[36] Zwar findet man in einigen Landeshochschulgesetzen zaghafte Versuche[37] daran etwas zu ändern, aber für eine generelle Stärkung der Personalmacht, sind die Regelungen wohl nicht geeignet, zumal auch hier wieder festgestellt werden muss, dass diese Reformmaßnahmen nur einige Bundesländer betreffen.

Die beiden für die Kontrolle des Verhaltens der Mitglieder typischen und dominierenden Machtquellen in Wirtschaftsorganisationen werden durch die Reformen der Bundesländer also keinesfalls umfassend gestärkt.

Zu fragen ist dann, auf welche anderen Machtquellen die Dekane zurückgreifen können, um ihre Entscheidungen durchzusetzen und das Verhalten der Professoren in ihrem Sinne zu lenken. Hier wäre zum Beispiel an die im Laufe der Reformen eingeführte Leistungsbesoldung der Professoren zu denken. Zumindest mittelfristig, das heißt nachdem ein Großteil der Professoren ausgeschieden ist, die noch die C-Besoldung erhalten, könnte hier ein Machtpotential entstehen. Der Dekan könnte demnach Verhalten dadurch steuern, dass er Einfluss auf die Gewährung der Leistungszulage hat und die Professoren diese Leistungszulage auch tatsächlich anstreben.

Die Entscheidung über Leistungsbezüge wird aber in keinem Bundesland in den Landeshochschulgesetzen dem Dekan zugewiesen. Im Regelfall ist die Hochschulleitung hierfür zuständig. Allerdings kann der Dekan in Hamburg, Bremen und eingeschränkt auch in Rheinland-Pfalz[38] Professoren vorschlagen, die Leistungszulagen erhalten sollen. In diesen Ländern ist also ein gewisses Machtpotential der Dekane vorhanden. Eine in allen Bundesländern zu verzeichnende Stärkung der Dekane in Bezug auf diese potentielle Machtquelle[39] ist aber nicht zu beobachten.

Eine weitere Machtquelle könnte darin liegen, dass der Dekan über die Verteilung von Personal- und Sachmitteln entscheidet. Hier wäre also nicht die persönliche

---

[36] Dass dies in amerikanischen Universitäten anders ist, lässt sich leicht durch das sogenannte tenure track System nachweisen. Dieses System führt aber nicht nur zu einer besseren Karriereplanung der Wissenschaftler, sondern – und dies wird häufig übersehen – die Karrieren werden durch einen solchen organisationsinternen Verlauf tendenziell einer organisatorischen Karrierelogik unterworfen.

[37] Hier ist an die Befristung der ersten Professur aber auch an die mögliche Entfristung von Juniorprofessuren zu denken.

[38] In Rheinland-Pfalz bezieht sich das Vorschlagsrecht nur auf Zulagen im Rahmen von Berufungs- und Bleibeverhandlungen.

[39] Aufgrund der geringen Relevanz der Leistungsvergütung auf Ebene der Dekane kann hier auf eine Betrachtung der tatsächlichen Machtpotentiale aufgrund der spezifischen Ausgestaltungsregeln verzichtet werden. Eine interessante Betrachtung aus Sicht der Prinzipal-Agent Theorie findet sich bei Dilger 2001.

Entlohnung, sondern die Arbeitsausstattung des Professors bzw. der wissenschaftlichen Einheiten der Fakultät das Machtpotential. Wie oben bereits beschrieben, findet man tatsächlich in den meisten Landeshochschulgesetzen die Zuständigkeit des Dekans. Die Wirkung als Machtpotential wird aber dadurch eingeschränkt, dass die Dekane in vielen Bundesländern nicht völlig frei über die Mittelvergabe entscheiden können, sondern Vorgaben der Hochschulleitung und/oder des Fakultätsrates beachten müssen. Zudem ist es „nach wie vor unstrittig" (Seidler 2004, 503), dass Professoren, aber auch wissenschaftliche Einrichtungen, aus der Wissenschaftsfreiheit ein Recht auf eine Grund- und Mindestausstattung haben. Die Höhe dieser Ausstattung ist zwar abstrakt nicht zu beziffern, bildet aber eine verfassungsrechtliche Grenze des Machtpotentials durch Mittelverteilung. Hinzu kommt, dass ein Professor durch die erfolgreiche Einwerbung von Drittmitteln sich diesem Organisationsmechanismus entziehen kann.[40] Gleichfalls ist die Höhe der zu verteilenden Mittel nicht unerheblich. Ein Dekan, der über 50% des Gesamtbudgets verteilt, wird ein sehr viel größeres Machtpotential haben, als ein Dekan der lediglich 2% des Budgets verteilt.

Trotz dieser Einschränkungen kann man dennoch zu der Einschätzung gelangen, dass das zentrale Machtpotential der Dekane an das Steuerungsmedium Geld[41] und dem damit verbundenen Mechanismus der Konkurrenz geknüpft ist.[42] Ob dieses im Vergleich zu anderen Organisationen eher eingeschränkte Machtpotential aber tatsächlich ausreicht, um die Dekane auch im Hinblick auf die Durchsetzungsfähigkeit zu stärken, darf bezweifelt werden. Im Vergleich zur Machtausstattung der Hierarchie in Wirtschaftsunternehmen und vielen anderen Organisationen ist ihre Machbasis auf jeden Fall eingeschränkt.

Hinzu kommt ein weiterer Punkt. In Organisationen „erzeugt Macht Gegenmacht" (Luhmann 1988, 108). Dies trifft dann auf alle Organisationen – seien es Wirtschaftsunternehmen oder Universitäten – in gleicher Weise zu. Was sich aber grundlegend unterscheiden kann, ist die Organisationsfähigkeit der Gegenmacht. Bei Luhmann findet sich der folgende Hinweis:

> „Die Macht, die bei den Untergebenen anfällt, fällt ihnen als Einzelnen, allenfalls als Cliquen zu. Sie ergibt sich aus Situationen, bleibt abhängig von persönlicher Initiative und hinreichendem Vorverständigtsein."
> (Luhmann 1988, 108f.)

---

[40] Die gleichzeitige Stärkung der internen Hierarchie und die Forderung gegenüber den Professoren mehr Drittmittel zu akquirieren steht hier also tendenziell im Konflikt miteinander.

[41] Einschränkend ist wiederum darauf hinzuweisen, dass diese Machtquelle sich aber nicht auf die Fakultät insgesamt bezieht. Dies liegt daran, dass der Dekan nur die zugewiesenen Gelder verteilt. Ein Machtpotential gegenüber dem Fakultätsrat hat also nur die Hochschulleitung, wenn sie der Fakultät insgesamt weniger Gelder zur Verfügung stellt.

[42] Es gibt noch weitere hier nicht behandelte – aber vernachlässigbare – Machtpotentiale. Zu denken wäre an die Gewährung von Forschungsfreisemestern, die Entscheidung über Forschungsschwerpunktbildung oder aber auch die Festlegung der Lehrverpflichtung.

Dies mag für viele Organisationen zutreffen, im Falle der Universität sind daran aber Zweifel angebracht. Diese ergeben sich bereits daraus, dass Professoren an den Universitäten in den Kollegialitätsgremien bereits organisatorische Strukturen besitzen, die zur Bildung von Gegenmacht genutzt werden können. Auch das Kriterium des „Vorverständigtsein" darf als erfüllt angenommen werden. Insofern ist ihre Chance, Gegenmacht nicht nur als Einzelne und nicht nur in bestimmten Situationen zu aktualisieren sehr viel größer als in anderen Organisationen. Zur Abstützung der Hierarchie müsste also in Universitäten – aufgrund der höheren Gegenmachtpotentiale – die Machtbasis der Vorgesetzten eher größer sein als beispielsweise in „typischen" Wirtschaftsorganisationen. Die bisherigen Ausführungen zeigen aber, dass sie dies nicht sind. Die relativ geringe Machtausstattung der Dekane wird also nochmals durch die besseren Chancen der Bildung und Organisierung von Gegenmacht durch die Professoren geschwächt.[43]

In Bezug auf die Bereitstellung von wirksamen Machtpotentialen für die Dekane sind deshalb aus organisationstheoretischen Überlegungen zumindest begründete Zweifel angebracht. Es lassen sich auf der Ebene der formalen Regelungen nur eingeschränkte Machtpotentiale der Dekane gegenüber dem einzelnen Professor und gegenüber dem Fakultätsrat erkennen. Die ohnehin schon geringe Ausprägung variiert dann wiederum zwischen den Bundesländern.

15.5 Fazit – Die neue Unübersichtlichkeit

Insgesamt kommt man zu dem Ergebnis, dass das Verhältnis der Organisationsprinzipien Hierarchie und Kollegialität auf Ebene der Dekane in den Bundesländern unterschiedlich gestaltet ist. Eine Stärkung der Position der Dekane ist zwar häufig auf der Ebene der Kompetenzen in den Landeshochschulgesetzen zu finden, allerdings ist die Kompetenzausweitung in den Bundesländern sehr unterschiedlich ausgeprägt. Gleichfalls gibt es in den Bundesländern in Bezug auf die beschriebenen organisatorisch-strukturellen Bedingungen erhebliche Differenzen. Die Unterschiede haben dabei direkte Auswirkungen auf die Stellung und Entscheidungsfähigkeit der Dekane in der Organisation Hochschule. Durch die getrennte Betrachtung dieser Aspekte wird deutlich, dass aufgrund der gesetzlichen Bestimmungen in den Landeshochschulgesetzen keinesfalls von einer generellen Stärkung der Dekane im deutschen Universitätssystem auszugehen ist. Zwar gehen einige Bundesländer – wie zum Beispiel Baden-Württemberg oder Hamburg – weiter als andere, doch in keinem Bundesland findet man eine formale Festschreibung der Kombination: Kompetenzerweiterung, doppelte Legitimation, keine einseitige Abwahlmöglichkeit durch den Fakultätsrat, hauptberufliche Amtsausübung, externe Besetzung

---

[43] Das Gegenmachtpotential hängt dabei sicher auch von der Homogenität und der größe des Fachbereiches ab. So wird in homogenen Fachbereichen mit nur einem Fach das Gegenmachtpotential höher sein, als in einem Fachbereich mit einer Vielzahl unterschiedlicher Fächer.

und ausreichendes Machtpotential. Dies wäre aber die „optimale Kombination" zur Stärkung der Dekane gegenüber dem Fakultätsrat.

Bei einer Gesamtschau der gesetzlichen Regelungen kann man sich des Eindrucks nicht erwehren, dass in vielen Landeshochschulgesetzen die Möglichkeit besteht, dass die Dekane wiederum von den Kollegialitätsorganen vereinnahmt und in das Kollegialitätsprinzip reintegriert werden.[44] Ob die intendierten Ziele der politischen Akteure im Hinblick auf die Stärkung der Dekane und der damit verbundenen Hoffnungen einer Effizienzsteigerung und besseren Anpassungsfähigkeit sich gegen die Selbstorganisationskräfte der Universitäten wirklich durchsetzen, bleibt also abzuwarten.[45]

Festzuhalten ist aber, dass die Gesamtheit der formalen Regelungen in vielen Bundesländern zumindest Zweifel dahingehend hervorrufen, ob sie dazu geeignet sind das Kollegialitätsprinzip auf Ebene der Fakultäten nachthaltig zu schwächen. Gleichfalls ist auch keine generelle Entmachtung der Professoren festzustellen.

15.6 Was noch übrig bleibt – Weitere Fragestellungen

Im Folgenden sollen noch einige zentrale Folgerungen des Kapitels aufgeführt werden.

1. Der vorgenommene Vergleich der Regelungen der Landeshochschulgesetze macht darauf aufmerksam, dass wir uns momentan in einer Entwicklung der Differenzierung der gesetzlichen Grundlagen im Hochschulbereich befinden.[46] Es erscheint deshalb zunehmend problematisch, von nur einem deutschen Universitätsmodell auszugehen und zwingt dazu, sich wenigstens den Regelungen der einzelnen Bundesländer zuzuwenden.[47] Dies betrifft dabei nicht nur die interne Organisation der Hochschule, sondern auch viele andere diskutierten Governancemechanismen.[48] Ein Vergleich und eine Einteilung des deutschen Governanceregimes in Be-

---

[44] Ob dies Wünschenswert ist oder nicht ist eine ganz andere – in diesem Kapitel nicht behandelte – Frage.

[45] Zu einer ähnlichen Einschätzung kommt Kluth. „Die neuere Entwicklung in Bezug auf die Zuständigkeiten der Dekane muss jedoch insoweit mit einer erheblichen Vorsicht beurteilt werden, weil bei diesem Amt wie bei kaum einem anderen die gesetzliche Regelung und die Praxis voneinander abweichen." (Kluth 2004, 186)

[46] Sandberger stellt hierzu fest: „Das Hochschulrecht gleicht derzeit einer Großbaustelle mit 17 Bauherren, unzähligen Architekten, begleitet von einer noch größeren Zahl von tatsächlichen oder selbst ernannten Experten und Kritikern. Ein Gesamtentwurf ist allenfalls in Konturen erkennbar, falls vorhanden, befindet er sich oft wieder im Umbau oder Abbruch." (Sandberger 2005, 19)

[47] Beachtet werden müssen aber auch die vielfältigen Öffnungs- und Erprobungsklauseln in den Landeshochschulgesetzen, die auch innerhalb der Hochschulen eines Landes zu Unterschieden führen können.

[48] Als weiteres Beispiel sei hier nur auf den Governancemechanismus der Konkurrenz hingewiesen. Die stärkste Konkurrenz um Mittel findet nicht auf der Bundesebene statt, sondern auf

15.6 Was noch übrig bleibt – Weitere Fragestellungen

zug auf andere nationale Systemen gehen also an der mittlerweile vorzufindenden Differenzierung vorbei.

2. Im Hinblick auf das Zusammenspiel der Governancemechanismen macht der Artikel auf einen weiteren interessanten Aspekt aufmerksam. Bisher werden die nationalen Unterschiede der Universitätssystem häufig in Bezug auf die unterschiedlichen Gewichte von Governancemechanismen beschrieben (z.B. de Boer u. a. 2007). Zusätzlich könnten die Unterschiede zwischen Universitätssystemen aber auch dadurch vergrößert werden, dass es Differenzen im Zusammenwirken der Governancemechanismen gibt. So muss man feststellen, dass aufgrund der Normierung der Wissenschaftsfreiheit, des Berufsbeamtentums und der Wissenschaftskarrieren in einigen Universitätsmodellen der Bundesländer die Hierarchie machtpolitisch vor allem über die Verteilung von Mitteln, also letztlich durch den Konkurrenzmechanismus, abgestützt wird. In anderen nationalen Universitätssystemen ist dies aber womöglich aufgrund anderer institutioneller Rahmenbedingungen nicht der Fall. Das Zusammenwirken der Governancemechanismen wäre demnach aufgrund unterschiedlicher institutioneller Rahmenbedingungen anders ausgestaltet. Es könnte sich also lohnen, Unterschiede zwischen Governanceregimen der Universitäten nicht nur in der unterschiedlichen Stärke der Mechanismen zu suchen, sondern ebenfalls unterschiedliche Abhängigkeiten und Verbindungen zu betrachten.

3. Zum Ende des Kapitels muss noch einmal darauf hingewiesen werden, dass keinesfalls die Organisationswirklichkeit der Universitäten abgebildet wurde, sondern lediglich ein Teil der formalen Strukturen. Diese formalen Strukturen wirken auf Handlungen in Organisationen, sie determinieren sie aber keinesfalls. Ob es in den Handlungsvollzügen zu einer Stärkung der Dekane kommt ist also eine empirisch zu verfolgende Fragestellung. Interessant ist dann, ob die Unterschiede der Landeshochschulgesetze auch unterschiedliche Organisationswirklichkeiten hervorbringen. Dies kann man aber natürlich erst dann feststellen, wenn die Unterschiede zuvor herausgearbeitet worden sind. Durch „reformwütige Gesetzgeber" (Gärditz 2005, 410) wie sie im Hochschulbereich momentan anzufinden sind, ergibt sich auf jeden Fall ein breites und lohnendes Forschungsfeld für die Soziologie.

---

der Landesebene zwischen den Hochschulen eines Bundeslandes. Gerade aber die Höhe der wettbewerblich verteilten Mittel und zum Teil auch die zugrundegelegten Indikatoren unterscheiden sich zwischen den Bundesländern jedoch erheblich, was dazu führt, dass auch die Wirkungen sehr unterschiedlich zu beurteilen sind. Vgl. zur unterschiedlichen Ausgestaltung in einigen Bundesländern Hartwig 2004.

Literaturverzeichnis

[de Boer u. a. 2007]   BOER, Harry de ; JÜRGEN, Enders ; UWE, Schimank: On the way towards New Public Management? The Governance of University Systems in England, the Netherlands, Austria, and Germany. In: JANSEN, Dorothea (Hrsg.): *New Forms of Governance in Research Organizations.: Disciplinary Approaches, Interfaces and Integration*. Dordrecht, 2007, S. 137–152. – ISBN 1402058306

[Braun und Merrien 1999]   BRAUN, Dietmar ; MERRIEN, François-Xavier: Governance of univeristies and modernisation of the state: Analytical aspects. In: BRAUN, Dietmar (Hrsg.) ; MERRIEN, François-Xavier (Hrsg.): *Towards a new model of governance for universities?: A comparative view*. London, 1999, S. 9–33. – ISBN 1853027731

[Dilger 2001]   DILGER, Alexander: Was lehrt die Prinzipal-Agenten-Theorie für die Anreizgestaltung an Hochschulen. In: *Zeitschrift für Personalforschung* 15 (2001), Nr. 2, S. 132–148

[Enders und Kaulisch 2005]   ENDERS, Jürgen ; KAULISCH, Marc: Vom Homo Academicus zum Homo Oeconomicus?: Die doppelte Kontextualisierung der Forschung und ihre (möglichen) Folgen für die Wissenschaft als Beruf. In: PFADENHAUER, Michaela (Hrsg.): *Professionelles Handeln* Bd. 1. Aufl. Wiesbaden, 2005, S. 207–220. – ISBN 3531145118

[Gärditz 2005]   GÄRDITZ, Klaus F.: Hochschulmanagement und Wissenschaftsädaquanz. In: *Neue Zeitschrift für Verwaltungsrecht* (2005), Nr. 4, S. 407–410

[Hanft 2000]   HANFT, Anke: Sind Hochschulen reform(un)fähig?: Eine organisationstheoretische Analyse. In: HANFT, Anke (Hrsg.): *Hochschulen managen?: Zur Reformierbarkeit der Hochschulen nach Managementprinzipien*. Kriftel, 2000, S. 3–24

[Hartmer 2004]   HARTMER, Michael: Die Organisation der Hochschule. In: HARTMER, Michael (Hrsg.) ; DETMER, Hubert (Hrsg.): *Hochschulrecht: Ein Handbuch für die Praxis*. Heidelberg, 2004, S. 167–203. – ISBN 3811414747

[Hartwig 2004]   HARTWIG, Lydia: *National Report of Germany for the OECD/IMHE-HEFCE project on financial management and governance of higher education insitutions*. München, 2004

[Kenis und Schneider 1996]   KENIS, Patrick (Hrsg.) ; SCHNEIDER, Volker (Hrsg.): *Wohlfahrtspolitik und Sozialforschung*. Bd. 2: *Organisation und Netzwerk: Institutionelle Steuerung in Wirtschaft und Politik*. Frankfurt/Main, 1996. – ISBN 3593351838

[Kieser 1995]   KIESER, Alfred (Hrsg.): *Organisationstheorien*. 2., überarb. Aufl. Stuttgart, 1995. – ISBN 3170137778

[Kluth 2004]   KLUTH, Winfried: Der Übergang von der selbstverwalteten Gruppenuniversität zur Hochschule als autonomer Forschungs- und Dienstleistungseinheit.: Überblick und Analyse der unterschiedlichen Reformansätze in Landeshochschulgesetzen im Zeitraum 1998-2004. In: *Recht der Jugend und des Bildungswesens* 52 (2004), Nr. 2, S. 174–189

[Lange und Schimank 2004]   LANGE, Stefan (Hrsg.) ; SCHIMANK, Uwe (Hrsg.): *Governance und gesellschaftliche Integration.* Bd. 1. Aufl. 2. Wiesbaden, 2004. – ISBN 3810041343

[Langer 2006]   LANGER, Roman: *Hinter den Spiegeln universitärer Governance: Dynamiken informeller Selbstregulierung an der Universität.* Berlin, 2006. – ISBN 3825888533

[Lüde 2003]   LÜDE, Rolf v.: Jenseits von garbage cans? Kommunikation und Entscheidung in Universitäten. In: HILLMANN, Karl-Heinz (Hrsg.) ; OESTERDIEKHOFF, Georg W. (Hrsg.): *Die Verbesserung des menschlichen Zusammenlebens: Eine Herausforderung für die Soziologie.* Opladen, 2003, S. 263–287. – ISBN 3810036218

[Luhmann 1988]   LUHMANN, Niklas: *Macht.* 2., durchges. Aufl. Stuttgart, 1988. – ISBN 3432879725

[March und Olsen 1989]   MARCH, James G. ; OLSEN, Johan P.: *Rediscovering institutions: The organizational basis of politics.* New York, NY, 1989. – ISBN 0029201152

[Mayntz und Scharpf 1995a]   MAYNTZ, Renate ; SCHARPF, Fritz W.: Der Ansatz des akteurszentrierten Institutionalismus. In: MAYNTZ, Renate (Hrsg.) ; SCHARPF, Fritz W. (Hrsg.): *Gesellschaftliche Selbstregelung und politische Steuerung* Bd. 23. Frankfurt/Main, 1995, S. 39–73. – ISBN 3593354268

[Mayntz und Scharpf 1995b]   MAYNTZ, Renate (Hrsg.) ; SCHARPF, Fritz W. (Hrsg.): *Schriften des Max-Planck-Instituts für Gesellschaftsforschung Köln.* Bd. 23: *Gesellschaftliche Selbstregelung und politische Steuerung.* Frankfurt/Main, 1995. – ISBN 3593354268

[Pellert 2005]   PELLERT, Ada: Die Leitung von Universitäten oder die Herausforderung Hochschulmanagement. In: WELTE, Heike (Hrsg.) ; AUER, Manfred (Hrsg.) ; MEISTER-SCHEYETT, Claudia (Hrsg.): *Management von Universitäten: Zwischen Tradition und (Post-)Moderne* Bd. 4. München, 2005, S. 51–63. – ISBN 3879888957

[Powell und DiMaggio 1991]   POWELL, Walter W. (Hrsg.) ; DIMAGGIO, Paul J. (Hrsg.): *The new institutionalism in organizational analysis.* Chicago, 1991. – ISBN 0226677095

[Sandberger 2005]   SANDBERGER, Georg: Staatliche Hochschulen in alternativer Rechtsform? In: HESS, Jürgen (Hrsg.) ; LEUZE, Dieter (Hrsg.): *Die janusköpfige Rechtsnatur der Universität - ein deutscher Irrweg?: Symposium für den Kanzler a.D. der Eberhard Karls Univeristät Tübingen, Prof. Dr. Dr. h.c. Georg Sandberger nach 24 Jahren Universitätskanzlerschaft.* 2005, S. 19–55

Literaturverzeichnis 561

[Scharpf 2000]   SCHARPF, Fritz W.: *Interaktionsformen: Akteurzentrierter Institutionalismus in der Politikforschung*. Opladen : Leske + Budrich, 2000. − ISBN 381002709X

[Schimank 2001]   SCHIMANK, Uwe: Festgefahrene Gemischwarenläden - Die deutschen Hochschulen als erfolgreich scheiternde Organisationen. In: STÖLTING, Erhard (Hrsg.) ; SCHIMANK, Uwe (Hrsg.): *Die Krise der Universität: Leviathan Sonderheft*. Wiesbaden, 2001, S. 223–242

[Schimank 2005]   SCHIMANK, Uwe: 'New Public Management' and the Academic Profession: Reflections on the German situation. In: *Minerva* 43 (2005), S. 361–376

[Schmid und Maurer 2003]   SCHMID, Michael (Hrsg.) ; MAURER, Andrea (Hrsg.): *Ökonomischer und soziologischer Institutionalismus: Interdisziplinäre Beiträge und Perspektiven der Institutionentheorie und -analyse*. Marburg, 2003. − ISBN 3895184152

[Seidler 2004]   SEIDLER, Hans H.: Hochschulfinanzierung, Evaluation und Mittelvergabe. In: HARTMER, Michael (Hrsg.) ; DETMER, Hubert (Hrsg.): *Hochschulrecht: Ein Handbuch für die Praxis*. Heidelberg, 2004, S. 478–510. − ISBN 3811414747

[Stichweh 2004]   STICHWEH, Rudolf: *Neue Steuerungsformen der Universität und die akademische Selbstverwaltung*. 2004. − URL http://www.uni-bielefeld.de/soz/iw/pdf/stwunisteuern.pdf

[Thieme 1986]   THIEME, Werner: *Deutsches Hochschulrecht: Das Recht der wissenschaftlichen, künstlerischen, Gesamt- und Fachhochschulen in der Bundesrepublik Deutschland*. Bd. 2., vollst. überarb. und erhebl. erw. Aufl. Köln, 1986. − ISBN 3452197654

[Weber 1976]   WEBER, Max: *Wirtschaft und Gesellschaft: Grundriß der verstehenden Soziologie*. Bd. 1. Halbband. 5., rev. Aufl. Tübingen, 1976. − ISBN 3165336318

[Werle und Schimank 2000]   WERLE, Raymund (Hrsg.) ; SCHIMANK, Uwe (Hrsg.): *Gesellschaftliche Komplexität und kollektive Handlungsfähigkeit*. Bd. 39. Frankfurt/Main, 2000. − ISBN 3593364700

16 Transintentionale Governance-Dynamiken im Universitätssystem

ROMAN LANGER

In diesem Abschnitt werden die Dynamiken handelnden Zusammenwirkens rekonstruiert, die Auseinandersetzungen im und um das Bildungssystem prägen. Es wird ein allgemeines Modell transintentionaler Dynamiken des Universitätssystems umrissen, das beansprucht, für *alle* Auseinandersetzungen im Universitätssystem zu gelten, freilich mit dann jeweils nötigen Respezifizierungen. Die Formulierungen sind entsprechend allgemein gehalten.[1]

Das Modell bezieht sich vor allem auf die informelle Sphäre nicht offiziell kommunizierter und explizit symbolisierter Praktiken, die nach dem Verständnis des Projekts, aus dem dieses Buch hervor gegangen ist, die unhintergehbare Basis für formale Strukturen und offizielle Reformvorhaben abgeben. Insofern befasst es sich mit der „anderen", weniger leicht sichtbaren Seite der Reformen formaler Strukturen, deren sichtbare Seiten exemplarisch von Hüther (in diesem Band) analysiert werden.

Freilich ist das Modell unvollständig. Wenngleich es mit Mitteln der Mechanismen-Analyse konstruiert worden ist, dringt es doch allenfalls ansatzweise zur Ebene der generativen Mechanismen vor, die die beschriebenen Dynamiken erzeugen. Dies zu leisten wäre Aufgabe eines umfassenden Forschungsprogramms. Vorarbeiten dazu sind in Langer (2005, 2006) geleistet, auf die der vorliegende Beitrag wesentlich zurück greift und die er weiterentwickelt durch die Analyse von Quellen über die europäische Bildungspolitik und durch Einbezug theoretischer

---

[1] Wenn also im Folgenden von „Auseinandersetzungen zwischen Akteuren" die Rede ist, können sehr verschiedene konkrete Akteure und Auseinandersetzungen in diese „Platzhalter" eingeführt werden: Professorinnen, Mittelbauer und Studierende, die innerhalb und außerhalb ihrer Institutsversammlungen und Fakultätsratssitzungen um eine Studienreform ringen; „die" internationale Bildungspolitik im Rahmen der EU, deren Nationalregierungen sich mit *allen* Akteuren ihrer Universitätssysteme über die Grundzielrichtung universitären Wissenschaffens „auseinandersetzen"; die Konkurrenz zwischen verschiedenen Universitäten um „Exzellenz" und entsprechende Kooperationen; die Auseinandersetzung etablierter Professoren mit Neulingen. Wie gesagt, der Anspruch des Modelles ist es, die Grundstruktur *jeder* Auseinandersetzung in und um das Universitätssystem abzubilden.

Erklärungsmodelle aus Neo-Institutionalismus, Akteur-Netzwerk-Theorie und aus den Symboltheorien von Elias, Mead und Hülst.[2]

Der Beitrag beginnt (1) mit der empirischen Schilderung des Hintergrundes des Bologna-Prozesses. Sie konstituiert das Kernproblem, das durch das folgende Modell erklärt werden soll: Wie es dazu kommt, dass eine Problemdefinition von Seiten maßgeblicher europäischer Akteure so eindeutig und zugleich so verschieden von den Problemdefinitionen der „Wissenschaftsarbeiter" vor Ort ausfallen konnte. Die Erklärung – die zugleich eine Rahmenprognose für die weitere Entwicklung der Auswirkungen aktueller europäischer Hochschulreformen abgeben soll – hebt dann an mit der Analyse dessen, was passiert und woran es liegt, wenn zwei verschiedene Problemdefinitionen maßgeblicher Akteure aufeinander treffen (2). Anschließend wird die Rolle von Konkurrenz als vorherrschendem Governance-Prinzip universitätsbezogener Auseinandersetzungen beleuchtet (3), und es wird gezeigt, wie „Dirigismus" und „symbolische Politik" als Strategien der Auseinandersetzung in dieser Konkurrenz ihre Verwendung finden (4). Die Abschnitte 5, 6 und 7 rekonstruieren ein Phasenmodell, das zeigt, wie Dynamiken der Hierarchisierung, der Entkopplung von symbolischer Regelung politischer Beziehungen und praktischer Gestaltung von Leistungsstrukturen und der konkurrenzbasierten Konservierung des Status Quo politischer Beziehungen entstehen und ineinander übergehen. Der letzte Abschnitt (8) gibt zunächst eine Zusammenfassung des Gesamtprozesses und skizziert abschließend die typischen Effekte der analysierten Dynamiken.

16.1 Entstehung einer europäischen Problemdefinition

Der Ausgagspunkt jeder Auseinandersetzung besteht darin, dass sich ein Handlungsproblem offenbart, das bestimmte Akteure meinen, mit bestehenden Mitteln nicht bewältigen zu können. Welches Handlungsproblem haben internationale Akteure für „ihre" Bildungssysteme gesehen? Dieser Abschnitt versucht, die Entstehung der Problemdefinition zu rekonstruieren, die hinter der europaweiten

---

[2]Die Auswahl der Theorien orientierte sich an den Kriterien, die auch die bisherige Theorieauswahl des Projektes Dispo, aus dem dieses Buch hervor gegangen ist, leiteten: Die Theorien sollten explizit empirisch begründet sein, sie sollten zwischen system- und handlungstheoretischen Zugängen vermitteln, explizit transintentionale Dynamiken sozialen Wechsel- und Zusammenwirkens ansprechen und einen hohen Abstraktionsgrad erreicht haben, um auf sehr unterschiedliche Felder, und damit auch auf Universitäts- und politisches System anwendbar zu sein. Zudem sollten sie die bisher gewählten Theorien ergänzen (Elias' Theorie prozessualer Ordnungsbildung und -entwicklung, Bourdieus Theorie der Kapitalien, Habitus'/ Felder und Institutionalisierungen, Popitz' Ordnungs- und Machtbildungstheorie, Giddens' Strukturationstheorie und Baumans Theorie der Dialektik sozialer Ordnung). Die Symboltheorien wurden insbesondere durch die Schwerpunktsetzung des Projekts einbezogen; für diesbezügliche Recherchen und Voranalysen gilt Maya Uygun und Stefanie Schoof mein herzlicher Dank.

Umstrukturierung der Bildungssysteme unter dem Stichwort „Bologna-Prozess" führte.

16.1.1 Phase 1: Vorlauf und erste Initiativen. 1975-1985

In der ersten Phase der hier zur Rede stehenden Entwicklung ist von der Umstrukturierung der europäischen Hochschulsysteme noch fast gar nicht die Rede. Dennoch nahm in dieser Phase die Entwicklung ihren Anfang, die heute in Bologna, PISA und Lissabon gelandet ist.[3] In dieser Phase lassen sich zwei verschiedene Komplexe von Faktoren ausmachen. Der erste Faktorenkomplex besteht in der Wirtschaftskrise Mitte der 70er Jahre und den politischen Reaktionen darauf, der zweite in Initiativen der U.S.A. und Frankreichs zur Reform ihrer eigenen nationalen Bildungssysteme.

Zunächst zur Wirtschaftskrise (Faktor 1): „In der Stagflationskrise der siebziger Jahre", so Mayntz und Scharpf (2001, Abs. 16-18), „kam es zu einer Renaissance und theoretischen Radikalisierung der in den dreißiger Jahren praktisch diskreditierten neoliberalen Wirtschaftstheorie [... . Sie erlangte] unmittelbar Einfluss auf die Situationsdeutung im politischen System[4] [...]. Die Wirtschaft wurde gewissermaßen im Interesse von Wachstum und Innovation aus dem Klammergriff staatlicher Detailsteuerung entlassen." Die Grundzüge der neo-liberalen Wirtschaftspolitik lauteten: „Strukturanpassung durch Liberalisierung des Handels von Finanztiteln, Gütern und Dienstleistungen, Deregulierung und Privatisierung" (Klausenitzer, o.J., Abschnitt 2)

Diese Neuorientierung wurde erheblich erleichtert – Faktor 2 – durch eine Gruppe von Wissenschaftlern, die über lange Zeit beharrlich, strategisch und explizit, wenngleich nicht öffentlich, die weltanschauliche Hegemonie des Neoliberalismus anstrebte und den Regierungen nun mit ihrer Situationsdeutung versehen konnte. Dies war die *Mont Pélerin Society* (aus der die *Chicago School of Economics*

---

[3]Streng genommen nahm sie ihren Anfang schon früher, mindestens mit dem so genannten Sputnik-Schock in den U.S.A. und der mit Verzögerung folgenden Diagnose der „deutschen Bildungskatastrophe" (Picht, 1964). Aber im Prinzip lassen sich Entwicklungen historisch unendlich rekonstruieren, sofern die Datenlage es erlaubt. Der Beginn mit den 70er und 80er Jahren ist ein relativ willkürlicher Einschnitt, abhängig von Erkenntnisinteresse und Erklärungsproblem.

[4]Mayntz und Scharpf äußern sich auch darüber, wie dieser Einfluss zu Stande kam: „Wichtig war die Vermittlung der Wirtschaftspresse, gelegentlich auch die direkte Kommunikation zwischen Wissenschaft und Politik – wie in dem berühmten „Seminar" von Oxford-Ökonomen mit Callaghans Labour-Kabinett (...) – aber noch wichtiger war wohl der Personalaustausch in den Führungs- und Stabsfunktionen der Finanzministerien, Wirtschaftsministerien und Zentralbanken (...) – und, so muss man hinzufügen, in den internationalen politischen Institutionen." Mayntz und Scharpf (2001, Abs. 15) Die wichtigsten Akteure, die diese Durchsetzung betrieben, waren die Regierungen europäischer Nationalstaaten. Ferner aber unterstützten inter- und transnationale Organisationen diese Umsetzung ganz wesentlich, vor allem Weltbank, Internationaler Währungsfonds (IWF), Welthandelsorganisation (WTO) und die Institutionen der Europäischen Union.

hervor ging) mit ihren führenden Köpfen Friedrich v. Hayek und Milton Friedman (Ötsch, 2007, 13-14; 16-17; 19).

Durch die angesprochene Liberalisierung und Deregulierung der Märkte gewannen transnationale Konzerne an Bedeutung, und mit ihnen – Faktor 3 – ihr Bedarf „an einer mobilen, internationalen Arbeitskräfte-Elite". (Klausnitzer, o.J., Abschnitt 2).

Dies war vermutlich der Anlass für Faktor 4, die „erste sichtbare europäische Offensive im Bereich der Bildungspolitik", das EG-Aktionsprogramm „Joint European Studies", das 1976 aufgelegt wurde und das Ziel internationaler Mobilitätsförderung verfolgte.

Das Programm berührte „die nationalen Bildungspolitiken im Kern nicht". Deshalb legten die Regierungen der Mitgliedstaaten, bei denen die Hoheit über ihre jeweilige Hochschulpolitik lag, der europäischen Initiative keine Steine in den Weg, sie konnte sich europaweit ausbreiten und 1987 ins ERASMUS-Programm zur Förderung der Bildungsmobilität münden.

Dies nahm die EG als Erfolg wahr. Es ermutigte sie in der nun folgenden zweiten Phase zu einem weiteren Schritt Richtung Europäisierung der Hochschulbildung (Schnitzer, 2005, 3). Spätestens ab diesem Zeitpunkt – Faktor Nr. 6 – *wollte* die Kommission der EG bzw. später EU europäische Hochschulpolitik aktiv betreiben. Es sollte allerdings noch ein wenig dauern, bis die Nationalregierungen es zuließen, dass die Kommission wirklich zu einem eigenständigen bildungspolitischen Akteur wurde.[5]

Damit gelangt die vorliegende Darstellung zum zweiten Strang von Faktoren, die zunächst nichts mit dem Hochschulsystem zu tun zu haben scheinen. Faktor Nr. 7 bestand in der Unzufriedenheit verschiedener nationaler Regierungen mit ihrem eigenen Bildungssystem, verbunden mit Absichten, es zu reformieren. Dies war 1983 in den U.S.A. und in Frankreich der Fall (aus sehr unterschiedlichen Gründen, aber diese Unterschiedlichkeit spielt für den weiteren Prozess keine Rolle).[6]

Der achte Faktor bestand darin, dass die angesprochenen Regierungen vor einem vergleichbaren Problem standen: Den Reformabsichten der Regierungen standen starke innenpolitische Widerstände entgegen. In den U.S.A. lag die Bildungshoheit bei den Bundesstaaten, in Frankreich konnten die Akteure des Bildungssystems selbst der reformwilligen Regierung weitreichenden Widerstand leisten.[7] Beide Regierungen benötigten einen unterstützenden Akteur, um ihre Interessen durchzu-

---

[5] Mit „Akteure" werden in diesem Beitrag handlungsfähige soziale Entitäten bezeichnet. Dazu zählen Institute, Fakultäten, informelle Gruppen, Universitäten, Personen aller Statusgruppen und formal-administrativen Hierarchieebenen etc.

[6] In den U.S.A. spielte hier bereits ein Faktor eine Rolle, der schon beim Sputnik-Schock wirkte, aber für den Gesamtprozess der Restrukturierung europäischer Hochschulsysteme erst später virulent werden sollte: Das Konkurrenzverhältnis zu anderen starken Wirtschaftsblöcken wie dem Warschauer Pakt oder später den „Tigerstaaten". Das U.S.-Government hatte Angst, seine Spitzenstellung in der Konkurrenz zu verlieren, wenn sie ihr Humankapital schlechter ausbildete als die Konkurrenten.

[7] Dies ist eine Vermutung. In den untersuchten Quellen war dazu nichts zu finden.

16.1 Entstehung einer europäischen Problemdefinition

setzen – und das hieß hier in erster Linie, um innenpolitisch anerkennen zu lassen, dass die Bildungssysteme tatsächlich marode waren – ; benötigt wurde ein Akteur, der möglichst zugleich als „eigentlicher" Urheber des Reformdrucks und damit als „Sündenbock" dastehen konnte.

Dies leitet über zum neunten Faktor. Es gab eine internationale Organisation, die sich als unterstützender Akteur instrumentalisieren ließ: die OECD. Frankreich und die U.S.A. übten über mehrere Jahre Druck auf die OECD aus, international vergleichbare Bildungsindikatoren über die relative Leistungsfähigkeit der Bildungssysteme anzufertigen. Die OECD weigerte sich zunächst, doch „der politische Druck seitens der U.S.A. war zu stark" (Martens und Wolf, 2006, 166): Sie drohten mit Austritt aus der OECD, und dass sie im Jahr 1984 tatsächlich aus der UNESCO ausgetreten war, zeigte, dass diese Drohung nicht leer war – der Präzedenzfall war damit sozusagen ein Subfaktor.[8]

Damit kommt ein zehnter Faktor ins Spiel: Die Regierungen gehörten zu Ländern, die politische und wirtschaftliche Schwergewichte darstellten und von denen eine internationale Organisation wie die OECD finanziell abhängig war. Vor allem die U.S.A. als eine von damals zwei Supermächten, aber auch Frankreich als eine von damals zwei Nationen (die andere war die Bundesrepublik Deutschland), die als Motoren der Europäischen Gemeinschaft galten. Vor allem die U.S.A. waren wichtiger Beitragszahler der OECD, die fürchten musste, dass sie wie die UNESCO (Hüfner, 2003) ein Drittel ihres Finanzvolumens verlieren würde. Staaten wie Liechtenstein oder Irland hätten den in Frage stehenden Prozess kaum anstoßen können, auch Großbritannien in seiner europaabgewandten Isolation wäre es wohl eher nicht gelungen.

16.1.2 Phase 2: Stillstand. 1986-1996

Faktor 11 bestand in der Rechtsprechung des Europäischen Gerichtshofs. Sie unterstützte „die Ambitionen der [Europäischen] Kommission ..., sich .. eine Rechtsgrundlage für hochschulpolitische Maßnahmen der Gemeinschaft zu verschaffen" (Martens und Wolf, 2006, 153). Dieser Faktor, zusammen mit dem Erfolg des

---

[8] Man kann solche Faktoren im Prinzip immer weiter aufschlüsseln. Wie im methodologischen Kapitel zur Mechanismen-Analyse beschrieben, entscheidet der Zuschnitt des Erklärungsproblems darüber, an welchen Grenzen die Analyse Halt macht. Da das Erklärungsproblem hier in der Entstehung der gleichförmigen und wirtschaftsorientierten Ausrichtung der westlichen internationalen Bildungspolitik liegt, wird auf weitere U.S.-spezifische Faktoren nicht eingegangen. Aber einer sei zumindest erwähnt: Die Austrittsdrohung ist Teil einer generellen unilateralen Orientierung der U.S.A. (vgl. Nuscheler, 2001; Hippler, 2003; Winter, 2004; Schrader, 2005), die sich zuletzt unter anderem auch in der Klimapolitik – Nicht-Ratifizierung des Kyoto-Protokolls – und im Vorgehen beim Irak-Krieg – Übergehen des Völkerrechts und der UNO zeigte. Nicht so sehr die Präsidenten, sondern vor allem der U.S.-Kongress verfolgt unilaterale Haltungen, sobald er der Auffassung ist, dass internationale Entwicklungen die souveräne Handlungs- und Entscheidungsfähigkeit der USA – ihr Selbstbestimmungsrecht – einschränken.

ERASMUS-Programms (vgl. Faktor 5), führte dazu, dass die Kommission 1991 ein „Memorandum zur Hochschulbildung" herausgab, mit dem Ziel, „weitergehenden Anspruch auf Zuständigkeit im europäischen Hochschulwesen zu erheben." (Schnitzer, 2005, 3).

Dabei begründete die Europäische Kommission ihre „Teilzuständigkeiten für eine gemeinschaftliche europäische Bildungspolitik ... primär mit wirtschaftlichen Gemeinschaftsinteressen", insbesondere mit der „Mobilisierung von Humanressourcen sowie die Steigerung der Qualität dieses Produktionsfaktors." (Schnitzer, 2005, 3) Die Kommission war gezwungen, ihre Ambitionen zur Steuerung der Hochschulsysteme mit ökonomischen Argumenten zu begründen, weil sie für die politische Gestaltung des europäischen Wirtschaftsraums zuständig war, nicht aber für die bildungspolitische Gestaltung des europäischen Hochschulraums. Dieser Umstand sollte als zwölfter Faktor später noch eine wichtige Rolle spielen; wir kommen unten darauf zurück.

Nun wurde aber der Faktor Nummer fünf, die Haltung der Mehrheit der EU-Nationalregierungen erneut wirksam. Die Regierungen urteilten mehrheitlich, dass diese neue Initiative der Kommission im Begriff war, ihre nationalen Hoheitsrechte zu beschränken (die Ausprägung von Faktor 5 wechselte also), und schoben „dieser schleichenden Vergemeinschaftung bildungspolitischer Zuständigkeiten ... im Vertrag von Maastricht 1992 ein[en] Riegel vor" (Martens und Wolf, 2006, 153). Die „Wahrung der kulturellen Vielfalt im europäischen Hochschulraum [wurde sogar, R. L.] als explizites Gegenziel verankert" (Schnitzer, 2005, 3).

16.1.3 Phase 3: Bologna und Lissabon. 1997-2001

1997 änderte sich die Lage, und zwar in einer Form, in der die Faktoren Nummer 7 bis 10 wurden wieder virulent wurden (vgl. Martens und Wolf, 2006, 155-156): Verschiedene in Europa einflussreiche Regierungen (Faktor 10), nämlich diejenigen Deutschlands, Frankreichs und Italiens, sahen sich vor Probleme mit ihren jeweiligen Bildungssystemen gestellt, die zwar nicht identisch waren, aber doch insofern gleich, als die Regierungen mit ihren Bildungssystemen unzufrieden waren (Faktor 7) und Reformen anstrebten, die mit innenpolitischen Widerständen seitens der für das Bildungssystem zuständigen und der ihm angehörigen Akteure zu rechnen hatten. Um diese Widerstände zu überwinden, benötigten sie unterstützende Akteure – und zwar auf internationalem Parkett, da national keine Verbündeten in Sicht waren (Faktor 8).

Auch Faktor 9, das Nutzen einer internationalen Organisation, wirkte wieder. Allerdings wurde diesmal (noch) nicht auf eine bestehende Organisation zurück gegriffen. die EU-Kommission stand zwar bereit, aber die genannten Regierungen fürchteten nach wie vor den Verlust ihrer bildungsbezogenen Hoheitsrechte, wenn sie sie „ins Boot" holen würden (Martens und Wolf, 2006, 156). Deshalb gründe-

16.1 Entstehung einer europäischen Problemdefinition

ten die beteiligten Staaten sozusagen ihre eigene Organisation: Sie schlossen sich zusammen.

Dabei konnten sie sich – Faktor 13 – auf ein Vorbild, ein ein "singular global model of good education" (Marginson 1999, zit. n. Klausenitzer o.J. Abschnitt 3) für die Umgestaltung ihrer universitären Studiengänge einigen, nämlich auf die anglo-amerikanische Studienstruktur. Damit hatten sie zugleich eine weitere einflussreiche Regierung, nämlich die ansonsten stark europaskeptische britische, für ihre Initiative gewonnen.[9]

Es ist wohl nicht zu weit hergeholt, hier noch einen vierzehnten Faktor zu veranschlagen, nämlich die Vorbildwirkung des erfolgreichen Zusammenschlusses Frankreichs und der U.S.A. samt der Instrumentalisierung der OECD zwecks Erzeugung außenpolitischen Drucks auf die eigenen Bildungssysteme, wie sie oben in Phase I beschrieben wurde.

Diese Faktorenkonstellation zeitigte einen nun Effekt, der sogleich selbst zum treibenden Faktor – Nr. 15 – für den weiteren Prozess werden sollte: Mit der „Sorbonne-Erklärung", die die Bildungsminister der vier Staaten auf Initiative Frankreichs im Mai 1998 verabschiedeten,[10] entstand eine straff organisierte, energisch voran getriebene europäische Initiative zur Hochschulpolitik. In den Worten von Schnitzer (2005, 5): „Durch diese Selbstinitiative [der drei Regierungen, R. L.] wurde das Problem der limitierten Bildungskompetenz auf EU-Ebene voluntaristisch überwunden und der durch die punktuelle Zuständigkeit bedingte Kommissionsaktionismus in eine stringente europäische Hochschulpolitik umgewandelt."

---

[9] Diese „schloss sich der Initiative unter der festen Annahme an, dass ihr Land keine eigenen Reformkosten zu tragen haben würde, weil das britische Bildungssystem das Referenzmodell darstellte und Großbritannien die anderen lediglich bei dessen Übernahme beraten würde. In Großbritannien selbst dachte man zu keiner Zeit daran, eine internationale Einmischung in die nationale Bildungspolitik zuzulassen. ... Tatsächlich wurde die britische Ministerin für Bildung und Beschäftigung, Tessa Blackstone, bei ihrer Rückkehr von dem Treffen an der Sorbonne 1998, im eigenen Land mit dem Vorwurf konfrontiert, wie sie etwas derart ‚Europäisches' wie die Vereinbarung über einen einheitlichen Europäischen Hochschulraum unterzeichnen konnte. Sie rechtfertige dies bezeichnenderweise mit dem Argument, dass es schließlich das britische System sei, das die anderen einführen wollten." (Martens und Wolf, 2006, 156)

[10] Zur gleichen Zeit führte Deutschland ein neues Hochschulrahmengesetz ein (vgl. Hüther in diesem Band). – Welche Rolle das Lissabon-Abkommen vom April 1997 – nicht zu verwechseln mit der Lissabon-Strategie von 2000, von der unten noch die Rede sein wird! – zur einheitlichen Anerkennung formaler Qualifikationen im Bildungsbereich spielte, ist nicht ganz klar. Vielleicht war es eine Art Testballon der Regierungen, die 1998 die Sorbonne-Erklärung verabschiedeten. Jedenfalls wurde es von Europarat und UNESCO beschlossen, zwei Akteuren ohne große Entscheidungsbefugnisse, die ansonsten im gesamten Prozess unbedeutend bleiben und im Vergleich zur EU und ihren Organen sowie der OECD hinsichtlich der Bildungspolitik machtlos erscheinen. Ebenfalls 1997 hatte die Europäische Union das Sokrates-Programm zur Förderung der Mobilität von Studierenden und Schaffung eines europäischen Hochschulnetzwerks beschlossen, das thematisch ebenfalls eher wie eine Erinnerung an alte Ziele klingt denn als Aufbruch in eine neue Dimension europäischer Hochschulpolitik. Es ist deshalb schwer zu glauben, dass „Lissabon-Abkommen und Sokrates-Hochschulvertrag ... jeweils eine Säule des späteren Bologna-Prozesses bilden", wie Schnitzer (2005, 4) meint.

Schnitzer (ebd.) diagnostiziert eine „generalstabsmäßig organisierte Zielverfolgung dieses Prozesses", die regelmäßige Meilenstein-Termine vorsah und die zahlreiche verschiedene Akteure einband.[11]

Im Juni 1999, also nur etwa mehr als ein Jahr später, verabschiedeten Bildungsminister aus 29 europäischen Staaten die Bologna-Erklärung (Schnitzer 2005: 5; Martens und Wolf 2006: 153), in der das Ziel proklamiert wurde, „bis 2010 einen einheitlichen ‚Europäischen Hochschulraum' zu schaffen, der später mit einem gemeinsamen Europäischen Forschungsraum (European Research Area, ERA) verbunden werden" sollte (Martens und Wolf, 2006, 153).

Obwohl dieses Programm „deutliche strukturelle Eingriffe in die nationalen Bildungssysteme" und „grundlegende Veränderungen der Studienstruktur" erforderte, wurde es „anders als bei allen nationalen Reformbemühungen als Fortschritt willkommen geheißen" (Schnitzer, 2005, 5). Dafür verantwortlich dürfte eine neuerliche „Umpolung" der Ausprägung des Faktors Nr. 5 sein, nämlich des Verhältnisses der Mehrheit der Mitgliedsstaaten zu europäischen Hochschulpolitik. Bologna wurde nämlich sehr schnell durch eine Erklärung weit mächtigerer Akteure überholt. Der Europäische Rat, der Zusammenschluss europäischer Staats- und Regierungschefs – mithin nicht bloß: der Wissenschafts- und Bildungsminister – trat am 23.-24. März 2000 in Lissabon zu einer Sondertagung zusammen, „um für die Union ein neues strategisches Ziel festzulegen" (Europäischer Rat 2000: 1), „das Ziel, die Union zum wettbewerbsfähigsten und dynamischsten wissensbasierten Wirtschaftsraum in der Welt zu machen [...]. Zur Erreichung dieses Ziels bedarf es einer globalen Strategie, in deren Rahmen der Übergang zu einer wissensbasierten Wirtschaft und Gesellschaft durch bessere Politiken für die [...] Bereiche Forschung und Entwicklung sowie durch die Forcierung des Prozesses der Strukturreform im Hinblick auf Wettbewerbsfähigkeit und Innovation und durch die Vollendung des Binnenmarktes vorzubereiten ist." (Europäischer Rat 2000: 2)

Damit zeigt sich, dass Faktor Nummer 1 erneut wirksam wird! Wieder sehen sich die Staaten gezwungen, auf eine globale Entwicklung zu reagieren, die auch diesmal eine Wirtschaftskrise hervorgerufen hat, wenn auch nicht direkt, sondern vermittelt über Globalisierung und zunehmende Wissensbasierung: „Die Europäische Union ist mit einem Quantensprung konfrontiert, der aus der Globalisierung und den Herausforderungen einer neuen wissensbasierten Wirtschaft resultiert. Diese

---

[11] „Von vornherein wurden turnusmäßige Ministertreffen zur Beobachtung und Diskussion der Zielumsetzung vereinbart. Als Zwischenstationen wurden Ministertreffen in Prag, Berlin und Bergen frühzeitig festgelegt. Durch die gezielte Partizipation von intermediären Akteuren am Bologna-Prozess wurden fast alle politisch relevanten europäischen Dachverbände zu Mitstreitern des Bolognaprozesses gemacht. Als direkte Beobachter wurden der Europarat, die UNESCO, die Europäische Rektorenkonferenz (EUA) und der Europäische Studentenverband (ESIB) routinemäßig an den Ministertisch geladen. Anderen Nicht-Regierungsorganisationen wie die Bildungsgewerkschaften (EI), der Dachverband der Auslandsämter (ACA), größere Berufsverbände, Qualitätsagenturen, die Vertretung Europäischer Studentenwerke (ECSTA) wurden Gelegenheit gegeben, ihre Interessen in den zahlreichen Bologna-Seminaren zu vertreten." (Schnitzer, 2005, 5-6)

Veränderungen [...] erfordern eine tiefgreifende Umgestaltung der europäischen Wirtschaft. [...] Die raschen und immer schneller eintretenden Veränderungen bedeuten, daß die Union jetzt dringend handeln muß, wenn sie die sich bietenden Chancen in vollem Umfang nutzen möchte." (Europäischer Rat 2000: 1) Erneut also gibt eine ökonomische Bedrohung den Ausschlag für eine internationale Umgestaltung der nationalen Hochschulsysteme.

Hinzu kommt, dass die EU im Jahr 2001 formal in den Bologna-Prozess eingebunden wird, wohl auf Betreiben der Regierungen Frankreichs, Deutschlands und Italiens (die sie auch sofort als „externes Druckmittel gegenüber innenpolitischem Widerstand" einsetzen (Martens und Wolf, 2006, 157). Und damit wird nun Faktor 12 wieder virulent: die Ausrichtung der EU auf wirtschaftspolitische Gestaltungsmaßnahmen. Diese Ausrichtung trug sie ab sofort in den Bologna-Prozess hinein. „Im Hinblick auf normative Leitideen bestand der Preis für die strategische Einbindung der Kommission in der Beschleunigung der Ökonomisierung der Hochschulpolitik. [...] Um die Ressourcen und das Gewicht der EU für die strategische Manipulation der innenpolitischen Kräfteverhältnisse nutzen zu können, musste die Hochschulpolitik zu einem Thema der globalen wirtschaftlichen Wettbewerbsfähigkeit umdefiniert werden" (Martens und Wolf, 2006, 159). So wird am „Ziel der wirtschaftlichen Blockbildung in der globalen Auseinandersetzung " nach Ansicht von Schnitzer (2005, 8) „deutlich, dass die Lissabon-Strategie die Bildungspolitik einbezieht und wirtschaftspolitisch instrumentalisieren will."

Entsprechend wird in der ersten Nachfolge- bzw. Fortsetzungs-Erklärung des Bologna-Prozesses, der „Prager Erklärung", „das Ziel des gemeinsamen Europäischen Hochschulraumes unmittelbar mit davon zu erwartenden wirtschaftlichen Vorteilen begründet. [...] Ursprünglich als ein eigenständiges (bildungspolitisches) Ziel verfolgt, war die Hochschulreform spätestens mit der Prager Deklaration zu einem Mittel zum (ökonomischen) Zweck mutiert." (Martens und Wolf, 2006, 160)[12]

16.1.4 Phase 4: Dominanz des Ökonomischen als Outcome. 2001 – 2008

Heute ist die Flächen deckende Dominanz der ökonomischen Problemdefinition in der europäischen Hochschulpolitik unübersehbar. Um vom Ausmaß der Verbreitung des ökonomischen Primats in europäischen hochschulpolitischen Problemdefinitionen einen kleinen Eindruck zu geben:

- Das Europäische Parlament „ist der Auffassung, dass europäische Spitzenleistungen in der wissensbasierten Wirtschaft davon abhängen, dass eine hoch gebildete und hoch qualifizierte Arbeitnehmerschaft vorhanden ist und dass

---

[12] Hier beende ich die Schilderung des Bologna-Prozesses und der Fortschreibung der Lissabon-Strategie, da sich bis heute in ihnen zwar Verzögerungen und leichte Widerstände, nicht aber analytisch neue Faktoren ergeben haben.

der Umfang und die Effizienz von Forschung und Innovation erheblich gesteigert werden; [... es] fordert die Kommission und die Mitgliedstaaten auf, die wissenschaftliche Forschung in allen Phasen des Innovationsprozesses von der Entwicklung einer Idee bis zur Umsetzung auf Unternehmensebene aktiv zu unterstützen" (Europäisches Parlament 2005, Absatz 23).

- Aus der OECD hört man: "The economic significance of higher education is great, and it is growing. ... [It is] central to the ability of nations to participate successfully in the global knowledge economy [...] First, consider the economic importance of higher education. ... In our work in the OECD, we are focusing on the link between education, investment and growth. [...] If OECD countries want to remain successful economies, they need to put themselves in the driver's seat for the changes to come. [...] Last month's annual OECD ministerial council meeting focused on reforms necessary for delivering economic prosperity. There, prime minister Kostas Karamanlis ... stressed the importance of improving education and its contribution to economic growth." (Gurria, 2006, 13-16)

- Aus den hochschulpolitischen Debatten des Deutschen Bundestages lässt sich folgende unhinterfragte, parteiübergreifende Auffassung heraus destillieren (vgl. Festenberg, 2006): Durch Hochqualifizierung von Arbeitskräften und entsprechender Wertsteigerung des Humankapitals werden mehr wissenschaftlich-technische Innovationen erzeugt. Diese Innovationen werden in ökonomisch ertragreiche Produkte und Dienstleistungen umgesetzt. Dies sichert (oder steigert) langfristige Erfolge westlicher Unternehmen auf dem globalisierten Markt und dadurch wirtschaftliche Prosperität, Arbeitsplätze und Kaufkraft und damit den Wohlstand der westlichen Nationen. Für Hochqualifizierung und Wertsteigerung des Humankapitals sind die nationalen Bildungssysteme verantwortlich, aber ihre Leistungen in dieser Hinsicht sind defizitär. Deshalb müssen sie reformiert werden: durch Verschärfung der Konkurrenz zwischen Bildungsinstitutionen bei gleichzeitiger strafferer Steuerung von außen und oben (Stärkung der Führungspositionen, Hochschulräte).

- Auch eine Stellungnahme der österreichischen Sozialpartner mit der Überschrift „Chance Bildung" lässt hier keine Zweifel offen. Gleich eingangs des Papiers wird betont, „dass Österreich und die EU ihre wirtschaftliche Stärke und damit auch Wohlstand und sozialen Zusammenhalt nur durch massive Anstrengungen im Bereich Qualifizierung und Bildung halten und ausbauen können. ... Das Wissen und die Fähigkeiten der Menschen sind bestimmend für die Wettbewerbsposition Österreichs. Unternehmerische Initiative, Innovation und hohe Produktivität der österreichischen ArbeitnehmerInnen sind die Antriebsfedern der österreichischen Wirtschaft; adäquat ausgebildete und qualifizierte Erwerbspersonen tragen diese zentralen Elemente der

Wirtschaftsentwicklung. Einem mittelfristigen Engpass an Fachkräften soll heute schon vorausschauend entgegengearbeitet werden. [...] Bildung und Qualifizierung werden somit essenzieller Faktor im internationalen Wettbewerb etwa mit den aufstrebenden Ländern aus Mittel- und Osteuropa." (Sozialpartner Austria, 2007, 1)

Den Akteuren, die hier zitiert wurden, geht es also in erster Linie um die Stellung der Europäischen Union und ihrer Länder im wirtschaftlichen Wettbewerb – teils mit den osteuropäischen Noch-nicht-Mitgliedern, teils mit dem Rest der Welt. Alles andere ist zweitrangig oder stellt sich von selbst ein, wenn erst einmal ökonomische Konkurrenzstärke und Prosperität gegeben sind. Bildung wird an ihrem Beitrag zum ökonomischen Wachstum und Wettbewerb gemessen; und in der Lissabon-Agenda ist davon die Rede, Prozesse in Forschung und Entwicklung zu optimieren – damit ist ganz offensichtlich ökonomisch-technische Forschung und Entwicklung gemeint, und nicht eine Restrukturierung des gesamten Bildungswesens im Sinne vielseitiger Formen der Bildung. Ökonomische Analyse setzt Ziele und Prioritäten des Hochschulsystems, nicht eine gesellschaftliche Debatte (vgl. Klausenitzer o. J.: Abschnitt 4).

16.2 Getrennte Problemdefinitionen treffen aufeinander

Die rekonstruierte Problemdefinition wurde auf höchster Ebene der formalen politisch-administrativen Hierarchie durch nationale Regierungen und internationale Organisationen geschaffen – und zwar wesentlich im Wege wechselseitiger Beobachtung und Abstimmung.

Es liegt auf der Hand, dass diese Problemdefinition nicht den Problemdefinitionen derjenigen Akteure entspricht, die vor Ort in den Universitäten forschen, lehren, studieren und verwalten. Generell treffen in Auseinandersetzungen im und um das Bildungssystem Akteure aufeinander, deren Problemdefinitionen sich zum Teil erheblich unterscheiden – zuweilen so sehr, dass für Beobachter sichtbar wird, dass jene Akteure *verschiedene* Probleme sehen und daher aneinander vorbei reden. Dieser Abschnitt skizziert die Ursachen für solche Unterschiede.

16.2.1 Orientierung an verschiedenen Systemumwelten und Handlungsmaximen

Akteure eines bestimmten Typs und Handlungsfeldes orientieren sich (a) aneinander und (b) an übergeordneten Akteuren – Staatsregierungen und internationalen Institutionen. Sie orientieren sich *nicht* (oder vergleichsweise sehr viel weniger) an der für sie unüberschaubaren Masse der formal untergeordneten Akteure, die in der Praxis des alltäglichen Hochschulbetriebs wirken; oder an Akteuren anderen Typs, die sich in anderen Handlungsfeldern bewegen.

Es gibt verschiedene Typen von Akteuren, die ihre Relevanzsysteme und Handlungsmaximen auf verschiedene soziale Systeme beziehen – auf das der internationalen Politik, der Landes-Bildungspolitik, der Wissenschaft, der jeweiligen disziplinären *scientific community*. Akteure *innerhalb* eines Systems beobachten einander genauer und verstehen einander besser (nicht im Sinne von: einig sein, sondern im Sinne von: genauer kennen) als Akteure aus anderen Systemen.

Sie legitimieren einander auch stärker als „außen Stehende", einfach dadurch, dass sie nach denselben (auch komplementären) Regeln und Maximen handeln und sich strukturell ähnlichen Bedingungen ausgesetzt sehen. In ihren Augen gilt es dann als „vernünftig", so zu handeln wie ihresgleichen, und tendenziell als „unvernünftig" oder „irrational", andere Handlungsmaximen zu befolgen bzw. Handlungen mit den Relevanzsystemen anderer Felder zu beurteilen.

16.2.2 Problemdefinitionen der universitären Wissenschaft

Die universitäre Wissenschaft reagiert bekanntlich nicht in erster Linie auf ökonomische oder politische Entwicklungen, sondern bleibt auf ihren eigenen Rahmen bezogen. Wissenschaftler orientieren sich vordringlich an ihren *scientific communities*, also aneinander, und daneben noch an den Rahmenbedingungen ihres lokalen Instituts und ihrer Fakultät. In diesen wechselseitigen Orientierungen aneinander verhalten sie sich strukturell genau so wie Akteure aus nationalen Regierungen.

Während nun aber Regierungen und EU-Institutionen relative Verluste in der internationalen ökonomischen Konkurrenz als vordringlich zu bearbeitendes Problem betrachten, mögen sich universitäre Institute und Professoren mindestens bis zum Beginn des Bologna-Prozesses (außer mit fachwissenschaftlichen Problemen) vordringlich mit Problemen des wissenschaftlichen Betriebes vor Ort befasst haben haben. Um nur einige zu nennen: Stetig schrumpfende Ressourcenausstattung und steigenden Arbeitsaufwand für Selbstverwaltung und Lehre; Ungleichverteilung der Prüfungs- und Selbstverwaltungsbelastungen; Isolation durch strukturell bedingtes Einzelkämpfertum; Auseinandersetzungen mit Kollegen in den lokalen Selbstverwaltungsorganen; Zeit und Energie, die in den nicht eben effektiven Sitzungen ebendieser Organe verschwendet wurde; Belastungen, die durch verantwortungsloses und egoistisches Verhalten von Kollegen entstanden, die man dafür nicht sanktionieren konnte; teilweise anarchisch erscheinende Desorganisiertheit der Universität; Mangel an Zeit für Forschung.

Dabei lag sicher noch mehr im Argen, was sich weniger aus Professorensicht, sondern aus Sicht außen stehender Akteure (Bildungspolitiker, Studierende, Verwaltungsmitarbeiter, Literaten) schärfer konturieren mochte: Die Eigenarten der wissenschaftlichen Tagungskultur, die zu einem solch großen Anteil aus monologischen Selbstdarstellungen und informellem Networking bestanden, dass von produktivem Wissen schaffen dort kaum eine Rede sein konnte[13]; die pädagogische und wissenschaftliche Fragwürdigkeit von Seminaren, die nach einem jahrzehntelang benutzten Schema abliefen (endlose Ketten von Referaten), keine oder veraltete Methoden benutzten und von der Forschung völlig entkoppelt waren; unprofessionelle Selbstverwaltung; völliges Fehlen von Organisationswissen und von Kompetenzen, Organisationen oder auch nur Forschungsprojekte zu gestalten; keine Ausbildung des wissenschaftlichen Personals in pädagogischen, Personalführungs- und Verwaltungsfragen.

16.2.3 Problemlösungsversuche intermediärer Akteure des Bildungssystems

Die bundesdeutsche Bildungspolitik versuchte, einiger solcher Probleme Herr zu werden: Die Juniorprofessuren sollten die zu lange Ausbildung verkürzen und die JungwissenschaftlerInnen früher zu selbstständiger Forschung und heraus aus der persönlichen Abhängigkeit von einem Professor führen; die Umstellung des Dienstleistungsrechts sollte die Professoren motivieren, qualitativ bessere Leistungen zu erbringen; die Einführung des ECTS-Systems und gestufter und modularisierter Studiengänge sollte Studium und Wissenschaft internationalisieren, um durch den Austausch Synergieeffekte zu erzielen; *peer*-Evaluationen sollten die Qualität der Lehre steigern; Hochschulräte sollten die Interessen der Bevölkerung in Dialog mit den Universitäten bringen.[14]

Aber dies waren im Wesentlichen Bestrebungen *intermediärer* bildungspolitischer Akteure. Intermediäre Akteure sind in der formalen Hierarchie unterhalb der Nationalregierungen und internationaler Organisationen angesiedelt; und sie überspannen häufig die Grenze zwischen politischem und Bildungssystem. Es sind

---

[13] Alexander Kluge (2005, 520) beobachtet, „dass sie alle in diesen 40 Minuten [die ein Vortrag dauert, R. L.] kaum zuhören, sondern auf den Moment der Lobby, des Gesprächs, der Annäherung warten, der in der kurzen Teepause enthalten sein wird und der sich dann in den Mittagessen (für hohe Prominenz und Fußvolk getrennt) fortsetzt. Es ist eine konkrete Intelligenzarbeit, die hier stattfindet, die sich auf Anschluss, Vernetzung, Konsens spezialisiert hat und den traditionellen Prozess der Kritik (Unterscheidungsvermögen, Selbstvergewisserung, Kontrolle) an keinem Punkt der Veranstaltung vorsieht." Diese beobachtung bezieht sich zwar auf eine internationale Sicherheitskonferenz, trifft aber wissenschaftliche Tagungen genauso. Wenngleich sich bezweifeln lässt, ob der „traditionelle Prozess der Kritik" so sehr viel anders aussah.

[14] Wir diskutieren hier nicht, welche absehbaren Fehler dabei gemacht worden sind. Dass extrinsische Motivationen intrinsische Motivationen stark abschwächen können, wurde eben so wenig ernst genommen wie die voraussehbare Tatsache, dass nicht „die Bevölkerung", sondern Vertreter mächtiger gesellschaftlicher Schlüsselgruppen vor allem aus Wirtschaft und Politik in die Hochschulräte drängt; dass Juniorprofessuren in zu geringem Ausmaß eingeführt wurden (Landfester und Rössel, 2004) und dass die Modularisierung zu einer starken Verschulung führen könnte – mit dem Resultat zementierter Unselbstständigkeit der Studierenden. Reitz und Draheim (2006, 373) bilanzieren, „dass die europäische Hochschulreform in ihrer deutschen Ausprägung erkennbar an selbst gesetzten Zielen (...) vorbeisteuert".

bildungspolitische Institutionen, Verbände und Organisationen auf Landes- und Bundesebene, also einschließlich des Bundesbildungsministeriums und etwa der Kultusminister- und Hochschulrektorenkonferenz. Eine Skizze des systembezogenen Erwartungsdrucks, unter dem sie stehen, umfasst mindestens Folgendes: Rücksichtnahme auf Parteimitglieder und „Vorgesetzte", hier: die Staatsregierung; Konkurrenz zu Akteuren nicht-bildungspolitischer Ressorts im Hinblick auf die Verteilung staatlicher Gelder und politischer Handlungskompetenzen; Rücksichtnahme auf die Sicherung des Wahlerfolgs der eigenen Parteien; Orientierung an der (symbolischen) Konkurrenz zwischen den bildungspolitischen Akteuren verschiedener Länder (bei oft faktischer Übereinstimmung, vgl. Rürup, 2008).

Im Effekt dieser vielfältigen Konfliktlinien und Rücksichtnahmen sind intermediäre Akteure gegen Beschlüsse der übergeordneten Instanzen, namentlich der Regierungsebene, relativ machtlos. Zwar können sie selbst Initiativen durchaus um- und durchsetzen. Aber sie werden durch Initiativen und neue Reformrichtungen, die von der internationalen Ebene ausgehen, oft genug in den Schatten gestellt. Diese intermediären Akteure wurden *cum grano salis* vor vollendete Tatsachen gestellt, als die nationalen Regierungen den international produzierten Druck weitergaben und die intermediären Akteure aufforderten, die nötigen Reformen zu betreiben. Weitere Rücksichtnahmen auf die Probleme vor Ort, die in den Universitäten herrschen, leisten sie sich unter diesen Bedingungen kaum, zumal diese Rücksichtnahmen oft Widerspruch gegen populäre Meinungen und gegen Ziele und Strategien der Staatsregierung nach sich ziehen würden.

16.3 Logik der Konkurrenz

Sobald eine Auseinandersetzung startet, in der die Verteilung wichtiger Ressourcen und die Gestaltung wichtiger institutioneller Handlungsregeln Streitgegenstand sind, setzt die Logik der Konkurrenz ein.[15]

16.3.1 Handlungsmaxime unter Konkurrenzbedingungen: Erfolge demonstrieren

Alle Akteure suchen, Verluste an relevanten strukturellen Vermögen (formale und informelle Macht, Einflussmöglichkeiten, Geld, Stellen, Gestaltungshoheit über bestimmte institutionelle Strukturen, Reputation und Ansehen) zu vermeiden, und wo möglich, strukturelle Vermögen zu akkumulieren.

---

[15] Wie alle Komponenten des vorliegenden Modells ist auch die Konkurrenzlogik als Baustein einer Theorie mittlerer Reichweite zu sehen und keineswegs als überhistorisch und interkulturell wirksam. Damit sie greifen kann, braucht es zum Beispiel eine massenmedial strukturierte Öffentlichkeit, die auf schnelle, sichtbare und wirksame Erfolge drängt, die zudem umstandslos zu ihrem Vorverständnis passen.

16.3 Logik der Konkurrenz

Zu diesem Zweck versuchen sie, die Legitimität ihrer Handlungsweisen zu demonstrieren, um Anerkennung bei anderen Akteuren zu finden, sodass jene anderen nicht bestrebt sind, ihnen Vermögen zu entziehen, sondern möglichst zusätzliche Vermögen zuzuteilen. Um die Legitimität ihrer Handlungen darzustellen, trachten Akteure danach, ihre Handlungen als wichtig und bedeutsam, als wirksam und erfolgreich sowie als individuelle Leistungen darzustellen, die von anderen Akteuren *nicht* genauso gut durchgeführt werden könnten.

Diese Demonstration von Erfolgen, Leistungs- und Handlungsfähigkeit zwingt die Akteure geradezu, von ihrer eigenen Problemdefinition nicht abzurücken, sondern auf ihr zu beharren.

Politische Akteure beispielsweise würden, wenn sie ihre Problemdefinition veränderten, damit gleichzeitig eingestehen, das Problem bisher falsch gesehen zu haben – und das würde das öffentliche Vertrauen in ihre Problemlösungsfähigkeiten schwächen. Sie behalten ihre Problemdefinition, vor allem die behaupteten Defizite des Bildungssystems, auch deswegen bei, weil sie in erster Linie durch von ihnen angeschobene Reformen ihre eigene Tatkraft beweisen können. Die Reformen stehen zudem unter Erfolgszwang, müssen sich also als wirksam erweisen, indem sie die als defizitär verstandenen Zustände im Bildungssystem tatsächlich verändern.

16.3.2 Widersprüchlichkeit der Problemdefinitionen

Auf dieser Problemdefinition zu beharren bedeutet aber gleichzeitig

- erstens, die Problemdefinitionen der universitären Wissenschaftler als zweitrangig, unzureichend oder falsch abzuwerten (wenn nicht gleich vollständig zu ignorieren).

- zweitens, der universitären Wissenschaft in ihrer gegenwärtigen Gestalt Defizite vorzuwerfen und damit damit *Legitimation zu entziehen*.

- drittens, einen Kern professionellen Selbstverständnisses universitärer Wissenschaft zu attackieren.

    Dieser lässt sich annäherungsweise wie folgt umreißen: „Wir betreiben unsere jeweilige Fachwissenschaft qualitativ hochwertig, wir betreiben bestmögliche Forschung und Lehre. Außerdem wissen wir selbst – und zwar allein, niemand außerhalb der Wissenschaft kann das wissen – was ‚qualitativ hochwertige Wissenschaft' ist und wie man sie betreibt. Deshalb bringen wir dann die besten Leistungen, wenn uns niemand von außen stört, sondern wenn man uns unterstützt und unsere Autonomie lässt!" Nicht anders als die Politik tendiert also auch die Wissenschaft dazu, ihr Handeln als erfolgreich darzustellen.

So stehen sich zwei Behauptungen gegenüber: Die Defizitbehauptung und die Behauptung der bestmöglichen Wissenschaftspraxis.

Würde nun die universitäre Wissenschaft einknicken und von ihrer Problemdefinition abrücken, so könnte öffentlich kommuniziert werden, dass sie – nun auch eingestandenermaßen – bislang defizitär gehandelt habe und daher nicht mehr das gesellschaftliche Ansehen verdient, das sie bislang genossen hat; dass sie sich also „bessern" müsse, und da sie es von selbst offensichtlich nicht könne, müssten ihr andere Akteure die Richtung anzeigen. Verluste an strukturellen Vermögen wären die drohende Folge. – Folglich beharrt auch die universitäre Wissenschaft auf ihrer Problemdefinition.

16.3.3 Wechselwirkungen widersprüchlicher Problemdefinitionen

Beide Seiten neigen nun dazu, die Problemdefinition der jeweils anderen Seite als falsch, einseitig oder irrational zu bewerten und das Beharren der jeweils anderen Seite als starrköpfige und dumme Besitzstandswahrung oder als willkürliche, ignorante und zerstörerische Machtpolitik aufzufassen.

Tatsächlich nimmt die internationale Bildungspolitik die Tätigkeiten der universitären Wissenschaft (und die damit verbundenen Probleme) nicht in ihrer Gesamtheit zur Kenntnis, sondern misst sie an ihrem Bezug zur jeweils aktuellen, von ihr gesetzten Reform. Und tatsächlich misst die universitäre Wissenschaft politische Initiativen am Maßstab des Nutzens und Schadens für Reputation und Ausstattung des jeweils eigenen Fachs und der jeweils eigenen Institution.

Die Wissenschaft sieht ihre Arbeit entsprechend nicht angemessen gewürdigt. Aus ihren Augen betrachtet wirkt die Bildungspolitik zuweilen wie eine Veranstaltung zur Erfindung immer neuer bürokratischer Verfahren, die die professionelle Arbeit nicht unterstützen, sondern ihr zusätzliche Belastungen aufbürdet. Akteure der internationalen Bildungspolitik mögen gerade darin den Beweis für die Reformunfähigkeit der universitären Wissenschaft sehen und Legitimation, selbst umso aktiver und nachdrücklicher die Reformen voran zu treiben.

16.3.4 Effekt: Konkurrenzförmige Problemdefinitionen verlieren Sachangemessenheit

So stehen sich zwei Akteure gegenüber, die unter Erfolgs- und Konkurrenzdruck auf ihrer Problemdefinition beharren (müssen) und die Sicht- und Handlungsweisen des jeweils anderen abwerten. Ein Sich-Einlassen auf die Problemdefinition der jeweils anderen Seite würde mit einem Verlust an eigenem Handlungsvermögen bezahlt werden, der den eigenen Status, die eigene Wirksamkeit, öffentliches Prestige und Legitimation und letztlich sogar den eigenen Bestand gefährden könnte.

Beide Akteure streben nicht dialogisch auf eine Vermittlung ihrer Problemdefinitionen zu. Eher versucht jede Seite, ihre eigene Problemdefinition zu verstärken und auszubauen.

Die Problemdefinitionen bleiben dadurch nicht nur voneinander getrennt, sondern je stärker sie als Waffe im Konkurrenzkampf eingesetzt werden, desto mehr verlieren sie an Sachhaltigkeit und Situationsangemessenheit. Dienen aber die Problemdefinitionen erst einmal vorwiegend als Funktionen des Konkurrenzkampfes und nur mehr nachrangig der Diagnose und Analyse von Problemen, so werden sie formelhaft abgeschlossen, verkürzt und einseitig – und mit Lösungsvorstellungen verknüpft. Die Akteure beginnen, sich aufeinander und auf ihre Konkurrenz zu fokussieren und das aus den Augen zu verlieren, worauf sich die Problemdefinitionen bezogen hatten: die Zustände der universitären Wissenschaft respektive die Stellung Europas im internationalen ökonomischen Wettbewerb.

16.4 Dirigismus und Symbolische Politik

Unter Bedingungen getrennter und zugespitzt widersprüchlicher Problemdefinitionen zweier Akteure, die interdependent (und nicht etwa unabhängig voneinander) sind, ist es *nicht mehr möglich, dirigistische Politik einzusetzen. Stattdessen muss symbolische Politik betrieben werden.* Der Unterschied zwischen diesen beiden Formen politischer Einflussnahme wird im Folgenden erläutert.

16.4.1 Dirigismus

Dirigismus ist ein Politikstil, der geeignet ist, um eine Sozialität in „ruhigen Zeiten" zu verwalten – oder, um in Verhältnissen starker Ungleichheit das Verhalten der untergeordneten Akteure zu regulieren. Im Gegensatz zu symbolischer Politik, die auf Kommunikation, Überzeugen und Überreden setzt (siehe unten), bedient sich dirigistische Politik formaler Macht. Sie kommuniziert zwar auch symbolisch, nämlich unter Verweis auf formal kodifizierte Normen und Sanktionspotenziale mittels Weisung, Verfügung oder Befehl. Sie versucht dabei aber nicht, die Erwartungsstrukturen der Adressaten zu verändern, sondern setzt vielmehr deren Fügsamkeit bereits voraus.

Denn dirigistische Weisungen sind in letzter Instanz durch die legislativen und exekutiven Institutionen des politischen Systems, des Rechtssystems und des formal-administrativen Systems legitimiert, die mittels ihrer gesellschaftlich legitimierten Verfahren die formalen Strukturen produziert haben, überwachen und schützen, die das Verhalten der Akteure regeln sollen.

Formale Strukturen sind in besonderer Weise gesellschaftlich legitimiert, weil sie in besonders legitimierten Verfahren und Institutionen erzeugt worden sind – in staatlichen Verfassungsorganen, Gesetzgebungsverfahren und rechtsstaatlich verfassten exekutiven Administrationen. Auch Organisationen in kleinerem Maßstab verfügen über solche Organe und Verfahren, etwa Satzungen, Gründungs- und Mitgliedervollversammlungen, Vorstände. Formale Strukturen sind also ein symbolischer Ausdruck politischer Willens- und Sollensvorstellungen; sie fungieren als Normen für das Verhalten derer, die diese formalen Strukturen ja selbst erzeugt haben oder durch ihre Repräsentanten und Delegierten haben erzeugen lassen – so jedenfalls die Idealvorstellung.

Formalisierung dient darüber hinaus der Explizierung, und damit der Transparenz und Nachvollziehbarkeit institutioneller Strukturen: Regeln, Positionen, Aufgaben, Zwecken und Zielen. Formalisierung soll dafür zu sorgen, dass Institutionen kontrollierbar bleiben, und dass Willkür und partikulare Ausnutzung oder Ausbeutung kollektiv geteilter Strukturen verhindert werden. In Demokratien ist der Einsatz formal zugeschriebener Amt- oder Positionsmacht letztlich, jedenfalls dem gemeinten Sinn nach, Vollzug demokratischen Willens.

So gesehen handelt, wer sich dirigistischen Weisungen widersetzt, letztlich widerrechtlich und, streng genommen, vorbei am demokratisch verfassten Bevölkerungswillen; sollten diese Widersetzlichkeiten gerichtlich als Rechtsverstöße – Ordnungswidrigkeiten oder Straftaten – festgestellt werden, hat er mit Sanktionen zu rechnen, in letzter Instanz mit polizeilich durchgesetztem Zwang. Die Wirkungsmacht dirigistischer Anweisungen speist sich also nicht nur aus der besonderen Legitimation formaler Normen und Amtmacht, sondern auch aus der institutionalisierten und beim Staat monopolisierten Gewalt.

Aber der Einsatz dieser Gewalt kommt nicht nur generell recht selten vor, sondern in Auseinandersetzungen ums Bildungssystem nie; selbst als Drohpotenzial nur sehr selten. Denn in der Regel fügen sich die Staatsbürger sehr wohl gesetzlichen Bestimmungen und den darauf basierenden dirigistischen Weisungen.

Dies ändert sich nur, wenn die dirigistischen Eingriffe sich relativ plötzlich und in für die Betroffenen überraschendem Ausmaß gegen die Interessen bestimmter Akteure richten. Und dies kann durchaus sein: Der Einsatz demokratisch legitimierter formaler Vermögensstrukturen kann sich gegen die Interessen bestimmter Akteure wenden. Er kann darüber hinaus jene formalen Strukturen zweckentfremden, das heißt: sie für die Durchsetzung anderer Interessen und für die Verfolgung anderer Ziele einsetzen als für jene Zwecke oder kollektiven Güter, um deren Willen diese formalen Strukturen existieren. Die typische Antwort auf solchen Dirigismus ist symbolischer Protest.

Zusammengefasst lässt sich also sagen: Dirigismus ist eine Form politischer Verhaltenssteuerung via direkte Weisungen und Vorschriften, die sich erstens auf formale Normen stützt, die in besonderen, für Willensbildung und Verhaltenssteuerung vorgesehen Verfahren und Institutionen erzeugt und dadurch in besonderer Weise legitimiert sind, und die sich zweitens zwecks Durchsetzung ihrer Verfügungen auf die im Staat monopolisierte Gewalt stützt. Dirigismus ist ein Politikstil, der in relativ konfliktfreien Zonen und Zeiten „funktioniert" – sei es, weil die Regierten den Regierenden zustimmen, sei es, weil die Regierten den Regierenden

16.4.2 Symbolische Politik

„Symbolische Politik" (Edelman, 1976) bezeichnet die öffentliche Außendarstellung politischer Entscheidungen, etwa in Bundestagsreden, Talkshowgesprächen, Interviews, Pressemitteilungen, Wahlplakaten und Programmbroschüren. Ihr Zweck ist es, ein politisches Anliegen bekannt zu machen und andere Akteure dazu zu bringen, diesem Anliegen zuzustimmen und es zu befördern.

Symbolisierung politischer Vorhaben hat drei besondere Vorteile. Erstens wird erst Symbolisiertes überhaupt der Kommunikation zugänglich und damit sicht- und erkennbar für potenzielle Adressaten. Durch das Symbol werden vorher getrennte Sachverhalte erst zu einem politischen Gegenstand zusammengefasst – aus einem Instrument zur Energiegewinnung, der Häufung von Krankheiten in bestimmten Gebieten, der Drohung von Verstrahlungen und so weiter entsteht das „Anti-Atom"-Anliegen, das es so vorher nicht gab. (Und: durch das Symbol können sich vormals getrennte Akteure aufeinander beziehen; es konstituiert sich eine sogar internationale Anti-Atom-Bewegung) Symbole repräsentieren das Symbolisierte nicht nur, sondern verwirklichen es zugleich. So wie eine Nation erst durch (unter anderem) Flagge, Hymne, Verfassung, Territorialgrenzen und Sprache sinnlich erfahrbar und dem Abstrakten reiner gedachter Beziehungen entrissen wird, wird auch ein politisches Anliegen erst durch Logos, Sticker, Flugblätter, Transparente, Menschenaufläufe usw. konkret erfahrbar und damit öffentlich erst konstituiert.[16]

Der zweite Vorteil der Symbolisierung politischer Vorhaben ist: Die Protagonisten eines politischen Anliegens können Testballons starten. Sie können schauen, welche Reaktionen das öffentlich symbolisierte Anliegen hervor ruft, inwieweit und mit welcher Wertung andere Akteure sich zu ihm stellen. Da das Anliegen nur symbolisch, also auf dem Papier oder in Worten vorliegt, aber noch nicht im Handeln folgenreich verwirklicht und in institutionellen Strukturen verfestigt ist, kann man es notfalls zurück ziehen oder drastisch umbauen.

---

[16]Symbolische Politik ist *sowohl* das Mittel der Wahl für soziale Bewegungen *als auch* für berufspolitische Parteipolitik, insofern sie politische Willensbildung betreiben und neue politische Themen und Bestrebungen zu konstituieren sich bemühen. Es verläuft nicht, wie es Soeffner und Tänzler (2003) in bemerkenswert einseitiger Deutung meinen, eine substanzielle Scheidelinie zwischen den „rationalen", durch demokratisch legitimierte Verfahren und institutionalisierte Zwänge zur Kompromissbildung disziplinierten Berufspolitikern auf der einen Seite und, auf der anderen, den (bei Soeffner und Tänzler) im Vergleich geradezu regressiven Anspruchshaltungen und Ausdrucksweisen der emotional statt rational handelnden, egozentrisch-starrsinnigen statt kompromissfähigen Mitgliedern sozialer Bewegungen. Wenn man von einer Trennlinie sprechen will, so verläuft sie dort, wo symbolische oder dirigistische Politik eingesetzt wird, um die Interessen von Akteuren, die sich nicht wehren können, gezielt zu übergehen oder um ihnen gezielt zu schaden – beziehungsweise solche Schädigungen billigend in Kauf zu nehmen, und zwischen symbolischen und dirigistischen Politiken, die dies vermeiden.

Der dritte Vorteil der Symbolisierung politischer Interessen ergibt sich daraus, dass jede reflexive Symbolisierung nicht nur bestimmte Aspekte aus dem Geschehensstrom der sozialen Welt hervorhebt, bündelt und erkennbar macht, sondern auch – gleichzeitig damit und notgedrungen – andere Aspekte der sozialen Welt abblendet und im Dunkel des Nicht-Symbolisierten lässt, über das dann nicht gesprochen und öffentlich reflektiert werden kann, eben weil die Symbole fehlen. Symbolische Politik kann gezielt versuchen, solche Aspekte ins Reich des Nichtsymbolischen – des Tabus, des Vergessenen, des Missachteten, des Ignorierten – zu verweisen, die den Interessen ihrer Protagonisten entgegen stehen.

Allerdings kann diese Strategie eben auch beobachtet, kommuniziert und damit symbolisch reflektiert werden. Dann entsteht der Verdacht, dass symbolische Politik eine Art Lüge sei. So wird die Berufspolitik gern verdächtigt, an die Öffentlichkeit Fenster- und Sonntagsreden zu richten, die das Geschehen „hinter den Kulissen" gezielt verbergen sollen. Symbolische Politik gilt insofern als weithin entkoppelt von der politischen Beratungs- und Entscheidungspraxis, die abseits von Kameras und Mikrofonen abläuft, in der öffentlich intransparenten Sphäre von informellen Aushandlungen und Absprachen, Ausschüssen, Lobbygesprächen oder Parteivorstandssitzungen. Und „symbolisch" heißt dann so viel wie „nicht richtig, nicht wirklich", so wie ein symbolischer Kaufpreis davon zeugt, dass tatsächlich gar kein Kauf stattfindet, sondern nur so getan wird, als ob.

Diese Vorstellung ist allerdings nicht vollständig richtig. Insofern symbolvermittelte Kommunikation – jene reflexive Symbolisierung der allgemeinen Theorie sozialer Selbstorganisation, mittels derer sich eine Sozialität gestaltend auf ihre eigenen Verhaltens- und Erwartungsstrukturen bezieht – eine konstitutive Komponente *jeder* Sozialität ist, kann sie auch in jeder sozialen Situation strategisch eingesetzt werden. Auch „hinter den Kulissen" und innerhalb formaler politischer Institutionen und Verfahren wird in symbolischer Form politisiert. In politischen Verhandlungen, Anhörungen usw. kommunizieren die Akteure ja ebenfalls symbolvermittelt miteinander und versuchen, ihre jeweiligen Interessen durch Symbolisierung von Chancen und Risiken, potenziellen Nutzen und Schäden, Drohungen und Versprechungen, Kompetenz und Handlungsmacht und ähnlichem zu vertreten.

Politik ist auf das Nutzen symbolvermittelter Kommunikationen angewiesen. Es gibt bislang keine Verfahren, die gewährleisten, dass alle Staatsbürger die politische Verhandlungs- und Entscheidungspraxis kennen lernen (und darin wird wohl auch kaum eine Notwendigkeit gesehen), und anders herum können politische Akteure nicht die Praktiken ihrer gesamten Klientel vor Ort in Augenschein nehmen (was sicher auch nicht unbedingt gewünscht wird). Resultat ist, dass Politik darauf angewiesen ist, eine Praxis bewerten (und öffentlich zu vertreten, soweit ihr die Verantwortung für jene Praxis zugeschrieben wird), die sie nicht sehr eingehend kennen und kontrollieren kann, über die sie sich „nur" berichten lassen oder Daten erheben kann. Die Berichte und Daten aber gehören selbst Sphäre des symbolisch Vermittelten, können also von der faktischen Praxis recht weit entfernt sein, zum

16.4 Dirigismus und Symbolische Politik

Beispiel wenn sie strategisch verfasst werden. Datenbasierte Informationen sind zudem in der Regel hoch reduktiv und darüber hinaus verschieden interpretierbar. Insofern sind Bildungspolitik und universitäre Wissenschaft nur lose gekoppelt (Weick, 1985).

Als Quintessenz lässt sich formulieren: Symbolische Politik besteht aus kommunikativen Aktivitäten interessierter Akteure, die strategisch darauf gerichtet sind, die Erwartungs-, Bewertungs- und Orientierungsstrukturen anderer Akteure so zu ändern, dass sie in ihrem Verhalten die Durchsetzung der Interessen der symbolpolitisch Agierenden befördern oder zumindest nicht behindern.

Akteure werden deshalb umso eher dirigistisch agieren und auf symbolische Politik verzichten, je stärker sie auf Einverständnis ihrer Adressaten rechnen können – oder je höher sie ihre Durchsetzungskraft den Adressaten gegenüber einschätzen.

16.4.3 Strategien symbolischer Politik bei getrennten Problemdefinitionen

Wenn die oben unter Abschnitt 3 angeführten Bedingungen gegeben sind – wenn man also voraus setzt, dass verschiedene Akteure mit unterschiedlichen Problemdefinitionen um Legitimation für je ihre Sicht- und Handlungsweise werben wollen – dann ergeben sich typische Strategien symbolischer Politik; Strategien, die alle an der Auseinandersetzung beteiligten Akteure anzuwenden streben.

(1) *Leistungs- und Erfolgsdemonstration.* Grundsätzlich betonen Akteure ihren exklusiven Anspruch auf die autonome Gestaltung bestimmter sozialer Felder und Aufgaben. Sie heben dabei ihre besondere Leistungs- und Problemlösungskompetenzen hervor und alle Vermögen, die sie in besonderer, von niemand anderem erreichbarer Weise befähigen, jene Felder und Aufgaben zu bearbeiten. Sie betonen, dass sie ihr Gebiet bislang schon überaus wirksam und erfolgreich bearbeitet haben. Maxime ist es, dass die Einsicht in die Unverzichtbarkeit der Leistungen des jeweiligen Akteurs „die Wirklichkeit bestimmt, d.h. mit Macht durchgesetzt wird." (Buer, 2006, 74)

(2) *Negation von Fehlern, Externalisierung von Problemursachen, Problemflucht.* Hand in Hand damit geht, dass jeder Akteur sein Verhalten als möglichst fehlerlos zu beschreiben sucht. Können ihm Fehler zugeschrieben werden, so werden sie ihm unter Konkurrenzverhältnissen als Versagen oder Schwäche ausgelegt und seine Handlungen de-legitimieren; dies muss er verhindern. Er verschweigt deshalb Fehler so weit wie möglich und gesteht sie nur dann und nur soweit ein, als es unvermeidbar ist – oder als sie ihm wiederum als Stärken ausgelegt werden können („vielleicht sind wir manchmal zu ehrgeizig"). Er vermeidet es, interne Zweifel oder Konflikte (also mittelbare Selbst-Zuschreibungen oder -Vermutungen fehlerhaften Verhaltens) sichtbar werden zu lassen, stattdessen sucht er Einheitlichkeit und Stärke zu demonstrieren.

Weiter wird er es weit von sich weisen, gewichtige Probleme zu verursachen oder für deren Persistenz mitverantwortlich zu sein. Die universitäre Wissenschaft wird darauf verweisen, unter Bedingungen der Massenuniversität, der Sparpolitik, falscher politischer Maßgaben, öffentlichen Vertrauensentzugs ((vgl. z. B. Mayer, 2002), schlechter Studierender, eines stotternden Verwaltungsapparats etc., also auf Grund des Wirkens wissenschaftsexterner Problemsysteme, nicht ihre Höchstleistung erbringen zu können. Die nationale Bildungspolitik kann auf falsche frühere Regierungspolitik der jetzigen Opposition verweisen, auf Zwang, den internationale Akteure auf sie ausüben, auf Ergebnisse internationaler Studien, auf wirtschaftspolitische Sachzwänge und weiteres.

Wo die eigene Beteiligung an negativ bewerteten Zuständen oder Fehlentwicklungen nicht von der Hand gewiesen werden kann, werden generell schlechte äußere Bedingungen, unumgängliche Sachzwänge und der Druck, den globale Entwicklungen und externe Akteure erzeugen, verantwortlich gemacht.

Schließlich vermeiden Akteure überhaupt, sich mit grundlegenden, „tief eingefressenen" Problemen auseinanderzusetzen, vor allem mit solchen, an deren Reproduktion sie wissentlich beteiligt sind. Denn die Bearbeitung solcher Probleme führt nicht sicher zu Erfolgen, und schon gar nicht zu schnellen und sichtbaren Demonstrationen der eigenen Handlungs- und Leistungsfähigkeit. Mühsames Abarbeiten könnte im Gegenteil erhebliche Zweifel an Sinn und Qualität der Handlungen des sich abarbeitenden Akteurs wecken. Stattdessen definieren und bearbeiten Akteure Probleme so, dass sie – zumindest scheinbar – schnelle Lösungen erlauben.

(3) *Schließung und Wiederholung der eigenen Problemdefinition.* Geht es darum, die eigene Sicht der Dinge – also die eigene Problemdefinition – durchzusetzen, dann lässt man sich strategisch nicht darauf ein, die Weltsicht, Wertsysteme und Urteilsmaßstäbe konkurrierender Akteure auch nur ansatzweise öffentlich zu teilen; man trüge auf diese Weise dazu bei, sie weiterzukommunizieren. Wer in einer Konkurrenzsituation symbolische Politik betreibt, lässt im Gegenteil keine Gelegenheit aus, seine Sicht der Dinge, seine Argumente und Wertmaßstäbe nach außen zu tragen. Er wiederholt sie so oft wie möglich, um sie in einprägsame Orientierungspunkte für die Adressaten umzuwandeln. Er formuliert leicht verständlich – das heißt so, dass seine Kommunikationen an das anschließen, was die Adressaten ohnehin glauben. Er benutzt scheinklare, vielfältig interpretierbare Darstellungsmuster: (Sprach-)Bilder, Metaphern, Diagramme, Zahlen und modische Schlagworte, allesamt Symbole, die nach Eindeutigkeit aussehen, aber so abstrakt sind, dass jeder Adressat sich darunter individuelle Vorstellungen bilden kann, sodass jeder Adressat glaubt, er habe die objektive Bedeutung jener Muster verstanden, obwohl er tatsächlich bloß seine subjektive Interpretation „verstanden" hat (vgl. Latour, 2006, 124).

(4) *Symbolische Aufwertung der Adressaten.* Wenn mit Adressaten kommuniziert werden muss, für die die Durchsetzung der zu symbolisierenden Interessen Einbußen bedeuten werden, empfiehlt es sich, sie im Laufe der Auseinandersetzung symbolisch aufzuwerten. Die Protagonisten können hier unter anderem (a) die Lei-

stungsfähigkeit und den gesellschaftlicher Wert der Adressaten hervorheben, sie pauschal für ihre fruchtbaren Ideen und ihre gute, verantwortungsvolle, zukunftsweisende Arbeit loben – während negative Kritik sehr weich und ohne Nennung von Namen formuliert wird; (b) den Adressaten, vor allem als Ausgleichsleistungen für etwaige Zugeständnisse, Bereiche zusichern, in denen sie autonome Handlungsspielräume und Gestaltungsfreiheit behalten oder dazu gewinnen – das sind dann freilich solche, die den Interessen der Protagonisten nicht entgegen stehen –, eine Zeit lang kann er ihnen auch Freiwilligkeit der Zustimmung oder Ablehnung einräumen; (c) Gemeinsamkeiten der Interessen und Ziele zwischen ihnen und den Adressaten betonen – und die ärgerlichen Unterschiede verschweigen; (d) sich selbst und die Adressaten dadurch aufwerten, dass gemeinsame Zugehörigkeit zu einer besonderen (besonders leistungsfähigen, moralisch hochwertigen usw.) gesellschaftlichen Gruppierung betont wird. – Ob diese Aufwertungen ernst gemeint sind oder nicht, sie tragen den Charakter symbolischer Anerkennungs-Placebos. Sie sollen für gute Stimmung und Frieden sorgen, während der Interessen-Kern des Vorhabens der Protagonisten keineswegs zur Verhandlung steht, sondern eben mittels dieser Aufwertungen durchgesetzt werden soll. Freilich birgt diese Aufwertung auch die Gefahr, als Placebo entlarvt zu werden; die Adressaten fühlen sich dann mit symbolischen Gesten „abgespeist". Das können sich nur stark vermögensüberlegene Akteure leisten, ohne langfristig für böses Blut zu sorgen. Um die eigene Überlegenheit zu unterstreichen, bietet sich die folgende Strategie an.

(5) *Bezugnahme auf anerkannte Autorität und potenziell bedrohliche Macht.* Akteure legitimieren sich durch Bezugnahme auf Akteure oder Institutionen berufen, die für ihre Adressaten anerkannte Autoritäten darstellen. Es kann sich hierbei um allgemein legitimierte Rationalitätsmythen wie „Fortschritt", „Wachstum", „Effizienz", „Menschenrechte", „Demokratie" handeln, um Gott oder die Natur, um wissenschaftliche Befunde, ökonomische Gesetzmäßigkeiten, Sachzwänge oder was immer sich als „größere" Autorität anbietet, der man sich beugen muss. Häufig berufen sie sich auch auf Vorbilder, deren Handeln als erfolgreich oder besonders wertvoll gilt, und kopieren symbolisch deren Handlungsstrukturen (Powell und DiMaggio, 1983; Meyer und Rowan, 1977, vgl.).

Strukturgleich ist die Berufung auf eine besondere Beziehung zu einer Macht, die potenziell bedrohlich wirkt. Der Akteur strebt es erstens an, bei seinen Adressaten den Glauben an eine Kraft oder Macht zu erzeugen, die das Wohl oder die Handlungsspielräume der Adressaten potenziell bedroht, entweder, weil sie von Übel ist und die Akteure bedroht (beispielsweise ein Feind), oder weil sie notwendig und anwesend ist, aber möglicherweise verschwindet (beispielsweise eine gute Position im internationalen ökonomischen Wettbewerb). Dieser Glaube der Adressaten hilft dem Akteur aber erst dann, wenn er in einer besonderen, möglichst exklusiven Beziehung zu dieser Macht steht: Wenn er derjenige ist, der mit seinen Methoden und seinem Wissen, jene Macht kontrollieren und beherrschen kann und damit die

Adressaten vor dem Angriff der negativen oder dem Verschwinden der positiven Macht schützt.

(6) *Entwurf positiver und negativer Zukunftsvisionen; Gleichsetzung des Eigeninteresses mit dem Allgemeinwohl und der positiven Vision.* Diese Strategie ist *die* Strategie des Lobbyismus (vgl. Klante, 2007). Akteure symbolisieren zwei mögliche Zukunftsversionen. Die erste Version beschreibt im Kern den Zustand, der erreicht ist, wenn die Eigeninteressen des Akteurs durchgesetzt sind. Sie wird positiv ausgemalt als Zustand gesteigerten Allgemeinwohls, möglichst mit Eigenschaften und Argumenten, die so allgemeingültig sind, dass jeder „vernünftige Mensch" dem Ziel zustimmen muss, diesen Zustand zu verwirklichen. Dies bedeutet in der Regel auch, dass der künftige Zustand keine allzu großen Änderungen im Vergleich zu heute impliziert, um nicht doch Verunsicherung hervor zu rufen. – Dem wird eine zweite Zukunftsvision kontrastiert, die das Allgemeinwohl senkt und so negativ aussieht, dass kein „vernünftiger Mensch" die Verwirklichung dieser Vision wollen kann. Diese Zukunftsvariante ist die, in der die Partikularinteressen des Symbolpolitikers nicht verwirklicht sind.

Auch hier ist es wieder von Vorteil, wenn der Akteur glauben machen kann, dass er eine intime Beziehung zur Zukunft hat, dass er – wenn man ihn nur lässt – weiß, was zu tun ist, um die positive Zukunft herbei zu führen und die negative zu verhindern. Es bietet sich an, schon verwirklichte Zustände, die allgemein als positiv empfunden werden, als Wirkung seiner erfolgreichen Arbeit auszugeben, während Zustände, die als negativ empfunden werden, vorgeblich nur deshalb entstanden sind, weil man ihn daran gehindert hat, steuernd einzugreifen. Wo es sich nicht vermeiden lässt, dass negative Zustände auf die Verursachung durch den symbolisch politisierenden Protagonisten zurückgeführt werden können, kann er die Verursachung schlicht bestreiten und externalisieren (vgl. Nr. 2) oder zwischen seine Handlungen und ihre Wirkungen möglichst lange Zeiträume und möglichst lange, unübersichtliche Handlungsketten einfügen, sodass der Ursache-Wirkungs-Zusammenhang kaum noch rekonstruiert werden kann. So wurden Stellen- oder Einkommenseinbußen in Universitätsreformen nur für *künftige* Stelleninhaber beschlossen, während Stellen und Einkommen der bereits etablierten Professoren erhalten blieben.

Die eigenen partikularen Interessen werden generell als allgemeine Interessen, als *volonté générale*, ausgegeben. Kein Akteur, der symbolische Politik betreibt, würde je öffentlich zugeben, dass die Durchsetzung seiner Interessen – gezielt oder unter billigender Inkaufnahme – auf Kosten der Interessen anderer Akteure gehen (mit Ausnahme von ohnehin bereits ausgebeuteten und sozial verachteten Außenseitern, gegen die er sich mit einer Mehrheit von Akteuren solidarisieren kann); dass er etwa egoistische Macht-, Geld- und Reputationsakkumulation verfolgt und es ihm nicht um „die Sache" geht; dass ihm das Schicksal seiner Adressaten letztlich gleichgültig ist.

16.4.4 Der Effekt wirksamen Einsatzes symbolpolitischer Strategien

Gelänge es einem Protagonisten, alle Strategien erfolgreich anzuwenden – in den aktuellen Auseinandersetzungen des Bildungssystems kommt dies nicht vor – dann hätte er das Monopol über Problem- und Realitätsdefinitionen erlangt. Er könnte die Reaktionen der anderen Akteure antizipieren, was seiner Struktur-Gestaltungsmacht hohe Effektivität verliehe (vgl. Law, 2006, 440). Es würde jenen anderen Akteuren so erscheinen, als drückte der Protagonist die Wünsche, Interessen und Funktionsmechanismen aller Akteure korrekt aus, und als verlangte ihr inneres Wesen genau nach dem, was er vorgibt. (vgl. Callon und Latour, 2006, 87-89). Sie wären überzeugt, dass er ihre Interessen besser kennt, besser formuliert und besser vertritt als sie selbst es könnten, und während sie widerspruchslos verstummen, würde er an ihrer Stelle für sie alle sprechen (vgl. Latour, 2006, 120-126).

Wenn aber mehrere Akteure diese Strategien gleichzeitig anwenden und einander einigermaßen in Schach halten können, so erreichen sie vor allem einen Gesamteffekt: Alle Beteiligten, die in der Auseinandersetzung über Stimmen verfügen, gelten als grundsätzlich wirksam und erfolgreich, tendenziell als erfolgreicher, als sie der Sache nach sind; ähnlich werden auch die Adressaten insgesamt – wie gesagt, in der öffentlichen Kommunikation – eher aufgewertet. Fehler werden grundsätzlich eher verborgen, und Verantwortliche für sie sind schwer zu finden und festzumachen. Die verschiedenen Problemdefinitionen und Zukunftsvisionen bleiben getrennt. Dies verhindert tendenziell, dass Probleme wirksam bearbeitet werden können, führt aber zumindest dazu, dass sich auf lange Sicht die Problemdefinition und Zukunftsvision des Akteurs durchsetzen, der sich in der Konkurrenz als stärker erweist, unabhängig von ihren Qualitäten hinsichtlich Wahrheit, Sachangemessenheit, Differenziertheit, Ausgewogenheit etc. Auch von den Mächten und Autoritäten, auf die sich die konkurrierenden Akteure berufen, setzen sich diejenigen durch, die der obsiegende Akteur bevorzugt.

Vor allem aber tritt in den Vordergrund der Handlungskoordination das „Miteinander Auskommen" der Kontrahenten. Alle „inhaltlichen", „sachbezogenen" Ziele und Probleme werden demgegenüber zweitrangig. Denn die unabdingbare und wichtigste Voraussetzung, um inhaltliche Probleme bearbeiten und sachbezogene Ziele erreichen zu können, ist eben: handlungsfähig zu sein, wirksam beeinflussen und gestalten zu können, ohne daran von anderen gehindert zu werden. So gerät die faktisch ablaufende Praxis und damit die faktische Leistungsproduktion, um deren möglichst optimale Gestaltung es beiden Akteuren doch offiziell geht, aus dem Blick. Sie wird *desymbolisiert*.

In den bildungspolitischen Auseinandersetzungen ums Universitätssystem bedienen sich sowohl Vertreter der universitären Wissenschaft als auch solche der intermediären Institutionen sowie der Nationalregierungen und internationalen Organisationen symbolischer Politikstrategien. Es setzen sich aber in der Regel die Akteure durch, die ohnehin bereits über überlegenes strukturelles Vermögen verfügen, und das sind Nationalregierungen und ihre administrativen Apparate sowie internationale Organisationen und Gruppen, soweit sie von mächtigen und zahlreichen Nationalregierungen getragen werden. Die folgenden Abschnitte setzen die analytische Rekonstruktion typischer Eigendynamiken solcher Auseinandersetzungen fort.

16.5 Hierarchisierungsdynamik

Wird der Konflikt der Problemdefinitionen in einer „heißen" Phase öffentlicher Verhandlungen akut, setzt eine Hierarchisierungsdynamik ein. „Hierarchisierung" bezieht sich dabei auf die Verteilung von Struktur-Gestaltungsvermögen, also auf Kompetenzen und Ressourcen zur Regelung institutionalisierter Handlungs- und Kommunikationssysteme. Hierarchisierung heißt, dass zunächst einmal strukturelle Vermögen umverteilt (und damit auch Macht- und Einflusspotenziale verlagert) werden: weg von den formal untergeordneten hin zu den ohnehin schon strukturell vermögensüberlegenen und formal höher gestellten Akteuren.

16.5.1 Auswirkungen der Vermögens-Ungleichheit zwischen formal über- und untergeordneten Akteuren

Eine entscheidende Rolle für den weiteren Verlauf einer Auseinandersetzung um die Strukturgestaltung im Universitätssystem spielt nun der Faktor des *Grades an strukturellen Vermögensungleichheiten zwischen den beteiligten Akteuren*. Wenn ein Akteur eine übergeordnete Position in der formal-hierarchischen Struktur einnimmt, wie im vorliegenden Fall die EU und die Nationalregierungen, bringt dies nicht nur Überlegenheit an formal sanktioniertem Vermögen mit sich (Verfügungs- und Entscheidungsrechte, festgeschriebene Mehrheiten in Entscheidungsgremien, Ressourcen), sondern auch an politischem und mikropolitischem Vermögen, an Durchsetzungskraft. Je höher ein Akteur formalhierarchisch steht, desto mehr ist er auf das Führen von Auseinandersetzungen und auf das Steuern oder Regulieren des Handelns anderer Akteure spezialisiert – dies gehört ja explizit zu den Aufgaben von Politik und Verwaltung. Formal niedriger gestellte Akteure verfügen dagegen über geringere Kenntnisse und Erfahrungen in Verwaltungsfragen und mikropolitischen Verhandlungen, über eine geringere Deckung durch Recht und Politik und über wenig Zugang zu Massenmedien. Für sie sind politische Auseinandersetzungen und Verwaltungsarbeit Nebensache, und sie schreiben sich auch selbst wenig diesbezügliches Vermögen zu (wenig Selbstverwaltungskompetenzen, Führungskompetenzen, politisches Geschick).

Eine solche Ungleichheit ist in den Auseinandersetzungen ums Bildungssystem gegeben. Weiter sind die Voraussetzungen gegeben, dass keiner der ab der kommenden Auseinandersetzung Beteiligten über eine „Exit-Option" verfügt und alle Beteiligten Vorteile nutzen und Nachteile vermeiden möchten.

Wenn eine Reforminitiative „von oben" kommt,[17] wie im Beispielfall mit der neuen Problemdefinition seitens europäischer Organisationen und Nationalregierungen, dann wirkt das auf die Akteure „unten" nahezu immer wie ein dirigistischer Akt – selbst dann, wenn die Protagonisten noch keine konkreten Maßnahmen ankündigen, noch nicht zu verändertem Handeln auffordern und noch nicht mit widrigenfälligen Sanktionen und dirigistischen Eingriffen drohen. Die formal niedriger gestellten Akteure werden überrascht und vor vollendete Tatsachen gestellt, weil sie in den politischen Verhandlungs- und Entscheidungsprozess auf höherer formaler Ebene nicht einbezogen waren. Sie können und wollen deshalb auch nicht nachvollziehen, vor welche Probleme sich die Akteure „da oben" gestellt sehen, die ja ihrerseits Nachteile befürchten und Vorteile erhalten wollen, hier: hinsichtlich ihrer Stellung im internationalen ökonomischen (und wohl auch politischen) Wettbewerb.

16.5.2 Orientierung und Erwartungsbildung der Untergeordneten

Die vermögensunterlegenen Akteure geraten durch die „von oben" veröffentlichte neue Problemdefinition in eine Situation, in der ihnen deutliche Nachteile drohen. Der weitere Verlauf der Auseinandersetzung hängt nun von zwei Faktoren ab.

(1) Die *Einschätzung der vermögensunterlegenen Akteure, inwieweit sie Vor- oder Nachteile von einer künftigen Auseinandersetzung zu erwarten haben*, wird dabei recht eindeutig ausfallen: In aller Regel noch größere Nachteile als diejenigen, die ihnen drohen, wenn sie dem Druck des überlegenen Akteurs nicht nachgeben und nicht in seinem Sinne handeln.

Sofern sie Vorteile für sich sehen – und bestünden diese zumindest darin, dass der Status Quo erhalten bleibt und daher subjektive Ordnungs- und Investitionswerte (Popitz, 1999) erhalten bleiben – stimmen sie den Forderungen des Überlegenen ohnehin zu. So lange dies der Fall ist, sind sie durchaus mit einem „guten Diktator" einverstanden, der womöglich noch ungeliebte Arbeiten für sie übernimmt (in Bezug auf wissenschaftsorientierte Akteure beispielsweise Verwaltungsarbeit, Außendarstellungen, Kooperationsmanagement, Entlastung von Lehraufgaben und alles weitere, was sie nicht weiter interessiert).

---

[17]Denkbar wären natürlich auch *bottom up-* oder *middle-up-down-*Reform-Initiativen: Formal untergeordnete Akteure gewinnen strukturelle Vermögen hinzu (Bündnispartner, Kommunikationskompetenz, Ressourcen) oder solidarisieren sich miteinander und erzeugen dadurch Strukturierungsvermögen (Vermögen, in die eigenen Strukturen und in die Strukturen der Umwelt strukturierend einzugreifen), sodass sie im Effekt die Vermögensunterschiede zwischen sich und den vormals überlegenen Akteuren zu ihren Gunsten umkehren (oder jedenfalls so weit relativieren, dass nicht mehr von vornherein klar ist, wer bei einer Auseinandersetzung gewinnen oder verlieren würde).

Diese *Tendenz der Untergeordneten zum Selbstausschluss aus Strukturierungsaktivitäten*, die statt wie hier geschildert aus zustimmenden auch aus resignativen Motiven entstehen kann, wirkt zusammen mit dem normativ-rechtlich gestützten *Anspruch der Übergeordneten auf das Strukturieren des Verhaltens anderer* und mit der realen Ungleichheit der strukturellen Vermögen zwischen über- und untergeordneten Akteuren. Resultat dieser zusammenwirkenden Tendenzen ist eine gewissermaßen naturwüchsige Hierarchisierungsdynamik: Strukturelle Vermögen (und damit auch Gestaltungsmachtchancen) verlagern sich weg von den formal niedrigeren hin zu den formal höher gestellten Akteuren.[18]

(2) Doch zurück zu der Situation, in der die Richtung des „Drucks von oben" den Interessen der formal untergeordneten Akteure widerspricht. Der nächste Faktor wird wirksam: *die erwartete Aufwands-Ertrags-Bilanz der laufenden Auseinandersetzung*. Da sie einem vermögensüberlegenen Akteur gegenüber stehen, müssten die Unterlegenen, wollten sie sich seinen Forderungen nachhaltig widersetzen, erstens ungleich mehr organisatorisch-politischen Aufwand betreiben als gewöhnlich, zumal sie in der Regel untereinander uneinig sind und nicht über Methoden verfügen, die ihnen zu einer gemeinsamen Zielsetzung verhelfen, hinter der alle stehen können. Diesen Aufwand müssten sie „neben" ihrem Alltagsgeschäft, zusätzlich erbringen, und zwar vermutlich über einen längeren Zeitraum, wenn der überlegene Akteur sein Ansinnen mit einigem Nachdruck verfolgt.

Zweitens droht ihnen die Gefahr, Handlungsvermögen zu verlieren, etwa bislang gegebene formale Mitwirkungschancen und das Wohlwollen resp. die wohlwollende Nichtbeachtung des überlegenen Akteurs. Sie sehen also in der Regel, basierend auf Erfahrung, keine Möglichkeiten, *gegen* den überlegenen Akteur dauerhafte Vorteile zu erlangen und strukturelle Vermögen zu akkumulieren, selbst wenn sie zusätzliche Energien in diese Auseinandersetzung investieren. Im Gegenteil fürchten sie, den weiteren Verlauf der Auseinandersetzung nicht berechnen zu können, weil sie unterstellen, der übergeordnete Akteur könne auf Grund seines überlegenen Handlungsvermögens vielfältige, für sie unberechenbare Aktionen „aus der Tasche ziehen" – schlimmstenfalls bis zum Stellenentzug, zur Amtsenthebung oder Versetzung, zur Auflösung einer Einrichtung oder ähnlichem.

Diese Einschätzungen veranlassen die unterlegenen Akteure zur Neigung, sich den Forderungen des Überlegenen anzupassen. Auch hier wird also eine Hierarchisierungsdynamik hinsichtlich der Struktur-Gestaltungsvermögen getriggert. Andererseits aber steht gegen jene Anpassungstendenz die Gewohntheit an den Status Quo, in dem man sich auskennt und routiniert handeln kann, was bemerkenswerte Entlastungen verschafft, und die erwarteten Nachteile, die sich aus den Forderungen übergeordneter Akteure ergeben.[19] Beides sind Größen, über deren Ein-

---

[18] Dies ist aber keine „natürliche" Dynamik. Sie gilt unter Verhältnissen eingespielter formaler Hierarchien, die ihrerseits auf Konkurrenzverhältnissen „aufliegen".

[19] Dies gilt auch bei ohnehin negativ eingeschätzter eigener Lage.

schätzung sich die Untergeordneten, auch wenn sie sonst völlig unterschiedliche Interessen verfolgen, relativ oft recht einig sind.

16.5.3 Symbolischer Protest von unten und praktische Einflussnahme von oben

Was machen Akteure, die sowohl Verluste fürchten, wenn sie der Initiative „von oben" Widerstand leisten, als auch, wenn sie genau auf diesen Widerstand verzichten? Sie widerstehen gewissermaßen halbherzig, durch symbolischen Protest. Sie solidarisieren sich nicht, entwerfen keine wirklich andersartigen Alternativen gegen jene Initiative, integrieren ihre getrennten strukturellen Vermögen nicht zu einem kombinierten Vermögen mit weit größerer Wirkungskraft, sondern sie kommunizieren die abstrakte Negation: „Wir sind dagegen".

Die formal übergeordneten Akteure können allzu leicht darauf antworten. Ihnen nicht nur das gesamte Arsenal symbolischer Politik genau so zur Verfügung wie den Protestierenden, sondern auch eine weit größere Breitenwirkung durch ihre engere Verflechtung mit den Massenmedien und ihre Verknüpfung in mächtige Beziehungsnetzwerke. Die Faustregel für die erste Reaktion „von oben" lautet: Minderung von tatsächlichem Handlungsvermögen wird durch symbolische Steigerung von Zu(sammen)gehörigkeit und Zugabe begrenzter Autonomie ausgeglichen. Als Ratschlag formuliert: Wenn du anderen Geld und Macht nehmen willst, gib ihnen Zugehörigkeit zu einer höheren sozialen Ordnung, sichere ihnen hervorragende Besonderheit zu und verleihe ihnen Macht über Unterlegene und Autonomiespielräume bei der Durchführung des von dir Bestimmten.

Darüber hinaus stehen ihnen Formen weniger symbolischer, sondern praktischer Einflussnahme zur Verfügung. Um nur einige zu nennen: Man kann im Sinne eines *divide et impera* mit einigen delegierten Stellvertretern verhandeln und vorpreschende Reformbefürworter bevorzugt behandeln, man kann deren Protesthaltung (und aufkeimende Gegen-Visionen alternativer selbstorganisierter Universitäten) durch gezielte Gewährung von unmittelbaren Vorteilen aushebeln. Man kann einen Exzellenz-Wettbewerb ausrufen und darauf vertrauen, dass sich genügend Universitäten finden, die auf den Sieg und das damit verheißene Erstrahlen in neuem materiellen und reputativen Glanz hoffen, während man nicht mitteilt, was den Verlierern geschieht, immerhin der weit überwiegenden Mehrheit. Man kann *neue Akteure erzeugen* – und Personen Arbeitsplätze, Reputation und moderate Mitgestaltungsmöglichkeiten im Rahmen der definierten Reformziele beschaffen – deren explizite Aufgabe dann darin besteht, die Reform zu befördern (vgl. etwa das CHE in Gütersloh). Man kann, ganz im Sinne des *New Public Management*, Kooperation anbieten und operative Autonomie zugestehen – für diejenigen, die den Gesamtprozess bejahen. Man kann Forschungsprogramme auflegen, die Gelder für reformkonforme Forschungen geben. Man kann Gesetze erlassen, die die universitären Akteure zwingen, die Reform durchzuführen.

Vor allem aber werden Anliegen der untergeordneten Akteure, die *nicht* von vornher der Sprache und den sinnhaften Orientierungen der fokalen Reforminitiative entsprechen, systematisch ignoriert. Den „Problemen vor Ort", die von der Reform und ihrem Erfolg ablenken könnten, ihnen nicht zuträglich sind oder abträglich sein könnten, wird systematisch *keine* Aufmerksamkeit geschenkt. Die Vertreter übergeordneter Institutionen gehen höchstens persönlich und vereinzelt, nicht aber in politischen Verhandlungen und systematisch auf diese Probleme und auf die Erwartungen der Akteure vor Ort ein (außer strategisch mit symbolischen Lippenbekenntnissen). Sie bemühen sich, da sie den Erfolg ihrer Reform sichern wollen, gerade *nicht* darum, administrative Dienstleistungen zu geben oder Unterstützungssysteme zur *bottom up*-Interessenformulierung zu entwickeln. „Kundenorientierung", die im Wege dialogischer Vermittlungsprozesse auch zu einer Veränderung der Reformziele führen könnte, wird systematisch ausgeschlossen.[20]

Die untergeordneten Akteure, durch die strukturelle Vermögensüberlegenheit, die praktischen Einflussnahmen, gesetzlichen Neubestimmungen und die symbolische (von den Massenmedien in modifizierter Form verstärkte) Politik des Gegenübers und von ihrer eigenen Ohnmacht verführt, überzeugt oder einfach nur mürbe resigniert, stimmen dem Reformprogramm und konkretisierenden Zielvereinbarungen zu. Sofort schwillt auch der symbolische Protest auf ein kaum mehr öffentlich vernehmbares, ritualisiertes Dauerrauschen ab und erweist sich, wieder einmal, als Sturm im Wasserglas.

Zu diesem strukturellen Zeitpunkt ist das Ende der Hierarchisierungsdynamik erreicht. Die formal übergeordneten Protagonisten stehen auf dem Höhepunkt ihres Einflusses – genauer gesagt, ist dies der Zeitpunkt, zu dem ihre Reform die größte Reichweite *als eine noch einheitlich wahrgenommene* erzielt. Aber schon die Anpassung der Untergeordneten erfolgt auf eine andere Weise, als es im Sinne des Reformerfinders ist.

16.6 Entkopplungsdynamik

Die untergeordneten Akteure können Reforminitiativen auch hoch überlegener Akteure, wie es Regierungen und ihre Verwaltungen nun einmal sind, wirksam beeinflussen, obwohl sie weit weniger gut organisiert sind, weit weniger einheitlich handeln, weitaus geringeren Zugang zu Massenmedien haben, keine Gesetze erlassen

---

[20] Darin ähneln Universitätsreformen „kundenorientierten" Unernehmens- und Behördenstrategien: Der Dialog mit den Kunden darf das jeweils gesetzte Unternehmens- und Behördenziel nicht gefährden, ja, nicht einmal berühren. Mitarbeiter mit Kundenkontakten werden darin geschult, *einseitige* Gespräche zu führen, in denen sie Relevanzen, Richtung und Regeln in der Hand behalten und durch Fragen führen. *Dialog* im Sinne von *Vermittlung* wird gerade vermieden. Denn sollten Mitarbeiter humane Anwandlungen bekommen und sich folgenreich in die Kunden hinein versetzen können, bedeutet das schon, dass sie vom Ziel des Unternehmens oder der Behörde – möglichst viele und teure Abschlüsse, möglichst effiziente und kostengünstige Sachbearbeitung – abweichen.

16.6 Entkopplungsdynamik

können; denn sie halten ein Machtmittel in den Händen, das die übergeordneten niemals übernehmen können: die Praxis. Und ihre objektive Gegenstrategie gegen die symbolische Politik der überlegenen Akteure besteht darin, auf Symbolik mit Symbolik zu reagieren, die Praxis aber von der Symbolik zu entkoppeln.

16.6.1 Interdependenz

Alle Akteure des Universitätssystems sind interdependent. Kein Akteur kann entfernt werden, ohne dass das Institutionensystem der Hochschulbildung seinen Charakter zuinnerst verändern würde, wenn es sich nicht gar auflöste: Weder Studierende noch Verwaltungsmitarbeiter noch Professoren und Mittelbauer noch kommunale Bildungspolitik und intermediäre Institutionen noch Staatsregierungen oder deren internationale Verflechtungen.

Betrachtet man der Einfachheit halber nur die universitäre Wissenschaft und die nationale Bildungspolitik, so gilt: Beide Akteure sind wechselseitig voneinander abhängig und aufeinander angewiesen.

Die universitäre Wissenschaft ist angewiesen auf den Staat: Er gewährleistet, dass akademische Ausbildung an Universitäten überhaupt stattfinden kann und lizenziert das Distinktionsmittel „formale Bildungstitel". Er stellt und finanziert die Organisationen (Universitäten) und bis zur Einführung der Studiengebühren auch die Ausbildung der Studierenden. Wissenschaftspolitiker kämpfen innerhalb des politischen Systems darum, Ressourcen für die universitäre Wissenschaft zu sichern. Selbst die Lehre- und Forschungsfreiheit wird vom Staat garantiert. Insofern ist die universitäre Wissenschaft abhängig von der *performance* regierender bildungspolitischer Akteure.

Auf der anderen Seite stehen wissenschaftspolitische Akteure und Staatsregierung vor dem Problem, dass sie die von ihnen angestrebten Reformen nicht selbst durchführen können. Wissenschaftliche Leistungsproduktion wird nun einmal in den Universitäten von Professoren und Mittelbauern, teils auch von Studierenden erbracht, nicht von den Behörden oder Kabinetten. Diese können fördernde oder hindernde flankierende Maßnahmen setzen, aber weder lehren sie, noch sind sie am Lernen und Kompetenzen-Entwickeln der Studierenden beteiligt. Die Wirksamkeit der Handlungen staatlicher und landesbildungspolitischer Akteure ist also von der Arbeit der Universitätsmitglieder abhängig. Diese verfügen über die Praxis.

16.6.2 Anpassung der Akteure, Assimilation der Inhalte

Da die übergeordneten Akteure sich nicht selbst an Ruder der Praxis setzen können, sind die von ihnen angeschobenen Reformen zunächst einmal nicht viel mehr als formal gesetzte Regelwerke: Ziele und Leitbilder, Pläne und Programme, Aufgaben- und Standardbeschreibungen. Da die Politik ihre Kräfte darauf konzentriert, das jeweils aktuelle Reformprojekt nicht nur durchzusetzen, sondern auch zu einer öffentlich sichtbaren Erfolgsstory zu machen, beschreibt und dokumentiert sie es ausführlich in programmatischer Form und neigt dazu, es in der öffentlichen Kommunikation einerseits mit positiven Konnotationen – Hoffnungen, Versprechungen, Verheißungen – zu überfrachten und es andererseits zu verabsolutieren, es also als einzig mögliche Lösung zu kommunizieren und Alternativen auszuschließen. Zudem erzeugt sie Zeitdruck: Die Umsetzung muss schnell gehen, will man zügig die Position Deutschlands und Europas im internationalen Wettbewerb konsolidieren und die nächste Wahl gewinnen.

Die universitäre Wissenschaft, die sich nach der Zusicherung, sich reformieren zu lassen, wieder ihrem – nun um die Umsetzung der Reform erweiterten – Alltagsgeschäft zuwendet, stellt nun fest, dass diese Umsetzung ihrerseits Probleme erzeugt oder bestimmte Probleme entgegen ihrer Ankündigung nicht oder nur unter Zusatzanstrengungen löst, oder sogar nur eher periphere Probleme löst, während die wirklich brennenden erhalten bleiben.

Probleme, bei denen die übergeordneten Akteure keine Unterstützung anbieten. Denn diese haben sich ihrerseits wieder dem politischen Diskurs mit ihresgleichen zugewendet und interessieren sich nicht für die Niederungen der Umsetzung. Darin können sie sich legitimiert sehen durch das *New Public Management*-Gebot, sich in die operative Ebene nicht einzumischen, und durch die Auffassung der Wissenschaft, dass für gute wissenschaftliche Praxis nur sie selbst zuständig ist.

Das Vakuum zwischen der bisherigen faktischen Praxis vor Ort und dem formalsymbolischen Reformprogramm wird nun durch *trial and error*-Prozesse gefüllt. Die Akteure vor Ort versuchen, die Reformanforderungen mit ihrer bestehenden Praxis zu vermitteln; sie basteln und probieren, beobachten andere Akteure und versuchen, sich die Reform für ihre spezifischen Kontextbedingungen maßzuschneidern (ein unumgänglicher Anpassungsprozess, vgl. in anderem Zusammenhang Bastian u. a., 2005). Dabei werden die Reformelemente uminterpretiert und umgeformt, bis sie zur eigenen Praxis passen; die Akteure „dehnen" die Reform so weit in ihrem Sinne, wie es eben geht, ohne dass der übergeordnete Akteur aufmerksam wird.

Basierend auf ersten Erfahrungen mit der Reform lösen sich Verheißungen und Zauber ebenso auf wie Verteufelungen und Untergangsszenarien. Einige Protagonisten treiben die Praxisumstellungen voran, neue Akteure werden gegründet oder rekrutiert und sind daher an den veränderten Zustand schon vorangepasst, die Mehrheit der Akteure entdeckt vereinzelte Vorteile. Vor allem aber liefert die konforme Mitarbeit an Themen, die politisch en vogue sind und durch entsprechende Forschungs- und Entwicklungsprogramme gefördert werden, vergleichsweise große Chancen, Reputation und Forschungsgelder zu erlangen. Dennoch, die vor Ort für notwendig gehaltenen Anpassungen „weichen" die Reformintentionen zuweilen schon in diesem Stadium bis zur Unkenntlichkeit auf.

16.6.3 Formale Erfolgskontrolle und Umbau der Formalstrukturen

Die politisch-administrativen Akteure versuchen gegenzusteuern, sie verfolgen weiter ihr Interesse an der Reform. Sie sind dabei aber darauf verwiesen, erstens, ein formales Rechenschaftslegungs- und Evaluationswesen einzuführen, da sie mangels Personen und praktikabler Verfahren die Praxis höchstens stichprobenartig vor Ort überprüfen können. Und selbst wenn sie dies tun, können sie nur unzureichende Ausschnitte der realen Komplexität erfassen. Also lassen sie sich berichten, durch Vorträge, Beschreibungen und systematische Datenerhebung, auch durch vereinzelte informelle Gespräche. Wo sie Fehlentwicklungen zu erkennen meinen oder Nachbesserungen für nötig erachten, verfügen sie diese in dirigistischem Stil.[21]

Für die Akteure vor Ort erhöhen sowohl formales Berichtswesen als auch dirigistische Nachsteuerungsmaßnahmen den „bürokratischen" Aufwand (als „bürokratisch" werten sie alles, was nicht zu der von ihnen gewünschten wissenschaftlichen Praxis gehört). Die vereinzelten Reformmaßnahmen treten aus ihrer Sicht, da ihnen die internen Beratungsprozesse formal übergeordneter Akteure intransparent bleiben, in unberechenbarer Weise auf – und dazu noch in beschleunigter Folge, da Akteure aus verschiedenen Entscheidungsebenen der politischen Administration Änderungen verlangen.

Zugleich nehmen sie die einzelnen Maßnahmen und die „Modethemen" der jeweiligen Reformpolitik weniger ernst, da sie wissen, dass bald die nächste „Reformsau über den Campus" gejagt wird und dann nach der jeweils ältern Reformmaßnahme nicht mehr so genau geschaut wird.

Zunehmend beginnen die Universitäten, vorgegebenen Reformnormen *symbolisch* konform zu entsprechen, aber ihre Praxis, ihre Aktivitätsstruktur möglichst unberührt zu lassen und gegen Reformeinflüsse zu schützen.[22] Sie gestalten ihre formale (sprich: symbolische) Struktur so, dass sie den jeweiligen Reform-Erwartungen entsprechen und ihre Reformbereitschaft und -fähigkeit demonstrieren. Sie übernehmen symbolische Elemente, die gefordert werden oder als erfolgreich gelten: unter anderem Modularisierte BA/MA-Studiengänge, Leitbilder, ECTS-Punktesystem, Evaluationsverfahren, öffentliches Sprechen von Reformlyrik („Exzellenz, Evaluation, Effizienz, Management, internationale Spitzenleistungen, Innovation"). Diese formalen Strukturen dienen aber vorwiegend dazu, Anspruchsteller aus Politik, Wirtschaft und Öffentlichkeit sowie politisch-administrative Kontrollorgane zufrieden zu stellen.

Zugleich dienen die formalen Strukturen als Schutzschild: Hinter veränderten

---

[21] Sie glauben darüber hinaus oft an die falsche „Sicker-Hypothese": „Wenn wir die formalen Strukturen ändern, wird das schon in die praktischen Strukturen einsickern".

[22] Das Theorem von der *Entkopplung von Formalstruktur und Aktivitätsstruktur* stammt von Meyer und Rowan (1977) und ist eines der – heute in Diskussion begriffenen, vgl. Senge und Hellmann (2006) – Kerntheoreme des soziologischen Neo-Institutionalismus. Das Theorem wurde übrigens prominent an Hand empirischer Untersuchungen des Schulsystems gebildet.

formalen Strukturen können die Aktivitätsstrukturen, sprich: die Strukturen der operativen Praxis, weithin unberührt bleiben; man betreibt *business as usual*. Zwar ist der dieser Extremfall rein symbolischer Umbenennung, der alle Praktiken unverändert lässt, selten (einige Universitäten sind so beispielsweise mit der Einführung modularisierter, gestufter Studiengänge umgegangen).

Häufiger betreibt man mit Teilen der Aktivitäts- und Leistungsstrukturen selbst strategisch symbolische Politik. Wenn Forschungsleistung nach Publikations-Quantität bemessen wird – bemühen sich universitäre Einrichtungen, in kaum kaschierten Copy-and-Paste-Verfahren den Publikationsoutput zu erhöhen. Wenn Lehrleistung nach Absolventen-Quantität bemessen wird – senken sie die Schwierigkeitsgrade für Prüfungen. Wenn Einwerbung von Drittmitteln ein Qualitätskriterium ist – bilden sie Studierende und Mitarbeiter in strategisch geschickter Forschungs*werbung* aus, etwa im Schreiben von Anträgen.[23] Wenn die Anzahl der Nennungen in gut beleumundeten Fachzeitschriften Qualitätsmaßstab ist – trimmen sie ihre Themen und deren Aufbereitung auf Passung an den in der jeweiligen Zeitschrift angelegten Standard. – Dies sind sämtlich Reaktionen auf sozialen Druck, die in erster Linie Konformität zu den Erwartungen der jeweils aktuellen Reformpolitik herstellen. Konformität ist die *Qualität* von Forschung und Lehre, die hier eingeübt und gesteigert wird.[24]

Mittelfristig führt dieser gesamte Prozess dazu, dass eine große Menge formaler Regelungen erzeugt wird – und zwar *sowohl* von Seiten der politisch Verantwortlichen *als auch* von Seiten der Universitäten (die allerdings die Wirkungen dieser formalen Regelungen mittels informeller Regelungen abfedern, ausgleichen usw.), sodass das entstehende Gesamtregelwerk von den einzelnen wissenschaftsorientierten Universitätsmitarbeitern als unübersichtlicher Dschungel und letztlich als Zwang erfahren werden – als Fremdkörper, die nur bestimmte Freiräume lassen.[25]

16.6.4 Gemeinsames Bauen auf wechselseitige Indifferenz

Langfristig ist die oben bezeichnete Strategie der Entkopplung von Symbolik und Praxis erfolgreich – im Sinne von: die strukturellen Vermögen und Privilegien der beteiligten Akteure bleiben im Wesentlichen erhalten – weil sie auf einen Mecha-

---

[23] „Umfängliche Drittmitteleinwerbung etwa könne auch dokumentieren, dass der Einwerbende lediglich risikolose Mainstream-Themen bearbeite und erfolgreiches Netzwerkmanagement betreibe. Über die Qualität seiner Forschung, z.B. ihre Innovativität, müssten hohe Drittmittelquoten nichts Zwingendes aussagen." (Pasternack, 2001, 117)

[24] Es ist allerdings nicht etwa so, dass unter dem Mantel symbolischer Konformität im Wissenschaftsbetrieb dann Praktiken entwickelt werden, die systematische Alternativen zu – etwa als defizitär beschriebenen – politischen Reformmaßnahmen entwickelt würden; die universitäre Wissenschaft verfügt nicht über die dazu notwendigen strukturellen Vermögen, die kooperative und reflexive (Um-)Gestaltung ihrer eigenen Strukturen erlauben würde.

[25] „Aus diesem immer dichteren Geflecht von Vorschriften speist sich die faktische, nirgends formell fixierte und damit auf Verantwortlichkeit nicht ansprechbare Macht der Hochschulverwaltungen und der zuständigen Ministerien." (Schimank, 2001a, 235)

16.6 Entkopplungsdynamik

nismus der wechselseitigen Bestätigung bauen kann, der seinerseits aus der wechselseitigen Interdependenz der Akteure resultiert. Er wird im Folgenden skizziert.

Die für Akteure relevantesten Erwartungen und Anforderungen – also diejenigen, die ihnen Ressourcen und ressourcenwirksame Anerkennung verleihen und entziehen können – erhalten Akteure erstens aus „ihren" Systeme und von ihresgleichen, zweitens von Akteuren, die in der formal-administrativen Hierarchie *höher* angesiedelt sind als sie selbst. Um Anerkennung und Ressourcen zu akkumulieren, orientieren sich Akteure an ihresgleichen oder an statushöheren, nicht aber an statusniedrigeren Akteuren.

Jeder Akteur erfährt nun aber, dass andere Akteure auf seine symbolische Selbstdarstellung achten, und dass sie nur sehr wenig oder gar kein Interesse an seinen realen Arbeitsprozessen, seinen *praktischen* Leistungen und Belastungen zeigen. Deutungen und Bewertungen seiner Leistungen und Belastungen „von außen" kommen ihm oft zufällig oder willkürlich vor, rätselhaft und überraschend oder enttäuschend, zuweilen unangemessen und ungerecht, hin und wieder irrational und falsch. Ihm drängt sich der Eindruck auf, dass andere Akteure seine Leistungen und Belastungen gar nicht angemessen beurteilen *können*, da jene anderen Akteure nicht „in seiner Haut" stecken.

Mehr noch, er kann systematisch darauf bauen, dass niemand seine alltägliche Praxis beobachtet, dass die *wirkliche* – im Sinne von: unabhängig beobachtbare – Qualität seiner Arbeitsleistung für andere Akteuren nicht wahrnehmbar und darüber hinaus vergleichsweise gleichgültig ist (sie haben weder Zeit noch Lust, seine alltägliche Arbeit intensiver zu beobachten), und dass sie also dazu neigen werden, seinen Selbstdarstellungen zu *glauben*.

So kann er auch gezielt verbergen und nicht zur Disposition stellen, welche lobbyistischen Interessen und Ziele er verfolgt; inwiefern er Strategien verfolgt und Praktiken verwendet, die öffentlich negativ bewertet sind („unmoralisch", „unfair"); inwiefern er Strategien, Praktiken, Privilegien und Vermögen, die nützlich für die Qualitätsentwicklung universitärer Wissenschaft wären, gezielt geheim hält, weil sie ihm Vorteile in den allgegenwärtigen Konkurrenzkämpfen sichern.

Der Akteur kann weiter darauf bauen, dass *peers* und Übergeordnete es goutieren, wenn sie von ihm positiv bestätigt und anerkannt werden, und ihn dafür „zurück-anerkennen", während sie auf negative Kritik eher mit negativen informellen Sanktionen reagieren. Er kann schließlich darauf vertrauen, dass übergeordnete Akteure lieber konforme Erfolgsmeldungen zur Kenntnis nehmen und positiv sanktionieren als Berichte von Misserfolgen oder zähen Schwierigkeiten.

Zusammengefasst kann also der Akteur darauf bauen, dass sie seine Berichte über hochwertige Leistungen, die zugleich die positiv unterstützenden Beiträge der etablierten *peers* und der formal Übergeordneten Akteure hervorheben oder sogar deren Leistungen (mit) herausstreichen, *gerne glauben möchten*. Er wird deshalb – schon um sich selbst nicht zu schaden und sich seinen Weg nicht schwerer als nötig zu machen – dazu neigen, in voraus eilender Antizipation genau die Leistungen als erbracht darzustellen, die bei den für ihn relevanten reputativ oder formal höher stehenden Akteuren erwünscht sind. Und er wird dazu neigen, all jene Belastungen und Missstände zu verschweigen, deren Benennung mittelbar negative Kritik an *peers* und Übergeordneten bedeuten würde, insofern sie für jene Belastungen und Missstände mitverantwortlich zeichneten.

16.6.5 Invisibilisierung wirksamer Praktiken und Vermögen

Aber es werden nicht nur Missstände und Praktiken verschwiegen, die nur schwer legitimierbar wären oder als illegitim gelten, sondern auch solche Praktiken und Vermögen, die es ermöglichen, die Strukturen universitärer Wissenschaft beziehungsweise das Verhalten universitärer Akteure zu beeinflussen – wenn auch in begrenztem Umfang – ohne dass etwaige Konkurrenten es bemerken oder ihre Gegenmacht einsetzen. Es geht dabei um solche Anteile an der universitären Struktur, gleich welcher Art, die einem Akteur bestimmte Vorsprünge verschaffen, die ihm als Mittel sind zur Durchsetzung und Wahrung eigener Interessen dienen.

Dies sind etwa Kenntnisse über und Erfahrungen mit universitären Strukturierungsprozessen und -kämpfen; über Chancen, Mittel und Wege der Interessen-Durchsetzung im universitären Milieu; über wichtige *gatekeeper*, graue Eminenzen und nützliche Verbindungen zu „wichtigen", das heißt Türen öffnenden oder verschließenden Gruppen und Personen; über Finanzierungsquellen und Legitimationsroutinen; über informelle Entscheidungsstrukturen und traditionelle Verfahren; über historisch gewachsene oder qua Reputation verteilte informelle Ansprüche und Gewohnheitsrechte; über mikropolitische Einflussmöglichkeiten und Verhandlungstechniken etc.

Strukturelle Vermögen dieser Art, die für ihn relative Privilegien im Universitätsbetrieb bedeuten (freilich auch relative Beschränkungen im Vergleich zu vermögenderen Akteuren) sucht er zu monopolisieren und zu invisibilisieren, sprich: für sich zu behalten und geheim zu halten. Die Verfügung über sie sind seine Betriebsgeheimnisse.

Unter Konkurrenzbedingungen – und diese Konkurrenz ist durch Kompromiss- und Kartellbildung immer nur domestiziert, phasenweise still gestellt, wenn diese Phasen auch sehr lange dauern können – wäre es für einen Akteur schädlich, Transparenz über seine Vermögensverhältnisse herzustellen. Denn diese Privilegien sind informell gewonnen, also rechtlich oder durch offiziell anerkannte Verfahren einschließlich Reputationsbildung nicht gedeckt; würden sie öffentlich sichtbar, würden sie als ungerechtfertigt angreifbar und könnten ihm entzogen werden. Würde er seine monopolisierten strukturellen Vermögen gar mit anderen Akteuren teilen, verlöre er die Vorteile und Privilegien, die sie gerade dadurch verschaffen, dass sie für andere Akteure *nicht* sichtbar und damit nicht bemerkbar sind; sprich: er erlitte, relativ zu den anderen Akteuren, Verluste an Handlungs- und Einflussvermögen.

Entsprechend verläuft auch die Akkumulation solcher strukturellen Vermögen öffentlich mehr oder minder unbemerkt, und das bedeutet vor allem: außerhalb der Sitzungen offizieller Entscheidungsorgane und unerwähnt in öffentlichen Aussagen. Offizielle Symbolisierungen werden gezielt umgangen. Das Medium dieser Akkumulation sind viele kleine informelle Gespräche und viel Aktenstudium; ihr Ort ist die (Halb-)Privatsphäre von Büros, Fluren, Restaurants, „Tagungsränder" und Feiern. Mögliche Konkurrenten werden aus diesen Sphären strategisch heraus gehalten: exkludiert.

Diese strategisch verborgenen Handlungen zur Akkumulation struktureller Vermögen sind *die* klassischen Mikro-Aktivitäten, deren Zusammenwirken dann, im Wege eines transintentionalen Effekts, „naturwüchsige", unkontrollierte Struktur„entwicklung", genauer: die Veränderung und vor allem Fortschreibung der Strukturen einzelner Universitäten und ganzer Hochschulsysteme erzeugt. Dirigismus und symbolische Politik liegen auf dieser Grundtätigkeit nur auf, sie sind abgeleitete, sekundäre Beeinflussungsstrategien. Wo immer es um Entscheidungen geht, die von den Akteuren für wichtig gehalten werden – ob es nun bloß innerhalb einer Abteilung um die Einstellung neuer Personen geht oder im großen Maßstab um den Entwurf einer Reform des Universitätssystems – werden diese informellen Verhandlungen, die nur für die Beteiligten sichtbar sind, empirisch vorzufinden sein. Die Sphäre der strategisch *desymbolisierten* Vermögens- und Einflussgenerierung ist deshalb auch das klassische Milieu des Entstehens und Wirkens von Netzwerken.

16.6.6 Vermeidung kritischer Evaluationen

Konsequent trachten Akteure danach, strikt zu vermeiden, dass die Wirkung ihrer *gesamten* Arbeit evaluiert wird. Eine unabhängige Evaluation – einmal bei Seite gelassen, inwiefern eine solche möglich wäre – könnte befinden, dass die Reform, die die Bildungspolitik durchführt, und schon einige Reformen davor, ihr Ziel verfehlt und die fokussierten Probleme nicht gelöst haben. Sie könnte auch ergeben, dass das Forschen, Lehren und Verwalten der Wissenschaftler systematisch Probleme erzeugt, die in ihrem Selbstverständnis und ihrer Selbstdarstellung nicht vorkommen, also verschwiegen werden. Unabhängige Evaluationen könnten die strategisch invisibilisierten Praktiken aufdecken und hinterfragen, mit denen Akteure einander und Dritte zu beeinflussen suchen. Solche Ergebnisse, würden sie an die Öffentlichkeit gelangen und dort als gültig akzeptiert, könnten reichlich schädlich werden für Ansehen, Legitimation und damit Status und strukturellen Bestand der Wissenschaftspolitik respektive der universitären Wissenschaft – jedenfalls so lange diese unter den gegenwärtigen Konkurrenzverhältnissen darauf baut, dass die Karten der *Produktion* wissenschaftlicher und politischer Leistungen nicht auf den Tisch gelegt werden können und dürfen.

Kommt jemand Externes auf die Idee, zu „evaluieren", welche Leistungen ein

Akteur wirklich erbringt, wird dieser diese Absicht als äußerst unangenehm empfinden, wenn er

- weiß, dass er, gemessen an seiner Außendarstellung, nur mit Wasser kocht;
- spürt, dass er erst durch Nachfragen von außen Praktiken zu reflektieren beginnt, die er ansonsten völlig selbstverständlich und fraglos ausführt, oder dass Praktiken negativ bewertet werden können, die ihm evident positiv erscheinen;
- die zahlreichen Umwege und Blockaden kennt, die er selbst geht und mitproduziert; die „nicht ganz koscheren" Zwischenlösungen kennt, die er beispielsweise auf Grund seiner Belastung wählt und wählen muss, um den „Betrieb am Laufen zu halten";
- insgeheim durchaus der Auffassung ist, dass einige Praktiken „seiner" Wissenschaft/ Politik problematisch sind, aber fürchtet, dass es ihm zum handfesten Nachteil gereichen würde, wenn er dies öffentlich konzedierte;
- ahnt, dass die Überprüfung seiner Leistungen nicht mit einem fördernden, lösungsbezogenen Unterstützungsangebot einher gehen wird, sondern eher mit Anweisungen, wie er künftig zu handeln habe, die ihm das Berufsleben eher schwerer machen;
- sich darüber im Klaren ist, dass er es sich in seiner privilegierten Position auch teilweise recht gemütlich eingerichtet hat, mit nicht immer positiven Konsequenzen für die Qualität seiner Aufgabenerfüllung;
- sich nicht vorstellen kann, dass an der Universität in – aus seiner Sicht – „vernünftiger", kooperativer Weise Strukturen der universitären Wissenschaft gestaltet werden können.

Jeder Versuch, ihm genau „auf die Finger" zu schauen, muss einem solchen Akteur geradezu unfair vorkommen, sofern sich vorher niemand für seine Arbeit interessiert hat, sie jetzt aber mit Maßstäben gemessen wird, die nicht seine sind, und die sowohl seine Belastungen als auch die Bedingungen seines Umfeldes außer Acht lassen.

Zu evaluieren, weshalb Reformen des universitären Wissenschaftsbetriebs *nicht* erfolgreich waren (oder: Reformen der politischen Gegner möglicherweise erfolgreich waren), liegt also nicht im Interesse politischer Akteure, und eine Evaluation wissenschaftlicher Leistungen, die ergeben kann, dass diese Leistungen teilweise fragwürdig sind, negativ bewertete Begleiterscheinungen oder Fernwirkungen hervor bringen oder beispielsweise sich auf studentische Lernprozesse hemmend auswirken – eine solche Evaluation liegt nicht im Interesse universitärer Wissenschaftler.

16.6 Entkopplungsdynamik

Solche Evaluationen würden notwendigerweise Irrtümer, falsche Vorannahmen, Irrwege, falsche Prioritätensetzungen zu Tage fördern. Das gäbe zwar nützliche Hinweise für die Gestaltung bildungsinstitutioneller Strukturen und über die Bedingungen und Konsequenzen von Umstrukturierungsinitiativen, aber es wäre ebenso sehr Gift für die symbolische Politik der Außendarstellung, die etwa kommunizieren müsste: „Wir brauchen mehr Zeit als gedacht, es ist komplizierter als wir uns vorgestellt haben, wir wissen nicht genau, worauf es hinaus läuft, unsere politischen Vorstellungen helfen uns nicht mehr als Leitlinien zur Gestaltung dessen, was wir hier an empirischen Prozessen vorfinden." Die massenmedial vermittelte Öffentlichkeit goutiert so etwas nicht: Ihre Erwartungen sind tendenziell auf (die Verheißung von) einfache(n), schnelle(n) Lösungen gerichtet. So ist die Wahrscheinlichkeit hoch, dass Evaluationsverfahren, die es dann doch „schaffen", institutionalisiert zu werden, solche sind, die die Privilegien der jeweils mächtigsten Akteure des Bildungssystems – und dies sind vor allem die Nationalregierungen und von ihnen gebildete internationale Netzwerke – nicht mindern.

Für derartige Evaluationen und Kontrollen werden neue Akteure geschaffen (Hochschulräte, Qualitätssicherungsagenturen und Beauftragte für Evaluationsverfahren) und bestehende Akteure beauftragt oder bevorzugt angehört (Hochschulleitungen und Hochschulrektorenkonferenz, das CHE in Gütersloh); sie befinden sich fortan in intermediärer Position zwischen Politik und Universität. Wenngleich hier vergleichsweise starke Umverteilungen strukturellen Vermögens zu verzeichnen sind – weg von inneruniversitären Selbstverwaltungsorganen, Hochschullehrenden und Studierenden, hin zu den neuen bzw. gestärkten Akteuren – bleibt die Gesamtdynamik, von der in diesem Beitrag die Rede ist, zunächst unverändert. Die Akteure kommunizieren mittels offizieller Ziele, Berichte und formaler Strukturen, deren Anfertigung und Befolgung in der Regel zunächst Zusatzaufwand für die untergeordneten Akteure – hier also: die universitäre Wissenschaft und ihre Einrichtungen – bedeutet, später dann aber eine Verlagerung der Tätigkeitsschwerpunkte weg von Forschung, Lehre und Organisation hin zu der Darstellung von Forschung, Lehre und Organisation gegenüber den kontrollierenden und evaluierenden Instanzen.[26]

Genau die „tatsächlichen" (nicht bloß formalen) Entscheidungs- und Selbstorganisationsstrukturen der Universität aber werden bzw. bleiben dem koordinierten gemeinsamen Zugriff der Universitätsmitglieder entzogen, weil sie öffentlich invisibilisiert und intransparent sind. Genau diejenigen Kapitalien, die dazu nötig sind, universitäre Strukturen zu verändern, sind ebenso unbekannt, in Vergessenheit belassen und dem kollektiven Zugriff entzogen; sie lagern in fragmentierter,

---

[26] Möglich ist, dass sich nach einem allfälligen Zentralisierungsprozess einige wenige jener neuen und gestärkten Akteure das Gestaltungsvakuum, das sich aus der Pattstellung zwischen Bildungspolitik und universitärer Wissenschaft ergibt, ausfüllen und zu gewissermaßen proaktiv *gestaltenden* Akteuren (Expertennetzwerken) werden, die ihre Interessen gegen sowohl politische als auch wissenschaftliche Interessen durchsetzen, ein wenig so, wie es die OECD inzwischen in Bezug auf die internationale Schulpolitik tut.

verstreuter, individualisierter Form bei voneinander isolierten Akteuren und Einrichtungen.

16.7 Konkurrenz-Konservations-Dynamik

Die Entkopplungsdynamik mündet dann in ein Verhältnis, das hier etwas umständlich als Konkurrenz-Konservations-Dynamik bezeichnet wird – deshalb, weil die Konkurrenz die treibende Kraft dieser Dynamik ist, sie aber gleichzeitig durch ein gemeinsames Interesse der Konkurrenten an Konservierung der je eigenen strukturellen Vermögen überlagert wird und auf eine Konservierung des Status Quo hinaus läuft, was die *praktischen* Strukturen der universitären Wissenschaft angeht. Diese Dynamik wurde bislang zu recht am Verhältnis der Akteure *innerhalb* einer Gruppenuniversität unterstellt; dieser Beitrag prognostiziert nun, dass sich diese selbe Dynamik zwischen Bildungspolitik und den Akteuren der universitären Wissenschaft einstellen wird. Im Folgenden wird sie theoretisch umrissen.

(1) Die erste Voraussetzung ist, dass zwei oder mehr Gruppen (Akteure), deren Beträge an strukturellem Vermögen annähernd gleich sind, sich ein einem Konkurrenzverhältnis befinden.

(2) Die zweite Voraussetzung besteht darin, dass die Auseinandersetzung dieser Gruppen niemanden interessiert außer ihnen selbst: weder formal übergeordnete Akteure, deren Macht darin besteht, dass sie Strukturen des politischen, rechtlichen und administrativen Systems einsetzen können, um die untergeordneten zu beeinflussen, noch formal untergeordnete Akteure, deren Macht in ihrer Menge besteht. Die gleich starken Gruppen haben also weder „von oben" noch „von unten" etwas zu befürchten.

(3) Die dritte Voraussetzung ist, dass die Gruppen und ihre Mitglieder keine „Exit-Option" haben: Selbst wenn sie sich aus der aktuellen Auseinandersetzung zurück ziehen würden, bliebe doch das institutionelle System bestehen, dem diese Gruppen zugehörten, und sie hätten auch morgen noch miteinander zu tun.

(4) Und schließlich ist die vierte Voraussetzung, dass jede Gruppe dazu neigt, Vorteile zu nutzen (Nachteile zu vermeiden), die sich für sie aus situationsbedingten Opportunitäten ergeben.

Gelingt es unter diesen Bedingungen einer Gruppe, einen Vorteil zu erlangen, der sich zum Nachteil einer anderen Gruppe auswirkt, so kann ihre Freude darüber nur von kurzer Dauer sein. Denn die benachteiligte Gruppe wird in einer späteren Sequenz erfolgreich situative Gelegenheiten zu ihrem Vorteil nutzen. Siege und damit verbundene Vorteile sind unter den genannten Bedingungen also letztlich nur kurzfristig und nicht verlässlich. Der Gewinner von heute ist der Verlierer von morgen. Beschlüsse, die gestern gefasst wurden, werden morgen wieder eingezogen oder nicht umgesetzt. – Wie eine solche Auseinandersetzung weitergeht, hängt von drei Fragen ab:

16.7 Konkurrenz-Konservations-Dynamik

(5) Die erste Frage ist, ob die beteiligten Gruppen erkennen und anerkennen, dass sie in diesen Auseinandersetzungen keine dauerhaften Vorteile erlangen, also keine strukturellen Vermögen akkumulieren kann – oder ob sie es nicht tun.

(6) Die zweite Frage lautet, ob die Gruppen erwarten, dass sie einen strukturellen Vermögensvorteil erlangen können, wenn sie fortan weitere und zusätzliche Energien – also strukturbezogene Aktivitäten, aktualisiertes Handlungsvermögen – in diese Auseinandersetzung investieren, oder ob sie eher Verluste erwarten, Verluste an subjektiv empfundener Qualität des Arbeitsalltages, relative Wertminderungen des Gruppenvermögens, Verluste an Einflusschancen und Ressourcen.

(7) Die dritte Frage lautet, ob die an der Auseinandersetzung beteiligten Gruppen fürchten, den weiteren Verlauf der Auseinandersetzung nicht berechnen zu können und etwaige Verläufe, etwa Eskalationen, so wenig kontrollieren zu können, dass die Gewinne und Verluste an strukturellem Handlungsvermögen unkalkulierbar werden – oder ob der Konfliktverlauf sowie eventuelle Gewinn-Verlust-Bilanzen kalkulierbar bleiben.

Die Konservationsdynamik, von der hier die Rede ist, tritt dann ein, wenn die Gruppen – genauer gesagt, eine kritische Masse dieser Gruppen, eine strukturell überlegene Mehrheit,[27] die unter Bedingungen gleichen strukturellen Vermögens einfach aus zahlenmäßige Überlegenheit besteht – die Nicht-Akkumulation anerkennen, Verluste erwarten und den weiteren Verlauf nicht kalkulieren zu können meinen. Die Gruppen suchen dann nach Möglichkeiten, die als unfruchtbar eingeschätzten Auseinandersetzungen zu vermeiden, und die Verfügbarkeit ihrer jeweils akkumulierten strukturellen Vermögen zu bewahren.

Daraus resultiert ein gemeinsam getragenes Vertagen und Verschweigen aller Probleme, die zu Konflikten zwischen den Gruppen führen könnten. Dies geht Hand in Hand mit sowohl jeweils gruppeninternen als auch wechselseitigen Disziplinierungen durch informellen („moralischen") Konformitätsdruck. Es entsteht die Norm, wechselseitige und interne negative Kritik nicht mehr öffentlich vernehmbar zu äußern, sondern allenfalls in der nach außen verschlossenen internen Sphäre, und den anderen Gruppen nicht zu schaden, um mittelbar sich selbst nicht zu schaden.

Die Gruppen einigen sich auf diese Verhaltensregeln nicht in einem offiziellen Diskurs. Nie wird man erleben, dass in einem offiziellen Entscheidungsorgan der Beschluss gefasst wird, Konflikte zwischen den wichtigsten Gruppen systematisch zu vermeiden. Im Gegenteil vermeiden sie jede Offizialisierung dieser Einigung strategisch.

Die Gruppen tendieren dann gemeinsam (in der öffentlichen, nicht unbedingt in der jeweils gruppeninternen Kommunikation) dazu, für als schlecht empfundene institutionelle Zustände nicht sich selbst und dann auch nicht mehr einander, sondern einen „gemeinsamen Fremden" oder „Feind" verantwortlich zu machen (Externalisierung von Problemen/ Selbstaufwertung und Fremdabwertung). Für

---

[27] Ein Wort zur überlegenen Mehrheit = kritische Masse

positive Zustände der Institution dagegen schreiben sie sich die Verantwortung gern selbst zu.

So entstehen „faktische Nichtangriffspakte" (Schimank, 2001a, 233). Es „gilt das ‚Gesetz der Zurückhaltung auf Gegenseitigkeit' [...]. Keiner kommt dem anderen in die Quere, und jeder leitet daraus das Recht ab, selbst unbehelligt zu bleiben." (Schimank, 2001b, 206-207) Die Gruppen bilden ein „Kartell des Aushaltens (des gegenwärtigen Zustandes) und des Heraushaltens (des zu seiner Veränderung wirklich Notwendigen)" (Mittelstraß, 1993, 63), eine „informelle negative Koordination" auch zwischen „feindlichen" Bündnissen,[28] die, obzwar sie niemanden befriedigt, von allen reproduziert wird (Schimank, 1995, 253).[29] „Notwendige Opfer werden, ebenso wie Zugewinne, proportional verteilt" (Schimank, 2001a, 233). Zusammen verteidigen die Gruppen dann ihren gemeinsamen Betrag an strukturellem Vermögen – den Anteil an der institutionellen Struktur, über den sie verfügen – , in der Regel in Form einer spezifischen Funktion, also besonderer Aufgaben und Leistungen, die nur sie zu erfüllen in der Lage sind.

Die Beteiligten fürchten, dass es ihnen nur schlechter gehen kann, wenn sie aus diesem Stillhalte-Abkommen aussteigen[30] – die Rückseite dieser Furcht besteht in der Auffassung, dass der gegenwärtige Status Quo der bestmögliche wäre. Hier regiert der pure Ordnungswert der Ordnung (Popitz, 1976): Man weiß, was man zu tun hat, um Vorteile zu erlangen und Nachteile zu vermeiden. Das Verhalten der beteiligten Gruppen ähnelt dem berüchtigten Beamtenmikado: Wer sich zuerst bewegt, hat verloren.

Diese eingespielte Konstellation reproduziert eine Dynamik, die sich gegen jede mögliche Strukturveränderung oder -entwicklung spröde zeigt, Innovationen abträglich ist und deswegen hier Konservations-Dynamik genannt wird.

Dass die Gruppen sich aus eigenem Antrieb um die Entwicklung einer andersartigen Form der Verhaltenskoordination bemühen, deren Effekt für alle Beteiligten ertragreicher wäre, ist empirisch völlig unwahrscheinlich.

Ein Ausbrechen einer Gruppe aus diesem Gleichgewicht des wechselseitigen Nichtberührens ist nur zu erwarten, wenn eine Gruppe plötzlich, etwa durch Zugewinn mächtiger Bündnispartner oder entscheidender Ressourcen, strukturell überlegen wird. Die übrigen Gruppen würden ein solches Ausbrechen aus dem unausge-

---

[28] „[D]ie Akteure gelangen gerade im Medium ihrer mikropolitischen Grabenkämpfe indirekt auch zu einer konsensuellen Stabilisierung ihrer gegenseitigen Abhängigkeiten und schaffen auf diese Weise ... eine prekäre Gleichzeitigkeit von Konflikt und Kooperation" (Schimank, 2001b, 205)

[29] Ein Moment dieser Reproduktion stellt der präsidiale Führungsstil der „autoritativen Ratschläge" dar, die darauf beruhen, dass „ein stilles Einverständnis zwischen Präsident und ProfessorInnen herrscht, dem Präsidenten genau dadurch Macht zu verleihen, dass man ihn nicht an die Grenzen seiner Machtbefugnisse treibt. Und dies geschieht in der Weise, dass man ... die präsidialen Präferenzen in den eigenen Präferenzbildungsprozessen bereits berücksichtigt" (Wiesner, 2001, 158).

[30] „Die hochschulinterne Rivalität um Ressourcen konnte leicht zur gegenseitigen Paralysierung führen", konstatieren auch Beckmeier und Neusel (1991, 143).

sprochenen Konsens zwar als „Unrecht" empfinden, als Missachtung des eingespielten gemeinsamen Gewohnheitsrechts, was aber die „Ausbrecher" nicht kümmern muss, insofern ihre strukturelle Überlegenheit nicht gebrochen werden kann. Können die anderen Gruppen aber ihre strukturelle Unterlegenheit ausgleichen, setzt die Konkurrenz-Konservations-Dynamik erneut ein.

Ansonsten setzt diese Dynamik immer dann ein, wenn ein bestehendes Kartell „gestört" wird, indem (8) ein neuer Akteur in die institutionelle Struktur eindringt oder integriert werden muss, oder indem (9) eine Gruppe relativ zu den anderen stark geschwächt wird, zusammenbricht, eine Exit-Option erwirbt und aus dem Kartell austreten kann.

Ad 8) Neulinge passen sich im Laufe der Konservationsdynamik in die bestehenden Verhältnisse (die dabei auch immer ein wenig modifiziert werden) ein, indem sie sich über die ungeschriebenen „Gesetze" und Regeln informieren, und in Erfahrung bringen, welche Personen und Einrichtungen in welchen etablierten Bündnissen zusammen geschlossen sind. In dem Maße, in dem sie Machtverhältnisse kennen, sich darein integrieren und sie nun selbst nutzen, gelingt es ihnen dann besser, eigene Interessen im Rahmen dieser Verhältnisse durchzusetzen, und sie haben keinen Grund mehr (wenn sie es überhaupt je anstrebten), eine „systemoppositionelle" Haltung einzunehmen.

Ad 9) Wenn ein Akteur verschwindet, werden die Anteile strukturellen Vermögens, die er im Kartellsystem zurücklässt, zwischen den verbleibenden Akteuren aufgeteilt.

Man erwartet schließlich tendenziell nichts mehr voneinander, außer Störungen und Behinderungen der eigenen laufenden oder gewünschten Praxis. Diese Erwartungshaltung kapselt die Routinen ein und schützt sie vor Veränderung: Alle Akteure machen im Grunde weiter wie bisher. Sie trauen einander nicht zu, in positiver Weise zur Veränderung der allgemeinen Situation beitragen zu können, oder auch nur die positiven Seiten der gegenwärtigen Situation zu bewahren. Diese verhilft allen beteiligten Akteurgruppen zu einem Verhältnis relativ friedlicher Koexistenz: Von wem man nichts erwartet, mit dem kommuniziert man nicht mehr viel – und derjenige, mit dem nicht viel kommuniziert wird, kann sich freuen, dass er im Wesentlichen in Ruhe gelassen wird. Vielleicht kann er sogar einen Wahlerfolg oder neu eingeworbene Drittmittel bejubeln.

16.8 Schluss: Zusammenfassung und Effekte

16.8.1 Zusammenfassung

Analysiert wurde ein Prozess, in dem unterschiedliche Akteure – auf der einen Seite Institutionen der (internationalen) Bildungspolitik, auf der anderen Seite die universitäre Wissenschaft – aufeinander treffen. Sie verfügen über unterschiedliche Definitionen dessen, was als Handlungsproblem zu gelten hat, weil sie sich an verschiedenen sozialen Systemen orientieren, und damit an unterschiedlichen Handlungs- und Deutungsmustern. Beide Akteure befinden sich nicht nur innerhalb ihrer Systeme in Konkurrenzverhältnissen (und sind deshalb nicht durchaus so einheitlich, wie sie hier aus Darstellungsnotwendigkeit meistens geschildert werden), sondern treffen auch wie Konkurrenten aufeinander, da ihre Problemdefinitionen sie dazu verführen, die jeweils andere Seite abzuwerten.

Insofern die Akteure interdependent sind, ist pure dirigistische Interessendurchsetzung nicht umstandslos möglich. So versuchen sie, mittels symbolischer Politik aufeinander einzuwirken. Diese symbolische Auseinandersetzung gewinnt der Akteur, der dem anderen an strukturellen Vermögen ohnehin überlegen ist; die Handlungsorientierungen beider Akteure wirken so zusammen, dass sich das hierarchische Verhältnis zwischen ihnen verschärft (Hierarchisierungsdynamik). Während sich gegen dirigistische Eingriffe „von oben" symbolischer Protest „von unten" regt, können die übergeordneten Akteure, ebenfalls qua ohnehin bestehender Überlegenheit an strukturellen Vermögen, bestehende praktische Strukturen (aber auch formale: Gesetze etwa) umbauen und die Untergeordneten dadurch *mittelbar* dazu zwingen, ihr Verhalten in der gewünschten Weise zu ändern. Es setzt sich hier einfach der Stärkere durch.

Die Reaktion der Untergeordneten, die ihren symbolischen Protest einstellen, sobald die Änderungen nur noch mittelbar erzwungen werden, besteht fortan darin, ihre Interessen ebenfalls nur indirekt zu verfolgen. Gegenüber den überlegenen Akteuren demonstrieren sie mittels symbolischer Kommunikation und formalen Strukturen ihre Konformität; dabei entkoppeln sie allerdings die formalen Strukturen von ihrer „faktischen" Praxis und gestalten diese „unterhalb" der offiziellen Kommunikation gemäß ihrer eigenen Problemdefinitionen; ebenso betreiben sie „unterhalb" ihrer eigenen symbolischen Politik informelle Lobbyarbeit, wenn sie sich direkt auf politische Akteure beziehen. Darauf lassen sich die übergeordneten Akteure einerseits ein, andererseits sorgen sie dafür, dass die von ihnen erwarteten Problembearbeitungsweisen von Seiten der Universitäten übernommen werden, indem sie neue intermediäre Akteure und Verfahren schaffen, die die Hochschulen dort steuern sollen, wo der Arm der politischen Akteure selbst nicht mehr hinreicht: im Bereich der faktischen Praxis, der Aktivitäts- und Leistungsstruktur.

Inzwischen hat aber längst die Auseinandersetzung zwischen beiden Akteuren die Oberhand über sachlich adäquate Praktiken gewonnen, sprich: das Hauptproblem für beide Seiten besteht darin, miteinander auszukommen, und die Regelung der „politischen" Beziehung zwischen beiden Akteuren gewinnt Priorität über die Regelung der „sachlichen" Leistungen. Es geht also gar nicht mehr darum, ob Forschung, Lehre und Organisation der Wissenschaft in irgendeinem Sinne besser (und sei es nur „exzellent" und „effizient") werden, sondern um die Wahrung des Gesichts, um das Vermeiden von Verlusten an strukturellem Vermögen und darum, ein Arrangement zu treffen, das unzumutbare Belastungen für beide Seiten verhindert. Wechselseitige Bestätigungen von Exzellenz und Erfolg gehören dazu.

16.8.2 Effekte

Die große Koalition der Wissenschaftspolitik und der Universitäten besteht darin, dass sie sich in ihrer symbolischen Selbstdarstellung als hoch leistungsfähig beschreiben, als beste Absichten verfolgend, als kenntnisreiche, kompetente ExpertInnen auf ihrem Gebiet (einschließlich verzeihlicher Fehler, die die Glaubwürdigkeit erhöhen). Die jeweils aktuell regierenden Wissenschaftspolitiker stellen dar, dass ihre Reform fruchtet und die Qualität der Leistungen „ihrer" Universitäten steigert. Beide Akteure üben sich in der Kunst des Verbergens oder Verleugnens von Misserfolgen, Schadensverursachung und partikular egozentrischen Handlungsmotiven.

Sofern Schwierigkeiten auftreten, Verzögerungen, Widerstände, unerwünschte Nebenwirkungen – wenn sich also wieder einmal das robuste Beharrungsvermögen des Bildungssystems und der wahre Komplexitäts- und Verwurzelungsgrad der zu reformierenden Missstände zu erkennen gibt, ist es für politische Akteure leichter, zum Anschub eines nächsten Projekts zu „springen". Im Zweifel entwerfen sie eine neue Reform, ohne die Wirkungen der vorher gehenden evaluiert zu haben. Die wissenschaftliche Seite demonstriert, dass sie neben ihrer ohnehin exzellenten Forschung und Lehre nun auch noch Reformen mit umgesetzt hat. Im Zweifel gibt sie sich neue formale Strukturen, die nachweisen sollen, dass die noch vorhanden Probleme wirksam angegangen werden.

Auf der Strecke bleiben in einem solchen Prozess alle Akteure und Objekte, die über keine starke Lobby verfügen, und alle Probleme, die zu komplex sind, um sich in zweitägigen Konferenzen und in kopfgeborenen Konzepten verhandeln zu lassen.

Die Frage, wie eine reflexiv koordinierte, kooperative Gestaltung universitärer Wissenschaft *durch die Beteiligten selbst* möglich wäre, wird nicht mehr gestellt. Mit dem Bad „Gruppenuniversität" wird das Kind „Selbstverwaltung" ausgegossen; statt auf Fehlentwicklungen durch Weiterentwicklung zu reagieren, setzt man auf Rückbau und Wiedereinführung autoritärer Strukturen. Universitätsentwicklung wird dadurch aber, weil sich die analysierten Dynamiken so nicht ändern, vorwiegend transintentional, gewissermaßen „naturwüchsig" stattfinden, und das Recht des politisch Geschickteren und des sozial ohnehin Vermögenderen wird sich weiterhin durchsetzen; nur dass dies jetzt nicht mehr die Hochschullehrenden sind, sondern Interessengruppen, die in den Boards und Agenturen Einfluss gewinnen. Die universitäre Wissenschaft entwickelt auch weiterhin keine unabhängigen, reflektierten, kollektiv geteilten und pragmatisch umsetzbaren Konzepte von Qualität, Leistung, Bewertungsmaßstäben etc., die sie unliebsamen politischen Reformen entgegen setzen und offensiv nach außen kommunizieren könnte.

Wie Lehre und Forschung *wirklich* besser durchgeführt und organisiert werden können, ist kein Thema aktueller universitätspolitischer Reformen. Es geht darum, formale Vorgaben umzusetzen und in der Konkurrenz, die sich vorwiegend um sachfremde quantitative Größen dreht, vordere Plätze einzunehmen. Fragen danach, was universitäre Wissenschaft leisten soll, und inwiefern sie den Menschen dienen kann, werden weder universitätsintern noch in einem öffentlichen Diskurs verhandelt. Die schwächsten Glieder in der Kette, Studierende, Jungwissenschaftler und neu Eingestellte, bekommen am ehesten zu spüren (und könnten, wenn sie ihre halb externe Stellung dafür nutzten, am besten erkennen), wie wenig sich der Betrieb trotz teils radikal veränderter Symbolik verändert – wenn man als Maßstab die Lösung der vor Ort ins Auge stechenden Probleme anlegt.

Bestehen bleibt der institutionelle Mangel an Organisationsbewusstsein, an explizitem und relativ gesichertem Steuerungswissen, an Strukturierungskompetenz. Die Tatsache, dass die Universität ein *soziales* System ist, wird strukturell nahezu ignoriert. So bleiben soziale Mechanismen undurchschaut und können nicht in den Griff gezielter kooperativer Gestaltungsmaßnahmen genommen werden. In einer solchen zerklüfteten institutionellen Landschaft koppeln Reformen nur *zufällig* an Strukturen an – nur soweit es jene unkontrollierten Mechanismen institutioneller Selbststrukturierung erlauben. Die interne Auslagerung der Organisationstätigkeiten an Profis kann hier keine Abhilfe schaffen – so lange Studierende, Wissenschaftler und Bildungspolitiker keinen Sinn dafür haben, dass gute Wissenschaft immer auch gut organisierte Wissenschaft ist und das sach- und humanadäquate Organisieren damit zu den Grundkompetenzen der „Wissensarbeiter" gehören müsste.

Die große Mehrheit universitärer Akteure, darunter nahezu alle wissenschaftsorientierten, erhalten auch weiterhin keine Ausbildung, keine Fortbildung und keine Beratung in Fragen der Organisation und Gestaltung universitärer Strukturen – unter besonderer Berücksichtigung ihrer Effekte auf Prozesse und Ergebnisse von Forschung und Lehre. Arbeit an der Entwicklung fruchtbarer Weisen der Vermittlung von Forschung, Lehre und Organisation, *das* Innovationspotenzial universitärer Wissenschaft, ist kein Thema, im Gegenteil werden diese Bereiche zunehmend getrennt – im Zeitalter der Grenzüberschreitung und Interdisziplinarität, das im Munde führt, dass komplexe Probleme nur durch neue Formen der Kooperation noch sinnvoll bearbeitet werden können. Reflexive, kooperative Selbststrukturierung wird so wenig gefördert und gefordert, dass sich der Verdacht einstellen muss, dass niemand dies will.

Und in einer Hinsicht ist es tatsächlich so. Die Explikation, Sichtbar- und Transparentmachung bislang desymbolisierter Strukturen (informeller) Praxis käme einem Aufdecken impliziter Machtverhältnisse und der Verteilungslogik von Privilegien gleich. Nicht nur Manager und Personen in Führungspositionen fürchten Kontrollverluste, wenn sie es zuließen, dass die Strukturen in „ihren" Organisationen auf diese Weise einigermaßen getreu und differenziert beschrieben werden. All jene Akteure, die von bisherigen oder neu eingeführten formalen und praktischen Strukturen privilegiert sind, wünschen nicht, gewohnte oder neu gewonnene Vorteile aus der Hand zu geben – insbesondere dann nicht, wenn sie auf Kosten der strukturellen Vermögen anderer Akteure gehen. Und sie können sich darauf

16.8 Schluss: Zusammenfassung und Effekte

verlassen, dass die Anstrengung, die darin bestünde, in gemeinsamen Aushandlungsprozessen Wege der Verbesserung des Arbeits- und Studienplatzes *und* der Qualität *und* der Effizienz von Forschung, Lehre und Organisation zu finden – etwas, was auf *reale* Demokratisierung hinaus liefe – von denen, die es betrifft, als zu hohe Belastung oder als ohnehin undurchführbar abgewiesen wird, sofern diese Problemdimension überhaupt noch präsent ist. Jeder Akteur, der es schon einmal versucht hat, wird bemerkt haben, dass wirkliche Eigeninitiative nicht belohnt, sondern im Gegenteil als Nonkonformismus eher ignoriert und geschwächt wird.

Abgesehen davon, dass die gesamte Struktur universitärer Wissenschaft – nach wie vor! – solchen Initiativen (soweit sie nicht oberflächlich, also bloß symbolisch sind) entgegen steht: „Der serielle Aufbau der Organisation erzeugt Individualisierung und Isolation. ... Das Nebeneinander der Serie kapselt die Menschen ein und wirft sie auf sich selber zurück. ... Die erfolgreiche Koordinierung der Einzelarbeiten befestigt die Serie, anstatt sie zu durchlöchern. So bietet die Organisationsform der Universität für Lehrende und Studenten praktisch kaum Ansatz- und Anknüpfungspunkte der Entwicklung inhaltlicher Kooperationsstrukturen und überlässt deren Zustandekommen weitgehend der individuellen ... Initiative." (Schimank, 2001b, 207) Jede institutionelle Einheit des Systems universitärer Wissenschaft – bis hin zu den einzelnen Personen – steht nach wie vor allein vor denselben Problemen und kuriert isoliert mit ihren begrenzten Kräften daran herum. Nicht verändert, sondern verschärft wird diese wechselseitige Isolation der Konkurrenten.

Literaturverzeichnis

[Bastian u. a. 2005] BASTIAN, Johannes ; COMBE, Arno ; LANGER, Roman: *Feedback-Methoden*. Weinheim : Beltz, 2005. – 2. erg. Aufl.

[Beckmeier und Neusel 1991] BECKMEIER, C. ; NEUSEL, A.: *Entscheidungsverflechtung an Hochschulen. Determinanten der Entscheidungsfindung an bundesdeutschen und französischen Hochschulen am Beispiel der Studiengangentwicklung*. Frankfurt/M. : Campus, 1991

[Belliger und Krieger 2006] BELLIGER, Andrea (Hrsg.) ; KRIEGER, David J. (Hrsg.): *Anthology. Ein einführendes Handbuch zur Akteur-Netzwerk-Theorie*. Bielefeld : Transcript, 2006

[Buer 2006] BUER, F.: Gefährdet Organisation Profession? In: *Organisationsberatung – Supervision – Coaching* 1 (2006), S. 65–85

[Callon und Latour 2006] CALLON, Michel ; LATOUR, Bruno: Die Demontage des großen Leviathans: Wie Akteure die Makrostruktur der Realität bestimmen und Soziologen ihnen dabei helfen. In: (Belliger und Krieger, 2006), S. 75–102

[Edelman 1976] EDELMAN, M.: *Politik als Ritual. Die symbolische Funktion staatlicher Institutionen und politischen Handelns*. Frankfurt/M., New York : Campus, 1976

[Europäisches Parlament 2005] 2005, Europäisches P.: *Entschließung des Europäischen Parlaments zur Halbzeitüberprüfung der Lissabon-Strategie*. – URL http://www.mann-europa.de/sonstige_wirtschaft/halbzeit_lissabon09-03-2005.pdf. – Nr. 38/PE 356.371

[Festenberg 2006] FESTENBERG, M. v.: *Das Bild der Universität in Bundestagsdebatten. Eine empirische Analyse von Bundestagsreden zur Hochschulpolitik*, Hamburg, Diplomarbeit, 2006

[Gurria 2006] GURRIA, Angel: Opening Remarks. In: *Education Policy Analysis. Focus in Higher Education. 2005-2006*. OECD Publishing, 2006

[Hippler 2003] HIPPLER, J.: Unilateralismus der USA als Problem der internationalen Politik. In: *Aus Politik und Zeitgeschichte* B 31-32 (2003)

[Hüfner 2003] HÜFNER, K.: *Zum Verhältnis USA – UNESCO*. Vortrag auf einer Veranstaltung des Verbandes für Internationale Politik und Völkerrecht e. V. am 22.01.2003 in Berlin. 2003. – URL http://www.vip-ev.de/text24.htm

[Klante 2007] KLANTE, U.: *Lobbyismus – informelle Formen und Methoden der politischen Einflussnahme. Ein kapitalbasiertes Tauschzyklusmodell des Lobbyismus auf der Grundlage einer empirischen Analyse der Airbus-Werkserweiterung (2001-2004) in Hamburg*, Hamburg, Diplomarbeit, 2007

[Klausenitzer, o.J.] KLAUSENITZER, J.: *PISA – einige offene Fragen zur OECD Bildungspolitik*. – URL http://www.links-netz.de/K_texte/K_klausenitzer_oecd.html#back1

[Kluge 2005] KLUGE, A.: *Die Lücke, die der Teufel lässt*. Frankfurt/ M. : Suhrkamp, 2005

[Landfester und Rössel 2004] LANDFESTER, K. ; RÖSSEL, J.: Die Juniorprofessur zwei Jahre nach ihrer Einführung. In: *Soziologie Jg. 33* 1 (2004), S. 44–56

[Langer 2005] LANGER, Roman: *Anerkennung und Vermögen: Eine sozialtheoretische Analyse der Selbstorganisation in und von Bildungsinstitutionen*. Münster : Monsenstein & Vannerdat, 2005

[Langer 2006] LANGER, Roman: *Hinter den Spiegeln universitärer Governance. Dynamiken informeller Selbstregulierung in der Universität*. Münster : Lit-Verlag, 2006 (Wirtschaft – Arbeit – Technik). – Unter Mitarbeit von Daniela Spresny.

[Latour 2006] LATOUR, Bruno: Gebt mir ein Laboratorium, und ich werde die Welt aus den Angeln heben. In: (Belliger und Krieger, 2006), S. 103–134

[Law 2006] LAW, John: Notizen zur Akteur-Netzwerk-Theorie: Ordnung, Strategie und Heterogenität. In: (Belliger und Krieger, 2006), S. 429–446

[Martens und Wolf 2006] MARTENS, K. ; WOLF, K.-D.: Paradoxien der Neuen Staatsräson Die Internationalisierung der Bildungspolitik in der EU und der OECD. In: *Zeitschrift für Internationale Beziehungen. 13. Jg.* 2 (2006), S. 145–176

[Mayer 2002] MAYER, Karl U.: Schwindendes Vertrauen? Überlegungen zum Verhältnis zwischen Hochschule und Gesellschaft. In: *Beiträge zur Hochschulforschung, 24. Jg.* 4 (2002), S. 6–17

[Mayntz und Scharpf 2001] MAYNTZ, Renate ; SCHARPF, Fritz W.: *Politische Steuerung - Heute?* / Max-Planck-Institut für Gesellschaftsforschung. URL http://www.mpifg.de/pu/workpap/wp05-1/wp05-1.html, 2001. – MPIfG Working Paper 05/1

[Meyer und Rowan 1977] MEYER, John W. ; ROWAN, Brian: Institutionalized Organizations: Formal Structures as Myth and Ceremony. In: *American Journal of Sociology* 83 (1977), S. 340–363

[Mittelstraß 1993] MITTELSTRASS, J.: Aufriß des Themas. In: DEUTSCHE WISSENSCHAFT, Stifterverband für die (Hrsg.): *Wozu Universitäten? Universitäten wohin? Die Universität auf dem Weg zu einem neuen Selbstverständnis*. Essen : Stifterverband, 1993, S. 63–70

Literaturverzeichnis 613

[Nuscheler 2001] NUSCHELER, F.: Multilateralismus vs. Unilateralismus / Stiftung Entwicklung und Frieden. Bonn, 2001. – Policy Paper 16

[Ötsch 2007] ÖTSCH, W. O.: Bilder der Wirtschaft. Metaphern, Diskurse und Hayeks neoliberales Hegemonialprojekt / Johannes-Kepler-Universität, Linz. 2007 (0709). – Arbeitspapier

[Pasternack 2001] PASTERNACK, P.: Hochschulqualität: Ein unauflösbares Problem und seine Auflösung. In: OLBERTZ, J. H. (Hrsg.) ; OTTO, H.-U. (Hrsg.): *Qualität von Bildung. Vier Perspektiven*. Institut für Hochschulforschung an der Martin-Luther-Universität Halle-Wittenberg, 2001 (Arbeitsberichte 2'01), S. 105–125. – URL http://www.peer-pasternack.de/texte/quali%204%20perspekt_art.pdf

[Picht 1964] PICHT, G.: *Die deutsche Bildungskatastrophe*. Olten, 1964

[Popitz 1976] POPITZ, Heinrich: *Prozesse der Machtbildung*. Tübingen : Mohr, 1976

[Popitz 1999] POPITZ, Heinrich: *Phänomene der Macht*. Tübingen : Mohr, 1999

[Powell und DiMaggio 1983] POWELL, Walter W. ; DIMAGGIO, Paul J.: The Iron Cage Revisited. Institutional Isomorphism and Collective Rationality in Organizational Fields. In: *American Sociological Review* 48 (1983), S. 147–160

[Reitz und Draheim 2006] REITZ, T. ; DRAHEIM, S.: Die Rationalität der Hochschulreform. Grundzüge eines postautonomen Wissensregimes. In: *Soziale Welt* 57 (2006), S. 373–396

[Rürup 2008] RÜRUP, M.: Föderaler Wettbewerb als Modus deutscher Bildungsreform? – Anspruch, Differenzierung und aktuelle Tendenzen. In: LANGER, Roman (Hrsg.): *Warum tun die das? Steuerungsintentionen maßgeblicher Akteure des Schulsystems*. Wiesbaden : VS, 2008

[Schimank 1995] SCHIMANK, Uwe: *Hochschulforschung im Schatten der Lehre*. Frankfurt/M., New York : Campus, 1995

[Schimank 2001a] SCHIMANK, Uwe: Festgefahrene Gemischtwarenläden – Die deutschen Hochschulen als erfolgreich scheiternde Organisationen. In: SCHIMANK, Uwe (Hrsg.) ; STÖLTING, Erhard (Hrsg.): *Die Krise der Universitäten*. Wiesbaden : Westdeutscher Verlag, 2001 (Leviathan Sonderheft 20/2001), S. 223–242

[Schimank 2001b] SCHIMANK, Uwe: Machtfreiheit als negative Utopie. Die Hochschule als Idee und Betrieb. In: SCHIMANK, Uwe (Hrsg.) ; STÖLTING, Erhard (Hrsg.): *Die Krise der Universitäten*. Wiesbaden : Westdeutscher Verlag, 2001 (Leviathan Sonderheft 20/2001), S. 194–222

[Schnitzer 2005] SCHNITZER, K.: Von Bologna nach Bergen. In: LESZCZENSKY, Michael (Hrsg.) ; WOLTER, Andrä (Hrsg.): *Der Bologna-Prozess im Spiegel der HIS-Hochschulforschung*. HIS-Kurzinformation, April 2005, S. 1–10

[Schrader 2005]   SCHRADER, S.: Unilateralismus versus Global Governance. Die so genannten Schurkenstaaten als Problem der internationalen Sicherheitspolitik. In: BEHRENS, M. (Hrsg.): *Globalisierung als politische Herausforderung: Global Governance zwischen Utopie und Realität.* 2005, S. 187–214

[Senge und Hellmann 2006]   SENGE, Konstanze (Hrsg.) ; HELLMANN, Kai-Uwe (Hrsg.): *Einführung in den Neo-Institutionalismus.* Wiesbaden : VS, 2006

[Soeffner und Tänzler 2003]   SOEFFNER, Hans-Georg ; TÄNZLER, Dirk: Figurative Politik. Prolegomena zu einer Kultursoziologie politischen Handelns. In: CHEUNG, C.-F. (Hrsg.) ; CHVATIK, I. (Hrsg.) ; COPOERU, I. (Hrsg.) ; EMBREE, L. (Hrsg.) ; IRIBARNE, J. (Hrsg.) ; SEPP, H.-R. (Hrsg.): *Essays in Celebration of the Founding of the Organization of Phenomenological Organizations.* Onlinepublikation, 2003. – URL www.o-p-o.net

[Sozialpartner Austria 2007]   AUSTRIA, Sozialpartner: Chance Bildung. Konzepte der österreichischen Sozialpartner zum lebensbegleitenden Lernen als Beitrag zur Lissabon-Strategie / Beirat für Wirtschafts- und Sozialfragen. Bad Ischl, 2007. – Forschungsbericht

[Weick 1985]   WEICK, Karl: *Der Prozess des Organisierens.* Frankfurt : Suhrkamp, 1985

[Wiesner 2001]   WIESNER, A.: Der autoritative Ratschlag. Eine mikropolitische Analyse präsidialen Führens einer Universität. In: *hochschule ost* 2 (2001), S. 154–166

[Winter 2004]   WINTER, T. v.: Multilaterlalismus und Unilaterlaismus in der Außenpolitik der USA / Wissenschaftliche Dienste des Deutschen Bundestages. 2004 (Reg.-Nr.: WF II - 117/04). – Info-Brief

Über die Autoren

Otto Hüther ist seit Oktober 2005 wissenschaftlicher Mitarbeiter am Institut für Soziologie der Universität Hamburg. Die neueren Universitätsreformen in Deutschland und die allgemeine Organisationstheorie bilden seine Forschungsschwerpunkte. Er studierte Soziologie mit dem Schwerpunkt *Organisation und Arbeitsbeziehungen* in Mainz, arbeitete danach als Projektmanager bei der *Market Research & Services GmbH (MR&S)* in Frankfurt am Main. Im Jahr 2004 wurde er Forschungsmitarbeiter im transdisziplinären DFG-Projekt DISPO.

e-mail: otto.huether@uni-hamburg.de

Dr. rer. nat. **Michael Köhler-Bußmeier** forscht und lehrt im Department Informatik der Universität Hamburg. Nach dem Studium der Informatik und der Physik promovierte er 2004 im Fach Informatik zur Theorie rekursiver Petrinetze. Sein Forschungsgegenstand ist die Spezifikation und Analyse verteilter, kooperativer Systeme.

e-mail: koehler@informatik.uni-hamburg.de

Dr. phil. **Roman Langer** vertritt die Professur für Gesellschaftstheorie und historische Sozialforschung am Institut für Soziologie der Justus-Liebig-Universität Gießen und ist Assistent am Institut für Pädagogik und Psychologie der Johannes-Kepler-Universität Linz. Nach dem Studium der Soziologie, Philosophie, politischen Wissenschaft und Psychologie promovierte er an der Universität Hamburg. Seine Arbeitsschwerpunkte sind: Soziologische Theorie, Mechanismen sozialer Selbstorganisation, Sozionik, vergleichende Analyse gesellschaftlicher Transformationen, Terrorismus, Bildungsforschung, Educational Governance.

e-mail: Roman.Langer@jku.at

Prof. Dr. rer. pol. **Rolf v. Lüde** lehrt Soziologie im Fachbereich Sozialwissenschaften, Fakultät Wirtschaft- und Sozialwissenschaften, der Universität Hamburg. Nach dem Studium der Volkswirtschaftslehre, Soziologie und Psychologie an den Universitäten Regensburg, Köln und Bonn promovierte er in Volkswirtschaftslehre und habilitierte sich in Soziologie an der Universität Dortmund. In der Gründungsphase der wirtschafts- und sozialwissenschaftlichen Fakultät von 2005-2008 war er Forschungsdekan der Fakultät Wirtschafts- und Sozialwissenschaften und Vorstandssprecher des Departements Sozialwissenschaften. Für das Frühjahrssemester 2009 wurde er auf den *Chaire Alfred Grosser* am Sciences Po, Paris/Nancy, berufen.

e-mail: Rolf.Luede@wiso.uni-hamburg.de
url: www.sozialwiss.uni-hamburg.de/Isoz/Luede/

Dr. rer. nat. **Daniel Moldt** lehrt Informatik und Wirtschaftsinformatik im Department Informatik der Universität Hamburg. Seine Abschlüsse erlangte er in Computer Science/Software Engineering in Birmingham, England, und in Informatik und Betriebswirtschaftslehre an der Universität Hamburg. Nach mehrjähriger Tätigkeit als Software Engineer und Berater in zahlreichen Projekten in Industrie und Handel nahm er seine Tätigkeit an der Universität Hamburg auf. Dort promovierte er in Informatik. Seitdem leitet er das Labor für agentenorientierte Systeme. Wichtigstes Forschungsgebiet ist die Bereitstellung von Verfahren zur Analyse, Entwicklung und Beherrschung von sozio-technischen Systemen.

e-mail: moldt@informatik.uni-hamburg.de
url: www.informatik.uni-hamburg.de/TGI

Prof. Dr. rer. nat. **Rüdiger Valk** lehrt Informatik im Department Informatik der Universität Hamburg. Nach dem Studium der Mathematik, Physik und Informatik an der Universität Bonn promovierte er dort in Mathematik. Er war maßgeblich am Aufbau des Gebietes der Petrinetze in Deutschland beteiligt und ist international in der Weiterentwicklung des Forschungsfeldes tätig. Er arbeitete zeitweise eng mit Carl Adam Petri zusammen. Seine Veröffentlichungen von Artikeln und Büchern liegen vorwiegend im Bereich der theoretischen Informatik und formalen Methoden.

e-mail: valk@informatik.uni-hamburg.de
url: www.informatik.uni-hamburg.de/TGI